Peru

Brendan Sainsbury, Alex Egerton, Mark Johanson,
Carolyn McCarthy, Phillip Tang, Luke Waterson

REISEPLANUNG

REISEZIELE IN PERU

MATT MUNRO/LONELY PLANET ©
MARINERA-TÄNZER, TRUJILLO, S. 27

PEFFAN/GETTY IMAGES ©
PISCO SOUR, S. 563

PHILIP LEE HARVEY/LONELY PLANET ©

Inhalt

GIBBONS, PARQUE NACIONAL MANU, S. 504

REISEZIELE IN PERU

OSTILL/SHUTTERSTOCK ©

MONASTERIO DE SANTA CATALINA, AREQUIPA, S. 152

VOLANTHEVIST/GETTY IMAGES ©

Inhalt

KUNSTHANDWERKERINNEN, UROS-INSELN, S. 199

LAMA, CUSCO, S. 213

PERU VERSTEHEN

PRAKTISCHE INFORMATIONEN

SONDERSEITEN

Willkommen in Peru

Peru ist genauso komplex wie seine aufwendige Webkunst. Uralte Riten leben bis heute in Festen weiter, die Städte strahlen vor Innovationsgeist und die Natur strotzt nur so vor Vielfalt.

Alte Schätze

Besucher pilgern zur berühmten Inka-Stätte Machu Picchu, die aber nur einen kurzen Augenblick einer 5000 Jahre alten Geschichte abbildet. Neben den staubigen Überresten von Chan Chan, Amerikas größter präkolumbischer Ruine, locken die mysteriösen Geoglyphen in der trockenen Erde Nazcas und die Wildnis rund um die Festung Kuélap. Limas Museen zeugen von der Kunstfertigkeit und Leidenschaft vergangener Kulturen, und in abgeschiedenen Gemeinden leben alte Traditionen weiter. Wer sich auf all diese Dinge einlässt, erhält wunderbare Einblicke in Perus Vergangenheit.

Gaumenfreuden

Was gibt's zu essen? Das ist die Frage, die alle Peruaner umtreibt. Ceviche mit feurigem Chili und Mais, Schmoreintöpfe oder samtige Amazonas-Schokolade: Das kulinarische Zentrum Lateinamerikas bietet eine riesige Auswahl. Die geografische und kulturelle Vielfalt vereint Zutaten wie Wurzelknollen aus dem Hochland und tropische Früchte mit einer komplexen Küche, geprägt von spanischen, indigenen, afrikanischen und asiatischen Einflüssen. Neben Märkten locken gegrillte *anticuchos* (Rinderspieße) an Straßenecken und exquisite *novoandina* (Nouvelle Cuisine der Anden).

Feierkultur

Peru ist ein Land mythischen Glaubens, in dem uralte Riten zu den Klängen lauter Blasmusik gefeiert werden. Das reiche kulturelle Erbe zeigt sich im faszinierenden Wahnsinn eines Straßenfestes von seiner authentischsten, mitreißendsten Seite. Alte Gottheiten verwandeln sich in christliche Heilige, Pilger erklimmen in tiefer Nacht Berge und Ikonen werden wie einst die Mumien von Inka-Herrschern über überfüllte Plätze getragen. Hier wird Geschichte gelebt und die vielen Feste bieten die besten Einblicke.

Auf ins Abenteuer

Riesige Sanddünen, steile Gipfel und pazifische Wellen, und das nur einen Katzensprung von der geschäftigen Hauptstadt entfernt. Von Limas Zentrum bis zum Niemandsland sind die Weiten Perus ein Paradies für jeden Aktivurlauber mit all den üblichen Verdächtigen (Rafting, Gleitschirmfliegen, Ziplining, Radfahren). Wer möchte, kann im Amazonasgebiet Aras beobachten oder den Sonnenuntergang über den Ruinen einer alten Kultur bewundern. Das große Land nimmt man sich am besten ohne Eile vor. Verzögerungen kommen vor und Feste können Tage dauern, aber genau hier beginnt das wahre Abenteuer!

Warum ich Peru liebe

Von Carolyn McCarthy, Autorin

Für mich ist Peru das Herz Südamerikas, die Essenz aus uralten Traditionen und feinster Architektur, aus Webarbeiten und Kunst der höchstentwickelten Kulturen des Kontinents. Die wilden Landschaften, von vereisten Andengipfeln bis zum tiefen Amazonas, geben uns die Verbindung zur Natur zurück. Peru ist ein kultureller Schmelztiegel mit unterschiedlichen Lebensentwürfen, in dem der Moderne mit Humor und Gelassenheit begegnet wird. Zudem ist schon die Küche für sich genommen eine Reise wert. Jede Rückkehr bereichert und überrascht!

Mehr zu unseren Autoren siehe S. 627

Oben: Ceviche (in Limettensaft marinierte rohe Meeresfrüchte; S. 561)

Peru

0 — 200 km
Äquator
80°W
QUITO
78°W
76°W
74°W
72°W
70°W
68°W
2°S
4°S
6°S
8°S
ECUADOR
KOLUMBIEN
BRASILIEN
Máncora
Warmes Wasser und brechende Wellen (S. 387)
Chan Chan
Amerikas größte präkolumbische Stadt (S. 358)
Kuélap
Eine außergewöhnliche steinerne Festung (S. 465)
Parque Nacional Manu
Großartiges Erlebnis im Regenwald (S. 504)
Machu Picchu
Die berühmteste Ruine der Welt (S. 275)
Guayaquil
Machala
Tumbes
Loja
Máncora
Macará
La Tina
Talara
Sullana
Zumba
Piura
San Ignacio
Huancabamba
Bagua
Pedro Ruíz
Moyobamba
Chachapoyas
Kuélap
Tarapoto
Yurimaguas
Lagunas
Chiclayo
Celendín
Cajamarca
Chan Chan
Trujillo
Tayabamba
Alpamayo (5947 m)
Río Marañón
Río Tigre
Río Napo
Río Amazonas
Río Ucayali
Iquitos
Requena
Reserva Nacional Pacaya-Samiria
Leticia
Santa Rosa
Tabatinga
Contamana
Cruzeiro do Sul
Pucallpa

Cordillera Blanca
Wanderungen in den majestätischen Anden (S. 415)
Lima
Reiseziel für Feinschmecker (S. 56)
Ayacucho
Hochlandhauptstadt mit kolonialer Architektur (S. 328)
Cusco
Alte Hauptstadt der Inka (S. 213)
Nazca-Linien
Über die mysteriösen riesigen Geoglyphen nachdenken (S. 135)
Reserva Nacional Tambopata
Die wunderbare Tierwelt im Amazonas beobachten (S. 492)
Cañón del Colca
Durch die tolle Schlucht wandern (S. 173)
Arequipa
Die koloniale Weiße Stadt erkunden (S. 151)
Heiliges Tal
Dorfmärkte und antike Ruinen (S. 255)
Schwimmende Schilfinseln
Traditionelles Leben auf dem Titicacasee (S. 199)
HÖHENSTUFEN
5000 m
4000 m
3000 m
2000 m
1000 m
0
PAZIFIK
BOLIVIEN
CHILE
LIMA
LA PAZ
Chimbote
Caraz
Huascarán (6768 m)
Casma
Huaraz
Tingo María
Huánuco
Yerupajá (6634 m)
Barranca
Cerro de Pasco
Lago de Junín
Junín
La Merced
Satipo
La Oroya
Tarma
Pachamacac
Huancayo
Huancavelica
Ayacucho
Quillabamba
Aguas Calientes
Machu Picchu
Pisac
Cuzco
Andahuaylas
Abancay
Pisco
Paracas
Ica
Ausangate (6384 m)
Nazca
Chala
Cañón del Colca
Ampato (6310 m)
El Misti (5822 m)
Arequipa
Camaná
Mollendo
Río Tambo
Moquegua
Tacna
Arica
Juliaca
Puno
Titicaca-see
Copacabana
Juli
Desaguardero
Río Pachitea
Río Ucayali
Río Urubamba
Río Manu
Parque Nacional Manu
Río de los Amigos
Río de las Piedras
Boca Manu
Río Madre de Dios
Reserva Nacional Tambopata
Río Tambopata
Assis
Iñapari
Puerto Heath
Puerto Maldonado
10°S
12°S
14°S
16°S
18°S
82°W
80°W
78°W
76°W
74°W
72°W
70°W
68°W

Perus Top 20

1

Machu Picchu

1 Vor ihrer Wiederentdeckung im frühen 20. Jh.war die fantastische Inka-Zitadelle Machu Picchu (S. 275) für die Welt verloren. Mit ihren samtgrünen Terrassen vor der Kulisse steiler Andengipfel übertrifft ihr Anblick jede Vorstellungskraft. Das Meisterwerk der Ingenieurskunst überstand sechs Jahrhunderte mit Erdbeben, ausländischen Angriffen und extremem Wetter. Viel Spaß bei einem Streifzug durch die Steintempel und beim Bestaunen des hoch aufragenden Wayna Picchu!

Schwimmende Schilfinseln, Titicacasee

2 Mehr Bergozean als See, birgt der Lago Titicaca großartige Attraktionen, darunter surreale schwimmende Inseln aus dicht geknüpftem *totora*-Schilf. Vor Jahrhunderten schufen die Uru die Islas Uros (S. 199), um sich vor aggressiveren ethnischen Gruppen vom Festland wie den Inka zu schützen. Das Schilf muss regelmäßig ausgebessert werden und wird zum Bau von Hütten, eleganten Booten, Torbogen und Kinderschaukeln verwendet. Am besten erlebt man das Ganze in einem Aufenthalt bei einer Gastfamilie, Angeln und traditionelle Gebräuche inklusive.

GO GA/500PX ©

2

ADRENALINERUSHDIARIES/SHUTTERSTOCK ©

3

SAVA ALEXANDRU/GETTY IMAGES ©

4

Wandern in der Cordillera Blanca

3 Die dramatischen Gipfel der Cordillera Blanca (S. 415) wachen über Huaraz und das Umland wie eine eindrucksvolle Granitversion der Republikanischen Garde. Allein 16 Berge der nach dem Himalaya zweithöchsten Gebirgskette durchbrechen die 6000-m-Marke und sind somit die eindrucksvollsten Gipfelherausforderungen dieser Art auf dem Kontinent. Wanderer auf der Santa-Cruz-Route (S. 417) im Parque Nacional Huascarán (S. 415) dürfen sich auf Gletscherseen, riesige Bromelien, spitze Felsen und steile Gipfel freuen.

Koloniales Arequipa

4 Perus zweitgrößte Metropole überbrückt die Kluft zwischen der Inka-Pracht Cuscos und dem modernen Alltag Limas. Gekrönt von barocker *mestizo*-Architektur und geschlagen aus *sillar* (weißem Vulkangestein), ist Arequipa (S. 151) eine spanische Kolonialstadt, die sich nicht weit von ihren Ursprüngen entfernt hat. Zur traumhaften Naturkulisse inmitten schlafender Vulkane und der Hochlandpampa kommen ein 400 Jahre altes Kloster, eine Kathedrale und kreative peruanische Fusionsküche. Oben: Iglesia de La Compañía (S. 155)

Parque Nacional Manu

5 Auf dem Weg in die Tiefen des Parque Nacional Manu (S. 504), dem großartigsten Dschungelabenteuer der Amazonasregion, erwarten einen drei Klimazonen, von steilen Andenbergen bis zu Nebelwäldern in tieferen Lagen. Schon lange ist dies die bestgeschützte Naturlandschaft Perus, in der legendäre tierische Bewohner wie Anakondas, Tapire, Jaguare und Tausende farbenfrohe Aras (s. Bild oben rechts) leben. In dem abgeschiedenen Wald existieren einige Kulturen wie vor Jahrhunderten, fast ohne Kontakt zur Außenwelt.

LUKAS UHER/SHUTTERSTOCK ©

Inka-Trail

6 Der bekannteste Wanderweg des Kontinents (S. 43) schlängelt sich 43 km weit über Steintreppen und durch dichte Nebelwälder. Die vier- bis fünftägige Trekkingtour ist eine echte Pilgerreise und endet beim berühmten Intipunku (Sonnentor), wo sich ein erster Blick auf die Ruinen von Machu Picchu eröffnet. In Peru gibt's zahllose alte Pfade, doch der Inka-Trail ist mit seinen majestätischen Aussichten, Bergpässen und Ruinen bei Besuchern der beliebteste.

7

8

Cusco

7 Alte Kopfsteinpflastergassen, prächtige Barockkirchen und Ruinen von Inka-Tempeln: Keine Stadt versprüht mehr andine Geschichte als Cusco (S. 212). Die einstige Hauptstadt des Inka-Reichs zieht viele Touristen an und ist Ausgangspunkt für Ausflüge nach Machu Picchu. Mystisch, kommerziell und chaotisch zugleich, beeindruckt sie noch immer. Wo sonst gibt's traditionell gekleidete Frauen mit Lamas an der Leine, ein Museum für magische Pflanzen und das wildeste Nachtleben der Hochanden? Oben: Plaza de Armas (S. 215)

Limas Küche

8 Manche Städte sind bekannt für ihre Parks, andere für ihre Politik, in Lima (S. 56) dagegen dreht sich alles um die nächste Mahlzeit. Die Hauptstadt bietet unzählige Optionen von Imbissen bis zu exklusiven Restaurants mit exquisiten Varianten von Perus einzigartiger Fusionsküche: Eine Mischung aus spanischen, indigenen, afrikanischen sowie chinesischen und japanischen Elementen. Limas Köche tauchen nicht ohne Grund in Gourmetmagazinen, Restaurantführern und bei internationalen Preisverleihungen auf. Oben: Jakobsmuschel-Ceviche

Das Heilige Tal

9 Der sich durchs Heilige Tal (S. 255) schlängelnde Río Urubamba verbindet Andendörfer mit alten Inka-Außenposten und althergebracht bewirtschafteten Terrassenfeldern. Dank ihrer Lage zwischen Cusco und Machu Picchu ist die Landschaft eine ideale Basis für die Entdeckung der Märkte und Ruinen der Region. Unterkünfte reichen von gemütlichen Gasthöfen bis zu erstklassigen Resorts und auf Abenteuerlustige warten Ausritte, Raftingtrips sowie Trekkingtouren durch abgelegene, von der Webkunst oder Landwirtschaft abhängige Dörfer. Oben: Ollantaytambo (S. 265)

Nazca-Linien

10 Sind sie das Werk Außerirdischer? Wurden sie von prähistorischen Ballonfahrern angelegt? Oder sind sie eine gigantische Sternkarte? Über die Geoglyphen in Südperu, Nazca-Linien (S. 135) genannt, kursieren viele Theorien. Das Mysterium lockt seit den 1940er-Jahren Neugierige an. Damals begann die deutsche Archäologin Maria Reiche mit ihren Forschungen, die ihr halbes Leben dauerten. Weder sie noch Kollegen konnten das Rätsel vollständig lösen. Die Linien, rätselhaft und voll historischer Faszination, bringen jeden Betrachter zum Staunen.

Semana Santa in Ayacucho

11 Statt einer Woche dauert Ayacuchos Semana Santa (S. 333) vor Ostersonntag zehn Tage (vom Freitag vor Palmsonntag bis Ostersonntag). Das Spektakel bewegt mit Vorführungen von Kreuzweg-Szenen, darunter der Einzug Christi auf einem Esel in Straßen voller Blumen und Palmwedel. Das Highlight sind jedoch die Festlichkeiten danach. Dem Glaube nach folgt auf den Ostersamstag, an dem wegen des Tode Jesu am Tag davor keine Sünde begangen werden darf, dessen Auferstehung am Sonntag, die mit Jahrmärkten und Feuerwerken einhergeht.

Kuélap

12 Dank einer neuen Seilbahn, die einen spektakulären Zugang zu dieser Festungsstadt bietet, ist Kuélap (S. 465) aus dem Schatten von Machu Picchu herausgetreten und sind seine faszinierenden Ruinen aus der Zeit vor den Inkas zugänglicher geworden. Die erstaunlich gut erhaltene Zitadelle versteckt sich tief in Nebelwäldern auf 3100 m über dem Río Urubamba nahe Chachapoyas. 400 Rundhütten, teils kunstvoll verziert und von einer steilen Felswand gesäumt, sind das Highlight dieses geheimnisvollen steinernen Ungetüms in den Wolken.

CHRISTIAN DECLERCQ/SHUTTERSTOCK ©

SUNSINGER/SHUTTERSTOCK ©

Islas Ballestas

13 Die Islas Ballestas (S. 122), eine Sammlung karger, von Guano bedeckter Felsen im Pazifik und ein einzigartiges Ökosystem mit Vögeln, Meeressäugern und Fischen (besonders Sardellen), gelten als eines der erfolgreichsten Umweltschutzprojekte Perus. Um den Guano des als Nationalreservats geschützten Archipels kümmert sich das Landwirtschaftsministerium. Bei Bootsfahrten um die Klippen und Felsen sieht man aus nächster Nähe röhrende Seelöwen, dicht gedrängte Humboldtpinguine und Zehntausende Vögel.

Trujillo

14 Das altehrwürdige Trujillo (S. 348) erhebt sich aus der Wüste wie eine kaleidoskopische Fata Morgana in Farbe und voller gut erhaltener Prachtbauten. Im historischen Zentrum findet man elegante Kirchen, Villen und andere Kolonialgebäude, die mit dem modernen Gesicht der Stadt verschmelzen und ihr ein reizendes Flair verleihen. Dank der nahegelegenen Chimú-Ruinen wie Chan Chan und Moche Huacas del Sol y de la Luna kann es Trujillo in Sachen Stil und Attraktivität leicht mit seinen nördlichen Rivalen aufnehmen.

Cañón del Colca

15 Sie ist tief, sehr tief, aber die Colca-Schlucht (S. 173) beeindruckt mit weit mehr, als nur mit ihren Maßen. In der von Prä-Inka- sowie Inka-Kulturen und den Spaniern kolonisierten Region entwickelte sich eine Kultur, die so faszinierend ist, wie die Trekkingmöglichkeiten endlos sind. Den 100 km langen und über 3400 m tiefen Canyon zieren Terrassenfelder, idyllische Dörfer, spanische Kolonialkirchen und Ruinen aus Prä-Inka-Zeiten. Egal ob beim Wandern, Radeln, Raften, oder Ziplining– immer die Augen nach den emblematischen Kondoren offenhalten!

16

INSPIRED BY MAPS/SHUTTERSTOCK ©

17

18

Chavín de Huántar

16 Freiher einmal war die UNESCO-Welterbestätte Chavín de Huántar (S. 437) ein bedeutendes Zeremonialzentrum. Von dem architektonischen Meisterwerk, das in die Zeit zwischen 1200 und 800 v. Chr. datiert, sind faszinierende Tempelbauten und ein labyrinthartiger Komplex unterirdischer Korridore, Kanäle und Kammern erhalten, die zum Herumklettern und Entdecken einladen. In der Nähe befindet sich das wunderbare Museo Nacional de Chavín, in dem sich der Großteil der aufwendigen und furchterregenden, geschnitzten Steinköpfe befindet, die einst die Wände Chavíns schmückten.

Limas Museen

17 Wer sich für Perus alte Zivilisationen interessiert, sollte seine Reise hier beginnen. Limas Museen beherbergen uralte Schätze – von Keramikarbeiten und Felsenstelen bis zu Textilien. Und ein Besuch hilft sehr, die eigenen Erfahrungen bei den Erkundungen der archäolgischen Stätten des Landes in einen Kontext zu setzen. Zu den besten Sammlungen zählen die im Museo Larco (S. 77; s. Bild oben rechts), im Museo Andrés del Castillo (S. 66) und im Museo Nacional de Antropología, Arqueología e Historía del Perú (S. 78). Die langen Öffnungszeiten des Museo Larco bieten eine Alternative zum Nachtleben.

Chan Chan

18 Die Chimú-Hauptstadt Chan Chan (S. 358), sowohl die größte präkolumbische Siedlung des Kontinents als auch der größte aus Lehm errichtete Ort der Welt, wird fortlaufend restauriert. Einst beherbergte sie 60 000 Einwohner und jede Menge Kostbarkeiten. Der Palacio-Nik-An-Komplex (auch Tschudi genannt), bisher die einzige von den zehn befestigten Zitadellen, die in (nahezu) alter Pracht erstrahlt, lohnt einen Besuch. Trotz wiederholter klimabedingter Schäden durch El Niño blieben die Zeremonienbereiche, dekorativen Mauern und Audienzzimmer von Chan Chan erhalten.

Surfen an der Nordküste

19 Der endlose Sommer bringt Surfer in Scharen an Perus Nordküste, die mit einigen der längsten und beständigsten Wellen der Welt lockt. Die Szene und das peruanische Jetset konzentrieren sich auf das laute Máncora (S. 387), das einzige echte Strandresort des Landes. Während Máncora Surfer und Partyliebhaber anzieht, die sich das ganze Jahr über in der Sonne und im lauwarmen Wasser vergnügen, ist Punta Sal (S. 392) im Norden das Ziel der Wahl für ernsthafte Sandanbeter.
Unten: Playa Lobitos (S. 385)

Reserva Nacional Tambopata

20 Von Puerto Maldonado aus geht's zum Río Tambopata, einem Nebenfluss des Río Madre de Dios. Dass sich hier zudem einige der besten Dschungel-Lodges des peruanischen Amazonas befinden, erhöht den Reiz. Die Reserva Nacional Tambopata (S. 492) bietet gute Gelegenheiten, größere Regenwaldtiere wie den Tapir und den Jaguar (s. unten) zu erspähen. Auch Freunde bunten Gefieders kommen u. a. dank Gruppen schnatternder Aras und Papageien auf ihre Kosten.

19

20

Gut zu wissen

Weitere Infos gibt's im Abschnitt „Praktische Informationen" (S. 585).

Währung
Peruanischer Sol (S)

Sprachen
Spanisch, Quechua, Aymara

Visa
Traveller brauchen für die Einreise nach Peru kein Visum.

Geld
Geldautomaten gibt es in größeren Städten überall. In den meisten Einrichtungen kann man mit Kreditkarten zahlen.

Handys
In Lima und anderen großen Städten bekommt man SIM-Karten für Handys ohne SIM-Lock für etwa 15 S. Mit Guthaben aufladen kann man sie in Apotheken und Supermärkten. In den Bergen und im Urwald ist das Netz mitunter mies.

Zeit
Es gilt die Eastern Standard Time (MEZ –6 Std.).

Reisezeit

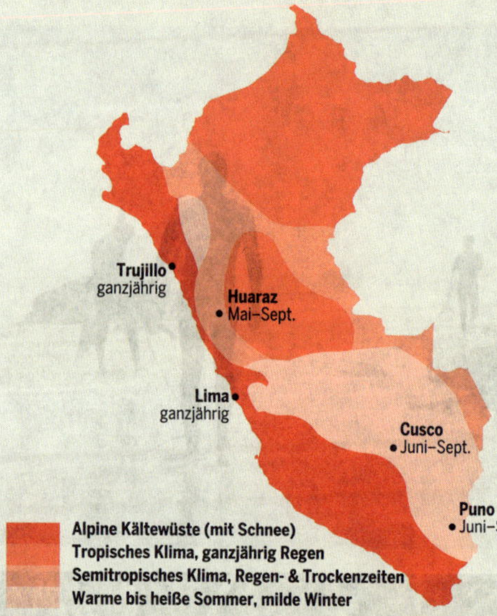

Hauptsaison
(Juni–Aug.)

- Trockenzeit in den Anden und im östlichen Regenwald.
- Die beste Zeit für Festivals und sportliche Aktivitäten im Hochland, z. B. Trekkingtouren.
- In Nordamerika und Europa sind Ferien – entsprechend ist viel los.

Zwischensaison
(Sept.–Nov. & März–Mai)

- Frühling bzw. Herbst im Hochland.
- Ideale Reisezeit, wenn man Besuchermassen meiden möchte.
- Für Trekking im Regenwald ist die Zeit von September bis November gut geeignet.

Nebensaison
(Dez.–Feb.)

- Regenzeit im Hochland.
- Der Inka-Trail ist im Februar wegen Instandhaltungsmaßnahmen gesperrt.
- Hauptsaison an der Küste, viele Strandaktivitäten.
- Sehr regnerisch am Amazonas bis in den Mai hinein.

Infos im Internet

Lonely Planet (www.lonelyplanet.de/reiseziele/peru) Infos zum Land, Forum und mehr.

Latin America Network Information Center (www.lanic.utexas.edu/la/peru) Diverse informative Links, auch zur wissenschaftlichen Forschung.

Living in Peru (www.livinginperu.com) Englischsprachige Website mit Artikeln und Restaurantkritiken.

Peru Reports (www.perureports.com) News auf Englisch.

Peruvian Times (www.peruviantimes.com) Aktuelle Nachrichten in englischer Sprache.

Expat Peru (www.expatperu.com) Infos zu offiziellen staatlichen Ämtern und Zollbestimmungen.

Wichtige Telefonnummern

Landesvorwahl	☎51
Vorwahl für internationale Gespräche	4-stellige Vermittlungsnummer + 00 + Landesvorwahl
Auskunft	☎103
Nationale Touristeninformation (24 Std.)	☎511-574-800
Polizei	☎105

Wechselkurse

Eurozone	1 €	3,72 S
	1 S	0,27 €
Schweiz	1 SFr	3,29 S
	1 S	0,30 SFr

Aktuelle Wechselkurse gibt's unter www.oanda.com.

Tagesbudget

Günstig – weniger als 190 S

- Günstiges Hotel-Zi. od. B im Schlafsaal: 28–165 S
- Mittagsgericht von der Tageskarte: weniger als 15 S; in Supermärkten gibt's oft was zum Mitnehmen
- Eintritt bei historischen Stätten: etwa 10 S

Mittelteuer – 190–650 S

- DZ im Mittelklassehotel: 85–435 S
- Hauptgericht in einem mittelteuren Restaurant: 40 S
- Gruppentouren: ab 120 S

Teuer – mehr als 650 S

- DZ im Spitzenklassehotel: ab 250–435 S
- Private Stadttour: ab 200 S/Pers.
- Abendessen im feinen Restaurant: ab 60 S

Öffnungzeiten

Die Öffnungszeiten variieren und ändern sich oft; vor allem in kleinen Städten ist kein Verlass auf solche Angaben. Sie dienen nur als Anhaltspunkte. In Lima kann man noch am ehesten auf die Öffnungszeiten setzen. In anderen großen Städten wissen oft die Taxifahrer, welche Läden und Apotheken lange geöffnet sind.

Banken Mo–Fr 9–18, manche auch Sa 9–18 Uhr

Geschäfte 9–18 Uhr, manche auch Sa

Museen Mo oft geschl.

Regierungseinrichtungen und Firmen Mo–Fr 9–17 Uhr

Restaurants 10–22 Uhr, manche 15–18 Uhr geschl.

Ankunft am …

Aeropuerto Internacional Jorge Chávez (Lima) Viele Flieger landen in den frühen Morgenstunden, am besten hat man also schon ein Hotelzimmer gebucht. Airport Express hat stündlich einen flotten und sicheren Shuttle-Service mit sieben Halten in Miraflores. Die Fahrzeuge bieten Gratis-WLAN, USB-Anschlüsse und Toiletten, und es gibt keine Gepäck-Limits. Bezahlt wird online oder im Bus (in bar). Die *combi-* (Minibus-) Gesellschaft La S (ab 3 S/Pers.) hat einige Routen nach Miraflores und darüber hinaus. Man findet die Fahrzeuge südlich des Flughafens an der Av Elmer Faucett. Ein Taxi nach Miraflores, Barranco oder San Isidro kostet 60 S (45 Min.–1 Std. in der Rush-Hour); in Lima ist man schneller.

Unterwegs vor Ort

Peru hat ein dichtes Flug- und Busnetz. Die Straßen in den Urwald sind mittlerweile besser. Bei schlechtem Wetter können Flüge und Busfahrten ausfallen. Auch Streiks kommen vor – am besten informiert man sich aktuell über die gewünschte Strecke.

Der Nahverkehr ist günstig und verkehrt regelmäßig.

Elektrobus Mit Limas Metropolitano kommt man flott in der Innenstadt herum.

Zug Teuer und auf Touristen ausgerichtet.

Auto Praktisch, um im eigenen Tempo zu reisen; die Städte verwirrend, und man braucht einen bewachten Parkplatz.

Bus Günstigste Option; Liegesitze in besseren Fernbussen.

Taxi Gute Option zum Sightseeing; auf dem Land sind Sammeltaxis die Regel.

Mehr Infos zum Thema **Unterwegs vor Ort** s. S. 600

Peru für Einsteiger

Weitere Infos gibt's im Kapitel „Praktische Informationen" (S. 585)

Checkliste

- Gültigkeit des Reisepasses prüfen (mind. bis sechs Monate nach Ende des Aufenthaltes!)
- Rechtzeitig die notwendigen Impfungen vornehmen
- Seine Kreditkartengesellschaft/Bank informieren
- Reiseversicherung organisieren
- Handy, Laptop, Kamera, Tablet, etc. laden; ggf. mit der Cloud abgleichen, Adapter & Netzteile einpacken
- Gepäckbeschränkungen der Fluggesellschaft checken
- Tickets für den Inka-Trail und Machu Picchu reservieren

Mitnehmen

- Robuste Wanderschuhe oder Stiefel
- Erste-Hilfe-Set mit Blasenpflaster und Rehydrationssalzen
- Warme & wetterfeste Kleidung
- Unverzichtbares wie Schweizer Taschenmesser, Stirnlampe und Klebeband
- Tagesrucksack
- Ohrstöpsel
- Toilettenpapier

Top-Tipps für die Reise

- In der Region Cusco aus Gründen der Akklimatisierung im tiefer gelegenen Heiligen Tal und in Machu Picchu anfangen und sich dann langsam nach Cusco und anderen höher gelegenen Orten „hocharbeiten".
- Rundflüge über die Nazca-Linien rechtzeitig im Voraus buchen, um nicht tagelang in der Stadt warten zu müssen. Vormittagsflüge verlaufen meistens ruhiger als die am Nachmittag.
- Die Gebühren variieren von Geldautomat zu Geldautomat. Die Banco de la Nación ist für die meisten Karteninhaber in der Regel die beste.
- Bei Reisen in höhere Lagen für die ersten Tage keine Touren buchen, ausreichend Wasser trinken und Aufstiege langsam angehen.
- Besser morgens nach Cusco fliegen, da Nachmittagsflüge aufgrund starker Winde storniert werden könnten.
- Wegen häufiger Sicherheitsprobleme besser nicht die billigsten Busse nehmen.

Dresscode

Für Peru reicht Freizeitkleidung aus, man sollte aber die unterschiedlichen Klimazonen bedenken. Für die Anden braucht man Schuhe, die sowohl für Kopfsteinpflaster als auch Berge passend sind, sowie eine Regenjacke und den einen oder anderen warmen Pullover, da es in der Höhe sehr kühl werden kann. Amazonas-Reisende sollten leichte, langärmlige und permethrin-imprägnierte Kleidung für maximalen Mückenschutz mitnehmen. Auch an Kopfbedeckung denken.

Schlafen

In Peru gibt es eine großeAuswahl an Unterkünften.

Hotels Von günstig bis Luxus ist alles dabei. Selbst in touristischen Gebieten sind immer wieder auch günstige Angebote zu finden.

Hostels Reichen von riesigen, auf Annehmlichkeiten ausgerichteten Party- oder Boutique-Hostels bis zu heruntergekommenen Backpacker-Unterkünften oder familiengeführten Gästehäusern.

Lodges Finden sich überall in den Bergen oder im Amazonasgebiet, in allen Varianten von edel bis rustikal.

Gastfamilien Bescheidene Unterkünfte bei Familien, die normalerweise über Spanisch-Sprachschulen vermittelt werden.

Camping Campingplätze sind in Peru eher selten und meistens nicht besonders gut.

Shoppen

In Peru gibt es jede Menge Kunsthandwerk. Zu den beliebten Souvenirs gehören Alpaka-Wollpullover und -schals, gewebte Textilien, Keramik, Masken, Gold- und Silberschmuck sowie der Backpacker-Favorit Inca Kola T-Shirts. Obwohl auch Lima eine Fülle von Kunsthandwerk bietet, sind für die Region spezifische Stücke eventuell nur schwierig zu finden. In vornehmeren Geschäften wird bei Bezahlung mit Kreditkarte möglicherweise eine Gebühr erhoben.

Feilschen

Bei Bargeschäften an Straßenständen und auf Märkten gehört Feilschen mit dazu.

Trinkgeld

Restaurants Bei gutem Service 10 %.

Gepäckträger sowie Reiseleiter erhalten am Ende der Reise jeweils ein separates Trinkgeld.

Taxis Trinkgeld ist nicht erforderlich (es sei denn, der Fahrer hat bei schwerem Gepäck geholfen).

GORAN BOGICEVIC/SHUTTERSTOCK ©

Gewebte Textilien, Cusco (S. 248)

Etikette

Manieren Peruaner legen Wert auf Höflichkeit. Begegnungen beginnen mit einem formellen *buenos días* oder *buenas tardes*.

Fotos Vor dem Fotografieren Angehöriger indigener Gemeinschaften um Erlaubnis fragen. Möglicherweise wird eine Gebühr verlangt.

Antiquitäten Es ist verboten, präkolumbische Antiquitäten zu erwerben und sie aus Peru zu exportieren.

Essen

Cevicherías Mittagsrestaurants, die in Limettensaft marinierten frischem Fisch in vielen Variationen auf den Tisch bringen.

Picanterías Informelle Restaurants, die herzhafte Portionen peruanischer Hausmannskost servieren.

Novoandina Restaurants Gourmetküche, die alte Rezepte mit neuen Techniken und Geschmacksnuancen aufpeppt.

Pollerías Brathähnchen-Restaurants; gibt's fast überall.

Chifas Meist preiswerte China-Restaurants, aber dies wäre nicht Peru, würden die Gerichte nicht mit ganz eigener Note zubereitet.

Quintas Landgasthöfe mit Andenkost wie Mais, Kartoffeln und gebratenen *cuy* (Meerschweinchen).

El Mercado Märkte, auf denen herzhafte Suppen und andere Hausmannskost in schnörkellosem Thekenservice angeboten werden.

Was gibt's Neues?

MIL
MIL (S. 265), das neueste Projekt des Weltklassekochs Virgilio Martínez, ist ein Juwel unter den Lokalen im Heiligen Tal, mit Food Lab und Blick auf die Moray-Stätte.

Lima Airport Shuttle
Der neue Airport Express (S. 109) mit Klimaanlage und WLAN bietet eine bequeme und günstige Verbindung nach Miraflores.

Monumental Callao
Monumental Callao (S. 77) lässt den lange vernachlässigten Hafenbereich wieder aufleben und hat sich zu einem Ausflugsziel vor allem für die trendbewussten Einwohner Limas entwickelt, die sich an den Wochenenden in den neuen Lokalen, Galerien und Ateliers tummeln. Es gibt oft Partys mit DJs unter freiem Himmel und Graffitis.

Kuélap-Seilbahn
2017 wurde eine 4 km lange Seilbahn (S. 466) zur archäologischen Stätte Kuélap eröffnet, mit der die einst nur schwer zugänglichen Ruinen leichter erreichbar sind.

Canyoning in Chachapoyas
Perus nördliches Hochland wartet mit vielen hohen Wasserfällen auf. Dank geführter Canyoning-Touren, die von Chachapoyas (S. 455) aus organisiert werden, lassen sich die Kaskaden auf gute Weise bewundern.

Amazonas-Küche
Perus reiches kulinarisches Erbe ist kein Geheimnis, aber der Fokus hat sich kürzlich von bekannten Gerichten aus Lima auf ausgefallene regionale Spezialitäten verlagert, die im Amazonasgebiet zubereitet und in neuen Gourmet-Restaurants wie dem Natural (S. 479) in Tarapoto präsentiert werden.

Unterkünfte auf den Inseln im Titicacasee
Wer bisher die faszinierenden Inseln des Titicacasees (S. 198) besuchen wollte, musste sich auf Unbequemlichkeiten einstellen. Inzwischen bieten viele Gastfamilien neue und komfortable Unterkünfte.

Museo Arqueológico Municipal de Moche
Moches Museum (S. 362) hat ca. 500 Keramikstücke der Chavín, Chimu, Lambayeque und Moche aus einer Privatsammlung.

Puerto Chicama
Das kleinen Surfer-Städtchen (S. 367) hat sich ein Facelift gegönnt. Besonders die neue Promenade ist bezaubernd geworden.

Arequipa
Die „Weiße Stadt" hat viele neue Attraktionen, vom Casa Museo Mario Vargas Llosa (S. 157), in dem der Nobelpreisträger seine Kindheit verbrachte, bis zum Museo de la Catedral (S. 153) und der Callejón del Solar (S. 156), einer restaurierten Nebenstraße.

Gemeindebasierender Tourismus im Amazonasgebiet
Am Lago Sandoval (S. 498) und in Dörfern nahe Yarinacocha (S. 516) gibt's zahllose Unterkunftsmöglichkeiten bei Gastfamilien.

Museo Julio C. Tello
Dieses Museum (S. 122) in Paracas wurde nach dem Erdbeben von 2007 geschlossen und 2016 wiedereröffnet.

Weitere Empfehlungen und Bewertungen gibt's unter lonelyplanet.com/peru (englisch)

Wie wär's mit...

Alte Ruinen

Kuélap Die monumentale Stadt mit Steinmauer auf einem Kalksteinberg ist die besterhaltene Chachapoya-Stätte. (S. 465)

Cahuachi Wer Nasca besucht, sollte sich die 2000 Jahre alten Pyramiden und weitere Ruinen nicht entgehen lassen. (S. 138)

Chavín de Huántar Das Labyrinth von Tunneln rund um das Castillo in diesen bezaubernden Ruinen ist lohnend. (S. 437)

Wari Die einstige Hauptstadt des Reiches, das bis zum Einfall der Inka das Hochland beherrschte. (S. 338)

Huanuco Viejo In der Hochebene über La Unión kann man die Inka-Siedlung erkunden. (S. 306)

Caral Von den Steinpyramiden bis zu den jahrtausendealten Knochenflöten ... ein Spaziergang durch diese antike Sehenswürdigkeit dürfte nur die Wenigsten kalt lassen. (S. 344)

Marcahuamachuco Diese Schönheit, die als Machu Picchu des Nordens bezeichnet wird, ist eine Erkundung wert. (S. 460)

Wandern

El Clásico Auf diesem Weg im Cañón del Colca sieht man alles Mögliche, nur keine asphaltierte Straße. (S. 176)

Ausangate Umgeben von Gletschern und Seen wartet die anspruchsvollste Trekkingroute in der Gegend von Cusco. (S. 291)

Santa-Cruz Die beliebte Fünftagestour durch Andendörfer und -täler besticht mit einem fantastischen Blick auf den Huascarán, Perus höchsten Berg. (S. 417)

Lares Das eigentliche Highlight des Heiligen Tals ist nicht die hübsche Andenlandschaft, sondern das Dorfleben. (S. 48)

Quilcayhuanca-Cojup-Trek Keine Massen, keine Packtiere – auf der sehr anspruchsvollen Wanderung ist man mit den Gipfeln des Cordillera Blanca allein. (S. 420)

Peruanische Delikatessen

Kochkurse In Arequipa von den Meistern lernen. (S. 160)

Patarashca Dschungelgericht aus Seafood mit Tomaten, Paprika, Zwiebeln, Knoblauch und Teilen der Korianderpflanze; in ein *bijao*-Blatt gewickelt. (S. 479)

Schokolade Im Choco Museo gibt's typische heiße Schokolade mit Chili und Honig. (S. 230)

La Picanteria Die besten traditionellen Restaurants in Arequipa setzen auf Authentizität und Würze. (S. 100)

Belén Mercado Auf diesem wilden schwimmenden Markt gibt's einen Crashkurs in Insektenlarven des Amazonas ... (S. 527)

MIL Restaurant und Food Lab über den Moray-Ruinen, das quasi im Alleingang antike Andengerichte zurückbringt. (S. 265)

In die Wildnis

Tolle Landschaften – von Wüsten bis zu Amazonasregenwäldern und vereisten Andengipfeln – sind in Peru leicht zu finden.

Cordillera-Huayhuash-Rundweg Ein zehntägiger Trip zu alpinen Seen, umgeben von Sechstausendern. (S. 424)

Quelle des Amazonas Von der Colca-Schlucht erreicht man auf einer dreitägigen Wanderung den Ursprung des längsten Flusses der Welt. (S. 176)

Cotahuasi Zum tiefsten Canyon der Welt gelangt man erst nach einer zwölfstündigen Autofahrt von Arequipa. (S. 181)

Choquequirao Zu den abgelegenen Ruinen kommt man nur mit einer strapaziösen vier- bis fünftägigen Trekkingtour. (S. 295)

Río Heath Parque Nacional Bahuaja-Sonene zählt zu Perus größten und wildesten Schutzgebieten mit vielen Arten. (S. 500)

Parque Nacional Manu Hier kann man viele Tiere sehen, vom Wickel- oder Honigbär bis zum Großen Ameisenbär. (S. 504)

Indigene Völker

In Peru offenbaren sich die Traditionen der einheimischen Völker bei vielen religiösen oder saisonalen Festen.

Colca-Homestays Rustikale Bleiben der Dörfer Sibayo (S. 174) und Yanque (S. 178) in der Colca-Schlucht machen mit dem Landleben vertraut.

Weberdörfer Touranbieter in Cusco organisieren Trips zu abgeschiedenen traditionellen Dörfern rund um das Heilige Tal. (S. 257)

Nazca Neben den berühmten Nazca-Linien beeindrucken die typischen Keramikarbeiten. (S. 134)

Gemeindebasierender Tourismus Am Lago Sandoval (S. 498) und in Dörfern nahe Yarinacocha (S. 516) bei Gastfamilien leben.

Inti Raymi Fest bei den Ruinen von Saqsayhuaman oberhalb von Cusco, dessen Ursprung bis in die Inka-Zeit zurückreicht. (S. 234)

Pisco

Der starke Traubenschnaps ist vor allem als Bestandteil von Sours bekannt, aber neuere Cocktailkreationen machen ihn noch süffiger.

Bodega Tacama Kostenlose Führungen und Verkostungen in einer hübschen Hazienda. (S. 130)

Museo del Pisco Schicke Bar in Cusco mit großer Auswahl an Piscos und super Cocktails. (S. 247)

Bars in Lima Pisco Sour in El Bolivarcito trinken, wo er erfunden wurde, oder exotische neue Mischungen im Dada testen. (S. 100)

Lunahuaná Von Lima aus geht's zur Bodega Santa Maria, um Piscos zu verkosten. (S. 116)

Chuncho Hat erlesene Cocktails mit Caña Alta (einem Zuckerrohrschnaps), einer immer beliebteren Alternative zu Piscos. (S. 269)

Oben: Bodega Tacama, Ica

Unten: Archäologische Stätte von Caral (S. 344), Barranca

Monat für Monat

TOP-EVENTS

Q'oyoriti, Mai/Juni

Semana Santa, März/April

Carnaval, Februar/März

Verano Negro, Februar/März

Fiesta de la Vendimia, März

Januar

Von Januar bis März ist an der Küste Hauptsaison – mit entsprechenden Preisen. Jetzt haben die meisten Einrichtungen an den Stränden geöffnet und es finden viele Feste statt. In den Bergen und Schluchten regnet es häufig, sodass sich Wander- und Klettertouren nicht lohnen.

Año Nuevo

Neujahr am 1. Januar wird besonders in Huancayo gefeiert. Hier geht's bis zum Dreikönigstag am 6. Januar rund.

Danza de los Negritos

Um ihrer Sklavenvorfahren zu gedenken, die in den Minen der Region arbeiteten, tragen die Bewohner der Stadt Huánuco zu diesem Anlass Kostüme mit schwarzen Masken. (S. 305)

Fiesta de la Marinera

Trujillos nationales Tanzfestival findet in der letzten Januarwoche statt. Die Teilnehmer des Wettbewerbs sind mit kunstvollen Kostbarkeiten geschmückt.

Februar

Wegen Säuberungsarbeiten ist der Inka-Trail den ganzen Monat über gesperrt. Peruanische Feste richten sich oft nach dem römisch-katholischen Kalender und werden mit viel Prunk gefeiert, vor allem in den indigenen Dörfern des Hochlandes, wo katholische Festtage oft mit traditionellen landwirtschaftlichen Festen verbunden sind.

La Virgen de la Candelaria

Dieses Festival im Hochland am 2. Februar ist auch als Candlemas bekannt. Rund um Puno geht's während der zweiwöchigen Feierlichkeiten mit Folkloretanz und Musik sehr farbenfroh zu.

Carnaval

In den letzten Tagen vor Beginn der Fastenzeit (Febr. oder März) muss man sich auf wochenlang andauernde Wasserschlachten einstellen, besonders im Hochland. Eine der größten Feiern wird in Cajamarca ausgerichtet, doch auch in den Strandorten ist viel los.

Lunahuaná Adventure Sports Festival

Lunahuaná hat eine aktive und wachsende Abenteuersportszene, bei der Rafting im Vordergrund steht. Das Festival für Sportbegeisterte findet Ende Februar/Anfang März statt.

März

Die Preise in den Strandorten fallen und der Touristenansturm lässt nach, auch wenn an der Küste noch die Sonne scheint. Nach der Regenzeit erblühen die Orchideen entlang des Inka-Trails und die Amazonasvögel beginnen mit ihren Paarungsritualen.

Verano Negro

Ein Muss für alle, die Interesse an afroperuanischer Kultur haben, ist dieses Festival in Chincha mit viel Musik und Tanz Ende Februar oder Anfang März.

Fiesta de la Vendimia

In Ica und Lunahuaná, den wichtigsten Weinregionen der Südküste, wird das Erntefest mit Traubenstampfen sehr groß gefeiert.

April

Während der Karwoche (März oder April) muss man sich auf Hauptsaisonpreise und Besuchermassen einstellen. Die Hotelpreise erreichen ihren Höhepunkt und Zimmer sind rar. Sehr früh im Voraus reservieren.

Semana Santa

In der Woche vor Ostersonntag gibt's fast täglich spektakuläre religiöse Prozessionen. Mit den größten Feierlichkeiten des Landes wartet Ayacucho auf; hier geht's ganze zehn Tage lang rund. Auch in Arequipa und Huancayo finden feierliche Osterprozessionen statt.

Mai

Der schlimmste Regen ist vorbei und das Hochland ist üppig grün. Mit Beginn der trockeneren Jahreszeit startet auch die Wandersaison in Huaraz und rund um Cusco.

Fiesta de la Cruces

Dieses faszinierende religiöse Fest findet am 3. Mai an verschie-

ROBERTO EPIFANIO/SHUTTERSTOCK ©

GLENN BARTLEY/GETTY IMAGES ©

Oben: Inti Raymi (Fest der Sonne; S. 234), Cusco

Oben: Wundersylphe (S. 469)

denen Orten statt, darunter Lima, Apurímac, Ayacucho, Junín, Ica und Cusco.

Noche en Blanco

Inspiriert von den „Weißen Nächten" in Europa werden Anfang Mai in Miraflores in Lima die Straßen für Autos gesperrt, um Platz für Kunst, Musik und Tanz zu schaffen.

Q'oyoriti

Faszinierende Wallfahrt der indigenen Bevölkerung zum heiligen Berg Ausangate vor den Toren Cuscos im Mai oder Juni. Ein wenig bekanntes, aber lohnenswertes Ereignis.

El Señor de Muruhuay

Jedes Jahr findet Ende Mai diese große Wallfahrt mit dem Bild eines gekreuzigten Christus statt – inklusive Prozessionen und Feuerwerken, die den religiösen Eifer begleiten.

Juni

Von Juni bis August ist Hauptsaison für internationale Besucher. Zugtickets nach Machu Picchu und Eintrittskarten müssen vorab gebucht werden. Jetzt finden auch die meisten Feste in und um Cusco statt.

Corpus Christi

Cusco wartet mit den eindrucksvollsten Prozessionen dieser katholischen Feier auf. Am neunten Donnerstag nach Ostern.

Inti Raymi

Das Fest der Sonne wird zur Wintersonnenwende am 24. Juni gefeiert. Es ist das mit Abstand größte Spektakel des Jahres in Cusco mit Tausenden peruanischen und ausländischen Besuchern und auch in zahlreichen Dschungelorten ein bedeutender Feiertag.

San Juan

Die Fiesta de San Juan in Inquitos geht mit Tanz, Festessen und Hahnenkämpfen bis in die frühen Morgenstunden am Vorabend des eigentlichen Feiertags am 24. Juni einher.

Selvámanos

Bei diesem Musikfestival in der Nähe von Oxapampa hört man vor der spektakulären Nationalpark-Kulisse Reggae, *cumbia* (ein kolumbischer Musik- und Tanzstil, der dem Salsa ähnlich ist) und Electronica.

Semana de Andinismo

Begeisterte Bergsportler fallen in Huaraz ein und zollen den Anden durch Wandern, Bergsteigen, Paragliding, Skifahren und Konzerte ihren Tribut.

San Pedro y San Pablo

Am 29. Juni ehrt man die Heiligen Peter und Paul, vor allem rund um Lima und im Hochland.

Die Wundersylphe beobachten

Im Juni hat man die besten Möglichkeiten, um diese ungewöhnliche und bedrohte Kolibriart in den Wäldern rund um das Río-Utcubamba-Tal bei Chachapoyas zu Gesicht zu bekommen.

Juli

Die Hauptsaison dauert an. In Lima ist das Wetter geprägt von der *garúa* (dicker, grauer Nebel vom Meer), die in den nächsten Monaten über der Stadt hängt und für Kälte sorgt.

La Virgen del Carmen

In der südlichen Sierra, etwa in Paucartambo und Pisac unweit von Cusco, sowie in Pucará am Titicacasee ist dieser Feiertag am 16. Juli besonders wichtig.

Fiesta del Santiago

Dörfer im Rio-Mantaro-Tal, vor allem Huancayo, verkleiden ihr Vieh und lassen es durch die Straßen spazieren. Zu dem Fest, von dem angenommen wird, dass es sich um ein uraltes Fruchtbarkeitsritual handelt, gehören auch Gesang und Tanz.

Fiestas Patrias

Die Nationalen Unabhängigkeitstage am 28. und 29. Juli werden im ganzen Land gefeiert. Los geht's in der südlichen Sierra mit der Fiesta de San Jaime am 25. Juli.

August

Der letzte Monat der Hauptsaison in ganz Peru und üblicherweise der betriebsamste in Machu Picchu. Unterkunft und Tickets weit im Voraus buchen.

Sierra Andina Mountain Trail

Dieser jährliche Marathon auf dem Santa Cruz Trail zu türkisfarbenen Seen unter schneebedeckten Gipfeln bietet begeisterten Athleten eine großartige Herausforderung in atemberaubender Umgebung.

Fiesta de Santa Rosa de Lima

In Erinnerung an die erste Heilige des Landes und zu Ehren der Schutzheiligen von Lima und Amerika finden am 30. August große Prozessionen in Lima, Arequipa und Junín statt.

September

Im ganzen Land ist Nebensaison. Wanderer können im September und Oktober noch immer Glück mit dem Wetter haben, außerdem geht's längst nicht mehr so trubelig zu wie in den Sommermonaten. Noch ein Highlight sind die Zugvögel.

Mistura

International anerkanntes einwöchiges kulinarisches Fest in Lima, auf dem bis zu einer halben Million Besucher die beste Restaurant- und Straßenküche des Landes testen.

El Festival Internacional de la Primavera

Nicht verpassen sollte man das Internationale Frühlingsfest mit Reitkunstdarbietungen, Tanz und kulturellen Veranstaltungen in der letzten Septemberwoche in Trujillo.

Oktober

Die beste Zeit für eine angenehme Reise ins Amazonasgebiet sind die trockenen Monate von September bis November, in denen man Wildtiere besonders gut beobachten kann.

Great Amazon River Raft Race

Auf dem Amazonas findet im September oder Anfang Oktober zwischen Nauta und Iquitos das längste Floßrennen des Planeten (S. 524) statt, zu dem Teams aus aller Welt kommen.

La Virgen del Rosario

Die hl. Maria vom Rosenkranz wird am 4. Oktober in Lima, Apurímac, Arequipa und Cusco gefeiert. Die größte Veranstaltung mit einer symbolischen Auseinandersetzung zwischen Mauren und Christen gibt's in Ancash.

El Señor de los Milagros

Ein wichtiger religiöser Feiertag ist der zu Ehren des Herrn der Wunder in Lima (18. Oktober). Nun beginnt auch die Stierkampfsaison.

El Señor de Luren

In Ica findet Ende Oktober dieses religiöse Fest statt, das mit Feuerwerken, Prozessionen und jeder Menge guter Laune begangen wird.

November

Ein Monat mit vielen Veranstaltungen zur Auswahl. Besonders die wilden Feste in Puno sind toll. Die wiederkehrenden Wellen locken Surfer an die Küsten.

Todos Santos

Allerheiligen, am 1. November gefeiert, ist ein religiöser Vorbote des Folgetags und wird mit Prozessionen und katholischen Gottesdiensten zelebriert.

Día de los Muertos

Allerseelen am 2. November wird mit Geschenken in Form von Essen, Trinken und Blumen begangen, die man zu Familiengräbern bringt. Besonders bunt geht's in den Anden zu, wo ein Teil der geschenkten Lebensmittel und Getränke konsumiert wird und die Stimmung eher fröhlich ist.

Semana de Puno

Am 5. November beginnt dieses einwöchige Fest mit spektakulären Kostümen und Tanz auf den Straßen zu Ehren des legendären ersten Inka Manco Cápac.

Dezember

Dank der wärmeren Temperaturen am Pazifik startet die Strandsaison von Neuem. Das Amazonasgebiet sollte man nun meiden, denn dort fällt ab Ende des Monats bis Anfang April starker Regen.

Fiesta de la Purísima Concepción

Das Fest der Unbefleckten Empfängnis am 8. Dezember ist ein Nationalfeiertag, der mit religiösen Prozessionen zu Ehren der Jungfrau Maria gefeiert wird.

La Virgen del Carmen de Chincha

Wilder Tanz und Musik die ganze Nacht über in den *peñas* (Bars und Clubs mit Livefolklore) von El Carmen am 27. Dezember.

Reiserouten

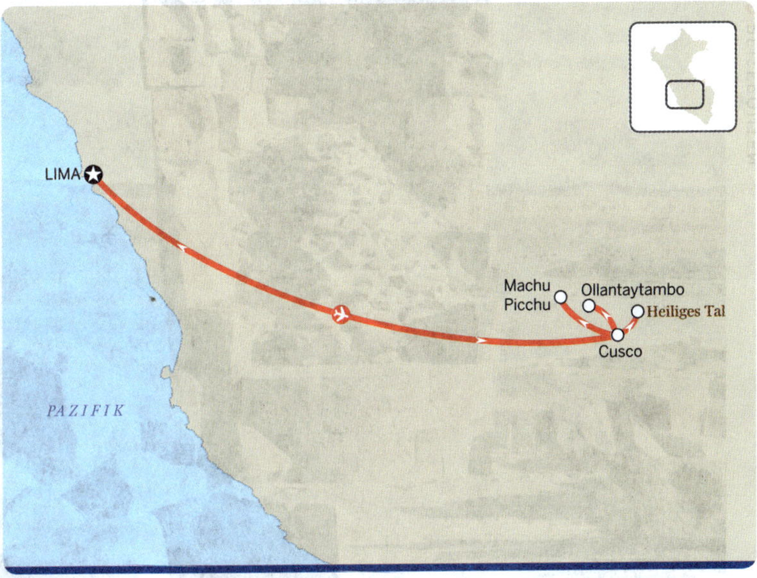

1 WOCHE Die Highlights in einer Woche

Für all diejenigen, die nur für einen ersten Eindruck von Peru Zeit haben.

Start ist in **Lima**. Für die Übernachtung bietet sich eine der gemütlichen Unterkünfte in Barranco an. In einem Ceviche-Restaurant wartet ein entspanntes Mittagessen mit Meeresfrüchten und einem Hauch von Pisco. Danach geht es vielleicht in die Museen in Lima Centro? Oder man erkundet die Klippen von Miraflores mit dem Fahrrad.

Am nächsten Tag mit dem frühen Flieger nach Cusco und dann direkt ins tiefer gelegene **Heilige Tal**, um sich dort für einige Tage zu akklimatisieren. Der Markt und die Ruinen von Pisac sind eine Erkundung wert, ebenso eine Tour durch Moray und Maras – eventuell mit dem Mountainbike oder zu Fuß. Von **Ollantaytambo** aus kann man mit dem Zug nach Aguas Calientes fahren – wenige Schritte von **Machu Picchu** entfernt. Von hier aus bietet sich eine Zugfahrt nach Estación Poroy an, um einen Tag im schönen, kopfsteingepflasterten **Cusco** mit Museumsbesuchen, in Kunsthandwerksgeschäften und in tollen Restaurants zu verbringen. Abends lohnt ein Besuch des Planetariums.

Anschließend mit dem Flugzeug zurück nach Lima, wo man die Woche vielleicht mit einer Food-Tour und der Erkundung des Clubszene beendet.

SPARC/SHUTTERSTOCK ©

Oben: *Chullpa* (alter Grabturm), Sillustani (S. 197)

Unten: Huacachina (S. 132)

3 WOCHEN

Der Gringo-Trail

Wer einige der größten Highlights des Kontinents erleben möchte, darunter ein unwiderstehliches peruanisches Potpourri aus antiken Ruinen, anständigen Trekking-Ausflügen und beeindruckender Architektur aus der Kolonialzeit, sollte dieser Route folgen.

Nach einem kurzen Aufenthalt in **Lima** mit seinen Gourmetrestaurants und den Klippen von Miraflores geht es weiter nach **Pisco** und **Paracas**, wo sich ein Bootsausflug zur Islas Ballestas mit seiner tollen Fauna anbietet. Das nahegelegene Wüstenreservat mit seinen archäologischen Überresten und der spektakulären Küste bietet einen weiteren Tag ruhiger Erkundungsmöglichkeiten. Dann geht es weiter nach **Ica**, Perus Wein- und Pisco-Hauptstadt, und in die von Palmen und Dünen gesäumte Oase **Huacachina**. Der für Sandboarding bekannte Ort bietet außerdem gute Übernachtungsmöglichkeiten. Nächstes Ziel ist **Nazca** mit den berühmten Nazca-Linien. Diese können nur bei einem Rundflug in ihrer ganzen Pracht bewundert werden.

Im Landesinneren lockt die „Weiße Stadt" **Arequipa** mit Bauten aus der Kolonialzeit, einem riesigen Klosterkomplex und exzellenten Restaurants. Mit dem Bus oder Mietwagen geht es über den 4910 m hohen Paso de Patopampa für eine Trekkingtour durch den **Cañón del Colca** mit seinen alten Terrassenfeldern oder durch den abgelegenen **Cañón del Cotahuasi**, dem tiefsten der Welt. Oder man besteigt den 5822 m hohen **El Misti**, einen nahezu perfekt symmetrischen Vulkan. Dann geht's bergauf nach **Puno**, Perus Hafen am **Titicacasee**, dem höchstgelegenen kommerziell schiffbaren See der Welt. Hier kann man einige Inseln sowie die *chullpas* (alte Grabtürme) in **Sillustani** und **Cutimbo** erkunden. Es ist auch möglich, einen kurzen (oder langen) Abstecher nach Bolivien zu machen, indem man die Städte und Inseln am Südufer des Sees besucht.

Kurvige Andenstraßen führen zu Südamerikas ältester durchgehend bewohnten Stadt **Cusco**, die mit komfortablen Hotels, bunten Märkten und archäologischen Stätten im **Heiligen Tal** aufwartet. **Machu Picchu** ist von dort aus über eine abenteuerlichere alternative Route zu erreichen. Zu den kreativen Möglichkeiten gehören eine Mischung aus Dschungelwandern, Mountainbiken und sogar Rafting.

4 WOCHEN

Perus Highlights

Wer gern von allem etwas sehen möchte, sollte diese einmonatige Tour unternehmen, die zu den großen Attraktionen des Landes führt.

Um den Jetlag zu bekämpfen und sich zugleich mit der peruanischen Küche vertraut zu machen, kann man in den Restaurants von **Lima** die exquisiten Aromen Perus genießen sowie Parks und Museen besuchen. Danach geht's durch die Küstenwüste gen Süden zu einem Rundflug über die Nazca-Linien und ins kosmopolitische **Arequipa** mit seinen Klöstern, Canyons und Vulkanen.

Anschließend fliegt man in die alte Inka-Hauptstadt **Cusco** und akklimatisiert sich dort erst einmal. Während dieser Zeit bieten sich Abstecher in die Marktdörfer des **Heiligen Tals** an. Hat man sich an die Höhe gewöhnt, geht's mit dem Zug nach **Machu Picchu**. Dann fliegt man – ansonsten muss man zehn Stunden Bus fahren – von Cusco nach **Puerto Maldonado** und verbringt ein paar Tage in einer Dschungellodge an einem der mächtigen Flussarme im Amazonasbecken. Alternativ schließt man sich einer organisierten Tour in das artenreiche **Manu-Gebiet** an. Dort erwarten einen abgeschiedener Urwald und zahlreiche interessante Tiere wie Wickelbären und Kaimane. Man kann die *selva* (Dschungel) auch erkunden, indem man zurück nach Lima fliegt und in die belebte Hafenstadt **Iquitos** reist. Von dort gelangt man noch tiefer in die Wildnis.

Als Nächstes geht's von Lima per Bus oder Flieger ins nördlich gelegene **Huaraz**, einen Anziehungspunkt für Abenteurer. Schon nach kurzen Wanderungen gelangt man zu den majestätischen Gipfeln der **Cordillera Blanca**. Bei einem Tagesausflug nach Chavín de Huántar lernt man eine der ältesten archäologischen Stätten Perus kennen.

Jetzt geht's auf die Weiterreise nach **Chimbote** an der Küste. Von hier fährt man nach Norden in das von archäologischen Stätten umgebene historische **Trujillo**, wo es die für die Region typischen scharfen Gerichte gibt. Zum Schluss steuert man die Ruinen der größten präkolumbischen Stadt Amerikas, Chan Chan, und das faszinierende Huacas del Sol y de la Luna an und relaxt an den Stränden der Surferstadt **Máncora**.

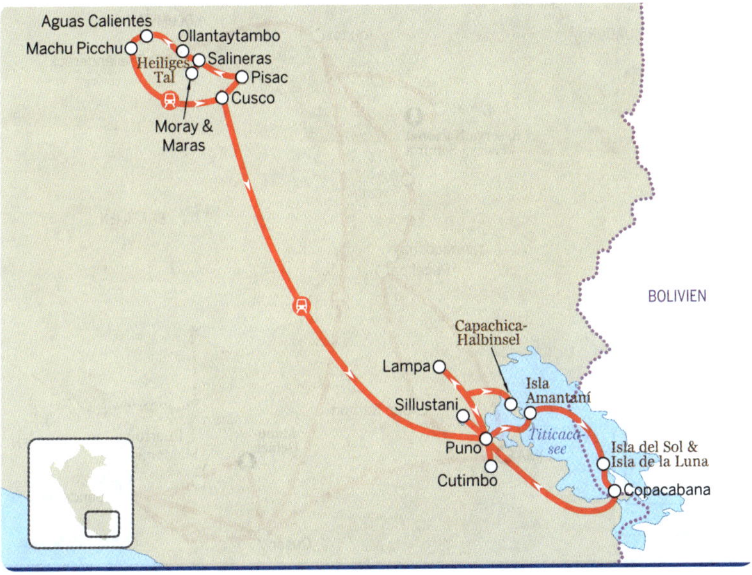

2 WOCHEN Im Herzen des Inka-Gebiets

Eine Reise zu den berühmtesten Inka-Stätten und Erkundung des Altiplano (Andenplateau): Von Lima geht's mit dem Flugzeug nach Cusco und dann für die ersten drei oder vier Tage zur Akklimatisierung ins **Heilige Tal**. Hier kann man den Markt von **Pisac** und die Ruinen besuchen sowie in **Moray** und **Maras** reiten. Übernachtet wird im ruhigen Inka-Dorf **Ollantaytambo**, in schicken Talresorts oder in den Pensionen der Gegend.

Von Ollantaytambo wandert man morgens zu den Ruinen oder besichtigt die kühlen Salinen von **Salineras**. Nachmittags startet ein Zug nach **Aguas Calientes**, wo ein schönes Abendessen (und möglichst frühe Bettruhe) lockt. Am nächsten Morgen geht's mit dem ersten Bus zur großartigen Stätte **Machu Picchu**.

Tags darauf reist man mit dem Zug für ein paar Tage nach **Cusco**. In der charmanten früheren Inka-Hauptstadt warten Stadtrundgänge, Museumsbesuche, die Pracht des spektakulären Inka-Tempels **Qorikancha** und die herausragende Küche auf einen.

Komfortable Touristenbusse (oder historische Züge) fahren zur Altiplano-Stadt **Puno**. Es bietet sich an, zu einem der fröhlichen, wilden Festivals mit Kostümen und Blaskapellen herzukommen. Ansonsten besucht man ein Folklorekonzert bei einer Dinnershow oder übernachtet auf dem ausrangierten Dampfschiff *Yavari*. Außerdem lohnt ein Tagesausflug zu den Grabtürmen der Colla-, Lupaca- und Inka-Kulturen in **Sillustani** und **Cutimbo**, der sich mit einem Abstecher ins zauberhafte **Lampa** verbinden lässt.

Bei einer Bootstour auf dem **Titicacasee** kann man die Schilfinseln erkunden und sich auf der **Isla Amantaní** in traditionellen Familienhäusern einquartieren. Mit ein paar Tagen mehr Zeit geht's per Katamaran u. a. zu den bolivianischen Inseln **Isla del Sol** und **Isla de la Luna**. Die Tour endet in **Copacabana**, von wo Busse zurück nach Puno fahren. Nun steuert man die ländliche Küste der **Capachica-Halbinsel** mit einsamen Orten an, die noch tief in den uralten Traditionen des Altiplano verwurzelt sind.

Anschließend fliegt man nach Lima, sollte sich aber aufgrund des trubeligen Großstadttreibens auf einen Kulturschock einstellen.

4 WOCHEN Das Amazonasbecken

Über die Hälfte der Landesfläche Perus ist von Dschungel bedeckt, in dem spektakuläre Tiere und Stammesvölker leben. Wenn man tief landeinwärts reist und sich von den Ostausläufern der Anden entfernt, taucht man in das Gebiet des Amazonasbeckens ein, das sich bis zum Atlantik erstreckt. Die komplette Reise dauert einen Monat, kann aber in ein- oder zweiwöchige Abschnitte unterteilt werden.

Eine beliebte Route führt von **Cusco** zur **Manu-Region** voll wunderbarer Dschungellodges. Lohnenswert ist auch ein Flug von Cusco nach **Puerto Maldonado**, wo man sich in einem strohgedeckten Bungalow am **Río Madre de Dios**, dem Tor zum **Lago Sandoval**, oder am **Río Tambopata** entspannen kann. Die trockenen Monate Juli und August sind die beste Zeit, um auf dem Landweg zurück nach Cusco zu reisen, obwohl die Straße befestigt wurde und eine Tour daher auch außerhalb dieser Monate möglich ist.

Alternativ konzentriert man sich auf den Norden und fliegt von Lima nach **Pucallpa**, das immer beliebter wird. Als Unterkünfte bieten sich die Lodges oder Bungalows im nahen **Yarinacocha** an. Rund um den hieisgen schönen Altwassersee verteilen sich mehrere Stammesdörfer. Viele davon können besucht werden, darunter die Siedlungen der matriarchalischen Shipibo, die für ihre Töpferwaren bekannt sind. Hartgesottene Traveller können von Lima aus auch eine andere, mehrtägige Flußstrecke nach Pucallpa nehmen: die über **San Ramón**, wo Kaffee angebaut wird.

In **Pucallpa** beginnt dann die klassische Tour mit einem langsamen Flussboot auf dem **Río Ucayali** nach **Iquitos**, dem größten Ort der Welt ohne Straßenzugang. Die nördliche Dschungelhauptstadt bietet einen schwimmenden Markt und einen belebten Hafen. Hier starten bequemere Fähren zum größten Nationalpark Perus, dem **Reserva Nacional Pacaya- Samiria**. Iquitos ist auch per Flugzeug von Cusco aus erreichbar. Ebenso verlockend ist eine Schiffsreise durch das **Dreiländereck** nach Brasilien.

Wer wenig Zeit hat, sollte fliegen, ansonsten kann man Wochen an dem gewaltigen Fluss verbringen und das Dschungelterrain erkunden. Geduld und Selbstvertrauen sind dafür die Grundvoraussetzungen – eine anständige Portion Glück schadet auch nicht.

2 WOCHEN Die Nordküste

Auf dem Weg Richtung Ecuador entdeckt man Strände und alte Zivilisationen.

Als erster Halt bietet sich **Caral** an, wo die älteste bekannte Zivilisation Südamerikas entstand. Dann folgen **Sechín** mit uralten Felsgravuren und **Trujillo**, in dessen Nähe Attraktionen wie die Moche-Pyramiden, die Überreste von Chan Chan und das Museo Arqueológico Municipal de Moche locken. Vor den Stränden von **Huanchaco** paddeln Surfer hinaus aufs Meer, während Fischer ihre Netze auswerfen. Weiter nördlich liegt der Surfspot **Puerto Chicama**.

Chiclayo beherbergt tolle Museen, in denen die Reichtümer von Sipán präsentiert werden, und **Piura** bietet Kunsthandwerkermärkte sowie tolle Restaurants. Die Medizinmänner von **Huancabamba** leben tief in den Anden versteckt und die besten Strände Perus befinden sich an der Pazifikküste weiter nördlich. In Ferienorten wie **Colán**, **Máncora** und **Punta Sal** kann man Meeresfrüchte schlemmen und die milden Nächte durchtanzen.

Die Reise endet in **Tumbes**, einem der Tore zu Ecuador und Ausgangsbasis zu den artenreichen Mangrovensümpfen Perus.

2 WOCHEN Wildnis & Ruinen

Hier erforscht man Ruinen und die Wunder des peruanischen Amazonasbeckens.

Von **Lima** aus reist man nach **Trujillo**, wo man die nahen Ruinen von Chan Chan und Huacas del Sol y de la Luna erkundet. Von Trujillo aus geht's über die malerische alte Landstraße nach Cajamarca. Unterwegs kommt man an den herrlichen Ruinen von **Marcahuamachuco** vorbei.

In **Cajamarca** wurde der Inka-Herrscher Atahualpa von den Konquistadoren gefangen genommen. Während der Trockenzeit führt die Tour weiter nach **Celendín und Leimebamba**, wo im dortigen Museum präkolumbianischen Mumien zu sehen sind. In **Chachapoyas** verbirgt der Nebelwald die Monolithenfestung Kuélap.

Von Chachapoyas reist man via **Pedro Ruíz** nach **Tarapoto** und wandert durch Wälder zu Wasserfällen. Danach fliegt man in die Dschungelstadt **Iquitos**. Alternativ steuert man Yurimaguas an, wo Frachtschiffe ins zwei Tage entfernte Iquitos starten und das Dorf **Lagunas** passieren, den westlichen Ausgangspunkt zur **Reserva Nacional Pacaya-Samiria** mit dem größten Flussbecken der Welt.

Reiseplanung

Outdoor-aktivitäten

Die Besteigung eisbedeckter Andengipfel, Raftingtouren in einer der tiefsten Schluchten, Surfen oder Wanderungen am Fuße eines schwelenden Vulkans sind nur einige der Möglichkeiten, die Perus abwechslungsreiche Landschaften bieten. Hier erlebt man Abenteuer!

Die besten Plätze zur Tierbeobachtung

Parque Nacional Manu

Der große Nationalpark (S. 504) im Amazonasbecken, eines der wildesten Schutzgebiete des Kontinents, beherbergt Jaguare, Tapire und Affen.

Cañón del Colca

Über der zerklüfteten, zweittiefsten Schlucht (S. 173) der Welt ziehen Andenkondore ihre Bahnen.

Islas Ballestas

Seelöwenkolonien und Pinguine beanspruchen diese felsigen Pazifikinseln (S. 122) vor der peruanischen Südküste für sich.

Parque Nacional Huascarán

In der hochalpinen Landschaft der Cordillera Blanca (S. 415) gedeihen riesige *Puya-raimondii*-Pflanzen, außerdem leben hier Vikunjas und Viscachas.

Tumbes

Ein seltener Mangrovenwald (S. 393) an der nördlichsten Spitze der Region bietet Krokodilen, Seevögeln, Flamingos und Krebsen eine Heimat.

Wandern & Trekking

Wanderschuhe gehören unbedingt ins Gepäck, denn die Vielfalt der Strecken in Peru ist schier überwältigend. Cusco und Arequipa in den Südanden sowie Huaraz im Norden sind die wichtigsten Trekkingzentren. Zahlreiche leicht begehbare Wege erstrecken sich rund um Ausgrabungsstätten, die gleichzeitig als Ziele anspruchsvollerer Routen dienen.

Da die Geschichte hier tiefe Spuren hinterließ, kann man zudem mit dem Mountainbike alten Pfaden der Inka oder einstigen Handelsstraßen durch terrassierte Felder folgen. Da zahlreiche Outdooraktivitäten noch in den Kinderschuhen stecken, hat man zu bestimmten Zeiten und mancherorts Berge, Sandstrände oder Ruinen ganz für sich allein.

Es gibt große Pläne für Qhapaq Ñan, das Inka-Straßensystem, das 2014 zur Welterbestätte ernannt wurde. Dieses umfasst unglaubliche 22 530 km und erstreckt sich von Kolumbien bis nach Chile und folgt noch dazu einer der malerischsten Strecken überhaupt. Die Inka waren definitiv meisterhafte Straßenbauer. Die Streckenabschnitte über 4000 m sind aufgrund ihrer Abgeschiedenheit in besonders gutem Zustand. Tourismusveranstalter hoffen, dass nach dem UNESCO-Entscheid nun endlich mehr Geld in die oft vernachlässigten Wege investiert wird. **SA Expeditions** (☎in den USA 1-415-549-8049; www.saexpeditions.com) hat eine fünftägige Route von

VERANTWORTUNGSVOLLES TREKKING

- Kein offenes Feuer machen, sondern leichte Campingkocher benutzen und genügend Butangaskartuschen dabeihaben.
- Immer den Müll wieder mitnehmen.
- Die Verschmutzung von Wasserquellen durch Ausscheidungen von Menschen kann zur Übertragung vieler Krankheiten führen. Wenn es keine Toiletten gibt, sollte man die Fäkalien und das Toilettenpapier verbuddeln. Dazu gräbt man ein etwa 15 cm tiefes Loch mindestens 100 m von jedem Gewässer entfernt. Hinterher das Ganze mit Erde schließen und mit einem Stein beschweren.
- Zum Waschen biologisch abbaubare Seife verwenden und einen Wasserbehälter mindestens 50 m von jedem Gewässer aufstellen. Das Schmutzwasser anschließend weiträumig verschütten, damit es der Boden komplett filtern kann.
- Keine Wildtiere füttern.
- Einige Wege führen über Privatgrundstücke. Bevor man diese betritt, sollte man die Besitzer um Erlaubnis bitten und alle Gatter so hinterlassen, wie man sie vorgefunden hat.
- Kindern weder Geld noch Süßigkeiten oder Geschenke geben, weil man sie so zum Betteln ermutigt. Mittlerweile ist das an stark begangenen Wegen ein großes Problem. Wer helfen möchte, sollte direkt an Schulen vor Ort, Nichtregierungs- oder Freiwilligenorganisationen spenden.
- Zurückhaltend auftreten: Die Ausrüstung zahlreicher Wanderer kostet mehr, als viele Einheimische in einem Monat oder sogar im ganzen Jahr verdienen. Nachts verstaut man am besten alles im Zelt.

Castillo nach Huanuco Pampa im Angebot und weitere sind in Planung. Traveller sollten also die Augen nach neuen Trekkingmöglichkeiten auf dieser Route offenhalten.

Am berühmtesten ist der Inka-Trail nach Machu Picchu. Aufgrund der begrenzten Zahl an Genehmigungen sind die geführten Touren schon Monate zuvor ausgebucht. Wer nicht so weit im Voraus geplant hat, kann auf lohnenswerte alternative Strecken ausweichen. Zu den weiteren Möglichkeiten rund um Cusco zählt die spektakuläre Sechstagesroute rund um den Ausangate (6372 m), der über 5000 m hohe Pässe, an Alpakaherden vorbei und durch kleine, seit Jahrhunderten unveränderte Dörfer führt. Faszinierend ist auch die Wanderung zu der herrlich abgeschiedenen Inka-Stätte Choquequirao.

Vom nahe gelegenen Arequipa gelangt man schnell zu den beiden tiefsten Schluchten der Welt, dem berühmten Cañón del Colca und dem Cañón del Cotahuasi. Die Gegend wartet mit grandiosen Landschaften auf, außerdem sind die Wege leichter zu bewältigen als in manchen höheren Regionen. Während der Regenzeit, wenn einige Andenrouten unpassierbar sind, zeigt der Cañón del Colca stolz seine üppig grüne Pflanzenwelt. Die Umgebung eignet sich hervorragend für Trekkingtouren auf eigene Faust zwischen ländlichen Dörfern. Noch abgeschiedener und zerklüfteter ist der Cañón del Cotahuasi, den man am besten mit einem erfahrenen Guide und in der Trockenzeit besucht.

Außerhalb von Huaraz bietet die Cordillera Blanca tolle Ausblicke auf felsige schneebedeckte Bergspitzen. Ähnlich imposant ist die abgelegene, schroffe Cordillera Huayhuash. Zu den beliebtesten Touren gehört der viertägige Trip von Llanganuco nach Santa Cruz, bei dem man den 4760 m hohen, von eisbedeckten Gipfeln umgebenen Punta-Union-Pass besteigt. Mindestens eine Woche dauert die nördliche Umrundung des Alpamayo. Kürzere Exkursionen mit Übernachtung führen zu Basislagern, Bergseen und sogar über einen alten Inka-Pfad.

In Cusco und Huaraz (sowie teilweise in Arequipa) bieten verschiedene Unternehmen Ausrüstung, Guides und sogar *arrieros* (Maultiertreiber) an. Wer auf eine ultraleichte Ausrüstung Wert legt, sollte diese besser selbst mitbringen; das gilt besonders für Schlafsäcke, denn die meist älteren Leihartikel sind eher schwer. Ob man einen Führer benötigt, hängt vom Gebiet ab. Auf dem Inka-Trail sollte man keinesfalls auf einen verzichten, ebenso wenig in Gegenden wie der Cordillera Huayhuash, wo schon Raubüberfälle passiert sind. Glücklicherweise kann man aber viele Trekkingtouren auf eigene Faust angehen. Für die Hauptstrecken sollte man sich in der nächsten größeren Stadt mit topografischen Karten eindecken. Besonders gute Pläne bekommt man im Instituto Geográfico Nacional (IGN; S. 592) oder im South American Explorers Club (S. 47) in Lima.

Vor allen Touren muss man sich ein paar Tage Zeit für die Akklimatisierung nehmen, ansonsten leidet man schnell an der Höhenkrankheit.

Wanderungen in den Anden lohnen sich besonders während der Trockenzeit (Mai bis Sept.). Die Regenzeit (Dez. bis März) sollte man dagegen meiden, denn starker Niederschlag macht einige Strecken unpassierbar.

Bergsteigen & Klettern

Peru wartet mit den höchstgelegenen tropischen Bergen der Welt und entsprechend faszinierenden Kletterrouten auf. Vor einer Tour muss man sich allerdings unbedingt akklimatisieren. Die Cordillera Blanca mit ihren vielen schneebedeckten Fünftausendern ist eines der Top-Bergsteigergebiete Südamerikas. In der Andenstadt Huaraz gibt's jede Menge Reiseveranstalter, Guides und Informationen sowie die jeweils passende Leihausrüstung, wobei man für anspruchsvolle Trips seine eigenen Sachen mitbringen sollte. Die nahe gelegenen Berge Ishinca (5530 m) und Pisco (5752 m) eignen sich sowohl für Neulinge als auch für Profis, die hier kleine Touren zur Vorbereitung auf größere Herausforderungen wie den Huascarán (6768 m), Perus höchsten Berg, unternehmen. Schwierigere Bedingungen bieten der spitzzackige Alpamayo (5947 m) und der Yerupajá (6634 m), Perus zweithöchster Berg, der sich in der Cordillera Huayhuash erhebt. Immer beliebter wird das Eisklettern rund um Huaraz. Mehrere Ausrüster betreiben Übungshallen mit Kletterwänden, verleihen das nötige Equipment und organisieren Gruppentouren.

In Südperu können auch beherzte Anfänger die schneebedeckten Vulkangipfel rund um Arequipa erklimmen, darunter den El Misti (5822 m), einst eine Menschenopferstätte der Inka. Trotz seiner großen Höhe ist dies in erster Linie eine sehr lange, anstrengende Wanderung. Zu den weltweit leichtesten Sechstausendern zählt der Chachani (6075 m). Dennoch braucht man dafür Steigeisen, einen Eispickel und einen guten Guide. Reizvoll sind auch die Gipfel, die über dem Cañón del Colca aufragen.

Für Neulinge, die ihren ersten großen Berg besteigen möchten, bietet Peru keine optimalen Bedingungen. Einigen Guides mangelt es an Erfahrung sowie Grundkenntnissen in Erster Hilfe oder für Such- und Rettungsaktionen in der Wildnis. Man sollte ihre Referenzen sorgfältig prüfen und sich für einen persönlich empfohlenen Führer entscheiden. Bevor es losgeht, ist zudem die gründliche Kontrolle der Leihausrüstung nötig.

Ebenso wie für Trekkingtouren eignet sich für das Bergsteigen in großen Höhen am besten der Höhepunkt der Trockenzeit zwischen Mitte Juni und Mitte Juli.

Rafting & Kajakfahren

Wildwassertouren, die sowohl wenige Stunden als auch bis zu zwei Wochen dauern können, erfreuen sich in Peru immer größerer Beliebtheit.

Cusco wartet mit den meisten Möglichkeiten auf. Die Auswahl reicht von einem eher harmlosen mehrstündigen Trip auf dem Rió Urubamba über abenteuerliche Fahrten auf dem Rió Santa Teresa bis zu mehrtägigen Exkursionen auf dem Apurímac, Quellfluss des Amazonas, der zwischen Mai und November mit erstklassigen Bedingungen aufwartet. Bei Ausflügen auf dem Río Tambopata (Juni bis Okt.) gleitet man die östlichen Hänge der Anden hinab und lässt sich tagelang durch unberührtes Regenwaldgebiet treiben.

Arequipa ist ein weiteres Raftingzentrum. Hier wird vor allem der Río Chili befahren. Zwischen März und November findet täglich eine halbtägige Tour für Anfänger statt. Eine größere Herausforderung stellt der Río Majes mit Schwierigkeitsgraden der Kategorien II und III dar. An der Südküste unweit von Lima gilt der Lunahuaná als Topspot für Neulinge und Profis. Zwischen Dezember und April erreichen die Stromschnellen sogar den vierten Grad.

Rafting ist in Peru nicht reguliert. Jedes Jahr gibt's Tote, zudem sind einige Flüsse so abgelegen, dass Rettungsaktionen Tage dauern können. Manche Unternehmen verhalten sich nicht sehr umweltbewusst und hinterlassen schmutzige Ufer. Aus diesem Grund sollte man Exkursionen nur bei renommierten Agenturen buchen, auf keinen Fall bei Billiganbietern. Gute Veranstalter sind versichert, zeigen Kunden ihre Lizenz, beschäftigen erfahrene Guides mit Erste-Hilfe-Ausbildung und haben einen Verbandskasten an Bord. Unbedingt achten sollte man auf professionelle Ausrüstung wie sogenannte *self-bailing rafts* (drehen sich von selbst wieder, wenn sie umkippen), von der US-Küstenwache geprüfte Schwimmwesten, erstklassige Helme und Ersatzpaddel. Einige Veranstalter schicken einen Kajakfahrer als Rettungsprofi mit auf die Tour.

Mehr über die Sportart erfährt man unter www.peruwhitewater.com.

Surfen, Kitesurfen & Stehpaddeln

Perus beständige Wellen ziehen sowohl einheimische als auch internationale Surfer an. Gute Bedingungen herrschen an der gesamten Küste südlich von Lima. Kitesurfen und Paddleboarding werden immer beliebter.

Bei Miraflores (auch als Waikiki bekannt), Barranquito und La Herradura reiten Surfer auf beliebten Point und Beach Breaks. La Herruda wartet mit einer tollen linksläufigen Brandung auf, platzt aber manchmal aus allen Nähten. Insider bevorzugen die einsameren Strände weiter südlich in Punta Hermosa. In der Nähe liegen Punta Rocas, Schauplatz jährlicher nationaler und internationaler Wettbewerbe, und Pico Alto mit einer der höchsten Wellen in Peru (nur für Kenner). Hinter der Península de Paracas bietet Isla San Gallán eine erstklassige rechtsbrechende Welle (ebenfalls nur für Profis). Man erreicht die Insel ausschließlich per Boot – bei Hotelangestellten oder Fischern vor Ort nachfragen.

Auch die Nordküste wartet mit hervorragenden Bedingungen auf. Der berühmteste Surfspot ist Puerto Chicama. Hier ermöglicht die längste linksläufige Welle der Welt Ritte von mehr als 2 km Länge. Tolle Stellen findet man außerdem rund um Pacasmayo sowie in Pimentel und Santa Rosa bei Chiclayo. Lohnenswert sind auch Lobitos und Máncora.

Máncora eignet sich wunderbar zum Stehpaddeln und Kitesurfen, ebenso wie Paracas.

Von April bis Mitte Dezember muss man mit kaltem Wasser (15 °C) rechnen und braucht einen Neoprenanzug. Manche Surfer möchten das ganze Jahr über nicht auf ihre Schutzkleidung (2/3 mm Dicke reichen) verzichten, obwohl das Wasser von Januar bis März wärmer ist (bei Lima etwa 20 °C). An der Nordküste (nördlich von Talara) herrschen die meiste Zeit wärmere Temperaturen als 21 °C.

Normalerweise sind die Surfspots nicht überlaufen, aber leider mangelt es an Einrichtungen, überdies muss man für die Leihausrüstung tief in die Tasche greifen. An der Nordküste findet man eher Läden und Hostels, in denen man sich informieren, Bretter mieten und Tagestouren buchen kann, vor allem in Huanchaco. Wer häufig surfen möchte, bringt am besten sein eigenes Board mit.

Mehr Infos siehe unter www.peruazul.com, www.vivamancora.com und www.wannasurf.com (listet so ziemlich jede Welle in Peru auf). Surfspots und Wetterberichte gibt's unter www.magicseaweed.com und www.windguru.com.

Sandboarden

Sich die riesigen Wüstendünen in Huacachina und um Nazca an Perus Südküste mit dem Board hinunterzustürzen wird immer beliebter. Der Cerro Blanco (2078 m) bei Nazca gehört zu den am höchsten bekannten Sanddünen der Welt. Einige Hotels und Reiseveranstalter bieten Touren in *areneros* (Dünenbuggys) an. Man wird damit bis ganz nach oben gebracht und am Fuß der Düne wieder abgeholt. Allerdings sollte man die Fahrer sorgfältig wählen, da manche sehr rücksichtslos sind. Es gab sogar schon einen Todesfall.

Über die Sportart weltweit informiert das *Sandboard Magazine* unter www.sandboard.com.

Mountainbiken & Radfahren

Mountainbiken ist sehr beliebt in Peru, wobei die Sportart hier immer noch in den Kinderschuhen steckt. An spektakulärem Gelände mangelt es jedoch nicht. Einspurige Strecken für Anfänger und Profis gibt's in der Umgebung von Huaraz, Arequipa und sogar Lima. Wer über einige Erfahrung verfügt, sollte die Gegend rund um das Heilige Tal ansteuern oder sich die bergab führenden Routen in den Amazonasregenwald vornehmen, die jeweils von Cusco aus erreichbar sind. Einfache Wege erstrecken sich im Weingebiet um Lunahuaná und ab Chivay im Cañón del Colca.

Leihräder sind nur mit dem Nötigsten ausgestattet, wer also schwierige Touren plant, bringt am besten sein eigenes Rad mit. Die Transportbedingungen der Fluggesellschaften variieren, ein Vergleich lohnt sich also. Ersatzteile und Reparaturzeug gehören ebenfalls unbedingt ins Reisegepäck.

Radfahren ist in Lima beliebt, ausgewiesene Radwege in Miraflores und ein ausgezeichneter Küstenradweg machen die Stadt zugänglicher als je zuvor.

Schwimmen

Die Küste vor der peruanischen Wüste lädt von Januar bis März zum Baden ein, denn dann ist das Pazifikwasser am wärmsten und der Himmel blau. Einige der beliebtesten Strände befinden sich gleich südlich von Lima. Wesentlich attraktiver sind die Orte an der Nordküste, darunter vor allem das entspannte Huanchaco, die Gegend rund um Chiclayo und die geschäftigen Jetsetresorts in Máncora.

Nördlich von Talara bleibt das Wasser immer warm. In der Nähe von großen Städten muss man mit verschmutzten Stränden rechnen. Vorsicht vor gefährlichen Strömungen!

Gerätetauchen

Weil das Wasser von April bis Mitte Dezember ziemlich kalt ist, sind die Möglichkeiten für Scuba Diving eingeschränkt. In den warmen Monaten wird die Sicht allerdings durch Zuflüsse aus den Bergen beeinträchtigt. Einige Unternehmen in Lima bieten PADI-Kurse (Professional Association of Diving Instructors) und die nötige Leihausrüstung an und organisieren Ausflüge zu Seelöwenkolonien. Auch Máncora ist eine gute Anlaufstelle.

Reiten

In vielen Touristenorten werden Pferde vermietet. Weil die Tiere nicht immer gut behandelt werden, sollte man sie sich vorher genau anschauen. Als tolles Erlebnis gilt ein Ritt auf einem der anmutigen peruanischen Paso-Pferde. Wie die Pferde der Konquistadoren stammen sie von königlichen spanischen und maurischen Zuchtlinien ab und sollen den sanftesten Gang der Welt haben. Reitställe in ganz Peru werben mit halbtägigen oder längeren Ausflügen, besonders im Heiligen Tal bei Urumbaba.

Paragliding

Beliebte Orte für einen Gleitschirmflug sind die Küstenfelsen von Miraflores, einem Stadtteil von Lima, und verschiedene Stellen entlang der Südküste wie Pisco und Paracas. Da es in Peru nur ein paar Anbieter gibt, sollte man das Abenteuer im Voraus über eine Agentur in Lima buchen.

Reiseplanung

Trekking auf dem Inka-Trail

Vor der Reise hat man sich wahrscheinlich die tiefen Schluchten ausgemalt und die verlassenen Zitadellen sowie Gipfel vorgestellt, die hier und da zwischen Nebelschleiern hervorlugen – und es ist wirklich ein unvergleichliches Gefühl, die jahrtausendealten Steintreppen dieser Route durch die Anden zu erklimmen. Logistisch kann der Trip aber eine Herausforderung sein, deshalb ist vernünftige Planung vor der Ankunft enorm wichtig.

Vorbereitung

Reisezeit

Geführte Touren werden ganzjährig durchgeführt. Nur im Februar ist der Inka-Trail wegen Säuberungs- und Ausbesserungsmaßnahmen geschlossen. Da es in dieser Zeit sowieso wie aus Eimern gießt, hätte man dann auch nicht viel Freude an einer Wanderung. Die kältesten, trockensten und daher beliebtesten Trekkingmonate sind Juni bis August. Mit der richtigen Ausrüstung ist die Route aber in jedem Monat ein echtes Erlebnis.

Wer keine Lust auf Menschenmassen hat, sollte sich vor oder nach der Regenzeit auf den Weg machen, also zwischen März und Mai (viel Grün, wunderbare Orchideenpracht und viele Vögel) oder von September bis November.

Womit man rechnen muss

Selbst wenn man keinen schweren Rucksack mitnimmt, muss man fit sein, um den Inka-Trail zu meistern. Dementsprechend heißt es in den Wochen vor der Reise regelmäßig Sport machen sowie zusätzlich ein paar Wanderungen und lange Spaziergänge unternehmen (dabei kann man auch gleich die Ausrüstung ausprobieren). Die

Alternative Routen nach Machu Picchu

Zwei Tage auf dem Inka-Trail

Diese geführte Tour mit einer Übernachtung (S. 47) deckt die Highlights der Strecke ab. Weil die Wandergenehmigungen limitiert sind, muss man früh genug buchen.

Lares-Tal-Route

Am besten mit Guide. Mehrtägige, flexibel gestaltbare Wanderung (S. 48) mit einem Schwerpunkt auf Kultur. Teilnehmer passieren niedliche Andendörfer und fahren per Zug von Ollantaytambo nach Aguas Calientes.

Salcantay-Route

Malerische, anspruchsvolle fünftägige Tour (S. 48) quer durch die Klimazonen vom Dschungel bis ins Hochgebirge (höchster Punkt: 4700 m). Mit oder ohne Guide.

Inka-Dschungel-Trail

Der geführte (S. 48) Trip via Santa Teresa nach Machu Picchu umfasst verschiedene Fortbewegungsmodi (Wandern, Radfahren, Rafting).

BOB POOL/SHUTTERSTOCK ©

Oben: Phuyupatamarka (S. 284)

Unten: Träger (S. 47), Inka-Trail

Wanderschuhe nicht erst auf dem Inka-Trail einlaufen! Während der Tour werden einem eventuell heiße Temperaturen und die Höhe zusetzen. In diesem Fall sollte man ein langsameres Tempo wählen.

Die Tour buchen

Wer den Inka-Trail von Mai bis August in Angriff nehmen will, muss die Tour mindestens sechs Monate im Voraus buchen. Ansonsten reichen oft ein paar Wochen aus, um die Genehmigung zu bekommen, doch darauf verlassen darf man sich nicht. Nur offizielle Veranstalter erhalten Wandergenehmigungen; Infos zur Verfügbarkeit siehe unter www.camino-inca.com.

Wer nicht hetzen will und Tiere sowie Ruinen sehen möchte, trifft mit der fünftägigen Wanderung eine gute Wahl. Weiterer positiver Nebeneffekt sind Übernachtungen auf weniger überfüllten Zeltplätzen, darunter das malerischste Camp von allen auf dem Phuyupatamarka (3600 m) am dritten Abend.

Es zahlt sich aus, die Planung gut zu durchdenken. Am besten klappert man mehrere Anbieter ab, bevor man sich für einen entscheidet. Sehr wichtig ist der Abschluss einer internationalen Reiseversicherung, die Abenteueraktivitäten abdeckt.

Bestimmungen & Gebühren

Der Inka-Trail ist die einzige Route rund um Cusco, bei der ein Guide obligatorisch ist. Aus diesem Grund muss man die Tour bei einem offiziellen Anbieter buchen. Die Preise dafür liegen zwischen 595 und 6000 US$ und höher.

Pro Tag dürfen immer nur 500 Personen (inklusive Guides und Träger) mit der Wanderung beginnen. Die heiß begehrten Genehmigungen gibt's nach dem Prinzip „wer zuerst kommt, mahlt zuerst". Man muss seine Passnummer angeben und seinen Pass auf die Wanderung mitnehmen, damit er an den Kontrollposten unterwegs vorgelegt werden kann. Wer die Buchung für die Genehmigung noch mit dem alten Ausweis vorgenommen hat und sich mit einem neuen auf die Reise macht, wird eventuell Scherereien haben.

Genehmigungen sind nicht übertragbar und nachträgliche Namensänderungen nicht möglich.

WASSER-TIPP

Wer auf dem Inka-Trail unterwegs ist, sollte am besten abends heißes Wasser in eine gut verschließbare Flasche füllen und diese als Wärmflasche mit in den Schlafsack nehmen. Bis zum Aufbruch am nächsten Morgen ist es auf eine angenehme Trinktemperatur abgekühlt.

Der richtige Veranstalter

Auch wenn es verführerisch ist, husch, husch eine Tour zu buchen, um sich dann dem nächsten Punkt auf der To-do-Liste zuzuwenden, sollte man die Optionen sorgfältig abwägen. Ein Denkanstoß für alle Sparfüchse: Günstige Preise kommen eventuell dadurch zustande, dass Guides und Träger schlechter bezahlt werden. Vielleicht ist aber auch die Ausrüstung von minderer Qualität (z. B. löchrige Zelte).

Leider heißt das im Umkehrschluss nicht, dass teurere Anbieter unbedingt besser sind, vor allem, weil die internationalen Tourveranstalter einen großen Teil des Gewinns abschöpfen und dann peruanische Agenturen mit der Durchführung der Ausflüge beauftragen. Am besten prüft man verschiedene Angebote, um sich ein Bild von Qualität und Service zu machen. Spricht der Guide Englisch (fließend oder nur gebrochen)? Was ist alles im Tourpreis inbegriffen (eine Auflistung verlangen)? Wie groß sind die Gruppen? Wie sieht es mit dem Transport aus? Unbedingt im Paket enthalten sein sollten das Zelt, Verpflegung, ein Koch, der Zutritt zu den Ruinen (einen Tag gültig) und das Zugticket (hin und zurück).

Wer bestimmte Lebensmittel nicht verträgt oder aus Überzeugung nicht essen will, sollte das vor Tourbeginn deutlich zum Ausdruck bringen. Veganer müssen sich auf jede Menge Quinoa und Linsen einstellen. Am besten versucht man vorab, vom Tourveranstalter eine schriftliche Bestätigung dafür zu erhalten, dass er auf die Wünsche der Teilnehmer eingehen wird.

Ebenfalls inbegriffen sind die Träger. Sie schleppen u. a. die Zelte und das Essen. Die eigene Ausrüstung und persönliche Gegenstände muss man selbst tragen, auch den Schlafsack. Weniger erfahrene Backpacker sollten überlegen, einen Träger zu engagieren, der ihre Ausrüstung trägt; das kostet nomalerweise etwa 50 US$ pro Tag bei einer Traglast von 10 kg.

Ob die Wanderung zum Erlebnis wird, hängt überdies von den anderen Mitgliedern der Gruppe ab. Man trifft tolle Leute aus aller Welt, allerdings hat jeder sein eigenes Tempo. Damit die Gruppendynamik nicht leidet, ist eine gewisse Kompromissbereitschaft unerlässlich.

Wer es gern ein bisschen exklusiver hat, kann für 1250 bis 2000 US$ pro Person eine private Tour mit einem unabhängigen offiziellen Guide buchen. Klingt erst mal teuer, doch Gruppen mit sechs oder mehr Teilnehmern kommen zuletzt vielleicht günstiger davon als bei einem Standardtrip. Weil die Preisspannen sehr groß sind, sollte man mehrere Anbieter vergleichen.

Die Rechte der Träger sind ein wichtiges Thema in Cusco und Umgebung. Wenn sie verletzt werden, erhebt das Ministerio de Trabajo (Arbeitsministerium) Bußgelder und entzieht Anbietern auch die Lizenzen.

Lonely Planet listet nur Veranstalter auf, die zum Zeitpunkt der Recherche nicht gegen die Gesetze zum Schutz der Träger verstoßen haben. Natürlich gibt es auch andere seriöse Anbieter, einige bieten auch andere Treks und Touren in Peru an.

Apus Peru (Karte S. 224; ☎084-23-2691; www.apus-peru.com; Cuichipunco 366; ⏲Mo–Sa 9–13 & 15–19 Uhr) Empfehlenswerter Veranstalter für den Inka-Trail und andere Treks, der auch konventionelle Touren im Angebot hat. Verantwortungsbewusst und bei Travellern beliebt. Das Unternehmen verbindet den Choquequirao-Trek mit dem Inka-Trail zu einer insgesamt neun Tage dauernden Tour vor spektakulärer Kulisse und mit einer immer beeindruckender werdenden Auswahl an Inka-Ruinen, die in Machu Picchu ihren Höhepunkt findet.

Amazonas Explorer (☎084-25-2846; www.amazonas-explorer.com; Av Collasuyu 910 Miravalle; ⏲Mo–Fr 9–17 Uhr) Professioneller, sozial und umweltbewusster, internationaler Anbieter mit erstklassiger Ausrüstung und Guides, der Raftingtouren auf den Ríos Apurímac und Tambopata anbietet. Hat auch fünftägige klassischeTrekking- sowie alternativen Touren im Angebot. Die zwei- bis zehntägigen Mountainbike-Abenteuer eignen sich hervorragend für Familien. Kinderfahrräder vorhanden.

Aventours (Karte S. 216; ☎084-22-4050; www.aventours.com; Plateros 456; ⏲Mo–Fr 9–13 & 16–19 Uhr) Verlässliches Unternehmen mit langjährigen Mitarbeitern.

Culturas Peru (Karte S. 216; ☎084-24-3629; www.culturasperu.com; Tandapata 354-A; ⏲Mo–Fr 9–17 Uhr) Kompetenter und seriöser Veranstalter in peruanischem Besitz, der auf Nachhaltigkeit Wert legt. Beliebt ist der zweitägige Inka-Trail.

Mountain Lodges of Peru (☎084-23-6069; www.mountainlodgesofperu.com) Betreibt Luxus-Lodges an abgelegenen Trekkingorten und bietet diverse Treks an, einschließlich Salkantay und Lares, die in Machu Picchu enden. Ohne öffentliche Niederlassung – alle Buchungen erfolgen online oder telefonisch.

Peru Eco Expeditions (☎084-60-7516, 957-349-269; www.peruecoexpeditions.com; Urb San Judas Chico II D-13; ⏲Mo–Fr 9–16 Uhr) Kleine Agentur, die sich auf Luxus und Abenteuer spezialisiert hat. Hat individuelle Expeditionen, Tagesausflüge, Wanderungen und Treks wie den Inka-Trail und den Rainbow Mountain (mit Mountainbike oder kulturellem Programm) in der gesamten Region und im Amazonasgebiet im Angebot. Befolgt nachhaltige Tourismuspraktiken, die von gefiltertem Wasser und 100%-iger Müllentsorgung während der Touren bis zu kultureller Sensibilität gegenüber lokalen Gemeinschaften reichen.

Wayki Trek (Karte S. 216; ☎084-22-4092; www.waykitrek.net; Quera 239; ⏲Mo–Fr 9–19, Sa bis 13 Uhr) Ein beliebter Inka Trail-Veranstalter, mit begeisterten Bewertungen seiner Kunden. Hat auch Choquequirao-, Salkantay- und Ausangate-Treks im Angebot. ISO-zertifiziert.

X-Treme Tourbulencia (Karte S. 216; ☎084-22-5875; www.x-tremetourbulencia.com; Plateros 364; ⏲Mo–Sa 9–13 & 16–20 Uhr) Empfehlenswerter Veranstalter mit Sitz in Cusco, der Multisport-Touren zu Machu Picchu über Santa Teresa, den Inka- und den Inka-Jungle-Trail, sowie Ausflüge nach Ausangate, Salkantay, Choquequirao und den Rainbow Mountain (mit Übernachtung) anbietet. Mehrsprachige Guides.

Ausrüstung

Da man auf dem Inka-Trail viele Steinstufen hinabklettern muss, empfiehlt sich die Nutzung von Wanderstöcken. Weitere praktische Reisebegleiter sind eine Erste-Hilfe-Ausstattung, Sonnenmilch, Sandalen oder bequeme Latschen für den Zeltplatz, eine Daunenjacke für bitterkalte Nächte, eine wasserdichte Jacke, ein warmer Hut und Handschuhe, ein Sonnenhut, ein kleines Reisehandtuch, gut eingelaufene Wanderschuhe, warme nahtlose Socken, Thermounterwäsche, ein Fleecepullover, eine Wasserflasche, Insektenschutzmittel, lange Hosen und eine Sonnenbrille. Der Rucksack muss auch voll bepackt bequem sitzen. Unterwegs gibt's keinen Strom, also gehören aufgeladene Akkus und Ersatz ins Gepäck.

Tourteilnehmer sollten ausreichend Trinkgeld in peruanischen Soles dabeihaben. Für einen Träger sind 100 S, für einen Koch 200 S angemessen.

Alternative Routen nach Machu Picchu

Weitere Informationen zu den hier beschriebenen Wanderungen liefert das hervorragende *Alternative Inka-Trails Information Packet* des South American Explorers Club (www.samexplo.org).

Zwei Tage auf dem Inka-Trail

Diese Kurzversion des Inka-Trails (10 km) vermittelt einen guten Eindruck davon, was einen auf der längeren Strecke erwartet. Sie ist ein ordentliches Workout und führt durch eine traumhafte Landschaft sowie zu den schönsten Ruinen und Terrassenfeldern der großen Tour.

Ab Km 104 geht's drei oder vier Stunden lang steil bergauf nach Wiñay Wayna, danach sind es noch etwa zwei Stunden auf relativ ebenem Terrain bis Machu Picchu. Vielleicht verbringt man noch ein paar Stunden zusätzlich auf dem Weg, um den Ausblick zu genießen und sich genauer

ZUM WOHL DER TRÄGER

Früher wurden Träger auf dem Inka-Trail sehr schlecht bezahlt, mussten aber riesige Lasten schleppen und schlechte Arbeitsbedingungen hinnehmen. Mittlerweile garantieren ihnen Gesetze einen Mindestlohn von 170 S, eine angemessene Ausrüstung für die Nacht und Verpflegung sowie die medizinische Behandlung bei Arbeitsunfällen. An den Kontrollpunkten auf der Route werden die Rucksäcke der Träger gewogen (das Limit sind 25 kg). Die Situation kann jedoch noch verbessert werden, was schon bei der Wahl des Tourveranstalters anfängt. Es gibt gewissenhafte Unternehmen, allerdings verlangen nur wenige den Preis, der für eine gut ausgestattete, organisierte und geführte Wanderexpedition realistisch wäre: wenigstens 595 US$. Günstigere Anbieter kürzen, wo es geht, und sehr oft sind es die Träger, die dabei zu kurz kommen – nicht nur auf dem Inka-Trail. Am besten entscheidet man sich daher für einen der renommierten Veranstalter.

Ein paar Tipps für unterwegs:

- Nicht zu viel einpacken, sonst muss ein Träger einen Teil übernehmen und dafür eventuell auf seine eigene (notwendige) Ausrüstung verzichten.
- Wenn die Träger im Speisezelt schlafen, sollte man dort abends nicht zu lange sitzen bleiben.
- Den Trägern auf jeden Fall ein Trinkgeld geben und auch den Köchen, wenn das Essen lecker war.
- Die Trinkgelder (in peruanischen Soles) den Empfängern persönlich in die Hand drücken.
- Wer gute Ausrüstungsgegenstände nach der Tour nicht mehr braucht, kann den Trägern damit eine Riesenfreude bereiten. Dazu gehören warme Schlafsäcke und Jacken, (Stirn-)Lampen, Taschenmesser etc.
- Wenn jemand schlecht behandelt wird, sollte man das bei dem Guide und der Agentur anmerken und eine Beschwerde bei iPerú einreichen (www.peru.info), entweder in einer Filiale oder online.

Die Führer und Anbieter werden jedes Jahr überprüft, aber manchmal dauert es eine Weile, bis sich die Ergebnisse herumgesprochen haben. Entsprechend wichtig ist das Feedback der Wanderer. Wer wissen will, wie der Trägeralltag wirklich aussieht, sollte den Dokumentarfilm *Mi Chacra* ansehen, der 2011 den Banff Film Festival Grand Prize erhalten hat.

umzusehen. Am besten nimmt man den frühesten Zug von Cusco nach Ollantaytambo.

Bei der zweitägigen Tour übernachtet man in Aguas Calientes und macht sich tags darauf auf den Weg nach Machu Picchu. Gewandert wird also eigentlich nur an einem Tag. Der Durchschnittspreis liegt für diese kurze Version des Trails bei 400 bis 535 US$.

Durch das Lares-Tal

Im bildschönen Lares-Tal verlaufen mehrere Routen nach Ollantaytambo. Los geht's an ein paar Thermalquellen, vorbei an ländlichen Andendörfern und weniger bekannten Inka-Stätten, Lagunen sowie Flussschluchten. Zuletzt nimmt man den Zug von Ollantaytambo nach Aguas Calientes. Auf der Strecke steht der kulturelle Aspekt im Vordergrund, nicht der sportliche, doch die Bergszenerie ist traumhaft und ein Pass immerhin 4450 m hoch.

Die Salkantay-Route

Diese längere, spektakulärere Route ist ein bisschen anspruchsvoller als der Inka-Trail. Ihr höchster Punkt liegt auf über 4700 m nahe dem beeindruckenden Gipfel des von einem Gletscher gekrönten Salkantay (6271 m; auf Quechua „Wilder Berg"). Von dort verläuft der Weg hinab in steile Subtropentäler. Bis Machu Picchu benötigt man fünf bis sieben Tage.

Die Luxusvariante von **Mountain Lodges of Peru** (☎84-26-2640; mountainlodgesofperu.com) umfasst hervorragend ausgebildete Guides und Übernachtungen in bequemen Lodges mit Jacuzzis im Freien. Zwischen der Haupt- und Nebensaison schwanken die Preise.

Der Inka-Dschungel-Trail: Machu Picchus Hintereingang

Veranstalter und Guides haben diesen zwei- bis fünftägigen Ausflug von Cusco über Santa Teresa nach Machu Picchu gemeinsam entworfen. Manche nennen es „Machu Picchu durch die Hintertür". Er kombiniert Wanderungen, Radtouren und Rafting. Länge und Aktivitäten variieren, doch das Grundgerüst ist immer gleich.

Der Trip beginnt mit einer vier- bis fünfstündigen Fahrt von Cusco zum Abra Málaga, einem hohen Pass (4350 m) zwischen Ollantaytambo und dem Amazonasbecken. Auf der Amazonasseite schwingt man sich aufs Mountainbike und radelt Richtung Santa María hinunter. Nach 20 km weicht die gepflasterte Straße einer unbefestigten Piste. Die Route ist unglaublich malerisch und führt auf insgesamt 71 km von der Gletscherzone in die Tropen.

Bei manchen Anbietern werden die 23 km von Santa María nach Santa Teresa zu Fuß zurückgelegt, bei anderen im Auto (1 Std.) – Letzteres mit dem Argument, dass die Wanderstrecke nicht sonderlich reizvoll ist, dabei umfasst sie ein kurzes Stück „Inka-Autobahn", den sogenannten *camino de hierro* (Eisenstraße), aus der Zeit vor der spanischen Eroberung.

In Santa Teresa erwarten einen die Cocalmayo-Thermalquellen. Manche Agenturen haben außerdem einen Raftingausflug nahe Santa Teresa oder Ziplining in Cola de Mono im Programm.

Von Santa Teresa aus kann man die letzten 20 km (12 km entlang der Zuggleise) nach Machu Picchu laufen. Die Flusslandschaft ist ganz nett, aber nichts Besonderes, überdies muss man mit Staub und Hitze rechnen. Alternativ nimmt man den Bus oder Zug. Zurück nach Cusco gelangt man auf demselben Weg, kommt aber mit dem Zug durchs Heilige Tal viel schneller voran.

Die Tour gibt's in zahlreichen Varianten, allerdings sind bei den extrem abgespeckten Hotel und Eintrittstickets eventuell nicht enthalten (immer das Kleingedruckte lesen). Wie teuer die Tour ist, hängt von der Qualität der Räder, den Guides und dem Transportmodus nach Aguas Calientes (zu Fuß oder mit dem Zug) ab. Eine dreitägige Tour kostet ab 465 US$. Darin enthalten sind eine Machu-Picchu-Führung sowie die Hin- und Rückfahrt mit dem Zug ab Ollantaytambo.

Gravity Peru (S. 229) hat die besten Räder. Ebenfalls gute Kritiken erhalten **Reserv Cusco** (S. 233) und X-Treme-Tourbulencia (S. 46).

Reiseplanung

Mit Kindern reisen

Mit Kindern nach Peru zu reisen, kann einige Vorteile mit sich bringen. In Peru ist die Gesellschaft ganz auf Familien ausgerichtet und Kinder sind überall gern gesehen. Eltern kommen über ihren Nachwuchs leicht mit Einheimischen ins Gespräch, was hilft, kulturelle Barrieren abzubauen. Für die Kleinen kann eine Reise oft eine großartige Erfahrung werden, denn das Land hält viele Entdeckungen und Erlebnisse bereit.

Peru für Kinder

Peru ist sehr gastfreundlich, trotzdem müssen die üblichen Vorsichtsmaßnahmen ergriffen und vor der Reise unbedingt der Impfschutz überprüft werden. Für Kinder ist der Eintritt oft kostenlos oder ermäßigt.

Praktisch & Konkret

➡ **Öffentliche Verkehrsmittel** Kinder sind hier willkommen, oft stehen sogar andere Passagiere für Mütter mit Kindern auf. Die Kleinen dürfen meist kostenlos mit dem Bus fahren, wenn sie bei ihren Eltern auf dem Schoß sitzen.

➡ **Autofahren** Kindersitze werden von den Autovermietern nur selten gestellt. Am besten bringt man den eigenen von zu Hause mit.

➡ **Schwangere & junge Mütter** Für Schwangere gibt's ausgewiesene Parkplätze und Kassen in Lebensmittelgeschäften. Stillen in der Öffentlichkeit ist nichts Ungewöhnliches, allerdings sollte man die Brust dabei diskret bedecken.

➡ **Babysitter** Babysitter und Kinderclubs gibt's meist nur in gehobenen Hotels und Resorts.

➡ **Öffentliche Toiletten** Öffentliche Toiletten sind ungepflegt; am besten hat man immer Toilettenpapier dabei. Frauen dürfen kleine Jungen mit auf die Damentoilette nehmen, Mädchen auf der Männertoilette werden nicht toleriert.

➡ **Flüge** Kinder unter zwölf Jahren fliegen teilweise günstiger, Kinder unter zwei zahlen nur

Die besten Regionen für Kinder

Lima

Kids lieben den Parque del Amor und den Circuito Mágico del Agua sowie Marktbesuche und Familienunternehmungen im Freien.

Cusco & das Heilige Tal

Ob man die engen Gänge der uralten Stadt Cusco erforscht, über einen traditionellen Markt bummelt oder in luftiger Höhe die Via Ferrata erklimmt – in dieser Gegend gibt's für alle Altersgruppen etwas.

Die Küste

Badeorte wie Paracas und Huanchaco versprechen Strandvergnügen und Wellen. Dank des freundlichen, sonnigen Klimas kann man gut planen.

Machu Picchu

Was könnte spannender für Teenager sein als die rätselhaften Inka? Auch kleinere Stätten in der Nähe wie Ollantaytambo, Pisac und Maras ermöglichen faszinierende Entdeckungen.

10 % des Preises, wenn sie auf dem Schoß der Eltern sitzen.

Gesundheit & Sicherheit

In Peru sollte man besonders darauf achten, was die Kinder essen und trinken. Wasser sollte nur gefiltert bzw. in Flaschen abgefüllt getrunken und rohes Gemüse unbedingt gemieden werden, wenn es nicht mit Sicherheit gut zubereitet wurde, da Durchfall besonders für kleine Kinder gefährlich ist. Unter zwei Jahren sind sie außerdem besonders anfällig für Hepatitis A und Typhus, weil sie für eine Impfung gegen diese Krankheiten, die über kontaminierte Lebensmittel und Getränke übertragen werden können, noch zu jung sind.

Direkte Sonneneinstrahlung kann gefährlich sein, vor allem in der Höhe, deswegen müssen Kids grundsätzlich einen Hut tragen und mit UV-Creme eingeschmiert sein. Auch die Höhe an sich kann ein Problem sein, deshalb ist eine langsame Eingewöhnung ratsam. Mit unter Dreijährigen sollte man nicht in hohe Berglagen reisen. Am besten lässt man sich zu Hause vom Kinderarzt beraten, was man gegen Höhenkrankheit bei Kindern tun kann.

Kleinkinder unter neun Monaten haben nichts in niedrig gelegenen Dschungelgebieten zu suchen, da diese Altersgruppe nicht zuverlässig gegen Gelbfieber geimpft werden kann.

Alle Reisende in Malaria-Gebieten – auch Peru – sollten vor der Reise den Arzt aufsuchen und sich eine dem Alter und dem Risikofaktor des Reisegebiets entsprechende Malariaprohphylaxe verschreiben lassen. Derzeit werden für Perureisen Mefloquin, Doxycyclin und Atovaquon-Proguanil als Arzneimittel empfohlen, die mit einigen alters- und medikamentabhängigen Einschränkungen auch bei Kindern eingesetzt werden können. Einen Teil dieser Medikamente muss man schon zwei Wochen vor der Reise einnehmen – also entsprechend planen und frühzeitig zum Arzt gehen!

Insektenschutzmittel mit DEET können unbedenklich verwendet werden, aber die Konzentration sollte für Kinder nicht höher als 30 % sein, während für Erwachsene auch Mittel mit 50 % DEET als sicher gelten. Insektenschutzmittel sind für Kinder unter zwei Jahren nicht zu empfehlen; stattdessen kann man sie im Kinderwagen oder Tragetuch mit einem Moskitonetz schützen.

Aufgrund der vielen streunenden Hunde ist eine Tollwutimpfung empfehlenswert. Die meisten sind ungefährlich, aber um aggressive macht man besser einen Bogen.

Auswärts essen

Restaurants haben zwar keine speziellen Kinderkarten, aber viele bereiten kindertaugliche Gerichte zu oder erfüllen Sonderwünsche. Grundsätzlich kann man alle Speisen *sin picante* (nicht scharf) bestellen, und es ist kein Problem, ein Gericht für zwei Kinder oder einen Erwachsenen und ein Kind gemeinsam zu bestellen. Nicht mit dem Essen warten, bis der Hunger zu groß wird, denn der Service ist manchmal recht langsam. In einigen größeren Restaurants stehen Hochstühle zur Verfügung.

Abenteuer

Zug- oder Kanufahrten durch den Dschungel sind für Kinder oft ein großes Abenteuer. In ländlichen Gegenden ist möglicherweise der gemeindebasierte Tourismus ein Highlight und viele der Aktivitäten für Erwachsene können auch auf Kinder zugeschnitten werden. Angebote wie geführte Reitausflüge und Canyoning haben in der Regel ein Mindestalter (meist ab acht Jahren), eignen sich aber allesamt für Teenager. Auf einigen Flüssen werden Floating oder Rafting für Kids angeboten; vorher sollte man jedoch sichergehen, dass die Veranstalter Schwimmwesten und Neoprenanzüge in passenden Größen bereitstellen.

Highlights

Abenteuer

Rafting in der Nähe von Cusco (S. 228) Sich auf den zahmeren Wildwasserabschnitten vergnügen.

Cusco for You, Andenausläufer (S. 261) Reiten durchs Heilige Tal ist vor allem für ältere Kinder ideal.

La Calera, Cañón del Colca (S. 175) In den heißen Quellen planschen.

Action Valley, Heiliges Tal (S. 230) Ziplining zwischen Baumwipfeln.

Mirabici, Küste von Lima (S. 79) Auf den Küstenwegen von Miraflores Rad fahren.

Kuélap (S. 465) Jede Menge Ruinen erkunden.

Parque Nacional Manu (S. 504) Tiere im Amazonasgebiet beobachten.

Unterhaltung

Isla Taquile (S. 199) Bei einer Gastfamilie am Titicacasee wohnen.

Peruanische Feste Fiestas mit traditionellen Tänzen, Paraden und viel Spaß.

Sandboarding, Huacachina (S. 132) Riesige Dünen sorgen für aufregenden Wüstenspaß.

Essen gehen

Quintas in den Städten des Hochlands Andinische Resaurants mit riesigen Grills und Hinterhofatmosphäre.

Picknicks in ganz Peru Proviant in einer Bäckerei holen und dann auf einen Hügel mit weiter Aussicht.

Ideen für Regentage

Ludotecas in Lima und anderen größeren Städten Bildungszentren für Kinder.

Choco Museo In Lima (S. 61) und Cusco (S. 230) können Kids ihre eigene Schokolade herstellen, dekorieren – und natürlich vernaschen.

Reiseplanung

Reisezeit

Während der Sommermonate (Dez. bis Feb.) ist das Wetter am besten und Strandspaß garantiert, an der Küste herrscht jedoch das ganze Jahr über großer Andrang. In den regenreichsten Monaten von Dezember bis März sollte man das Hochland meiden. Ideal zur Erkundung von Cusco und Machu Picchu ist die Trockenzeit zwischen Juni und August, allerdings kommen dann besonders viele Touristen hierher.

Unterkunft

In fast allen Mittel- und Spitzenklassehotels können unter Zwölfjährige für einen günstigeren Preis im Zimmer ihrer Eltern schlafen. Kinderbetten bieten aber meist nur Luxusbleiben. Hütten bzw. Apartments, die es vor allem in Strandorten gibt, sind eine gute Wahl für Selbstversorger.

Was man mitbringen oder mieten sollte

- Wer mit einem Kleinkind unterwegs ist, muss sich vor der Weiterreise in ländliche Gegenden rund um Lima oder einer anderen Großstadt mit Windeln eindecken. Ebenso wenig fehlen sollten eine spezielle Reiseapotheke inklusive Fieberthermometer und natürlich das eine oder andere Lieblingsspielzeug. Milchpulver und Babynahrung sind vielerorts verfügbar.
- Es ist hilfreich, ein Desinfektionsmittel für die Hände mitzunehmen, da es in manchen Bädern und Toiletten keine Seife gibt.
- Am besten bringt man sein bevorzugtes Insektenschutzmittel von zu Hause mit. Vor Ort kann man sie zwar kaufen, aber Mittel ohne Zusatz von Giftstoffen sind seltener zu finden.
- Für den Fall der Fälle sollte man Mittel gegen Durchfall dabeihaben.
- Kinder benötigen gemütliche Outdoorkleidung, Badeklamotten, Sonnenhüte, eine gefütterte Jacke und warme Kleidung für kühle Tage und Nächte. Vor der Reise sicherstellen, dass sämtliches Schuhwerk angemessen und eingetragen ist. Für die Küste eignen sich Sandalen und Crocs.
- Eine günstige Digitalkamera oder ein Fernglas dürfen im Gepäck nicht fehlen.
- Kinderfahrräder mit Helmen sowie Surfausrüstung kann man vor Ort ausleihen.
- Mit Buggys kommt man außerhalb von Städten meist nicht allzu weit.
- Babytragen sind toll für Marktbesuche oder Wanderungen mit Kleinkindern und Babys ab sechs Monaten.
- Elektronische Spiele, iPads und Laptops sorgen in der Öffentlichkeit oft für Aufsehen. Man sollte sich gut überlegen, ob man sie überhaupt mitnimmt – und sie am besten nur im Hotel benutzen.

Vor der Reise

Die Kinder bei der Routengestaltung im Hinterkopf behalten oder von Anfang an in die Reiseplanung einbeziehen. Beim Mieten eines Autos vorab nach einem Kindersitz fragen, da diese nicht immer verfügbar sind. Gute Infos, Tipps und Anekdoten liefert der englischsprachige Lonely Planet Band *Travel with Children*.

Wer sich beim Reisen zeitlich nicht zu sehr festlegen möchte, kann in Peru viele Aktivitäten selbst noch wenige Tage im Voraus buchen.

Peru im Überblick

Peru ist ein kulturell und landschaftlich reiches Land, geprägt von Küstenwüste, gezackten Andengipfeln und dem üppigen Amazonas-Regenwald. Lima gilt als eine der fortschrittlichsten Städte auf dem Kontinent, zugleich pflegen die Menschen in entlegenen Gegenden jahrhundertealte Traditionen. Die Völker bilden ein buntes Mosaik: Sie ehren christliche wie indigene Götter, und während die junge Generation in den Clubs feiert, schlagen verfallene Ruinen den Bogen in die Frühgeschichte. Ein weiteres Highlight ist die peruianische Küche mit regional unterschiedlichen Gerichten, deren Zutaten von traditionell bis modern reichen. Willkommen in Peru, einem wahren Fest für die Sinne.

Lima

Essen
Kultur
Nachtleben

Novoandina & mehr

Limas kulturübergreifende Küche schafft aus traditionellen Zutaten moderne Kreationen. Die im September stattfindende Gastronomiemesse Mistura zieht eine halbe Million Besucher an.

Clubs & Katakomben

Mit ihren Katakomben aus der Kolonialzeit, Museen, Clubs und Kunstgalerien im alternativen *barrio* (Viertel) Barranco bietet die im 15. Jh. gegründete Stadt viel Kultur.

La Noche

Wenn die Sonne untergeht beginnt das lateinamerikanische Nachtleben – z. B. mit einem Pisco Sour in einer einfachen Bar oder einer edlen Lounge. Dann wird in den Clubs bis frühmorgens zu *cumbia*, House, Techno, Latino-Rock oder *reggaetón* getanzt.

S. 56

Die Südküste

Geschichte
Abenteuer
Wein

Historische Spuren

Vor den Inka hinterließen zwei Zivilisationen ihre Spuren an der Südküste. Die Nazca zeichneten Geoglyphen in die Wüste südlich von Ica und die Paracas begruben verzierte Stoffe in den Nekropolen bei Pisco.

Adrenalinkick

Lunahuaná hat tolle Rafting-Bedingungen, Huacachina und der Cerro Blanco, eine der höchsten Sanddünen der Welt, bieten sich für Sandboarding an. Surfer können mit einem Geländewagen neue Breaks an der Küste finden.

Wüstenwein

Die besten Trauben wachsen in der gut bewässerten Wüste im Süden. Neben der Wein- und Piscohauptstadt Ica bieten auch Lunahuaná (nahe Lima) und Moquegu (südlich von Arequipa) gute Tropfen.

S. 113

Arequipa & das Canyonland

Trekking
Architektur
Essen

Cañón del Colca

Trekking in Peru – da denken viele nur an den Inka-Trail. Doch wer Platzangst hat, sollte die einsamen Wege im Cañón de Colca und im Cañón de Cotahuasi testen.

Die Weiße Stadt

Arequipa gilt als eine der besterhaltenen spanischen Kolonialstädte in Lateinamerika, mit Gebäuden aus weißem Vulkangestein (*sillar*). Die Barockkirchen im Cañón de Colca sind weniger bekannt.

La Picantería

Lang vor Gastón Acurio wurden in Arequipa bereits Elemente der Quechua- sowie der spanischen und chinesischen Küche kombiniert. Das Ergebnis probiert man in den lokaltypischen Restaurants.

S. 150

Titicacasee

Feste & Events
Kultur
Ausflüge

Like a Virgin

Fantasievolle Kostüme und über 300 traditionelle Tänze – Puno feiert beim Virgen de Candelaria (2. Feb.) mit einer gigantischen Straßenparty die Schutzpatronin der Stadt. Das Event des Jahres!

Schilfinseln

Gemeindebasierter Tourismus zeigt das Leben an und auf dem gewaltigen blauen See in einer Höhe von 4000 m. Die Anrainer leben in einer anderen Dimension – Uros sind Inseln aus Schilf und die Isla Amantani ist ein ländliches Idyll.

Abgeschiedenes Titicaca

Man kann das Schutzgebiet der Isla Suasi besuchen oder ein paar Tage bei Einheimischen verweilen, um den zeitlosen Rhythmus des Titicacasees zu erleben.

S. 183

Cusco & das Heilige Tal

Ruinen
Abenteuer
Kultur

Historisches Heiliges Tal

Man kann in Pisac oder Ollantaytambo übernachten, um sich vor dem Finale – Machu Picchu – mit der Andenkultur vertraut zu machen.

Andinische Abenteuer

Von den Anden geht's per Mountainbike in den Dschungel, über einen Klettersteig einen Felsen hinauf oder rund um Ausangate durch die Wildnis. Cusco rüttelt an Huaraz' Thron als Abenteuerzentrum.

Die Welt der Quechua

Das Erbe der Inka lockt – aber auch die heutigen indigenen Kulturen haben viel zu bieten. Man sollte sich für gemeindebasierten Tourismus entscheiden, ein Festival besuchen oder der Lares-Route durch einsame Dörfer folgen.

S. 212

Zentrales Hochland

Architektur
Ausflüge
Feste & Events

Kolonialstädte

Zwar fehlt es in Städten wie Ayacucho und Huancavelica an Mitteln für die Instandhaltung, dafür gewähren sie bessere Einblicke in die Kolonialzeit, da sie frei von Ladenketten sind.

Abseits ausgetretener Andenpfade

Mit ächzenden Bussen geht's wie in alten Zeiten entlang gähnender Abhänge durch spektakuläre Schluchten zu Ortschaften und Ruinen, zu denen so gut wie nie Touristen vorstoßen.

Semana Santa – die Heilige Woche

Hier steigen die schönsten religiösen Festivitäten Südamerikas – jeden Tag ist ein anderes Tal dran. Besonders ausgelassen geht's in den Städten am Río Mantaro zu.

S. 299

Die Nordküste

Ruinen
Essen
Strände

Geschichte entdecken
Sich einmal wie Indiana Jones fühlen ... nichts leichter als das! In den Wüstenlandschaften an der Nordküste verbirgt sich unter fast jedem Sandkörnchen eine Ruinenstätte.

Ceviche genießen
Nirgendwo gibt's besseres Ceviche (roher Fisch in einer Marinade aus Zitrus und Chili, serviert mit Zwiebeln, Mais und Süßkartoffeln). Das Nationalgericht spielt eine wichtige Rolle in der kulinarischen Renaissance Perus.

Tolle Breaks, goldener Sand
Nachdem man bei Lobitos und Puerto Chicama einige der besten Breaks Südamerikas gemeistert hat, kann man an den Stränden von Vichayito und Punta Sal bei Mancora entspannen.

S. 342

Huaraz & die Cordilleras

Trekking
Outdoor
Ruinen

Trekking
Zwischen den majestätischen Gipfeln der Cordillera Blanca, Cordillera Negra und Cordillera Huayhuash verlaufen einge der besten Wanderwege Südamerikas, die durch die unterschiedlichsten postkartentauglichen Landschaften führen.

Aire Libre
Neben Wanderungen locken die Berge mit vielen weiteren Aktivitäten, die von Mountainbiking, Reitausflügen und Klettertouren bis zu richtigen Bergsteigerexpeditionen reichen.

Chavín de Huántar
Die UNESCO-Welterbestätte Chavín de Huántar ist eine der wichtigsten prähistorischen Ruinen Perus und eine nette Abwechslung zum üblichen Freizeitsportprogramm.

S. 399

Nördliches Hochland

Natur
Ruinen
Essen

Natur erleben
Der beeindruckende 771 m hohe Gocta-Wasserfall, ein Paradies für Vogelbeobachter und zahllose neue Ökolodges – das nördliche Hochland ist eine feste Größe für Outdoor-Abenteuer in Traumlandschaften.

Kuélap
Nur Machu Picchu ist noch beeindruckender als diese Ruinen. Sie verstecken sich in nebelverhangenen Wolkenwäldern nahe Chachapoyas und sind Grund genug, diese Ecke des Landes zu erkunden.

Tieflandaromen
Man schmeckt deutlich den Einfluss des Urwalds in der Küche aus Tarapoto und Chachapoyas, die langsam auch in Lima Einzug hält. Dazu gibt's lokaltypische Getränke aus wilden Wurzeln und Pflanzen.

S. 443

Amazonasbecken

Abenteuer
Tiere
Feste & Events

Abenteuerlust
Wandern durch Dickicht das nur mit einer Machete durchdrungen werden kann, Flüsse wie Entdecker des 17. Jhs. in Einbaumkanus befahren, an der Zipline durchs Blätterdach sausen – kurz: jede Menge Abenteuer!

Seltene Tiere
Nicht nur der Anblick von Anakondas, Jaguaren, riesigen Insekten und Farbtupfern in Form von rosa Flussdelfinen und Felsenhähnen (nur in den Wolkenwäldern von Manu), sondern auch die Suche nach ihnen ist ein Erlebnis.

Heiße Feste
Im Amazonasbecken steigen gleich zwei tolle Partys, und das praktischerweise kurz hintereinander im Juni: San Juan (Iquitos) und Selvámanos (Oxampampa)

S. 482

Reiseziele in Peru

Lima

☎ 01 / 9,75 MIO. EW.

Inhalt ➡

Gut essen

- ➡ Central (S. 96)
- ➡ Astrid y Gastón Casa Moreyra (S. 93)
- ➡ ámaZ (S. 95)
- ➡ La Mar (S. 97)
- ➡ Isolina (S. 99)

Schön übernachten

- ➡ Hotel de Autor (S. 86)
- ➡ Casa Cielo (S. 84)
- ➡ Second Home Perú (S. 87)
- ➡ Villa Barranco (S. 87)
- ➡ Quinta Miraflores (S. 83)

Auf nach Lima!

Wenn Nebel die Kolonialfassaden und Hochhäuser bedeckt, bleibt Limas Charme ein wenig verborgen. Die nach Kairo zweittrockenste Hauptstadt der Welt erstreckt sich an einem langen Küstenstreifen mit zerklüfteten Felsen und erinnert mit einer kräftigen Dosis *América Latina* an Südkalifornien. Besucher tauchen am besten einfach ins urbane Chaos aus hochaufragenden Wohnblocks neben Tempeln sowie schnellen Pazifikwellen vor verstopften Straßen ein.

Doch Lima ist auch weltgewandt: Neben prächtigen Museen mit hübschen Keramikarbeiten und innovativer Kunst wartet die Metropole mit feierlichen religiösen Prozessionen, die das 18. Jh. lebendig werden lassen, gut gefüllten und vor tropischen Rhythmen bebenden Nachtclubs und zahlreichen kulinarischen Highlights auf.

Geschichtsträchtig, herrlich chaotisch und voller ästhetischer Genüsse – all das ist Lima. Keine Frage: Diese Stadt sollte man sich nicht entgehen lassen!

Reisezeit

Lima

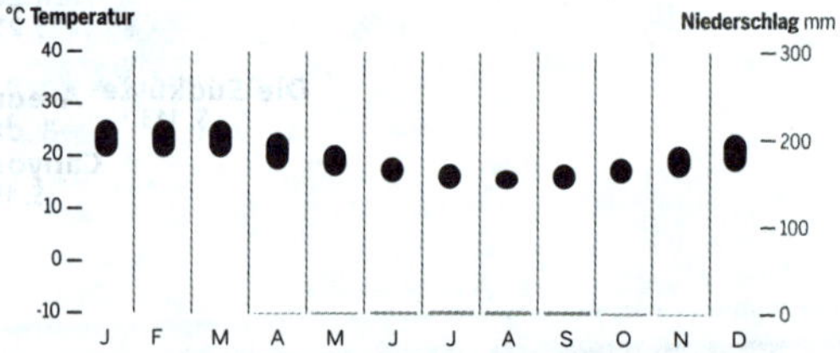

Ganzjährig Das milde, trockene Klima lädt ganzjährig zu einem Besuch der Hauptstadt ein.

Dez.–März Heiße Temperaturen, blauer Himmel sind ideal für Surf- und Strandtage an der Küste.

Ende Aug. Beim Santa-Rosa-de-Lima-Festival wird der ersten Landesheiligen gedacht.

Geschichte

Lima verbindet Tradition mit Moderne und hat bereits apokalyptische Erdbeben, Kriege sowie den Aufstieg und Fall von Kulturen überstanden. Nach jeder Zerstörung erlebte die unverwüstliche Stadt eine Art Wiedergeburt. In vorspanischer Zeit diente die Gegend abwechselnd den Lima, Wari, Ichma und den Inka als urbanes Zentrum.

Als der spanische Konquistador Francisco Pizarro 1535 die Grenzen seiner „Stadt der Könige" absteckte, lebten hier ca. 200 000 Einheimische. Anfang des 18. Jhs. hatte sich die baufällige spanische Siedlung aus Lehm und Holz in eine vizekönigliche Metropole verwandelt, von der Schiffsflotten das Gold der Eroberungszüge nach Europa transportierten. Nach einem verheerenden Erdbeben 1746, das große Teile der Stadt zerstörte, wurde sie wiederaufgebaut und mit barocken Kirchen und großzügigen *casonas* (große Häuser) versehen. An Bedeutung verlor Lima erst nach der Unabhängigkeit 1821, als andere Orte zu Hauptstädten der neuen unabhängigen Staaten ernannt wurden.

1880 plünderte und besetzte das chilenische Militär die Stadt während des Salpeterkriegs (1879–1883). Dabei erbeuteten die Eindringlinge auch Tausende von Büchern aus der Nationalbibliothek, die 2007 wieder zurückgegeben wurden. Nach dem Krieg folgte eine Phase der Expansion, und in den 1920er-Jahren durchzog Lima ein Netz aus breiten Boulevards nach Pariser Vorbild. Nach einem weiteren zerstörerischen Erdbeben musste die Stadt wieder einmal neu errichtet werden.

Mitte des 20. Jhs. wuchs die Einwohnerzahl sprunghaft an. Durch den Zustrom von Menschen aus ländlichen Gegenden stieg die Bevölkerung im Großraum Lima zwischen 1940 und 2007 von 661 000 auf 8,5 Mio. Besonders stark war die Migration in den 1980er-Jahren, als viele Menschen durch bewaffnete Konflikte in den Anden ihr Zuhause verloren. Slums schossen wie Pilze aus dem Boden und Lima erlebte einen steilen Niedergang, der 1992 in der Explosion tödlicher Autobomben im Mittelklasseviertel Miraflores gipfelte. Verantwortlich dafür war die Terroristenvereinigung Sendero Luminoso (Leuchtender Pfad).

Mittlerweile ist die Stadt in erstaunlichem Maße erneuert worden. Der stabilen Wirtschaft und einem großen Bündel an Verbesserungsmaßnahmen der Stadtregierung verdankt sie zahlreiche neu geteerte Straßen, sanierte Parks sowie mehr Sicherheit in öffentlichen Bereichen, vom blühenden kulinarischen und kulturellen Leben einmal ganz abgesehen.

Sehenswertes

Die meisten Museen befinden sich in der geschäftigen Innenstadt von Lima. Wer mehrere Tage hier ist, sollte sie unbedingt an einem Vormittag am Wochenende besuchen, denn dann ist fast nichts los. Die Stadtviertel Miraflores und Barranco sind gut zu Fuß zu erkunden, und es gibt überall hübsche Parks und Uferpromenaden, um sich zu erholen.

Centro Histórico

Die historische Altstadt von Lima am Südufer des Río Rímac ist ein Labyrinth enger Straßen, die noch aus dem 16. Jh. eines Francisco Pizarro stammen und mit den schönsten Kolonialbauten der Stadt gesäumt sind.

Dazwischen erheben sich immer wieder reich verzierte Barockkirchen. Leider sind nur wenige Kolonialvillen erhalten, da viele alte Gebäude Sanierungsmaßnahmen, Erdbeben und dem beständig feuchten Wetter zum Opfer fielen. Der beste Zugang zur Plaza de Armas ist die Fußgängerzone der Jirón de la Unión.

Plaza de Armas PLATZ

(Karte S. 60) Limas 140 m^2 große Plaza de Armas, auch Plaza Mayor genannt, war nicht nur das Herz der von Francisco Pizarro im 16. Jh. errichteten Siedlung, sondern auch das Zentrum des ausgedehnten spanischen Imperiums. Leider ist kein einziges Originalgebäude erhalten, aber dafür thront mitten auf dem Platz ein eindrucksvoller Bronzebrunnen von 1650.

Den Platz umgeben einige wichtige öffentliche Bauten: Im Osten liegt der **Palacio Arzobispal** (Erzbischöflicher Palast; Karte S. 60), 1924 im Kolonialstil errichtet, mit einem der schönsten maurischen Balkone der Stadt. Im Nordosten befindet sich der lange barocke Palacio de Gobierno.

Palacio de Gobierno PALAST

(Karte S. 60; ☎ 01-311-3908; www.presidencia.gob.pe; Plaza de Armas; ⊙ Führungen Sa & So 9 & 9.45 Uhr) Das grandiose Gebäude ist im barocken Stil gehalten, wurde aber erst 1937 errichtet. Es ist heute der Wohnsitz des peruanischen Präsidenten. Vor dem Eingang steht die schmucke Wache (deren Uniform an die französische Fremdenlegion um 1900

Highlights

1 In den innovativen **Restaurants von Miraflores** (S. 93) die Köstlichkeiten Perus genießen

2 Im **Nachtleben von Barranco** (S. 101) hochprozentige Cocktails mit Pisco (dem peruanischen Weinbrand) trinken – und zwar in schönen alten Bars, umgebauten Herrenhäusern und schicken Lounges

3 Im **Museo Larco** (S. 77) präkolumbische Meisterwerke von feinsten Wandteppichen bis hin zu kunstvollen Goldgeschmeiden bewundern

4 Die sandigen Ruinen von **Pachacamac** (S. 110) mit unzähligen grandiosen Tempeln entdecken

5 Mit dem **Gleitschirm** (S. 79) von den Klippen in Miraflores über die Wolkenkratzer der Stadt am Pazifik fliegen

6 In der historischen **Iglesia de Santo Domingo** (S. 65) die Schädel der berühmtesten Heiligen von Lateinamerika bestaunen

7 Zu Fuß oder mit dem Rad durch die üppigen **Küstenparks** (S. 79) auf den Klippen von Miraflores streifen

8 Bei **kulinarischen Touren** (S.80) Markt für Markt und Bissen für Bissen die Köstlichkeiten Perus entdecken

Cajamarquilla (12 km);
Puruchuco (13 km)
Associacion Museo del Automovil
SANTA ANITA
Carretera Central
McCheca Eguiguren
Av La Molina
Av J P Pringles
Universidad Agraria
Av R Ferrero
LA MOLINA
Cerro El Agustino (482 m)
Av N Ayllon
Vía de Evitamiento
Río Surco
Alameda del Corregidor
Club Golf Los Incas
Cerro San Cristóbal (409 m)
Av Ancash
Av Grau
EL AGUSTINO
Hipódromo de Monterrico
MONTERRICO
Cerro San Francisco (629 m)
Av Nicolas Arriola
SAN LUIS
Av Canada
Av El Polo
Av de Molina
Museo de Oro del Perú
Iglesia de Santo Domingo
Av 28 de Julio
LA VICTORIA
Parque Zonal Túpac Amaru
Museo de la Nación
Av Panamericana Sur
Av Manco Cápac
Av México
SAN BORJA
Av Javier Prado Este
Av Aviación
Av Primavera
SANTA BEATRIZ
Clínica SANNA San Borja
s. Karte Distrito de Lima & La Victoria (S. 64)
Av Brasil
Paseo de la República (Vía Expresa)
LINCE
SURQUILLO
Av A Benavides
La Casa de la Mujer Artesana Manuela Ramos
Paseo de la República (Vía Expresa)
Av Aramburu
Av República de Panamá
Av Santiago de Surco
4
Pachacamac (25 km)
JESÚS MARÍA
SAN ISIDRO
Av Arequipa
Av Benavides
SANTIAGO DE SURCO
Museo Nacional de Antropología
Lima Golf Club
Av Salaverry
Av S Carrión
s. Karte San Isidro (S. 70)
Av Jose Pardo
1
Miraflores
Lurín (28 km);
Ichimay Wari (35 km);
Punta Hermosa
Surf Hostel (42,5 km),
Hostal Hamacas
Punta Rocas (45 km);
Restaurante Rocio (51 km);
Hostal 110 (52 km)
Av Sucre
Policía Nacional Head Office
Cafe A Bistro
Cruz
Av Santa
s. Karte Miraflores (S. 72)
Av Jorge Chávez
2
Barranco
Mami Panchita
Museo Nacional de Antropología
Küsten-parks
7
5
Klippen von Miraflores
Playa Costa Verde
MAGDALENA DEL MAR
Av Aguilar Pastor
John Lennon Memorial
s. Karte Barranco (S. 76)
Playa Agua Dulce
Paseo de la República
Perú Divers
Av Huaylas
Malecón de Chorrillos
Wayo Whilar (8 km)
Mirasol
CHORRILLOS
PAZIFIK
Playa la Herradura
Playa la Chira
0
5 km

Centro Histórico

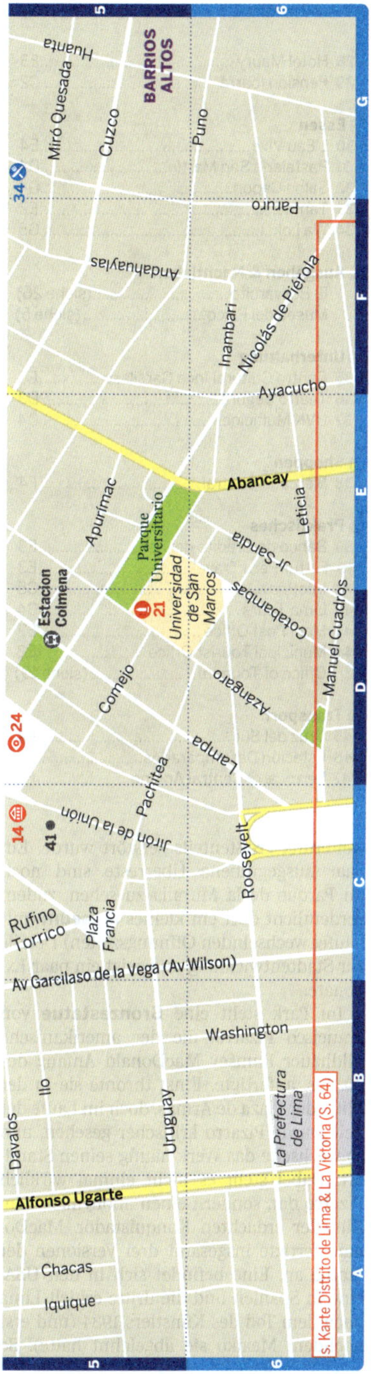

erinnert). Jeden Tag um 12 Uhr findet die Zeremonie des Wachwechsels statt, bei der „El Cóndor Pasa" von einer Blaskapelle als Militärmarsch gespielt wird und die Soldaten im Gänsemarsch über den Platz defilieren.

Im Rahmen von zwei Führungen am Samstag- und Sonntagvormittag kann der Palast besichtigt werden. Die Führungen müssen im Voraus gebucht werden. Die **Touristeninformation** (Karte S. 60; ☎ 01-311-3908; www.presidencia.gob.pe; ⌚ Sa & So 9–11 Uhr geöffnet) ist von Montag bis Donnerstag telefonisch erreichbar. Für die Führung ist ein gültiger Personalausweis vorzulegen.

Choco Museo MUSEUM

(Karte S. 60; www.chocomuseo.com/peru; Ecke Jirón Junin & Peatonal Carabaya; Workshop 45 Min. 50 S) In dem Haus aus dem 16. Jh. übernachtete schon der Befreier Perus General San Martín. Heute ist hier das Kakaomuseum untergebracht, das Workshops veranstaltet und Bioprodukte aus fairem Handel verkauft. In der Stadt gibt's weitere Zweigstellen des Museums.

La Catedral de Lima KIRCHE

(Karte S. 60; ☎ 01-427-9647; Plaza Mayor s/n; Museum 10 S; ⌚ Mo–Fr 9–17, Sa 10–13 Uhr) Neben dem Palacio Arzobispal thront die Kathedrale an jener Stelle, an der Pizarro 1535 die erste Kirche der Stadt errichten ließ. Ihre barocke Fassade ist erhalten, aber das heutige Bauwerk musste mehrmals neu errichtet werden: 1551, 1622 sowie nach den Erdbeben von 1687 und 1746. 1940 wurde die letzte große Restaurierung abgeschlossen.

Die Manie für alles Neoklassizistische im späten 18. Jh. führte dazu, dass im Inneren (so wie in den meisten Kirchen in Lima) nicht viel vom einstigen prachtvollen barocken Dekor erhalten blieb. Trotzdem gibt's eine Menge zu entdecken. In den Kapellen stehen über ein Dutzend fantasievoll gearbeiteter Altäre, und das schmucke hölzerne **Chorgestühl**, das im frühen 17. Jh. von Pedro de Noguera gefertigt wurde, gilt als Meisterwerk der Rokoko-Schnitzkunst. Im hinteren Teil der Kathedrale kann man in einem Museum Gemälde, Messgewänder und eine verwinkelte Sakristei bestaunen.

Am Haupteingang liegt die mosaikverzierte **Kapelle** mit Pizarros Überresten. Die Echtheit der Überreste wurde 1977 infrage gestellt, nachdem Arbeiter beim Reinigen einer Krypta mehrere Körper und eine versiegelte Bleikiste mit einem Schädel gefun-

Centro Histórico

Highlights
1 Iglesia de Santo Domingo E2

Sehenswertes
2 Casa Aliaga E2
3 Casa de Oquendo D2
4 Casa-Capilla de San Martín de Porres C2
5 Choco Museo E3
6 Iglesia de la Merced D3
7 Iglesia de las Nazarenas C3
8 Iglesia de San Agustín D3
9 Iglesia de San Pedro E4
10 Instituto Riva-Aguero D3
11 Jirón de la Unión D4
12 La Catedral de Lima E3
13 Monasterio de San Francisco F3
14 Museo Andrés del Castillo C5
15 Museo Central E3
16 Museo de la Cultura Peruana A4
17 Museo Taurino G1
18 Palacio Arzobispal E3
19 Palacio de Gobierno E2
20 Palacio Torre Tagle E4
21 Panteón de los Próceres D5
22 Parque de la Muralla F2
23 Plaza de Armas E3
24 Plaza San Martín D5
25 Santuario de Santa Rosa de Lima C2

Schlafen
26 Gran Hotel Bolívar C4
27 Hostal Bonbini D2
28 Hotel Maury E3
29 Pensión Ibarra C2

Essen
30 L'Eau Vive E4
31 Pastelería San Martín D4
32 Salon Capon G4
33 Tanta E2
34 Wa Lok G5

Ausgehen & Nachtleben
El Bolivarcito ..... (siehe 26)
Museo del Pisco ..... (siehe 5)

Unterhaltung
35 Centro Cultural Inca Garcilaso E3
36 Teatro Segura D3
37 UVK Multicines D4

Shoppen
38 Mercado Central F4

Praktisches
39 Banco de Crédito del Perú E3
40 Fertur Peru Travel E3
41 InfoPerú C5
42 Lima Tours C4
43 Main Post Office E2
44 Municipal Tourist Office E2
Office of Tourism ..... (siehe 19)

Transport
45 Cruz del Sur A4
46 Estación Desamparados F2
47 Ferrocarril Central Andino F2

den hatten. Sie trug die Inschrift „Dies ist der Kopf des Herrn Marquis Don Francisco Pizarro, der das Königreich Peru entdeckte und eroberte ...“ Nach einer Reihe von Tests befand ein US-amerikanischer Wissenschaftler, dass die bisher ausgestellten Überreste die eines unbekannten Kirchenbeamten sein mussten und stattdessen der gefundene Körper aus der Krypta mit brutalen Stichwunden, aber ohne Kopf, der von Pizarro sei. Der Kopf und Körper wurden daraufhin wieder vereint und in die Kapelle überführt, wo auch die Bleikiste mit der Inschrift ausgestellt ist.

Besucher können gegen Gebühr an einer der Führungen teilnehmen, die in verschiedenen Sprachen angeboten werden.

Parque de la Muralla PARK

(Karte S. 60; Amazonas, zw. Lampa & Av Abancay; ⏲9–21 Uhr) Im 17. Jh. war Limas Zentrum von einer *muralla* (Mauer) umgeben, die in den 1870er-Jahren im Zuge der Stadterweiterung größtenteils zerstört wurde. Ein paar ausgegrabene Überreste sind noch im Parque de la Muralla zu sehen, zudem verdeutlicht dort ein kleines **Museum** (mit häufig wechselnden Öffnungszeiten) Details zur Stadtentwicklung und zeigt ein paar Exponate.

Im Park steht eine **Bronzestatue** von Francisco Pizarro, die der amerikanische Bildhauer Ramsey MacDonald Anfang des 20. Jhs. anfertigte. Einst thronte sie in der Mitte der Plaza de Armas, doch im Laufe der Zeit wurde Pizarro kritischer gesehen, und so wechselte das Werk häufig seinen Standort. Dabei stellt es nicht einmal wirklich Pizarro dar, sondern einen anonymen, vom Künstler erdachten Konquistador. MacDonald fertigte insgesamt drei Versionen der Statue an. Eine befindet sich in den USA, eine in Spanien und die dritte erhielt Lima nach dem Tod des Künstlers 1934 (und erst nachdem Mexiko sie abgelehnt hatte). So steht „Pizarro" heute am Rand des Parks, ein stiller Beobachter der vielen verliebten peruanischen Teenager, die sich hier treffen.

Monasterio de San Francisco KLOSTER

(Karte S. 60; ☎01-426-7377; www.museocatacumbas.com; Ecke Lampa & Ancash; Erw./Kind unter 15 J. 15/3 S; ⏲9–20 Uhr) Das hellgelbe Franziskanerkloster samt Kirche ist bekannt für seine mit Knochen gefüllten **Katakomben** (sie enthalten ca. 70 000 sterbliche Überreste) sowie eine bemerkenswerte **Bibliothek**, die über 25 000 alte Texte verfügt; einige stammen aus der Zeit vor der spanischen Eroberung. Im Eintritt enthalten ist eine 30-minütige Führung auf Englisch oder Spanisch. Sie beginnt, sobald genügend Leute zusammengekommen sind.

Zu den weiteren Highlights des barocken Gebäudekomplexes gehört die geometrische **Kuppel** im maurischen Stil über der Haupttreppe, die 1625 aus nicaraguanischer Zeder gefertigt und 1969 restauriert wurde. Im **Refektorium** hängen zudem 13 Gemälde des hl. Jakob und seiner zwölf Söhne, die dem Atelier des spanischen Meisters Francisco de Zurbarán zugeschrieben werden.

Iglesia de San Pedro KIRCHE

(Karte S. 60; ☎01-428-3010; www.sanpedrodelima.org; Ecke Azángaro & Ucayali; ⏲Mo–Sa 8–12 & 17–20 Uhr) Die kleine barocke Kirche gilt als eines der schönsten Beispiele der frühen Kolonialarchitektur in ganz Lima. Seitdem sie 1638 von den Jesuiten geweiht wurde, hat sie sich kaum verändert. Sie ist reich verziert und verfügt über vergoldete Altäre sowie hübsche Schnitzereien und Kacheln im maurischen Stil.

Museo Central MUSEUM

(Karte S. 60; ☎ 265501-613-2000; www.bcrp.gob.pe/museocentral; Ecke Lampa & Ucayali; ⏲Di–Fr 10–16.30, Sa & So bis 13 Uhr) GRATIS Das in einem eleganten Bankhaus untergebrachte Museum präsentiert mehrere Jahrtausende peruanischer Kunst von präkolumbischen Objekten aus Gold und Ton bis hin zu einer Sammlung von Gemälden aus dem 19. und 20. Jh. Keinesfalls verpassen sollte man die Aquarellmalereien von Pancho Fierro im Obergeschoss, da sie einzigartige Einblicke in Limas Mode und das gesellschaftliche Leben im 19. Jh. geben. Zutritt nur mit Ausweis.

Palacio Torre Tagle HISTORISCHES GEBÄUDE

(Karte S. 60; ☎01-204-2400 4584; Ucayali 363; ⏲Sa & So 10–17 Uhr) Die am besten erhaltene alte *casona* von ganz Lima wurde im Jahre 1735 fertiggestellt. Sie hat Limas schönsten barocken Portikus sowie wunderbare Balkone im maurischen Stil zu bieten. Heute ist das historische Gebäude jedoch der Sitz des Außenministeriums und daher für die Öffentlichkeit auch nur sehr bedingt zugänglich.

Iglesia de la Merced KIRCHE

(Karte S. 60; ☎01-427-8199; Ecke Jirón de la Unión & Miró Quesada; ⏲10–12 & 17–19 Uhr) 1534 fand in Lima die erste lateinische Messe statt, und zwar auf dem kleinen Stück Land, wo nun die Iglesia de la Merced steht. Die Kirche wurde ursprünglich 1541 errichtet und im Verlauf der nächsten beiden Jahrhunderte mehrmals wiederaufgebaut. Heute datiert der Großteil des Gebäudes ins 18. Jh., darunter auch die imposante Granitfassade im Churriguerismus-Stil (ein sehr überladener Baustil des spanischen Spätbarock). Das Kirchenschiff säumen mehr als zwei Dutzend prachtvolle Altäre im Stil des Barock und der Renaissance, einige komplett aus Mahagoni.

Rechts vom Eingang hängt ein großes Silberkreuz. Es gehörte einst Pedro Urraca (1583–1657), einem Priester, dem die Heilige Jungfrau erschienen war. Gläubige Peruaner kommen hierher, um eine Hand auf das Kreuz zu legen und die Erhörung ihrer Gebete zu erbitten.

Instituto Riva-Aguero HISTORISCHES GEBÄUDE

(Karte S. 60; ☎01-626-6614; Camaná 459; Erw./Kind 12/1 S; ⏲Mo–Fr 10–13 & 14–19 Uhr) In der traditionellen *casona* Richtung Innenstadt ist ein kleines Museum für Kunst und Volkstraditionen untergebracht.

Iglesia de San Agustín KIRCHE

(Karte S. 60; ☎01-427-7548; Ecke Ica & Camaná; ⏲Mo–Fr 8–9 & 16.30–19.30 Uhr) Die Iglesia de San Agustín besitzt eine aufwendige Churriguerismus-Fassade (im Jahre 1720 vollendet) mit Steinfiguren von Engeln, Blumen, Obst und natürlich dem hl. Augustinus. Im düsteren Inneren kann man eine vom Bildhauer Baltazar Gavilán im 18. Jh. angefertigte kuriose Holzskulptur namens *La Muerte* (der Tod) besichtigen. Einer Legende nach starb Gavilán im Wahn, nachdem ihm sein eigenes gruseliges Werk mitten in der Nacht erschienen war. Am besten ruft man vor einem Besuch an, da die Statue oft an Ausstellungen verliehen wird.

Auch sollte man die recht kurzen Öffnungszeiten beachten!

Distrito de Lima & La Victoria

Distrito de Lima & La Victoria

Highlights
1 El Circuito Mágico del Agua C3
2 Museo de Arte de Lima B1

Sehenswertes
3 Museo de Arte Italiano B1
4 Museo de Historia Natural B4
5 Parque de la Cultura B2

Schlafen
6 1900 Backpackers B1
7 Lima Sheraton B1

Essen
8 Agallas D3
9 Cevichería la Choza Nautica A1
10 Rovegno B3

Unterhaltung
11 Brisas del Titicaca Asociacion Cultural B2
12 Centro Cultural de España B3
13 Estadio Nacional C3

Shoppen
14 Polvos Azules C1

Praktisches
15 Centro de La Mujer Peruana Flora Tristán C2
16 Clínica Internacional B1
17 Conadis C3
18 Instituto Nacional de Salud del Niño A2
19 Oficina de Migraciónes A1

Transport
20 Civa C2
21 Móvil Tours C2
22 Soyuz D4

Iglesia de las Nazarenas KIRCHE
(Karte S. 60; ☎01-423-5718; Ecke Tacna & Huancavelica; ⌚7–13 & 16–20.30 Uhr) Einst war dieses sagenumwobene Bauwerk Teil einer von Sklaven bewohnten Barackensiedlung aus dem 17. Jh. Einer von ihnen malte ein Bild der Kreuzigung auf eine Wand, die das verheerende Erdbeben von 1655 überdauert hatte. Im 18. Jh. wurde um die Wand eine Kirche errichtet, mit dem Gemälde als Kernstück des Altars. Seither ist diese mehrmals neu aufgebaut worden, aber die Mauer blieb immer erhalten.

Jedes Jahr am 18. Oktober wird eine Nachbildung des Werks, bekannt als *El Señor de los Milagros* (S. 81), in einer mehrtägigen Prozession herumgetragen, der sich Zehntausende Gläubige anschließen.

Santuario de Santa Rosa de Lima KIRCHE
(Karte S. 60; ☎01-425-1279; Ecke Tacna & Callao; ⌚8–12 & 17–20 Uhr) Die schlichte, terrakottafarbene Kirche an einer belebten Prachtstraße steht ungefähr an der Geburtsstätte der ersten Heiligen Amerikas, zu deren Ehren sie auch errichtet wurde. In dem einfachen Heiligtum im Garten betete und meditierte die hl. Rosa schon im 17. Jh.

Casa-Capilla de San Martín de Porres KIRCHE
(Karte S. 60; ☎01-423-0705; Callao 535; ⌚Mo–Fr 9–13 & 15–18, Sa 9–13 Uhr) Gegenüber dem Santuario de Santa Rosa de Lima erinnert dieses Gebäude, das heute als Zentrum für religiöse Studien dient, an die Geburtsstätte von San Martín. Die hellen Innenhöfe und die kleine Kapelle sind frei zugänglich.

Casa de Oquendo HISTORISCHES GEBÄUDE
(Karte S. 60; ☎01-427-7987; Conde de Superunda 298; ⌚Mo–Fr 9–12.45, 14–16.45 Uhr, Sa bis 12 Uhr) Die kornblumenblaue Casa de Oquendo ist ein baufälliges Haus, das Anfang des 19. Jh. errichtet wurde und zu seiner Zeit das höchste Haus der Stadt war. An klaren Tagen reicht der Blick vom zugehörigen Aussichtsturm bis nach Callao. Bei Voranmeldung werden Führungen für kleine Gruppen gegen eine Spende angeboten.

★ **Iglesia de Santo Domingo** KIRCHE
(Karte S. 60; ☎01-427-6793; Ecke Camaná & Conde de Superunda; Kirche kostenlos, Kloster 7 S; ⌚Mo–Sa 9–13 & 17–19.30 Uhr) Eine von Limas geschichtsträchtigsten religiösen Stätten, die Iglesia de Santo Domingo, erhebt sich mit ihrem großen **Kloster** auf einem Grundstück, das dem Dominikanermönch Vicente de Valverde zugesprochen worden war. Dieser hatte Pizarro auf seinem Eroberungszug begleitet und ihn dazu überredet, den gefangenen Inka-Herrscher Atahualpa exekutieren zu lassen. Die ursprünglich im 16. Jh. vollendete pinkfarbene Kirche wurde seither mehrmals wiederaufgebaut und verändert.

Berühmtheit erlangte sie vor allem als Ruhestätte der drei wichtigsten peruanischen Heiligen: San Juan Macías, Santa Rosa de Lima und San Martín de Porres (der erste schwarze Heilige des Kontinents). Ihre Gräber befinden sich im Kloster, einer riesigen Anlage mit zahlreichen Innenhöfen, die barocke Gemälde und alte spanische Kacheln zieren. Doch die interessantesten Reliquien sind in der Kirche selbst zu sehen: Ein Schrein rechts vom Hauptaltar birgt die Schädel von San Martín und Santa Rosa in Glaskästen.

Casa Aliaga HISTORISCHES GEBÄUDE
(Karte S. 60; ☎Lima Tours 01-619-6900; www.casadealiaga.com; Jirón de la Unión 224; Eintritt 30 S; ⌚9.30–17 Uhr, nur nach vorheriger Reservierung) In einer Seitenstraße unweit der Post versteckt sich die Casa Aliaga auf einem Grundstück, das Jerónimo de Aliaga, einem der Gefolgsmänner Pizarros, 1535 zugesprochen wurde. Hier leben bereits seit 16 Generationen de Aliagas Nachkommen. Von außen wirkt das Gebäude zwar eher unscheinbar, doch dafür ist das antik möblierte und mit Kacheln verzierte Innere sehr hübsch. Man kann es auch im Rahmen eines organisierten Ausflugs von Lima Tours (S. 107) besichtigen.

Jirón de la Unión HISTORISCHE STÄTTE
(Karte S. 60) Ende des 19. bzw. Anfang des 20. Jhs. war die Fußgängerzone Jirón de la Unión von der Plaza de Armas bis zur Plaza San Martín *der* Ort zum Sehen und Gesehenwerden. Inzwischen hat der Boulevard seinen aristokratischen Glanz längst verloren, doch die Hüllen der neokolonialen Gebäude sowie Art-déco-Häuser überdauerten die Zeiten. Vorsicht vor Taschendieben, die vor allem bei Straßenvorstellungen in den Menschenmengen ihr Unwesen treiben.

Plaza San Martín PLATZ
(Karte S. 61) Die Anfang des 20. Jhs. errichtete Plaza San Martín erwachte in den vergangenen Jahren zum Leben, nachdem die Stadt endlich ihren Park restauriert und die sie umgebenden kunstvollen französisch beeinflussten Bauwerke aufpoliert hat. Be-

LIMA IN ...

... zwei Tagen

Der erste Tag beginnt mit einem **Spaziergang** (S. 69) durch das koloniale Herz der Stadt. Mittags isst man *chifa* im **Wa Lok** (S. 91). Danach besucht man die Keramikausstellung der Chancay im wunderbaren Herrenhaus des **Museo Andrés del Castillo** (S. 66) und trinkt zur Happy Hour ein paar Pisco-Cocktails im **Museo del Pisco** (S. 100). Wer lange genug wartet, erlebt das farbenprächtig illuminierte Wasserspiel des **El Circuito Mágico del Agua**.

Am zweiten Tag bestaunt man die atemberaubenden präkolumbischen Textilien im **Fundacíon Museo Amano** (S. 71) oder die packende zeitgenössische Ausstellung über die inneren Konflikte Perus im **Museo de la Nación** (S. 68). Im **La Mar** (S. 97) isst man sich an *ceviche* satt und trinkt danach einen Espresso im **Cafe Bisetti** (S. 98), bevor man durch die Gärten auf den Klippen von **Barranco** (S. 75) spaziert oder den uralten Adobe-Tempel von **Huaca Pucllana** (S. 74) mitten in Miraflores besucht. Zurück in der Gegenwart gibt's zum Abendessen *novoandina* (neue Andenküche) in einem der vielen feinen Restaurants der Stadt.

... drei Tagen

Am dritten Tag besucht man das ausgezeichnete **Museo Pedro de Osma** in Barranco (S. 76) und bewundert die faszinierenden Gemälde der Cusco-Schule und Relikte aus der Zeit des Vizekönigtums. Gleich nebenan zeigt das **MATE** (S. 75) den Nachlass des wunderbaren Fotografen Mario Testino. Zum Mittagessen geht's ins **Isolina** (S. 99) oder **Colonia & Co** (S. 99), bevor man sich zum Einkaufsbummel in die Galerien und Boutiquen des Stadtviertels begibt. Alternativ bietet sich ein Tagesausflug nach **Pachacamac** (S. 110) mit seinen bis zu 2000 Jahre alten Ruinen an.

sonders schön ist der Platz bei abendlicher Beleuchtung. Er wurde nach dem Befreier Perus, **José de San Martín**, benannt, der hoch zu Ross in seinem Zentrum thront.

Wer sich der Statue nähert, entdeckt am Sockel die oft übersehene Figur der **Madre Patria**, Perus symbolische Mutter. Letztere wurde in Spanien gefertigt und sollte eigentlich eine Flammenkrone tragen, allerdings hat das Wort für Flamme *(llama)* im Spanischen eine doppelte Bedeutung - die tüchtigen Handwerker dachten sich also nichts Böses, als sie die Dame mit einem hübschen kleinen Lama krönten.

An der nordwestlichen Platzseite befindet sich das einst prächtige Gran Hotel Bolívar (S. 82) aus den 1920er-Jahren.

Museo Andrés del Castillo MUSEUM

(Karte S. 60; ☎01-433-2831; www.madc.com.pe; Jirón de la Unión 1030; Eintritt 10 S; ⏲Mo–Sa 9–18, So 10–18 Uhr) Das sehenswerte private Museum in einem gut erhaltenen, mit spanischen Kacheln ausgestatteten Kolonialhaus aus dem 19. Jh. zeigt eine umfangreiche Sammlung von Mineralien sowie Nazca-Textilien und Chancay-Keramik, auf denen teilweise Peruanische Nackthunde abgebildet sind.

Panteón de los Próceres DENKMAL

(Karte S. 61.; ☎01-427-8157; Parque Universitario; Eintritt 1 S; ⏲10–17 Uhr) Dieses Denkmal in einer kleinen, wenig besuchten Jesuitenkirche aus dem 18. Jh. erinnert an peruanische Kriegshelden, darunter den Quechua-Führer des 18. Jhs., Túpac Amaru II., der eine Revolte befehligte, bis zu José de San Martín, der das Land in den 1820er-Jahren in die Unabhängigkeit führte. In der mit Mosaiken ausgelegten Krypta ruhen die Überreste von Ramón Castilla, der das Land im 19. Jh. viermal als peruanischer Präsident lenkte. Der imposante barocke Altar aus dem 16. Jh. besteht aus ecuadorianischem Mahagoni.

Museo de la Cultura Peruana MUSEUM

(Museum für Peruanische Kultur; Karte S. 60; ☎01-321-5626; www.museos.cultura.pe/museos/museo-nacional-de-la-cultura-peruana; Alfonso Ugarte 650; Erw./Kind 6/3 S; ⏲Di–Sa 10–17 Uhr) Etwa sechs Blocks westlich der Plaza San Martín findet man an einer verkehrsgeplagten Durchgangsstraße das Museo de la Cultura Peruana, eine Fundgrube für peruanische Volkskunst mit kunstvollen *retablos* (Wandreliefs auf Heiligenkästen) aus Ayacucho, historischer Keramik aus Puno und Federschmuck aus dem Amazonasgebiet. Die Fassade des Gebäudes ist von der präkolumbischen Architektur inspiriert.

Parque de la Cultura PARK

(Karte S. 64) Ursprünglich als Parque de la Exposición bekannt, beherbergt dieser umgestaltete Park heute Gärten, ein kleines Amphitheater und zwei bedeutende Kunstmuseen.

★**Museo de Arte de Lima** MUSEUM

(Karte S. 64; ☎01-204-0000; www.mali.pe; Paseo Colón 125; Erw./Kind 30/15 S; ⏱Di, Do & Fr 10–19, Sa & So bis 17 Uhr) Limas wichtigstes Museum für schöne Künste, kurz MALI genannt, ist in einem eindrucksvollen Kolonialbau untergebracht, dessen Räume kürzlich renoviert wurden. Die Exponate reichen von präkolumbischen Artefakten bis hin zu zeitgenössischen Werken, außerdem gibt's Sonderausstellungen. Sonntags beträgt der Eintrittspreis nur 1 S. In Barranca soll bald eine Zweigstelle eröffnet werden.

Museo de Arte Italiano MUSEUM

(Museum für italienische Kunst; Karte S. 64; ☎01-321-5622; Paseo de la República 250; Erw./Kind 6/1 S; ⏱Mo–Fr 10–16.30 Uhr) Nördlich des MALI (S. 67) zeigt das Museo de Arte Italiano eine nicht sonderlich spektakuläre Sammlung italienischer Kunst aus dem 19./20. Jh. Am schönsten sind die glitzernden venezianischen Mosaiken an den Außenwänden.

★**El Circuito Mágico del Agua** BRUNNEN

(Karte S. 64; Parque de la Reserva, Av Petit Thouars, cuadra 5; Eintritt 4 S; ⏱Mi–So 15–22.30 Uhr) Dieses farbenprächtig illuminierte Wasserspiel beeindruckt sogar jene Weitgereisten, die glauben, längst alles gesehen zu haben. In der 120 m langen Fuente de la Fantasía (Fantasiebrunnen) wird ein Dutzend unterschiedlich hoher Fontänen von oben mit Laserlicht in allen Farben des Regenbogens beleuchtet. Das Schauspiel wird zudem mit Musik von peruanischen Walzern bis hin zu ABBA-Hits untermalt. Das muss man einfach einmal gesehen und erlebt haben.

Wenn die Fontänen tagsüber abgeschaltet sind, ist der Zutritt zum Brunnen kostenlos.

Museo de Historia Natural MUSEUM

(Naturkundemuseum; Karte S. 64; ☎01-619-7000-5703 ; http://museohn.unmsm.edu.pe; Arenales 1256, Jesús María; Erw./Kind 10/5 S; ⏱Mo–Sa 9–17, So 10–16.30 Uhr) Ein Block westlich der *cuadra* 12 und unweit der Avenida Arequipa steht am südlichen Rande des Parque de la Reserva das 100 Jahre alte Museo de Historia Natural, das zur Universidád de San Marcos gehört. Die recht kleine Sammlung von Tierpräparaten bietet einen guten Überblick über die Tierwelt in Peru. Es werden Führungen (50 S/Gruppe) in Spanisch, Englisch und Portugiesisch angeboten.

Rímac

Rímac kann ein sehr raues Viertel sein. Am besten besichtigt man die meisten Attraktionen per Taxi oder im Rahmen einer geführten Tour.

Convento de los Descalzos MUSEUM

(☎01-481-0441; Manco Cápac 202A, Alameda de los Descalzos; Eintritt 7 S; ⏱9.30–13 & 14–17.30 Uhr) Am Ende der imposanten Alameda de los Descalzos stößt man auf ein Kloster mit Museum aus dem 16. Jh. Es wird von den Descalzos („Barfüßer", ein Hinweis auf Franziskanermönche) geführt. Besucher können in der Küche alte Instrumente der Weinherstellung sowie ein Refektorium, eine Krankenstation, die Mönchszellen und 300 Gemälde aus der Kolonialzeit bewundern, darunter bemerkenswerte Ölbilder von Diego Quispe Tito, einem berühmten Künstler der Cusco-Schule. Wer Spanisch versteht, kann an einer der 45-minütigen Führungen teilnehmen. Taxis von der Plaza de Armas zum Kloster kosten mindestens 12 S.

Cerro San Cristóbal AUSSICHTSPUNKT

Der **Mirador** (Aussichtspunkt) auf dem 409 m hohen Hügel nordöstlich des Lima Centro bietet einen tollen Blick über ganz Lima bis hin zum Pazifik. Im Winter ist es aber meist nur neblig. Das riesige Gipfelkreuz von 1928 wird nachts beleuchtet und ist zum Wahrzeichen der Stadt geworden. Es ist auch das Ziel der Prozessionen in der Semana Santa (heilige Karwoche) und am ersten Sonntag im Mai. Es gibt auch ein kleines kostenloses **Museum**.

Seit einem tödlichen Busunfall dürfen Reisebusse und Taxis nicht mehr bis zum Gipfel hoch fahren.

Museo Taurino MUSEUM

(Stierkampfmuseum; Karte S. 60; ☎01-481-1467; Hualgayoc 332; Erw./Kind 5/3 S; ⏱Mo–Fr 9–16.30 Uhr) Limas Stierkampfarena Plaza de Acho wurde 1766 an dieser Stelle nördlich des Río Rímac gebaut. Hier kämpften schon die berühmtesten Toreros der Welt, darunter auch der legendäre Manolete aus Spanien. Bei den kostenlosen Führungen werden den Besuchern die chaotischen Sammlungen von Waffen, Gemälden, Fotos und goldbesetzten Umhängen der Stierkämpfer gezeigt.

Ost-Lima

Im Osten steigt die Stadt langsam an den Hängen der Anden empor. Hier befinden sich Regierungsgebäude und Wohnviertel.

Museo de la Nación MUSEUM

(Nationalmuseum; ☎01-618-9393; Av Javier Prado Este 2466, San Borja; ⏲ Di–So 9–17 Uhr) GRATIS In einem Betonturm untergebracht bietet dieses Museum einen Überblick zu Perus Kulturen, darunter Steinskulpturen der Chavín, ein *quipus* (Knotenseil zur Dokumentation von Daten) der Inka und Exponate aus der Kolonialzeit. Ein Muss ist die Dauerausstellung **Yuyanapaq**, benannt nach dem Quechua-Wort für „erinnern", mit ergreifenden Fotos zum Bürgerkrieg (1980–2000).

ORIENTIERUNG

Lima ist in über 30 Bezirke aufgeteilt mit Lima Centro als historischer Altstadt. Die Avenida Arequipa ist eine der wichtigsten Durchgangsstraßen, die in südöstlicher Richtung ins wohlhabende San Isidro, das moderne Küstenviertel Miraflores und bis nach Barranco im Süden führt.

Die Straßen in Lima können unterschiedliche Bezeichnungen haben. So ist z. B. die Avenida Arequipa auch als Garcilaso de la Vega oder Wilson bekannt. Einige Straßennamen kommen auch in mehreren Bezirken vor, sodass man bei Taxifahrten oder Ähnlichem immer noch das entsprechende Stadtviertel dazu nennen muss. Da sich die Straßennamen auch ändern können, werden hier immer die am häufigsten verwendeten angegeben.

Als wäre es nicht schon schwierig genug, eine Straße in einem bestimmten Viertel zu finden, helfen die hübschen Fliesenschilder obendrein auch nicht weiter, denn darauf stehen oft noch die längst vergessenen Namen aus der Kolonialzeit. Am zuverlässigsten sind immer noch die grünen Straßenschilder oder bekannte Wahrzeichen, an denen man sich orientieren kann.

Sie wurde 2003 von Perus Kommission für Wahrheit und Versöhnung eingerichtet.

Ab San Isidro verkehren Busse und *combis* (Minibusse) ostwärts entlang der Avenida Javier Prado Este Richtung La Molina.

Museo de Oro del Perú MUSEUM

(Goldmuseum von Peru; ☎01-345-1292; www.museoroperu.com.pe; Alonso de Molina 1100, Monterrico; Erw./Kind unter 11 J. 33/16 S; ⏲10.30–18 Uhr) Bis 2001 war das privat geführte Museo de Oro del Perú eine bedeutende Attraktion, doch dann enthüllte eine Untersuchung, dass es sich bei 85 % der Exponate aus Edelmetall um Fälschungen handelte. Daraufhin erfolgte eine Neueröffnung mit dem Versprechen, nun seien alle ausgestellten Stücke echt. Nichtsdestotrotz sind einige als „Reproduktionen" ausgewiesen, zudem ist die Ausstellung ungeordnet und schlecht beschriftet.

Spannender (und außerdem auch authentischer) sind die Gewehre, Schwerter und Pistolen in den labyrinthischen Räumen des **Waffenmuseums** im Erdgeschoss. Unter ihnen befindet sich sogar eine Schusswaffe, die einmal Fidel Castro gehört haben soll.

Wer sich die Sammlungen ansehen möchte, nimmt ein Taxi oder ein *combi* Richtung Nordosten auf der Angamos nach Monterrico und steigt einfach an der Puente Primavera aus. Von dort sind es bis zu den beiden Museen dann noch 15 Gehminuten gen Norden.

Asociación Museo del Automóvil MUSEUM

(Automobile Museum; ☎01-368-0373; Av La Molina, cuadra 37, Ecke Totoritas, La Molina; Eintritt 20 S; ⏲10–19 Uhr) Die Asociación Museo del Automóvil beeindruckt mit einer Sammlung klassischer Oldtimer, deren älteste Modelle aus dem Jahr 1901 stammen und die sowohl ein Modell T von Ford sowie einen Cadillac Fleetwood umfasst. Letzterer wurde von vier peruanischen Präsidenten genutzt.

San Isidro

Das wohlhabende San Isidro ist Limas Bankenviertel und eines der reichsten Viertel der Stadt. Inmitten der Wohnviertel stehen aber auch einige Sehenswürdigkeiten.

Espacio Fundacion Telefonica KUNSTZENTRUM

(Karte S. 71; ☎01-210-1327; http://espacio.fundaciontelefonica.com.pe; Av Arequipa 1155; ⏲Di–Sa 10–20, So 12–19 Uhr) GRATIS Das Kulturzentrum

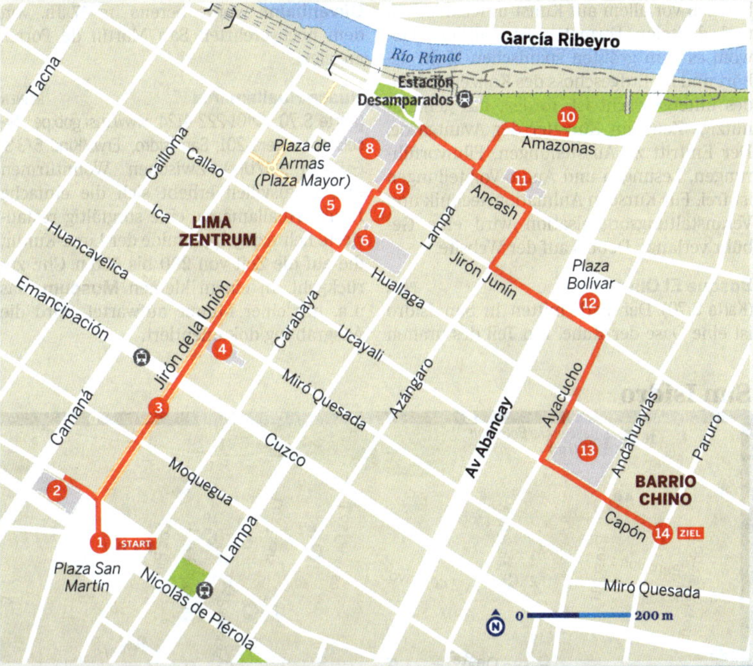

Stadtspaziergang
In Limas Zentrum

START: PLAZA SAN MARTÍN
ZIEL: BARRIO CHINO **LÄNGE/DAUER:** 3 KM, 2 STD.

Die Tour startet auf der 1 **Plaza San Martín** (S. 65) mit dem verblassten 2 **Gran Hotel Bolívar** (S. 82), dem besten Hotel der Stadt, in dem Stars wie Clark Gable und Mick Jagger schliefen. Die Fußgängerzone der 3 **Jirón de la Unión** (S. 65), einst Mittelpunkt aristokratischen Lebens, ist heute voller Kinos und Schuhgeschäfte. Auf der rechten Seite erhebt sich die 4 **Iglesia de la Merced** (S. 63). In der 1541 erbauten Kirche fand die erste Heilige Messe Limas statt. Beeindruckend sind die Altäre aus Mahagoni.

Am Ende der Prachtstraße ist die 5 **Plaza de Armas** (S. 57) mit Palmen und knallgelben Gebäuden. Zur Zeit der Vizekönige diente sie als Marktplatz mit Rinderpferch und Hinrichtungsstätte. In der 6 **Catedral de Lima** (S. 61) wurden einst die Überreste Pizarros in einem Bleikasten aufbewahrt. Der benachbarte 7 **Palacio Arzobispal** (S. 57) verfügt über Limas besterhaltene maurische Balkone. Am nordöstlichen Rand steht der Barockpalast 8 **Palacio de Gobierno** (S. 57), heute Sitz des Präsidenten. Mittags findet der Wachwechsel statt, zu dem eine Kapelle „El Condor Pasa" spielt. Auf der anderen Seite lohnt ein Stopp im 9 **Museo del Pisco** (S. 100) wit einem Pisco-Cocktail.

Die Rückseite des Palastes steht am Rímac. Folgt man dem Fluss gelangt man zum, 10 **Parque de la Muralla** (S. 62), der an die Überreste der Stadtmauer grenzt. Durch die Amazonas geht es zurück nach Lampa zum, 11 **Monasterio de San Francisco** (S. 63). In dessen Katakomben wurden Knochen in geometrischen Mustern verlegt. Auf der gegenüberliegenden Seite der Avenida befinden sich die 12 **Plaza Bolívar** und der Kongress. Man biegt in die Ayacucho ein und steht nach zwei Blocks vor dem 13 **Mercado Central** (Karte S. 60; ☎958-849-731; Ucayali 613; ⊙Mo–Sa 7–21, So 7–18 Uhr). Hier gibt's alles von Trikots bis hin zu Früchten. Durch die Capón erreicht man 14 **El Barrio Chino** (Chinatown), wo man sich in einem kantonesischen Lokal mit Tee und Essen stärken kann.

hat sich vor allem auf Kunst in technischen und digitalen Formaten spezialisiert. Obwohl es zum größten spanischen Multi gehört und im Erdgeschoss des Konzerngebäudes untergebracht ist, fördert das gemeinnützige Zentrum Künstler der Avantgarde. Der Eintritt zu Ausstellungen, Filmvorführungen, Lesungen und Audio-Vorstellungen ist frei. Für Kurse in Animationstechnik und Veranstaltungsorganisation wird eine Gebühr verlangt. Details auf der Website.

Bosque El Olivar — PARK

(Karte S. 70) Der Park mitten in San Isidro ist eine Oase der Ruhe. Ein Teil des uralten **Olivenhains** wurde bereits im 17. Jh. von dem hochverehrten San Martín de Porres angelegt.

Huaca Huallamarca — RUINEN

(Karte S. 70; ☎01-222-4124; www.msi.gob.pe; Nicolás de Rivera 201, San Isidro; Erw./Kind 5/3 S; ⏲Di–So 9–17 Uhr) Zwischen Wohntürmen und Luxusvillen erhebt sich die einfache Huaca Huallamarca, eine sorgfältig restaurierte Lehmziegelpyramide der Lima-Kultur, die auf die Zeit von 200 bis 500 n. Chr. zurückgeht. In einem kleinen **Museum**, das u.a. mit einer Mumie aufwartet, wird die Ausgrabung dokumentiert.

San Isidro

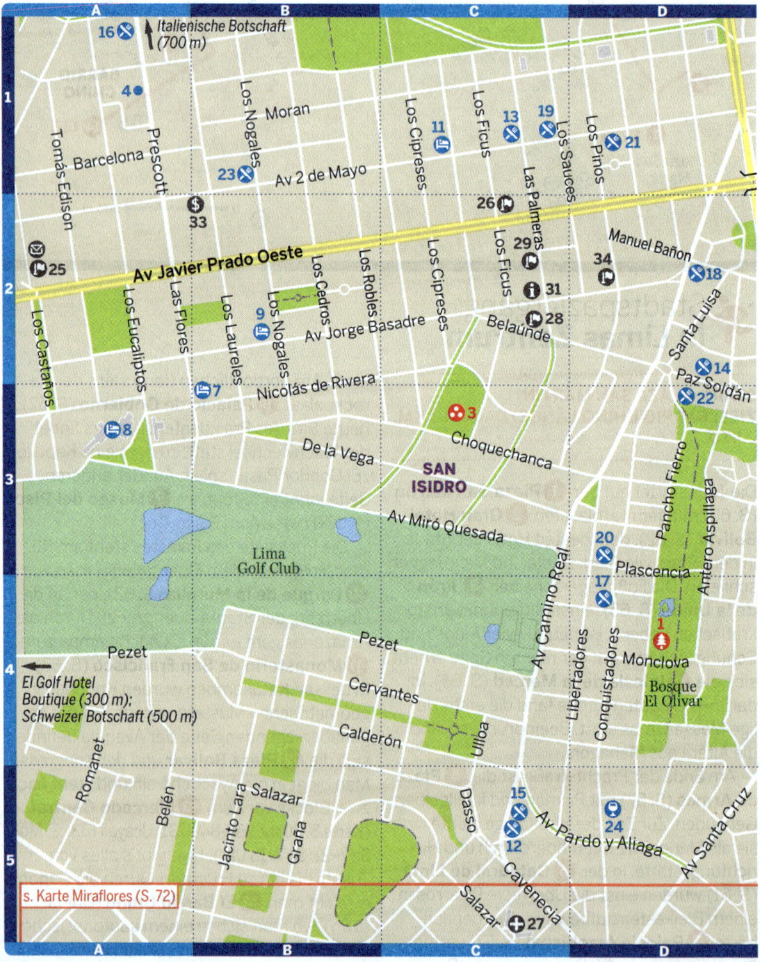

Miraflores

Das Küstenviertel Miraflores mit seinen vielen Geschäften, Restaurants und aktivem Nachtleben ist das moderne Zentrum der Stadt. Ein langer Grünstreifen zieht sich auf den zerklüfteten Klippen am Pazifik entlang.

★ Fundación Museo Amano MUSEUM
(Karte S. 72; ☎01-441-2909; www.museoamano.org; Retiro 160; ⏲10–17 Uhr) GRATIS Das gut gemachte Museum zeigt eine schöne private Sammlung von Keramiken, die zumeist von den Chimú und Nazca stammen. Außerdem verfügt es über eine bemerkenswerte Sammlung von Spitzen und Textilien des Küstenvolkes der Chancay. Wer möchte, kann an einer eineinhalbstündigen Führung in English, Portugiesisch oder Spanisch teilnehmen.

Impakto GALERIE
(Karte S. 72; ☎01-368-7060; www.galeria-impakto.com; Av Santa Cruz 857; ⏲Mo–Fr 17–20, Sa 9–17 Uhr) Durch die Glasfassade des modernen Kunstmuseums im ersten Stock eines düsteren Büroturms sieht man genug, um neugierig zu werden. In ständig wechselnden Ausstellungen werden nationale und internationale Künstler präsentiert.

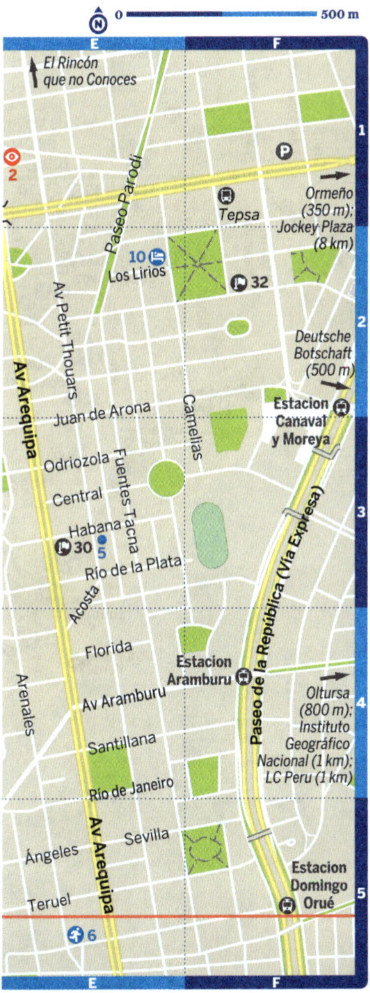

San Isidro

Sehenswertes
1 Bosque El Olivar ... D4
2 Espacio Fundacion Telefonica ... E1
3 Huaca Huallamarca ... C3

Aktivitäten, Kurse & Touren
4 Centro de Idiomas ... A1
5 InkaNatura ... E3
6 Inkaterra ... E5

Schlafen
7 Casa Bella Perú ... B3
8 Country Club Lima Hotel ... A3
9 Hotel Basadre Suites ... B2
10 Malka Youth Hostel ... E2
11 Suites Antique ... C1

Essen
12 500 Grados ... C5
13 Antica ... C1
14 Astrid y Gastón Casa Moreyra ... D2
15 Barra Chalaca ... C5
16 Coffee Road ... A1
17 Hanzo ... D4
18 Malabar ... D2
19 Punto Italiano ... C1
20 Segundo Muelle ... D3
21 Spizza ... D1
22 Tanta ... D3
23 Vivanda ... B1

Drinking & Nightlife
24 Bravo Restobar ... D5

Praktisches
25 Bolivianische Botschaft ... A2
26 Chilenische Botschaft ... C2
27 Clínica Anglo-Americana ... C5
28 Kolombianische Botschaft ... C2
29 Ecuadorianische Botschaft ... C2
30 Französische Botschaft ... E3
31 iPerú ... C2
32 Israelische Botschaft ... F2
33 Scotiabank ... B2
34 Spanisches Konsulat ... D2

Miraflores

A
B
C
D
1
2
3
4
5
6
7
Pescados Capitales (6 km)
Lugar de la Memoria (400 m)
Unanue
Av Ignacio Merino
Av Angamos Oeste
Parque Blume
Parque Baden Powell
Cochrane
Sucre
Salazar
Óvalo Gutiérrez
Av Santa Cruz
Meiggs
Arica
Parque Villena
Fundación Museo Amano
Retiro
Av Córdova
Av La Mar
Mendiburu
Av del Ejercito
Parque Correa Elías
Av Santa Cruz
Av Angamos Oeste
Chiclayo
Chiclayo
El Rosario
Piura
Iglesias
Av Espinar
Elías Aguirre
Av 2 de Mayo
Plaza Centro América
Ureta
27 de Noviembre
Chacaltana
Plaza Morales Barros
Varela
Juan Moore
Segura
Tupac Amaru
Martin Nápanga
Alfredo León
Roma
Ramón Zavala
Berlin
Bolognesi
Av Grau
José Gálvez
Av Aviación
Francia
Madrid
Av Jorge Chavez
Plaza Bolognesi
Italia
Tripoli
Venecia
Circuito de Playas
Parque Itzhak Rabin
Parque El Faro
Malecón Cisneros
Parque Raimondi
Paraport
Parque Intihuatana
Malecón de la
Playa Costa Verde
PAZIFIK

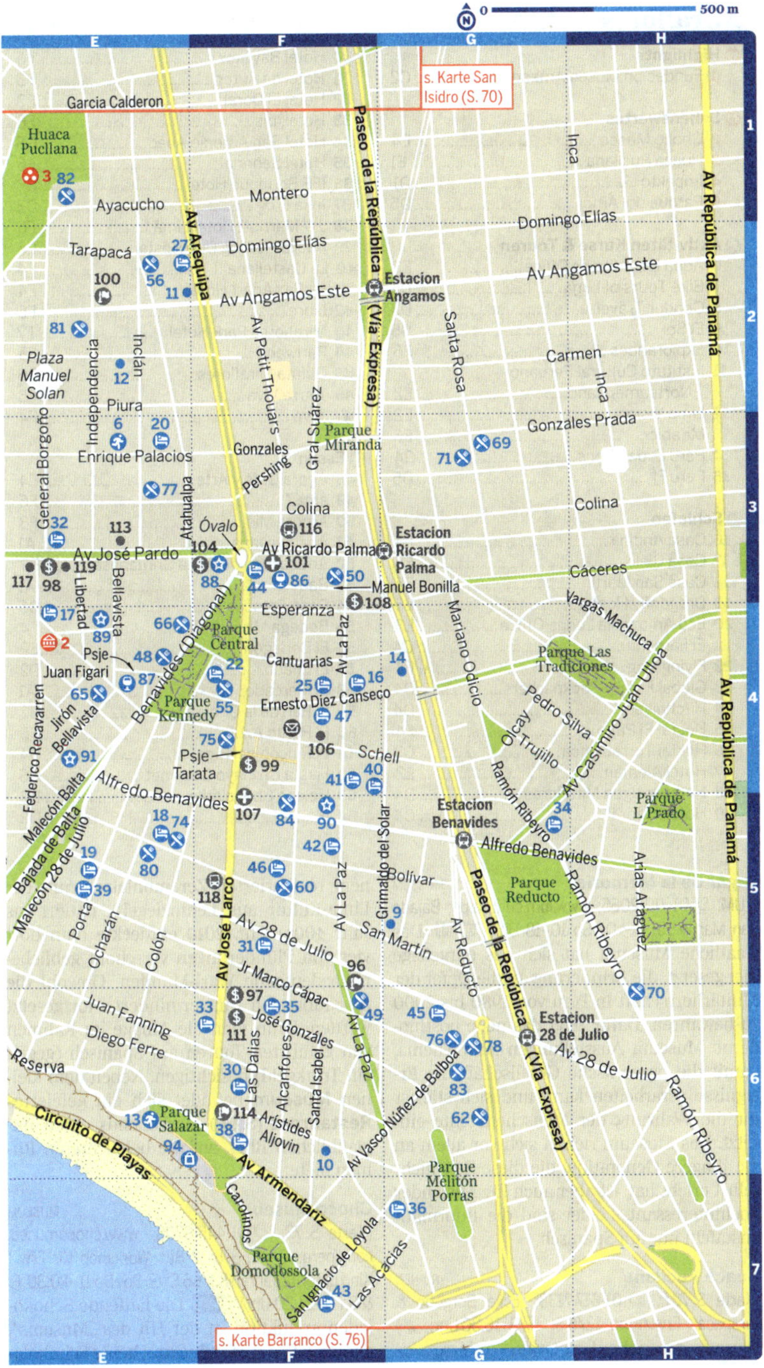

0
500 m
s. Karte San Isidro (S. 70)
s. Karte Barranco (S. 76)
Garcia Calderon
Huaca Pucllana
Ayacucho
Montero
Tarapacá
Domingo Elías
Av Angamos Este
Av Arequipa
Paseo de la República (Vía Expresa)
Estacion Angamos
Inca
Av República de Panamá
Av Petit Thouars
Plaza Manuel Solan
Independencia
Inclán
Piura
Santa Rosa
Carmen
Gonzales Prada
Gral Suárez
Parque Miranda
Enrique Palacios
Gonzales
Pershing
General Borgoño
Atahualpa
Colina
Óvalo
Av José Pardo
Av Ricardo Palma
Estacion Ricardo Palma
Cáceres
Libertad
Bellavista
Manuel Bonilla
Esperanza
Vargas Machuca
Parque Central
Benavides (Diagonal)
Cantuarias
Av La Paz
Parque Las Tradiciones
Psje Juan Figari
Av Casimiro Juan Ulloa
Ernesto Diez Canseco
Mariano Odicio
Pedro Silva
Parque Kennedy
Federico Recavarren
Jirón Bellavista
Olcay
Trujillo
Schell
Psje Tarata
Alfredo Benavides
Malecón Balta
Ramón Ribeyro
Parque L. Prado
Estacion Benavides
Bajada de Balta
Malecón 28 de Julio
Grimaldo del Solar
Bolívar
Parque Reducto
Arias Araguez
Porta
Av José Larco
Ocharán
Colón
Av 28 de Julio
San Martín
Av Reducto
Jr Manco Cápac
Juan Fanning
José Gonzáles
Estacion 28 de Julio
Diego Ferre
Reserva
Las Dalias
Alcanfores
Santa Isabel
Av Vasco Núñez de Balboa
Circuito de Playas
Parque Salazar
Arístides Aljovin
Av Armendariz
Carolinos
Parque Melitón Porras
Parque Domodossola
San Ignacio de Loyola
Las Acacias
E
F
G
H
1
2
3
4
5
6
7

Miraflores

Lugar de la Memoria MUSEUM

(LUM; ☎01-719-2065; www.lum.cultura.pe; Bajada San Martin 151; ⌚Di–So 10–18 Uhr) GRATIS Das staatliche Museum hat sich das ehrgeizige Ziel gesetzt, die Erinnerung an die Opfer der Militärherrschaft in Peru von 1980 bis 2000 zu bewahren. Dafür zeigt das neue postmoderne Museum Ausstellungen zum Thema, damit die peruanische Gesellschaft die Ereignisse verarbeiten kann und sich stärker für die Wahrung der Menschenrechte einsetzt. Das Museum richtet sich vor allem an die jüngere Generation, die diese Zeit nicht selbst erlebt hat, ist aber auch für Ausländer hochinteressant. Leider sind die Informationstafeln nur auf Spanisch.

Huaca Pucllana RUINEN

(Karte S. 72 f.; ☎01-617-7138; Ecke Borgoño & Tarapacá; Erw./Kind 12/6 S; ⌚9–16.30 Uhr; 📷) Diese *huaca* nahe dem Óvalo Gutiérrez, einem restaurierten Zeremonialzentrum der Lima-Kultur aus Lehmziegeln, datiert ins Jahr 400 n. Chr. 2010 entdeckte man dort vier von Plünderungen verschont gebliebene bedeutende Wari-Mumien. Obwohl die Ausgrabungen unvermindert fortgesetzt werden, kann man die Anlage im Rahmen von geführten Touren auf Spanisch (gegen ein Trinkgeld) besichtigen. Neben dem kleinen **Museum** befindet sich ein gefeiertes **Restaurant** (S. 96), das abends einen unglaublichen Blick auf die beleuchteten Ruinen bietet.

Choco Museo MUSEUM

(Karte S. 73; ☎01-445-9708; www.chocomuseo.com/peru; Berlin 375; 2 Std. Workshop für Erw./Kind unter 12 Jahren 83/66 S; ⌚So–Do 11–20.30, Fr & Sa 11–21.30 Uhr) GRATIS Die laufende Schokoladenproduktion ist der Hit des „Musems", das auch Schokofondue und heiße Schokolade aus fairem Handel verkauft. Das französische Unternehmen veranstaltet mindestens zweimal täglich einen Workshop zur Herstellung von Bioschokolade. Trüffel-Workshops müssen im Voraus gebucht werden, doch zu den anderen Workshops ist keine Anmeldung erforderlich.

Parque del Amor PARK

(Karte S. 72; Malecón Cisneros) Der Park hinter farbenfrohen Mosaikwänden direkt am Park ist ein beliebter Treffpunkt der Liebespaare. Dies wird auch durch die riesige Skulptur eines Paares in enger Umarmung deutlich.

Barranco

Anfang des 20. Jhs. war Barranco noch ein winziger Badeort. Heute sind in vielen der großen alten *casonas* Galerien und Boutiquehotels untergebracht. Trotz einiger rauer Ecken hat es sich zu einem hippen Boho-Zentrum mit lebhaften Bars und hübschen Fußgängerzonen gemausert.

Museo Mario Testino MUSEUM

(MATE; Karte S. 76; 01-200-5400; www.mate.pe; Av Pedro de Osma 409; Eintritt 25 S; Di–So 11–19 Uhr) Das kleine, aber feine Museum ist dem Werk des weltberühmten peruanischen Fotografen Mario Testino gewidmet, der ein waschechter *barranquino* ist. In der Dauerausstellung sind seine legendären Porträts von Lady Diana, Kate Moss und vielen Schauspielern zu sehen. Außerdem werden wunderbare Fotos der Anden-Bewohner in ihrer traditionellen Kleidung gezeigt.

Museo de Arte Contemporaneo MUSEUM

(MAC; Karte S. 76; 01-514-6800; www.maclima.pe; Av Grau 1511; Erw./Kind 10/6 S; Di–So 10–18 Uhr; P) Die Dauerausstellung des Mu-

Barranco

seums für Zeitgenössische Kunst ist klein, wird jedoch durch interessante Wechselausstellungen wie die Retrospektive von David LaChapelle ergänzt. Außerdem gibt's ein gutes **Café** und einen (kostenlosen) **Skulpturenpark** mit schattigen Rasenflächen, auf denen man sich vom Stadtbummel erholen kann. Museumsführungen auch in Englisch.

Museo Pedro de Osma MUSEUM
(Karte S. 76; ☎01-467-0141; www.museopedrodeosma.org; Av Pedro de Osma 423; Eintritt 30 S;

Barranco

Sehenswertes

1	Museo de Arte Contemporaneo	C1
2	Museo Mario Testino	C6
3	Museo Pedro de Osma	C6
4	Puente de los Suspiros	C5

Aktivitäten, Kurse & Touren

5	Lima Tasty Tours	C2
6	Perú Bike	B6

Schlafen

7	3B Barranco B&B	C2
8	Backpackers Inn	C5
9	Casa Nuestra	C2
10	Casa Republica	B3
11	D'Osma B&B	C5
12	Hostal Gémina	C3
13	Hotel B	C3
14	Second Home Perú	B4
15	Villa Barranco	B3

Essen

16	Antica Trattoria	C4
17	Blu	C5
18	Burrito Bar	C5
19	Cafe Bisetti	C5
20	Café Tostado	C2
21	Central	C6
22	Colonia & Co	C4
23	Delifrance	C3
	Isolina	(siehe 22)
24	La 73	C2
25	La Bodega Verde	C1
26	La Bodega Verde	C4
27	La Canta Rana	C4
28	La Panetteria	C4

Ausgehen & Nachtleben

29	Bar Piselli	C5
30	Barra 55	C5
31	Dada	C3
32	Juanito's	C5
33	Red Cervecera	D3

Unterhaltung

34	El Dragón	D2
35	La Candelaria	D5
36	La Noche	C4
37	La Peña del Carajo	D1
	Microteatro Lima	(siehe 8)
38	Sargento Pimienta	D3

Shoppen

39	Cuatro en un Baúl	C3
40	Dédalo	B3
41	El Cacaotal	C4
42	Jade Rivera	C5
43	La Calandria	C5
44	La Sanahoria	C2
45	La Zapateria	C5
46	Las Pallas	C3
	Puna	(siehe 41)

⌚Di–So 10–18 Uhr) Das in einem wunderschönen Kolonialgebäude untergebrachte Museum wird nur wenig besucht, dabei zeigt es eine wirklich herausragende Sammlung kolonialer Möbel, Silberarbeiten und Kunstwerke, die teils bis ins 16. Jh. zurückreichen. Etwas ganz Besonderes unter den vielen ansprechenden Exponaten ist ein 2 m breites Gemälde, das eine Fronleichnamsprozession in Cusco zur Wende ins 17. Jh. darstellt.

Puente de los Suspiros BRÜCKE
(Seufzerbrücke; Karte S. 76) Einen Block westlich des Hauptplatzes erhebt sich diese schmale hölzerne Brücke über einem alten Steinweg, der zum Strand führt. Sie ist ein beliebter Ort für erste Dates und kommt in vielen peruanischen Volksliedern vor.

West-Lima & Callao

Westlich des Zentrums gehen die Wohnsiedlungen der unteren Mittelklasse und die Armenviertel allmählich in den Hafenort Callao über, von wo aus die Spanier einst Gold verschifften. Touristen sollten in Callao allerdings besonders vorsichtig sein, denn einige Ecken sind dort sogar bei Tageslicht sehr gefährlich.

★ **Monumental Callao** KULTURZENTRUM
(www.monumentalcallao.com; Jirón Constitución 250; ⌚11–18 Uhr) Die weltbesten Graffiti-Künstler verschönern gerade die Gebäude rund um die Casa Ronald, ein architektonisches Meisterwerk von 1920. Heute ist das Monumental Callao ein Zentrum für Kreative mit Restaurants, Ateliers und Galerien, deren Inhaber sich immer wieder auch der Entwicklung der Umgebung widmen. Jedes Wochenende findet auf der Dachterrasse eine Party mit DJ-Musik oder ein Salsa-Konzert statt. Und selbst Modeschöpfer nutzen den farbenfrohen spanischen Fliesenboden als Laufsteg.

★ **Museo Larco** MUSEUM
(☎01-461-1312; www.museolarco.org; Bolívar 1515, Pueblo Libre; Erw./Kind unter 15 J. 30/15 S; ⌚9–22 Uhr) In einer Villa des Vizekönigs aus dem 18. Jh. befindet sich dieses Museum mit einer der größten und besten Keramikausstellungen in Lima. Gegründet wurde es

1926 von Rafael Larco Hoyle, einem passionierten Sammler präkolumbischer Objekte. Insgesamt hat er mehr als 50 000 Gefäße zusammengetragen, darunter Keramikarbeiten der Cupisnique, Chimú, Chancay, Nazca und Inka; aber die Hauptattraktion sind die außergewöhnlichen Porträtgefäße der Moche, die in einfachen beleuchteten Fächern präsentiert werden, und ein Wari-Webstoff in einer der hinteren Galerien, der rekordverdächtige 150 Fäden pro Zentimeter enthält.

Zu den weiteren Exponaten gehören Goldarbeiten und Schmuck. Ein separates Gebäude zeigt eine Sammlung präkolumbischer Gefäße mit Abbildungen aller möglichen sexuellen Aktivitäten in geradezu irrwitziger Detailtreue. Nicht verpassen sollte man die Vitrine mit den Stücken, auf denen Geschlechtskrankheiten dargestellt sind.

Das hochgelobte hauseigene **Café del Museo** blickt auf einen dicht mit Bougainvilleen bewachsenen privaten Garten. Hier wird hervorragendes *ceviche* serviert.

Von der Arequipa in Miraflores nimmt man den Bus mit dem Schild „Todo Bolívar" bis zum 15. Block der Bolívar. Eine auf den Boden gemalte blaue Linie verbindet das Museo Larco mit dem Museo Nacional de Antropología, Arqueología e Historia del Perú, zu Fuß 15 Gehminuten entfernt.

Museo Nacional de Antropología, Arqueología e Historia del Perú — MUSEUM

(Nationalmuseum für Anthropologie, Archäologie und Geschichte Perus; ☎ 01-321-5630; http://mnaahp.cultura.pe; Plaza Bolívar, Ecke San Martín & Vivanco, Pueblo Libre; Erw./Kind 10/1 S; ⌚ Di–Sa 9–17, So bis 16 Uhr) Das Museum zeichnet die Geschichte des Landes von präkeramischer Zeit bis zu den Anfängen der Republik nach. Zu den herausragendsten Exponaten zählt die berühmte Raimondi-Stele, eine 2,10 m hohe Felsskulptur der Chavín-Kultur – eine der ersten Andenkulturen, die einen verbreiteten, wiedererkennbaren Stil entwickelte.

Hier sind auch Gemälde aus der späten Kolonialzeit und der frühen Republik zu sehen, z. B. eine Darstellung des *Letzten Abendmahls* aus dem 18. Jh., auf der Jesus und seine Jünger *cuy* (Meerschweinchen) verspeisen. Einst diente das Gebäude als Bleibe der Revolutionshelden José de San Martín (1821–1822) und Simón Bolívar (1823–1826).

Von Miraflores fährt ein „Todo Brasil"-*combi* ab der Avenida Arequipa (nördlich des Óvalo-Platzes) bis zur *cuadra* 22 an der Ecke der Vivanco. Dann geht's zu Fuß sieben Blocks die Straße hinauf, bis zu der blauen Linie Richtung Museo Larco.

La Punta

Bevor sie im 19. Jh. zum gehobenen Strandresort avancierte, war die schmale Halbinsel La Punta ein Fischerdorf. Heute kann man in dem angenehmen Viertel mit seinen vielen Villen im Neokolonial- und Art-déco-Stil wunderbar an der Küste spazieren gehen und leckere Meeresfrüchte verspeisen.

Von Miraflores gelangt man per Taxi hierher und von Lima Centro fahren *combis* von der Plaza 2 de Mayo Richtung Westen über die Avenida Colonial nach Callao. Die Minibusse sind mit „La Punta" beschildert. Am besten steigt man an der Plaza Gálvez aus. Von dort geht's an der Westseite am Wasser entlang über den Malecón Figueredo, der einen tollen Blick zur felsigen Isla San Lorenzo direkt vor der Küste gewährt.

Fortaleza del Real Felipe — FESTUNG

(☎ 01-429-0532; Plaza Independencia, Callao; Erw./Kind 15/5 S; ⌚ 9–14 Uhr) In den 1820er-Jahren hatten die spanischen Royalisten während der Schlachten um die Unabhängigkeit ihre letzte Rückzugslinie an diesem Fort. Es wurde 1747 errichtet, um die Küste vor Piraten zu schützen, und beherbergt nach wie vor ein kleines militärisches Kontingent. Besuche sind nur im Rahmen von Führungen auf Spanisch möglich.

An der Westflanke der Festung sollte man sich unbedingt den bizarren **Parque Témático de la Policía** (Polizeipark) ansehen. In der hübschen Grünanlage befinden sich Panzer und lebensgroße Statuen von Polizisten in Uniform – allesamt tolle Fotomotive! Weil es in dem benachbarten Hafenviertel rau zugeht, lässt man sich am besten per Taxi durch die Gegend kutschieren.

Aktivitäten

In Lima konnte man schon immer toll surfen, doch mittlerweile stehen auch andere Aktivitäten auf dem Plan. Laufen und Radfahren entlang der Küste wird immer beliebter. Abenteuerlustigere können sich beim Gleitschirmfliegen in Miraflores austoben. Vor der Küste von Callao kann man zwischen den vielen Seelöwen tauchen.

Radfahren

Schöne Radwege entlang der Küste und spezielle Radfahrspuren in Miraflores machen das Radeln hier zum Vergnügen. Zu den beliebtesten Radwegen ab Lima gehört der 31 km lange Weg nach Pachacamac (S. 110), wo zwischen April und Dezember viele Wanderwege begehbar sind. Erfahrenere können sich auch an die tolle Abfahrt von Olleros nach San Bartolo südlich von Lima wagen. Infos sind (nur Spanisch) beim Federación Deportiva Peruana de Ciclismo (S. 107) oder auf der Facebook-Seite von **Ciclismo Sin Fronteras Miraflores** erhältlich.

Mirabici RADFAHREN

(Karte S. 73; ☎01-673-3908; www.mirabiciperu.pe; Costanera s/n, Miraflores; Leihgebühr 23 S/Std.; ⌚9–19 Uhr) Der nette Laden am Küstenweg verleiht nicht nur Fahrräder (und Tandems), sondern bietet auch Touren durch Barranco, Miraflores und San Isidro an.

Perú Bike RADFAHREN

(Karte S. 76; ☎01-260-8225; www.perubike.com; Punta Sal D7, Barranco; ⌚Mo–Fr 10–13 & 16–19, Sa 10–14 Uhr) Der empfehlenswerte Laden repariert auch Fahrräder. Die Mountainbike-Touren reichen von normal bis anspruchsvoll, beinhalten auch Abfahrten sowie mehrtägige Touren in die Anden und den Dschungel.

Gleitschirmfliegen

Auf den Klippen von Miraflores starten die Tandemflüge (260 S/10 Min.) vom „Paraport“ im Parque Raimondi, um über die Wolkenkratzer und die Küste zu schweben.

Ein Anbieter solcher Tandemflüge ist die Gleitschirmflugschule Peru Fly (Karte S. 72; ☎959-524-940, 01-444-5004; www.perufly.com; Parque del Amor, Miraflores; ⌚10–18 Uhr).

Schwimmen & Wassersport

Trotz Warnungen in der Presse vor Verschmutzung ziehen die *limeños* (Einwohner Limas) in den Sommermonaten von Januar bis März scharenweise an die Strände. Bei Surfern erfreut sich die **Playa Costa Verde** in Miraflores (Spitzname: Waikiki) großer Beliebtheit, denn sie bietet gute Bedingungen. Die Wellen an Barrancos Stränden meistert man besser mit langen Boards. Miraflores wartet mit sieben und Barranco mit vier weiteren Sandstreifen auf. Erfahrene Surfer können auch die **Playa La Herradura** in Chorrillos testen, die bei guter Brandung bis zu 5 m hohe Wellen hat. Nichts am Strand liegen lassen – es kommt häufig zu Diebstählen.

Wayo Whilar SURFEN

(☎01-254-1344; www.wayowhilar.com.pe; Alameda Garzas Reales Mz-FA 7, Chorrillos; ⌚Mo–Do 9–19, Fr & Sa 9–16 Uhr) Der alteingesessene Surfer verkauft selbstgemachte Surfbretter.

> **KINDERSPIEL**
>
> Die gute Nachricht ist, dass Lima voller Familien ist und die Einheimischen sehr kinderfreundlich sind. Auf den Straßen herrscht das übliche Chaos, aber wenn eine Familie nicht an den Trubel einer Großstadt gewohnt ist, kann sie sich immer noch in das Einkaufszentrum LarcoMar flüchten. In den *ludotecas* (Bildungszentren) sind die Kinder ein paar Stunden lang beschäftigt. Für Kinder spannend sind auch der Parque del Amor (S. 75),der Circuito Mágico del Agua (S. 67), die Workshops zur Schokoladenherstellung in den Filialen des Choco Museo (S. 74) und natürlich die Strände außerhalb der Stadt.
>
> Kinderwagen können mitunter mehr frustrieren als helfen. Es sei denn, man ist auf den ausgezeichneten Spazierwegen der Klippen von Miraflores unterwegs.

Perú Divers TAUCHEN

(☎997-205-500,01-251-6231; www.perudivers.com; Av Defensores del Morro 175, Chorrillos, ⌚Mo–Sa 9–17 Uhr) Tiefseetauchgänge vor Perus Südküste sind erschwinglich. Luis Rodríguez, Lehrer mit PADI-Zertifikat, betreibt dieses exzellente Tauchgeschäft, das Ausrüstung verkauft und Zertifizierungskurse sowie Tauchausflüge anbietet. Zum Angebot gehören regelmäßige Touren zu den Islas Palomino vor der Küste von Callao, wo sich eine Seelöwenkolonie niedergelassen hat.

Kurse

In Peru wird ein „sauberes“, gut verständliches Spanisch gesprochen, deshalb haben sich hier sehr viele Sprachschulen angesiedelt, natürlich auch in Lima.

Centro de Idiomas SPRACHKURSE

(Karte S. 70; ☎01-219-0151; www.up.edu.pe/idiomas; Prescott 333, San Isidro, ⌚Mo–Fr 9–16 Uhr) Untersteht der Universidad del Pacífico und bietet einen einsemestrigen Kurs mit 40 Wochenstunden in fünf Schwierigkeitsstufen.

Idiomas Católica SPRACHKURSE

(☎01-626-6500; www.idiomas.pucp.edu.pe; Av Universitaria 888, San Miguel, ⌚Mo–Fr 9–17 Uhr) Das von der renommierten Katholischen

KOSTENLOSES LIMA

Puente de los Suspiros (S. 77) Die romantische Holzbrücke hat schon so manchen Folksänger inspiriert.

Iglesia de las Nazarenas (S. 65) Eine der geschichtsträchtigsten Kirchen Limas.

Iglesia de San Agustín (S. 63) Hinter der kunstvollen Fassade verbirgt sich ein eher schmuckloses Inneres, mit Ausnahme der wunderbaren Holzschnitzereien.

Choco Museo Miraflores (S. 74) Mehr Laden als Museum, doch unbedingt einen Besuch wert, um bei der Schokoladenproduktion zuzusehen.

Iglesia de San Pedro (S. 63) Kleine Barockkirche mit überwältigendem Innenraum.

Museo Central (S. 63) Peruanische Kunst im Lauf der Jahrhunderte. Nur gegen Vorlage des Personalausweises.

Universität angebotene Spanischkursprogramm enthält fünfmal zwei Stunden Gruppenunterricht pro Woche.

El Sol SPRACHSCHULE
(Karte S. 73; ☎01-242-7763; www.elsol.idiomasperu.com; Grimaldo del Solar 469, Miraflores) Einzelunterricht kostet 85 S pro Stunde, die einwöchigen Kurse beginnen bei 805 S.

Instituto Cultural Peruano-Norteamericano SPRACHSCHULE
(ICPNA; Karte S. 73; ☎01-708-2900; www.facebook.com/icpnaoficial; Av Angamos Oeste 160, Miraflores; ⏲Mo–Fr 9–16 Uhr) Die Spanischkurse werden von hochqualifizierten Lehrern geleitet.

Geführte Touren

Im Angebot der Veranstalter sind Stadtführungen, Exkursionen zu den archäologischen Stätten in der Umgebung wie Pachacamac und Rundreisen durch Peru. Auch viele Reisebüros organisieren Touren in die Region und ins ganze Land. Ganztägige Touren in Lima kosten in der Regel ab 70 US$.

Der Reiseleiter sollte bei **Agotur** (Asociación de Guías Oficiales de Turismo; www.agoturlima.com), der Reiseleiterorganisation, registriert sein. Weitere Anbieter findet man unter www.leaplocal.com. Die Telefonnummern können nur tagsüber in Peru angerufen werden.

Eine faszinierende Fotosafari durch Lima (75 US$) bietet **Andean Photo Expeditions** (☎960-724-103; www.andeanphotoexpeditions.com). Dabei werden der Hafen, Chinatown und der zentrale Markt besucht.

InkaNatura ABENTEUER
(Karte S. 71; ☎in Lima 01-203-5000, in US 1-888-870-7378; www.inkanatura.com; Av Petit Thouars 3811, San Isidro) Der Veranstalter bietet hochwertige Touren durch ganz Peru, darunter auch nach Chachapoyas und in den Dschungel. Übernachtet wird in eigenen Lodges wie der Sandoval Lake Lodge (S. 499) und im Heath River Wildlife Center (S. 500) am südlichen Amazonas, in der Cock-of-the-Rock Lodge (S. 503) im Nebelwald von Manu und im Manu Wildlife Center (S. 506) im Manu-Gebiet.

Condor Travel TOUREN
(Karte S. 72; ☎01-615-3000; www.condortravel.com; Jorge Chávez 154, Miraflores) Empfehlenswerter Veranstalter für hochwertige Touren und Privatführungen in den Anden.

Aqua Expeditions Office BOOTSFAHRTEN
(Karte S. 73; ☎1-866-603-3687, 965-832-517; www.aquaexpeditions.com; Palacios 335 zw. Independencia & Coronel Inclán) Die Bootsfahrten auf dem Amazonas starten in Nauta bei Iquitos.

Lima Tasty Tours ESSEN & TRINKEN
(Karte S. 76; ☎958-313-939, 01-249-4594; www.limatastytours.com; Av Grau 1113, Barranco; ⏲nach Vereinbarung) Bei den kulinarischen Touren lernt man das Lima der Einheimischen kennen und probiert sich durch die Märkte. Der freundliche Veranstalter bietet auch maßgeschneiderte Touren an und zeigt Besuchern die weniger bekannten kulinarischen Schätze der Stadt (Touren auch auf Englisch).

Jorge Riveros-Cayo TOUREN
(☎944-367-157; jorge@theperutravelexperience.com) Der gewitzte Journalist spricht fließend Englisch und bietet individuelle kulinarische Touren, Stadtführungen und maßgeschneiderte Rundreisen durch Peru, um die Kultur des Landes kennenzulernen.

Explorandes ABENTEUER
(Karte S. 73; ☎01-8423-8380; www.explorandes.com; Aristides Aljovín 484, Miraflores) Der Veranstalter hat schon mehrere Preise für seine Ökoreisen gewonnen. Im Mittelpunkt stehen Outdooraktivitäten und dabei vor allem Trekking, Radfahren und Abenteuersport. Mit ISO-Zertifizierung.

Lima Vision TOUREN
(Karte S. 73; ☎01-447-7710; www.limavision.com; Chiclayo 444, Miraflores) Das Angebot reicht von vierstündigen Stadtführungen (116 S) bis hin zu Tagestouren zu den Ruinen von Pachacamac (S. 110).

Mónica Tours TOUREN
(☎99-943-0796; www.monicatoursperu.com) Die englischsprachigen Touren werden allgemein sehr empfohlen. Es gibt kein Büro, sondern nur eine Website, über die man Kontakt aufnehmen kann.

Bike Tours of Lima RADFAHREN
(Karte S. 72; ☎01-445-3172; www.biketoursoflima.com; Parque Intihuatana, Miraflores; ⏲Mo–Sa 9.30–18 Uhr) Sehr empfehlenswert für Tagestouren durch Barranco, Miraflores und San Isidro sowie Sonntagsausflüge in die Innenstadt. Die Fahrräder werden auch verliehen.

Peru Expeditions ABENTEUER
(Karte S. 73; ☎01-447-2057; www.peru-expeditions.com; Paseo de la Republica 5662, Büro 1201, Miraflores) Im Angebot sind Touren in die Region und darüber hinaus sowie Jeepfahrten.

Feste & Events

Mistura MESSE
(www.mistura.pe) Zu einem der bedeutendsten Foodfestivals in Südamerika strömen eine Woche lang Besucher und Köche aus aller Welt, um die kulinarische Vielseitigkeit Perus zu genießen. Schon viele kleine peruanische Restaurants schafften von hier aus den Durchbruch. Geboten ist alles vom einfachen Straßenessen bis zur Haute Cuisine der besten Restaurants in Peru. Am besten richtig hungrig hingehen!

2018 wurde die Messe von der Verwaltung leider abgesagt. Infos über künftige Festivals und Veranstaltungen gibt's bei **iPeru** (Karte S. 73; ☎01-445-9400; www.peru.travel/iperu; LarcoMar; ⏲11–13 & 14–20 Uhr).

Festival of Lima KULTUR
(⏲18. Jan.) Am 18. Januar wird die Gründung Limas mit einem großen Fest gefeiert.

Marcha del Orgullo Lima LGBT
(www.facebook.com/marchadelorgullolima; ⏲Juni/Juli) Am festlichen Gay-Pride-Umzug nehmen tausende Menschen teil. Er findet immer am letzten Wochenende im Juni oder am ersten Wochenende im Juli statt.

El Señor de los Milagros RELIGIÖS
(Herr der Wunder; ⏲Okt.) Am 18. Oktober zieht eine riesige Prozession von der Iglesia de las Nazarenas (S. 65) durch die historische Altstadt, die in einem lila Fahnenmeer versinkt. Kleinere Prozessionen zu Ehren Christi finden an anderen Sonntagen im Oktober statt.

Schlafen

In Lima findet man von familiären *pensións* bis hin zu Glastürmen alle Arten von Unterkünften. Obwohl es eine der teuersten Gegenden des Landes ist, sorgt die große Konkurrenz für ein recht gutes, preiswertes Angebot, vor allem im mittleren Preissegment.

Wer nachts in Lima ankommt, sollte das Hotel vorab buchen und sich dann am Flughafen abholen lassen. Selbst einfache Hostels können diesen Service für ihre Gäste organisieren, der dann immer noch günstiger ist als der offizielle Flughafenshuttle.

Lima Centro

Die Unterkünfte im überfüllten Zentrum können mit denen in anderen Vierteln nicht mithalten. Selbst die noble Kundschaft zieht es zunehmend in die neu eröffneten Luxusherbergen in San Isidro und Miraflores. In der Nähe der wichtigsten Sehenswürdigkeiten gibt's zwar immer noch die günstigsten Unterkünfte der Stadt, doch hier ist nur tagsüber etwas los, während es nachts einsam und verlassen ist. Auch wenn es mittlerweile viel sicherer ist, sollte man abends nur mit dem Taxi in diese Gegenden fahren und keinesfalls offen Kameras oder Schmuck tragen.

1900 Backpackers HOSTEL $
(Karte S. 64; ☎01-424-3358; www.1900hostel.com; Av Garcilaso de la Vega 1588; B 26–43 S, EZ/DZ inkl. Frühstück 86/112 S; @📶) Das alte von Gustave Eiffel entworfene Herrenhaus hat sich zu einer In-Adresse im Centro entwickelt. Dank der modernen Designelemente, des original erhaltenen Marmorbodens und anderer Details bietet es für ein Hostel eine wahrhaft traumhafte Kulisse! Die Zimmer sind gepflegt und schlicht. Es gibt eine winzige Küche und hübsche Gemeinschaftsbereiche, darunter ein Billardraum mit einer Bar und einem rotem Kronleuchter.

Tagsüber stören zwar die starken Abgase vor der Tür, dafür befindet sich direkt gegenüber ein tolles Museum.

Pensión Ibarra PENSION $
(Karte S. 60; ☎01-427-8603, 950-149-830; pensionibarra@gmail.com; Tacna 359 No 152, 14. Stock; EZ/DZ ohne Bad ab 30/40 S; 📶) Die freundliche Pension in einem heruntergekommenen Be-

tonklotz hat sieben einfache, saubere Zimmer mit festen Matratzen. Es gibt eine Gemeinschaftsküche und einen Wäscheservice. Von einem kleinen Balkon hat man einen schönen Blick über die laute Stadt.

Gran Hotel Bolívar HISTORISCHES HOTEL $$$
(Karte S. 60.; ☎01-619-7171; www.granhotelbolivar.com.pe; Jirón de la Unión 958; DZ inkl. Frühstück 198–264 S; @) Wer sich im altehrwürdigen Ambiente des goldenen Zeitalters wohlfühlt, trifft mit dem 1924 eröffneten stilvollen Hotel an der Plaza San Martín eine gute Wahl. Hier haben bereits illustre Persönlichkeiten wie Clark Gable, Mick Jagger und Robert Kennedy übernachtet. Heute ist das Hotel nicht mehr ganz so glamourös, versprüht aber immer noch die exklusive Finesse einer Grande Dame. Die Besitzer packen hier selbst mit an – in dieser Hotelkategorie eher unüblich –, sodass sich der Service aufmerksam und gut gelaunt präsentiert.

Hotel Maury HOTEL $$
(Karte S. 60; ☎01-428-8188; www.hotelmaury.hoteles; Ucayali 201; DZ/3BZ inkl. Frühstück 227/263 S; ❄@📶) In dem alteingesessenen Außenposten von Lima wurde in den 1930er-Jahren der legendäre Cocktail Pisco Sour erfunden. Während die Gemeinschaftsbereiche noch mit Spiegeln in Goldrahmen und Möbeln im viktorianischen Stil ausgestattet sind, sind die 76 Zimmer recht modern, teilweise auch mit Whirlpool und Safe. Kreditkarten werden akzeptiert.

Hostal Bonbini HOTEL $$
(Karte S. 60; ☎01-427-6477; www.hostalbonbini.com; Cailloma 209; EZ/DZ/3BZ inkl. Frühstück 132/165/198 S; @📶) Das gemütliche Hotel in einer Straße voller Druckereien hat 15 einfache Zimmer mit Teppichboden, blitzsauberen Bädern und Kabelfernsehen. Das Personal könnte etwas aufmerksamer sein, aber es werden Kreditkarten akzeptiert.

Lima Sheraton HOTEL $$$
(Karte S. 64; ☎01-315-5000; www.marriott.com; Paseo de la República 170; DZ 492 S; ❄@📶🏊) Das beste Hotel der Innenstadt ist in einem schrecklichen Hochhaus untergebracht, das direkt neben dem ebenso fürchterlichen Palacio de Justicia (Obersten Gericht) steht. Die mehr als 400 Zimmer und Suiten sind in Wüstenfarben gehalten. Neben dem Service, der den Gästen rund um die Uhr zur Verfügung steht, gibt's einen Hausmeisterdienst, zwei Hotelrestaurants, eine Bar, Fitnessraum, Swimmingpool und Kosmetiksalon.

Die angegebenen Reservierungskosten sind eigentlich wesentlich günstiger.

San Isidro

Wer in San Isidro nicht auffallen möchte, packt am besten seinen Tennisschläger ein. Das Viertel, in dessen Herzen sich ein exklusiver Golfplatz erstreckt, ist die Wiege von Limas Elite, die sehr teure und moderne Häuser bewohnt und in nur für Mitglieder zugänglichen Clubs an ihren Cocktails nippt. Bäume säumen die Straßen und die Unterkünfte sind äußerst luxuriös.

Malka Youth Hostel HOSTEL $
(Karte S. 71; ☎01-222-5589; www.youth-hostel-malka.limaperuhotels.net; Los Lirios 165; B 40 S, DZ mit/ohne Bad inkl. Frühstück 132/120 S; @📶) Ein liebenswertes Mutter-Tochter-Duo führt dieses ruhige Hostel in einem hübschen Viertel nur ein kleines Stück von einem Park entfernt sowie in der Nähe der Hauptdurchgangsstraßen Avenida Arequipa und Avenida Javier Prado. Das Malka verfügt über zehn saubere Zimmer, einen schönen Gartenbereich, eine Kletterwand, eine große Gemeinschaftsküche, einen Wäscheservice, einen TV-Raum mit DVD-Player, eine Gepäckaufbewahrung und ein kleines Café, in dem leichte Mahlzeiten serviert werden.

Casa Bella Perú PENSION $$
(Karte S. 70; ☎01-421-7354; www.casabellaperu.net; Las Flores 459; DZ inkl. Frühstück 182-281 S; @📶) In dieser gnadenlos teuren Gegend ist das große ehemalige Wohnhaus aus den 1950er-Jahren eine tolle Mittelklasseoption. Lokale Textilien setzen in den modernen Räumen Akzente. Die 14 individuellen Zimmer bieten bequeme Betten, feste Kissen, riesige Plasma-TVs und renovierte Bäder. Es gibt eine Küche, einen Garten und eine Lounge. Kreditkarten werden akzeptiert.

Hotel Basadre Suites HOTEL $$
(Karte S. 70; ☎01-442-2423; www.hotelbasadre.com; Jorge Basadre 1310; DZ inkl. Frühstück ab 240 S; ❄@🏊) Das gastfreundliche Hotel hat 20 hübsche, moderne, teilweise recht geräumige Zimmer, die rund um ein ehemaliges Privathaus angeordnet sind und jeweils über eine Minibar, einen Föhn, Kabel-TV und einen Tresor verfügen. Der Service ist sehr aufmerksam. In einem kleinen Raum neben dem Garten wird ein üppiges Frühstück serviert. Gäste können mit Kreditkarte zahlen. Manchmal findet man auf der Website ganz gute Sonderangebote.

Suites Antique APARTMENTS $$
(Karte S. 70; ☎01-222-1094; www.suites-antique.com; Av 2 de Mayo 954; DZ inkl. Frühstück 340 S; ❄@) Das kleine, einfache Hotel ist zentral gelegen und hat eine schicke, helle Ausstattung. Die 23 blitzsauberen Suiten sind geräumig und haben eine Kochnische mit Mikrowelle und Minikühlschrank. Das Frühstück wird im gemütlichen Café des Hauses serviert.

Country Club Lima Hotel LUXUSHOTEL $$$
(Karte S. 70; ☎01-611-9000; www.hotelcountry.com; Los Eucaliptos 590; DZ inkl. Frühstück ab 782 S; ❄@📶🏊) Das prachtvolle Hotel mit einer weitläufigen, von Palmen gespickten Rasenfläche ist in einem der schönsten Gebäude Limas untergebracht. Dieses stammt aus dem Jahr 1927 und wartet mit farbenfrohen Kacheln, hölzernen Deckenbalken sowie Nachbildungen von Gemälden der Cusco-Schule auf. Gefrühstückt wird in einem wunderschönen runden Atrium aus Buntglas. Die Bandbreite der 83 mit allen Extras ausgestatteten Zimmer reicht von luxuriös bis opulent. Kreditkarten werden angenommen.

El Golf Hotel Boutique BOUTIQUEHOTEL $$$
(☎01-677-8888; www.elgolfhb.com; Valle Riesta 576; EZ/DZ inkl. Frühstück ab 380/512 S; ❄@📶🏊) Das gemütliche Hotel hat 20 einfarbige Zimmer mit weicher Bettwäsche, Hausschuhen und Marmorbad. Der Service ist gut, und im hoteleigenen Restaurant kann man zu Mittag oder zu Abend essen. Es ist in einer ruhigen Wohnstraße, zwei Blocks westlich des Golfclubs von Lima. Kreditkarten werden akzeptiert.

Miraflores

In dem bei Rucksacktouristen beliebtesten Stadtviertel gibt's jede Menge Hostels, Gasthäuser und noble Kettenhotels sowie einen recht wachsamen Sicherheitsdienst.

Die Fußgängerzonen direkt am Meer sind gesäumt von Cafés, Restaurants, Hotels, Hochhäusern, Banken, Geschäften und Nachtclubs, in denen von Disco bis *cumbia* (Tanzmusik im Stil des kolumbianischen Salsa) alles gespielt wird. Es gibt aber auch viele ruhige Ecken.

★ **Quinta Miraflores** BOUTIQUEHOTEL $
(Karte S. 73; ☎01-446-5147; www.quintamiraflores.com; Av 28 de Julio 844; Zi. inkl. Frühstück 120–180 S; 📶) Das hübsche Hotel eines temperamentvollen Italieners ist eine mediterrane Zuflucht im Trubel von Miraflores. Es hat nur vier elegante Zimmer, die mit witzigen alten Möbeln und netten Details wie dicken Bademänteln, großen Schreibtischen und einem Infozettel für die Stadt ausgestattet sind. Das Frühstück wird im Garten oder auf dem Zimmer serviert.

Trotz der vielen Geschäfte und Restaurants ist die Gegend doch Teil der wenigen noch erhaltenen *quintas* (ruhige Wohnstraßen am Ende einer Sackgasse).

Kaclla Healing Dog Hostel HOSTEL $
(Karte S. 73; ☎01-241-8977; www.kacllahostel.com; Calle Porta 461; B inkl. Frühstück 40–45 S, DZ/3BZ ohne Bad inkl. Frühstück 110/155 S; 📶) Mit seinem langen Namen empfiehlt sich das freundliche Hostel als alternative Unterkunft. Die Gemeinschaftsbereiche sind ruhig und gemütlich, mit sanfter Hintergrundmusik und dem (namensgebenden) Hund des Hauses. In allen zwölf Räumen stehen Stockbetten. Von Lesern empfohlen.

Pariwana HOSTEL $
(Karte S. 73; ☎01-242-4350; http://pariwana-hostel.com/hostels/lima; Av Jose Larco 189; B inkl. Frühstück 40–62 S, DZ mit/ohne Bad inkl. Frühstück 160/140 S; @📶) Das gut geführte, zentral gelegene Party-Hostel ist äußerst beliebt bei Rucksacktouristen aus aller Welt. Es bietet jeglichen Service, auch Touren, ein hauseigenes Café und eine hübsche Dachterrasse mit schattigen Plätzchen. In den Doppelzimmern steht sogar ein Föhn zur Verfügung. Die kostenlosen Ohrstöpsel machen erst einmal keinen so tollen Eindruck, aber nur schlafen will hier sowieso niemand. Es gibt auch einige Schlafsäle nur für Frauen.

Dragonfly Hostel HOSTEL $
(Karte S. 73; ☎01-654-3226; www.dragonflyhostels.com; Av 28 de Julio 190; B inkl. Frühstück 30–45 S, DZ mit/ohne Bad inkl. Frühstück 149/119 S; @📶) Das winzige Hostel im zweiten Stock ist zentral gelegen und sehr populär. Es ist zwar ziemlich eng, aber freundlich, und bietet Annehmlichkeiten wie abschließbare Schränke, Gästeküche, Bar und Transfer zum Flughafen. Die Zimmer sind freundlich eingerichtet und sehr sauber. Auf der Dachterrasse lässt es sich herrlich entspannen.

Flying Dog HOSTEL $
(Karte S. 73; ☎01-444-5753; www.flyingdogperu.com; Lima 457; B inkl. Frühstück 40 S, EZ/DZ inkl. Frühstück 110/140 S; @📶) Von den vier Hostels, die der Besitzer in Lima betreibt, ist dieses das beste. Es hat eine hübsche Bar im Freien und vom Gemeinschaftsbereich

im dritten Stock hat man einen tollen Blick auf den Parque Kennedy. Die Zimmer haben Hartholzböden und abschließbare Schränke. Das im Preis inbegriffene Frühstück wird im Restaurant auf der anderen Seite des Parks serviert, doch den Gästen stehen auch zwei Küchen zur Verfügung.

Das größte der vier Hostels befindet sich auf der anderen Seite des Parks, ist aber recht schmutzig und heruntergekommen.

Hitchhikers HOSTEL $

(Karte S. 72; ☎ 01-242-3008; www.hhikersperu.com; Bolognesi 400; B/DZ/3BZ ohne Bad inkl. Frühstück 35/80/120 S, DZ inkl. Frühstück 100 S; @ 📶) Das alteingesessene Hostel in einem riesigen, 100 Jahre alten *casona* hat eine große Auswahl unterschiedlicher Zimmer. Es ist sicher und ruhig, hat einen Aufenthaltsraum mit Kabel-TV und DVD-Bibliothek. Im kahlen Innenhof stehen ein Grill und eine Tischtennisplatte. Es gibt auch Stellplätze für Wohnmobile (20 S/Pers.). Alles in allem eine ganz gute Unterkunft.

Global Family Backpackers HOSTEL $

(Karte S. 72; ☎ 01-389-7374; globalfamilyhs@gmail.com; Juan Moore 304; B inkl. Frühstück 29 S, DZ mit/ohne Bad inkl. Frühstück 115/87 S; @ 📶) Das kleine Backsteinhaus hat Parkettfußböden, eine Gemeinschaftsküche, ein Ballspielfeld und eine Tischtennisplatte. Es ist schlicht und ruhig, fast schon langweilig, aber ideal für alle, die einfach ihre Ruhe haben möchten. Die Betreiberfamilie ist nett, aber noch unerfahren. Die Bäder der Zimmer im oberen Stock sind in der Etage darunter.

★ Casa Cielo BOUTIQUEHOTEL $$

(Karte S. 73; ☎ 01-242-1127; www.hotelcasacielo.com; Berlin 370; EZ/DZ/Suite inkl. Frühstück 198/333/396 S; P 📶) Das hübsche Hotel in zentraler Lage bietet ausgezeichneten Service und ein hervorragendes Preis-Leistungs-Verhältnis. Es ist im modernen Andenlook eingerichtet, mit Keramikstieren und Fotos von Mario Testino an den Wänden in neutralen Farben. Die Kopfkissen sind für Allergiker geeignet, die Fensterscheiben doppelt verglast und in jedem Zimmer steht ein Safe zur Verfügung. Frühstück à la carte wird im Café in einem der oberen Stockwerke serviert.

Hotel Autor II BOUTIQUEHOTEL $$

(Karte S. 72; ☎ 01-383-4268; http://autor.pe; Av de la Aviacion 316; DZ inkl. Frühstück 396–495 S; 📶) Das Treppenhaus ist mit einem Wandgemälde geschmückt, auf dem ein Surfer bis in den zweiten Stock hinauf surft. Allerdings steht das hochmoderne, elegante Boutiquehotel nicht direkt am Meer, sondern ein paar Blocks davon entfernt. Das Gebäude ist ein stattliches Alabasterhaus im modernen Stil und mit Kunstwerken. Die Zimmer sind recht klein, aber gut ausgestattet mit viel Stauraum, angenehmer Beleuchtung und Steckdosen sowie kleinen Schreibtischen. Das Personal ist sehr aufmerksam. Es ist das Schwesterhotel des Hotel de Autor (S. 86).

Libre DESIGNHOTEL $$

(Karte S. 73; ☎ 01-209-0900; https://librehotel.pe; Av La Paz 730; EZ/DZ inkl. Frühstück 345/414 S; 📶) Das 2018 eröffnete Designhotel ist ein Beweis für die Erneuerung von Miraflores. In der Hotelhalle werden die Gäste mit einem verspielten Wandgemälde von Jade Rivera begrüßt. Die Zimmer sind klein, aber gut ausgestattet mit doppelt verglasten Fenstern gegen den Straßenlärm, perfekt aufeinander abgestimmter Bettwäsche, gläsernen Duschen und großen Flachbildfernsehern. Es gibt eine Dachterrasse, ein Restaurant und Zimmerservice rund um die Uhr.

Tryp DESIGNHOTEL $$

(Karte S. 73; ☎ 01-571-8100; www.melia.com/en/hotels/peru/lima/tryp-lima-miraflores; Av Ernesto Diez Canseco 344; DZ/Suite 310/450 S; P ❄ 📶 🏊) Dieses Melia-Hotel ist definiert die Klasse internationaler Kettenhotels ganz neu, denn es bietet trendige Annehmlichkeiten wie einen schicken modernen Stil, Fahrradverleih und Bluetooth-Lautsprecher. Die 140 Zimmer verteilen sich auf 10 Stockwerke. Jedes Zimmer punktet mit Safe, Minibar und Flachbildfernseher. Der Zimmerservice arbeitet rund um die Uhr, es gibt einen Fitnessraum und ein beheiztes Sportschwimmbecken auf dem Dach. In der gläsernen Eingangshalle befindet sich das Restaurant.

IFE Boutique Hotel BOUTIQUEHOTEL $$

(Karte S. 73; ☎ 01-677-2229; www.ifeboutique.com; San Ignacio de Loyola 646; DZ inkl. Frühstück 324 S; ❄ 📶) Das serviceorientierte Boutiquehotel liegt günstig in einem hübschen Stadtteil. Es ist stylisch und elegant. Jedes der acht Zimmer ist in einem anderen Stil gehalten, von klassisch bis hin zu Pop-Art. Die Betten sind Doppel- oder französische Betten mit luxuriöser Bettwäsche. Das Personal ist hilfsbereit und zu den Annehmlichkeiten zählen LCD-Fernseher, Minibar, iPod-Station und Safe.

Hotel Ibis HOTEL $$

(Karte S. 73; ☎ 01-634-8888; www.accorhotels.com; Av José Larco 1140; DZ 225 S; @ 📶) Das Hotel einer französischen Kette steht in bester Lage. Die recht kleinen Zimmer sind im schicken Ikea-Stil eingerichtet und mit Verdunkelungsvorhängen und Lärmschutzfenstern ausgestattet. Die Stockwerke sind jeweils für Raucher oder Nichtraucher. Gut sind auch die biologisch abbaubaren Toilettenartikel und die Maßnahmen zum Wassersparen. Frühstück ist nicht im Preis inbegriffen, wird aber im Café im oberen Stock serviert.

Inka Frog HOTEL **$$**

(Karte S. 72; ☎01-445-8979; www.inkafrog.com; Iglesias 271; EZ/DZ/3BZ inkl. Frühstück 188/228/264 S; @ 🛜) Das ruhige freundliche Hotel richtet sich vor allem an ältere Hostelgäste, die ein eigenes Zimmer bevorzugen. Die Zimmer sind groß, blitzsauber und modern und haben Ventilator und Flachbildfernseher. Die Zimmer zur hübschen Dachterrasse hin sind mit Klimaanlage versehen, die aber nichts extra kostet. Achtung: Bei zwei Zimmern geht es nur über den Flur ins Bad. Das Personal ist sehr hilfsbereit. Das Hotel liegt in einer herrlich ruhigen Straße.

Hostal El Patio PENSION **$$**

(Karte S. 73; ☎01-444-2107; www.hostalelpatio.net; Ernesto Diez Canseco 341A; EZ/DZ/3BZ inkl. Frühstück 149/182/248 S; @ 🛜) Das kleine Juwel in einer ruhigen Straße nur wenige Schritte vom Parque Kennedy ist nach seinem begrünten Innenhof mit plätscherndem Brunnen benannt. Der freundliche Besitzer spricht Englisch und Französisch und die makellosen Zimmerchen sind mit schmiedeeisernen Betten und Kolonialkunst ausgestattet. Einige warten mit Küchenzeilen und Minikühlschränken auf. Auf der Website findet man gelegentlich Sonderangebote.

El Faro Inn HOTEL **$$**

(Karte S. 72; ☎01-242-0339; www.elfaroinn.com; Francia 857; EZ/DZ/2BZ inkl. Frühstück 165/264/231 S; @ 🛜) Statt eines Namensschildes ist das Hotel an einer Reihe internationaler Flaggen vor dem Eingang zu erkennen. Es ist in der Nähe des schönen Parks auf den Klippen im Norden von Miraflores. Die Zimmer sind klein, aber gut ausgestattet. Vor allem die Einzelzimmer sind sehr gut und preiswert, und das Ganze ist nur ein paar Schritte von den Küstenwegen entfernt.

Casa San Martín HOTEL **$$**

(Karte S. 73; ☎01-241-4434,01-243-3900; www.casasanmartinperu.com; San Martín 339; EZ/DZ/3BZ inkl. Frühstück 198/264/314 S; @ 🛜) Ein modernes, gepflegtes Gebäude im spanischen Stil mit 20 hübschen Zimmern samt hohen Decken, Terrakottafliesen und Stoffen aus den Anden sowie einem hellen Café, das auf die Terrasse blickt und Frühstück serviert. Kreditkartenzahlung möglich.

Hotel Antigua Miraflores GASTHAUS **$$**

(Karte S. 73; ☎01-241-6116; www.antiguamiraflores.com; Av Grau 350; EZ/DZ/3BZ inkl. Frühstück 423/482/640 S; ❄ @ 🛜) Das ruhige stimmungsvolle Gasthaus in einem Herrenhaus vom Anfang des 20. Jhs. hat einen hübschen Innenhof und den Charme der Kolonialzeit. Leider ist es deutlich teurer als die Konkurrenz. Die Zimmer verfügen über die üblichen modernen Annehmlichkeiten, haben aber recht barocke Möbel. Sie unterscheiden sich auch stark in Größe und Stil. Die teureren Zimmer haben auch einen Whirlpool und eine Kochnische.

La Paz Apart Hotel APARTMENTS **$$**

(Karte S. 73; ☎01-242-9350; www.lapazaparthotel.com; Av La Paz 679; EZ/DZ inkl. Frühstück 272/342 S, Suite mit 2 Schlafzi. 510 S; ❄ @ 🛜) Das moderne Hochhaus sieht vielleicht wie ein Businesshotel aus, doch das Personal ist sehr aufmerksam und die Zimmer sind gemütlich. Die 25 Suiten sind sauber und haben Kochnische, Minikühlschrank und separate Wohnzimmer. Alles ist sehr geschmackvoll eingerichtet. Die größten Suiten bieten Platz für bis zu fünf Personen. Das Hotel hat auch einen Mini-Fitnessraum und ein kleines Konferenzzimmer.

Hostal Torreblanca HOTEL **$$**

(Karte S. 72; ☎01-447-3363; www.torreblancaperu.com; Av José Pardo 1453; DZ/3BZ inkl. Frühstück 238/291 S) Klar, die Lobby und die Flure mögen eng sein, aber dafür sind die sauberen, modernen Zimmer in diesem Gebäude aus der Kolonialzeit ziemlich komfortabel. Ein paar Räume in der oberen Etage warten mit Holzdecken, roten Kacheln und Kaminen auf, zudem verfügen alle über Daunendecken, Kabel-TV, Minibar und Telefon. Gäste können mit Kreditkarte zahlen.

Hotel El Doral HOTEL **$$**

(Karte S. 73; ☎01-242-7799; www.eldoralhotel.com; Av José Pardo 486; EZ/DZ inkl. Frühstück 350/383 S; ❄ @ 🛜 ≋) Von außen sieht es sehr geschäftsmäßig aus, doch die 39 schönen Suiten im Stil der 1980er-Jahre gehen auf einen Innenhof voller Pflanzen hinaus. Alle Suiten haben Kabel-TV, Minibar und ein Wohnzimmer sowie doppelt verglaste

Fenster gegen den Straßenlärm. Das Frühstück wird auf der Dachterrasse mit Blick auf den Pool serviert.

La Castellana GASTHAUS **$$**
(Karte S. 73; ☎ 01-444-4662; www.castellanahotel.com; Grimaldo del Solar 222; EZ/DZ/3BZ inkl. Frühstück 248/294/347 S;) Das Gasthaus in einem alten Herrenhaus voller Stuckarbeiten hat 42 schöne, aber dunkle Zimmer, die teilweise auf einen hübschen Innenhof mit Garten hinausgehen, in dem das Frühstück serviert wird. Die Zimmer sind im Stil der 1980er-Jahre eingerichtet. Nicht alle haben WLAN, deshalb bei der Buchung fragen!

Hotel Bayview HOTEL **$$**
(Karte S. 73; ☎ 01-445-7321; www.bayviewhotel.com.pe; Las Dalias 276; DZ/Suite inkl. Frühstück 248/413 S; @) Ein einfaches Hotel mit einem Restaurant in Lachsrosa. Die Zimmer haben Teppichboden, volkstümliche Gemälde aus Peru und Annehmlichkeiten wie Minibar und Kabel-TV. Es ist gut und preiswert und daher immer schnell ausgebucht.

Hotel Señorial HOTEL **$$**
(Karte S. 73; ☎ 01-445-7306, 01-445-1870; www.senorial.com; José González 567; EZ/DZ/3BZ inkl. Frühstück 267/380/462 S; @) Das alteingesessene Hotel hat mehr als 100 Zimmer und einen hübschen Innenhof mit Rasen. Es gibt die üblichen Annehmlichkeiten wie Kabel-TV und nette Ausstattungsdetails. Kreditkarten werden akzeptiert.

Hotel San Antonio Abad HOTEL **$$**
(Karte S. 73; ☎ 01-447-6766; www.hotelsanantonioabad.com; Ramón Ribeyro 301; EZ/DZ inkl. Frühstück 215/231 S; @) Das empfehlenswerte Hotel befindet sich in einem hellgelben Herrenhaus aus den 1940er-Jahren. Es hat 24 große, mit dunklem Holz getäfelte Zimmer mit Kabelfernsehen und Lärmschutzfenstern, teilweise auch mit Klimaanlage. Das Frühstück wird auf der Terrasse zum Garten hin serviert. Wer im Voraus bucht, kann sich kostenlos vom Flughafen abholen lassen. Kreditkarten werden akzeptiert.

Hotel Alemán HOTEL **$$**
(Karte S. 73; ☎ 01-445-6999; www.aleman.limaperuhotels.net; Av Arequipa 4704; EZ/DZ/3BZ inkl. Frühstück 165/198/298 S; @) Ganz im Gegensatz zum lauten Boulevard, an dem es steht, ist das Hotel mit 23 Zimmern rund um eine alte spanische *casona* ausgesprochen bezaubernd. Die einfachen Zimmer mit viel Stuck sind mit peruanischen Textilien und Möbeln im Kolonialstil ausgestattet. Außerdem verfügen sie über Kabel-TV, Telefon, Schreibtisch und Minikühlschrank. Kreditkarten werden akzeptiert.

★ **Hotel de Autor** B&B **$$$**
(Karte S. 73; ☎ 01-681-8074; http://autor.pe; Av 28 de Julio 562B, Quinta Bustos; DZ inkl. Frühstück 545 S; P) Dieses Hotel ist einmalig. Der Service ist sehr persönlich, das Frühstück üppig, der Stil modern mit hübschen Reiseandenken, die inspirieren und Lust auf die Entdeckung Perus machen. Die Zimmer sind sehr groß und haben Doppelbetten, luxuriöse Bettwäsche und einen Schreibtisch. Sehr romantisch sind auch die Balkone und freistehenden Badewannen. Außerdem steht das Hotel in einer ruhigen, zentral gelegenen Sackgasse. Es werden E-Bikes verliehen.

Miraflores Park Hotel LUXUSHOTEL **$$$**
(Karte S. 73; ☎ 01-242-3000; www.miraflorespark.com; Malecón de la Reserva 1035; DZ inkl. Frühstück ab 1419 S; @) Das beste der kleineren Luxushotels in Lima gehört zur Belmond-Kette und bietet jeden erdenklichen Luxus in fantastischer Lage am Meer. Die grandiose Wendeltreppe, eine umfangreiche Bibliothek, der Wellnessbereich und der Infinity-Pool tragen ebenfalls zur märchenhaften Atmosphäre bei. Das hoteleigene Restaurant **Tragaluz** ist ein beliebter Treffpunkt der 30- bis 40-jährigen Einheimischen. Es erfreut mit internationaler Küche, alten Kinoplakaten und einem erstklassigen Barkeeper.

JW Marriott Hotel Lima HOTEL **$$$**
(Karte S. 73; ☎ 01-217-7000; www.marriott.com; Malecón de la Reserva 615; DZ inkl. Frühstück ab 1086 S; @) Durch die Glaswände des geschäftigen Fünfsternehotels am Meer und nahe dem LarcoMar-Einkaufszentrum lassen sich wunderbar Paraglider beobachten. Die Zimmer sind mit allen erdenklichen Extras wie Minibar, Plasma-TV und Whirlpool ausgestattet, WLAN kostet aber extra. Außerdem gibt's eine Lounge, Restaurants, eine Bar, ein Casino, einen Tennisplatz, eine Sauna und einen Pool.

In der Lobby sind die Start- und Landezeiten der Flüge nachzulesen.

Casa Andina HOTEL **$$$**
(Karte S. 73; ☎ 01-213-4300; www.casa-andina.com; Av La Paz 463, Colección Privada; DZ/Suite inkl. Frühstück ab 1074/1305 S; @) Der luxuriöse Außenposten der Casa Andina hat 148 schicke Zimmer in Erdtönen, die mit präkolumbischer Kunst und Bio-Badeprodukten punkten.

Tierra Viva HOTEL $$$
(Karte S. 73; ☎ 01-637-1003; www.tierravivahoteles.com/tierra-viva-miraflores-larco; Bolivar 176–180; EZ/DZ inkl. Frühstück 509/542 S) Ein Neuzugang, der Laune macht. Die tadellose, peruanische Hotelkette zeichnet sich durch guten Service und moderne Zimmer mit Schließfächern, Berberteppichen, großen Betten und Webdecken aus den Anden aus, die für einen Farbtupfer sorgen. Das Frühstück wird auf der Terrasse im 8. Stock serviert.

Barranco

Anfang des 20. Jhs. war Barranco ein beliebter Sommerferienort der Oberschicht. In den 1960er-Jahren war es Tummelplatz der Bohème. Heute ist es voller Restaurants und lebhafter Bars. Die eleganten Villen wurden in Boutiquehotels verwandelt. Es macht Spaß, hier spazieren zu gehen und die Gärten und kolonialen Gebäude zu entdecken.

Backpackers Inn HOSTEL $
(Karte S. 76; ☎ 01-247-1326; www.barrancobackpackersperu.com; Mariscal Castilla 260; B inkl. Frühstück 40–49 S, DZ inkl. Frühstück 115–165 S) Das beliebte britische Hostel befindet sich in einem verwitterten, aber sauberen Herrenhaus in einer ruhigen Straße. Es wird rund um die Uhr von einem Sicherheitsdienst bewacht. Die Schlafsäle sind groß und teilweise mit Blick aufs Meer. Es gibt acht Zimmer, eine Küche und ein Fernsehzimmer. Über die Bajada de Baños gelangt man direkt zum Strand. Die Leitung hilft bei der Organisation von Ausflügen und Touren.

Hostal Gémina HOTEL $
(Karte S. 76; ☎ 01-477-0712; www.hostalgemina.com; Av Grau 620; EZ/DZ/3BZ inkl. Frühstück 105/150/195 S; @ 📶) Das freundliche Hotel in einer kleinen Einkaufspassage hat 31 große Zimmer im Stil der 1970er-Jahre. Das Hotel hat die Form eines Schiffs und einen eher zufälligen Retro-Look. Es hat einen großen Aufenthaltsbereich, die sauberen Zimmer sind mit TV und volkstümlichen Textilien ausgestattet. Kreditkarten werden akzeptiert.

Casa Nuestra B&B $$
(Karte S. 76; ☎ 01-248-8091; www.casanuestraperu.com; Jirón Tumbes 270; EZ/DZ/3BZ inkl. Frühstück 132/165/198 S; @ 📶) Die hübsche Pension in einer ruhigen, schattigen Nebenstraße hat eine coole Ausstattung mit Wandgemälden und nostalgischen Postern. Sie ist ein ausgezeichnetes Basislager für die Erkundung von Barranco. Bei längerem Aufenthalt wird's billiger. Die Zimmer im 2. Stock sind die besten, die im 1. Stock müssten dringend renoviert werden. Es gibt eine Küche und eine hübsche Dachterrasse. Unbedingt im Voraus reservieren!

3B Barranco B & B B&B $$
(Karte S. 76; ☎ 01-719-3868, 01-247-6915; www.3bhostal.com; Centenario 130; EZ/DZ inkl. Frühstück 218/254 S; @ 📶) Diese serviceorientierte Pension ist bei Rucksacktouristen beliebt, denn sie ist cool, sauber und modern. Der Gemeinschaftsbereich ist mit Kunst im Stil von Andy Warhol geschmückt. Von hier geht es zu den 16 minimalistisch ausgestatteten Zimmern mit Plüschtagesdecken, Flachbild-TV und Badezimmermöbeln mit Granit. Die Fenster mit Verdunkelungsvorhängen gehen auf Lichtschächte hinaus, in denen Pflanzen gedeihen. Gutes Preis-Leistungs-Verhältnis, vor allem, wenn man es direkt bucht.

D'Osma B&B B&B $$
(Karte S. 76; ☎ 01-251-4178; www.deosma.com; Av San Pedro de Osma 240; EZ/DZ inkl. Frühstück ab 123/196 S; @ 📶) 🍃 Diese einfache Pension ist sehr persönlich und familiär. Sie hat kleine Zimmer mit glänzendem Beton, Dachfenstern und Ventilatoren. Die Inhaber sprechen etwas Englisch und Deutsch. Zum üppigen Frühstück gibt's Eier und Obst. Der einzige Nachteil ist der Straßenlärm. Deshalb sollte man versuchen, eines der hinteren Zimmer zu bekommen. Außerdem werden Fahrräder recycelt und verliehen.

★ **Second Home Perú** B&B $$$
(Karte S. 76; ☎ 01-247-5522; www.secondhomeperu.com; Domeyer 366; DZ/Suite inkl. Frühstück 446/545 S; @ 📶 🏊) Hübsche *casona* mit märchenhaftem Flair, fünf Zimmern, Krallenfußwannen, Eisenskulpturen, einem Pool und einem traumhaften Meerblick. Sie wird von den Kindern des Künstlers Victor Delfín betrieben, dessen Taurinskulpturen gemeinsam mit Werken von Kollegen im Garten ausgestellt sind. Wer will, kann auch das vor Ort zu findende Bildhaueratelier mieten. Kreditkartenzahlung ist möglich.

★ **Villa Barranco** BOUTIQUEHOTEL $$$
(Karte S. 76; ☎ 01-396-5418; www.ananay-hotels.com/branches/villa-barranco; Calle Carlos Zegarra 274; DZ inkl. Frühstück 1706 S; 📶) In diesem einfach schönen, gemütlichen Hotel fühlt man sich sofort wie zu Hause. Dennoch ist es sehr schick, von der ausgeklügelten Ausstattung bis hin zum Garten, in dem die Kolibris den Nektar aus den Blüten saugen. Die Zimmer

1

3

. Pachacamac (S. 110)
ine vorkolumbische Zitadelle mit 'empel-Pyramiden, nur 31 km vom ;tadtzentrum Limas entfernt.

!. Paragliding (S. 79)
Iber die Wokenkratzer entlang der Küs- e schweben und ganz nebenbei einen llick auf die Surfer erhaschen.

;. Plaza de Armas (S. 57)
in eindrucksvoller Bronzebrunnen narkiert den Mittelpunkt des Platzes nd stammt aus dem Jahr 1650.

JESS KRAFT/SHUTTERSTOCK ©

DOMINGO LEIVA/GETTY IMAGES ©

sind groß, teils mit Badewanne und Zugang zum Garten. Das beste ist jedoch die tolle Dachterrasse mit Bar, wo man den Tag gemütlich ausklingen lassen kann.

Die Besitzer sind sehr gastfreundlich und stellen auch Fahrräder zur Verfügung.

Casa Republica BOUTIQUEHOTEL **$$$**
(Karte S. 76; ☎ 01-488-6059; www.casarepublica.com; Av Saez Peña 208; DZ/Suite inkl. Frühstück 627/825 S; 📶) Das stattliche Wohnhaus aus den 1920er-Jahren steht am breiten ehemaligen Prachtboulevard von Barranco. Das Innere ist eine verspielte Mischung aus klassischem Design und modernen Akzenten. So wurden Buntglasfenster, Kronleuchter und Marmorbäder mit kantigen skandinavischen Möbeln und hochmoderner Kunst kombiniert. Die Zimmer sind gemütlich, voller Annehmlichkeiten und mit Doppelbetten, teilweise auch mit Badewanne.

In der Bar auf der Dachterrasse kann man abends Cocktails mit Blick aufs Meer trinken. In einem Neubau hinter dem Haus sind weitere 14 Zimmer geplant.

Hotel B BOUTIQUE-HOTEL **$$$**
(Karte S. 76; ☎ 01-206-0800; www.hotelb.pe; Sáenz Peña 204; DZ 990-1584 S; @ 📶) Dieses renovierte Herrenhaus, in dem sich Modernes und Klassisches auf geradezu dramatische Weise vermischen: Einige der 17 Zimmer wirken überladen, aber sie alle umgeben einen Hof mit einer „lebenden Wand" voller Feigen. Die Bar ist beliebt, auch bei Nichtgästen. Die Spezialität sind Gin-and-Tonic-Getränke à la *Der große Gatsby*. Einen Besuch wert ist auch die Dachterrasse mit Meerblick.

West-Lima

Mami Panchita GASTHAUS **$$**
(☎ 01-263-7203; www.mamipanchita.com; Av Federico Gallesi 198, San Miguel; EZ/DZ/3BZ inkl. Frühstück 139/182/211 S; @ 📶) Die Pension befindet sich in einem weitläufigen, aber heimeligen Haus im spanischen Stil in einem hübschen Viertel in der Nähe von Miraflores. Die niederländisch-peruanischen Besitzer betreiben in dem Haus auch ein Reisebüro. Es gibt auch große, gemütliche Familienzimmer mit Babybett, wenn gewünscht. Auf der mit Blumen geschmückten Terrasse kann man herrlich entspannen.

Essen

Als gastronomische Hauptstadt Südamerikas bietet Lima einige der besten Restaurants Perus. Von einfachen *cevicherías* (in denen es vor allem *ceviche* gibt) über kleine *anticucho* (Imbissstände) bis hin zu hervorragenden Nobelrestaurants ist alles zu finden. Es gibt auch frische Meeresfrüchte, und dank ihres Status als Landeshauptstadt bietet Lima auch Spezialitäten aus allen Regionen des Landes.

LIMAS KÜCHE

Limas Küche wird verehrt wie ein Heiligtum, und so stellt sich jeden Tag aufs Neue die quälende Frage: Was soll ich nur essen? Einen guten Einstieg bilden diese lokalen Klassiker:

- Anticuchos, zarte Rinderspieße, werden sowohl an einfachen Straßenständen als auch in noblen Restaurants wie dem **Panchita** (S. 97) angeboten.
- Auch raffinierte Varianten des verführerischen Landesgerichtes *ceviche* können sehr preiswert sein, so z. B. im **Barra Chalaca** (S. 92), oder auch teuerer, z. B. im **Pescados Capitales** (S. 97). Wer mal etwas ganz anderes ausprobieren möchte, genießt es in sautierter Form im **Fiesta** (S. 95).
- Besonders gute Kreationen aus der Fusionküche des Landes, der *criollo*-Küche, einer Mischung aus spanischen, andinen, chinesischen und afrikanischen Einflüssen, findet man im **Isolina** (S. 99) und im **El Bodegón** (S. 95) sowie im schicken **Restaurant Huaca Pucllana** (S. 96).
- Erstklassiger Service, umfangreiche Weinkarten und toll dekorierte Speisen, die Traditionelles und Innovatives mischen, erwarten einen im **Astrid y Gastón Casa Moreyra** (S. 93) und im **Central** (S. 96).
- *Causas* feiern den einfachen Erdapfel. Die kalten Kartoffelgerichte sind ästhetisch und geschmacklich gleichermaßen ansprechend und gehören auf die Karte jedes traditionellen Restaurants.

Centro

In Limas Innenstadt überwiegen preiswerte und historische Restaurants, die von sehr funktionalen *comedores* voller Büroangestellter bis hin zu stimmungsvollen Restaurants reichen, in denen auch die Präsidenten Perus verkehren.

Pastelería San Martín BÄCKEREI $
(Karte S. 60; ☎ 01-428-9091; Nicolás de Piérola 987; Snacks 8 S; ⏲ Mo–Sa 8.30–20, So 11–18 Uhr) In dieser 1930 eröffneten einfachen Bäckerei gibt's Limas wohl besten *turrón de doña Pepa*, eine bröckelige, klebrige, extrem süße Nachspeise, die mit dem religiösen Fest El Señor de Los Milagros in Verbindung gebracht wird. Dazu passt ein Espresso.

Rovegno FEINKOST $
(Karte S. 64; ☎ 01-424-8465; Arenales 456; Hauptgerichte 10–28 S; ⏲ Mo–Sa 7–22 Uhr) In der Feinkostbäckerei lockt ein riesiges Sortiment an Weinen, Käse, Schinken und Oliven sowie Gebäck. Das zugehörige Lokal kredenzt Spezialitäten wie *lomo saltado* (Rindfleischpfanne mit Zwiebeln und Paprika).

Agallas CEVICHE $$
(Karte S. 64; ☎ 01-390-4012; www.facebook.com/agallascantina; Av Manco Cápac 1100; Hauptgerichte 22–28 S; ⏲ Di–So 12.30–17.30 Uhr) Die schicke Cantina und *cevichería* in La Victoria ist etwas völlig anderes als Limas Touristenfallen. Serviert werden sechs Arten von mariniertem Fisch sowie Bier in Metallbechern. Für mehrere Personen lohnen sich die Meeresfrüchte mit Reis nach Art des Nordens, die in Alutöpfen auf den Tisch kommen. An den Wänden hängen Fotos von hart arbeitenden *limeños* (Einwohnern von Lima), die als die wahren Helden der Stadt verehrt werden.

Wa Lok CHINESISCH $$
(Karte S. 61; ☎ 01-447-1314; Paruro 878; Hauptgerichte 15–80 S; ⏲ Mo–Sa 9–23, So bis 22 Uhr; 🖉) Meeresfrüchte, gebratener Reis und brutzelnde Fleischgerichte, serviert auf dampfenden Platten, machen das Wa Lok zu den besten *chifas* (chinesische Restaurants) in Chinatown. Die 16 Seiten starke kantonesische Karte umfasst Teigtaschen, Nudeln, Pfannengerührtes und vegetarische Speisen (wir empfehlen den Tofu-Auflauf). Weil die Portionen riesig sind, sollte man nicht zu viel bestellen.

Tanta PERUANISCH $$
(Karte S. 60; ☎ 01-428-3115; Pasaje Nicolas de Rivera 142; Hauptgerichte 21–50 S; ⏲ Mo–Sa 9–22, So 9–18 Uhr) Eines der vielen zwanglosen Bistros der Gastón-Acurio-Kette serviert peruanische Gerichte, Fusionpasta, Salate und Sandwichs. Eine wirklich gute Adresse mitten im Zentrum, wo das Angebot ansonsten mau ist. Das Essen ist gut, aber die Desserts sind göttlich. Unbedingt die Maracuja-Käsekuchen-Mousse probieren! Weitere Filialen gibt's in **Miraflores** (Karte S. 73; ☎ 01-444-5231; Av Vasco Núñez de Balboa 660; Hauptgerichte 18–52 $; ⏲ 12–22 Uhr) und **San Isidro** (Karte S. 70; ☎ 01-421-9708; Pancho Fierro 115; Hauptgerichte 20–45 S; ⏲ Mo–Sa 8–24, So 8–22 Uhr).

INSIDERWISSEN

A LA LIMEÑA

Aus Rücksicht auf ausländische Gäste werden die traditionellen Speisen oft weniger stark gewürzt. Wer die *picante* (scharfe) Variante bevorzugt, bestellt sein Essen einfach *a la limeña*, also nach Lima-Art.

L'Eau Vive FRANZÖSISCH $$
(Karte S. 60; ☎ 01-427-5612; Ucayali 370; Hauptgerichte 32–55 S, 3-Gänge-Menüs 19 S; ⏲ Mo–Sa 12.30–15 & 19.30–21.30 Uhr; ❄) Französische Nonnen des Karmeliterordens führen dieses schlichte Restaurant in einem Gebäude aus dem 18. Jh. Auf der Karte stehen französische und andere europäische Spezialitäten wie *coquilles St. Jacques* mit peruanischen Akzenten. Das Essen ist nichts Besonderes, doch der Besuch lohnt wegen des ungewöhnlichen abendlichen Ständchens: Nach dem Essen (gegen 21 Uhr) versammeln sich die Schwestern und singen das *Ave Maria*.

Cevichería la Choza Nautica CEVICHE $$
(Karte S. 64; ☎ 01-268-1598; Breña 204; Hauptgerichte 19–50 S; ⏲ 12–23 Uhr) Die beliebte *cevichería* ist ein freundlicher Lichtblick in einer ansonsten schmuddeligen Gegend. Kellner mit Fliege servieren mehr als ein Dutzend *ceviche* und *tiraditos* (japanische *ceviche* ohne Zwiebeln). Außerdem bietet sie eine große Auswahl an Suppen, Meeresfrüchten und Reisgerichten. Wenn es abends Livemusik gibt, ist immer viel los.

Salon Capon CHINESISCH $$
(Karte S. 60; ☎ 01-426-9286; Paruro 819; Hauptgerichte 13–48 S; ⏲ Mo–Sa 9–22, So bis 19 Uhr) Gegenüber dem Wa Lok liegt der kleinere Salon Capon, der mit kantonesischer Speisekarte und Dim Sum aufwartet. Die hauseigene Backstube bereitet fabelhafte Pfannkuchen zu.

San Isidro

Schicke Restaurants, Cocktails und internationale Haute Cuisine: San Isidro ist eine Bastion der guten Speisen. Wer nur ein begrenztes Budget hat, bereitet sein Essen allerdings eventuell lieber selbst zu bzw. ist in den preiswerteren Lokalen im nahe gelegenen Miraflores besser aufgehoben.

Coffee Road CAFÉ $
(Karte S. 70; ☎ 01-637-2028; Av Prescott 365; Hauptgerichte 6–12 S; ⌚ Mo–Fr 7–22, Sa 9–22, So 14–22 Uhr) Ein Paradies für Kaffeekenner. Das Café mit langen Stehtischen und Lederbarhockern bereitet hervorragenden Espresso aus besten peruanischen Kaffeebohnen mit verschiedenen Maschinen zu. Damit ist es eines der besten Cafés Limas. Zu essen gibt's Quiches und Desserts.

★ **Barra Chalaca** CEVICHE $$
(Karte S. 70; ☎ 01-422-1465; Av Camino Real 1239; Hauptgerichte 14–39 S; ⌚ 11–17 Uhr) In der lässigen *ceviche*- und Meeresfrüchte-Bar wird meisterhafte Küche genial mit verspielten Details kombiniert. Vom Barhocker an der Theke kann man den angehenden Köchen bei der Zubereitung von *curatodo* (das Allheilmittel, eine Fischbowl mit tropischen Fruchtsäften und frischen Kräutern) zusehen. Außerdem gibt's leckeres *tiradito chichuito* (Sashimi mit Kapern, Avocado und Knoblauch), knusprigen, panierten *pejerrey* (Ährenfisch) und gebratenen Reis mit Meeresfrüchten in riesigen Portionen.

Mittags sind alle Tische schnell besetzt.

Matsuei JAPANISCH $$
(☎ 981-310-180; www.matsueiperu.com.pe; Atahualpa 195; Hauptgerichte 16–70 S; ⌚ Mo–Sa 12.30–15.30 & 19.30–23 Uhr) Der hochverehrte japanische Koch Nobu Matsuhisa war einst Miteigentümer dieser Sushi-Bar. Heute ist es ein schickes, stimmungsvolles Restaurant. Bekannt ist es vor allem für seine sensationellen Sashimi und *maki* (Sushi-Rollen). Unbedingt zu empfehlen ist *acevichado*, mit Shrimps und Avocado gefüllte Rollen, die in hausgemachte Mayonnaise mit *ceviche*-Brühe getunkt werden. Irre gut!

Cafe A Bistro AMERIKANISCH $$
(☎ 01-264-5856; www.facebook.com/cafeabistro; Av Del Ejercito 2193; Hauptgerichte 25–35 S; ⌚ Fr–Mi 8–23, Do 8–16 Uhr) Das gemütliche Lokal ist in vielerlei Hinsicht eine Überraschung. Erstens wegen seiner Lage zwischen einer Tankstelle und einem chinesischen Restaurant und zweitens wegen des tollen Essens. Das klassische amerikanische Frühstück besteht aus Hot Dogs, Eiern und dicken Scheiben selbst gebackenen Brots. Die Hamburger sind ebenfalls legendär, und außer Brot werden auch alle Saucen selber gemacht. Mittags bekommt man Brunch aus regionalen Zutaten, abends wird es zur entspannten Bar.

Draußen stehen auch ein paar Tische.

Spizza PIZZERIA $$
(Karte S. 70; ☎ 01-222-2228; Av 2 de Mayo 455; Pizza 31–53 S; ⌚ Mo–Sa 12.30–23, So 12.30–22 Uhr) Eine Pizza Margherita mit dünnem Boden frisch aus dem Holzofen ist kaum zu überschätzen! Diese Pizzeria, ein winziges Restaurant aus Ziegelsteinen, hält hier neapolitanische Traditionen aufrecht und serviert zudem Craft Beer zu den Gerichten.

Hanzo JAPANISCH $$
(Karte S. 70; ☎ 01-422-6367; www.hanzo.com.pe; Conquistadores 598; Hauptgerichte 23–58 S; ⌚ Mo–Sa 12.30–16 & 19.30–23.30, So 12.30–16 Uhr) Puristen sollten das stimmungsvolle, gesellige Fusionsrestaurant mit Bar wohl eher meiden. Das Hanzo kredenzt Sushi, wobei das *maki acevichado* mit gebratenem Reis klare peruanische Einflüsse erkennen lässt.

Malabar FUSION $$
(Karte S. 70; ☎ 01-440-5200; www.malabar.com.pe; Av Camino Real 101; Hauptgerichte 28–64 S; ⌚ Mo–Sa 12.30–16 & 19.30–23 Uhr) Die saisonale Speisekarte von Küchenchef Pedro Miguel Schiaffino ist stark vom Amazonas inspiriert, wie die knusprig gebratenen *cuy* (Meerschweinchen) und Amazonasschnecken in scharfer Chorizo-Sauce beweisen. Nicht zu vergessen die tollen Cocktails, die sein Vater, ein ausgewiesener Pisco-Experte, mixt und die wunderbaren Desserts, die zu den leichtesten und köstlichsten in ganz Lima zählen.

Segundo Muelle CEVICHE $$
(Karte S. 70; ☎ 01-717-9998; www.segundomuelle.com; Conquistadores 490; Hauptgerichte 32–58 S; ⌚ 12–17 Uhr) Dieses Restaurant bietet einen ausgezeichneten Service und gefeierte innovative *ceviche*-Kreationen wie *ceviche de mariscos a los tres ajíes* (Fisch und Meeresfrüchte in drei Peperonisaucen). Außerdem gibt's Reis- und weitere Meeresfrüchtegerichte, darunter eine Grillplatte namens *parrilla marina*.

500 Grados MEDITERRAN $$
(Karte S. 70; ☎ 954-604-536; www.500grados.com; Camino Real 1281; Hauptgerichte 15–45 S;

⏲7–24 Uhr) Wäre da irgendwetwas, das man mit einem heißen Ofen, stapelweise Feuerholz und einer Reihe gut eingefetteter Gusseisenpfannen nicht zaubern kann? Das Restaurant erforscht genau diese Frage mit wechselndem Erfolg. Die superdünne Pizza und der gebratene Kürbis sind zu lasch gewürzt, doch die Schweinerippchen und Brathähnchen sind ausgezeichnet. Einzigartige Cocktails werden ebenfalls serviert.

Der Service könnte allerdings besser sein.

Antica PIZZA **$$**
(Karte S. 70; ☎01-222-9488; www.anticapizzeria.com.pe; Av 2 de Mayo 732; Hauptgerichte 29–48 S; ⏲12–24 Uhr) In einer Straße voller europäischer Restaurants ist dies eines der besten. Im holzvertäfelten Speiseraum werden hausgemachte Pasta, Gnocchi und Pizza aus dem Holzofen bei Kerzenlicht serviert. Es ist sehr beliebt bei einheimischen Familien. Auch Antipasti und eine gute Weinkarte mit überwiegend südamerikanischen Weinen locken.

★Astrid y Gastón Casa Moreyra NOVOANDINA **$$$**
(Karte S. 70; ☎01-442-2775; www.astridygaston.com; Av Paz Soldan 290; Hauptgerichte 53–89 S; ⏲Mo–Sa 13–15 & 19–23 Uhr) Gastón Acurios Vorzeigerestaurant wird von Diego Muñoz betrieben, der gebürtig aus Lima stammt. Es setzt den Maßstab für die *novoandina*-Kochkunst in der Hauptstadt und ist ein gastronomisches Meisterwerk, dessen französischer Einfluss nicht zu verleugnen ist. Auf der saisonalen Karte stehen peruanische Gerichte, es ist aber die exquisite Fusionküche, die Astrid y Gastón zu einem derart himmlischen Esserlebnis macht. Das 28-gängige Probiermenü demonstriert die Vielseitigkeit der kulinarischen Möglichkeiten – also nicht lange nachdenken, einfach bestellen!

Manchmal dürfen die Gäste die Küche besichtigen, in der eine Armee weiß gekleideter Helfer und Köche Teller mit chirurgischer Präzision präpariert. Das Gebäude selbst ist eine traumhafte Villa mit mehreren Speisesälen und exzellentem Service. Der Sommelier hilft gerne weiter.

Punto Italiano ITALIENISCH **$$$**
(Karte S. 70; ☎01-349-2278; Av 2 de Mayo 647; Hauptgerichte 30–48 S; ⏲12.30–16 & 18–23 Uhr; 👪) In dem gemütlichen, bei Familien beliebten Restaurant wird italienische Küche mit sardinischem Einfluss serviert. Die Ravioli sind weithin bekannt, das *carne tagliata* (Kalbfleisch mit Nudeln und Käse) ist göttlich.

Miraflores

Geht's ums Essen, ist Miraflores das interessanteste Viertel. Es bietet die gesamte Bandbreite der peruanischen Küche für jeden Geldbeutel, von kleinen *comedores* mit günstigen Mittags-*menús* bis hin zu einigen der renommiertesten gastronomischen Einrichtungen der Stadt. In den Terrassencafés kann man hervorragend Pisco trinken und Leute beobachten.

Zahlreiche zwanglose Lokale mit preiswerten Menüs findet man in den kleinen Straßen östlich der Avenida José Larco, ganz in der Nähe des Parque Kennedy.

La Lucha Sanguachería SANDWICHES **$**
(Karte S. 73; ☎01-241-5953; Benavides 308; Sandwichs 12–21 S; ⏲So–Do 8–1, Fr & Sa 8–3 Uhr) Der kleine Sandwich-Laden an der Ecke ist ideal für ein kleines Mittagessen. Spezialität des Hauses ist *Lechón a la leña* (mit gebratenem Schweinefleisch), doch die luftigen Brötchen werden auch mit Hühnchen oder Schinken belegt. Säfte werden frisch gemixt.

El Pan de la Chola CAFÉ **$**
(Karte S. 72; ☎01-221-2138; Av La Mar 918; Hauptgerichte 8–25 S; ⏲Mo–Sa 8–22, So 9–19 Uhr; 📶) Richtig gutes Vollkornbrot kommt in Südamerika seltener vor als Gold. Doch dieses kleine Café in einem Backsteinhaus backt gleich vier leckere Sorten und serviert dazu Bio-Kaffee aus dem peruanischen Amazonas, griechischen Joghurt und Süßigkeiten. Außerdem gibt's Sandwichs und Probierteller mit Brot, Oliven, Hummus und Käse. Die Einrichtung mit großen Holztischen ist im europäischen Stil gehalten.

Ana Avellana BÄCKEREI **$**
(Karte S. 72; www.facebook.com/anaavellanalima; Mendiburu 1096; Desserts 5–16 S; ⏲Di–Sa 8–21, So 8–19 Uhr; 📶) Ana Avellana präsentiert ihre süßen, leckeren Kreationen in fröhlich-hellblauem Ambiente. Auf gemütlichen Sofas genießt man üppigen Schokoladenkuchen ohne Mehl oder leckeren Weintrauben-Pie zum Americano. Wer es lieber pikant mag, nimmt die Ziegenkäse-Tarte mit Kräutern oder das rustikale Quinoabrot-Sandwich mit gebratenem Rind- oder Putenfleisch.

Manolo CAFÉ **$**
(Karte S. 73; ☎01-444-2244; www.manolochurros.com; Av José Larco 608; Churros 4 S; ⏲So–Do 7–1, Fr & Sa 7–2 Uhr) Das geschäftige Straßencafé ist vor allem bekannt für seine kochend heißen Churros, die man am besten in eine

chocolate caliente espeso (dicke heiße Schokolade) tunkt. Außerdem bekommt man hier natürlich auch das übliche Café-Essen.

Helena Chocolatier SÜSSIGKEITEN $
(Karte S. 72; ☎ 01-715-0000; www.helena.pe; Iglesias 498; Schokolade ab 3 S; ⏲ Mo–Fr 10.30–19.30, Sa 10.30–18 Uhr) Die alteingesessene traditionelle Konfiserie stellt vor allem die superleckere „Schokolade D'Gala" her, die mit allem Möglichen von Pekannüssen über Marzipan bis hin zu Himbeeren gefüllt und liebevoll verpackt werden.

Beso Frances CRÊPERIE $
(Karte S. 72; ☎ 01-717-8949; www.besofrances.pe; Malecón de la Reserva, Parque Intihuatana; Crêpes 10–18 S; ⏲ 7.30–23 Uhr) Der urige Laden ist ein idealer Zwischenstopp, wenn man mit dem Rad oder zu Fuß entlang der Küste unterwegs ist. Die süßen und pikanten Crêpes sind mit Fudge, Schmelzkäse oder Roastbeef gefüllt und können mit einem Kaffee und Blick auf den Pazifik an einem der Tische draußen genossen werden.

Jeden Tag gibt's um 17 Uhr Geigenmusik live. Das Gefühl, in einem französischen Bistro zu sitzen, ist dann fast perfekt.

Amore Mio GELATO $
(Karte S. 73; ☎ 941-403-377; www.facebook.com/pg/gelatoamoremio; Av La Paz 178; 1/2 Kugeln 7,50/11 S; ⏲ Mo 12–21, Di–Do & So 11–21, Fr & Sa 11–22 Uhr; 👪) Die traditionelle Eisdiele erstreckt sich über zwei Stockwerke und ist nur ein paar Häuserblocks vom Parque Kennedy entfernt. Jeden Tag werden 36 Eissorten hergestellt, die meisten aus peruanischen Früchten. Auch Gebäck wird verkauft. Sitzplätze sind kaum vorhanden, das Eis ist eher zum Mitnehmen gedacht.

Ágora Café y Arte CAFÉ $
(Karte S. 73; ☎ 01-241-4435; www.facebook.com/agoracafeyarte; Diagonal 378, Miraflores; ⏲ Mo–Sa 7.30–21.30, So 10–20 Uhr) In diesem Café kann man schön draußen sitzen und direkt auf den beliebtesten Park in Lima, den Parque Kennedy blicken. Der biologisch angebaute peruanische Kaffee (7–12 S) passt hervorragend zu einem Stück Maracuja-Käsekuchen. Genau das richtige, um die vorbeieilenden Touristen und *limeños* zu beobachten.

Kulcafé CAFÉ $
(Karte S. 73; ☎ 993-325-5445; Bellavista 370; Hauptgerichte 12–18 S; ⏲ Mo–Do 8–23, Sa & So 11–24 Uhr; 📶) In dem deutschen Café gibt's Süßes, Kaffeespezialitäten und Smoothies. Diese sind alles andere als gewöhnlich: So besteht der köstliche „Sweet green smoothie" aus Spinat, Melone und Mango. In gemütlicher Wohnzimmeratmosphäre werden auch Bio-Essen und Vollkorn-Bagel serviert. Der Service ist absolut professionell.

El Enano SANDWICHS $
(Karte S. 72; ☎ 01-447-4566; Chiclayo 699; Sandwichs 12–18 S; ⏲ So–Do 6–1, Fr & Sa 6–3 Uhr) An der Freiluft-Theke kann man den Meistern bei der Arbeit zusehen. Französisches Weißbrot wird mit gebratenem Hühnchen, Schinken, Putenfleisch oder *chicharrón* (frittiertes Schweinefleisch) belegt und mit marinierten Zwiebeln und Chilis gewürzt. Auch als Katerfrühstück geeignet. Dazu werden exotische Fruchtsäfte in Glaskrügen serviert.

Anticuchos de la Tía Grimanesa BARBECUE $
(Karte S. 72; ☎ 01-442-1468; Av Ignacio Merino 465; Anticucho 15 S; ⏲ Mo–Sa 17–23 Uhr) Nachdem die legendäre Frau Grimanesa ihre treuen Kunden mehr als 30 Jahre lang aus einem einfachen *anticucho*-Wagen versorgt hatte, eröffnete sie endlich ihr eigenes Restaurant. Auch hier ist das Fleisch superzart und die hausgemachten Saucen sind wunderbar scharf.

Pastelería San Antonio CAFÉ $
(Karte S. 73; ☎ 01-241-3001; Av Vasco Núñez de Balboa 770; Sandwiches 12–30 S; ⏲ Mo–Do 7–21, Fr bis 20, 9 Sa –18 Uhr) Das 50 Jahre alte Café zieht Leute aller Gesellschaftsschichten an. Es lockt mit zahlreichen Sandwiches und Backwaren, darunter göttliche Schokocroissants (am besten nimmt man ein warmes).

Bodega Miraflores CAFÉ
(Karte S. 73; Diez Canseco 109; Kaffee 3 S; ⏲ Mo–Sa 9.30–13 & 15.30–19.30 Uhr) In diesem altbackenen Lokal serviert der Barmann tiefschwarze starke *cortados* (Espresso mit etwas heißer Milch). Der Kaffee stammt aus dem Anbaugebiet Chanchamayo. Man kann sich die Bohnen auch abfüllen lassen.

Vivanda SUPERMARKT $
(Karte S. 73; ☎ 01-620-3000; www.vivanda.com.pe; Benavides 487; ⏲ 7–24 Uhr) Dies ist einer der besten unter den vielen Supermärkten in Lima. Er bietet heimische und importierte Lebensmittel, Getränke, Toilettenartikel und sogar Medikamente. Weitere Filialen befinden sich in der **Av José Pardo** (Karte S. 72; Miraflores; ⏲ 8–23 Uhr) und in **San Isidro** (Karte S. 70; ☎ 1-620-3000; www.vivanda.com.pe; Av 2 de Mayo 1420; ⏲ 8–22 Uhr).

★ ámaZ AMAZONAS-KÜCHE **$$**
(Karte S. 73; ☎ 01-221-9393; www.amaz.com.pe; Av La Paz 1079; Hauptgerichte 20–65 S; ⌚ Mo–Sa 12.30–23.30, So 12.30–16.30 Uhr; 🌿) Küchenchef Pedro Miguel hat sich voll und ganz dem Reichtum und der Fülle des Amazonas verschrieben. Als Vorspeise werden Dschungelfrüchte und riesige *tostones* (Bananenchips) serviert. In Bananenblätter oder *juanes* wird unter anderem duftende Pekingente mit Reis eingewickelt. Es gibt ausgezeichnetes *encurtido* (eingelegtes Gemüse) und das üppige vegetarische Menü für zwei bietet die ganze Vielfalt der Region auf.

Die Rundbar ist ebenso beliebt wie die Tische unter dem Strohdach.

★ El Bodegón BISTRO **$$**
(Karte S. 73; ☎ 01-444-4704; www.elbodegon.com.pe; Av Tarapaca 197; Hauptgerichte 28–39 S; ⌚ Mo–Sa 12–24, So 11–21 Uhr) In der spärlich beleuchteten Eckkneipe mit poliertem Hartholz und flinkem Service fühlt man sich eher wie in Buenos Aires. Sie gehört zur Gastón-Acurio-Kette und bietet peruanische Hausmannskost. Am besten teilt man sich mehrere Gerichte, um das unglaubliche Angebot zu verkosten. Besonders gut ist der butterzart gebratene Blumenkohl und der *rocoto relleno* (gefüllte Paprika) mit einer üppigen Nusssauce.

Als Nachtisch gibt's *suspiro de chirimoya* (Cherimoya) in dekadenter *dulce de leche* (Karamellsauce).

Bao? CHINESISCH **$$**
(Karte S. 72; ☎ 01-483-4180; www.facebook.com/baoacomer; José Domingo Choquehuanca 411; Hauptgerichte 30 S; ⌚ Di–Fr 13–16 & 19–23, Sa 13–23.30, So 13–16 Uhr) Als die Restaurantszene in Lima nobler und vornehmer wurde, trat diese kleine Garküche auf den Plan und eroberte die Herzen vieler Einheimischer, darunter auch das des peruanischen Starkochs Gastón Acurio. Immer im Angebot sind leckere Sandwichs mit Schweine- und Hühnchenfleisch, Reisbowls und üppige Pfannengerichte, doch die Köche experimentieren auch mit allerlei „Geheimrezepten".

Unbedingt probieren sollte man *chanchiears* – Streifen von gebratenen Schweineohren, die wie knusprige Pommes aussehen und süchtig machen können.

Mercado 28 FOOD COURT **$$**
(Karte S. 73; ☎ 981-370-730; www.mercado28.pe; Av Vasco Núñez de Balboa 755; Hauptgerichte 12–30 S; ⌚ 8–22 Uhr) Der offene Markt im 2. Stock besteht aus mehr als einem Dutzend preiswerter Imbissbuden, die ein überwiegend junges Publikum anziehen. Das ist auch kein Wunder, denn das hochwertige Angebot reicht von Gourmetburgern über Brathähnchen bis hin zu trendigen Bowls. Mittendrin befindet sich eine Bar mit Fassbier, Cocktails und Wein.

Maestro Tzu CHINESISCH **$$**
(Karte S. 73; ☎ 01-288-4351; www.maestrotzu.com; LarcoMar; Hauptgerichte 30–50 S; ⌚ 12–23 Uhr) Ein wunderbares Nobelrestaurant in bester Lage in LarcoMar. Es wird von einer chinesischen Gastronomenfamilie in zweiter Generation geführt, die frische Zutaten und Saucen ohne Färbemittel und Zusatzstoffe nach alten Familienrezepten verarbeitet. Das Ergebnis sind Köstlichkeiten wie leichte, duftende Suppen, herrlich weiche Shrimps-Empanadas und auf den Punkt gegarte Pfannengerichte. Als Nachtisch kommt Wackelpudding mit Feigenhonig auf den Tisch.

Fiesta Chiclayo Gourmet PERUANISCH **$$$**
(Karte S. 73; ☎ 01-242-9009; www.restaurantfiestagourmet.com; Av Reducto 1278; Hauptgerichte 40–65 S; ⌚ Mo–Sa 12.30–24 Uhr) Wer in Lima nach den besten nordperuanischen Gerichten sucht, sollte einen Tisch in diesem lebhaften Lokal im Osten von Miraflores reservieren, das mit Köstlichkeiten wie *arroz con pato a la chiclayana* (Ente mit Reis nach Chiclayo-Art) und *ceviche a la brasa* (dabei wird der Fisch scharf angebraten, sodass er leicht rauchig und sehr zart ist) lockt.

La Nacional PERUANISCH **$$**
(Karte S. 72; ☎ 01-441-2030; www.lanacional.pe; Av La Mar 1254; Hauptgerichte 26–40 S; ⌚ Mo–Sa 10–23, So 11–16 Uhr) In dem modernen Restaurant werden traditionelle peruanische Gerichte wie *pastel de choclo* (Maiseintopf mit Fleisch und Käse) oder *lomo saltado* in frischer Abwandlung serviert. Die entspannte Atmosphäre mit noblem Touch macht es zum idealen Ort für ein nettes Abendessen mit einem Gläschen Wein.

El Mercado FISCH & MEERESFRÜCHTE **$$**
(Karte S. 72; ☎ 01-221-1322; Unanue 203; Hauptgerichte 35–51 S; ⌚ Di–So 12.30–17 Uhr) An der Spitze dieses angesagten, gleichwohl schmucklosen *ceviche*-Ladens steht Rafael Osterling, ein Star der Kochszene. Die Gäste kommen in Scharen, um die frischen Krustentiere (Stichwort Fusionküche) sowie acht unterschiedliche *ceviches* zu verspeisen. Preisgünstig und lecker sind die Sandwichs

mit sautiertem Fisch. Und zum Nachtisch dann Zimteis mit Anisaroma. Mmmh…

Raw Cafe VEGAN $$
(Karte S. 73; ☎01-446-9456; www.facebook.com/rawcafeclub; Independencia 587; Hauptgerichte 21–34 S; ⏲Mo–Fr 9–21, Sa 9–18 Uhr;) Mit diesem beliebten veganen Café ist die Rohkostbewegung auch in Lima angekommen. Auf der Karte stehen Rote-Bete-Burger, Pizza mit Cashewkäse, Salate mit „Kokosspeck", Gemüsesäfte und Kombucha sowie Biokaffee.

El Punto Azul CEVICHE $$
(Karte S. 73; ☎01-445-8078; San Martín 595; Hauptgerichte 31–51 S; ⏲12–17 Uhr;) In dem angenehmen, mit karibischen Blautönen dekorierten Familienrestaurant bekommt man frische *ceviches* und *tiraditos* sowie Familienportionen Reis. Eine besonders gute Wahl ist das Risotto mit Parmesan, Garnelen und *ají amarillo* (gelber Chili). Sehen lassen können sich auch die Desserts. An Wochenenden wird es sehr voll; wenn man einen Tisch ergattern möchte, sollte man vor 13 Uhr da sein. Tolles Preis-Leistungs-Verhältnis!

El Rincón del Bigote CEVICHE $$
(Karte S. 72; ☎01-241-2709; José Galvez 529; Hauptgerichte 38–50 S; ⏲Di–So 12–16 Uhr) Hier muss man früh kommen: Vor allem am Wochenende warten Einheimische und Touristen in langen Schlangen auf einen Platz in dem kahlen *ceviche*-Laden. Spezialität des Hauses sind *almejas in su concha*, marinierte Venusmuscheln mit knusprigen Yucca-Pommes. Dazu ein kaltes Pils aus der Flasche und man fühlt sich wie im Paradies.

La Preferida FEINKOST $$
(Karte S. 73; ☎01-445-5180; Arias Araguez 698; Hauptgerichte 18–32 S, Tapas 9 S; ⏲Mo–Sa 8–17 Uhr) Der bezaubernde Laden ist östlich der Vía Expresa und ein paar Häuserblocks nördlich der Av 28 de Julio. Zum Mitnehmen gibt's fantastische *causas* (Kartoffelbreigerichte), frische Meeresfrüchte wie *pulpo al olivo* (Oktopus in Olivensauce) und *choros a la chalaca* (Muscheln mit Mais-Tomaten-Salsa) in kleinen Portionen. Einige wenige Tische mit Barhockern.

Restaurant Huaca Pucllana PERUANISCH $$
(Karte S. 73; ☎01-445-4042; www.resthuacapucllana.com; Gral Borgoño cuadra 8; Hauptgerichte 24–72 S; ⏲12.30–16.30, Mo–Sa 19–24, So 12.30–16 Uhr) Das feine Restaurant bei den schön beleuchteten Ruinen von Huaca Pucllana serviert eine sorgfältig zusammengestellte Auswahl an modernen peruanischen Gerichten (von gegrillten *cuy* bis hin zu Meeresfrüchte-Eintöpfen) sowie Spezialitäten der italienischen Fusionküche. Die Portionen sind riesig. Unbedingt Platz lassen für das Pisco-Zitronen-Parfait zum Nachtisch!

★ Maido JAPANISCH $$$
(Karte S. 73; ☎01-446-2512; www.maido.pe; San Martín 399; Hauptgerichte 26–110 S; ⏲Mo–Sa 12.30–16 & 19.30–23, So 12.30–16 Uhr) Mit seinen ausgezeichneten, meisterhaft zubereiteten japanisch-peruanischen Gerichten gehört dieses Restaurant wohl zu den besten der Welt. Das Angebot reicht von Sushi über zarte, 50 Stunden lang gegarte Rippchen bis hin zu *okonomiyaki* (japanische Pfannkuchen) und Ramen-Gerichte, alles mit peruanischem Touch. Desserts wie Yucca-*mochi* oder weißes Schokoladenei mit Eigelbsorbet sind ebenfalls hervorragend. Das Restaurant setzt sich für nachhaltigen Fischfang ein.

★ Central PERUANISCH $$$
(Karte S. 76; ☎01-242-8515; www.centralrestaurante.com.pe; Av Pedro de Osma 301; Hauptgerichte 52–95 S; ⏲Restaurant Mo–Sa 12.45–13.15 & 19.45–20.30 Uhr) Der Laden ist halb Restaurant, halb Labor. Für die Neuerfindung der Andenküche werden alte peruanische Zutaten genutzt, die ansonsten nirgends mehr verwendet werden. So z. B. wird Essen zum Erlebnis, wenn zarte heimische Kartoffeln in essbaren Schalen serviert werden – die Gäste sollen den Geschmack der Anden wieder neu entdecken. Küchenchef Virgilio Martinez war schon in den besten Küchen Europas und Asiens, doch seine wahre Liebe gilt diesem Restaurant.

Meeresfrüchte wie der gegrillte Oktopus als Vorspeise sind der Hit, aber die Klassiker wie Spanferkel mit eingelegtem Gemüse und scharfem Kürbis sind auch nicht zu verachten. Zum superfrischen Konzept gehört auch die Unterstützung von nachhaltigem Fischfang und Bio-Erzeugern.

IK NOVOANDINA $$$
(Karte S. 72; ☎01-652-1692; www.ivankisic.pe; Elías Aguirre 179; Hauptgerichte 45–75 S; ⏲Mo–Sa 18–23 Uhr) Althergebrachte Traditionen mit der peruanischen Avantgarde der Molekularküche zu kombinieren, ist eine Mammutaufgabe, die das IK aber nach Ansicht der meisten Gäste mit viel Stil meistert. Das Restaurant ehrt einen bekannten einheimischen Koch und verleiht durch seine erholsame Atmosphäre (Pflanzen, natür-

liche Klänge und Lichtprojektionen) dem Esserlebnis eine neue Note. Die Gerichte sind ausgewogen und werden formvollendet angerichtet.

Preisgekrönte Barkeeper und ein ausgebildeter Sommelier führen einen durch die beeindruckende Weinkarte.

Pescados Capitales FISCH & MEERESFRÜCHTE **$$$**
(Karte S. 72; ☎ 01-421-8808; www.pescadoscapitales.com; Av La Mar 1337; Hauptgerichte 39–70 S; ⏲ 12.30–17 Uhr) Dieses Restaurant mit modernem Industriecharme liegt in einer Straße, in der sich früher Autowerkstätten aneinanderreihten. Es kredenzt das beste *ceviche* weit und breit, darunter ein Gericht namens *ceviche Capital* mit Butt, Lachs und Thunfisch sowie roten, weißen und grünen Zwiebeln, alles in einer Paste aus drei Chilisorten eingelegt. Die Weinkarte umfasst insgesamt neun Seiten und bietet eine große Auswahl an chilenischen und argentinischen Tropfen.

La Mar SEAFOOD **$$$**
(Karte S. 72; ☎ 01-421-3365; www.lamarcebicheria.com; Av La Mar 770; Hauptgerichte 39–79 S; ⏲ Mo–Fr 12–17, Sa & So 11.45–17.30 Uhr) Die freundliche *cevichería* bietet hervorragenden Service, wunderbare *ceviche* und *tiraditos* sowie leichten, frischen *chifon chaufa* (gebratenen Reis). Im Prinzip besteht dieser Außenposten der Gastón-Acurio-Kette ansonsten vor allem aus einem glänzenden Betonhof voller Promis. Sehr zu empfehlen ist die köstliche Anspielung auf die Bloody Mary – der hervorragende Bloody *locho*, mit Muschelschalen und allem, was eben dazugehört. Die Desserts sind auch sehr gut. Eine Reservierung ist nicht möglich.

Panchita PERUANISCH **$$$**
(Karte S. 73; ☎ 01-242-5957; www.panchita.pe; Av 2 de Mayo 298; Hauptgerichte 33–76 S; ⏲ Di–Sa 12–24, So 12–18 Uhr) Das moderne Restaurant mit Volkskunst an den Wänden gehört zwar zur Gastón-Acurio-Kette, hat sich aber dem peruanischen Straßenessen verschrieben. Fleisch- und Oktopusspieße werden über dem Feuer gegrillt, bis sie auf der Zunge zergehen. Ebenso hervorragend ist das knusprige Spanferkel mit *tacu-tacu* (Fusionsgericht aus Reis und Bohnen). Außerdem beeindruckt das Salatbuffet. Die Portionen sind so groß, dass sie locker für zwei reichen. Super-Service.

Rafael FUSION **$$$**
(Karte S. 73; ☎ 01-242-4149; www.rafaelosterling.pe; San Martín 300; Hauptgerichte 48–89 S; ⏲ Mo–Mi 13–15 & 20–23, Do–Sa 13–15 & 20–24 Uhr) Der beliebte Dauerbrenner stellt auch anspruchsvollste Gaumen zufrieden. Zum großen Angebot an Fusiongerichten gehört *tiradito* in japanischer Zitrussauce und Zicklein in Madeirawein. Wer's einfacher und preiswerter mag, nimmt die knusprige Pizza. Neben großzügig bemessenen Cocktails kommen auch viele gute Weine aus aller Welt ins Glas.

INSIDERWISSEN

DARF ES NOCH ETWAS MEHR SEIN?

Lust, wie die Einheimischen zu essen? Wer bei jemandem eingeladen ist oder in *fondas* oder *quintas* (informelle Familienrestaurants) speist, bittet mit „*bien taipa*" um eine größere Portion. Wenn man Nachschlag möchte, sagt man „*yapa!*", was so viel wie „mehr, bitteschön" bedeutet.

Las Brujas de Cachiche PERUANISCH **$$$**
(Karte S. 72; ☎ 01-444-5310; www.brujasdecachiche.com.pe; Bolognesi 460; Hauptgerichte 44–80 S; ⏲ Mo–Sa 12–24, So 12–16 Uhr) Das erstklassige peruanische Essen wird von einem Klavierspieler begleitet. Klassiker wie *ají de gallina* (scharfer Eintopf mit Hühnchen und Walnüssen) und weniger bekannte Spezialitäten wie *carapulcra,* ein Eintopf aus getrockneten Kartoffeln, sind wunderbar zubereitet. Von allem etwas findet sich auf dem Mittagsbuffet. Die Bar ist besonders beliebt beim etwas reiferen Publikum.

La Rosa Nautica FISCH & MEERESFRÜCHTE **$$$**
(Karte S. 72; ☎ 01-445-0149; Circuito de Playas; Hauptgerichte 34–72 S; ⏲ 12–24 Uhr) Ebenso gute (oder sogar bessere) Meeresfrüchte sind zwar woanders preiswerter zu haben, doch der Blick auf die historische Anlegestelle sucht seinesgleichen. Eine gute Besuchszeit ist die Happy Hour (17–19 Uhr), während der man den letzten Surfern des Tages beim Wellenreiten zusehen kann. Per Taxi lässt man sich zum Pier bringen und legt dann die letzten 100 m zu Fuß zurück.

Barranco

Auch wenn in Barranco neue trendige Restaurants eröffnet wurden, die alle möglichen internationalen Speisen bieten, ist das Viertel immer noch von Adressen voller Atmosphäre geprägt, in denen man das Leben bei

ABSTECHER

MEERESFRÜCHTE IN LA PUNTA

In dem ruhigen Wohnviertel mit tollem Blick aufs Meer kann man herrlich entspannt zu Mittag essen. Der freundliche Besitzer der **Caleta la Punta** (☎01-453-1380; Malecón Pardo 180, Callao; Hauptgerichte 40–65 S; ⏲10–17.30 Uhr; ✎) lockt mit einem kostenlosen Becher kalter *chicha* (blauer Maissaft). Sein Mango-*ceviche* wurde beim renommierten Mistura Food Festival ausgezeichnet. Die *ceviche* mit frischen Meeresfrüchten und die gebratenen Fische mit Knoblauch sind legendär.

Das vornehme **La Rana Verde** (☎973-752-959; Parque Gálvez s/n, Chorrillos; Hauptgerichte 42–59 S; ⏲12–18 Uhr) direkt am Wasser mit Blick auf die Isla San Lorenzo ist ideal für das Sonntagsessen. Alle Gerichte sind perfekt zubereitet und der *pulpo al olivo* (Oktopus in Olivenöl) zählt zu den besten in ganz Lima. Das Restaurant ist im Club Universitario de Regatas auf dem Pier.

Ganz in der Nähe befinden sich auch viele Galerien und das Straßenkunstwerk Monumental Callao (S. 77).

ceviche und Bier genießt. Zwanglose Läden mit *anticuchos* und günstigen *menús* im Angebot säumen die Avenida Grau in Höhe der Kreuzung mit der Unión.

La Panetteria — BÄCKEREI $

(Karte S. 76; ☎01-469-8260; www.facebook.com/lapanetteriabarranco; Av Grau 369; Hauptgerichte 8–22 S; ⏲Di–So 8–21 Uhr; 📶) Die beliebte Bäckerei bietet nicht nur eine Riesenauswahl an Brot, Baguettes und Brötchen, sondern auch kreative Varianten wie Brot mit Pesto oder *aji* (leicht scharfem peruanischen Pfeffer) sowie leckeres Gebäck. Beim Brunch am Wochenende ist es immer rappelvoll. Eier stehen zwar nicht auf der Speisekarte, sind auf Nachfrage aber erhältlich.

Aufgrund großer Beliebtheit hat kürzlich ein Ableger gegenüber eröffnet.

Blu — EIS $

(Karte S. 76; ☎01-247-3791; Av 28 de Julio 202; Waffel 7–10 S; ⏲11–22 Uhr) Ob üppig cremige Schokolade, frische Kräuter, Madagaskar-Vanille oder bunte Dschungelfrüchte, die beste Eisdiele Limas macht ihr Eis täglich frisch. Manchmal steht auch ein Verkaufswagen vor dem Kunstladen Dédalo (S. 105) in Barranco oder der populären Bäckerei La Chola (S. 93) in San Isidro.

Delifrance — BÄCKEREI $

(Karte S. 76; ☎01-247-6760; Av Grau 695; Snacks 4–12 S; ⏲Di–Sa 9–20, So 9–14 Uhr) Hier gibt's original französische, frisch gebackene *pains au chocolat*, Baguettes und Brioche sowie super Fleisch und Käse. Auch die leckeren französischen Desserts sind zum Mitnehmen gedacht.

Burrito Bar — MEXIKANISCH $

(Karte S. 76; ☎987-352-120; Av Grau 113; Hauptgerichte 6–18 S; ⏲Di–Sa 13–23, So 12–17 Uhr) Der Londoner Stew hat diese mexikanische Fast-Food-Sensation mit frisch zubereiteten Gerichten aufgebaut, nachdem er auf You Tube gelernt hatte, wie man Tortillas macht. Sein Experiment schlug ein wie eine Bombe. Die Gäste genießen Fischtacos im Baja-Stil, frische Salsas und durstlöschende Minzlimonade. Darüber hinaus stehen Biersorten von Mikrobrauereien aus der Sierra Andina zur Auswahl. Zum Dessert: klebriger Toffee-Pudding.

Cafe Bisetti — CAFÉ $

(Karte S. 76; ☎01-713-9565; Av Pedro de Osma 116; Kaffee 8–16 S; ⏲Mo–Fr 8–21, Sa 10–23, So 15–21 Uhr) Die Latte Macchiato dieses Cafés mit eigener Rösterei zählt zu den besten der Stadt. Dazu genießt man frisches Gebäck oder dunklen Schokoladenkuchen. Außerdem werden Röstkurse und Verkostungen angeboten.

La Bodega Verde — CAFÉ $

(Karte S. 76; ☎01-247-8804; Sucre 335A; Hauptgerichte 18–28 S; ⏲Mo–Do 8–20, Fr–So 8–22 Uhr; 📶✎👪) Das Café mit Galerie befindet sich in einem geschützten Garten und ist eine Wohlfühloase mitten in der Stadt. Zur Unterhaltung liegen Brettspiele wie Scrabble und Spielzeug für Kinder bereit. Zu essen gibt's Salat und dazu *lúcuma*, Milchshakes mit Obst aus dem Garten, Tee in der Tonkanne oder Biokaffee. Zum Frühstück lockt Vollkornbrot. Veganes ist ebenfalls im Angebot. Besonders gut sind hier aber Süßigkeiten wie der Möhrenkuchen.

Eine Filiale des Cafés (S. 99) befindet sich beim Museum für moderne Kunst.

Café Tostado — PERUANISCH $$

(Karte S. 76; ☎01-247-7133; Av Nicolás de Pierola 222; Hauptgerichte 10–38 S; ⏲Mo–Sa 12.30–21, So 7.30–18 Uhr) In der nur in begrenztem Umfang umgebauten Autowerkstatt, die bereits vor langer Zeit als traditionelles Restaurant mit langen Holztischen sowie einer offenen Küche voll verbeulter Metalltöpfe und zum Trocknen aufgehängter Nudeln umfunktioniert wurde, erwartet Gäste ein echtes Erlebnis. Es gibt wechselnde Tagesgerichte und wunderbares Kaninchen für bis zu drei Personen.

Sonntags steht ein typisch peruanisches Frühstück mit preisgekröntem Tunki-Kaffee und *chicharrónes* (frittiertem Schweinebauch) auf dem Programm.

La 73 BISTRO **$$**

(Karte S. 76; 01-247-0780; Av El Sol Oeste 175; Hauptgerichte 28–55 S; 12–24 Uhr) Das Bistro erhielt seinen Namen nach einer bekannten Stadtbuslinie und serviert peruanisch-mediterrane Kost mit Fisch aus nachhaltigem Fischfang. Einige Gerichte scheinen etwas überhastet zubereitet worden zu sein, doch die hausgemachten Ravioli mit Grillfleisch, die luftigen Reisbowls und das Entenrisotto sind hervorragend. In der Bar trinkt man Wein, Pisco-Cocktails oder die fantastische *herba-luisa*-Limonade. Zum Nachtisch teilt man sich am besten eine Portion warmer knuspriger Churros.

Colonia & Co CAFÉ **$$**

(Karte S. 76; 01-489-5459; Av San Martín 131; Hauptgerichte 16–38 S; 8–23 Uhr;) Das freundliche, moderne Café bietet außerordentlich guten Kaffee, frisch gemixte Fruchtsäfte und einen wunderbaren Brunch. Die Espressomaschine von Slayer kommt direkt aus Seattle und produziert einen tollen *chapa*, der mit etwas Milch, Gewürzen und Honig verfeinert wird. Die ansprechende Speisekarte ist klein, aber fein und bietet ausgezeichnete Eggs Benedict, Ente mit Reis sowie *pastel de choclo*.

La Bodega Verde CAFÉ **$$**

(Karte S. 76; 01-248-8559; Av Grau 1511, MAC; Hauptgerichte 18–28 S; 8–20 Uhr;) Das vegane Café beim Museum für moderne Kunst befindet sich in einem umschlossenen Park, was vor allem Familien zu schätzen wissen. Das „Haupthaus" (S. 98) ist mitten in Barranco.

La Canta Rana CEVICHE **$$**

(Karte S. 76; 01-247-7274; Génova 101; Hauptgerichte 28–47 S; Di–Sa 8–23 Uhr) Das unscheinbare Restaurant ist voller Flaggen und mit Fotos zugekleistert. Seit Jahrzehnten strömen die Einheimischen hierher, um die 17 verschiedenen Arten von *ceviche* zu genießen.

Antica Trattoria ITALIENISCH **$$**

(Karte S. 76; 01-247-2443; San Martín 201; Pasta 20–42 S; 12–23.30 Uhr) Das alteingesessene italienische Restaurant mit neo-rustikalem Flair serviert Holzofen-Pizza und andere Köstlichkeiten wie frische Ravioli mit Krabbenfüllung und zartes Ossobuco mit cremiger Polenta.

★ **Isolina** PERUANISCH **$$$**

(Karte .S. 76; 01-247-5075; www.isolina.pe; Av San Martín 101; Hauptgerichte 35–78 S; Mo & Di 12–22, Mi–Fr 12–23, Sa 9–17, So 9–23 Uhr) Ganz die alte Schule. Hier gibt's beste Hausmannskost, z. B. *criollo* (scharfes peruanisches Essen mit spanischen und afrikanischen Einflüssen). Selbst Kutteln und Nieren stehen auf der handgeschriebenen Speisekarte, aber auch saftige Rippchen, *causa*, *escabechada* (Kartoffelbreigerichte mit marinierten Zwiebeln) und frische grüne Salate. Die Portionen reichen für eine ganze Familie und werden in altmodischem Zinngeschirr serviert. Wem das zu viel ist, nimmt stattdessen verschiedene Vorspeisen wie marinierte Vernusmuscheln oder *ceviche*.

Meistens ist dann trotzdem kein Platz mehr für die verführerisch aussehenden Desserts. Ebenfalls zu empfehlen ist hier der Pisco Sour.

West-Lima & Callao

Origen Tostadores de Cafe CAFÉ **$**

(Pueblo Libre 01-261-8280; www.origentostadoresdecafe.com; Av Bolívar 1199, Pueblo Libre; Kaffeegetränke 6–10 S; Di–Fr 8–22, Sa & So 10–22 Uhr) Das traditionelle Café erhebt das Kaffeekochen zur Wissenschaft und zelebriert es mit den entsprechenden Gerätschaften. Es ist nur ein paar Blocks vom Museo Larco entfernt und bietet die Dreifaltigkeit von WLAN, Ruhe und großer Auswahl an heißen oder kalten Kaffeegetränken. Es gibt die verschiedensten Zubereitungsarten, aber ausschlaggebend sind die Bohnen, die von Erzeugern aus der Region geliefert werden.

Die Filiale in der Calle Las Tiendas in Surquillo ist übrigens genauso gut.

Surquillo

La P'tite France BÄCKEREI **$**

(Karte S. 73; 01-243-1565; www.facebook.com/laptitefrance.pe; Jirón Gonzales Prada 599; Snacks

4–17 S; ⏲ Mo–Sa 10–18 Uhr) Die kleine französische Bäckerei hält die Tradition hoch, probiert aber auch gerne Neues aus wie die Verwendung von peruanischem Getreide und scharfem Pfeffer für ihre Brote. Der absolute Hit sind jedoch die blättrigen Croissants mit 36 Schichten Blätterteig!

La Picantería PERUANISCH **$$$**
(Karte S. 73; ☎ 01-241-6676; www.picanteriasdelperu.com; Santa Rosa 388, Surquillo; Familienportionen 49–130 S; ⏲ Mo–Sa 12–17.30 Uhr) Nur ein paar Häuserblocks vom berühmten Markt in Surquillo entfernt sitzen die Gäste an zwei langen Tischen und genießen Seeigel-Omelette, gefüllte *rocoto*-Paprika und Ossobuco-Eintopf. Die traditionellen Gerichte stammen sowohl aus dem Norden als auch aus dem Süden Perus und sind relativ scharf. Trotzdem kann man nicht genug von ihnen bekommen.

Einige Gerichte werden auch in kleinen Portionen serviert. Die übliche Größe sind Familienportionen für zwei bis vier Personen.

Ausgehen & Nachtleben

In Lima gibt's jede Menge Möglichkeiten zum Ausgehen, von derben Bierhallen über noble Lounges bis hin zu stimmungsvollen alten Bars.

Lima Centro

Das Nachtleben in der Innenstadt ist was für Nostalgiker, denn es spielt sich zumeist in alten Hotelbars und Bierhallen ab. Zudem ist es hier günstiger als in den anderen Stadtvierteln.

★ **Museo del Pisco** BAR
(Karte S. 60; ☎ 99-350-0013; www.museodelpisco.org; Jirón Junin 201; ⏲ 10–24 Uhr) Vielleicht wird das Wort „Museum" den einen oder anderen in diese wunderbare Bar locken, aber der Grund zu bleiben sind auf jeden Fall die gesellige Atmosphäre und die herausragenden Cocktails. Unser Favorit ist der *asu mare*, ein Pisco-Martini mit Ingwer, Gurke, Melone und Basilikum. Die Schwesterbar des beliebten Originals in Cusco erstreckt sich über die Casa del Oidor, eine *casona* aus dem 16. Jh.

Mittags wird ein Menü serviert. Auf der Facebook-Seite kann man sich über anstehende Konzerte informieren.

El Bolivarcito BAR
(Karte S. 60; ☎ 01-427-2788; Jirón de la Unión 958; ⏲ So–Fr 7–21, Sa 7–2 Uhr) Die heruntergekommene, aber bestens besuchte Bar des Gran Hotel Bolívar an der Plaza San Martín wird auch „die Kathedrale des Pisco" genannt, denn hier gibt es einige der besten Pisco Sour in ganz Peru. Wer sich traut, bestellt gleich den doppelten *pisco catedral*.

LGBTQ-REISENDE IN LIMA

Wie in den meisten lateinamerikanischen Ländern treten Schwule und Lesben auch in Lima kaum öffentlich in Erscheinung. Obwohl die gesellschaftliche Akzeptanz zwar stark zugenommen hat, ist Peru immer noch ein streng konservatives, katholisches Land, in dem der Unterschied zwischen den Generationen deutlich spürbar ist.

Doch an der Schwulenparade des **Marcha del Orgullo Lima** (S. 81) Ende Juni/Anfang Juli nehmen immer Tausende teil. Unter **Gay Lima** (http://lima.gaycities.com) findet man aktuelle Verzeichnisse von schwulen- und lesbenfreundlichen Orten in der Hauptstadt und über die sozialen Medien lassen sich leicht Einheimische treffen.

San Isidro

Bravo Restobar COCKTAILBAR
(Karte S. 70; ☎ 01-221-5700; www.facebook.com/gobravorestobar; Conquistadores 1005; ⏲ So–Fr 12.30–24, Sa 19–3 Uhr) Gäste dieser ruhigen Lounge in San Isidro dürfen sich auf eine indirekt beleuchtete Theke, Deko aus Stein und Holz, geschickte Barkeeper, eine riesige Cocktailkarte (wir empfehlen den Aguaymanto Sour mit Pisco und Amazonasbeeren) sowie eine exzellente Auswahl an hochwertigen Piscos freuen. Eine tolle Adresse zum Sehen und Gesehenwerden, zudem wird gute italienisch-peruanische Fusionküche serviert.

Miraflores

In Miraflores gibt's für jeden etwas, vom europäischen Kaffeehaus, wo Kellner im Frack schäumenden Pisco Sour servieren, bis hin zur derben Kneipe mit ohrenbetäubender Techno- und Salsamusik. Die Gegend um den Parque Kennedy eignet sich besonders gut zum Leute beobachten.

Nuevo Mundo Draft Bar CRAFT-BIER
(Karte S. 73; ☎ 01-241-2762; Calle Manuel Bonilla 103; ⏲ Mo–Do 12–1, Fr & Sa 12–3, So 17–1 Uhr) Dies

war eine der ersten Craft-Bier-Brauereien in Lima und ist mit einer Riesenauswahl peruanischer Craft-Biere vom Fass immer noch führend in der Kneipenszene. Die Ausstattung ist ganz im Stil der heimischen *'chicha'*-Kunst (Neonfarben und klare Linien) gehalten. Die lässige Kneipe ist ideal, um die Happy Hour zu genießen oder ein Fußballspiel zu sehen.

Huaringas LOUNGE
(Karte S. 72; ☎01-243-8151; Bolognesi 460; ⊙Mo–Do 19–24, Fr & Sa 19–2.30 Uhr) Die beliebte Bar und Lounge des Restaurants Las Brujas de Cachiche (S. 97) bietet eine Riesenauswahl an Cocktails, darunter auch den empfehlenswerten Maracuja Sour. Besonders voll ist es am Wochenende, wenn DJs auflegen.

Barranco

Die trendigsten Bars und Clubs von Barranco befinden sich rund um den Parque Municipal, der freitag- und samstagabends immer voller Nachtschwärmer ist.

★**Dada** COCKTAILBAR
(Karte S. 76; www.dada.com.pe; Av San Martín 154; ⊙Di & Mi 19–1, Do–Sa 19–3 Uhr) Das schicke Herrenhaus mit Mottoräumen und einem fantastischen Innenhof ist das neue Epizentrum von Barranco. Es ist nicht nur eine Bar, sondern ein Gefühl, als ob man einen guten Freund umarmt. Allerdings wird großer Wert auf gute Kleidung gelegt und ziemlich teuer ist es auch. Dafür sind die Cocktails ausgezeichnet. Außerdem gibt's Calypso, Jazz und Rock live.

Reservierungen sind auf der Website möglich. Dort und auf Facebook werden auch Veranstaltungen angekündigt.

Red Cervecera BIERGARTEN
(Karte S. 76; ☎01-396-7944; www.redcervecera.com; Av Francisco Bolognesi 721; ⊙Mo 11–20, Di–Do 11–1, Fr & Sa 11–3 Uhr; 👪🐾) Hier werden selbst anspruchsvollste Bierkenner zufrieden gestellt. In einem Laden am Eingang kann man sich mit allen Zutaten und Gerätschaften eindecken, um selber Bier zu brauen. Einfacher ist es aber, sich an der Theke ganz hinten eines der Hausbiere oder ein anderes Craft-Bier aus Peru zapfen zu lassen.

Barra 55 COCKTAILBAR
(Karte S. 76; www.facebook.com/barr55; Av 28 de Julio 206B; ⊙Di–Do 19.30–24, Fr & Sa 19.30–2.30 Uhr) Die gemütliche Bar in einer der belebtesten Straßen von Barranco hat sich auf Gin spezialisiert. Sie ist gleichermaßen beliebt als Afterwork-Kneipe und Auftakt zu einer wilden Kneipentour. Die Musik reicht von Jazz bis hin zu Funk, zur großen Auswahl an Gins aus aller Welt und anderen Getränken gibt's leckere Tapas. Allerdings ist sie oft schon kurz nach Öffnung rappelvoll.

INSIDERWISSEN

DIE CLUBSZENE

Richtig los geht es in den Clubs erst nach Mitternacht, doch dann wird bis zum Morgengrauen gefeiert. In Barranco und Miraflores sind die besten Clubs, doch die Szene ändert sich schnell und so erkundigt man sich besser bei den Einheimischen, bevor man sich ins Nachtleben stürzt. Je nach Wochentag wechseln auch Musikstile und Eintrittsgelder. Eine Alternative ist die „Pizza Street" (Pasaje Juan Figari) in Miraflores, wo es eine Reihe wilder Clubs gibt.

Bar Piselli BAR
(Karte S. 76; ☎01-252-6750; Av 28 de Julio 297, Barranco; ⊙Mo–Do 10–23, Fr & Sa bis 3 Uhr) In Sachen Atmosphäre schlägt diese gesellige Bar, die an das alte Buenos Aires erinnert, die gesamte Konkurrenz. Donnerstags wird Livemusik gespielt. Bei den peruanischen Klassikern singt das Publikum lautstark mit.

Juanito's BAR
(Karte S. 76; ☎941-536-016; Av Grau 274; ⊙Mo–Sa 11.30–2, So 12–24 Uhr) Die Bar mit verwitterter Holzverkleidung ist eine der gemütlichsten in Barranco. In der mit Theaterplakaten zugekleisterten Bar saßen schon unzählige Schriftsteller, tranken *chilcano de pisco* und analysierten die Menschheit. Es gibt kein Namensschild, aber die Bar ist gut an dem Raum voller Menschen und Weinflaschen an den Wänden zu erkennen.

Wahio's BAR
(Karte S. 73; ☎981-342-705; www.facebook.com/wahiosmiraflores; Calle Berlin 192; Eintritt 20 S; ⊙Do–Sa 16–5 Uhr) Die große, lebhafte Bar ist mit Fotos dekoriert und sehr lustig. Hier sind viele Rastalocken zu sehen. In einem Teil der Bar läuft eine Mischung aus Reggae, Ska und Dub, im anderen Latinomusik zum Tanzen für das recht junge Publikum.

☆ Unterhaltung

Die besten Veranstaltungen – und zwar in Form von Filmvorführungen, Kunstausstellungen, Theater und Tanz – werden von den vielen Kulturinstituten mit ihren zahlreichen Niederlassungen organisiert. Termine und Veranstaltungen finden sich auf den einzelnen Websites oder in Zeitungen. Auch *Lima Agenda Cultural* (www.enlima.pe) bietet einen Veranstaltungskalender.

Kinos

Die neuesten Blockbuster werden zumeist mit spanischen Untertiteln gezeigt, Kinderfilme sind dagegen immer synchronisiert. Einige Kinos bieten unter der Woche Ermäßigungen. Das Programm findet man online oder auch im Kulturteil der Lokalzeitungen.

UVK Multicines KINO
(Karte S. 60; ☎01-604-0200; www.uvkmulticines.com; Ocoña 110, Plaza San Martín) Das Kino an der Plaza San Martín gehört zu einer großen Kette.

Cinerama KINO
(Kino S. 73; ☎01-243-0541; www.cinerama.com.pe; Av José Pardo 121, Miraflores) Das kleine Kino hat nur wenige Plätze.

Kulturzentren

Centro Cultural de España KUNSTZENTRUM
(CCELIMA; Karte S. 64; ☎01-330-0412; www.ccelima.org; Natalio Sánchez 181, Plaza Washington; ⌚Di–So 12–22 Uhr) Zum umfangreichen Angebot gehört auch eine große Galerie im ersten Stock, in der einige der interessantesten Ausstellungen moderner Kunst in Lima zu sehen sind. Außerdem gibt's eine Bibliothek (die aber schon um 19 Uhr schließt).

Centro Cultural Inca Garcilaso KONZERTHALLE
(Karte S. 60; ☎01-623-2656; www.ccincagarcilaso.gob.pe; Ucayali 391; ⌚Di–Sa 10–19.30, So 10–18 Uhr) In der Halle, die zum Außenministerium gehört, finden Konzerte und Ausstellungen zur peruanischen Kultur statt.

Livemusik

In vielen Restaurants und Bars treten lokale Bands auf, während bekanntere Gruppen eher in Casinos oder auf Sportplätzen spielen. In den meisten der folgenden Veranstaltungsorte können Tische reserviert werden.

Sargento Pimienta CLUB
(Karte S. 76; ☎01-247-3265; www.sargentopimienta.com.pe; Av Bolognesi 757, Barranco; Eintritt ab 15 S; ⌚Di & Do–Sa 22–4 Uhr) Der Name des soliden Clubs in Barranco ist die spanische Übersetzung von „Sergeant Pepper". Im rustikalen Scheunen-Ambiente finden viele Themenabende statt. Gelegentlich treten Livebands auf.

Cocodrilo Verde LIVEMUSIK
(Karte S. 73; ☎01-444-2381; www.cocodriloverde.com; Francisco de Paola 226; ⌚Mo–Sa 19–3 Uhr) Die Bandbreite der Bands, die in der schicken Lounge-Bar auftreten, reicht von Pop über Jazz bis hin zu Bossa Nova. Der Mindestverzehr beträgt 25 S.

Jazz Zone CLUB
(Karte S. 73; ☎01-241-8139; www.jazzzoneperu.com; Av La Paz 656, Miraflores; Eintritt ab 8 S; ⌚15–24 Uhr) Dieser intime, sehr empfehlenswerte Club liegt im Osten von Miraflores. Auf dem Programm stehen Jazz, Folk, *cumbia*, Flamenco, Comedy und vieles mehr.

La Noche LIVEMUSIK
(Karte S. 76; ☎01-247-1012; www.lanoche.com.pe; Sanchez Carrion 199, Barranco; ⌚Mo–Sa 19.30–3 Uhr) Die weithin bekannte Bar auf drei Stockwerken ist *die* Location, um Rock, Punk und Latino live zu erleben – auch wenn die Getränke besser sein könnten.

El Dragón LIVEMUSIK
(Karte S. 76; ☎01-715-5043; www.eldragon.com.pe; Av Nicolas de Pierola 168, Barranco; Eintritt bis zu 20 S; ⌚Do–Sa 21–24 Uhr) In der sehr beliebten Bar erklingt Latinorock, *tropicalismo*, Soul und Funk live oder vom Plattenteller.

Peñas

Volksmusik und Tänze werden an den Wochenenden in *peñas* vorgeführt. Es gibt zwei Hauptrichtungen in der peruanischen Musik: *folklórica* und *criollo*. Erstere gilt als typisch für das Andenhochland, letztere stammt von der Küste und ist von afrikanischen Rhythmen beeinflusst. Die Eintrittspreise variieren und enthalten manchmal ein Abendessen.

Brisas del Titicaca Asociacion Cultural TRADITIONELLE MUSIK
(Karte S. 64; ☎01-715-6960; www.brisasdeltiticaca.com; Hereos de Tarapacá 168, Lima Centro; Eintritt ab 30 S; ⌚12–15 & 17–0.30 Uhr) Hochgelobte *folklórica*-(Folklore-)Show nahe der Plaza Bolognesi im Stadtzentrum. Ein riesiger Veranstaltungsort.

La Peña del Carajo LIVE-AUFTRITTE
(Karte S. 76; ☎01-247-7023; www.delcarajo.com.pe; Miranda 158; ⌚9–22 Uhr) In der bei Einheimischen sehr beliebten *peña* hält es keinen auf den Sitzen. Abwechslungsreiches Angebot.

La Candelaria TRADITIONELLE MUSIK
(Karte S. 76; ☎01-247-1314; www.lacandelaria peru.com; Av Bolognesi 292, Barranco; Eintritt ab 40 S) Diese Show integriert Musik und Tanz aus *folklórica* und *criollo*.

Sport

Estadio Nacional STADION
(Karte S. 64; José Díaz s/n, Lima Centro) *Fútbol* (Fußball) ist Nationalsport und eine große Leidenschaft der Peruaner. Im Estadio Nacional in der Nähe der *cuadras* 7–9 des Paseo de la República finden die wichtigsten Spiele und andere Veranstaltungen statt. Bei **Teleticket** (Karte S. 72; ☎01-613-8888; www.teleticket.com.pe; Óvalo Gutiérrez s/n; ⏲9–21 Uhr) gibt's den Veranstaltungskalender sowie Tickets.

Hipódromo de Monterrico PFERDERENNEN
(Jockey Club of Peru; ☎01-610-3000; www.hipodromodemonterrico.com.pe) Die Pferderennbahn liegt an der Kreuzung der Panamericana Sur mit der Av Javier Prado. An drei bis vier Tagen in der Woche werden zu unterschiedlichen Zeiten Rennen ausgetragen.

Theater

Das Angebot ist zwar insgesamt recht mager, aber die folgenden Theater sind zu empfehlen.

Microteatro Lima THEATER
(Karte S. 76; ☎01-252-8092; www.microteatro lima.com; Jirón Batallón Ayacucho 271) Theater ist alles andere als öde oder nur ein Vergnügen für die bessere Gesellschaft. Das gilt zumindest für dieses winzige Theater. Die Regisseure und Schauspieler wechseln jede Woche, bieten aber ständig kurze Stücke von gerade einmal 15 Minuten. In den 15 m² großen Raum passen auch nur 15 Zuschauer. Dazu kommt noch die lebhafte Bar, sodass man hier durchaus einen großartigen Abend verbringen kann. Die Aufführungen sind auf Spanisch.

Teatro Británico THEATER
(Karte S. 73; ☎01-615-3636; www.britanico.edu.pe; Bellavista 527, Miraflores) Das Theater bringt eine Vielzahl sehenswerter Produktionen auf die Bühne, darunter auch Stücke in Englisch.

Teatro Segura THEATER
(Karte S. 60; ☎01-315-1451; Huancavelica 265, Lima Centro) Das im Jahr 1909 erbaute prachtvolle Theater präsentiert Oper, Schauspiel und Ballett.

Shoppen

In Lima ist Kleidung, Schmuck und Kunsthandwerk aus ganz Peru zu finden. Die Ladenpreise sind recht hoch, doch auf den Kunsthandwerkermärkten lässt sich hervorragend feilschen und so manches Schnäppchen ergattern. In einigen Geschäften werden auch Kreditkarten und Reiseschecks akzeptiert, allerdings nur in Verbindung mit einem Lichtbildausweis.

Sehr guten Pisco kann man im Duty-Free-Bereich des Flughafens kaufen.

★ **El Cacaotal** SCHOKOLADE
(Karte S. 76; ☎937-595-812; www.elcacaotal.com; Colina 108, 2nd fl; ⏲Mo–Do & Sa 11–20, Fr 11–19, So 11–18 Uhr) Das nachhaltige Geschäft bietet leckere Schokoriegel und hat viel Erfahrung. Es ist die beste Gelegenheit, essbare Souvenirs zu kaufen, zumal ein Teil des Erlöses Kleinbauern in Peru zugute kommt. Ihre Fotos schmücken die Wände, die Erzeugnisse sind nach Regionen unterteilt. Es werden auch Verkostungen sowie ausgezeichnete Workshops auf Englisch im benachbarten Schokoladenlabor angeboten.

Geschäftsführerin ist die Anthropologin Amanda Wildey, die alles daran gesetzt hat, die Kokaproduzenten (deren Blätter zu Kokain verarbeitet wurden) vom Kakao-Anbau zu überzeugen.

★ **Las Pallas** KUNSTHANDWERK
(Karte S. 76; ☎01-477-4629; Cajamarca 212, Barranco; ⏲Mo–Sa 10–19 Uhr) Wer ein ganz besonderes Geschenk sucht, wird in dem Geschäft auf Sotheby's-Niveau mit hochwertigen Waren aus ganz Peru sicherlich fündig. Ist die Tür während der Öffnungszeiten geschlossen, klingelt man einfach.

La Zapateria SCHUHE
(Karte S. 76; ☎01-249-9609; www.lazapateria handmade.pe; Av Pedro de Osma 135, Barranco; ⏲Mo–Sa 10–20, So 12–18 Uhr) Das Geschäft erscheint zwar sehr klein, besteht aber aus einem Verkaufsraum und einer Werkstatt. Hier werden Lederschuhe nach Maß angefertigt, aber es stehen auch jede Menge schicker Damen- und Herrenschuhe in den Regalen.

Puna GESCHENKE & SOUVENIRS
(Karte S. 76; ☎01-477-4065; www.puna.com.pe; Colina 128, 2nd fl; ⏲Mo–Sa 11–20 Uhr) Wer ein für das innovative Lima typisches Geschenk sucht, ist in diesem Atelier für Raumausstattung und grafisches Design genau richtig.

ABSTECHER

DIE KUNSTHANDWERKER VON LURÍN

Am südlichen Rand von Lurín, einer Arbeiterstadt an der Panamericana, 50 km südlich von Lima Centro, befinden sich die Ateliers der Kunsthandwerkerkooperative von **Ichimay Wari** (☎ 01-430-3674; www.facebook.com/ichimaywari; Antigua Panamericana Sur km 39,5; ⏲ Mo–Sa 8–13 & 14–17 Uhr). Hier stellen die talentierten Kunsthandwerker von Ayacucho traditionelle *retablos* (religiöse Dioramen), Töpferwaren, Weihnachtsschmuck im Stil der Anden und die farbenfrohen Lehmbäume *arbolitos de la vida* (Lebensbäume) her. Am besten vereinbart man einen Tag im Voraus einen Termin mit den einzelnen Ateliers, um die Künstler dort zu treffen.

Die Taxifahrt von Lima nach Lurín und zurück kostet rund 120 S. Mit dem Bus fährt man von der Puente Benavides oder Puente Primavera in Richtung Lurín (5 S), San Bartolo oder San Miguel. In Lurín steigt man an der größten Ampel aus. Von dort geht es mit einem *mototaxi* (Motorradtaxi) weiter in Richtung Süden zum Barrio Artesano. In Teilen von Lurín kann es gefährlich werden. Deshalb immer nur mit dem Taxi fahren und nicht fotografieren!

Das Angebot reicht von schrillen handgemachten Klamotten und Handtaschen über stylische Notizbücher, Brieftaschen und Textilien bis hin zu Kunstdrucken und Haushaltswaren, die in Peru hergestellt wurden.

Flora & Fauna ESSEN & TRINKEN
(Karte S. 72; ☎ 01-727-9678; www.facebook.com/florayfaunape; Av Mariscal La Mar 1110; ⏲ 9–21 Uhr) Vollwertlebensmittel, made in Peru. Das freundliche, helle Geschäft ist voller Regale mit den verschiedensten Bio- und Naturprodukten und hat auch ein paar Tische draußen. Hier gibt's die besten typisch peruanischen Lebensmittel und Köstlichkeiten (wie handgemachte Schokoriegel aus peruanischem Kakao), frisches Obst, Gemüse und Geflügel sowie natürliche Pflegeprodukte, die für therapeutische Zwecke hergestellt werden.

Morphology MODE
(Karte S. 72; ☎ 01-333-4164; www.morphology.com.pe; Av Mariscal La Mar 1332; ⏲ Mo–Fr 11–19, Sa 11–17 Uhr) Auf vier Etagen wird Mode aller Art angeboten. Im ersten und zweiten Stock sind Designerstücke und Schmuck großer Marken aus dem In- und Ausland, Heimtextilien und süße Babykleidung zu finden. In den oberen Stockwerken befinden sich eine Kunstgalerie und eine Dachterrasse mit Restaurant, in dem die Erzeugnisse aus der Region auf den Tisch kommen.

Cuatro en un Baúl VINTAGE
(Karte S. 76; ☎ 01-247-8882; www.facebook.com/cuatroenunbaul; Jirón Martinez de Pinillos 105, Barranco; ⏲ 10–13 & 14–20 Uhr) Alte Möbel und Bilder in schweren Rahmen, Erinnerungsstücke wie Kinderbücher peruanischer Autoren oder verspielte Figürchen: In diesem originellen Laden werden alle fündig, die Geschenke mit altmodischem Touch suchen. Bei manchen Stücken handelt es sich auch um restaurierte Antiquitäten.

El Mundo Papel Artshop KUNSTHANDWERK
(Karte S. 72; ☎ 01-445-2343; www.facebook.com/elmundopapelperu; Av 28 de Julio 552; ⏲ Mo–Fr 12–20, Sa 11–19 Uhr) Der schräge Kunstladen hat jede Menge Charme und wird von Künstlern und Kunstkennern gleichermaßen geliebt. Es gibt T-Shirts mit Siebdruck, handgemachte Notizbücher und andere schöne Andenken. Außerdem werden Workshops angeboten, bei denen die Teilnehmer ihr eigenes Kunsthandwerk herstellen können.

La Sanahoria LEBENSMITTEL
(Karte S. 76; ☎ 01-249-9488; www.facebook.com/lasanahoriaoficial; Jirón Centenario 195, Barranco; ⏲ Mo–Fr 9–21, Sa 9–19, So 11–19 Uhr) Hier kann man seine Energiespeicher auf natürliche Art wieder auffüllen: mit *maca*, Zartbitterschokolade, gesundem Getreide und Biogemüse. Außerdem gibt's frische Obst- und Gemüsesäfte sowie vegane, Hühnchen- oder Steakwraps zum Mitnehmen.

La Calandria LEBENSMITTEL
(Karte S. 76; ☎ 01-248-7951; www.facebook.com/lacalandriabarranco; Av 28 de Julio 206; ⏲ Mo–Sa 9–20 Uhr) In dem kleinen Tante-Emma-Laden bekommt man biologische Lebensmittel und Produkte. In den Kühlschränken stehen fermentierte Getränke und Joghurts, die Regale biegen sich unter Getreide, Schokoriegeln aus peruanischem Kakao und Gläsern mit losem Tee. Das Personal ist sehr kompetent und berät die Kunden gerne.

El Virrey BÜCHER
(Karte S. 72; ☎01-713-0505; www.elvirrey.com; Bolognesi 510, Miraflores; ⏲Mo–Sa 9.30–20.30, So 11–19 Uhr) 2018 feierte dieses alte Bücherparadies seinen 45. Geburtstag. In den Regalen stehen Tausende alter Raritäten neben ausgefallener moderner Literatur.

Dédalo KUNSTHANDWERK
(Karte S. 76; ☎01-652-5400; www.dedalo.pe; Paseo Sáenz Peña 295, Barranco; ⏲Mo–Sa 10–20, So 11–19 Uhr) In der schönen alten *casona* befindet sich ein moderner Kunsthandwerksladen und ein nettes Café im Hof. Schmuck, Kleidung, Töpferwaren und mehr zeugen davon, dass hier noch echte Handarbeit und Kreativität geschätzt werden. Wer nach einem Geschenk sucht, geht meistens wieder mit einigen neuen Stücken für sich selbst.

LarcoMar EINKAUFSZENTRUM
(Karte S. 73; ☎01-625-4343; www.larcomar.com; Malecón de la Reserva 610; ⏲10–22 Uhr) Die vornehme Open-Air-Einkaufs-Mall befindet sich auf den Klippen unterhalb des Parque Salazar. Es ist voller teurer Klamottenläden, trendiger Boutiquen, Reiseagenturen und verschiedener Restaurants, von denen die meisten ganz gut sind.

Jade Rivera KUNST
(Karte S. 76; ☎958-782-860; www.facebook.com/riverajade; Bajada de Baños 349; ⏲10–20 Uhr) Die Drucke und Kunstwerke in der Galerie in einer Nebenstraße kommen einem irgendwie bekannt vor. Tatsächlich ist die fantastische Straßenkunst von Jade Rivera auch überall in Lima zu sehen. Die Galerie bietet 2½-stündige Führungen (120 S/Pers.) an, die jeweils um 11 und 15 Uhr beginnen.

Polvos Azules MARKT
(Karte S. 64; ☎991-118-294; www.polvosazules.pe, Av Paseo de la República s/n; ⏲ 9–21 Uhr) Zufällig auf der Suche nach einem Schraubenschlüssel, einem Koffer oder einem T-Shirt mit Jesus in einem Trikot von Alianza Lima? Dann ist der Polvos Azules das Richtige. Der verrückte Markt auf mehreren Stockwerken lockt mit seinen billigen Waren Leute aus sämtlichen sozialen Schichten an.

ℹ Praktische Informationen

GEFAHREN & ÄRGERNISSE

Wie in jeder anderen lateinamerikanischen Stadt gibt's auch in Lima die Schere zwischen Armen und Reichen, was Stoff für legendäre Geschichten über Verbrechen liefert. Seit den 1980er-Jahren, als Taschendiebe, Schmuggler und Autoräuber straflos davonkamen, hat sich die Situation allerdings stark verbessert und die meisten Reisenden haben einen sicheren Aufenthalt. Dennoch empfiehlt es sich, wachsam zu bleiben.

Diebstahl

Übergriffe präsentieren sich am häufigsten in Form von Diebstählen. Wer überfallen wird, sollte keine Gegenwehr leisten; es ist unwahrscheinlich, dass man körperlich verletzt wird. Dennoch lässt man auf der Straße am besten Vorsicht walten.

Flughafen

Am Flughafen ist Kriminalität an der Tagesordnung. Deshalb sollte man das Gepäck niemals aus den Augen lassen und niemandem vertrauen, der irgendwo vor den Gates behauptet, der Flug sei verspätet und anbietet, einen zum Büro der Fluggesellschaft zu bringen. Dabei handelt es sich zumeist um eine Entführung, die an diversen Geldautomaten der Stadt endet. Während der Wartezeit unbedingt im Flughafen bleiben und das Terminal nicht mehr verlassen! Wer mitten in der Nacht ankommt, kann das Hotel bitten, einen Fahrer zu schicken.

Schlepper

Sehr skeptisch sollte man auch einzelnen Kundenwerbern und Taxifahrern gegenüber sein, die eine geführte Tour anbieten oder behaupten, das gebuchte Hotel sei geschlossen oder nicht vertrauenswürdig. Die meisten sind Betrüger, die einen irgendwohin locken und dann Provision abkassieren.

Stadtviertel

Dank zunehmender Präsenz von Polizei und privaten Sicherheitsdiensten gehören Miraflores und die Parks auf den Klippen mittlerweile zu den sichersten Gegenden der Stadt. Auch Barranco ist weitgehend sicher und fußgängerfreundlich, obwohl es hier immer wieder zu Raubüberfällen in Restaurants und Bars kommt. Wahrscheinlich ist es mittlerweile sicherer, aber es schadet dennoch nicht, mit möglichst wenigen Wertsachen unterwegs zu sein und den Rest im Hotelsafe zu lassen. Am gefährlichsten ist es in San Juan de Lurigancho, Los Olivos, Comas, Vitarte und El Agustino.

Transport

Bei Veranstaltungen mit vielen Menschen und rund um Bushaltestellen sowie Bahnhöfe muss man besonders wachsam sein. Hier halten sich selbst in besseren Vierteln Langfinger auf. Am späten Abend sollte man lieber ein (offizielles) Taxi nehmen. Die Viertel Rímac, Callao, Surquillo und La Victoria sind potenziell raue Pflaster und erfordern noch mehr Vorsicht; lieber das Geld für ein Taxi investieren.

Vorsichtsmaßnahmen

Man sollte keinen auffälligen Schmuck tragen und die Kamera in die Tasche packen, wenn man gerade nicht fotografiert. Mit Geld sollte immer diskret umgegangen werden. Immer nur so viel mitnehmen, wie man an dem jeweiligen Tag braucht. Den Pass lässt man im Hotel, es sei denn, man benötigt ihn für Behördengänge oder Ähnliches. Ansonsten genügt eine Fotokopie. Sich optisch anzupassen hilft ebenfalls: Limeños tragen eigentlich nur am Strand kurze Hosen.

GELD

In Lima gibt's zahlreiche Banken. Fast alle haben 24-Stunden-Geldautomaten, die oft die besten Wechselkurse bieten.

Geldautomaten

Zur eigenen Sicherheit sollte man immer nur Geldautomaten in einer Bank (und nicht an der Straße oder in Supermärkten) nutzen. Beim Eingeben des Passworts unbedingt das Tastenfeld abdecken und vorher auf Infrarotscanner absuchen. Auch sollte man möglichst nur tagsüber Geld abheben.

Banco de Crédito del Perú (BCP; Karte S. 73; Ecke Av José Larco & Av José Gonzales) Die Geldautomaten akzeptieren rund um die Uhr Kreditkarten von Visa und Plus. Außerdem zahlt die Bank auch Bargeld auf Visakarten aus und löst Reiseschecks von Amex, Citicorp und Visa ein. Die Filiale in **Lima Centro** (Karte S. 60; ☎ 01-427-5600; Ecke Lampa & Ucayali) hat zudem eine fantastische Buntglasdecke. Eine weitere Filiale ist in **José Pardo** (Karte S. 73; ☎ 01-445-1259; www.viabcp.com; Av José Pardo 491).

BBVA Continental (Karte S. 73; ☎ 01-595-0000; www.bbvacontinental.pe; Av José Larco 631) Die Geldautomaten der Visa-Vertretung akzeptieren auch Karten von Cirrus, Plus und MasterCard.

Die **Citibank** (Karte S. 73; ☎ 01-215-2000; www.citibank.com.pe; Av José Pardo 127) in Miraflores hat Geldautomaten, die die Karten von Cirrus, Maestro, MasterCard und Visa akzeptieren. Außerdem können hier auch die Reiseschecks von Citicorp eingelöst werden.

Scotiabank (Karte S. 70; Av 2 de Mayo 1510-1550) Die Geldautomaten arbeiten rund um die Uhr und akzeptieren die Karten von MasterCard, Maestro, Cirrus, Visa und Plus. Sie zahlen sowohl peruanische Sol als auch US-amerikanische Dollar aus. Weitere Filialen findet man in **Miraflores Larco** (Karte S. 73; Av José Larco 1119, Larco) und **Miraflores Pardo** (Karte S. 72; Ecke Av José Pardo & Av Bolognesi, Pardo).

Geld wechseln

Limas *casas de cambio* (Wechselstuben) bieten ähnliche oder etwas bessere Wechselkurse an als die Banken, lösen aber keine Reiseschecks ein. Die Wechselstuben befinden sich vor allem in der Av Ocoña und Av Camaná in der Innenstadt sowie in der Av José Larco in Miraflores. Auf der Straße sollte man möglichst kein Geld tauschen, da viel Falschgeld im Umlauf ist.

LAC Dólar (Karte S. 73; ☎ 01-242-4069; Av La Paz 211; ⌚ Mo–Fr 9–14 & 15–18 Uhr) Die seriöse Wechselstube löst Reiseschecks ein und bringt das Geld auch ins Hotel.

Moneygram (Karte S. 72; ☎ 01-445-8671; www.moneygram.pe; Av José Pardo 620, Miraflores) Für Geldtransfers.

MEDIZINISCHE VERSORGUNG

Es gibt einige Krankenhäuser mit Notaufnahmen und Englisch sprechendem Personal. Ein Arztbesuch kostet ab 80 S, der Preis kann aber in schwindelerregende Höhen steigen, je nach Klinik und Arzt. Für die Behandlung und Medikamente wird eine zusätzliche Gebühr fällig, ebenso beim Aufsuchen eines Spezialisten.

Apotheken gibt es jede Menge in Lima. **Botica Fasa** (Karte S. 73; ☎ 01-619-0000; Ecke Av José Larco 129, Miraflores; ⌚ Mo–Sa 7–23, So 7–22 Uhr) und **InkaFarma** (Karte S. 73; ☎ 01-315-9000, Lieferungen unter 01-314-2020; www.inkafarma.com.pe; Alfredo Benavides 425, Miraflores; ⌚ 24 Std.) sind Ketten mit vielen Apotheken, die rund um die Uhr geöffnet haben und oft auch kostenlos ins Haus liefern.

Preiswerte Brillen gibt's bei den Optikern in der Miró Quesada in der Nähe von Camaná in der Innenstadt und rund um die Schell und Av José Larco in Miraflores.

Die folgenden Krankenhäuser sind ebenfalls zu empfehlen.

Clínica Anglo-Americana (Karte S. 70; ☎ 01-616-8990; www.clinicaangloamericana.pe; Calle Alfredo Salazar 350; ⌚ 24 Std.) Die Klinik ist sehr angesehen, aber auch teuer. Das Haus in La Molina in der Nähe der US-Botschaft hat eine offene Sprechstunde, ein weiteres Haus ist in San Isidro.

Clínica Good Hope (Karte S. 72; ☎ 01-610-7300; Malecón Balta 956; ⌚ Mo–Fr 8.30–20, So 8.30–13 Uhr) Die Klinik bietet eine sehr gute Versorgung zu vernünftigen Preisen. Es gibt auch eine Zahnklinik.

Clínica Internacional (Karte S. 64; ☎ 01-619-6161; www.clinicainternacional.com.pe; Garcilaso de la Vega 1420, Lima Centro; ⌚ Mo–Fr 8–21, Sa 8–17 Uhr) Die gut ausgestattete Klinik hat eine hervorragende Gastroenterologie, Neurologie und Kardiologie.

Clínica Montesur (☎ 01-317-4000; www.clinicamontesur.com.pe; Av El Polo 505, Monterrico; ⌚ 24 Std.) Eine reine Frauenklinik.

Clínica San Borja (☎ 01-635-5000; www.sanna.pe/clinicas/san-borja-lima; Av Guardia Civil 337, San Borja; ⏲ 24 Std.) Die hoch angesehene Klinik verfügt auch über eine gute Kardiologie.

Instituto de Medicina Tropical (Hospital Nacional Cayetano Heredia; ☎ 01-319-0015; Av Honorio Delgado 430, San Martín de Porras; ⏲ Mo–Sa 9–20 Uhr) Das Institut hat sich auf die Behandlung von Tropenkrankheiten spezialisiert. Es ist Teil des Hospital Nacional Cayetano Heredia. Die direkte Umgebung des Krankenhauses ist sicher, doch ansonsten kann das Viertel recht gefährlich sein.

Instituto Nacional de Salud del Niño (Karte S. 64; ☎ 01-330-0066; www.insn.gob.pe; Brasil 600, Breña; ⏲ Impfzentrum Mo–Fr 8–16, Sa 8–12 Uhr) Die Kinderklinik impft auch gegen Tetanus und Gelbfieber.

NOTFALL

Policía de Turismo (Touristenpolizei, Poltur; ☎ 01-225-8698; Av Javier Prado Este 2465, 5. OG, San Borja; ⏲ 24 Std.) In der Abteilung der Policía Nacional (Nationalpolizei) im Museo de la Nación arbeiten Englisch sprechende Beamte, die Diebstahlprotokolle für die Versicherung ausstellen oder dabei behilflich sind, Rückzahlungen für Reiseschecks zu bekommen. In touristischen Gegenden erkennt man die Polizisten an ihren weißen T-Shirts.

Hauptbüro der Policía Nacional (☎ 01-460-0921; Moore 268, Magdalena del Mar; ⏲ 24 Std.)

POST

Der nationale Postdienst Serpost betreibt in Lima mehrere Filialen. Briefe und Pakete, die zur Lista de Correos (Postlagerung), Correo Central, Lima, geschickt werden, können in der Hauptpost im Stadtzentrum abgeholt werden.

DHL (Karte S. 70; ☎ 01-221-0816; www.dhl.com.pe; Av 2 de Mayo 635, San Isidro; ⏲ Mo–Fr 9–20, Sa bis 13 Uhr)

Federal Express (FedEx; Karte S. 73; ☎ 01-517-1600; www.fedex.com/pe_english; Alcanfores 350, Miraflores; ⏲ Mo–Fr 9–19, Sa 10–15 Uhr)

Hauptpost (Karte S. 60; ☎ 01-511-5000; www.serpost.com.pe; Pasaje Piura, Lima Centro; ⏲ Mo–Sa 8–21 Uhr) Hier kann man gegen Vorlage des Ausweises postlagernde Sendungen abholen. Nicht zu 100 Prozent verlässlich.

REISEBÜROS

In Reisebüros können Flüge und mehr gebucht werden.

Fertur Peru Travel (Karte S. 60; ☎ 01-427-1958, 01-427-2626; www.fertur-travel.com; Jirón Junín 211, Lima Centro; ⏲ Mo–Fr 9–19, Sa bis 12 Uhr) Das von vielen Lesern empfohlene Büro hat lokale, regionale und internationale Reisen sowie Gruppentouren im Angebot. Studenten bekommen Rabatte. Es gibt einen weiteren Ableger in Miraflores (Karte S. 73; ☎ 01-242-1900; Schell 485; ⏲ Mo–Fr 9–19 , Sa bis 16 Uhr).

InfoPerú (Karte S. 61; ☎ 01-425-0414; http://infoperu.com.pe; Jirón de la Unión 1066, Lima Centro; ⏲ Mo–Fr 9.30–18, Sa 10–14 Uhr) Reserviert Busfahrkarten und Flugtickets und informiert zuverlässig über Hotels sowie Sehenswürdigkeiten.

InteJ (Karte S. 76; ☎ 01-247-3230; www.intej.org; San Martín 240, Barranco; ⏲ Mo–Fr 9.30–12.45 & 14–17.45, Sa 9.30–12.45 Uhr) Offizielles Büro für die International Student Identity Card (ISIC) sowie Buchung ermäßigter Flug-, Zug- und Busreisen.

Lima Tours (Karte S. 60; ☎ 01-619-6900; www.limatours.com.pe; Nicolás de Piérola 589, 18. OG, Lima Centro; ⏲ Mo–Fr 9.30–18, Sa bis 13 Uhr) Bekannte Luxusagentur. Zu den zahlreichen Arrangements gehören auch schwulenfreundliche Touren und gastronomische Ausflüge.

Tika Tours (Karte S. 73; ☎ 01-719-9990; www.tikagroup.com.pe; José Pardo 332–350, Miraflores; ⏲ Mo–Fr 10–20, Sa bis 13 Uhr) Tourveranstalter und Reisebüro mit hilfreichen Infos und Exkursionen im ganzen Land.

TOURISTENINFORMATION

Federación Deportiva Peruana de Ciclismo (Karte S. 72; ☎ 01-480-7390; www.fedepeci.pe; Av Aviación s/n puerta 13, La Videna San Luis; ⏲ Mo–Fr 9–13 & 15–17 Uhr) Allgemeine Infos (Spanisch) zum Radfahren sowie zu Events.

iPerú (☎ 01-574-8000; www.peru.travel/iperu; Aeropuerto Internacional Jorge Chávez; ⏲ 24h) Die renommierte staatliche Touristeninformation bietet Kartenmaterial, gibt hilfreiche Infos und nimmt Beschwerden von Touristen entgegen. Das Büro in Miraflores (S. 81) ist klein, aber gerade an Wochenenden eine gute Anlaufstelle. Es gibt noch einen Ableger in San Isidro (Karte S. 70; ☎ 01-421-1627; Jorge Basadre 610; ⏲ Mo–Fr 9–18 Uhr).

Städtische Touristeninformation (Karte S. 60; ☎ 01-632-1300; www.munlima.gob.pe; Pasaje de los Escribanos 145, Lima Centro; ⏲ Mo–Fr 9–17, Sa & So 11–15 Uhr) Nur von begrenztem Nutzen. Auf der Website findet man eine kleine Liste lokaler Events und kann sich über Gratis-Führungen im Zentrum informieren.

ℹ An- & Weiterreise

AUTO

Lima zeichnet sich aus durch riesige Kreuzungen ohne eine einzige Ampel, Kamikaze-Busfahrer, unendliche Staus und wenige bis gar keine Parkplätze. Wer sich das trotzdem antun möchte, findet eine Reihe von Autovermietungen am Flughafen, deren Schalter rund um die Uhr geöffnet sind. Die Preise reichen von 99 bis 330 S pro Tag plus Zuschläge, Versicherung und Steuern (von rund 19 %). Die Autos können ins Hotel gebracht werden. Zu den Anbietern gehören auch:

Budget (☎ 01-204-4400; www.budgetperu.com)

Hertz (☎ 01-445-5716; www.hertz.com.pe)

BUS

Lima hat keinen zentralen Busbahnhof, stattdessen besitzt jede Gesellschaft unabhängige Ticketverkaufsstellen und Abfahrtsorte. Einige Unternehmen verfügen über mehrere Terminals, sodass man sich beim Ticketkauf genau erkundigen muss, wo der Bus abfährt. Besonders viel los ist während der Semana Santa (Osterwoche) und in den Wochen rund um die Fiestas Patrias (28./29. Juli), wenn Tausende *limeños* aus der Stadt flüchten und sich die Preise verdoppeln. Zu diesen Zeiten sollte man lange im Voraus buchen.

In der Nähe des Flughafens befindet sich der **Gran Terminal Terrestre** (Terminal Plaza Norte; ☎ 945-018-248; www.granterminalterrestre.com; cnr Av Tomás Valle & Av Túpac Amaru, Plaza Norte Panamericana Norte; ⏲ 6–24 Uhr), der größte Busbahnhof der Stadt. Von hier fahren große Fernbusse ins benachbarte Ausland und einige kleinere Busse in den Norden und Süden Perus.

Einige Haltestellen liegen in gefährlichen Stadtteilen. Deshalb sollte man die Tickets möglichst im Voraus kaufen und dann mit dem Taxi hinfahren. So wird auch gleich das Gepäck transportiert.

Die folgenden Busgesellschaften stehen zur Verfügung:

Civa (Karte S. 64; ☎ 01-418-1111; www.civa.com.pe; Paso de la Republica 569) fährt nach Arequipa, Cajamarca, Chachapoyas, Chiclayo, Cusco, Ilo, Máncora, Nazca, Piura, Puno, Tacna, Tarapoto, Trujillo und Tumbes. Die luxuriöseren Excluciva-Busse der Gesellschaft (www.excluciva.com) fahren vor allem in die Küstenorte.

Cruz del Sur (Karte S. 60; ☎ 01-424-1003; www.cruzdelsur.com.pe; Quilca 531) ist eine der größten Busgesellschaften des Landes. Ihre Busse fahren vor allem an die Küste und im Inland nach Arequipa, Cusco, Huancayo und Huaraz. Dabei werden drei Kategorien angeboten: die preiswerte Ideal und die luxuriöseren Imperial und Cruzero.

Móvil Tours (Karte S. 64; ☎ 01-716-8000; www.moviltours.com.pe; Paseo de la República 749) fährt nach Chachapoyas, Chiclayo, Huancayo, Huaraz und Tarapoto.

Oltursa (☎ 01-708-5000; www.oltursa.pe; Av Aramburu 1160, Surquillo) Der Terminal dieser empfehlenswerten Gesellschaft ist nicht weit entfernt von San Isidro. Die Busse fahren nach Abancay, Arequipa, Chiclayo, Ica, Máncora, Nazca, Paracas, Piura, Tacna, Trujillo und Tumbes.

Ormeño (☎ 01-472-1710; www.grupo-ormeno.com.pe; Av Javier Prado Este 1057) hat sich auf internationale Verbindungen nach Guayaquil in Ecuador (mit Zwischenstopp in Tumbes), Santiago de Chile (über Tacna) und Río de Jainero in Brasilien (über Cusco) spezialisiert. Die Busse fahren jeweils vom Terminal in La Victoria ab.

Peru Hop (Karte S. 73; ☎ 01-242-2140; www.peruhop.com; Av José Larco 812; ⏲ MO–Sa 9–21, So 11–19 Uhr) Die bequemen Hop-On-Hop-Off-Busse fahren durch ganz Peru bis nach Bolivien und sind vor allem bei Rucksacktouristen sehr beliebt. Es gibt keine festen Routen und die Tickets gelten ein ganzes Jahr lang. Außerdem werden geführte Touren angeboten.

Soyuz (Karte S. 64; ☎ 01-205-2370; www.soyuz.com.pe; Av México 333, La Victoria) Die Busse fahren regelmäßig nach Cañete, Chincha, Ica und Nazca.

Tepsa (Karte S. 71; ☎ 01-617-9000; www.tepsa.com.pe; Av Javier Prado Este 1091) Die bequemen Busse fahren nach Arequipa, Cajamarca, Chiclayo, Cusco, Ica, Lambayeque, Máncora, Nazca, Piura, Tacna, Trujillo und Tumbes. Eine ihrer Bushaltestellen befindet sich in **Javier Prado**.

Busse ab Lima

Die Preise sind allgemeine Richtwerte für Standard- bzw. Luxusbusse.

ZIEL	PREIS (S)	FAHRZEIT (STD.)
Arequipa	80–170	16–18
Ayacucho	75–110	9–11
Cajamarca	90–150	16
Chiclayo	50–130	12–14
Cusco	110–185	22–23
Huancayo	40–80	7–8
Huaraz	30–150	8
Ica	30–85	4½–5½
Nazca	50–120	6–8
Piura	90–150	16
Puno	150–170	22
Tacna	120–180	18–22
Trujillo	40–125	9–10
Tumbes	100–200	20

FLUGZEUG

In Limas **Aeropuerto Internacional Jorge Chávez** (☎ 01-517-3500, Flugpläne 01-511-6055; www.lima-airport.com; Callao) befinden sich die üblichen Einrichtungen und Geschäfte sowie ein Pisco-Laden, ein Postamt und eine Gepäckaufbewahrung. Im zweiten Stock steht ein Internetzugang zur Verfügung.

Die Ausreisesteuer ist immer im Flugpreis inbegriffen. Infos zu Flügen, Tickets und Flugbestätigungen sind online oder telefonisch möglich, für Umbuchungen oder bei Problemen geht man aber am besten direkt in das Büro der entsprechenden Fluggesellschaft.

In Lima sind die folgenden Fluggesellschaften vertreten:

Avianca (Karte S. 72; ☎ 01-511-8222; www.avianca.com; Av José Pardo 831, Miraflores; ⏲ MO–Fr 8.30–19, Sa 9–14 Uhr) fliegt nach Cusco, Arequipa, Juliaca, Puerto Maldonado und Trujillo.

LATAM (Karte S. 73; ☎ 01-213-8200; www.latam.com; Av José Pardo 513, Miraflores) bietet Flüge nach Arequipa, Chiclayo, Cusco, Iquitos, Juliaca, Piura, Puerto Maldonado, Tacna, Tarapoto und Trujillo. Außerdem gibt's Verbindungen zwischen Arequipa und Cusco, Arequipa und Juliaca, Arequipa und Tacna, Cusco und Juliaca sowie Cusco und Puerto Maldonado. Die Gesellschaft bietet auch verschiedene internationale Flugverbindungen an.

LC Perú (☎ 01-204-1300; www.lcperu.pe; Av Pablo Carriquirry 857, San Isidro; ⏲ Mo–Fr 9–19, Sa 9–17 Uhr) fliegt mit kleinen Turbopops von Lima nach Andahuaylas, Ayacucho, Cajamarca, Huánuco, Huaraz, Iquitos und Huancayo (Jauja).

Peruvian Airlines (Karte S. 73; ☎ 01-715-6122; www.peruvianairlines.pe; Av José Pardo 495, Miraflores; ⏲ Mo–Fr 9–19, Sa 9–17 Uhr) fliegt nach Arequipa, Cusco, Piura, Iquitos, Jauja, Pucallpa, Tarapoto, Tacna und auch nach La Paz in Bolivien.

Star Perú (Karte S. 72; ☎ 01-213-8813; www.starperu.com; Av Espinar 331, Miraflores; ⏲ MO–Fr 9–18.45, Sa 9–13 Uhr) fliegt nach Ayacucho, Cusco, Huanuco, Iquitos, Pucallpa, Puerto Maldonado und Tarapoto.

Viva Air (☎ 01-705-0107; www.vivaair.com; Aeropuerto Internacional Jorge Chávez; ⏲ wechselnde Öffnungzeiten) Der Billigflieger bietet Verbindungen nach Arequipa, Piura, Cusco, Iquitos und Tarapato.

ZUG

Die **Ferrocarril Central Andino** (Karte S. 60; ☎ 01-226-6363; www.ferrocarrilcentral.com.pe; Estación Desamparados; hin & zurück Touristenklasse Erw./Kind unter 12 Jahren 600/300 S, Standardklasse 450/225 S) verkehrt zwischen der **Estación Desamparados** (Karte S. 60; ☎ 01-263-1515; Ancash 203) in Lima und Huancayo im Landesinneren. Dabei fährt sie bis auf 4829 m hinauf – und ist damit die zweithöchste Eisenbahnlinie der Welt – bevor sie wieder nach Huancayo (3260 m) hinunter fährt. Die Rückfahrt ist erst drei Tage später. Von Mitte April bis November fahren die Züge alle 14 Tage. Im Preis inbegriffen sind auch die Mahlzeiten. Da die Strecke nicht immer befahrbar ist, sollte man sich vorher nach dem aktuellen Fahrplan erkundigen. Fahrscheine sind bei Teleticket erhältlich (S. 103).

ℹ Unterwegs vor Ort

VOM/ZUM FLUGHAFEN

Der Flughafen liegt in der Hafenstadt Callao, ca. 12 km westlich des Stadtzentrums bzw. 20 km nordwestlich von Miraflores. Private Taxis brauchen für den Weg zum Flughafen von San Isidro, Miraflores oder Barranco mindestens eine Stunde, während die Fahrt im *combi* wegen der vielen Haltestellen mindestens zwei Stunden dauert. Die geringste Staugefahr besteht vor 6.30 Uhr.

Combi

Am günstigsten kommt man mit der *combi*-Gesellschaft **La S** vom/zum Flughafen, zu erkennen am großen „S" an der Windschutzscheibe. Die Wagen bedienen mehrere Strecken vom Hafen Callao nach Miraflores und zurück. Beim Flughafen stehen sie südlich entlang der Avenida Elmer Faucett bereit. Für die Rückfahrt findet man die La-S-*combis* in nördlicher Richtung entlang der Avenida Petit Thouars und Richtung Osten entlang der Avenida Angamos in Miraflores. Der zentrale Ort ist der *paradero* (Bushaltestelle) an der Avenida Petit Thouars, direkt nördlich der Avenida Ricardo Palma. Für jeden Platz, den das Gepäck beansprucht, zahlt man zusätzlich. *Combi*-Unternehmen wechseln regelmäßig ihre Strecken, deshalb erkundigt man sich am besten vor Ort danach.

Shuttlebus

Der schnelle und sichere **Airport Express** (☎ 958-130-950, 01-446-5539; www.airportexpresslima.com; einfach 25 S; ⏲ 7–24 Uhr; 📶) fährt stündlich durch Miraflores und hält dabei siebenmal an. Es gibt keine Gepäckbegrenzung, kostenloses WLAN, USB-Ladestationen und Toiletten an Bord. Bezahlt wird online oder im Bus (nur bar).

Taxi

Kommt man aus der Zollkontrolle, ist rechter Hand in der Flughafenhalle der offizielle Taxiservice: **Taxi Green** (☎ 01-484-4001; www.taxigreen.com.pe; ⏲ 24h).

Außerhalb des Geländes warten weitere Taxis. Sie sind nicht unbedingt preiswerter und zudem nicht immer sicher, da hier Schlepper nach Gelegenheiten suchen, ausländische Touristen mitzunehmen und auszurauben. Aus diesen Gründen sollte man besser eines der offiziellen Flughafentaxis nehmen oder sich vom Hotel abholen lassen.

BUS

El Metropolitano (www.metropolitano.com.pe), Limas Expressbusnetz ist das schnellste und effizienteste Transportmittel im Stadtzentrum. Bisher gibt's nur wenige Linien, allerdings wird das Netz gegenwärtig in den Norden der Stadt ausgeweitet. Die Ruta Troncal (2,50 S) führt durch Barranco, Miraflores und San Isidro zur Plaza Grau in Lima Centro. Fahrgäste benötigen die aufladbare Fahrkarte *tarjeta intelligente* (4,50 S).

Alternativ kann man **Minibusse** nutzen, die in langen Karawanen die Straßen verstopfen. Aus ihren Türen hängen *cobradores* (Fahrkartenkontrolleure) und rufen die Haltestellen aus. Die Ziele entnimmt man den Schildern in der Windschutzscheibe. Am besten kommt man zurecht, wenn man die dem Ziel nächste große Kreuzung oder einen anderen Orientierungspunkt kennt (z. B. den Parque Kennedy) und diese dem *cobrador* nennt, der einem dann sagt, ob es der richtige Bus ist. *Combis* sind meist langsam und überfüllt, aber erstaunlich preiswert: Je nach Strecke kostet das Ticket zwischen 1 und 3 S.

Die nützlichsten **Busrouten** verbinden das Zentrum von Lima mit Miraflores über die Avenida Arequipa oder den Paseo de la República. Minibusse entlang der Garcilaso de la Vega (auch Avenida Wilson genannt) und der Avenida Arequipa sind mit „Todo Arequipa" oder „Larco/Schell/Miraflores" ausgeschildert; wenn sie von Miraflores ins Stadtzentrum fahren, sind sie mit „Todo Arequipa" und „Wilson/Tacna" gekennzeichnet. Diese Busse starten in der Avenida José Larco oder der Avenida Arequipa in Miraflores. Barranco erreicht man mit „Chorrillos/Huaylas/Metro"-Bussen (auf einigen steht auch „Barranco"), die in der Avenida Arequipa abfahren. Man findet sie zudem an der Diagonal, westlich des Parque Kennedy in Miraflores.

Die wichtigsten Busstrecken zwischen dem Zentrum, San Isidro und Miraflores führen über breite Chausseen wie die Avenida Tacna, Avenida Garcilaso de la Vega und Avenida Arequipa. Diese Viertel sind auch über die kurze Schnellstraße Paseo de la República oder Vía Expresa angebunden, im Volksmund als *el zanjón* (der Graben) bekannt.

TAXI

Limas Taxis haben keine Kilometerzähler, deshalb sollte man den Preis mit dem Fahrer aushandeln, bevor man einsteigt. Dieser hängt von der Länge der Strecke, den Verkehrsbedingungen und der Tageszeit (abends sind die Preise höher) ab. Registrierte Taxis und all jene, die man vor touristischen Sehenswürdigkeiten ruft, kosten mehr. Grob überschlagen zahlt man für die Fahrt innerhalb Miraflores rund 8 bis 10 S, von Miraflores ins Stadtzentrum 20 bis 25 S, nach Barranco 10 bis 12 S und nach San Isidro 15 bis 20 S. Man kann die Preise herunterhandeln, allerdings ist das während der Rushhour oft schwieriger. Wer mit mehreren Leuten unterwegs ist, muss vorher klären, ob der Preis für die ganze Fahrt oder pro Person gilt.

Viele Taxis in Lima sind nicht offiziell registriert. Hier wird jedes siebte Fahrzeug als Taxi genutzt. Tagsüber kann man eigentlich jedes nutzen, doch nachts ist es aus Gründen der Sicherheit wichtig, sich für lizenzierte Unternehmen zu entscheiden. Deren Wagen sind gewöhnlich gelb, haben einen rechteckigen Sticker mit der Aufschrift „SETAME" in der oberen linken Ecke der Windschutzscheibe und eine Lizenznummer auf der Seite.

Registrierte Taxis warten an den Taxiständen oder können telefonisch bestellt werden. Taxistände befinden sich vor dem Hotel Sheraton in Lima Centro und vor dem Einkaufszentrum LarcoMar in Miraflores. Die registrierten Taxis kosten etwa 30 % mehr als normale Straßentaxis, sind aber wesentlich sicherer. Zu den empfehlenswerten Taxiunternehmen gehören:

Easy Taxi (☎ 01-716-4600; www.easytaxi.com/pe) bietet eine App fürs Handy, um schnell ein Taxi rufen und den Preis kalkulieren zu können.

Taxi Móvil (☎ 01-422-6890)

Taxi Real (☎ 01-215-1414; www.taxireal.com)

RUND UM LIMA

Am Wochenende und in der Ferienzeit zieht es die *limeños* an den Strand oder in die Berge. Es lohnt sich, ein paar zusätzliche Tage für das Freizeitangebot im Umland einzuplanen, das von Streifzügen durch alte Ruinen bis hin zu faulen Strandtagen reicht.

Pachacamac

31 km südöstlich vom Stadtzentrum erstreckt sich **Pachacamac** (☎ 01-321-5606; http://pachacamac.cultura.pe; Antigua Carr Panamericana Sur Km 31,5, Lurín; Erw./Kind 5/15 S; ⏲ Di–Sa 9–17, So bis 16 Uhr), eine präkolumbische Zitadelle aus Lehmziegel- und Steinpalästen sowie Tempelpyramiden. Wer Machu Picchu gesehen hat, findet den Komplex vielleicht weniger beindruckend, doch als die Spanier nach Peru kamen, war dies eine wichtige Inka-Stätte und eine bedeutende Stadt. Ab etwa 100 n. Chr. befand sich hier ein Zentrum der Lima-Kultur, das später von den Wari erweitert und danach von den Ichma übernommen wurde. Nach ihrer Ankunft in der Gegend fügten die Inka um 1450 weitere Bauwerke hinzu. Der Name

Pachacamac hat verschiedene Bedeutungen, z. B. „der, der die Welt beseelte" oder „der, der Land und Zeit erschuf", und wird von der Bezeichnung für den Wari-Gott abgeleitet. Dessen hölzernes Konterfei mit zwei Gesichtern ist im **Museum** vor Ort zu sehen.

Zwar sind die meisten Gebäude heute kaum mehr als Mauern aus aufgeschichtetem Geröll, die verstreut in der Wüstenlandschaft stehen, doch es wurden einige Haupttempel mitsamt ihren Rampen und Seitentreppen ausgegraben. Besucher können den Serpentinenweg zur Spitze des **Templo del Sol** (Sonnentempels) hinaufkraxeln, der an klaren Tagen einen herrlichen Blick zur Küste bietet. Der eindrucksvollste Bau des Komplexes ist aber der Palacio de las Mamacuna (Haus der auserwählten Frauen), auch **Acllahuasi** genannt, der eine Reihe trapezförmiger Tore im Stil der Inka besitzt. Leider ist er seit einem Erdbeben im Jahr 2007 sehr instabil, deshalb darf man ihn nur noch aus der Ferne bewundern. Da die großen Schäden bisher wegen fehlender finanzieller Mittel nicht behoben werden konnten, gilt der Palast als eines der weltweit am stärksten gefährdeten Baudenkmäler.

Es gibt ein Besucherzentrum mit Café am Seiteneingang an der Straße nach Lurín. Eine einfache Karte des Geländes erhält man an der Kasse und folgt dann einfach dem Pfad, der von hier durch die Anlage führt. Fußgänger sollten für die Besichtigung mindestens zwei Stunden einplanen und im Sommer unbedingt Wasser sowie eine Kopfbedeckung mitnehmen, da man der Sonne auf der Strecke ansonsten schutzlos ausgesetzt ist. Wer ein Auto oder Motorrad hat, kann bequem von Stätte zu Stätte fahren.

Mehrere Reiseveranstalter in Lima bieten Ausflüge inklusive Transfer und Guide an (120 S). Mountainbiketouren sind ebenfalls eine tolle Option.

Alternativ nimmt man einen der Minibusse mit dem Schild „Pachacamac" auf der Avenida 28 de Julio oder an der Ecke der Ayacucho und Grau im Stadtzentrum (3 S, 45 Min.), die tagsüber alle 15 Minuten starten. In Miraflores geht's von der Avenida Benavides mit dem Bus Richtung Osten zur Panamericana and Primavera-Brücke (Puente Primavera). Dort steigt man in den Bus nach „Pachacamac/Lurín" (4 S, 30 Min.). Bei beiden Möglichkeiten muss man dem Fahrer sagen, dass er einen bei den *ruinas* (Ruinen) herauslassen soll, andernfalls landet man nämlich im Dorf Pachacamac etwa 1 km vom Eingang des Komplexes entfernt. Um in die Stadt zurückzukehren, kann man jeden Bus außerhalb des Tores anhalten, jedoch muss man während der Fahrt höchstwahrscheinlich stehen. Alternativ mietet man ein Taxi (ab 45 S/Std.) ab Lima.

Südliche Strände

☎ 01

Jeden Sommer strömen die *limeños* an die südlichen Strände entlang der Panamericana. An den Wochenenden ist am meisten los. Der öde Küstenstreifen mit kaltem Wasser und starken Strömungen ist besonders beliebt bei Surfern. Wer baden möchte, sollte sich vorher über die örtlichen Gegebenheiten informieren, denn jedes Jahr ertrinken hier Menschen. Auch muss man sein eigenes Surfbrett mitbringen, denn einen Verleih gibt's praktisch nicht. Zu den wichtigsten Strandorten zählen El Silencio, Señoritas, Caballeros, Punta Hermosa, Punta Negra, San Bartolo, Santa María, Naplo und Pucusana.

Mit seinen heftigen Wellen ist **Punta Hermosa** *das* Surferparadies. Die (mit bis zu 10 m) höchsten Wellen in Peru schlagen jedoch an den benachbarten Strand von **Pico Alto** (Panamericana Km 43). In **Punta Rocas**, etwas weiter südlich, finden alljährlich Surfwettbewerbe statt. Der Strand ist besonders beliebt bei erfahrenen Surfern.

Schlafen & Essen

Hostal Hamacas Punta Rocas HOTEL $

(☎ 999-854-766; www.facebook.com/hamacaspuntaroca; Panamericana Km 47, Punta Rocas; DZ 231 S, Bungalow 363 S; ⏲ Dez.–April) Das hübsche Hotel direkt am Strand hat 15 Zimmer und fünf Bungalows (für bis zu 6 Pers.), alle mit eigenem Bad, Warmwasser und Meerblick. Das hauseigene **Restaurant** ist nur in der Hochsaison (Okt.–April) geöffnet. Der Eigentümer surft selber und verleiht auch Bretter.

Hostal 110 HOTEL $$

(☎ 01-430-7559; www.hostal110sb.com; Malecón San Martín Nte 110, San Bartolo; DZ 150–180 S, Apt. 240 S;) Das Hotel hoch über der Bucht hat 14 geräumige und hübsch geflieste Zimmer und Apartments (teilweise für bis zu 6 Pers.), die rund um einen Swimmingpool auf den Klippen angeordnet sind. Die Zimmer mit Balkon sind etwas teurer, lohnen sich aber alleine schon wegen des tollen

Blicks aufs Meer. Surfkurse und Tauchen können organisiert werden. Unter der Woche ist es günstiger.

Restaurant Rocío SEAFOOD **$$**
(☎01-430-8184; Urb Villa Mercedes, Mz A, Lte 5-6, San Bartolo; Hauptgerichte 30–50 S; ⏲10–22 Uhr) Das Restaurant am südlichsten Ende der Stadt (mit dem *mototaxi* hinfahren!) serviert köstliche *leche de tigre* (Meeresfrüchte in der Brühe) und frischen gegrillten oder gebratenen Fisch mit reichlich Knoblauch.

ℹ An- & Weiterreise

Zu den Stränden fährt man am besten mit einem Bus in Richtung „San Bartolo" von der Panamericana Sur bei der Puente Primavera in Lima. Man kann in allen Strandorten aussteigen, muss dann aber oft noch 1 oder 2 km zu Fuß bis zum Strand gehen. Es warten aber auch überall Taxis an der Straße. Eine Taxifahrt von Lima kostet rund 150 S.

Carretera Central

Die Carretera Central (Zentrale Schnellstraße) führt von Lima durch das Rímac-Tal nach Osten bis zu den Ausläufern der Anden und nach La Oroya im zentralen Hochland von Peru.

Vom Arica an der Plaza Bolognesi in Lima fahren regelmäßig Minibusse nach Chosica ab. Mit diesen kann man auch nach Puruchuco fahren (3 S, 50 Min.). Der Fahrer lässt die Passagiere dann an der gewünschten Stelle aussteigen.

Puruchuco

Die Ruinenstätte von **Puruchuco** (☎01-321-5623; www.visitavirtual.cultura.pe/museos/puruchuco; Av Prolongación Javier Prado Este, cuadra 85, distrito Ate; Eintritt 5 S; Gruppenführung 20 S; ⏲Di–So 9–16.30 Uhr) wurde 2002 weltbekannt, als über 2000 bestens erhaltene Babymumien bei Grabungen auf einem riesigen Inkafriedhof gefunden wurden. Der Fund ist bis heute einer der größten dieser Art. Unter den zahlreichen Grabbeigaben befanden sich auch unzählige sehr gut erhaltene *quipu* (Seile mit Knoten, die die Inka zum Zählen und für die Buchhaltung verwendeten). Zu sehen ist auch das hervorragend rekonstruierte Haus des Häuptlings.

Puruchuco liegt im schäbigen Vorort Túpac Amaru, 13 km von Lima Centro entfernt. Am besten fährt man mit dem Taxi hin (einfache Fahrt 35 S). Beim Schild an der Schnellstraße biegt man rechts ab und fährt noch ein paar hundert Meter weiter die Straße entlang.

Cajamarquilla

Das präkolumbische **Cajamarquilla** (Sitio Arqueológico Cajamarquilla; ☎01-618-9393-4180; bei der Av Cajamarquilla; ⏲9–16 Uhr) ist eine verfallene Adobe-Stadt, die die Wari (700–1100 n. Chr.) an der Stelle einer alten Siedlung der Lima-Kultur errichteten. Da sie immer noch restauriert wird, muss man das Ministerium für Kultur um eine Besuchserlaubnis bitten.

Etwa 10 km von Lima und 18 km von Lima Centro entfernt zweigt eine knapp 5 km lange Straße von der Schnellstraße nach links zum Zinkwerk von Cajamarquilla ab. Die Ruinenstätte liegt auf halber Strecke zum Zinkwerk. Von der Straße geht es nach rechts auf einem kurzen Weg weiter. Es gibt zwar Hinweisschilder, diese sind jedoch schwierig zu finden. Am besten fragt man die Einheimischen nach der *zona arqueológica*.

Die Südküste

Inhalt

Gut essen

- Café Da Vinci (S. 147)
- As de Oro's (S. 121)
- Mamashana (S. 140)
- Inti-Mar (S. 126)

Schön übernachten

- Banana's Adventure (S. 133)
- Hotel El Molino (S. 117)
- Hotel Paracas (S. 126)
- El Carmelo (S. 130)

Auf zur Südküste!

Die ursprüngliche und einsame Südküste verzaubert ihre Besucher mit endlosen Sanddünen, grünen Wüstenoasen, vergessenen Fischerdörfern sowie mysteriösen Erdzeichnungen – und lässt ihnen jede Menge Raum, ihrer Fantasie freien Lauf zu lassen.

Das karge, trockene Fleckchen Erde zwischen Anden und Meer strotzt nur in den fruchtbaren Flusstälern vor Leben, wo Wein und Früchte gedeihen und Reisende eine erholsame Abwechslung zur braunen, unbarmherzigen Wüste finden.

Zu den möglichen Abenteuern an der Südküste gehören Rafting-Touren in Lunahuaná, Tierbeobachtungen auf den Islas Ballestas, Sandboarding vor Huacachina und ein Zwischenstopp an den mysteriösen Erdlinien und Geoglyphen, die die blanke Wüstenleinwand bei Nazca schmücken. Wer den Gringo-Trail verlässt, wird hier außerdem unberührte Surfspots, blühende Bauerndörfer und spirituelle Traditionen entdecken.

Reisezeit

Nazca

Jan.–März Im Hochsommer sind die Strandresorts geöffnet und pulsieren vor Energie.

März Traubenernte und Weinfeste in Lunahuaná und Ica.

Juni & Juli Kühlere Temperaturen, weniger Touristen und esoterische Feste in Chincha und Ica.

Highlights

1 Nazca-Linien
(S. 135) Bei einem spektakulären Rundflug das Geheimnis der Linien lüften

2 Islas Ballestas
(S. 122) Bei einer Bootstour zu Seelöwen- und Vogelkolonien die imposante Wildnis bestaunen

3 Huacachina
(S. 132) Auf einer riesigen Sanddüne mit Blick auf die Wüstenoase die Sonne untergehen sehen

4 Lunahuaná
(S. 116) In dem Mekka für Abenteuersport die wilden Stromschnellen des Río Cañete bezwingen

5 Bodega Tacama
(S. 130) In der Bodega nahe Ica einige der besten Weine und Piscos Perus kosten

6 Lagunillas
(S. 123) Nach einer Wanderung über die menschenleere Halbinsel Paracas zu Mittag Meeresfrüchte genießen

7 Mollendo
(S. 142) Abseits der Gringo-Route eine Surfsafari zu dieser abgelegenen Stadt unternehmen

8 Reserva Nacional Pampas Galeras
(S. 138) Mit Vikunjas, den bedrohten, wild lebenden Artgenossen der Alpakas, auf Tuchfühlung gehen

Cerro Azul

☎01 / 8100 EW.

Viele peruanische Urlauber suchen in Cerro Azul Erholung vom Trubel in Lima. Der Strand ist bei erfahrenen Surfern beliebt und liegt einen 15-minütigen Fußmarsch westlich von Km 131 der Panamericana Sur, rund 15 km nördlich von Cañete, einem wichtigen Verkehrsknotenpunkt der Region.

Anders als die sterilen Vorstadtgebiete voller Ferienwohnungen im Norden ist Cerro Azul eine echte Stadt, in der auch bei schlechtem Wetter Leben auf den Straßen herrscht.

In der Gegend gibt es die kleine Inka-Seefestung **Huarco**, sie ist jedoch in keinem guten Zustand.

Aktivitäten

Das größte Angebot gibt es südlich des Piers in Puerto Viejo. In der Hauptsaison parkt dort ein VW-Bus, von dem aus Surfbretter verliehen und Kurse veranstaltet werden.

Huarcosurf SURFEN
(☎977-768-854; Entrada Puerto Viejo; Leihbrett/Kurs pro Std. 20/50 S; ⌚7–18 Uhr) Surfschule unter herzlicher Leitung direkt am Eingang von Puerto Viejo.

Schlafen & Essen

Hotel Las Palmeras HOTEL $$
(☎012-84-6163; www.laspalmerascerroazul.com; Rivera del Mar, Puerto Viejo; Zi. 170–220 S; ❄📶🏊) Von der Straße aus beeindruckt das Hotel wenig, passiert man jedoch die eigentliche Lodge, gelangt man in ein neues, vierstöckiges Gebäude mit großen, modernen Zimmern mit breiten Doppelbetten und Balkonen, von denen man aufs Wasser blickt. I-Tüpfelchen ist der tolle Pool mit Liegestühlen, den eine Glaswand vom Sand trennt.

Restaurant Juanito PERUANISCH $$
(☎013-35-3710; Rivera del Mar, Puerto Viejo; Hauptgerichte 20–50 S; ⌚9–18 Uhr) Das Juanito südlich des Kais ist das beste Fischrestaurant am Strand, das gilt sowohl fürs Ambiente als auch für die Qualität. Von den Außentischen auf der Veranda schaut man auf die besten Surfwellen der Stadt.

Das Personal vermietet außerdem gemütliche Zimmer im oberen Stock für 180 S.

An- & Weiterreise

Busse von Lima nach Pisco oder Ica lassen Fahrgäste bei Bedarf im nahe gelegenen Cañete und manchmal auch in Cerro Azul (15–21 S, 2½ Std.) aussteigen. Die Busse zurück nach Lima sind immer überfüllt, besonders an den Sonntagen zwischen Januar und April. Es verkehren zudem *combis* (Kleinbusse) zwischen Cañete und Cerro Azul (2 S, 30 Min.) oder Chincha (2 S, 1 Std.) weiter südlich.

Lunahuaná

☎01 / 4800 EW. / 1700 M

Wie ein Stückchen personifizierte Wüstenromantik liegt das kleine Lunahuaná oberhalb des nebligen, schmutzigen Küstenabschnitts südlich von Lima. Die Straße dorthin zweigt östlich der lauten Siedlung Cañete ab und windet sich 38 km aufwärts, bis der Ort wie hingezaubert aus der staubigen Wüste auftaucht, sein tiefdunkles Grün eine orientalische Verheißung. Die Einwohner Lunahuanás leben von Weinanbau und Rafting. Beides ermöglicht der saisonal wilde Río Cañete, dessen Stromschnellen der Klasse IV günstige Rafting-Abenteuer ermöglichen und die hiesigen Weingüter bewässern.

Manche Traveller übernachten auf dem Weg aus Lima in Lunahuaná, was sich auf jeden Fall lohnt. Am besten besucht man den Ort in der zweiten Märzwoche zum Weinerntefest Fiesta de la Vendimia. Ende Februar oder Anfang März findet hier ein Festival der Extremsportarten statt.

Sehenswertes

Lunahuaná ist klein und hat, abgesehen vom Hauptplatz mit der **Iglesia Santiago Apostal** von 1690, wenige architektonische Highlights zu bieten. Hinter den gewölbten *portales* (Fußgängerwegen) am Platz verstecken sich Bars und Läden für Wein und Pisco (Traubenweinbrand). Von hier sind es nur fünf Gehminuten zum malerischen **Mirador** (Aussichtspunkt), von dem sich ein schöner Blick auf den Ort und die Landschaft bietet.

Catapalla DORF
Catapalla, eine winzige Siedlung 6 km von Lunahuaná talaufwärts, ist ein traditionelles Bergdorf mit ruhigen, autofreien Straßen und einem hübschen Platz. Erwähnenswert ist La Reyna de Lunahuaná (S. 116), eines der ältesten Weingüter des Tals. Es thront oberhalb des Hauptplatzes, und die Besitzer teilen ihr Wissen über Pisco und Weinherstellung mit Besuchern.

Als zweite traditionelle Attraktion des Dorfes galt die **Puente Colgante** (Hängebrücke), die sich einst über den wilden

ABSTECHER

WEINGÜTER IN LUNAHUANÁ

La Reyna de Lunahuaná (☎994-777-117; ⏲7–13 & 14–17 Uhr) Die rustikale, altehrwürdige Bodega produziert sowohl Wein als auch Pisco (peruanischen Traubenweinbrand) und thront über dem Hauptplatz von Catapalla, rund 6 km östlich von Lunahuaná. Die Besitzer vermitteln das kleine Einmaleins der Pisco- und Weinherstellung. Die Hinfahrt mit dem Taxi kostet etwa 6 S, für den Weg zurück muss man manchmal auf ein Taxi warten.

Bodega Santa Maria (☎056-284-1116; www.bodegasantamaria.com; Carr Cañete-Lunahuaná, Km 39; ⏲8–18 Uhr) Das optisch ansprechende, halbindustrielle Weingut liegt 1 km nördlich der Stadt inmitten einer blumenbewachsenen Anlage mit großen Holzfässern, die an eine andalusische Sherry-Bodega erinnern. Kostenlose Kostproben der süßlichen Weine (rot, weiß und rosé) und kräftigen Pisco-Varianten werden draußen unter Bäumen und im duftenden Verköstigungsraum angeboten. Verkauft auch Honig aus der Region.

Stromschnellen des Río Cañete spannte. Sie wurde von der Flut 2017 mitgerissen und noch nicht ersetzt. Die Taxifahrt von Lunahuaná nach Catapalla kostet rund 6 S (einfache Strecke), es kann jedoch dauern, bis ein Wagen für die Rückfahrt kommt.

Incahuasi RUINEN
(☎951-359-282; Carr Cañete-Lunahuaná, Km 29; ⏲8.30–16 Uhr) GRATIS Die bedeutendste archäologische Stätte im Cañete-Tal ist Incahuasi, eine verfallene Ruine am Westrand von Lunahuaná. Einst war sie der militärische Hauptsitz des zehnten Inka-Königs Túpac Yupanqui. Angesichts der zerklüfteten Berge und der Ausblicke talauf- und -abwärts versteht man schnell, warum die Machthaber diesen Ort wählten. Vermutlich stammen die Bauten aus der Zeit um 1438, kurz nach dem Aufstieg des Herrschers Pachacuti.

Es gibt hier kaum Schilder oder andere Besucher, aber genau das macht den Reiz aus. Die Anlage ist viel größer, als sie auf den ersten Blick wirkt, und nimmt beide Seiten der Schnellstraße ein. Die Hauptgebäude befinden sich im abgesperrten Bereich östlich der Straße. Ein Teil der Mauern wurde rekonstruiert, bei den Abschnitten an den Enden des Komplexes handelt es sich jedoch um Originale. Teils sind sie bis zu 3 m hoch.

Es gibt keine Guides, doch der Verwalter führt Besucher gern herum (auf Spanisch) und freut sich über ein kleines Trinkgeld.

Die Ruinen liegen an der Hauptstraße, 10 km westlich von Lunahuaná. Hin- und Rückfahrt mit dem Taxi kosten rund 20 S, Wartezeit inklusive.

Aktivitäten

Rafting

Rafting-Touren sind das ganze Jahr über möglich, die besten Bedingungen herrschen aber zur Regenzeit in den Anden von Dezember bis April, wenn der Río Cañete viel Wasser führt. Zu Rafting-Zwecken ist der Fluss in drei Abschnitte unterteilt. Die härteste Route (Ruta Alta) verläuft östlich von Lunahuaná bis nach Catapalla. Im Sommer entspricht sie der Schwierigkeitsstufe III–IV. Die leichteren Abschnitte Richtung Westen zwischen Lunahuaná und Paullo sowie zwischen Paullo und Socsi sind als Stufe I–III klassifiziert und nur im Sommer befahrbar.

Zu den angesehenen Rafting-Anbietern gehören Río Cañete Expediciones (S. 117) auf dem Campingplatz San Jerónimo und **Laberinto Explorer** (☎012-84-1057, 996-032-663; lunahuanalaberintoexplorer@gmail.com; Jiron Bolognesi 476), ein paar Blocks vom Hauptplatz in Lunahuaná entfernt. Die meisten Trips erfordern mindestens vier Teilnehmer (man wird vor Ort aufgeteilt) und dauern eine bis drei Stunden. Man zahlt 50 bis 330 S.

Ziplining

Der wachsenden internationalen Nachfrage nach Ziplining (Seilrutschen) begegnet Lunahuaná mit verschiedenen Anlagen, mit denen man durch die Baumwipfel sausen kann. Ein echtes Highlight findet man dabei südlich der Stadt: An fünf Drahtseilen rasen Wagemutige auf einer Gesamtstrecke von 2500 m, einer der längsten Lateinamerikas, über den Río Cañete. Der Preis für alle fünf Abschnitte liegt bei 120 S. Los geht's um 8 oder 16 Uhr beim Campingplatz San Jerónimo (S. 117).

Abseilen

Wer möchte, kann sich ca. 7 km nördlich der Stadt an einem Felsvorsprung über dem Río Cañete im Abseilen üben. Die meisten Anbieter in der Abenida Grau organisieren Ausflüge für rund 50 S.

Radfahren

Hoch über der viel befahrenen Küstenstraße gelegen, eignet sich Lunahuaná wunderbar zum Radeln. Fahrräder sind auch toll, um einige abgelegene Stätten und Bodegas zu besuchen. Leihfahrräder mit Gangschaltung erhält man in Reisebüros der Avenida Grau (2 Std. ca. 40 S).

Schlafen

Camping San Jerónimo CAMPING $

(☎012-84-1271; Carr Cañete-Lunahuaná, Km 33; Stellplatz 20 S/Pers.) Der Zeltplatz im äußersten Westen der Stadt grenzt an den Fluss. Die Aussicht ist schön, und es gibt einen Grillbereich, den Gäste nutzen können. Das hiesige kleine Restaurant ist nicht immer geöffnet, direkt auf der anderen Straßenseite gibt es jedoch Alternativen. Dies ist das Basiscamp für Touren mit **Río Cañete Expediciones** (☎012-84-1271; www.riocanete.com).

Hostal Río Alto HOTEL $$

(☎012-84-1125; www.rioaltohotel.com; Carr Cañete-Lunahuaná, Km 39; EZ/DZ 156/177 S;) Folgt man der Schnellstraße östlich von Lunahuaná ca. 1 km, stößt man auf diese nette Pension. Es gibt eine schattige Terrasse voller Pflanzen rund um einen Pool mit Flussblick, die einfachen Zimmer sind modern und haben Warmwasserduschen. Mit Restaurant.

Hostal Prince HOTEL $$

(☎975-270-507; Bolognesi 476; Zi. ab 100 S) Gepflegt und adrett kommt dieses neues Hotel, ein paar Schritte vom Platz entfernt, daher. Die hellen, modernen Zimmer verfügen über kleine, saubere Bäder und gute Matratzen. Die Agentur unten hat das ganze Sortiment an Outdoor-Abenteuern im Angebot.

★**Hotel El Molino** HOTEL $$$

(☎013-78-6061; www.hotelelmolino.com.pe; Malecón Araoz, Carr Cañete-Lunahuaná; Zi. 465 S;) Nicht weit vom „Biest“ der südlichen Vororte Limas findet man die „Schöne“ El Molino, ein liebevoll gepflegtes Hotel am Ufer des Río Cañete oberhalb von Lunahuaná. Mehrere verglaste Einheiten beherbergen Zimmer im Boutiquestil mit Flussblick.

Zwei Pools, Tischfußball und ein gutes Restaurant gehören zu dem reizvollen Gelände, das bis auf vereinzelte Triumphschreie vorbeifahrender Rafter völlig still ist.

Refugio de Santiago HOTEL $$$

(☎991-991-259; www.refugiodesantiago.com; Carr Cañete-Lunahuaná, Km 31; Zi. inkl. Frühstück 280 S;) Ein paar Kilometer westlich von Lunahuaná bietet sich dieses renovierte koloniale Haus als Rückzugsort an. Alle Zimmer sind rustikal, aber elegant, und auf dem Gelände liegen ein duftender botanischer Garten sowie ein Restaurant, das lokale Spezialitäten wie aus dem Bilderbuch zaubert (Hauptgerichte 34–54 S). Im Preis inbegriffen sind Führungen durch die hoteleigenen Gärten.

Essen

Don Ignacio La Casa del Pisco PERUANISCH $

(Plaza de Armas; Essen ab 10 S) Eines der besten Pisco-Restaurants am Platz. Den regionalen „Treibstoff“ begleiten typische Gerichte aus der Gegend, z. B. hervorragende Langusten.

El Jardín PERUANISCH $$

(☎989-009-428; Grau 150; Hauptgerichte 25–50 S; ⊗8–20 Uhr) Hier lassen sich Gäste im strohgedeckten Essbereich oder im Garten hinterm Haus eine große Auswahl Traditionelles schmecken. Das empfehlenswerte Lokal serviert auch ein gutes Menü für 10 S.

An- & Weiterreise

Von Cañete geht's per *combi* (Kleinbus) nach Imperial (1 S, 10 Min.), wo weitere *combis* (4 S, 45 Min.) und schnellere *colectivos* (5 S, 30 Min.) von der Calle 2 de Mayo nach Lunahuaná verkehren. In Lunahuaná stehen an der Hauptstraße direkt unterhalb des Platzes *colectivos* bereit, die Fahrgäste zurück nach Imperial bringen.

Chincha

☎056 / 217 700 EW.

Herrlich chaotisch oder frustrierend anarchisch (je nachdem, wie viel Staub und Lärm man verträgt) ist Chincha – eine peruanische Stadt in Reinform voller Busse, Taxis und Fußgänger, die unvermittelt die Straßen überqueren. Auf den ersten Blick könnte es ein beliebiger Ort in einer peruanischen Provinz an der Südküste sein, doch auf den zweiten Blick zeigen sich Details: Zuckerrohrsaftverkäufer, als Souvenirs feilgebotene afrikanische Figürchen und Speisekarten mit *criolla*-(Küsten-)Spezialitäten. Chincha ist eine Hochburg der afroperuanischen Kultur und ein kleines, wenig bekanntes Stück des nationalen Ganzen, das von einer brutalen Sklavenvergangenheit zeugt.

Sehenswertes

El-Carmen-Viertel VIERTEL

El Carmen ist in Peru einzigartig, denn hier treffen auf äußerst stimmungsvolle Weise die afrikanische und die lateinamerikanische Kultur aufeinander. Das Viertel ist für seine rhythmische afroperuanische Musik bekannt, die in den *peñas* (Bars und Clubs mit folkloristischer Musik) gespielt wird. Die besten liegen rund 15 km außerhalb der Stadt, es gibt jedoch auch zwei einfache Läden vor Ort.

Casa-Hacienda San José MUSEUM
(☎056-31-3332; www.casahaciendasanjose.com; El Carmen; 20 S; ⏲Mo–Fr 9–12 & 15–17, Sa & So 9–12 Uhr) Viele Besucher nehmen den Weg von Lima auf sich, um die einstige Sklavenplantage mit ihrer imposanten Hacienda zu erkunden. Diese bringt die Themen ethnische und soziale Herkunft in Peru in historischen Kontext. Die Gebäude und Anlagen sind zweifellos eindrucksvoll, allerdings könnte sich das Museum weniger mit der Opulenz der Oberschicht und mehr mit den Schrecken der Sklaverei beschäftigen. Bei den einstündigen Führungen besichtigen Teilnehmer neben der Hacienda und ihren Katakomben auch das Originalgebäude mit einer hübschen Barockkapelle. Erhalten geblieben sind Fresken, landwirtschaftliches Gerät und Relikte eines Systems, das einst der Unterjochung der Sklaven diente, z.B. ein weitläufiges System aus Katakomben und Tunneln. Nebenan liegen die Ruinen einer Baumwollfabrik von 1913.

Centro Cultural Amador Ballumbrosio KULTURZENTRUM
(☎993-574-090; San José 325) Das Haus der berühmtesten Tänzerfamilie von El Carmen ist ein Museum für afroperuanische Kultur. An den meisten Wochenenden wird hier spontan musiziert. Man kann sich die Fotos und Bilder ansehen und das aktuelle Programm studieren. Es werden auch Übernachtungen bei hiesigen Familien organisiert.

Schlafen

Einfache günstige Hotels säumen Chinchas Hauptplatz. Zu Festtagen füllen sie sich meist schnell und verdoppeln oder verdreifachen die Preise. Dann hilft nur noch, die ganze Nacht durchzutanzen und am frühen Morgen einen Bus zurück nach Lima oder die Küste entlang gen Süden zu nehmen.

In El Carmen gibt es ein paar einfache *hospedajes* (familiengeführte Gasthäuser). Ansonsten nehmen einige hiesige Familien für rund 20 S pro Person und Nacht Gäste auf. Einfach ein bisschen herumfragen!

Casa-Hacienda San José Hotel HISTORISCHES HOTEL **$$$**
(☎056-31-3332; www.casahaciendasanjose.com; El Carmen; Zi. Innenseite/mit Gartenblick ab 510/620 S; P❄🛜🏊) Die schicke Boutique-Unterkunft ist das mit Abstand komfortabelste Hotel in der Region. Eine einstige Sklavenplantage (S. 118) beherbergt das besterhaltene historische Hotel an der peruanischen Küste, wobei das neokoloniale Flair Geschmackssache ist. Die weitläufige Anlage umfasst kleine Gärten, luxuriöse Hängematten, Antiquitäten und einen tollen Pool.

Die Bungalows auf der Rückseite bieten moderne Annehmlichkeiten wie Klimaanlagen, mit dem historischen Flügel können sie jedoch nicht mithalten. Werktags sinken die Preise.

Casa Andina – Chincha Sausal BOUTIQUE-HOTEL **$$$**
(☎056-26-2451; www.casa-andina.com; Panamericana Sur, Km 197,5; Zi. inkl. Frühstück 352–402 S; ❄@🛜🏊) Der eher seltsame Ableger der nobelsten Hotelkette Perus liegt an der schrecklichen Panamericana Sur, 1 km nördlich des Busbahnhofs von Chincha. Er richtet sich vornehmlich an Geschäftsreisende und wirkt etwas spießig und formell. Die

AFROPERUANISCHE MUSIK & TÄNZE

Die hypnotisierenden Beats und schnellen Bewegungen dieser traditionellen Kunstform reißen einfach jeden mit und machen Lust auf Tanzen. Während der Kolonialzeit verboten die Spanier die Benutzung von Trommeln. Deshalb verwendeten afrikanische Sklaven, die auf den peruanischen Plantagen schuften mussten, leere Holzkisten (heute *cajón* genannt) und Kieferknochen von Eseln und schufen so einen ganz eigenen Musikstil. Oft wird dieser von einem eindrucksvollen Tanz im Flamenco-Stil, dem sogenannten *zapateo*, und leidenschaftlichem Gesang begleitet.

Gruppen wie Perú Negro und die Ballumbrosio-Familie haben in den letzten Jahrzehnten eine große nationale und internationale Anhängerschaft versammelt. Sie wollen Perus afrikanisches Erbe durch Aufführungen bewahren. Mit etwas Glück kann man eine dieser Shows in dem Ort sehen, der dafür besonders berühmt ist: El Carmen (S. 117).

Einrichtungen können sich aber sehen lassen: eine Anlage voller Blumen, Luxusbettwäsche und ein anständiges Restaurant.

Essen

Restaurante Lorena PERUANISCH **$$**
(☎056-26-9373; Av Benavides 1030; Hauptgerichte 15–48 S; ⏲11–16 Uhr) Die hiesige Institution liegt einen längeren Fußmarsch vom Zentrum entfernt, ist jedoch die beste Adresse der Stadt für traditionelle Gerichte. Auf den Tisch kommen gute *ceviches* und Ähnliches, bekannt ist es jedoch für seine reichhaltige *criollo*-Küche. Zu empfehlen sind z.B. *carapulcra* (Fleischeintopf mit Andenkartoffeln und Chili), *seco de rez* (Rind in reduzierter Sauce) und *arroz con pato* (Reis mit Ente).

An- & Weiterreise

Busse verschiedener Unternehmen sind auf der alten Panamericana Sur unterwegs und passieren auf ihrem Weg von Lima (20–23 S, 2½ Std.) nach Ica (7–10 S, 2 Std.) auch Chincha. Wer nach Pisco möchte, kann die meisten Busse Richtung Süden nehmen, an der Abzweigung nach San Clemente an der Panamericana Sur aussteigen (4 S) und sich dort von einem der regelmäßig verkehrenden *colectivos* oder *combis* ins 6 km entfernte Pisco (1,50 S) bringen lassen.

Combis und *colectivos* nach El Carmen (2–4 S, 30 Min.) warten an Chinchas Hauptmarkt, ein paar Blocks vom Hauptplatz entfernt.

Von der Plaza sind es 500 m zur alten Panamericana Sur, wo die an der Küste entlangfahrenden Busse halten.

Pisco

☎056 / 53 900 EW.

Der traditionelle Zugang zur rauen, windgepeitschten Paracas-Region wurde 2007 von einem verheerenden Erdbeben heimgesucht. Es zerstörte die Infrastruktur und einen Teil der schönsten Gebäude, jedoch nicht die Seele der Stadt. Unverwüstliche Entschlossenheit ließ Pisco wieder aufleben, dennoch ist es nicht besonders besucherfreundlich. Für Abstecher zu den Islas Ballestas und in die Reserva Nacional de Paracas ist mittlerweile das nahe gelegene El Chaco aufgrund der besseren Lage und des attraktiveren Service-Angebots vorzuziehen.

Perus Nationalgetränk – ein Weinbrand, der in dieser Region hergestellt wird – trägt denselben Namen wie Pisco, außerdem ist die Gegend historisch und archäologisch von Interesse. Hier war zwischen 700 v.Chr. und 400 n.Chr. eine der am höchsten entwickelten Kulturen vor den Inka ansässig: die Paracas-Kultur. Später, zu Anfang des 19. Jhs., ging von hier Perus revolutionäres Streben nach Unabhängigkeit aus.

Sehenswertes

Piscos Hafenviertel, ein paar Kilometer westlich der Stadt, wurde mit einem neuen *malecón* (Uferpromenade) versehen, da jedoch viele Geschäfte in der Gegend nach dem Erdbeben schließen mussten, wirkt es recht verlassen. Besonders nach Einbruch der Dunkelheit sollte man auf der Hut sein.

Plaza de Armas PLATZ
Piscos zentrale Plaza de Armas zeigt sich nach dem Erdbeben als Mischmasch aus Zerstörtem und Erhaltenem. Die Statue von **José de San Martín** zu Pferde, der mit erhobener Hand den Weg in die Zukunft weist, fällt in letztere Kategorie. Ebenfalls überdauert hat der **Palacio Municipal**, ein maurisches Gebäude von 1929, dessen beschädigter Fassade eine große Renovierung bevorsteht. Am schwersten hat das Beben Piscos koloniale **Kathedrale San Clemente** getroffen. An ihrer Stelle steht heute eine neue Kirche aus rotem Ziegelstein.

Das Geschäftsleben ist auf die Fußgängerzone San Martín zurückgekehrt, die an der Westseite des Platzes abgeht. Sie wurde mit Bänken, Blumenspalieren und einem erfrischenden Brunnen verschönert.

Geführte Touren

Pisco bietet sich als Ausgangspunkt für Ausflüge auf die Halbinsel Paracas und die Islas Ballestas an. Verschiedene Agenturen verteilen sich aufs Zentrum rund um die Plaza de Armas.

Aprotur Pisco GEFÜHRTE TOUREN
(☎056-50-7156; aproturpisco@hotmail.com; San Francisco 112; ⏲7–22 Uhr) Der entspannte, aber professionelle Anbieter organisiert Ausflüge zu allen hiesigen Attraktionen, darunter die Islas Ballestas (70 S) und sogar die Nazca-Linien (90–200 US$). Die Guides sprechen insgesamt sechs Sprachen, darunter Hebräisch.

Schlafen

Piscos kleine Hotelauswahl besteht vornehmlich aus Mittelklasseunterkünften, die sich an Geschäftsreisende richten, und billigen Absteigen, die bei jungen Pärchen beliebt sind. Sehr viel ansprechender ist die Auswahl im nahe gelegenen Paracas.

Pisco

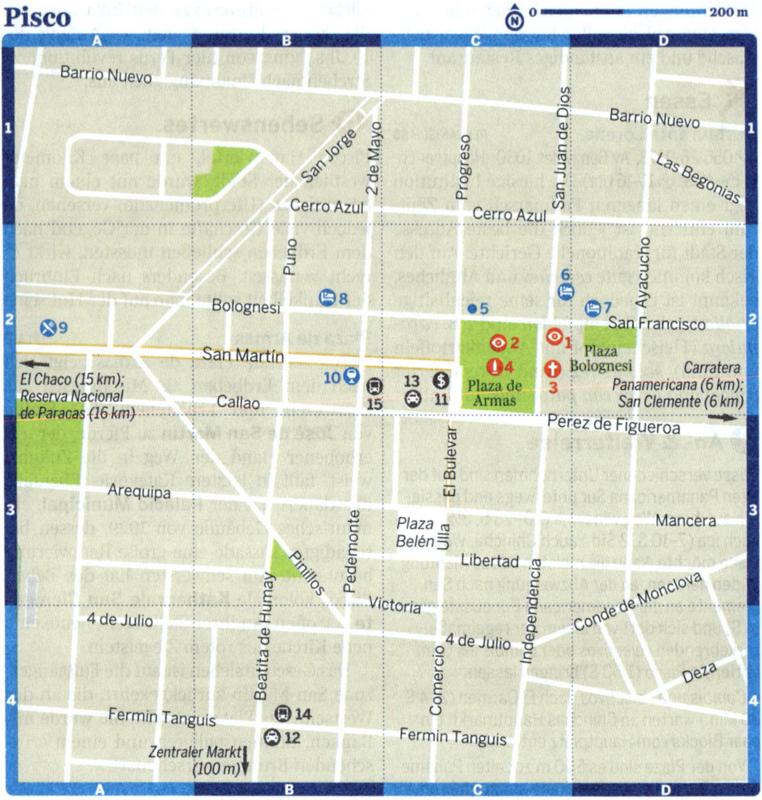

Pisco

Sehenswertes
1 Palacio Municipal C2
2 Plaza de Armas C2
3 Kathedrale San Clemente C2
4 Statue von José de San Martín C2

Aktivitäten, Kurse & Touren
5 Aprotur Pisco C2

Schlafen
6 Hostal La Casona C2
7 Hostal Villa Manuelita D2
8 Posada Hispana Hotel B2

Essen
9 As de Oro's A2

Ausgehen & Nachtleben
10 Taberna de Don Jaime B2

Praktisches
11 Interbank C2

Transport
12 Colectivos nach Paracas und zur Abzweigung nach San Clemente von der Panamericana B4
13 Colectivos zur Abzweigung nach San Clemente von der Panamericana C2
14 Combis nach Paracas B4
15 Flores B2

Posada Hispana Hotel HOTEL $
(☎056-53-6363; www.posadahispanaperu.com; Bolognesi 222; EZ/DZ 50/60 S; P 📶) Besser wird's in Pisco nicht: Die Zimmer sind mit heimischen Textilien und Hartholz ausgestattet, und es gibt eine Dachterrasse zum Entspannen. Das Restaurant zählt zu den besten der Stadt; in seinem zweistöckigen Speiseraum mit Schilfelementen wird ein gutes Mittagsmenü serviert.

Hostal La Casona HOTEL $
(☎ 056-53-2703; San Juan de Dios 252; EZ 60–70 S, DZ 70–90 S; P 📶) Die massive Holztür weckt falsche Erwartungen, denn das Hotel dahinter, einen halben Block vom Hauptplatz entfernt, ist zwar sauber, jedoch lange nicht so imposant, wie es der Eingang vermuten lässt. Die einfachen, ordentlichen Zimmer verteilen sich auf drei Stockwerke.

Hostal Villa Manuelita HOTEL $$
(☎ 056-53-5218; San Francisco 227; EZ/DZ/3BZ inkl. Frühstück 110/150/190 S; P 📶) Vom Kolonialflair vor dem Erdbeben ist nichts geblieben, stattdessen ist dies ein modernes Hotel mit geräumigen, komfortablen (etwas sterilen) Zimmern in einem neuen Block fernab des Verkehrslärms. Praktisch: Es ist nur einen halben Block von der Plaza entfernt!

Essen & Ausgehen

★ **As de Oro's** PERUANISCH $$
(www.asdeoros.com.pe; San Martín 472; Hauptgerichte 21–46 S; ⏲ Di–So 12–24 Uhr) Das noble As de Oro gilt weithin als bestes Restaurant der Stadt und serviert auf der Veranda hinterm Haus mit Blick auf einen Pool würziges Kartoffelpüree mit Tintenfisch, Scholle mit Butter und Kapern und gegrillte Garnelen mit frittiertem Maniok und Sauce tartare. Samstags sorgt eine Disko für Stimmung.

Taberna de Don Jaime BAR
(☎ 056-53-5023; San Martín 203; ⏲ 16–2 Uhr) Die lärmige Taverne ist sowohl bei Einheimischen als auch bei Touristen beliebt, u.a. dank der edlen Weine und Piscos. Am Wochenende platzt der Laden aus allen Nähten: Dann kann man zu Live-Latin- und Rockmusik bis in den frühen Morgen tanzen.

Praktische Informationen

GEFAHREN & ÄRGERNISSE

Nach dem Erdbeben war Pisco am Boden und berüchtigt für eine hohe Verbrechensrate, doch die Lage bessert sich. Die Geschäftsstraßen sind tagsüber unproblematisch (und die Polizeipräsenz im Stadtzentrum ist hoch). Dennoch steigt man nach Einbruch der Dunkelheit besser in ein Taxi, vor allem rund um die Busbahnhöfe und die Marktbereiche. Wer spät mit dem Bus in der Stadt ankommt, bittet den Angestellten des Busunternehmens, bei einem seriösen Unternehmen ein Taxi *(taxi de confianza)* zu rufen.

GELD

Interbank (San Martín 101) hat einen rund um die Uhr verfügbaren, mit internationalen Karten nutzbaren Geldautomaten.

An- & Weiterreise

Pisco liegt 6 km westlich der Panamericana Sur. Bis in die Stadt fahren nur Busse, die hier ihre Endhaltestelle haben. Wer keinen Direktbus nach Pisco oder Paracas nimmt, kann an der Abzweigung der Panamericana Sur nach San Clemente aussteigen. Von dort bringen schnelle, regelmäßig verkehrende *colectivos* Fahrgäste zu Piscos zentraler Plaza de Armas (1,50 S, 10 Min.) oder nach Paracas (10 S, 20 Min.). In umgekehrter Richtung zur Abfahrt San Clemente starten regelmäßig **colectivos** in der Nähe des zentralen Marktes von Pisco und von dem **kleinen Terminal** (Callao Cuadra 1) einen halben Block auf der Callao von der Plaza de Armas entfernt. Nach Einbruch der Dunkelheit die Marktgegend meiden!

Es gibt nur wenige Direktverbindungen von Pisco nach Nazca. Meist muss man in Ica umsteigen oder in Paracas einen Direktbus nach Nazca nehmen.

Flores (☎ 056-79-6643; Pedemonte s/n) bietet mehrere tägliche Verbindungen vom Zentrum Piscos nach Lima im Norden sowie nach Ica und Arequipa im Süden.

An der Abzweigung nach San Clemente fahren Busse von **Soyuz** (☎ 056-53-1014; www.soyuzonline.com.pe; Panamericana Sur, Villa los Angeles) alle fünf Minuten nach Lima und Ica. Zudem gibt es ein paar Expressverbindungen.

Von Pisco nach Paracas kommt man per **combi** (1,50 S, 30 Min.) oder **colectivo** (20 Min.), die regelmäßig in der Nähe von Piscos zentralem Markt (3 S) oder dem **Zentrum** (Callao Cuadra 1; 4–5 S) aus starten.

Der neue **Flughafen** von Pisco hat den Betrieb aufgenommen, doch zu Redaktionsschluss gab es lediglich eine unregelmäßige Verbindung nach Cusco. Er wird außerdem für Rundflüge über die Nazca-Linien genutzt. Diese stehen bei Besuchern, die die lange Busfahrt nach Nazca im Süden scheuen, hoch im Kurs.

Busse ab Pisco

ZIEL	PREIS (S)	DAUER (STD.)
Arequipa	60–144	12–15
Ica	5–15	1½–2
Lima	20–70	4½

Paracas (El Chaco)

☎ 056 / 7000 EW.

Das größte Dorf auf der Paracas-Halbinsel, El Chaco – oft „Paracas" genannt –, ist der wichtigste Ausgangspunkt für Reisen zu den Islas Ballestas und zur Reserva Nacional de Paracas. Nördlich und südlich der Stadt findet man zahlreiche neue Luxushotels und Gebäude mit Eigentumswohnungen. Es ist ein fröhlicher Ort mit einer lebhaften Travellerszene. Der meiste Trubel konzentriert sich auf den *malecón*, wo sich tolle Restaurants und Bars befinden. Die Naturattraktionen und die langen Strände der Region zählen zu den schönsten der ganzen Südküste, und viele Reisende verbringen mindestens zwei oder drei Nächte an diesem Ort. Sie unternehmen Tagestouren zu den Inseln, relaxen ein wenig am Strand oder erkunden die Halbinsel.

Sehenswertes & Aktivitäten

Das Hauptgeschäft der Region sind Bootstouren zu den Islas Ballestas – wirklich ein absolutes Muss! – und eintägige Ausflüge rund um die karge, wüstenhafte Paracas-Halbinsel. Hier sieht man jede Menge Vögel und Meeressäuger und kann eine der bedeutendsten archäologischen Stätten des Landes besichtigen: In den 1920ern förderte Julio Tello, ein peruanischer Archäologe, Schätze aus der Prä-Inka-Zeit zutage.

Islas Ballestas

Islas Ballestas INSEL

(Touren 35–40 S, Parkeintritt Inseln 11 S, Inseln & Halbinsel 17 S) Auch wenn ihr Spitzname „Galápagos für Arme" etwas herablassend klingt, sind die Islas Ballestas ein denkwürdiges Ausflugsziel. Man erreicht sie nur im Rahmen einer der Bootstouren, die von vielen Reisebüros, Hotels und Touristenfängern angeboten werden. Die Ausflüge starten jeweils um 8, 10 und 12 Uhr an der **Marina Turística de Paracas** (Malecón s/n, El Chaco). Bei der 8-Uhr-Tour ist das Meer am ruhigsten, und man hat die besten Chancen, Wildtiere zu erspähen.

Innerhalb der zweistündigen Ausflüge kann man die Inseln zwar nicht betreten, kommt der Tierwelt aber trotzdem nahe.

Keines der kleinen Boote hat Kabinen, deshalb sollte geeignete Kleidung gegen Sonne, Wind und Gischt schützen. Wer schnell seekrank wird, nimmt vor der Fahrt besser Tabletten gegen Übelkeit. Als absolutes Muss gilt auch ein Hut (am Hafen werden preiswerte verkauft), denn sonst ist man dem Guano (Kot) der Seevögel schutzlos ausgeliefert.

Die Fahrt aufs Meer dauert etwa 30 Minuten. Unterwegs stoppt der Kapitän unweit der Küste, sodass man den berühmten Candelabra-Geoglyphen bewundern kann. Die gigantische Erdzeichnung eines Dreizacks ist mehr als 150 m hoch und 50 m breit.

Eine weitere Stunde kreuzt das Boot zwischen den Felsbogen und Höhlen der Insel. Große Herden lärmender Seelöwen klettern auf den Felsen herum. Die Vögel, die in dieser Region den meisten Guano produzieren, sind der Guanokormoran, der Peruanische Tölpel und der Chilepelikan, die hier zu Tausenden in Kolonien leben. Auf einigen Inseln sind auch Anlagen zur Gewinnung von Guano zu sehen. Die peruanische Regierung baut das natürliche Düngemittel noch immer ab, allerdings nur alle acht Jahre.

Zudem sieht man Kormorane, Humboldtpinguine und eventuell Delfine. Man kommt nah an die Tiere heran, doch einige Arten, besonders die Pinguine, lassen sich am besten mit einem Fernglas beobachten.

Zusätzlich zur Parkgebühr wird für Teilnehmer von Bootstouren eine Bordabgabe von 5 S fällig.

Reserva Nacional de Paracas

Dieses riesige **Wüstennaturschutzgebiet** (Carr Punta Pejerry, Km 27; Eintritt nur Halbinsel 11 S, Insel & Halbinsel 17 S) bedeckt den Großteil der Península de Paracas. Als Alternative zu den Touranbietern warten Taxifahrer, die auch als Führer fungieren, in Paracas' Stranddorf El Chaco hinter dem Bootsanleger auf Traveller. Sie bringen Gruppen im Rahmen eines dreistündigen Ausflugs ins Reservat (80-120 S). Wer viel Zeit hat und genug Essen sowie Wasser mitnimmt, kann von El Chaco aus auch laufen oder mit dem Rad fahren. Los geht's am **Obelisk** zur Erinnerung an die Ankunft des südamerikanischen Revolutionärs General José de San Martín; er erhebt sich in der Nähe des Eingangs nach El Chaco. Von hier folgt man der Asphaltstraße Richtung Süden.

Museo Julio C. Tello MUSEUM

(Eintritt 7,50 S; ⌚ Di–So 8–16 Uhr) Direkt neben dem Besucherzentrums des Parks vor der Grabstätte Paracas Necropolis auf dem Cerro Colorado zeigt dieses kürzlich erweiterte Museum interessante archäologische Exponate von der geheimnisvollen Kultur, die einst über die Gegend herrschte.

Viele der interessantesten Artefakte wurden ins Museo Regional de Ica in Ica und ins Museo Larco in Lima verlegt, dennoch lohnt sich ein Besuch. Zu sehen sind eine hübsche Textilausstellung, einige der länglichen Schädel, mittels derer sich die Oberschicht der Gesellschaft zu erkennen gab, Keramik und Nachbildungen hiesiger Wohnstätten. Spanische und englische Infotafeln.

Centro de Interpretación BESUCHERZENTRUM
(7–18 Uhr) GRATIS Das Besucherzentrum 1,5 km südlich vom Eingang zum Reservat scheint sich in erster Linie an Schulklassen, nicht an gemeine Besucher zu richten. Die Exponate zur hiesigen Fauna und Geologie sind recht interessant, das eigentliche Highlight wartet jedoch draußen.

Die Bucht vor dem Komplex ist der beste Standort, um Chileflamingos zu beobachten. Ein Fußweg führt hinunter zu einem **Mirador**, wo sich vor allem zwischen Juni und August Vögel blicken lassen.

Auf dem Weg nach unten lohnt sich ein Blick auf die Fossilien am Wegesrand. Wer sich die Flamingos näher ansehen möchte, kann sich beim Personal ein Fernglas leihen.

Playa Roja STRAND
Die enge Bucht südwestlich des Besucherzentrums hat rötlichen Sand, der in eindrucksvollem Kontrast zu den niedrigen gelblichen Klippen dahinter und dem schaumigen blauen Wasser an der Küste steht.

Lagunillas DORF, STRAND
Truthahngeier verspeisen die angespülten Kadaver von Meereslebewesen am einsamen Strand von Lagunillas, 5 km südlich des Besucherzentrums. Eine Handvoll fast identischer Fischrestaurants, vor denen Fischerboote vor Anker liegen, bilden das „Dorf". Ein idyllisches Örtchen, das aus der Ferne hübscher wirkt als aus der Nähe.

Es gibt kein fließendes Wasser vor Ort, deswegen ist das Thema Hygiene für die Restaurants eine echte Herausforderung.

Punta Arquillo AUSSICHTSPUNKT
Unmittelbar vor der Abzweigung nach Lagunillas führt eine Straße von der La-Mina-Hauptstraße ein paar Kilometer in südwestliche Richtung zu einem Parkplatz nahe einer Felskuppe mit Aussichtspunkt. Die Meerblicke samt Seelöwenkolonie in den Felsen darunter und jeder Menge Seevögeln in der Luft sind großartig.

An der Küste rund ums Reservat gibt es außerdem zahlreiche Quallen (Schwimmer aufgepasst!), von denen manche einen Durchmesser von rund 70 cm erreichen und 1 m lange giftige Tentakel hinter sich herziehen. Oft werden sie an die Küste gespült, wo sie schnell austrocknen und mandalaähnliche Muster in den Sand zeichnen. Strandgänger stoßen hier außerdem auf Seehasen, Geisterkrabben und Muscheln, zudem gleiten gelegentlich Andenkondore auf Futtersuche bis zur Küste hinab.

Playa La Mina STRAND
Der Strand liegt eine kurze Autofahrt bzw. einen Fußmarsch südlich von Lagunillas an einer unbefestigten Straße. Das ruhige Wasser macht ihn zum besten Badeplatz im Reservat. Im Sommer (Jan.–März) bevölkern den Strand peruanische Urlauber, und bei viel Betrieb werden mobile Getränkestände aufgestellt. Zelten ist erlaubt; Camper müssen Wasser selbst mitbringen und sollten nicht allein zelten, da es schon zu Überfällen kam.

Am angrenzenden **El Raspón** geht es meist ruhiger zu. Von der Felswand führen ein paar Treppen zum Strand hinab.

Candelabra-Geoglyph ARCHÄOLOGISCHE STÄTTE
Der gigantische Dreizack, der in die sandigen Hügel gezeichnet wurde, ist über 150 m hoch und 50 m breit. Niemand weiß genau, wer ihn angefertigt hat, wann er entstand oder was er bedeutet, Theorien dazu gibt es allerdings zuhauf. Manche bringen die Zeichnung mit den Nazca-Linien in Verbindung, andere beschreiben sie als Navigationshilfe für Segelschiffe, die auf der Sternenkonstellation „Kreuz des Südens" basiert. Manch einer glaubt sogar, dass die Erschaffer durch eine hiesige Kaktusart mit halluzinogener Wirkung inspiriert wurden.

Playa Yumaque STRAND, WAHRZEICHEN
Das Naturschutzgebiet erstreckt sich gen Süden bis ein paar Kilometer unterhalb der Halbinsel Paracas. Östlich von Lagunillas zweigen Schotterstraßen zum Yumaque-Strand ab. Hier kann man gut Vögel beobachten; manchmal lassen sich Delfine blicken.

La Catedral FELSENTURM
Einst galt das majestätische Brandungstor, das unmittelbar südlich der Playa Yumaque ins Meer hinausragte, als Wahrzeichen, 2007 wurde es jedoch von dem Erdbeben zerstört. Über Hunderttausende Jahre von Wind und Wellenerosion geformt, stürzte es in Sekunden in sich zusammen. Heute ist nur eine Art Felsenturm geblieben, das Panorama ist jedoch immer noch eindrucksvoll, ebenso wie die Sonnenuntergänge.

Laguna Grande STRAND
Rund 34 km bzw. eine einstündige Autofahrt südlich des Eingangs zum Naturschutzgebiet liegt dieses abgeschiedene Dorf an einem großen Meeresarm, der von einer Sandbank-Halbinsel geschützt wird und optimale Bedingungen zum Kitesurfen bietet. Hier gibt es weder Strom noch Wasser oder Telefon – der Alltag läuft noch sehr traditionell ab.

Reserva Nacional de Paracas

Reserva Nacional de Paracas

Sehenswertes

1 Candelabra-Geoglyph ... B2
Centro de Interpretación ... (siehe 5)
2 Islas Ballestas ... A1
3 La Catedral ... B3
4 Lagunillas ... B3
5 Museo Julio C. Tello ... C3
6 Playa La Mina ... B3
7 Playa Roja ... B3
8 Playa Yumaque ... B3
9 Punta Arquillo ... B3
10 Reserva Nacional de Paracas ... B3

Schlafen

11 Hotel Paracas ... C2

Es heißt, dass entflohene Sträflinge aus der gesamten Region sich hier gern vor den Behörden verstecken. In der Gegend zu zelten, ist also keine gute Idee!

Aktivitäten

Ruhiger Wellengang, seichtes Wasser an der Küste und ordentliche Winde sorgen für recht gute Bedingungen für Kitesurfer. Die meisten Anbieter sind beim Kite Point südlich der Stadt in der Nähe des Hilton ansässig.

Privatunterricht kostet rund 190/1020 S (1/6 Std.). Gruppen zahlen etwas weniger.

Kangaroo Kite KITESURFEN
(☎940-472-094; www.kangarookite.net; Urbanización Santo Domingo) Die beliebte Kitesurfschule verleiht Ausrüstung und veranstaltet neben Kursen auch geführte Kitesurf-Ausflüge in der Reserva Nacional de Paracas.

Kite Club KITESURFEN
(☎994-831-021; www.kiteclubparacas.com; Urbanización Santo Domingo; ⏲Mi–So 10–17 Uhr) Der professionelle Anbieter mit Kursen und Ausrüstungsverleih befindet sich vor dem Double Tree Hilton.

Geführte Touren

Preise und Service der Touren zu den Islas Ballestas und ins Reserva Nacional de Paracas sind in der Regel sehr ähnlich. Die besseren werden von einem qualifizierten Naturexperten mit Spanisch- und Englischkenntnissen begleitet. Der Großteil der Inselausflüge per Boot beginnt täglich um 8, 10 und 12 Uhr und kostet etwa 35 bis 40 S pro Person. Anzahl der Touren und Abfahrtszeiten ändern sich häufig, deswegen sollte man einen Tag im Voraus reservieren. Einige Boote legen vom städtischen Kai in der Stadt ab, die meisten größeren Anbieter starten jedoch an der privaten Marina Turística de Paracas (S. 122) weiter nördlich.

Im Rahmen der wenig interessanten Nachmittagsausflüge zur Península de Paracas (20–25 S) legt man einen kurzen Zwischenstopp am Besucherzentrum des Nationalreservats ein, fährt an geologischen Felsformationen vorbei und macht eine ausgedehnte Mittagspause in einem abgelegenen Fischerdorf. Es gibt auch kombinierte Ganztagestouren zum Naturschutzgebiet und zu den Islas Ballestas (60 S).

Die Attraktionen der Halbinsel lassen sich auch mit Quads (100 S) oder benzinbetriebenen Strandbuggys (120 S) erkunden.

Wer sich die lange Fahrt nach Nazca ersparen möchte, kann am Flughafen von Pisco nahe Paracas Rundflüge über die Nazca-Linien buchen. Diese sind allerdings deutlich teurer als vom Flugfeld in Nazca aus.

Paracas Explorer GEFÜHRTE TOUREN
(☎056-53-1487; www.paracasexplorer.com; Av Libertadores s/n; ⏲7–19 Uhr) Die geschäftige Reiseagentur betreibt zwei Büros im selben Block und hat neben den üblichen Ausflügen zu den Inseln und ins Naturschutzgebiet auch Exkursionen nach Tambo Colorado (200 S) sowie mehrtätige Touren nach Ica und Nazca (ab 200 US$/Pers.) im Programm und bucht Rundflüge über die Nazca-Linien ab den Flughäfen Pisco und Ica.

Paracas Sights & Tours BOOTFAHREN
(☎956-890-301, 056-31-5742; www.paracasights.com; Malecón; ⏲7.30–20 Uhr) Der professionelle Veranstalter setzt bei den üblichen Inselausflügen seine eigene moderne Bootsflotte ein. Bei den Touren in die Reserva Nacional de Paracas werden Teilnehmer in Autos und Bussen transportiert.

Schlafen

El Chaco hat eine exzellente Hotelauswahl und sehr viel mehr Optionen als Pisco. Budget- und Mittelklasseunterkünfte verteilen sich auf die Gegend rund um die Plaza de Armas im Zentrum, während hochpreisige Resorts südlich der Stadt zu finden sind.

Paracas Backpackers House HOSTEL $
(☎056-53-6700; www.paracasbackpackershouse.com.pe; Av Libertadores s/n; B 20–30 S, EZ ohne Bad 45 S, DZ mit/ohne Bad 85/55 S; 📶) Von den diversen „Backpacker-Hostels" an dieser Straße ist dieses das älteste und nach wie vor beliebteste. Die meisten Zimmer haben eigene Bäder und gewähren Blick auf die Terrasse mit Hängematte und Lounge-Bereich. In den Schlafsälen haben sieben bis zehn Personen Platz.

Das Hostel hat ein umfassendes Service-Angebot und organisiert Touren sowie die Weiterreise. Vorn gibt es Zweibett-Apartments mit Gemeinschaftsbädern und gutem Preis-Leistungs-Verhältnis, in den Zimmern oben ist die Luft allerdings angenehmer.

Willy's House HOSTEL $
(☎939-281-530; willy.peve16@gmail.com; Av Libertadores s/n; B/Zi. 20/60 S; 📶) Das unauffällige Backpacker-Hostel verfügt über Schlafsäle mit vier Betten, einen Lounge-Bereich mit Billardtischen hinterm Haus sowie saubere geräumige Privatzimmer im neuen Anbau. Alles ist sehr einfach, dafür stimmt das Preis-Leistungs-Verhältnis, und die freundlichen Mitarbeiter helfen gern beim Planen von Aktivitäten. Selbstversorger werden die Gemeinschaftsküche zu schätzen wissen.

Bamboo Lodge HOTEL $$
(☎999-045-654, 056-50-7017; bamboolodgeparacas@hotmail.com; Malecón s/n; Zi. inkl. Frühstück 160–180 S) Wer eines der Zimmer mit Meerblick und eigenem Balkon ergattern kann, hat den Hauptgewinn gezogen. Aber auch die Zimmer auf der Rückseite sind nicht schlecht. Mit ihren Schilfelementen, der hellen, schlichten Einrichtung und den herrlichen Fliesenbädern ist die Bamboo Lodge ein ausgezeichnetes Mittelklassehotel.

Residencial Maria Bonita HOTEL $$
(☎056-32-2806; www.residencialmariabonita.com; Av Libertadores s/n; EZ/DZ inkl. Frühstück 100/150 S; 📶) Das schicke Hotel gegenüber der Plaza kommt hell und freundlich daher und bietet tadellose, ganz in Weiß gehaltene Zimmer und Gemeinschaftsbereiche mit Topfpflanzen. Die Dekoration ist minimalistisch, und die Duschen sind recht launisch, insgesamt überzeugt das Angebot jedoch. Frühstück wird unten im Café serviert, jedoch nur bis 8.30 Uhr – schwierig für Nachtschwärmer!

Ist in der Stadt wenig los, gibt es Rabatte.

Hostal Santa Maria HOTEL $$
(☎056-77-5799; www.hostalsantamariaparacas.com; Plaza de Paracas; EZ/DZ inkl. Frühstück 100/120 S; @📶) Hier warten funktionale, blitzsaubere Zimmer mit Kabel-TV, frischer Bettwäsche und Ventilatoren für die nötige Abkühlung auf Gäste. Es gibt eine Dachterrasse und ein Nebengebäude gleich die Stra-

ße runter. Das Personal weiß eine Menge und hilft bei der Organisation von Touren, muss sich jedoch manchmal auch um das benachbarte Restaurant kümmern.

Hotel Gran Palma HOTEL **$$**

(☎ 056-65-5932; www.hotelgranpalma.com; Av Libertadores s/n; EZ/DZ inkl. Frühstück 150/230 S; ❄📶🏊) In dem modernen Hotel warten penibel saubere Zimmer, ein Poolbereich an der Straße und Frühstück auf einer hübschen Dachterrasse. Die funktionell-minimalistischen Zimmer sind makellos, jedoch kaum dekoriert und mit wenig Stauraum versehen. Die Preise sind ziemlich hoch, und der Service ist recht schroff.

★ **Hotel Paracas** RESORT **$$$**

(☎ 056-58-1333; www.luxurycollection.com/hotelparacas; Av Paracas 178; Zi. 2221–2421 S, Suite 2555–3122 S, jeweils inkl. Frühstück; P❄@📶🏊) Das Bilderbuchresort scheint einer Touristenbroschüre entsprungen. Mit Wohlfühlkissen, immer lächelndem Personal, exzellentem Kinderangebot und einem exklusiven Strand bietet die Starwood-Anlage die besten Luxusquartiere der Stadt. Die Zimmer im Cabaña-Stil haben eigene Balkone und riesige Bäder. Leider ist der Meerblick oftmals eingeschränkt. Es gibt drei Häuser, zwei Pools und einen privaten Bootsanleger.

Gäste können ohne Aufpreis Kajaks, Paddleboards und Katamarane ausleihen.

Auch Nicht-Gäste können sich über das gigantische erstklassige Frühstücksbüfett (84 S), das bis zum Brunch verfügbar ist, hermachen.

Double-Tree Hilton RESORT **$$$**

(☎ 016-17-1000; www.doubletree.com; Urbanización Santo Domingo; Zi. 1846/1944 S; P❄@📶🏊) Das äußerst komfortable, wenn auch etwas farblose Suitehotel der Luxusklasse wartet mit privaten Veranden, einem türkisfarbenem Pool und traumhaften Meerblicken auf. Die großen Wohnbereiche in den Zimmern sind ideal für Familien. Das Resort liegt 2 km südlich von El Chaco.

Essen

★ **Inti-Mar** SEAFOOD **$$**

(www.inti-mar.com; Contiguo Puerto General San Martín, Punto Pejerrey; Hauptgerichte 25–45 S; ⏲10.30–15.30 Uhr) Eines unserer Lieblingsrestaurants an der gesamten Küste. Das Personal der Muschelfarm auf der anderen Seite der Bucht serviert an einer Handvoll Tische am Wasser zur Meeresbrise verschiedene Meeresfrüchte – die frischen Jakobsmuscheln, *natural* mit Zitrone und Olivenöl, sind einfach grandios!

Lecker sind auch *conchas a la parmesana*, die in der Schale im Ofen unter einer Parmesankruste gebacken werden. Nach dem Essen kann man es sich in den Liegestühlen am Wasser mit einem Drink gemütlich machen.

Die Farm befindet sich direkt vor dem Hafen im Reserva Nacional de Paracas. Eine Taxifahrt hierher kostet rund 50 S, man kann einen Besuch jedoch mit einer Tour über die Halbinsel verbinden. Nachmittags wird's windig, deswegen sollte man recht früh kommen.

Lobo Fino PERUANISCH **$$**

(Av Libertadores s/n; Hauptgerichte 26–35 S, Menüs 15–25 S; ⏲11–22 Uhr) Das unprätentiöse Lokal am Südrand der Stadt mit Außentischen auf der überdachten Veranda bietet gute peruanische Küche zu fairen Preisen. Mittags lassen sich Einheimische hier exzellente Menüs schmecken, die in den Varianten *criollo* und *marino* serviert werden.

Bedient wird man teils sehr langsam – wer's eilig hat, sollte besser nicht kommen.

Punta Paracas INTERNATIONAL **$$**

(Malecón s/n; Hauptgerichte 22–40 S; ⏲7–22 Uhr) Das Café serviert von morgens bis spätabends Kaffee und Schokobrownies. Wenn die meisten anderen Läden schon geschlossen haben, ist hier immer noch Betrieb.

Ausgehen & Nachtleben

Misk'i BAR

(Garcia Perez s/n; ⏲17–23 Uhr) Am besten startet man in dieser entspannten Restaurantbar in den Abend. Neben leckeren Holzofenpizzas (14–52 S), Salaten und mexikanischen Gerichten (Hauptgerichte 16–26 S) gibt es Cocktails und starke Mischgetränke sowie lässige Reggaemusik.

Fruzion SAFTBAR

(Garcia Perez s/n; ⏲Mo–Do 7–18, Fr & Sa bis 20, So bis 15 Uhr) Das helle, kleine, moderne Café mit sonniger Terrasse serviert seine gemischten Säfte und Shakes (12–20 S) in riesigen, runden Gläsern. Neben einer eindrucksvollen Auswahl von rund 80 Getränken gibt es leckeres Frühstück (12–24 S), guten Kaffee, Burger und Pfannkuchen. Der Laden lädt zum Verweilen ein, angesichts der vielfältigen Fauna vor der Küste könnte man jedoch auf die Plastikstrohhalme verzichten.

HEISS BEGEHRTER VOGELDRECK

In der Geschichte der sinnlosen Kriege ist das Scharmützel von 1864 bis 1866 zwischen Spanien und seinen ehemaligen Kolonien Peru und Chile der wohl sinnloseste von allen. Gekämpft wurde dabei vorrangig nicht zum Selbstschutz oder zum Schutz der Welt vor Aliens, sondern um Guano – Vogeldreck. Dieser ist zwar, wenn er einem aus großer Höhe auf den Kopf fällt, eine durch und durch unschöne Substanz, dafür aber seit Langem ein wesentliches Standbein der peruanischen Wirtschaft und eine Ressource, die es vor beharrlichen Außenstehenden zu schützen gilt. Anfang des 19. Jhs. sandte der deutsche Botaniker Alexander von Humboldt Proben des Guanos nach Europa, wo innovative britische Landwirte herausfanden, dass er 30-mal effizienter als Kuhmist düngte. In den 1850er-Jahren importierte das sich rasant industrialisierende Großbritannien jährlich 200 000 t Guano, um seine Landwirtschaft zu fördern. Auf einmal machte der weiße Vogeldreck, der Perus von Vögeln bewohnte pazifische Inseln bedeckte, den Großteil des dortigen BIP aus. Das sah auch Spanien, als es 1864 in einem Akt postkolonialer Launenhaftigkeit die guanoreichen Chincha-Inseln einnahm, um Peru zu Entschädigungen für einen kleinen Zwischenfall in Lambayeque zu zwingen. Doch Peru schlug zurück. Es begann ein langwieriger Seekrieg, in den Chile verwickelt wurde, bevor die Spanier die Inseln mitsamt ihrem wertvollen Vogeldreck 1866 wieder an Peru verloren.

Auch heute ist das Guano-Geschäft noch lukrativ, und das konfliktfrei. Schichten von in der Sonne getrocknetem, stickstoffreichem Guano bedecken nach wie vor die Chincha-Inseln sowie die nahe gelegenen Islas Ballestas, obwohl die Überfischung von Anchovis (der wichtigsten Nahrungsquelle der Vögel) in den 1960er- und 1970er-Jahren zu einem dramatischen Rückgang des Guanos geführt hat. Heute wird die Produktion vom peruanischen Landwirtschaftsministerium genau (und friedlich) überwacht.

ℹ Praktische Informationen

GELD

In der Stadt gibt es ein paar Geldautomaten, zu Hauptbesuchszeiten sind sie jedoch manchmal leer. In Pisco sind zahlreiche Banken ansässig.

BCP (Av Libertadores s/n)

Interbank (Malecón)

TOURISTENINFORMATION

iPerú (☎056-638-216; iperunasca@promperu.gob.pe; Av Libertadores s/n; ⏲Mi–So 9–16 Uhr)

ℹ An- & Weiterreise

Über den neuen Flughafen (S. 121) in Pisco gelangt man am schnellsten nach Paracas, zu Redaktionsschluss war Cusco jedoch das einzige Ziel, das regelmäßig angeflogen wurde.

Täglich verkehren mehrere Busse zwischen Lima und Paracas' Strandviertel El Chaco (45–68 S, 3½ Std.) und fahren dann weiter Richtung Süden.

Cruz del Sur (☎056-53-6636; www.cruzdelsur.com.pe; Av Libertadores s/n, Ingreso El Chaco) Fährt vom komfortablen eigenen Terminal am Nordrand der Stadt ab und hat die meisten Verbindungen im Angebot (7.30, 12.30, 13.30, 15, 16 & 19.10 Uhr). Zudem verkehren Busse von Paracas nach Ica und Nazca (7.25, 10.30, 10.40, 11.10, 17.10 & 17.40 Uhr).

Oltursa (☎056-53-0726; www.oltursa.com.pe; Av Libertadores s/n) Schickt einmal täglich um 9.50 Uhr einen komfortablen Bus vom Büro an der Hauptstraße nach Lima. Zudem fährt um 10.15 Uhr ein Bus Richtung Süden nach Ica, Nazca und Arequipa.

Peru Bus (☎056-22-3687; www.perubus.com.pe; Av Libertadores s/n) Bietet die günstigsten täglichen Verbindungen nach Lima (10.25 & 16.40 Uhr).

Die meisten Reisebüros in El Chaco verkaufen Bustickets, darunter auch Paracas Explorer (S. 125).

Wer für weniger Geld nach Lima möchte, fährt nach Pisco und nimmt dort einen *colectivo* zum Cruce de Pisco, von wo aus alle fünf Minuten Busse die Hauptstadt bedienen. Von Paracas nach Pisco gelangt man per *combi* (2 S, 30 Min.) oder *colectivo* (3–5 S, 20 Min.). Beide Fahrzeugtypen halten an der Hauptstraße.

Zweimal täglich um 10 und 15 Uhr verkehren Direkt-Shuttles von Paracas nach Huacachina (20 S, 1¾ Std.). Gebucht werden können sie bei den meisten Hostels und Hotels.

ℹ Unterwegs vor Ort

Eine Alternative zu den geführten Touren offizieller Anbieter auf der Península de Paracas sind Taxifahrer, die zusätzlich als Guides fungieren. Oft warten sie in der Nähe des Bootsanlegers, wo Passagiere in Paracas' Strandviertel El Chaco an Land gehen. Für eine dreistündige Tour ins Reservat zahlen Gruppen zwischen 80 und 120 S.

Von El Chaco aus kann man auch laufen oder sich ein Fahrrad ausleihen, man muss jedoch genug Zeit einplanen sowie Verpflegung und viel Wasser im Gepäck haben. Los geht's an dem Obelisken, der an die Ankunft des Befreiers General José de San Martín erinnert, in der Nähe des Eingangs von El Chaco. Dann läuft man die Asphaltstraße Richtung Süden entlang.

Das Paracas Backpackers House (S. 125) verleiht Fahrräder für 30 S (ganzer Tag).

Ein Teil der Bootstouren zu den Islas Ballestas startet vom städtischen Anleger im Zentrum, die meisten Boote legen jedoch an der privaten Marina Turística de Paracas (S. 122) unmittelbar nördlich ab.

Ica

056 / 131 000 EW. / 420 M

Kaum fängt man an, sich an die ausgedörrte Marslandschaft zu gewöhnen, taucht vor einem plötzlich Ica auf, Perus landwirtschaftliches „Wüstenwunder". Hier werden riesige Spargelmengen, Baumwolle und Obst angebaut, und die Region beansprucht für sich, das führende (und beste) Weinbaugebiet des Landes zu sein. Wie Pisco trug auch Ica beim Erdbeben von 2007 schwere Schäden davon. Die elegante Kathedrale und zwei weitere Kirchen haben stark gelitten, werden aber in langwierigen Arbeiten renoviert.

Die meisten Besucher, die bis hierher kommen, quartieren sich im um Längen schöneren Huacachina 4 km weiter westlich ein, doch auch Ica hat etwas zu bieten: Der Ort beherbergt das beste Museum der Südküste (außerhalb von Arequipa) und das wohl beste Weingut Perus. Wem Nazca zu umtriebig ist, der kann ebenso gut von Ica aus einen Ausflug zu den Nazca-Linien organisieren – die Wüstenzeichnungen liegen anderthalb Stunden in südlicher Richtung.

Sehenswertes

Icas Hauptplatz wurde nach dem Erdbeben in schlichtem Senfgelb gestaltet, was zum Spitznamen der „Stadt der ewigen Sonne" passen soll. Die zwei gewundenen Obelisken im Zentrum symbolisieren die Nazca- und die Paracas-Kultur.

Die Straßen rund um die Plaza de Armas säumen eindrucksvolle Villen aus der spanischen Kolonialzeit, ansonsten beherrscht geschäftige Betriebsamkeit das Stadtbild.

Museo Regional de Ica MUSEUM
(Ayabaca cuadra 8; 7,50 S; Mo–Fr 8–19, Sa & So 8.30–18.30 Uhr) Im Vorstadtviertel San Isidro zieht Ica einen besonderen Trumpf aus dem Ärmel: ein Museum, das eigentlich auch in eine dreimal so große Stadt passen würde. Zwar ist es in puncto Einrichtung und Design nicht gerade das Smithsonian Museum, doch dafür beherbergt das dezente Juwel Ausstellungen zu den beiden wichtigsten Zivilisationen der Prä-Inka-Zeit an der Südküste Perus: zu den Paracas und den Nazca. Erstere sind für ihre feinen Stoffe bekannt, Letztere für ihre Keramikarbeiten. Wer in die Frühgeschichte der Region eintauchen möchte, sollte hier mit den unzähligen vor Ort zutage geförderten Artefakten beginnen.

Leider haben die berühmten Reichtümer des Museums auch Diebe angezogen: 2004 wurde das Gebäude ausgeraubt; dabei wurden drei unbezahlbare Stoffe entwendet.

Das Museum liegt 2,5 km südwestlich des Stadtzentrums. Man nimmt besser ein Taxi von der Plaza de Armas (5 S) statt zu laufen, da die Gegend nicht sehr sicher ist.

Iglesia de La Merced KIRCHE
(Ecke Bolívar & Libertad) Icas Kathedrale war die letzte Kirche, die die Jesuiten vor ihrer Vertreibung in Peru errichteten. Sie wurde im späten 19. Jh. wieder aufgebaut und birgt einen geschnitzten Holzaltar. Beim Erdbeben 2007 stürzten der Turm und Teile des Dachs ein. Zum Zeitpunkt unserer Recherche, mehr als zehn Jahre später, war die Kirche noch immer in desolatem Zustand und für Besucher geschlossen.

Iglesia de San Francisco KIRCHE
(Ecke Municipalidad & San Martín) Die große Iglesia de San Francisco mit ihren hübschen Buntglasfenstern hat das Erdbeben im Jahr 2007 unbeschadet überstanden.

Aktivitäten

Weingüter

Ica ist die größte und meistgeschätzte Weinbauregion Perus. Dennoch werden die der Wüste trotzenden Weinberge kaum Ströme von wohlhabenden europäischen Weinliebhabern anlocken. Der entscheidende Nachteil des Weins ist seine Süße. Sogar Perus *semi seco* (halbtrockene) Weine sind nach den gängigen Maßstäben süß. Nichtsdestotrotz stellen die Führungen durch die Weinberge eine interessante Ablenkung dar. Die meisten beinhalten kostenlose Weinproben. Das ganze Jahr über stehen die *bodegas* (Weingüter) Besuchern offen, doch als beste Zeit gilt die Traubenernte von Ende Februar bis Anfang April.

Ica

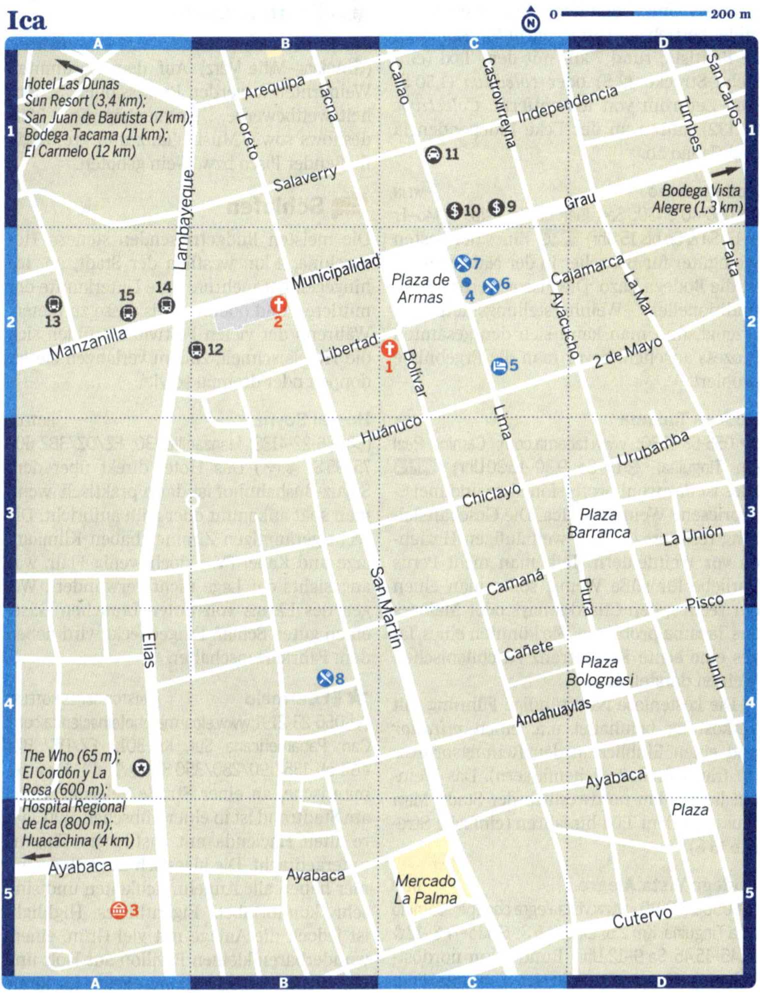

Ica

Sehenswertes
1 Iglesia de La Merced C2
2 Iglesia de San Francisco B2
3 Museo Regional de Ica A5

Aktivitäten, Kurse & Touren
4 Desert Travel C2

Schlafen
Hostal Soyuz .... (siehe 15)
5 Hotel Sol de Ica C2

Essen
6 Helena C2
7 Plaza 125 .... C2
8 Restaurant Venezia B4

Praktisches
9 Banco de la Nacion C1
10 BCP C1

Transport
11 Colectivos nach San Juan de Bautista .. C1
12 Combis & Colectivos nach Pisco/Nazca B2
13 Cruz del Sur A2
14 Flores A2
15 Soyuz/PerúBus A2

In der Umgebung liegen verschiedene familienbetriebene Güter, darunter San Juan de Bautista, rund 7 km mit dem Taxi (einfache Strecke 12 S) oder *colectivo* (1,50 S) vom Zentrum von Ica entfernt. *Colectivos* (S. 132) fahren an der Ecke Independencia und Callao ab.

Bodega Lazo WEIN
(☎056-40-3430; San Juan de Bautista; ⏰Mo–Fr 9–13, Sa & So bis 15 Uhr) GRATIS Eines der besten Weingüter für Besucher in der Nähe von Ica ist die Bodega Lazo. Die Piscos werden nach traditionellen Weinherstellungsmethoden erzeugt, und man kann sich den gesamten Prozess ansehen, bevor man die Ergebnisse probiert.

Bodega Tacama WEIN
(☎056-58-1030; www.tacama.com; Camino Real s/n, Tinguiña; ⏰Di–So 9.30–16.30 Uhr) GRATIS Dies ist das wohl professionellste und meistgepriesene Weingut in Ica. Die Geschäftsleitung residiert in einer weitläufigen Hazienda vor Weinfeldern. Teilt man nicht Perus Vorliebe für süße Weine, sollte man einen der recht guten Chardonnays oder Malbecs aus Tacama probieren. Sie könnten eines Tages eine echte Konkurrenz zu chilenischen Weinen darstellen.

Die kostenlose halbstündige Führung mit Verkostung beinhaltet u.a. einen *mirador* und einen Einblick in den Reifungsprozess (in französischen Eichenfässern). Das Weingut liegt 11 km nordwestlich der Stadt. Man muss mit dem Taxi hinfahren (einfache Strecke 15 S).

Bodega Vista Alegre WEIN
(☎056-23-2919; www.vistaalegre.com.pe; Camino a La Tinguiña, Km 2,5; Eintritt 5 S; ⏰Mo–Fr 8–12 & 13.45–15.45, Sa 9–12 Uhr) Rund 3 km nordöstlich von Ica im Distrikt La Tinguiña liegt das am einfachsten zugängliche der großen kommerziellen Weingüter (Taxi einfache Strecke 8 S). Hier geht es gewinnorientierter und weniger traditionell zu als in einigen der kleinen Weingüter in der Stadt.

Geführte Touren

Desert Travel GEFÜHRTE TOUREN
(☎056-22-7215; desert_travel@hotmail.com; Lima 171; ⏰9–21 Uhr) Der verlässliche Veranstalter Desert Travel organisiert Stadtführungen (20 S, 4 Std.), Strandbuggyfahrten in Huacachina (35 S) und Ausflüge in die Reserva Nacional de Paracas und zu den Islas Ballestas (50–60 S).

Feste & Events

Fiesta de la Vendimia ERNTEFEST
(⏰Anfang–Mitte März) Auf dem berühmten Weinerntefest werden Prozessionen, Schönheitswettbewerbe, Hahnenkämpfe, Pferdeshows sowie Musik, Tanz und großzügig fließender Pisco bzw. Wein geboten.

Schlafen

Die meisten Budgetreisenden steuern Huacachina, 4 km westlich der Stadt, an, Ica hingegen hat mehrere gute Unterkünfte der mittleren und oberen Preisklasse zu bieten. Während der vielen Festivitäten füllen sich die Hotels schnell, zudem verlangen sie oft doppelt oder dreimal so viel.

Hostal Soyuz HOTEL $
(☎056-22-4138; Manzanilla 130; EZ/DZ/3BZ 60/75/95 S; ❄📶) Das Hotel direkt über dem Soyuz-Busbahnhof ist dann praktisch, wenn man spät ankommt oder früh aufbricht. Die recht geräumigen Zimmer haben Klimaanlage und Kabel-TV, jedoch wenig Flair, was angesichts der Lage nicht verwundert. Wegen des Lärms von unten brauchen Gäste einen guten Schlaf. Eingecheckt wird neben dem Fahrkartenschalter.

★ **El Carmelo** HISTORISCHES HOTEL $$
(☎056-23-2191; www.elcarmelohotelhacienda.com; Carr Panamericana Sur, Km 301; EZ/DZ/3BZ/4BZ ab 135/190/280/350 S; @📶🏊) Das romantische, an einer Straße gelegene Hotel am Stadtrand ist in einer hübschen, 200 Jahre alten Hacienda mit rustikalem Charme untergebracht. Die klassisch eleganten Zimmer haben alle Annehmlichkeiten und sind sehr komfortabel. Eigentliches Highlight ist jedoch die Anlage mit viel Grün, einem wunderbaren kleinen Pavillon aus Holz und Bambus und einem offenen Feuer für kühle Wüstenabende.

Zum Gelände gehören ein gutes Restaurant und ein Weingut. Vom Zentrum fahren Taxis hierher (5 S).

Hotel Sol de Ica HOTEL $$
(☎056-23-6168; www.hotelsoldeica.com; Lima 265; EZ/DZ/3BZ inkl. Frühstücksbüfett 199/249/299 S; @📶🏊) Das fünfstöckige zentrale Hotel versteckt sich am Ende eines langen, dunklen Durchgangs hinter der Rezeption und bietet mehr, als es auf den ersten Blick verspricht. Die recht kleinen Zimmer sind mit Naturholzelementen sowie Vorhängen und Bettwäsche in sanftem Beige ausgestattet, echte Schönheiten sind sie allerdings

nicht. Für oasengleiche Entspannung abseits des Trubels vor der Tür sorgen dafür jedoch der große Garten und der Pool.

Im Preis inbegriffen ist ein gutes Frühstücksbüfett. Wer warmes Wasser möchte, muss es erst 20 Minuten laufen lassen – mitten in der Wüste eine echte Verschwendung!

Hotel Las Dunas Sun Resort RESORT $$$
(☎056-25-6224; www.lasdunashotel.com; Av La Angostura 400, Panamericana Sur, Km 300; Zi. ab 502 S; P ❄ @ ☜ ≋) Das weitläufige Resort beherbergt das mit Abstand luxuriöseste Hotel der Stadt und umfasst einen Pool, eine Sauna, Tennisplätze, einen Minigolfplatz, ein Geschäftszentrum, Restaurants und Bars. Die Servicequalität schwankt jedoch.

Der Komplex befindet sich ein kurze Fahrt nördlich des Zentrums.

Essen

Im Zentrum gibt es zahlreiche einfache Cafés. Viele gehobenere Restaurants findet man hingegen in den Vororten Icas.

Diverse Läden in den Straßen östlich der Plaza verkaufen *tejas* (karamellumhüllte Süßigkeiten, u. a. mit Frucht- oder Nussaroma).

Helena PERUANISCH $
(☎056-22-1844; www.helena.pe; Cajamarca 139; Süßwaren 4 S; ⊙9.30–20 Uhr) Einen halben Block vom Platz entfernt verkauft dieser Laden landesweit bekannte Schokoladen und traditionelle Süßigkeiten. Lecker sind die *tejas*. Wer möchte, kann die Fabrik im Süden der Stadt besuchen und durch ein Fenster bei der Schokoladenherstellung zugucken.

El Cordón y La Rosa PERUANISCH $$
(☎056-21-8012; Los Maestros, Frente Hotel Real; Hauptgerichte 35–55 S; ⊙11–23, So bis 19 Uhr) Das moderne peruanische Bistro lohnt die kurze Taxifahrt vom Zentrum und ist auf Fisch und Meeresfrüchte spezialisiert. Darüber hinaus hat es ein vielfältiges Speiseangebot und ist sehr beliebt, deswegen hat man an den Tischen wenig Platz. Die makellose offene Küche mit uniformierten Köchen mit Headsets, die in Windeseile neue Gerichte zaubern, ist fernsehtauglich.

Restaurant Venezia ITALIENISCH $$
(Los Manzanos 146, San Isidro; Hauptgerichte 18–32 S; ⊙12–22 Uhr) Das beliebte, familienbetriebene italienische Restaurant hat einen neuen Standort gegenüber einem kleinen Vorstadtpark, einen kurzen Fußmarsch von der Plaza de Armas entfernt, und ist eine gute Adresse, wenn man Abwechslung von *ceviche* und Co. sucht. Im Gegensatz zu vielen anderen Pastalokalen der Gegend versucht dieses, authentische italienische Aromen auf den Tisch zu bringen.

Plaza 125 PERUANISCH $$
(Lima 125; Hauptgerichte 17–34 S, menú 14–16 S) Für einen Boxenstopp am Hauptplatz mit rustikalem *lomo saltado* (Pfannengericht mit Rindfleischstreifen, Zwiebeln, Tomaten, Kartoffeln und Chili) oder Hähnchenfilet ist dieses Lokal eine gute Adresse. Es ist enorm beliebt bei Einheimischen unter Zeitdruck und serviert ein preiswertes Mittagsmenü.

Auch die Frühstücksangebote sind keine schlechte Wahl – wir empfehlen das einfache *pan con palta* (Brötchen mit Avocado) mit frisch gepresstem Orangensaft.

Ausgehen & Nachtleben

Wenn nicht gerade ein Fest gefeiert wird, ist in Ica nicht viel los. Sucht man touristisch geprägtes Nachtleben, lockt eher das nahe Huacachina. An Icas Plaza de Armas gibt es einige Probierstuben für Wein und Pisco, während südlich der Plaza in der Lima Bars und Clubs mit Livemusik, DJs und Tanzflächen locken – allerdings geht's hier ruppig zu. Icas angesagteste Late-Night-Disco **The Who** (☎056-62-1126; Pacaes s/n; Eintritt 10 S; ⊙Fr–Sa 10.30–19 Uhr) liegt 3 km südwestlich der Plaza; die Taxifahrt dorthin kostet 6 S.

Praktische Informationen

GEFAHREN & ÄRGERNISSE

In Ica werden gelegentlich Taschendiebstähle gemeldet, deshalb sollte man die üblichen Vorsichtsmaßnahmen ergreifen, vor allem rund um die Busbahnhöfe und Marktgegenden.

GELD

Banco de la Nación (Grau 161) Gebührenfreier Geldautomat.

BCP (Plaza de Armas) Geldautomaten für Visa/MasterCard; wechselt US-Dollar.

MEDIZINISCHE VERSORGUNG

Hospital Regional de Ica (☎056-23-4798; www.hrica.gob.pe; Prolongación Ayabaca s/n; ⊙24 Std.) Für Notfälle.

NOTFALL

Policía (☎056-23-5421; Elias, Cuadra 5; ⊙24 Std.) Am Stadtrand.

An- & Weiterreise

Ica ist ein wichtiger Verkehrsknotenpunkt entlang der Panamericana Sur und gut von

Lima oder Nazca aus zu erreichen. Die meisten Busunternehmen haben ihren Sitz in einer sehr gefährlichen Gegend am westlichen Ende der Salaverry sowie in der Manzanilla westlich von Lambayeque.

Soyuz (☎056-22-4138; www.soyuzonline.com.pe; Manzanilla 130) Busse dieses Unternehmens, das auch Peru Bus genannt wird, verkehren alle 15 Minuten über Chincha und Cañete nach Lima sowie regelmäßig Richtung Süden über Palpa nach Nazca. Bei Soyuz sollte man seine Habseligkeiten gut im Auge behalten, da oft Taschendiebstähle gemeldet werden, besonders wenn Fahrgäste ein- oder aussteigen.

Flores (☎056-21-2266; Manzanilla 152) Schickt günstige Busse nach Lima und bedient Nazca. Busse mit Ziele im Süden fahren von einem anderen Terminal ab, einen Block entfernt.

Cruz del Sur (☎0-801-11111; www.cruzdelsur.com.pe; Fray Ramon Rojas 189) Bietet komfortablere Verbindungen Richtung Norden und Süden.

Schnellere, jedoch etwas teurere und weniger sichere **colectivos** und *combis* starten, sobald sie voll besetzt sind, in der Nähe der Kreuzung Lambayeque/Municipalidad in Ica Richtung Pisco und Nazca.

Einige kleinere Anbieter haben manchmal Ziele im zentralen Hochland im Programm, z. B. Ayacucho und Huancavelica.

Taxifahrten nach Huacachina kosten 8 S. **Colectivos** nach San Juan de Bautista fahren an der Ecke Independencia/Callao ab.

Busse ab Ica

ZIEL	PREIS (S)	DAUER (STD.)
Arequipa	75–160	12
Cusco	140–165	14
Cañete	8	3
Chincha	6	2
Lima	25–41	4½
Nazca	30	2½
Pisco	5–15	1½–2

Huacachina

☎056 / 200 EW.

Man stelle sich vor, um 18 Uhr abends auf einer riesigen, vom Wind geformten Sanddüne zu sitzen und die Sonne gleißend über einer Landschaft aus goldgelben und rostroten Farbtönen untergehen zu sehen. Auf die 200 m tiefer gelegene verträumte Wüstenlagune zu schauen, die von exotischen Palmen gesäumt und mit rustikalen, aber eleganten Hotels gesprenkelt ist. In 20 anstrengenden Minuten hier heraufgekraxelt zu sein und gleich mit einem gut gewachsten Sandboard unterm Bauch in weniger als einer Minute wieder hinabzusausen …

Auch wenn Huacachina nicht so bekannt ist wie das südlicher gelegene Nazca, bildet diese wunderschöne Oase 4 km westlich von Ica zu Recht eine feste Anlaufstelle auf Südperus ausgetretenem „Gringo-Trail". Sandboarden, Fahrten mit dem Strandbuggy und Faulenzen stehen hier auf der Tagesordnung. Huacachina ist Backpacker-Land – man kann sich also auf lange Partynächte und internationales Flair freuen. Viele Leute kommen nur für eine Übernachtung und eine Dünentour am darauf folgenden Tag hierher. Ein etwas längerer Aufenthalt voller entspannter Spaziergänge und Dünenwanderungen in der Region könnte aber durchaus dazu beitragen, das innere Chi wieder ins Gleichgewicht zu bringen.

Sandboarding

Für 5 bis 8 S pro Stunde kann man überall Sandboards mieten, um mit ihnen die Dünen hinabzurutschen oder zu surfen und dabei Sand in so ziemlich jede Körperöffnung zu bekommen. Snowboard-Standards sollte man nicht erwarten. Es gibt weder Schleppseile noch Sessellifte. Für 45 Sekunden Adrenalinrausch muss man vorher die Sanddünen hinaufkraxeln. Beim Verleih unbedingt Wachs mitgeben lassen (meist in Form einer alten Kerze), denn ohne regelmäßiges Wachsen sind die Bretter bald nutzlos! Man sollte an einem kleineren Hang anfangen und sich nicht in falscher Sicherheit wiegen – schon oft wurden Sandboarder schwer verletzt, weil sie die Kontrolle über ihre Bretter verloren. Die meisten Fahrer meistern die Pisten auf dem Bauch liegend und bremsen mit nach hinten ausgestreckten Beinen. Unbedingt den Mund zulassen!

Strandbuggys

Viele Hotels organisieren abenteuerliche Fahrten mit *areneros* (Strandbuggys). Los geht's morgens (gegen 8 Uhr) und spätnachmittags (ca. 16 Uhr), sodass man nicht in der prallen Sonne unterwegs ist. Mit den Buggys geht es auf sanft abfallende Hänge, die man per Sandboard hinuntergleiten kann. Unten holen einen die Buggys wieder ab.

Mitte 2018 kam es zu einem tragischen Unfall, verursacht durch einen unerfahrenen Fahrer. Zwei Urlauber starben, einige weitere wurden verletzt. Bis die Untersuchungen abgeschlossen sind, sind die Fahrten ausgesetzt.

Wahrscheinlich werden Buggyfahrten in Zukunft wieder angeboten, da sie ein wichtiger Wirtschaftsfaktor sind. Es bleibt jedoch abzuwarten, ob die Behörden ernst zu nehmende Maßnahmen unternehmen, um den Markt zu regulieren und unseriösen Anbietern einen Riegel vorzuschieben.

Interessierte sollte sich umhören, bevor sie sich für einen Veranstalter entscheiden. Kameras können durch den Sand beschädigt werden – gut darauf aufpassen!

In der Regel kosten die Touren 45 S pro Person, doch man sollte sich vorab erkundigen, ob auch der Sandboardverleih inbegriffen ist und wie lange man fahren darf. Beim Betreten der Dünen muss eine Gebühr von 4 S gezahlt werden, die im Ausflugspreis nicht enthalten ist (dies gilt nicht, wenn man zu Fuß unterwegs ist).

Wie auch in vielen anderen Teilen Perus ist auch hier der Müll ein Problem. Es sollte selbstverständlich sein, den eigenen Abfall wieder mitzunehmen, wenn man in der schönen Sandlandschaft unterwegs ist.

Schwimmen & Bootfahren

Angeblich hat das trübe Wasser heilende Wirkung – Gott sei dank, denn wer sich hineinwagt, hat gute Chancen auf eine fiese Ohrenentzündung! Einladender sind die Hotelpools, von denen es ein halbes Dutzend gibt.

An einigen Stellen der Lagune können Ruder- und Tretboote für 12 S pro Stunde ausgeliehen werden.

Geführte Touren

Fast alle Hotels organisieren Fahrten mit Strandbuggys, ein paar weitere außerdem Ausflüge nach Paracas, zu den Islas Ballestras und nach Nazca. Ein verlässlicher Anbieter ist **Pelican Travel & Service** (☎956-385-300; www.pelicanperu.com; Av Perotti s/n; ⏲10–18.30 Uhr) mit einem Büro an der Avenida Perotti und einem weiteren in Ica.

Schlafen

Im Grunde ist Huacachina eine Ansammlung von Hotels und Hostels, entsprechend groß ist die Auswahl. Der Ort ist beliebt, deswegen sollte man vorab reservieren.

Hospedaje Mayo HOSTEL $

(☎056-22-9003; hospedajemayo@gmail.com; Av Huacachina s/n; B/EZ/DZ/3BZ 20/35/70/105 S;) Das ehemalige Gästehaus mit Blick auf die südlichen Dünen verfügt über saubere, gepflegte Zimmer mit Bettdecken in fröhlichem Blau und Orange. Im Schlafsaal haben zehn Gäste Platz, allerdings kann es dort trotz Deckenventilator furchtbar heiß werden. Hinterm Haus gibt es einen winzigen Pool und einen Kickertisch.

★ **Banana's Adventure** HOSTEL $$

(☎056-23-7129; bananasadventure@hotmail.com; Perotti s/n; Zi. inkl. Frühstück & Ausflug 75–110 S/ Pers.;) An der Nordseits der Lagune befindet sich diese lässige Herberge, die lediglich Pauschalpakete anbietet. Dazu gehören ein Zimmer für die Nacht – zur Auswahl stehen Vierbettzimmer mit superharten Matratzen oder elegante Privatzimmer mit Rundumverglasung und modernen Elementen – sowie eine Strandbuggy- und Sandboardingtour am nächsten Tag.

Nicht gefallen hat uns, dass man die Tour mitbuchen *muss*. Mit seinen riesigen Fenstern, der fröhlichen Bar und dem kleinen Pool ist das Banana's aber dennoch eine der besten Budgetunterkünfte der Region.

Hostería Suiza HOTEL $$

(☎056-23-8762; www.hosteriasuiza.com.pe; Balneario de Huacachina; EZ/DZ/3BZ inkl. Frühstück 152/249/309 S;) Das formelle Hotel am Nordwestende der Lagune bietet Ruhe und eines der besten Preis-Leistungs-Verhältnisse in Huacachina sowie Zimmer mit hohen Decken im maurischen Hacienda-Stil. Die Quartiere mit Blick auf den Garten und Poolbereich mit strukturierten grünen Bettdecken und frisch renovierten, modernen Bädern sind die beste Wahl.

Ruhige Jazz- und Bossanova-Musik sorgt für zusätzliche Entspannung.

Desert Nights HOSTEL $$

(☎056-22-8458; www.huacachinaperu.pe; Balneario de Huacachina s/n; B 25 S, Zi. mit/ohne Bad 90/120 S; ⏲8–22 Uhr) Huacachinas HI-Hostel mag nicht so atmosphärisch sein wie manch ein Konkurrent in der Stadt, dafür ist es sauber und bietet erstklassige Anlagen. Es gibt eine Gästeküche, die man vielleicht jedoch gar nicht braucht, da eines der besten Restaurants vor Ort direkt gegenüber liegt.

Hostal Curasi HOTEL $$

(☎056-21-6989; www.huacachinacurasi.com; Balneario de Huacachina; EZ/DZ/4BZ inkl. Frühstück 140/180/210 S;) Mitten im Trubel beim Hauptzugang zur Lagune bietet die motelähnliche Unterkunft einen Garten mit Pool, der an der heißen Südküste für Erfrischung sorgt. Die Zimmer sind mit ozeanblauen Bettdecken und superkitschigen Ölgemälden ausgestattet.

El Huacachinero Hotel HOTEL $$$
(☎056-21-7435; www.elhuacachinero.com; Av Perotti; EZ/DZ inkl. Frühstück 175/280 S; ❄📶🏊) Das kürzlich modernisierte Huacachinero bietet das (mit Abstand) beste Restaurant in der Oase, einen erholsamen Poolbereich (ohne laute Musik) und direkten Zugang zu den Dünen durch ein Tor. Man muss allerdings bereit sein, eine Steigung von 45 Grad bergauf zu klettern, um einen traumhaften Sonnenuntergang zu erleben. Die angenehm rustikalen Zimmer haben sehr gemütliche Betten und Bambuselemente.

Hotel Mossone HISTORISCHES HOTEL $$$
(☎016-14-3900; www.dematourshoteles.com; Balneario de Huacachina; DZ/3BZ/4BZ 378/478/511 S; ❄@📶🏊) Dies ist Huacachinas ältestes Hotel. Der atmosphärische zentrale Hof mit angeschlagenen Pflastersteinen und einer Voliere aus Maschendraht weckt Assoziationen an Fidel Castros Kuba der Vergangenheit. Die Zimmer sind riesig, aber leider ziemlich vernachlässigt und schwach beleuchtet. Gäste können mit kostenlosen Leihrädern die Gegend erkunden.

Essen

Desert Nights INTERNATIONAL $
(Blvd de Huacachina; Hauptgerichte 15–25 S; 📶) Die Speisekarte könnte direkt aus einem typischen Touriort auf der Bananenpfannkuchen-Route stammen, dafür bietet das Café-Restaurant jedoch fantastische Ausblicke von der Dachterrasse und sehr gute Chancen, mit Mitreisenden in Kontakt zu kommen.

Neben exzellentem peruanischem Kaffee werden Erdnussbutter- und Schinkensandwiches, Burger, Pizza und Brownies serviert.

Nuna Cocina Bar PERUANISCH $$
(☎954-776-625; Balneario de Huacachina; Hauptgerichte 20–35 S; ⏲12–22 Uhr) Gegen Ende des Boulevards auf der anderen Seite der Oase kredenzt diese entspannte kleine Bar auf einer hübschen Veranda anständige peruanische Küche und eine große Auswahl von Cocktails.

Ausgehen & Nachtleben

Bars und Diskos in Huacachina gehören in der Regel zu den diversen Hotels, und ihre Klientel kommt größtenteils aus dem Ausland. Berühmt-berüchtigt ist die wilde **Casa de Arena** (Av Perotti s/n; ⏲Fr–Sa 22–6 Uhr), in der es Partygänger aus Ica so richtig krachen lassen.

Praktische Informationen

GEFAHREN & ÄRGERNISSE

Huacachina ist zwar sicherer als Ica, aber auch hier sollte man ein wachsames Auge auf seine Habseligkeiten haben. Einige Pensionen haben den Ruf, Reisende übers Ohr zu hauen. Außerdem werden dort gelegentlich junge Frauen sexuell belästigt. Deshalb sollten Reisende ihre Unterkunft sorgfältig auswählen. Die vielen kleinen Geschäfte rings um die Lagune bieten zwar jede Menge Souvenirs an, aber Dinge des täglichen Bedarfs sind oft ausverkauft, also bringt man besser alles mit, was man braucht.

An- & Weiterreise

Nach Huacachina kommt man von Ica aus nur per Taxi (einfach 8–10 S).

Nazca & Umgebung

☎056 / 26700 EW. / 590 M

Mit „Nazca-Linien" sind nicht nur die uralten geometrischen Muster in der Nazca-Wüste gemeint, sondern auch die rätselhaften Tierfiguren dazwischen. Wie alle großen ungelösten Rätsel haben auch diese prächtigen Zeichnungen in der Pampa, die aus der Prä-Inka-Zeit (450–600 n. Chr.) stammen sollen, eine große, breit gefächerte Fangemeinde aus Archäologen, Wissenschaftlern, Geschichtsbegeisterten, New-Age-Mystikern, neugierigen Touristen und Peru-Pilgern auf dem Weg von oder nach Machu Picchu. Bis heute ist ungeklärt, wie und von wem sie angelegt wurden, und die Antworten sind oft ebenso wild-spekulativ wie wissenschaftlich. Aliens? Prähistorische Ballonfahrer? Erstmalig dokumentiert vom nordamerikanischen Wissenschaftler Paul Kosok im Jahr 1939, wurden die Linien 1994 zum UNESCO-Welterbe erklärt. Heute sind sie die größte Sehenswürdigkeit an der Südküste, was der kleinen und ansonsten unbedeutenden Wüstenstadt Nazca viel Rummel beschert.

Sehenswertes

Die berühmtesten Linien befinden sich 20 km nördlich von Nazca in der Wüste. Am besten kommen sie aus der Vogelperspektive bei einem *sobrevuelo* (Rundflug) zur Geltung. Ein 30-minütiger Standardflug zu zwölf der Figuren kostet in der Regel rund 90 US$, je nach Nachfrage jedoch auch mehr oder weniger. Es werden auch längere Flüge angeboten, die zu mehr Linien und anderen archäologischen Stätten wie den Cantalloc-Aquädukten führen.

Nazca

Nazca

Aktivitäten, Kurse & Touren

1 Aeroparacas B2
Alas Peruanas .... (siehe 6)
Alegría Tours .... (siehe 6)
Kunan Tours .... (siehe 9)

Schlafen

2 Casa Andina D2
3 DM Hoteles Nazca B2
4 Hospedaje Yemayá C1
5 Hostal Nasca D2
6 Hotel Alegría B2
7 Hotel La Encantada C1
8 Hotel Oro Viejo C1
9 Kunan Wasi Hotel D1

Essen

10 El Portón C2
11 La Encantada Cafe C2
12 La Estación Plaza Mayor D2
13 La Kasa Rustika D2
14 La Taberna C2
15 Mamashana C2
16 Rico Pollo B2

Praktisches

17 Banco de la Nacion D2
18 BCP D2
19 Hospital de Apoyo Nasca C1

Transport

20 Civa B2
21 Cruz del Sur B2
22 Flores A2
23 Soyuz B2

In der Hauptsaison ist es ratsam, die Flüge (online oder übers Reisebüro) im Voraus zu reservieren, da sie oft ausgebucht sind. Sonst kann man direkt am Flughafen buchen.

Nazca-Linien & Umgebung

Nazca-Linien RUINE

Verteilt auf unglaublichen 500 km^2 trockener, steiniger Ebene in der Pampa Colorada, bilden die Nazca-Linien eines der weltweit größten Rätsel der Archäologie. Die über 800 geraden Linien, 300 geometrischen Figuren (Geoglyphen) und etwa 70 spektakulären Tier- und Pflanzenzeichnungen (Biomorphen) auf relativ kleiner Fläche sind am Boden kaum zu sehen. Erst aus der Luft betrachtet, bilden sie ein eindrucksvolles Geflecht aus riesigen stilisierten Figuren und Kanälen, viele mit einer zentralen Achse.

Die Figuren bestehen vorwiegend aus einzelnen durchgezogenen Linien, während die Geoglyphen perfekte Dreiecke, Rechtecke oder Linien bilden, die sich kilometerweit durch die Wüste ziehen.

Um sie zu erzeugen, hat man von der Sonne dunkel gefärbte Steine vom Wüstenboden an beiden Seiten der Linie gestapelt. Dazwischen ist der hellere, gipshaltige Boden zu sehen. Am kunstvollsten sind die Tiermotive, darunter eine 180 m lange Eidechse, ein Affe mit einem geringelten Schwanz und ein Kondor mit einer Flügelspannweite von 130 m. Außerdem erkennt man einen Kolibri, eine Spinne und eine faszinierende eulengesichtige Figur. Weil ihr Kopf wie ein Goldfischglas wirkt, wird sie auch Astronaut genannt, manche halten sie für einen Priester mit einem mystischen Eulenkopf.

Zahlreiche Fragen blieben bisher unbeantwortet: Wer zog die Linien und warum? Wie wussten die Konstrukteure, was sie darstellten, wenn man die Linien doch nur von oben sehen kann? Maria Reiche (1903–1998), eine deutsche Mathematikerin, erforschte die Linien lange Zeit. Sie stellte die These auf, diese seien zwischen 900 v.Chr. und 600 n.Chr. von den Paracas- und Nazca-Kulturen gezogen und später im 7. Jh. durch Wari-Siedler aus dem Hochland ergänzt worden. Laut Reiche bildeten die Linien eine Art astronomischen Kalender für die Landwirtschaft, der mithilfe hoch entwickelter mathematischer Kenntnisse (und langer Seile) entworfen worden war. Doch die Zusammenhänge, die Reiche zwischen der Sonne, den Sternen und den Linien entdeckte, genügten nicht, um die Gelehrten zu überzeugen.

Später entwickelte der englische Dokumentarfilmer Tony Morrison die Hypothese, die Linien seien Wege zwischen *huacas* (Orten mit zeremonieller Bedeutung). Der Forscher Jim Woodman vertrat die etwas absurde Idee, die Nazca hätten gewusst, wie man Heißluftballons baut, und die Linien tatsächlich aus der Luft betrachtet. Und für den Schriftsteller George von Breunig stellten sie eine riesige Strecke für Läufer dar.

Eine etwas realistischere These des Anthropologen Johan Reinhard basiert auf der Bedeutung des Wassers in der sonnenverdorrten Wüste. Er nahm an, dass die Linien zur Anbetung der Berge sowie zu einem Fruchtbarkeits- und Wasserkult gehörten. Aktuelle Forschungsergebnisse der Schweizerisch-Liechtensteinischen Stiftung für archäologische Forschungen im Ausland (SLSA; www.slsa.ch) stimmen mit seiner Theorie zur Anbetung des Wassers überein. Ironie der Geschichte: Der Niedergang der Nazca-Kultur wurde laut SLSA nicht durch Trockenheit verursacht, sondern durch verheerende Regenfälle, eventuell in Folge des El-Niño-Phänomens.

Sicher ist nur eines: Als die Nazca begannen, ihre weitläufige Wüstenheimat in eine Künstlerleinwand zu verwandeln, lösten sie eine Debatte aus, die Archäologen auch künftig noch für Jahrzehnte, wenn nicht für Jahrhunderte beschäftigen wird.

Mirador AUSSICHTSPUNKT

(Eintritt 3 S; ⌚6–18 Uhr) Einen oberflächlichen Eindruck gewinnt man auf dem Aussichtspunkt an der Panamericana Sur, 20 km nördlich von Nazca. Er bietet einen schrägen Blick auf drei Figuren: eine Eidechse, einen Baum und Hände (oder einen Frosch, je nach Blickwinkel). Darüber hinaus erkennt man auch die Schäden: Die Panamericana Sur verläuft durch den Schwanz der Eidechse, der aus der Nähe praktisch zerstört scheint. Schilder mit Warnungen erinnern daran, dass es streng verboten ist, die Linien zu betreten. Man kann vom Boden aus ohnehin nichts erkennen. Von Nazca erreicht man den Aussichtsturm mit allen Bussen oder *colectivos*, die auf der Panamericana Sur gen Norden verkehren (2 S, 30 Min.). Einige Touren (ab 50 S/Pers.) verbinden die Fahrt zum *mirador* mit Besuchen anderer natürlicher Aussichtspunkte und des Museo Maria Reiche. Rund 1 km südlich des künstlichen *mirador* liegt auf einem kleinen, knollenförmigen Hügel ein **Mirador Natural** (Eintritt frei). Von dort blickt man direkt auf die geometrischen Linien, die geschaffen wurden, indem man rötliche Kiesel aus der grauen Erde entfernte.

Museo Maria Reiche MUSEUM

(Eintritt 5 S; ⌚8.30–17.30 Uhr) Die deutsche Mathematikerin Maria Reiche erforschte über eine lange Zeit die Nazca-Linien. Als sie 1998 starb, wurde ihr Haus, 5 km nördlich des *mirador* an der Panamericana Sur, in ein kleines Museum umgewandelt. Es ist zwar wenig informativ, vermittelt jedoch einen Eindruck davon, wie sie lebte: zwischen Werkzeug und dubiosen Skizzen in Gesellschaft einer tätowierten Mumie.

Trotz der sengenden Sonne kann man vom *mirador* hierher laufen. Man muss allerdings eine schweißtreibende Stunde entlang der gut befahrenen und deswegen gefährlichen Schnellstraße wandern. Manchmal nehmen auch *colectivos* auf der Durchreise Fahrgäste mit (2 S). Auf dem Rückweg nach Nazca bittet man den Museumswärter darum, einen nach Süden verkehrenden Bus oder *colectivo* heranzuwinken. Ein Besuch des Museum kann auch in eine Tour zum nahe gelegenen *mirador* integriert werden.

Palpa-Linien ARCHÄOLOGISCHE STÄTTE

Wie Nazca ist auch Palpa von Geoglyphen umgeben. Die sogenannten Palpa-Linien stehen im Schatten der berühmteren, aber weniger zahlreichen Nazca-Linien im Süden. Sie zeigen mehr menschliche Formen, u.a. die Familia Real de Paracas, eine Gruppe von acht Figuren auf einem Hügel.

Die Linien sind auch vom Boden aus zu sehen, dafür sorgt ein *mirador* 8 km südlich von Palpa mit einer kleinen Museumshütte, in der sich englische und spanische Erläuterungen finden. Die beste Sicht hat man auf einem Kombi-Rundflug von Nazca aus.

Sehenswertes in der Stadt

Museo Didáctico Antonini MUSEUM

(☎056-52-3444; Av de la Cultura 600; 15 S, Kamera zzgl. 5 S; ⏲9–19 Uhr) Durch den Garten hinter dem hervorragenden archäologischen Museum im Osten der Stadt verläuft ein Aquädukt. Ausgestellt sind interessante Nachbildungen von Grabstätten, eine wertvolle Sammlung von Keramik-Panflöten und ein Modell der Nazca-Linien. Zudem bekommt man einen Überblick über die Nazca-Kultur und den Großteil ihrer Stätten. Die Exponate sind spanisch beschriftet, am Empfang kann man jedoch Übersetzungsbroschüren in mehreren Sprachen ausleihen. Zum Museum gelangt man, indem man der Bolognesi 1 km in östlicher Richtung aus der Stadt hinaus folgt oder ein Taxi nimmt (3 S).

Sehenswertes in der Umgebung

Sämtliche Sehenswürdigkeiten der Umgebung kann man von Nazca aus im Rahmen von Führungen besuchen. Alleinreisende oder Paare müssen unter Umständen einen oder zwei Tage warten, bis der Veranstalter genügend weitere Teilnehmer gefunden hat.

Aqueductos de Cantalloc ARCHÄOLOGISCHE STÄTTE

(Eintritt 10 S; ⏲9–18 Uhr) Etwa 4 km südöstlich der Stadt verlaufen die rund 30 unterirdischen Cantalloc-Aquädukte, von denen viele bis heute in Betrieb sind und die umliegenden Felder bewässern. Die eindrucksvollen Kanäle aus Stein und Holz mit spiralförmigen Zugängen wurden 200 bis 900 n. Chr. von den Nazca erbaut und gelten als eines der besten Beispiele für vorspanische Ingenieurskunst. Laut Einheimischen kann man das Wasser auch heute noch trinken.

Früher konnte man die Aquädukte durch *ventanas* (Fenster) betreten, die von Einheimischen genutzt werden, um die Kanäle einmal im Jahr zu reinigen, doch mittlerweile ist der Zutritt verboten. Man bewundert das ungewöhnliche Mauerwerk nun von außen.

Zu den Aquädukten kann man laufen, der Weg gilt jedoch nicht als sicher, deswegen sollte man keine Wertsachen bei sich tragen. Alternativ fahren Taxis für 4 bis 5 S hierher. Für die Rückfahrt muss man eventuell ein paar Minuten bis zur Cooperativa Cantayo laufen.

Der Eintritt ist im Boleto Turistica inbegriffen, das außerdem die Paredones-Ruinen in der Nähe (S. 137) und El Telar, einen Geoglyphen in Buena Fe, umfasst. Zweieinhalbstündige Touren von Nazca aus kosten etwa 30 S pro Nase und können mit Besuchen touristischer Gold- und Keramikwerkstätten kombiniert werden.

ABSTECHER

DER DÜNENRIESE

Da werden sämtliche Mitbewerber blass: Der **Cerro Blanco**, 14 km östlich von Nazca, ist die höchste Sanddüne Perus und eine der größten der Welt. Sie thront 2078 m über dem Meeresspiegel und misst eindrucksvolle 1176 m. Damit sticht die Düne den höchsten Berg Englands und vieler anderer Länder aus. Wer sich nicht schon im Sand von Huacachina die Unterwäsche ruiniert hat, hat hier beste Chancen.

Die hohe, steile Düne erkundet man am besten im Rahmen einer Tour von Nazca aus. Um die enorme Hitze zu meiden, geht's schon gegen 4 Uhr los. Der anstrengende Aufstieg bis zur Spitze der Düne (Buggys können diesen nicht bewältigen) dauert rund drei Stunden. Die Abstiegsdauer lässt sich hingegen in Minuten messen – teils düst man bis zu 800 m am Stück nach unten. Viele Agenturen in Nazca organisieren den Ausflug, darunter Kunan Tours.

Paredones-Ruinen RUINE

(Eintritt 10 S; ⏲9–18 Uhr) Über Arica am anderen Flussufer erreicht man die Paredones-Ruinen 2 km südöstlich der Stadt. Sie bestehen vornehmlich aus Lehmziegeln, nicht aus Stein, und sind deshalb in keinem guten Zustand. Rund 10 % der Anlage wurden allerdings rekonstruiert und vermitteln Einblicke, wie es hier einst aussah. Wegen ihrer beherrschenden Lage auf einem Hügel oberhalb der Stadt nutzten die Inka sie vermutlich als administratives Kontrollzentrum zwischen Bergen und Küste.

Der Eintritt gilt auch für die nahe gelegenen Cantalloc-Aquädukte (S. 137).

Chauchilla-Friedhof ARCHÄOLOGISCHE STÄTTE

(Eintritt 8 S; ⏲8–17.30 Uhr) Das beliebteste Ausflugsziel von Nazca aus ist dieser 28 km südlich der Stadt gelegene Friedhof mit seinen altertümlichen Knochen, Schädeln und Mumien, die bis zur Zeit der Ica-Chincha-Kultur (ca. 1000 n. Chr.) zurückreichen. Ursprünglich lagen die Mumien in der Wüste verstreut, wo sie Grabräuber zurückgelassen hatten. Heute sind sie sorgfältig in rund einem Dutzend Grabstätten untergebracht, dennoch stößt man abseits des beschilderten Pfads noch immer auf Fragmente von Kleidung, Keramik und einzelne Knochen.

Der Friedhof liegt am Ende einer 8 km Schotterpiste abseits der Schnellstraße. Organisierte Touren dauern drei Stunden und kosten 35 bis 120 S pro Person. Der Preis richtet sich danach, ob man noch andere Attraktionen besichtigen möchte.

Cahuachi RUINE

(⌚9–16 Uhr) GRATIS Eine staubige Straße führt nach Cahuachi, 25 km westlich von Nazca. Dabei handelt es sich um die wichtigste unter den bekannten Nazca-Stätten; derzeit wird hier noch gegraben. Zu sehen sind mehrere Pyramiden, ein Friedhof und ein rätselhafter Ort namens Estaquería, der eventuell der Mumifizierung diente. Geführte Touren ab Nazca dauern drei Stunden und kosten 50 bis 130 S pro Nase. Manchmal beinhalten sie einen Abstecher nach Pueblo Viejo, einer nahe gelegenen Wohnsiedlung aus der Zeit vor der Nazca-Kultur, oder Sandboarden in den nahe Dünen.

Die Anfahrt ist kompliziert – am besten eine Tour buchen! Wer auf eigene Faust anreisen will, zahlt für Hin- und Rückfahrt mit dem Taxi ab Nazca etwa 90 bis 100 S.

Reserva Nacional Pampas Galeras TIERSCHUTZRESERVAT

(☎056-52-2770; www.sernanp.gob.pe/pampa-galeras-barbara-d-achille; Lucanas) Das nationale Schutzgebiet für Vikunjas liegt hoch in den Bergen, 90 km östlich von Nazca an der Straße nach Cusco. Es gilt landesweit als bester Ort, um die scheuen Tiere zu beobachten. In dem Reservat leben rund 5000 von ihnen, die touristische Infrastruktur ist allerdings sehr beschränkt. Der Großteil des Geländes liegt in 4000 bis 4200 m Höhe, und die Temperaturen können auf bis –5 °C fallen. Entsprechende Kleidung einpacken!

Jedes Jahr im Juni treiben Hunderte Dorfbewohner die Vikunjas zum Scheren zusammen. Begleitet wird der *chaccu* (Zusammentrieb) von drei Festtagen mit traditionellen Zeremonien, Musik, Tanz und jeder Menge Alkohol. Ganztägige Touren ab Nazca ins Reservat kosten ab 110 S pro Person, wer jedoch die Natur richtig genießen möchte, bleibt eine Nacht. Am Besucherzentrum beginnen drei Rundwanderwege, und in dem Schutzgebiet gibt es einfache Unterkünfte. Vor Ort führen meist ansässige Biologiestudenten Besucher herum.

Geführte Touren

Die meisten Besucher unternehmen einen Rundflug über die Linien und ziehen dann weiter, dabei gibt es rund um Nazca noch mehr zu entdecken. Die vielen Touren lokaler Veranstalter beinhalten allerdings meist eine quälend lange Vorführung traditioneller Produktionstechniken in einer Keramikwerkstatt und/oder Goldwäscherei. Zudem wird hier ein Trinkgeld erwartet.

Die hiesigen Hotels werben sehr für ihre eigenen Touren, es lohnt sich jedoch, die Angebote in der Stadt zu vergleichen.

Kunan Tours GEFÜHRTE TOUREN

(☎056-52-4069; www.kunantours.com; Arica 419) Der breit aufgestellte Reiseveranstalter mit Sitz im Kunan Wasi Hotel (S. 139) organisiert sämtliche Nazca-Touren sowie Ausflüge zu den Islas Ballestas, nach Huacachina und Chincha.

Alegría Tours ABENTEUERTOUR

(☎056-52-2497; www.alegriatoursperu.com; Hotel Alegría, Lima 168; ⌚7–22 Uhr) Die große Agentur bietet alle Standard- und wie Extratouren in der Region sowie Sandboarding-Ausflüge an. Für Alleinreisende sind die Trips teuer, deshalb sollte man fragen, ob man sich einer Gruppe anschließen kann (natürlich zum entsprechenden Preis). Alegría vermittelt Führer, die Spanisch, Englisch, Französisch oder sogar Deutsch sprechen.

Schlafen

Obwohl Nazca eine bedeutende Rolle für den regionalen Tourismus spielt, ist die Hotelauswahl nicht die beste. Außerhalb der Hauptsaison (Mai–Aug.) fallen die Preise um bis zu 50 %.

Hospedaje Yemayá HOTEL $

(☎056-52-3146; luis.121262@gmail.com; Callao 578; EZ/DZ 45/60 S; @📶) Unermüdlich widmet sich die gastfreundliche Familie den vielen Rucksacktouristen, die hier vorbeikommen. Die kleinen, gepflegten Zimmer mit Warmwasserduschen und Kabel-TV verteilen sich auf mehrere Stockwerke. Eine Terrasse und ein günstiger Wäschereiservice machen das Haus zur besten Budgetoption hier.

INSIDERWISSEN

RUNDFLÜGE IM ÜBERBLICK

2010 gerieten die Nazca-Linien in die Schlagzeilen, als innerhalb von acht Monaten zwei Kleinflugzeuge mit Travellern an Bord auf *sobrevuelos* (Überflügen) abstürzten, wobei insgesamt 13 Personen ums Leben kamen. Zuvor waren 2008 bei einem ähnlich katastrophalen Unfall fünf französische Urlauber tödlich verunglückt, und 2009 musste ein Flugzeug auf der Panamericana Sur notlanden.

Nach verschiedenen Vorfällen hat sich einiges geändert. Alle Flugzeuge sind mit zwei Piloten besetzt, die Sicherheitsprüfungen sind strenger, und die Preise wurden angehoben, damit Anbieter nicht versucht sind, über schlecht gewartete Flugzeuge oder überbuchte Flüge Geld zu sparen.

Dennoch lohnt es sich nach wie vor, bei der Wahl des Unternehmens mehr Wert auf Sicherheit als auf den Preis zu legen. Verlangt ein Anbieter deutlich weniger Geld als die Konkurrenz, ist Skepsis angesagt. Zudem sollte man nicht zögern, nach Sicherheitsprotokollen und Flugbedingungen zu fragen. **Aeroparacas** (☎016-41-7000; www.aeroparacas.com; Lima 169) gehört zu den besseren Fluglinien. Weitere alteingesessene Anbieter sind z. B. **Aerodiana** (☎014-47-6824; www.aerodiana.com.pe; Aeropuerto Maria Reiche Neuman) und **Alas Peruanas** (☎056-52-2444; www.alasperuanas.com; Lima 168). Einige Länder warnen auf ihren Regierungs-Websites noch immer vor Rundflügen.

Wer sich für einen Flug entscheidet, sollte wissen, dass die Schräglage des Kleinflugzeugs in Kurven auf den Magen schlagen kann. Wird man schnell reisekrank, empfiehlt es sich, entsprechende Medikamente zu nehmen. In die Ferne zu blicken, kann auch helfen. Generell fliegt man am besten morgens, dann geht am wenigsten Wind.

Die meisten Fluglinien nutzen den **Aeroporto Maria Reiche Neuman** (NZC; ☎56-52-3731; Panamericana s/n), 4 km südwestlich von Nazca. Wer sich die lange Busfahrt nach Nazca ersparen möchte, kann auch in Pisco oder Ica losfliegen. In Nazca wird zusätzlich zum Preis für die Tour in der Regel noch eine Flugsteuer von 30 S fällig.

Hostal Nasca — HOTEL $

(☎056-52-2085; marionasca13@hotmail.com; Lima 438; EZ/DZ/3BZ 35/45/65 S; EZ/DZ ohne Bad 20/25 S; 📶) Extrem günstiges Hotel mit zuvorkommenden, älteren Besitzern. Die Zimmer im Kasernenstil sind minimal ausgestattet; einige haben eigene Bäder.

★ Hotel Oro Viejo — HOTEL $$

(☎056-52-2284; www.hoteloroviejo.net; Callao 483; EZ/DZ/3BZ/Suite inkl. Frühstücksbüfett 150/200/240/450 S; P❄@📶🏊) Das exzellente Mittelklassehotel mit weitläufigem Garten und glitzerndem Pool versprüht jede Menge orientalisches Flair. Gemeinschaftsbereiche und Lounge sind mit einzelnen landwirtschaftlichen Artefakten dekoriert, während die wohlduftenden Zimmer Komfort, Ruhe und Entspannung bieten. Die Quartiere im Erdgeschoss des älteren Gebäudes sind recht eng, deshalb sind die neueren im hinteren Bereich die bessere Wahl.

Kunan Wasi Hotel — HOTEL $$

(☎056-52-4069; www.kunanwasihotel.com; Arica 419; EZ/DZ/3BZ 70/90/120 S; @📶) Sehr sauber und sehr hell; jedes Zimmer folgt einem anderen Farbkonzept. Die sehr freundlichen Mitarbeiter sprechen Englisch, und es wird großen Wert auf Sauberkeit gelegt. Vor Ort werden Touren organisiert und im Dachgeschoss lockt eine wunderbare Terrasse. Tolles Gesamtpacket, erschwingliche Preise.

Hotel La Encantada — HOTEL $$

(☎056-52-2930; Callao 592; EZ/DZ/3BZ 105/140/160 S; @📶) Das recht moderne Hotel bietet eines der beste Preis-Leistungs-Verhältnisse im Zentrum und verfügt über zwei Etagen mit hellen, frisch gestrichenen Zimmern und eine hübsche Terrasse vorm Haus. Der Verkehrslärm kann stören.

Manchmal werden Rabatte gewährt.

Hotel Alegría — HOTEL $$

(☎056-52-2702; www.hotelalegria.net; Lima 168; EZ/DZ/3BZ inkl. Frühstück 148/199/231 S; ❄@📶🏊) Klassisches Hotel für Durchreisende mit Restaurant, gepflegter Anlage, Pool und kleinen, gefliesten Zimmer im Business-Stil. Keine schlechte Wahl, jedoch etwas teuer.

DM Hoteles Nazca — HOTEL $$$

(☎016-14-3900; www.dmhoteles.pe; Bolognesi 147; DZ/3BZ/Suite inkl. Frühstück 474/507/697 S; P❄@📶🏊) Das für seine Lage unglaublich ruhige, viel gepriesene Hotel liegt rund um einen großen Hof mit einem schönen Pool und einem Brunnen. Es lockt mit stilvollen, andalusisch anmutenden Fliesen, einem Planetarium (mit täglichen Vorführungen), einer gemütliche Lounge und tüchtigem, dabei jedoch nicht übereifrigem Personal.

Zur Auswahl stehen romantische Zimmer mit Gartenblick im Erdgeschoss oder modernere Räume im 2. Stock.

Casa Andina BOUTIQUEHOTEL **$$$**
(☎ 012-13-9718; www.casa-andina.com; Bolognesi 367; EZ/DZ inkl. Frühstücksbüfett 396/451 S; ❄@📶🏊) Das Casa Andina gehört zu einer peruanischen Kette und befindet sich zwischen den Bushaltestellen und der Plaza de Armas. Es ist mit modernen peruanischen Elementen wie Lampenschirmen aus Leder und gewebten Bettläufern ausgestattet und schafft damit solide Werte in der gehobenen Hotelkategorie. Der von Palmen umgebene Wohnhof und der angrenzende Poolbereich sind klein, aber sehr schön.

Essen

In der Bolognesi westlich der Plaza de Armas sind zahlreiche travellerfreundliche Pizzerias, Restaurants und Bars ansässig.

La Taberna PERUANISCH **$**
(Lima 321; Hauptgerichte 14–35 S, Menú 10–20 S; ⏱12–22 Uhr; 📝) Kritzeleien bedecken jeden Zentimeter Wand in dieser winzigen Taverne und zeugen von ihrer Beliebtheit. Zu empfehlen ist der würzige Fisch mit Sauce und gemischten Meeresfrüchten mit dem gewagten Namen *pescado a lo macho,* zudem gibt es verschiedene vegetarische Gerichte und günstige, täglich wechselnde Menüs.

Rico Pollo PERUANISCH **$**
(Lima 190; Hauptgerichte ab 16 S; ⏱11–23 Uhr) Mittags steuern zahlreiche Einheimische dieses sehr günstige, gut besuchte *polleria*-(Brathähnchen-)Lokal an, um sich leckeres Grillfleisch und natürlich Brathähnchen schmecken zu lassen. Eine sättigende Mahlzeit mit Hühnerbrust, Pommes und Gemüse gibt's für 16 S. Frisch gebackener Kuchen rundet das Angebot ab.

La Kasa Rustika PERUANISCH, INTERNATIONAL **$$**
(Bolgnesi 372; Hauptgerichte 18–40 S; ⏱7–23 Uhr) La Kasa Rustika, eines der besten Lokale der Straße, serviert auf einer einladenden, großen Terrasse eine breite Auswahl peruanischer und internationaler Gerichte, darunter Steaks, Meeresfrüchte, Pasta und Pizza. Die Portionen sind groß, die Preise angemessen, und der Service ist erstklassig.

Mamashana INTERNATIONAL **$$**
(☎ 056-21-1286; www.mamashana.com; Bolognesi 270; Hauptgerichte 20–35 S; ⏱10–23 Uhr; 📶) Vom oberen Stockwerk dieses Traveller-Favoriten hat man einen schönen Blick auf die Straße. Das Essen ist recht gut und auf ein internationales Publikum ausgerichtet. Es gibt Steaks, Fisch und Meeresfrüchte, aber auch Gerichte wie Pasta und hausgemachte Burger. Der mit Zuckerrohrschilf ausgekleidete Speiseraum und die freiliegenden Holzbalken sorgen für südamerikanisches Flair.

La Encantada Cafe INTERNATIONAL **$$**
(☎ 056-52-4216; Bolognesi 282; Hauptgerichte 20–60 S; ⏱10–22.30 Uhr) Die Topadresse auf dem „Boulevard" (Bolognesi) sticht aus Nazcas staubigem Zentrum mit hellen, modernen Essbereichen, tollem Kaffee und freundlichen Bedienungen heraus. Die umfassende Speiseauswahl mischt europäische Einflüsse (z. B. Pasta) mit peruanischen Klassikern.

El Portón PERUANISCH, INTERNATIONAL **$$**
(Ignacio Moreseky 120; Hauptgerichte 20–38 S; ⏱11.30–23 Uhr) Regelmäßig steuern Tourgruppen im Rahmen von Ausflügen zu den Nazca-Linien dieses große Restaurant an, deswegen fühlt man sich fast etwas einsam, wenn man hier allein speist. Ambiente und Qualität lohnen in jedem Fall einen Besuch. Auf den Tisch kommen überdurchschnittliche peruanische und internationale Gerichte, u. a. leckere gefüllte Avocados, serviert in den hellen Speiseräumen oder auf der Terrasse.

La Estación Plaza Mayor STEAK **$$**
(Ecke Bolognesi & Arica; Hauptgerichte 21–40 S) In dem alteingesessenen Lokal mit Holzkohlegrill und erhöhtem Speisebereich aus Holz und Bambus mit Blick auf die Plaza de Armas dominierten Grillgerichte. Spezielle Kombiangebote mit Getränk gibt's für 20 S.

Praktische Informationen

GEFAHREN & ÄRGERNISSE

Nazca gilt als relativ sicher, doch nachts sollte man vorsichtig sein, wenn man zu Fuß rund um die Brücken in den Süden der Stadt unterwegs ist. Wer mit dem Bus ankommt, wird von aufdringlichen *jaladores* belästigt, die Touren verkaufen oder Hotels vermitteln wollen. Diese Schlepper werben eventuell auch für die hier empfohlenen Häuser, man sollte ihnen aber trotzdem nicht trauen. Am besten arrangiert man Ausflüge oder andere Dienstleistungen in seinem Hotel oder über den Reiseveranstalter, lässt sich eine schriftliche Bestätigung geben und zahlt erst dann den fälligen Betrag. Geführte

Touren in die Umgebung sollte man nur bei zuverlässigen Anbietern buchen, denn in letzter Zeit kam es zu gewalttätigen Übergriffen und Raubüberfällen auf ausländische Touristen.

GELD

Banco de la Nación (Lima 465) Gebührenfreier Geldautomat im Zentrum.

BCP (Lima 495) Geldautomat für Visa/MasterCard; wechselt US-Dollar.

MEDIZINISCHE VERSORGUNG

Hospital de Apoyo Nazca (☎ 056-52-2586; www.hospitalnasca.gob.pe; Callao s/n; ⏲ 24 Std.) Für Notfälle.

NOTFALL

Polizei (Panamericana s/n)

TOURISTENINFORMATION

iPerú (☎ 016-16-7300 Durchwahl 3042; Aerodromo Maria Reiche Neuman; ⏲ 7–16 Uhr) Staatliche Touristeninformation beim Flugfeld.

An- & Weiterreise

Es gibt keine Linienflüge nach Nazca, da der kleine Flughafen keine Kapazitäten für größere kommerzielle Anbieter hat.

Nazca ist ein wichtiger Busknotenpunkt an der Panamericana Sur und gut an Lima, Ica und Arequipa angebunden. Busse verschiedener Unternehmen sammeln sich am Westende der Calle Lima nahe dem *óvalo* (Kreisverkehr). Busse nach Arequipa fahren oft in Lima ab; einen Platz muss man eventuell ab Lima reservieren.

Der Großteil der Fernbusse fährt am späten Nachmittag oder abends los. Täglich verkehren ein paar Luxusbusse von **Cruz del Sur** (☎ 0801-11111; www.cruzdelsur.com.pe; Av Los Incas) und **Civa** (☎ 056-52-4390; www.civa.com.pe; Lima 155; ⏲ 6–2 Uhr) nach Lima. Zu Zielen dazwischen wie Ica und Pisco gelangt man schneller mit kleineren Busunternehmen der günstigen *económico*-Kategorie wie **Flores** (Panamericana s/n) und **Soyuz** (☎ 056-52-1464; San Martín 142). Beide fahren alle halbe Stunde von der Avenida Los Incas nach Inca und halten auch in Palpa (3 S, 1 Std.).

Mehrere Anbieter, darunter Cruz del Sur und Civa To, fahren über die asphaltierte Straße Richtung Osten über Abancay direkt nach Cusco. Diese Strecke führt auf eine Höhe von über 4000 m, deshalb wird es sehr kalt. Man sollte also seine wärmsten Kleider anziehen und – so vorhanden – einen Schlafsack mit an Bord nehmen. Manche Unternehmen bieten alternativ Direktverbindungen über Arequipa nach Cusco.

Ica steuern schnelle *colectivos* (15 S, 2 Std.) und langsamere Minibusse an, die vor der **Tankstelle** am *óvalo* losfahren, sobald genügend Passagiere zusammengekommen sind. Auf der Südseite dieses Hauptkreisverkehrs warten *colectivos* auf Fahrgäste nach Chala (15 S, 2½ Std.).

Eine Taxifahrt von Nazcas Zentrum zum 4 km entfernten Flugplatz kostet rund 6 S.

Busse ab Nazca

ZIEL	PREIS (S)	DAUER (STD.)
Arequipa	70–140	10–12
Camaná	60–120	7
Chala	15	3½
Cusco	80–140	14
Lima	55–145	8
Ica	30–65	2½
Pisco	30–65	1½–2
Tacna	100–165	15

Chala

☎ 054 / 2500 EW.

Das marode Fischerdörfchen 170 km von Nazca bietet unermüdlichen Reisenden eine Gelegenheit, auf dem Weg nach Arequipa eine Pause einzulegen und die archäologische Stätte Puerto Inca zu besuchen.

Sehenswertes

Puerto Inca ARCHÄOLOGISCHE STÄTTE

(⏲ 24 Std.) GRATIS Die archäologische Stätte markiert den Punkt, von dem aus Läufer früher frischen Fisch bis nach Cusco trugen – eine respektable Leistung! Die Ruinen umfassen einige niedrige Steinmauern und einen Sitz, von dem aus Inka-Herrscher die Landschaft betrachtet haben sollen. Die Region hat zwar bessere Ruinen zu bieten, dennoch ist die Anlage ein idyllisches Fleckchen.

Die gut beschilderte Abzweigung befindet sich 10 km nördlich des einfachen Fischerdorfs Chala, rund 170 m von Nazca entfernt bei Km 603 der Panamericana Sur. Hier führt eine 3 km lange Schotterpiste nach Westen zu den Ruinen.

Schlafen

Hotel Puerto Inka RESORT $$

(☎ 054-63-5362, 054-25-2588; www.puertoinka.com.pe; Panamericana Sur, Km 603; Stellplatz 30 S/Pers., EZ/DZ/3BZ inkl. Frühstück 139/209/319 S; P ≋) Das große Resort in einer hübschen Privatbucht hat einen Campingplatz mit Duschanlage am Meer, verleiht Kajaks und organisiert Bootstouren. Die Duschen sind wenig einladend, die Bungalowzimmer jedoch in Ordnung. Auch wer nicht hier übernachtet, kann im Restaurant zu Mittag essen. Nur Bargeld.

Die Anlage befindet sich direkt neben der archäologischen Stätte Puerto Inca.

An- & Weiterreise

Vom *óvalo* (Hauptkreisverkehr) in Nazca fahren *colectivos* vom frühen Morgen bis zum Nachmittag nach Chala (15 S, 2½ Std.). Sie starten, sobald sie voll sind. Busse, die nach Arequipa (35 S, 8 Std.) verkehren, halten in Chala an einem kleinen Ticketbüro an der Panamericana Sur; die meisten starten abends.

Mollendo

☎054 / 22400 EW.

Der hübsche Strandort abseits der Panamericana zieht nicht allzu viele Besucher an und steht vor allem bei unerschrockenen Surfern und in der Saison bei sonnenhungrigen *arequipeños* (Einwohnern Arequipas) hoch im Kurs. Mollendo ist das mit Abstand schönste Urlaubsresort im Süden der Südküste, dafür sorgen einige hübsche zweistöckige Holzgebäude, die rund 100 Jahre alt sind. Das Dorf selbst liegt an einem Hang, der zu einem bogenförmigen Strand abfällt.

ABSEITS DER ÜBLICHEN PFADE

SANTUARIO LAGUNAS DE MEJÍA

Rund 6 km südöstlich von Mejía führt ein langer Strandabschnitt zum **Santuario Nacional Lagunas de Mejía** (Carr Mollendo, Km 32; Eintritt 5 S; ⏲Sonnenaufgang–Sonnenuntergang). Bei den Küstenlagunen in dem 690 ha großen Schutzgebiet handelt es sich um die größten Seen in der 1500 km langen Küstenwüste. Sie ziehen über 200 Arten Küsten- und Zugvögel an, die man am besten frühmorgens beobachten kann.

Das Besucherzentrum war bei unsere Recherche wegen Umbauarbeiten vorübergehend in einem Schiffscontainer untergebracht und hält Karten für Wanderungen durch die Dünen zu den *miradores* (Aussichtspunkten) bereit. Tagsüber passieren regelmäßig *colectivos* (Sammeltaxis) aus Mollendo das Besucherzentrum (3 S, 30 Min). Dort helfen einem die Mitarbeiter beim Anhalten der Fahrzeuge. Ab dem späten Nachmittag kommen weniger *colectivos* vorbei.

Mollendos Geschichte ist geprägt von Besetzungen durch die Inka und die Chilenen. Außerdem war der Ort die Geburtsstätte von Abimael Guzmán, auch bekannt als Presidente Gonzalo, einem Philosophieprofessor, der zum politischen Unruhestifter und schließlich 1980 zum Anführer des Sendero Luminoso (Leuchtender Pfad) wurde. Neben Sonnenanbetern zieht Mollendo wegen seines Vogelschutzgebiets in den nahe gelegenen Lagunas de Mejía (S. 142) auch Vogelliebhaber an. Außerhalb der Sommersaison (Jan.–April) büßt die Stadt an Atmosphäre (und Besuchern) ein.

Sehenswertes

Der *malecón* am Strand unterhalb der Stadt lädt zu einem Spaziergang ein und führt über ein paar Felsnasen mit Aussichtspunkten. Die Straße gegenüber dem Strand säumen ein paar Bars und *cevicherias* (Restaurants, die *ceviche* servieren), in der Nebensaison schließen die meisten jedoch.

El Castillo de Forga HISTORISCHES BAUWERK
El Castillo de Forga wurde 1908 auf einer Klippe zwischen zwei Stränden unmittelbar südlich des Stadtzentrums von einem reichen *arequipeño* mit Faible für europäische Architektur erbaut. Die einst stattliche Residenz steht derzeit leer und ist für Besucher nicht zugänglich. Es gibt Pläne, das Gebäude in ein Kasino zu verwandeln, bisher ist jedoch nichts passiert.

Schlafen

El Hostalito HOTEL **$**
(☎054-53-4365; www.hotelesdelperu.com.pe; Blondell 169; EZ/DZ/3BZ inkl. Frühstück 60/70/100 S; 📶) Dies ist eine gute Budgetoption auf der Spitze des Hügels südlich des Hauptplatzes. Von den Zimmern im Obergeschoss hat man eingeschränkten Meerblick. Die kleinen, aber gemütlichen Unterkünfte sind mit Blumenmotiven geschmückt und mit Ventilatoren ausgestattet. Auf der Rückseite befindet sich eine kleine Terrasse.

Hotel Bahia del Puerto HOTEL **$$**
(☎054-53-2990; hotelbahiadelpuerto@hotmail.com; Ugarte 301; EZ/DZ inkl. Frühstück 70/100 S; ❄@📶🏊) Mollendos bestes Hotel ist ein echtes Schnäppchen. Einige Zimmer gewähren Meerblick und sind mit großen Flatscreen-Fernsehern und handgefertigten Quilts ausgestattet.

Essen

Charlie's Catarindo PERUANISCH $$

(☎054-53-4297; Malecón Catarindo; Hauptgerichte 29–50 S; ⏲8–18 Uhr) Das Charlie's versteckt sich in einer abgeschiedenen Bucht inmitten felsiger Berge direkt nördlich der Stadt. Einheimische genießen hier gern ein ausgiebiges Mittagessen, gefolgt von ein paar Drinks. Die verschiedenen Meeresfrüchteklassiker werden unter Sonnenschirmen direkt am Wasser und in einem hellen Speiseraum mit hohen Fenstern serviert.

In der Hauptsaison, wenn DJ-Musik und Volleyballspiele zum Programm gehören, ist das Restaurant oft ziemlich überlaufen. Für Übernachtungsgäste stehen ein paar Bungalows mit Meerblick ab 200 S zur Verfügung. Eine Taxifahrt ab dem Zentrum hierher kostet rund 10 S.

Marco Antonio PERUANISCH $$

(Comercio 258; Hauptgerichte 22–52 S; ⏲Mo–Sa 8–20, So bis 19 Uhr; 📶) Kleines Café und Bistro mit toller Atmosphäre, einer klassischen Einrichtung im alten Stil und ein paar modernen Elementen. Die Fischgerichte und Meeresfrüchte werden unverfälscht, einfach und lecker serviert.

An- & Weiterreise

Der Terminal Terrestre (Busbahnhof) liegt rund 2 km nordwestlich des Zentrums gegenüber einem alten rostenden Panzer. Es wird eine Ausreisegebühr von 1 S erhoben. Den ganzen Tag über fahren regelmäßig Busse von **Santa Ursula** (☎054-53-2586; Terminal Terrestre) nach Arequipa (10 S, 2½ Std.), das Unternehmen gilt allerdings als etwas unzuverlässig. Eine bessere Option sind die neueren Busse von **Terra Nova** (☎958-441-855; Terminal Terrestre).

Transportes Moquegua, Cromotex und Oltursa bieten täglich mehrere Verbindungen nach Lima über die Schnellstraße Costanera und meiden somit den Abschnitt der Panamericana durch Arequipa.

Leider gibt es nur ein paar wenige direkte Busse in südliche Richtung nach Ilo, Moquegua und Tacna. Die meisten fahren frühmorgens ab, und in der Hauptsaison sind sie oft schon ab Lima ausgebucht.

Alternativ starten *colectivos* oder Kleinbusse mit der Aufschrift „El Valle" vom oberen Ende der Mariscal Castilla an einer Tankstelle und fahren über Mejía und das Río-Tambo-Tal nach Cocachacra (4 S, 1½ Std.). Dort geht es direkt per *colectivo* weiter nach El Fiscal (3 S, 15 Min.), das nicht mehr als eine schäbige Tankstelle ist, an der überfüllte Busse nach Moquegua, Tacna, Arequipa und Lima regelmäßig halten.

Combis (2 S, 20 Min.) und *colectivos* (3 S, 15 Min.) zum Strandort Mejía und ins Santuario Nacional Lagunas de Mejía fahren an der Ecke Commercio/Islay ab.

Unterwegs vor Ort

Colectivos warten vor dem Busbahnhof darauf, Fahrgäste hinunter zu den Plätzen und an den Strand der Stadt zu bringen (1 S, 10 Min.). Man kann aber auch laufen.

Moquegua

☎053 / 57 200 EW. / 1420 M

Am nördlichen Rand der trockensten Wüste der Welt wartet Moquegua trotz des fast nicht existierenden Niederschlags dank seiner Flüsse mit einer blühenden Weinindustrie und einem Tal voller grüner Felder mit weidenden Kühen auf, die aussehen, als stammen sie aus Nordfrankreich. Die Stadt selbst hat einen malerischen Hauptplatz, gesäumt von gut erhaltenen Kolonialgebäuden, und bietet sich als hübscher Zwischenstopp auf dem Weg zur südlichen Grenze (oder in umgekehrter Richtung) an.

Sehenswertes

Die kleine schattige **Plaza de Armas** ziert ein schmiedeeiserner Brunnen aus dem 19. Jh., der angeblich von Gustave Eiffel (genau, der Erbauer des gleichnamigen Turmes) entworfen wurde. Blumengärten machen aus dem Platz eine Oase in der Wüste.

Das mit ausländischen Mitteln finanzierte **Museo Contisuyo** (☎053-46-1844; www.museocontisuyo.com; Tacna 294; 1,50 S; ⏲Mi–Mo 8–13 & 14.30–17.30, Di 8–12 & 16–20 Uhr) zeigt eine hervorragende kleine Sammlung archäologischer Artefakte aus der Gegend sowie Fotografien jüngerer Ausgrabungen, außerdem Ausstellungen mit aktuellen Werken ortsansässiger Künstler. Die Exponate sind auf Spanisch und Englisch beschriftet.

Die älteste Kirche der Stadt, die **Iglesia Matriz** (Plaza de Armas), stürzte bei einem starken Erdbeben 1868 fast vollständig ein – die Ruinen sind noch heute zu sehen. Gegenüber befindet sich ein **Gefängnis** aus der spanischen Kolonialzeit (18. Jh.) mit Ehrfurcht gebietenden vergitterten Fenstern. Heute beherbergt es das staatliche Kulturressort; Besuche müssen einen Tag im Voraus angemeldet werden. An einer Ecke der Plaza de Armas erhebt sich die **Casa Posada de Teresa Podesta** (Ecke Ancash & Ayacucho; 2 S; ⏲Mo–Fr 10–15 Uhr), eine imposante Kolonialvilla mit intaktem Inneren. Besucher sind willkommen. Im Ortszentrum kann man einige der charakteristischen Dächer aus Zuckerrohrschilf bewundern, besonders in der Calle Moquegua. Auch ein Blick in die **Catedral Santa Catalina** (Ayacucho s/n) lohnt sich. Hier ruht der Körper der heiligen Fortunata aus dem 18. Jh., deren Haare und Nägel angeblich immer noch wachsen.

Ein **Park** auf einer Klippe hoch oberhalb der Stadt wird dominiert vom **Cristo Blanco**, einer weißen Christus-Statue aus dem Jahr 2002. Hier oben gibt's Schaukelsitze, eine kleine Hängebrücke und einen weitläufigen Blick über die Moquegua-Oase und die umliegende Wüste.

Aktivitäten

Bodega Biondi WEIN

(☎053-46-1889; Panamericana Sur, Km 1150; ⏲Mo–Fr 8–15 Uhr) Eines der besten Weingüter Moqueguas liegt unmittelbar südlich der Stadt. Besucher können eine Führung über den Weinberg mitmachen und vor Ort den in der Region bekannten Pisco probieren.

Schlafen & Essen

Hostal Plaza HOTEL $

(☎053-46-1612; Ayacucho 675; EZ/DZ 65/70 S; 📶) Gutes Preis-Leistungs-Verhältnis: In dem gepflegten Haus an der Plaza stehen Gästen luftige Zimmer mit großen Fernsehern und Kabelanschluss zur Verfügung. Von den oberen Räumen genießt man einen schönen Blick auf die Kathedrale.

Hotel Los Balcones HOTEL $$

(☎053-46-3168; www.losbalconeshostal.com; Junin 555; EZ/DZ/3BZ 65/90/120 S; 📶) Viele Hotels in Moquegua bieten ein exzellentes Preis-Leistungs-Verhältnis, mit seinen hellen, modernen Zimmern mit Laminatböden, hochwertigen Matratzen, großen Schränken und geräumigen, schicken Bädern spielt das Los Balcones jedoch noch mal in einer anderen Liga. Freundlicher Service, eine gute Lage in Parknähe und schnelles WLAN runden das makellose Gesamtpaket ab.

Nautica PERUANISCH $$

(☎053-46-3854; Arequipa 485; Hauptgerichte 20–57 S; ⏲11–23 Uhr) Stilvoller als in diesem modernen Bistro geht's in Moquegua sonst nirgends zu. In einem umgebauten alten Haus treffen eine der abwechslungsreichsten Speisekarten der Stadt und elegantes, aber entspanntes Ambiente zusammen. Die Spezialität sind Meeresfrüchte, es gibt jedoch auch viele Grillgerichte. Nach dem Essen kann man sich hier wunderbar noch ein paar Cocktails schmecken lassen.

Praktische Informationen

GELD

Banco de la Nación Gebührenfreie Geldautomaten, einen Block von der Plaza entfernt.

BCP (Moquegua 861) Der Geldautomat für Visa/MasterCard spuckt rund um die Uhr Geld aus.

TOURISTENINFORMATION

Städtische Touristeninformation (Oficina de Turismo; Ayacucho; ⏲Mo–Fr 7.30–16.30 Uhr) Am Ende eines Durchgangs neben der Kathedrale.

An- & Weiterreise

Sämtliche Busse fahren von Moqueguas nagelneuem **Terminal Terrestre** (Av Ejercito cuadra 2) ab, einem der besten Perus. Wer etwas Zeit hat, kann vor Ort sogar ein kleines archäologisches Museum besuchen. Die Ausreisegebühr von 2 S wird an dem kleinen Stand gegenüber den Ticketbüros entrichtet.

Die komfortablen Busse von Oltursa, Civa und Cruz del Sur sowie die günstigeren von **Flores** (☎053-46-2647; www.floreshnos.net; Terminal Terrestre) fahren gen Norden über Nazca und Ica nach Lima. Flores und **Transportes Moquegua** (Terminal Terrestre) verkehren nach Tacna im Süden, wobei bei letzterem Anbieter Busse und Service besser sind. Flores fährt zudem nach Ilo im Westen, aber erst dann, wenn der Bus voll besetzt ist. Mehrere Unternehmen bedienen Arequipa.

Verschiedene kleinere Anbieter, darunter **San Martín** (☎953-521-550; Terminal Terrestre), fahren meist abends entlang der frisch asphaltierten Straße über Desaguadero an der bolivianischen Grenze (25 S, 6 Std.) nach Puno (25 S, 9 Std.).

Schneller, wenn auch weniger sicher und teurer, sind die *colectivos*. Sie fahren, sobald sie voll besetzt sind, von verschiedenen kleinen Terminals südwestlich der Plaza de Armas bergab nach Ilo (10–12 S, 1 Std.) und Arequipa (30 S, 3½ Std.).

Busse ab Moquegua

ZIEL	PREIS (S)	DAUER (STD.)
Arequipa	20–30	3½–4
Cusco	50	15
Ilo	20	1½
Lima	100–150	16–20
Puno	25	9
Tacna	10	2½

Ilo

053 / 66 900 EW.

Der betriebsame Hafen von Ilo, 95 km südwestlich von Moquegua, ist kein ausgewiesenes Touristenziel, bietet jedoch eine hübsche Strandpromenade mit Bäumen voller quakender Enten und Aussichtspavillons auf felsigem Grund mit Blick auf die farbenfrohe Fischereiflotte.

Der Hauptstrand ist lang und geschwungen, wegen der Nähe zu einer Flussmündung ist das Wasser jedoch trüb und lädt nicht zum Baden ein.

Südlich der Stadt gibt es bessere Strände. Dazu gehören die abgeschiedene Bucht **Puerto Ingles** mit ruhigem Wasser, das laut Einheimischen viel kälter ist als das im Norden und Süden, und der weite, sanft geschwungene **Pozo de Lizas**, der beste Strandabschnitt der Gegend.

Vom unattraktiven Hafenviertel aus werden in erster Linie Kupfer von der Mine in Toquepala weiter südlich sowie Wein und Avocados aus Moquegua verschifft.

Schlafen & Essen

Hotel Kristal Azul HOTEL $$

(053-48-4050; informacion@kristalazul.com.pe; Av 28 de Julio 664; EZ/DZ inkl. Frühstück 60/90 S;) Das zweistöckige Hotel zwei Blocks vom Busbahnhof entfernt verfügt über saubere, wenn auch unscheinbare Zimmer und hilfsbereites Management. Eine solide Wahl.

Los Corales SEAFOOD $$

(Malecón Miramar 504; Hauptgerichte 20–48 S; mittags & abends;) Dank der Lage direkt am Meer gibt's hier frische Meeresfrüchte, darunter bei Einheimischen beliebter *pulpo al olvia* (Tintenfisch in Olivenöl), eine kalte Vorspeise. Der Laden spielt eine Liga über den Lokalen gegenüber dem Fischmarkt, davon zeugen z. B. die leckeren Oliven und die salzigen Maiskörner zum Knabbern.

An- & Weiterreise

Regionalbusse fahren von privaten Terminals im Stadtzentrum entlang der Matará ab, ein paar Blocks von der Plaza und vom Strand entfernt. Einige Fernbusse nach Lima und in den Norden starten am unpraktisch gelegenen Hauptbusbahnhof in den Bergen östlich des Zentrums, gegenüber einer eindrucksvollen Alienskulptur aus alten Reifen.

Flores (053-48-2512; www.floreshnos.net; Ecke Ilo & Matará) bedient Tacna (10 S, 3½ Std.), Moquegua (8 S, 1½ Std.) und Arequipa (20 S, 5½ Std.), wo Anschluss zu weiteren Reisezielen besteht.

Die schnelleren, etwas teureren *colectivos* nach Tacna und teils auch nach Moquegua starten, wenn sie voll besetzt sind, in den Seitenstraßen in der Nähe der kleinen Bushaltestellen im Zentrum.

Tacna

052 / 262 700 EW. / 460 M

Patriotismus streckt in Tacna, Perus südlichster Stadt, mit eiserner Entschlossenheit sein Haupt empor. Bis 1929 gehörte Tacna zu Chile (Salvador Allende verbrachte hier acht Jahre seiner Kindheit), doch heute ist es stolz und zweifelsfrei ein Teil Perus. Damit das niemand vergisst, wird jeden Sonntagmorgen feierlich eine Flagge auf dem Hauptplatz gehisst, und zahlreiche heroische Statuen, begrünte Alleen und pathetische Exponate in Tacnas Museen zeugen von Perus ruhmreicher Vergangenheit.

Für Traveller ist Tacna vor allem ein Zwischenstopp auf der Fahrt vom oder ins einst verfeindete Chile. Das heute herzliche Verhältnis zwischen beiden Ländern macht die Grenzüberquerung zum Kinderspiel. Wer sich länger in Tacna aufhält, kann ein paar kleine Museen sowie europäisch angehauchte Bars und Restaurants besuchen.

Sehenswertes

Museo Ferroviario MUSEUM

(052-24-5572; Albarracin 402; Eintritt 5 S; 8–18 Uhr) Das Museum im Bahnhofsgebäude nimmt Besucher mit auf eine Zeitreise in die Vergangenheit. Hier kann man zwischen schönen, wenn auch schlecht gewarteten Dampflokomotiven und Waggons aus dem 20. Jh. umherwandern. Bei unserer Recherche war das Museum für Besucher geschlossen, wer die Klingel an den südlichen Gleisen läutet, hat jedoch vielleicht Glück.

Ein rund 800 m langer Fußmarsch südlich des Bahnhofs führt zu einer britischen Lokomotive von 1859, die im Salpeterkrieg als Truppenzug diente. Sie ist die Hauptattraktion des **El Parque de la Locomotora**, eines Parks an der Straße, der ansonsten recht leer ist.

Paseo Cívico PLATZ

Im Gegensatz zu fast jedem anderen Hauptplatz in Peru nennt sich der in Tacna nicht Plaza de Armas. Das liegt daran, dass die Stadt nie offiziell von Spaniern gegründet wurde. Geschmückt wird der Platz von

Tacna

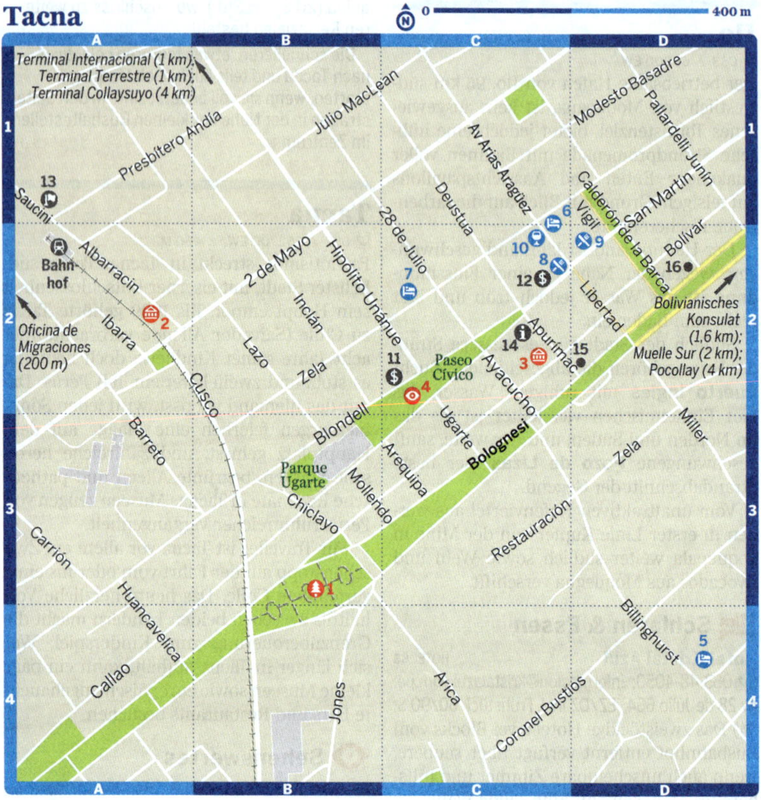

Tacna

Sehenswertes
1 El Parque de la Locomotora B3
2 Museo Ferroviario A2
3 Museo Histórico Regional C2
4 Paseo Cívico C2

Schlafen
5 Casa Andina Select Tacna D4
6 Dorado Hotel C1
7 Hotel Miculla C2

Essen
8 Café Da Vinci C2
9 Uros Restaurante D2

Ausgehen & Nachtleben
10 Mushna C2

Praktisches
11 Banco de la Nacion C2
12 BCP C2
13 Chilenisches Konsulat A1
14 iPerú C2

Transport
15 LATAM D2
16 Peruvian Airlines D2

Palmen und großen, mit pilzähnlichen Gewächsen bedeckten Pergolen. Der Platz erlangte als Motiv auf dem peruanischen 100-Sol-Schein Bekanntheit und wird von einem monumentalen Bogen, der an die Helden des Salpeterkriegs erinnern soll, dominiert.

Daneben stehen lebensgroße Bronzestatuen von Admiral Grau und Oberst Bolognesi, jeweils mit stolzgeschwellter Brust.

Museo Histórico Regional MUSEUM
(Casa de la Cultura, Apurímac 202; Eintritt 1,50 S; ⌚Mo–Fr 7.45–12 & 13.30–16.30 Uhr) Patriotisch

wie alles in Tacna, umweht dieses Museum über der Stadtbibliothek eine prachtvolle, fast schon triumphierende Atmosphäre. Riesige Gemälde, die Schlüsselmomente der Militärgeschichte der Region zeigen, zieren die Wände, während Büsten früherer Helden wie Zela, Bolognesi und Ugarte neben alten Schwertern, vergilbten Briefen und weiteren Erinnerungsstücken an den Salpeterkrieg gegen den einstigen Feind Chile aufgestellt sind.

Schlafen

An Hotels und Restaurants besteht kein Mangel. Allerdings sind fast alle Unterkünfte überteuert und sehr schnell ausgebucht; besonders an Wochenenden füllen sie sich mit Chilenen, die für ein Shoppingwochenende herkommen.

Dorado Hotel HOTEL **$$**
(☎052-41-5741; www.doradohoteltacna.com; Av Arias Aragüez 145; EZ/DZ/3BZ inkl. Frühstück ab 144/187/230 S; @ 📶 ❄) Das Dorado präsentiert sich mit seinen schweren Gardinen, einer Lobby mit glänzenden Balustraden und Gepäckjungen als prächtigstes Hotel der Stadt. Es verfügt zwar nicht über die Exklusivität eines Großstadthotels, gibt sich jedoch wirklich alle Mühe.

Hotel Miculla HOTEL **$$**
(☎052-24-2477; www.micullahotel.com; Zela 344; Zi. inkl. Frühstück 175 S; 📶) Die solide Mittelklasseunterkunft im Herzen der Stadt hat elegante, komfortable Zimmer mit Schreibtischen und guten Bädern, jedoch ohne Klimaanlage. Am Frühstücksbüfett gibt's eine gute Auswahl.

Casa Andina Select Tacna BUSINESSHOTEL **$$$**
(☎052-58-0340; www.casa-andina.com; Billinghurst 170; Zi. inkl. Frühstück 345 S; ❄ 📶 ❄) Der große, neue Hotelturm gehört zu einer beliebten Kette. Viel Charakter hat er nicht, dafür jedoch den meisten Komfort und die besten Anlagen der Stadt. Die einheitlichen Zimmer im Business-Stil sind gut eingerichtet, zudem gibt es einen Pool auf dem Dach, einen Fitnessbereich mit Panoramablick auf die Stadt und ein gutes Restaurant.

Dies ist eines der wenigen Hotels mit Klimaanlage vor Ort.

Essen

Zu beliebten hiesigen Gerichten gehören *patasca a la tacneña* (dicke, würzige Suppe mit Gemüse und Fleisch) und *picante a la tacneña* (scharf gepfefferte Innereien – schmecken besser, als es klingt). Aktuell angesagt sind *hamburguesas de cordero cara negra*, Lammburger mit Fleisch von Schafen aus dem nahe gelegenen Candarave.

★ **Muelle Sur** SEAFOOD **$$**
(☎052-24-5106; www.muellesur.com; Los Alamos 1995; Hauptgerichte 29–70 S) Das geschäftige Fischlokal unter freiem Himmel gilt weithin als bestes Restaurant Tacnas – und das zu Recht. Am Wochenende lockt es zahlreiche chilenische Besucher an, die hier ihren *ceviche*-Gelüsten frönen. *Ceviche* und *tiraditos* (japanische Variante von *ceviche*) sind die Stars der Speisekarte, außerdem gibt es hier Fisch im Ganzen, Reisgerichte, erschwinglichen Hummer und Rindfleisch vom Grill. Reservierung empfehlenswert.

★ **Café Da Vinci** EUROPÄISCH **$$**
(Calle Arias Aragüez 122; Hauptgerichte 24–49 S; ⏲11–23 Uhr) Essen und Einrichtung des holzgetäfelten Da Vinci, in dem gut gekleidete Bedienungen mit Mona-Lisa-Lächeln umhergehen, wirken europäisch. Auf der Karte findet man hervorragende Baguettes, Pizzas, großzügige Gläser Rotwein und gute peruanische Spezialitäten.

Uros Restaurante FUSION **$$**
(☎052-41-2851; www.restauranteuros.com; Av San Martín 608; Hauptgerichte 27–48 S) Abgesehen von den (zugegebenermaßen gut in Szene gesetzten) Fotos auf der Speisekarte, kommt Tacnas Adresse für *novoandina* (peruanische Nouvelle Cuisine) recht unprätentiös daher. Lecker ist *alpaca a la piedra*, Wildfleisch vom Alpaka, gebraten auf einem heißen Vulkanstein.

Ausgehen & Nachtleben

Das begrenzte Nachtleben Tacnas konzentriert sich auf die kleinen Fußgängerzonen Libertad und Vigil. Unbedingt probieren sollte man das stadttypische Getränk Tacna Sour, eine Variante des Pisco Sour mit Aprikosenwein.

Mushna BAR
(Av Arias Aragüez 156; ⏲19–1 Uhr) Die postmoderne Bar sieht aus, als stamme sie aus Arica in Chile. Die gute Ausgehadresse im Zentrum mit umfangreicher Cocktailkarte zieht eine gut gelaunte, junge Klientel an. Das Mushna bezeichnet sich als Restaurantbar, serviert jedoch nur Snacks. Die Musikauswahl beschränkt sich fast ausschließlich auf *reggaetón*.

ABSTECHER

COMPLEJO ARQUEOLÓGICO MICULLA

Die 43 ha große archäologische Stätte **Complejo Arqueológico Miculla** (Eintritt 1 S; ⌚7–17 Uhr) ist eine Freiluftgalerie für präkolumbische Kunst und gilt als eine der bedeutendsten Sammlungen von Felszeichnungen des Landes. Sie umfasst Hunderte Petroglyphen, die von der Tiahuanaco-Kultur in große Steine geritzt wurden. Die ältesten Exemplare gehen etwa auf das Jahr 500 n. Chr. zurück. Ein 3 km langer Rundweg führt an den Felsen vorbei, die menschenähnliche Figuren bei der Jagd, beim Tanz, beim Musizieren und beim Kampf sowie viele verschiedene Tiere zeigen.

Die Stätte liegt 23 km nordöstlich von Tacna an der Straße nach Palca. Regelmäßig verkehren Busse ab Tacna und lassen Fahrgäste 2 km vom Ausgangspunkt des Weges entfernt aussteigen. Hin- und Rückfahrt mit dem Taxi kosten inklusive Wartezeit rund 70 S.

ℹ Praktische Informationen

BOTSCHAFTEN & KONSULATE

Bolivianisches Konsulat (☎052-25-5121; Bolognesi 1751) Staatsbürger bestimmter Länder müssen einen Monat vorab ein Visum beantragen und eine Gebühr von 30 bis 160 US$ entrichten. Teils werden gegen zusätzliche Kosten Visa direkt an der Grenze ausgestellt. Deutsche, Österreicher und Schweizer benötigen bei einmaliger Einreise und Aufenthalt bis 90 Tage kein Visum. Am besten informiert man sich vorab über aktuelle Entwicklungen.

Chilenisches Konsulat (☎052-42-3063; Presbitero Andía s/n) Für Chile benötigen die meisten Reisenden kein Visum und können direkt zur Grenze weiterfahren.

EINWANDERUNGSBEHÖRDE

Oficina de Migraciones (Einwanderungsbehörde; ☎052-24-3231; Circunvalación s/n, Urb Él Triángulo; ⌚Mo–Fr 8–16 Uhr)

GELD

In Tacna kann man sowohl chilenische Pesos als auch peruanische Nuevos Soles und US-Dollar problemlos wechseln.

Banco de la Nación (San Martín 321) Gebührenfreie Geldautomaten am Paseo Cívico.

BCP (San Martín 574) Hat Geldautomaten für Visa/MasterCard und gibt Bargeld auf Visa-Karten aus.

TOURISTENINFORMATION

iPerú (☎052-42-5514; San Martín 491; ⌚Mo–Sa 8.30–18, So bis 13 Uhr) Die staatliche Touristeninformation versorgt Traveller mit kostenlosem Informationsmaterial und Broschüren. Es gibt einige zusätzliche Zweigstellen an der Grenze, am Flughafen und am Busbahnhof.

ℹ An- & Weiterreise

BUS

Der Großteil der Fernbusse fährt am **Terminal Terrestre** (Hipólito Unánue) am nordöstlichen Stadtrand ab. Ausnahme sind einige Verbindungen nach Juliaca, Desaguadero und Puno, die ihre Fahrt am **Terminal Collaysuyo** (Av Emancipación) im Distrikt Alta Alianza nördlich der Stadt starten.

Von 5 bis 19 Uhr verkehren regelmäßig Busse (12 S) nach Arica in Chile. Sie starten am **internationalen Terminal** gegenüber dem Terminal Terrestre, wo eine Benutzungsgebühr von 2 S erhoben wird.

San Martín (☎952-524-252; Terminal Collaysuyo s/n) bietet Nachtverbindungen in *económico*- und Luxusbussen über Desaguadero an der bolivianischen Grenze nach Puno und bis nach Cusco. Meist starten diese abends am Terminal Collaysuyo. Wer sich für diese Route entscheidet, sollte den komfortabelsten Bus wählen, sonst erwartet ihn eine kalte, holperige Fahrt mit wenigen Toilettenpausen – wir sprechen aus leidvoller Erfahrung! Alternativ kehrt man nach Arequipa zurück und steigt dort um.

Julsa (☎052-24-7132; Terminal Collaysuyo) bedient ebenfalls Cusco sowie weitere Ziele in der Sierra Sur.

Fernbusse werden regelmäßig ein kleines Stück nördlich von Tacna von Beamten der Einwanderungs- oder Zollbehörde angehalten und durchsucht, deswegen sollte man seinen Reisepass griffbereit haben.

Am Terminal Terrestre wird eine Benutzungsgebühr von 2 S erhoben. Die üblichen Verdächtigen unter den Busunternehmen bedienen sämtliche Ziele im Norden, darunter Cruz del Sur, Civa Oltursa und die günstigere Linie **Flores** (☎052-74-1150; www.floreshnos.net; Terminal Terrestre s/n; 🐾).

Busse ab Tacna

ZIEL	PREIS (S)	DAUER (STD.)
Arequipa	20–45	7
Cusco	50–75	17
Ilo	10–18	3½
Lima	80–144	18–22
Moquegua	10–18	3
Puno	25–45	10

GRENZÜBERGANG: VON TACNA NACH CHILE

Die Grenzformalitäten werden recht zügig abgewickelt. Zur Verfügung stehen drei Hauptverkehrsmittel: Züge, öffentliche Busse und *colectivos* (Sammeltaxis). Letztere sind am effizientesten. Die Taxis unterstehen professionellen Agenturen mit Schaltern in Tacnas internationalem Busbahnhof und bieten Platz für fünf Passagiere. Eine Fahrt ins 65 km entfernt Arica in Chile kostet rund 25 S, wobei an beiden Grenzposten gehalten wird. Der Großteil der Formalitäten wird vor der Abfahrt erledigt. An einem guten Tag dauert die Fahrt nicht viel länger als eine Stunde. Fahrten mit öffentlichen Bussen sind günstiger (12 S), dauern aber länger, da man warten muss, bis alle Passagiere ausgestiegen sind und die Grenzformalitäten erledigt haben.

Die Grenzposten arbeiten zusammen, wer also von Peru nach Chile reist, muss nur am chilenischen Posten halten, wo peruanische Zollbeamte den Pass stempeln. In entgegengesetzter Richtung ist dementsprechend nur ein Stopp im peruanischen Gebäude nötig. Beide Grenzposten sind rund um die Uhr geöffnet.

In Chile müssen die Uhren von Mai bis August eine Stunde, in den restlichen Monaten zwei Stunden vorgestellt werden. Von Arica aus kann man mit dem Flugzeug oder Bus Richtung Süden durch Chile oder nordöstlich nach Bolivien weiterreisen. Weitere Informationen liefern die Lonely Planet Reiseführer *Südamerika für wenig Geld, Chile & Osterinsel* und *Bolivia* (englischsprachig).

COLECTIVOS

Zahlreiche *colectivos* (20–25 S, 1–2 Std.) machen sich vom internationalen Terminal gegenüber dem *Terminal Terrestre* auf den Weg über die Grenze nach Arica in Chile. Sie verkehren rund um die Uhr, außerhalb der Hauptverkehrszeiten muss man jedoch oft warten, bis sie voll besetzt sind. Am internationalen Terminal wird eine Abfahrtsgebühr von 2 S erhoben.

Schnelle, aber in Sachen Sicherheit nicht ganz ungefährliche *colectivos* bedienen Moquegua (15 S, 2½ Std.) und manchmal auch Ilo. Sie starten, sobald sie voll besetzt sind, am Mercado Grau, einen kurzen Fußmarsch bergauf ab dem Terminal Terrestre. In der gefährlichen Marktgegend ist Vorsicht angesagt.

FLUGZEUG

Der **Flughafen** (TCQ) von Tacna liegt 5 km südwestlich der Stadt. **LATAM** (☎ 052-42-8346; www.latam.com; Apurímac 101; ⊙ Mo–Fr 8.30–19, Sa 9–14 Uhr) und **Peruvian Airlines** (www.peruvian.pe; Av Bolognesi 670) bieten beide tägliche Linienflüge nach Lima. In der Saison gibt es teilweise auch Verbindungen nach Arequipa und Cusco.

ZUG

Eine Zugfahrt zwischen Tacnas **Bahnhof** (☎ 052-61-1824; Av 2 de Mayo) und Arica in Chile (18 S/3800 C$, 1½ Std.) ist die reizvollste, doch zugleich langsamste Art, die Grenze zu überqueren. Der Pass wird am Bahnhof in Tacna abgestempelt, bevor man in den Zug steigt. An der eigentlichen Grenze wird nicht gehalten – seinen Einreisestempel bekommt man bei der Ankunft nahe der Plaza de Armas in Arica. Eisenbahnliebhaber wird die historische Zugfahrt begeistern, der Service ist allerdings recht unzuverlässig.

Zu Redaktionsschluss gab es pro Tag zwei Zugverbindungen ab Tacna (6 & 16.30 Uhr). Die Rückfahrt in Arica erfolgt um 10 und 20.15 Uhr. Den aktuellen Fahrplan sollte man am Bahnhof noch mal überprüfen. Es ist ratsam, Fahrkarten mindestens einen Tag im Voraus zu kaufen.

Unterwegs vor Ort

Die Fahrt mit einem offiziellen Flughafentaxi zwischen Flughafen und Stadtzentrum kostet etwa 10 bis 20 S. Vom Zentrum zu den Busbahnhöfen verlangen Taxis rund 6 S. Sammeltaxis verkehren direkt vom Flughafen nach Arica in Chile.

Arequipa & das Canyonland

Inhalt ➡

Gut essen

- La Nueva Palomino (S. 165)
- Salamanto (S. 167)
- Chicha (S. 167)
- Zig Zag (S. 165)
- Zingaro (S. 166)
- Tradición Arequipeña (S. 165)

Schön übernachten

- Hotel Casona Solar (S. 163)
- La Hostería (S. 163)
- Casa Arequipa (S. 162)
- Colca Lodge (S. 178)
- Casa Andina (S. 177)

Auf nach Arequipa und ins Canyonland!

Die Provinz Arequipa ist Perus großes „Kombipaket", denn sie vereint authentische historische Sehenswürdigkeiten mit aufregenden Andenabenteuern. Nur ein paar Autostunden von den kulturellen Reichtümern einer der schönsten Kolonialstädte Südamerikas entfernt erstrecken sich die tiefsten Schluchten der Welt. Urbane Zerstreuungen findet man reichlich in Arequipa, der unkonventionellen Metropole im Schatten des Vulkans El Misti. Im Nordwesten locken der Colca- und der Cotahuasi-Canyon, die zwar sehr beeindrucken, aber neben den Andenkondoren, großartigen Trekkingtouren und spanischen, Inka- und Prä-Inka-Spuren nur eines von vielen Highlights bilden. Ebenso faszinierend sind das von Lava überkrustete Valle de los Volcanes, die eindringlichen Felsbilder von Toro Muerto und der karge Paso de Patapampa, wo eine Straße bis auf 4910 m hinaufklettert, höher als jeder Berg in Westeuropa oder Nordamerika.

Reisezeit

Arequipa

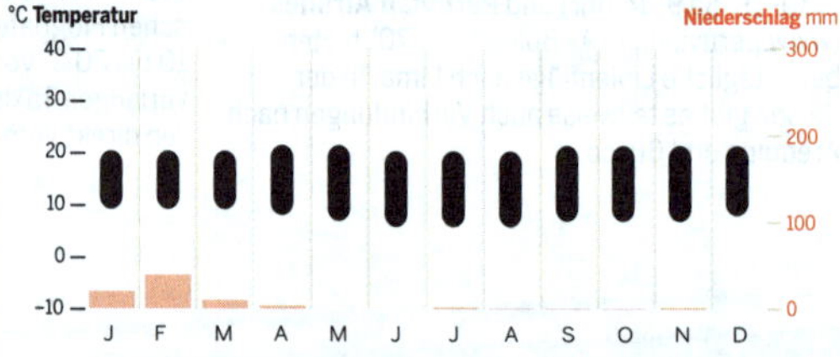

März–April Arequipas Osterparade konkurriert mit denen der einstigen Kolonialmacht Spanien.

April–Dez. Außerhalb der Regenzeit durch den Colca- und den Cotahuasi-Canyon wandern.

Juni–Sept. Beste Möglichkeit, um Andenkondore über dem Cañón del Colca zu beobachten.

Highlights

1 Cañón del Colca (S. 173) Andenkondore beobachten, die sich an den Wänden der Schlucht von warmen Luftströmungen in die Höhe tragen lassen.

2 Monasterio de Santa Catalina (S. 152) Hinter den Steinmauern dieser kleinen Festung in Arequipa einen Einblick ins karge Klosterleben erhalten.

3 Picanterías (S. 165) Wie in Arequipa üblich, traditionell gemeinsam speisen.

4 El Misti (S. 172) Einen Versuch unternehmen, den hinter Arequipa aufragenden Vulkankegel zu bezwingen.

5 Museo Santuarios Andinos (S. 156) Die mumifizierten Überreste von Juanita, dem „Mädchen aus dem Eis" bestaunen.

6 Toro-Muerto-Petroglyphen (S. 172) Über die mögliche Bedeutung der 5000 mysteriösen Felsritzungen in der Wüste nachsinnen.

7 Neue Küche (S. 167) In Arequipa, Gerichte probieren, die Einflüsse der spanischen, der asiatischen und der Inka-Küche vermischen.

AREQUIPA

☎054 / 969 300 EW. / 2350 M

Andere Peruaner witzeln, dass man einen anderen Reisepass braucht, um die zweitgrößte Stadt Perus zu bereisen, eine Metropole, die nur 10 % der Größe Limas erreicht, diesem aber in Hinsicht auf Küche, historische Bedeutung und Selbstbewusstsein durchaus ebenbürtig ist.

Die prächtige Umgebung der Stadt, die von drei dramatischen Vulkanen bewacht wird, macht sie zu einem idealen Ausgangspunkt für Trekking, Rafting und Besuche des Cañón del Colca. Das zum Weltkulturerbe der

UNESCO gehörende Zentrum ist mit Barockgebäuden aus weißem vulkanischem Stein verkleidet, die Arequipa den Spitznamen „Ciudad Blanca" (Weiße Stadt) geben. Allein der Blick auf die gigantische Kathedrale mit dem beeindruckenden El Misti (S. 172) im Hintergrund ist einen Besuch wert.

Abgesehen von seiner schönen Stadtlandschaft spielt Arequipa eine fundamentale Rolle in der gastronomischen Renaissance Perus, die man am besten in einem der gemeinschaftlichen *picantería-* oder Fusion-Restaurants der Stadt genießt - ein absolutes Highlight!

Die eigenwillige Stadt hat einen der einflussreichsten Romanautoren Lateinamerikas hervorgebracht, Mario Vargas Llosa. Juanita, eine im Eis konservierte Inka-Mumie, ist ein weiterer Schatz Arequipas.

Geschichte

Belege für Prä-Inka-Siedlungen indigener Völker rund um den Titicacasee veranlassten Wissenschaftler zu der Annahme, dass die Aymara der Stadt den Namen gaben. *Ari* bedeutet in ihrer Sprache „Gipfel" und *quipa* heißt „dahinterliegend": Arequipa ist also der „Ort, der hinter dem Gipfel liegt", genauer gesagt hinter dem Gipfel des El Misti. Daneben existiert die weitverbreitete Legende, dass der vierte *inca* (König) Mayta Cápac durch das Tal reiste und ganz begeistert von ihm war. Er befahl seinem Gefolge anzuhalten und sagte: „*Ari, quipay*", in Quechua (oder einer früheren Variante der Sprache) übersetzt so viel wie „Ja, bleibt". Die Stadt wurde am 15. August 1540 von den Spaniern neu gegründet; dieses Datum wird mit einem einwöchigen Fest (S. 161) begangen.

Unglücklicherweise ist Arequipa in einer Gegend entstanden, die in unregelmäßigen Abständen von Naturkatastrophen heimgesucht wird. So wurde der Ort 1600 von Erdbeben und Vulkanausbrüchen völlig zerstört und seither immer wieder von schweren Beben getroffen: 1687, 1868, 1958, 1960 und 2001. Deshalb sind viele Gebäude sehr niedrig und stabil gebaut. Trotz dieser Katastrophen blieben viele der beeindruckenden historischen Gebäude weitgehend erhalten.

Sehenswertes

★ **Monasterio de Santa Catalina** KLOSTER
(☎ 054-22-1213; www.santacatalina.org.pe; Santa Catalina 301; Eintritt 40 S; ⏲ 9–17, Di & Mi bis 19.30 Uhr, letzter Einlass 1 Std. vor Schließung) Dieses Kloster sollte man sich nicht entgehen lassen, auch wenn man langsam keine Kolonialgebäude mehr sehen kann, denn es handelt sich um eines der faszinierendsten religiösen Bauwerke in Peru. 1580 von der reichen Witwe Doña María de Guzmán gegründet, nimmt es einen ganzen Block ein und wird von ungewöhnlich hohen Mauern umschlossen. Im Grunde ist der 20 000 m² große Komplex praktisch eine Zitadelle innerhalb der Stadt. Der Eingang befindet sich an der Südwestecke.

Am besten besucht man Santa Catalina mit einem der sachkundigen Guides, die man für 20 S hinter dem Eingang anheuern kann und die u. a. auch Deutsch sprechen. Die Führungen dauern ungefähr eine Stunde, danach kann man noch selbst auf Erkundungstour gehen, bis die Tore schließen. Darüber hinaus ist das Kloster an zwei Abenden in der Woche geöffnet, an denen Besucher bei Kerzenlicht durch die düstere Anlage wandeln dürfen wie die Nonnen vor Jahrhunderten.

Man kann auch ohne Führer auf Erkundungstour gehen, die meditative Atmosphäre genießen und sich treiben lassen (auf der Rückseite des Tickets ist eine Minikarte abgebildet). Wenn man Santa Catalina im Alleingang besichtigt, beginnt man am besten mit den drei **Hauptkreuzgängen**. Nachdem man den *silencio*-Bogen (Bogen der Stille) passiert hat, betritt man den **Kreuzgang der Novizinnen**, in dessen Innenhof ein Kautschukbaum steht. Früher mussten die Frauen nach dem Durchschreiten des Bogens ein feierliches Schweigegelübde ablegen und ihr Leben dem Gebet sowie der Arbeit widmen. Die nächsten vier Jahre lang waren sie Novizinnen; in dieser Zeit zahlten ihre wohlhabenden Familien jedes Jahr eine Mitgift von 100 Goldmünzen. Danach konnten sie wählen, ob sie ihr Gelübde ablegen und in den Dienst Gottes treten oder das Kloster verlassen wollten. Letzteres brachte aber Schande über ihre Angehörigen.

Im Anschluss an diese Zeit durften die Nonnen den **Orangenkreuzgang** betreten. Der Name leitet sich von den **Orangenbäumen** in seiner Mitte ab, die Erneuerung und das ewige Leben repräsentieren. Von diesem Ort hat man Einblick in den **Profundisraum**, eine Totenhalle, in der die verstorbenen Ordensschwestern betrauert wurden. Ihre Konterfeis säumen die Wände. Sobald eine der Frauen starb, wurden für 24 Stunden Künstler engagiert, um sie zu porträtieren; es war nämlich nicht erlaubt, Ordensangehörige zu Lebzeiten zu malen.

Die vom Orangenkreuzgang wegführende **Córdova-Straße** flankieren Zellen, die als Wohnbereiche der Nonnen dienten. In den Behausungen gab es Platz für eine oder auch mehrere Frauen sowie eine Handvoll Bedienstete. Je nach Wohlstand der Bewohnerinnen waren sie einfach oder luxuriös. Ein Bummel über die **Toledo-Straße** führt zu einem Café, das mit frischem Gebäck und Espresso lockt, sowie zu den öffentlichen Waschbereichen. Dort wuschen Bedienstete die Kleidung der Schwestern in riesigen Tongefäßen, in die Wasser von Bergbächen abgeleitet wurde.

Über die **Burgos-Straße** gelangt man zum funkelnden *sillar*-Turm (weißes vulkanisches Gestein) der Kathedrale. Besucher können in die muffige Dunkelheit der Gemeinschaftsküche eintauchen, die bis zur Reformation von 1871 als Kirche genutzt wurde. Am **Zocodober-Platz** dahinter (von dem arabischen Wort für „Tauschhandel" abgeleitet) versammelten sich an Sonntagen die Nonnen, um untereinander kunsthandwerkliche Erzeugnisse wie Seifen und Gebäck auszutauschen. Geht man weiter, stößt man linker Hand auf die **Zelle** der legendären Sor Ana, einer Ordensschwester, die für ihre detailgenauen Vorhersagen der Zukunft und für die bis zu ihrem Tod 1686 angeblich vollbrachten Wunder bekannt war.

Der **Große Kreuzgang** schließlich wird an einer Seite von der **Kapelle** begrenzt und auf der anderen von der **Kunstgalerie**, die als Schlafsaal genutzt wurde. Das Gebäude hat die Form eines Kreuzes. Wandmalereien stellen Szenen aus dem Leben Jesu und der Jungfrau Maria dar.

Plaza de Armas — PLATZ

Arequipas Hauptplatz ist unbeeinträchtigt von modernen Störungen und ein Museum der hiesigen *sillar*-Architektur – weiß, kraftstrotzend und von einzigartiger Ästhetik. Drei Seiten werden von beeindruckenden Arkaden gesäumt, die vierte dominiert die größte Kathedrale Perus, ein gigantisches Bauwerk mit zwei riesigen Türmen. Doch selbst sie wirkt winzig vor der Kulisse der beiden schneebedeckten Gipfel von El Misti und Chanchani, die von verschiedenen Punkten im zentralen Park der Stadt zu sehen sind.

Die *arequipeños* sind ein stolzes Volk, das gern intellektuelle Debatten veranstaltet, besonders über seine glühenden politischen Überzeugungen, die traditionell bei regelmäßigen Demonstrationen auf der Plaza de Armas kundgetan wurden. Mitte 2015 wurden in einer umstrittenen Entscheidung jedoch Proteste und Verkehr verboten, um den Ort touristenfreundlicher zu gestalten. Natürlich versammeln sich die Massen weiterhin in trotzigem Widerspruch.

La Catedral — KATHEDRALE

(☎ 054-23-2635; ⏲ Mo–Sa 7–10 & 17–19, So 11–12 Uhr) GRATIS Das *sillar*-Bauwerk dominiert die Plaza de Armas mit seinem strahlenden Weiß und seiner Größe: Es ist die einzige Kathedrale in Peru, die sich über die gesamte Länge des Platzes erstreckt. Darüber hinaus hat sie sich mehrmals wie Phönix aus der Asche erhoben. Ihre Originalstruktur aus dem Jahr 1656 wurde 1844 bei einem Brand fast völlig zerstört. Doch kaum hatte man die Kirche wieder aufgebaut, stürzte sie bei einem Erdbeben 1868 in sich zusammen. Das meiste von dem, was man heute sieht, wurde in der Folgezeit errichtet. Die „Museum"-Tour (S. 153) lohnt sich.

Das Interieur ist schlicht und luftig, voll erhabener Schönheit, die hohen Gewölbe beinahe schmucklos. Die Kirche verströmt ein ausgesprochen internationales Flair. Die Kathedrale ist als eine von weltweit nicht einmal 100 Basiliken berechtigt, die Flagge des Vatikans zu zeigen, die man rechts vom Altar sieht. Letzterer besteht ebenso wie die zwölf Säulen (die für die 12 Apostel stehen) aus italienischem Marmor. Die riesige Messinglampe im byzantinischen Stil, die vor dem Altar hängt, stammt aus Spanien, während die Kanzel in Frankreich geschnitzt wurde. 1870 stellte Belgien die eindrucksvolle Orgel zur Verfügung, von der man sagt, sie sei die größte Südamerikas. Beim Transport wurde sie allerdings derart beschädigt, dass sich die Zuhörer nun schon seit über einem Jahrhundert die Ohren zuhalten müssen.

Dann kam der nächste Schlag: Ein Beben brachte 2001 einen der gewaltigen Türme zum Einsturz und der andere sackte bedenklich ein. Auch diese Schäden wurden mittlerweile längst wieder beseitigt.

★ Museo de la Catedral — BASILIKA

(☎ 054-21-3149; www.museocatedralarequipa.org.pe; Santa Catalina, Plaza de Armas; Eintritt & Tour 10 S; ⏲ Mo–Sa 10–17 Uhr) Ein Muss für alle, die mehr von der Kathedrale von Arequipa sehen möchten (S. 153). Die 45-minütige, zweisprachige Führung durch dieses „Museum" bietet einen Einblick in das Innenleben der Basilika mit Erklärungen zu der beeindruckenden Kirchenorgel mit ihren 1000 Pfeifen sowie der Symbolik und den Farben, die

Arequipa

0 200 m
La Nueva Palomino (500 m)
Francisco Bolognesi
Río Chili
Parque Selva Alegre
Colca Lodge Arequipa (Büro; 150 m); Libertador Ciudad Blanca (300 m)
Jerusalén
Juan de la Torre
Clínica Arequipa (150 m); Convento y Museo de la Recoleta (350 m); Sol de Mayo (650 m); Yanahuara (850 m); El Tío Darío (950 m); Hogar Clínica San Juan de Dios (1,2 km)
Campo Redondo
Llosa
Av Puente Grau
Zela
Av La Marina
Ayacucho
Rivero
Ugarte
Monasterio de Santa Catalina
San Francisco
Melgar
Moral
Villalba
Bolívar
Santa Catalina
Museo de Arte Virreinal de Santa Teresa (50 m)
Santa Marta
DHL
Serpost
San Agustín
Pasaje Catedral
La Merced
San José
Peral
Cruz Verde
Sucre
Museo de la Catedral
Álvarez Thomas
Mercaderes (nur für Fußgänger)
Palla Boutique Hotel (100 m); Posada Nueva España (800 m)
Bolognesi
Museo Santuarios Andinos
N de Piérola
Santo Domingo
Palacio Viejo
Deán Valdivia
Casa de Avila (250 m); Casa Arequipa (600 m)
Consuelo
San Juan de Dios
San Camilo
Perú
Pizarro
La Merced
Álvarez Thomas
Mercado San Camilo
Alto de la Luna
Nuevo Corbacho
Casa Museo Mario Vargas Llosa (250 m)
Hospital Regional Honorio Delgado Espinoza (1,4 km)
Paz Holandesa Policlinic (350 m)

Arequipa

Highlights
1 Monasterio de Santa Catalina ... B3
2 Museo de la Catedral ... B5
3 Museo Santuarios Andinos ... B5

Sehenswertes
4 Callejón del Solar ... A4
5 Casa de Moral ... B4
6 Casa Ricketts ... B4
7 Iglesia de La Compañía ... B5
8 Iglesia de San Francisco ... C3
9 La Catedral ... B4
10 Museo de Arte Contemporáneo de Arequipa ... A4
11 Museo Histórico Municipal ... C3
12 Plaza de Armas ... B5
13 San Ignacio Chapel ... B5

Aktivitäten, Kurse & Touren
14 Al Travel Tours ... B4
15 Carlos Zárate Adventures ... D2
16 Centro Cultural Peruano Norteamericano ... D3
Chaqchao Chocolates ... (siehe 52)
17 Colca Trek ... C3
18 Ecotours ... C2
19 Free Walking Tour Peru ... C3
20 Naturaleza Activa ... B3
21 Pablo Tour ... D3
22 Peru Adventures Tours ... B3
23 ROCIO ... D3
24 Tours Class Arequipa ... B4

Schlafen
25 Casa Andina Classic ... D2
26 Casablanca Hostal ... A5
27 Casona Terrace Hotel ... B6
28 Hostal las Torres de Ugarte ... B3
29 Hostal Núñez ... D2
30 Hostal Solar ... D3
31 Hotel Casona Solar ... B6
32 Hotel La Posada del Monasterio ... B3
33 La Casa de Melgar ... D3
34 La Casa de Sillar ... D2
35 La Hostería ... B2
36 La Posada del Cacique ... D3
37 La Posada del Parque ... C6
38 La Posada del Puente ... A1
39 Le Foyer ... C4
40 Los Tambos Hostal ... A5
41 Misti Inn ... D2
42 Orkkowasi Casa de Montaña ... B6
43 Terruño de Yarabaya ... D2
44 Wild Rover Hostel ... C3

Essen
45 Cevichería Fory Fay ... B6
Chicha ... (siehe 70)
46 Crepísimo ... B3
47 El Turko ... C4
48 Hatunpa ... B3
49 La Despensa ... B3
50 La Lucha Sanguchería Criolla ... B5
51 La Trattoria del Monasterio ... B2
52 Las Gringas ... B4
53 Los Leños ... D3
54 Omphalos ... A4
55 Restaurant on the Top ... B5
56 Salamanto ... B4
57 Victoria Picantería ... C4
58 Xarza Mora ... B6
59 Zig Zag ... C3
60 Zingaro ... C3

Ausgehen & Nachtleben
61 Brujas Bar ... C3
62 Casona Forum ... C3
63 Chelawasi Public House ... D2
64 Déjà Vu ... C3
65 Imperio Club ... C4
66 Museo del Pisco ... B4
67 Split ... C3

Unterhaltung
68 Café Art Montréal ... B3
69 Woodstock ... C3

Shoppen
70 Casona Santa Catalina ... B3
71 Claustros de la Compañía ... B5
72 Fundo El Fierro ... C2
73 Galería de Artesanías 'El Tumi de Oro' ... B5
74 Incalpaca Factory Outlet Claustros ... B5
75 Librería SBS Internacional ... B4
76 Sol Alpaca ... C1

Praktisches
77 BCP ... C5
78 InkaFarma ... C5
79 Interbank ... C5
80 iPerú ... B5
81 Policía de Turismo ... C3

Transport
82 LAN ... B4
83 LCPeru ... B4
84 Sky Airline ... A5

in religiösen Gemälden und Ornamenten verwendet wurden. Die Aussicht vom Dach aus auf Arequipa und seine *sillar*-Gebäude ist ein weiteres Plus.

Zugang von der Santa Catalina-Ecke der Plaza de Armas.

Iglesia de La Compañía KIRCHE
(www.jesuitasaqp.pe; Moral Ecke Álvarez Thomas; ⌚9–11 & 15–18 Uhr) GRATIS Mancher empfindet die Kathedrale von Arequipa vielleicht als zu groß. Ein interessantes Gegenstück bildet diese winzige Jesuitenkirche an der

Südostecke der Plaza de Armas (sie liefert zudem den Beweis, dass klein wirklich schön sein kann). Die Fassade vorne ist ein kunstvoll gemeißeltes Meisterwerk des Churriguerismus (eine Spielart des spanischen Barock aus den 1660er-Jahren). Der ebenso detaillierte Altar, komplett mit Blattgold bedeckt, setzt den Stil fort – er wird jedem, der die Kathedrale von Sevilla in Spanien besucht hat, irgendwie vertraut vorkommen.

Links vom Altar überspannt eine mehrfarbige Kuppel die **San Ignacio Chapel** (Eintritt 5 S; ⌚ Mo–Sa 9–13 & 15–18, So 9–13 Uhr), mit üppigen, ungewöhnlichen dschungelartigen Wandgemälden.

Nebenan setzt das halb offene Einkaufszentrum Claustros de la Campañía (S. 168) den verschnörkelten Stil fort. Der Zugang liegt in der Calle Santo Domingo.

★ Museo Santuarios Andinos MUSEUM

(☎ 054-28-6613; www.ucsm.edu.pe/museo-santuarios-andinos; La Merced 110; Eintritt 20 S, Kinder von 5–17 Jahren 10 S; ⌚ Mo–Sa 9–18, So bis 15 Uhr) In diesem theatralischen Museum wird u. a. der Körper einer eingefrorenen „Mumie" präsentiert. Es kann nur mit einer Führung besichtigt werden (kostenlos, am Ende wird aber ein Trinkgeld erwartet). Höhepunkt ist die etwas makabre Besichtigung der armen Juanita (S. 158), eines zwölfjährigen Inka-Mädchens, das in den 1450er-Jahren den Göttern geopfert wurde und heute auf schaurige Weise in einer Tiefkühl-Vitrine präsentiert wird. Die Rundgänge dauern bis zu einer Stunde und werden in Spanisch, Englisch und Französisch angeboten.

Als Erstes geleiten die erfahrenen studentischen Guides von der Universität Besucher durch mehrere stimmungsvolle, sanft beleuchtete Zimmer voller Artefakte der Expedition, die auf die „Mumie" stieß. Ein schöner 20-minütiger Film zeigt, wie Juanita, die sogenannte „Eisjungfrau", 1995 auf dem Gipfel des Nevado Ampato ausgegraben wurde. Von Januar bis April wird Juanita gegen eine andere „Mumie" ausgetauscht und, um ihren Zustand zu erhalten, in völliger Dunkelheit tiefgefroren.

Convento y Museo de la Recoleta KLOSTER

(☎ 054-27-0966; La Recoleta 117; Eintritt 10 S; ⌚ tgl. 9–17, Mi & Fr bis 20 Uhr nach Voranmeldung) Buchliebhaber werden von der riesigen Bibliothek dieses muffigen Klosters begeistert sein. Sie enthält mehr als 20 000 historische Bände und Karten. Das älteste Werk stammt aus dem Jahr 1494. Bildung war für den Franziskanerorden ein fester Bestandteil des Lebens. Wer den Raum besichtigen möchte, fragt einfach am Eingang nach.

In einem angeschlossenen Museum sind Fundstücke aus dem Amazonasgebiet zu sehen (darunter ausgestopfte Tiere des Regenwalds), die von Missionaren gesammelt wurden. Außerdem lockt hier eine umfangreiche Sammlung an Artefakten aus den Zeiten vor der Kolonialisierung sowie religiöse Kunst der escuela cuzqueña (Cusco-Schule).

Franziskaner bauten das Kloster 1648 auf der Westseite des Río Chili, aber inzwischen wurde es völlig neu errichtet. Die Führer sprechen Spanisch, Englisch, Französisch und Italienisch und erwarten ein kleines Trinkgeld.

Von der Plaza de Armas sind es auf dem Weg nach Yanahuara bis zur Monasterio de la Recoleta nur 10 Minuten zu Fuß über die angenehme Puente Bolognesi.

Museo de Arte Virreinal de Santa Teresa MUSEUM

(☎ 054-28-1188; Melgar 303; Eintritt 20 S; ⌚ Mo–Sa 9–17) Dieses prachtvolle Karmeliterkloster aus dem 17. Jh. ist als „lebendes Museum" der Öffentlichkeit zugänglich. Die Gebäude aus der Kolonialzeit sind berühmt für ihre dekorativ eingerichteten Räume. Darin finden sich wertvolle Votivkunst, Wandgemälde, Metallarbeiten, Bilder und andere historische Kunstgegenstände. Die Studenten, die hier als Führer arbeiten, sprechen auch Deutsch und nehmen für ihre Dienste gern ein Trinkgeld an. In einem hübschen Laden an der Vorderseite des Komplexes bekommt man Backwaren und nach Rosen duftende Seifen, die von Nonnen hergestellt werden.

Callejón del Solar VIERTEL

(Zutritt über Bolognesi oder San Agustín) GRATIS Diese zauberhafte Gasse ist die malerischste in Arequipa mit strahlend weißen *sillar*-Häusern – die bewohnt sind! – Straßenpflaster, von Spalieren umgebenen Sitzbänken und prächtigen Blumentöpfen. Man könnte all das leicht für die Kulisse einer Show mit dem Titel „Arequipa: Das Musical" halten – obwohl ausgerechnet dieses Kleinod bisher kaum von Touristen wahrgenommen wurde. Nachts fühlen sich Teenager und Liebespaare von der Ruhe dieser Stadtoase angezogen. Einige Tore sind abgeschlossen.

Museo de Arte Contemporáneo de Arequipa GALERIE

(☎ 054-22-1068; www.facebook.com/museodearte contemporaneoarequipa; Sucre 104; Eintritt 3 S;

Mo–Sa 10–15 Uhr) Das Museum befindet sich in einer schön restaurierten *casona* (großes Haus) sowie einem Garten von 1540, als Arequipa (neu) gegründet wurde. Die kleine, wechselnde Sammlung zeitgenössischer Kunst von heimischen und internationalen Künstlern ist auch aufgrund ihrer zentralen Lage in der Nähe der Plaza de Armas.einen Besuch wert

Wer des Spanischen mächtig ist, findet auf der Website Einzelheiten zu Zeichen-, Mal- und Kinderworkshops.

★ Yanahuara VIERTEL

(Ecke Cuesta del Angel & Av Lima) Dieses ruhige Viertel lädt zu einem entspannten Ausflug ein. Sein Mittelpunkt ist ein *mirador* (Aussichtspunkt), durch dessen mit Gedichten beschriftete Bögen sich ein hervorragender Blick auf Arequipa und El Misti bietet. Hin kommt man über die Puente Grau Richtung Westen über die gleichnamige Brücke; dann von der Francisco Bolognesi, die den Park umgibt, bei der ersten Gelegenheit rechts abbiegen und von der Cuesta del Ángel wiederum bei der ersten Gelegenheit links. Vier Häuserblocks weiter wartet die Plaza Yanahuara mit ihrer Kirche und dem *mirador.*

Casa Ricketts HISTORISCHES GEBÄUDE

(Casa Tristán del Pozo; 054-21-5060; San Francisco 108; Mo–Fr 9–18, Sa bis 13 Uhr) GRATIS Die verschnörkelte Casa Ricketts diente bereits als Priesterseminar, Palast des Erzbischofs, Schule sowie Privathaus, nachdem es 1738 erbaut wurde. Heute ist hier die prächtigste Bank der Stadt und vielleicht sogar ganz Perus. Ein Besuch lohnt sich auch für Leute, die hier nichts erledigen müssen. Sehr sehenswert sind die kleine Galerie mit Kunst aus Arequipa und der Springbrunnen mit dem Pumakopf im zweigeteilten Innenhof.

Casa Museo Mario Vargas Llosa MUSEUM

(Parra 101; Eiintritt & Führung 10 S; Mo–Sa 10–17 Uhr) Das Geburtshaus des peruanischen Schriftstellers, Aktivisten und Literaturnobelpreisträgers Mario Vargas Llosa wurde in ein originelles Museum umgewandelt. Hologramme, Räume, in denen Szenen aus seinen Romanen nachgestellt wurden, Originalhandschriften und interaktive Displays vermitteln einen Eindruck der Bedeutung des Autors für die moderne Geschichte Lateinamerikas – und machen das Museum auch für die Besucher interessant, die sich bislang nicht eingehend mit Llosa bneschäftigt haben. Die obligatorische Führungen sind zwar auf Spanisch, aber so selbsterklärend, dass man auch ohne Sprachkenntnisse seinen Spaß hat.

Museo Histórico Municipal MUSEUM

(054-22-1017; Plazuela San Francisco 407; Eintritt 10 S; Mo–Fr 8–18 Uhr) In Arequipas und Perus geschichtliche Entwicklung führt dieses lehrreiche, aber wenig aufregende Museum ein. Mehrere Räume widmen sich verschiedenen Epochen: der präkolumbischen Zeit, der Unabhängigkeit, der Republik und dem Salpeterkrieg.

La Mansión del Fundador HISTORISCHES GEBÄUDE

(054-44-2460; www.lamansiondelfundador.com; Huasache s/n; Eintritt S15; 9–17 Uhr) Einst gehörte die im 17. Jh. erbaute Villa Garcí Manuel de Carbajal, Arequipas Gründer. Sie wurde mit originalen Gemälden und Möbeln wieder hergerichtet und es gibt sogar eine hauseigene Kapelle. Das Gebäude liegt 9 km vom Zentrum entfernt im Dorf Huasacache und ist leicht mit dem Taxi zu erreichen (hin & zurück 20 S).

Hierher führen auch oft städtische Touren, wie **Tours Class Arequipa** (www.toursclassarequipa.com.pe; Portal de San Agustín 103, Plaza de Armas; Führungen 2/4 Std. 35/45 S; Beginn 9.15, 11 & 14 Uhr, Geschäftszeiten 8–20 Uhr).

Casa de Moral HISTORISCHES GEBÄUDE

(054-21-4907; Moral 318; Eintirtt 5 S; Mo–Sa 9–17 Uhr) Das 1730 im barocken Stil errichtete Haus ist nach dem 200 Jahre alten Maulbeerbaum im zentralen Innenhof benannt. Es gehört seit 2003 der BCP-Bank und dient als Museum, das bekannt ist für seine antiken Karten, schweren Möbel, religiösen Kunstwerke sowie seine umfassende Münz- und Banknotensammlung. Die Beschilderungen sind auf Spanisch und Englisch.

Iglesia de San Francisco KIRCHE

(054-22-3048; Zela 202; Eintritt 10 S; Mo–Sa 9–12 & 15–18 Uhr) Mehrere Erdbeben haben die im 16. Jh. errichtete Iglesia de San Francisco schwer in Mitleidenschaft gezogen, doch sie hält den Elementen weiter stand. Als Zeugnis der Macht der Beben fungiert ein großer Riss in der Kuppel. Der Gartenplatz auf der linken Seite dient gleichzeitig als kleiner Park.

Aktivitäten

Arequipa ist Zentrum zahlreicher Outdoor-Aktivitäten im Hochland nördlich und östlich der Stadt. Trekking, Bergsteigen und

JUANITA – DIE „EISJUNGFRAU"

Als der einheimische Kletterer Miguel Zárate 1992 eine Expedition auf den Nevado Ampato (6288 m) leitete, fand er in der Nähe eines vereisten Gipfels merkwürdige hölzerne Reste, die an eine Grabstätte erinnerten. Im September 1995 überzeugte er den amerikanischen Bergsteiger und Archäologen Johan Reinhard, mit ihm den Gipfel zu erklimmen, denn die Witterungsverhältnisse waren zu diesem Zeitpunkt ungewöhnlich gut. Die Eruptionen des nahen Vulkans Sabancaya hatten den Berg mit Asche bedeckt, sodass der Schnee darunter geschmolzen war. Das half bei der Suche nach dem mysteriösen Grab. Nach der Ankunft fanden die beiden tatsächlich eine Statue und andere Opfergaben, aber die Grabstätte war zusammengesackt und es gab keine Spur eines Leichnams. Doch das Team hatte eine kluge Idee. Es ließ Steine die Abhänge hinabrollen und folgten ihnen. Dabei entdeckte Zárate den zusammengebundenen Körper eines Inka-Mädchens, das herabgerutscht war, als sein eisiges Grab zerfiel.

Der Körper des Mädchens war in Tücher gewickelt und wegen der niedrigen Temperaturen auch nach rund 500 Jahren noch immer sehr gut erhalten. Ihre sorgfältige und zeremonielle Deponierung an dieser abgelegenen Grabstätte und eine Schlagwunde an ihrer rechten Schläfe legten den Schluss nahe, dass dieses 12- bis 14-jährige Mädchen auf dem Gipfel geopfert worden war. Die Inka fürchteten den Zorn der Berggötter und glaubten, dass er sich durch tödliche Vulkanausbrüche, Lawinen und Klimakatastrophen äußerte. Um sie zu besänftigen, brachten sie Opfer dar – und die höchste Gabe war ein Kind.

Es kostete die Männer Tage, das gefrorene Bündel hinunter ins Dorf Cabanaconde zu bringen. Von dort transportierte man sie in einem „Bett" aus tiefgefrorenen Lebensmitteln in Zárates häuslicher Tiefkühltruhe in die Universidad Católica (Katholische Universität) in Arequipa, wo die Wissenschaftler mit einer Reihe von Untersuchungen begannen. Bald wurde das Mädchen „Juanita, die Eisjungfrau" genannt. Die Mumie bekam 1998 ein eigenes Museum, das Museo Santuarios Andinos (S. 156). Insgesamt fand man seit den 1950er-Jahren etwa zwei Dutzend ähnliche Inka-Opfer oben in den Andengipfeln.

Rafting sind die drei Hauptsportarten, daneben gibt's aber auch noch eine Reihe weiterer Ablenkungen.

Wandern & Bergsteigen

Die spektakulären Schluchten um Arequipa eignen sich sehr gut zum Bergsteigen und Wandern. Viele Trekkinganbieter organisieren maßgeschneiderte Touren in abgelegene Landstriche für jeden Fitnessgrad.

Perus Vereinigung der Bergführer warnt, dass viele Guides nicht ausreichend ausgebildet oder untrainiert sind, und empfiehlt, sich gut über Themen wie medizinische Versorgung und Überleben in der Wildnis zu informieren. Fast alle Agenturen bieten Klettertouren im Paket inklusive Transfer an. Die Kosten variieren je nach Größe der Gruppe und Berg, aber ein Tagespreis von ca. 85 US$ nur für den Guide ist realistisch.

Allein durch die viel bereiste Cañón-del-Colca-Region zu streifen ist beliebt und einfach. Wer lieber mit einem Führer unterwegs ist oder abgelegene Gegenden besuchen will, findet in Arequipa Dutzende Anbieter, die geführte Trips arrangieren.

Obwohl man das ganze Jahr über hier wandern kann, ist die beste (d. h. trockenste) Zeit von April bis Dezember. Eine Akklimatisierung ist in diesem Terrain zwingend nötig. Bevor man in größere Höhen aufbricht, bleibt man zuvor am besten einige Zeit in Cusco oder Puno.

Wegen der eisigen Temperaturen, die in den höchsten Camps schon mal auf -29°C fallen, braucht man sehr warme Kleidung.

Carlos Zárate Adventures (S. 159) und **Peru Adventures Tours** (☎054-22-1658; www.peruadventurestours.com; Zela 209; ⏲Mo–Sa 8–17 Uhr) vermieten Zelte, Eispickel, Steigeisen, Öfen und Stiefel.

Karten dieser Gegend erhält man bei Colca Trek (S. 159) in Arequipa oder dem Instituto Geográfico Nacional (S. 592) und dem South American Club (S. 47) in Lima.

★ **Naturaleza Activa** ABENTEUERSPORT
(☎968-969-544; naturactiva@yahoo.com; Santa Catalina 211; ⏲Geschäftszeiten Mo–Sa 11–19 Uhr) Die bei Abenteuerreisenden beliebte Agentur hat ein breites Spektrum an Trekking-, Kletter- und Mountainbiketouren im Programm. Ein großer Vorteil der Agentur ist, dass alle Mitarbeiter bei Naturaleza Activa qualifizierte Guides sind und nicht einfach nur Verkäufer, daher können sie sämtliche

Fragen mit echtem Wissen beantworten. Sie sprechen Deutsch, Englisch und Französisch.

Carlos Zárate Adventures ABENTEUERSPORT

(☎054-20-2461; www.zarateadventures.com; Jerusalén 505A) Dieses hochprofessionelle Unternehmen wurde 1954 von Carlos Zárate, dem Urgroßvater des Kletterns in Arequipa, gegründet. Miguel, einer seiner Söhne, war 1995 zusammen mit anderen Archäologen für die Ausgrabung von Juanita, der „Eisjungfrau" (S. 158), auf dem Gipfel des Ampato verantwortlich. Heute wird der Betrieb von einem anderen seiner Söhne, dem erfahrenen Guide Carlos Zárate Flores, geführt und bietet alle möglichen Trekking- und Kletterausflüge auf alle lokalen Gipfel an.

Die Preise variieren je nach Gruppengröße und Transportmethode. Eine Klettertour mit vier Personen auf den El Misti kostet 250 S pro Person, eine dreitägige Trekkingtour im Cañón del Colca schlägt pro Person mit 220 S zu Buche. In beiden Trips sind der Privattransport, die Guides, die Mahlzeiten und die gesamte Ausrüstung enthalten.

Zárates Führer sprechen Spanisch oder Englisch, auf Anfrage und vorheriger Absprache werden auch französischsprachige Guides bereitgestellt. Das Unternehmen verleiht zudem Ausrüstung an unabhängige Kletterer und Wanderer, darunter Eispickel, Steigeisen und Wanderschuhe.

Colca Trek ABENTEUERSPORT

(☎054-20-6217; www.colcatrek.com.pe; Jerusalén 401B; ⏲Geschäftszeiten Mo–Fr 9–19, Sa bis 16, So bis 13 Uhr) Eine ökobewusste Agentur für Abenteuertouren und gute Ausrüstung, geführt von dem kenntnisreichen Englisch sprechenden Vlado Soto. Neben Trekkingtrips abseits ausgetretener Pfade kann man auch Bergsteigen, Mountainbiking und Wildwasserfahrten buchen sowie gute topografische Karten der Gegend kaufen. Colca Trek ist eine ergiebige Infoquelle für Leute, die diese Region gern auf eigene Faust erkunden möchten. Man sollte sich vor Nachahmern hüten, die einfach den Namen des Unternehmens bzw. Webadressen benutzen, die der offiziellen Homepage ähneln.

Pablo Tour TREKKING

(☎054-20-3737; www.pablotour.com; Jerusalén 400 AB-1; ⏲Geschäftszeiten 8.30–20 Uhr) Immer wieder empfehlen Leser die Führer von Pablo Tour. Sie sind Experten für Trekkingtrips sowie kulturelle Ausflüge. Außerdem statten sie Wanderer mit der notwendigen Ausrüstung und mit topografischen Karten aus.

Rafting

Arequipa gilt als einer der Hauptorte für Rafting und Kajakfahrten. In der Regenzeit von (Dez.–März) ist dies aufgrund des hohen Wasserspiegels aber nicht möglich. Nähere Informationen und Tipps bekommt man unter www.peruwhitewater.com.

Der **Río Chili**, etwa 7 km von Arequipa entfernt, ist der am häufigsten befahrene Fluss in der Gegend. Auch für Anfänger gibt's von April bis November fast täglich eine halbtägige Tour (ab 40 US$). Etwas außerhalb kann man auf dem **Río Majes**, in den der Río Colca fließt, relativ einfache Ausflüge unternehmen. Die beliebteste Wildwassertour beinhaltet Stromschnellen der Klassen II und III.

Ein ausgefalleneres Abenteuer bietet der abgelegene **Río Cotahuasi**. Der Raftingtrip ist nichts für Ängstliche, denn er führt in den tiefsten Canyon der Welt. Er findet nur unregelmäßig statt und ist ausschließlich sehr erfahrenen Raftern zu empfehlen. Normalerweise dauert er neun Tage und beinhaltet Stromschnellen der Klassen IV und V.

Der **Río Colca** wurde erstmals 1981 befahren, doch die Tour über diesen Fluss ist gefährlich und schwierig und sollte nicht unterschätzt werden. Einige wenige Outdooragenturen führen dort gelegentlich teure Raftingfahrten durch. Leichtere Abschnitte erstrecken sich flussaufwärts vom Canyon.

Casa de Mauro RAFTING

(☎983-839-729; www.facebook.com/lacasademauroturismoyaventura; Ongoro Km 5) Das praktische Basislager für Raftingtrips auf dem Río Majes liegt 190 km westlich von Arequipa im Dorf Ongoro. Die Lodge bietet 1½-stündige Touren für Anfänger und erfahrene Rafter (100 S/Pers.). Es gibt Zeltplätze (20 S/Pers.) oder Dreibettzimmer mit privaten Bädern (130 S/Zi).

Am günstigsten ist die Anfahrt mit dem Bus von Transportes del Carpio ab dem Terminal Terrestre in Arequipa Richtung Aplao (12 S, 3 Std., stündl.) und dann weiter per combi (Minibus; 2 S) oder Taxi (15 S) nach Ongoro.

Majes River Lodge RAFTING

(☎958-250-220; www.majesriver.com) Leichte einstündige Raftingtrips (70 S; mind. 4 Pers.) sowie anspruchsvollere dreistündige Ausflüge auf dem Río Majes, bei denen Stromschnellen der Klasse IV passiert werden (150 S; mind. 5 Pers.). Zudem werden Übernachtungen in Einzel-/Doppelbungalows mit Solarduschen (100 S), Camping, Mahlzeiten mit frischen Flussshrimps und Exkursionen zu den nahen Felsbildern von Toro Muerto (S. 172) angeboten.

Von Aplao aus gelangt man per Taxi (15 S) oder *combi* (2 S) zur Majes River Lodge.

Mountainbiken

Rund um Arequipa gibt's viele Möglichkeiten für Mountainbiker. Viele der zuvor genannten Anbieter, die auch Trekking- oder Klettertouren im Programm haben, organisieren Vulkanradtouren den **Chachani** und **El Misti** hinab und gehen zudem individuell auf die Wünsche der Kunden ein. Hat man die Erfahrung und das nötige Kleingeld, kann man bei diesen Veranstaltern hochwertige Bikes mieten und erhält kompetente Unterstützung bei der Planung, sodass man auf eigene Faust losfahren kann. Peru Adventures Tours (S. 158) organisiert Fahrradtouren rund um El Misti für 50 US$ (halber Tag), inklusive Transport, Top-Marken-Fahrräder, Helm, Handschuhe und Snacks, Sauerstoffflaschen und Erste Hilfe ist ebenfalls erhältlich.

Kurse

Wer Spanisch lernen will, dem bietet Arequipa zahlreiche Möglichkeiten, an Kursen teilzunehmen und abends mit den Einheimischen zu üben. Am besten bucht man bei einem empfohlenen Unternehmen, und bevor man sich versieht, kann man Mario Vargas Llosa im Original lesen!

Wem der Name Gastón Acurio etwas sagt, und zudem die Meinung teilt, dass Peru die gastronomische Hauptstadt Lateinamerikas ist, sollte durchaus einen Arequipa-Kochkurs (S. 160) in Erwägung ziehen.

Centro Cultural Peruano Norteamericano SPRACHE
(ICPNA; ☎054-39-1020; www.cultural.edu.pe; Melgar 109) Neben vielfältigen Kulturaktivitäten (Theater, Musik etc.) organisiert das etablierte Peru-Nordamerika-Kulturzentrum, das in einer schönen *casona* (großes Haus) im Zentrum untergebracht ist.

ROCIO SPRACHE
(☎054-22-4568; www.spanish-peru.com; Ayacucho 208) Diese Sprachschule mit Unterbringungsmöglichkeiten berechnet für einen Spanischkurs 6 US$ pro Stunde. Kurse in Kleingruppen mit 20 Stunden Unterricht pro Woche kosten 116 US$. Am Gemeinschaftseingang die Klingel Nummer 21 drücken.

Geführte Touren

In den Straßen Santa Catalina und Jerusalén bieten zahlreiche Reisebüros unspektakuläre Citytouren und täglich durchgeführte Ausflüge ins Canyonland an. Oft (aber natürlich nicht immer!) handelt es sich um unprofessionelle Einrichtungen, deshalb Vorsicht bei der Buchung. Auf keinen Fall sollte man sich von Straßenhändlern zu Touren überreden lassen und möglichst immer

KOCHKURSE IN AREQUIPA

Der örtliche Führer und ausgebildete Koch Miguel Fernández betreibt **Al Travel Tours** (☎95-939-1436; www.aitraveltours.com; Santa Catalina 203; ⊙Büro Mo–Sa 10–18.30 Uhr) und organisiert **Peru Flavors**, einen vierstündigen Kochkurs (100 S, mind. 2 Pers.), bei dem man lernt, drei Vorspeisen und Hauptgerichte aus drei unterschiedlichen geographischen Regionen Perus zuzubereiten: aus Amazonien, aus der Anden- und aus der Küstenregion. Zu den Gerichten zählen *rocoto relleno* (gefüllte scharfe rote Paprika), *lomo saltado* (in der Pfanne gebratene Rindfleischstreifen mit Zwiebeln, Tomaten, Kartoffeln und Chilli) sowie *chupe de camarones* (sämige Garnelesuppe).

Beliebt ist auch **Peruvian Cooking Experience** (☎054-213-975; www.peruviancookingexperience.com; San Martín 116, Vallecito; 3-stündiger Kurs 23,50 US$; ⊙Mo–Sa 11 & 15 Uhr), im Hotel Casa de Avila vier Blocks südwestlich der Plaza de Armas. Die Kurse finden montags bis samstags um 11 und 14 Uhr statt. Hier kann man die Zubereitung von *ceviche* (rohen, in Zitronensaft marinierten Meeresfrüchten) lernen und sich sogar für vegetarische Rezepte entscheiden. Die Kurse (max. 6 Pers) gibt's auf Spanisch und Englisch.

Eine ausgezeichnete Entschuldigung für das Essen von Schokolade ist, wenn man sich seinen Riegel bei **Chaqchao Chocolates** (☎054-23-4572; www.facebook.com/chaqchao.organic.chocolates; Santa Catalina 204; 2½-stündiger Kurs 65 S; ⊙11 & 14.45 Uhr) selber macht. Die lustigen Kurse (auf Englisch) geleiten einen durch die Geschichte der Schokolade und informieren über ihre organischen Bestandteile und die Steinwerkzeuge, mit denen die Schoten gemahlen werden.

bar bezahlen, da sonst Kreditkartenbetrug drohen kann.

Die klassische Zweitagestour in den Cañón del Colca (S. 173) kostet 65 bis 225 S pro Person, abhängig von Saison, Gruppengröße und dem Komfort des Hotels in Chivay. Verschiedene Agenturen verkaufen möglicherweise Tickets für die gleichen Touren, darum sollte man sich ein wenig umschauen. Alle Touren starten zwischen 7 und 9 Uhr und passieren die Reserva Nacional Salinas y Aguada Blanca (S. 171), Chivay (S. 174) und die heißen Quellen von Calera (S. 175). Zudem besucht man eine Abend-*peña* (Bar oder Club mit Folklore-Livemusik) sowie Cruz del Cóndor (S. 179).

Obwohl eine eintägige Tour durch den Cañón del Colca (eigentlich hauptsächlich Cruz del Cóndor) oft groß angepriesen wird, verbringt man tatsächlich die meiste Zeit im Bus, ohne viel Zeit in einer der Canyon-Städte zu verbringen, und kehrt am selben Tag erschöpft nach Arequipa zurück. Die Abfahrt erfolgt um 2 Uhr morgens!

Free Walking Tour Peru STADTSPAZIERGANG
(☎998-959-566; www.fwtperu.com; Plaza San Francisco; Trinkgeld; ⏲12:20 Uhr) GRATIS Der eigenwillige, leidenschaftliche und bewanderte Guide nimmt jeden, der zum Treffpunkt kommt, mit auf einen 2½-stündigen Spaziergang auf Englisch/Spanisch/Französisch. Er führt die Teilnehmer zu Wahrzeichen der Stadt wie der San-Lázaro-Kirche, aber auch zu kommerziellen Unternehmen (ohne großen Verkaufsdruck), um Craft-Biere, Schokoladentee und *pisco* (ein Destillat aus Traubenmost und Perus alkoholisches Nationalgetränk) zu probieren. Die Tour ist kostenlos, die meisten Teilnehmer geben am Ende aber gern ein Trinkgeld. Los geht's auf der Plaza Iglesia de San Francisco (S. 157) – der Guide trägt eine grüne Weste.

Ecotours ABENTEUER
(☎054-20-2562; Jerusalén 409; ⏲Geschäftszeiten Mo–Sa 9–20 Uhr) Ecotours, mit Sitz in Arequipa, ist seit 20 Jahren im Geschäft und organisiert dreistündige Flussfahrten (70 S) auf dem Río Chili mit Stromschnellen der Klasse II bis Klasse IV oder dreitägige Ausflüge zum Cañón del Colca (250 S, inkl. Mahlzeiten und Unterkunft).

Feste & Events

Semana Santa RELIGIÖS
(Osterwoche; ⏲März oder April) Laut den *arequipeños* gleicht ihre Semana Santa den feierlichen und traditionellen spanischen Feiern in Sevilla. Die Prozessionen an Gründonnerstag, Karfreitag und Karsamstag sind besonders farbenfroh und enden manchmal mit der symbolischen Verbrennung des Judas.

Fiesta de la Virgen de Chapi RELIGIÖS
(⏲1. Mai) Arequipa ist auch während dieses Festes im Yanahuara-Viertel, bei dem in einer Prozession ein Bildnis der Jungfrau durch die Straßen getragen wird, gut besucht.

Aniversario de Arequipa KULTURELL
(⏲Aug.) Die Bewohner feiern die Neugründung der Stadt in den zwei Wochen vor dem 15. August u. a. mit Paraden, Tänzen, prachtvollen Umzügen und sogar Kletterwettkämpfen auf dem Berg El Misti. Besonders romantisch ist das Feuerwerk auf der Plaza de Armas, das bereits am Abend des 14. August stattfindet.

Schlafen

Bequem sind Unterkünfte nahe der Plaza de Armas, auch wenn es an Wochenenden in der Nähe der Bars von San Francisco eventuell laut werden kann. Vielerorts übernachtet man in schönen *sillar*-Gebäuden mit dicken Mauern (was Funksignalen abträglich sein kann). In der Regel gibt's überall Kabel-TV und kostenloses WLAN. Das Frühstück ist meist inbegriffen, besteht in den billigeren Häusern aber häufig nur aus Brot, Marmelade und Kaffee. Die Preise schwanken oft stark, selbst während der Hochsaison von Juni bis August.

Misti Inn HOTEL $
(☎054-38-4958; Jerusalén 605; EZ/DZ/3BZ inkl. Frühstück 50/65/92 S; 📶) Das hübsche, hellgelbe alte Gebäude im kolonialen Zentrum wirkt klassischer als die Barockresidenzen weiter südlich. Das musterlastige Dekor scheint älter als das Datum der letzten Renovierung vermuten lässt, trägt aber, wie der gute Service, zum Charme des Hotels bei.

La Posada del Parque B&B $
(☎054-21-2275; www.parkhostel.net; Deán Valdivia 238A; B/EZ/DZ inkl. Frühstück 30/65/85 S; @📶) Ein echtes Schnäppchen in der Nähe des Marktes. Unterhalb einer tollen Terrasse, von der der El Misti so nahe erscheint, dass man ihn fast umarmen könnte, befinden sich die Zimmer mit hohen Decken. Es gibt eine Küche sowie eine Wäscherei (wird extra berechnet) und die Besitzer können Spanischkurse vor Ort organisieren (7 US$/Std.)

La Posada del Cacique HOTEL $
(☎054-20-2170; Jerusalén 404; DZ/3BZ 85/98 S, Bett/EZ ohne Bad 33/79 S; @📶) In dieser Pension im zweiten Obergeschoss warten zwar etwas renovierungsbedürftige, aber große, sonnige Zimmer, eine gut ausgestattete Gemeinschaftsküche, warmes Wasser und eine ruhige Sitzecke auf dem Dach. Die Besitzer (ein Vater-Sohn-Gespann) geben kompetente Ratschläge und sorgen dafür, dass sich ihre Gäste sofort wie zu Hause fühlen.

Hostal Núñez HOSTEL $
(☎054-21-8648; www.hotel-nunez.de; Jerusalén 528; EZ/DZ/3BZ 59/79/156 S; 📶) Obwohl es an einer Straße mit einigen weniger überzeugenden Herbergen liegt, ist das sichere, freundliche Hostel sehr beliebt. Die farbenfroh dekorierten Räumlichkeiten haben TVs, allerdings sind die Einzelzimmer etwas eng.

★ **Casa Arequipa** BOUTIQUEHOTEL $$
(☎054-28-4219; www.arequipacasa.com; Av Lima 409, Vallecito; Zi. inkl. Frühstück ab 70 US$; 📶) Diese schwulenfreundliche Unterkunft ist in einer pinkfarbenen Kolonialvilla in den Gartenanlagen des Vororts Vallecito untergebracht. Hier warten über ein halbes Dutzend gut eingerichtete Zimmer, farbige Wände, Standwaschbecken, handgefertigte Antikmöbel und Bettdecken aus Alpakawolle auf Gäste. In der Lobby ist eine gemütliche Cocktailbar.

Orkkowasi Casa de Montaña HOSTEL $$
(☎054-21-4518; Álvarez Thomas 208; DZ/3BZ 88/130 S, Bett/DZ ohne Bad 29/72 S; 📶) Von dem beengten Eingang dieses Hostel in der Nähe der Plaza de Armas sollte man sich nicht abschrecken lassen. Die ruhigen Zimmer im Obergeschoss sind sauber und geräumig und mit Sofas, Schreibtischen, Flachbild-TVs und bequemen Betten ausgestattet – und modern dort, wo es darauf ankommt: bei den (kleinen) Bädern und dem schnellen WLAN. Es gibt eine Küche und einen Loungebereich auf dem Dach.

Terruño de Yarabaya PENSION $$
(☎950-610-077; www.terrunodeyarabaya.weebly.com; Ecke Desaguadero 104-106 & Campo Redondo; ES/DZ 100/120 S; 📶) Welch ein Unterschied durch einen Garten entstehen kann! Alle Zimmer schauen auf die friedliche grüne Oase. Die Zimmer und Bäder sind sauber und modern und mit Kabel-TV, Mikrowelle sowie Kühlschrank ausgestattet, und Elemente wie die alten Türen sorgen für einen künstlerischen Touch. Das angeschlossene Café serviert Köstlichkeiten wie japanische Currys und tropische Früchte wie die nach Ahorn schmeckende *lúcuma*, die man im Garten kosten kann.

Casona Terrace Hotel HOTEL $$
(☎054-21-2318; www.hotelcasonaterrace.com; Álvarez Thomas 211; EZ/DZ/2BZ inkl. Frühstücksbüfett 140/170/170 S; ❄@📶) Hübsches altes Kolonialgebäude mit Zimmern, die eher modern schlicht als in altmodischem Prunk gestaltet sind. Das Haus liegt nur einen Block vom Hauptplatz entfernt und wartet mit sicherem Zugang und einer Dachterrasse auf.

Casablanca Hostal HOTEL $$
(☎054-22-1327; www.casablancahostal.com; Puente Bolognesi 104; EZ/DZ/3BZ inkl. Frühstück 111/190/235 S; @📶) Nicht wenige Traveller staunen, was man in diesem Hotel alles für sein Geld bekommt. Es liegt hervorragend an einer Ecke der Hauptplaza (mit entsprechender Geräuschkulisse), zeigt schönes, freiliegendes *sillar*-Ziegelwerk, und die Zimmer sind so groß, dass sogar ein oder zwei Pferde hineinpassen würden. Der Service ist diskret, und das Frühstück wird in einem hübschen, sonnendurchfluteten Café serviert.

Casa de Avila HOTEL $$
(☎054-21-3177; www.casadeavila.com; San Martín 116, Vallecito; EZ/DZ/2BZ inkl. Frühstück 151/188/271 S; @📶) Wenn der große Hofgarten nicht überzeugt, sollte es der geniale und persönliche Service tun – dies ist kein Kettenhotel à la „Yes, Sir, no Sir". Das warme Dekor und die bequemen Betten unterstreichen die heimelige Atmosphäre. Im sonnigen Garten finden dreimal wöchentlich Spanischkurse und ein Kochkurs statt.

Hostal las Torres de Ugarte HOTEL $$
(☎054-28-3532; www.torresdeugarte.com; Ugarte 401A; EZ/DZ/2BZ inkl. Frühstück 163/196/232 S; @📶) In einer ruhigen Gegend hinter dem Kloster Santa Catalina überzeugt dieses freundliche Gästehaus mit kleinen, hellen und modern eingerichteten Zimmern samt dichten Vorhängen, Flatscreen-TV und bunten, wolligen Bettdecken. Man darf sich jedoch nicht an den schrecklich widerhallenden Fluren oder am Stühlerücken auf der Dachterrasse stören. Die Preise fallen in der Nebensaison beträchtlich.

La Casa de Melgar HOTEL $$
(☎054-22-2459; www.lacasademelgar.com; Melgar 108; EZ/DZ inkl. Frühstück 55/75 US$; 📶) Ein Gebäude aus dem 18. Jh. beherbergt dieses

wunderbare Hotel, das jeden erdenklichen Komfort bietet. Decken mit hohen Kuppeln und eine einzigartige Einrichtung geben ihm das Flair der alten Welt. Darüber hinaus machen es gemütliche Betten und versteckte Innenhöfe zu einem romantischen Rückzugsort in der Innenstadt.

Hostal Solar HOTEL **$$**
(☎054-24-1793; www.hostalsolar.com; Ayacucho 108; EZ/DZ inkl. Frühstück 105/120 S;) Schicke Pension, die sauber, luftig und modern eingerichtet ist. Die Doppelzimmer haben Balkone. Das Frühstücksbüfett, das auf der Dachterrasse serviert wird, ist im Preis enthalten. Flughafentransfer kann arrangiert werden.

Wild Rover Hostel HOSTEL **$$**
(☎054-21-2830; www.wildroverhostels.com; Calle Ugarte 111; Bett/EZ/DZ 26/45/89 S; @) Wer nichts dagegen hat, zusammen mit europäischen Backpackern im angeschlossenen Irish-Pub oder neben dem kleinen Pool Würstchen mit Kartoffelbrei zu essen, ist in diesem trubeligen Hostel richtig. Die Holzböden und seltsam geflieste Badezimmer sind alt, aber alles ist sauber. Wem der Schlafsaal mit seinen 20 Betten zu groß ist, kann sich auch in einem der beengten Privatzimmer einquartieren. Die Betten sind zwar bequem, aber man sollte sich hier generell eher auf Geselligkeit als auf einen Schönheitsschlaf einstellen.

Le Foyer HOSTEL **$$**
(☎054-28-6473; www.hlefoyer.com; Ugarte 114; DZ/3BZ inkl. Frühstück 101/116 S, Bett/DZ/3BZ ohne Bad, inkl. Frühstück 32/72/103 S; @) In diesem billigen Ho(s)tel fühlt man sich wie in New Orleans. Das Gebäude hat eine umlaufende Veranda im Obergeschoss, auf der man das Frühstück mit Brot und Marmelade genießen und den Trubel auf der belebten Calle Jerusalén beobachten kann. Die Zimmer sind nichts Besonderes, aber dank der Nähe zu vielen Restaurants und dem quirligen Nachtleben (im EG ist ein verlockendes mexikanisches Lokal) braucht man kein GPS, um herauszufinden, wo was los ist.

La Casa de Sillar HOTEL **$$**
(☎054-28-4249; www.lacasadesillar.com; Rivero 504; EZ/DZ/2BZ inkl. Frühstück 70/90/120 S; @) Eine weitere Kolonialvilla mit dicken Mauern, die – wie der Name schon sagt – aus *sillar*-Steinen vom El Misti besteht. Sie gibt sich nicht als Boutiquehotel aus, ist aber dennoch ein tolles Schnäppchen, besonders wenn man bereit ist, sich ein Bad zu teilen. Die Zimmer sind groß, trotzdem warm, und die Betten bequem. Die Gemeinschaftslounge ist mit riesigen Landkarten und einem ebenso riesigen TV dekoriert.

Posada Nueva España HOTEL **$$**
(☎054-25-2941; www.hotelnuevaespana.com; Antiquilla 106, Yanahuara; EZ/DZ/2BZ inkl. Frühstück 91/111/150 S; @) Mehr als ein Dutzend Zimmer mit Solardusche warten in einem vornehmen Kolonialgebäude aus dem 19. Jh. im malerischen Yanahuara auf Gäste. Auf Wunsch wird man aus dem Zentrum von Arequipa kostenlos abgeholt. Ansonsten sind es von dort hierher 20 Minuten zu Fuß. Hier sprechen die Angestellten neben Spanisch u. a. auch Deutsch.

★ **Hotel Casona Solar** HOTEL **$$$**
(☎054-22-8991; www.casonasolar.com; Consuelo 116; EZ/DZ/Suite 199/319/389 S;) In dem herrlichen „geheimen Garten“, der angesichts der Ruhe hier erstaunlicherweise nur drei Blocks vom Hauptplatz entfernt liegt, muss man sich einfach wohlfühlen. Die prunkvollen Zimmer aus dem 18. Jh. wurden aus riesigen *sillar*-Steinen errichtet und einige Schlafräume verfügen über ein Zwischengeschoss. Auch der Service (Busreservierungen, kostenloser Flughafen-Check-in, Wäscheservice noch am selben Tag) ist umwerfend. Eines der besten Hotels der Stadt.

La Hostería HOTEL **$$$**
(☎054-28-9269; www.lahosteriaqp.com.pe; Bolívar 405; EZ/DZ/3BZ inkl. Frühstück 66/75/83 US$;) Jeden einzelnen Sol wert ist diese malerische Kolonialvilla mit blumenbedecktem Innenhof. Sie hat ruhige und gut möblierte Zimmer inklusive Minibar, sorgfältig ausgesuchte Antiquitäten, eine Sonnenterrasse und eine Lounge. Die Unterkünfte nach hinten sind leiser als die zur Straße hin und die Suiten im Apartmentstil in den oberen Etagen gewähren einen hervorragenden Blick auf die Stadt

Hotel La Posada del Monasterio HOTEL **$$$**
(☎054-40-5728; www.hotelessanagustin.com.pe; Santa Catalina 300; EZ/DZ/2BZ inkl. Frückstücksbüfett ab 377/429/514 S; @) Das anmutige Hotel vereint gleich mehrere architektonische Baustile und befindet sich strategisch günstig an der wichtigsten Ecke der Fußgängerzone. Bei europäischen Reisegruppen ist es besonders beliebt. Die gemütlichen, modernen Zimmer sind mit allem versehen, was man erwartet. Von der Dachterrasse genießt man einen sehr schönen Blick auf das

gegenüberliegende Catalina-Kloster (von der Terrasse der Waschküche aus bieten sich tolle Vulkanansichten. Es lohnt sich, nach Zugang zu fragen).

Palla Boutique Hotel BOUTIQUEHOTEL **$$$**
(☎ 980-959-990; www.palla.pe; Bolognesi 350; Zi./Suite inkl. Frühstück ab 288/374 S; P ❄ 📶) Die Holzböden, die Möbel und die weißen *sillar*-Ziegel verleihen diesem Haus im schönen, zentralen Palla einen gewissen minimalistischen Schick. Die Zimmer sind klein, die Suiten bieten jedoch freistehende Badewannen. Das moderne Restaurant und die Dachterrasse, auf der ein ausgezeichnetes Frühstück serviert wird, lassen Raum zum Atmen (und Posieren).

Los Tambos Hostal BOUTIQUEHOTEL **$$$**
(☎ 054-60-0900; www.lostambos.com.pe; Puente Bolognesi 129; Zi. inkl. Frühstück 289–349 S; ❄ @ 📶) Neue Wege im historischen Arequipa geht dieses moderne Boutiquehotel aus Marmor, das nicht weit vom Hauptplatz entfernt liegt. Die kleinen, aber feinen Extras und der überragende Service rechtfertigen jeden Sol des Preises. Man bekommt Schokolade auf dem Kissen, eine Auswahl aromatischer Seifen und ein riesiges Gourmetfrühstück (alles inklusive). Zudem bietet das Hotel kostenlosen Transport vom bzw. zum Flughafen oder Busbahnhof.

Libertador Ciudad Blanca LUXUSHOTEL **$$$**
(☎ 054-21-5110; www.libertador.com.pe; Plaza Bolívar s/n, Selva Alegre; Zi. 502 S, Suite 654–752 S; ❄ @ 📶 🏊) Arequipas „Grande Dame" der Hotelszene liegt 1 km nördlich des Zentrums. Das stilvolle Gebäude ist von einer Gartenanlage mit Schwimmbad und Spielplatz umgeben. Es hat große Zimmer und sehr geräumige öffentliche Bereiche; zum Wellnesscenter gehören Sauna, Whirlpool und Fitnessraum. Das gediegene Restaurant bietet sonntags einen ausgezeichneten Brunch an. Nebenan liegt der schöne Selva-Alegre-Park; allerdings sollte man immer in der Nähe anderer Menschen bleiben.

La Posada del Puente HOTEL **$$$**
(☎ 054-25-3132; www.posadadelpuente.com; Bolognesi 101; EZ/DZ 380/430 S; @ 📶) Die großen Gärten dieses Top-Hotels liegen am Fluss und bieten eine ruhige Umgebung mit Blick auf den Vulkan. Die beheizten Zimmer wirken trotz alter TVs im Wesentlichen modern. Wer hier übernachtet, hat Gratis-Zugang zu den Sporteinrichtungen und dem Pool des nahen Sportkomplexes Club Internacional.

Casa Andina Classic BOUTIQUEHOTEL **$$$**
(☎ 054-20-2070; www.casa-andina.com; Jerusalén 603; DZ/3BZ inkl. Frühstück 291/437 S; ❄ @ 📶) Wie die meisten Hotels der Casa-Andina-Kette bietet auch dieses ein schickes Boutique-Dekor. Doch es wirkt etwas überteuert, wenn man das eher dunkle Restaurant, den aufdringlichen Service und die Räume betrachtet, die eigentlich nur Motelzimmer mit ein paar Farbakzenten sind. Das Spa gibt dem Hotel wieder etwas mehr Vertrauenswürdigkeit und lockt mit einstündigen Massagen für 120 S.

Essen

Arequipa ist bekannt für seine köstlichen Gerichte wie *rocoto relleno* (gefüllte, würzige rote Paprikaschoten), die man am besten in einem der traditionellen Gemeinschaftsrestaurants genießt, einer *picantería*. Nördlich der Plaza de Armas liegen trendige, teurere Lokale in der San Francisco, während an der Pasaje Catedral eher Touristencafés zu finden sind. Gute Restaurants gibt's im geschäftigen Mercado in San Camilo südöstlich des Platzes.

La Lucha Sanguchería Criolla SANDWICHES **$**
(☎ 054-28-4133; www.lalucha.com.pe; Mercaderes 116; Sandwiches ab 15 S; ⏲ 8–24 Uhr) Sandwiches sind langweilig? Nicht hier! Die *sánguches* im La Lucha sind *panini*-artige Kreationen mit über Holzfeuer gebratenem Schweinefleisch, Hühnchen oder Pute und cremigen Saucen wie mildem Chili *ají*. Allein die handgeschnittenen lila Huayro-Kartoffel-Pommes sind einen Besuch wert. Die zentrale Lage und die ausgedehnten Öffnungszeiten sind weitere Pluspunkte.

Xarza Mora PERUANISCH **$**
(Álvarez Thomas 211A; Menus 11 S; ⏲ 12–16 Uhr; 📶 🖉) Sicher Arequipas bestes Preis-Leistungs-Verhältnis in Sachen Mittagessen. Traditionelle peruanische Gerichte wie *causa limeña de pollo* (Hühnchen, Avocado und Kartoffel) werden mit einem ausgeprägten Gespür für Kräuter und Gewürze zubereitet und mit großzügigen Beilagensalaten und Gemüse serviert. Die englischsprachigen Mitarbeiter und der hübsche Raum, der an ein *sillar*-Hotel angeschlossen ist, geben dem Restaurant Bistro-Flair.

La Despensa CAFÉ **$**
(☎ 054-22-2104; www.facebook.com/ladespensa.aqp; Santa Catalina 302; Snacks ab 3 S; ⏲ Mo–Sa 8–13, So 9–16 Uhr; ❄ 📶) Focaccia mit Kräu-

tern, köstliche Brownies, Schokoladentrüffel, frische Pasta, Wein und rustikale, klassische Baguettes, gefüllt mit Rucola und sonnengetrockneten Tomaten, sind nur einige der vielen hausgemachten Leckereien die das La Despensa zum perfekten Ort für ein Essen mit Freunden machen.

Omphalos VEGETARISCH $

(www.facebook.com/omphalosaqp; Bolívar 107; Hauptgerichte ab 9 S, Menüs 10 S; ⌚Mo–Sa 9.30–21, So bis 17 Uhr; 📶✍) Ungezwungen und unprätentiös. In dem hübschen Innenhof im Zentrum von Are gibt's köstliche vegetarische Pesto-Pasta, Spinat-Risotto oder indisches Auberginen-Curry. Die Tages- und Abendmenüs sind zudem wirklich günstig.

Hatunpa PERUANISCH $

(Ugarte 208; Gerichte 11–16 S; ⌚Mo–Sa 12.30–21.30, So bis 16 Uhr; ✍) Mit der Kartoffel als Hauptzutat klingt das Hatunpa wahrscheinlich nicht sehr vielversprechend, aber hier kommen wirklich leckere Gerichte auf den Tisch! Der Trick? Kartoffeln (die ursprünglich ja aus Peru stammen), die mit fantasievollen Saucen und Belägen wie Alpaka, *rocoto relleno*, Chorizo oder Gemüse verfeinert werden. Zudem sind sie günstig und machen satt. Kartoffelhasser können die Knolle mit Quinoa oder *palta* (Avocado) ersetzen.

El Turko TÜRKISCH $

(☎959-740-291; www.elturko.com.pe; San Francisco 225; Hauptgerichte 10–17,50 S; ⌚So–Do 7.30–23 Uhr, Fr & Sa 24 Std.; ✍) Das kleine, legere Lokal ist Teil einer türkischen Restaurantkette. Bis spät in die Nacht gibt's Kebabs und arabische Salate und leckere vegetarische Falafeln, tagsüber auch besten Kaffee und Gebäck und den ganzen Tag über Frühstück.

Crepísimo CAFÉ $

(www.crepisimo.com; Alianza Francesa, Santa Catalina 208; Hauptgerichte 15–34 S; ⌚8–23 Uhr; 📶✍) Das Crepisimo in Arequipas französischen Kulturzentrum vereint alles, was ein gutes Café ausmacht: Essen, Service, Lage und Atmosphäre. In schick-kolonialem Ambiente bietet es schlichte Crêpes mit 100 verschiedenen Füllungen – von chilenischer Räucherforelle bis zu exotischen südamerikanischen Früchten. Der vom entspannten Personal servierte Kaffee ist genauso gut wie in Paris.

Tradición Arequipeña PERUANISCH $

(☎054-42-6467; www.tradicionarequipena.com; Av Dolores 111, José Luis Bustamante y Rivero; Gerichte 18–40 S; ⌚Mo–Fr 11.30–18, Sa bis 20, So 8.30–18 Uhr) Einheimische lieben dieses Restaurant mit seinen labyrinthischen Gärten. Hier wird regelmäßig live *folklórica*- und *criollo*-Musik (fröhliche Küstenmusik) gespielt, und sonntags gibt's ein Frühstück mit *adobo de cerdo*, einem traditionellen, sehr lang gekochten Schweinefleischgericht. Lecker sind auch traditionelle peruanische Gerichte wie Wolfsbarsch-Ceviche (rohe Meeresfrüchte, in Limettensaft mariniert). Das Lokal liegt 2 km südöstlich vom Zentrum. Ein Taxi hierher sollte etwa 5 S kosten.

INSIDERWISSEN

GERICHTE IN AREQUIPA

Chicha de jora – fermentiertes Maisbier

Chupe de camarones – sämige Garnelensuppe

Cuy chactado – würzig gebratenes Meerschweinchen

Ocopa – gekochte Kartoffeln in einer würzigen, sahnigen Sauce

Pastel de papa – gebackene Kartoffelscheiben mit Käse

Rocoto relleno – gefüllte scharfe rote Paprika

★ **La Nueva Palomino** PERUANISCH $$

(☎054-25-2393; Leoncio Prado 122; Hauptgerichte 22–69 S; ⌚Mo–Sa 12–17, So 7.30–12 Uhr; 📶✍👪) Zweifellos das beliebteste Lokal vor Ort ist diese *picantería*, in der eine lockere Atmosphäre herrscht. Selbst unter der Woche kann es sehr laut werden, wenn Familien und Freunde in Gruppen hierherkommen, um lokale Spezialitäten zu essen und viel *chicha de jora* (Bier aus fermentiertem Mais) zu trinken. Allein von den exzellenten *rocoto relleno* (mit Fleisch gefüllte Paprikaschoten) wird man schon mehr als satt.

Das Restaurant liegt im Yanahuara-Viertel (S. 157) 2 km nordwestlich des Zentrums (östlich vom *mirador*).

★ **Zig Zag** PERUANISCH $$

(☎054-20-6020; www.zigzagrestaurant.com; Zela 210; Hauptgerichte 36–50 S; ⌚12–23 Uhr; ✍) Anspruchsvolles, aber nicht zu teures Restaurant, das peruanische Küche mit europäischen Einflüssen auftischt. Untergebracht ist es in einer zweistöckigen Kolonialvilla, deren eiserner Treppenaufgang von Gustave Eiffel entworfen wurde (der Bursche hatte wirklich viel zu tun!). Der Menüklassiker besteht aus einer Fleischauswahl, die auf einem einzigartigen Grill aus Vulkanstein mit verschiedenen Saucen serviert wird. Auch die Fondues schmecken sehr gut.

Einige Ketzer behaupten gar, das Restaurant sei besser als das Chicha (S. 167) des brühmten peruanischen Kochs Gastón Acurio. Die verschiedenen Mittagsmenüs (ab 55 S) sind eine gute Gelegenheit, günstig in den Genuss des tollen Essens zu kommen.

Las Gringas PIZZA **$$**

(☎054-39-9895; www.facebook.com/lasgringaspizza; Santa Catalina 204; Pizzas 28/35 S; ⏲10–15 & 17–23 Uhr; 📶🌿) Dieses Pizza-Café besticht durch seinen abgeschieden gelegenen kleinen Innenhof und die vegetarisch geprägten Pizzas, zu denen interessante Zutaten wie glutenfreies *maíz morado* (lila Mais), Reis, Quinoa und Yucca-Maniok gehören. Zu den leckeren Belägen gehören geräucherte rote Paprikaschoten, Preiselbeeren, Pesto und veganer Auberginenkäse. Die Acaí-Müslischalen allein sorgen für einen erfüllten Brunch.

Ein Teil des Erlöses einiger Pizzas wird an NGOs gespendet, die sich für die Bekämpfung der Armut einsetzen.

Victoria Picantería PERUANISCH **$$**

(☎966-714-119; www.victoriaarequipa.com; San Francisco 227; Hauptgerichte 15–40 S, Menüs für Zwei 100–160 S; ⏲Mo–Sa 9–24 Uhr; ❄📶) Die *picanterías* in Arequipa (informelle Restaurants) sind traditionell eine Gemeinschaftsangelegenheit, es kann also vorkommen, dass man an langen Tischen neben Fremden sitzt – was wiederum dazu einlädt mit dem Sitznachbarn über die kunstvoll servierten Alpakasteaks und „geretteten" lokale Gerichte wie *camarón al rescoldo* (über Glut gebratene Garnelen auf wildem Quinoa) zu schwärmen. Die reichhaltigen Degustationsmenüs decken alle Geschmacksrichtungen ab.

Wer es doch lieber etwas privater wünscht, für den gibt es in den schönen Räumen des *sillar*-Gebäudes auch ruhige Tische.

Los Leños PIZZA **$$**

(☎054-28-1818; www.facebook.com/loslenospizzeria; Jerusalén 407; Pizzas 13–46 S; ⏲17–23 Uhr; 📶🌿) Zwar könnte der Qualm des Holzofens und der rauchender Gäste und Mitarbeiter empfindliche Augen reizen, doch dafür gibt's hier die wohl beste Pizza Arequipas. Die dünnen, knusprigen Quadrate schmecken ungemein lecker, ganz besonders gilt das für die mit Quinoa-Mehl zubereiteten. Außerdem sorgt die hohe Decke dafür, dass die Luft nicht zu dick wird.

El Tío Dario FISCH & SEAFOOD **$$**

(☎054-27-0473; www.tiodario.com; Callejon de Cabildo 100, Yanahuara; Hauptgerichte 30–55 S; ⏲11–16 Uhr) Fisch gefällig? Ein intimer, versteckter Garten erwünscht? Dann sollte man ins Taxi steigen oder ins schöne Yanahuara-Viertel (S. 157) laufen und im El Tio die ultimativen Ceviche- oder Grillfischgerichte genießen. Die Speisen werden in einer blumengeschmückten Grünanlage serviert, die einen tollen Vulkanblick bietet. Man erreicht das Tío Dario, indem man durch den hübschen Torbogen links vom *mirador* in Yanahuara geht.

Zingaro PERUANISCH **$$**

(☎054-21-7662; www.zingaro-restaurante.com; San Francisco 309; Hauptgerichte 35–62 S; ⏲Mo–Sa 12–23, So bis 22 Uhr) In dem alten *sillar*-Gebäude mit Holzbalkonen, Buntglasfenstern und einem hauseigenen Pianisten werden kulinarische Legenden geboren. Das Zingaro steht an der vordersten Front gastronomischer Innovationen, daher ist es der ideale Ort, um *nouveau*-Versionen peruanischer Klassiker zu probieren, darunter Alpakarippchen, Ceviche und *cuy* (Meerschweinchen).

Zwei Türen weiter (San Francisco 315) hat sich das Schwesterrestaurant **Parrilla de Zingaro** mit genauso viel Erfolg auf köstliche Fleischgerichte im argentinischen Stil spezialisiert.

Restaurant on the Top PERUANISCH **$$**

(☎054-28-1787; Portal de Flores 102; Hauptgerichte 14–32 S, Menüs 20 S; ⏲11–22 Uhr; 🌿) Der Aufstieg zu diesem Restaurant auf dem Dach lohnt sich allein schon für den Blick auf die Plaza de Armas und die dahinter liegenden Berge. Eine riesige Speisekarte hält von Sandwiches bis zu Alpaka-Steaks alles bereit. Die Mittags- und Abendmenüs bieten ein gutes Preis-Leistungs-Verhältnis.

Cevichería Fory Fay CEVICHE **$$**

(Álvarez Thomas 221; Hauptgerichte 20–35 S; ⏲10–16.30) Hier gibt's das beste *ceviche* (in Limonensaft eingelegter roher Fisch) – und sonst gar nichts. Einfach einen Stuhl an den wackligen Tisch ziehen und sein Bier öffnen. Es gibt aber nur drei pro Person! Wegen der vielen Familien, die sich hier zum Schlemmen treffen. Der Name Fory Fay klingt so, wie Peruaner „45" auf Englisch sagen.

La Trattoria del Monasterio ITALIENISCH **$$**

(☎054-20-4062; www.latrattoriadelmonasterio.com; Santa Catalina 309; Hauptgerichte 23–50 S; ⏲Mo–Sa 12–15 & 19–23, So 12–15 Uhr; 🌿) Für ein tolles kulinarisches Erlebnis sorgt dieses Restaurant neben dem ernsten Santa-Catalina-Kloster (S. 152). Die Speisekarte mit italienischen Spezialitäten wurde mithilfe des peruanischen Starkochs Gastón Acurio entwickelt und ist von den Aromen Arequipas beeinflusst. Vorab reservieren!

Sol de Mayo PERUANISCH $$
(☎054-25-4148; Jerusalén 207, Yanahuara; Hauptgerichte 28–60 S) Diese *picantería* im Yanahuara-Viertel (S. 157) serviert gutes peruanisches Essen und bietet jeden Nachmittag von 13 bis 16 Uhr Livekonzerte mit *música folklórica*. Unbedingt vorher reservieren! Man kann den Besuch hier mit einem Besuch des *mirador* von Yanahuara kombinieren.

★ **Salamanto** PERUANISCH $$$
(☎979-394-676; www.salamanto.com; San Francisco 211; Hauptgerichte 48–57 S, Degustationsmenüs, 5 Gänge 85 S; ⏲Mo–Sa 12.30–15.30 & 18.30–22.30 Uhr; 📶) Die innovativen, wunderbar servierten, zeitgenössischen peruanischen Kreationen im Salamanto helfen zu erklären, wieso Arequipa als Feinschmeckerziel gilt. Das Fünf-Teller-Degustationsmenü mit Pilz-Pistazien-Mousse, Forellen-Carpaccio und Alpakasteak mit *pisco*-Senf auf kunstvollen Steinplatten sollte man sich nicht entgehen lassen. Es gibt nur drei verschiedene Weine (argentinische und peruanische) – die aber sorgfältig ausgewählt wurden.

Wer sich sich lieber auf ein einziges Gericht konzentrieren möchte: hier wird *cuy* (Meerschweinchen) mit Pinienpilz und Maracuja glasiert und neben Amaranth und Aloe Vera angerichtet. Die leckere Ente kommt mit einem *chicha*-Gelee, Hummus und gemischter Quinoa.

★ **Chicha** PERUANISCH, FUSION $$$
(☎054-28-7360; www.chicha.com.pe; Santa Catalina 210; Hauptgerichte 44–69 S; ⏲Mo–Sa 12–23, So bis 20 Uhr; 📶🍷) Perus berühmtester Koch, Gastón Acurio, führt das sehr experimentelle Chicha, dessen Küche sich nie allzu weit von den Inka- und spanischen Wurzeln des Landes entfernt. Die Flusskrabben sind in der Saison (April–Dez.) ein Highlight, aber Acurio bereitet mit großem Elan auch peruanische Klassiker zu. Daneben gibt's zarte Alpakaburger und bodenständige Pastagerichte. Das Personal weiß, welcher *pisco*-Cocktail und Wein (Glas) zu welchem Gericht am besten passt. Fragen lohnt sich also.

Man sollte ruhig mal *tacu-tacu* (ein peruanisches Fusionsgericht mit Reis, Bohnen und einem Eiweiß), *lomo saltado* (gebratene Rindfleischstreifen mit Zwiebeln, Tomaten, Kartoffeln und Chili) oder *ceviche* probieren. Wie bei vielen Promi-Locations sind Gourmet-Snobs und Puristen geteilter Meinung über das Chicha. Also am besten in den Speiseraum gehen und mitdiskutieren.

Ausgehen & Nachtleben

Unter der Woche geht's ziemlich ruhig zu, doch das ändert sich am Wochenende schlagartig, wenn quasi jeder, desssen Puls jung ist (oder schlägt), irgendwann nach 21 Uhr zwischen San Francisco und Ugarte auftaucht. Viele Bars warten mit lohnenswerten Happy Hours auf. Die meisten schicken Locations befinden sich im Block 300.

★ **Chelawasi Public House** KLEINBRAUEREI
(www.facebook.com/chelawasi; Campo Redondo 102; Bier 15–18 S; ⏲Mo–Fr 16–23, Sa ab 12 Uhr) Die erste Craft-Bier-Bar der Stadt ist ein moderner, aber zwangloser Pub im dörflich anmutenden San Lázaro. Die Burger, Wings und handgeschnittenen Fritten sind hervorragend dazu geeignet, dem Alkohol einen Boden zu bereiten. Noch nicht viel Erfahrung mit Craft-Beer? Macht nichts, denn die freundlichen, kanadisch-peruanischen Besitzer führen einen Schritt für Schritt in die besten Biere aus den Mikrobrauereien Perus ein, und Reisetipps zur Gegend und ein Schwätzchen gibt's gratis dazu.

Imperio Club LGBT
(www.facebook.com/imperioclubaqp; Jerúsalen 201; Eintritt 20 S; ⏲Fr–Sa 22 Uhr–open end) Arequipas einziger zentral gelegener Schwulenclub ist auch der beste. Er hat eine schicke Bar und ein bunt gemischtes Publikum aller Altersklassen, sodass es nicht einschüchternd ist, alleine oder in Gesellschaft zu sein. Reggaetón, Electronica und Dance-Hits halten den *perreo* (Tanz mit fleißig Hüfteinsatz) am Laufen.

Museo del Pisco COCKTAILBAR
(www.museodelpisco.org; Ecke Santa Catalina & Moral; Drinks 16–32 S, Tasting 37 S/Pers.; ⏲So–Do 17–24, Fr & Sa bis 1 Uhr) Über dem Eingang steht zwar „Museum", doch die Designelemente aus Stein und Glas sowie die Karte mit über 100 *piscos* sprechen ganz klar für eine Cocktailbar. Besonders beliebt ist das *pisco*-Tasting, die drei kleine, handwerklich produzierte *piscos* inklusive englischen Erklärungen des fachkundigen Personals umfasst. Man kann sich auch seinen eigenen

Cocktail mixen (26 S) – und danach mit Gourmet-Burgern und Hummus wieder einen Gang herunterschalten.

Casona Forum CLUB
(www.casonaforum.com; San Francisco 317; ⌚ Do–Sa Nachtclubs 21 Uhr–open end, Bars & Restaurant tgl. ab 19 Uhr) Dieser Club, der in einem *sillar*-Gebäude untergebracht ist, bietet sieben Locations in einem: einen Pub (Retro), einen Poolclub (Zero), eine Sofabar (Chill Out), Nachtclubs (Forum, Club 80s und Latino Salsa Club) und ein Restaurant, zu dem auch eine Terrasse gehört.

Déjà Vu COCKTAILBAR
(San Francisco 319B; ⌚ 9 Uhr–open end; 📶) Der alteingesessene beliebte Treffpunkt bietet von der Dachterrasse aus eine nette Aussicht auf die San-Francisco-Kirche. Hier gibt's eine ganze Reihe verrückter Cocktails, außerdem ist jeden Abend Happy Hour. Einige der besten DJs von Arequipa legen hier jeden Abend Electro und House auf, voll ist es aber nur am Wochenende.

Split PUB
(Zela 207; ⌚ Mo–Mi 17–1, Do–Sa 18–3 Uhr) Aufgeteilt (daher der Name) in zwei Bars, eine im 1. Stock und eine im Keller (ohne EG). Beide sind dunkel, eng und bei den Einheimischen beliebt, die den Abend gern mit einem starken Drink wie einem Misti Colodo, einer Pisco-Piña Colada oder sogar Drinks mit dem Label „Tóxicos“ mit einer alkoholischen Zufallsmischung beginnen. Pizzas, Crêpes und Pasta verleiten dazu, länger zu bleiben.

Brujas Bar BAR
(San Francisco 300; ⌚ 17 Uhr–open end) Pub im nordischen Stil mit Union-Jack-Flaggen, Happy-Hour-Cocktails und vielen einheimischen und ausländischen Gästen. In der zweiten Wochenhälfte spielen an den meisten Abenden Live-Bands (21.30 & 23 Uhr).

Unterhaltung

In der Avenida Dolores, 2 km südöstlich vom Zentrum (ein Taxi kostet rund 5 S/Strecke), reihen sich vor allem Tanzclubs mit Salsa und *cumbia* (kolumbischer Salsa-artiger Tanz- und Musikstil) aneinander.

Woodstock LIVEMUSIK
(www.facebook.com/woodstockarequipa; 2. Stock, Ugarte 202B; ⌚ Mo–Fr 18–24, Fr & Sa ab 19 Uhr; 📶) Diese saubere Gourmet-Burger-Bar hat eines mit dem gleichnamigen Festival gemeinsam: Live-Musik (hauptsächlich Jazz, Rock und Funk), die hier ab 21 Uhr gespielt wird und die laut genug ist, um Gespräche, das Klirren von Craft-Bier-Flaschen und das Schmatzen beim Burger-Essen zu übertönen. Reichlich vegetarische Optionen.

Café Art Montréal LIVEMUSIK
(Ugarte 210; ⌚ Mo–Mi 18.30–24, Do–Sa bis 2 Uhr) Diese Bar ist klein und intim. Im hinteren Bereich auf einer Bühne spielen Livebands (Do–Sa). Man hat fast den Eindruck, sich in einer Studentenkneipe in Paris zu befinden.

Shoppen

Antiquitäten- und Kunsthandwerksläden gibt's in Hülle und Fülle, besonders in den Straßen rund um das Kloster Santa Catalina (S. 152). Verkaufshit sind hochwertige Leder-, Alpaka-, Vikunja- (vom Aussterben bedrohte wilde Artgenossen der Alpakas) und andere handgefertigte Artikel.

Claustros de la Compañía EINKAUFSZENTRUM
(118 General Morán; ⌚ Öffnungszeiten der meisten Geschäfte 9–21 Uhr) Dies ist eines der elegantesten Einkaufszentren Südamerikas. Der wundervolle doppelte Innenhof ist von Kreuzgängen umgeben, die von *sillar*-Säulen mit kunstvollen Schnitzereien getragen werden. Im Hof findet man eine Wein-Bodega, ein Eiscreme-Outlet, zahlreiche Geschäfte für Alpakawolle und mehrere stilvolle Cafés und Restaurants. Auf den oberen Etagen genießen Pärchen das romantische Ambiente und den Blick nach Süden.

Fundo El Fierro KUNSTHANDWERKERMARKT
(San Francisco 200; ⌚ Mo–Do 9–13.30 & 15–20.30, Fr & Sa bis 21 Uhr) Der größte Kunsthandwerkermarkt der Stadt findet in einem wunderschönen kolonialen *sillar*-Hof neben der Iglesia de San Francisco statt. Kleidung, Malereien, handgemachtes Kunsthandwerk und Schmuck dominieren, aber man kann auch seltene Alpakateppiche aus Cotahuasi kaufen. Jährlich im August wird eine Kunstmesse mit speziellen Ständen veranstaltet.

Sol Alpaca KUNSTHANDWERK
(☎ 054-20-2525; www.michell.com.pe; Juan de la Torre 101; ⌚ Mo–Fr 8–13 & 13.45–17.30; 👪) Hier gibt's mehr als nur feine Alpaka-Wollwaren und Rohgarn. Der Komplex fungiert auch als Touristenzentrum für das internationale Wollexportunternehmen Michell (mit den Marken Sol Alpaca und Mundo Alpaca) und bietet neben einer guten Boutique noch ein Museum, das der Wollherstellung gewidmet ist, einen kleinen Zoo sowie ein Café.

Incalpaca Factory Outlet Claustros KLEIDUNG
(☎ 054-205-931; www.incalpaca.com; 118 General Morán; ⌚ Mo–Sa 9.30–19, So 11–15 Uhr) Ausverkaufskleidung aus Alpakawolle (manchmal auch die von Vikunjas – vom Aussterben bedrohte wilde Artgenossen der Alpakas) und Kunsthandwerk der vornehmen Marke Kuna. Das Geschäft liegt am eleganten Platz Claustros de la Compañía (S. 168). Eine weitere Niederlassung gibt's in **Tahuaycani** (☎ 303 054-60-300; Av Juan Bustamante de la Fuente s/n; ⌚ Mo–Sa 9.30–19, So 11–15 Uhr; 👪).

Galería de Artesanías „El Tumi de Oro" KUNSTHANDWERKERMARKT
(Portal de Flores 126; ⌚ Mo–Sa 9.30–20.30, So 10–19 Uhr) Ein kleiner Künstlermarkt unter den *portales* (steinerne Arkaden) auf der Plaza de Armas.

Librería SBS Internacional BÜCHER
(☎ 054-20-5317; www.sbs.com.pe; San Francisco 125; ⌚ Mo–Sa 9.30–19.45 Uhr) Kettenbuchhandlung mit guter Auswahl an Titeln, einschließlich solcher, mit denen sich Spanisch lernen lässt, sowie Bücher in Englisch, Französisch, Italienisch, Portugiesisch und Deutsch.

ℹ Praktische Informationen

EINREISE

Oficina de Migraciónes (Einwanderungsbüro; ☎ 054-42-1759; www.migraciones.gob.pe; Urb Quinta Tristán, Parque 2, Distrito José Bustamante y Rivero; ⌚ Mo–Fr 8–16, Sa bis 12 Uhr) Zuständig für Visaverlängerungen.

GEFAHREN & ÄRGERNISSE

➡ Kleinere Diebstähle gibt es in Arequipa oft. Deshalt sollte man gut auf seine Wertsachen achten und sie immer im Auge behalten, z. B. in Bars, Cafés und Restaurants.

➡ Besondere Vorsicht ist im Parque Selva Alegre nördlich des Zentrums geboten, denn hier treiben immer wieder Straßenräuber ihr Unwesen.

➡ Statt auf der Straße ein Taxi heranzuwinken, lässt man sich im Hotel oder Reisebüro ein offizielles Taxi rufen; die größere Sicherheit ist den zusätzlichen Geld- und Zeitaufwand wert. Touren bezahlt man besser nur in anerkannten Agenturen und traut keinem Schwarzhändler. Sie sind raffiniert und legen viele Reisende rein.

GELD

Wechselstellen und Bankautomaten findet man in verschiedenen Straßen östlich der Plaza de Armas und den meisten touristischen Gegenden, z. B. im Klosterkomplex **Santa Catalina** (☎ 054-28-1334; www.santacatalina-sa.com.pe; Santa Catalina 210; ⌚ Öffungszeiten der meisten Geschäfte 10–18 Uhr), im Busbahnhof und am Flughafen. Die Gebühren für die Nutzung von Geldautomaten variieren von Bank zu Bank, meist werden aber ca. 20 S pro Transaktion berechnet.

Sowohl die BCP als auch die Interbank tauschen Reiseschecks (US$).

BCP (San Juan de Dios 123; ⌚ Mo–Fr 9–18, Sa & So bis 13 Uhr). Hat einen Visa-Geldautomaten und wechselt US-Dollars.

Interbank (Mercaderes 217) Verfügt über einen internationalen Geldautomaten, der die meisten internationalen Karten akzeptiert.

MEDIZINISCHE VERSORGUNG

Clínica Arequipa (☎ 054-599-000; www.clinicarequipa.com.pe; Bolognesi, nahe der Puente Grau; ⌚ Mo–Fr 8–20, Sa bis 12.30 Uhr) Die beste und teuerste Klinik in Arequipa.

Hogar Clínica San Juan de Dios (☎ 054-38-2400, 054-27-2740; www.sanjuandediosarequipa.com; Av Ejército 1020, Cayma; ⌚ 24 Std.) Privatklinik in einem Vorort von Cayma, neben dem Yanahuara-Viertel.

Hospital Regional Honorio Delgado Espinoza (☎ 054-23-1818, 054-21-9702; www.hrhdaqp.gob.pe; Av Carreón 505; ⌚ 24 Std.) Für Notfälle rund um die Uhr Bereitschaft.

InkaFarma (☎ 054-20-1565; www.inkafarma.com.pe; Santo Domingo 113; ⌚ 24 Std.) Gut sortierte Filiale einer der größten Apothekenketten Perus.

Paz Holandesa Policlinic (☎ 054-43-2281; www.pazholandesa.com; Av Chávez 527; ⌚ Mo–Sa 8–20 Uhr) Nur nach Terminvereinbarung. Hier erhält man auch Reiseschutzimpfungen. Die Ärzte sprechen Englisch und Holländisch.

NOTFALL

Policía de Turismo (Touristenpolizei; ☎ 054-28-2613; Jerusalén 315-317; ⌚ 24 Std.) Hilfreich, wenn man einen offiziellen Diebstahlsbericht für seine Versicherung braucht. Auch englischsprachige Mitarbeiter.

POST

DHL (☎ 054-22-5332; Santa Catalina 115; ⌚ Mo–Fr 8–18, Sa 9–12 Uhr)

FedEx (☎ 054-25-6464; Av Belaúnde 121; ⌚ Mo–Sa 9–17 Uhr)

Serpost (Moral 118; ⌚ 8Mo–Fr 8–20, Sa bis 19 Uhr)

TOURISTENINFORMATION

Indecopi (☎ 054-42-7495; www.indecopi.gob.pe; Ecke Calle 1 & Cultura Tiahuanaco, Urb La Esperanza; ⌚ Mo–Fr 8.30–16.30 Uhr) Nationale Agentur für den Schutz von Touristen.

iPerú (☎ 054-22-3265, 24 Std. Hotline 574-8000; iperuarequipa@promperu.gob.pe;

Portal de la Municipalidad 110, Plaza de Armas; ⏲ Mo–Sa 9–18, So bis 13 Uhr) Die englischsprachigen Mitarbeiter geben fundiert Auskunft zu lokalen und regionalen Sehenswürdigkeiten. Ein weiteres Büro befindet sich im **Fluhafen** (☎ 054-44-4564; 1. Stock, Haupthalle, Aeropuerto Rodríguez Ballón; ⏲ 10–19.30 Uhr).

An- & Weiterreise

BUS

Die meisten Unternehmen fahren vom Terminal Terrestre oder dem kleineren Terrapuerto-Busbahnhof ab. Beide liegen in der Avenida Andrés Avelino Cáceres, knapp 3 km südlich vom Zentrum (ein Taxi dorthin kostet 7 S). Man sollte sich im Voraus erkundigen, von welchem Terminal der Bus startet, und beim Warten sein Gepäck im Auge behalten. An beiden Busbahnhöfen wird eine Abfahrtssteuer von 1,50 S verlangt, die separat an einem Stand zu bezahlen sind. Es gibt Geschäfte, Restaurants und eine Gepäckaufbewahrung. Der chaotischere Terminal Terrestre hat auch einen internationalen Geldautomaten.

Im TerminalTerrestre findet man Dutzende Schalter unterschiedlicher Busunternehmen, an denen man Preise vergleichen kann. Die Preise liegen zwischen denen der superluxuriösen Bussen von **Cruz del Sur** (☎ 054-42-7375; www.cruzdelsur.com.pe) und **Ormeño** (☎ 054-42-3855; www.grupo-ormeno.com.pe/destinos.html; Terminal Terrestre), die über „Bettsitze" mit 180°-Lehnen verfügen, und den einfachen Bussen von **Flores** (Transportes Flores Hermanos; ☎ 054-43-2228, 01-480-0725; www.floreshnos.pe; Terminal Terrestre), das eine größere Auswahl von Zielen bedient (z. B. Mollendo, Moquegua und Ilo).

Fernverbindungen

Nachtbusse eignen sich gut, um viele Fernziele zu erreichen, da in Arequipa nur wenige Flugverbin dungen zur Verfügung stehen. Allerdings ist es auf einigen Strecken schon zu Unfällen, Entführungen und Diebstählen gekommen. Der Aufpreis für luxuriösere Busse lohnt sich wegen des zusätzlichen Komforts und der höheren Sicherheit. Vor allem in billigen Bussen sollte man extrem gut auf sein Gepäck aufpassen und es nicht in den Ablagen oberhalb der Sitzplätze aufbewahren.

Überdies empfiehlt es sich, für lange Strecken etwas mehr Proviant mitzunehmen, falls der Bus eine Panne hat oder Straßen gesperrt sind. Man sollte auch ein warmes Kleidungsstück bei sich haben, da es bei Fahrten durch die Canyons recht frisch werden kann, wenn es in die höheren Lagen geht. Das gilt auch, wenn es zuvor in Arequipa warm war. Besonders wichtig ist das bei Tourbussen, die unterwegs anhalten und die Fahrgäste kurz aussteigen lassen.

Regionalverbindungen

Viele Busse, die sich für Sightseeing im Canyonland eignen, starten am Terminal Terrestre und am Terrapuerto. Abfahrtszeiten und Preise hängen von der Jahreszeit ab. Während der Regenzeit zwischen Dezember und April kann es zu gravierenden Verspätungen kommen.

Die besten Unternehmen, die zum Cañón del Colca (Cabanaconde und Chivay) fahren, sind **Andalucía** (☎ 054-48-0263), ab Terrapuerto, und **Reyna** (☎ 054-43-0612; www.reyna.com.pe), ab dem Terminal Terrestre. Man sollte versuchen, so früh wie möglich nach Sonnenaufgang loszufahren, etwa gegen 5 Uhr, und sein Ticket am besten im Voraus reservieren (telefonisch; allerdings nur auf Spanisch).

Mit öffentlichen Bussen kann es schwer sein, zu den Petroglyphen von Toro Muerto (S. 172) zu gelangen. Besser nutzt man einen Reiseveranstalter. So kann man mit Transportes del Carpio zunächst nach Corire (12 S, 3 Std., stündl.) fahren. Man sollte vorher aber sicherstellen, dass der Bus auch in der Nähe der Petroglyphen hält. Von Corire geht's weiter nach Aplao im Valle de Majes (18 S, 1½ Std.) zum Raften.

Reyna (☎ 054-43-0612; www.reyna.com.pe) bietet täglich um 16 Uhr eine Verbindung nach Andagua (36 S, 10 Std.) an, von dort aus kann man El Valle de los Volcanes besichtigen. Um 17.30 Uhr kehrt der Bus nach Arequipa zurück.

Der Cañón del Cotahuasi (30 S, 10 Std.) wird von Reyna um 7 und 17 Uhr und von **Cromotex** (☎ 054-42-6836; www.cromotex.com.pe; ⏲ Geschäftszeiten 8–22 Uhr) um 18 Uhr angesteuert.

Busse ab Arequipa

ZIEL	PREIS (S)	FAHRTDAUER (STD.)
Cabanaconde	17	5
Camaná	12–55	2½
Chivay	13	3½
Cotahuasi	30	10
Cusco	25–135	10
Ica	75–160	11–15
Juliaca	20–80	5
Lima	50–140	14–17
Mollendo	12–15	2–2½
Moquegua	20–30	6½
Nazca	50–120	10–12
Pisco	40–144	15
Puno	20–82	5
Tacna	30–40	6

FLUGZEUG

Arequipa's **Rodríguez Ballón International Airport** (Aeropuerto Internacional Alfredo Rodríguez Ballón; AQP; ☎054-34-4834; Cerro Colorado) liegt ca. 8 km nordwestlich des Zentrums. **LAN** (☎054-20-1100; Santa Catalina 118C; ⌚Geschäftszeiten 9–19, Sa bis 14 Uhr) bietet täglich Flüge nach Lima und Cusco. **LCPeru** (☎054-21-4746; www.lcperu.pe; Moral 225; ⌚Geschäftszeiten Mo–Fr 9–19, Sa bis 13 Uhr) bietet ebenfalls täglich Flüge nach Lima. **Sky Airline** (☎054-28-2899; www.skyairline.cl; La Merced 121) bedient Santiago in Chile.

Unterwegs vor Ort

BUS

Combis fahren auf der Bolívar und Cruz Verde Richtung Süden zum Terminal Terrestre (1 S, 20 Min.) neben dem Busbahnhof Terrapuerto; man sollte aber fragen, ob der Minibus *directo* (direkt) fährt, denn andernfalls macht er einen Umweg über das Marktviertel (35 Min.). Die Fahrt mit dem Taxi kostet rund 7 S.

VOM/ZUM FLUGHAFEN

Es gibt weder Flughafenbusse noch Sammeltaxis. Ein lizenziertes Taxi vom Zentrum zum Flughafen kostet ca. 15 bis 20 S und vom Flughafen zum Zentrum 20 S. Im Preis sollte die Einfahrtsgebühr von 7,50 S zum Flughafen enthalten sein, besser fragt man aber vorab nach. Vom Puente Grau oder der Av Ejército kann man ein *combi* (mit der Zielangabe „Río Seco" oder „Zamacola") nehmen, das einen in einem zwielichtigen Viertel ca. 700 m vor dem Flughafeneingang absetzt.

TAXI

Oft kann man ein Taxi mit Fahrer für einen geringeren Preis anheuern, als ein Mietwagen bei einer Reiseagentur kostet. **Tourismo Arequipa** (☎054-45-8888; www.facebook.com/taxiturismoarequipa) und **Taxitel** (☎054-20-0000; www.taxitel.com.pe) gehören zu den Taxiunternehmen vor Ort. Eine kurze Stadtfahrt kostet rund 5 S, die Fahrt von der Plaza de Armas zu den Busbahnhöfen rund 7 S. Wenn möglich, sollte man ein Taxi von einem Taxiunternehmen mit guter Reputation bestellen, da hier schon viele Traveller von Taxifahrern betrogen oder sogar angegriffen worden sind. Wenn man ein Taxi von der Straße nehmen muss, sind Limousinen oder Kombis den gelben Taxi-Kleinwagen vorzuziehen.

DAS CANYONLAND

Eine Reise nach Arequipa ohne einen Besuch des Colca-Canyons ist wie eine Fahrt nach Cusco ohne Machu Picchu. Wer genug Zeit hat, kann hier aber noch mehr unternehmen: eine Besteigung des Vulkans El Misti, der über der Stadt wacht, Raftingtrips im Majes-Canyon, eine Besichtigung der Petroglyphen bei Toro Muerto, eine Entdeckungstour durch El Valle de los Volcanes und Trekkingausflüge im tiefsten Canyon der Welt bei Cotahuasi. Die meisten dieser Orte erreicht man mit einer Kombination aus Wanderungen und öffentlichen Bussen. Wer mit mehreren Leuten unterwegs ist, kann sich auch die Kosten für ein gechartertes Taxi oder Allradfahrzeug samt Fahrer teilen.

Reserva Nacional Salinas y Aguada Blanca

Die Reserva Nacional Salinas y Aguada Blanca ist eines der schönsten Schutzgebiete im südlichen Peru, eine weite Andenlandschaft mit schlafenden Vulkanen und abgehärteten Wildtieren, die hier in mehreren Kilometern Höhe über dem Meeresspiegel ihr entbehrungsreiches Leben fristen. Die organisierten Touren ins Valle del Colca brausen leider nur durch die Gegend hindurch, dabei kann man hier, während man in der dünnen Luft auf 4910 m etwas benommen nach Atem ringt, seltsame, vom Wind erodierte Felsformationen bestaunen, auf alten Inka-Wegen wandern und schnellfüßige Vicuñas beobachten, die mit einer Geschwindigkeit von bis zu 85 km/h durch die einsame Pampa rennen.

Als Nationalreservat genießt Salinas y Aguada Blanca besseren Schutz als das Colca-Tal, zumal hier neben ein paar einsamen Lama-Hirten nur viele an das Leben in großer Höhe angepasste Tierarten, darunter Vicuñas, Tarukas (Nordandenhirsche), Guanakos und verschiedene Vogelarten, vor allem auch Flamingos, leben. Im Reservat liegen die Vulkane Misti und Chachani.

Sehenswertes

Paso de Patopampa AUSSICHTSPUNKT

(P)Der höchste Punkt der Straße zwischen Arequipa und Chivay ist dieser lebensfeindliche Pass, mit 4910 m bedeutend höher als der Mont Blanc in Europa oder die Rocky Mountains in Nordamerika. Wenn die roten Blutkörperchen dazu bereit sind, kann man sich in die dünne Luft des **Mirador de los Volcanes** begeben, um sich die üppige Ansammlung schneebedeckter Vulkane anzuschauen: den Ubinas (5675 m), den El Misti (5822 m), den Chachani (6075 m), den Ampato (6288 m), den Sabancaya (5976 m), den Huaca Huaca (6025 m), den Mismi (5597 m) und den Chucura (5360 m).

ABSEITS DER ÜBLICHEN PFADE

DIE PETROGLYPHEN VON TORO MUERTO

Toro Muerto (toter Stier) ist ein faszinierender, mystischer Ort in der Wüste, benannt nach den Rinderherden, von denen viele Tiere beim Abtrieb aus den Bergen an die Küste hier an Dehydrierung starben. Die **Petroglyphen von Toro Muerto** finden sich an einem kahlen, mit weißen Vulkanfelsbrocken übersäten Hang; die Felsritzungen zeigen stilisierte Darstellungen von Menschen, Säugetieren und Vögeln. Verteilt über mehrere Quadratkilometer der Wüste haben Archäologen hier mehr als 5000 solche Darstellungen dokumentiert.

Die kulturellen Ursprünge der Stätte liegen im Dunklen. Die meisten Archäologen datieren die mysteriösen Felsritzungen auf die Zeit der Wari-Vorherrschaft vor ca. 1200 Jahren. Die Deutungen variieren erheblich; Führer können einem die verbreitetsten dargestellten Themen erläutern, man kann aber auch selber unter den Felsen herumlaufen und versuchen, eine eigene Idee davon zu bekommen, was die uralten Bilder vermitteln wollen.

Mit öffentlichen Bussen sind die Petroglyphen von Toro Muerto schwer zu erreichen, viel leichter geht es mit einem Tourveranstalter. Mit öffentlichen Bussen kann man zunächst mit Transportes del Carpio nach Corire (12 S) fahren oder einen Bus von Reyna oder Cromotex (30 S) Richtung Cotahuasi nehmen, muss aber immer fragen, ob sie auf der jeweiligen Route nahe bei den Petroglyphen vorbeifahren.

Um die Stätte mit öffentlichen Verkehrsmitteln zu erreichen, nimmt man in Arequipa einen Bus nach Corire (12 S, 3 Std., stündl.). Wenn man nicht in Corire übernachten will, nimmt man einen frühen Bus (sie fahren ab 4 Uhr). Man steigt an der Tankstelle gleich hinter dem Ortseingangsschild von Corire aus. Von dort kann man auf der heißen, staubigen Straße rund 2 km den Hügel hinauf bis zu einer Kontrollstation laufen, wo sich Besucher registrieren müssen. Alternativ fährt man nach Corire hinein und nimmt dort ein Taxi bis zu der Stelle, wo die Petroglyphen beginnen (hin & zurück ab 45 S inkl. Wartezeit).

In Corire gibt's im **Hostal Willy** (☎054-47-2046; Av Progreso; EZ/DZ/3BZ 40/45/60 S) einfache Unterkunft und Infos zum Erreichen der Stätte. Man braucht viel Wasser, Sonnen- und Insektenschutzmittel (wegen der vielen Moskitos). Von Corire fahren Busse stündlich zurück nach Arequipa, in der Regel jeweils zur halben Stunde. Die Petroglyphen von Toro Muerto lassen sich bequemer auch mit einer teuren, ganztägigen Geländewagentour von Arequipa aus besuchen.

Nicht ganz so spektakulär, aber genauso erstaunlich ist die struppige Yareta, eine der wenigen Pflanzen, die in dieser kargen Landschaft überleben kann. Yaretas können mehrere Jahrtausende leben; ihre jährliche Wachstumsrate wird nicht in Zentimetern, sondern in Millimetern gemessen.

Wetterfeste Frauen in traditionellen Kleidern bieten tagsüber an diesem *mirador* – dem wohl höchstgelegenen Shopping-Center der Welt – ihre Waren feil. Der Aussichtspunkt ist in der Regel der letzte Stopp der Tourbusse, die von Arequipa ins Valle del Colca fahren.

Pampa de Toccra — TIERRESERVAT

Die Pampa de Toccra, eine Hochebene (Pampa) zwischen dem El Misti/Chachani und dem Colca-Canyon, hat eine durchschnittliche Höhe um 4300 m und dient zahlreichen Vögeln und Tieren als Heimat. In der „Zona de Vicuñas" auf dem Weg nach Patahuasi (Hwy 34A) sind an der Straße häufig Vikunjas zu sehen. An einem sumpfigen und manchmal vereisten See leben in der Saison Wasservögel und Flamingos. In der Nähe befindet sich ein *mirador* zur Vogelbeobachtung

Das **Centro de Interpretación de la Reserva Nacional Salinas** (⏲9–17 Uhr) GRATIS informiert detailliert (auf Englisch und Spanisch) über die Geologie und Fauna der Region. Hier in der Pampa leben alle vier Mitglieder der südamerikanischen Kamel-Familie: die domestizierten Lamas und Alpakas sowie die wilden Vikunjas und (die scheuen und seltenen) Guanakos.

Aktivitäten

El Misti — BERG

Der Vulkan Misti, der mit einer Höhe von 5822 m über Arequipa thront, ist das beliebteste Ziel von Bergsteigern in der Gegend. In technischer Hinsicht ist der Aufstieg so leicht wie bei keinem anderen Berg dieser Höhe auf der Welt, dennoch ist die Besteigung anstrengend und erfordert in der Regel einen Eispickel und manchmal auch Klettereisen. Es empfiehlt sich, einen Bergführer zu engagieren, insbesondere auch, um über aktuelle Entwicklungen auf dem Laufenden zu sein, da sich in letzter Zeit die Anzeichen mehren, dass der Vulkan langsam aus seinem jahrhundertelangem Schlaf erwacht; ein drohender Ausbruch muss aber einstweilen noch nicht befürchtet werden. Eine zweitägige Tour kostet in der Regel zwischen 190 und 270 S pro Person.

Die besten Bedingungen herrschen in den „wärmsten" Monaten (Juli–Nov.). Unterhalb des Gipfels befindet sich ein schwefeliger, zischender gelber Krater, der mit grandiosen Aussichten auf die Laguna de Salinas und die Stadt aufwartet.

Für den Aufstieg gibt's mehrere Möglichkeiten, die fast alle zwei Tage in Anspruch nehmen. Auf der Apurímac-Route muss man sich vor Überfällen vorsehen. Eine beliebte Strecke beginnt in Chiguata mit einem achtstündigen anstrengenden, steilen Weg zum Basislager (4500 m). Von dort zum Gipfel und zurück sind es weitere acht Stunden; der rutschige Rückweg vom Basislager nach Chiguata dauert höchstens drei Stunden. Die Aguada-Blanca-Route ist nur für ein paar offizielle Touranbieter zugelassen und ermöglicht es, auf 4100 m anzukommen, bevor es überhaupt ans Klettern geht.

Man erreicht die Chiguata-Strecke mit öffentlichen Verkehrsmitteln. Busse dorthin starten stündlich ab 5.30 Uhr in der Avenida Sepulveda in Arequipa (einfache Strecke 7 S, 1 Std.); man steigt dann an einem nicht markierten Startpunkt aus. Nun beginnt die lange Trekkingtour zum Basiscamp. Auf dem Rückweg hält man dieselbe Buslinie in die entgegengesetzte Richtung per Handzeichen an. Die meisten Kletterer mieten aber für 250 S einen Fahrer mit Jeep, der sie auf 3300 m bringt und später wieder abholt.

Chachani — BERG

Als einer der leichtesten Sechstausender der Welt gilt der Chachani (6075 m), der genauso nah an Arequipa liegt wie der El Misti. Steigeisen und ein Eispickel gehören zur Basisausrüstung auf den unterschiedlichen Routen zum Gipfel. So kann man z. B. mit dem Jeep bis zum Campamento de Azufrera (4950 m) fahren, von dort ist der Gipfel in neun Stunden bezwungen und der Rückweg in weniger als vier Stunden möglich. Alternativ übernachtet man bei einem zweitägigen Ausflug auf einem guten Campingplatz auf 5200 m Höhe. Für andere Touren braucht man drei Tage, sie sind aber dafür leichter mit dem Geländewagen erreichbar (400–600 S).

Weitere Berge

Der **Nevado Sabancaya** (5976 m) ist Teil eines Massivs am Südrand des Cañón del Colca, zu dem auch der erloschene **Nevado Hualca Hualca** (6025 m) und der **Nevado Ampato** (6288 m) gehören. Der Sabancaya brach 2014 nach einer fünfzehnjährigen Ruhephase wieder aus und schleuderte auch 2018 immer noch Asche in die Luft, weshalb man sich ihm nur mit einem Führer nähern sollte, der sich mit der geologischen Aktivität in diesem Gebiet auskennt; der benachbarte Ampato ist in einem dreitägigen, recht einfachen, wenn auch anstrengenden Aufstieg zu bewältigen und gewährt einen sichereren Blick auf den aktiven Sabancaya.

Zu den weiteren interessanten Bergen in der Nähe Arequipas zählt der **Ubinas** (5675 m), der eigentlich am leichtesten zu bewältigen ist. In den letzten Jahren wirft er allerdings zuweilen dermaßen viel toxische Asche aus, dass eine Besteigung nicht möglich ist, daher sollte man sich vor einer Tour über die aktuelle Lage informieren. Ein recht leichter, drei- oder viertägiger Aufstieg führt auf den **Nevado Mismi** (5597 m) an der Nordseite des Cañón del Colca. Man erreicht den Berg mit öffentlichen Verkehrsmitteln und kann mit einem Führer auch den See finden, der als die Quelle des Amazonas gilt. Der höchste Berg im südlichen Peru ist der **Nevado Coropuna** (6613 m), dessen Besteigung anspruchsvoll ist.

ℹ An- & Weiterreise

Fast alle Besucher des Schutzgebiets kommen im Rahmen einer klassischen Tour aus Arequipa, die hier einen Zwischenhalt einlegt, oder fahren einfach mit einem öffentlichen Bus ohne Halt durch die Gegend. Unerfahrene sollten wegen der Haarnadelkurven darauf verzichten, hier mit einem Mietwagen herumzufahren. Wer das Schutzgebiet wirklich kennen lernen will, sollte in Arequipa eine längere Tour buchen oder ein Auto mit Fahrer mieten.

Cañón del Colca

Der Colca-Canyon ist nicht nur wegen seiner Ausdehnung und seiner Tiefe, sondern vor allem auch wegen seiner unterschiedlichen Erscheinungsformen beeindruckend. An dem 100 km langen Flusslauf findet sich eine größere landschaftliche Vielfalt als in den meisten europäischen Ländern – von der ausgetrockneten Steppe bei Sibayo über die uralten terrassierten Felder bei Yanque und Chivay bis zu dem erst in den 1980er-Jahren gründlich erforschten Gelände hinter Cabanaconde, wo sich Kondore von den warmen Luftströmungen an den Wänden des steilen Canyons in die Höhe tragen lassen. Schon die Kerndaten lassen viel erwarten: Der Colca-Canyon wird an Tiefe nur von seinem nahen Nachbarn, dem Cotahuasi-Canyon, übertroffen und ist doppelt so tief wie der viel berühmtere Grand Canyon in den USA. Vor allem aber ist das Colca-Tal ein Ort voller Geschichte, Kultur, Ruinen und Traditionen; wie Machu Picchu bietet es den ganzen ungreifbaren Zauber Perus.

Oberer Canyon

Der Canyon am nach Nordosten führenden Oberlauf des Río Colca ist noch ein recht breites Tal und besitzt eine kältere und rauere Landschaft als die Gegend um Chivay und Yanque mit ihren terrassierten Feldern. In dieses Gebiet kommen nur wenige Traveller, sodass man sich einige schöne traditionelle Dörfer ganz in Ruhe anschauen kann. Ein einzige Straße führt in nordöstlicher Richtung durch das Dorf Tuti nach Sibayo. Vieh weidet auf dem grasbewachsenen Terrain, und man kann am Ufer des noch jungen Flusses laufen und in ihm Forellen angeln. **Tuti** ist ein kaum von Reisenden besuchtes Dorf nur 19 km nordöstlich von Chivay, dem Zentrum des Colca-Canyons. Die wichtigsten Wirtschaftszweige sind der Anbau von Saubohnen und die Herstellung von Kleidung; rund um das Dorf finden sich einige interessante Sehenswürdigkeiten, die alle durch **Wanderwege** verbunden sind.

Der leichteste Ausflug führt zu ein paar **Höhlen** in den Hügeln nördlich des Orts, die von der Hauptstraße aus deutlich zu sehen sind; vom Dorf aus marschiert man anstrengende 3,5 km hügelaufwärts. Vom gleichen Startpunkt aus gelangt man auf einem 8 km langen Weg zu einem verlassenen Dorf aus dem 17. Jh., das bei den Leuten als **Ran Ran** oder „Espinar de Tuti" bekannt ist. Läuft man von Ran Ran aus weiter, erreicht man den Weg zur Quelle des Amazonas (S. 176) am Nordhang des Nevado Mismi.

Am Eingang des Oberen Canyons findet sich hinter Tuti auf einer Höhe von 3900 m das kaum vom Tourismus berührte traditionelle ländliche Dorf **Sibayo**. Viele der hiesigen Lehmziegelhäuser haben noch altmodische Strohdächer, die man anderswo kaum noch sieht. Am winzigen Hauptplatz steht die kürzlich restaurierte Iglesia San Juan Bautista. Nordöstlich der Stadt führt an einer ruhigen Stelle eine kleine Hängebrücke, der von Alpaka-Hirten viel genutzte Puente Colgante Portillo, über den Fluss. Unweit davon befindet sich der Aussichtspunkt **Mirador de Largarta**, der nach einem Berg weiter oben im Tal benannt ist, dessen Form an eine Eidechse erinnert.

In Sibayo gibt's ein paar sehr schlichte Homestays in traditionellen Häusern, darunter das **Samana Wasi** (☎990-049-5793; Av Mariscal Castilla; Zi. 25 S).

Von Chivay kann man mit einem Taxi oder *colectivo* (Sammeltaxi) nach Tuti fahren und von dort auf einem gut markierten Weg längs des Río Colca nach Chivay zurück wandern. Dieser Abschnitt des Flusses ist auch bei Raftern beliebt.

Vom Marktareal in Chivay fahren *combis* (10 S, 1 Std., stündl.) nach Sibayo. Von dort kann man durch die Schlucht nach Südwesten zurück über Tuti nach Chivay wandern.

D&M Travel Adventure (S. 175) an der Plaza de Armas von Chivay organisiert Touren nach Sibayo inklusive Wandern, Angeln, Kochen, Mittagessen und einer Homestay-Übernachtung für 100 S pro Person (mind. 2 Pers.).

Chivay

☎054 / 7700 EW. / 3630 M

Chivay ist das ungeniert schmuddelige Zentrum des Cañón de Colca, eine traditionelle Stadt, die sich dem Tourismus geöffnet hat, ohne ihren zerzausten Hochlandcharakter zu verlieren. Möge es noch lange so bleiben!

Rund um den Markt und auf dem Hauptplatz kann man gut einen Blick auf die dekorativen Trachten der einheimischen Frauen werfen. Die Stadt bietet bezaubernde Aussichten auf schneebedeckte Gipfel und terrassierte Hügel und ist Ausgangspunkt für den Besuch kleinerer Orte tiefer im Tal.

Sehenswertes

Astronomisches Observatorium OBSERVATORIUM
(Planetario; ☎054-53-1020; www.casa-andina.com; Casa Andina, Ecke Huayna Cápac & Garcilazo de la Vega; Eintritt 20 S; ⏲Show auf Englisch 20 Uhr) Dank nicht vorhandener Lichtverschmutzung genießt man hier einen ausgezeichneten Blick auf die Milchstraße. Das

Hotel Casa Andina (S. 177) sechs Blocks südwestlich der Plaza de Armas hat ein winziges Observatorium, in dem es nächtens Himmels-Shows auf Spanisch und Englisch gibt. Im Eintrittspreis sind eine 30-minütige Einführung und die Chance enthalten, durch ein Teleskop den Himmel zu beobachten. Das Observatorium ist grundsätzlich täglich geöffnet, aber zwischen Januar und März öfters geschlossen, weil es in diesen Monaten kaum eine klare Nacht gibt.

Aktivitäten

La Calera Hot Springs THERMALBÄDER
(Eintritt 5–15 S; ⏲5–18 Uhr) Wenn man gerade aus Arequipa angekommen ist, kann man sich durch den 3 km langen Anmarsch zu diesem Thermalbad akklimatisieren und die (erstaunlich flachen) Hänge des Canyons bewundern, während man im Freien in den natürlich beheizten Thermalbecken liegt. Das Ambiente ist idyllisch, und die Leute, die oben an den Seilrutschen durch die Lüfte sausen, sorgen für Unterhaltung. Im Bad gibt's kostenlose einfache Schließfächer mit Vorhängeschlössern.

Zwischen der Plaza de Armas in Chivay und den Thermalquellen pendeln *Colectivos* (Sammeltaxis, 1 S) mit der Aufschrift „Hot Springs". Sie starten, sobald sie voll besetzt sind.

Wandern

Chivay ist ein guter Startpunkt für kurze und lange Canyon-Wanderungen. Am Nordende der Stadt beginnt der 7 km lange, mit tollem Ausblick gesegnete Pfad nach Corporaque an der Nordseite des Canyons. Man biegt links auf die Straße zu den heißen Quellen von La Calera ab, überquert die Puente Inca und folgt den fruchtbaren Feldern zum Dorf. Auf dem Rückweg geht's von Corporaque bergab an ein paar kleinen Ruinen vorbei und hinauf zur orangefarbenen Brücke über den Río Colca Richtung Yanque. Von Yanque am Südufer kann man für die 7 km zurück nach Chivay die vorbeifahrenden Busse oder *colectivos* (Sammeltaxis) nehmen (oder man läuft die Straße entlang). Für schnellere Ausflüge werden in Chivay Mountainbikes vermietet.

Wer weiter nach Westen vordringen will, wandert von Corporaque an der Nordseite des Canyons zu den Dörfern **Ichupampa**, **Lari** und schließlich **Madrigal**. Gelegentlich fahren auch *combis* in diese Dörfer; sie warten im Marktbereich von Chivay. Eine andere Option ist der Weg, der bei der Puente Inca beginnt und den Fluss entlang in die Dörfer Tuti und Sibayo führt.

> **BOLETO TURÍSTICO**
>
> Um die Stätten im Cañón del Colca zu besuchen, braucht man ein *boleto turístico* (Touristenkarte 70 S), das an einer Bude gleich außerhalb von Chivay an der Straße nach Arequipa erhältlich ist. Bei organisierten Touren ist diese Gebühr in der Regel nicht im Preis enthalten, und der Führer wird diesen Betrag an der Bude in bar von einem verlangen. Wenn man auf eigene Faust unterwegs ist, ist das Ticket in den meisten öffentlichen Bussen von/nach Chivay sowie in der Ortschaft Cabanaconde erhältlich. Für das Cruz del Cóndor wird wahrscheinlich ein zusätzlicher Betrag fällig. Die eine Hälfte der Einnahmen aus der Touristenkarte geht an Arequipa zum Unterhalt und der Erhaltung der örtlichen Touristenattraktionen, die andere Hälfte an das Tourismusministerium.

Ziplining

Hier kann man an einer Seilrutsche über den Río Colca sausen und zugleich die Gäste unterhalten, die sich unten in den La Calera Hot Springs entspannen. Ziplining ist der neueste Sport, der in der Schlucht angeboten wird. Der Startpunkt liegt gleich hinter den Thermalquellen, 3,5 km außerhalb von Chivay, man kann die Fahrten aber auch mit einem der Veranstalter in der Stadt oder direkt mit **Colca Zip-Lining** (☎95-898-9931; www.colcaziplining.com; 2/4/6 Fahrten 50/100/150 S; ⏲Mo–Sa ab 9, So ab 10.30 Uhr) organisieren.

Geführte Touren

D&M Travel Adventure KULTUR
(☎054-48-0083; Plaza de Armas; ⏲10–19 Uhr) Der Veranstalter bietet Touren durch das ganze Tal. Er ist gleich neben der Polizeiwache an der Plaza de Armas in Chivay.

Schlafen

Hostal La Pascana HOTEL $
(☎054-53-1001; Siglo XX 106; EZ/DZ/3BZ mit Frühstück 55/80/110 S; 📶) Die gute altmodische Absteige wird einem sehr luxuriös vorkommen, wenn man ein paar Tage in der Schlucht gewandert ist. In den schlichten Zimmern gibt's Decken (ein echter Segen!) und tragbare Heizgeräte, das Personal ist angenehm, und es gibt ein kleines, aber or-

BERÜHMTE TOUREN DURCH DEN COLCA-CANYON

Wanderung zur Quelle des Amazonas

Jahrhundertelang blieb sie eines der größten Geheimnisse der Welt: Die Menschen hatten den Mars untersucht und Atome gespalten, bevor sie begannen, nach der Quelle des (wahrscheinlich) längsten Flusses der Erde, des Amazonas, zu suchen und – was noch wichtiger ist – sich über ihren Standort zu einigen. Von Alexander von Humboldt bis zu Jean-Michel Cousteau steuerten Wissenschaftler Theorien bei (und unternahmen oft teure Expeditionen), bevor der Oberlauf 2007 eindeutig lokalisiert wurde: ein Spalt in einer 5170 m hoch gelegenen steilen Klippe an den Nordhängen des Nevado Mismi, 6992 km von der Mündung des Amazonas an der Atlantikküste Brasiliens entfernt. Hier sammelt sich geschmolzenes Gletscherwasser in der Laguna McInytre und fließt in die Flüsse Apacheta, Apurímac, Ucayali und Marañón ab, die dann den Amazonas selbst bilden.

Es ist erstaunlich einfach, vom Cañón del Colca zur Quelle des Amazonas zu wandern, die wenig spektakulär mit einem Holzkreuz markiert ist. Von den Dörfern Lari und Tuti führen Wanderwege dorthin. Von Tuti läuft man zwei Tage hin und zurück, einige Leute nehmen stattdessen die dreitägige Route mit Start in Lari und Ende in Tuti, die den Nevado Mimsi komplett umrundet. Alternativ kann man die Strecke in der Trockenzeit mit dem Allradfahrzeug zurücklegen und die restlichen 30 Minuten zur Apacheta-Klippe wandern. Carlos Zárate Adventures (S. 159) in Arequipa organisiert unvergessliche geführte Wanderungen hierher. Wer sich allein auf den Weg machen will, sollte Landkarten, Verpflegung, Zelte und warme Kleidung mitnehmen.

Die Wanderung El Clásico

Wer wenig Zeit hat, von dem komplizierten Wegenetz im Colca-Canyon verwirrt ist oder die Massen auf dem Inka-Trail nicht ertragen kann, hält sich an „El Clásico" – das ist der inoffizielle Name für diese zwei- bis dreitägige Rundwanderung, auf der man die besten Stellen des mittleren Colca-Canyons unterhalb des Cruz del Cóndor und von Cabanaconde kennenlernt.

Man verlässt Cabanaconde über die Straße nach Chivay. Am Aussichtspunkt San Miguel (S. 179) beginnt der lange, 1200 m tiefe Abstieg in die Schlucht über einen Serpentinenweg. Dann überquert man den Río Colca über die Brücke und gelangt in das Dorf **San Juan de Chuccho**. Unterkunft findet man in der **Casa de Rivelino** (San Juan de Chuccho; Zi. ohne Bad 10 S), die über Bungalows mit Warmwasser und ein einfaches Restaurant verfügt. Alternativ marschiert man wieder hinauf in das bezaubernde Dorf **Tapay**, wo man im **Hostal Isidro** Unterkünfte und Stellplätze findet. Die Herberge gehört einem Guide und verfügt über einen Laden, Satellitentelefon und Maulesel, die man mieten kann.

Am zweiten Tag marschiert man hinunter zur **Cinkumayu-Brücke** und dann wieder hinauf zu den Dörfern **Coshñirwa** und **Malata**. Im letzteren findet sich ein winziges **Museo Familiar**, das eigentlich ein typisches hiesiges Wohnhaus ist, dessen Besitzer Auskunft zur Kultur des Colca-Canyons geben kann. Von Malata geht's wieder über den Fluss hinunter in die schöne Oase **Sangalle**, wo es weitere Übernachtungsmöglichkeiten gibt. Am Schluss steht der anstrengende, 4 km lange Rückweg nach Cabanaconde, bei dem man einen Höhenunterschied von 1200 m bewältigen muss.

Diese klassische Tour kann man leicht auf eigene Faust unternehmen, aber sie lässt sich auch problemlos von jedem verlässlichen Tourveranstalter in Arequipa organisieren. In Chivay berechnet Marco Antonio von D&M Travel Adventure (S. 175) für die Tour einschließlich einer Übernachtung in Sangalle 100 S pro Person.

dentliches Restaurant. Das Hotel ist um einiges besser als die anderen, noch bescheideneren Pensionen an der Plaza.

★ **La Casa de Anita** HOTEL $$
(☎ 958-911-869; www.facebook.com/hotellacasadeanitacolca; Plaza de Armas 785; EZ/DZ/3BZ 80/120/160 S; @ 📶) Das hat Chivay gebraucht: ein Hotel direkt an der Plaza de Armas, wo man in sauberen, geräumigen Zimmern mit komfortabler Baumwoll-Bettwäsche, makellosen modernen Bädern und tragbaren Heizgeräten übernachten kann. Das angeschlossene Restaurant serviert gute

Menüs und kostenlosen Tee. Angesichts des kenntnisreichen Personals (zu dem auch Chivays früherer Bürgermeister gehört) könnte man glauben, in einem viel schickeren Haus eingekehrt zu sein.

Hotel Colca Inn HOTEL **$$**
(☎054-53-1111; www.hotelcolcainn.com; Salaverry 307; EZ/DZ/3BZ mit Frühstück 125/158/195 S; P ❄ 📶) Das Hotel gehört zu den komfortableren, gut geführten Mittelklasseoptionen vor Ort. Wer Komfort wie Heizgeräte und einen Service von Hotel-Niveau erwartet, ist hier richtig.

★ **Hotel Pozo del Cielo** HOTEL **$$$**
(☎054-34-6547; www.pozodelcielo.com.pe; Calle Huascar s/n; DZ/3BZ 320/399 S; 📶) Die „Himmelsquelle", wie der Name auf Deutsch heißt, überrascht mit niedrigen Türen, hohen Decken, sonderbar geformten Zimmern und gewundenen Wegen. Kämen hier die sieben Zwerge heraus, würde es einen nicht überraschen. Abgesehen von diesen surrealen Details ist das Haus aber eine funktionale und komfortable Bleibe mit Boutique-Anmutung dank der individuell gestalteten, beheizten Zimmer und des schönen „*mirador*"-Restaurants mit Blick in die Berge.

★ **Casa Andina** BOUTIQUEHOTEL **$$$**
(☎054-53-1020, 054-53-1022; www.casa-andina.com; Ecke Huayna Cápac & Garcilazo de la Vega; DZ/3BZ inkl. Frühstück ab 288/425 S; 📶) Die zweckmäßigen, rustikalen Zimmer warten in strohgedeckten Steinhütten inmitten schön gestalteter Gärten. Das Highlight sind jedoch die ungewöhnlichen Extras, z. B. eine Sternwarte (S. 174), Sauerstoff (wenn einem schwindelig wird) und die nächtlichen Kulturshows, bei denen sich lokale Musiker und Künstler tummeln und ein Schamane die Zukunft aus Kokablättern liest.

Essen & Ausgehen

Innkas PERUANISCH **$**
(Plaza de Armas 705; Hauptgerichte 12–20 S; ⏲8–23 Uhr; 📶) Vielleicht liegt's an der Höhe, jedenfalls schmeckt hier das *lomo saltado* so gut, dass es von Starkoch Gastón Acurio sein könnte. Der Service ist nett, und es gibt leckeren Kuchen und tollen Kaffee. Das Restaurant residiert in einem alten Gebäude mit gemütlichen Fensternischen; moderne Gasöfen sorgen für gemütliche Wärme.

El Balcon De Don Zacarias BÜFETT **$$**
(Ecke Av 22 de Agosto & Trujillo; Büfett 35 S; ⏲11–15 Uhr; 📶 🌿) Es gibt viele Büfetts, die Reisegruppen mit Essen versorgen, aber dieses große Restaurant an einer Ecke der Plaza de Armas zeichnet sich durch die Frische seiner Gerichte (darunter Alpaka-Steaks) und viele vegetarische Optionen wie *pastel de papa andina* (Kartoffel-Lasagne) und gefüllte Auberginen aus.

Die Inhaber planen, künftig auch abends zu öffnen (Hauptgerichte 30 S).

Aromas Caffee KAFFEE
(www.aromascaffee.com; Ecke Plaza de Armas & Av 22 de Agosto; Kaffee 5–9 S; ⏲8–22 Uhr; 📶) Der gewissenhafte Barista braucht rund zehn Minuten, um den Cappuccino mit der winzigen Maschine in diesem kleinen Café, das bei drei Gästen schon voll wirkt, zuzubereiten, doch der hiesige peruanische Kaffee lohnt das Warten.

ℹ Praktische Informationen

Einige der besseren Hotels und ein paar über den Ort verteilte Läden wechseln US-Dollar, Euros und Reiseschecks zu schlechten Kursen.
Caja Arequipa (Av Salaverry 506) Bank mit einem rund um die Uhr nutzbaren Geldautomaten an der Plaza de Armas.

ℹ An- & Weiterreise

Chivay ist der Transportknoten im Canyon-Land. Der Busbahnhof liegt 10 bis 15 Gehminuten von der zentralen Plaza de Armas entfernt. Täglich fahren mindestens neun Busse nach Arequipa (13 S, 3 Std.) – am besten sind die von Reyna und Andalucia – sowie vier (von Milagros) nach Cabanaconde (8 S, 2½ Std., ab 7.30 Uhr), die in den Orten an der Südseite des Canyons sowie am the Cruz del Cóndor halten.

Von den Straßenecken im Marktbereich gleich nördlich der Hauptplaza fahren *combis* (2–5 S) und *colectivos* (Sammeltaxis) zu den umliegenden Dörfern, man kann aber auch ein eigenes Taxi nehmen. Mountainbikes in unterschiedlichem Zustand vermieten die Reiseveranstalter an der Plaza für rund 10 S pro Tag.

Mit dem auf Touristen ausgerichteten **4M Express** (☎95-974-6330; http://busperu4m.com; Av Siglo XX 118; von Chivay nach Puno 50 US$, nach Cusco 65 US$) kann man montags, mittwochs und freitags von Chivay nach Cusco gelangen. Er startet in Chivay um 6.45 Uhr nordwestlich der Plaza de Armas und kommt um 16.30 Uhr in Cusco an der Av 28 de Julio an. Einige Traveller mit knappem Budget nehmen *combis* bis Puente Callalli und winken dort einen Bus zur Weiterfahrt heran, aber es ist viel sicherer und geht wahrscheinlich genau so schnell, wenn man stattdessen zunächst nach Arequipa zurückfährt.

Von Chivay fahren täglich Touristenbusse direkt (abgesehen von Zwischenhalten zum Essen und Fotografieren) nach Puno, und zwar der luxuriöse 4M Express und die komfortablen Busse von **Rutas del Sur** (☎95-102-4754; chivay@rutasurperu.com; Av 22 de Agosto s/n; von Chivay nach Puno 35 US$). Diese Busse starten alle um 13.30 Uhr an der Plaza de Armas in Chivay und kommen um 19.30 Uhr an der Plaza de Armas in Puno an. Alternativ kann man zunächst nach Arequipa zurückkehren und von dort weiterfahren, was aber kaum billiger ist, dafür aber einige Stunden länger dauert. Wenn man eine Tour in Arequipa gebucht hat, sollte man den Guide wissen lassen, wenn man nicht wieder nach Arequipa zurückfahren möchte.

Eine preiswertere, aber unsicherere Alternative besteht darin, einen Minivan (7 S) an den Stadtrand von Chivay zu nehmen und dort einen regulären Bus (15 S) nach Puno heranzuwinken, dabei muss man aber vielleicht mehr als eine Stunde in der Kälte auf den Bus warten.

Yanque

☎054 / 2100 EW.

Von den rund ein Dutzend Dörfern im Cañón del Colca hat das 7 km westlich von Chivay gelegene Yanque den hübschesten und belebtesten Hauptplatz und die (zumindest von außen) schönste Kirche, die Iglesia de la Inmaculada Concepción, deren reich geschmücktes Barockportal churrigueresk anmutet. Morgens um 7 Uhr tanzen meist örtliche Kinder in traditionellen Kostümen zu Musik auf dem Marktplatz; sie erwarten ein Trinkgeld von den Travellern, die auf dem Weg zum Cruz del Cóndor sind.

Sehenswertes

Museo Yanque MUSEUM

(☎054-38-2038; www.ucsm.edu.pe/museo-de-yanque; Arequipa 212; Eintritt 7 S; ⏲9–18 Uhr) Das von der Universität geführte Museum ist für ein kleines Dorf unerwartet umfangreich und erläutert gewissenhaft und detailliert die Kultur im Cañón del Colca. Man findet hier Infos zu Inka-Textilien, zu Schädeldeformationen, zur kirchlichen Architektur und eine kleine Ausstellung zu Juanita, dem „Mädchen aus dem Eis" (S. 158) dessen Mumie heute in Arequipa ausgestellt ist. Das Museum befindet sich der Kirche gegenüber an der Plaza.

Uyo Uyo RUINEN

Von der Straße aus sieht man nichts von den Überresten dieser Siedlung, die aus der Zeit vor den Inkas stammt. Von Yanque aus erreicht man sie in einem halbstündigen Marsch den Hügel hinauf und von Coporaque aus in einer Stunde über die Carr Coporaque. Vor Ort erwarten einen riesige Steinportale und ein Ausblick in die grüne Landschaft. Nach der Besichtigung läuft man weiter zu einem Wasserfall, dessen Quelle auf dem Nevado Mismi entspringt.

Es empfiehlt sich, über die Colca Lodge (S. 178) einen Führer zu engagieren. D&M Travel Adventure (S. 175) mit Sitz an der Plaza de Armas in Chivay veranstaltet Touren (30 S, 14.30–17.30 Uhr) nach Uyo Uyo.

Baños Chacapi THERMALBAD

(Av Chacapi; Eintritt 10 S; ⏲4–19 Uhr) Dieses Thermalbad, eine kleinere Version des La Calera (S. 175) in Chivay, erreicht man von der Plaza aus in einem halbstündigen Marsch bergab in Richtung Fluss. Das Bad öffnet vor allem wegen der Einheimischen, von denen viele kein Warmwasser in ihren Häusern haben, sehr früh.

Schlafen

Sumaq Huayta Wasi PENSION $

(Casa Bella Flor; ☎929-292-315; www.casabellaflor.com; Arequipa 400; Zi. 35 S, ohne Bad 15 S; 📶) Die von einer Familie geführte Pension befindet sich in einem strohgedeckten Haus inmitten eines Gartens im Zentrum von Yanque. Das freundliche Besitzerpaar verständigt sich mit den Gästen mit viel Charme und rudimentärem Englisch. Die Betten sind einfach, aber gut. Bei den ausgezeichneten, aus eigenem Gemüse zubereiteten Mahlzeiten (15 S) kann man in der Küche helfen und so einen Einblick ins örtliche Leben erhalten.

Casona Plaza Ecolodge HOTEL $$

(☎054-63-3355; www.casonaplazahoteles.com; Av Collahua Cuadro 7; EZ/DZ/3BZ mit Frühstück 182/199/232 S; P📶) Die recht luxuriöse Option bietet helle, große, beheizte Zimmer mit Safe und Kabel-TV in freistehenden Bungalows. Auf dem geräumigen Grundstück tummeln sich Alpakas. Zu den unerwarteten Extras gehören Sauerstoffflaschen, Pferde zum Ausreiten und ein Reiseveranstalter. Auf dem Gelände befindet sich zudem ein großes Restaurant.

★**Colca Lodge** LUXUSHOTEL $$$

(☎054-28-2177; www.colca-lodge.com; Fundo Puye s/n; DZ/Suite mit Frühstück 594/735 S; ❄📶🏊) Das teure, aber sehr romantische Hotel bietet einen luxuriösen Aufenthalt auf einem kunstvoll gepflegten Gelände, das sich majestätisch am Lauf des Río Colca ausbreitet.

Die üppigen Zimmer prunken mit feinen Bademänteln, Holzöfen, Kerzen, Kaffeemaschinen und großen Doppelbetten. Besonders reizvoll sind die spielerisch geformten Thermalbecken (37–39 °C) unter freiem Himmel neben dem Fluss.

Die Colca Lodge liegt gleich außerhalb von Yanque. Vorab reservieren kann man im Büro des Hotels in **Arequipa** (☎054-20-2587, 054-28-2177; Benavides 201, Selva Alegre; ⊙Mo–Do 8–13 & 14–18.30 Uhr).

An- & Weiterreise

Die Busse aus Chivay halten auf ihrem Weg nach Cabanaconde in Yanque. Die meisten Touren zum Cruz del Cóndor legen an der Plaza einen kurzen Zwischenstopp ein. Neben dem Markt starten *colectivos* (2 S, 15 Min.), sobald sie voll besetzt sind. Die meisten fahren vor 9 und kurz nach 17 Uhr.

Cruz del Cóndor

★Cruz del Cóndor AUSSICHTSPUNKT
(Chaq'lla; Carr al Colca; Eintritt mit *boleto turístico*) Der berühmte Aussichtspunkt ist für viele das Highlight des Trips in den Cañón del Colca. Eine große Gruppe von Andenkondoren nistet auf diesem Felsvorsprung, und mit viel Glück kann man erleben, wie sie sich mühelos von der aus der Schlucht aufsteigenden warmen Strömung tragen lassen und dicht über den Köpfen der Zuschauer durch die Lüfte segeln. Zu dem zauberhaften Erlebnis kommt noch der Blick auf den Fluss in der 1200 m tiefen Schlucht und auf den **Nevado Mismi** jenseits des Canyons.

Viele Sehenswürdigkeiten, um die viel Wirbel gemacht wird, erweisen sich beim näheren Hinschauen als gar nicht so toll, aber für diese gilt das gewiss nicht. In letzter Zeit wird es aber schwerer, Kondore zu sichten. Dies liegt vor allem an der Luftverschmutzung, zu der auch die Reisebusse und Lagerfeuer von Travellern beitragen. An Regentagen lassen sich die Kondore seltener blicken, daher kommt man am besten in der Trockenzeit; im Januar und Februar sieht man die Kondore praktisch nie. Am Aussichtspunkt ist man nicht allein: Hunderte Leute warten in der Hauptsaison darauf, dass sich die Riesenvögel sehen lassen.

Wenn man nicht im Rahmen einer Tour kommt, kann man die großen Milagro-Busse (8 S) Richtung Cabanaconde nehmen, die um 7.30 Uhr vom Busbahnhof in Chivay abfahren. Das einzige spätere öffentliche Verkehrsmittel nach Cabanaconde ist der Minivan (5 S) gegen 11 Uhr, der die Frauen befördert, die *artesanías* (Kunsthandwerk) anbieten. Ansonsten muss man 12,5 km weit marschieren oder lange warten, bis der nächste Bus von Cabanaconde nach Chivay zurückfährt.

Cabanaconde

☎054 / 2400 EW. / 3290 M

In dem schmalen unteren Abschnitt ungefähr zwischen Cabanaconde und Huambo ist die Colca-Schlucht am tiefsten. Nur rund 20 % der Besucher des Cañón del Colca gelangen ins zusammengewürfelte Cabanaconde (die meisten organisierten Touren machen am Cruz del Cóndor kehrt). Wer aber kommt, kann sich über weniger Menschen, mehr Authentizität und größere Ruhe freuen. Hier erlebt man den wahren Canyon.

Die Schlucht ist hier beträchtlich tiefer: Steile, im Zickzack verlaufende anspruchsvolle Wege führen 1200 m hinunter zum Río Colca. Rund um Tapay und Sangalle finden sich Obstbäume, aber sonst eignet sich der Canyon nicht für wirtschaftliche Nutzung. In Cabanaconde gibt's keine Geldautomaten, daher muss man ausreichend Bargeld mitbringen.

Sehenswertes

★Mirador de San Miguel AUSSICHTSPUNKT
(Cabanaconde; ⊙24 Std.) GRATIS Die spektakuläre Aussicht, die man hier genießt, ist das eigentliche Highlight von Cabanaconde: Man erblickt die Bergkette, auf deren zerklüfteter Oberfläche die Dörfer wie weiße Staubflecken kleben, und darunter die Schlucht mit der an eine blaugrüne Briefmarke erinnernden „Oase". Hier beginnt der Abstieg in die Colca-Schlucht, aber ein Besuch des *mirador* lohnt sich, auch wenn man nicht in die Schlucht hinuntersteigen möchte.

Von Cabanaconde aus marschiert man auf der Fernstraße 15 Minuten; der *mirador* ist ausgeschildert und befindet sich gleich neben dem an eine Schnecke erinnernden Gebäude.

Geführte Touren

Über sein Hostel oder die *municipalidad* (Stadtverwaltung) von Cabanaconde kann man örtliche Führer anheuern. Je nach Art der Wanderung, der Jahreszeit und der Größe der Gruppe gilt ein Preis zwischen 30 und 60 S pro Tag. Auch Pferde oder Maultiere, um das nötige Trinkwasser in die Schlucht mitzunehmen und den Abfall wieder heraus zu befördern, lassen sich leicht beschaffen (ca. 60 S/Tag). Nach geführten Touren in die Schlucht kann man sich im Pachamama (S. 180) erkundigen; sie sind aus Sicherheitsgründen und damit man sich nicht verläuft sehr zu empfehlen. D&M Travel Adventure (S. 175) in Chivay kann Touren mit Marco Antonio organisieren. Dieser berechnet für die 18 km lange Wanderung inklusive Verpflegung und Übernachtung in Sangalle 110 S.

Schlafen & Essen

Die meisten Besucher essen in ihrer Unterkunft, es gibt aber ein paar billige örtliche Restaurants an oder nahe der Hauptplaza.

★ **Pachamama** HOSTEL $$

(☎ 054-76-7277, 959-316-322; www.pachamamahome.com; San Pedro 209; DZ mit Frühstück 100 S, B/DZ ohne Bad mit Frühstück 33/65 S; @) Im Pachamama gibt's viele Unterkunftsoptionen (DZ, 3BZ u.a.), einen Pizzaofen, ein fantastisches Frühstück mit Crêpes und eine erstaunlich freundliche Bar. Der sehr nette und hilfsbereite Ludwig spricht fließend Englisch und ist eine ausgezeichnete Informationsquelle für Ausflüge in den Colca-Canyon und die weitere Umgebung.

Für 95 S werden Radausflüge vom Cruz del Cóndor den Berg hinunter nach Cabanaconde organisiert, bei denen die Fahrräder an den Startpunkt gebracht werden, an dem man sich vor der Fahrt die Kondore anschauen kann.

★ **Hotel Kuntur Wassi** HOTEL $$

(☎ 054-66-4016; www.arequipacolca.com; Cruz Blanca s/n; EZ/DZ/Suite mit Frühstück 121/140/250 S; @ ᯤ) Das sehr charmante Hotel ist die luxuriöseste Unterkunft in Cabanaconde. Das Hotel erhebt sich am Hang über dem Ort und hat steinerne Bäder, trapezförmige Fenster mit Blick in den Garten und eine rustikale Anmutung. In den Suiten stehen riesige Badewannen. Im Haus gibt's eine Bar, ein Restaurant, eine Bibliothek, leine Waschküche und einen Devisentausch. Das Essen hat erstklassiges, städtisches Niveau.

Das Haus steht der Kirche an der Plaza de Armas gegenüber an der unteren Straße rechts. Reservieren kann man in dem Hotelbüro im Zentrum von Arequipa (Jerusalén 132B).

La Posada del Conde HOTEL $$

(☎ 054-83-0033, 958-310-018; www.facebook.com/laposadadelconde.cabanacondecolcacanyon; San Pedro s/n; DZ/3BZ mit Frühstück 92/132 S; ᯤ) Dieses kleine Hotel bietet hauptsächlich Doppelzimmer, die sehr gepflegt sind und saubere Bäder haben. Im Preis ist oft zur Begrüßung ein *mate* (Kräutertee) oder ein Pisco Sour (peruanischer *pisco*-Cocktail) enthalten, den man im Restaurant im Erdgeschoss erhält. Weiter die Straße hinauf betreiben die gleichen Inhaber noch eine kleinere, etwas schickere und teurere Lodge.

An- & Weiterreise

Drei Busunternehmen, darunter **Andalucia** (☎ 44-5089) und **Reyna** (☎ 43-0612; www.reyna.com.pe), betreiben Busse nach Chivay (5 S, 2½ Std.) und Arequipa (15 S, 5 Std.), die von Cabanacondes Hauptplatz ab- und am Cruz del Cóndor vorbeifahren (6, 11, 11.30, 13.30 und 22 Uhr). Die Abfahrtszeiten ändern sich häufig, deshalb sollte man im Büro der Busgesellschaft am Hauptplatz nachfragen. Auf Wunsch halten die Busse an jedem Ort entlang der Hauptroute an der Südseite des Canyons. Die Morgenbusse sind manchmal voll, weil viele einheimische Bauern in Richtung Chivay fahren, darum sollte man etwas früher zur Haltestelle kommen.

Die Oase

Sangalle liegt unterhalb von Cabanaconde tief unten in der Schlucht und wird seinem Spitznamen „Die Oase" wahrlich gerecht, wenn nachts die Sterne hoch über den Bergwänden scheinen. Hier gibt's Campingplätze und vier sehr ähnliche, aus schlichten Bungalows bestehende Hostels, in denen man für eine Übernachtung (teilweise mit eigenem Bad) zwischen ca. 15 und 40 S pro Person bezahlt. Jede Herberge besitzt einen Pool zum Schwimmen; die meisten, darunter die **Oasis Paraiso Ecolodge** (☎ 054-79-7485; Sagalle; Bungalows 40 S/Pers., ohne Bad 15 S; 🏊), auch einen Garten. Man sollte prüfen, welche Pools gerade Eintritt verlangen, aber bei den meisten Herbergen ist die Benutzung für die Gäste kostenlos. Vor Ort wird darüber gestritten, ob von Travellern für die Poolbenutzung überhaupt eine Gebühr erhoben werden soll.

Es gibt Aktivitäten wie Volleyball; Ruhe und Frieden werden gelegentlich durch Musik als Begleitung zum Cocktailtrinken gestört. Wenn man spätabends ankommt, ist das Wasser bereits kalt, und man wird weiterziehen, ehe die Sonne die „Oase" wieder aufheizt. Daher braucht man warme Kleidung für die Nacht und muss sich bei der Wanderung auf starke Sonnenstrahlung einstellen. In Sangalle gibt's Trinkwasser, Essen (Mahlzeiten ca. 10 US$), rudimentäre Beleuchtung und Stromversorgung, aber keinen Handyempfang und nur sehr schwaches WLAN. Man sollte keine Lagerfeuer entfachen, weil fast die Hälfte aller Bäume in der Gegend auf diese Weise vernichtet wurden. Seinen Abfall sollte man wieder mitnehmen.

Der Rückweg hinauf nach Cabanaconde ist steil und anstrengend. Wer körperlich sehr fit ist, braucht 1½, gut Trainierte brauchen 2 bis 2½ und Menschen von durchschnittlicher Fitness 4 Stunden. Alternativ reitet man auf einem gemieteten Maulesel (2 Std., 60 S).

El Valle de los Volcanes

Wer ein Ziel voller Naturwunder sucht, das kaum von Travellern besucht wird, ist in diesem abgelegenen, breiten Tal mit seinen ungewöhnlichen geologischen Formationen genau richtig. Das 65 km lange Valle de los Volcanes ist von Lavaströmen bedeckt, aus denen sich viele kleine Aschekegel (von bis zu 200 m Höhe) erheben. Insgesamt sind es rund 80; sie erstrecken sich längs einer größeren Erdspalte, und jeder Aschekegel ist aus einer einzelnen Eruption entstanden.

Das Tal umgibt das nahe dem schneebedeckten Gipfel des Coropuna gelegene Dorf **Andagua**, das ein guter Ausgangspunkt für Wanderungen auf den Gipfel des perfekt konisch geformten Doppelvulkans oder zu einem nahegelegenen *mirador* in 3800 m Höhe ist. Ein weiteres lohnendes Ziel ist der 40 m hohe **Izanquillay-Wasserfall** dort, wo der Río Andahua nordöstlich des Dorfs durch eine enge Lavaschlucht verläuft. Eine zweistündige Wanderung führt von Andagua vorbei an den Ruinen der vorkolumbischen Stadt Antaymarca zu einigen *chullpas* (Begräbnistürmen) bei **Soporo**.

In Andagua gibt's mehrere preiswerte, schlichte Hostels, darunter das empfehlenswerte **Hostal Volcanes** (☎ 054-83-4065; Calle 15 de Agosto, Andagua; Zi. 20 S). Man kann hier auch zelten, braucht dafür aber viel Trinkwasser und ausreichenden Sonnenschutz.

An- & Weiterreise

Ins Tal gelangt man von Arequipa aus mit einem Reyna-Bus, der gegen 16 Uhr nach Andagua (45 S, 10–12 Std.) startet. In der Gegenrichtung verlassen die Busse Andagua gegen 14 Uhr. Manche Tourveranstalter besuchen das Valle de los Volcanes im Rahmen kostspieliger Geländewagentouren, die z. B. auch den Cañón del Cotahuasi und Chivay beinhalten.

Alternativ gelangt man bei einer Wanderung von Cabanaconde aus ins Tal. Man durchquert den Cañón del Colca und marschiert dann über einen 5500 m hohen Pass hinunter ins Valle de los Volcanes. Für die Wanderung braucht man mindestens fünf Tage (nachdem man sich vorher die Zeit zur Akklimatisierung genommen hat). Am besten nimmt man sie nur mit einem erfahrenen Führer und Mauleseln, die das Gepäck tragen, in Angriff.

Cañón del Cotahuasi

Auch wenn der besser erreichbare Cañón del Colca dem Cotahuasi viele Jahre lang die Show gestohlen hat, weiß man es inzwischen ganz genau: Bei Letzterem handelt es sich um den tiefsten Canyon der Welt. Der Cañón del Cotahuasi erstreckt sich rund 200 km Kondorfluglinie nordwestlich von Arequipa und ist mit über 3500 m etwa doppelt so tief wie der Grand Canyon in den USA. Während ausschließlich erfahrene Rafter bis ganz nach unten vordringen, ist der Rest des fruchtbaren Tals voller beeindruckender Landschaften über Trekkingpfade erreichbar. Der Canyon beherbergt einige traditionelle ländliche Siedlungen, die bis jetzt nur eine Handvoll Abenteurer gesehen haben.

Aktivitäten

Wandern

Cotahuasi (3800 Ew.) thront 2620 m über dem Meeresspiegel an der Südwestseite des Canyons. Nordöstlich davon, den Canyon weiter hinauf, erstrecken sich die Dörfer **Tomepampa** (10 km entfernt; Höhe 2500 m) und **Alca** (20 km entfernt; Höhe 2660 m), in denen man einfache Unterkünfte findet. Unterwegs kommt man an einigen **Thermalquellen** (Eintritt 3 S) vorbei.

Busse zur Sipia-Brücke (3 S, 1 Std.) starten täglich um 18.30 Uhr am Hauptplatz von Cotahuasi. An der Brücke beginnen mehrere interessante Wanderungen in den tiefsten Teil des Canyons. Nach 45 Minuten bergauf erreicht man den **Sipia-Wasserfall**, wo sich der Río Cotahuasi imposante 100 m hinabstürzt; der Aussichtspunkt befindet sich über dem Wasserfall. Nach weiteren anderthalb Stunden über einen guten Weg stößt man auf **Chaupo**, eine Oase mit großen Kakteen und Resten von Häusern aus der Zeit vor den Inka. Von dort schlängelt sich eine staubige Route hoch nach **Velinga** und in weitere entlegene Gemeinden mit Übernachtungsmöglichkeiten. Alternativ steuert man **Mallu** an, einen grünen Ackerlandstreifen am Flussufer. Der Besitzer Ignacio erlaubt Besuchern, hier ihr Zelt aufzustellen, und verleiht für 12 S einen Campingkocher. Täglich um 11.30 Uhr fährt ein Bus von der Sipia-Brücke zurück nach Cotahuasi. Man kann von Cotahuasi auch einen Tagesausflug is Bergdorf **Pampamarca** machen. Von dort führt eine zweistündige Wanderung über steile Serpentinen zu faszinierenden Felsformationen, in denen Einheimische mystische Figuren erkennen wollen. Ein kurzer Spaziergang vom Dorf zu einem Aussichtspunkt ermöglicht einen Blick auf den rauschenden 80 m hohen **Uscune-Wasserfall**. *Combis* nach Pampamarca (5 S, 2 Std.) fahren zweimal täglich gegen 7 und 14 Uhr und kehren kurz nach der Ankunft am Zielort wieder zurück.

Schlafen & Essen

Die meisten Besucher essen in ihrer Unterkunft. Im Zentrum von Cotahuasi gibt's ein paar schlichte Restaurants und einen Markt.

Hospedaje Casa Primavera GASTHOF **$**
(☎054-28-5089; primaverahostal@hotmail.com; Calle Union 112, Tomepampa; DZ mit Frühstück 66 S, EZ ohne Bad mit Frühstück 27 S) Diese Unterkunft ist eine nette Entdeckung in dem winzigen Dorf Tomepampa. Sie besteht aus einem alten, an eine Hazienda erinnernden Gebäude mit Balkon, etwas Blumenschmuck und schöner Aussicht. Zur Wahl stehen diverse einfache, aber saubere Zimmer von unterschiedlicher Größe.

Hostal Hatunhuasi PENSION **$**
(☎054-58-1054, 959-425-769; www.hatunhuasi.com; Centanario 309, Cotahuasi; EZ/DZ inkl. Frühstück 35/70 S) Diese gastfreundliche Pension ist etwas besser als die anderen Unterkünfte des Orts. Sie hat viele Zimmer, die sich um einen sonnigen Innenhof gruppieren, und fast immer warmes Wasser. Auf Wunsch wird gekocht, außerdem versorgen die Besitzer Reisende mit ansonsten schwer zu bekommenden Informationen.

Hostal Alcalá PENSION **$**
(☎054-83-0011; Plaza de Armas, Alca; EZ/DZ 25/40 S, B/EZ/DZ ohne Bad 10/15/25 S) Diese Pension in Alca bietet eine gute Mischung sauberer Zimmer zu unterschiedlichen Preisen. Einige gehören zu den komfortabelsten im Tal. Warmwasser gibt's hier rund um die Uhr.

Hotel Vallehermoso HOTEL **$$**
(☎054-58-1057; www.hotelvallehermoso.com; Calle Tacna 106, Cotahuasi; EZ/DZ/3BZ inkl. Frühstück 100/145/195 S) Das schickste Hotel von Cotahuasi ist genau das, was man nach einer staubigen zwölfstündigen Busfahrt braucht. Es bietet göttlichen Komfort am Ende der Welt und entfernt sich nie zu weit von seinen rustikalen Traditionen. Das angeschlossene Restaurant versucht sogar, *cocina novoandina* (neue andinische Cuisine) zu kreieren.

An- & Weiterreise

Die 420 km lange, weitgehend über unbefestigte Straßen führende Busfahrt von Arequipa nach Cotahuasi dauert bei guten Bedingungen zehn Stunden. Ungefähr nach drei Vierteln der Strecke führt die Straße über einen 4500 m hohen Pass zwischen den gletscherbedeckten Gipfeln des Coropuna und des Solimana (6323 m), ehe es in spektakulärer Fahrt nach Cotahuasi hinunter geht. Auf der Fahrt kann man auf der Hochebene Vicuñas rennen sehen. **Reyna** (☎054-43-0612; www.reyna.com.pe) betreibt Busse (30 S), die um 7 und um 17 Uhr in Arequipa starten; Cromotex (S. 170) hat einen Bus um 18 Uhr. Die Busse fahren gegen 17 Uhr von Cotahuasi zurück nach Arequipa.

Von der Plaza in Cotahuasi fahren stündlich *combis* über Tomepampa (2 S, 30 Min.) hinauf nach Alca (4 S, 1 Std.). Täglich fahren auch zwei Busse nach Pampamarca (5 S, 2 Std.); der eine fährt am frühen Morgen, der andere am mittleren Nachmittag.

Titicacasee

Inhalt ➡

Gut essen

- Mojsa (S. 194)
- La Table del Inca (S. 194)
- Mareas Ceviche y Más (S. 194)

Schön schlafen

- Uros Samaraña Uta Lodge (S. 199)
- Titilaka (S. 191)
- Taypikala Lago (S. 203)
- Hotel Isla Suasi (S. 201)
- Cristina Suaña (S. 199)

Auf zum Titicacasee!

In den Anden sagt man, im Titicacasee sei die Sonne geboren. Er liegt an der Grenze zwischen Peru und Bolivien und ist der größte See Südamerikas sowie das am höchsten gelegene schiffbare Gewässer der Welt. Hier wechseln sich strahlende Tage und eisige Nächte ab. Der tiefblaue See ist seit jeher das verbindende Glied zwischen den Hochlandkulturen, die hier bis heute an ihren Traditionen festhalten.

Lange vor den Inka hinterließen hier Pukara, Tiwanaku und Colla ihre Spuren. Heute findet man in der Region verfallende Kathedralen, Altiplano und weite Felder vor hohen Gipfeln. Getreide wird noch immer von Hand angepflanzt und geerntet. Die *campesinos* tragen Sandalen aus recycelten Lkw-Reifen, die Frauen arbeiten in Reifröcken und Melonenhüten, und die Lamas sind zahm wie Haustiere.

Auf den ersten Blick wirkt die Region öde, aber die traditionellen Feste werden ausgelassen gefeiert. Umzüge mit Kostümen und Musik sorgen für tagelange Ausnahmezustände.

Reisezeit

Puno

Anfang Feb. Das Festival zu Ehren der Virgen de la Candelaria ist ein fantastisches Spektakel.

Juni–Aug. Kalte, klare Nächte und helle, sonnige Tage sind typisch für die Trockenzeit im Winter.

Anfang Nov. Mit der Fiesta Jubilar de Puno wird der Geburtstag des ersten Inka Manco Cápac gefeiert.

Highlights

❶ **Uros-Inseln** (S. 199) Mit dem Boot zu den mystischen, komplett aus Schilf erbauten Inseln gleiten

❷ **Isla Taquile** (S. 199) In den Hügeln der Insel umherziehen, auf der die Männer stricken und die Frauen weben

❸ **Puno** (S. 187) In Perus *capital folklórico* Feste mit verrückten Kostümen und lauten Blaskapellen erleben

❹ **Ichu** (S. 198) Über Felder streifen und Hügel zu überwucherten Inka-Ruinen erklimmen

❺ **Sillustani** (S. 197) Beeindruckende Grabtürme, die sogenannten *chullpas*, besuchen

❻ **Capachica-Halbinsel** (S. 201) In den sonnigen, verschlafenen *pueblitos* (Örtchen) neue Energie tanken

❼ **Yavari** (S. 187) An Bord des historischen Dampfschiffs nahe Puno nächtigen und die Sterne beobachten

❽ **Isla del Sol** (S. 210) Nach Bolivien übersetzen und diese legendäre Insel erkunden

❾ **Homestays** (S. 199) Auf den Uros-Inseln bei einheimischen Familien übernachten und ihre Kultur kennenlernen

Juliaca

☎ 051 / 245 700 EW. / 3826 M

Der einzige Verkehrsflughafen der Region macht Juliaca, die größte Stadt des Altiplano, zu einem unumgänglichen Verkehrsknotenpunkt. Wegen der praktischen Lage nicht weit von der bolivianischen Grenze wird in der Stadt eifrig gehandelt (und geschmuggelt). Raubüberfälle bei Tag und Betrunkene auf den Straßen sind nichts Ungewöhnliches. Da Juliaca touristisch nicht viel zu bieten hat, ist es ratsam, im nahen Lampa zu übernachten oder gleich nach Puno weiterzureisen.

Zahlreiche Hotels, Restaurants, *casas de cambio* (Wechselstuben) und Internetcafés liegen entlang der San Román ganz in der Nähe der Plaza Bolognesi. Geldautomaten und Banken findet man in der benachbarten Nuñez.

Eine hervorragende, wenn auch teure Übernachtungsoption ist das **Royal Inn Hotel** (☎051-32-1561; www.royalinnhoteles.com; San Román 158; EZ/DZ/3BZ inkl. Frühstück 315/330/420 S). In dem Hochhaus warten gut gepflegte, moderne Zimmer mit Warmwasserduschen, Heizung und Kabel-TV sowie eines der besten Restaurants von Juliaca. Es gibt ein üppiges Frühstücksbüfett (Hauptgerichte ab 20 S).

An- & Weiterreise

BUS & TAXI

Der **Terminal Terrestre** (Ecke Jr. San Martín an Av Miraflores) ist der Busbahnhof der Langstreckenbusgesellschaften. Verbindungen nach Cusco gibt's alle zwei Stunden zwischen 5 und 23 Uhr, nach Arequipa ebenfalls alle zwei Stunden zwischen 2.30 und 23.30 Uhr.

Busse zur Küste starten einen kurzen Fußweg von der Plaza Bolognesi entfernt an und nahe der San Martín auf der anderen Seite der Eisenbahnschienen; *combis* (Minibusse) nach Puno fahren ab der Plaza Bolognesi.

Julsa (☎051-32-6602, 051-33-1952; www.fb.me/julsaperu) bietet die besten Verbindungen nach Arequipa und **Power** (☎051-32-1952; www.expresopower.com.pe; terminal terrestre shop C5) die meisten Busse nach Cusco. **Civa** (051-365-882; www.civa.com.pe; Terminal Zonal) und **San Cristobal** lassen Busse nach Lima und Arequipa fahren.

Ein Bus von **Sur Oriente** steuert täglich um 19 Uhr Tacna an. Das zentraler ansässige Unternehmen **San Martín** (☎051-32-7501) mit Fahrezeugen höherer Qualität sowie weitere Busunternehmen entlang der Tumbes zwischen der Moquegua und der Piérola fahren via Moquegua nach Tacna (50–60 S, 9 Std.; 4-mal tgl.).

Combis nach Puno (3,50 S, 50 Min.) warten an der Plaza Bolognesi; los geht's, wenn sich genügend Passagiere eingefunden haben. Minibusse nach Lampa (2,50 S, 30 Min.) starten in der Huáscar (sobald sie voll sind), jene nach Huancané (3,50 S, 1 Std.) verkehren alle 15 Minuten von der Ballón und der Sucre, etwa vier Blocks östlich der Apurímac bzw. anderthalb Blocks nördlich der Lambayeque. Capachica (4 S, 1½ Std.) wird von *combis* angesteuert, die am **Terminal Zonal** (Av Tacna, cuadra 11) zu finden sind. Nach Escallani (3,50 S, 1½ Std.) kommt man mit Fahrzeugen ab der Ecke Cahuide und Gonzáles Prada, die Tour führt über eine malerische, unbefestigte Straße. Alle Busbahnhöfe erreicht man vom Stadtzentrum per *mototaxi* (dreirädrige Motorradrikscha; 4 S).

Busse ab Juliaca

Im Folgenden handelt es sich um durchschnittliche Preise für normale/Luxus-Busse.

ZIEL	PREIS (S)	DAUER (STD.)
Arequipa	15/50	5
Cusco	20/40	6–7
Lima	80/170	20
Puno	3,50 (nur normaler Bus)	1
Tacna	50/60	8–9

FLUGZEUG

Der **Flughafen** (Inca Manco Capac International Airport; JUL; ☎051-32-4248) liegt 2 km westlich der Stadt. **LAN** (☎051-32-2228; San Roman 125; ⏲Büro Mo–Fr 8–19, Sa bis 16 Uhr) fliegt täglich nach Lima, Arequipa und Cusco. **Avianca** (☎051-827-4951; www.avianca.com; Centro Comercial Real Plaza, Tumbes 391, Local LC-105; ⏲Mo–Fr 11–20, Sa & So bis 18 Uhr) fliegt ebenfalls nach Lima.

Offizielle Flughafentaxis fahren nach Puno (80 S) und Juliaca (15 S). Günstiger sind *colectivos* (Sammeltaxis, 15 S), die direkt nach Puno tuckern und die Passagiere an ihren Hotels absetzen. Viele Hotels in Puno können auch die Rückfahrt zum Flughafen mit diesen Minibussen organisieren.

Unterwegs vor Ort

Innerhalb der Stadt kommt man am besten per *mototaxi* voran. Eine Fahrt zu den Busbahnhöfen oder anderen innerstädtischen Zielen kostet etwa 4 S; wer zum Flughafen will, zahlt ca. 3 S. Die Buslinie 1B durchquert Juliaca und passiert die Calle 2 de Mayo, bevor sie den Flughafen ansteuert (0,70 S).

Lampa

☎051 / 2500 EW / 3860 M

Dieser reizende Ort erstreckt sich 36 km nordwestlich von Juliaca. Er ist wegen seiner rosa getünchten Gebäude als La Ciudad Rosada (Rosafarbene Stadt) bekannt. In der Kolonialzeit war Lampa ein bedeutendes Wirtschaftszentrum und verrät auch heute noch einen starken spanischen Einfluss. Hier kann man ein paar nette Stunden oder eine ruhige Nacht verbringen.

Sehenswertes

Direkt vor den Toren der Stadt befindet sich eine hübsche **Brücke** aus der Kolonialzeit. 4 km westlich liegt die **Cueva de los Toros**, eine Höhle in Form eines Stieres mit prähistorischen Malereien von Lamas und anderen Tieren. Sie zieht sich durch die Felsen rechts der Straße, ihr Eingang ist Teil einer großen, markanten Felsformation. Auf dem Weg dorthin sieht man mehrere *chullpas* (Grabtürme), die jenen in Sillustani und Cutimbo ähneln.

★ Iglesia de Santiago Apostol KIRCHE
(Plaza de Armas, Lampa; Führung 10 S; ⏲ 9–12.30 & 14–16 Uhr) Stolz der Einheimischen und einen Besuch wert ist diese aus Kalkmörtel erbaute Kirche mit faszinierenden Besonderheiten wie einer lebensgroßen Nachbildung des Abendmahls und Santiago (hl. Jakobus) auf einem echten, ausgestopften Pferd – Letztere zeigt den Heiligen, wie er von den Toten zurückkehrt, um die Mauren zu vertreiben. Außerdem locken gruselige Katakomben, geheime Tunnel und ein Kuppelgrab, auf dem eine wundervolle Kopie von Michelangelos *Pietà* steht. Das Grab ist zudem von Hunderten Skeletten gesäumt, die eine makabre Deko aus Totenschädeln und Knochen bilden. Das ist wirklich sehenswert, und jeden Tag stehen ausgezeichnete Führer zur Verfügung, die aber leider nur Spanisch sprechen.

Museo Kampaq MUSEUM
(☎ 951-820-085; Ecke Ayacucho & Ugarte; empfohlene Spende 5 S; ⏲ Mo–Fr 8–18 Uhr) Die Angestellten des Ladens gegenüber bieten spanischsprachige Führungen durch das Museum mit seiner kleinen, aber bedeutenden Sammlung an. Diese umfasst z. B. Keramikwaren aus der Prä-Inka-Zeit, Monolithen und sogar eine Mumie. Manchmal darf man auch einen Blick auf die einzigartige Vase werfen, deren Inschrift über die heilige Kosmologie der Inkas Aufschluss gibt.

Lampa Municipalidad GEBÄUDE
(⏲ Mo–Fr 8–16 Uhr) GRATIS Das Rathaus an der kleinen Plaza de Armas neben der Kirche erkennt man an den Wandgemälden, die das historische, gegenwärtige und zukünftige Lampa darstellen. Sein Inneres birgt einen wunderschönen Innenhof, eine Kopie der *Pietà* (eine weitere findet sich in der Kirche) und ein Museum, das Víctor Humareda (1920–1986), einem bekannten, hier geborenen Maler gewidmet ist.

Schlafen

Hospedaje Estrella HOSTAL $
(Municipalidad 540; EZ/DZ/3BZ 45/65/100 S) Die heimeligen Zimmer in der Unterkunft zwei Blocks südöstlich der Hauptkirche sind mit bunt zusammengesetzter Bettwäsche ausgestattet, fast so, als hätte jemand den Wäscheschrank der Familie geplündert. Dafür ist alles komfortabel und sauber. Der Ausblick aus den oberen Zimmern ist super, zum Glück, denn WLAN gibt's hier keines.

An- & Weiterreise

Combis nach Lampa (2,50 S, 30 Min.) fahren an der Huáscar in Juliaca ab. Diese liegt fünf Blocks von der Plaza Bolognesi entfernt, wenn man der San Romàn in nach Norden folgt. Sie starten aber erst, wenn sie voll besetzt sind. Wer nach dem Einchecken am Flughafen von Juliaca noch Zeit hat, kann auch ein Taxi hierher nehmen (8 S, 35 Min.). Es gibt keine direkte öffentliche Verkehrsverbindung nach/von Puno.

Pucará

☎ 051 / 675 EW / 3860 M

Etwa 60 km nordwestlich von Juliaca liegt das verschlafene Dorf Pucará. Es ist für seine Feste zu Ehren der **La Virgen del Carmen** (Plaza de Armas) am 16. Juli ebenso bekannt wie für erdfarbene Keramik, vor allem Stiere *(toritos)*, die als Glücksbringer auf den Dächern der Andenhäuser thronen. Lokale Werkstätten öffnen ihre Türen für Besucher. Kurse werden ebenfalls angeboten.

Sehenswertes

Kalasaya RUINEN
(Complejo Arquelógico de Pucará; Eintritt 10 S; ⏲ 9–16 Uhr) Diese Prä-Inka-Ruinen liegen auf einem weitläufigen Gelände oberhalb der Stadt verteilt. Es handelt sich um neun pyramidenähnliche Bauten. Seinen Namen verdankt Kalasaya dem größten davon. Die Stätte liegt einen kurzen Fußweg von der zentralen Plaza entfernt, wenn man der Lima in Richtung Westen folgt. Für gerade einmal 10 S kann man sowohl Kalasaya als auch das **Museo Lítico Pucará** (⏲ Di–So 8.30–17 Uhr) an der Plaza de Armas besuchen. An den Ruinen werden die Tickets jedoch nicht kontrolliert.

Die Kalasaya-Pyramide wurde aus Steinmonolithen errichtet. An ihren Seitenwänden ragen die Skulpturen menschlicher Köpfe heraus. Auch Steinreliefs von Schlangen, Pumas und anderen Kreaturen sind zu sehen. Das Zentrum wurde für Opfergaben an die Götter verwendet. Gegen 200 v. Chr. war die Pucará-Kultur die wichtigste Kraft am Titicacasee.

An- & Weiterreise

Busse nach Juliaca (3,50 S, 1 Std.) fahren zwischen 6 und 20 Uhr an der Jr. 2 de Mayo ab.

Puno

051 / 149 100 EW. / 3830 M

Mit einer majestätischen Plaza, Betonkästen und bröckelnden Ziegelbauten am Übergang zur Bergwelt hat Puno gute und schlechte Seiten. Es dient als Ausgangspunkt zum Titicacasee und ist für Reisende zwischen Cusco und La Paz ein praktischer Zwischenstopp. Mit seinem ausgelassenen Charme gewinnt es die Herzen vieler Besucher.

Perus *capital folklórica* (Folklorehauptstadt) wartet mit beeindruckenden Paraden zum Fest der Virgen de la Candelaria auf, die sogar landesweit im Fernsehen übertragen werden. Die dazugehörigen Trinkorgien bieten jede Menge Stoff für Legenden. Das Zentrum mag schmutzig und kühl wirken, aber seine Einwohner sind fröhliche, freche Menschen, die alles stehen und liegen lassen, wenn es daran geht, eine Party zu feiern.

Puno ist ein wichtiger Handelsplatz für Waren (und Schmugglergut). Seine alte Architektur, die farbenfrohe traditionelle Kleidung, die noch von vielen Bewohnern getragen wird, und die zahlreichen jungen Kadetten auf den Straßen zeugen aber auch von seiner Vergangenheit als Kolonial- und Marinestadt.

Sehenswertes

Catedral de Puno KIRCHE

(Ayacucho at Deustua; 8–12 & 15–18 Uhr) GRATIS Punos barocke Kathedrale an der Westseite der Plaza de Armas wurde 1757 vollendet. Ihr Interieur ist spartanischer, als man es angesichts der üppig gemeißelten Fassade erwartet. Immerhin birgt sie einen versilberten Altar, auf dessen rechter Seite seit dem Besuch von Papst Paul VI. 1964 eine Vatikanflagge hängt.

Casa del Corregidor HISTORISCHES GEBÄUDE

(051-35-1921; www.casadelcorregidor.pe; Deustua 576; Mo–Sa 9–21 Uhr) GRATIS Dieses

NICHT VERSÄUMEN

EIN SAGENUMWOBENES DAMPFSCHIFF

Das älteste Dampfschiff auf dem Titicacasee, die berühmte **Yavari** (36-9329; www.yavari.org; Sesqui Centenario 962; Eintritt gegen Spende; 8–13 & 15–17.30 Uhr) wurde vom britischen Kanonenboot zum Museum umgewandelt. Außerdem birgt sie ein empfehlenswertes B & B mit Etagenbetten und aufmerksamem Service unter Aufsicht des Kapitäns. Und für den Aufenthalt auf dem Titicacasee braucht man keine Marineerfahrung! Heute ist die *Yavari* hinter dem Sonesta Posada Hotel del Inca vertäut, ca. 5 km von Punos Zentrum entfernt. Es ist der vielleicht ruhigste Ort in Puno.

Der Weg des Schiffes hierher war nicht einfach. 1862 wurden die *Yavari* und ihr Schwesterschiff *Yapura* in Birmingham gebaut, anschließend in Einzelteilen um Kap Horn nach Arica (heute in Nordchile) verschifft, mit dem Zug nach Tacna transportiert und dann mit Maultieren über die Anden nach Puno gebracht. Alles in allem nahm dieses Unterfangen sechs Jahre in Anspruch.

Am ersten Weihnachtstag 1870 ließ man die wieder zusammengesetzte *Yavari* zu Wasser. Die *Yapura* wurde später in *BAP Puno* umbenannt und von der peruanischen Marine als medizinisches Versorgungsschiff genutzt. Man kann sie heute noch in Puno besichtigen. Beide Schiffe besaßen kohlebetriebene Dampfmotoren, wurden aber wegen der Kohleknappheit mit getrocknetem Lamadung beheizt.

Nach vielen Dienstjahren legte die peruanische Marine die *Yavari* still und überließ sie am Seeufer dem Rost. 1982 besuchte die Engländerin Meriel Larken das vergessene Schiff und entschied, dass dieses Stück Geschichte erhalten werden müsse. Sie rief das *Yavari*-Projekt ins Leben, um das Schiff zu kaufen und zu restaurieren.

Die engagierte Besatzung übernimmt gern Führungen. Dampfschiffliebhaber, die sich vorher anmelden, können manchmal beim Einheizen des restaurierten Motors zusehen. Siebenmal im Jahr kreuzt die *Yavari* auf dem See. Ob sie noch immer mit Lamadung beheizt wird, müssen die Gäste selbst herausfinden.

Puno

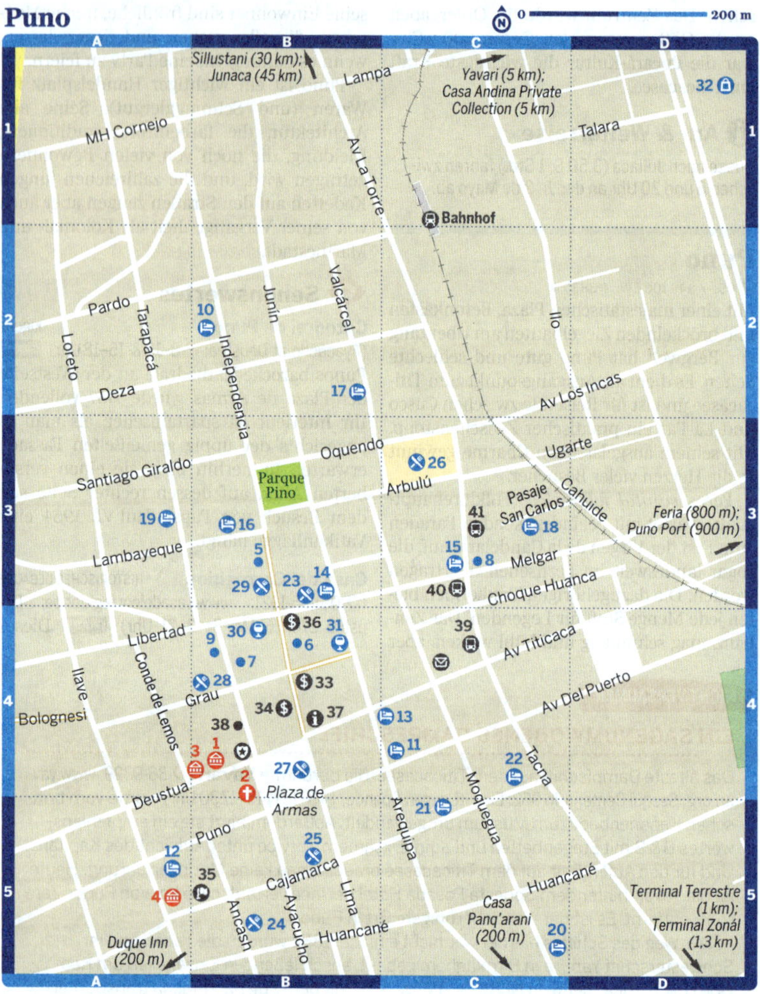

Gebäude aus dem 17. Jh. ist eine Attraktion für sich und zählt zu Punos ältesten Wohnhäusern. Das ehemalige Gemeindezentrum beherbergt heute einen kleinen Fair-Trade-Laden für Kunsthandwerk und ein Café.

Museo Carlos Dreyer MUSEUM
(Conde de Lemos 289; Eintritt mit Englisch sprechendem Guide 15 S; ⏲Mo–Fr 9–19, Sa bis 13 Uhr) Dieses kleine Museum zeigt eine faszinierende Sammlung archäologischer Artefakte und Kunstwerke aus der Region, aus der Prä-Inka-, der Inka-, der Kolonialzeit und der ersten Ära der República. In der oberen Etage sind drei Mumien und eine *chullpa* (Grabturm) aus Glasfaser in Originalgröße ausgestellt.

Das Museum liegt ganz in der Nähe der Casa del Corregidor. Die Führer sind meist nur bis eine Stunde vor Schließung da.

Museo de la Coca y Costumbres MUSEUM
(Koka- und Brauchtumsmuseum; ☎051-977-0360; www.museodelacoca.com; Ilave 581; Eintritt 10 S; ⏲Mo–Sa 9–19, So 15–19 Uhr) In dem winzigen kuriosen Museum erfährt man allerlei Historisches, Medizinisches und Kulturelles über die Kokapflanze und ihre vielen Ein-

Puno

Sehenswertes
1 Casa del Corregidor ... B4
2 Catedral de Puno ... B4
3 Museo Carlos Dreyer ... B4
4 Museo de la Coca y Costumbres ... A5

Aktivitäten, Kurse & Touren
5 Edgar Adventures ... B3
6 Las Balsas Tours ... B4
7 Leon Tours ... B4
8 Tour Perú ... C3
9 Transturin ... B4

Schlafen
10 Casa Andina Standard ... B2
11 Casona Plaza Hotel ... C4
12 Conde de Lemos Inn ... A5
13 Hostal La Hacienda ... C4
14 Hostal Pukara ... B3
15 Hotel Casona Colón Inn ... C3
16 Hotel El Buho ... B3
17 Hotel Italia ... B2
18 Inka's Rest ... C3
19 Intiqa Hotel ... A3
20 Mosoq Inn ... C5
21 Posada Luna Azul ... C5
22 Puma Hostel Puno ... C4

Essen
23 Balcones de Puno ... B3
Colors ... (siehe 5)
La Casa del Corregidor ... (siehe 1)
La Choza de Oscar ... (siehe 23)
24 La Table del Inca ... B5
25 Mareas Ceviche y Más ... B5
26 Mercado Central ... C3
27 Mojsa ... B4
28 Pushka ... B4
29 Tulipans ... B3

Ausgehen & Nachtleben
30 Dómino Club ... B4
31 Kamizaraky Rock Pub ... B4

Shoppen
32 Mercado Bellavista ... D1

Praktisches
33 Banco Continental ... B4
34 BCP ... B4
35 Bolivianisches Konsulat ... B5
36 Interbank ... B4
37 iPerú ... B4
38 Oficina de Migraciónes ... B4
Scotiabank ... (siehe 34)

Transport
39 Inka Express ... C4
LAN ... (siehe 8)
40 Rossy Tours ... C3
41 Tour Perú ... C3
Turismo Mer ... (siehe 40)

satzgebiete. Gut aufgemacht ist es allerdings nicht: An den Wänden hängen einfach Unmengen Texte (nur auf Englisch) und dazwischen ein paar Fotos und alte Coca-Cola-Werbeplakate. Nur wegen der Ausstellung der traditionellen Kostüme lohnt sich der Besuch wirklich.

Der Zusammenhang zwischen Koka und den Kostümen mag wohl nur den Museumsbetreibern klar sein, doch man erfährt hier, welche Kostüme bei den Straßenumzügen getragen werden und warum.

Geführte Touren

Wer eine Tour buchen will, sollte die Angebote mehrerer Reisebüros vergleichen. Es gibt zahlreiche Agenturen, und die Konkurrenz ist hart. Das führt zu aufdringlicher Werbung auf den Straßen und in Busbahnhöfen, unhaltbaren Versprechen und niedrigen Preisen, die faire Löhne unmöglich machen. Einige der günstigeren Agenturen haben den Ruf, die Gastfamilien auf Amantaní und Taquile auszunehmen.

Inseltouren können auch bei besseren Reisebüros enttäuschen: Da möglichst viele Gäste mitgenommen werden und die Führer immer die gleichen Erklärungen wiederholen, sind die Ausflüge langweilig und unflexibel im Ablauf. Bei einem Aufenthalt von nur ein oder zwei Tagen kann man im Rahmen einer renommierten geführten Tour einen besseren Einblick bekommen als auf eigene Faust. Wer aber genügend Zeit hat, sollte sich ruhig allein auf den Weg machen, denn dann kann man die Insel freier erkunden und mehr Zeit an Orten verbringen, die einem gefallen.

Edgar Adventures KULTUR
(☎051-35-3444; www.edgaradventures.com; Lima 328; ⏱Büro 7–20 Uhr) Seit Langem etablierter Anbieter mit positivem Engagement in den Gemeinden. Zu den ungewöhnlicheren Aktivitäten zählen Kajakfahrten auf dem Titicacasee und Ausflüge in abgelegene Ecken in der Umgebung.

Leon Tours BOOTSAUSFLÜGE
(☎051-35-2771; www.peru-titicaca.com; Ayacucho 152) Von Puno nach Bolivien verkehren keine Passagierfähren, Leon Tours veranstaltet aber einen 13-stündigen Trip auf einem

FIESTAS & FOLKLORE RUND UM DEN TITICACASEE

Puno gilt als Perus Folklorehauptstadt, rühmt es sich doch, jährlich mehr als 300 traditionelle Tanzveranstaltungen und zahlreiche Fiestas auszurichten. Obwohl sie häufig an katholischen Feiertagen aufgeführt werden, haben viele Tänze ihre Wurzeln in präkolonialen Festen, die in Verbindung mit dem landwirtschaftlichen Kalender stehen. Die prächtigen und einfallsreichen Kostüme, die zu diesen Anlässen getragen werden, sind oft viel mehr wert als die Alltagskleidung in einem kompletten Haushalt. Sie reichen von eindrucksvoll grotesken Masken und Tierkostümen bis hin zu glitzernden, mit Pailletten besetzten Uniformen.

Musiker spielen begleitend zu den Feierlichkeiten traditionelle Nummern, u.a. mit spanisch beeinflussten Blech- und Saiten- sowie Perkussions- und Blasinstrumenten, die sich seit der Inka-Zeit kaum verändert haben. Zu hören sind z.B. *tinyas* (hölzerne Handtrommeln), *wankaras* (größere Trommeln, ursprünglich Kriegstrommeln) und natürlich *zampoñas* (Panflöten). Diese reichen von winzigen Instrumenten für hohe Töne bis zu den riesigen Bass-Panflöten, die fast so groß sind wie der Musiker selbst. Und dann sind da noch die *flautas* (Flöten), von den einfachen, kleinen *quenas* aus Bambus bis zu den großen Varianten aus ausgehöhlten Holzblöcken. Am esoterischsten wirkt das *piruru*; üblicherweise besteht es aus dem Flügelknochen eines Andenkondors.

Einige Feste werden in der einen Stadt gefeiert und in einer anderen nicht. Zu manchen Zeiten spielt hingegen die ganze Region verrückt. Informieren kann man sich in Punos Touristenbüro. Die hier beschriebenen Ereignisse haben vorwiegend rund um den Titicacasee eine wichtige Bedeutung, aber man feiert auch viele landesweite Festtage.

Wer eines dieser Events besuchen möchte, sollte vorab reservieren oder ein paar Tage früher kommen. Allerdings muss man zu diesen Zeiten mit hohen Unterkunftspreisen rechnen.

luxuriösen Tragflügelboot nach La Paz mit Zwischenstopps auf der Isla del Sol und an anderen Sehenswürdigkeiten. Auch zwei- und dreitägige Ausflüge sind im Angebot. Der Veranstalter in La Paz ist **Crillon Tours** (☎ Bolivien 591-2-2337533; www.titicaca.com; Av Camacho 1223, La Paz, Bolivien; ⊙ Mo–Sa 9–12 & 14.30–19 Uhr).

Las Balsas Tours BOOTSAUSFLÜGE
(☎ 051-36-4362; www.balsastours.com; Lima 419, 1. Stock, No. 213; ⊙ Büro Mo–Sa 9–12 & 15–20 Uhr) Der Veranstalter hat klassische Tagestouren im Programm.

Feste & Events

Viele regionalen Feiertage und Feste werden zusätzlich mehrere Tage vor und nach dem eigentlichen Feiertag gefeiert. Immer gehören traditionelle Musik und Tanz dazu, ebenso wie ausgelassenes Chaos.

El Día de Los Reyes RELIGION
(Epiphanias; ⊙ 6. Jan.) Mit diesem Fest wird an den Besuch der drei Weisen aus dem Morgenland beim Jesuskind erinnert. Vor jeder Kirche und auf der Plaza de Armas verkaufen traditionell gekleidete Frauen Puppen für Kinder, die bei der Messe auf den Altar in der Kirche gelegt werden.

La Virgen de la Candelaria RELIGIÖS
(Mariä Lichtmess; ⊙ 2.–18. Feb.) Das spektakulärste Fest der Gegend wird mehrere Tage rund um den 2. Februar gefeiert. Liegt das Datum zwischen einem Sonntag und einem Dienstag, beginnen die Feierlichkeiten am Samstag zuvor, fällt es zwischen Mittwoch und Freitag, geht die Feierei bis zum folgenden Samstag weiter.

Fiesta de San Juan FEST
(Fest Johannes des Täufers; ⊙ 8. März) An diesem Feiertag wird das Bild des hl. Johannes – des Heiligen der Kranken und der Krankenhäuser – durch die Straßen von Puno getragen. Mit Gebeten und Liedern bei den Prozessionen bitten die Gläubigen um gute Gesundheit. Es gibt Essen, Feuerwerk und Musik.

Alasitas FEST
(⊙ 2–8. Mai) Indem man Miniaturobjekte segnen lässt, z.B. Autos und Häuser, betet man darum, den entsprechenden Gegenstand im nächsten Jahr zu erhalten. Am 2. Mai findet in Puno eine Kunsthandwerksmesse für Miniaturen statt.

Fiesta Jubilar de Puno KULTUR
(Puno-Woche; ⊙ Nov.) Das große Fest erinnert an die legendäre Geburt des ersten Inka Manco Cápac. Gefeiert wird es in der ersten

Novemberwoche rund um den Puno-Tag am 5. November.

Schlafen

Puma Hostel Puno HOSTEL $

(☎051-36-5300; Cajamarca 154; B/DZ/3BZ inkl. Frühstück 23/47/60 S;) Mit seiner unechten Holztäfelung wirkt das Puma ein bisschen wie ein Business-Hotel aus den 1980er-Jahren, das um ein paar Familienbetten aufgestockt wurde. Es ist aber sauber und komfortabel und bietet für ein Hostel in der Nähe der Plaza ein hervorragendes Preis-Leistungs-Verhältnis. Es ist ideal, um sich nach einem langen Tag der Erkundungen auszuruhen.

Inka's Rest HOSTEL $

(☎051-36-8720; www.fb.me/inkarestpuno; Pasaje San Carlos 158; B/DZ inkl. Frühstück 16,50/60 S; @) Versteckt in einer engen Gasse liegt dieses Haus, das wegen seines Services besonders geschätzt wird. Es ist sehr sauber und mit Betten mit Daunendecken sowie hübschen alten Böden aus Fliesen oder Parkett ausgestattet. Zum Haus gehören ein netter Frühstücksbereich, eine Gästeküche und ein großer Flatscreen-TV. Die Privatzimmer sind weniger ansprechend. Es gibt eine Gegensprechanlage. Nachts besser ein Taxi nehmen!

Duque Inn HOSTEL $

(☎051-20-5014; Ayaviri 152; EZ/3BZ mit Bad 33/99 S, DZ ohne Bad 66 S) Satinbettdecken und Kronleuchter werten die gastfreundliche, etwas überkandidelte Budgetunterkunft auf. Der Besitzer und Archäologe Ricardo Conde ist exzentrisch, aber sehr kundig und bietet kostenlose Führungen an. Budgetreisende und Gäste, die ernsthaft wandern möchten, sind hier genau an der richtigen Adresse. Um Das Duque Inn zu finden, von der Kathedrale aus der Ilave (in Richtung Cajamarca) fünf Blocks folgen und dann nach rechts in die Ayaviri einbiegen! Angesichts des endlos wirkenden Weges bergauf leistet man sich aber vielleicht besser ein Taxi.

★ **Casa Panq'arani** B&B $$

(☎051-36-4892, 951-677-005; www.casapanqarani.com; Jr .Arequipa 1086; EZ/DZ/3BZ inkl. Frühstück 80/135/145 S;) Eine erfreuliche Entdeckung ist dieses traditionelle Wohnhaus in Puno. Es hat einen blumengeschmückten Innenhof und einladende Zimmer mit umlaufendem Balkon im 2. Stock. Was Gäste aber vor allem hierherlockt, ist die herzliche Gastfreundschaft der Besitzer Edgar und Consuelo. In den großen Räumen warten komfortable Betten mit gehäkelten Tagesdecken und frische Blumen. Sonnige Bereiche laden zum Faulenzen ein. Consuelos Gourmetküche aus dem Altiplano sollte sich niemand entgehen lassen (Mahlzeiten auf Vorbestellung 35 S).

★ **Intiqa Hotel** HOTEL $$

(☎051-36-6900; www.intiqahotel.com; Tarapacá 272; DZ/3BZ inkl. Frühstück 247/313 S;) Endlich hat Puno ein Mittelklassehotel mit Stil. Die 33 großen, beheizten Zimmer sind allesamt in Erdtönen gehalten und warten mit behaglichen Daunendecken auf. Außerdem gibt's zusätzliche Kissen, einen Schreibtisch, Flachbild-TVs und einen Safe. Der Aufzug ist in Puno eine echte Rarität. Gäste werden auf Wunsch kostenlos vom Terminal Terrestre abgeholt. Kreditkarten werden akzeptiert.

ABSEITS DER ÜBLICHEN PFADE

TITILAKA – LUXUS AM TITICACA

Das abgeschiedene Luxushotel **Titilaka** (☎1-700-5111; www.titilaka.pe; Titicacasee; EZ/DZ inkl. VP ab 777/1202 US$; @) am zerklüfteten Ufer des Titicacasees eine Stunde südlich von Puno ist schon ein Ziel für sich. Große Panoramafenster in alle Richtungen lassen die Landschaft geradezu ins Haus eindringen. Die Zimmer verfügen über riesige Betten mit Wärmflaschen, tiefe Wannen, Docking-Stationen für Smartphones und Sitzgelegenheiten am Fenstersims. Es gibt Spiele für Kinder, ein Spa und ein Gourmet-Restaurant.

Das Titilaka zeigt sich in einem skurrilen euro-andinen Stilmix, dessen Farbpalette von neutral bis kokett (z. B. grelles Rosa und Lila) reicht. Hochwertige Folklorekunst setzt Akzente, ebenso wie Skulpturen und Schwarz-Weiß-Fotografien bekannter peruanischer Künstler. Das gut ausgebildete Personal weiß, wie man Gäste glücklich macht.

Auf privaten geführten Touren kann man die Insel intensiv kennenlernen. Die meisten Besucher buchen ein Dreitagespaket, aber auch der Preis für eine Nacht beinhaltet Vollpension und Ausflüge in die Umgebung wie Wanderungen oder Kajakfahrten.

Xima Puno Hotel BOUTIQUEHOTEL $$
(☎ 051-36-5525; www.ximahotels.com; Av Chulluni 195; EZ/DZ inkl. Frühstück 189/212 S; P 📶) Das elegante Hotel wartet in jedem Zimmer mit einem solch überwältigenden Seeblick auf, dass man Gefahr läuft, gar nicht vor die Tür zu gehen. Die geräumigen, in neutralen Farbtönen gehaltenen Zimmer mit einzelnen Farbakzenten machen einem das Rausgehen auch nicht gerade leichter.

Posada Luna Azul HOTEL $$
(☎ 951-590-835; www.posadalunaazul.com; Cajamarca 242; EZ/DZ inkl. Frühstück 100/128 S; 📶) Bei dem Namen „blauer Mond" erwartet man eine gemütliche, ruhige Nacht. Und tatsächlich liegt dieses kleine Hotel versteckt und weit entfernt von jeglichem Lärm. Die kleinen Zimmer mit Teppichboden sind mit Flachbild-TVs sowie gut funktionierenden Heizungen ausgestattet, und die Duschen liefern verlässlich heißes Wasser. Endlich ist es in Puno irgendwo warm!

Mosoq Inn HOTEL $$
(☎ 051-36-7518; www.mosoqinnperu.com; Jr. Moquegua 673; EZ/DZ/3BZ inkl. Frühstück 175/214/272 S; @ 📶) Die 15 geräumigen orangefarbenen Zimmer des modernen Hotels verteilen sich auf drei Stockwerken. Hochwertige Matratzen sorgen für einen gesunden Schlaf. Es gibt auch große Schränke, Kabel-TV und Heizöfen sowie ein Business-Center.

Casona Plaza Hotel HOTEL $$
(☎ 051-36-5614; www.casonaplazahoteles.com; Jr. Puno 280; DZ/Suite inkl. Frühstück ab 135/297 S; @ 📶) Das gut geführte, zentrale Hotel gehört mit seinen 64 modernen und neutral gehaltenen Zimmern zu den größten Unterkünften der Stadt und ist dennoch oft ausgebucht. Die eigenen Bäder sind toll! Die angebotenen *matrimoniales* (Ehesuiten) richten sich an Liebespaare und sind in den meisten Fällen so riesig, dass man zwischen dem Bett und der Lounge *marinera* (Perus Nationaltanz) tanzen kann.

Hostal Pukara HOTEL $$
(☎ 051-368-448; www.pukaradeltitikaka.com; Libertad 328; EZ/DZ inkl. Frühstück 60/116 S; @ 📶) In dem fröhlichen, hellen Pukara bleibt keine Ecke undekoriert. Ein auffälliges Relief zieht sich über vier Stockwerke, und Wandmalereien sorgen für weiteren Schmuck. Alle Zimmer sind mit Kabel-TV, Telefon und Heizung ausgestattet. In den Quartieren zur Straße hin kann es nachts laut sein. Das Frühstücksbüfett wird in dem mit Glas überdachten Café auf dem Dach serviert, das einen tollen Blick gewährt.

Hotel El Buho HOTEL $$
(☎ 051-36-6122; www.hotelbuho.com; Lambayeque 144; EZ/DZ/3BZ inkl. Frühstück 181/231/297 S; @ 📶) Ein ruhiges Hotel, das mit hübschen, aber etwas düsteren Zimmern mit Wandtäfelung und Teppichen aufwartet. Das Personal ist hilfsbereit, und im Haus gibt's einen Touranbieter und ein gutes Restaurant. Wer über die Website bucht, spart teilweise bis zu 25 %.

Conde de Lemos Inn HOTEL $$
(☎ 051-36-9898; www.condelemosinn.com; Puno 675-681; EZ/DZ/3BZ inkl. Frühstück 150/197/214 S; @ 📶) Viele Leser empfehlen das kleine Hotel wegen seines persönlichen Services und der hohen Qualität. Es befindet sich in einem pyramidenartigen Gebäude mit Glasfassade unweit der Plaza de Armas. Man sollte ein Eckzimmer mit Balkon nehmen.

Hotel Casona Colón Inn HOTEL $$
(☎ 051-35-1432; www.coloninn.com; Tacna 290 in der Libertad; DZ/2BZ/3BZ inkl. Frühstück 150/180/225 S; @ 📶) Zum Charme der eleganten, europäisch geführten *casona* (großes Haus) mit hilfsbereitem Personal trägt auch das Gebäude aus Perus republikanischer Zeit bei. Abgerundet wird das Ganze von den Gemälden der Cusco-Schule, Fresken und einem überdachten Innenhof. Das Restaurant vor Ort ist auf belgische und französische Küche spezialisiert (reservieren!). Die Zimmer sind etwas klein, bieten aber allen Komfort, darunter auch tragbare Heizöfen. Die Gemeinschaftsräume erreichen üppige, fast schon koloniale Ausmaße.

Hotel Italia HOTEL $$
(☎ 051-36-7706; www.hotelitaliaperu.com; Valcárcel 122; EZ/DZ/3BZ 120/160/210 S; @ 📶) Dieses große, gut etablierte Hotel bietet gemütliche Zimmer mit Parkettboden, Kabel-TV, warmen Duschen und einer Heizung – doch nicht alle Zimmer sind gleich gut. Reizende Details wie alte Telefone verleihen dem Hotel ein tolles Flair, und die langgedienten Angestellten sind sehr zuvorkommend und gut geschult. Zum köstlichen Frühstücksbüfett gehören u. a. schwarze Oliven sowie das für Puno typische dreieckige Anisbrot. Kreditkarten werden akzeptiert.

Hostal La Hacienda HOTEL $$
(☎ 051-35-6109; www.hhp.com.pe; Deustua 297; DZ/3BZ 200/332 S; @ 📶) Dieses Hotel im

ETHISCHER GEMEINDEBASIERTER TOURISMUS

Puno ist nach Cusco die touristischste Stadt Perus und ein Ausgangspunkt für Ausflüge rund um den Titicacasee. Viele Traveller werden zwar auch von den archäologischen und mythologischen Stätten angelockt, wollen aber vor allem die vielfältige und faszinierende Kultur kennenlernen. Der hiesige *turismo vivencial* (Gastfamilientourismus) ist schnell gewachsen und bildet mittlerweile die Grundlage der Tourismusindustrie in der Region.

Es gibt Dutzende Reisebüros mit ähnlichen Angeboten zu sehr unterschiedlichen Preisen. Die Diskrepanz besteht vor allem in der Summe, die sie den Einheimischen zukommen lassen. Fast alle der besonders günstigen Veranstalter (sowie einige der teuren) geben nur wenig mehr als die Kosten der Verpflegung ab. Es ist schwer mit Sicherheit herauszufinden, welche Agenturen die Gastfamilien fair bezahlen, aber die folgenden Tipps helfen Reisenden, das Beste aus ihrem Aufenthalt zu machen.

- Man sollte bei einer der von uns empfohlenen Agenturen buchen oder ein Unternehmen wählen, das von anderen Reisenden empfohlen wird. Es lohnt sich, zu überprüfen, ob es vor Ort ein Rotationssystem gibt, also ob sich die Gastfamilien bei der Unterbringung von Besuchern abwechseln und ob die Guides bei jeder Tour eine andere schwimmende Uros-Insel ansteuern.
- Unbedingt darauf pochen, den Preis für die Unterkunft direkt an die Familie zu zahlen!
- Etwas mehr Geld in den Aufenthalt investieren: Für einen typischen zweitägigen Inselausflug muss man mindestens 50 US$ an die Gastfamilie zahlen, damit diese vom Besuch des Gastes profitiert.
- Die Inseln auf eigene Faust bereisen (das ist problemlos möglich).
- Den eigenen Müll wieder mitnehmen, denn die Inselbewohner haben keine Möglichkeit, ihn zu entsorgen.
- Geschenke mitbringen, die von den Insulanern nicht selbst erzeugt werden können, etwa frisches Obst oder Schulsachen (Stifte, Notizbücher), keine ungesunden Snacks.
- Den Kindern sollte man keine Süßigkeiten und kein Geld geben, damit sie sich nicht ans Betteln gewöhnen.
- Gemeindeunternehmen sollte man unterstützen, damit auch diese vom Tourismus profitieren. Auf Taquile (S. 199) führen mehrere Familien abwechselnd das Restaurante Comunál an der Ostseite der zentralen Plaza – für sie die einzige Möglichkeit, von den vielen Tagesausflüglern zu profitieren. In Luquina Chico (S. 204) und auf der Isla Ticonata (S. 202) wird der Tourismus von den Einwohnern gesteuert und folgt einem Rotationssystem, nach dem Unterkünfte, Verpflegung, Transport, Guides und Aktivitäten von mehreren Familien jeweils abwechselnd bereitgestellt und die Erlöse geteilt werden.
- Man sollte erwägen, einen der Orte am See zu besuchen. Sie sind etwas weniger einfach zu erreichen als die Inseln, aber viel friedvoller und weniger von Touristen besucht. Dort lernt man äußerst aktive Agrargemeinden kennen.

Kolonialstil hat schöne, luftige Gemeinschaftsbereiche und eine schwindelerregende Spiraltreppe à la *Vertigo*. Der Speiseraum befindet sich im 6. Stock und bietet einen tollen Panoramablick. Zwar sind die Zimmer unspektakulär, dafür aber warm und komfortabel sowie mit Kabel-TV und Telefon ausgestattet. Einige warten zudem mit Badewannen auf.

Casa Andina Premium LUXUSHOTEL **$$$**
(☎ 051-36-3992; www.casa-andina.com; Av Sesqui Centenario 1970; DZ inkl. Frühstück ab 538 S; @ ᯤ) Am Rand von Puno steht dieses exklusive Haus in hübscher Lage am See. Es hat 46 Zimmer, einen Garten und ein Gourmetrestaurant. Wer aus Cusco anreist, kann sich freuen: Es gibt sogar eine eigene Bahnhaltestelle. Von außen schick-rustikal, warten drinnen Zimmer mit tadellos weißer Bettwäsche und einer dezenten Einrichtung. Einige verfügen über Kamine aus Stein; in allen Räumen erleichtert die Zufuhr von zusätzlichem Sauerstoff die Akklimatisierung.

Casa Andina Standard HOTEL **$$$**
(☎ 051-213-9739; www.casa-andina.com; Independencia 143; DZ/3BZ inkl. Frühstück 307/392 S;

(@ 📶) Die klassische Version der angesagten peruanischen Hotelkette bietet einen dynamischen Service und 50 geschmackvolle Zimmer in gedämpften Farben, dekoriert mit Folkloremotiven aus den Anden. Ausgestattet sind die Quartiere mit Heizung, Safe, Vorhängen zum Verdunkeln und Flachbild-TVs. Auch hier bekommen Gäste kostenlos Sauerstoff und *mate de coca* (Kokablättertee) zur Akklimatisierung. In dem gemütlichen Speiseraum werden abends nach Ausflügen Pizzas und Suppe serviert.

Essen

Auf Traveller ausgerichtete Restaurants befinden sich entlang der Lima. Ein günstiger Snack ist *api* (warmer, süßer Maissaft), eine echte Seelennahrung, die man in vielen Lokalen der Calle Oquendo zwischen dem Parque Pino und dem Markt bekommt. Man sollte ihn mit einer superdünnen, superleckeren frittierten Teigtasche bestellen.

Pushka PERUANISCH $

(Grau 338; Hauptgerichte 8–15 S, Menü 8 S; 👪) Kaum zu glauben, aber wahr: Nur zwei Blocks von Punos geschäftiger Touristenmeile entfernt befindet sich ein großes Restaurant im Biergarten-Stil. Hier gibt's Spielgeräte für Kinder, Kunstrasen und Menüs zu günstigen Preisen, die in Sachen Qualität problemlos mit denen der Calle Lima mithalten können. Nur am Schnickschnack wird gespart. Das Angebot wird vor allem von Familien sehr gern genutzt.

La Choza de Oscar HÄHNCHEN $

(☎051-35-1199; www.lachozadeoscar.com; Libertad 354; Hähnchengericht 11 S; ⏲Mo–Sa 14–22 Uhr) Das peruanische *pollo a la brasa* (Brathähnchen) ist außen würzig und knusprig – und dieses Lokal an der Rückseite eines Restaurants hat den Dreh raus. Vegetarier können sich abends am Salatbüfett bedienen. Zwischen 19.30 und 21 Uhr wird im Restaurant eine Tanzshow aufgeführt, bei der man auch als Gast der Choza de Oscar zuschauen darf. Trinkgeld ist aber gern gesehen.

Mercado Central MARKT $

(Oquendo s/n; ⏲7–21.30 Uhr) Selbstversorger können sich im Mercado Central mit frischem Obst, Nüssen und anderen Erzeugnissen eindecken, müssen sich aber vor Taschendieben in Acht nehmen.

★ La Table del Inca FUSION $$

(☎994-659-357; www.fb.me/latabledelinca; Ancash 239; Hauptgerichte 26–40 S, 3-Gänge-Menü inkl. Wein 80 S; ⏲Mo–Do 12–14 & 18–21.30, Sa & So 18–21.30 Uhr; 📶) Wer einen Grund sucht, um sich mal wieder herauszuputzen, hat ihn hiermit gefunden. Dieses Fusion-Restaurant liegt etwas abseits des Trubels und stellt an seinen Wänden Bilder lokaler Künstler aus. Das Essen ist nicht weniger farbenfroh angerichtet. Die peruanischen Gerichte wie *lomo saltado* (Rindfleischpfanne mit Kartoffeln und Chili) können es problemlos mit europäisch-peruanischen Kreationen wie Quinoarisotto, Alpaka-Carpaccio mit *huacatay* (Gewürzkräuter aus der Region) und französischen Desserts aufnehmen. Reservation empfohlen.

★ Mojsa PERUANISCH $$

(☎051-36-3182; Lima 635; Hauptgerichte 22–30 S; ⏲12–21.30 Uhr; 📶🖉) Mojsa bedeutet in Aymara „köstlich" – und das bei Einheimischen und Touristen gleichermaßen angesagte Lokal macht seinem Namen alle Ehre. Neben Blick auf die Plaza bietet es eine gut durchdachte Auswahl peruanischer und internationaler Gerichte, darunter innovative Speisen mit Forelle sowie Salate zum Selbstzusammenstellen. Vor dem Essen gibt's frisches Brot und eine Schale Oliven aus der Gegend. Abends kommen knusprige Pizzas aus dem Steinofen auf den Tisch.

Mareas Ceviche y Más CEVICHE $$

(www.fb.me/mareassocialpage; Cajamarca 448; Hauptgerichte 13–35 S; ⏲9–16 Uhr; 📶) Dieses Restaurant in einem Hof bereitet Dutzende verschiedene Variationen von *ceviche* und Meeresfrüchten zu. Wer sich nicht zwischen Seafood-Pasta, gebratenem Reis mit Tintenfisch, Forellen-*ceviche* oder *ceviche palteado* (mit Avocado) entscheiden kann, der bestellt einfach ein *combinado* aus gemischten *ceviches*, *chaufa* (gebratenem Reis) und paniertem Fisch.

Tulipans PIZZA $$

(☎051-35-1796; Lima 394; Hauptgerichte 15–30, menús 20 S; ⏲10–22 Uhr; 📶) Aufgeheizt von dem Pizzaofen in der Ecke, serviert das gemütliche Tulipans leckere Sandwiches, große Fleischplatten und viel Gemüse. Dazu passen die Weine aus Südamerika. Wenn es draußen mal angenehm ist, sitzt man schön im Innenhof. Pizza gibt's nur abends.

Balcones de Puno PERUANISCH $$

(☎051-36-5300; Libertad 354; Hauptgerichte 18–35 S; ⏲Mo–Sa 9–22 Uhr) Zu Dinnershows mit traditioneller lokaler Küche lädt dieses Restaurant. Die abendlichen Shows (19.30–

21 Uhr) zeichnen sich durch hervorragende, enthusiastische Künstler und Authentizität aus – es gibt kein Panflöten-Gemetzel wie in *El Cóndor Pasa*. Platz für den Nachtisch lassen! Am Wochenende reservieren!

Colors FUSION **$$**
(☎051-36-9254; www.fb.me/raffoalavez; Lima 342; Hauptgerichte 16–30 S, Menüs 25 S; ⏲10–22 Uhr; 📶) Ein Couch-Café mit kostenlosem WLAN, guten Brownies und Brettspielen. Auch Traveller fühlen sich hier im Lounge-Bar-Ambiente wohl und genießen Fusion-Gerichte. Es gibt Menüs mit Forelle oder Alpaka, aber auch Curry-Gerichte und Falafel, was sonst in der Stadt nirgendwo zu finden ist.

La Casa del Corregidor CAFÉ **$$**
(http://cafebar.casadelcorregidor.pe; Deustua 576; Hauptgerichte 24–34 S, Getränke 6,50–14 S; ⏲Mo–Sa 9–22 Uhr; 📶✎) Das nicht weit von der zentralen Plaza entfernte Café wirkt wie aus einer anderen Zeit – wenn nicht gar einer anderen Welt. An den Wänden hängen Vinylplatten mit einstigen peruanischen Hits, und auf den Tischen stehen Brettspiele und Teekannen aus Keramik. In dem freundlichen gelben Hof kommt die ganze Schönheit des historischen Gebäudes zum Vorschein. Zu empfehlen sind die frischen Kräutertees oder gegrillte Alpaca-Spieße.

Ausgehen & Nachtleben

Die Ausgehoptionen in Punos Zentrum sind ganz auf Touristen ausgelegt. Lebhafte Bars finden sich rund um die hell erleuchtete Lima (wo Schlepper Gutscheine für kostenlose Drinks verteilen), den Parque Pino (wo am Wochenende abends manchmal Livebands spielen) und die Plaza de Armas.

Dómino Club CLUB
(www.fb.me/dominoclubdiscoteca; Libertad 443, nahe der Lima; Eintritt 10 S; ⏲Mo–Sa 20 Uhr–open end) Wer miterleben möchte, wie die jungen Einheimischen feiern, der ist hier goldrichtig. Für gute Stimmung sorgen neben dem Cuba Libre auch mehrere Ebenen voller feierwütiger Gäste, eine Karaoke-Lounge und eine Tanzfläche, die mit Salsa, *reggaetón* (eine Mischung aus puerto-ricanischer *bomba*, Dancehall und Hip-Hop) und Rock beschallt wird. Eine lange Nacht ist vorprogrammiert, man muss sich aber auf so einiges gefasst machen.

Kamizaraky Rock Pub PUB
(Grau 158; ⏲17–24 Uhr) Der Laden punktet mit klassischer Rockmusik, schäbig-coolen Barkeepern, Cocktails, Pizzas und Kaffeespezialitäten mit Alkohol. Alles gute Rezepte gegen Punos eisige Nächte! Der Pub ist ein Ort, den viele nur ungern wieder verlassen.

Shoppen

In jedem zweiten Laden im Zentrum werden *artesanías* (Kunsthandwerk von Musikinstrumenten und Schmuck bis hin zu Modellen von Schilfinseln) sowie Wolle, Alpakapullover und andere typische Souvenirs verkauft. Die Preise sind etwas besser als an der *feria* im Hafen.

Der große Markt an der Los Incas hat nicht nur Lebensmittel, sondern auch Pisco, Elektrogeräte und Haushaltswaren.

Feria KUNSTHANDWERK
(Av Costanera, Hafen von Puno; ⏲7–17 Uhr) Auf diesem Kunsthandwerksmarkt werden Spielzeug-Lamas, Decken, Alpakapullis und Masken von Punos Fest zu Ehren der Virgen de la Candelaria verkauft sowie anderes Kunstwerk, das man auch sonst in der Stadt und auf den Inseln sieht, aber zu besser verhandelbaren Preisen.

Mercado Bellavista MARKT
(Av El Sol; ⏲ 9–17 Uhr) Markt für Haushaltswaren und Kleidung. Man sollte sich allerdings vor Taschendieben in Acht nehmen.

Praktische Informationen

EINREISE

Bolivianisches Konsulat (☎051-20-5400; www.consuladopuno.simplesite.com; Cajamarca 664; ⏲Mo–Fr 8–16 Uhr) Kann bei der Ausstellung von Visa für Bolivien helfen.

Oficina de Migraciónes (Einwanderungsbehörde; ☎051-35-7103; www.migraciones.gob.pe; Ayacucho 270-280; ⏲Mo–Fr 8–13 & 14–16 Uhr) Hilfreich, wenn es um Studenten- und Geschäftsvisa geht; Touristenvisa werden hier nicht verlängert.

GEFAHREN & ÄRGERNISSE

In den Hügeln (Inca, Condor) oberhalb der Stadt gibt's hübsche Aussichtspunkte, aber da es immer wieder zu Überfällen und Diebstählen gekommen ist (selbst bei Gruppen), empfiehlt sich ein Besuch dort nicht, bevor sich die Sicherheitslage nicht erheblich verbessert hat.

GELD

Bolivianos können in Puno oder an der Grenze gewechselt werden. Im Terminal Terrestre steht ein Geldautomat, der fast alle Bankkarten akzeptiert und US-Dollars sowie Soles auswirft. **Scotiabank** (Lima 458; ⏲ 24 Std.), **Interbank**

(Lima 444), **BCP** (Lima 444) und **Banco Continental** (Lima 418 an der Grau) betreiben Filialen und Geldautomaten an der Lima; an der Libertad befindet sich eine weitere Filiale der Banco Continental.

NOTFALL

Policía de Turismo (Touristenpolizei; ☎051-35-3988; Deustua 558; ⏲24 Std.) Ein Polizeibeamter hat im Terminal Terrestre Dienst. Wer Hilfe braucht, sollte sich durchfragen, wo er zu finden ist.

POST

Serpost (Moquegua 267; ⏲Mo–Sa 8–20 Uhr)

TOURISTENINFORMATION

iPerú (☎051-36-5088; Plaza de Armas, Ecke Lima & Deustua; ⏲Mo–Sa 9–18, So bis 13 Uhr) Die geduldigen Angestellten sprechen Englisch und halten hilfreiche Infos parat. Eine gute erste Anlaufstelle bei der Ankunft in Puno! Weitere iPerú-Büros gibt's am Terminal Terrestre und am Flughafen in Juliaca.

ℹ An- & Weiterreise

BUS

Der **Terminal Terrestre** (☎051-36-4737; Primero de Mayo 703) liegt drei Blocks von der El Sol entfernt auf der Ricardo Palma. Hier sitzen alle Anbieter von Fernstreckenverbindungen. Der Terminal hat einen Geldautomaten und erhebt eine Abfahrtssteuer von 1,50 S, die man vor der Abreise an einem separaten Schalter bezahlen muss.

Busse nach Cusco fahren zwischen 4 und 22 Uhr alle zwei bis drei Stunden, nach Arequipa geht es zwischen 2 bis 22 Uhr alle drei bis vier Stunden. **Cruz del Sur** (☎in Lima 01-311-5050; www.cruzdelsur.com.pe; Terminal Terrestre) bietet zu beiden Zielen die besten Verbindungen. Auch die Busse von **Turismo Mer** (☎051-36-7223; www.turismomer.com; Tacna 336; ⏲Büro 8–13 Uhr & 15–20 Uhr) mit dem Ziel Cusco sind komfortabel. Civa (S. 185) fährt nach Lima und Arequipa. **Tour Perú** (☎051-20-6088; www.tourperu.com.pe; Tacna 285 No. 103) steuert Cusco an (22 Uhr), und täglich um 7 Uhr fahren hier Busse über Copacabana nach La Paz in Bolivien ab.

Die angenehmsten Verbindungen nach Cusco bietet **Inka Express** (☎051-36-5654; www.inkaexpress.com; Tacna 346; ⏲Büro Mo–Fr 8–19, Sa & So 9–13 & 16–19 Uhr), dessen Luxusbusse mit Panoramafenstern jeden Morgen um 6.50 Uhr abfahren. Ein Mittagsbüfett, ein Englisch sprechender Tourguide und Sauerstoff sind inbegriffen. Zu den Sehenswürdigkeiten, die unterwegs besucht werden, gehören Andahuaylillas, Raqchi, Abra la Raya und Pucará. Die Reise dauert etwa acht Stunden und kostet 60 US$.

Lokale *combis* nach Chuquito, Juli, Pomata und zur bolivianischen Grenze starten am neuen, übersichtlichen **Terminal Zonal** (Branden 415), fünf Blocks südlich des Terminal Terrestre. Aus dem Zentrum kommend fahren viele *combis* (Minibusse; 1 S) hier in der Nähe über die Av El Sol oder die Av Simón Bolívar. Man sagt dem Fahrer einfach: „*Bajar en Branden*" (in Branden aussteigen). Geht man dann in Richtung des Sees, ist der Busbahnhof auch schon erreicht.

Nach Capachica (5 S, 1 Std.) gelangt man per *combi* ab der Talara, gleich neben der Avenida El Sol und gegenüber dem Mercado Bellavista. Die Minibusse fahren stündlich zwischen 6 und 14 Uhr ab.

Busse ab Puno

Im Folgenden handelt es sich um durchschnittliche Preise für normale/Luxus-Busse.

ZIEL	PREIS (S)	DAUER (STD.)
Arequipa	25/75	5
Cusco	30/80	7–8
Juliaca	3,50/ –	1
Lima	150/170	18–21
Copacabana, Bolivien	20/ –	3
La Paz, Bolivien	50/ –	5–6

FLUGZEUG

Der nächste Flughafen befindet sich etwa eine Stunde entfernt in Juliaca. Im Hotel kann man sich für etwa 15 S einen komfortablen und sicheren Shuttle-Bus bei **Rossy Tours** (☎051-36-6709; www.rossytours.com; Tacna 308; ⏲Büro 9–20 Uhr) buchen lassen. Der erste Bus am Tag ist genau so getaktet, dass einem genug Zeit zum Einchecken für den frühesten Flug bleibt. Eine Übernachtung in Juliaca ist also nicht nötig. In Puno gibt's auch ein Büro von **LAN** (☎051-36-7227; Tacna 299).

SCHIFF/FÄHRE

Von Puno nach Bolivien verkehren keine Passagierfähren, aber man kann im Rahmen von Luxusbootstouren an einem oder zwei Tagen über den See nach La Paz gelangen. Unterwegs besucht man die Isla del Sol und andere Sehenswürdigkeiten. **Transturin** (☎051-35-2771; www.transturin.com; Ayacucho 148; 2-Tages-Tour 181 US$) bietet eine kombinierte Bus-Katamaran-Bus-Reise. Los geht's in Puno um 6.30 Uhr, La Paz erreicht man um 19.30 Uhr oder am Mittag des folgenden Tages, eine Übernachtung an Bord inbegriffen. Die Tragflügelboote von Leon Tours (S. 189) legen auf dem Weg nach La Paz auch einen Zwischenstopp auf der Isla del Sol ein. Die Fahrt dauert insgesamt 13 Stunden, kann aber mit dem Besuch weiterer Sehenswürdigkeiten auch auf zwei oder drei Tage ausgeweitet werden. Der Anbieter auf bolivianischer Seite heißt Crillon Tours.

ZUG

Die Straße von Puno nach Cusco hat – mittlerweile zu Unrecht – einen schlechten Ruf. Dieser stammt noch aus der Zeit, als sie nicht asphaltiert und die Busfahrt ein Albtraum war. Inzwischen nehmen viele Traveller doch lieber den Bus, da die Zugpreise in den letzten Jahren sprunghaft angestiegen sind. Es gibt zwei mögliche Verbindungen. Der luxuriöse *Belmond Andean Explorer* ist ein Nachtzug, in dem drei Mahlzeiten und Cocktails (alles im Preis inbegriffen) serviert werden. Für diesen Fünf-Sterne-Service muss man aber auch ganz schön tief in die Tasche greifen. Das Angebot von PeruRail Titicaca ist günstiger; der Zug fährt tagsüber. Beide Verbindungen sind eher was für Eisenbahnliebhaber und Reisende mit dem nötigen Kleingeld, denn die Schienen verlaufen fast die ganze Zeit parallel zur Straße. Die Landschaft sieht aus dem – zugegeben tollen – verglasten Panoramawaggon auch nicht viel schöner aus als aus dem bedeutend günstigeren Bus.

Reservierungen sind online auf www.perurail.com möglich.

Die Züge von Andean Explorer starten von Punos **Bahnhof** (☎ 051-36-9179; www.perurail.com; Av La Torre 224; ⏲ Bahnhofsbüro Mo–Fr 6.30–12 & 16–18, Sa 6.30–14.30 Uhr) jeden Mittwoch um 12 Uhr und erreichen Cusco am nächsten Tag gegen 7.40 Uhr. Fahrkarten gibt's ab 480 US$ pro Person, je nachdem, welche Schlafwagenklasse man wählt, steigen die Preise aber rasant an. Dies liegt nicht zuletzt daran, dass der Zug mittlerweile unter dem Namen der Luxushotelkette Belmond fährt.

PeruRail Titicaca bietet keine Schlafmöglichkeiten. Der Zug startet montags, donnerstags und samstags um 7.30 Uhr, Ankunft in Cusco ist am selben Tag um 17.50 Uhr. Ein Ticket kostet 260 US$.

ℹ Unterwegs vor Ort

Puno ist angenehm kompakt. Wer etwas Energie übrig hat, kann vom Hafen oder den Busbahnhöfen einfach zu Fuß ins Zentrum gehen. Wer vom Zentrum zum Hafen oder See gehen möchte, geht von der Plaza de Armas auf der Jirón Puno noch Osten. Diese geht dann in die Avenida Del Puerto über, die zum Hafen führt. Im Stadtzentrum erreicht man alles bequem zu Fuß. Die größte Fußgängerzone, die Jirón Lima, füllt sich am frühen Abend mit umherschlendernden *puneños* (Einwohner von Puno).

Eine kurze Taxifahrt innerhalb der Stadt (sowie zu den Bus- und Bahnhöfen) kostet 5 S. *Mototaxis* sind noch günstiger (2,50 S), und für ein *triciclo* (Lastenrad mit drei Rädern) bezahlt man nur 2 S. Da die Fahrt aber ziemlich bergauf geht, sollte man dem Fahrer ein ordentliches Trinkgeld dalassen!

Rund um Puno

Sillustani ARCHÄOLOGISCHE STÄTTE

(Erw./Kind 15/2 S) Auf den welligen Hügeln der Halbinsel am Umayosee stehen die *chullpas* von **Sillustani**, die man schon meilenweit vor der rauen Landschaft des Altiplano sieht. Einst beherrschte das Volk der Colla die Gegend rund um den Titicacasee. Die kriegerischen Stammesangehörigen sprachen Aymara und verteidigten später das Inka-Reich im Südosten. Sie bestatteten ihre Adeligen in diesen Grabtürmen, die sich überall in dieser Region auf den Hügeln verteilen.

Die beeindruckendsten Türme stehen in Sillustani, die höchsten unter ihnen erreichen eine Höhe von 12 m. Sie beherbergten die Überreste ganzer Familien-Clans, zusammen mit großen Mengen Lebensmitteln und Gepäck für die Reise in die nächste Welt. Die einzige Öffnung der *chullpas* war ein kleines, nach Osten gerichtetes Loch, gerade groß genug, dass eine Person hindurchkrabbeln konnte. Unmittelbar nach der Beisetzung wurde es versiegelt. Heutzutage ist von den Gräbern zwar nichts mehr übrig, aber die *chullpas* sind nach wie vor gut erhalten. Zum Fotografieren eignet sich am besten das Nachmittagslicht, allerdings kommen zu dieser Zeit auch die meisten Besucher.

Die Turmmauern bestehen aus massiven mehrschichtigen Blöcken, die an das Mauerwerk der Inka erinnern und als noch komplizierter gelten. Einige behauene Blöcke sowie eine Rampe für ihren Transport zählen zu den Sehenswürdigkeiten dieser Stätte. Darüber hinaus kann man sehen, wo sich ein Behelfssteinbruch befand. Auf einem der *chullpas*, in unmittelbarer Nähe des Parkplatzes, befindet sich eine gemeißelte Eidechse.

Sillustani wird umrahmt vom glitzernden Lago Umayo (3890 m), der verschiedenen Pflanzen sowie zahlreichen Andenwasservögeln eine Heimat bietet. Auf einer kleinen Insel leben Vikunjas (bedrohte wilde Artgenossen der Alpakas), außerdem ist dies eine der besten Regionen in Peru zur Vogelbeobachtung.

Reiseveranstalter bieten Touren nach Sillustani an. Sie beginnen täglich um ca. 14.30 Uhr in Puno und kosten mindestens

ABSTECHER

ICHU

In einem herrlichen grünen Tal 10 km hinter Puno liegt diese ländliche Gemeinde, in der sich das Centro Ceremonial Tunuhuire mit seinen kaum bekannten Inka-Ruinen befindet. Es lockt mit einem fantastischen Ausblick und tollen Wanderungen.

Man verlässt die Panamericana an der zweiten Ausfahrt bei Ichu (nach der Tankstelle) und läuft landeinwärts vorbei an dem Haus mit der Aufschrift „Villa Lago 1960". Nach 2 km geht's an der Kreuzung links ab und auf die beiden kleinen Terrassenhügel links des Tals zu. An einer zweiten Gabelung biegt man erneut links ab (wer sie verpasst, kommt an der Schule vorbei). Nun führt die Straße zwischen zwei Hügeln hindurch. Anschließend wendet man sich nach links und steigt den ersten Hügel hinauf. Nach 15 Minuten steilen Anstiegs ist man oben und wird mit den Überresten eines Tempelkomplexes, bestehend aus mehreren Ebenen, und mit einem atemberaubenden Ausblick belohnt.

Ichu lässt sich von Puno aus im Rahmen eines geführten Halbtagesausflugs besuchen. Man sollte genügend Wasser und Verpflegung mitnehmen, denn hier gibt's keinen Laden.

30 S. Die Ausflüge dauern etwa dreieinhalb Stunden inklusive anderthalb Stunden Aufenthalt bei den Ruinen. Wenn man dort mehr Zeit verbringen möchte, mietet man für 80 S ein Privattaxi, das eine Stunde auf einen wartet, bis man sich alles angesehen hat. Um Geld zu sparen, kann man auch einen der Busse nach Juliaca nehmen und sich an der Abzweigung nach Sillustani absetzen lassen (3,50 S, 25 Min.). Von hier steuern Taxis (10 S) oder gelegentlich *combis* (3 S, 20 Min.) die Ruinen an.

Atuncolla (☎951-50-2390; Centro Artsenal, Atuncolla; Zi. 25 S) bietet Aufenthalte bei Gastfamilien an, im Rahmen derer man bei der Feldarbeit helfen und zu weniger bekannten Stätten wandern kann.

Cutimbo ARCHÄOLOGISCHE STÄTTE

(Erw./Kind 15/2 S) Gut 20 km von Puno entfernt thront diese dramatisch anmutende Stätte auf einem tafelbergähnlichen Vulkanhügel, den eine fruchtbare Ebene umgibt. Die wenigen, aber außerordentlich gut erhaltenen *chullpas*, errichtet von den Colla, Lupaca und Inka, haben quadratische oder aber zylindrische Formen. Man kann immer noch die Rampen sehen, die beim Bau verwendet wurden. Auf den Steinen erkennt man eingemeißelte Affen, Pumas und Schlangen.

An diesen abgelegenen Ort kommen nicht viele Besucher. Das macht die Stätte ebenso reizvoll wie gefährlich, besonders für Alleinreisende. Man sollte nur mit mehreren Leuten kommen und wachsam sein. Oft verstecken sich Straßenräuber hinter Felsen am obersten Punkt des über 2 km steil ansteigenden Pfads, der von der Straße aus hinaufführt.

Combis nach Laraqueri (3 S, 1 Std.) starten in Puno am Terminal Zonal. Die ausgeschilderte Stätte links der Straße in Richtung Laraqueri ist nicht zu verfehlen. Einfach den Fahrer fragen, wo man aussteigen soll! Von dort sind es dann noch 20 Minuten zu Fuß bergauf. Die etwas teurere Alternative ist es, von Puno aus ein Taxi zu nehmen (ca. 80 S hin & zurück inkl. 1 Std. Wartezeit) oder ein Ausflugspaket zu buchen (3 Std., 100 S/Pers., ab 2 Pers.).

Inseln im Titicacasee

Die Inseln im Titicacasee sind weltberühmt für ihre friedliche Schönheit und die lebendige traditionelle Agrarkultur, die bis auf präkolumbische Zeiten zurückgeht.

Die menschengemachten Schilfinseln, die Uros-Inseln, sind beliebt wie eh und je und empfangen die meisten Besucher. Die verschlafene Isla Taquile wartet mit einer einzigartigen Kultur auf. Abends kommt es oft zu spontanen Festen, wenn die Bewohner anfangen, ihre lokalen Tänze zu tanzen. Zur Isla Amantaní kommen die wenigsten Touristen, denn hier muss man die Nacht in einer Gastfamilie (Homestay) verbringen. Dafür bietet Amantaní den wohl tiefsten und lohnendsten Einblick in das Leben ihrer Bewohner. Die luxuriöse Isla Suasi ist die einzige Insel in privater Hand. Auf ihr befindet sich ein Boutiqueresort.

Nicht alle Inselbewohner sind vom Tourismus begeistert. Das ist auch nur verständlich, bedenkt man, dass längst nicht jeder davon profitiert. Manche empfinden die neugierigen Blicke der Urlauber als Eindringen in ihrem Alltag und als störend. Besucher sollten unbedingt die Privatsphäre der

Einwohner respektieren und sich höflich verhalten.

Uros-Inseln

7 km östlich von Punos Hafen stößt man auf die **schwimmenden Schilfinseln** (Eintritt 5 S), die wichtigste Touristenattraktion des Titicacasees. Ihre Bauweise ist einzigartig: Sie bestehen aus dem elastischen *totora*-Schilf, das reichlich am Ufer des Sees wächst und das Leben der Uru prägt. Es ist teilweise essbar (schmeckt wie Zuckerrohr) und wird für Hütten, Boote und Kunsthandwerk verwendet. Die Inseln bestehen aus vielen *totora*-Schichten, die immer wieder aufgefüllt werden müssen, weil sie von unten her schnell verfaulen – so ist der Boden weich und elastisch.

Auf einigen Inseln sieht man Varianten der traditionellen zusammengeschnürten Schilfboote und andere pfiffige Kreationen aus Schilf wie Torbogen und sogar Schaukeln. Wer in einem Boot mitfahren (10 S) oder ein paar Fotos machen möchte, muss dafür einen kleinen Betrag bezahlen.

Schlafen

★Cristina Suaña GASTFAMILIE **$$**
(☎951-472-355, 951-695-121; uroskhantati@hotmail.com; Isla Khantati; VP 180 S/Pers.) Langjähriger Anbieter von Übernachtungsmöglichkeiten auf der Isla Khantati, die zu den Uros-Inseln gehört. Die Preise sind gesalzen, beinhalten aber erstklassige Unterkünfte, drei Mahlzeiten, Angeln, vielfältige kulturelle Aktivitäten und die angenehme Gesellschaft der quirligen Cristina Suaña. Wer vorab bucht, wir auf Wunsch mit einem privaten Boot in Puno abgeholt. Wenn man mit der Fähre fährt, läuft man Gefahr, auf der falschen Insel zu landen.

Cristina ist eine echte Uru und hat gemeinsam mit ihrer Familie einige tadellose, vom traditionellen Baustil inspirierte Hütten (mit Solarenergie, Klohäuschen und schattiger Veranda) erbaut. Sie nehmen die Hälfte der kleinen Insel ein. Da es hier extrem entspannt zugeht, ist dies nur eine Option für Traveller, die ausreichend Zeit mitbringen.

★Uros Samaraña Uta Lodge GASTFAMILIE **$$$**
(☎951-826-187; www.fb.me/samaranauta; Uros-Inseln; DZ/3BZ inkl. 3 Mahlzeiten & Bootstransfer 435/655 S) Die Gastgeber César und Lucy haben mit ihrer Lodge die Möglichkeit geschaffen, die Uros-Inseln auf ganz besondere Weise zu erleben. Wer seine Unterkunft nicht über eine Agentur, sondern direkt bei einer einheimischen Uros-Familie buchen möchte, findet hier eine der besten Optionen. Die großen, komfortablen roten Hütten verfügen über eigene Bäder, große Betten und einen unglaublichen Ausblick. Im Preis inbegriffen sind verschiedene kulturelle Aktivitäten wie Bootsfahrten, Angeln und, optional, ein intensives, persönliches Kennenlernen der Familie.

Man sollte vorab buchen, damit man kostenlos mit dem Boot in Puno abgeholt und zur richtigen Insel gebracht werden kann.

An- & Weiterreise

Die Uros-Inseln sind leicht zu erreichen, man muss sich also nicht unbedingt einer organisierten Tour anschließen. Allerdings verpasst man dann die historischen Ausführungen der Guides. Bei den günstigsten Touren, bei denen der Eintritt inbegriffen ist, spart man zudem gerade einmal 10 S. Fähren nach Uros (hin & zurück 10 S) legen zwischen 6 und 16 Uhr am **Hafen von Puno** (Puerto de Puno; Av Titicaca; östlich der Plaza de Armas entlang der Jirón Puno, die in die Avenida Del Puerto übergeht) ab. Los geht's, wenn sie voll besetzt sind, mindestens aber einmal stündlich. Die von den Gemeinden betriebenen Fähren steuern abwechselnd zwei der Inseln an. Auch die Fähren nach Taquile und Amantaní können Passagiere einfach auf den Uros-Inseln absetzen.

Isla Taquile

Die bereits seit vielen tausend Jahren besiedelte **Isla Taquile** (Eintritt 5 S) erinnert mit ihrer wunderschönen Landschaft an die Mittelmeerregion. Im intensiven Licht der Sonne kontrastiert die tiefrote Erde mit dem stechenden Blau des Sees vor dem schimmernden Hintergrund von Boliviens schneebedeckter Cordillera Real auf der anderen Seeseite. Auf mehreren Hügeln befinden sich Terrassen und kleine Ruinen aus der Zeit der Inka.

Seine natürliche Schönheit macht das Eiland Taquile 35 km östlich von Puno zu etwas ganz Besonderem. Anders als die Inselbewohner der Umgebung sprechen die hier lebenden Menschen außerdem nicht Aymara, sondern Quechua. Darüber hinaus besitzen sie ein ausgeprägtes Bewusstsein für ihre Gruppenidentität und heiraten deswegen fast ausschließlich untereinander. Ihre Zahl beläuft sich auf etwa 2000 Menschen.

Sehenswertes

Auf mehreren Hügeln befinden sich seit der Inka-Zeit Terrassen und kleine Ruinen. Besucher können umherwandern, die Bauten erkunden und die Ruhe genießen. Die Insel ist ein wunderbarer Ort, um Sonnenuntergänge zu genießen, zudem scheint der Mond über den atemberaubenden Gipfeln der Cordillera Real in der kristallklaren Luft doppelt so hell zu sein. Am besten besichtigt man die Insel jedoch bei Tageslicht. Da man sich hier nicht wie gewohnt an Straßen, Laternen oder großen Gebäuden orientieren kann, haben sich Reisende im Dunkeln bereits so sehr verlaufen, dass sie eine wenig komfortable Nacht in der Wildnis verbringen mussten.

Eine Treppe mit über 500 Stufen führt von der Anlegestelle bis in die Mitte der Insel. Der Aufstieg dauert 20 Minuten oder noch länger, wenn man noch nicht akklimatisiert ist.

Feste & Events

Fiesta de San Santiago RELIGION

(Fest des hl. Jakobus; 25. Juli) Die Fiesta de San Santiago ist ein hoher Festtag auf Taquile. Dann tanzen und musizieren die Einheimischen in ihren unverkennbaren bunten Kleidern und Strickklamotten und huldigen dem Schutzpatron der Insel. Das Fest dauert mehrere Tage bis Anfang August an. Dann bringen die Inselbewohner der Pachamama (Mutter Erde) ihre traditionellen Opfergaben dar. Ein Feuerwerk darf natürlich auch nicht fehlen. Zentrum der Feierlichkeiten ist die Isla Taquile.

An- & Weiterreise

Fähren nach Taquile (hin & zurück 25 S; Inseleintritt 5 S) legen um 7.35 Uhr am Hafen von Puno (östlich der Plaza de Armas entlang der Av Del Puerto) ab. Unterwegs halten sie an den Uros-Inseln, und da das der Fall ist, muss auch dort der Eintritt bezahlt werden. Die Fähre zurück nach Puno legt um 14 Uhr ab, das kann sich aber ändern, also am besten schon bei der Ankunft auf Taquile beim Kapitän nachfragen! Auf Amantaní legen jeden Tag gegen 16 Uhr Fähren nach Taquile (und weiter nach Puno) ab. Die Zeiten ändern sich manchmal, weshalb man lieber noch einmal nachfragen sollte. Auch in Llachón legen Fähren nach Taquile ab.

Isla Amantaní

Die entlegene **Isla Amantaní** (Eintritt 8 S) mit ihren 4000 Einwohnern liegt nur ein paar Kilometer nördlich der kleineren Isla Taquile. Fast alle Ausflüge beinhalten eine Übernachtung bei den Bewohnern. Besucher können dabei helfen, in den Küchen mit gestampftem Boden Mahlzeiten am offenen Feuer zu kochen. Verschiedene Aspekte des ländlichen Lebens kennenzulernen, kann ein spannendes und unvergessliches Erlebnis sein.

Auf der überaus ruhigen Insel (Hunde sind hier nicht zugelassen) gibt es weder Straßen noch irgendwelche Fahrzeuge. Der Ausblick ist fantastisch, und auf mehreren Hügeln thronen Ruinen. Zu den bekanntesten und am höchsten gelegenen zählen **Pachamama** (Mutter Erde) und **Pachatata** (Vater Erde). Sie gehen auf die Tiwanaku-Kultur zurück. Diese bolivianische Hochkultur blühte um den Titicacasee herum auf und breitete sich zwischen 200 v. Chr. und 1000 n. Chr. rasant aus.

Wie auf Taquile sprechen die Inselbewohner Quechua, allerdings ist ihre Kultur stärker von den Aymara beeinflusst.

Schlafen

Amantaní Community Lodging GASTFAMILIE

(051-36-9714; Zi. inkl. VP 45 S/Pers.) Bei der Ankunft weist Amantaní Community Lodging, ein Zusammenschluss der Inselfamilien, Besuchern ihre Unterkünfte nach einem Rotationssystem zu. Das sollte man respektieren, auch wenn man mit einem Führer unterwegs ist. Natürlich kann man aber darum bitten, zusammen mit seiner Familie oder mit Freunden untergebracht zu werden.

An- & Weiterreise

Fähren nach Amantaní (hin & zurück 30 S; Inseleintritt 8 S) legen jeden Tag um 8.30 Uhr am Hafen von Puno ab. Auf Amantaní tuckern jeden Tag gegen 16 Uhr Fähren nach Taquile und Puno los. Die Zeiten ändern sich manchmal, weshalb man lieber noch einmal nachfragen sollte. Wenn der Andrang entsprechend groß ist, gibt's um 8 Uhr auch noch eine Fähre von Amantaní nach Puno. Ein privates Bootstaxi von Llachón nach Amantaní kostet 100 S (hin & zurück).

Isla Suasi

Das schöne, mit Solarenergie versorgte Eiland im nordöstlichen Teil des Sees ist eine echte Oase mitten in der Natur. Auf der einzigen Insel des Titicacasees, die sich in Privatbesitz befindet, wurde ein Luxushotel gebaut.

Schlafen

★Hotel Isla Suasi RESORT $$$

(☎051-35-1102; www.islasuasi.pe; Zi. ab 586 S; ❄@📶) 🍃 Dieses Resort ist an Exklusivität kaum zu übertreffen. Seine gut ausgestatteten, terrassenartig angelegten Zimmer warten mit Daunendecken, Kaminen und Seeblick auf. Dank der bunten Blumenpracht, der Wanderwege, der Badeplätze am See, der Kajaks, der frei laufenden Vikunjas und der fehlenden Menschenmassen fühlt man sich hier wie in einem Traum.

Das Hotel bietet für Gäste täglich einen sehr teuren Transfer (hin & zurück 660 S/ Pers., 3 Std.) an. Los geht es um 7 Uhr vom Pier in Puno, dann werden Zwischenstopps auf den Uros-Inseln und der Isla Taquile eingelegt. Die Rückfahrt erfolgt um 12.45 Uhr. Es gibt auch einen kürzeren Transfer, der nur 15 Minuten dauert, dann muss man seinen Transport an Land aber selbst organisieren.

An- & Weiterreise

Die Insel liegt mit dem Boot fünf Stunden von Puno entfernt. Alternativ fährt man etwas mehr als drei Stunden über Schotterpisten bis ans Ufer und setzt dann von Cambria aus in einer kurzen Fahrt über. Mit dem Eintritt von 40 S (inkl. Übernachtungsgebühr) werden lokale Umweltprojekte unterstützt.

Capachica-Halbinsel & Umgebung

Auf halbem Weg zwischen Juliaca und Puno ragt die Halbinsel Capachica tief in den nordwestlichen Teil des Sees hinein. Sie ist so schön wie die Inseln im See, aber weniger überfüllt und kommerzorientiert. Jedes *pueblito* (Kleinstadt) hat seine eigene wunderbare Szenerie. Hier ein paar Tage zu verbringen, bei schüchternen, lächelnden Frauen mit komplizierter Haartracht und gut aussehenden, würdevollen Männern, die Westen und schwarze Mützen tragen, gilt als Balsam für die Seele. Man hat nichts zu tun außer gut zu essen, auf Hügeln und Bäumen herumzuklettern und in aller Ruhe den See zu betrachten.

Die einzige Übernachtungsmöglichkeit auf der Capachica-Halbinsel ist ein Homestay-Aufenthalt bei einer Gastfamilie – einer der Hauptanziehungspunkte von Capachica. Die meisten Gemeinden hier berechnen dieselben Preise für Verpflegung und Unterkunft, ähnlich jenen auf der Isla Amantaní. Viele Familien haben in ihren Häusern einfache Zimmer entweder extra gebaut oder für Gäste hergerichtet und vermieten sie für rund 30 S pro Person und Nacht; inklusive Vollpension werden rund 75 S fällig.

Llachón und in geringerem Ausmaß auch Escallani sind auf spontane Besucher eingestellt. In den anderen Gemeinden sollte man seine Unterkunft unbedingt im Voraus buchen, denn die Gastgeber müssen Essensvorräte kaufen und alles vorbereiten. Ein Anruf ist besser als eine E-Mail. Die meisten Einheimischen sprechen nur Spanisch.

Auf der offiziellen Webseite von Turismo Rural Comunitario (www.turismocapachica.wordpress.com) finden sich weitere Infos und Fotos zu den Homestay-Optionen auf der Halbinsel.

Praktische Informationen

Auf der Halbinsel gibt's zwar kein Internet, aber Handyempfang. Banken und Geldautomaten fehlen, und wie überall in Peru kann es schwierig werden, große Geldscheine in Kleingeld zu wechseln. Man sollte also möglichst Zwanziger oder noch kleinere Noten mitnehmen.

An- & Weiterreise

Reisebüros in Puno bieten Touren zu den Orten auf der Halbinsel an.

Am Seeufer, zwischen den Städten Capachica und Llachón, erstrecken sich die Dörfer Ccotos und Chifrón, die durch einsame, gut begehbare Pisten und gelegentlich verkehrende Busse miteinander verbunden sind (man kommt im Allgemeinen schneller ans Ziel, wenn man über den Hügel wandert statt die Straße entlang). Escallani befindet sich weiter nördlich, etwas abseits der Halbinsel selbst, und nicht weit von Juliaca entfernt. Die Einheimischen fahren mit *lanchas* (kleinen Motorbooten) zum Festland, die sie auch vermieten.

In Puno nimmt man von der Ostseite des Mercado Bellavista ein *combi* (Minibus) mit der Aufschrift Capachica oder Llachón. Sie halten alle in Capachica (5 S, 60 Min., stündl.). Am *mercado* (Markt) in Capachica muss man umsteigen, um nach Llachón (2,50 S, 30 Min.; Taxi 25 S) oder zu anderen Zielen zu gelangen.

Nach Ccotos (1 S, 35 Min.) oder Escallani (2,50 S, 45 Min.) starten *combis* nur sonntags zwischen 8 und 14 Uhr vom *mercado* in Capachicathe. Man kann nach Ccotos auch mit dem Taxi (20 S) oder *mototaxi* (15 S) fahren; die Preise für die Fahrt nach Escallani (85 S) sind allerdings deutlich höher.

Abgehärteten Travellern sei die Fahrt mit dem *micro* (Kleinbus) von Juliaca via Pusi nach Escallani empfohlen. Die Landschaft entlang dieser unbefestigten, wenig befahrenen Straße ist unvergleichlich schön. Wer sich auf der Fahrt von Juliaca nach Escallani auf die linke Seite setzt, hat den See die ganze Zeit im Blick.

Von Capachica nach Chifrón kommt man mit dem *colectivo* (Sammeltaxi; 1 S, 13 Min.), Taxi (5 S, 10 Min.) oder *mototaxi* (4 S, 10 Min.). Alternativ wandert man von Llachón über den Hügel (30 Min.) oder geht von Capachica aus ca. 3 km zu Fuß.

Llachón ist auch mit der Taquile-Fähre erreichbar. Am einfachsten besucht man beide Inseln, indem man auf dem Landweg anreist, bei einer Gastfamilie in Llachón übernachtet und anschließend die Fähre nach Taquile nimmt. Ein privates Bootstaxi von Llachón nach Amantaní kostet 100 S (hin & zurück).

Capachica

Alle Busse ab Puno fahren durch Capachica, das wenig beeindruckende Handelszentrum der Halbinsel. Der Ort hat nur ein paar einfache Restaurants und *hospedajes* (kleine, von Familien betriebene Pensionen) sowie eine hübsche Kirche zu bieten (diese sieht man auch aus dem Bus). Ein Halt hier lohnt sich also nur, wenn man den Bus wechseln oder ins Internet muss oder ein öffentliches Telefon benötigt (davon finden sich einige rund um die Plaza). Anderswo auf der Halbinsel gibt's diese Art von Infrastruktur nämlich nicht.

Llachón

Die kleine, hübsche Dorfgemeinde liegt fast 75 km nordöstlich von Puno an der Südspitze der Halbinsel. Von hier hat man einen fantastischen Ausblick und kann kurze Wanderungen zu den umliegenden Inka-Stätten unternehmen. Dank der von Einheimischen geleiteten Tourismusindustrie ist Llachón die fortschrittlichste Gemeinde der Gegend, trotzdem fühlt man sich weit weg vom modernen Peru. Es gibt nur wenige Autos und keine Hunde, und das Dorf wirkt unglaublich friedvoll. Während man den atemberaubenden Blick auf den Titicacasee genießt, trotten Schweine und Lamas an einem vorbei, und überall tollen Kinder herum. Von Januar bis März lassen sich zudem wunderbar einheimische Vogelarten beobachten. Man kann spontan anreisen und sich bezüglich Unterkünften durchfragen, oder man kontaktiert **Richard Cahui Flores** (☎951-63-7382; hospedajesamary@hotmail.com; 30 S/Pers., VP 75 S), der mit vielen Familien zusammenarbeitet und der beste Kontaktmann für Vorabsreservierungen ist. Gute direkte Anlaufstellen sind **Félix Turpo** (Casa de Felix; ☎951-66-4828; www.santamariaturismo.com; 30 S/Pers., inkl. VP 75 S), von dessen Haus man einen unglaublichen Blick über die Isla Taquile hat, die sechs gemütlichen Hütten von **Magno Cahui** (Hospedaje Tika Wasi; ☎951-82-5316; hospedajetikawasi@yahoo.es; 30 S/Pers., inkl. VP 75 S) oder die Pension von **Valentín Quispe** (☎951-82-1392; llachon@yahoo.com; 30 S/Pers., inkl. VP 75 S, die von einem bezaubernden alten, überwucherten Friedhof umgeben ist.

Chifrón

Wer die anderen Ortschaften in der Umgebung als zugebaut empfindet, sollte das winzige, verschlafene Chifrón (24 Ew.) abseits der Hauptstraße im Nordosten der Halbinsel ansteuern. Das Dörfchen döst unter raschelnden Eukalyptusbäumen oberhalb eines menschenleeren Strandes vor sich hin. Die Unterkünfte sind zwar sehr einfach, bieten aber die Chance, eine ganze andere Welt kennenzulernen. Wer hier übernachten möchte, kontaktiert **Emiliano** (☎951-91-9252, 951-91-9652; www.fb.me/emiliano.chifron; 30 S/Pers., inkl. VP 75 S).

Ccotos

Ccotos liegt im unteren Drittel der Halbinsel am Ostufer des Titicacasees. Wer hierher reist, befindet sich wirklich weitab vom Schuss. In diesem Ort passiert so gut wie nie etwas, sieht man mal vom jährlichen Schönheitswettbewerb ab, bei dem die Miss Playa gewählt wird und der wegen seiner Badeanzug-Parade sehr umstritten ist. Eine gute Homestay-Option ist der freundliche **Alfonso Quispe** (Usqay Wasi Inca Samana; ☎951-85-6462; www.turismocapachica.wordpress.com; 30 S/Pers., inkl. VP 76 S) mit seiner Familie, der direkt am Seeufer lebt und entspannte Aktivitäten anbietet.

Isla Ticonata

Ein paar Hundert Meter vor Ccotos erstreckt sich die Isla Ticonata, deren Einwohner ein Musterbeispiel für gemeinschaftlichen Zusammenhalt sind. Außerdem kann man hier einige sehr interessante Mumien, Fossilien und archäologische Stätten sehen. Mögliche Aktivitäten sind angeln, tanzen, kochen und den Familien beim Bestellen der *chakras*

(Felder) helfen. Man darf die Insel nur im Rahmen einer geführten Tour besuchen – dies ist eines der seltenen Beispiele lokaler Gemeinden am Titicacasee, die über ihren Ort noch selbst bestimmen und das Zepter nicht an die Touranbieter abgegeben haben. Ausflüge dorthin lassen sich kurzfristig in Puno über Reisebüros buchen.

Escallani

Ganz oben im Norden und weit weg von den anderen Orten der Halbinsel kann man in Escallani stundenlang die Aussicht genießen und das Schilfrohr, den Flickenteppich aus Feldern, die zerklüfteten Felsen und den ganzjährig schneebedeckten Illimani, Boliviens höchsten Berg (6438 m), betrachten. Die Siedlung Escallani liegt vor der Halbinsel auf dem Weg nach Juliaca und bietet einen völlig anderen Blick auf den See. Sportkletterer erkundigen sich nach Orten *para escalada en roca* (zum Felsklettern). Diese Region ist etwas besser auf spontane Gäste vorbereitet als andere Gemeinden. Am besten erkundigt man sich an der Plaza nach dem Weg zur Unterkunft von **Rufino Paucar** (☎ nur Spanisch 97-319-0552; 30 S/Pers., VP 75 S). Auf dem Gelände hoch über dem Ort bietet er über ein Dutzend rustikale Hütten mit Strohdach.

Orte am Südufer

Die Straße nach Bolivien entlang der Südküste führt durch ländliche Dörfer mit Kolonialkirchen und herrlichen Panoramablicken. Wer sich für diese Route entscheidet, bekommt auf bequeme Art einen relativ untouristischen Einblick in die traditionelle Kultur der Region. Einige der folgenden Orte am Südufer kann man innerhalb eines Tages besuchen und abends nach Puno zurückkehren – oder auch weiter nach Bolivien reisen.

Öffentliche Verkehrsmittel zu den Orten am Südufer des Sees fahren am Terminal Zonal in Puno ab. *Combis* starten, sobald sie voll besetzt sind, u.a. nach Ichu (2,50 S, 15 Min.), Chucuito (3 S, 30 Min.), Juli (5 S, 1¼ Std.), Pomata (8 S, 1½ Std.) und zur bolivianischen Grenze in Yunguyo (10 S, 2¼ Std.) oder Desaguadero (11 S, 2½ Std.). Direktverbindungen in die Orte in Punos Umgebung werden häufiger angeboten. *Combis* verkehren mindestens stündlich, zu nahe gelegenen Städten sogar öfter. Man kann auch ein *combi* zu einem weiter entfernten Ziel nehmen und sich vorher irgendwo absetzen lassen, wobei in diesem Fall meistens dennoch der volle Fahrpreis fällig wird.

Chucuito

☎ 051 / 1100 EW.

Als Attraktion des ruhigen Dorfes gilt der sonderbare **Templo de la Fertilidad** (Inca Uyu; Trucos; Eintritt 8 S; ⏲ 9–16.30 Uhr), dessen Gelände mit großen, steinernen Phalli übersät ist. Was oft unterschätzt wird, was aber den eigentlichen Reiz Chucuitos ausmacht, ist seine Lage in einer wirklich abgelegenen Ecke des Titicacasees. Am besten setzt man sich zum Essen einfach auf die zentrale Plaza, die oberhalb der Hauptstraße liegt, und bewundert die beiden hübschen Kolonialkirchen **Santo Domingo** und **Nuestra Señora de la Asunción**.

Chucuito liegt nicht weit von Puno entfernt, und doch fühlt man sich hier wie in einer anderen Welt. Besonders am Wochenende kommen oft Besucher aus den verschmutzten Städten, die hier ein bisschen Landluft schnuppern wollen.

Schlafen

★ **Taypikala Lago** HOTEL $$
(☎ 051-79-2266; www.taypikala.com; Calle Sandia s/n; EZ/DZ inkl. Frühstück 192/213 S) Dieses Hotel in traumhafter Lage nicht weit vom Seeufer entfernt sieht mit seinen Bogenfenstern von außen aus wie ein Museum und ist kaum zu übersehen. Die hübschen Zimmer im rustikal-modernen Stil warten mit einer beeindruckenden Aussicht auf den Garten und den See auf. Obwohl es ins Zentrum von Chucuito, das auf der anderen Seite der Schnellstraße liegt, nur ein fünfminütiger Spaziergang ist, wohnt man in dieser luxuriösen Bleibe wunderbar abgeschieden. So kann man sagen, dass das Taypikala schon ein Ziel für sich ist.

An- & Weiterreise

Chucuito und seine Attraktionen sind mit einem *combi* (Minibus; 3 S, 30 Min.) von Punos Terminal Zonal zu erreichen. Man kann dem Fahrer einfach sagen, dass man nach Inca Uyu (oder zum Templo de la Fertilidad) möchte. Dann wird man an der Schnellstraße abgesetzt. *Combis* fahren los, sobald sie voll besetzt sind. Wer nicht warten möchte, steigt in irgendein *combi*, das ans Südufer fährt. Sie kommen alle durch Chucuito durch.

GRENZÜBERGÄNGE NACH BOLIVIEN

Es gibt zwei mögliche Routen von Puno über die Grenze nach Bolivien. Die Strecke entlang dem Nordufer des Titicacasees liegt abseits ausgetretener Pfade und wird nur sehr selten genutzt, während die beiden anderen Wege dem Südufer folgen und Yunguyo bzw. Desaguadero passieren. Über Desaguadero sollte man lediglich dann ausreisen, wenn man wenig Zeit hat. Die Route über Yunguyo ist dagegen um einiges sicherer, schöner und weitaus beliebter. Sie führt durch die geruhsame bolivianische Stadt Copacabana am Ufer des Titicacasees. Von dort kann man die Isla del Sol, die wahrscheinlich bedeutendste Stätte der andinen Mythologie, besuchen.

In Puno gibt's ein bolivianisches Konsulat (S. 195). EU-Bürger und Schweizer Bürger müssen im Gegensatz zu vielen anderen Nationalitäten keine Gebühr bezahlen und auch kein Foto vorlegen. Alle müssen allerdings ein Rückflugticket bzw. Busticket und einen Reisepass mit einer Gültigkeit von mindestens weiteren sechs Monaten vorweisen.

Bolivianische Grenzbeamte versuchen oft, für das Überqueren der Grenze eine nicht offizielle Bestechungsgebühr von 30 Bs zu kassieren. Man sollte sich höflich weigern. Den Rucksack an der Grenze auf keinen Fall aus der Hand geben!

Wer von Peru nach Bolivien reist, muss seine Uhr eine Stunde vorstellen.

Über Yunguyo nach Copacabana

Hier gibt es zwei Möglichkeiten.

Die schnellste und einfachste Variante ist die mit einem grenzüberschreitenden Busunternehmen wie **Tour Perú** (☎ 051-35-2991; www.tourperu.com.pe; Tacna 285 No. 103) oder **Ormeño** (☎ 051-36-8176; www.grupo-ormeno.com.pe; Terminal Terrestre). Tickets sollte man mindestens einen Tag im Voraus am Terminal Terrestre oder dem praktischer gelegenen Büro von Tour Perú im Zentrum von Puno kaufen. Der Bus hält an einer *casa de cambio* (Wechselstube) an der Grenze und wartet nach der Grenzabfertigung auf die Passagiere, bevor er nach Copacabana (20–28 S, 3–4 Std.) weiterfährt. Mit einem weiteren hier wartenden Bus geht's dann nach La Paz (35 Bs, 3½ Std.), wobei unterwegs noch ein Umstieg ansteht (1½ Std.).

Alternativ entscheidet man sich für lokale *micros* (Kleinbusse), die vom Terminal Zonal abfahren. Diese viel langsameren Verkehrsmittel sind nur zu empfehlen, wenn man in einigen oder allen Orten an der Südküste Halt machen möchte. Wer gegen 8 Uhr losfährt, hat dazu genug Zeit. Zwischen den Städten verkehren regelmäßig *micros* (Kleinbusse), insbesondere am Sonntag, dem Markttag in Juli und Yunguyo. Sie bieten eine gute Möglichkeit, abseits ausgetretener Pfade zu reisen und Einheimische kennenzulernen.

Luquina Chico

Auffallend schön ist dieser winzige, geruhsame Ort 53 km östlich von Puno auf der Halbinsel Chucuito. Reisenden, die sich in ländlicher Umgebung entspannen möchten, bietet er zudem die besten Gastfamilienunterkünfte am See. Dank des florierenden Tourismus kann sich die Gemeinde über große wirtschaftliche Fortschritte freuen.

Die Höhen der Landzunge und die fruchtbaren Ebenen am See locken mit beeindruckenden Ausblicken auf Puno, Juliaca und sämtliche Inseln der Umgebung. Während der Regenzeit entsteht eine Lagune, die unzähligen Zugvögeln aus den Feuchtgebieten eine Heimat bietet.

Chullpitas (kleine Grabtürme) sprenkeln diesen Teil der Halbinsel. Sie sollen die Körper von *gentiles* beherbergen, kleinen Menschen, die hier in uralten Zeiten lebten, bevor die Sonne geboren wurde und sie unter die Erdoberfläche sandte.

Vor Ort kann man erfragen, wer Kajaks vermietet. Edgar Adventures (S. 189) in Puno hat Mountainbiketouren hierher im Programm. Die dreistündige Fahrt über die Halbinsel ist etwas strapaziös, aber extrem malerisch.

Wer im Rahmen eines Homestays bei einer Familie wohnt, kann auch Vollpension mitbuchen (80 S). Die teilnehmenden 35 Familien sind als Kollektive im Turismo Vivencial Comunitario Luquina Chico (www.fb.me/luquinachicotiticaca) organisiert, das von Jimmy (luquinachico@hotmail.com) vertreten wird. Er spricht ein kleines bisschen Englisch. Wer kein Spanisch spricht, wendet sich einfach an ein Reisebüro in Puno.

Yunguyo liegt ganz am Ende der Route. Mit einem *triciclo* (Lastenrad mit drei Rädern) oder zu Fuß kommt man nach Kasani. Der schöne, 2 km lange Weg führt immer an der Avenida Ejército entlang. Die *casas de cambio* hier bieten einen besseren Wechselkurs als ihre Pendants in Bolivien.

Zuerst geht's zur peruanischen Polizei und anschließend zum Control Migratorio (Einwanderungsbehörde) auf der linken Seite. Zu Fuß in Richtung des Bogens mit dem Schild „Willkommen in Bolivien" gehen! Dort befinden sich die bolivianischen Einreisebehörden.

Ein *combi* (Minibus) nach Copacabana kostet 3 Bs. Sonntags verkehren mehr *combis*, an Werktagen muss man manchmal bis zu einer Stunde warten. Wer Lust auf ein bisschen körperliche Betätigung hat, geht die 8 km um den See zu Fuß. Der Weg ist gar nicht zu verfehlen.

Die Grenze ist von 7.30 bis 18 Uhr peruanischer Zeit geöffnet.

Über Desaguadero nach La Paz

Wer direkt von Puno nach La Paz fahren will, kann über die ziemlich hässliche Stadt Desaguadero ausreisen. Auf dieser Strecke reist man schneller, etwas billiger und direkter als bei der Tour über Yunguyo, aber weniger schön und nicht so sicher. Allerdings kann man die Route unbedenklich mit Touristenbussen befahren, die nur kurz auf der Durchreise sind. Man sollte nur möglichst nicht in Desaguadero übernachten.

Combis mit dem Ziel Desaguadero (9 S, 2½ Std.) starten den ganzen Tag über vom Terminal Zonal in Puno.

In Desaguadero angekommen, erhält man in der peruanischen Dirección General de Migraciones y Naturalización den Ausreisestempel. Anschließend erledigt man im Gebäude mit der Kennzeichnung „Migraciones Desaguadero" (links von der Brücke) alle Formalitäten für die Einreise nach Bolivien.

Nun geht's per *triciclo* zum Busterminal auf der bolivianischen Seite. Dort fahren *combis* (Minibusse; 3½ Std.; 30 Bs/16 S) oder *colectivos* (Sammeltaxis; 30 Bs/16 S).

Die Grenze ist von 8.30 bis 20.30 Uhr bolivianischer Zeit oder eine Stunde früher nach peruanischer Zeit geöffnet.

Die peruanische Polizei an diesem Grenzübergang hat einen schlechten Ruf und verlangt manchmal eine (nicht existierende) „Ausreisegebühr". Es ist nicht nötig, vor der Ausreise die peruanische Polizeistation aufzusuchen. Wer dorthin „gebeten" wird, sollte sich höflich, aber bestimmt weigern. Es gibt keine Bankautomaten in Desaguadero, daher sollte man Bargeld mitbringen.

Um den Ort zu erreichen, nimmt man in Puno entweder eines der *combis* (Minibusse) mit der Aufschrift „Luquina Chico" (4,50 S, 2 Std.), die vormittags etwa einmal stündlich von der Ecke Jr. 1ro Mayo und Banchero Rossi unmittelbar südlich vom Terminal Terrestre abfahren, oder man nimmt die Fähre zur Isla Taquile und bittet den Kapitän, in Luquina Chico zu halten.

Juli

051 / 8000 EW.

Das verschlafene Juli ist ein touristenfreundlicher Ort. Wegen ihrer vier Kolonialkirchen (die Museen gleichen) aus dem 16. und 17. Jh. nennt man die Stadt auch *pequeña Roma* (kleines Rom). Die Bauten werden nach und nach restauriert und sind am ehesten sonntags geöffnet. Es kann sich aber durchaus lohnen, auch zu anderen Zeiten an die Tür zu klopfen.

Sehenswertes

Nuestra Señora de la Asunción KIRCHE
(Cusco; Eintritt 5 S; 8.30–17 Uhr) Die imposante Kirche von 1557 wird über einen weitläufigen Vorhof betreten. Ihr Inneres ist luftig und die Kanzel mit Blattgold bedeckt.

Die Kirche Santa Cruz liegt nicht weit entfernt, hat aber das halbe Dach verloren und bleibt vorerst geschlossen. Das Grundgerüst und die Fassaden sind von außen aber noch gut zu sehen. Bestens erhalten ist dagegen San Pedro an der zentralen Plaza. Die steinerne Kirche aus dem Jahr 1560 verfügt über geschnitzte Decken sowie ein Taufbecken aus Marmor. Jeden Sonntag um 8 Uhr wird die Messe gefeiert.

San Juan de Letrán KIRCHE
(Jr. San Juan; Eintritt 5 S; ⌚8.30–17 Uhr) Die 1570 aus Lehmziegeln errichtete Barockkirche San Juan de Letrán birgt in ihrem Inneren wunderschön gerahmte Gemälde der *escuela cuzqueña* (Cusco-Schule), auf denen das Leben von Heiligen dargestellt wird. Sie liegt zwei Blocks nördlich der Plaza de Armas.

An- & Weiterreise

Micros (5 S, 1¼ Std.) vom Terminal Zonal in Puno setzen ihre Fahrgäste in Marktnähe ab. Von hier geht's in zehn Minuten zu Fuß bergab ins Zentrum. Der Abfahrtspunkt befindet sich allerdings an der Lima zwei Blocks oberhalb der Plaza. Die *combis* hier fahren auch nach Yunguyo (4 S, 6–19 Uhr).

Pomata

☎051 / 1800 EW.

Hinter Juli führt die Straße am Südufer des Titicacasees weiter entlang bis nach Pomata, das 105 km von Puno entfernt liegt. Bei der Ankunft im Ort fällt als Erstes die Dominikanerkirche **Templo de Pomata Santiago Apóstolo** (Plaza de Armas; Eintritt 2 S) in spektakulärer Lage auf einem kleinen Hügel ins Auge. Mit ihrer Größe und ihrer Pracht passt sie so gar nicht zu dem kleinen Örtchen, über dem sie thront. Das 1700 erbaute Gotteshaus ist für seine Fenster aus durchscheinendem Alabaster und die aufwendige barocke Sandsteinfassade bekannt. Sehenswert sind die Pumaschnitzereien, der Name des Dorfes bedeutet auf Aymara nämlich „Ort des Pumas".

An- & Weiterreise

Colectivos (Sammeltaxis) vom Terminal Zonal in Puno legen hier einen Zwischenstopp ein (8 S, 1½ Std.). Beschildert sind sie mit „Yunguyo" oder „Desaguadero".

> **GRENZÜBERGÄNGE**
>
> Unmittelbar außerhalb von Pomata gabelt sich die Straße. Beide Abzweigungen führen zur bolivianischen Grenze (S. 204). Die Hauptstraße führt südöstlich durch Zepita zur hässlichen Grenzstadt Desaguadero (S. 205). Die linke Strecke führt am See entlang zu einem zweiten, angenehmeren Grenzübergang, der bei Yunguyo liegt (S. 204).

Bolivianische Küste

Wer länger in Bolivien bleiben möchte, besorgt sich am besten den englischsprachigen Lonely Planet *Bolivia*.

Copacabana

Das kleine, freundliche und wirklich reizende Copacabana liegt eingebettet zwischen zwei Hügeln am Südufer des Titicacasees. Seit eh und je ist es Ziel religiöser Wallfahrten, und bis heute strömen Pilger aus dem In- und Ausland scharenweise zu den rauschenden Festen hierher. Bei einem Spaziergang am See oder hinauf auf den Hügel El Calvario kann man den Menschenmassen aber entkommen. Copa ist der ideale Ausgangspunkt für einen Besuch der Inseln Isla del Sol und Isla de la Luna und ein angenehmer Zwischenstopp zwischen La Paz und Puno bzw. Cusco.

Sehenswertes & Aktivitäten

★ **Kathedrale** KIRCHE
(Plaza 2 de Febrero) GRATIS Dominiert wird die Stadt von ihrer strahlend weißen Kathedrale im *mudéjar*-Stil mit Kuppeln und farbenfrohen *azulejos* (blaue Keramikfliesen nach portugiesischer Art). An der Tafel vor der Kirche stehen die Zeiten der Gottesdienste angeschlagen.

Die schwarze Statue der Virgen de Candelaria im **Camarín de la Virgen de Candelaria** wurde von Francisco Yupanqui, dem Enkel des Inka Tupac Yupanqui geschnitzt und ist über dem Altar in einem *camarín* (Schrein) untergebracht. Die Besichtigungszeiten können variieren.

Die Statue hat die Kathedrale noch niemals verlassen, denn falls sie angetastet wird, so ein Aberglaube, trete der Titicacasee zerstörerisch über die Ufer. Im **Museo de la Catedral** (Murillo s/n; 10 Bs/Pers., min. 8 Pers.) ist interessante religiöse Kunst zu sehen.

Cerro Calvario BERG
Der Gipfel des Cerro Calvario lässt sich in weniger als einer halben Stunde besteigen, was sich besonders am späten Nachmittag lohnt, wenn die Sonne über dem See untergeht. Der **Weg** beginnt in der Nähe der **Kirche** am Ende der 3 de Mayo und führt vorbei an den 14 Stationen des Kreuzwegs nach oben. Alternativer Zugangspunkt ist über den längeren und gewundenen unbefestig-

ten Pfad, der an der Ecke der Calle Jáuregui und der Calle Costañera beginnt.

Für den langen, nicht asphaltierten Weg benötigt man feste Wanderschuhe.

Museo del Poncho MUSEUM
(www.museodelponcho.org; Baptista, nahe der Costañera; 15 Bs; ⌚Mo–Sa 10–17.30, So bis 16 Uhr) Bei einem Besuch im Museo del Poncho erfährt man alles Wissenswerte über die Geheimnisse dieses regionalen Kleidungsstücks. Auf zwei Stockwerken erhält man einen gut strukturierten Einblick in den Ursprung und die Bedeutung des Ponchos: Wer trägt was und warum? Alles ist auf Englisch und Spanisch beschriftet. Die Öffnungszeiten sind unregelmäßig; Fotografieren ist nicht erlaubt.

Feste & Events

Fiesta de la Virgen de Candelaria RELIGION
(⌚2.–5. Feb.) Das Fest zu Ehren der Schutzheiligen von Copacabana und ganz Boliviens wird hier mit besonders viel Tamtam gefeiert, und Pilger und Tänzer kommen aus ganz Peru und Bolivien. Es gibt viel Musik und traditionelle Aymara-Tänze, Gerichte und Getränke. Am dritten Tag ist der Höhepunkt des Festes. Dann werden 100 Bullen in einem aus Stein errichteten Gehege an der Straße nach Yampupata zusammengetrieben.

Fiesta de la Cruz RELIGION
(Fest des Kreuzes; ⌚Mai) Diese Fiesta wird am ersten Wochenende im Mai überall am Ufer des Sees gefeiert, die größten Feierlichkeiten finden jedoch in Copacabana statt. Zu sehen gibt es aufwendige Kostüme und traditionellen Tanz.

Geführte Touren

Um die Inseln Isla del Sol und Isla de la Luna zu besuchen, fährt man mit der Fähre oder entscheidet sich für einen luxuriöseren Ausflug mit einem Veranstalter aus La Paz (dabei übernachtet man unweigerlich ein- oder zweimal in ihren Hotels auf der Isla del Sol). Folgende Anbieter sind empfehlenswert:

Crillon Tours (☎233-7533; www.titicaca.com; Av Camacho 1223, La Paz; ⌚Mo–Fr 9–12 & 14.30–19, Sa bis 12 Uhr)

Transturin (☎242-2222; www.transturin.com; Achumani Calle 6 No. 100, La Paz; ⌚Mo–Fr 9–19, Sa bis 12 Uhr)

Magri Turismo (☎244-2727; www.magriturismo.com; Capitán Ravelo 2101, Sopocachi; ⌚Mo–Fr 8.30–12.30 & 14.30–18.30, Sa 9–12 Uhr)

Schlafen

Hier gibt es eine große Auswahl an Budgetunterkünften für 30 bis 40 Bs pro Person, besonders in der Calle Jáuregui. Auch einige Mittelklassehotels sind hier zu finden, die den geringen Aufpreis aber auf jeden Fall wert sind. Während der verschiedenen Feste sind die Betten schnell ausgebucht, und die Preise steigen auf das Dreifache an.

★ **Las Olas** BOUTIQUEHOTEL $$
(☎862-2112, Handy 7250-8668; www.hostallasolas.com; Pérez 1-3; EZ/DZ/3BZ/4BZ 41/52/68/79 US$; @) Es soll nicht zu viel verraten werden, um die Überraschung nicht zu verderben. Deshalb nur ein paar Worte: eigenwillig, kreativ, stylish, umweltfreundlich und ein unbezahlbarer Ausblick. Den Gästen stehen Küchen, private Terrassen mit Hängematten und ein mit Solarenergie betriebener Jacuzzi zur Verfügung. Ein Luxus, den man sich einmal im Leben gönnen sollte!

Man sollte ein oder zwei Wochen vorher reservieren und muss sich bei der Ankunft im Partnerhotel La Cúpula (S. 207) anmelden.

Hotel La Cúpula HOTEL $$
(☎Handy 7708-8464; www.hotelcupula.com; Pérez 1-3; EZ/DZ/3BZ ab 17/29/54 US$, Suite mit 1/2/3 B ab 32/48/60 US$;) Traveller aus aller Welt loben diese einladende Oase mit den beiden schneeweißen Türmen an den Hängen des Cerro Calvario in den höchsten Tönen. Besonders schön ist die Aussicht auf den See. Die Zimmer sind einfach, aber stilvoll eingerichtet. Der Garten, die Hängematten, die Gemeinschaftsküche und eine freundliche Atmosphäre runden das Bild ab. Die hilfsbereiten Mitarbeiter sprechen mehrere Sprachen, und man kann sogar die Kunstwerke in den Zimmern käuflich erwerben. Vorab reservieren!

La Aldea Del Inca PENSION $$
(☎862-2452; www.hostalaldeadelinca.com; San Antonio 2; EZ/DZ/3BZ/4BZ inkl. Frühstück 170/280/420/525 Bs;) Das Hotel ist nach dem Vorbild der nahe gelegenen Inka-Ruinen gestaltet, und die geräumigen Zimmer sind mit andiner Kunst versehen. Alles in allem eine gute Mittelklasseoption! Aus den meisten Zimmern hat man einen tollen Ausblick, und alle sind mit Heizungen und Fernsehern ausgestattet. Zudem können die Gäste den Garten mit seinen zahlreichen Hängematten mitbenutzen.

Hostal Flores del Lago HOTEL $$
(☎862-2117; Jáuregui s/n; EZ/DZ/3BZ/4BZ 100/140/210/300 Bs; 📶) Das rote, vierstöckige Hotel an der Nordseite des Hafens ist eine hervorragende Budgetoption. Die sauberen Zimmer sind leider etwas feucht, dafür sind die Aussicht und die freundliche sonnige Lobby, in der der Kater Blanco das Sagen hat, echt spitze. Es gibt auch zwei große Familienzimmer für vier oder mehr Gäste.

Hotel Lago Azul HOTEL $$
(☎862-2581; Ecke Costañera 13 & Jáuregui; EZ/DZ 130/260 Bs; @📶) Das Hotel unmittelbar am Seeufer wartet mit hübsch gestrichenen Zimmern, Heizungen, kleinen Balkonen, Flachbild-TVs und neuen Matratzen auf. Es ist etwas schmucklos, die Lage ist aber kaum zu übertreffen.

★ **Hotel Rosario del Lago** HOTEL $$$
(☎245-1658, in La Paz 2-277-6286; www.gruporosario.com; Paredes, nahe der Costañera; @📶) Das Drei-Sterne-Hotel, ein Schwesternhotel des Hotel Rosario in La Paz, zählt zu den schicksten Optionen der Stadt und bietet reizende, moderne Zimmer mit solarbeheizten Duschen, Doppelglasfenstern und Seeblick. Das Personal ist höflich und bietet einen hervorragenden Service. Auf der hübschen Sonnenterrasse kann man die Lichtspiele des Altiplanos genießen.

Hier finden sich außerdem ein gehobenes Restaurant und das Reisebüro **Turisbus** (☎245-1658; www.turisbus.com; ⏲8–12 & 14–18 Uhr). Beides sind tolle Pluspunkte.

Essen & Ausgehen

Einige der besten Fischgerichte am Titicacasee bekommt man in den **Imbissbuden am Strand** (Costanera; Forelle ab 25 Bs; ⏲8–19 Uhr), allerdings lässt die Hygiene dort oft zu wünschen übrig. Die Anlaufstelle für günstige Fischgerichte ist der *comedor* (Mensa) des Marktes. Dort gibt's großzügige *trucha*-Gerichte (mit Forelle) zum Schnäppchenpreis, aber auch ein insulinforderndes Frühstück mit scharfem *api morado* (Maisgetränk; 4 Bs) und *buñuelos* (Schmalzgebackenes; 3 Bs) mit jeder Menge Sirup.

Entlang der Av 6 de Agosto finden sich einige speziell auf Touristen ausgerichtete Cafés.

El Condor & the Eagle Cafe CAFÉ $
(www.facebook.com/elcondorandtheeaglecafe; Av 6 de Agosto s/n; Hauptgerichte 30 Bs; ⏲Mo–Fr 7–13 Uhr; 📶🅥) Das besonders bei Travellern sehr beliebte, freundliche Café ist eine tolle Frühstücksadresse mit guten vegetarischen Optionen und Kaffee aus der Stempelkanne. Die Besitzer geben sehr gern Tipps zu Bolivien. Hier gibt's auch einen kleinen Buchladen und eine tolle Sammlung von Logbüchern, in denen andere Traveller Tipps zur Weiterreise geben.

Pan America BÄCKEREI $
(☎Handy 7881-5278; www.facebook.com/panamericacopacabana; Plaza 2 de Febrero; Hauptgerichte 20–40 Bs; ⏲Fr–Mo 10–18.30 Uhr) 🍃 Die amerikanischen Besitzer dieser Bäckerei neben der Kathedrale (S. 206) unterstützen mit dem Gewinn aus ihrem Geschäft Entwicklungsprojekte in den umliegenden ländlichen Gemeinden. Morgens ist sie eine gute Adresse für Kaffee und leckere Backwaren, am Nachmittag bekommt man hier Wein und Pizza.

Baguette About It SANDWICHES $
(Av 16 de Julio s/n; Sandwiches 18–25 Bs; ⏲8.30–14 & 16.30–19 Uhr) Die Besitzer des **Pit Stop** (☎Handy 6323-5727; Snacks 7–15 Bs; ⏲8.30–14 & 16.30–19 Uhr) betreiben auch dieses relativ neue (und ebenso winzige) Café nebenan. Hier gibt's vor allem selbst zusammengestellte Sandwiches und Craft-Bier. Perfekt, um sich etwas zum Mitnehmen zu bestellen, denn es liegt direkt dort, wo die Touristenbusse nach La Paz bzw. Peru abfahren!

★ **La Cúpula Restaurant** INTERNATIONAL $$
(www.hotelcupula.com; Pérez 1-3; Hauptgerichte 24–59 Bs; ⏲7.30–15 & 18–22 Uhr, Di mittags geschl.; 🅥) Auf der umfangreichen Speisekarte stehen bolivianische und internationale Gerichte, bei denen lokale Zutaten auf kreative Weise eingesetzt werden. Eine von mehreren vegetarischen Optionen ist die leckere Lasagne, aber auch Fleischliebhaber kommen hier voll auf ihre Kosten. Das Käsefondue mit echtem Gruyère ist zum Dahinschmelzen, und das bolivianische Schokoladenfondue mit Obstplatte schmeckt einfach unbeschreiblich himmlisch.

★ **La Orilla** INTERNATIONAL $$
(☎862-2267; Av 6 de Agosto s/n; Hauptgerichte 36–60 Bs; ⏲9.30–14 & 17–21.30 Uhr; 🅥) Manch einer ist überzeugt davon, dass dieses gemütliche, maritim eingerichtete Restaurant mit seinem frischen, herrlich knackigen Gemüse und den spannenden Forellenkreationen mit Spinat und Speck die beste Adresse im Ort ist. Dem ist eigentlich nichts hinzuzufügen.

Terradentro Restaurant INTERNATIONAL $$

(☎ 862-2141; Hotel Rosario del Lago, Paredes, nahe der Costañera; Hauptgerichte 30–60 Bs) Das Hotelrestaurant wartet mit tollem Seeblick, hervorragendem Service und gut zubereiteten internationalen Gerichten auf. Es zählt zwar zu den teuersten Adressen im Ort, bietet aber einen höheren Standard als viele seiner Konkurrenten. Zu den Highlights zählen die Andensuppe, das Lama vom Grill, bolivianische Weine und der Tiramisu.

Praktische Informationen

GEFAHREN & ÄRGERNISSE

Strahlung Wegen der dünnen Luft, des meist strahlenden Sonnenscheins und der vom Wasser reflektierten Sonnenstrahlen ist die UV-Strahlung hier extrem hoch. Deshalb immer eine Kopfbedeckung tragen, Sonnencreme benutzen und viel Wasser trinken!

Menschenansammlungen Vor allem während der Feste sollte man besonders vorsichtig sein. Man sollte sich nicht in der Nähe der Feuerwerke aufhalten, denn nicht selten gerät vor lauter tollen Explosionen das Thema Sicherheit ins Hintertreffen. Auch Langfinger treiben sich gern in Menschenansammlungen herum.

GELD

An der Plaza Sucre gibt's zahlreiche Geldautomaten. Die Geschäfte an der Av 6 de Agosto können Fremdwährungen tauschen (am liebsten wenig abgegriffene Dollarscheine). Die meisten *artesanías* (Kunsthandwerksläden) wechseln in peruanische Soles.

MEDIZINISCHE VERSORGUNG

Die beste Versorgung erhält man sehr wahrscheinlich im touristenfreundlichen **Medical Health Home** (☎ Handy 7727-8510; www.medicalhome.com.pe; Ecke Baptista & Costañera). Im Ernstfall sollte man dennoch sofort nach La Paz fahren.

TOURISTENINFORMATION

Centro de Información Turística (☎ Handy 7880-4452; Ecke Avs 16 de Julio & 6 de Agosto; ⏲ Mo–Fr 8–12 & 14–18 Uhr) Das offizielle Tourismusbüro von Copacabana hält Infos zu Veranstaltungen, Festen und von Gemeinden getragenen Tourismusprojekten in der Gegend bereit. Zudem gibt's hier ein interessantes kostenloses Museum (⏲ 8–12 & 14–18 Uhr). Ein Mitarbeiter spricht auch Englisch, er ist aber nicht regelmäßig da.

An- & Weiterreise

BUS

Die meisten Busse fahren in der Nähe der Plaza 2 de Febrero oder der Plaza Sucre ab. Für die komfortableren Direktbusse von La Paz nach Copacabana – darunter die des Anbieters **Titicaca Tourist Transportation** (☎ 862-2160; www.titicacabolivia.com; Ecke Av 6 de Agosto & Av 16 de Julio) – bezahlt man rund 30 Bs. Eine sehr lohnende Investition! Abfahrt in La Paz ist gegen 8 Uhr, in Copacabana um 13.30 und 18.30 Uhr (4 Std.). Am Estrecho de Tiquina (Straße von Tiquina) muss man aus dem Bus aussteigen und auf eine **Fähre** (2 Bs/Pers., 30–40 Bs/Auto; ⏲ 5–19 Uhr) gehen, die zwischen den Orten San Pedro de Tiquina und San Pablo de Tiquina verkehrt (15 Min.).

Busse nach Peru fahren in Copacabana an der Av 6 de Agosto ab, wo sie auch ankommen. Puno erreicht man mit öffentlichen Minibussen, die von der Plaza Sucre nach Kasani (4 Bs, 15 Min.) fahren. Auf der anderen Seite der Grenze drängen sich die Fahrzeuge nach Yunguyo (5 Min.) und Puno (2½ Std.).

Ein neuer Player im Busgeschäft ist das irische Unternehmen **Bolivia Hop** (www.boliviahop.com; Linares 940, Rosario; ⏲ Büro 8.30–19 Uhr). Es hat Verbindungen zwischen Lima, Arequipa, Copa und La Paz im Programm und hilft Travellern mit den Zollprozeduren und beim Buchen von *hostales*.

Busse ab Copacabana

ZIEL	PREIS (BS)	DAUER (STD.)
Arequipa (Peru)	80	10–11
Cusco (Peru)	80	11–12
La Paz	20–30	4
Puno (Peru)	30	3–4

FLUGZEUG

Der neue Flughafen wurde 2018 eröffnet. Zum Zeitpunkt der Recherche waren die Bauarbeiten jedoch noch nicht ganz abgeschlossen. Es sind Inlandsflüge nach La Paz, Rurrenabaque, Trinidad und Uyuni geplant.

SCHIFF/FÄHRE

Fahrkarten für Bootsfahrten zur Isla de la Luna und Isla del Sol kauft man in den Reisebüros in der Avenida 6 de Agosto oder an den Kiosken am Ufer. Wer in einer größeren Gruppe unterwegs ist, kann sich auch für 600 bis 900 Bs am Tag ein privates Boot mieten. Von beiden Inseln fahren separate Fähren wieder zurück.

Isla de la Luna

Der Legende nach befahl Viracocha dem Mond hier auf der kleinen Isla de la Luna (Mondinsel), am Himmel aufzugehen. Ihre spirituelle Bedeutung konnte die bolivianische Regierung jedoch nicht davon abhalten, den abgeschiedenen Außenposten für

DUNKLE WOLKEN ÜBER DER SONNENINSEL

Einst war eine Wanderung über die Isla del Sol von Norden nach Süden eines der schönsten Erlebnisse am Titicacasee. Dies ist nun nicht mehr möglich. Aufgrund eines anhaltenden Konflikts zwischen den Gemeinden Cha'lla im Zentrum und Cha'llapampa im Norden der Insel dürfen sich Touristen nicht mehr nördlich von Yumani (und seines Satellitendorfs La Estancia) aufhalten.

Der Konflikt brach offen im März 2017 aus, als die Einwohner Cha'llas in der Nähe der Ruinen von Cha'llapampa ein Hostel errichteten. Damit wollten sie endlich einen Teil der Touristeneinnahmen, die bereits lange an ihnen vorbeigegangen waren, für sich beanspruchen. Dies verärgerte die Einwohner von Cha'llapampa so sehr, dass sie das Hostel mit Dynamit in die Luft sprengten. Der Kern des Problems ist, dass die Menschen, die heute in Cha'llapampa leben, einst das Gebiet der Cha'lla besiedelten, wodurch sich diese ganze Sache mittlerweile zu einer waschechten Familienfehde entwickelt hat.

Als Vergeltung für den Hostel-Zwischenfall richteten die Bewohner von Cha'lla im Norden eine Straßenblockade ein, wodurch Touristen nun nicht mehr dorthin kommen, weder zu Lande noch zu Wasser. Angesichts des Auslösers des Konflikts ist es etwas grotesk, dass Touristen nun aufgrund der Blockade auch Cha'lla nicht mehr einfach so besuchen können. Den Hügel Palla Khasa sollte man aber weiterhin umrunden können.

Theoretisch sollte eine Wache an der Straße stehen und einen anhalten, sollte man sich zu weit von Yumani entfernen. Praktisch ist dies aber nicht immer der Fall. Man sollte jedoch unter keinen Umständen sein Schicksal herausfordern. Anfang 2018 wurde eine Touristin aus Korea kurz nach einem hitzigen Streit zwischen den beiden Gemeinden nördlich von Yumani unter mysteriösen Umständen erdrosselt und niedergestochen aufgefunden. Niemand wurde wegen Mordes angeklagt, es wird aber vermutet, dass sie unbeabsichtigt in die nördliche Hälfte der Insel vorgedrungen war.

Diese bedauerlichen Ereignisse sollten einen aber auf keinen Fall von einem Besuch der Isla del Sol abhalten. So lange man sich in Yumani oder La Estancia aufhält, wird man die Insel normalerweise komplett sicher und ohne jeglichen Konflikt genießen können. Wahrscheinlich wird man nicht einmal etwas von den Konflikten im Norden bemerken. Wie bei allen Konflikten gilt, dass man sich vor dem Aufbruch zur Isla del Sol am besten bei seinem Hotel oder Reiseveranstalter in der Region (also Copacabana) nach der aktuellen Lage erkundigt. Vielleicht hat sich der Konflikt ja in Wohlgefallen aufgelöst.

den Großteil des 20. Jhs. als politisches Gefängnis zu missbrauchen.

Die Insel ist viel kleiner, trockener und weniger touristisch als ihr Gegenpart, die Isla del Sol (Sonneninsel), und wer nur einen Tag Zeit hat, sollte lieber jene besuchen. Und dennoch: Wer ein kleines Abenteuer erleben möchte, kann nach seinem Besuch auf der Isla del Sol problemlos einen halben Tag dranhängen und noch hier vorbeischauen.

Die meisten Boote landen am Ostufer der Insel, wo sich auch das Besucherzentrum, ein Hostel, ein Restaurant und Stände finden, an denen Kunsthandwerk verkauft wird. Auf der anderen Seite des Hügels liegt die größte Siedlung der Insel mit einfachen Hostels, einem Fußballplatz und einer kleinen Kapelle.

ℹ An- & Weiterreise

Die **Asociación Transport Yampu Tour Lacustre** (☎ Handy 7525-4675; Yampupata; ⏲ 8–18 Uhr) bietet Ausflüge von Yampupata zur Isla de la Luna (hin & zurück 250 Bs/pro Boot) an.

Asociación Unión Marines (Costañera, Copacabana; einfache Strecke/hin & zurück zur Isla del Sol 20/40 Bs, hin & zurück zur Isla de la Luna 40 Bs; ⏲ Abfahrt in Copacabana 8.30 & 13.30 Uhr) hat Ausflüge im Angebot, die um 8.30 Uhr in Copacabana beginnen und um 15 Uhr von der Insel zurück sind.

Isla del Sol

Die Isla del Sol ist zweifellos das Highlight einer jeden Reise zum Titicacasee. Die große Insel wird von mehreren traditionellen Gemeinden bewohnt und bietet eine ganz gute Tourismusinfrastruktur wie Hotels und Restaurants, ein paar lohnende präkolumbische Ruinen, eine traumhafte Aussicht, klasse Wanderungen durch terrassenförmig angelegte Hügel und, nun ja, eben ganz schön viel Sonne.

Die dauerhaften Bewohner der Insel – eine Mischung aus Indigenen und Auswanderern – verteilen sich auf die größten Siedlungen **Cha'llapampa** nahe der Nordspitze der Insel, **Cha'lla** mit reizenden Sandstränden im Zentrum der Ostküste und **Yumani**, das sich im Süden an einen Grat oberhalb von Escalera del Inca schmiegt und der größte Ort der Insel ist. Aufgrund eines Konflikts zwischen den Inselgemeinden kann leider nur Yumani besucht werden.

Ein weites Netz aus Wanderwegen macht das Erkunden der Insel leicht, dennoch können einem die Höhe und die Sonne Probleme bereiten. Ein Mittagessen und ausreichend Wasser einpacken! Die Sonne wurde hier geboren – und sie ist in Bestform.

Schlafen

Der landschaftlich schönste Ort zum Übernachten ist das hoch oben auf einem Grat gelegene Yumani, wo die Pensionen schneller aus dem Boden schießen als die Kokapflanzen. Wenn möglich, sollte man sein Zimmer vorab reservieren, denn manche Übernachtungspreise enthalten einen Trägerservice, sodass man sein Gepäck nicht allein den unerbittlichen Berg hinaufschleppen muss.

In der Hauptsaison (Juni–Aug. & bei Festen) können sich die Preise verdoppeln.

Wer campen möchte, sollte bei den lokalen Behörden um Erlaubnis bitten und sein Zelt dann abseits von bestelltem Land aufschlagen (ein symbolischer Preis von 20 Bs ist angemessen).

★ **La Estancia Ecolodge** LODGE **$$$**
(☎2-244-0989; www.ecolodge-laketiticaca.com; La Estancia; EZ/DZ inkl. Frühstück & Abendessen 120/154 US$; 📶) Die reizenden Lehmziegelhütten von Magri Turismo liegen auf Terrassen, die hier noch vor den Inka angelegt wurden, und bieten Blick auf den schneebedeckten Illampu. Mit ihren mit Solarenergie betriebenen Duschen, der Solarheizung für die Zimmer und den nach Aymará-Art gedeckten Häusern ist dies eine wirklich ökologische Unterkunft. Die Angestellten organisierten gern Wanderungen, Bootsausflüge und mystische Zeremonien.

La Estancia ist zu Fuß 15 Minuten von Yumani entfernt.

Anreise & Unterwegs vor Ort

Zur Isla del Sol pendeln Fähren, entweder von Copacabana oder von Yampupata aus. Alternativ kann man an einem organisierten Ausflug teilnehmen.

Fährtickets gibt's am Fahrkartenschalter der **Asociación Unión Marines** (Costañera, Copacabana) am Strand in Copacabana oder bei den Agenturen im Ort. Wer direkt beim Anbieter kauft, vermeidet aber möglicherweise einige Umstände. Die Boote landen entweder in Pilko Kaina oder in Escalera del Inca in der Nähe von Yumani. Zurück geht es von Yumani um 10.30 Uhr und zwischen 15 und 16 Uhr (einfache Strecke 25 Bs).

Die Bootsrundfahrten von **Titicaca Tours** (Costañera, Copacabana; hin & zurück 30 Bs; ⏲Abfahrt Copacabana 8.30 Uhr) dauern einen halben Tag und machen zwei Stunden an der Isla del Sol und eine Stunde an der Isla de la Luna Halt. Wenn möglich, sollte man jedoch auf einer der Inseln übernachten oder sich wenigsten auf einer der beiden mehr Zeit lassen.

Die Boote der Asociación Transport Yampu Tour Lacustre (S. 210) pendeln zwischen Yampupata und der Isla del Sol hin und her (130 Bs) Die Preise gelten pro Boot.

Cusco & das Heilige Tal

Inhalt ➡

Gut essen

- MIL (S. 265)
- Cicciolina (S. 243)
- Limo (S. 244)
- Marcelo Batata (S. 244)
- Le Soleil (S. 245)

Schön schlafen

- Machu Picchu Pueblo Hotel (S. 273)
- Nunu Boutique Hotel (S. 260)
- Niños Hotel (S. 235)
- Explora (S. 260)
- Tocuyeros Boutique Hotel (S. 240)
- Mama Simona (S. 267)

Auf nach Cusco und ins Heilige Tal!

Für die Inka war Cusco der Nabel der Welt. Ein Besuch der Stadt und der nahen Ruinen versetzt einen zurück in die Blütezeit einer alten andinen Kultur, die niederging, sich mit dem Glanz der spanischen Eroberer mischte und schließlich eine Renaissance als Touristenmekka erlebte. Cusco dient dabei nur als Tor ins Heilige Tal, in eine Landschaft voller Dörfer und Ruinen, von denen Pfade und Schienenstränge zur Hauptattraktion des Kontinents führen: Machu Picchu.

Vor Ort lebt die Vergangenheit weiter in farbenfrohen Stoffen sowie wilden Festen und Karnevalsumzügen, bei denen indigene Traditionen auf katholische Rituale treffen. Die eindrucksvolle Landschaft reicht von den Gipfeln der Anden hinab in orchideenreiche Wolkenwälder und weiter in die Tiefebene des Amazonas. Entdecken kann man das alles zu Fuß oder mit dem Allradwagen, vielleicht auch beim Rafting oder in einem Bus (falls man sich traut), die selbst in die entlegensten Ecken des Heiligen Tals fahren.

Reisezeit

Cusco

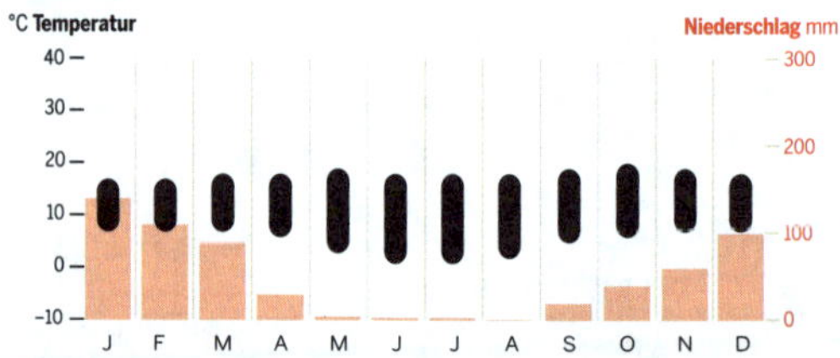

Juni–Aug. Hauptreisezeit, viele Feste und Events, sonnige Tage und kalte Nächte.

Ende Juni Nun findet das wichtigste Fest des Jahres statt: die Sommersonnenwende Inti Raymi.

Sept. & Okt. Während der Zwischensaison pilgern weniger Besucher nach Machu Picchu.

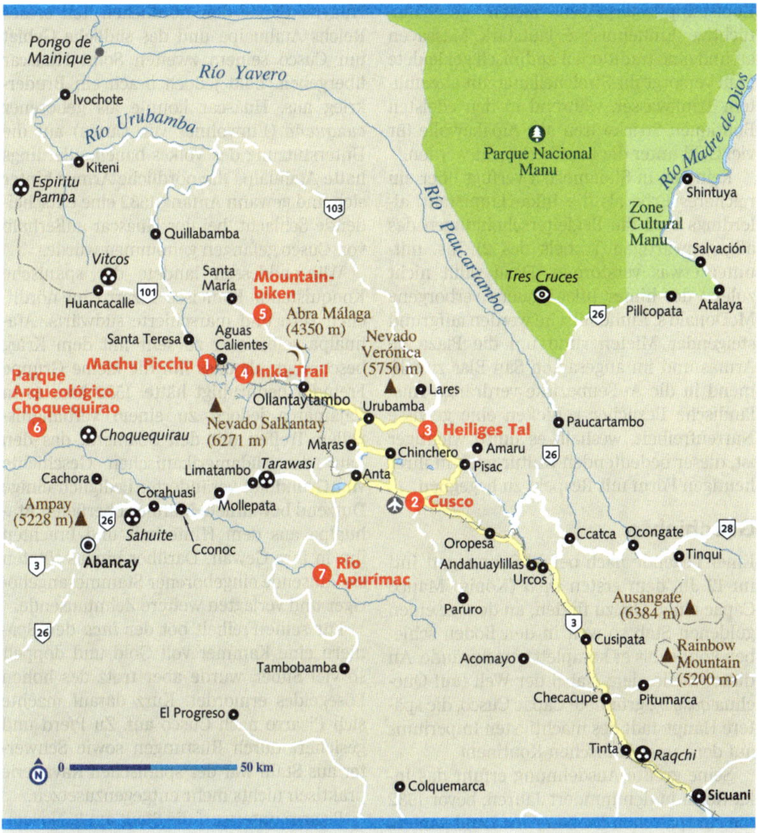

Highlights

1 Machu Picchu (S. 275) Die überwältigende Erhabenheit der bekanntesten Ruine Südamerikas auf sich wirken lassen

2 Cusco (S. 213) Die Kopfsteinpflasterstraßen von San Blas erkunden, bei Straßenfesten mitfeiern und die kulinarische Vielfalt der Region kennenlernen

3 Heiliges Tal (S. 255) Zwischen alten Ruinen umherwandeln und in reizenden Unterkünften in atemberaubender Umgebung übernachten

4 Der Inka-Trail (S. 282) Sich auf das überwältigende Abenteuer einlassen und über die Wege der einstigen Bewohner nach Machu Picchu wandern

5 Mountainbiken (S. 229) Auf zwei Rädern von den Höhenzügen der Anden hinunter ins Amazonasgebiet rasen

6 Parque Arqueológico Choquequirao (S. 296) Auf der anspruchsvollen, mehrtägigen Wanderung zu den spektakulären Inka-Ruinen hoch über dem Apurímac vordringen

7 Rafting (S. 228) Es bei einem Rafting-Trip mit dem wilden Apurímac oder dem Tampobata aufnehmen

CUSCO

☎084 / 427 000 EW. / 3326 M

Willkommen am Nabel der Welt. Cusco ist die unbestrittene archäologische Hauptstadt des gesamten amerikanischen Doppelkontinents und zugleich seine älteste durchgehend bewohnte Siedlung. Zudem ist es das Tor nach Machu Picchu. Das kosmopolitische Cusco (auch Cuzco oder Qosq'o auf Quechua) ist ein florierender Ort voller Gegensätzlichkeiten. Über Inka-Tempeln ragen prunkvolle Kathedralen auf, in den engen

Kopfsteinpflastergassen bieten geschäftstüchtige Einheimische lautstark Massagen an und eine traditionell andinisch gekleidete Frau versorgt ihr Streichellama mit abgefülltem Trinkwasser, während in den edelsten Boutiquen Strickwaren aus Alpakawolle für viel Geld unter die Leute gebracht werden.

Kein Ort in Südamerika verfügt über ein reicheres Erbe als die Inka-Hauptstadt, allerdings sind die Begleiterscheinungen des allgegenwärtigen Trubels des 21. Jhs. mitunter etwas verstörend. Dazu zählt nicht zuletzt der hinter Inka-Mauern verborgene McDonald's. Einheimische werden aufgrund steigender Mieten rund um die Plaza de Armas und im angesagten San Blas zunehmend in die Außenbezirke verdrängt. Ausländische Besucher genießen eine gewisse Narrenfreiheit, weshalb es umso wichtiger ist, dieser bedeutenden Kultur auch in ihrer heutigen Form mit Respekt zu begegnen.

Geschichte

Einer Legende nach befahl Sonnengott Inti im 12. Jh. dem ersten *inca* (König) Manco Capac einen Ort zu finden, an dem er einen goldenen Stab so weit in den Boden schieben könne, bis er komplett verschwände. An dieser Stelle, dem Nabel der Welt (auf Quechua *qosq'o*), gründete Capac Cusco, die spätere Hauptstadt des mächtigsten Imperiums auf dem amerikanischen Kontinent.

Seine größte Ausdehnung erfuhr das Inka-Reich in den hundert Jahren, bevor 1532 die europäischen Eroberer ins Land kamen. Unter dem neunten Herrscher Pachacutec unternahmen die Inka ihre ersten blutigen Eroberungszüge und trugen 1438 einen überraschenden Sieg gegen das eigentlich stärkere Chanka-Volk davon.

Zudem erwies sich Pachacutec als raffinierter Stadtplaner. Er kreierte Cuscos berühmte Pumaform, ließ Flüsse umleiten, damit sie durch die Stadt verliefen, und vornehme Gebäude errichten, darunter der berühmte Qorikancha-Tempel und der Palast an der heutigen Plaza de Armas. Saqsaywamán, Ollantaytambos Tempelfestung und vielleicht sogar Machu Picchu wurden zur Erinnerung an erfolgreiche Feldzüge der Inka errichtet.

Die folgenden Generationen führten die Expansionspolitik fort, bis die Europäer kamen. Zu diesem Zeitpunkt erstreckte sich das Inka-Imperium bereits von Quito in Ecuador bis südlich von Santiago de Chile. Kurz vor der Ankunft der Spanier hatte Huayna Cápac den nördlichen Teil seines Reichs Atahualpa und das südliche Gebiet um Cusco seinem zweiten Sohn Huascar übergeben. Bald jedoch brach ein Bruderkrieg aus. Huáscar konnte als geborener *cuzqueño* (Einwohner von Cusco) auf die Unterstützung des Volkes bauen, allerdings hatte Atahualpa die nördliche Armee hinter sich und gewann Anfang 1532 eine entscheidende Schlacht, bei der Huáscar außerhalb von Cusco gefangen genommen wurde.

Währenddessen landete der spanische Konquistador Francisco Pizarro im nördlichen Peru und marschierte südwärts. Atahualpa selbst war zu sehr mit dem Krieg beschäftigt, als dass ihn die kleine Gruppe Fremder beunruhigt hätte. 1532 kam es in Cajamarca jedoch zu einem verhängnisvollen Treffen mit den Spaniern, das den Lauf der südamerikanischen Geschichte von Grund auf veränderte: Lediglich einige Dutzend bewaffnete Männer überfielen Atahualpa aus dem Hinterhalt und brachten ihn in ihre Gewalt. Darüber hinaus töteten sie Tausende eingeborener Stammesangehöriger und verjagten weitere Zehntausende.

Für seine Freiheit bot der *inca* den Spaniern eine Kammer voll Gold und doppelt so viel Silber, wurde aber trotz des hohen Lösegeldes ermordet. Kurz darauf machte sich Pizarro nach Cusco auf. Zu Pferd und gesichert durch Rüstungen sowie Schwerter aus Stahl war der spanischen Kavallerie praktisch nichts mehr entgegenzusetzen.

Pizarro unterwarf die Stadt am 8. November 1533 und setzte Manco, einen Halbbruder von Huáscar und Atahualpa, als neuen Marionettenherrscher ein. Nach einigen Jahren Gehorsam rebellierte der bis dahin fügsame König. 1536 machte sich Manco daran, die Spanier aus seinem Reich zu vertreiben, indem er Cusco mit einer Armee belagerte, die aus über hunderttausend Männern bestand. Die Spanier wurden durch einen verzweifelten Ausbruchsversuch und eine brutale Schlacht in Saqsaywamán vor der kompletten Vernichtung bewahrt.

Daraufhin war Manco Inca gezwungen, sich nach Ollantaytambo und schließlich in den Dschungel von Vilcabamba zurückzuziehen. Nachdem Cusco wieder eingenommen, geplündert und besiedelt war, wendeten die spanischen Seefahrer ihr Augenmerk der neu gegründeten Kolonialhauptstadt Lima zu. Cusco verlor schnell an Bedeutung und diente von nun an nur noch als Rückzugsgebiet. Alles Gold und Silber war verbraucht, außerdem wurden viele Gebäude abgerissen und durch Kirchen sowie koloniale Häuser ersetzt.

Die Spanier erstellten in Cusco Chroniken, die auch Darstellungen der Geschichte der Inka aus deren eigenen Sicht enthielten. Den bekanntesten Bericht, *Wahrhaftige Kommentare zum Reich der Inka*, verfasste Garcilaso de la Vega, Sohn einer Inka-Prinzessin und eines spanischen Hauptmanns.

Sehenswertes

Cusco hat eine enorme Ausdehnung, aber die Etappen zwischen den touristisch interessanten Stätten können zu Fuß bewältigt werden. Zwischendurch ist aber der eine oder andere steile Hügel zu überwinden. In der Mitte der Stadt erstreckt sich die Plaza de Armas, daneben liegt die stets verstopfte Avenida El Sol, Cuscos wichtigste Geschäftsstraße. Nur ein paar Blocks weiter nördlich und östlich der Plaza findet man enge Kopfsteinflastergassen, die sich seit Jahrhunderten kaum verändert haben. Als Geschäftszentren dienen die flacheren Gegenden im Süden und Westen.

Die Straße, die von der Nordwestseite der Plaza de Armas wegführt, heißt Procuradores (Steuereintreiber). Wegen des Wirrwarrs an Touristenrestaurants, Touranbietern und weiteren Dienstleistern wird sie auch „Gringo-Gasse" genannt. Hier muss man sich vor Schleppern in Acht nehmen! Neben der riesigen Kathedrale an der Plaza de Armas führt die enge Calle Triunfo steil aufwärts zur Plaza San Blas, dem Herzen eines vielseitigen *barrio* (Stadtteil).

Der wieder aufgeflammte Stolz der indigenen Bevölkerung äußert sich z. B. darin, dass viele Straßen neue Namen auf Quechua haben, wobei aber gemeinhin meist noch ihre spanischen Namen benutzt werden. Bekanntestes Beispiel ist die Calle Triunfo, die jetzt Sunturwasi heißt.

Cusco Zentrum

Plaza de Armas — PLATZ

(Karte S. 216) Einst hieß dieser Platz Huacaypata oder Aucaypata und war das Herz der Inka-Hauptstadt. Heute ist er das Nervenzentrum der modernen Stadt. Üblicherweise sind hier zwei Fahnen gehisst, die rot-weiße peruanische sowie die Regenbogenflagge von Tahuantinsuyu, die oft mit dem internationalen Schwulenbanner verwechselt wird. Tatsächlich ist sie ein Symbol für die vier Länder des Inka-Reichs.

Bogengänge aus der Kolonialzeit umrunden den Platz, der früher doppelt so groß war wie heute, weil er auch die Plaza Regocijo umfasste. An der Nordostseite erhebt sich Cuscos beeindruckende Kathedrale (S. 215) mit einer Treppe vor dem Eingang, daneben liegen die **Jesús-María-** und die El-Triunfo-Kirche (S. 215). Die Südostseite besetzt die recht auffällig verzierte La-Compañía-de-Jesús-Kirche (S. 219). Einen historischen Zugang zur Plaza bietet der von Inka-Mauern umgebene Loreto-Fußweg.

Es lohnt sich, einmal tagsüber und einmal abends herzukommen, weil der Platz nach Einbruch der Dunkelheit dank der vielen Lichter ganz anders aussieht.

La Catedral — KIRCHE

(Karte S. 217; Plaza de Armas; Erw./Stud. 25/12,5 S; ⌚10–17.45 Uhr) Cuscos Kathedrale wurde dort errichtet, wo sich einst Huiracochas Palast befand. Sie besteht aus Steinblöcken, die von der nahegelegenen Inka-Stätte Saqsaywamán stammen. Nach dem Baubeginn 1559 vergingen fast hundert Jahre bis zu ihrer Fertigstellung. Rechts wird das Gebäude von der **Iglesia del Triunfo** (1536, Karte S. 217; Triunfo s/n) flankiert, links von der **Iglesia de Jesús María** (1733).

Die Kathedrale beherbergt eine Menge kolonialer Kunstwerke, darunter zahlreiche Gemälde der *escuela cuzqueña* (Cusco-Schule). Sie ist dafür bekannt, dass sie den Stil der europäischen Kirchenmalerei des 17. Jhs. mit den Farben und der Ikonografie indigener Künstler aus den Anden kombinierte. So stellte man etwa die Jungfrau Maria häufig mit einem Rock in Bergform dar, um dessen Saum herum ein Fluss fließt, wodurch sie mit Pachamama (Mutter Erde) gleichgesetzt wird.

Eine der berühmtesten Malereien ist *Das letzte Abendmahl* des Quechua-Künstlers Marcos Zapata in der Nordostecke der Kirche. Es zeigt eines der feierlichsten Ereignisse des christlichen Glaubens, wobei das Festessen nicht peruanischer sein könnte: Zu sehen ist ein fettes saftiges, gebratenes *cuy* (Meerschweinchen) mit traurig in die Luft gestreckten Füßchen. Ein echter Hingucker.

Ebenfalls nicht entgehen lassen sollte man sich das älteste erhaltene Gemälde in Cusco, das die Stadt bei dem großen Erdbeben von 1650 zeigt. Die Bewohner ziehen mit einem Kruzifix um den Platz und beten, dass das Erdbeben aufhören möge – was es tatsächlich auch tat. Heute steht eben jenes Kreuz, **El Señor de los Temblores** (Der Herr des

Cusco Zentrum

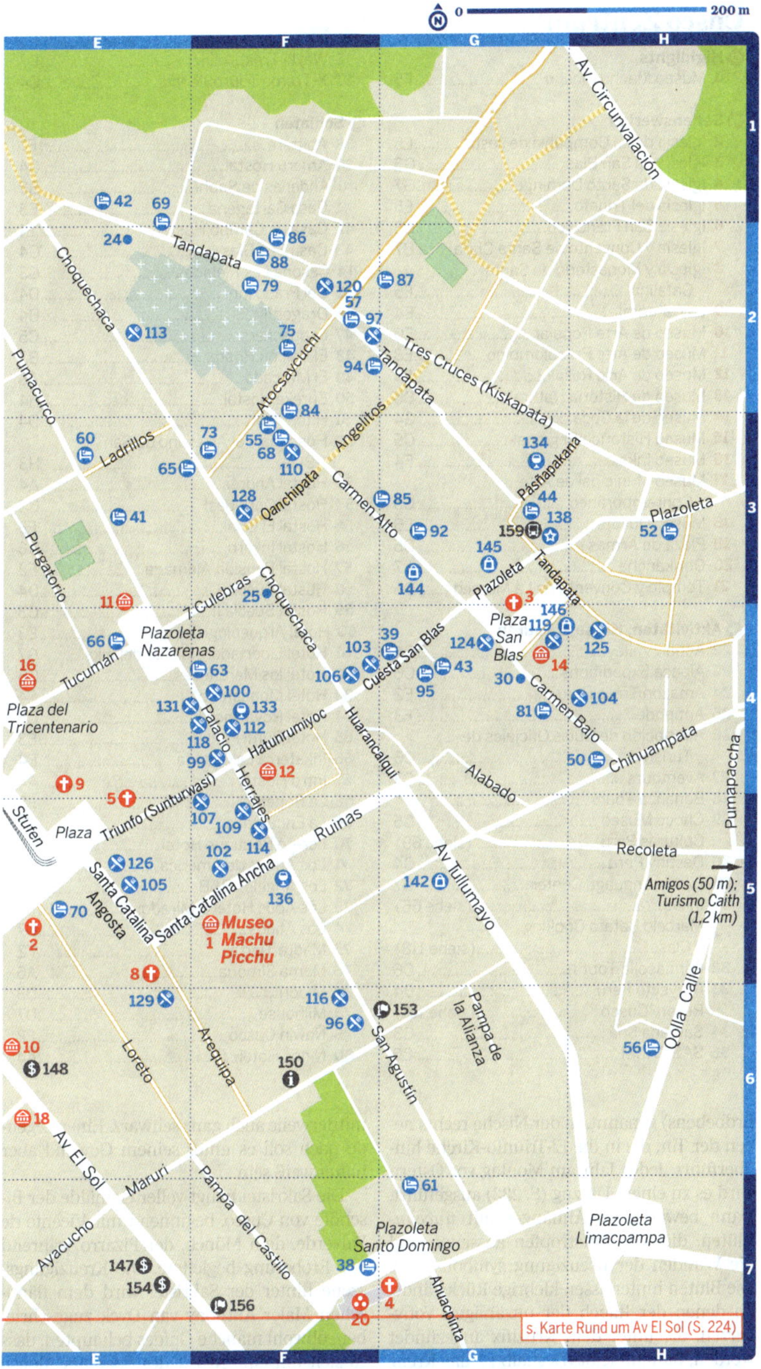

s. Karte Rund um Av El Sol (S. 224)

Cusco Zentrum

Highlights
1 Museo Machu Picchu F5

Sehenswertes
2 Iglesia de La Compañía de Jesús E5
3 Iglesia de San Blas G3
4 Iglesia de Santo Domingo G7
5 Iglesia del Triunfo E5
6 Iglesia San Francisco B6
7 Iglesia y Convento de Santa Clara B7
8 Iglesia y Monasterio de Santa Catalina E5
9 La Catedral E4
10 Museo de Arte Popular E6
11 Museo de Arte Precolombino E3
12 Museo de Arte Religioso F4
13 Museo de Historia Natural D5
14 Museo de la Coca G4
15 Museo Histórico Regional C5
16 Museo Inka E4
17 Museo Municipal de Arte Contemporáneo C5
18 Museo Quijote E6
19 Plaza de Armas D5
20 Qorikancha F7
21 Templo y Convento de La Merced D6

Aktivitäten, Kurse & Touren
22 Action Valley C4
23 Alpaca Expeditions C6
24 Amazon Trails Peru E2
25 Antipode F3
26 Asociación de Guías Oficiales de Turismo C6
27 Aventours C3
28 Bonanza Tours D4
29 Choco Museo C5
Culturas Peru .... (siehe 69)
30 Destiny Peru G4
31 Excel Language Center C7
Inkaterra .... (siehe 66)
Marcelo Batata Cooking Class .... (siehe 118)
32 Pantiacolla Tours C6
33 Proyecto Peru B4
Reserv Cusco .... (siehe 121)
34 Samana Spa C3
35 SAS Travel C5
36 Wayki Trek D7
37 X-Treme Tourbulencia C4

Schlafen
38 Abittare F7
39 Amaru Hostal G4
40 Andenes de Saphi B2
41 Casa Cartagena E3
42 Casa de Campo Hostal E1
43 Casa San Blas G4
44 Casona Les Pleiades G3
45 Del Prado Inn D4
46 Dragonfly B4
47 Ecopackers C5
48 El Balcón Hostal B3
49 El Mercado A5
50 Eureka Hostal H4
51 Hitchhikers D4
52 Hospedaje el Artesano de San Blas H3
53 Hostal Andrea A4
54 Hostal Corihuasi C3
55 Hostal El Grial F3
56 Hostal Inkarri H6
57 Hostal Pensión Alemana F2
58 Hostal Suecia I D4
59 Hostal Suecia II C3
60 Hotel Arqueólogo E3
61 Hotel Libertador Palacio del Inka G7
62 Hotel los Marqueses C6
63 Hotel Monasterio F4
64 Hotel Royal Inca I C5
65 Hotel Rumi Punku E3
66 Inkaterra La Casona E4
67 Intro Hostel A4
68 La Boheme F3
69 La Encantada E1
70 Loreto Boutique Hotel E5
71 Los Andes de America C5
72 Los Angeles B&B C3
73 Los Apus Hotel & Mirador F3
74 Los Aticos D7
75 Madre Tierra F2
76 Mama Simona A6
77 Midori D3
78 Milhouse D7
79 Ñawin Cusco F2
80 Niños Hotel A4

Erdbebens) genannt, in der Nische rechts neben der Tür, die in die El-Triunfo-Kirche hinüberführt. Jedes Jahr am Montag vor Ostern wird es zu einem Umzug (S. 233) ausgeführt. Dann bewerfen es Anhänger mit *ñucchu*-Blüten, die wie Blutstropfen aussehen und die Wunden der Kreuzigung symbolisieren. Die Blüten hinterlassen klebrige Rückstände, an denen der Rauch der unzähligen Votivkerzen, die unter dem Kruzifix angezündet werden, haften bleibt: Deshalb ist das Kreuz mittlerweile auch ganz schwarz. Einer Legende nach soll es unter seinem Gewand aber blütenweiß sein.

Die Sakristei hängt voller Gemälde der Bischöfe von Cusco, beginnend mit Vicente de Valverde, dem Mönch, der Pizarro während der Eroberung begleitete. Die Kreuzigungsszene hinter der Sakristei wird dem flämischen Maler Anthony van Dyck zugeschrieben, obwohl manche Guides behaupten, dass es sich um eine Arbeit des Spaniers Alonso

81 Pantastico G4
82 Pariwana C7
83 Picol Hostal D7
84 Pisko & Soul F2
85 Quinta San Blas G3
86 Quinua Villa Boutique F2
87 Samay Wasi G2
88 San Bleña F2
89 Tambo del Arriero A5
90 Teatro Inka B&B B5
91 Tierra Viva D4
92 Tierra Viva G3
93 Tierra Viva B3
94 Tika Wasi F2
95 Tocuyeros Boutique Hotel G4

Essen

A Mi Manera .... (siehe 99)
96 Bojosan F6
97 Cafeteria 7&7 .... F2
98 Chicha C5
99 Cicciolina F4
100 Deli Monasterio F4
101 El Ayllu C6
102 Gato's Market F5
103 Granja Heidi F4
104 Greenpoint H4
105 Green's Organic E5
106 Jack's Café F4
107 Kion F5
108 Korma Sutra B5
109 La Bodega 138 .... F5
110 La Bohème Crepería F3
111 La Feria D4
112 La Justina F4
113 La Quinta Eulalia E2
114 La Rabona F5
115 Las Frescas C3
116 Le Soleil F6
117 Limo D4
118 Marcelo Batata F4
119 Meeting Place G4
120 Monkey Cafe F2
121 Morena Peruvian Kitchen C4
122 Mr. Soup B3
123 Museo del Cafe C5
124 Pacha Papa G4
125 Pantastico H4
126 Papachos E5
127 PER.UK C4
128 Prasada F3
129 Restaurante Egos E6
130 Tacomania B5
131 Uchu Peruvian Steakhouse E4

Ausgehen & Nachtleben

132 Chango C4
133 Cholo's Bar F4
134 Limbus G3
135 Mundo Nuevo D5
136 Museo del Pisco F5
137 Republica de Pisco C4

Unterhaltung

138 Km 0 .... G3
139 Ukuku's C4

Shoppen

140 Cafe Ricchary B7
141 Himalaya D4
142 Inkakunaq Ruwaynin G5
143 Jerusalén C6
144 Taller and Museo Mérida G3
146 Taller Mendivil G4
145 Taller Mendivil G3

Praktisches

147 BBVA Continental E7
148 BCP E6
149 DIRCETUR C6
150 Dirección Regional de Cultura Cusco F6
151 Eco Amazonia Lodge C5
152 Französisches Honorarkonsulat A6
153 Deutsches Honorarkonsulat G6
154 Interbank E7
155 iPerú D4
156 US-amerikanisches Honorarkonsulat ... F7

Transport

157 Belmond Andean Explorer D4
158 Inca Rail D4
159 Peru Hop G3
Peru Rail .... (siehe 117)

Cano aus dem 17. Jh. handelt. Der original erhaltene hölzerne Altar befindet sich am Ende der Kathedrale, hinter der jetzigen silbernen Variante. Gegenüber ist der plastische Chor aus dem 17. Jh. zu bewundern. Darüber hinaus gibt's viele silbern und golden glitzernde Seitenkapellen mit erhöhten Plattformen und Altären, die einen Kontrast zum nüchternen Mauerwerk der Kathedrale bilden.

Das große Hauptportal ist von 6 bis 10 Uhr für Gottesdienstbesucher geöffnet. Religiöse Feste bieten eine tolle Gelegenheit für einen Besuch. An Fronleichnam (S. 234) beherbergt die Kirche z. B. zahlreiche große Heiligenstatuen, alle umgeben von Tausenden brennenden Kerzen und Musikgruppen, die traurige Andenlieder darbieten.

Iglesia de La Compañía de Jesús KIRCHE
(Karte S. 217; Plaza de Armas; Eintritt 10 S; ⌚Mo–Sa 9–17 Uhr, So 12.45–17 Uhr) Diese Kirche befindet sich am ursprünglichen Standort von Huay-

NICHT VERSÄUMEN

STERNEGUCKEN WIE DIE ALTEN INKA

Die Inka waren die einzige Zivilisation weltweit, die sowohl Konstellationen der Dunkelheit als auch des Lichts definierte und sich ernsthaft mit dem Thema Astronomie auseinandersetzte: Manche von Cuscos Hauptstraßen sind so ausgerichtet, dass sie zu einer bestimmten Jahreszeit parallel zu den Sternen verlaufen. Bei dem Versuch, dem Interesse der Inka für den Kosmos auf den Grund zu gehen, lernt man gleich noch etwas über ihre Weltanschauung. Auch aus diesem Grund ist ein Besuch des **Planetariums von Cusco** (☎974-877-776, 084-231-710; www.planetariumcusco.com; Carr Saqsaywamán, Km 2; 75 S/Pers. inkl. Transport; ⌚Präsentationen 18 Uhr) eine gute Vorbereitung für die erste Nachtwanderung in der peruanischen Wildnis – denn wie cool wäre es bitte, seinen Trekkingkollegen das „Schwarze Lama" am Himmelszelt zeigen zu können?! Unbedingt reservieren. Im Preis inbegriffen ist die Fahrt ab der Plaza Regocijo.

na Cápacs Palast. Besagter *inca* regierte als letzter Herrscher ein ungeteiltes Reich, das noch nicht von den Spaniern erobert worden war. Nachdem das 1571 von Jesuiten errichtete Gebäude durch das Erdbeben von 1650 zerstört wurde, musste es ganz neu aufgebaut werden. Zwei Leinwände neben dem Haupteingang zeigen frühere Hochzeiten in Cusco, die wegen der vielen Details sehr sehenswert sind. Einheimische Studenten führen Besucher gern durch die Kirche und auf die Chorempore im zweiten Stock, von der man einen herrlichen Blick genießt. Sie freuen sich über etwas Trinkgeld.

Das Bauwerk sollte alle anderen Kirchen in Cusco an Schönheit übertreffen. Weil der Erzbischof jedoch verlangte, dass es nicht mit der Kathedrale konkurrieren dürfe, kam es zum erbitterten Streit, der schließlich von Papst Paul III. geschlichtet wurde. Dessen Entscheidung fiel zugunsten der Kathedrale aus, doch als sein Wort Cusco endlich erreichte, war die prachtvolle Kirche schon fast fertiggestellt. Sie besitzt eine faszinierende Barockfassade und wartet zudem mit Perus größtem Altar sowie einer beeindruckenden hohen Kuppel auf.

Museo de Arte Precolombino MUSEUM

(Karte S. 217; ☎084-23-3210; www.map.museolarco.org/museo.html; Plazoleta Nazarenas 231; Eintritt 20 S; ⌚8–22 Uhr) In einem spanischen Kolonialgebäude mit einem prunkvollen Hof aus der Zeit der Inka präsentiert dieses sorgfältig gepflegte Museum für präkolumbische Kunst eine kleine, erstaunlich abwechslungsreiche Sammlung archäologischer Artefakte, die zuvor in den Tiefen der Magazine des Museo Larco in Lima vergraben lagen. Die Werke aus der Zeit zwischen 1250 v. Chr. und 1532 n. Chr. zeigen die künstlerischen und kulturellen Leistungen zahlreicher früherer peruanischer Kulturen. Alle Exponate sind auf Spanisch, Englisch und Französisch beschriftet.

Zu den Highlights gehören die Nazca- und Moche-Stücke, darunter mehrfarbige Keramik, *queros* (hölzerne Trinkgefäße der Inka) sowie Gold- und Silberschmuck.

Museo Inka MUSEUM

(Karte S. 217; ☎084-23-7380; Tucumán nahe Ataúd; Eintritt 10 S; ⌚Mo–Fr 8–18, Sa 9–16 Uhr) Das sympathisch bescheidene Museo Inka einen Häuserblock oberhalb der Plaza de Armas (es geht steil bergauf) ist eine prima Anlaufstelle für alle, die mehr über die Inka-Kultur wissen wollen. Die restaurierten Innenräume beherbergen ausgezeichnete Metall- und Goldarbeiten, Schmuck, Keramik, Textilien, Mumien, Modelle und die weltgrößte *queros*-Sammlung. Zu allen Exponaten gibt's Erklärungen auf Spanisch. Darüber hinaus stehen meist Englisch sprechende Guides bereit, die Besucher gegen ein geringes Entgelt herumführen.

Das Museumsgebäude ruht auf dem Fundament eines alten Inka-Bauwerks. Aufgrund seines ersten Besitzers Francisco Aldrete Maldonado wird es auch oft als Haus des Admirals bezeichnet. Durch das Erdbeben von 1650 wurde es schwer beschädigt, aber von Pedro Peralta de los Ríos, dem Grafen von Laguna, wiederaufgebaut. Über der Tür ist sein Wappen angebracht. Weitere Beschädigungen durch das Erdbeben von 1950 sind inzwischen ganz beseitigt, wodurch das Gebäude seinen Platz unter den vornehmsten Kolonialhäusern Cuscos zurückgewonnen hat. Die massive Treppe wird von Skulpturen mythischer Kreaturen bewacht. Eine Fenstersäule in einer Ecke sieht von innen wie die Statue eines bärtigen Mannes aus und von außen wie eine nackte Frau. Die Decken sind verziert und durch die Fenster blickt man auf die Plaza de Armas.

Unten im sonnigen Hof zeigen Weber aus den Anden ihr Können und verkaufen traditionelle Textilien.

Museo de Historia Natural MUSEUM

(Karte S. 216; Plaza de Armas; Eintritt 3 S; ⌚ Mo–Fr 8.30–14.30 Uhr, Sa bis 14 Uhr) In dem von der Universität geführten Naturkundemuseum erwartet Besucher eine leicht staubige Sammlung von ausgestopften heimischen Tieren und Vögeln und mehr als 150 Schlangen aus dem Amazonasgebiet. Der Eingang liegt versteckt an der Plaza de Armas, rechts von der Iglesia de la Compañía de Jesús.

Iglesia y Monasterio de Santa Catalina KIRCHE

(Karte S. 217; Arequipa s/n; Eintritt 8 S; ⌚ Mo–Sa 8.30–17.30 Uhr) Dieses Gebäude präsentiert viele koloniale Bilder der *escuela cuzqueña* (Cusco-Schule) sowie beeindruckende Gewänder und Stickereien. In der barocken Seitenkapelle sind beeindruckende Friese und viele lebensgroße Modelle betender, nähender oder ihrem Tagesgeschäft nachgehender Nonnen zu sehen. Im Kloster leben auch heute noch 13 Ordensschwestern.

Templo y Convento de La Merced KIRCHE

(Karte S. 216; ☎ 084-23-1821; Mantas 121; Eintritt 10 S; ⌚ Mo–Sa 8–12.30 & 14–17.30 Uhr, Kreuzgang 8–11 Uhr) Cuscos drittwichtigste Kirche aus der Kolonialzeit wurde durch das Erdbeben von 1650 zerstört, aber bald darauf wieder aufgebaut. Links vom Gebäude liegt hinter einem großen Hof der Eingang zu dem wunderschönen Kloster mit einem Museum. An den Wänden des hübschen kolonialen **Kreuzgangs** hängen Bilder mit Stationen aus dem Leben von San Pedro Nolasco; der Heilige gründete 1218 den Orden La Merced in Barcelona.

Die Kirche auf der anderen Seite des Kreuzgangs birgt die Gräber der beiden berühmtesten Konquistadoren Diego de Almagro und Gonzalo Pizarro (Franciscos Bruder). Zudem beherbergt sie ein kleines Museum mit Gewändern, die angeblich der Eroberer und Mönch Vicente de Valverde getragen hat. Als absolutes Highlight gilt jedoch eine unschätzbar wertvolle goldene Monstranz. Sie misst 1,20 m und ist mit Rubinen, Smaragden sowie 1500 Diamanten und 600 Perlen besetzt. Wenn der Ausstellungsraum verschlossen ist, sollte man einfach fragen, ob man das kostbare Stück sehen darf.

Museo de la Coca MUSEUM

(Karte S. 217; ☎ 979-711-403; museodelacoca@hotmail.com; Plaza San Blas 618; Eintritt 10 S; ⌚ 9–19 Uhr) Dieses wundervolle, kitschige kleine Museum vermittelt einen guten ersten Einblick in die Kultur der Anden. Es beleuchtet die Geschichte der Verwendung des Kokablattes von heiligen Ritualen bis hin zu weniger rühmlichen Inkarnationen. Die Exponate sind alle auf Englisch und Spanisch beschriftet. Wer sich einer Führung anschließt, sollte nicht vergessen, ein Trinkgeld zu geben.

★ Museo Machu Picchu MUSEUM

(Casa Concha; Karte S. 217; ☎ 084-25-5535; Santa Catalina Ancha 320; Erw./Kind 20/10 S; ⌚ Mo–

BOLETO TURÍSTICO & BOLETO RELIGIOSO

Viele Attraktionen der Gegend können nur mit Cuscos offiziellem **boleto turístico** (Touristenticket; Erw./Student 130/70 S) besichtigt werden. Es ist zehn Tage gültig und umfasst den Eintritt zu 17 Sehenswürdigkeiten, darunter Saqsaywamán, Q'enqo, Pukapukara, Tambomachay, Piquillacta, Tipón, das Museo de Arte Popular, Pisac, Ollantaytambo, Chinchero und Moray sowie den Eintritt zu einer Abendvorstellung mit andinen Tänzen und Livemusik im Centro Qosqo de Arte Nativo. Manche „Highlights" lohnen sich zwar nicht, aber wer auch nur eine Stätte sehen will, kommt nicht um das Ticket herum.

Darüber hinaus gibt's drei **Teil-boletos** (Erw./Student 70/35 S). Sie gelten für die Ruinen direkt außerhalb der Stadt, die Museen in Cusco selbst sowie die Ruinen im Heiligen Tal. Sie sind nur einen Tag, die Option mit dem Heiligen Tal zwei Tage gültig.

Boletos turísticos bekommt man bei DIRCETUR (S. 250) oder bei den teilnehmenden Sehenswürdigkeiten (mit Ausnahme des Centro Qosqo de Arte Nativo). Studenten müssen einen gültigen Ausweis vorlegen.

Das ebenfalls zehn Tage gültige **boleto circuito religioso** (Religiöse-Runde-Ticket; Erw./Student 30/15 S) ermöglicht den Zutritt zu Cuscos Kirchen, dem Museo de Arte Religioso und Cuscos bedeutendster Ausstellung zeitgenössischer Kunst im Museo Quijote. Das Ticket ist an all diesen Adressen erhältlich.

Fr 8–19, Sa 9–17 Uhr) In diesem noch relativ neuen Museum sind 360 Stücke aus Machu Picchu ausgestellt, die von den Expeditionen Hiram Binghams stammen und kürzlich von der Universität von Yale zurückgegeben wurden, darunter Stein- und Metallartefakte sowie Keramikwaren und Knochen. Die Sammlung zeigt ein beeindruckendes Spektrum an hochwertigem Kunsthandwerk und Keramiken, die aus dem ganzen Inka-Reich zusammengetragen wurden. Aufschlussreiche Dokumentationen (mit Untertiteln) vermitteln auch gutes Hintergrundwissen zu den Bingham-Expeditionen. Alles ist auf Englisch und Spanisch beschriftet.

Casa Concha ist ein schön restauriertes Wohnhaus, das sich zur Zeit der Eroberungen im Besitz eines Aristokraten befand.

Museo Histórico Regional — MUSEUM

(Karte S. 216; Calle Garcilaso at Heladeros; *boleto turístico* Erw./Student 130/70 S; ⌚8–17 Uhr) Einst gehörte das Museumsgebäude in der Casa Garcilaso de la Vega dem spanischen Inka-Chronisten aus der Kolonialzeit, der in der Kathedrale begraben liegt. Die chronologisch sortierte interessante Sammlung beginnt mit Pfeilspitzen aus präkeramischer Zeit und widmet sich auch der Töpferware und dem Schmuck der Wari, Pukara und Inka. Besucher benötigen das Touristenticket *boleto turístico*, das zehn Tage gültig ist und noch 16 weitere Stätten umfasst.

Außerdem umfasst die Sammlung eine Nazca-Mumie, Webarbeiten der Inka, goldene Ornamente und ein seltsam unheimliches Miniaturmodell der Plaza de Armas. Die große Tafel im Hof enthält eine Zeitleiste und informiert über die Künstler der *escuela cuzqueña*.

Museo Municipal de Arte Contemporáneo — MUSEUM

(Karte S. 216; Plaza Regocijo; *boleto turístico* Erw./Student 130/70 S; ⌚Mo–Sa 9–18 Uhr) Die kleine Sammlung zeitgenössischer andiner Kunst ist nur etwas für Fans. Weitaus interessantere Werke stellt das Museo Quijote (S. 225) aus, die durch Infotafeln in einen geschichtlichen Kontext gebracht werden. Besucher benötigen die Touristenkarte *boleto turístico*.

Iglesia San Francisco — KIRCHE

(Karte S. 216; Plaza San Francisco; Eintritt Museum 15 S; ⌚9–18 Uhr) Die Iglesia San Francisco aus dem 16. bzw. 17. Jh. ist nüchterner als viele andere Kirchen in Cusco und musste als eines der wenigen Gotteshäuser nach dem Erdbeben 1650 nicht komplett neu errichtet werden. Sie wartet mit zahlreichen religiösen Bildern aus der Kolonialzeit sowie einer schön geschnitzten Chorempore aus Zedernholz auf.

Im zugehörigen **Museum** befindet sich das angeblich größte Gemälde Südamerikas. Es ist 9 mal 12 m groß und zeigt den Stammbaum Franz von Assisis, dem Ordensgründer der Franziskaner. Ein wenig makaber sind die beiden nicht komplett unterirdischen Krypten mit sorgfältig zurechtgelegten menschlichen Knochen, die an die Vergänglichkeit des irdischen Lebens erinnern sollen.

Iglesia y Convento de Santa Clara — KIRCHE

(Karte S. 216; Santa Clara s/n) Diese Kirche aus dem 16. Jh. ist Teil eines sehr strengen Klosters und deshalb schwierig zu besichtigen. Es ist jedoch eine der skurilsten Kirchen Cuscos und so lohnt es sich, das Gotteshaus im Rahmen der Morgenmesse zu besuchen. Fast das gesamte Innere ist von Spiegeln bedeckt. Offenbar versuchte der Klerus der Kolonialmächte, die neugierige indigene Bevölkerung so zum Beten in seine Kirche zu locken.

Die Nonnen des Klosters stellen bei den Messen den Chor. Dabei sitzen sie ganz hinten in der Kirche und sind durch ein bedrohlich wirkendes Metallgitter mit dicken Stäben, die vom Boden bis zur Decke reichen, vom Priester und der restlichen Gemeinde getrennt.

Museo de Arte Religioso — MUSEUM

(Karte S. 217; Ecke Hatunrumiyoc & Herrajes; Eintritt 10 S; ⌚8–18 Uhr) Ursprünglich befand sich an dieser Stelle der Palast von Inca Roca, dann wurde das Gebäude zu einem kolonialen Wohnhaus umgebaut und später bezog hier der Erzbischof Quartier. Die schöne Villa beherbergt eine Sammlung religiöser Kunst. Diese überzeugt vor allem dank ihrer zeitlich genauen Einordnung und des Einblicks in die Wechselbeziehung zwischen den indigenen Völkern und den spanischen Eroberern.

Außerdem sind einige eindrucksvolle Deckengemälde und Fliesenarbeiten im Kolonialstil zu sehen, die in den 1940er-Jahren erneuert wurden.

San Blas

Obwohl die aus Lehmziegeln errichtete Kirche **Iglesia de San Blas** (Karte S. 217; Plaza San Blas; Erw./Stud. 10/5 S; ⌚Mo–Sa 10–18, So 14–18

Uhr) vergleichsweise klein ist, beeindruckt sie mit einem barocken Hauptaltar voller Blattgoldverzierungen. Ihre Kanzel besteht aus einer einzigen Baumwurzel und gilt als schönste Schnitzarbeit des Kontinents aus der Kolonialzeit.

Der Legende nach wurde sie von einem *indígena* gefertigt, der wie durch ein Wunder eine tödliche Krankheit überstand und anschließend sein Leben diesem Werk widmete. Angeblich ist sein Totenschädel in den obersten Teil eingearbeitet.

Avenida El Sol & Hügelabwärts

Museo de Arte Popular MUSEUM

(Karte S. 217; ☎084-25-8089; Untergeschoss, Av El Sol 103; Eintritt 5 S; ⏲Mo–Sa 9–18, So 8–13 Uhr) In dem faszinierenden Museum sind alle Gewinnerbeiträge des jährlichen städtischen Volkskunstwettbewerbs zu sehen, bei dem die Kunsthandwerker und Künstler von San Blas ihr kreatives Talent zur Schau stellen. Ihre Werke bieten einen fesselnden, oftmals humorvollen Einblick in das hiesige Alltagsleben inmitten der Pracht und Herrlichkeit einer einst grandiosen Kultur.

Winzige Keramikmodelle zeigen z. B. eine volltrunkene Schwelgerei in einer *picantería* (lokales Restaurant), die Tortur im Zahnarztstuhl, ein Blutbad beim Schlachter und sogar einen Kaiserschnitt. Überdies gibt's zahlreiche Fotografien, viele von dem berühmten ortsansässigen Fotografen Martín Chambi, der Cuscos Entwicklung in den ersten 50 Jahren des 20. Jhs. festhielt. Unter den Bildern befinden sich auch einige erstaunliche Aufnahmen der Schäden durch das Erdbeben im Jahr 1950.

Qorikancha RUINE

(Karte S. 217; ☎084-24-9176; Plazoleta Santo Domingo; Eintritt 15 S oder *boleto turístico*; ⏲Mo–Sa 8.30–17.30, So 14–17 Uhr) Wer in Cusco nur eine einzige Inka-Stätte besucht, sollte sich für diese entscheiden, denn ihre Überreste bilden das Fundament der Kolonialkirche und des Klosters Santo Domingo. Heute ist von dem ehemals reichsten Tempel des Inka-Imperiums leider nur noch das gewaltige Mauerwerk zu sehen. Qorikancha wurde Mitte des 15. Jhs. während der Herrschaft des zehnten Inka Túpac Yupanqui erbaut. Nach seinem siegreichen Feldzug überließ Francisco Pizarro den Tempel seinem Bruder Juan, der ihn wiederum den Dominikanern vermachte, in deren Besitz er sich bis heute befindet.

Heute bietet sich der etwas bizarre Anblick einer Mischung aus Inka- und Kolonialarchitektur, der von einem Dach aus Glas und Metall abgerundet wird. Zu Zeiten der Inka war Qorikancha (auf Quechua „Goldener Hof“) tatsächlich mit Gold verkleidet.

VORSICHT VOR DROGENTRIPS!

Schamanenrituale sind eigentlich im Amazonasgebiet zu Hause, haben sich aber auch in Cusco und im Heiligen Tal etabliert. Die halluzinogene Wirkung der Pflanzen San Pedro und *ayahuasca* hat diesen zu zweifelhaftem Ruhm verholfen und das Interesse der Öffentlichkeit geweckt. Zudem lockt sie experimentierfreudige Reisende an, die auf der Suche nach neuen Kicks und Erfahrungen sind.

Es handelt sich hierbei allerdings um sehr starke Drogen, die bei falscher Anwendung bzw. Dosierung extrem gefährlich sein können. 2018 wurde ein Kanadier im Amazonasgebiet von einem aufgebrachten Mob gelyncht, der ihn des Mordes an einer Shipibo-Heilerin beschuldigte. 2015 erstach ein Tourist einen anderen, während beide unter dem Einfluss von Drogen standen. In manchen Fällen wurden Teilnehmerinnen an diesen Zeremonien im Drogenrausch angegriffen.

Das kommerzielle Angebot ist jedoch nicht zu stoppen. In Cusco haben Straßenhändler neben Massagen auch San Pedro im Angebot und Hostels machen sogar Werbung für *ayahuasca*-Zeremonien. Jeder sollte sich darüber im Klaren sein, dass es sich hier nicht um harmlose „Freizeitdrogen“ handelt. Echte Schamanen wissen, was zulässig ist und was nicht, und sehen sich die Teilnehmer der Zeremonien genau an. Auf manche Rituale muss man sich mehrere Tage vorbereiten, z. B. mit einer Fastenkur oder weiteren Ritualen. Seriöse Anbieter bestehen teilweise auf das Ausfüllen eines medizinischen Fragebogens.

Viele *cuzqueños* (Einwohner von Cusco) sehen es als eine Verhöhnung an, mit religiösen Zeremonien Geld zu verdienen. Lonely Planet rät von der Teilnahme an solchen Zeremonien ab. Wer sich dennoch dafür entscheidet, sollte sich vorab gut über die verschiedenen Optionen informieren und sich auf keinen Fall spontan auf etwas einlassen.

Rund um Av El Sol

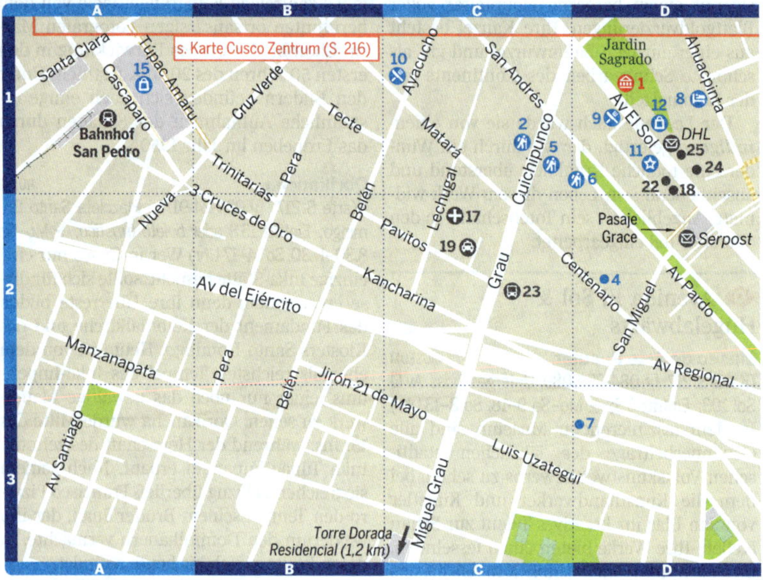

Rund um Av El Sol

Sehenswertes
1 Museo del Sitio de Qorikancha D1

Aktivitäten, Kurse & Touren
2 Apus Peru C1
3 Fairplay F3
4 Gravity Peru D2
5 Llama Path C1
6 Peru Treks D1
7 SATO D3

Schlafen
8 Hostal San Juan Masías D1

Essen
9 La Valeriana D1
10 Mega C1

Unterhaltung
11 Centro Qosqo de Arte Nativo D1

Shoppen
12 Center for Traditional Textiles of Cuzco D1
13 Centro Artesenal Cuzco E2
14 Mercado de Huanchac E1
15 Mercado San Pedro A1

Praktisches
16 Clinica Pardo F1
17 Clínica Paredes C2
18 Oficina de Migraciónes D1

Transport
Avianca .... (siehe 11)
19 Colectivos nach Chinchero, Ollantaytambo & Urubamba C2
20 Colectivos nach Lucre E2
21 Estación Huanchac F3
22 LATAM D1
23 Minibusse nach Chinchero, Ollantaytambo & Urubamba C2
24 Peruvian Airlines D1
25 Star Perú D1
26 Verkehrsmittel nach Andahuaylillas, Piquillacta, Pisac, Tipón & Urcos E2

Damals bestanden die Wände des Tempels aus 700 soliden Goldplatten, von denen jede ein Gewicht von 2 kg hatte. Das Gebäude beherbergte Maisnachbildungen in Originalgröße aus Silber und Gold, die in feierlichen Ritualen für die Landwirtschaft „gepflanzt“ wurden. Zudem gab es weitere Schätze aus Gold wie Altäre und Nachbildungen von Lamas, Kleinkindern sowie der Sonne. Doch bereits wenige Monate nach der Ankunft der spanischen Eroberer waren all diese Schätze geplündert und eingeschmolzen.

In dem Tempel wurden verschiedene religiöse Riten durchgeführt. Beispielsweise bewahrte man mumifizierte Körper einzelner früherer *incas* (Könige) auf und brachte sie täglich hinaus an die Sonne. Dort bot man ihnen Lebensmittel und Getränke an, die man anschließend feierlich verbrannte. Qorikancha war außerdem ein Observatorium, in dem Hohepriester die Himmelsbewegungen beobachteten. Vieles bleibt der Vorstellungskraft der heutigen Besucher überlassen, aber das erhaltene Mauerwerk gehört zu den schönsten architektonischen Überbleibseln der Inka in Peru. Ein gewölbter, perfekt geschnittener 6 m hoher Abschnitt kann sowohl von innen als auch von außen betrachtet werden. Er hielt all den gewaltigen Erdbeben stand, denen zahlreiche Kolonialgebäude der Stadt zum Opfer fielen.

Wenn man die Stätte besucht, betritt man zuerst einen Hof samt achteckigem Brunnen, der ursprünglich mit 55 kg Gold überzogen war, und Kammern an beiden Seiten. Die größten rechts gelegenen Räume waren vermutlich Tempel für Mond und Sterne und mit Silberplatten bedeckt. Ihre Wände laufen nach oben spitz zu und sind mit ihren Nischen und Türöffnungen exzellente Beispiele der trapezförmigen Inka-Architektur. Die einzelnen Blöcke folgen einer so präzisen Bauweise, dass man an einigen Stellen nicht unterscheiden kann, wo der eine endet und der nächste anfängt.

Auf der anderen Seite befinden sich kleinere, dem Donner und dem Regenbogen geweihte Tempel. Zur Straße hin wurden drei Löcher durch die Wände gehauen, die für Abflüsse gehalten werden: entweder für Opfer-*chicha* (Maisbier), Blut oder Regenwasser. Eventuell waren sie auch Sprachrohre zwischen dem Inneren des Tempels und der Außenwelt. Eine weitere Besonderheit auf dieser Seite des Komplexes stellt der mit kleinen Steinen gepflasterte Boden vor den Räumen dar.

Koloniale Gemälde an den Außenwänden des Hofes schildern das Leben des heiligen Dominikus. Viele bilden göttliche Wachhunde mit Fackeln im Maul ab, denn die Ordensbrüder wurden auf Lateinisch *domini canes* (Hunde des Herrn) genannt.

Iglesia de Santo Domingo KIRCHE
(Karte S. 217) Gleich neben Qorikancha (S. 223) erhebt sich die unregelmäßig geöffnete Santo-Domingo-Kirche. Sie ist weniger barock verziert als viele andere Gotteshäuser in Cusco, wartet aber mit interessanten Bildern von Erzengeln auf, die als andine Kinder in Jeans und T-Shirts dargestellt sind.

Museo Quijote MUSEUM
(Karte S. 217; Galería Banco la Nacion, Almagro s/n; ⏲ Mo–Fr 9–18, So bis 13 Uhr) GRATIS Das private Museum für moderne Kunst ist in einem Bankgebäude. Es zeigt eine vielseitige und durchdachte Ausstellung mit Bildern und Skulpturen von volkstümlich bis makaber und überzeugt mit guten spanischen Erklärungen zur Kunstgeschichte Perus im 20. Jh. (teilweise auch auf Englisch).

Museo del Sitio de Qorikancha MUSEUM
(Karte S. 224; Av El Sol s/n; *boleto turístico* Erw./Student 130/70 S; ⏲ Mo–Sa 9–18, So 8–13 Uhr) Das kleine, unterirdische Archäologiemuseum ist ziemlich verwahrlost und zeigt diverse verstaubte archäologische Exponate, die Aufschluss über die Inka und die Prä-Inka-Kulturen geben. Der Eingang befindet sich abseits der Av El Sol.

Zutritt nur mit der Touristenkarte *boleto turístico.*

Aktivitäten

In Cusco gibt es zahllose Veranstalter, die Outdoorabenteuer wie Trekking, Rafting und Mountainbiken, aber auch Bergsteigen, Reiten und Paragliding anbieten. Die Preis-

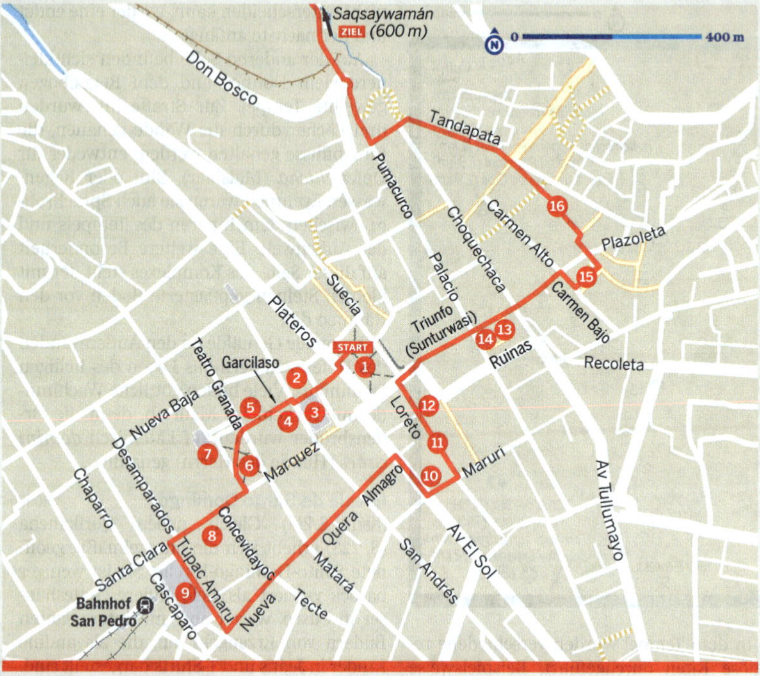

Stadtspaziergang Cusco Zentrum

START PLAZA DE ARMAS
ZIEL SACSAYHUAMÁN
LÄNGE/DAUER 4 KM/3 STD.

Von der 1 **Plaza de Armas** (S. 215) geht's die Calle del Medio hinauf und zur 2 **Plaza Regocijo**. Das hübsche 3 **Gebäude** links beherbert Restaurants und Boutiquen. Die Calle Garcilaso, benannt nach dem Inka-Chronisten Garcilaso de la Vega, führt vorbei an dessen früherem Wohnhaus und heutigen 4 **Museo Histórico Regional** (S. 222). In der Nähe steht das 5 **Hotel los Marqueses** (S. 237), ein beeindruckender Kolonialbau.

Sonntags treffen sich an der 6 **Plaza San Francisco** Quechua sprechende Landbewohner. Dann wirft man noch einen Blick hinein in die 7 **Kirche San Francisco und Museum**. Hinter dem Torbogen wartet die 8 **Iglesia y Convento de Santa Clara**.

Gleich dahinter befindet sich der betriebsame 9 **Mercado San Pedro** (S. 248). Von dort folgt man der Calle Nueva zur Avenida El Sol und dem 10 **Palacio de Justicia**. Von der Maruri geht's dann links in die 11 **Loreto**, eine Fußgängergasse mit Inka-Mauern zu beiden Seiten. Nach Ende der Eroberung wurde sie Teil des 12 **geschlossenen Monasterio de Santa Catalina**.

Über die Loreto geht's zurück zur Plaza de Armas. Dort biegt man rechts in die Triunfo ab (ausgeschildert als Sunturwasi) und über die Palacio in die Hatunrumiyoc, eine weitere Gasse, die nach dem 13 **zwölfseitigen Stein** benannt ist. Dieser gehört zu einer Mauer des Palastes des sechsten Inka-Herrschers Roca, in dem sich heute das 14 **Museo de Arte Religioso** (S. 222) befindet.

Die Hatunrumiyoc endet an der Choquechaca. Von hier führt ein kurzer Spaziergang hinauf zur 15 **Plaza San Blas**, Cuscos Künstlerviertel. Links biegt man in die 16 **Tandapata**. Bewässerungsgräben der Inka laufen uralte Treppen hinunter und Felsritzungen schmücken die Wände und die Steine auf der Straße.

Wer möchte, kann den Stadtspaziergang noch mit dem Aufstieg nach **Saqsaywamán** (S. 254) abrunden.

kämpfe zwischen den Anbietern lassen die Einheimischen als Verlierer zurück mit unterbezahlten Guides und überfüllten Fahrzeugen. Grundsätzlich gilt: Je günstiger die Tour desto größer ist die Gruppe und desto weniger gut ausgebildet ist der Guide.

Wandern

Mit ihren gewaltigen Gebirgszügen, vielfältigen Ökosystemen sowie abgelegenen Dörfern und im Unterholz verborgenen Ruinen ist die Gegend rund um Cusco ein Paradies für Wanderer. Da unterwegs große Höhenunterschiede zu bewältigen sind, muss man sich vor Beginn eines Ausflugs jedoch unbedingt ausreichend akklimatisieren.

Fast alle Touristen wollen natürlich dem berühmten Inka-Trail nach Machu Picchu folgen, dabei gibt's noch viele weitere lohnenswerte Routen. Erdacht wurde der Name des Weges von cleveren Angestellten der Tourismusbranche und Touranbietern, obwohl dieser nur einer von Dutzenden Fußpfaden der Inka nach Machu Picchu und einer von mehr als tausend Routen durch das Inka-Reich ist. Und noch immer graben Archäologen einige neue Strecken aus. Viele weitere Wege wurden für den Tourismus erschlossen und werden von mehr und mehr Wanderern dem Inka-Trail vorgezogen.

In der Nähe von Cusco gibt es mehrtägige Trekkingtouren durch das Heilige Tal, die abseits ausgetretener Pfade zu kaum besuchten Dörfern und Ruinen führen.

Weitere gute Treks sind z. B. Lares und Ausangate, für Archäologieliebhaber bieten sich außerdem Choquequirau und Vilcabamba an.

★ Apus Peru WANDERN

(Karte S. 224; ☎084-23-2691; www.apus-peru.com; Cuichipunco 366; ⌚Mo–Sa 9–13 & 15–19 Uhr) Ein empfehlenswerter Anbieter für den Inka-Trail und andere Aktivitäten, der auch konventionelle Touren im Programm hat. Er ist verantwortungsbewusst und bei Travellern sehr beliebt. Er bietet den Choquequirau-Trek in Verbindung mit dem Inka-Trail an. Die neuntägige Tour führt durch eine spektakuläre Landschaft und an zahlreichen beeindruckenden Inka-Ruinen vorbei, bis man schließlich Machu Picchu erreicht.

★ Alpaca Expeditions WANDERN

(Karte S. 216; ☎084-254-278; www.alpacaexpeditions.com; Heladeros 157, 1. Stock Nr. 24; ⌚Mo–Fr 9–19.30, Sa & So 16.30–19.30 Uhr) Ein beliebter Anbieter für den Inka-Trail, für Wanderungen im Heiligen Tal, zum Salkantay und nach Choquequirau. Es ist eines der wenigen Unternehmen, die vorwiegend weibliche Guides und Trägerinnen beschäftigen. Alpaca Expeditions bietet tragbare Toiletten, pflanzt Bäume und beteiligt sich an Säuberungsaktionen rund um die Trails.

Mountain Lodges of Peru WANDERN

(☎084-23-6069; www.mountainlodgesofperu.com) Betreibt luxuriöse Lodges in abgeschiedenen Trekkinggebieten und hat verschiedene Wanderungen im Programm, etwa über den Salkantay und den Lares Trek nach Machu Picchu. Ein physisches Büro gibt es nicht. Alle Buchungen werden online oder telefonisch abgewickelt.

Llama Path WANDERN

(Karte S. 224; ☎084-24-0822; www.llamapath.com; Cuichipunco 257; ⌚Mo–Sa 9–13 & 15–20, So 16–20 Uhr) Freundlicher Trekkinganbieter mit gutem Ruf. Hat den Inka-Trail, Lares, den Salkantay, Choquequirau und weitere Treks im Angebot.

Peru Eco Expeditions WANDERN

(☎084-60-7516, 957-349-269; www.peruecoexpeditions.com; Urb. San Judas Chico II D-13; ⌚Mo–Fr 9–16 Uhr) Ein kleiner Anbieter von Luxusabenteuerreisen mit maßgeschneiderten Expeditionen von Tagestrips und Wanderungen mit Lodge-Übernachtungen bis zu längeren Touren in die Region und ins Amazonasgebiet. Auf dem Programm stehen etwa der Inka-Trail oder Rainbow Mountain (mit dem Mountainbike oder kulturellem Schwerpunkt). Hier wird nachhaltiger Tourismus großgeschrieben, von gefiltertem Wasser und vollständiger Müllmitnahme bei den Treks bis zu kulturellem Fingerspitzengefühl gegenüber den Gemeinden vor Ort.

Wayki Trek WANDERN

(Karte S. 216; ☎084-22-4092; www.waykitrek.net; Quera 239; ⌚Mo–Fr 9–19, Sa bis 13 Uhr) Ein beliebter Anbieter des Inka-Trails, der von Reisenden sehr gute Bewertungen erhält. Hat auch die Treks Choquequirao, Salkantay und Ausangate im Programm. ISO-zertifiziert.

Peru Treks WANDERN

(Karte S. 224; ☎084-22-2722; www.perutreks.com; Av Pardo 540) Alteingesessener Anbieter von Wanderungen nach Machu Picchu.

X-Treme Tourbulencia WANDERN

(Karte S. 216; ☎084-22-5875; www.x-tremetourbulencia.com; Plateros 364; ⌚Mo–Sa 9–13 &

16–20 Uhr) Ein empfehlenswerter Veranstalter mit Sitz in Cusco, der Multisport-Touren nach Machu Picchu über Santa Teresa sowie den Inka-Dschungel-Trail anbietet. Auch Ausflüge zum Ausangate, zum Salkantay und nach Choquequirao sowie zum Rainbow Mountain (mit Übernachtung) sind im Angebot. Die Guides sprechen mehrere Sprachen.

Destiny Peru WANDERN
(Karte S. 217; ☎084-437-876; www.destinyperutours.com; Carmen Bajo 184; ⏲Mo–Sa 9–14 & 16–20.30, So 9–14 Uhr) Veranstalter mit verschiedenen Treks, darunter der Inka-Trail und Wanderungen zum Salkantay und zum Ausangate sowie Tagesausflügen zum Rainbow Mountain über die Alternativroute.

Riverrafting

Rafting ist in Peru nicht reguliert, was bedeutet, dass praktisch jeder ein Rafting-Unternehmen gründen kann. Hinzu kommt, dass der extreme Preisdruck dazu geführt hat, dass es viele günstigere Anbieter mit der Sicherheit nicht mehr so genau nehmen. Das Risiko kann jedoch nicht oft genug betont werden, denn jedes Jahr sterben dabei mehrere Menschen. Veranstalter, deren Touren bereits vorab online gebucht werden können, sind in der Regel sicherer (und teurer) als die Anbieter in Cusco, die nur ein Ladengeschäft betreiben.

Bei der Wahl des Anbieters sollte man sich vorab unbedingt nach der Beschaffenheit und dem Alter der (Sicherheits-)Ausrüstung und der Qualifikation der Guides erkundigen und die Bewertungen anderer Traveller prüfen. Man sollte nur bei hochprofessionellen Anbietern buchen, deren Guides viel Erfahrung sowie eine Erste-Hilfe-Ausbildung und Kenntnisse im Bereich der Wildwasserrettung vorweisen können. Besondere Vorsicht ist bei neuen Anbietern ohne nachweisliche Erfahrung geboten.

Es gibt mehrere Flüsse, die für eine Rafting-Tour infrage kommen. Bei Flüssen, die weiter von Cusco entfernt liegen, kann es im Falle von Krankheit oder eines Unfalls Tage dauern, bis Hilfe eintrifft.

Río Urubamba

Wildwasserfahrten auf dem **Río Urubamba** durch das Heilige Tal könnten so toll sein, würden nicht Cusco und alle anderen Dörfer am Fluss ihr ungeklärtes Abwasser in den Fluss leiten: Dadurch ist er verschmutzt und stinkt. Wer ins Wasser fällt, macht also besser den Mund zu ... Obwohl er ziemlich unappetitlich aussieht, erfreut sich der Abschnitt von **Ollantaytambo nach Chilca** (mit Stromschnellen der Grade II–III) überraschend großer Beliebtheit. Während der 1½-stündigen gemäßigten Tour passiert man nur zwei wildere Stromschnellen. Weitere verschmutzte Strecken verlaufen von **Huarán** und **Huambutio nach Pisac**.

Südlich von Cusco locken am oberen Urubamba (auch Vilcanota genannt) viele saubere Etappen, darunter die **Chuquicahuana-Route** (mit Stromschnellen der Grade III–IV+ sowie V+ in der Regenzeit). Weniger wild ist der spaßige, landschaftlich schöne Abschnitt zwischen **Cusipata und Quiquihana** (meist Stromschnellen der Grade II–III). In der Regenzeit werden die beiden Strecken oft miteinander kombiniert. Dichter an Cusco erstreckt sich die schöne Route **von Pampa nach Huambutio** (Kategorie I–II). Sie eignet sich hervorragend als Anfängertour für Kinder ab drei Jahren.

Río Santa Teresa

Der **Río Santa Teresa** lockt mit spektakulären Strecken zwischen den Städten Santa Teresa und Santa María sowie stromabwärts bis Quillabamba. Weil der Abschnitt zwischen den Heißen Quellen von Cocalmayo und Santa María fast ausschließlich aus Stromschnellen vierten und fünften Grads in einem tiefen, unzugänglichen Canyon besteht, sollte man nur mit renommierten Betreibern herkommen. Weniger erfahrene (und günstigere) Raftingguides sind nicht in der Lage, einen sicher durch diesen Abschnitt zu führen. Sparen ist hier also absolut unangebracht. Am besten testet man den Veranstalter vorher auf einer anderen Strecke in der Gegend.

Weitere Flüsse

Von Mai bis November kann man auf dem **Río Apurímac** drei- bis zehntägige Touren durch tiefe Schluchten und geschützten Regenwald unternehmen. Die berauschenden Stromschnellen des Flusses warten mit Schwierigkeitsgraden der Stufen IV bis V auf. Leser haben berichtet, dass sie unterwegs Kondore und sogar Pumas zu Gesicht bekamen. Am entspanntesten sind die Viertagesausflüge, bei denen man die meistbesuchten Zeltplätze meidet. Weit häufiger werden jedoch dreitägige Touren angeboten. Dabei schläft man an Stränden, die von immer mehr Leuten frequentiert werden. Ein weiteres potenzielles Problem sind Sandfliegen. Am nächsten Morgen sollte der Veranstalter immer dafür sorgen, dass alles sauber und ordentlich hinterlassen wird.

Noch wilder ist der zehn- bis zwölftägige Trip auf dem anstrengenden, von Mai bis Oktober befahrbaren **Río Tambopata**. Er beginnt nördlich des Titicacasees in den Anden und führt durch das Herzstück des Parque Nacional Bahuaje-Sonene tief in den Amazonasdschungel. Allein die Tour bis zum Startpunkt dauert von Cusco aus bereits zwei Tage. Die ersten Tage auf dem Fluss sind voller technisch anspruchsvoller Stromschnellen der Grade III und IV in unberührter Andenlandschaft und der Ausflug endet mit ein paar sanften Floßfahrten im Regenwald. Mit etwas Glück erspäht man unterwegs Tapire, Wasserschweine, Kaimane, Riesenotter und Jaguare.

Ein sehr beliebter Veranstalter ist **River Explorers** (☎084-431-116; www.riverexplorers.com; Urb. Kennedy A, Brillantes B 36; ⌚Mo–Fr 8–13 & 15–17, Sa bis 12 Uhr). Er bietet alle möglichen Touren an, darunter auch bis zu sechstägige Ausflüge auf dem Río Apurímac.

Mountainbiken

Mountainbiketouren rund um Cusco werden immer beliebter. Die Gegend eignet sich hervorragend für Ausflüge, allerdings sind die Mieträder von schlechter Qualität und meist mit *rígida* (Einzelaufhängung) – nach der Talfahrt auf so einem Ding spürt man garantiert jeden Knochen. Leider herrscht in Cusco Mangel an guten neuen oder gebrauchten Rädern. Ambitionierte Fahrer bringen am besten ihr eigenes Mountainbike mit. Am Ende der Reise lässt es sich problemlos verkaufen, wenn man es nicht wieder mit nach Hause schleppen möchte.

Es gibt viele tolle Strecken für Fortgeschrittene, die mit öffentlichen Verkehrsmitteln schnell und einfach zu erreichen sind. Man kann z. B. den Bus nach Pisac nehmen (das Rad wird auf dem Dach verstaut) und den Fahrer bitten, am **Abra de Ccorao** zu halten. Dort geht's rechts ab und über eine Reihe von Feldwegen sowie eine einspurige Straße zurück nach Cusco. Auf halbem Weg passiert man einen von einheimischen Radfahrern eingerichteten Parcours. Dieser bietet viel Abwechslung und ist als **Yuncaypata** bekannt. Egal für welchen Weg man sich entscheidet, man landet immer in Cuscos südlichen Vierteln, wo man mühelos ein Taxi nach Hause bekommt.

Wer die andere Seite des Passes auf der linken Straßenseite nimmt, gelangt auf einem steilen einspurigen Weg durch ein enges Tal zur Schnellstraße in Ccorao. Hier folgt erst ein flacher, dann ein kurviger Abschnitt. Sobald das Tal wieder breiter wird, biegt man hinter einem Bauernhaus links ab. Danach geht's steil bergab und über eine anspruchsvolle einspurige Straße durch ein enges Tal. Brenzlig wird's, wenn man den Fluss überquert, denn dann kommen ein paar knifflige, steile Abfahrten über lose Steine. Schließlich landet man im Dorf Taray. Innerhalb von zehn Minuten am Fluss entlang kommt man nach Pisac und per Bus zurück nach Cusco.

Es sind auch viele längere Radtouren möglich, doch dafür braucht man einen professionell ausgebildeten Guide und ein Begleitfahrzeug. Die teils gepflasterte Straße vom **Abra Málaga hinab nach Santa María**, ist technisch nicht anspruchsvoll, aber ein Muss für alle Fahrradfans. Sie gehört zum Inka-Dschungel-Trail, auf dem viele Veranstalter in Cusco Ausflüge anbieten. Eine ganz nette Herausforderung stellt die Strecke von **Maras zu den Salinen** dar. Durch das **Lares-Tal** verläuft eine anspruchsvolle einspurige Straße, die man in einer langen Tagestour von Cusco aus erreicht. Wer Richtung Manu im Amazonasbecken unterwegs ist, sollte die lange Busfahrt unterbrechen und die Strecke von **Tres Cruces nach La Unión** per Mountainbike zurücklegen, eine atemberaubende Route bergab. Man kann aber auch komplett mit dem Rad fahren. Alle Veranstalter von Ausflügen nach Manu stellen Mieträder und Führer zur Verfügung. Die Talfahrt zum **Río Apurímac** ist ebenso spektakulär wie der Trip zum **Río Tambopata**, der eine Talfahrt mit 3500 m Höhenunterschied in fünf Stunden verspricht. Einige wenige wagen sich an die schweißtreibende 500 km lange Tour nach Puerto Maldonado.

Gravity Peru ABENTEUERTOUREN
(Karte S. 224; ☎084-22-8032, 984-501-311; www.gravityperu.com; Av Centenario 707; ⌚8–18 Uhr) Dieser professionelle Veranstalter gehört zum bekannten Gravity Bolivia und ist der einzige, der für seine Tagesausflüge zum sogenannten „Secret Single Track" Räder mit Doppelaufhängung anbietet. Seine Tour „Back Door Machu Picchu" (mit verschiedenen Aktivitäten und Radfahren) ist mittlerweile eine sehr beliebte Alternative, um zu den Ruinen zu gelangen. Absolut empfehlenswert.

Reiten

Viele Veranstalter bieten Ausritte am Morgen oder am Nachmittag an. Man kann aber auch nach Saqsaywamán spazieren, wo es viele Reitställe gibt, und dort nach eigenen Wünschen einen Ausflug arrangieren. Bei der Wahl des Pferdes sollte man sorgfältig vorgehen, da viele Tiere in einem bedauernswerten Zustand sind.

Einige Agenturen haben mehrtägige Trips in das Gebiet rund um Limatambo im Programm, zudem findet man in Urubamba einige erstklassige Höfe mit hervorragend trainierten reinrassigen peruanischen *paso*-Pferden, die ihre Beine beim Laufen sehr hoch heben.

Vogelbeobachtung

Ernsthaft interessierte Traveller sollten sich *Birds of the High Andes* von Jon Fjeldså und Niels Krabbe besorgen. Ein besonders schöner Ausflug führt von Ollantaytambo über den Abra Málaga nach Santa Teresa oder Quillabamba. Diese Gegend zeigt einen hervorragenden Querschnitt an Lebensräumen von 4600 m bis hinunter auf 1000 m. Ein guter Führer zur Gegend ist *The Birds of Machu Picchu* von Barry Walker.

Weitere Aktivitäten

Action Valley (Karte S. 216; ☎ 084-24-0835; www.actionvalley.com; Santa Teresa 325; ⌚ So–Fr 9–17 Uhr, Mitte Jan.–Mitte Feb. geschl.) ist der Alptraum bei Höhenangst und ein Paradies für Kinder und junggebliebene Erwachsene. Man darf sich u. a. auf Paintball (77 S), eine 10 m hohe Kletterwand (34 S), einen Bungesprung aus 122 m Höhe (253 S) sowie ein Bungee-Katapult (219 S) freuen. Auch ein Paraglidingflug (216 S) vom *mirador* (Aussichtpunkt) in Raqchi wird angeboten. Der Park liegt 11 km außerhalb von Cusco an der Straße nach Poroy.

Wer sich verwöhnen lassen oder sich nach einer Wanderung etwas Besonderes gönnen möchte, der schaut im **Samana Spa** (Karte S. 216; ☎ 084-23-3721; www.samana-spa.com; Tecsecocha 536; 1-stündige Massage 130 S; ⌚ Mo–Sa 10–18 Uhr) vorbei. Nur mit Termin.

Kurse

Cusco ist eine der besten Städte Südamerikas, um Spanisch zu lernen. Es gibt zahlreiche gute Anbieter und viele kostenlose kulturelle sowie soziale Aktivitäten. Salsakurse und Kochabende sind praktisch überall zu haben.

Pro Woche bekommt man meist 20 Unterrichtsstunden, entweder in Form von Einzelunterricht oder in Gruppen von bis zu vier Personen. Oft kann man auch pro Stunde bezahlen und das Pensum so frei einteilen.

Freitags finden die Einstufungstests statt, hinterher wird man der passenden Gruppe zugeteilt. Montags beginnt dann der Unterricht. Entscheidet man sich für Einzelstunden, startet man nach Belieben. Alle Schulen vermitteln zudem Privatunterkünfte bei Einheimischen und können Jobs für Freiwillige organisieren.

★ Marcelo Batata Cooking Class KOCHKURS
(Karte S. 217; ☎ 984-384-520; www.cuzcodining.com; Calle Palacio 135; 4-stündiger Kurs 297 S; ⌚ 14 Uhr) Wer die peruanische Küche für sich entdeckt hat, für den lohnt sich dieser vierstündige Kochkurs. Dank der mit allen Marktzutaten ausgestatteten Speisekammer kann man hier allen Aromen der Region ihre Geheimnisse entlocken. Die Küche ist ausreichend groß und komfortabel. Der Kurs beinhaltet eine Vorspeise, eine Pisco-Verkostung und einen Hauptgang. Auf Englisch, Spanisch oder Portugiesisch verfügbar. Auch für Vegetarier geeignet und es gibt auch private Kurse.

Proyecto Peru SPRACHKURS
(Karte S. 216; ☎ 084-24-0278; www.proyectoperucentre.org; Seite Cuartones 290; ⌚ Mo–Fr 8–18 Uhr) Bietet Quechuaunterricht sowie Kurse für Business- und medizinisches Spanisch an. Auf Wunsch kann in Familien übernachtet werden.

Amigos SPRACHKURS
(☎ 084-22-5053; www.spanishcusco.com; Zaguan del Cielo B-23; ⌚ Mo–Fr 9–17 Uhr) Alteingesessene gemeinnützige Sprachschule mit bemerkenswerten Referenzen.

Fairplay SPRACHKURS
(Karte S. 225; ☎ 984-78-9252; www.fairservices-peru.org; Pasaje Zavaleta C-5) Diese nichtstaatliche Organisation bildet alleinstehende peruanische Mütter als Leiterinnen von Spanischkursen und Privatunterkünften aus. Schüler zahlen zwei Drittel der Kursgebühr direkt an den Lehrer. Nur Einzelunterricht. Preis je nach Erfahrung der Lehrer.

Excel Language Center SPRACHKURS
(Karte S. 216; ☎ 084-23-5298; www.excelspanishperu.info; Cruz Verde 336; ⌚ Mo–Fr 8–13 & 16–21, Sa 9–12 Uhr) Ein Spanischkurs, der aufgrund seiner Professionalität gerne weiterempfohlen wird. Vermittelt auch Unterkünfte.

Choco Museo KOCHKURS
(Karte S. 216; ☎ 084-24-4765; www.chocomuseo.com; Garcilaso 210; ⌚ 9–19 Uhr; 👪) GRATIS Der Duft warmer Schokolade, der die Räume

TICKETS FÜR MACHU PICCHU KAUFEN

Man sollte meinen, dass ein Besuch der Touristenattraktion Nummer eins des gesamten Kontinents nicht allzu schwer sein sollte. Weit gefehlt. Momentan können Eintrittskarten für Machu Picchu online (www.machupicchu.gob.pe) gekauft werden, wobei nicht alle ausländischen Kreditkarten funktionieren. Wer online ein Ticket reserviert, aber nicht mit Karte bezahlen kann und zufällig bereits vor Ort in Cusco ist, der kann den fälligen Betrag innerhalb von drei Stunden bei einer Filiale der Banco de la Nación einzahlen. Danach meldet man sich auf der Webseite an, um sein Ticket auszudrucken.

Tickets können auch in Cusco in der DIRCETUR-Filiale (S. 250) im Museo Histórico oder in der Dirección Regional de Cultura Cusco (S. 250) gekauft werden. Beide Anlaufstellen akzeptieren peruanische Soles, Visa und Mastercard. Wer das Risiko liebt, kann sich sein Ticket auch erst im Centro Cultural (S. 275) in Aguas Calientes kaufen. Dort kann aber nur mit peruanischen Soles bezahlt werden und den Geldautomaten in Aguas Calientes geht regelmäßig das Bargeld aus. Schüler- und Studententickets können nur persönlich und unter Vorlage eines gültigen Ausweises mit Lichtbild gekauft werden.

Gegen eine angemessene Gebühr können die Tickets auch über Reisebüros erworben werden. Dies wird von einigen Lesern empfohlen.

Um Machu Picchu betreten zu können, ist das Mitführen eines gültigen Lichtbildausweises erforderlich.

Die Abläufe für den Ticketkauf können sich jederzeit ändern. **iPeru** (Karte S. 216; ☎084-59-6159; www.peru.travel; Portal de Harinas 177, Plaza de Armas; ⏰Mo–Fr 9–19, Sa bis 13 Uhr) weiß aber immer über den aktuellen Stand Bescheid. Viel Glück!

erfüllt, zieht Besucher unweigerlich in seinen Bann. Während der Museumscharakter etwas auf der Strecke bleibt, bezaubert die Einrichtung in französischer Hand mit ihren Workshops zur Herstellung von Bioschokolade – oder man bestellt sich einfach ein Schokofondue oder eine Tasse frische heiße Fair-Trade-Schokolade. Organisiert auch Plantagentouren in der Nähe von Santa María. Mehrsprachig und kinderfreundlich.

Geführte Touren

Es gibt in Cusco Hunderte registrierte Reiseagenturen, deshalb fragt man am besten andere Traveller nach aktuellen Erfahrungen. Viele kleine Unternehmen rund um die Procuradores und Plateros bekommen eine Provision, wenn sie Touren von anderen Veranstaltern verkaufen, was zu einem organisatorischen Durcheinander führen kann. Wenn die Büros auch Ponchos sowie Internetzugang anbieten und Geld wechseln, ist die Gefahr groß, dass sie den gewünschten Ausflug nicht im Programm haben.

An den Sehenswürdigkeiten bieten private Guides ihre Dienste an. Manche können etwas Englisch oder andere Sprachen. Für umfassende Führungen an bedeutenden Attraktionen wie Qorikancha oder der Kathedrale sollte man immer vorab einen fairen Preis aushandeln. 5 S pro Person sind ein angemessenes Trinkgeld für eine kurze Tour in einer kleinen Gruppe, bei Einzelführungen gibt man etwas mehr.

Die meisten Standardtouren werden im Eiltempo durchgezogen und sind überfüllt. Klassische Varianten beinhalten einen halbtägigen Trip durch die Stadt und/oder zu den nahegelegenen Ruinen, einen Halbtagsausflug zu den sonntäglichen Märkten von Pisac oder Chinchero und eine Tagesfahrt ins Heilige Tal (z. B. nach Pisac, Ollantaytambo und Chinchero). Man kann das alles aber auch mithilfe eines lizensierten Taxifahrers oder öffentlicher Verkehrsmittel im eigenen Tempo machen.

Agenturen bieten natürlich auch teure Exkursionen nach Machu Picchu an. Im Preis enthalten sind der Transport, das Eintrittsgeld zur archäologischen Stätte, ein Englisch sprechender Guide und ein Mittagessen. Weil dabei nur wenige Stunden für die Besichtigung der Ruinen bleiben, organisiert man den Ausflug am besten selbst – das ist außerdem um einiges günstiger. Einen Führer engagiert man direkt in Machu Picchu.

Andean Photo Expeditions GEFÜHRTE TOUREN (☎960-724-103; www.andeanphotoexpeditions.com; Foto-Tour 248 S) Ein von echten Peru-Liebhabern geführter Laden, der maßgeschneiderte geführte Touren anbietet. Die Foto-Touren in Cusco und Lima werden gerne weiterempfohlen. Zudem hat er Ausflüge abseits der ausgetretenen Touristenpfade im Programm, so etwa eine Exkursion zum Rainbow Mountain über Cusipata mit einer Übernachtung bei Familien, Bergtouren zum Ausangate und Dschungeltrips. Einer der Besitzer ist ein bekannter Fotograf, dessen Arbeiten in Galerien in Cusco ausgestellt sind. Bietet Führungen in verschiedenen Sprachen.

Habitats Peru GEFÜHRTE TOUREN
(☎984-115-593; www.habitatsperu.com) Ein oft empfohlener Veranstalter für Vogelbeobachtungen mit maßgeschneiderten Individual- und Gruppentouren in die Feuchtgebiete, die Berge und in den Dschungel. Bietet auch herkömmliche Touren, Mountainbiken, Wandern sowie Dschungeltouren. Ein Teil des Gewinns geht an die besuchten Schutzgebiete.

Travel & Healing OUTDOORAKTIVITÄTEN
(☎084-22-7892; www.travelandhealing.com; Av La Cultura 2122, 2. Stock; ⊙Mo–Sa 8.30–20 Uhr) Dieser Anbieter hat sich auf spirituelle Auszeiten, *ayahuasca*-Zeremonien und Kulturweisheiten der Anden spezialisiert und verfolgt mit seinen Touren und Treks in der Region einen wirklich spirituellen Ansatz. Teilweise auch in Kombination mit Yoga buchbar.

Culturas Peru ABENTEUERTOUREN
(Karte S. 217; ☎084-24-3629; www.culturasperu.com; Tandapata 354-A; ⊙Mo–Fr 9–17 Uhr) Sehr kompetenter und seriöser Anbieter in peruanischer Hand, der sich dem nachhaltigen Tourismus verschrieben hat. Sehr beliebt ist seine zweitägige Inka-Trail-Option.

SAS Travel GEFÜHRTE TOUREN
(Karte S. 216; ☎084-24-9194; www.sastravelperu.com; Calle Garcilaso 270; ⊙Mo–Sa 8–20 Uhr) Direktanbieter in lokaler Hand. Bietet hochwertige Ausflüge nach Machu Picchu, Inka-Trail-Wanderungen, Dschungeltouren und Stadtführungen in Cusco an. Zwar bezahlt man hier etwas mehr als bei der Konkurrenz, dafür sind die Traveller meist sehr zufrieden.

Amazonas Explorer OUTDOORAKTIVITÄTEN
(☎084-25-2846; www.amazonas-explorer.com; Av Collasuyu 910 Miravalle; ⊙Mo–Fr 9–17 Uhr) Professioneller internationaler Anbieter mit sehr gutem Equipment und tollen Guides. Organisiert Raftingtouren auf dem Río Apurímac und dem Río Tambopata. Hat auch den Inka-Trail im Angebot (5-Tages-Klassiker oder alternative Routen). Seine zwei- bis zehntägigen Moutainbiketouren sind perfekt für Familien, da Kinderräder verfügbar sind. Achtet bei seiner Arbeit auf soziale Aspekte sowie auf die Umwelt.

Alain Machaca Cruz GEFÜHRTE TOUREN
(☎984-056-635; www.alternativeincatrails.com; Belen s/n, Paruro) Dieser unabhängige Guide sitzt außerhalb von Cusco. Er bietet Wanderungen zur Laguna Yanahuara sowie mehrtägige Treks nach Choquequierao, Vilcabamba und in andere Gebiete an. Zudem organisiert er empfehlenswerte Ausflüge in das Dorf Paruro, wo man *chicha* (fermentiertes Maisbier) herstellen oder eine *cuy*-Farm besuchen kann. Alain spricht Quechua und Englisch. Es gibt keine geregelten Öffnungszeiten, deshalb sollte man ihn vorab kontaktieren.

SATO GEFÜHRTE TOUREN
(Karte S. 224; ☎084-26-1505; www.southamericatravelsonline.com; Urbanización Quinta Jardín 288; ⊙Mo–Fr 9–17, Sa bis 13 Uhr) Angesehener europäischer Anbieter, der mit einheimischen Agenturen Trekking-, Wander- und Raftingausflüge organisiert. Auch eine gute Adresse für Last-Minute-Buchungen.

Journey Experience ABENTEUERTOUREN
(JOEX; ☎084-24-5642; www.joextravel.com; Av Tupac Amaru V-2-A, Progreso; ⊙9–18 Uhr) Das Programm des empfehlenswerten Anbieters umfasst Wanderungen und kulturelle Aktivitäten.

Aspiring Adventures ABENTEUERTOUREN
(☎in Neuseeland 03-489-7474; www.aspiringadventures.com) Ein kleiner, passionierter Anbieter in australischer und neuseeländischer Hand mit langer Erfahrung in Cusco und im Heiligen Tal. Hat Fahrradausflüge, herkömmliche und kulinarische Touren auf dem Programm.

Aventours ABENTEUERTOUREN
(Karte S. 216; ☎084-22-4050; www.aventours.com; Plateros 456; ⊙Mo–Fr 9–13 & 16–19 Uhr) Verantwortungsbewusstes Unternehmen mit erfahrenen Mitarbeitern.

Apumayo Expediciones GEFÜHRTE TOUREN
(☎914-169-665; www.apumayo.com; Jr Ricardo Palma Ñ-11, Urb. Santa Monica Wanchaq, Cusco; ⊙Mo–Fr 9–18 Uhr) Professioneller Veranstalter, bei dem man auch aus dem Ausland Trips auf dem Río Tambopata buchen kann. Ein weiterer Fokus sind Ausflüge für Menschen mit Behinderung nach Machu Picchu und zu anderen historischen Stätten im Heiligen Tal.

Respons KULTUREXKURSIONEN
(Responsible Travel Peru; ☎084-59-8331; www.responsibletravelperu.com; Pasaje los Lirios 7A, Urb. Mariscal Gamarra; ⊙Mo–Fr 9–13 & 15–18

Uhr) Nachhaltige Luxustouren, die zur Entwicklung der Gemeinden im Heiligen Tal beitragen. Traveller können etwa eine Webersiedlung nahe Pisac besichtigen oder die Kakao- und Kaffeeproduzenten am Inka-Dschungel-Trail besuchen. Die Guides sprechen Englisch, Spanisch und Französisch.

Turismo Caith KULTUREXKURSIONEN
(084-23-3595; www.caith.org; Urb. Ucchullo Alto, N4, Pasaje Santo Toribio, Centro Yanapanakusun; Mo–Sa 9–19 Uhr) Der führende Anbieter im Bereich gemeindebasierter Tourismus hat auch reguläre ein- sowie mehrtägige Touren im Programm. Teilnehmer können sich bei Bildungsprojekten engagieren.

Reserv Cusco ABENTEUERTOUREN
(Karte S. 216; 084-26-1548; www.reserv-cusco-peru.com; Plateros 327; 10–21 Uhr) Ein renommierter Veranstalter, der Multisport-Touren nach Machu Picchu über Santa Teresa sowie den Inka-Dschungel-Trail anbietet.

Peruvian Odyssey ABENTEUERTOUREN
(84-25-3374; www.peruvianodyssey.com; Calle Panamá K-17; Mo–Fr 9–18 Uhr) Veranstalter mit 20-jähriger Erfahrung, der u.a. die alternative Route über Santa Teresa anbietet.

Antipode ABENTEUERTOUREN
(Karte S. 217; 084-24-0867; www.antipode-peru.com; Choquechaca 229; Mo–Fr 9–12.30 & 14–18 Uhr) Kundenorientiertes Unternehmen in französischer Hand, das die Klassiker, Trekkingtouren sowie kürzere Abenteuertrips in der Umgebung anbietet.

Asociación de Guías Oficiales de Turismo GEFÜHRTE TOUREN
(Agotur; Karte S. 216; 084-2334-57; www.agotur-cusco.com; Heladeros 157, 34-F) Der offizielle Touristenführerverband ist eine gute Adresse für Traveller, um mit Guides in Kontakt zu treten.

Feste & Events

El Señor de los Temblores KULTUR
(Herr der Erdbeben; März/April) Die Prozession über die Plaza de Armas findet am Montag der Karwoche (Montag vor Ostern) statt. Sie erinnert an das Erdbeben von 1650. Der Señor de los Temblores gilt als Schutzheiliger Cuscos, der die Stadt vor weiteren Schäden durch das Erdbeben bewahrt hat. Das Kruzifix ist vom Ruß mittlerweile komplett schwarz gefärbt.

Crucifix Vigil RELIGION
(Anfang Mai) Vom 2. auf den 3. Mai wird auf allen Bergen mit Gipfelkreuzen Nachtwache gehalten.

Q'oyoriti KULTUR
(Ausangate; Mai/Juni) Weit weniger bekannt als Inti Raymi im Juni sind die traditionelleren Andenriten dieses Festivals, das Ende Mai oder Anfang Juni am Dienstag vor Fronleichnam am Fuß des Ausangate gefeiert wird.

DSCHUNGELTOUREN IN CUSCO BUCHEN

Wer das Amazonasbecken besuchen möchte, findet dafür viele Touranbieter und einige Lodges haben auch Vertretungen in Cusco. Hier kann man sein Glück versuchen:

- **Amazon Trails Peru** (084-25-2846; www.amazonas-explorer.com; Av Collasuyu 910 Miravalle; Mo–Fr 9–17 Uhr)
- Amazonas Explorer (S. 232)
- **Crees** (084-26-2433; www.crees-manu.org; Urb. Mariscal Garmarra B-5, Zona 1; Mo–Fr 9–17, Sa bis 21 Uhr)
- **Eco Amazonia Lodge** (Karte S. 216; 084-23-6159; reservas@ecoamazonia.com; Garcilaso 210, Büro 206)
- **InkaNatura** (984-691-838; 084-23-1138; 084-25-5255; www.inkanatura.com; Ricardo Palma J1 Urb. Santa Mónica & Plateros 361)
- **Inkaterra** (Karte S. 217; in Cusco 084-24-5314 www.inkaterra.com; Plazoleta Nazarenas 211; Mo–Sa 8–18 Uhr)
- **Manu Expeditions** (084-22-5990; www.manuexpeditions.com; Los Geranios 2-G, Urb. Mariscal Gamarra; 5 Tage & 4 Nächte Manu-Exkursionen EZ/DZ 2040/3680 US$)
- **Pantiacolla Tours** (084-23-8323; www.pantiacolla.com; Garcilaso 265 innen, 2. Stock; Mo–Sa 8–18 Uhr)

Fronleichnam RELIGIÖS
(⌚Juni) Am neunten Donnerstag nach Ostern, meist Anfang Juni, ziehen faszinierende Prozessionen durch die Stadt. Sie enden mit festlichen Zeremonien in der Kathedrale.

Inti Raymi KULTUR
(Sonnenfest; ⌚24. Juni) Dies ist das wichtigste Fest in Cusco. Es lockt Besucher aus dem restlichen Peru und der ganzen Welt in die Stadt, die sich unter die Einheimischen mischen und bei den Straßentänzen und Paraden kräftig mitfeiern. Höhepunkt ist die Nachstellung der Wintersonnenwendenfeier der Inka in Saqsaywamán. Trotz der Kommerzialisierung ist der ganze Prunk in der Stadt und in Saqsaywamán doch sehenswert.

Santuranticuy Kunsthandwerksmarkt FEST
(Plaza de Armas; ⌚24. Dez.) An Heiligabend findet auf der Plaza de Armas ein Kunsthandwerksmarkt statt.

Schlafen

In Cusco gibt es Hunderte Unterkünfte jeglicher Art und Preiskategorie und mit die höchsten Übernachtungspreise im Land. In der Hochsaison (Juni–Aug.) und besonders während der zehn Tage vor Inti Raymi (24. Juni) und den Fiestas Patrias (Unabhängigkeitstag; 28.+29. Juli) sollte man weit im Voraus buchen.

Die Preise unterliegen je nach Saison und Nachfrage drastischen Schwankungen. Hier angegebene Beträge beziehen sich auf die Hauptsaison.

Bei Vorabreservierungen bieten die Hotels meist ein kostenloses Flughafenshuttle an.

Cusco Zentrum

★ **Wild Rover** HOSTEL $
(☎084-22-7546; www.wildroverhostels.com; Cuesta Santa Ana 782; B 28–50 S, DZ/Suite 120/160 S, alle inkl. Frühstück; @📶) An seinem neuen, hermetisch abgeriegelten Standort auf einem Hügel ist das Wild Rover eine autarke Insel (oder Blase) und als solche bei vielen Reisenden extrem beliebt. Mit seiner nagelneuen Anlage im Stil eines Resorts, seinen 201 Betten und dem abgetrennten, schalldichten Irish Pub legt es die Messlatte für Hostels in Cusco deutlich höher. Angesichts höchster und modernster Standards, regelmäßiger Partys und strenger Sicherheitsvorkehrungen gehört der Kulturschock der Vergangenheit an.

Der Nachteil des Ganzen? Das Wild Rover ist zu Fuß nicht gut zu erreichen und man ist hier von der lokalen Kultur komplett isoliert, wenn man sich nicht auch mal nach draußen bewegt.

Intro Hostel HOSTEL $
(Karte S. 216; ☎084-22-3869; www.introhostels.com; Cuesta Santa Ana 515; B 28–48 S, DZ mit Bad 112 S, alle inkl. Frühstück; 📶) Das Hostel in einem alten Kolonialhaus hat dieselben Besitzer wie das 1900 Backpackers in Lima. Alles ist sehr sauber und der Service ist gut, es gibt einen großzügigen Hof und hübsche Zimmer. Die Gemeinschaftsbäder sind gut in Schuss und es gibt einen überdachten Kochbereich im Freien, Billardtische und ein kleines Reisebüro. Die Rezeption ist rund um die Uhr geöffnet. Zu späterer Stunde lieber ein Taxi nehmen.

Mama Simona HOSTEL $
(Karte S. 216; ☎084-26-0408; www.mamasimona.com; Ceniza 364; B 36–46 S, DZ mit/ohne Bad 126/102 S; @📶) Hipster-Hostel mit Samtsofa und exzentrischem Dekor. Auf den Betten liegen weiche Daunendecken bereit und die Gemeinschaftsküche mit ihren Picknicktischen ist irgendwie niedlich. Es gibt auch ein nettes dazugehöriges Café, das ein hervorragendes günstiges Frühstück anbietet. Das stilvolle, komfortable und saubere Mama Simona liegt zwei Blocks nordöstlich der Plaza San Francisco.

Milhouse HOSTEL $
(Karte S. 216; ☎084-23-2151; www.milhousehostel.com; Quera 270; B 31–45 S, DZ 187 S, alle inkl. Frühstück; 📶) Das bei Backpackern beliebte Milhouse ist in einem Kolonialbau an einer lauten Straße untergebracht und bietet alle Standards, die ein Hostel in Cusco haben muss: Sitzsäcke, Tischtennis, ein Reisebüro, eine Happy Hour und sehr freundliches Personal. Die Zimmer sind etwas stickig, dafür hat jedes Bett ein eigenes Licht und Steckdosen. Sportfans werden sich vielleicht über die organisierten Touren zu hiesigen Fußballspielen freuen.

Pariwana HOSTEL $
(Karte S. 216; ☎084-23-3751; www.pariwana-hostel.com; Av Mesón de la Estrella 136; B 36–68 S, DZ mit/ohne Bad 189/159 S, Suite 240 S, alle inkl. Frühstück; @📶) Das bemerkenswert saubere, recht neue Hostel mutet ein wenig wie ein Studententreff an und zählt zu den besseren Optionen Cuscos. Hier wird auf Sitzkissen gechillt und im Hof des riesigen Kolonialbaus Tischtennis gespielt. In den Schlafsälen ist Platz für vier bis 14 Personen und

die Preise sind entsprechend gestaffelt. Die Betten in den neueren Schlafsälen sind groß und für die Penthouse-Suite lohnt es sich, etwas mehr hinzublättern. Die schicke Bar ist nur für Gäste und deren Freunde geöffnet und im Gebäude gibt's auch ein Reisebüro.

Dragonfly HOSTEL $
(Karte S. 216; ☎084-24-7058; www.dragonflyhostels.com; Seite Cuartones 245; B 28–45 S, DZ/3BZ 149/189 S, ohne Bad 98/149 S;) Eines von mehreren Kolonialgebäuden aus dem 16. Jh., die mit Pastelltönen renoviert wurden. Die Gäste können die Küche mitbenutzen und jede Woche gibt's ein Barbecue im Innenhof. Freundliches Personal.

Ecopackers HOSTEL $
(Karte S. 216; ☎084-23-1800; www.ecopackersperu.com; Santa Teresa 375; B 36–63 S, DZ mit/ohne Bad 218/126 S; @) Dieses riesige Backpacker-Hostel liegt nur einen Steinwurf von der Plaza Regocijo entfernt. Dank seines umfassenden Angebots mit Bar, Billardzimmer und Liegestühlen ist hier immer was los, leider bekommt das Personal schnell schlechte Laune, wenn sich vor der Rezeption eine Schlange bildet. Im Hof kann man auf den Korbmöbeln wunderbar relaxen, die Schließfächer verfügen über Steckdosen und die robusten Betten sind extra lang. Rund um die Uhr bewacht.

Hostal Andrea PENSION $
(Karte S. 216; ☎084-23-6713; salemrey@hotmail.com; Cuesta Santa Ana 514; B/DZ ohne Bad 20/50 S; @) Die preiswerteste Unterkunft der Stadt bietet etwas in die Jahre gekommene, aber reizende Zimmer, eine winzige Gemeinschaftsküche und einen mit Pflanzen gesäumten Innenhof. Das ältere Ehepaar, das die Pension betreibt, ist etwas eigen, aber sehr gastfreundlich. Ein Liebling der Leser von Lonely Planet.

Teatro Inka B & B PENSION $
(Karte S. 216; ☎084-24-7372, in Lima 01-976-0523; www.teatroinka.com; Teatro 391; EZ/DZ inkl. Frühstück 100/150 S; @) Rund um einen Innenhof liegen hier recht dunkle, aber ordentliche Doppelzimmer. Nichts Besonderes, dafür aber günstig. Der Service ist so lala.

Hostal Suecia II HOTEL $
(Karte S. 216; ☎084-23-9757; www.hostalsuecia2cusco.com; Tecsecocha 465; EZ/DZ 149/165 S, ohne Bad 116/149 S;) Der alteingesessene Backpacker-Liebling bietet bis heute ein hervorragendes Preis-Leistungs-Verhältnis in guter Lage. Die Besitzer sind freundlich, die Zimmer passabel und es gibt einen hellen und ansprechenden Innenhof sowie eine Bibliothek, in der man sich Bücher leihen kann. Die Gastgeberein Señora Yolanda hält den Laden schon seit mehreren Jahrzehnten am Laufen.

Hitchhikers HOSTEL $
(Karte S. 216; ☎084-26-0079; www.hhikersperu.com; Saphi 440; B/DZ inkl. Frühstück 35/110 S;) Etwas in die Jahre gekommenes, aber sauberes Hostel mit schiefen Fußböden in sehr zentraler Lage. Die Zimmer sind etwas kalt.

★ Niños Hotel HOTEL $$
(Karte S. 216; ☎084-23-1424; www.ninoshotel.com; Meloc 442; EZ ohne Bad 99 S, DZ mit/ohne Bad 198/182 S; @) Alteingesessenes, beliebtes und sehr empfehlenswertes Hotel, das von einer niederländischen gemeinnützigen Stiftung geführt wird, die Kinder aus armen Familien in Cusco unterstützt. Das große Kolonialhaus mit sonnigem Hof beherbergt renovierte Zimmer mit farbenfroher Dekoration, karierten Tagesdecken und tragbaren Heizkörpern. In den kalten Monaten gehören Flaschen mit heißem Wasser fürs Bett zum Angebot. Es gibt noch ein zweites Hotel in der Fierro 476.

In der öffentlich zugänglichen Cafeteria bekommt man hausgemachten Kuchen und Brot sowie abgepacktes Mittagessen.

Tambo del Arriero HOTEL $$
(Karte S. 216; ☎084-26-0709; www.tambodelarriero.com; Nueva Alta 484; EZ/DZ/Suite inkl. Frühstück 297/396/495 S; @) Die Zimmer dieses geräumigen ruhigen Hotels mit Hof punkten mit Blumendesign, Handtuchwärmern und Daunendecken. Einige haben auch eine Badewanne. Gäste kommen in den Genuss von Frühstücksbüfetts und kostenlosen Stadtspaziergängen. Wer es gern geräumig mag, bekommt hier ein gutes Preis-Leistungs-Verhältnis, das Viertel ist bei Reisenden jedoch (noch) nicht so richtig angesagt.

Tierra Viva HOTEL $$
(Karte S. 216; ☎084-60-1317; www.tierravivahoteles.com; Saphi 766; EZ/DZ inkl. Frühstück ab 350/376 S; @) Die Doppelzimmer haben Hartholzfußböden oder Berberteppiche und sind mit weißen Bettlaken und bunten Überwürfen ausgestattet. Das Frühstücksbüfett ist bereits ab 5 Uhr geöffnet. Dieser Ableger der Kette liegt etwas abseits des Trubels und ist ein guter Mittelweg zwischen zentral und idyllisch.

Weitere Tierra Viva Hotels befinden sich in San Blas (S. 240) und an der **Plaza de Armas** (Karte S. 216; ☎084-24-5858; www.tierravivahoteles.com; Suecia 345; EZ/DZ/Suite inkl. Frühstück 330/360/570 S; 📶).

Los Andes de America HOTEL **$$**
(Karte S. 216; ☎084-60-6060; www.cuscoandes.com; Garcilaso 150; EZ/DZ inkl. Frühstück 274/310 S) In diesem Best-Western-Hotel gibt's ein tolles Frühstücksbüfett mit u. a. regionalen Spezialitäten wie *mote con queso* (Käse und Mais) und *papa helada* (gefrorene Kartoffel). Die Zimmer sind gemütlich und komfortabel, die Bäder groß und recht luxuriös. Im Atrium findet man eine maßstabsgetreue Nachbildung von Machu Picchu.

Hotel Arqueólogo BOUTIQUEHOTEL **$$**
(Karte S. 217; ☎084-23-2569; www.hotelarqueologo.com; Pumacurco 408; DZ inkl. Frühstück 337–349 S, Suite 492 S; P@📶) Diese Pension in französischer Hand verströmt ein luxuriöses und doch wohnliches Flair. Es vermittelt echtes Cusco-Feeling einschließlich echter Inka-Steinmauern. Die geschmackvollen Zimmer mit Originalwandbildern und -teppichen gehen auf einen großen gepflasterten Hof hinaus. Gäste können auf dem Rasen hinter dem Haus entspannen oder sich in der Kaminlounge einen Pisco Sour aufs Haus genehmigen. Mit dem Verkauf lokaler Webarbeiten werden öffentliche Büchereien finanziert.

Die Angestellten sprechen Deutsch, Englisch und Französisch. Die Superior-Zimmer sind in einem schicken Kolonialdesign gehalten und bieten bedeutend mehr Komfort als die regulären Zimmer.

Hostal Corihuasi PENSION **$$**
(Karte S. 216; ☎084-23-2233; www.corihuasi.com; Suecia 561; EZ/DZ inkl. Frühstück 174/210 S) Wer vom Hauptplatz der Stadt einen beherzten Spaziergang bergauf unternimmt, stößt nach einiger Zeit auf diese gemütliche Pension mit familiärem Flair. Sie liegt in einem labyrinthartigen Kolonialgebäude und lockt mit einer tollen Aussicht. Die geräumigen Zimmer sind rustikal mit Alpakawolldecken, handgewebten Teppichen und Möbeln aus massivem Holz eingerichtet. Am beliebtesten ist die Nummer 1 mit Panoramafenstern, die dazu einladen, den Sonnenuntergang zu beobachten. Im Übernachtungspreis ist der Flughafentransfer enthalten.

Del Prado Inn HOTEL **$$**
(Karte S. 216; ☎084-22-4442; www.delpradoinn.com; Suecia 310; EZ/DZ inkl. Frühstücksbüfett 225/390 S; @📶) Das Del Prado eine solide Option mit effizientem Personal. Einige der knapp über ein Dutzend gemütlichen Zimmer haben einen winzigen Balkon, von dem man noch einen Blick auf die Plaza erhaschen kann. Ein tolles Detail ist die Original-Inka-Mauer im Speisesaal.

El Balcón Hostal HOTEL **$$**
(Karte S. 216; ☎084-23-6738; www.balconcusco.com; Tambo de Montero 222; DZ mit Garten/Balkon inkl. Frühstück 228/294 S; @📶) Das renovierte Haus aus dem 17. Jh. ist ein Liebling unserer Leser und ist mit Antiquitäten aus der Region ausgestattet. Die 16 hübschen Zimmer haben feste Matratzen, Balkons, Telefone und TVs. Im Garten blühen die Fuchsien und man hat einen tollen Blick über Cusco. Im Haus gibt's auch eine Sauna.

Loreto Boutique Hotel HOTEL **$$**
(Karte S. 217; ☎084-22-6352; www.loretoboutiquehotel.com; Loreto 115; EZ/DZ inkl. Frühstück 285/385 S) Vielleicht ist es die Lage an der Plaza, für die man zahlt, denn der Begriff „Boutique" trifft es nicht wirklich. Die Zimmer im schummrig beleuchteten Loreto sind edel, lauschig und in neutralen Farben gehalten. Wir empfehlen die vier Räume mit der original erhaltenen Inka-Mauer.

Midori HOTEL **$$**
(Karte S. 216; ☎084-24-8144; www.midori-cusco.com; Ataúd 204; EZ/DZ inkl. Frühstück 289/357 S; @📶) Das klassische und komfortable Midori ist bei kleineren Reisegruppen beliebt. Die riesigen Zimmer haben einen Wohnbereich, feste Matratzen und sind mit Brokatstoffen eingerichtet. Es wird von Einheimischen gern empfohlen und ist am günstigsten, wenn man direkt übers Hotel bucht.

Hotel Royal Inka I HOTEL **$$**
(Karte S. 216; ☎084-23-1067; www.royalinkahotel.pe; Plaza Regocijo 299; DZ inkl. Frühstück 297 S; @📶) In dem zentral gelegenen Hotel mit seinen hochwertigen Zimmern herrscht Grabesstille. Die im Kolonialgebäude sind mittlerweile etwas in die Jahre gekommen, aber dennoch komfortabel, während die moderneren groß und freundlich sind. Am schrägsten ist das Kitschaufgebot in den öffentlichen Bereichen mit Goldmasken und dem Wandbild einer Naturszene mit Indigenen, die haarscharf am Softporno vorbeischrammt.

Hostal Suecia I HOTEL **$$**
(Karte S. 216; ☎084-23-3282; www.hostalsuecia1.com; Suecia 332; EZ/DZ inkl. Frühstück

149/165 S; 📶) Die meisten Zimmer dieser winzigen Pension sind recht spartanisch eingerichtet, die gute Lage und das nette Personal entschädigen dafür aber, und es gibt einen geselligen, mit Steinen gepflasterten Innenhof. Die beiden neueren Doppelzimmer im Obergeschoss (311 & 312) bieten ein gutes Preis-Leistungs-Verhältnis.

Andenes de Saphi HOTEL **$$**
(Karte S. 216; ☎084-22-7561; www.andenesdesaphi.com; Saphi 848; EZ/DZ 165/198 S; 📶) Ganz am Ende der Saphi, wo die Straße langsam in ländlicheres Gebiet übergeht, befindet sich dieses Hotel in einem rustikalen Holzhaus, in dem fast alle Zimmer mit Dachfenstern und Wandgemälden ausgestattet sind. Am besten lässt man sich einige Zimmer zeigen, denn manche sind etwas muffig.

Los Angeles B & B HOTEL **$$**
(Karte S. 216; ☎084-26-1101; www.losangelescusco.com; Tecsecocha 474; DZ/3BZ inkl. Frühstück 165/198 S; @📶) Betagte Zimmer liegen in diesem stimmungsvollen Kolonialhaus rings um einen hübschen zentralen Hof mit Geranien. Sie sind ausgestattet mit goldfarbenen Bettüberwürfen, weichen Matratzen und dunklen geschnitzten Möbeln.

Hotel los Marqueses HOTEL **$$**
(Karte S. 216; ☎084-26-4249; www.hotelmarqueses.com; Garcilaso 256; EZ/DZ inkl. Frühstück ab 231/297 S; 📶) Diese koloniale Villa wurde im 16. Jh. von spanischen Eroberern erbaut. Sie punktet mit Malereien im Stil der *escuela cuzqueña*, Springbrunnen im Hof und Balkonen mit Blick auf die Plaza de Armas. Die Zimmer verfügen über Messingbetten, Dachfenster und geschnitzte Holztüren, allerdings passt oft die Einrichtung nicht dazu, was angesichts der geschichtsträchtigen Räumlichkeiten sehr schade ist. Die meisten Gäste sind Pauschalurlauber.

WLAN gibt's nur im Hof.

★ **Inkaterra La Casona** BOUTIQUEHOTEL **$$$**
(Karte S. 217; ☎Lima 01-610-0400; www.inkaterra.com/inkaterra/inkaterra-la-casona; Atocsaycuchi 616; Suite inkl. Frühstück ab 1779 S; @📶) Die renovierte Kolonialvilla an der winzigen Plazoleta Nazarenas bietet genau die richtige Mischung aus gemütlich und stilvoll. Rustikale Originalelemente wie übergroße geschnitzte Türen, grob behauene Balken und Steinkamine werden durch strahlende Böden, funkelnde Kronleuchter, Diwane und bildschöne andine Textilien noch besser in Szene gesetzt.

LUXUS-LODGES

Wer sich rund um den Ausangate oder in anderen Bergregionen eine luxuriöse Lodge-Erfahrung gönnen möchte, findet bei **Andean Lodges** (☎084-22-4613; www.andeanlodges.com; Av Brasil A-14, Urb. Cusco; 3-Tages-Paket ab 950 US$; ⏲Mo–Fr 9–18 Uhr) bestimmt das Richtige. In den Bädern und Restaurants wird auf ökologische Nachhaltigkeit geachtet. Die Treks dauern zwischen drei und sieben Tagen; Unterkünfte und Verpflegung sind im Preis inbegriffen.

Dank der versteckten TVs in den Zimmern, die darüber hinaus auch noch mit Dockingstationen für iPods ausgestattet sind, trübt nichts diesen tollen Eindruck. An der Rezeption kann man Laptops leihen. Der Service ist bestens und sehr persönlich.

★ **Casa Cartagena** BOUTIQUEHOTEL **$$$**
(Karte S. 217; ☎in Lima 01-242-3147; www.casacartagena.com; Pumacurco 336; Suite inkl. Frühstück ab 825 S; @📶🏊) Hier verschmelzen moderner und kolonialer Stil. Die Casa Cartagena ist in italienischem Besitz und bietet 16 Suiten. Blockstreifen an den Wänden, riesige Betten, iPod-Stationen, Bouquets mit langstieligen Rosen und ausladende Wannen mit Kerzenlicht sorgen für ein elegantes Ambiente. Es gibt ein hübsches hauseigenes Spa und der Zimmerservice ist im Preis inbegriffen.

Das Management brüstet sich gern damit, dass in dem historischen Gebäude (vor 50 Jahren war es noch eine ganz bescheidene Pension) bereits Neruda und Che Guevara ihr müdes Haupt gebettet haben. Wie deren politische Gesinnung zum heutigen Pomp passt, wird nicht weiter thematisiert.

El Mercado DESIGNHOTEL **$$$**
(Karte S. 216; ☎084-42-1777; www.elmercadohotel.com; Seite Cuartones 306; DZ/Suite inkl. Frühstück 594/772 S; @📶) Das verspielte Designhotel mit bemalten Schaukelpferden und Marktkarren verbindet modern-frischen Stil mit Kolonialambiente. Im geselligen offenen Steinhof gibt es Liegen und abendliches Lagerfeuer. Die großen Zimmer im zweiten Stock haben Heizstrahler – in Cusco ein echter Luxus – und Kamine. Beim abwechslungsreichen Frühstück stehen frisch gepresste Säfte auf einem altmodischen Wagen, zudem gibt's einen Aufzug.

Das Hotel gehört zu den Mountain Lodges of Peru, deswegen ist es für die meisten Gäste ein Zwischenstopp auf organisierten Rundreisen durch das Heilige Tal.

Hotel Monasterio LUXUSHOTEL $$$
(Karte S. 217; ☎084-60-4000; www.belmond.com/hotel-monasterio-cusco; Palacio 136; DZ inkl. Frühstück ab 1914 S; @📶) Cuscos bestes Hotel wartet mit fünf Sternen und zahlreichen Besonderheiten auf. Im Gebäude erstreckt sich ein eleganter Kreuzgang aus dem 16. Jh., außerdem verfügt es über geradezu königliche öffentliche Bereiche und mehr als 100 rund um die malerischen Höfe verteilte Zimmer. Das jesuitische Erbe offenbart sich in den ungleichmäßigen Raumaufteilungen. Ein paar der modernen Elemente wie die Plasma-TVs, die im Fußende der Betten versenkt werden, wirken etwas fehl am Platz.

Die beiden Luxusrestaurants sind ein absolutes Muss, ebenso wie die hübsche Kapelle mit den Originalgemälden samt Blattgoldverzierungen.

San Blas

La Boheme HOSTEL $
(Karte S. 217; ☎084-23-5694; www.labohemecusco.com; Carmen Alto 283; B 40 S, DZ mit/ohne Bad 120/90 S, alle inkl. Frühstück; 📶) Das einladende, persönlich anmutende Backpacker-Hostel versprüht ein unkonventionelles Flair und ist die perfekte Adresse für Paare oder Reisende, die es gern etwas heimeliger haben. Zum Haus gehört auch eine hervorragende Crêperie. La Boheme bietet einen freundlichen Hof, drei kleine Schlafsäle sowie Privatzimmer von annehmbarer Größe, die von der französischen Besitzerin farbenfroh eingerichtet wurden.

San Bleña PENSION $
(Karte S. 217; ☎084-22-7570; www.hospedajekunturwasi.com; Tandapata 352; DZ inkl. Frühstück 132 S; 📶) Ein ruhiges und günstiges und dennoch stilvolles Hotel in Familienbesitz mit renovierten Zimmern, die rund um einen Innenhof angeordnet sind. Dazu gibt's einen aufmerksamen Service und ein Frühstücksbüfett. Die Zimmer auf der Innenseite sind recht dunkel, bieten dafür aber kuschelige Daunendecken und Überwürfe mit Andenmotiven. Ein echtes Schnäppchen.

Pantastico PENSION $
(Karte S. 217; ☎084-95-4387; www.pan-tastico.com; Carmen Bajo 226; B 35 S, EZ/DZ ohne Bad 90/100 S, alle inkl. Frühstück; @📶) Die Pension mit hauseigener Bäckerei unter französischer Leitung versprüht ein freundliches, unkonventionelles Flair. Der Wasserdruck ist gut, die Betten sind jedoch etwas durchgelegen. Zu den Highlights gehören das dampfend warme Brot um 5 Uhr morgens und die Restwärme, die der große Ofen spendet. Zudem gibt's Kochkurse und eine Tourenvermittlung. Das einzige Doppelzimmer mit Ausblick kostet 20 S extra.

Pisko & Soul HOSTEL $
(Karte S. 217; ☎084-22-1998; info@piskoandsoul.com; Carmen Alto 294; B/EZ inkl. Frühstück 30/120 S; @📶) In dem peruanischen Hostel gibt's kostenlosen Spanischunterricht, Abendveranstaltungen und Grillpartys. Die Bettdecken in den kleinen Mehrbettzimmern sind kuschelig, die Bäder könnten allerdings mal wieder etwas Scheuermilch vertragen.

Samay Wasi HOSTEL $
(Karte S. 217; ☎084-25-3108; www.samaywasiperu.com; Atocsaycuchi 416; DZ inkl. Frühstück 97–115 S; @📶) Das freundliche, weitläufige Hostel in heikler Hanglage weit oberhalb der Stadt an einer Treppe verfügt über eine komplett ausgestattete Küche und tadellose Zimmer. Allerdings schaut man sich vorher am besten ein paar an, da einige leicht muffig riechen. Der Blick über Cusco ist fantastisch. Zahlung mit Kreditkarte möglich.

Hospedaje el Artesano de San Blas PENSION $
(Karte S. 217; ☎084-28-5909; artesanohostal@hotmail.com; Suytuccato 790; DZ/3BZ 60/90 S, pro Pers. ohne Bad 20 S; 📶) Wer sich über den günstigen Preis wundert, sollte versuchen, hier voll bepackt hochzumarschieren. Das friedliche, überaus charmante Kolonialhaus hat geräumige Zimmer, eine sonnige Terrasse samt WLAN-Empfang und eine Küche.

Ñawin Cusco APARTMENT $$
(Karte S. 217; ☎968-586-106; www.nawincusco.com; Tandapata 357; DZ 215–248 S; 📶) In einer ruhigen Ecke von Tandapata gelegen fühlt man sich in diesen kleinen Apartments mit Garten gleich wie zu Hause. Die gemütlichen Zimmer sind mit Küchennischen ausgestattet und bieten weiche Bettdecken, andine Webarbeiten, handgemachte Seifen und Tees. Es gibt kleine Heizöfen, TVs und gutes WLAN. Die aufmerksamen Besitzer legen einen Plan von Cusco mit ihren ganz persönlichen Lieblingsplätzen bereit.

Nur mit Reservierung.

Quinua Villa Boutique APARTMENT $$

(Karte S. 217; ☎084-24-2646; www.quinua.com.pe; Pasaje Santa Rosa A-8; Apt. für 2 oder 3 Pers. 323–545 S; 📶) Diese reizende Anlage verfügt über mehrere gemütliche Apartments hoch oben auf dem Hügel (Zugang über Treppen). Die Suiten sind nach verschiedenen historischen Perioden Perus gestaltet. Zu den verspielten Einrichtungsdetails gehört eine Tagesdecke aus gebrauchten Jeans. Tolle Extras sind etwa die Kamine und die Küchen mit einigen Kochutensilien. Es gibt Safes, LCD-TVs und Heizungen. Ein Apartment hat sogar eine Sauna. Wer körperlich nicht ganz fit ist, für den kann der Zugang über die Treppen ein Minuspunkt sein.

Tika Wasi BOUTIQUEHOTEL $$

(Karte S. 217; ☎084-23-1609; www.tikawasi.com; Tandapata 491; EZ/DZ inkl. Frühstück ab 221/258 S; 📶) Hinter einer hohen Mauer verbirgt sich ein modernes Gasthaus mit persönlicher Atmosphäre und hellen kreativ gestalteten Zimmern mit Familienfotos und kolonialen Akzenten. Sie überblicken sonnige Terrassen, die zum Entspannen einladen. Morgens können sich die Gäste am Frühstücksbüfett laben. Ausländer müssen keine Hotelsteuer zahlen, deshalb sollte man sicherstellen, dass sie vom Zimmerpreis abgezogen wird.

Madre Tierra B&B $$

(Karte S. 217; ☎084-24-8452; www.hostalmadretierra.com; Atocsaycuchi 647; EZ/DZ 156/189 S; @📶) Das von Wein überwucherte, leicht klaustrophobisch anmutende Madre Tierra ist sehr gemütlich, bietet luxuriösen Komfort und hat Zimmer mit Oberlichtern. Gutes Preis-Leistungs-Verhältnis.

Hotel Rumi Punku HOTEL $$

(Karte S. 217; ☎084-22-1102; www.rumipunku.com; Choquechaca 339; EZ/DZ inkl. Frühstück 363/429 S; @📶) Man erkennt das Rumi Punku („Steintor") am Inka-Mauerwerk rund um den Eingang. Der hübsche Komplex besteht aus alten Kolonialhäusern, Gärten und (Dach-)Terrassen. Die gemütlichen Zimmer sind mit Zentralheizung, Holzböden und europäischer Bettwäsche ausgestattet.

Wenn man mit einem normal großen Bett auskommt, sollte man den Aufschlag für ein Zimmer der Superior-Kategorie besser sparen. Für die Sauna- und Whirlpoolnutzung wird eine kleine Gebühr berechnet.

Quinta San Blas HOTEL $$

(Karte S. 217; ☎084-50-7243; www.ananay-hotels.com/branches/quinta-san-blas/; Carmen Alto 218; DZ/Suite inkl. Frühstück 363/462 S; 📶) Im Herzen des geschäftigen San Blas ist dieser Kolonialbau mit seinen 20 Zimmern eine echte Oase der Ruhe. Die Gästezimmer warten mit Kingsize-Betten mit blütenweißer Bettwäsche, gefliesten Bädern, Zentralheizung und schneeweißen Wänden auf. Zudem hat jedes einen Safe und einen TV. Dank seines minimalistischen Dekors stechen hübsche alte Details wie spanische Fliesen und der ringsum verlaufende Balkon mit Blick auf den Hof noch mehr hervor.

Amaru Hostal HOTEL $$

(Karte S. 217; ☎084-22-5933; www.amaruhostal.com; Cuesta San Blas 541; EZ/DZ inkl. Frühstück 182/231 S; @📶) Das Amaru ist in einem charaktervollen alten Gebäude in bester Lage untergebracht und somit zu Recht beliebt. Es ist wohl auch das einzige Hotel in Cusco, in dem es eine kostenlose (und echt gute) Willkommenmassage gibt. Vor den gepflegten Zimmern stehen Blumentöpfe, drinnen gibt's eine Heizung und teilweise auch Schaukelstühle, um den Blick über die Dächer zu genießen. Die Räume am Außenhof bekommen viel Lärm ab, die hinten sind am neuesten.

Hostal Pensión Alemana HOTEL $$

(Karte S. 217; ☎084-22-6861; www.cuzco-stay.de; Tandapata 260; EZ/DZ inkl. Frühstück 256/ 284 S; @📶) In der auf Hochglanz polierten Lodge in deutsch-schweizerischem Besitz wird man liebevoll umsorgt. Das Haus scheint direkt aus den Alpen eingeflogen worden zu sein – zu den Details gehören Lufterfrischer sowie kostenloser Tee und Gratisobst. Pärchen aufgehorcht: Es gibt nur wenige Doppelbetten. Der teilweise geflieste Garten ist in Cusco eine echte Rarität, zudem warten die Terrassen mit Panoramablick auf.

Los Apus Hotel & Mirador HOTEL $$

(Karte S. 217; ☎084-26-4243; www.losapushotel.com; Atocsaycuchi 515; EZ/DZ inkl. Frühstück 327/393 S; ❄@📶) Understatement wird hier zur Tugend erhoben. Das alteingesessene Hotel unter Schweizer Leitung lockt mit einer Zentralheizung, großen Zimmern, Daunendecken und Kunstwerken aus der Kolonialzeit. Auf den ersten Blick wirken die Preise vielleicht etwas überzogen, allerdings finanziert man so die ausgezeichnete Alarmanlage und den Wasservorrat für Notfälle mit. Zudem gibt's ein Zimmer für Rollstuhlfahrer.

La Encantada BOUTIQUEHOTEL $$

(Karte S. 217; ☎084-24-2206; www.encantadaperu.com; Tandapata 354; EZ/DZ inkl. Frühstück 313/

396 S; @) Hell und fröhlich ist diese moderne Bleibe mit dem terrassierten Garten und einem fantastischen Ausblick von den Eisenbalkonen. Eine Treppe führt zu kleinen geschmackvollen Zimmern, in denen große Betten mit weichem Bettzeug bereitstehen. Im Spa können Wanderer ihre schmerzenden Muskeln verwöhnen. Einziger Nachteil ist der frühe Check-out um 9 Uhr.

Eureka Hostal HOTEL $$
(Karte S. 217; 084-23-3505; www.peru-eureka.com; Chihuampata 591; EZ/DZ 180/230 S; @) Im Eureka erwartet die Gäste eine witzige Mischung aus Alt und Neu. Die stilvolle Lobby und die sonnendurchflutete Cafeteria laden dazu ein, es sich gemütlich zu machen. Alle Zimmer sind komfortabel mit orthopädischen Matratzen und Daunendecken ausgestattet, aber ein bisschen seltsam aufgemacht – traditionelle Motive werden auf kindliche Art dargestellt. Wegen der flexiblen Preisgestaltung kommt man vielleicht sogar noch günstiger unter als angegeben.

Casa de Campo Hostal HOTEL $$
(Karte S. 217; 084-24-4404; www.hotelcasadecampo.com; Tandapata 298; EZ/DZ inkl. Frühstück 198/231 S; @) Nach dem steilen Aufstieg zu diesem Hotel ist man zunächst außer Puste, dafür wird man mit einer tollen Aussicht belohnt. Mit ihrer heimeligen Atmosphäre ist diese Unterkunft in Hanglage fast perfekt, nur leider ist die technische Ausstattung recht veraltet. In einigen Zimmern gibt's nicht mal funktionierende Steckdosen, die anderen haben meist nur eine. Zum riesigen Frühstücksbüfett gehören u. a. frische Früchte und Müsli. Inklusive kostenloser Abholung.

Casona Les Pleiades B&B $$
(Karte S. 217; 084-50-6430; www.casona-pleiades.com; Tandapata 116; DZ/3BZ inkl. Frühstück 198/248 S; @) Nettes B&B mit nur sieben Zimmern, einem sonnigen Hof voll frischer Blumen und Sitzgelegenheiten auf dem Balkon. Das Frühstück wird in gemütlichen Nischen verspeist. Die Zimmer warten mit Heizkörpern und Schließfächern auf.

Hostal El Grial HOTEL $$
(Karte S. 217; 084-22-3012; www.hostalelgrial.com; Carmen Alto 112; EZ/DZ inkl. Frühstück 132/198 S) Das etwas klapprige alte Gebäude mit Holzdielen bietet ein gutes Preis-Leistungs-Verhältnis. Alle Zimmer haben rückenschonende Matratzen und einige auch einen schönen Ausblick. Einen Ofen gibt's auf Anfrage.

★ Tocuyeros Boutique Hotel BOUTIQUEHOTEL $$$
(Karte S. 217; 084-26-2790; www.tocuyeros.com; Tocuyeros 560; DZ inkl. Frühstück ab 825 S;) Die schicke neue Unterkunft in San Blas ist ein verborgenes Kleinod abseits der Straße und kann nur durch einen langen Tunnel aus Stein erreicht werden. Die gerade einmal neun Zimmer des Boutiquehotels punkten mit einem modernen andinen Stil. Alle haben Doppelglasfenster, Zentralheizung, Kaffeemaschinen und einen Flachbild-TV inklusive Netflix. Es gibt eine traumhafte Dachterrasse und ein ungezwungenes Restaurant mit Bar.

Tierra Viva HOTEL $$$
(Karte S. 217; 084-23-3070; Carmen Alto 194, San Blas; DZ inkl. Frühstück 495 S; @) Das Kettenhotel profitiert vom kopfsteingepflasterten Charme des angesagten Viertels San Blas und bietet seinen Gästen elegante Zimmer mit verlässlich hohem Standard. Der Innenhof ist reizend.

Casa San Blas BOUTIQUEHOTEL $$$
(Karte S. 217; 084-23-7900; www.casasanblas.com; Tocuyeros 566; DZ/Apt. inkl. Frühstück 488/693 S; @) Über einen kurzen Durchgang gelangt man zu diesem umgebauten Kolonialgebäude mit 18 Zimmern, hübscher Bettwäsche, Hartholzböden und etwas kitschigen Sprüchen an der Wand. Besser sind da die Andenstoffe, die von lokalen Weberkooperativen hergestellt und zum Kauf angeboten werden. Ein tolles Extra ist die reizende Dachterrasse. Es gibt einen Wasserspender mit gefiltertem Wasser, an dem man schnell und einfach seine Flasche auffüllen kann. Die Atmosphäre ist zwar heimelig, der Service aber eher unpersönlich.

Avenida El Sol & Umgebung

Hostal San Juan Masías PENSION $
(Karte S. 224; 084-43-1563; www.hostalsanjuanmasias.com; Ahuacpinta 600; EZ/DZ 80/115 S, EZ/DZ ohne Bad 60/90 S, alle inkl. Frühstück; @) Dominikanerinnen führen diese ausgezeichnete alternative Pension auf dem Gelände des betriebsamen Colegio Martín de Porres. Sie ist sehr sauber und sicher und blickt auf einen Hof, in dem häufig Volleyballspiele stattfinden. Von einem langen, sonnigen Flur gehen schlichte Zimmer ab. Für zwei Personen sind die Zweibettzimmer teurer als die Doppelzimmer. Einfaches Frühstück.

Los Aticos HOTEL $

(Karte S. 216; ☎084-23-1710; www.losaticos.com; Quera 253, Pasaje Hurtado Álvarez; DZ/Apt. inkl. Frühstück 130/260 S; @📶) Versteckt in einem kleinen Durchgang liegt diese kaum bekannte verschlafene Adresse mit bequemen Betten, Daunendecken und Parkettboden. Gäste können ihre Wäsche waschen und die Küche nutzen. In den drei Miniapartments haben bis zu vier Personen Platz – sie sind eine preisgünstige Alternative für Selbstversorger (Gruppen oder Familien).

Abittare BOUTIQUEHOTEL $$

(Karte S. 217; ☎084-241-739; www.abittare.cuzcohotels.com; Santo Domingo 263; EZ/DZ inkl. Frühstück ab 231/264 S; 📶) Das Boutiquehotel mit seinen 44 Zimmern gegenüber der Iglesia Santo Domingo und Qorikancha ist zwar nicht übermäßig elegant, hat aber ein modernes Design. Es ist in einem hübschen Kolonialgebäude mit kopfsteingepflasterten Höfen untergebracht. Die Zimmer sind mit rustikalen, überdimensionierten Kopfenden, minimalistischen Lampen, dicken Daunendecken und topmodernen Bädern mit Duschkabinen aus Glas ausgestattet. Jedes Zimmer hat einen Safe, TV und eine Heizung.

Hostal Inkarri HOTEL $$

(Karte S. 217; ☎084-24-2692; www.inkarrihostal.com; Qolla Calle 204; EZ/DZ inkl. Frühstück 218/290 S; @📶) Geräumiges Hotel mit einem hübschen Steinhof, gepflegten Terrassen aus der Kolonialzeit und skurrilen Sammlungen alter Telefone, Näh- und Schreibmaschinen. Gutes Preis-Leistungs-Verhältnis allerdings sind ein paar der Zimmer etwas muffig.

Picol Hostal HOTEL $$

(Karte S. 216; ☎084-24-9191; www.picolhostal.com; Quera 253, Pasaje Hurtado Álvarez; EZ/DZ inkl. Frühstück 128/172 S; 📶) Das kleine Hotel in einem trubeligen Geschäftsbezirk hat winzige, aber gepflegte und luftige Doppelzimmer sowie etwas zu enge Dreibettzimmer. Das Personal ist freundlich.

Hotel Libertador Palacio del Inka LUXUSHOTEL $$$

(Karte S. 217; ☎084-23-1961; www.libertador.com.pe; Plazoleta Santo Domingo 259; DZ/Suite inkl. Frühstück 1023/1224 S; ❄@📶🏊) Auf Inka-Fundamenten errichtete opulente Kolonialvilla. Teile des Gebäudes gehen auf das 16. Jh. zurück, als Francisco Pizarro hier wohnte. Das Hotel ist erwartungsgemäß luxuriös und schön, außerdem gibt es einen hübschen Innenhof und geräumige renovierte Zimmer. Check-out ist bis 9 Uhr. Zur Anlage gehören ein peruanisches Restaurant, eine Bar, ein Spa und ein Business Center.

Großraum Cusco

Torre Dorada Residencial PENSION $$

(☎084-24-1698; www.torredorada.com; Los Cipreses N-5, Residencial Huancaro; EZ/DZ inkl. Frühstück 199/225 S; @📶) Von seinen Gästen wird das moderne familienbetriebene Hotel in einem ruhigen Wohnviertel unweit des Busterminals wegen seines exquisiten Service in den höchsten Tönen gelobt, obwohl es weitab vom Schuss liegt. Außerdem ist der Transport zum Flughafen, zu den Bahnhöfen und ins Zentrum kostenlos. Die Angestellten sprechen Englisch.

Hostal San Juan de Dios PENSION $$

(☎084-24-0135; www.hostalsanjuandedios.com; Manzanares 264, Urb.Manuel Prado; EZ/DZ inkl. Frühstück 149/177 S; @📶) Diese picobello saubere Pension gehört zu einer gemeinnützigen Organisation, die ein Krankenhaus unterstützt und Jobs für junge Menschen mit Behinderung vermittelt. Ihre ruhigen Zimmer mit großen Fenstern und Teppichboden bieten meist zwei Einzelbetten, es gibt aber auch ein Zimmer mit Doppelbett. Das wunderbare Personal hilft beim Wäschewaschen, wenn man Auslandsgespräche führen will, und auch bei allem anderen.

Von hier bis ins Zentrum braucht man bei strammem Tempo etwa eine halbe Stunde zu Fuß. Das Hostal selbst liegt in einer touristisch wenig erschlossenen Ecke mit Läden und anderen Einrichtungen.

Turismo Caith PENSION $$

(☎084-23-3595; www.caith.org; Pasaje Sto Toribio N4, Urb. Ucchullo Alto; DZ/3BZ inkl. Frühstück 165/231 S; 📶) Neben dem weitläufigen Hostel, das an ein Bauernhaus erinnert, betreiben die Inhaber vor Ort auch eine Stiftung für Mädchen. Durch die riesigen Fenster sowie von den Balkonen und Patios blickt man in Richtung Plaza de Armas, die zu Fuß gute 20 Minuten und mit dem Taxi fünf Minuten entfernt liegt. Das Caith ist eine tolle Option für Familien, denn es hat große Zimmer und Kinderbettchen. Der große Garten lädt zum Tollen und Toben ein.

Essen

Cuscos Restaurantszene mit Gerichten aus aller Welt hält für jeden Geschmack und jeden Geldbeutel etwas bereit. Dank seiner

ANDINE KÜCHE

Die andine Küche erlebt gerade einen echten Hype. Seit der weltbekannte Chefkoch Virgilio Martínez sein Restaurant inklusive des „Lebensmittellabors" MIL (S. 265) in Moray eröffnet hat, kommt die große Vielfalt an Kartoffeln und anderen regionalen Zutaten nun nicht mehr nur in der ländlichen Küche, sondern auch in Gerichten für Jedermann zum Einsatz. Dafür muss man aber gar nicht viel bezahlen. Andere Orte wie Ollantaytambo und Cusco sind dem Beispiel gefolgt und besinnen sich auch auf ihre kulinarischen Wurzeln.

Typisch für Cusco ist der Sonntagsspaziergang samt Mittagessen in den Dörfern südlich der Stadt. Die Einheimischen pilgern dafür in die Ortschaften südlich der Stadt: **Tipón** ist *die* Adresse schlechthin, um *cuy* (Meerschweinchen) zu essen, **Saylla** ist die Heimat des *chicharrón* (frittiertes Schweinefleisch) und **Lucre** ist bekannt für seine Ente.

In lokalen Restaurants, auf den Straßen und bei Festivals hält man am besten nach folgenden Gerichten Ausschau:

Anticucho Rinderherz am Spieß mit einer Kartoffel als krönendem Abschluss ist der perfekte Straßensnack am Abend.

Caldo de gallina Gesunde, herzhafte Hühnersuppe – das lokale Rezept gegen Kater.

Cañazo Illegal gebraute Versionen dieses stark alkoholhaltigen Zuckerrohrgetränks sind seit eh und je Spaßgarant auf jedem Dorffest. Die neue Brennerei Caña Alta in Ollantaytambo stellt eine qualitativ hochwertige Craft-Version her, mit der sich hervorragende Cocktails mischen lassen.

Chicharrónes Viel schmackhafter als die simple Summe seiner Zutaten: frittiertes Schweinefleisch mit Mais, Minzblättern, Bratkartoffeln und Zwiebeln.

Choclo con queso Im Heiligen Tal bekommt man große helle Maiskolben mit einem zwischen den Zähnen quietschenden Stück Käse.

Cuy Meerschweinchen, die zu Hause mit Getreide aufgezogen wurden – mehr „bio" geht fast nicht. Wer es weniger drastisch mag (also ohne Kopf und Pfoten), kann auch cuy-Filet bestellen.

Gegrilltes Alpaka Das zarte, sehr proteinreiche Fleisch ist auch noch mager und äußerst lecker. In den gehobeneren Restaurants liegt es gerade voll im Trend.

Lechón Zum knusprigen Spanferkel werden *tamales* (Maiskuchen) serviert.

geographischen Lage hat Cusco Zugang zu einer schier unglaublichen Vielfalt an Obst und Gemüse, von Hochlandkartoffeln und Quinoa bis zu Avocados, Urwaldfrüchten und *ají picante* (scharfe Chili).

Zu den kleinen, überteuerten Lebensmittelgeschäften nahe der Plaza de Armas gehören **Gato's Market** (Karte S. 217; ☎084-234-026; Santa Catalina Ancha 377; ⏰9.30–23 Uhr) und **Mega** (Karte S. 224; Ecke Matará & Ayacucho; ⏰Mo–Sa 10–20, So bis 18 Uhr).

Cusco Zentrum

Las Frescas CAFÉ $

(Karte S. 216; ☎940-237-140; Saphi 478; Hauptgerichte 15–25 S; ⏰Mo–Sa 12–20 Uhr; 🖉) Das Café mit den weißen Ziegelwänden und Holzbänken serviert viele leckere Gerichte, darunter frische, leichte Mittagsgerichte zum Wohlfühlen. Die Auswahl ist riesengroß, von Poke und Quinoa bis zu Wraps und Salaten. Auch im Angebot sind tolle frische Säfte und viele vegetarischen Optionen.

La Rabona BÄCKEREI $

(Karte S. 217; Herrajes 146; Hauptgerichte 15–20 S; ⏰Mo–Sa 8–20, So 10–18 Uhr; 📶🖉) Hier kommen die besten Mehrkorn- und Sauerteigbrote Cuscos (auf mehrtägigen Wanderungen Gold wert), traumhafter Karottenkuchen und andere gebackene Köstlichkeiten – auch vegan – aus dem Ofen. Ein Besuch hier lohnt immer. Serviert werden auch Espresso-Variationen, Matcha-Tee und Kurkuma-Latte (Golden Milk). Wer sich einen der gepressten Säfte bestellt (etwa mit Ingwer, Apfel und Rote Bete) bekommt Energie satt. Der Sitzbereich im Untergeschoss ist leider etwas altbacken.

Deli Monasterio BÄCKEREI $

(Karte S. 217; Palacio 136; Hauptgerichte 8–19 S; ⏰8–21 Uhr; 📶) Absolutes Highlight hier ist das knusprige und authentische Baguette (früh da sein!). Außerdem gehören Lunch-Pakete mit den Optionen Feinschmecker und Vegetarisch (perfekt für Tagesausflüge) zum Angebot. Die winzigen *pain au chocolat* (Schokocroissants) und Kekse mit Passionsfrucht sind auch nicht von schlechten Eltern. Zur Bäckerei gehört zudem ein Café-Bereich, sodass man es sich hier auch gemütlich machen kann.

La Justina PIZZA $

(Karte S. 217; ☎084-25-5474; Palacio 110; Pizzas 19–36 S; ⏲Mo–Sa 18–23 Uhr) Durch einen unebenen gepflasterten Hof gelangt man zu diesem kleinen Schmuckstück mit Holztischen und Holzofen. Pizzas werden mit klassischen Zutaten wie Tomaten, Speck und Basilikum oder Spinat und Knoblauch belegt. Der Service ist nicht immer von der schnellen Sorte.

Museo del Cafe CAFÉ $

(Karte S. 216; ☎084-26-3264; Espaderos 136, 1. Stock; Hauptgerichte 10–30 S) Das Café im Obergeschoss hat nicht nur einen gemütlichen offenen Kamin, sondern serviert auch noch frischen Kaffee direkt von der hauseigenen Plantage. Mit einer Espresso-Variation liegt man immer richtig, lecker sind aber auch die tollen Suppen, leichten Gerichte und die Desserts.

Pantastico BÄCKEREI $

(Karte S. 217; ☎084-25-4387; Tandapata 1024; Hauptgerichte 4–15 S; ⏲8–20 Uhr) Naschkatzen sind in dieser winzigen Bäckerei richtig. Neben Brot und Empanadas gibt's hier dicke Stücke von Passionsfruchtkuchen oder Kokosbrot mit frischem Saft.

Restaurante Egos PERUANISCH $

(Karte S. 217; Arequipa 248; Menü 12 S; ⏲Mo–Sa 7–21 Uhr) Ein gut besuchtes Restaurant mit sättigender Andenküche. Eine Speisekarte gibt's nicht. Man sucht sich einfach eines der Gerichte auf der Tafel aus und hofft, dass es noch verfügbar ist. Je früher man kommt, desto größer die Auswahl, meist sind aber sieben Hauptgerichte mit jeweils einem Glas *chicha de quinoa* oder *chicha morada* (frisches blaues Maisgetränk) im Angebot.

El Ayllu CAFÉ $

(Karte S. 217; Marquez 263; Hauptgerichte 10–18 S; ⏲Mo–Sa 6.30–22, So bis 13 Uhr) Die Kellner arbeiten schon seit Urzeiten hier, plauschen mit den Gästen und setzen ihnen Gebäck wie *lengua de suegra* (Zunge der Schwiegermutter; süßes Gebäck) sowie Sandwiches mit Schweinefleisch vor. Sehr zu empfehlen ist auch das traditionelle Frühstück. Der Kaffee wird noch genauso geröstet wie früher: mit Orange, Zucker und Zwiebelhaut.

PER.UK CAFÉ $$

(Karte S. 216; ☎084-23-3978; Plateros 344; Hauptgerichte 38–60 S; ⏲12–22.30 Uhr; 📶✎) Mit diesem ungezwungenen Café hat sich ein peruanisch-britisches Pärchen einen Traum erfüllt. Hier gibt's gut gemachte peruanische Fusionsgerichte sowie Burger und riesengroße Salate. Alles ist hervorragend hergerichtet und der Service weit über dem Durchschnitt. Wer sich vegetarisch oder glutenfrei ernährt, kommt ebenfalls auf seine Kosten. Von dem leckeren *ají de gallina* (pikantes Hühnchen mit Walnussragout) werden locker zwei Personen satt.

★ **Cicciolina** INTERNATIONAL $$

(Karte S. 217; ☎084-23-9510; www.cicciolinacuzco.com; Triunfo 393, 1. Stock; Hauptgerichte 38–59 S; ⏲8–23 Uhr) Im ersten OG einer Kolonialvilla mit Innenhof befindet sich eines der besten Restaurants der Stadt. Die Küche ist vielseitig, raffiniert und schlicht göttlich – das beginnt schon mit den selbst marinierten Oliven. Zu den weiteren feinen Leckereien gehören knusprige Polentaecken mit geräuchertem Kaninchen, große grüne Salate, gegrillter Oktopus und sättigende Hauptspeisen wie rote Forelle in Kokosmilch, Rote-Bete-Ravioli und zartes Lamm. Der Service ist ausgezeichnet und der Essbereich warm beleuchtet.

Wer abends keinen Tisch mehr bekommt (in der Hauptsaison von Juli–Aug. am besten 4 Tage vorher reservieren), holt sich entweder Tapas an der Bar oder kommt zum Frühstück vorbei. Dieses ist außergewöhnlich gut und die hausgemachten Brote bieten ein gutes Preis-Leistungs-Verhältnis.

★ **La Bodega 138** PIZZA $$

(Karte S. 217; ☎084-26-0272; www.labodega138.com; Herrajes 138; Hauptgerichte 26–37 S; ⏲Mo–Fr 11–22.30, Sa & So ab 10 Uhr; ✎) Manchmal hat man einfach Heimweh nach guter Atmosphäre, unkompliziertem Essen und Craft-Bier. Dann ist La Bodega genau die richtige Adresse. Das fantastische, unkomplizierte Lokal ist im ehemaligen Wohnhaus der Betreiberfamilie untergebracht. Neben Pizzas mit dünnem Boden aus dem Lehmziegelofen sind auch frische, riesige Biosalate mit fairen Preisen im Angebot. Am Wochenende gibt's einen Brunch. Ein echter Glücksgriff. Nur Barzahlung.

★Bojosan
JAPANISCH $$

(Karte S. 217; ☎084-24-6502; San Agustin 275; Hauptgerichte 20–26 S; ⌚12.30–22 Uhr; 📶🖉) Dieses Nudellokal im Tokio-Stil macht vieles richtig. Von Barhockern kann man den Köchen dabei zusehen, wie sie die Udon-Nudeln ganz frisch in Handarbeit herstellen. Die riesigen Suppen bestehen aus einer kräftigen Brühe, die Proteine (Ente, Hühnchen oder vegetarisch) wählt man selbst aus. Hinzu kommt noch eine Prise der authentischen Pfeffermischung. Dazu schmeckt ein lokales Craft-Bier aus der Flasche. Betreiber ist das hoch angesehene Le Soleil (S. 245) gleich nebenan.

★Marcelo Batata
PERUANISCH $$

(Karte S. 217; ☎084-22-2424; www.cuscodining.com/marcelo-batata; Palacio 121; Hauptgerichte 43–56 S; ⌚12.30–23 Uhr) Eine verlässliche Adresse für gute andine Küche mit kreativem Touch. Marcelo Batata weiß Traditionelles perfekt in Szene zu setzen, darunter die einfache Anden-Lupine, aus der leckeres Hummus gezaubert wird. Die Hühnersuppe mit *hierba Luisa* (einem lokalen Kraut) ist exquisit, zudem gibt's gutes Rote-Bete-*quinotto* (Risotto-ähnlich) sowie zartes *Alpaka* und doppelt gebackene andine Kartoffeln, die wunderbar knusprig-cremig sind.

Die originelle Cocktail-Auswahl genießt man am besten auf der Dachterrasse, deren Stadtblick sie zu einer von Cuscos besten Flecken unter freiem Himmel macht.

★Limo
SEAFOOD $$

(Karte S. 216; ☎084-24-068; www.cuscorestaurants.com/restaurant/limo; Portal de Carnes 236, 1. Stock ; Hauptgerichte 20–60 S; ⌚Mo–Sa 11–23 Uhr) Wer in Cusco unbedingt Fisch essen möchte, ist in diesem eleganten Nikkei-Restaurant richtig. Auf keinen Fall verpassen sollte man den hausgemachten Pisco Sour mit scharfem Ingwer und einer ganzen Chili als Deko. Die *tiraditos* (roher Fisch in einer aromatischen Sauce) zergehen förmlich auf der Zunge, aber auch das *causas* (ein cremiges Kartoffelgericht) und die knusprigen Shrimps-Brötchen mit Avocado und geräucherter Paprika erfreuen sich großer Beliebtheit. Aufmerksamer Service.

Kion
CHINESISCH $$

(Karte S. 217; ☎084-43-1862; www.cuscorestaurants.com/restaurant/kion; Triunfo 370, 1. Stock; Hauptgerichte 25–60 S; ⌚11.30–23 Uhr) Dieses retro-coole peruanische China-Restaurant erfreut alle Sinne und ist außerdem stets gut besucht. Leider trübt der ungeschickte Service einschließlich falsch zugewiesener Tische und vertauschter Gerichte die Erfahrung etwas. Das könnte deutlich besser sein. Besonders beliebt sind die hausgemachten *chimichurris* (Saucen mit einer gewissen Schärfe) und der wunderbare *lomo tau sí* (dünne Rindfleischstreifen und Gemüse serviert in einer heißen gusseisernen Pfanne).

Mr. Soup
INTERNATIONAL $$

(Karte S. 216; ☎084-38-6073; Saphi 448; Hauptgerichte 20–28 S; ⌚Di–So 12–22 Uhr) Manchmal ist alles, was man braucht, eine riesige Schüssel mit Suppe. Das Erfolgsrezept des kleinen Ladens sind recht authentisches Udon-Curry, thailändische *tom kha* (Kokossuppe), andine Quinoa-Suppe und andere Leckereien. Familienrezepte sorgen für den hausgemachten Touch. Richtig günstig ist die Tagessuppe (15 S).

Korma Sutra
INDISCH $$

(Karte S. 216; ☎084-23-3023; Teatro 382; Hauptgerichte 32–35 S; ⌚13–22 Uhr; 📶🖉) Lust auf scharfes Essen? Dann ist dieses Curry House im Londoner Stil mit Knoblauch-Naan, Lassies und verschiedenen cremigen Kormas und Currys (besonders lecker ist das Alpaca-Chili-Curry) genau das Richtige. Abends verströmt das schummerig beleuchtete Lokal mit der offenen Küche, und Sitznischen voller Kissen eine sehr entspannte Atmosphäre.

Tacomania
MEXIKANISCH $$

(Karte S. 216; ☎984-132-032; Teatro 394; Hauptgerichte 27–35 S; ⌚Mo–Sa 13–22 Uhr; 🖉) An nur fünf Tischen serviert das einfache mexikanische Restaurant Nachos, Burritos sowie Tacos, und hat sich damit bei der Ausländergemeinde sehr beliebt gemacht. Die Tortillachips sind wenig überzeugend, dafür entschädigt jedoch die Guacamole mit vielen Stückchen und roten Zwiebeln. Wer „scharf" bestellt, bekommt das Ganze angemessen feurig. In dem stylischen neuen Lokal gibt's eine offene Küche und einen geräumigen Speisesaal im 1. OG. Es gibt auch vegetarische Gerichte. Nur Barzahlung.

Green's Organic
CAFÉ $$

(Karte S. 217; ☎084-24-3399; Santa Catalina Angosta 235, 1. Stock ; Hauptgerichte 30–58 S; ⌚11–22 Uhr; 📶🖉) 🍃 Gesundes Bio-Essen und eine tolle Bauernhausstimmung sind die Markenzeichen von Green's Organic. Es gibt z. B. fantasievolle Salate mit gebratenem Fenchel, Ziegenkäse, Roter Bete und Frühlingsgemüse sowie substanziellere Kost wie Pasta und

Alpakagerichte. Alles ist immer sehr hübsch angerichtet. Am besten kommt man früh (oder spät) her, da zu den Stoßzeiten großer Andrang herrscht und die Kellner nicht gerade von der schnellen Sorte sind.

Morena Peruvian Kitchen PERUANISCH **$$**
(Karte S. 216; ☎084-43-7832; Plateros 348B; Hauptgerichte 35–50 S; ⏲12–22 Uhr) In diesem beliebten stilvoll-schicken Café wird peruanische Gourmetküche zu erschwinglichen Preisen serviert. Auf den Tisch kommen Quinoa, Burger und peruanische Klassiker wie *anticuchos* (Rindfleischspieße) mit leckeren Saucen sowie herzhafte Suppen.

Papachos BURGER **$$**
(Karte S. 217; ☎084-22-8205; www.papachos.com; Portal de Belen 115; Hauptgerichte 29–53 S; ⏲12–24 Uhr) Es gibt (viel) Schlimmeres, als sein Verlangen nach Fast Food in einem Lokal von Gaston Acurio zu befriedigen. Im Papachos bekommt man riesige Traum-Burger mit sowohl kreativen als auch sättigenden Belägen. Es gibt vegetarische Optionen, Hähnchenflügel mit amazonischer Pfeffersauce sowie Fish'n'Chips.

A Mi Manera PERUANISCH **$$**
(Karte S. 217; ☎084-22-2219; www.amimanera peru.com; Triunfo 392, 1. Stock ; Hauptgerichte 32–52 S; ⏲10–22 Uhr) In diesem romantischen Restaurant bekommt man traditionelle peruanische Spezialitäten sowie Pasta. Es sprüht zwar nicht gerade vor innovativen Ideen, Gerichte wie das Steak in Portweinsauce, die würzige Yucca oder die gestampften Kartoffeln mit *muña* machen aber glücklich und satt.

Uchu Peruvian Steakhouse PERUANISCH **$$**
(Karte S. 217; ☎084-24-6598; www.cuscodining.com/uchu; Palacio 135; Hauptgerichte 48–57 S; ⏲12.30–22 Uhr) Für die gemütliche Atmosphäre in dem schicken Lokal sorgen eine schummerige Beleuchtung, Ziegelsteinmauern, dunkle Tische und Wände in leuchtendem Türkis. Auf der Speisekarte stehen vor allem Fleisch (Steaks, Alpaka und Huhn) und Fisch, der auf heißen Lavasteinen direkt am Tisch gegart und mit köstlichen Saucen serviert wird. Zu den leckeren Vorspeisen zählen BBQ-Rippchen in einer rauchigen Holunderblütensauce. Das Personal ist sachkundig und schnell. Alles in Allem ein echter Genuss.

★ **Le Soleil** FRANZÖSISCH **$$$**
(Karte S. 217; ☎084-24-0543; www.restaurantele soleilcusco.com; San Agustín 275; Hauptgerichte 38–89 S; ⏲Do–Di 12.30–15 & 19–23.30 Uhr) Das romantische Restaurant mit den weißen Tischdecken gilt als *die* Adresse für traditionelle französische Küche in Cusco, denn hier wird nichts dem Zufall überlassen. Als Vorspeise empfiehlt sich die Forelle an einem pikanten Mango-Ingwer-Konfit, während die zweimal gekochte Ente à l'orange als Hauptgang einfach göttlich schmeckt. Man kann sich natürlich auch für das Probiermenü (ab 145 S) entscheiden. Es gibt eine wunderbare Auswahl an französischen Weinen und traumhaften Desserts. Schokoladenfondant ist die offensichtlichste, aber auf gar keinen Fall die schlechteste Wahl.

Chicha PERUANISCH **$$$**
(Karte S. 216; ☎084-24-0520; Regocijo 261, 1. Stock; Hauptgerichte 30–65 S) In dem Tempel der Haute Cuisine des Starkochs Gastón Acurio werden in einer offenen Küche Cusco-Klassiker zubereitet. Seine Interpretation von *anticuchos* ist ein köstlicher gegrillter Oktopus mit knusprigen Kräuterkartoffelecken. Ebenfalls gern bestellt werden *papas rellenas* (gefüllte Kartoffeln), Curry-Alpaka mit Quinoa und *chairo* (Gerstensuppe mit Lamm) aus dem Tontopf.

Die *chicha morada* ist absolut frisch.

La Fería PERUANISCH **$$$**
(Karte S. 216; ☎084-28-6198; www.cuscodining.com/la-feria; Portal de Panes 123, 1. Stock; Hauptgerichte 40–90 S; ⏲12–23 Uhr) Für andine Gerichte der gehobeneren Art empfiehlt sich dieses freundliche Restaurant mit einem hammermäßigen Blick auf die Plaza de Armas. Probieren sollte man das *rocotto*-Soufflé, eine Variante der klassischen gefüllten Paprika, oder über dem Holzofen gebratenes *cuy*. La Fería ist auch der perfekte Ort für eine *chicha de jora*, ein traditionelles fermentiertes Maisgetränk, das auch auf der Straße verkauft wird. Hier wird es allerdings mit gereinigtem Wasser zubereitet. Der perfekte Nachtisch: in Sirup getränkte *picarones* (Teigkringel mit Süßkartoffeln).

San Blas

★ **Monkey Cafe** CAFÉ **$**
(Karte S. 217; ☎084-59-5838; Tandapata 300; Hauptgerichte 15–20 S; ⏲Mi–Mo 8–20 Uhr) Das coolste Café Cuscos versteckt sich in einem winzigen Lokal oben am Hügel von San Blas. Alle Espresso-Variationen werden mit der doppelten Menge an original peruanischen Bohnen zubereitet. Es gibt auch sehr leckere

Süßspeisen und herzhafte Frühstücksangebote von gesund bis Kalorienbombe.

La Bohème Crepería CRÊPES $

(Karte S. 217; ☎084-23-5694; www.labohemecusco.com; Carmen Alto 283; Hauptgerichte 10–17 S; ⏲8–22 Uhr; 📶✎) Die authentischen Crêpes in diesem französischen Café (die Besitzerin stammt aus Marseille) sind immer die richtige Wahl. Verfeinert werden sie mit bunt gemischten Zutaten wie karamellisierten Zwiebeln, andinem Käse, Pilzen und Béchamelsauce. Von der kleinen Terrasse hat man einen traumhaften Blick und abends brennt hier ein Kaminfeuer. Das Menü ist ein tolles Schnäppchen. Als Dessert bietet sich die Spezialität des Hauses an: Crêpes mit gesalzener Butter und Karamell.

Cafeteria 7&7 CAFÉ $

(Karte S. 217; ☎084-22-6861; Tandapata s/n; Hauptgerichte 7–12 S; ⏲Mo–Sa 10–22, So bis 14 Uhr; 📶) Der schicke Laden im zweiten Stock punktet mit Blick auf die Stadt. Dank der ruhigen Lage kann man hier auch bestens entspannen. Dazu laden die weißen Ledersitzecken, die hausgemachten deutschen Kuchen, leichte Gerichte wie Quinoa-Salate und Espresso-Variationen ein. Man kann sich auch einen Eisbecher genehmigen.

Meeting Place CAFÉ $

(Karte S. 217; ☎084-24-0465, 941-445-977; Plaza San Blas; Hauptgerichte 15–29 S; ⏲Mo–Sa 8.30–16 Uhr; 📶) In dem Café unter britisch-peruanischer Leitung gibt's ein richtiges „Gringo"-Frühstück. Am besten startet man mit einer Tasse Bio-Kaffee oder einem losen Blatttee, dann geht's weiter mit riesigen Waffeln und Eiern in verschiedenen Variationen. Auch die dickflüssigen Milchshakes finden viele Abnehmer. Der Service ist schnell und freundlich, zudem gibt's eine Bücherbörse.

Prasada VEGETARISCH $

(Karte S. 217; ☎084-25-3644; Qanchipata 269; Hauptgerichte 9–15 S; ⏲Mo–Fr 10–21, Sa & So bis 16 Uhr; ✎) Hier bekommt jeder Gast was für sein Geld, beispielsweise Tacos, Tortillasuppe oder Linsenburger. Die Portionen sind großzügig. Dazu noch ein frisch gepresster Saft oder Kombucha und man ist bestens gerüstet für den Aufstieg nach Saqsaywamán.

Greenpoint VEGETARISCH $$

(Karte S. 217; ☎084-43-1146; Carmen Bajo 235; Hauptgerichte 22–59 S; ⏲8–22 Uhr; ✎) Auch Fleischesser kommen gern immer wieder in dieses vegane Restaurant mit Bäckerei, das verschiedene Mittagsmenüs ansehnlicher Größe zum Schnäppchenpreis von 15 S serviert. Zu den Highlights gehören das vegetarische Sushi und Pilz-Ceviche. Drinnen ist alles etwas heruntergekommen, deshalb setzt man sich besser auf die Terrasse im 1. Stock. Der Eingang befindet sich im Innenhof. Auch Bier und Wein sind im Angebot.

La Quinta Eulalia PERUANISCH $$

(Karte S. 217; ☎084-22-4951; Choquechaca 384; Hauptgerichte 25–54 S; ⏲Di–So 12.30–16 Uhr) Diese Institution in Cusco ist seit mehr als 50 Jahren im Geschäft und hat einen traumhaften Innenhof. Die angebotenen Gerichte stehen auf einer Tafel, darunter herrlich zarter Lammbraten, Alpaka und traditionelle Beilagen wie das phänomenale *rocotto relleno* (mit Rind, Erbsen und Möhren gefüllte und mit Käse überbackene scharfe Paprika). Eine der besten Adressen für *cuy*.

Granja Heidi CAFÉ $$

(Karte S. 217; ☎084-23-8383; Cuesta San Blas 525, 1. Stock; Hauptgerichte 22–48 S; ⏲Mo–Sa 11.30–21.30 Uhr; ✎) In dem gemütlichen Alpencafé kommt gesunde und gute Kost auf den Tisch, deren Zutaten teilweise von dem kleinen Bauernhof der deutschen Inhaberin stammen. Neben tollen peruanischen Gerichten (die mit Erdnüssen gefüllte Chili *rocoto relleno* ist vegetarisch) kann man auch Crêpes und große Schüsseln Suppe oder Salat bestellen. Das Mittagsmenü (28 S) ist ein gutes Schnäppchen. Platz fürs Dessert lassen!

Jack's Café CAFÉ $$

(Karte S. 217; ☎084-25-4606; Choquechaca 509; Hauptgerichte 15–31 S; ⏲7–23 Uhr) Nicht selten reicht die Schlange an diesem verlässlich guten Lokal in australischer Hand bis hinaus auf die Straße. Auf der europäisch-kontinentalen Speisekarte stehen frische Säfte mit Minze oder Ingwer, starker Kaffee und Eier mit Räucherlachs oder gerösteten Tomaten. Da fällt das Aufstehen gleich viel leichter. Zudem gibt's gutes Café-Essen, Suppen und einen guten Service.

Pacha Papa PERUANISCH $$

(Karte S. 217; ☎084-24-1318; Plaza San Blas 120; Hauptgerichte 23–45 S; ⏲11.30–16 & 19–23 Uhr) In dem offenen Hof mit den Holztischen herrscht ein rustikales Hochlandflair. Die peruanischen Gerichte werden entweder über Holzscheiten oder in Tontöpfen gegart. Auf der Karten stehen Buttermais mit Kräutern, *ají de gallina* und im Ofen gebackene Forelle. *Cuy* muss vorab geordert werden.

Avenida El Sol & Hügelabwärts

La Valeriana BÄCKEREI $

(Karte S. 224; 084-50-6941; Av El Sol 576; Hauptgerichte 8–22 S; Mo–Sa 7–22, So 8–21 Uhr;) Die Bäckerei mit Blick auf den heiligen Garten verkauft Trüffel-Cupcakes, Vollkornsandwiches und gute Gemüse-Empanadas auf gemustertem Porzellan. Daneben gibt's Kaffeegetränke und Säfte mit Heilkräutern. Ein toller Stopp, um Energie zu tanken.

Ausgehen & Nachtleben

Das Nachtleben Cuscos hat so einiges zu bieten, von gesitteten Dinnershows bis hin zu Clubs, in denen bis tief in die Nacht gefeiert wird. Es gibt auch viele Bars, die eigentlich fast jeden Geschmack bedienen. In den europäischen Kneipen, die alle Satelliten-TV haben, laufen fast durchgängig die einschlägigen Sportkanäle, auf denen auch alle wichtigen Fußballspiele gezeigt werden.

★ Limbus DACHTERRASSENBAR

(Karte S. 217; 084-431-282; www.limbusrestobar.com; Pasñapakana 133; Mo–Sa 8–1, So 12–24 Uhr) Das Limbus wirbt mit dem besten Ausblick in Cusco, und er ist tatsächlich atemberaubend (besonders nach dem Aufstieg nach San Blas). Zu den Stoßzeiten hat man beim Anstehen vor der Tür glücklicherweise genügend Zeit, um wieder zu Atem zu kommen. Mit seinen traumhaften Cocktails und den Glaswänden für noch mehr Panorama war dies zum Zeitpunkt der Recherche die angesagteste Ausgeh-Location der Stadt.

★ Museo del Pisco BAR

(Karte S. 217; 084-26-2709; www.museodelpisco.org; Santa Catalina Ancha 398; Hauptgerichte 30–38 S; 12–1 Uhr) Wer etwas Abwechslung von kolonialer religiöser Kunst braucht, ist in diesem Museum genau richtig. Auf den Spuren des Nationalgetränks werden wahre Lobgesänge auf den Pisco Sour angestimmt, bevor man ihn (natürlich!) verkostet. Das Museum mit Bar wurde erst kürzlich von einem Wahl-*cuzqueño* eröffnet, bietet eine Riesenauswahl an Pisco und eine Tapas-Lounge. Wer sich einen Platz für die Livemusik (tgl. 21–23 Uhr) sichern möchte, sollte früh kommen.

Das Getränkeangebot geht weit über den üblichen Pisco Sour hinaus, so gibt's z. B. hiesige Cocktails-Klassiker wie *valicha* (Pisco mit Dschungelfrüchten, Minze und saurem Apfel). Gegen den Hunger helfen Tapas wie Alpaka-Miniburger auf Sesambrötchen oder in Kumin-*chile* mariniertes *tiradito* (japanisch inspirierte Ceviche-Variante). Auf der Facebook-Seite erfährt man alles über Probier-Events und Seminare zur Herstellung des peruanischen Nationalgetränks.

Mundo Nuevo KNEIPE

(Karte S. 216; 084-24-0594; Portal de Confituria 233; Di–Sa 13–1, So & Mo ab 17 Uhr) In der Bar im Obergeschoss mit beeindruckendem Blick auf die Kathedrale gibt's ein Dutzend Fassbiere aus peruanischen Mikrobrauereien. Es gibt schlechtere Optionen, den Sonnenuntergang an der Plaza zu beobachten, als von hier mit einem kalten Quinoa-Bier in der Hand. Im Angebot sind auch ganz gutes Kneipenessen und eine fröhliche Atmosphäre. Zwischen Mittwoch und Samstag wird Livemusik gespielt.

Cholo's Bar BAR

(Karte S. 217; Palacio 210; Mo–Sa 12–24 Uhr) Über einen unebenen Innenhof gelangt man in diese entspannte Bar ohne viel Schnickschnack, dafür aber mit 15 peruanischen Craft-Bieren vom Fass. Das Intipunku IPA ist immer ein guter Anfang. Das Cholo's liegt abseits vom Trubel der Stadt und ist ein Ort, an dem man sich tatsächlich auch mal unterhalten kann. Der Service ist nicht immer von der schnellen Sorte. Man kann es sich auch auf der Terrasse bequem machen.

Chango CLUB

(Karte S. 216; 990-523-722; www.facebook.com/changoclubcusco; Tecsecocha 429; 21–7 Uhr) Der viel besuchte Club mit seinen dröhnenden Technobeats und Live-DJs ist der jüngste Neuzugang zu Cuscos die ganze Nacht lang geöffneten Partylocations. Abwechselnd werden auch Rock, Reggae und Salsa gespielt. Unbedingt auf die eigenen Wertsachen achten, da es bereits Berichte über Taschendiebstähle gab.

Republica de Pisco BAR

(Karte S. 216; 084-24-4111; www.facebook.com/republicadelpiscocusco; Plateros 354; 17–2 Uhr) Eine tolle, elegante Bar mit aufmerksamen Barkeepern und Drinks, von denen man gerne einen zweiten nimmt. Bei Einheimischen wie Travellern beliebt. Infos zu Veranstaltungen finden sich auf der Facebook-Seite.

Unterhaltung

Die meisten Clubs öffnen früh, aber so richtig los geht's erst nach 23 Uhr. Happy Hours gehören zum Standard, meistens bekommt

INSIDERWISSEN

DER GLÜCKSFROSCH

Wie entspannen sich eigentlich *cuzqueños*? Wer es genau wissen will, hält das nächste Mal in einer *picantería* (Restaurant am Ort) oder in einer *quinta* (Lokal, das typische Andengerichte serviert) Ausschau nach dem seltsamen metallenen *sapo* (Frosch oder Kröte), der auf einer großen Kiste mit verschiedenen Löchern und Schlitzen sitzt. Die Stadtbewohner verbringen ganze Nachmittage damit, *chicha* (aus Mais gegorenes Bier) und Bier zu trinken und sich nebenher bei einem alten Geschicklichkeitsspiel zu messen. Dabei müssen sie Metallscheiben so nahe wie möglich am Frosch plazieren. Die höchste Punktzahl erzielt, wer diese direkt in das Maul wirft. Einer Legende nach stammt das Spiel ursprünglich von den Königen der Inka, die alte Münzen in den Titicacasee warfen. Sie hofften, damit einen *sapo* anzulocken, von dem sie glaubten, dass er Heilkräfte besaß und Wünsche erfüllte.

man dann zwei Bier zum Preis von einem oder bestimmte Mixgetränke.

In beliebten *discotecas*, besonders denen an der Plaza de Armas, sollten Frauen, aber auch Männer vor mit Drogen versetzten Drinks auf der Hut sein. Auch Handys und Portemonnaies verschwinden hier gern.

★Ukuku's LIVEMUSIK

(Karte S. 216; ☎084-24-2951; Plateros 316; ⌚18–2 Uhr) Cuscos beliebtestes Nachtlokal spielt eine anziehende Musikmischung: westlichen und Latin Rock, Reggae und *reggaetón*, Salsa, Hip-Hop. Häufig treten auch Livebands auf. Normalerweise platzt der Club, der sowohl Peruaner als auch Touristen anzieht, nach Mitternacht aus allen Nähten. Happy Hour von 20 bis 22.30 Uhr.

Centro Qosqo de Arte Nativo DARSTELLENDE KÜNSTE

(Karte S. 224; ☎084-22-7901; www.centroqosqodeartenativo.com; Av El Sol 604) Hier werden jeden Abend um 18.45 Uhr andine Tänze und Musik live aufgeführt.

Km 0 LIVEMUSIC

(Karte S. 217; ☎084-23-6009; www.facebook.com/Cusco.Km.0; Tandapata 100; ⌚Di–Sa 11 Uhr–open end, So & Mo ab 17 Uhr) In der geselligen Bar nahe der Plaza San Blas gibt's von allem etwas. Zu späterer Stunde lockt Livemusik, wenn sich lokale Musiker nach ihren regulären Auftritten hier zu Jamsessions treffen. Happy Hour von 21 Uhr bis Mitternacht.

Shoppen

San Blas (Plaza San Blas, Cuesta San Blas, Carmen Alto und Tandapata) ist Cuscos bestes Shopping-Revier. In dem einstigen Künstlerviertel findet man auch heute noch Werkstätten und Ausstellungsräume örtlicher Handwerker. Schmuckläden und eigenwillige Boutiquen mit Designer-Einzelstücken sind ein erfrischender Beweis dafür, dass sich das Ästhetikempfinden der Einheimischen nicht auf grellbunte Ponchos und Darstellungen von Machu Picchu aus Schaffell beschränkt.

Center for Traditional Textiles of Cuzco KUNST & KUNSTHANDWERK

(Karte S. 224; ☎84-228-117; Av El Sol 603; ⌚7.30–20 Uhr) Die 1996 gegründete gemeinnützige Organisation setzt sich für das Weiterbestehen des traditionellen Webens ein. Manchmal hat man die Möglichkeit, bei einer kleinen Demonstration der Fingerfertigkeit und unterschiedlichen Techniken der Angestellten vor Ort dabei zu sein. Die Artikel, die zum Verkauf stehen, sind von erstklassiger Qualität. Wer sich für Textilien interessiert, sollte das wunderbare kostenlose Museum auf dem Gelände besuchen.

Cafe Ricchary KAFFEE

(Karte S. 216; ☎984-305-571; Concevidayoc 116; ⌚Mo–Sa 8.30–20.30 Uhr) Dieser winzige Kaffeeverkäufer in der Nähe des Markts San Pedro hat tolle Bio-Röstungen aus der Umgebung (gemahlen oder ganze Bohnen) zu sehr vernünftigen Preisen im Angebot. Man kann sich auch gleich eine frische Tasse genehmigen, allerdings gibt's nur zwei Barhocker.

Inkakunaq Ruwaynin KUNST & KUNSTHANDWERK

(Karte S. 217; ☎084-26-0942; im CBC, Tullumayo 274; ⌚Mo–Sa 9–19 Uhr) Am anderen Ende des Innenhofs befindet sich diese Weberkooperative aus zwölf Berggemeinden zwischen Cusco und Apurímac.

Mercado San Pedro MARKT

(Karte S. 224; Plazoleta San Pedro; ⌚6–19 Uhr) Cuscos Hauptmarkt muss man einfach gesehen haben. Hier werden u. a. Schweineköpfe für *caldo* (Suppe), Frösche (für eine bessere Ausdauer beim Sex), Fässer voller Fruchtsaft, gebratenes *lechón* (Spanferkel)

und *tamales* verkauft. Außerdem gibt's die typischen Buden mit Kleidungsstücken, magischen Objekten, Weihrauch und vielem mehr, sodass man stundenlang umherbummeln kann.

Jerusalén BÜCHER
(Karte S. 216; ☎084-23-5428; Heladeros 143; ⏲Mo–Sa 10.30–19.30 Uhr) Dies ist der größte öffentliche Büchertausch Cuscos. Zudem gibt's gebrauchte Reiseführer, neue Bücher und auch Musik zu kaufen.

Taller Mendivil KUNST & KUNSTHANDWERK
(Karte S. 217; ☎084-63-7150; Plazoleta s/n; ⏲9–19.30 Uhr) Ein beengter, aber interessanter Kunsthandwerksladen mit Unmengen religiöser Figuren und verschnörkelter Spiegel.

Himalaya SPORT & OUTDOORAKTIVITÄTEN
(Karte S. 216; ☎974-233-015, 974-285-336; www.himalayaoutdoorperu.com; Procuradores 398; ⏲9–22 Uhr) Mit seinen Unmengen an neuer Ausrüstung und Leihausrüstung ist dieser Outdoorausstatter eine praktische Anlaufstelle für alles, was man so zum Trekken braucht. Auch Moskitospray, Geräte und einige Klamotten bekommt man hier. Es werden Zelte, Campingkocher, Wanderstöcke, Schlafsäcke und Unterlagen verliehen; dafür wird eine Kaution von 70 S fällig.

Taller Mendivil KUNST & KUNSTHANDWERK
(Karte S. 217; ☎084-23-3247; Ecke Hatunrumiyoc & Choquechaca; ⏲Mo–Sa 8–21, So 10–19 Uhr) Eine von mehreren Filialen eines bekannten Kunsthandwerksladens, in dem Souvenirs, religiöse Figuren und verschnörkelte Spiegel verkauft werden.

Mercado de Huanchac MARKT
(Mercado de Wanchaq; Karte S. 225; Ecke Av Garcilaso & Av Huascar; ⏲6–18 Uhr) Im Huanchac treffen sich die Einheimischen und Partygeschädigten gern zum Frühstück. Das extrem saure Ceviche und fettiges *chicharrón* (frittiertes Schweinefleisch) sind ein tolles Mittel gegen Kater.

Taller y Museo Mérida KUNST & KUNSTHANDWERK
(Karte S. 217; ☎084-22-1714; Carmen Alto 133, 1. Stock; ⏲Mo–Sa 9–17.30 Uhr) In dieser Werkstatt gibt's auffällige irdene Statuen irgendwo zwischen Handwerk und Kunst.

Centro Artesenal Cusco MARKT
(Karte S. 225; ☎974-791-081; Av Tullumayo 28; ⏲9–20 Uhr) Hier wird als Touristenramsch produzierte Massenware von Stoffen bis hin zu Teekannen verkauft.

ℹ Praktische Informationen

EINREISE

Die meisten ausländischen Botschaften und Konsulate befinden sich in Lima, in Cusco finden sich aber auch einige Vertretungen. Wer eine Tarjeta Andina (Touristenkarte) genötigt, druckt diese am besten direkt von der Webseite der **Oficina de Migraciones** (Einwanderungsbehörde; Karte S. 224; ☎01-200-1000; www.migraciones.gob.pe; Av El Sol 612; ⏲Mo–Fr 8–16.15, Sa 9–12 Uhr) aus.

Deutsches Honorarkonsulat (Karte S. 217; ☎084-24-2970; San Agustin 307)

GEFAHREN & ÄRGERNISSE

- Taschen können an öffentlichen Stellen von der Stuhllehne oder bei Fahrten mit dem Nachtbus aus dem Gepäckfach oberhalb der Sitze geklaut werden.
- Wer seinen Kram also auf dem Schoß behält und in sehr vollen Straßen, an Verkehrsknotenpunkten sowie auf Märkten wachsam ist, dem wird vermutlich nichts passieren. Wenn man auf Entdeckungstour geht, sollte man möglichst wenig Bargeld mitnehmen und Wertgegenstände in der Unterkunft lassen.
- Am späten Abend oder am frühen Morgen sollte man nicht allein unterwegs sein. Nachtschwärmer, die spät aus den Bars zurückkommen, oder Frühaufsteher, die vor Sonnenaufgang zum Inka-Trail starten, werden besonders oft zu Opfern von blitzartigen Überfällen.

Überfälle in Taxis

Uns wurde von Überfällen und Übergriffen in Taxis berichtet, deshalb sollte man nur in offizielle Fahrzeuge einsteigen – sie sind an der beleuchteten Telefonnummer des Unternehmens auf dem Autodach erkennbar –, das gilt vor allem nachts. Die Türen von innen schließen und dem Fahrer nie erlauben, einen zusätzlichen Gast mitzunehmen. Leser haben bei Fahrten mit *ticos* (Taxi-Rikschas) von überhöhten Preisen berichtet.

Drogen & mit Drogen versetzte Drinks

Von Drogen unbedingt die Finger lassen! Viele Dealer arbeiten mit der Polizei zusammen, und besonders Procuradores gehört zu den Gebieten, wo man in dem einen Moment noch meint, einen guten Deal gemacht zu haben, aber schon in der nächsten Minute verhaftet wird.

Darüber hinaus werden Travellern auch immer wieder Drogen in die Drinks gekippt. Frauen, aber auch Männer sollten ihr Glas immer im Auge behalten und keine Getränke von Fremden annehmen.

Probleme mit der Höhe

Wer aus tiefer liegenden Gebieten mit dem Flugzeug nach Cusco kommt, muss darauf achten, dass er sich in den ersten Tagen nicht überanstrengt. In den engen und steilen Straßen der Stadt kommt man sehr schnell außer Atem.

GELD

Große Banken haben Filialen in der Avenida El Sol; am Schalter bekommt man mehr Bargeld ausgezahlt, als man maximal pro Tag am Automaten ziehen kann. *Casas de cambio* (Wechselstuben) rund um die großen Plazas und entlang der Avenida El Sol bieten bessere Kurse als Banken an. Darüber hinaus findet man Wechselstellen außerhalb von Banken, allerdings sollte man sich vor Abzocke in Acht nehmen.

BBVA Continental (Karte S. 217; ☎ Lima 01-440-4553; Av El Sol 368; ⏲ Mo–Fr 9–18, Sa bis 13 Uhr)

BCP (Karte S. 217; ☎ 01-458-1230; Av El Sol 189; ⏲ Mo–Do 9–18.30, Fr bis 19.30, Sa bis 13 Uhr)

Interbank (Karte S. 217; Av El Sol 380; ⏲ Mo–Fr 9–18.30, Sa 9.15–12.30 Uhr)

MEDIZINISCHE VERSORGUNG

In der Avenida El Sol wimmelt es von Apotheken. Die medizinischen Einrichtungen sind begrenzt, deshalb sollte man in ernsteren Fällen lieber nach Lima fahren.

Clinica Pardo (Karte S. 225; ☎ 084-24-0997; Av de la Cultura 710; ⏲ 24 Std.) Gut ausgestattet und teuer. Perfekt für alle Traveller mit einer Reiseversicherung.

Clínica Paredes (Karte S. 224; ☎ 084-22-5265; Lechugal 405; ⏲ 24 Std.) Ärztliche Beratung.

Hospital Regional (☎ 084-23-9792, Notfälle 084-22-3691; Av de la Cultura s/n; ⏲ 24 Std.) Öffentlich und kostenlos, allerdings kann es zu langen Wartezeiten kommen und es gibt keine Garantie für eine gute Betreuung.

NOTFALL

Policía de Turismo (PolTur, Touristenpolizei; ☎ 084-24-6088 ext 208; Plaza Túpac Amaru s/n; ⏲ 24 Std.)

POST

DHL (Karte S. 224; ☎ 084-24-4167; Av El Sol 608; ⏲ Mo–Fr 8.30–19, Sa 9–13 Uhr) Internationaler Express- und Paketkurierdienst.

Serpost (Karte S. 224; ☎ 084-22-5232; Av El Sol 800; ⏲ Mo–Sa 8–20 Uhr) Postsendungen werden in der Hauptpost aufbewahrt. Ausweis mitbringen.

TOURISTENINFORMATION

Dirección Regional de Cultura Cusco (DIRCETUR; Karte S. 217; ☎ 084-58-2030; www.dirceturcusco.gob.pe; Maruri 340; ⏲ Mo–Sa 7.15–18.30 Uhr) Tourismusbehörde von Cusco. Hier gibt's Eintrittstickets für Machu Picchu und verschiedene Varianten des *boleto turístico*. An Feiertagen geschlossen. Auf der Webseite findet man einen hilfreichen Kalender mit Veranstaltungen und Festen in der Region.

DIRCETUR (Karte S. 216; ☎ 084-58-2030 ext 2000; www.dirceturcusco.gob.pe; Garcilaso s/n, Museo Historico Regional; ⏲ Mo–Sa 7–19.30 Uhr) Eine zentrale Dircetur-Verkaufsstelle im Museo Historico Regional. Hier gibt's Eintrittstickets für Machu Picchu und verschiedene Varianten des *boleto turístico*. An Feiertagen geschlossen.

iPerú (S. 216) Effizient und hilfsbereit. Hervorragende Quelle für Besucherinformationen in der Region, aber auch im ganzen Land. Angeschlossen ist ein überwachter Bereich mit Geldautomaten. Hat auch eine Filiale am **Flughafen** (☎ 084-23-7364; ⏲ 6–17 Uhr).

Municipalidad del Cusco (www.cusco.gob.pe) Die offizielle Webseite der Stadt.

ℹ An- & Weiterreise

AUTO & MOTORRAD

Selbst zu fahren und vor Ort einen Parkplatz zu finden bereitet oft Kopfschmerzen und birgt potenzielle Risiken. Deshalb sollte man sich überlegen, lieber ein Taxi für einen Tag zu mieten. Das ist sogar billiger als ein Mietwagen. Wer unbedingt fahren will oder muss, findet am unteren Ende der Avenida El Sol ein paar Autovermieter.

Motorräder bekommt man bei mehreren Anbietern gleich am Beginn der Saphi abseits der Plaza de Armas.

Auf dem Weg von Cusco über Abancay und Nazca nach Lima passiert man eine abgelegene Straße, die zwischen Ende der 1980er- und Ende der 1990er-Jahre aufgrund von Guerillaaktivitäten und Wegelagerei geschlossen war. Heute ist diese Verbindung viel sicherer und auch asphaltiert. Dennoch sollte man sich vorab über die aktuelle Situation erkundigen, da Erdrutsche in der Regenzeit zu erheblichen Zeiteinbußen führen können. Die Fahrt von Abancay in westlicher Richtung nach Andahuaylas und Ayacucho ist alles andere als komfortabel. Die Straße ist extrem holprig und wird nur von den hartgesottensten Travellern genutzt.

BUS & TAXI

Die Zeiten sind grobe Angaben und beziehen sich nur auf gute Straßenverhältnisse. In der Regenzeit muss man, besonders bei Reisen nach Puerto Maldonado oder nach Lima über Abancay, mit Verspätungen rechnen. Die Straße ist mittlerweile asphaltiert, während der Regenzeit aber oft durch Erdrutsche blockiert.

Auslandsverbindungen

Alle Busse zu Zielen außerhalb Perus starten am **Terminal Terrestre** (☎ 084-22-4471; Vía de Evitamiento 429), etwa 2 km außerhalb der Stadt in

Richtung Flughafen. Ein Taxi (30 S) nehmen oder über die Av El Sol zu Fuß hingehen. Sobald diese in die Alameda Pachacutec übergeht, können Fußgänger den Mittelstreifen nutzen. Gleich hinter dem Turm und der Statue von Pachacutec nach rechts abbiegen und den Schienen in eine Seitenstraße folgen. Nach fünf Minuten ist der Busbahnhof erreicht.

Tägliche Verbindungen nach Bolivien bieten **Transporte Copacabana** (084-40-2953; www.transcopacabanasa.com.bo; 9–18 Uhr), **Tour Peru** (084-23-6463; www.tourperu.com.pe; 9–18 Uhr), **Transzela** (084-23-8223; www.transzela.com; 9–19 Uhr) und **Titicaca** (084-22-9763; Vía de Evitamiento 429, Transporte Terrestre; 10–17 Uhr). Sie fahren nach Copacabana (10 Std.) und La Paz. **Transporte Internacional Salvador** (084-23-3680; www.trans-salvador.com; 9–19 Uhr) fährt über Desaguadero (12 Std.). Das ist der schnellste Weg nach La Paz.

Ormeño (969-933-579; 9–19 Uhr) bietet Verbindungen nach Brasilien.

Der komfortable Backpacker-Bus **Peru Hop** (Karte S. 217; in Lima 01-242-2140; www.peruhop.com; Tandapata 100B; Mo–Fr 9.30–20.30, Sa bis 19.30, So 10.30–20.30 Uhr) fährt nach Bolivien und zu Zielen innerhalb Perus. Man wird direkt am Hotel abgeholt und abgesetzt und kann nach dem Hop-on-hop-off-Prinzip mehrmals ein- und aussteigen.

Fernverbindungen

Busse in alle größeren Städte fahren am Terminal Terrestre ab. Busse zu ungewöhnlicheren Zielen starten an anderen Punkten. Man muss sich vorab also unbedingt informieren.

Die komfortablen Busse von **Cruz del Sur** (084-74-0444; www.cruzdelsur.com.pe; Av Industrial 121) fahren am unternehmenseigenen Terminal ab, Tickets können aber auch am Terminal Terrestre gekauft werden. Unter den günstigeren Unternehmen bieten Tour Peru (S. 251) und **Wari** (084-22-2694; www.grupopalomino.com.pe; 9–19 Uhr) die besten Fahrzeuge.

Zwischen 4 und 23 Uhr fahren stündlich Busse nach Juliaca und Puno. Günstige, aber langsamere Optionen sind etwa die Busse von **Libertad** (084-22-4571; 9–18 Uhr). Unterwegs können Passagiere an beliebigen Stellen ein- und aussteigen. Mit ihnen gelangt man in die kleineren Ortschaften, die an der Straße liegen. Das mittelteure Transporte Copacabana (S. 251) ist schneller und komfortabler.

Die entspannteste Alternative, um nach Puno zu gelangen, sind die luxuriösen Touristenbusse, die entlang der Ruta del Sol fahren. **Inka Express** (084-63-4838; www.inkaexpress.com; Av Alameda Pachacuteq 499; 165 S; Mo–Fr 9–13 & 15–19, Sa 9–13 & 16–18 Uhr) und **Turismo Mer** (084-24-5171; www.turismomer.com; El Óvalo, Av La Paz A3; Touristenservice inkl. Eintrittsgelder 198 S;) fahren jeden Morgen ab. Im Preis sind ein Mittagessen und ein Englisch sprechender Tourguide inbegriffen, der Infos zu den vier Sehenswürdigkeiten bereithält, an denen die Busse unterwegs kurz anhalten: Andahuaylillas, Raqchi, Abra la Raya und Pucará. Die Fahrt dauert ca. acht Stunden. Vorab prüfen, ob die Eintrittsgelder im Buspreis enthalten sind.

Fahrten nach Arequipa starten meist zwischen 6 und 7 sowie zwischen 19 und 21.30 Uhr. Sehr komfortabel ist der Deluxe-Bus von Ormeño (S. 251) um 9 Uhr.

Cruz del Sur (084-74-0444; www.cruzdelsur.com.pe; Av Industrial 121) und **CIVA** (084-24-9961; www.civa.com.pe; 9–18 Uhr) bieten einen recht stressfreien Service nach Lima. Unter den günstigen Anbietern ist Wari der beste. Die meisten Busse halten auf dem Weg in die Hauptstadt in Nazca (13 Std.) und Ica (16 Std.). Sie verkehren über Abancay, in der Regenzeit kann es allerdings zu Verspätungen kommen. Zwischen Januar und April kann es deshalb sinnvoller sein, stattdessen über Arequipa (25–27 Std.) zu fahren.

Julsa (951-298-798) hat Direktbusse nach Tacna an der chilenischen Grenze im Angebot.

Mehrere Unternehmen fahren zwischen 15 und 16.30 Uhr nach Puerto Maldonado. Der wohl beste Anbieter hier ist CIVA.

Für Ziele innerhalb Cuscos und des Heiligen Tals: Wari und **Expreso Los Chankas** (084-26-2909; 9–18 Uhr) fahren den ganzen Tag alle zwei Stunden nach Abancay und Andahuaylasugh (70 S, 9 Std.). Wer nach Ayacucho möchte, muss in Andahuaylas umsteigen. Von dort verkehrt ein Bus über eine holprige Strecke nach Ayacucho. Nachts wird es recht kalt, deshalb sollte man sich warm anziehen und seinen Schlafsack, sofern man einen hat, mit in den Bus nehmen.

Busse nach Quillabamba über Santa María (25 S, 4½ Std.) starten am Busbahnhof Santiago, der einen strammen 20-minütigen Fußmarsch vom Zentrum entfernt liegt. In der nahe gelegenen Calle Antonio Lorena bieten viele weitere Unternehmen klimatisierten, schnellen Transport mit modernen Minivans an. Dafür zahlt man den doppelten Preis, spart aber einige Stunden. Beide Arten von Fahrzeugen starten täglich um 8, 10, 13 und 20 Uhr. Wer nach Santa Teresa möchte, steigt in Santa María um.

Transportes Siwar (993-407-105; Av Tito Condemayta 1613) und andere Unternehmen haben Busverbindungen nach Ocongate (9 S, 3 Std.) und Tinqui (10 S, 3 Std.), dem Ausgangspunkt des Ausangante Trek, im Programm. Sie starten jede halbe Stunde oder wenn sie voll sind hinter dem Coliseo Cerrado.

Mehrere Busse und Minivans fahren täglich vom Paradero Control im Distrikt San Jerónimo nach Paucartambo (9–12 S, 3 Std.); Taxifahrer wo man einen absetzen muss.

Regionale Verbindungen

Die Regierung will bald viele alte *colectivos* (Sammeltaxis) aus dem Verkehr ziehen. Die meisten Busse sind mindestens von 5 bis 19 Uhr unterwegs. Die ganz frühen oder sehr späten Verbindungen kosten manchmal mehr.

➡ Am Busbahnhof in der Tullumayo 207 fahren zahlreiche Minibusse über Pisac (4 S, 1 Std.) nach Calca (6 S, 1½ Std.).

➡ Verbindungen via Pisac nach Urubamba (8 S, 1½ Std.) starten oft am Busbahnhof in Puputi 208, direkt nördlich der Avenida de la Cultura.

➡ Minibusse (Karte S. 224) über Chinchero (4 S., 1 Std.) nach Urubamba (6 S, 1½ Std.) und Ollantaytambo (12 S, 2 Std.) sind nahe der Puente Grau zu finden. Um die Ecke auf der Pavitos stehen schnellere *colectivos* (Karte S. 224) bereit, die – via Chinchero – Urubamba (7 S, 1 Std.) und Ollantaytambo (10–15 S, 1½ Std.) ansteuern. Es geht erst los, sobald sie voll sind.

➡ *Colectivos* (Karte S. 225) über Tipón (1 S, 40 Min.), Piquillacta (5 S) und Andahuaylillas (5 S) nach Urcos (5 S, 1 Std.) fahren in der Mitte der Straße auf Höhe Tullumayo 207 ab. Für 80 S (inkl. Wartezeit) bringen sie einen zu den Ruinen in Tipón und Piquillacta und wieder zurück.

➡ Dorthin und nach Saylla kommt man auch mit einem Minibus Richtung Urcos (5 S) vom Busbahnhof neben der Avenida de la Cultura gegenüber dem regionalen Krankenhaus. Gemeinschaftstaxis nach Lucre (Karte S. 225; 3 S, 1 Std.) fahren zwischen 7 und 19 Uhr in der Huascar zwischen der Avenida Garcilaso und Manco Capac los.

➡ Minibusse nach Limatambo (12 S, 2 Std.) und Curahuasi (15 S, 3 Std.) verkehren bis ca. 15 Uhr von der Arcopata ein paar Blocks westlich der Meloc, sobald sie voll sind.

Busse ab Cusco

Im Folgenden handelt es sich um durchschnittliche Preise für normale/Luxus-Busse.

ZIEL	PREIS (S)	DAUER (STD.)
Abancay	30–50/–	5
Arequipa	40/135	10
Ayacucho	65/95	16
Copacabana (Bol.)	60/90	10
Ica	100/155	16
Juliaca	35–40/–	5
La Paz (Bol.)	80/120	12
Lima	100/160	21
Nazca	100/150	13
Puerto Maldonado	50/90	10
Puno	40/70	6
Quillabamba	25–35/–	4½
Tacna	80/120	15

FLUGZEUG

Cuscos **Aeropuerto Internacional Alejandro Velasco Astete** (CUZ; ☎ 084-22-2611) wickelt nationale und internationale Flüge ab. Die meisten Flugzeuge kommen morgens an, nachmittags gestaltet sich das Landen und Starten schwieriger. Wer wenig Zeit hat, um seinen Anschluss zu erwischen, sollte am besten einen Platz im frühesten Flieger reservieren, da sich darauffolgende Maschinen mit größerer Wahrscheinlichkeit verspäten oder ausfallen.

Es gibt tägliche Flüge nach Lima, Juliaca, Puerto Maldonado und Arequipa. Fluggäste müssen mindestens zwei Stunden vor Abflug einchecken, da es oft zu Überbuchungsfehlern kommt. In der Regenzeit haben Flüge nach Puerto Maldonado häufig große Verspätungen. Die Abflugsteuer ist im Ticketpreis inbegriffen.

Avianca (Karte S. 224; ☎ 0800-18-2222; www.avianca.com; Av El Sol 602; ⏲ Mo–Fr 8.30–19, Sa 9–14 Uhr) Fliegt montags bis samstags nach/ab Lima und hat Direktflüge nach Bogota, Kolumbien.

LATAM (Karte S. 224; ☎ 084-25-5555; www.latam.com; Av El Sol 627B; ⏲ Mo–Fr 9–19, Sa bis 13 Uhr) Direktflüge nach Lima, Arequipa, Juliaca und Puerto Maldonado sowie Santiago, Chile.

Peruvian Airlines (Karte S. 224; ☎ 084-25-4890; www.peruvianairlines.pe; Av El Sol 627-A; ⏲ Mo–Sa 9–19, So bis 12 Uhr) Nach Lima und La Paz, Bolivien.

Star Perú (Karte S. 224; ☎ 01-705-9000; www.starperu.com; Av El Sol 627, Büro 101; ⏲ Mo–Sa 9–13 & 15–18.30, So 9–12.30 Uhr) Fliegt nach Lima.

Viva Air (☎ Call-Center 084-64-4004; www.vivaair.com) Billigfluglinie mit Onlinebuchung.

ZUG

Cusco hat zwei Bahnhöfe. Von der **Estación Huanchac** (Wanchaq; Karte S. 225; ☎ 084-58-1414; Av Pachacutec s/n; ⏲ Mo–Fr 7–17, Sa & So bis 24 Uhr) nahe dem Ende der Avenida El Sol geht's nach Juliaca und Puno am Titicacasee, Züge ab der östlich der Stadt gelegenen **Estación Poroy** (Calle Roldan s/n, Carretera Cuzco-Urubamba) fahren nach Ollantaytambo und Machu Picchu. Zwischen den beiden Stationen gibt's keine Verbindung, sodass man nicht direkt von Puno nach Machu Picchu reisen kann. (An der Estación San Pedro in der Innenstadt halten nur Lokalzüge, die Ausländer nicht benutzen dürfen.)

Ein Taxi von Cusco nach Poroy kostet 30 S und die Fahrt zum Bahnhof in Ollantaytambo 90 S. Fahrten hin und zurück sind etwas teurer.

Tickets bekommt man im Bahnhof Huanchac, wo sich auch Geldautomaten befinden. Am besten kauft man seine Fahrkarte direkt bei dem Unternehmen.

Zwischen Januar und März wird aufgrund häufiger Erdrutsche auf der Route zwischen Cusco und Aguas Calientes (nach Machu Picchu) die Zugverbindung eingestellt. Stattdessen verkehrt ein Bus von der Estación Huanchac nach Ollantaytambo, wo ein Zug die restliche Strecke bedient.

Nach Ollantaytambo & Machu Picchu

Aguas Calientes (das Tor zu Machu Picchu) ist mit dem Zug in drei Stunden zu erreichen.

Ticketpreise können je nach Tageszeit variieren, begehrte Zeiten sind meistens am teuersten. Besonders zu den Stoßzeiten sind Züge häufig komplett ausgebucht. Deshalb sollte man die Fahrkarten so früh wie möglich besorgen

Die schnellste „günstigere" Option von Cusco nach Aguas Calientes ist eine *combi*-Fahrt (Kleinbus) nach Ollantaytambo; von dort geht's mit dem Zug weiter. In der Nebensaison (Dez.–März) werden die Verbindungen ab Cuscos Bahnhof eingestellt. Stattdessen fährt ein Bus von Cusco nach Ollantaytambo, wo ein Zug dann die restliche Strecke bedient.

Peru Rail (Karte S. 216; ☎084-58-1414; www.perurail.com; Estación Poroy; ⌚Mo–Fr 7–17, Sa bis 12 Uhr) Die Bahnverbindung schlechthin nach Aguas Calientes wird von diesem Unternehmen angeboten. Züge starten mehrmals täglich vom Bahnhof in Poroy, 20 Minuten außerhalb von Cusco. Es gibt drei Preiskategorien: Expedition (einfache Strecke ab 232 S), Vistadome (einfache Strecke ab 347 S) und die Luxus-Klasse Hiram Bingham (einfache Strecke ab 1736 S). Letztere umfasst einen Brunch, einen Nachmittagsimbiss, den Eintritt für Machu Picchu und eine Führung. Er verkehrt montags bis samstags.

Inca Rail (Karte S. 216; ☎084-25-2974; www.incarail.com; Portal de Panes 105, Plaza de Armas; einfache Strecke 231–330 S; ⌚Mo–Fr 8–21, Sa 9–19, So bis 14 Uhr) Bietet täglich drei Fahrten ab Ollantaytambo in vier verschiedenen Preisklassen. Gegen eine zusätzliche Gebühr kann man einen Bus ab dem Hotel Costa del Sol in Cusco dazubuchen (*servicio bimodal*). Kinder zahlen deutlich weniger. Das Unternehmen legt Wert auf Nachhaltigkeit.

Nach Puno & Arequipa

Ein Paradebeispiel an altmodischer Romantik ist der **Belmond Andean Explorer** (Karte S. 216; ☎084-58-1414; www.perurail.com; Estación Huanchac; nach Puno/Arequipa ab 5754/13 393 S; ⌚Mo–Fr, 7–17, Sa bis 12 Uhr). Der prachtvolle Luxus-Zug mit Schlafwagen verfügt sogar über einen von Glas umgebenen Aussichtswaggon. Er fährt über das Andenplateau (Altiplano) nach Puno und weiter nach Arequipa. Abfahrt ist jede Woche donnerstags, die Ankunft in Puno ist noch am selben Tag, Arequipa erreicht der Luxusliner am Samstag.

TAXITOUREN

Wer nur wenig Zeit zur Verfügung hat, um sich die Sehenswürdigkeiten außerhalb von Cusco anzusehen, kann es mit einer Taxitour versuchen. Der Ausflug lohnt sich vor allem dann, wenn man mindestens zu zweit ist. Dabei können die Passagiere selbst das Tempo vorgeben, in dem sie die Ruinen und Märkte besuchen. Eine Tour von Cusco durchs Heilige Tal (z. B. mit Pisac, Ollantaytambo, Chinchero, Maras und Moray) kostet zwischen 200 und 240 S (für das gesamte Auto), für das südliche Tal (etwa nachTipón, Piquillacta und Raqchi) werden etwa 150 S fällig.

Taxi Juan Carlos (☎917-459-192, 910-641-041) und **Virgin Estrella Taxi Tours** (☎974-955-374, 973-195-551) in Cusco sind zuverlässige Anbieter.

Auch Peru Rail bietet mit seinem Titicaca Train (859 S, 10½ Std.) regelmäßige Verbindungen nach Puno.

Unterwegs vor Ort

BUS

Ein Ticket im öffentlichen Nahverkehr kostet nur rund 1 S. Es ist jedoch einfacher, zu Fuß zu gehen oder ein Taxi zu nehmen, als herauszufinden, welches *combi* wohin fährt.

VOM/ZUM FLUGHAFEN

Der Flughafen 6 km südlich des Stadtzentrums wird von den *combi*-Linien Imperial und C4M (0,80 S, 20 Min.) bedient, die in der Avenida El Sol abfahren. Für die Taxifahrt werden 30 S berechnet. Wer am Flughafen ein offizielles Taxi ruft, zahlt 40 S. Viele Hotels holen Gäste, die im Voraus buchen, kostenlos ab.

TAXI

Taxis haben keine Taxameter, aber es gibt Fixpreise. Zum Zeitpunkt der Recherche kosteten Fahrten im Zentrum 8 S und Touren zu weiter außerhalb gelegenen Zielen wie El Molino 12 S. Am besten fragt man in seiner Unterkunft, ob diese Preise noch immer gültig sind. Sobald man den gewünschten Ort erreicht hat, drückt man dem Fahrer einfach den richtigen Betrag in die Hand, anstatt zu feilschen; vermutlich wird er keine Diskussion anfangen, wenn man bestimmt vorgeht. Offizielle Taxis, die man an der erleuchteten Telefonnummer des Unternehmens auf dem Dach erkennt, sind zwar teurer als Wagen, die man auf der Straße anhält, dafür aber sicherer.

Fahrer inoffizieller „Piratentaxis", die nur ein Schild im Fenster haben, waren schon an Überfällen, Gewaltübergriffen und Entführungen von Touristen beteiligt. Bevor man in ein Auto einsteigt, sollte man sich immer die Registrierungsnummer merken.

AloCusco (☎ 084-22-2222) ist ein verlässliches Unternehmen.

RUND UM CUSCO

Die Ruinen Saqsaywamán, Q'enqo, Pukapukara und Tambomachay liegen in der Nähe von Cusco und können alle an einem Tag besichtigt werden, mit einer geführten Tour sogar noch schneller. Saqsaywamán, die wichtigste Stätte, ist weniger als 2 km von Cuscos Plaza de Armas entfernt. Wer sie besuchen will, muss einfach nur den Berg hochkraxeln. Am günstigsten kommt man mit dem Pisac-Bus zu den Stätten. Wenn man den Fahrer darum bittet, hält er in Tambomachay. Diese Stätte ist von Cusco aus am weitesten entfernt und mit 3700 m auch die höchstgelegene. Auf dem 8 km langen Marsch zurück in die Stadt kann man die vier Baukomplexe besichtigen. Alternativ nimmt man ein Taxi (70 S). Zutritt zu den Ruinen, die täglich von 7 bis 18 Uhr geöffnet sind, erhält man nur mit einem *boleto turístico* (S. 221). Überall warten lokale Guides und bieten einem ihre Dienste an, bisweilen leider auch sehr hartnäckig. Bevor man einwilligt, sollte ein Preis vereinbart werden. Diebstähle passieren hier eher selten, wir haben aber schon davon gehört. Die Touristenpolizei empfiehlt einen Besuch zwischen 9 und 17 Uhr.

Saqsaywamán

Die gewaltige Ruine von **Saqsaywamán** (hispanisierte Schreibung: Sacsayhuamán; *boleto turístico* Erw./Stud. 130/70 S; ⌚7–17.30 Uhr) ist sowohl von religiöser als auch von militärischer Bedeutung und ist die beeindruckendste ihrer Art in Cuscos näherer Umgebung. Der lange Quechua-Name bedeutet „zufriedener Falke", für viele Touristen klingt es jedoch einfach wie „sexy woman". Besucher sehen heute nur noch etwa 20 % der Originalbauten. Bald nach der Eroberung rissen die Spanier viele Wände ein und benutzten die Steine, um ihre eigenen Häuser in Cusco zu errichten. Die größten und eindrucksvollsten ließen sie stehen, vor allem die wichtigsten Abschnitte der Festungsmauer.

1536 fanden hier die härtesten Kämpfe während der spanischen Eroberung statt. Mehr als zwei Jahre nach Francisco Pizarros Eindringen in Cusco eroberte der rebellische Manco Inca das nur leicht bewachte Bauwerk zurück und nutzte es als Basis, um die europäischen Eindringlinge zu belagern. Manco war nahe daran, die Spanier zu besiegen, als ein letzter verzweifelter Angriff von 50 Reitern unter Juan Pizarro, Franciscos Bruder, darin gipfelte, dass sie Saqsaywamán zurückgewannen und die Rebellion beendeten. Manco Inca überlebte und zog sich in die Festung von Ollantaytambo zurück. Die meisten seiner Anhänger wurden aber umgebracht. Tausende Tote lagen nach der Niederlage der Inka herum und zogen Schwärme von aasfressenden Kondoren an. An die Tragödie erinnern die acht Greifvögel in Cuscos Wappen.

Die Stätte besteht aus drei verschiedenen Bereichen; am auffälligsten ist die prächtige dreistufige und zickzackförmige Festung. Ein Stein wiegt unglaubliche 300 t. Der neunte *inca* Pachacútec entwarf die Pumaform Cuscos mit Saqsaywamán als Kopf und 22 Zickzackmauern als Zähnen. Letztere bildeten eine äußerst wirkungsvolle Verteidigungsanlage, die Angreifer dazu zwang, ihre seitliche Deckung beim Angriff aufzugeben.

Gegenüber erhebt sich ein Hügel namens Rodadero mit einer Befestigungsmauer, abgeschliffenen Felsen und einer fein herausgehauenen Reihe von Steinbänken, bekannt als Inka-Thron. Auf der Mauer standen einst drei Türme. Nur die Fundamente sind noch übrig, aber das 22 m breite und damit größte Gebäude, Muyuc Marca, vermittelt einen Eindruck davon, wie riesig sie gewesen sein müssen. Mit den perfekt geschnittenen steinernen Leitungen diente dieser Turm wahrscheinlich als großer Wassertank für die Garnison. Andere Gebäude in der Festung nutzte man als Vorratslager für Nahrung und als Unterkünfte für etwa 5000 Krieger. Die meisten dieser Bauten wurden von den Spaniern und späteren Bewohnern von Cusco abgerissen.

Zwischen den Zickzackwällen und dem Hügel erstreckt sich ein großer flacher Paradeplatz, auf dem jedes Jahr am 24. Juni das farbenprächtige Touristenspektakel Inti Raymi (S. 234) stattfindet. Von der Plaza de Armas braucht man ca. 30 bis 50 Gehminuten bis zu dieser hoch gelegenen Stätte. Man sollte sich bereits akklimatisiert haben, bevor man den Weg in Angriff nimmt. Wer bei Dämmerung eintrifft, hat die Ruine fast für sich allein. Ohne Begleitung sollte man um diese Tageszeit allerdings nicht herkommen.

Q'enqo

Bei dieser faszinierenden kleinen Ruine handelt es sich um einen großen Kalksteinfelsen, durchsetzt mit Nischen, Stufen und außergewöhnlichen symbolischen Ritzungen, einschließlich der prägnanten Zickzackfurchen, die der Stätte ihren Namen („Zickzack") gaben. Wer bis ganz nach oben klettert, findet eine ebene Fläche, wo Zeremonien abgehalten wurden, und entdeckt bei genauem Hinschauen vielleicht die Darstellungen eines Pumas, eines Kondors und eines Lamas. Unten kann man einen geheimnisvollen Keller mit in den Fels gehauenen Altären erkunden. Q'enqo liegt 4 km nordöstlich von Cusco auf der linken Seite der Straße von Tambomachay.

Pukapukara

Wer die Hauptstraße von Tambomachay überquert, stößt auf diese eindrucksvolle Stätte, die auf das Cusco-Tal hinunterblickt. Je nach Lichtverhältnissen sieht das Felsgestein manchmal pink aus, und der Name bedeutet wörtlich „Rote Festung", obwohl das Bauwerk mehr wie ein Jagdschloss oder Wachtposten wirkt. Es verfügt über einige Wohn- und Lagerräume sowie einen offenen Platz mit Panoramablick.

Tambomachay

An einer geschützten Stelle 300 m abseits der Hauptstraße und 8 km nördlich von Cusco liegt das wundervoll gearbeitete zeremonielle Steinbad Tambomachay (☎84-227-037; *boleto turístico* Erw./Stud. 130/70 S; ⏲ 7.30–17.30 Uhr), das kristallklares Quellwasser durch Brunnen leitet. Es ist als El Baño del Inca (Bad der Inka) bekannt und wird mit einem Inka-Wasserkult in Verbindung gebracht.

DAS HEILIGE TAL

Unter den gewaltigen gelbbraunen Gebirgsausläufern erstreckt sich das traumhafte Tal des Río Urubamba, bekannt als El Valle Sagrado (Das Heilige Tal). Es liegt etwa 15 km Luftlinie nördlich von Cusco und ist über eine schmale Straße voller Haarnadelkurven zu erreichen. Es lohnt sich unbedingt, diese friedliche, bezaubernde Ecke der Anden mit ihren hübschen Kolonialstädtchen und Webergemeinden zu erkunden. Besondere Highlights sind die Märkte und erhabenen Inka-Zitadellen in Pisac und Ollantaytambo, es gibt aber noch zahlreiche weitere lohnenswerte Inka-Stätten. Immer größerer Beliebtheit erfreuen sich auch die tollen Wanderrouten und Aktivitäten von Rafting bis Klettern. Sie sorgen für einen konstant hohen Adrenalinspiegel.

Viele Reisebüros in Cusco veranstalten schnelle Touren durch das Tal mit Stopps auf den Märkten und an den wichtigsten Ruinen. Es lohnt sich aber auch ein ausführlichere Erkundung der Gegend. Die archäologischen Stätten von Pisac, Ollantaytambo und Chinchero können mit dem *boleto turístico* besichtigt werden, das vor Ort verkauft wird.

Pisac

☎084 / 9440 EW. / 2715 M

Willkommen auf dem internationalen Flughafen für kosmische Reisende (so der O-Ton eines betagten Einheimischen). Das charmante, sonnige Pisac wickelt Besucher schnell um den Finger, nicht zuletzt mit der spektakulären Inka-Festung, die hoch über dem quirligen, schnell wachsenden Kolonialdorf auf einem Felssporn thront. Seine Anziehungskraft reicht aber noch weiter und so haben sich hier in den letzten Jahren immer mehr Ausländer sowie New-Age-Jünger auf der Suche nach einem Shangri-La in den Anden niedergelassen. Die hiesige Tourismusindustrie hat auf diese spirituellen Pilger mit einem breit gefächerten Angebot von Yoga-Retreats über spirituelle Reinigungen bis zu geführten halluzinogenen Trips reagiert. Pisac lohnt jedoch auch für herkömmliche Urlauber einen Besuch, dafür sorgen Ruinen, ein wunderbarer Markt und sehenswerte Weberdörfer. Eine asphaltierte Straße führt von Cusco in das nur 33 km nordöstlich gelegene Örtchen, das sich als Ausgangspunkt für die Entdeckungstour durchs Heilige Tal anbietet.

Sehenswertes

Ruinen von Pisac RUINEN
(*boleto turístico* Erw./Stud. 130/70 S; ⏲7–18 Uhr) Die Inka-Zitadelle, eine sehr eindrucksvolle Stätte mit relativ wenigen Touristen, erhebt

Das Heilige Tal

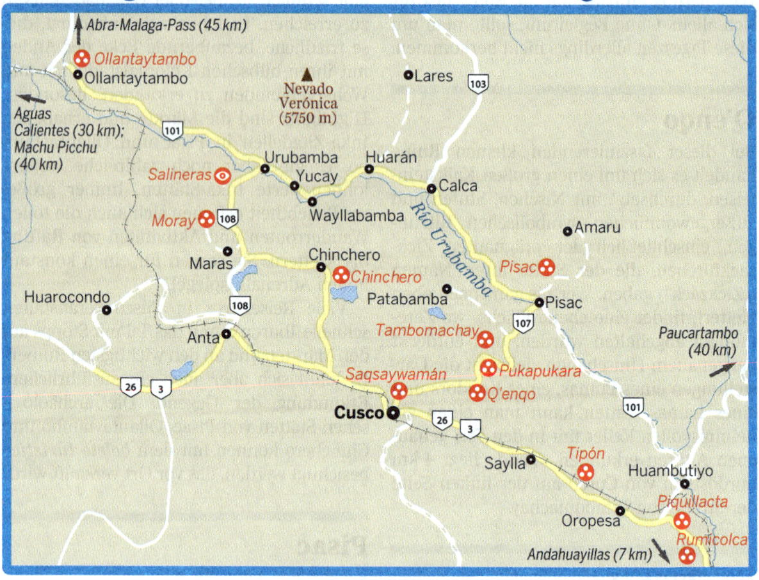

sich hoch über dem Dorf auf dem dreieckigen Plateau einer Bergkuppe. Man sollte mehrere Stunden für einen Besuch einplanen. Wer möchte, kann auch mit dem Taxi hochfahren und später zurück laufen (4 km). Herrliche **terrassenförmig angelegte Felder** breiten sich in anmutigen großen Bogen um die Süd- und Ostflanke des Berges, sie sind kaum durch Stufen unterbrochen. Stattdessen errichtete man diagonale Treppenfluchten, für die Steinplatten in die Terrassenmauern gesetzt wurden. Darüber befinden sich in den Fels geschlagene Fußwege, die von Caracara-Falken bewacht werden und durch massive Steintore, steile Stufen sowie einen kleinen Tunnel gut gesichert sind. Oben warten Verkäufer mit Getränken.

Hier genießt man einen tollen Blick auf das Urubamba-Tal und erreicht zudem einen Pass, der nach Nordosten in den Dschungel führt. Über den Terrassen liegt das **zeremonielle Zentrum** der Stätte mit einem *intihuatana* (wörtlich: „Ort, an dem die Sonne angebunden ist"; ein astronomisches Instrumentarium der Inka), etlichen Wasserkanälen und gut erhaltenen **Tempeln** samt sorgfältig gepflegten Mauern. Ein Pfad verläuft zu mehreren Bädern und um das Militärgebiet herum. Schaut man von der Rückseite der Stätte in die Kitamayo-Schlucht, entdeckt man Hunderte Löcher, die wie Bienenwaben in der Felswand sitzen. Es handelt sich um **Inka-Gräber**, die von *huaqueros* (Grabräubern) geplündert wurden und für Touristen nicht zugänglich sind.

Zum Zeitpunkt der Recherche war der Wanderweg, der oberhalb der Westseite der Kirche in Pisac beginnt, geschlossen. Infos zur aktuellen Lage gibt's in Pisac. Wenn er geöffnet ist, benötigt man für den bergauf führenden Hinweg zwei Stunden, zurück etwa anderthalb. Die lohnenswerte, aber sehr anstrengende Route ist eine gute Übung für den Inka-Trail. Der Weg wird von vielen anderen Pfaden gekreuzt, wenn man sich aber an den Terrassen orientiert, kann man sich fast nicht verlaufen. Im Westen, oder links vom Hügel, wenn man auf dem Fußweg bergan geht, liegt die Kitamayo-Schlucht; im Osten bzw. rechts liegt das Tal des Río Chongo.

Mercado de Artesania MARKT

(Plaza Constitución; ⌚8–16 Uhr) Pisac ist für den mit Abstand größten und touristischsten Markt der Region bekannt. Während man noch immer hochwertige lokal hergestellte Kunst und lokales Kunsthandwerk finden kann, muss man doch auf der Hut vor Waren aus Massenproduktion sein, die ihren Weg sogar aus Kolumbien hierher finden. Mittlerweile ist der Markt so beliebt, dass die Stände jeden Tag sowohl die Plaza Constitución als auch alle umliegenden Straßen bevölkern.

Sonntags kommen Obst- und Gemüseverkäufer aus den nahe gelegenen Gemeinden, um ihre Produkte in Pisac zu verkaufen.

Iglesia de San Pedro Apostol KIRCHE
(Plaza Constitución) Traditionell gekleidete Einheimische kommen jeden Sonntag von den umliegenden Hügeln herab ins Dorf, um der um 11 Uhr auf Quechua gehaltenen Messe beizuwohnen. Darunter sind auch Männer in der Kleidung des Hochlands, die in Hörner blasen, und *varayocs* (lokale Würdenträger) mit silbernen Zeremonialstäben. Traveller dürfen an der Messe teilnehmen, sollten aber keine Fotos schießen. Nach ihrem umstrittenen Abriss und Wiederaufbau im Kolonialstil wurde die Kirche erst kürzlich wiedereröffnet.

Jardín Botanico BOTANISCHER GARTEN
(☎084-63-5563; Grau, cuadra 4; Eintritt 8 S; ⏲8–16.30 Uhr) Zu dem privaten Gelände gehören auch ein großer Hof mit bildschönen Pflanzen und eine Katze.

Horno Colonial San Francisco WAHRZEICHEN
(Mariscal Castilla s/n; Snacks 4 S; ⏲7–18 Uhr) An jeder Ecke in Pisac stehen große Lehmöfen, in denen *empanadas* und andere Leckereien gebacken werden, vor allem entlang der Mariscal Castilla. Der Horno Colonial ist jedoch der authentischste Ofen der Stadt und ein Relikt aus dem Jahr 1830. Es gibt auch *castillos de cuyes* (Miniaturschlösser in denen Meerschweinchen wohnen) zu sehen.

Amaru DORF
Wer bunte Stoffe mag, sollte einen Ausflug in dieses Weberdorf unternehmen. Die Taxifahrt ab Pisac dauert 40 Minuten.

Feste & Events

La Virgen del Carmen FESTIVAL
(⏲Mitte Juli) Straßenprozessionen und maskierte Tänzer sind die Markenzeichen des Festivals zu Ehren von „Mamacha Carmen“, das etwa vom 15. bis zum 18. Juli stattfindet. Die Jungfrau zwingt Dämonen, die auf Dächer und Balkone klettern, in die Knie.

Geführte Touren

Parque de la Papa ÖKOTOUR
(☎084-24-5021; www.ipcca.info/about-parque-de-la-papa; Pisac) Tageswanderungen und Kochworkshops sind nur einige der Dinge, die diese wunderbare gemeinnützige Organisation anbietet. Sie setzt sich außerdem für die Sortenvielfalt bei Kartoffeln ein und fördert landwirtschaftliche Genossenschaften.

Schlafen

Das Angebot reicht von bezaubernden Pensionen bis zu einfachen Backpacker-Hostels. Von Ausländern geführte spirituelle Esoterikunterkünfte am Stadtrand locken Besucher mit Pauschalangeboten inklusive schamanischer Rituale. Manche, aber bei Weitem nicht alle, sind sehr kommerziell.

Kinsa Ccocha Inn HOTEL $
(☎084-20-3101; Arequipa 307A; EZ/DZ 50/70 S; 📶) Schlichtes Hotel mit einer netten Atmosphäre und ein paar Extras wie zahlreichen Steckdosen, guten Handtüchern und kräftigen Warmwasserduschen. Hübsch ist auch der üppig beladene Feigenbaum im gepflasterten Patio. Um kein Luxusgefühl aufkommen zu lassen: Es gibt keine Heizung, aber die Zimmer im 1. Stock sind etwas wärmer. Es gibt auch kein Frühstück, dafür jedoch ein angrenzendes Café mit gutem Kaffee.

★ **Pisac Quishu** PENSION $$
(☎084-509-106, 942-664-132; www.pisacinca.com; Calle Huayna Picchu F-5; EZ/DZ inkl. Frühstück 130/210 S; 📶🚭) Wenn dies kein Fall von Rivalität unter Geschwistern ist, denn diese hervorragende neue Unterkunft liegt genau neben dem Pisac Inca Guesthouse, das von derselben Familie betrieben wird. In diesem hier haben die quirligen Schwestern Tatiana und Libertad das Sagen und es wird ein etwas größerer Fokus auf Design gelegt mit schönen Zimmern in gewagten Farbtönen, die um einen Garten in einem ruhigen Innenhof liegen. Zum Frühstück gibt's u.a. Obst und vegane sowie glutenfreie Optionen. Aktuell wird eine Keramikwerkstatt angebaut, die man auch besichtigen kann.

La Casa del Conde PENSION $$
(☎084-78-7818; Andenes de Chihuanco s/n; EZ/DZ inkl. Frühstück 205/264 S; 📶) Die Gäste sind ganz hin und weg von diesem reizenden Landhaus, das umringt von Blumen in den Ausläufern der Berge liegt. Die familienbetriebene Unterkunft hat Charakter und charmante Zimmer mit Daunendecken, Heizung und Kabel-TV. Mit dem Auto kommt man hier nicht her. Entweder geht man von der Plaza 15 Minuten bergauf oder man nimmt ein *mototaxi* (dreirädriges Motorradrikscha-Taxi) zur Kapelle, von wo es zu Fuß nur noch fünf Minuten sind.

Pisac

Pisac

Sehenswertes
1 Horno Colonial San Francisco B1
2 Iglesia de San Pedro Apostol B1
3 Jardín Botanico B1
4 Mercado de Artesania B1

Aktivitäten, Kurse & Touren
5 La Virgen del Carmen B1

Schlafen
6 Kinsa Ccocha Inn B2
7 Pisac Inn B1

Essen
Cuchara de Palo .... (siehe 7)
8 El Sabor B2
9 Mullu B1
10 Ulrike's Café A2

Transport
11 Caja Cusco B2
12 Minibusse nach Cusco A3
13 Taxis zu den Ruinen B2

Melissa Wasi CABAÑAS $$
(☎084-79-7589; www.melissa-wasi.com; Sector Matara s/n; EZ/DZ 182/314 S, Bungalow für 4 Pers. 429 S, alle inkl. Frühstück;) Gäste schwärmen vom herzlichen Empfang in dieser alteingesessenen Lodge 2 km von Pisac entfernt in einer schattigen Gasse, die auch als spirituelles Zentrum dient. Die Zimmer befinden sich in kleinen Ziegelhütten, die an einen Hang mit hübsch gestaltetem Garten gebaut sind. Das Restaurant kredenzt allabendlich vom Chefkoch kreierte Gerichte. Leider ist es dort etwas zugig und der Service kann unglaublich langsam sein. WLAN ist nur in Gemeinschaftsbereichen verfügbar.

Das Personal spricht Englisch.

Pisac Inca Guesthouse PENSION $$
(☎084-50-9106; www.pisacinca.com; Huayna Picchu s/n; EZ/DZ inkl. Frühstück 153/198 S;) Diese weitläufige Pension ein paar Blocks vom Zentrum entfernt ist ein echtes kleines Juwel. Die eleganten, einfachen Zimmer sind um eine große Grasfläche mit Loungesesseln angeordnet und teils mit Küchenzeilen ausgestattet. Einige verfügen über eine Kochnische. Außerdem gibt's eine Dachterrasse mit Ausblick und einen gläsernen Frühstücksraum. Die herzliche Betreiberfamilie leitet auch das Hotel Pisac Quishu (S. 257).

Pisac Inn PENSION $$
(☎084-20-3062; www.pisacinn.com; Plaza Constitución; EZ/DZ inkl. Frühstück ab 208/250 S; @) Diese Lage ist kaum zu toppen. Das tolle Hotel an der Plaza hat einen einladenden Hof und romantische Zimmer mit Daunendecken, dunkelblauen Wänden und Andendekor. Die mit den Kingsize-Betten sind einen Hauch besser. In der Nebensaison bietet es gute Rabatte. Aufgrund der Lage kann es hier frühmorgens schon mal laut werden, wenn die Händler draußen ihre Stände aufbauen. Vor Ort gibt's auch einen Spa-Service.

Royal Inka Hotel Pisac HOTEL $$
(☎084-20-3066, 084-20-3064; www.royalinkahotel.pe; EZ/DZ inkl. Frühstück 191/264 S;) Das Hotel in einer ehemaligen Hacienda, 1,5 km von der Plaza an der Straße zu den Ruinen, ist überraschend unprätentiös. Die geräumigen Zimmer sind teils etwas in die Jahre gekommen, einige von ihnen blicken aber auf die Ruinen und liegen inmitten gepflegter Blumenbeete und Gewächshäuser. Gästen steht die Mitbenutzung der Anlagen des **Club Royal Inka** (Eintritt 15 S; ⌚8–16 Uhr) gegenüber frei, zudem gibt's auf dem Gelände einen Wellnessbereich und einen Whirlpool.

Essen

El Sabor PERUANISCH $
(☎990-176-420; Vigil 262; Menü 6 S; ⌚So–Fr 8–22, Sa bis 15 Uhr) In diesem beliebten Einheimi-

schenlokal bekommt man das preiswerteste Essen im Ort. Man kann täglich zwischen drei Menüs mit typischen peruanischen Gerichten wählen, darunter auch eines für Vegetarier. Alles ist genau so frisch und lecker wie der Name vermuten lässt und es bietet ein super Preis-Leistungs-Verhältnis.

Doña Clorinda PERUANISCH **$$**
(084-20-3051; Urb. San Luis, La Rinconada; Hauptgerichte 18–35 S; 9–17 Uhr) In einem reizenden Wohnhaus im Kolonialstil ist dieses alteingesessene Lokal mit herzhafter Andenkost untergebracht. Am besten bestellt man hausgemachte *chicha morada*, die hervorragend zu den üppigen Portionen *arroz chaufa* (peruanischer gebratener Reis), Forelle, Rind und *rocoto relleno* (gefüllte Paprika) mit *kapchi* passt. Ein echter Klassiker.

Mullu FUSIONSKÜCHE **$$**
(084-20-3073; www.mullu.pe; San Francisco s/n, 1. Stock, Plaza Constitución; Hauptgerichte 30–56 S; 9–21 Uhr) Der Balkon dieses legeren, freundlichen Restaurants bietet den wohl besten Blick auf das Markttreiben auf der darunterliegenden Plaza. Auf der Speisekarte stehen verschiedenste Fusionsgerichte (etwa Thai-Küche beim Date mit dem Amazonasgebiet und einem kurzen Seitensprung ins peruanische Hochland). Das traditionelle Lammgericht ist unbeschreiblich zart, die Suppen, Alpaka-Burger und mit Wasser gemischten Säfte machen aber auch glücklich. Wer eine besondere Ernährung einhalten muss, ist hier in guten Händen. Lecker sind auch die hausgemachte Schokolade und das ganztägig angebotene Frühstück (29 S).

Ulrike's Café CAFÉ **$$**
(084-20-3195; Manuel Prado S/s; Hauptgerichte 15–33 S; 9–21 Uhr;) In dem sonnigen Café mit verlässlich guter Küche gibt's ein tolles vegetarisches Menü, hausgemachte Pasta und Bagel und einen herrlich cremigen Käsekuchen. Der luftige Karottenkuchen ist fast schon legendär. Zu den weiteren Annehmlichkeiten gehören der Büchertausch und Sonderveranstaltungen. Die Angestellten sprechen Deutsch, Englisch und Französisch.

Cuchara de Palo INTERNATIONAL **$$**
(084-20-3062; Plaza Constitución; Hauptgerichte 35–45 S; 7.30–20.30 Uhr) Im eleganten Restaurant des Pisac Inn (S. 258) werden Gäste mit Salaten, Fleisch und originellen Gerichten (alles bio!) wie Kürbisravioli mit Mais und Sahne verwöhnt. Der Service ist teils recht langsam, dafür sorgen die Tische im Hof mit Kerzenlicht für ein tolles Ambiente.

Praktische Informationen

Caja Cusco (Amazonas s/n; 24 Std.) am Ortseingang hat einen Geldautomaten. In der Bolognesi gibt's einige kleine Supermärkte.

An- & Weiterreise

Busse nach Urubamba (5–7 S, 1 Std.) fahren zwischen 6 und 20 Uhr häufig an Pisacs Brücke ab. Minibusse nach Cusco (Amazonas s/n; 5 S, 1 Std.) stehen in der Calle Amazonas bereit und starten, sobald alle Plätze besetzt sind. Darüber hinaus betreiben viele Reisebüros in Cusco Tourbusse nach Pisac, besonders an Markttagen.

Nahe der Plaza machen sich regelmäßig Minibusse zu den Ruinen auf (Hin- und Rückfahrt 60 S). Alternativ nimmt man ein Taxi unweit der Brücke am Ortseingang und folgt der gepflasterten Straße für 7,5 km.

Von Pisac nach Urubamba

Für die landschaftlich schöne Strecke zwischen Pisac und Urubamba sollte man sich wenn möglich Zeit lassen. In den hübschen Ortschaften Lamay, Urquillos und Huarán gibt's nette Boutiqueunterkünfte und man kann tolle Tagesausflüge wie Mountainbiken, Wandern und Kulturtrips machen. Sie eignen sich hervorragend als Ausgangspunkte für die gemächliche Erkundung des Heiligen Tals und seiner vielen faszinierenden Nebentäler.

Sehenswertes & Aktivitäten

★ **Museo Inkariy** MUSEUM
(984-666-698, 084-79-2819; www.museoinkariy.com; Carretera Pisac-Ollantaytambo Km 53; Erw./Kind 6–17 35/20 S; 9–17 Uhr) Das wunderbare kleine Museum lädt seine Besucher ein in die Welt der faszinierenden präkolumbischen Zivilisationen, die vor den Inka hier lebten. Es befasst sich auch mit der Tatsache, dass die Inka auf einen Wissensschatz aufbauen konnten, der auf Tausenden von Jahren der Besiedlung Perus gründete. Jeder Kultur, auch den Inka, wird ein Gebäude mit zwei Räumen gewidmet. Einer beleuchtet anhand von wichtigen Artefakten und mit knappen Erläuterungen auf Spanisch und Englisch die geschichtlichen Aspekte. Im anderen kann man ein fesselndes Szenario lebensgroßer Figuren bestaunen, die in guter alter *National-Geographic*-Manier fachmännisch in Szene gesetzt sind.

Auch Kinder haben hier ihren Spaß. Wer sich einer Führung auf Englisch anschließen möchte, muss vorab reservieren. Vor Ort gibt's auch ein Café und einen Souvenirladen.

Patabamba DORF

Ein Ausflug in die Gemeinde Patabamba eröffnet einen faszinierenden Einblick in die Welt des Webens, bei dem man auch selbst aktiv werden kann. Gezeigt wird der gesamte Prozess vom Pflücken der Pflanzen für die Herstellung der Farben über die Schafschur bis zum Einrichten des Webstuhls. Erklärt werden auch die Bedeutungen der Farben und Muster. Außerdem lockt die Gegend mit ausgezeichneten Trekkingmöglichkeiten.

Ausflüge kann man bei Journey Experience (www.thejoex.com) und anderen Reisebüros in Cusco buchen. Übernachtet wird auf Campingplätzen oder in privaten Familienbleiben (nach vorheriger Anmeldung). Die Tarife unterscheiden sich je nach Gruppengröße und benötigten Transportmitteln.

Munaycha ABENTEUERTOUR

(984-770-381; www.munaycha.com; Carretera Pisac-Ollantaytambo Km 60,2, Huarán) Ein empfehlenswerter Spezialist für Aktivtouren rund um das Heilige Tal. Am beliebtesten ist der Seekajaktrip mit Picknick. Zum Programm gehören auch geführte Wanderungen durch das Lares-Tal und verschiedene Mountainbiketouren. Die kombinierten Rad- und Wanderausflüge zum Huaipo-See bei Chinchero werden in den höchsten Tönen gelobt.

Schlafen & Essen

★ **Nunu Boutique Hotel** BOUTIQUEHOTEL $$

(981-203-001; www.nunuboutiquehotel.com; Carretera Pisac-Ollantaytambo Km 41,5, Lamay; EZ/DZ inkl. Frühstück 297/429 S;) Das Nunu, am Ortsrand von Lamay unten am Fluss gelegen, ist eine hervorragendes Boutiquehotel und ein kleines Juwel und dank des herzlichen Empfangs auf jeden Fall den kurzen Umweg wert. Die sechs zauberhaften Lehmziegelhütten sind kreisförmig um eine große Rasenfläche mit Blumenbeeten, Hängematten und einer Schaukel angeordnet. Das eigentliche Highlight sind jedoch die farbenfrohen, zweistöckigen Hütten, die alle einfallsreich mit winzigen Objekten, Antiquitäten und andinen Webarbeiten jede nach einem eigenen Motto dekoriert sind (Schuster, Entdecker, Schneiderin).

Um Wasser zu erwärmen wird hier Solarenergie genutzt.

★ **Explora** LODGE $$$

(084-30-0000; www.explora.com/machu-picchu-sacred-valley-peru; Urquillos; 4 Nächte All inclusive ab 1292 US$;) Umgeben von Inka-Terrassen und Mais- und Quinoafeldern bietet dieses Luxus-Lodge die perfekte Atmosphäre zum Entspannen – sofern man das möchte. Im Paketpreis sind bereits personalisierte Aktivtouren abseits ausgetretener Touristenpfade und der Eintritt für Machu Picchu enthalten. Die geräumigen Zimmer im minimalistischen Stil warten mit Blick ins Tal und einem eigenen Whirlpool auf. WLAN gibt's nur in den Gemeinschaftsbereichen.

Am Ende eines langen Tages locken dann ein Bad im schönen Pool oder ein kleiner Spaziergang zum hauseigenen Spa mit Sauna, das mit originalen Überresten eines Wandbildes aus der Kolonialzeit verziert ist. Auf dem Gelände gibt's auch ein hervorragendes Restaurant mit einer ausgezeichneten Weinauswahl. Die meisten Besucher buchen die Option mit vier Übernachtungen.

Viva Peru CAFÉ $

(Abseits der Carretera Pisac-Ollantaytambo, Huarán; Hauptgerichte 8–22 S; Mo–Sa 11–16 Uhr;) Unmittelbar abseits der Hauptstraße in Huaran trifft dieses reizende Café mit seinen übergroßen Sandwiches und frischen Obstsäften genau ins Schwarze. Es gibt auch vegetarische Optionen und hinterm Haus eine Terrasse mit schattigen Tischen.

An- & Weiterreise

Es verkehren regelmäßig Busse zwischen Pisac und Urubamba (5 S).

Urubamba

084 / 17 500 EW. / 2870 M

Das geschäftige, schmucklose Städtchen ist ein wichtiger Verkehrsknotenpunkt und von idyllischen Gebirgsausläufern mit schneebedeckten Gipfeln umgeben. Urubamba liegt auf unter 3000 m und ist nicht allzu weit von Machu Picchu entfernt. Vor Ort haben sich zahlreiche Luxushotels angesiedelt und man trifft auf viele Pauschalreisende. Historisch ist die Stadt kaum von Interesse, sie eignet sich aber als guter Ausgangspunkt, um die Salinen und die Terrassen von Moray zu besichtigen. Darüber hinaus herrscht hier meist schönes Wetter.

Wegen der Weitläufigkeit des Ortes bieten sich *mototaxis* als Fortbewegungsmittel an. Die Plaza de Armas erstreckt sich fünf Häuserblocks östlich sowie vier Blocks nördlich vom Busbahnhof zwischen der Calle Comercio und der Jirón Grau.

Aktivitäten

Viele Outdoor-Aktivitäten, die in Cusco angeboten werden, finden in der Nähe von Urubamba statt, z.B. Reiten, Klettern, Mountainbiken, Paragliding und Heißluftballonfahrten.

★ Cusco for You REITEN
(☎987-417-250, 987-841-000; www.cuscoforyou.com; Carretera a Salineras de Maras, Pichingoto; 1-stündiger Ausritt 238 S) Sehr zu empfehlen ist dieser Veranstalter von Reit- und Trekkingexkursionen zwischen einem und acht Tagen. Die Tagesausflüge hoch zu Ross führen nach Moray, zu den Salinen und anderen Zielen in der Region. Familien und Gruppen bekommen oft Preisnachlässe. Einfach nachfragen. Wer möchte, kann den Transport zur Farm in Anspruch nehmen. Hier kann man auch übernachten und essen.

Sacred Wheels RADFAHREN
(☎984-626-811, 954-700-844; www.sacredwheels.com; 3-stündige Radtour ab 264 S) Die Mountainbike-Touren ins Tal und ins städtische Urubamba sind auch für wenig Trainierte geeignet, denn es gibt einfachere und schwerere Strecken.

Perol Chico REITEN
(☎950-314-065; www.perolchico.com; Carretera Urumbamba-Ollantaytambo; Touren inkl. Übernachtung ab 720 US$) Eduard van Brunschot Vega, ein Peruaner mit holländischen Wurzeln, betreibt hier eine großartige Ranch außerhalb von Urubamba mit peruanischen *paso*-Pferden. Er kann Ausflüge organisieren, die bis zu zwei Wochen dauern. Bei der Tour mit Reitausflügen zu den Salinen sowie nach Maras und Moray übernachtet man in Luxusunterkünften im Heiligen Tal. Alle Mahlzeiten sind inklusive. Man muss vorab buchen.

Schlafen

Los Jardines HOTEL $
(☎084-20-1331; www.losjardines.weebly.com; Jr Convención 459; DZ inkl. Frühstück 152 S) Das von vielen Lesern empfohlene Familienhotel punktet vor allem mit seinem herzlichen Service. Auf dem von einer Mauer umgebenen Anwesen mit Blumengärten und einem großen Lehmziegelhaus scheint die Stadt Welten entfernt zu sein. Die Zimmer sind einfach, aber sauber, einige haben zudem Panoramafenster. In fußläufiger Entfernung zur Plaza.

ABSTECHER

KLETTERSTEIG IM HEILIGEN TAL

Wer das Heilige Tal von einer Reihe von Leitern, Tritten und Brücken aus bestaunen möchte, die in die blanke Felswand hineingebaut sind, kann sich bei **Natura Vive** (☎974-360-269; www.naturavive.com; Klettersteig oder Zipline 175 S/Pers., beides 265 S) für die Klettersteig-Tour anmelden. Sie umfasst einen 400 m langen, vertikalen Aufstieg, eine Hängebrücke, die das Herz höher schlagen lässt, und eine 80 m lange Abseilroute. Die sieben Ziplines sind nur im Rahmen einer 40-minütigen Wanderung erreichbar. Die verschiedenen Aktivitäten dauern drei bis vier Stunden. Der Transfer von und nach Cusco ist inklusive.

Die erste *vía ferrata* (italienisch für „eiserner Weg“) wurde im Zweiten Weltkrieg in den italienischen Alpen gebaut. Sie verschafft Wanderern mit guter Kondition, aber ohne Klettererfahrung einen besonderen Adrenalinkick und wurde von Kletter- und Bergprofis eingerichtet, die auch für die Wartung zuständig sind. Man kann auch gleich vor Ort in der **Sky Lodge** (Urubamba-Tal; mit HP 460 US$/Pers.) übernachten, die direkt in die Felswand gebaut ist.

Hostal los Perales PENSION $
(Ecolodge Urubamba; ☎084-20-1151, 928-289-566; www.ecolodgeurubamba.com; Pasaje Arenales 102; Zi. inkl. Frühstück 45 S/Pers.) An einer abgelegenen ländlichen Straße verbirgt sich diese nette familienbetriebene Pension mit preiswerten, schlichten Zimmern, die sich über einen wunderbaren wilden Garten verteilen. Die liebenswerten Besitzer sind schon etwas älter, servieren zum Frühstück aber noch immer Bananenpfannkuchen und *aguaymanto*-Marmelade. Diese wird aus Kapstachelbeeren von einem eigenen Baum zubereitet. Auf dem Weg hierher verirrt man sich leicht, deshalb sollte man am Bahnhof besser gleich ein *mototaxi* nehmen.

Las Chullpas HÜTTEN $$
(☎084-20-1568; www.chullpas.pe; Pumahuanca-Tal; DZ/3BZ inkl. Frühstück 230/330 S; @ 📶) 3 km oberhalb von Urubamba verstecken sich rustikale Waldhütten mit Kamin und komfortablen Betten, die wie für einen

Kurzurlaub gemacht sind. Das Gelände ist von Eukalyptusbäumen umgeben und von Spazierwegen durchzogen. Auch die Hängematten in den Loungebereichen wirken sehr einladend. In der offenen Küche wird vegetarisches Essen zubereitet, außerdem gibt's eine Schwitzhütte (auf Anfrage) und man kann sich mit einer ganzheitlichen Behandlung verwöhnen lassen.

Viele der verarbeiteten Lebensmittel werden vor Ort angebaut. Der freundliche chilenische Inhaber legt Wert auf Kompostierung und Recycling und bietet geführte Wanderungen an, vor allem ins Lares-Tal. Wer hier unterkommen möchte, braucht eine gute Webeschreibung, denn die Straßen sind nicht beschildert und nicht alle Taxifahrer kennen das Chullpas.

★ Sol y Luna BOUTIQUEHOTEL **$$$**

(☎084-20-1620; www.hotelsolyluna.com; Fundo Huincho, Parzelle A-5; DZ/3BZ inkl. Frühstück ab 1492/1848 S; @ 📶 🏊) Wie einem Märchen entsprungen wirkt das luxuriöse Anwesen von Relais & Chateaux, das zugleich wild und schrullig ist. Liebhaber volkstümlicher Kunst werden sich im Himmel wähnen: Wandbilder und große witzige Skulpturen des bekannten peruanischen Künstlers Federico Bauer zieren die 43 *casitas* (Häuschen). Das verspielte Dekor wird durch kräftige Tropenfarben ergänzt. Zudem darf man sich auf Betten mit geschnitzten Rahmen, freistehende Wannen und verschnörkelte Eisenkronleuchter freuen.

Alles in dem Hotel unter französisch-schweizerischer Leitung ist darauf ausgelegt, die Gäste ordentlich zu becircen, auch die avantgardistischen Zirkusvorstellungen mit ehemaligen Künstlern des Cirque de So-leil. Tagsüber schwingt man sich auf eines der *paso*-Pferde, um das 15 ha große Gelände zu erkunden. Das gefeierte Restaurant Wayra verströmt eine exzentrische Atmosphäre. Dahinter steht der Koch aus dem berühmten Malabar in Lima. Zum Programm gehört auch eine legerere Freiluftbar mit kulinarischen Touren und Küchenchefbesuchen.

Tambo del Inka LUXUSHOTEL **$$$**

(☎084-58-1777; www.libertador.com.pe; Carretera Urumbamba-Ollantaytambo; DZ inkl. Frühstück ab 1000 S; @ 📶 🏊) 🍃 Genau wie Hogwarts hat auch das Tambo del Inca einen eigenen Bahnhof – besonders praktisch, wenn man morgens früh nach Machu Picchu aufbrechen möchte. Das Hotel mit LEED-Zertifikat (es hat eine eigene Wasseraufbereitungsanlage und UV-Luftfilter) bietet einen imposanten Anblick und nimmt ein weitläufiges Grundstück voller Eukalyptusbäume am Fluss ein. Eukalyptus(-holz) spielt außerdem sowohl bei der Inneneinrichtung als auch bei den Wellnessbehandlungen eine wichtige Rolle.

Die Zimmer sind ansprechend und komfortabel. Die besten Extras des Hotels sind sein Farbtherapie-Pool mit Innen- und Außenbereich, der abends die Farben wechselt, sowie die Hipsterlounge mit Rundtischen, Ledersesseln und einem riesigen Wandbild aus Onyxmosaiken.

Hotel Río Sagrado LUXUSHOTEL **$$$**

(☎084-20-1631; www.riosagradohotel.com; Carretera Urumbamba-Ollantaytambo; DZ inkl. Frühstück ab 1172 S; @ 📶) Dieser Designertraum der Hotelkette Belmond bietet rustikal gestaltete Räume mit grob behauenen Holzbalken und schönen Ayacucho-Stickarbeiten. Die Anlage ist ein Musterbeispiel für dezenten Luxus und die steile Lage am Hang ein Garant für Privatsphäre. Alle Zimmer liegen an terrassierten Gehwegen und es duftet nach Jasmin. Wer den Blick auf den Fluss in Ruhe genießen möchte, kann sich in eine der Hängematten zwischen plätschernden Wasserfällen zurückziehen. Zur Anlage gehören ein Spa, Gemeinschaftsbecken mit heißem Wasser, eine Sauna und ein Restaurant.

Casa Andina LUXUSHOTEL **$$$**

(☎in Lima 01-213-9739; www.casa-andina.com; 5. Paradero, Yanahuara; DZ/Suite inkl. Frühstück ab 442/663 S; @ 📶) Dieser Ableger einer peruanischen Hotelkette mit gutem Preis-Leistungs-Verhältnis hat eine traumhafte ländliche Lage und 92 Zimmer, die in mehreren Gebäuden im Stadthaus-Stil auf vorbildlich gestutzten Rasenflächen untergebracht sind. In einer freundlichen, mit viel Glas und hohen Decken erbauten Lodge befinden sich die Hauptlobby und das hauseigene Restaurant. Die klassisch aufgemachten Räume warten mit allen typischen Annehmlichkeiten und Plasma-TVs auf, außerdem werden verschiedene Aktivitäten wie Ausritte, Radtouren und Touren nach Maras und Moray angeboten.

K'uychi Rumi HÜTTEN **$$$**

(☎084-20-1169; www.urubamba.com; Carretera Urumbamba–Ollantaytambo; EZ/DZ inkl. Frühstück 396/462 S; @ 📶) Bei europäischen Reisenden erfreut sich die familienfreundliche kleine und persönliche Anlage mit den zweigeschossigen, in einem Garten verteilten Hütten großer Beliebtheit. Auf Quechua bedeutet ihr Name „Regenbogenstein". Rings um das Gelände erstreckt sich eine Mauer und es gibt verschiedene Arten von Quartieren. Fast alle haben zwei Zimmer, eine Küchenzeile, einen Kamin und einen Terrassenbalkon und sind über einen verschlungenen Pfad miteinander verbunden. Kolibris und (sehr freundliche) Wachhunde vervollkommnen das Ensemble.

Die Unterkunft befindet sich zwischen Km 74 und Km 75 an der Hauptstraße mehr als 2 km westlich der Stadt.

Essen

Kaia CAFÉ $

(☎991-769-196; Av Mariscal Castilla 563; Hauptgerichte 16–22 S; ⌚Di–So 11.30–18 Uhr;) Das Gartencafé mit schmackhafter vegetarischer und veganer Küche bietet auch ein Mittagsmenü (18–24 S) und sogar hausgemachte Babykost (18 S). Daneben gibt's Falafel, gegrillte Zucchini und einen sehr leckeren Putenbraten mit Maracuja-Sauce. Die köstlichen frischen Säfte werden mit *maca* (ein natürlicher Energielieferant) oder Honig verfeinert. Es gibt einen Spielbereich mit Trampolin für Kinder und gelegentlich wird Livemusik gespielt.

Tierra Cocina Artesanal PERUANISCH $$

(☎980-728-604; Av Berriozabal 84; Hauptgerichte 35–42 S; ⌚Do–Di 12–20 Uhr;) Der leckere Geruch, der aus der Küche dieses schlichten Restaurants in einem kleinen Wohnhaus mit spanischen Fliesen nach draußen weht, lockt die Gäste nach drinnen, wo in herzlicher Atmosphäre leckere ländliche andine Gerichte auf den Tisch kommen. Es gibt schonend gegartes Rind, hausgemachte Alpakawurst, Forellen-Ceviche und Mais-*pepian* (Eintopf). Es wird ausschließlich Bio-Fleisch verwendet, es gibt aber auch gute vegetarische Optionen.

Huacatay PERUANISCH $$

(☎084-20-1790; Arica 620; Hauptgerichte 32–50 S; ⌚Mo–Sa 13–21.30 Uhr) Das Huacatay versteckt sich in einem kleinen Haus am Ende einer schmalen Nebenstraße und verspricht einen tollen Abend. Zwar überzeugt nicht jedes Gericht, aber das zarte Alpakasteak in einer Portweinreduktionssauce mit cremigem Quinoa-Risotto, auf dem oben ein spiralenförmiger Kartoffelchip thront, ist der Stoff, aus dem Gourmetträume gemacht sind. Das Personal ist zuvorkommend und das Ambiente herzlich.

Ausgehen & Nachtleben

Cervecería Valle Sagrado BRAUEREI

(Brauerei Heiliges Tal; ☎984-553-892; www.facebook.com/cerveceriadelvalle; Carretera Urumbamba-Ollantaytambo, Paradero Puente Pachar; Hauptgerichte 5–26 S; ⌚Mi–So 12–20 Uhr) Eine freundliche Brauerei im amerikanischen Stil, die 7 km außerhalb der Ortschaft an der Straße nach Urubamba liegt. Serviert werden preisgekrönte Biere wie etwa das süffige Inti Punku IPA. Für 10 S gibt's ein Probierangebot mit fünf verschiedenen Bieren. Hier treffen sich in entspannter Atmosphäre Einheimische und Expats und genießen das gute Kneipenessen wie frittierte Gurken und Cheeseburger. Aktuelle Infos zu monatlich wechselnden Barbecues gibt's auf der Facebook-Seite.

Shoppen

Seminario Cerámicas KERAMIK

(☎084-20-1002; www.ceramicaseminario.com; Berriozabal 405; ⌚8–19 Uhr) Der international bekannte einheimische Töpfer Pablo Seminario kreiert Objekte, die von der Zeit vor der Erobrung beeinflusst sind. Seine Werkstatt – eigentlich eine kleine Fabrik – ist für Besucher geöffnet, die an einer Führung durch den gesamten Prozess der Keramikherstellung teilnehmen können.

Praktische Informationen

Banco de la Nación (☎084-20-1291; Ecke Ugarte & Jiron Sagrario; ⌚Mo–Fr 8–17.30, Sa 9–13 Uhr) Hier werden US-Dollar gewechselt und es gibt einen Geldautomaten. Weitere Geldautomaten finden sich an der Tankstelle (*grifo*) an der Ecke zwischen der Schnellstraße und der Hauptstraße Mariscal Castilla sowie an der Schnellstraße in Richtung Osten.

An- & Weiterreise

Urubamba ist der wichtigste Verkehrsknotenpunkt im Tal. Der Busbahnhof liegt 1 km westlich des Ortes an der Schnellstraße. Alle 15 Minuten geht's von hier via Pisac (7 S, 1 Std.) oder Chinchero (5 S, 50 Min.) nach Cusco (5 S, 2 Std.). Verbindungen nach Ollantaytambo mit Bussen (1,50 S, 30 Min.) und *colectivos* (3 S, 25 Min.) sind noch zahlreicher.

Colectivos nach Quillabamba (40 S, 5 Std.) halten am *grifo*.

Eine *mototaxi*-Fahrt in der Stadt kostet 2 S.

Die Salinen der Mara

Bei den **Salinen der Mara** (Eintritt 10 S; ⌚9–16.30 Uhr) handelt es sich um eine der spektakulärsten Sehenswürdigkeiten in der Region Cusco. Tausende Salzpfannen wurden seit der Inka-Zeit für die Gewinnung des Gewürzes verwendet. Eine heiße Quelle am oberen Teil des Tals verteilt einen kleinen Strom von stark salzhaltigem Wasser. Beim Verdunsten bleibt das Salz zurück, aus dem man Lecksteine für Tiere gewinnt. Das klingt zwar alles nicht besonders außergewöhnlich, ist aber schön und ziemlich surreal.

Man erreicht die Salinen, indem man in Tarabamba 4 km talabwärts hinter Urubamba den Río Urubamba überquert. Hinter der Brücke geht's nach rechts und am südlichen Flussufer entlang zu einem kleinen Friedhof. Dort biegt man links ab und unternimmt eine kleine Kletterpartie hinauf (500 m) zu den nach wie vor genutzten Salzpfannen. Eine holprige unbefestigte Straße, die mit Taxis befahrbar ist, führt von oben auf die Salinen zu und verspricht eine spektakuläre Aussicht. Tourgruppen besuchen den Ort meist über diesen Weg. Ein Taxi von Urubamba hierher sowie ins nahe Moray kostet rund 120 S. Alternativ kann man auch von Maras aus laufen oder herradeln. Wenn es heiß ist, geht man besser ab Maras bergab und bemüht sich vorab darum, von einem Taxi aufgesammelt zu werden.

Chinchero

084 / 3754 EW. / 3762 M

Dieses typische Andendorf galt bei den Inka als Geburtsstätte des Regenbogens. Es lockt mit Inka-Ruinen, einer kolonialen Kirche sowie einem farbenprächtigen Sonntagsmarkt und bietet einen wunderbaren Blick auf die schneebedeckten Berge.

Da der hübsche Ort hoch auf einem Plateau liegt, sollte man dort nur übernachten, wenn man sich schon ausreichend akklimatisiert hat. Zutritt zum historischen Dorfkern mit den Ruinen, der Kirche und dem Museum besteht mit dem *boleto turístico* (Erw./Student 130/70 S). Dieses ist zehn Tage gültig und umfasst den Eintritt für 17 Stätten in der Region, u. a. in Cusco.

Sehenswertes

Mercado de Chinchero MARKT

(7–16 Uhr) Chincheros Markt findet dienstags, donnerstags und vor allem sonntags statt und ist weniger touristisch als sein Pendant in Pisac. Grund genug für einen Extraausflug! Jeden Sonntag kommen traditionell gekleidete Einheimische von den Hügeln hinunter, um sich an den Obst- und Gemüseständen mit Lebensmitteln einzudecken. Hier werden nach wie vor die mittlerweile sehr seltenen uralten *trueco*-(Tausch-) Praktiken angewendet.

Iglesia Colonial de Chinchero KIRCHE

(*boleto turístico* Erw./Student 130/70 S; 8–17.30 Uhr) Eines der schönsten Gotteshäuser im Tal ist diese koloniale Kirche, die auf den Fundamenten eines Inka-Bauwerks errichtet wurde. Sie hat einen sehenswerten Innenraum mit religiösen Motiven und Blumenmustern. Für den Eintritt benötigt man die Touristenkarte *boleto turístico* (S. 221).

Centro de Textiles Tradicionales KUNSTHANDWERK

(Chinchero Webervereinigung Away; www.textilescusco.org/index.php/chinchero; 9–16 Uhr) Das beste Kunsthandwerksatelier im Dorf.

Ruinas Inca RUINEN

(*boleto turístico* Erw./Student 130/70 S; 9–18 Uhr) Chincheros Ruinen bestehen größtenteils aus Terrassen. Wenn man vom Dorf aus die rechte Seite des Tals erkundet, stößt man aber auf zahlreiche Steine, aus denen Sitzplätze und Treppen gemeißelt wurden.

Aktivitäten

Wayllabamba WANDERN

(Huayabamba) Auf der anderen Seite des Tals klettert ein gut sichtbarer Weg bergauf, bevor er sich nach Norden wendet und hinunter zum Tal des Río Urubamba führt (4 Std.). Am Fluss biegt er links ab und verläuft weiter zu einer Brücke in Wayllabamba. Hat man diese überquert, gelangt man zur Straße, die durch das Heilige Tal verläuft. Rechts geht's nach Calca (13 km), links nach Urubamba (9 km).

Bis zum Nachmittag kann man jeden Bus anhalten, der vorbeikommt, oder nach Yucay weiterwandern, wo der Weg offiziell endet. Hier gibt's eine Kirche aus der Kolonialzeit, eine Inka-Ruine und mehrere charmante Unterkünfte. Wer sich in Cusco ein Taxi für den Tag gemietet hat, kann sich vom Fahrer am Ausgangspunkt der Wanderung absetzen und an deren Ende wieder einsammeln lassen.

Schlafen

Hospedaje Mi Piuray PENSION $

(946-744-117; www.hospedajemipiuraycusco.com; Garcilaso 187; EZ/DZ inkl. Frühstück 30/80 S;) Die freundliche familienbetriebene Pension überzeugt mit großen hübschen Zimmern voller pastellfarbener Akzente und einem sonnigen Hof. Wenn auf das Klingeln niemand reagiert, einfach auf dem Handy anrufen oder aber bereits im Voraus reservieren und die Ankunftszeit durchgeben.

La Casa de Barro PENSION **$$**
(☎084-30-6031; www.lacasadebarro.com; Ecke Schnellstraße & Miraflores; EZ/DZ inkl. Frühstück 198/264 S) In einem farbenfrohen, von einem Architekten entworfenen Lehmziegelhaus mit italienischem Touch befindet sich diese wunderbare Unterkunft für Pärchen und Familien. Gäste erwarten ausladende, gewundene Treppen und Nischen, ein verwilderter Garten sowie geschmackvolle Zimmer samt kuscheligen Steppdecken. Kinder freuen sich über den Spieleraum und die Schaukeln. Die Besitzer können auch Ausflüge in die Umgebung organisieren. Im Restaurant gibt's ein Mittagsmenü für 80 S, das auch in vegetarischer Ausführung angeboten wird.

An- & Weiterreise

Zwischen Cusco und Urubamba verkehren verschiedene *combis* (6 S, 45 Min.) und *colectivos* (6 S, 30 Min.), die an der Ecke der Schnellstraße und der Calle Manco Capac II halten. Sie können einfach per Handzeichen herangewinkt werden; fällig wird der volle Fahrpreis. Auf Nachfrage lassen einen die Fahrer auch unterwegs aussteigen, z. B. an der Abzweigung nach Maras.

NICHT VERSÄUMEN

MIL

Bei dem 2018 eingeweihten und viel gelobten Restaurant **MIL** (www.milcentro.pe; Moray; 8-Gänge-Menü 480 S; ⏲ Di–So 12–14 Uhr) von Virgilio Martinez geht es mehr um die Erfahrung als ums Essen. Das angebotene Menü ist ein Schaulaufen der unglaublich vielfältigen lokalen Zutaten der Anden gepaart mit modernsten Kochtechniken. Das Mittagessen besteht aus acht „Momenten", kleinen Probiertellern, die mit passenden Getränken (mit/ohne Alkohol 269/124 S) serviert werden. Seine Lage an den Hängen der Ruinen von Moray ist einzigartig. Für ein Essen hier sollte man zwei bis drei Stunden Zeit einplanen.

Das MIL ist Teil eines größeren, ambitionierten Projekts, bei dem eine Saatgutbank eingerichtet und die landwirtschaftliche Biodiversität in den lokalen Gemeinschaften wieder gestärkt werden soll. Das Restaurant bezieht seine Zutaten von den Biobauernhöfen dieser Gemeinden. Auch Recycling wird hier groß geschrieben.

Um abends einen Platz zu bekommen, muss man online mit Anzahlung reservieren oder über ein Reisebüro buchen.

Moray & Maras

Die beeindruckenden tiefen, einem Amphitheater ähnelnden Terrassen der archäologischen Stätte von **Moray** (Eintritt mit dem *boleto parcial*, Erw./Student 70/35 S); ⏲8–17 Uhr) wurden konzentrisch in einer riesigen Mulde angelegt. Sie sind über das Örtchen **Maras** zu erreichen. Früher lautete die vorherrschende Theorie, dass die Inka sie als eine Art Laboratorium nutzten, um die optimalen Bedingungen für den Anbau von Pflanzenarten herauszufinden. Heute geht man davon aus, dass ohne Bewässerung hier nichts angebaut werden konnte, und für ein Bewässerungssystem gibt es keine Anzeichen. Experten auf dem Gebiet der Hydrologie nehmen nach Untersuchungen an, dass die Stätte als Tempel für Wasserzeremonien genutzt wurde.

Obwohl es sich angenehm weitab der Touristenmassen befindet, ist Moray leicht zu erreichen. Man nimmt einfach eines der Verkehrsmittel von Urubamba via Chinchero nach Cusco und bittet den Fahrer, einen an der Abzweigung zur Straße nach Maras/Maray abzusetzen, die auch als „Ramal de Maras" bekannt ist. Normalerweise warten dort bereits Taxis, mit denen man für 40 S nach Moray und zurück bzw. für rund 80 S nach Moray und zu den Salinen und zurück zur Abzweigung gelangt.

Alternativ geht man die 4 km nach Maras zu Fuß und folgt der Straße von dort weitere 9 km bis nach Moray. Von Maras aus erreicht man die etwa 6 km entfernten Salinen entweder per pedes oder mit dem Fahrrad. Der Weg dorthin beginnt hinter der Kirche. Das **Taxiunternehmen Maras** (☎084-75-5454) vermietete Räder. Die schnelle Fahrt über den einspurigen Weg macht wirklich Spaß.

Ollantaytambo

☎084 / 2848 EW. / 2800 M

Dieses malerische Dorf ist auch unter dem Namen Ollanta bekannt. Es wird von zwei wuchtigen Inka-Ruinen beherrscht und gilt als besonders schönes Beispiel für die Stadtplanung der Inka. Seine engen kopfstein-

Ollantaytambo

gepflasterten Straßen sind bereits seit dem 13. Jh. bevölkert. Wenn sich die Menschenmassen auf dem Weg nach Machu Picchu am späten Vormittag gelichtet haben, kann man prima durch die labyrinthischen engen Gassen schlendern, Steingebäude und plätschernde Bewässerungskanäle besichtigen und sich in die Vergangenheit zurückträumen. Von hier aus lassen sich auch sehr gut Wanderungen und Fahrradtouren starten.

Sehenswertes

Ruinen von Ollantaytambo RUINEN

(*boleto turístico* Erw./Student 130/70 S; ⌚7–17 Uhr) Über Ollantaytambo thronen die spektakulären Inka-Ruinen eines Festungstempels, die sich für einen tollen halbtägigen Ausflug anbieten. Die Ruinen von Ollantaytambo werden von großen, steilen Terrassen bewacht. Dies ist einer der wenigen Orte, wo die spanischen Eroberer eine wichtige Schlacht verloren haben.

In die hiesige Festung hatte sich der aufständische Manco Inca nach seiner Niederlage in Saqsaywamán zurückgezogen. 1536 führte Hernando Pizarro (Franciscos jüngerer Halbbruder) 70 berittene Soldaten und eine große Infanterie an, um den Inka-Herrscher gefangen zu nehmen.

Pizarros Männer wurden von den steilen Terrassen mit Pfeilen, Speeren und Steinen attackiert und schafften es nicht, zur Festung hinaufzuklettern. Manco Inca konnte sie dann mit einem brillanten Schachzug in die Flucht schlagen: Er überflutete die Fläche unterhalb der Festung durch vorher vorbereitete Kanäle. Die Pferde der Spanier steckten schnell bis zum Hals im Wasser und Pizarro rief zum Rückzug. Auf dem Weg das Tal hinunter waren den Spaniern Tausende von Manco Incas siegreichen Soldaten auf den Fersen.

Doch der Erfolg war nur von kurzer Dauer. Bald schon kamen die spanischen Truppen mit einer vierfach größeren Armee zurück, und Manco floh nach Vilcabamba in seine Dschungelfestung.

Obwohl Ollantaytambo ein hocheffektives Bollwerk war, diente es zugleich auch als Tempel. Ein sorgfältig gearbeitetes **Zeremonialzentrum** befindet sich ganz oben auf den Terrassen. Einige Mauerabschnitte wurden während der Eroberung errichtet und nie ganz fertiggestellt. Der Stein, aus dem sie bestehen, stammte vom 6 km entfernten Berghang, hoch über dem gegenüberliegenden Ufer des Río Urubamba. Um die massiven Blöcke auf die andere Flussseite zu bekommen, wurde eine spezielle handwerkliche Technik angewendet: Die Inka ließen sie einfach auf ihrer Seite liegen und leiteten dann das Wasser um sie herum.

Ollantaytambo

Sehenswertes
1 Ruinen von Ollantaytambo A1
2 Pinkulluna D2

Schlafen
3 Casa de Wow C1
4 Hostal las Orquídeas B3
5 Hotel Muñay Tika B3
6 K'uychi Punku Hostal A2

Essen
7 Apu Veronica B2
8 Cafe del Abuelo A2
9 Chuncho C2
10 Hearts Café B2
11 Il Piccolo Forno C2
12 Tutti Amore B3

Shoppen
13 Awamaki B2

Praktisches
14 Geldautomat von Globalnet C2

Transport
15 Busse nach Urubamba & Cusco D3

Pinkulluna RUINEN

(Lari s/n; Eintritt 10 S; Sonnenaufgang–Sonnenuntergang) GRATIS Der sehr steile Anstieg über einen Hang ist anstrengend, der Ausblick von oben entschädigt aber dafür. Es ist der perfekte Aussichtspunkt für ein Panorama der Ruinen von Ollantaytambo und ein netter Spaziergang zwischen Inka-Ruinen ohne die sonst üblichen Menschenmassen. Es gibt eine Terrasse und eine Handvoll Bauten in ganz gutem Zustand. Unbedingt festes Schuhwerk tragen.

Das Tor, das den Zugang zu den Ruinen bildet, befindet sich an der Calle Lari.

Inka-Steinbruch RUINEN

Von Ollantaytambo kann man gut zum 6 km entfernten Inka-Steinbruch auf der anderen Flussseite wandern. Der Pfad beginnt bei der Inka-Brücke am Ortseingang. Allerdings muss man dafür ein paar Stunden einplanen. Unterwegs kommt man an einigen zurückgelassenen Blöcken vorbei, die als *piedras cansadas* („müde Steine") bekannt sind.

Der Blick zurück nach Ollantaytambo zeigt eine rätselhafte optische Täuschung: eine Pyramide in den Feldern und Mauern vor der Festung. Einige Wissenschaftler glauben, dass dies den legendären Ort markiert, an dem das Volk der Inka seinen Ursprung hatte.

Geführte Touren

Kaffee- & Brennereitouren ESSEN

(084-20-4014; www.elalbergue.com; Estación de Tren, El Albergue; Führung 50 S) Diese Führungen, die vom B&B El Albergue organisiert werden, bieten einen faszinierenden Blick hinter die Kulissen einer kleinen Kaffeerösterei und einer Brennerei, die aus Zuckerrohr *cañazo* herstellt, den ältesten Alkohol des amerikanischen Kontinents. Der rustikale Digestif der Anden wurde von der spanischen Kolonie erstmals gebrannt und hat sich mittlerweile zu einer angesagten Luxus-Spirituose gemausert. Teilnehmer erhalten einen kostenlosen Kaffee oder Cocktail.

Man kann sich die Brennerei auch kostenlos anschauen, es gibt jedoch keine geregelten Öffnungszeiten.

Feste & Events

Señor de Choquechilca FEST

(Ende Mai–Anfang Juni) Zu Pfingsten (Ende Mai oder Anfang Juni) steigt das wichtigste Fest des Ortes. Es wird zum Gedenken an das Wunder des Christus von Choquechilca, als ein Holzkreuz bei der Inka-Brücke erschien, mit Musik, Tanz und farbenfrohen Umzügen gefeiert.

Schlafen

★ **Mama Simona** HOSTEL $

(084-436-757; www.mamasimona.com/es/ollanta.php; Av Quera Oqllo s/n; B/EZ/DZ inkl. Frühstück 46/117/124 S) Viele Unterkünfte kommen und gehen, diese hier gehört aber nach wie vor zu den besten in Ollanta. Sie wartet mit einem Garten mit Hängematten und Papayabäumen direkt am Fluss auf. Die Schlafsäle haben alle ein eigenes Bad und jedes Bett hat ein eigenes Licht. Heizlüfter können für 10 S gemietet werden. Zudem gibt es hier eine große, freundliche Gästeküche, eine gemütliche TV-Ecke und gefiltertes Trinkwasser. Es könnte jedoch nicht schaden, wenn die Angestellten etwas mehr Begeisterung zeigen würden. Das Hostel liegt am Rande des Zentrums.

Casa de Wow HOSTEL $

(984-373-875, 084-20-4010; www.casadewow.com; Patacalle s/n; B/DZ inkl. Frühstück 66/169 S; @) Betreiber dieser gemütlichen und heimeligen Unterkunft ist der hiesige Künstler

Wow, die Geschäfte führt ein sehr engagierter Amerikaner. Die Etagenbetten sind gemütlich und Pärchen können in dem fantastischen handgemachten Inka-Bett nächtigen (gut, beim Original werden die grob behauenen Balken eigentlich mit Lama-Innereien fixiert, hier ist es dagegen ein normales Seil). Vor der Abreise kann man sich im wohl größten Gästebuch der Welt verewigen.

K'uychi Punku Hostal HOTEL $

(☎084-20-4175; kuychipunkuhostal@yahoo.com; Kuyuchipunku s/n; EZ/DZ inkl. Frühstück 80/150/230 S; 📶) Die wunderbare Bejar-Mejía-Familie betreibt dieses oft empfohlene Hotel und lässt bei den Preisen teilweise mit sich reden. Gäste nächtigen entweder in einem Inka-Gebäude mit 2 m dicken Wänden oder in einem modernen Flügel mit süßen umgebauten Zimmern, die über Kopfteile und Möbel aus recycelten Paletten verfügen. Das Frühstück mit Eiern und frischem Saft wird in Ollantas meistfotografiertem Open-Air-Essbereich serviert.

Munay Punku PENSION $

(☎084-21-4813; www.munaypunku.com; Av Quera Oqllo 704; EZ/DZ 120/150 S; 📶) Am Stadtrand auf dem Weg zu den Ruinen von Pumamarka steht dieses geräumige behagliche dreistöckige Haus. Ruth und ihre Familie sind herzliche Gastgeber, die Zimmer sind groß und die Betten mit guter Bettwäsche angenehm hart. Zudem überblickt die Pension den Fluss und die umliegende Landschaft.

Hostal las Orquídeas HOTEL $

(☎084-20-4032; www.hotellasorquideasllantaytambo.com; Av Ferrocarril s/n; EZ/DZ inkl. Frühstück 99/149 S; 📶) Das völlig ausreichende, aber etwas in die Jahre gekommene Hotel hat einen kleinen bepflanzten Hof sowie Zimmer mit Parkett, Daunendecken und Fernsehern.

★El Albergue Bed & Breakfast B&B $$

(☎084-20-4014; www.elalbergue.com; Estación de Tren; DZ/3BZ inkl. Frühstück ab 359/393 S; @📶) Die romantische Unterkunft am Bahnhof rund 800 m oberhalb des Ortszentrums verströmt andinen Charme. Ringsum erstreckt sich eine Rasenfläche mit Blumenrabatten und die geschmackvollen gefliesten Zimmer bezaubern mit Elementen aus dunklem Holz, Wandteppichen sowie hochwertiger Bettwäsche. Das Gebäude selbst stammt aus dem frühen 20. Jh. Zu den netten Extras gehören tragbare Heizöfen, Spiele für Kinder, eine Sauna und ein tolles Restaurant.

★Apu Lodge PENSION $$

(☎084-79-7162; www.apulodge.com; Lari s/n; EZ/DZ/4BZ inkl. Frühstück 215/248/330 S; @📶) 🍃 Diese moderne Lodge mit dem weitläufigen Garten und den Ruinen als Kulisse ist eine echte Oase. Dafür sorgen auch die freundlichen Angestellten, der hilfsbereite schottische Besitzer und das üppige Frühstück. Die Lodge ist auch eine tolle Adresse für Familien. Die großen gemütlichen Zimmer verfügen über kräftige Warmwasserduschen, die den Musekelkater im Nu verschwinden lassen, und im Gemeinschaftsbereich gibt's WLAN und gefiltertes Wasser.

Abends wird Holzofenpizza serviert und auf Wunsch bereiten die Angestellten Schwitzhütten oder San-Pedro-Zeremonien für die Gäste vor.

Samanapaq PENSION $$

(☎999-583-243, 084-20-4042; www.samanapaq.com; Ecke Principal & Alameda de las Cien Ventanas; EZ/DZ inkl. Frühstück 254/277 S, Superior DZ 340 S; 📶) Kinder können sich auf dem Rasen dieser weitläufigen Anlage ordentlich austoben. Zudem gibt's herrlich behagliche Gemeinschaftsbereiche (mit WLAN), 20 Zimmer mit Motelkomfort und Massagebrausen sowie ein leckeres Frühstücksbüfett. Zum Gelände gehört auch eine Töpfereiwerkstatt.

Hotel Muñay Tika HOTEL $$

(☎084-20-4111; www.munaytika.com; Av Ferrocarril s/n; EZ/DZ inkl. Frühstück 110/150 S; @📶) Obwohl hier im Hof manchmal der Mais zum Trocknen ausgebreitet wird, ist das Hotel selbst modern und geräumig. Die Zimmer mit ihren getönten Scheiben haben Parkettböden und Daunendecken, was allerdings nicht so ganz zu den Wänden aus Spanplatten passen will. Der hübsche Garten lädt zum Ausspannen ein.

Essen

Il Piccolo Forno ITALIENISCH $

(☎996-400-150; Calle del Medio, auch Chaupi genannt; Hauptgerichte 15–32 S; ⏰12–21 Uhr) Dünne, knusprige Pizzas und Salatteller mit saftigen Hähnchenstücken sind die Highlights in diesem winzigen Lokal unter Leitung eines italienisch-peruanischen Pärchens. Wer seinen Hunger ohne viel Tamtam stillen möchte, ist hier richtig.

Cafe del Abuelo CAFÉ $

(☎084-21-4871; Convencion 110; Hauptgerichte 12–20 S; ⏰Mo–Sa 8–22, So ab 12 Uhr) In dem süßen zweistöckigen Café in einer Seitenstraße gibt's leckeres Gebäck und Desserts und echten gebrühten Kaffee. Auch Sandwiches und Lunchpakete sind erhältlich. Im ruhigen 1. Stock ist ein Wandgemälde zu sehen.

Tutti Amore EISCREME $

(958-272-455; Av Ferrocarril s/n; Eiscreme 6–15 S; 9–18 Uhr) Andres stammt aus Rosario in Argentinien. Er stellt die Eiscreme selbst her, darunter exotischere Varianten aus Dschungelfrüchten. Wer zum Tutti Amore will, muss vom Bahnhof aus den Hügel halb hinuntergehen.

★ El Albergue Restaurante INTERNATIONAL $$

(084-20-4014; Estación de Tren; Hauptgerichte 29–45 S; 5.30–10, 12–15 & 18–21 Uhr) Das Café ist ideal für einen kurzen Boxenstopp. Es serviert geschmackvolle peruanische Gerichte zu günstigen Preisen. Die offene Küche, üppig gefüllten Obstschalen und Kerzen auf den mit Tischdecken versehenen Tischen sorgen für eine gastfreundliche Atmosphäre. Als Vorspeise bieten sich *causas* oder Bio-Gemüse aus dem eigenen Garten an. Herausragend sind auch die Lammmedaillons mit *chimichurri* (Kräutersauce) und das *molle*-Pfeffersteak (das Gewürz stammt von dem Baum draußen). Ins Restaurant gelangt man über den Bahnsteig.

Gegen den Durst hilft ein lokales Craft-Bier und wer keinen so großen Hunger hat, bestellt die hausgemachte Pasta einfach als halbe Portion. Leute auf der Durchreise können auf der Terrasse des Café Mayu Platz nehmen (für Passagiere ab 5 Uhr geöffnet) und sich dort einen Espresso oder selbst gemachten *aguantamayo*-Käsekuchen gönnen.

Eine wunderbare Interpretation eines peruanischen Barbecues ist die *pachamanca*, ein Festmahl unter freiem Himmel, das auf dem angrenzenden, zum Retaurant gehörenden Bio-Bauernhof stattfindet. Dabei werden Fleisch und Kartoffeln in einem Erdloch mit heißen Steinen gegart.

Chuncho PERUANISCH $$

(084-20-4014; www.chuncho.pe; Ventidierio; Hauptgerichte 27–47 S; 12–23 Uhr) Das Konzept-Restaurant bringt Gästen die Vielfalt der indigenen andinen Essenstradition näher. Zugegebenermaßen sind die meisten Zutaten Knollenfrüchte, die Idee ist aber super. Es gibt traditionelle Suppen, Kartoffelgerichte, Tarwi-Bohnen-Salate und leckere Alpaka- und *cuy*-Variationen. Um alles probieren zu können, entscheidet man sich am besten für die Bankett-Option. Von der halben Portion (65 S) werden problemlos zwei Leute satt. Das eigentliche Highlight sind aber die Craft-Cocktails mit Caña Alta, einem in der Umgebung hergestellten Zuckerrohrschnaps.

Die Cocktails sind einfallsreich und machen süchtig. Lecker ist der säuerliche, aber wärmende *matacuy*-Sour mit Fenchel und Grapefruit. Da wird jeder schwach.

Hearts Café CAFÉ $$

(084-20-4078; Ecke Ventiderio & Av Ferrocarril; Hauptgerichte 11–28 S; 7–21 Uhr) Im beliebten Hearts Café bekommt man gesundes herzhaftes Essen, abgepackte Lunchpakete für Ausflüge sowie Bier, Wein und guten Kaffee. Alle Zutaten sind Bio-Produkte und Frühstücksvarianten wie *huevos rancheros* (auf einer Tortilla serviertes Spiegelei mit Bohnen) machen so gut wie jeden Reisenden glücklich. Die Tische in der Ecke im Freien sind wie dafür geschaffen, um Leute zu beobachten.

Apu Veronica PERUANISCH $$

(973-214-402; Ventiderio s/n, 1. Stock; Hauptgerichte 22–45 S; 13–21 Uhr) Eine gute Adresse für beliebte peruanische Klassiker. Wer nicht viel Hunger mitbringt, dem genügt die Quinoasuppe mit Gemüseeinlage. Kräftige Esser können sich ein frisch am Tisch auf heißen Steinen gebrutzeltes Steak bestellen. Dazu gibt's einheimische Kartoffeln und grünen Salat. Auch das *cuy* ist fachmännisch zubereitet. Das Preis-Leistungs-Verhältnis ist gut, nur der Service ist manchmal etwas lethargisch.

Shoppen

Awamaki KUNST & KUNSTHANDWERK

(84-43-6744; www.awamaki.org; Ventiderio s/n; Mo–Fr 9–18, Sa & So 10–17 Uhr) Die gemeinnützige Boutique verkauft neben wunderschönen Pullovern, Hüten und Handschuhen, die lokal aus Biostoffen hergestellt werden, auch Handtaschen und Portemonnaies aus Leder. Die Produkte sind von höchster Qualität und ihre Designs anspruchsvoll und somit ideale Geschenke für die Lieben zu Hause. Die Stiftung bietet auch lohnenswerte Touren zu nahegelegenen Weberdörfern an.

Praktische Informationen

Globalnet ATM (Plaza de Armas; 24 Std.) Hat einen Geldautomaten an der Straße.

An- & Weiterreise

BUS & TAXI

Von 6 bis 17 Uhr verkehren *combis* und *colectivos* zwischen Urubamba und Ollantaytambo (2 bzw. 3 S, 30 Min.). Busse fahren vor dem Obst- und Gemüsemarkt ab.

Wer nach Cusco will, steigt am besten in Urubamba um, obwohl auch hin und wieder Busse direkt vom Bahnhof in Ollantaytambo zur Puente Grau (*combis* 15 S, 2 Std.; *colectivos* 15 S, 1½ Std.) in Cusco fahren.

Ollantaytambo liegt zwar näher an Santa María (interessant für alle, die nach Santa Teresa weiter möchten) und Quillabamba, jedoch sind die Busse bereits voll, wenn sie hier vorbeikommen. Deshalb sollte man nach Urubamba zurückfahren, um dort einen Sitzplatz zu ergattern.

ZUG

Ollantaytambo ist ein wichtiger Verkehrsknotenpunkt zwischen Cusco und Machu Picchu. Am günstigsten und schnellsten erreicht man die Stätte, wenn man in Cusco per *combi* nach Ollantaytambo (2 Std.) fährt und dort einen Zug nach Aguas Calientes (2 Std.) nimmt. Derzeit bedienen zwei Unternehmen diese Strecke. Die Preise richten sich nach der Abfahrtszeit.

Inca Rail (☎084-43-6732; www.incarail.com; Av Ferrocarril s/n; ⏲ Mo–Sa 6–19.45 Uhr) Drei tägliche Verbindungen ab Ollantaytambo in vier verschiedenen Kategorien (einfache Strecke 231–330 S). Für Kinder gibt's große Ermäßigungen.

Peru Rail (www.perurail.com; Av Ferrocarril s/n; ⏲ 5–21 Uhr) Bedient mehrmals täglich Aguas Calientes. Es stehen drei Servicekategorien zur Wahl und bei manchen Fahrten gibt's Extras. Preise für eine einfache Fahrt: Expedition (ab 232 S), Vistadome (ab 315 S) und das luxuriöse Heilige Tal (ab 518 S).

Unterwegs vor Ort

Ollantaytambo Travel (☎084-62-4263, 984-537-329; www.ollantaytambotravel.com) Das verlässliche Taxiunternehmen mit verantwortungsbewussten Fahrern bietet Fahrten durch das Heilige Tal und private Flughafentransfers.

MACHU PICCHU & DER INKA-TRAIL

Aguas Calientes

☎084 / 1600 EW. / 2410 M

Aguas Calientes ist auch unter dem Namen Machu Picchu Pueblo bekannt und befindet sich tief in einem Tal unterhalb der Ruinen. Es erinnert an eine Insel, die von Landwegen abgeschnitten zwischen gewaltigen steinernen Steilwänden, Nebelwäldern und zwei rauschenden Flüssen treibt. Der traumhaften Umgebung zum Trotz erinnert Aguas Calientes an eine Goldgräberstadt. Viele Bewohner ziehen früher oder später weg, die Servicekultur könnte einige Verbesserungen vertragen (um „Einmalkunden" muss man sich nicht so sehr bemühen) und die Architektur ist schlichtweg grausig (überall Betonstahl, unverputzter Zement und Bauruinen). Darüber hinaus fühlen sich Touristen oft durch die agressiven Verkaufsstrategien der Ladenbesitzer überfordert. Aus all diesen Gründen sollte man seine Erwartungen stark runterschrauben!

Eine Übernachtung hier hat jedoch eine positive Seite: Man kann sich ganz früh auf den Weg nach Machu Picchu machen.

Auf dem Weg vom Bahnhof zur Machu-Picchu-Bushaltestelle sind zahlreiche Stufen zu überwinden. Rollstuhlfahrer nehmen am besten die kleine Brücke zum Sinchi Roca und durch das Ortszentrum.

Sehenswertes & Aktivitäten

Museo de Sitio Manuel Chávez Ballón

MUSEUM

(Eintritt 22 S; ⏲9–17 Uhr) In dem Museum gibt's spanisch- und englischsprachige Infos zu den archäologischen Ausgrabungen und der Bautechnik der Inka. Am besten besucht man es sowohl vor als auch nach der Erkundung der Stätte, um sein Wissen zu vertiefen (und um die Klimaanlage sowie die wohltuende Musik zu genießen).

Am Fuß einer raffinierten und ziemlich steilen Inka-Treppe erstreckt sich ein kleiner botanischer Garten mit Orchideen. Er liegt nahe der Puente Ruinas am Ausgangspunkt der Wanderstrecke nach Machu Picchu.

Las Termas

THERMALQUELLEN

(Eintritt 20 S; ⏲5–20.30 Uhr) Müde Wanderer können sich in den heißen Quellen pflegen (von den Gleisen aus zehn Minuten die Pachacútec hinauf), die Aguas Calientes seinen Namen gaben. Sie sind ganz nett, in der Gegend gibt es aber viel schönere. Ab dem späten Vormittag sehen sie allerdings immer unappetitlicher aus. Handtücher kann man neben dem Eingang günstig ausleihen.

Putucusi

WANDERN

Dieser zackige Miniberg liegt genau gegenüber von Machu Picchu. Ein Teil der Wan-

Aguas Calientes

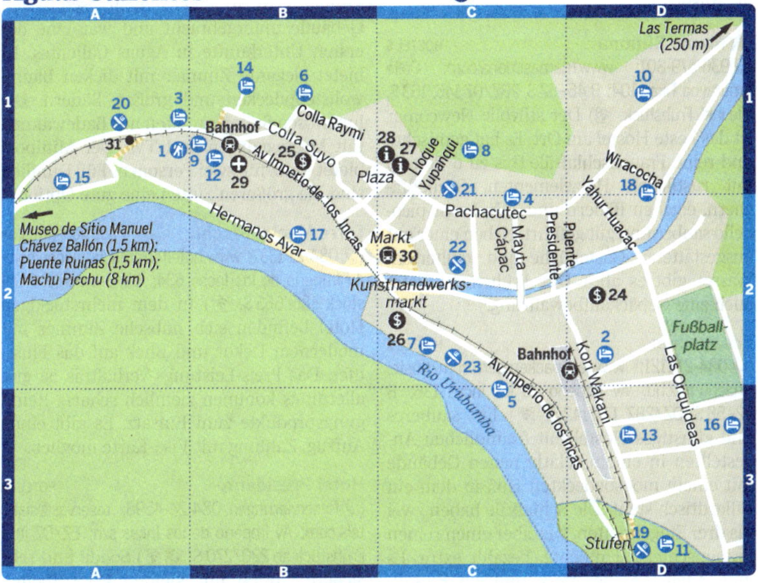

Aguas Calientes

Aktivitäten, Kurse & Touren

1 Putucusi A1

Schlafen

2 Casa Andina D2
3 Ecopackers A1
4 El Mapi C2
5 Ferre Machu Picchu C3
6 Gringo Bill's B1
7 Hatun Inti Boutique C2
8 Hostal Muyurina C1
9 Hotel Presidente B1
10 La Cabaña Hotel D1
11 Machu Picchu Pueblo Hotel D3
12 Machupicchu Hostal B1
13 Mama Simona D3
14 Rupa Wasi B1
15 Sumaq Machu Picchu Hotel A1
16 Supertramp Hostel D3
17 Tierra Viva B2
18 Wiracocha Inn D1

Essen

Ayasqa ..... (siehe 17)
19 Café Inkaterra D3
20 Chullpi A1
21 Indio Feliz C1
22 La Boulangerie de Paris C2
23 Mapacho C2
Tree House ..... (siehe 14)

Praktisches

24 Geldautomat D2
25 Banco La Nacion B1
26 BCP C2
27 Centro Cultural C1
28 iPerú C1
29 Medizinisches Zentrum B1

Transport

30 Machu-Picchu-Bustickets & -Bushaltestelle C2
31 Züge zum Wasserkraftwerk (Verkehrsmittel nach Santa Teresa) .. A1

derung führt über Leitern, die in der Regenzeit rutschig sein können. Der Blick hinüber nach Machu Picchu lohnt den etwa dreistündigen Weg. Der Ausgangspunkt der gut ausgeschilderten Wanderung – eine Treppe, die nach oben führt – liegt 250 m westlich des Orts an den Bahngleisen.

Schlafen

Die Unterkünfte hier sind chronisch überteuert. Sie kosten meist gut zwei Drittel mehr als vergleichbare Unterkünfte in touristisch weniger attraktiven Orten. Es gibt eine ganze Reihe an Mittelklassehotels, aber auch Luxus- und Budgetoptionen sind zu finden. Je früher man bucht, desto besser die Auswahl.

★ Mama Simona HOSTEL $
(☎936-579-801; www.mamasimona.com; Calle Amuraypa Tikan 104; B 46–52 S, 2BZ/DZ 146/163 S, alle inkl. Frühstück; 🛜) Der stilvolle Newcomer ist das beste Hostel am Ort. Es hat gemischte und reine Frauenschlafsäle (bis zu 6 Betten) mit rustikalen Holzelementen, Schließfächern, eigenen Bädern und TVs. Es ist picobello sauber und gut geführt. Neben einer gut ausgestatteten Gästeküche und gefiltertem Wasser gibt es ab 4 Uhr Frühstück. Bietet auch eine Gepäckaufbewahrung.

Ecopackers HOSTEL $
(☎084-21-1121; www.ecopackersperu.com/hostel-machu-picchu; Av Imperio de los Incas 136; B 52–58 S, DZ/2BZ 177/142 S; 🛜) Ein sauberes und günstiges Hostel mit freundlichen Angestellten in einem relativ neuen Gebäude mit einem moosbedeckten Hof, in dem ein Billardtisch steht. Die Schlafsäle haben zwei bis drei Etagenbetten, wer aber einen reinen Frauenschlafsaal möchte, bezahlt extra. Es gibt einen Wäscheservice und ein Restaurant mit Bar. An der Rezeption gibt's kostenlose Ohrenstöpsel. Diese braucht man auch!

Supertramp Hostel HOSTEL $
(☎084-43-5830; www.supertramp.com; Chaskatika s/n; B 36–40 S, DZ ohne Bad 100 S, alle inkl. Frühstück; 🛜) Hinter psychedelischen Mauern bietet dieses empfehlenswerte, aber manchmal überlaufene Hostel professionelles Personal und ein kleines Café, das Salate und Gourmetburger serviert. Frühaufsteher kommen bereits ab 4.30 Uhr in den Genuss von Kaffee, Toast und Marmelade. Gäste können sich vom Bahnhof abholen lassen.

Rupa Wasi HOTEL $$
(☎084-21-1101; www.rupawasi.net; Huanacaure s/n; DZ/Suite inkl. Frühstück ab 248/413 S; 🛜) Am oberen Ende einer steilen Treppe schmiegt sich das Rupa Wasi an den Hang. Mit seinen hölzernen Treppen und moosbewachsenen steinernen Pfaden wirkt es urig und etwas wild. Gäste zahlen in erster Linie für die Nähe zu Machu Picchu. Die Zimmer im Blockhüttenlook warten mit Daunendecken und einem tollen Blick auf. Im Café Tree House (S. 274) wird amerikanisches Frühstück serviert. Zahlung mit Kreditkarte möglich.

Gringo Bill's HOTEL $$
(☎084-21-1046; www.gringobills.com; Colla Raymi 104; DZ/3BZ inkl. Frühstück ab 268/471 S; @🛜🏊) Das freundliche Bill's mit seinen gehobenen Zimmern ist in einem mehrgeschossigen Gebäude untergebracht und war eine der ersten Unterkünfte in Aguas Calientes. Es bietet elegante Zimmer mit dicken Baumwollsteppdecken und großen Bädern. Die luxuriösen Suiten punkten mit Badewannen mit Massagedüsen und TVs. Der Minipool bietet Platz für zwei Personen. Für Familien sind die größeren Suiten eine gute Option.

Ferre Machu Picchu BOUTIQUEHOTEL $$
(☎084-21-1337; www.hotelferremachupicchu.com; Av Imperio de los Incas 634; DZ/Suite inkl. Frühstück 385/665 S; 🛜) In dem mehrstöckigen Hotel befinden sich hübsche Zimmer mit modernem Dekor und Blick auf das Flussufer. Das Preis-Leistungs-Verhältnis ist gut, allerdings kommen ziemlich scharfe Reinigungsprodukte zum Einsatz. Es gibt einen Aufzug. Zahlung mit Visa-Karte möglich.

Hotel Presidente HOTEL $$
(☎Reservierungen 084-24-4598; reservas@siahotels.com; Av Imperio de los Incas s/n; EZ/DZ inkl. Frühstück ab 220/270 S; @🛜) Solide und sehr sichere Option mit kleinen Doppelbetten und Flachbild-TVs. Es lohnt sich, für den gleichen Preis nach einem Zimmer mit Flussblick zu fragen – nicht nur wegen der Landschaft, sondern um möglichst weit entfernt von den Schienen zu nächtigen. Betreiber ist die Hotelkette Sierra Andina.

Hostal Muyurina HOTEL $$
(☎084-21-1339; www.hostalmuyurina.com; Lloque Yupanqui s/n; DZ inkl. Frühstück 190 S; 🛜) Das freundliche Muyurina ist super sauber und darauf bedacht, die Gäste glücklich zu machen. Alle Zimmer haben Telefon und TV.

Machupicchu Hostal HOTEL $$
(☎Reservierungen 084-24-4598; reservas@siahotels.com; Av Imperio de los Incas 520; EZ/DZ inkl. Frühstück 165/185 S; @🛜) Eine saubere Mittelklasseunterkunft an den Bahnschienen. Auf die Gäste warten ein Frühstücksbüfett und ein blumengeschmückter Innenhof. Die Wände der kleinen dunklen Zimmer sind dünn, dementsprechend hört man nicht nur die Geräusche des Hostels, sondern auch jeden Zug. Die Lobby und manche Räume haben WLAN-Empfang. Betreiber ist die Hotelkette Sierra Andina.

La Cabaña Hotel HOTEL $$
(☎084-21-1048; www.lacabanamachupicchu.com; Pachacutec 805; EZ/DZ inkl. Frühstück 363/429 S; @🛜) Höher am Berg gelegen als die meis-

ten anderen Hotels. Holz, Daunendecken mit Blütenmuster und Schokolade sorgen in den beheizten Zimmern für Gemütlichkeit. Neben einem Frühstücksbüfett gibt's rund um die Uhr gefiltertes Wasser, Gratistee und kostenloses Obst.

Wiracocha Inn HOTEL **$$**
(☎084-21-1088; Wiracocha 206; DZ/3BZ/Superior inkl. Frühstück 264/330/396 S) In einer Seitenstraße voller Mittelklassehotels bietet das etwas neuere Wiracocha Inn gut gepflegte, picobello saubere Zimmer mit Daunendecken und TVs, einen reizenden Service sowie eine überdachte Terrasse in der Nähe des Flusses.

★ Machu Picchu Pueblo Hotel LODGE **$$$**
(☎in Lima 01-610-0400; www.inkaterra.com; DZ *casitas* ab 838 US$, Villen ab 1036 US$; ❄@📶🏊) Die schicken andinen Häuschen inmitten tropischer Gärten sind sehr luxuriös, über Steinwege miteinander verbunden und mit eigenen Pools ausgestattet. Sich hier einzuquartieren ist Verwöhnprogramm pur, denn u. a. erwarten einen iPod-Stationen, ein dezentes, stilvolles Dekor sowie Duschen mit Glaswänden, durch die man ins Grüne blickt. Das Spa vor Ort bietet eine Sauna, außerdem sind im Übernachtungspreis geführte Touren inbegriffen.

Gäste haben die Wahl zwischen Vogelbeobachtungsausflügen, Besichtigungen von Teeplantagen und Orchideenwanderungen (alles auch auf Englisch) und können zudem einen Ausflug zum hoteleigenen Schutzgebiet unternehmen, in dem ein paar seltene Andenbären leben. Halbpension ist inbegriffen und Kinder unter zwölf Jahren zahlen nichts.

Casa Andina HOTEL **$$$**
(☎084-21-1017; www.casa-andina.com; Prolongacion Imperio de los Incas E - 34; DZ/Suite inkl. Frühstück 728/862 S; 📶) Der komfortable Klassiker einer peruanischen Luxuskette verfügt über durch und durch moderne Zimmer mit erdfarbenen Terrakotta-Akzenten, schicker Einrichtung und Glasduschen. Durch die doppelt isolierten Fenster hat man einen tollen Blick auf den Fluss. Zudem gehören Flachbildf-TVs, Schließfächer, ein hauseigenes Restaurant und die üblichen Annehmlichkeiten zum Angebot. In der Lobby gibt's einen Geldautomaten.

Tierra Viva HOTEL **$$$**
(☎084-21-1201; www.tierravivahoteles.com; Av Hermanos Ayar 401; DZ/Suite inkl. Frühstück ab 470/790 S; @📶) Das fünfstöckige Hotel wurde von einer renommierten peruanischen Boutiquekette eröffnet. Ganz so harmonisch wie in anderen Zweigstellen ist das Design zwar nicht, dennoch versprühen die Zimmer einen modern-minimalistischen Charme, auch dank der andinen Webarbeiten, die zum Verkauf stehen (der Erlös geht an eine regionale Stiftung). Das Personal ist überaus freundlich und es gibt einen Aufzug.

Auf dem Gelände findet sich auch ein gutes, nicht angegliedertes **Büfettrestaurant** (☎948-867-217; Büfett ohne Getränke 73 S; ⏱5–22 Uhr).

Hatun Inti Boutique HOTEL **$$$**
(☎084-23-4312; www.grupointi.com; Av Camino de los Incas 606; DZ inkl. Frühstück 606 S) Hochpreisiges Luxushotel mit dezentem Stil. Die großen Zimmer haben traumhafte Betten, Flachbild-TVs, Schließfächer und Whirlpools. Ein Frühstücksbüfett und das Mittag- oder Abendessen im hauseigenen Restaurant sind im Preis enthalten.

El Mapi DESIGN HOTEL **$$$**
(☎084-21-1011; www.elmapihotel.com; Pachacutec 109; DZ ab 726 S; ❄@📶) Geradlinig und ultramodern kommt dieses Designhotel mit 130 Zimmern mitten im Ortszentrum daher. Hohe Decken, polierter Stahl und riesige Naturfotografien schaffen eine coole, minimalistische Atmosphäre, allerdings gehen die Weiß in Weiß gehaltenen Zimmer eine Spur zu weit. Das Hotel ist aber immer gut besucht. Zu den netten Extras gehören ein Begrüßungs-Pisco-Sour in der schicken Bar und das umfangreiche Frühstücksbüfett.

Für Abkühlung sorgt ein Sprung in den hübsch angelegten Teich. Es gibt ein Restaurant mit Mittagsbüfett (74 S) und eine Boutique.

Sumaq Machu Picchu Hotel HOTEL **$$$**
(☎084-21-1059; www.sumaqhotelperu.com; Hermanos Ayar s/n; DZ mit HP ab 1990 S; ❄@📶) Das Luxushotel bietet einen tadellosen Service und ein harmonisches Ambiente, für das die Doppelglasfenster und die neutralen Töne mit ein paar Farbspritzern sorgen. Die 62 Zimmer überblicken entweder den Fluss und die Berge oder einen Hügel mit künstlichem Wasserfall. Darüber hinaus gibt's einen Aufzug, mehrere Essbereiche und Bars und ein komplett ausgestattetes Spa mit Sauna und Whirlpool.

Der Bus nach Machu Picchu hält praktischerweise direkt vor der Tür. Gäste des Hotels können an einem kostenlosen Kochkurs

(45 Min.) teilnehmen, in dem sie die Zubereitung von Ceviche und Pisco Sour lernen.

Essen

Die Optionen reichen von einfachen Lokalen bis zu Spitzenrestaurants. Schlepper in den Straßen versuchen Touristen in die Restaurants zu locken. Bei der Wahl sollte man sich Zeit lassen. Die Qualität lässt in den meisten Lokalen zu wünschen übrig. Wer ein Restaurant wählt, das nicht hier aufgeführt ist, überprüft am besten zuerst die Sauberkeit. Da es teils an Kühlmöglichkeiten mangelt, ist man in günstigen Lokalen mit vegetarischen Gerichten auf der sicheren Seite.

La Boulangerie de Paris BÄCKEREI $

(084-79-7798; Jr Sinchi Roca s/n; Snacks 4–12 S; 4–22 Uhr;) Wie auch immer diese Franzosen hierhergekommen sind, man muss ihnen dafür auf jeden Fall dankbar sein! Das kleine Café verkauft *pain au chocolat*, frische Croissants, Espresso, Desserts, ein paar glutenfreie Produkte und Mittagessen zum Mitnehmen.

★ **Indio Feliz** FRANZÖSISCH $$

(084-21-1090; Lloque Yupanqui 4; Hauptgerichte 34–48 S; 11–22 Uhr) Gastfreundlichkeit liegt dem französischen Koch Patrik in diesem mehrfach preisgekrönten Restaurant ganz besonders am Herzen, aber sein Essen überzeugt ebenfalls. Einen würdigen Auftakt bildet die *sopa a la criolla* (eine cremige Nudelsuppe mit Rind und Paprika und einer milden Schärfe). Manche Gerichte basieren auf traditionellen französischen Rezepten, etwa die provenzalischen Tomaten, die knusprigen Knoblauchkartoffeln und die göttliche Apfeltarte.

Das von Kerzen erhellte Dekor aus Gauguin-Imitationen, geschnitzten weiblichen Gallionsfiguren, Bänken aus der Kolonialzeit und jeder Menge antiker Gegenstände scheint der Fantasie eines Schiffbrüchigen entsprungen zu sein. Für 78 S ist das *menú* ein echtes Schnäppchen und ein wirklich dekadentes Abendessen. Im Indio Feliz gibt's auch einen Zugang für Rollstuhlfahrer sowie einen Kamin, in dem an kühlen Tagen ein Feuer brennt. Bald wird im oberen Stockwerk wohl noch eine Terrasse mit Bar hinzukommen. Warum sollte man dann überhaupt noch abreisen?

Mapacho CAFÉ $$

(984-759-634; Av Imperio de los Incas 614; Hauptgerichte 20–48 S; 10–22 Uhr) Das freundliche Straßencafé ist besonders bei Backpackern sehr beliebt. Das mag vielleicht an dem vielen Craft-Bier und den Burgen liegen, die auf der Speisekarte stehen. Lecker sind der *arroz chaufa* und der *lomo saltado* (Rinderstreifen mit Zwiebeln, Tomaten, Kartoffeln und Chili in einer Pfanne angebraten).

Tree House FUSIONSKÜCHE $$

(084-21-1101; www.thetreehouse-peru.com; Huanacaure s/n; Hauptgerichte 38–60 S; 4.30–22 Uhr) Das rustikale Ambiente des Tree House, das zum Hotel Rupa Wasi (S. 272) gehört, sorgt für ein gemütliches Flair, das zur einladenden Fusionsküche passt. Dazu gibt's südamerikanische Weine, Craft-Bier und Cocktails. Die Gerichte wie gefüllte Wontons mit Tamarindensauce, Alpakafilet und knusprig gebackener Forelle in Quinoapanade werden mit viel Liebe zubereitet. Als Dessert gibt's ein traumhaftes Schokoladenmousse. Man bekommt auch Rohkost und vegane Optionen. Vorab reservieren.

Chullpi PERUANISCH $$$

(914-169-687; Av Imperio de los Incas 140; Hauptgerichte 49–69 S; 11.30–23 Uhr) Das elegante, winzige Restaurant wirbt mit seiner *cocina de autor* und serviert wunderschön angerichtete Kreationen. Angesichts der Massenabfertigung kann das Chullpi jedoch nicht ganz mit gehobenen Gourmetstandards mithalten. Auf den Tisch kommen typische Andengerichte wie gegrillte Forelle, Schweinegeschnetzeltes und *wallpa chupe* (ein Hühnchen-Tomaten-Eintopf). Auch Suppen und *causas* stehen auf der Speisekarte. Oft fallen hier Reisegruppen ein, deshalb muss man vorab reservieren.

Café Inkaterra PERUANISCH $$$

(084-21-1122; Machu Picchu Pueblo Hotel; Menü mittags/abends 93/122 S; 11.30–16 & 18–22 Uhr;) Vom Bahnhof stromabwärts versteckt sich dieses am Fluss gelegene Restaurant. In den länglichen reetgedeckten Räumen kann man dabei zusehen, wie das Wasser über die Felsen stürzt. Es gibt ein Menü bestehend aus Vorspeise, Hauptgericht und Dessert (auch vegetarisch oder glutenfrei) sowie ein Kindermenü für die kleinen Gäste. Das perfekt zubereitete *lomo saltado* ist äußerst lecker.

Praktische Informationen

GELD

Bargeld und Reiseschecks können an vielen Orten gewechselt werden, die Kurse sind allerdings mies. Da hier oft der Strom ausfällt, können die Geldautomaten immer mal wieder streiken.

Wer sein Eintrittsticket für Machu Picchu erst hier kauft, braucht dazu zwingend peruanische Soles. Genügend Bargeld mitbringen!

Besonders an Wochenende geht den Geldautomaten oft das Bargeld aus. Es gibt u. a. Geldautomaten von **BCP** (Av Imperio de los Incas s/n) und **Banco La Nacion** (⌚24 Std.).

MEDIZINISCHE VERSORGUNG

Medizinisches Zentrum (☎084-21-1005; Av Imperio de los Incas s/n; ⌚Notfälle 24 Std.) An den Bahngleisen.

TOURISTENINFORMATION

Centro Cultural (☎084-21-1196; Av Pachacutec s/n; ⌚5.30–20.30 Uhr) Die einzige Verkaufsstelle für Machu-Picchu-Tickets der Stadt. Nur Barzahlung.

iPerú (☎084-21-1104; Av Pachacutec, cuadra 1; ⌚Mo–So 9–18 Uhr) Das hilfsbereite Personal bietet umfangreiche Informationen zu Machu Picchu.

ℹ An- & Weiterreise

Es gibt drei Möglichkeiten, nach Aguas Calientes und damit nach Machu Picchu zu gelangen: zu Fuß, mit dem Zug über Cusco und das Heilige Tal oder über eine reguläre Straße via Santa Teresa mit Umsteigen in den Zug in Hidroelectrica.

Von Aguas Calientes sind es staubige 12 km zu Fuß (oder mit dem Taxi) entlang der Bahngleise zum Wasserkraftwerk und von dort weitere 9,4 km nach Santa Teresa (das geht auch per Bus oder Taxi). Früh aufbrechen und für die Strecke zwei bis drei Stunden einplanen. Man nimmt am besten nur das Nötigste mit und achtet an den Gleisen immer auf die Züge. In der Regenzeit sollte man diese Strecke nicht zu Fuß zurücklegen, da es immer wieder zu Erdrutschen kommt.

BUS

Aguas Calientes ist nicht an das Straßennetz angebunden. Die einzigen Busse fahren zwischen 5.30 und 16 Uhr von der Bushaltestelle im Ort (wo auch die Tickets verkauft werden) den Berg hinauf nach Machu Picchu (hin & zurück 80 S, 25 Min.). Der letzte Bus fährt um 18 Uhr zurück.

ZUG

Um nicht in Aguas Calientes zu stranden, sollte man gleich ein Ticket für die Hin- und Rückfahrt besorgen. Die Züge aus dem Ort heraus sind viel schneller ausgebucht als die hinein. Alle Zugunternehmen haben Ticketschalter am Bahnhof. Aktuelle Fahrpläne und Onlinetickets gibt's auch auf den Webseiten.

Wer nach Cusco (3 Std.) will, reist mit **Peru Rail** (S. 270) nach Poroy und nimmt dort ein Taxi in die Stadt (20 Min.).

Ollantaytambo (2 Std.) wird von Peru Rail und **Inca Rail** (S. 270) bedient. Inca Rail bietet ein Ticket mit einem Anschlussbus nach Cusco.

Peru Rail fährt täglich um 6.45, 13.30 und 15.40 Uhr nach Santa Teresa (über den Bahnhof am Wasserkraftwerk, 45 Min.). Weitere Verbindungen sind Anwohnern vorbehalten. Tickets (33 US$) kann man ausschließlich am Reisetag im Bahnhof von Aguas Calientes kaufen, die Züge starten aber am westlichen Ende des Ortes an der Polizeiwache. Diese Route kann auch im Rahmen einer geführten Multisport-Tour zurückgelegt werden. Auch Inca Rail plant, die Strecke in Zukunft mit ins Programm zu nehmen.

Machu Picchu

In Nebelwolken gehüllt, bedeckt von üppig grüner Vegetation und umgeben von steilen Hängen – das ist die weitläufige Inka-Zitadelle Machu Picchu, die keine Erwartung enttäuschen wird. Mit seiner spektakulären Lage ist es die berühmteste archäologische Stätte des Kontinents und ein Muss für jeden Perureisenden. Wie die *Mona Lisa* oder die Pyramiden so hat sich auch Machu Picchu in unser kollektives Bewusstsein gebrannt, aber nichts kommt dem Gefühl gleich, wirklich hier inmitten der Ruinen zu stehen. Die beeindruckende alte Stadt wurde nie von den spanischen Eroberern entdeckt und war bis Anfang des 20. Jhs. praktisch in Vergessenheit geraten.

In der kontroversesten Entscheidung seit der Entdeckung der Stätte durch Hiram Bingham beschlossen die peruanischen Behörden 2018, die Einlasszeiten anzupassen, sodass Besucher nun nicht mehr den ganzen Tag in der Stätte verbringen dürfen, sondern sich für ihren Besuch zwischen Vormittag und Nachmittag entscheiden müssen. Um so viel wie möglich aus seinem Besuch hier herauszuholen, muss man besser denn je planen. Und obwohl täglich mittlerweile mehr Personen zur Stätte zugelassen werden (5940 einschließlich Inka-Trail), ist die Nachfrage einfach nicht zu befriedigen.

Geschichte

Machu Picchu wird in keiner Chronik der spanischen Eroberer erwähnt. Abgesehen von ein paar deutschen Abenteurern um 1860, die diese Stätte scheinbar mit der Erlaubnis der peruanischen Regierung plünderten, wussten nur die Quechua von ihrer Existenz. Das änderte sich 1911, als der amerikanische Historiker Hiram Bingham 1911 von Einheimischen hierhergeführt wur-

Machu Picchu

HIGHLIGHTS DER ZITADELLE

Diese großartige Inka-Zitadelle aus dem 15. Jh. thront auf einem schmalen Grat oberhalb des Río Urubamba in 2430 m Höhe. Lang herrschte Einigkeit darüber, dass Machu Picchu ein politisches, religiöses und administratives Zentrum war, doch neuen Theorien zufolge könnte es sich auch um ein königliches Anwesen gehandelt haben. Entworfen wurde es vom Inka-Herrscher Pachacutec, dessen Eroberungsfeldzüge das Inka-Reich stark veränderten. Pfade verliefen von hier zur Hauptstadt Cusco und zu wichtigen Dschungelstätten. Wann und warum der Ort verlassen wurde, ist noch ungeklärt – die Spanier haben ihn jedenfalls nie entdeckt.

In seiner Blütezeit lebten hier wahrscheinlich etwa 500 Einwohner. 50 Jahre vergingen bis zur Fertigstellung dieses Wunders der Baukunst, für das Tausende von Arbeitern Stein auf Stein setzten, ohne dabei auch nur ein Gramm Mörtel zu verwenden. Heute lägen die Baukosten bei über 1 Mrd. Euro.

Um das Areal bewohnbar zu machen, mussten der Boden geebnet, das Wasser aus Gebirgsbächen in steinernen Kanälen gesammelt und vertikale Wände für die Terrassenfelder errichtet werden, auf denen Mais, Kartoffeln und Koka angebaut wurden. Das Kanalsystem verhinderte Überflutungen nach starkem Regen. Dächer und Felder waren nach Osten gerichtet, um die Sonne bestmöglich zu nutzen.

Machu Picchu zieht sowohl Mystiker als auch Abenteurer und Geschichtsstudenten an. Welche Funktion die Stätte hatte, bleibt zwar ein Geheimnis, doch das tut ihrem Zauber keinen Abbruch.

TOP-TIPPS

- Vor den Massen am späten Vormittag kommen
- Mindestens drei Stunden einplanen
- Wanderschuhe und Hut tragen
- Ausreichend Trinkwasser mitbringen
- Den markierten Pfaden folgen

ADAMK92/GETTY IMAGES ©

Intihuatana
Vermutlich wurde der aufwendig gearbeitete Stein von Inka-Astronomen genutzt, um den Zeitpunkt der Sonnenwende zu bestimmen. Er ist ein seltenes Relikt, denn die Spanier zerstörten im ganzen Königreich *intihuatanas* – so wollten sie der „heidnischer Blasphemie" Einhalt gebieten.

Tempel der drei Fenster
Vielleicht haben die drei großen Fenster mit den 3 t schweren Stürzen und einem Blick auf den unterhalb gelegenen Platz eine besondere Bedeutung, sie sind nämlich ungewöhnlich für die Architektur der Inka.

MARKUS DANIEL/GETTY IMAGES ©

ayna Picchu

r 2720 m hohe Berg mit Leitern, Höhlen und ıem kleinen Tempel kann in 45 bis 90 Minuten klommen werden, allerdings sind die steilen ıfen rutschig, wenn es geregnet hat. Da die nehmigung begehrt ist, sollte man sie zusam- ın mit dem Eintrittsticket für Machu Picchu rab besorgen.

POWEROFFOREVER/GETTY IMAGES ©

Zentrale Plaza

Lamas grasen auf der großen Grünfläche, die den zeremoniellen Teil Machu Picchus von den Wohn- und Arbeitsbereichen trennt.

onnentempel

r Turm mit einem Altar, trapezförmigen ıstern und schönem Mauerwerk hat mögli- erweise astronomischen Zwecken gedient. Am sten sieht man ihn sich von oben an.

GEORGE HOLTON/GETTY IMAGES ©

Königsgrab

Möglicherweise hatte die Steinhöhle unterhalb des Sonnentempels eine besondere zeremonielle Bedeutung. Besucher können vom Eingang aus einen Blick auf den Altar und die Nischen werfen.

Tempel des Kondors

Hinter dem gemeißelten Kondorkopf mit ausgestreckten Steinflügeln führt ein gesperrter Gang zu einer winzigen unterirdischen Zelle, die nur gebückt betreten werden kann.

DEN MASSEN ENTGEHEN

Es gestaltet sich immer schwieriger, in Machu Picchu den Massen zu entkommen, besonders da Besucher eigentlich einer vorgegebenen Route folgen müssen und somit nicht spontan umherschlendern können. Man sollte sich gleich für die längere Route entscheiden, es sei denn man möchte wirklich nur einen flüchtigen Eindruck von den Ruinen bekommen. Ist man erst einmal mit seiner Route durch, kann es sein, dass man nicht mehr zurück kann.

Die Hochsaison dauert von Mai bis Anfang September, am meisten los ist aber eindeutig zwischen Juni und August. Gegen Mitte der Woche und während der Regenzeit geht's am entspanntesten zu, das gilt besonders für den Februar, wenn der Inka-Trail geschlossen ist.

de. Man kann Binghams Bericht über die „Entdeckung" in seinem Klassiker *Machu Picchu: Die legendäre Entdeckungsreise im Land der Inka* nachlesen, der 1922 erstmals veröffentlicht wurde (unter www.gutenberg.org gibt's das englischsprachige Werk als kostenlosen Download).

Eigentlich suchte Bingham die verlorene Stadt Vilcabamba, das letzte Bollwerk der Inka, und hielt fälschlicherweise Machu Picchu dafür. Inzwischen weiß man, dass die viel tiefer im Urwald gelegenen Ruinen bei Espíritu Pampa die tatsächlichen Überreste Vilcabambas sind. Ursprünglich war Machu Picchu von der Vegetation völlig überwuchert, sodass sich Binghams Team mit einer groben kartografischen Erfassung zufrieden geben musste. Der Historiker kehrte 1912 und 1915 zurück, um die Ruinen vom Dickicht des Urwalds zu befreien. Bei dieser Arbeit stieß er auf einige der Überreste des sogenannten Inka-Trails. Der peruanische Archäologe Luis E. Valcárcel forschte hier 1934 ebenso wie eine peruanisch-amerikanische Expedition unter Paul Fejos in den Jahren 1940 und 1941.

Trotz intensiver Untersuchungen bis in die Gegenwart bleiben die Erkenntnisse um Machu Picchu lückenhaft. Archäologen können nach wie vor nur Vermutungen über den Zweck der Festung anstellen. Manche glauben, die Zitadelle sei in den letzten Jahren des Inka-Reichs gegründet worden, um die Kultur zu erhalten und neu zu beleben. Andere gehen davon aus, dass sie bereits zur Zeit der Eroberung verlassen und vergessen war.

Eine neuere Theorie fußt auf der Annahme, dass es sich bei der Stätte um einen königlichen Rückzugsort oder den Landsitz von Pachacutec handelte, der bei der spanischen Invasion verlassen wurde. Der Direktor von Machu Picchu hält sie für ein politisches, religiöses und administratives Zentrum. Ihre Lage und die acht ausgegbrabenen Zugangswege weisen darauf hin, dass die Festung ein Handelspunkt zwischen dem Amazonasbecken und dem Hochland gewesen sein muss.

Zweifellos zeugen die hervorragenden Steinarbeiten und die vielen Verzierungen von der einstigen Bedeutung Machu Picchus als Zeremonialzentrum. In gewissem Sinne ist es das bis heute: Alejandro Toledo, der erste indianischstämmige „Quechua"-Präsident eines Andenlandes, ließ sich hier 2001 eindrucksvoll ins Amt einführen.

Sehenswertes & Aktivitäten

Das Museo de Sitio Manuel Chávez Ballón (S. 270) an der Puente Ruinas bzw. am Startpunkt der Machu-Picchu-Route lohnt einen Besuch. Busse auf der Rückfahrt von der Stätte nach Aguas Calientes halten auf Nachfrage direkt an der Brücke. Von hier aus kann man dann später in weniger als einer halben Stunde zurück in die Stadt laufen.

Innerhalb der Stätte

Sofern man nicht über den Inka-Trail herkommt, betritt man die Stätte durch ein Tor mit Ticketkontrolle an der Südseite und folgt dann einem schmalen 100 m langen Pfad zum Haupteingang, hinter dem sich die Anlage erstreckt. Sie ist durch eine Reihe von Plätzen grob in zwei getrennte Bereiche eingeteilt.

Die Namen der Ruinen deuten darauf hin, welche Funktion sie eventuell früher hatten, allerdings weiß man noch immer sehr wenig darüber. Für das klassische Fotomotiv steigt man direkt nach Betreten des Komplexes links die Zickzacktreppen zur Hütte vom Verwalter des Grabfelsens hinauf.

Hütte vom Verwalter des Grabfelsens — RUINEN

Von der Hütte hat man das ganze Areal im Blick. Dies ist eines der wenigen Gebäude, die wieder aufgebaut wurden. Mit seinem

Strohdach eignet es sich gut als Regenunterschlupf. Der Inka-Trail führt direkt unterhalb in die Inka-Stadt. Möglicherweise hat der behauene Fels hinter der Hütte zur Mumifizierung des Adels gedient – daher der Name.

Zeremonialbäder
RUINEN

Wenn man vom Haupteingangstor direkt zu den Ruinen läuft, gelangt man über weitläufige Terrassen zu einer wunderbaren Reihe von 16 miteinander verbundenen Zeremonialbädern, deren Wasser sich kaskadenförmig über viele Stufen ergießt.

Sonnentempel
RUINEN

Direkt darüber und links der Zeremonialbäder befindet sich das einzige runde Gebäude der Anlage, ein sich verjüngender Turm mit bildschönem Mauerwerk. Das Bauwerk befindet sich außerhalb des zugänglichen Bereichs und ist am besten von weiter oben zu betrachten.

Königsgrab
RUINEN

Unterhalb des Sonnentempels erstreckt sich eine natürliche Felshöhle, die von Inka-Steinmetzen sorgfältig bearbeitet wurde. Die Forscher sind sich nicht einig über ihre Nutzung. Obwohl hier keine einzige Mumie gefunden wurde, ist sie als Königsgrab bekannt.

Heilige Plaza
PLATZ

Über eine Treppe oberhalb der Zeremonialbäder erreicht man einen flachen mit Felsklötzen übersäten Platz, der einst als Steinbruch diente. Nachdem man die Stufen hochgeklettert ist, biegt man rechts ab und folgt dann einem kurzen Pfad. Am hinteren Ende der vierseitigen Heiligen Plaza befindet sich eine Aussichtplattform mit einer abgerundeten Mauer, von der man einen Blick auf die ferne schneebedeckte Cordillera Vilcabamba und den unterhalb gelegenen Río Urubamba genießt.

Tempel der drei Fenster
RUINEN

An den anderen drei Seiten des Platzes stehen wichtige Gebäude, darunter dieses mit den drei namengebenden riesigen trapezförmigen Fenstern.

Haupttempel
RUINEN

Dieser Tempel zeichnet sich durch seine besonders solide und perfekte Bauweise aus. Der Schaden an der hinteren rechten Ecke ist eher die Folge der Bodenabsenkung als ein Fehler oder eine Schwachstelle innerhalb des Mauerwerks.

Haus des Hohepriesters
RUINEN

Über die mysteriösen Ruinen gegenüber dem Haupttempel ist bis heute nur wenig bekannt.

Sakristei
RUINEN

Die kleine Sakristei ist mit dem Haupttempel verbunden. Möglicherweise wurden die vielen eingearbeiteten Nischen zur Lagerung von Zeremonialobjekten verwendet. Hier sieht man auch eine gemeißelte Steinbank. Das Gebäude ist vor allem für die zwei Felsen an seinem Eingang bekannt. Angeblich hat jeder von ihnen 32 Ecken. Wer nachzählt, kommt allerdings immer auf eine andere Zahl.

Intihuatana
RUINEN

Frei übersetzt bedeutet dieses Quechua-Wort „Ort, an dem die Sonne angebunden ist", und bezieht sich auf eine behauene Felssäule oben auf dem Hügel, die oft fälschlich als „Sonnenuhr" bezeichnet wird. Stattdessen nutzten die Inka-Astronomen die Winkel dieser Säule, um die Sonnenwenden vorherzusagen und den Kalender zu bestimmen. Wie genau das vonstatten ging, ist jedoch noch immer unklar. Ihre elegante Schlichtheit und die hochwertige Verarbeitung machen die Ruine zu einem Highlight.

Zentrale Plaza
PLATZ

Trennt den Zeremonialbereich von den Wohn- und Wirtschaftsarealen.

Gefängnis
RUINEN

Am unteren Ende des Hauptplatzes liegt das ehemalige Gefängnis, ein Labyrinth aus Zellen, Nischen sowie unter- und oberirdischen Durchgängen.

Tempel des Kondors
RUINEN

Dieser „Tempel" ist nach dem gemeißelten Kopf eines Vogels mit einzeln stehenden Felsen als ausgebreiteten Flügeln benannt. Er gilt als Herzstück der Gefängnisgruppe.

Intipunku

Der Inka-Trail endet hinter einer Kerbe namens **Intipunku** (Sonnentor; Kontrollpunkt schließt gegen 15 Uhr). Wer auf den Berg in seinem Rücken blickt, sobald man die Ruinen von Machu Picchu betreten hat, sieht sowohl den Pfad als auch das Sonnentor. Der Berg wird Machu Picchu (alter Gipfel) genannt und war der Namensgeber für die gesamte Stätte.

Von den Ruinen Machu Picchus ist der Zugang hierher manchmal beschränkt. Bis

VOR DEM BESUCH

- Winzige Insekten, die an Sandfliegen erinnern, sind allgegenwärtig. Man bemerkt den Stich wahrscheinlich gar nicht, ist danach aber eine Woche lang am Kratzen. Unbedingt Insektenspray verwenden.
- In Machu Picchu scheint es nur zwei Wetterextreme zu geben: starken Regen oder strahlenden Sonnenschein. Dementsprechend sollte man Regensachen und Sonnencreme dabei haben.
- Einwegflaschen aus Plastik und Lebensmittel dürfen eigentlich nicht mit hinein genommen werden, allerdings sind die Angestellten in diesem Fall nicht ganz so streng. Am besten isst man draußen etwas, nimmt Wasser in einer wiederverwendbaren Flasche mit und entsorgt sämtlichen Müll, auch den organischen. Wasser in Wasserflaschen wird ansonsten auch in dem Café am Eingang verkauft.

zum Intipunku braucht man etwa eine Stunde. Wenn man mindestens einen halben Tag Zeit für den Ausflug hat, kann man bis Wiñay Wayna (S. 284) weiterlaufen. Für die Nutzung des Inka-Trails muss man mindestens 15 S zahlen, eine Art inoffizielle ermäßigte Eintrittsgebühr. Man sollte vor 15 Uhr zurück sein, denn dann wird der Checkpoint geschlossen.

Inka-Zugbrücke

Auf der anderen Seite der Ruinen führt ein schöner ebener Weg von der Hütte vom Verwalter des Grabfelsens nach rechts über die obersten Terrassen und einen schmalen Pfad zur Inka-Zugbrücke. Nach weniger als einer halben Stunde eröffnet sich ein herrlicher Blick auf die Nebelwaldvegetation und Machu Picchu. Der Spaziergang ist toll, die Brücke darf aber nur aus der Ferne fotografiert werden. Sie wurde gesperrt, seit hier vor einigen Jahren jemand in den Tod stürzte.

Wayna Picchu

Der Name des kleinen steilen Hügels hinter den Ruinen wird mit „Junger Berg" übersetzt, dabei meint das Wort *picchu* eigentlich die Ausbuchtung in der Wange eines Menschen, der Kokablätter kaut. Pro Tag dürfen nur 400 Personen hinauf. Die ersten 200 Wanderer in der Schlange starten um 7 Uhr, die übrigen um 10 Uhr. Das **Ticket** (48 S), das außerdem einen Besuch des Tempel des Mondes umfasst, wird nur zusammen mit der Eintrittskarte für Machu Picchu verkauft. In der Nebensaison sind die Tickets bereits eine Woche vor dem geplanten Besuch vergriffen, in der Hochsaison sogar einen Monat im Voraus. Deshalb sollte man entsprechend planen.

Auf den ersten Blick scheint es schwierig zu sein, den steilen Wayna Picchu zu erklimmen, doch dieser Eindruck täuscht. Der Aufstieg ist anstrengend, aber machbar, man sollte allerdings schwindelfrei sein. An einem Stand zwischen zwei strohgedeckten Gebäuden hinter dem Hauptplatz müssen sich alle Wanderer in eine Liste eintragen und ihren Namen nach der erfolgreichen Besteigung wieder durchstreichen. Die 45- bis 90-minütige Kletterpartie führt durch einen kurzen Inka-Tunnel.

Achtung: Bei feuchtem Wetter sind die Stufen manchmal glitschig. Man kann sich nicht verlaufen, aber es gibt steile Abschnitte, eine Leiter und eine überhängende Höhle, in der man nur vornübergebeugt vorankommt. Wer dem Weg zum Wayna Picchu bereits ein Stückchen gefolgt ist, stößt auf eine weitere Route. Ein markierter Pfad verläuft links steil nach unten und dann weiter zum kleinen **Mondtempel**. Hinter der Ruine erstreckt sich ein weiterer Weg steil nach oben.

Der Abstieg dauert etwa eine Stunde, der Aufstieg zurück zur Hauptroute länger. Die spektakuläre Route steigt und fällt häufig, während sie um die Seite des Wayna Picchu herum- und schließlich in den Regenwald hinabführt. Hier steht man irgendwann ganz unvermittelt vor einer Lichtung mit schönen kleinen Ruinen.

Wenn die Tickets für den Wayna Picchu schon vergriffen sind, ist die Wanderung auf den Cerro Machu Picchu eine Alternative.

Cerro Machu Picchu

Leichter als die Wanderung hinauf auf den Wayna Picchu ist der Weg auf den Cerro Machu Picchu, der in letzter Zeit stets an Popularität gewinnt. Der 2 km lange Weg selbst ist zwar nicht so aufregend, aber spektakulärer als der hinauf zum Wayna Picchu. Archäologische Überreste sucht man hier jedoch vergebens, dafür wachsen hier viele Pflanzen, u. a. auch Orchideen. Man sollte sich ausreichend Zeit nehmen, um die Landschaft zu genießen – und um wieder zu Atem zu kommen.

Oben auf dem Cerro Machu Picchu (3082 m) angekommen, wird man mit einem tollen Blick entlang des Inka-Trails ins Tal bis hinunter auf die Talsohle und über Machu Picchu selbst belohnt. Jeden Tag stehen 800 Tickets (48 S) für einstündige Besuche um 7 und 9 Uhr zur Verfügung.

Geführte Touren

Es gibt viele einheimische Guides (150 S/Pers., Gruppen 6–10 Pers. 30 S), die man direkt am Eingang engagieren kann. Sie haben nicht alle dieselbe Erfahrung aufzuweisen. Am besten entscheidet man sich deshalb für jemanden mit einer offiziellen Lizenz von DIRCETUR. Der Preis muss vorab ausgehandelt werden. Dabei sollte man fragen, ob es sich um einen Tarif pro Person oder Gruppe handelt, und auch die Länge der Tour und die maximale Gruppengröße vereinbaren.

Schlafen

Die einzige Unterkunft auf dem Gelände selbst ist die Machu Picchu Sanctuary Lodge (S. 281). Die meisten Besucher kommen im Rahmen eines (sehr langen) Tagesausflugs von Cusco oder Ollantaytambo hierher oder übernachten im nahegelegenen Aguas Calientes.

Die exklusive **Machu Picchu Sanctuary Lodge** (☎84-21-1038; www.sanctuarylodgehotel.com; DZ ab 1600 US$) gehört zur Belmond-Kette und ist allen anderen Hotels in zumindest einem Punkt voraus: der Lage. Der Service ist erstklassig und die Gäste können sich in ihrem Zimmer mit nüchternem Dekor und Dockingstations auf Wunsch ihr Essen servieren lassen. Die Zimmer mit Bergblick kosten mehr. Zum Hotel gehören auch ein Spa und gepflegte Gärten und es werden Guides für maßgeschneiderte Machu-Picchu-Touren vermittelt. Das Angebot der zwei Restaurants umfasst ein beliebtes Mittagsbüfett, das auch Nicht-Gästen offen steht (40 US$; 11.30–15 Uhr).

Zwar ist das Hotel die einzige Übernachtungsmöglichkeit direkt bei Machu Picchu, einen großen Vorteil hat man dadurch jedoch nicht, da die ersten Busse bereits sehr früh zu den Ruinen fahren und die Hotelgäste aufgrund der frühen Schließzeit auch keine Panoramafotos bei Sonnenuntergang machen können. Aufgrund der großen Beliebtheit bucht man sein Zimmer am besten mindestens drei Monate im Voraus.

Praktische Informationen

GEFAHREN & ÄRGERNISSE

- Innerhalb der Stätte auf keinen Fall die Mauern betreten, denn das beschädigt sie und hat zudem ein lärmendes Trillerpfeifenkonzert der Wachleute zur Folge.
- Auch das Übernachten hier ist illegal. Die Wächter kontrollieren das Gelände ganz genau, bevor sie schließen.
- Die Benutzung der einzigen Toiletten direkt unterhalb des Cafés kostet 1 S. Um die Stätte danach wieder betreten zu dürfen, muss man sein Ticket abstempeln lassen.

TOURISTENINFORMATION

Da die Eintrittskarten schnell vergriffen sind, sollte man sie vorab in Cusco (S. 213) besorgen. Im Ticketbüro in Aguas Calientes kann man nur bar mit Soles bezahlen. Unter Umständen hat sich mittlerweile beim Onlinekauf etwas geändert: Dort können Tickets für Erwachsene für die Ruinen, zum Wayna Picchu und zum Cerro Machu Picchu eigentlich mit Debitkarte bezahlt werden. Ermäßigte Karten für Studenten und Kinder kann man nicht online kaufen. Studenten müssen einen offiziellen Schüler- oder Studentenausweis mit Passbild vorlegen.

Auf der Anlage sind täglich maximal 5940 Besucher zugelassen. Zudem gibt's 400 zahlungspflichtige Plätze für Wanderungen zum Wayna Picchu und zum Cerro Machu Picchu. Besucher müssen sich entweder für den Einlass am Vormittag oder am Nachmittag entscheiden. Die Vormittags-Tickets sind von 6 bis 12 Uhr gültig, mit den Nachmittags-Tickets bekommt man von 12 bis 17.30 Uhr Zutritt. Es gibt Gerüchte, dass die Regierung sogar eine dritte Einlassrunde einführen möchte, wodurch man pro Besuch noch weniger Zeit in den Ruinen verbringen könnte.

Drohnen, Kamerastative und Rücksäcke über 20 l sind innerhalb der Ruinen nicht gestattet. Geh- und Wanderstöcke dürfen mitgeführt werden. Vor dem Eingangstor finden sich mehrere Gepäckaufbewahrungen (5 S/Gegenstand; 6–16 Uhr). Das Mitbringen von Einwegflaschen und Lebensmitteln wird nicht gern gesehen, man sollte also eine wiederverwendbare Flasche dabei haben und sein Essen nicht gerade vor den Aufpassern verspeisen.

Richtig ausführliche Infos findet man in dem Taschenbuch *Exploring Cuzco* von Peter Frost.

An- & Weiterreise

Busse von Aguas Calientes nach Machu Picchu (hin & zurück 80 S, 25 Min.) starten regelmäßig zwischen 5.30 und 15.30 Uhr an einem Ticketschalter an der Hauptstraße. Oben an der Ruine wird gewartet, bis alle Plätze besetzt sind. Die letzte Talfahrt erfolgt um 17.45 Uhr. Es gibt Überlegungen, dass der Bus irgendwann einmal durch eine Trambahn ersetzt werden soll. Eine Entscheidung wird aber wohl noch lange auf sich warten lassen.

Zu Fuß benötigt man für die 8 km etwa 1½ Stunden. Der Weg führt über eine steile, schmale und kurvenreiche Bergstraße. Die ersten 20 Minuten von Aguas Calientes zur Puente Ruinas, wo die Straße über den Río Urubamba führt (in der Nähe des Museums) sind eben. Danach geht's dann auf einem steilen, aber gut ausgeschilderten Pfad hinauf nach Machu Picchu. Für diese zweite Etappe (2 km) braucht man eine Stunde, der Rückweg geht dann schneller.

Der Inka-Trail

Die Viertageswanderung auf diesem Weg nach Machu Picchu ist die berühmteste Trekkingtour Südamerikas. Der 39 km lange von den Inka angelegte Pfad windet sich die Berge hinauf, hinab sowie um sie herum und überquert drei hohe Pässe. Unterwegs hat man eine fantastische Sicht auf verschneite Gipfel, Flüsse und den Regenwald und passiert zahlreiche beeindruckenden Ruinen.

Die Wanderung

Fast alle Veranstalter bringen die Tourteilnehmer mit Bussen zum Startpunkt des Inka-Trails an der Zugstrecke nach Aguas Calientes, auch bekannt als Piscacucho oder als Km 82.

Nachdem man den Urubamba (2600 m) überquert und die Registrierung erledigt hat, führt der Pfad parallel zum Fluss langsam nach oben zur ersten archäologischen Stätte namens **Llactapata** (Stadt auf den Terrassen), bevor er nach Süden in ein Nebental des Río Cusichaca wieder abfällt. (Wer bei Km 88 mit der Wanderung beginnt, hält sich nach der Überquerung des Flusses Richtung Westen, um die wenig besuchte 1 km entfernte Stätte **Q'ente** (Kolibri) zu

Der Inka-Trail

besichtigen. Anschließend geht's gen Osten nach Llactapata am Haupttrail.)

7 km südlich erreicht man die Siedlung **Wayllabamba** (Grasebene; 3000 m), wo viele Gruppen ihr Lager für die erste Nacht aufschlagen. Vor Ort bekommt man Getränke und Snacks, kann verschnaufen und den Ausblick auf den schneebedeckten **Nevado Verónica** (5750 m) genießen.

Wayllabamba liegt nahe der Gabelung der Flüsse Llullucha und Cusichaca. Zunächst überquert der Weg den Río Llullucha und verläuft dann neben dem Fluss steil nach oben. Die Gegend ist als **Tres Piedras** (Drei Steine; 3300 m) bekannt, auch wenn die Felsblöcke heute nicht mehr zu sehen sind. Von dort aus geht's 3 km durch feuchte Waldgebiete.

Nun führt die Route auf den kahlen Bergrücken von **Llulluchupampa** (3750 m) mit zahlreichen Zeltplätzen. Achtung: Nachts kann es sehr kalt werden. Am ersten Tag sollte man spätestens an dieser Stelle pausieren. Viele Gruppen verbringen hier sogar bereits die zweite Nacht.

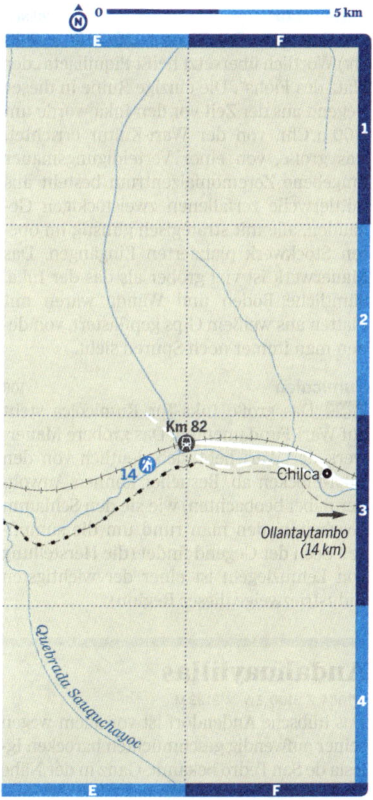

Tags darauf folgt man dem Pfad auf der linken Seite des Tals zwei bis drei Stunden hinauf zum **Warmiwañusca** (4200 m; Pass der toten Frau). An diesem höchsten Punkt der Route ringen selbst erfahrene Wanderer nach Luft. Weit unten sieht man den Río Pacamayo (Río Escondido) und auf halber Höhe des nächsten Berges jenseits des Flusses die Runkurakay-Ruine.

Nun muss man sich auf einen langen Abstieg zum Fluss hinunter einstellen, wo sich bei **Paq'amayo** einige große Zeltplätze erstrecken. Auf einer Höhe von 3600 m führt der Weg über das Wasser und in etwa einer Stunde nach **Runkurakay** (3750 m; Eierförmiges Gebäude).

Oberhalb der runden Ruine passiert man zwei kleine Seen und gelangt zum zweiten Pass auf 3950 m Höhe mit Blick auf die schneebedeckte Cordillera Vilcabamba. Beim Abstieg wird die Landschaft immer grüner, denn jetzt hat man den östlichen Amazonashang der Anden erreicht. Es geht weiter hinunter bis nach **Sayaqmarka** (Herrschende Stadt), einer gut konstruierten Anlage auf einem Bergvorsprung samt unglaublicher Aussicht, sowie über einen Nebenfluss des Río Aobamba (Wellenförmige Ebene).

Nachdem man einen Inka-Damm überwunden hat, wandert man wieder nach oben durch den Nebelwald. Unterwegs kommt man an einem in den Fels gehauenen **Inka-Tunnel** vorbei. Dieser Abschnitt

Inka-Trail

Sehenswertes

1 Inka-Tunnel B3
2 Intipata A2
3 Intipunku B1
4 Las Termas B1
5 Machu Picchu Historical Sanctuary A1
6 Museo de Sitio Manuel Chávez Ballón A1
7 Phuyupatamarka B2
8 Q'ente D3
9 Runkurakay B3
10 Sayaqmarka B3
11 Wiñay Wayna A2

Aktivitäten, Kurse & Touren

12 Cerro Machu Picchu A2
13 Llactapata D3
14 Der Inka-Trail E3
15 Wayna Picchu A1

ist relativ flach, deshalb erreicht man bald den dritten Pass in knapp 3600 m Höhe oberhalb des Urubamba-Tals. Vor Ort befinden sich Zeltplätze, wo einige Gruppen die Nacht verbringen, weil man dort einen spektakulären Sonnenuntergang erlebt. Dafür muss man allerdings bereits um 3 Uhr morgens aufstehen und zum Sonnentor hetzen. Achtung: Frühmorgens sind die Stufen sehr rutschig.

Unmittelbar unterhalb des Passes liegt das wunderbare, schön restaurierte **Phuyupatamarka** (Platz über den Wolken) in rund 3600 m Höhe. Die Anlage umfasst sechs schöne Zeremonialbecken, durch die Wasser fließt. Von der Stätte geht's steil bis in den Nebelwald hinunter. Der Weg führt dabei über gut gebaute lange Inka-Treppen, was zu früher Stunde ganz schön an den Nerven zehren kann – Kopflampe tragen! Nach zwei oder drei Stunden geht's dann im Zickzack hinunter zu einem eingestürzten weißen Gebäude mit rotem Dach und dem Zeltplatz für die letzte Nacht.

Hinter einer ehemaligen Kneipe verläuft ein 500 m langer Pfad nach **Wiñay Wayna** (Huiñay Huayna), was wie folgt übersetzt wird: „Ewige Jugend", „Junge Erde pflanzen" und „Jung Werden". Laut Peter Frost bezieht sich der Quechua-Ausdruck auf eine Orchidee (*Epidendrum secundum*), die hier das ganze Jahr über blüht. Der halbtropische Zeltplatz der Stätte bietet einen besonders ergreifenden Anblick auf die gesamte Wanderung, vor allem bei Sonnenuntergang. Ein holpriger Weg führt von dort zu einer weiteren spektakulären Ruine namens **Intipata**. Wer sie besuchen möchte, erledigt das am besten an dem Tag, an dem man nach Wiñay Wayna kommt (bei Interesse mit dem Guide absprechen).

Vom Wachtposten in Wiñay Wayna windet sich der Inka-Trail ohne große Höhenunterschiede durch den Regenwald. Nach zwei Stunden gelangt man zum **Intipunku** (Sonnentor), der vorletzten Station der Trekkingtour. Dort genießt man einen ersten Blick auf Machu Picchu, während man auf den Sonnenaufgang wartet.

Der anschließende Abstieg dauert fast eine Stunde. Normalerweise kommt man lange vor den vielen Tagestouristen an, die aus den ersten Zügen aus Cusco strömen. Auf diese Weise kann man die Stätte mit einem erschöpften Hochgefühl genießen, ohne sich durch Menschenmassen drängen zu müssen.

VON CUSCO NACH PUNO

Die weitläufige Inka-Stätte **Tipón** (*boleto turístico* Erw./Student 130/70 S; ⌚7–18 Uhr) demonstriert anschaulich, wie die Inka über die Umwelt herrschten. Sie besteht aus einigen beeindruckenden Terrassen am oberen Ende eines kleinen Tals und verfügt über ein erfinderisches Bewässerungssystem. Die Stätte liegt etwa 30 km von Cusco entfernt kurz vor Oropesa.

Man erreicht die Anlage, indem man gegenüber dem Krankenhaus in der Avenida de la Cultura in Cusco einen der Busse nach Urcos nimmt. Alternativ geht's per *colectivo* von der Avenida Huascar 28 zur Abzweigung nach Tipón (40 Min.). Den Fahrer bitten, einen dort rauszulassen. Von der Abzweigung führt ein steiler, nicht asphaltierter Weg 4 km bis zur Stätte hinauf. In Cusco können alternativ Taxitouren arrangiert werden. Die Fahrer bringen einen zu den Ruinen, warten dort und kehren anschließend wieder zurück in die Stadt.

Piquillacta — RUINEN

(*boleto turístico* Erw./Student 130/70 S; ⌚7–18 Uhr) Wörtlich übersetzt heißt Piquillacta „der Platz des Flohs". Die einzige Ruine in dieser Gegend aus der Zeit vor den Inka wurde um 1100 n. Chr. von der Wari-Kultur errichtet. Das große, von einer Verteidigungsmauer umgebene Zeremonialzentrum besteht aus mittlerweile zerfallenen zweistöckigen Gebäuden, alle mit strategisch günstig im oberen Stockwerk platzierten Eingängen. Das Mauerwerk ist viel gröber als das der Inka. Sämtliche Böden und Wände waren mit Platten aus weißem Gips gepflastert, von denen man immer noch Spuren sieht.

Rumicolca — TOR

GRATIS Das große Inka-Tor Rumicolca steht auf Wari-Fundamenten. Das gröbere Mauerwerk der Wari hebt sich deutlich von den Inka-Blöcken ab. Besucher können Anwohner dabei beobachten, wie sie den Schlamm bearbeiten, den man rund um die sumpfigen Seen der Gegend findet (die Herstellung von Lehmziegeln ist einer der wichtigsten Industriezweige dieser Region).

Andahuaylillas

☎084 / 3100 EW. / 3123 M

Das hübsche Andendorf ist vor allem wegen seiner aufwendig geschmückten barocken Iglesia de San Pedro bekannt. Ganz in der Nähe befindet sich der Laden des Q'ewar-Projekts, einer Kooperative von Frauen, die Puppen in traditionellen Kostümen herstellen.

Man darf dieses Andahuaylillas nicht mit dem Dorf westlich von Cusco verwechseln! Hier befindet man sich mehr als 45 km südöstlich von Cusco, ca. 7 km bevor die Straße nach Urcos abzweigt.

Sehenswertes

Iglesia de San Pedro KIRCHE

(*boleto* Ruta del Barocco Andino 20 S; 7–17.30 Uhr) Die Kirche aus dem 17. Jh. beherbergt viele Schnitzereien und Gemälde, darunter ein Bild der unbefleckten Empfängnis, das Esteban Murillo zugeschrieben wird. Angeblich gibt's hier auch viele versteckte Gold- und Silberschätze. Ob das wirklich stimmt? Jedenfalls nehmen die Dorfbewohner, die hier rund um die Uhr Wache stehen, ihren Job sehr ernst. Besucher benötigen das Ticket Ruta del Barroco Valle Sur, das in allen Kirchen, die an dieser Route liegen, erhältlich ist. Es ist auch für die Capilla de la Virgen Purificada in Canincunca und den Templo San Juan Bautista in Huaro gültig.

Museo Ritos Andinos MUSEUM

(Jiron Zubiaga 114; Eintritt gegen Spende; 7–18 Uhr) Das vielseitige Museo Ritos Andinos hat bunt zusammengewürfelte Ausstellungsstücke, darunter ein mumifiziertes Kind, eine beeindruckende Anzahl deformierter Gehirne und wohl auch einen Alien. Jeder sollte sich sein eigenes Bild davon machen.

An- & Weiterreise

Andahuaylillas (max. 7 S, 1 Std.) erreicht man mit allen Bussen, die von Cusco aus Richtung Urcos fahren. Abfahrt ist an der Straße vor der Tullumayo 207.

Es ist auch Teil der geführten Touren entlang der Ruta del Barrocco Andino, die in Cusco starten.

Raqchi

084 / 320 EW. / 3480M

Das kleine Örtchen Raqchi 125 km südöstlich von Cusco steht rund um den Templo de Viracocha, eine Inka-Ruine, die einst zu den heiligsten Schreinen im Inka-Reich gehörte.

Die Einwohner sind charmant und umweltbewusst: Immer wieder gibt es Aufräumaktionen, um den von Touristen verursachten Müll zu entsorgen. Außerdem ist der Ort berühmt für seine Keramikarbeiten, die man auf den Märkten in Pisac und Chinchero kaufen kann.

An jedem dritten Sonntag im Juni lockt Raqchi mit einer farbenfrohen Fiesta samt traditioneller Musik und Tanz.

Der **Templo de Viracocha** (Eintritt 20 S) sieht aus wie ein fremdartiges Aquädukt und gehörte einst zu einem der heiligsten Schreine des Inka-Imperiums. 22 aus Steinblöcken erbaute Säulen trugen das größte bekannte Inka-Dach. Fast alle wurden von den Spaniern zerstört, ihre Fundamente sind jedoch noch deutlich zu erkennen. Die Überreste zahlreicher Häuser und Vorratsgebäude sind ebenfalls zu sehen und die Rekonstruktion der Stätte ist in vollem Gang.

An- & Weiterreise

Die meisten Besucher kommen im Rahmen von Tagesausflügen von Cusco hierher und besuchen noch weitere Stätten in der Region.

Busse zwischen Puno und Cusco halten auch in Raqchi, das etwa 2½ Stunden von Cusco entfernt liegt. Die Preise variieren je nach Busunternehmen.

VON CUSCO IN DEN DSCHUNGEL

Von Cusco führen drei Überlandrouten in den Dschungel. Die am wenigsten entwickelte, aber gleichzeitig auch preiswerteste und schnellste Strecke verläuft nordwestlich von Ollantaytambo über den Abra-Málaga-Pass in den Regenwald bei Quillabamba und die wenig besuchten Orte Ivochote und Pongo de Mainique.

Die anderen beiden Routen sind beliebter, werden jedoch kaum über Straßen bewältigt. Das Gebiet rund um den Parque Nacional Manu erreicht man über Paucartambo, Tres Cruces und Shintuya, nach Puerto Maldonado gelangt man über Ocongate und Quince Mil. Wer tief in die Gegend vordringen will, macht dies am besten im Rahmen einer organisierten Tour, bei der man mit Leichtflugzeugen in das Gebiet hinein- und wieder hinausgeflogen wird; manchmal erfolgt die An- und Abreise auch mit dem Geländewagen.

Einige Straßen sind schlammig und gefährlich. Man muss sich gut überlegen, ob man wirklich über Land reisen will, und sollte diesen Ausflug in den feuchtesten Monaten (Jan.–April) nicht einmal in Erwägung ziehen.

MATT MUNRO/LONELY PLANET ©

1. *Chicharrón*, Trujillo **2.** Gegrilltes Alpaka **3.** *Caldo de gallina* **4.** Straßenstand mit *anticuchos*, Lima

ANASTASIYA KOTELNYK/SHUTTERSTOCK ©

Andine Küche

Die andine Küche erfährt gerade einen echten Hype. Seit der bekannte Chefkoch Virgilio Martínez sein Restaurant inklusive des „Lebensmittellabors" MIL (S. 265) in Moray eröffnet hat, kommt die große Vielfalt an regionalen Zutaten nun nicht mehr nur in der ländlichen Küche, sondern auch in Gerichten für Jedermann zum Einsatz. Und das ist gar nicht teuer. Andere Orte wie Ollantaytambo und Cusco sind dem Beispiel gefolgt und besinnen sich auch auf ihre kulinarischen Wurzeln.

Typisch für Cusco ist der Sonntagsspaziergang auf dem Land samt Mittagessen. Die Einheimischen pilgern dafür in die Orte südlich der Stadt: Tipón ist *die* Adresse schlechthin, um *cuy* (Meerschweinchen) zu essen, Saylla ist die Heimat des *chicharrón* (frittiertes Schweinefleisch) und Lucre ist bekannt für seine Ente.

In lokalen Restaurants, auf den Straßen und bei Festen hält man am besten nach folgenden Gerichten und Getränken Ausschau:

Anticucho Rinderherz am Spieß mit einer Kartoffel als krönendem Abschluss ist der perfekte Straßensnack am Abend.

Caldo de gallina Gesunde, herzhafte Hühnersuppe – das lokale Geheimrezept gegen Kater.

Cañazo Illegal gebraute Versionen dieses stark alkoholhaltigen Zuckerrohrgetränks sind seit jeher Spaßgarant auf jedem Dorffest. Die neue Brennerei Caña Alta in Ollantaytambo stellt eine qualitativ hochwertige Craft-Version her, mit der sich hervorragende Cocktails mischen lassen.

Chicharrónes Viel schmackhafter als die simple Summe seiner Zutaten: frittiertes Schweinefleisch mit Mais, Minzblättern, Bratkartoffeln und Zwiebeln.

Choclo con queso Im Heiligen Tal bekommt man große helle Maiskolben mit einem quietschenden Stück Käse.

Cuy Meerschweinchen, die zu Hause mit Getreide aufgezogen wurden – mehr „bio" geht fast nicht. Man kann auch *cuy*-Filet (ohne Kopf und Pfoten) bestellen.

Gegrilltes Alpaka Das zarte, sehr proteinreiche Fleisch ist auch noch mager und äußerst lecker. In den gehobeneren Restaurants liegt es gerade voll im Trend.

Lechón Zum knusprigen Spanferkel werden *tamales* (Maiskuchen) serviert.

Von Cusco nach Ivochote

Kurz hinter Ollantaytambo verlässt die Straße das immer enger werdende Heilige Tal und klettert steil hinauf zum 4350 m hohen Abra-Málaga-Pass. Von dort führt die schwindelerregende, malerische und größtenteils nicht asphaltierte Route direkt ins Amazonasbecken hinab. Im staubigen **Santa María** haben einige Busgesellschaften ihre Büros, außerdem gibt's ein paar sehr schlichte *hospedajes* (kleine familiengeführte Gasthöfe) und Restaurants. Santa Maria liegt an der Gabelung, wo man entweder nach Santa Teresa abbiegt und der Nebenstraße nach Machu Picchu folgt oder die Straße hinab nach Quillabamba nimmt.

Santa Teresa

☎084 / 1800 EW. / 1900 M

Santa Teresa gilt schon seit Langem als Hintertür nach Machu Picchu und zieht vor allem Budgetreisende an, die hoffen, hier ein paar Soles sparen zu können. Der Ort wartet aber im unmittelbaren Umland mit eigenen lohnenswerten Attraktionen auf, etwa den heißen Quellen von Cocalmayo und der Zipline von Cola de Mono.

Aufgrund von wiederholten Überschwemmungen und einem Erdrutsch im Februar 2015, der die einzige Brücke der Stadt mit sich riss, wirkt Santa Teresa immer noch provisorisch zusammengezimmert. Wegen dieser Anfälligkeit für Naturkatastrophen kämpft es um einen Platz in der Tourismusindustrie. Die meisten Gebäude im winzigen Ortszentrum sind Fertigrohbauten, die als Soforthilfe dienten. Die robusteste Konstruktion im Ort ist skurrilerweise die eigenartige Statue auf der Plaza de Armas.

Wer von hier aus Machu Picchu besuchen möchte, muss gut planen, um einen Zug zu erwischen, man kann aber auch zu Fuß den Schienen entlang gehen. Zugtickets können nur für denselben Tag gekauft werden. In der Hauptsaison sind die Eintrittstickets für Machu Picchu meist schnell vergriffen. In der Regenzeit sollte man Santa Teresa nicht besuchen, da man durch Erdrutsche im Ort eingeschlossen werden kann.

> **SICHER UNTERWEGS IM DSCHUNGEL**
>
> Da Drogenhändler in manchen Dschungelgegenden zuletzt wieder aktiver geworden sind, können sich die empfohlenen Reise- und Wanderrouten ändern. Die Regierung hat die Militärpräsenz in diesen Gebieten erhöht und eine Militärbasis in Kiteni eingerichtet. Dennoch sollte man vorab mit erfahrenen Guides und Tourveranstaltern oder objektiven Organisationen sprechen. Zu den eventuell betroffenen Gebieten gehören Vilcabamba, Ivochote, Kiteni und das Umland. Die Situation kann sich aber jederzeit ändern. Es ist wichtig, gute, verantwortungsbewusste Guides aus der Gegend zu buchen, die Situationen vor Ort richtig zu deuten wissen und Hilfe anbieten können. Auf keinen Fall allein losziehen!

Aktivitäten

Cola de Mono ABENTEUERSPORT
(☎084-50-9742, 984-992-203; www.canopyperu.com; 2 Std. Ziplining 160 S, Rafting 150 S) Südamerikas höchste Zipline ist ein Muss für Adrenalinjunkies. Die Strecke ist insgesamt 2500 m lang und umfasst sechs Abschnitte, entlang derer man hoch über dem spektakulären Sacsara-Tal durch die Luft saust. Die Besitzer der Cola de Mono Treehouses, alteingesessene Flussführer, bieten außerdem halbtägige Raftingtouren auf dem spektakulären, bisher wenig genutzten Fluss Santa Teresa an, bei denen man in Baumhäusern oder Zelten übernachtet.

Um hierherzukommen, geht's vom Ort aus 2 km zu Fuß gen Osten immer der Straße nach (30 Min.). Alternativ nimmt man ein Taxi.

Baños Termales Cocalmayo THERMALQUELLEN
(Eintritt 10 S; ⏲Mi, Do & Sa–Mo 7–23 Uhr, Di & Fr ab 13 Uhr) Diese wunderbaren heißen Quellen gelten als Sehenswürdigkeit von Weltklasseniveau. Für Entspannung sorgen riesige heiße Pools und natürliche Duschen, zudem werden vor Ort Bier und Snacks verkauft, sodass man es sich gut gehen lassen kann.

Die Thermalbecken liegen gut 4 km außerhalb der Stadt. Gegen 15 Uhr erwischt man eigentlich immer ein *colectivo* von Santa Teresa nach Cocalmayo, denn dann machen sich die Fahrer auf den Weg, um die Inka-Trail-Wanderer aus Santa María einzusammeln. Ansonsten muss man einen staubigen Spaziergang ohne Schatten und begleitet von viel zu schnell fahrenden Autos ertragen oder man nimmt ein Taxi von Santa Teresa aus. Mittlerweile wurden die bei der Überschwemmung im Jahr 2010 zerstörten herrlichen Wasserbecken restauriert, doch die Zeltplätze sind leider nach wie vor nicht nutzbar.

Schlafen

Yellow River Lodge LODGE **$$**
(☎984-890-028; www.quellomayo.com; Quellomayo; EZ/DZ ohne Bad inkl. Frühstück 135/270 S) Bei der gemütlichen Lodge in Quellomayo, 30 Minuten außerhalb von Santa María an der Alternativroute nach Machu Picchu, handelt es sich um einen einladenden familiengeführten Homestay auf einer Bio-Farm, die Kaffee, Schokolade und tropische Früchte anbaut. Die schlichten Zimmer haben bunte Wände und komfortable Betten, doch den Großteil der Zeit verbringt man vermutlich trotzdem damit, die üppige Natur draußen zu erkunden. Auf Wunsch gibt's Hausmannskost zu essen.

Wer sich für Kaffee interessiert, kann vor Ort an einem Röst-Workshop teilnehmen.

Um hierher zu gelangen, fährt man mit dem Bus von Cusco nach Santa María (30 S, 4 Std.) und nimmt dort ein Taxi (50 S) oder wandert entlang des alten Inka-Trails. Genauere Infos, auch über Verkehrsmittel in der Region, bietet die Webseite.

Cola de Mono Treehouses HÜTTE **$$**
(☎984-992-203, 084-50-9742; www.canopyperu.com; DZ/FZ im Baumhaus inkl. Frühstück 200/250 S, Zelten 25 S/Pers.) Lust auf eine Nacht in den Baumwipfeln mit Blick auf das Sacsara-Tal? Die Zimmer mit ihren rundum verlaufenden Fenstern und eigenen Bädern hängen 2 m über dem Boden. Wer zelten möchte, kann seine eigene Ausrüstung mitbringen oder die Zelte mit Luftmatratze und Bettzeug vor Ort benutzen. Um sich etwas zu gönnen, mietet man den Whirlpool (150 S) und isst in dem viel gelobten hauseigenen Restaurant zu Abend. Vor Ort gibt's auch ein Abenteuerzentrum und hervorragende Wandermöglichkeiten.

Eco Quechua LODGE **$$**
(☎984-756-855, 084-63-0877; www.ecoquechua.com; Sauce Pampa; DZ inkl. Frühstück 265 S; 📶) In dieser reetgedeckten Lodge direkt vor den Toren Santa Teresas erhält man Einblick ins Dschungelleben. Wer möchte, kann Abenteuertouren buchen, u. a. nach Machu Picchu. Die Zimmer sind mit Moskitonetzen ausgestattet, Insektenschutzmittel braucht man aber trotzdem. Die Open-Air-Wohnstube ist von dichter Vegetation umgeben, rustikal und teuer, dafür jedoch zweifellos die atmosphärischste Bleibe der Gegend. Eine witzige Option für Gruppen.

Praktische Informationen

Da es in Santa Teresa weder Banken noch Geldautomaten gibt, sollte man unbedingt ausreichend Bares mitnehmen! Andernfalls muss man seine Dollars vielleicht zu extrem ungünstigen Kursen wechseln.

An- & Weiterreise

NACH CUSCO

Von Cusco aus gibt es keine Direktbusse nach Santa Teresa. Man muss zuerst vom Santiago-Terminal in Cusco in einen Bus nach Quillabamba steigen und bis Santa María (25–35 S, 5 Std.) fahren. Dort steigt man in ein lokales *combi* oder *colectivo* (15 S, 1 Std.) nach Santa Teresa um. Wenn man sich ansieht, wie die Fahrer dieser Kleinbusse und Transporter die kurvige, unbefestigte Straße entlangheizen, könnte man fast glauben, sie hätten früher mal bei der Formel 1 mitgemacht. Am besten sucht man sich einen Fahrer aus, der einen etwas gediegeneren Eindruck macht, denn die ganze Sache geht gehörig auf den Magen.

Mittlerweile gibt es private Kleinbusse, die von Reisebüros in Cusco organisiert werden und fast täglich von Cusco aus direkt nach Santa Teresa und dem Wasserkraftwerk (hin & zurück 90 S) fahren. Unterwegs gibt's einen Halt an der Plaza in Ollantaytambo. Passagiere werden in Cusco direkt am Hotel abgeholt. Am besten informiert man sich im eigenen Hotel oder in einem renommierten Reisebüro. Der Touranbieter will sorgfältig ausgewählt werden. So sollte man sichergehen, dass er eine Lizenz besitzt und bekannt für das Einhalten von Zeitplänen ist.

Combis direkt nach Quillabamba (2 Std.) starten alle 15 Minuten an der Plaza de Armas in Santa María. *Colectivos* nach Santa María fahren regelmäßig am Busbahnhof ab.

NACH MACHU PICCHU

Züge nach Machu Picchu fahren vom Wasserkraftwerk 9,4 km von Santa Teresa entfernt ab. Bahntickets für diese Route sind ausschließlich beim **Fahrkartenbüro** (⌚ tgl. 5–7.30 & 12–16.30 & Mi, Fr & So 19–21 Uhr) im *mercado* (Markt) von Santa Teresa für denselben Tag oder am Wasserkraftwerk erhältlich.

Die 13 km lange Zugfahrt nach Aguas Calientes dauert 45 Minuten. Die meisten Züge sind ausschließlich Einheimischen vorbehalten, die auch einen geringeren Fahrpreis bezahlen. Die Touristenzüge von **Peru Rail** (einfache Strecke 33 US$) fahren täglich um 7.54, 14.50 und 17.10 Uhr hier los. Inca Rail plant, diesen Service ebenfalls irgendwann anzubieten. Man sollte eine

Stunde vor Abfahrt am Busbahnhof sein, um noch ein *combi* (7 S, 25 Min.) zu erwischen.

Obwohl es als gefährlich gilt, gehen Hunderte Traveller lieber entlang der Gleise vom Wasserkraftwerk bis nach Aguas Calientes. Das ist natürlich unschlagbar günstig, dafür stehen einem zwei bis drei staubige, schweißtreibende Stunden bevor. Wenn man gesundheitliche Probleme hat oder wenn Kinder dabei sind, wird von dieser Option dringend abgeraten.

Diese Route ist auch Teil einiger angebotenen Multisport-Touren.

Quillabamba

☎084 / 30 500 EW. / 1050 M

Willkommen im Dschungel! Quillabambas tropische Atmosphäre ist regelrecht greifbar. Nach 9 Uhr wird es drückend heiß, die ganze Nacht über plärrt Musik aus Lautsprechern und in den meisten Hotels und Restaurants scheint die Zeit stehen geblieben zu sein.

Der Ort selbst bietet wenig Sehenswertes, deshalb verirren sich kaum Besucher hierher. Dafür liegen einige natürliche Sehenswürdigkeiten gleich vor der Haustür. Als Geschäftsviertel von Quillabamba dienen eher die Straßen nördlich und südlich des Mercado Central als die ziemlich verschlafene Plaza de Armas.

Aktivitäten

Balneario de Sambaray SCHWIMMEN

(Sambaray; Eintritt 3 S; ⏲9–17 Uhr) Die Einheimischen sind zu Recht stolz auf Sambaray, eine hübsche Anlage mit Schwimmbecken, Liegewiesen, Bars und einem recht guten Forellenrestaurant. Mit dem *mototaxi* (4 S) ist es vom Zentrum aus in 10 Minuten zu erreichen.

Geführte Touren

Roger Jara GEFÜHRTE TOUREN

(rogerjaraalmiron@hotmail.com) Ausflüge zu allen Hauptattraktionen sowie in die wenigen unberührten Dschungelgebiete bei Quillabamba. Roger führt Besucher auch durch die beiden großen Touristenmagneten der Gegend, Pongo de Mainique und Vilcabamba, und spricht ein wenig Englisch. Kontaktaufnahme nur über E-Mail.

Schlafen & Essen

Hostal Don Carlos HOTEL $

(☎084-28-1150; www.hostaldoncarlosquillabamba.com; Jirón Libertad 556; EZ/DZ 75/110 S; @☎) Das Hotel im Kolonialstil liegt einen halben Block von der Plaza de Armas entfernt und hat ein eigenes Café sowie helle, großzügig geschnittene Zimmer mit Warmwasserduschen und Minibars, alles rund um einen sonnigen Innenhof.

Pizzería Carlo PIZZA $

(☎084-28-1558; Jr Espinar 309; Pizzas ab 18 S; ⏲Di–So 18–22.30 Uhr) Hier kommen Holzofenpizzas und großzügige Lasagneportionen auf den Tisch. Abends ist es ein beliebter Treffpunkt für Einheimische.

An- & Weiterreise

Am Ende der Plaza de Banderas nach rechts abbiegen. Dort warten die Minivans (35 S, 4½ Std.) nach Cusco. Einen Block dahinter liegt der *Terminal Terrestre* (Busbahnhof). Busse nach Cusco (25 S) starten dort mehrmals täglich vor 8 und zwischen 13.30 und 21 Uhr. Minivans fahren frühmorgens und abends. Alle halten unterwegs in Ollantaytambo und Urubamba, man bezahlt jedoch unabhängig davon, wo man aussteigt, den gesamten Fahrpreis.

Folgt man der Torre vier Blocks nach Süden an der Plaza Grau vorbei bis zur Plaza de Banderas, findet man dort Transportmittel nach Huancacalle (15 S, 3 Std.). Minivans fahren außerdem vom Marktviertel in Quillabamba zu den tiefer im Dschungel gelegenen Orten Kiteni (3–6 Std.) und Ivochote (6–8 Std.).

Huancacalle

☎084 / 300 EW. / 3200M

Dieses friedliche schöne Örtchen ist vor allem als Startpunkt für Trekkingtouren nach Vilcabamba bekannt, wobei man von hier aus auch noch viele andere Wanderungen mit einer Länge von drei bis zehn Tagen unternehmen kann – z. B. nach Puncuyo, Inca Tambo, Choquequirau und nach Machu Picchu. Vor jeder Wanderung sollte man die Sicherheitslage in der Region überprüfen.

Huancacalles größtes Gebäude, das **Hostal Manco Sixpac** (☎Zweigstelle in Cusco 971-823-855; ohne Bad 20 S/Pers.) wird von der Familie Cobos geleitet, deren Mitglieder als Guides arbeiten und Mulis sowie andere Führer vermitteln. Es gibt zudem Warmwasserduschen – eine Seltenheit in dieser Gegend.

An- & Weiterreise

Von Cusco aus fahren keine Direktbusse nach Huancacalle. Man nimmt am Santiago-Terminal in Cusco einfach einen Bus nach Quillabamba via Santa María (25 S, 4½ Std.). In Quillabamba folgt man der Torre vier Blocks nach Süden an der

Plaza Grau vorbei bis zur Plaza de Banderas. Dort findet man Transportmittel nach Huancacalle (15 S, 3 Std.). Diese fahren meist früh am Morgen oder am späten Nachmittag los.

Vilcabamba

Eigentlich suchte Hiram Bingham nach Vilcabamba, der „verlorenen Stadt der Inka" (auch Espíritu Pampa genannt), als er zufällig Machu Picchu entdeckte. Manco Inca und seine Leute flohen in dieses Dschungelrefugium, nachdem sie von den Spaniern 1536 in Ollantaytambo besiegt worden waren. Die lange Wanderung in geringer Höhe über eine zerklüftete Route nimmt vier bis neun Tage in Anspruch und umfasst viele steile Auf- und Abstiege, bevor der Weg schließlich in Vilcabamba auf 1000 m über dem Meeresspiegel endet. Los geht's entweder in Huancacalle oder in Kiteni.

Eventuell ist die Gegend nicht sicher. Deswegen ist es ratsam, sich vorab bei sachkundigen Guides und Touranbietern in Cusco über die Lage zu informieren.

Von Cusco nach Puerto Maldonado

Die mittlerweile asphaltierte Straße von Cusco nach Puerto Maldonado ist fast 500 km lang und Teil der Interoceánica, die die Ost- und Westküste Südamerikas verbindet. Schon in der Trockenzeit dauert die Fahrt einen Tag, deshalb ziehen es viele Traveller vor zu fliegen.

Zahlreiche Busgesellschaften starten täglich zwischen 15 und 16.30 Uhr von Cuscos *Terminal Terrestre* nach Puerto Maldonado. CIVA (40–70 S, 10 Std., Abfahrt 21 Uhr) ist die beste Option. Wer die Fahrt zwischendurch unterbrechen möchte, sollte dies in Ocongate oder Quince Mil tun, wo es einfache Unterkünfte gibt.

Bis kurz hinter Urcos ist die Strecke die gleiche wie nach Puno. Dort beginnt die Straße nach Puerto Maldonado. 75 km bzw. 2½ Stunden von Cusco entfernt befindet sich der Hochlandort **Ocongate** mit ein paar schlichten Hotels rund um die Plaza.

Eine Stunde hinter Ocongate erreicht man das Dorf **Tinqui**. Hier beginnt die spektakuläre siebentägige Wanderung rund um den Ausangate (6384 m), Südperus höchsten Berg.

Hinter Tinqui fällt die Straße immer weiter ab und führt schließlich nach **Quince Mil**, 240 km von Cusco entfernt und weniger als 1000 m über dem Meeresspiegel. Der Ort liegt auf halbem Weg der Reise und ist ein Goldabbauzentrum. Oft sind alle Zimmer des Hotels besetzt. Nach weiteren 100 km erreicht man das Tiefland. Von dort sind es noch 140 km bis Puerto Maldonado.

Ausangate

An klaren Tagen sieht man von Cusco aus den schneebedeckten Ausangate (6384 m), den höchsten Berg Südperus. Die Trekkingtour um seinen Rand ist die herausforderndste Bergwanderung der Region. Sie dauert vier bis sechs Tage und führt über vier hohe Pässe (zwei davon über 5000 m). Los geht's in der sanft geschwungenen braunen *puna* (Weideland auf dem Andenplateau, auch Altiplano genannt). Unterwegs kommt man durch eine erstaunlich vielfältige Landschaft einschließlich bizarrer Eisgipfel, Gletscher, türkisfarbener Seen und grüner sumpfiger Täler. Außerdem sieht man Alpakaherden und seit Jahrhunderten unveränderte Dörfer.

Bei Tinqui, dem Start- und Endpunkt der Tour, locken warme Mineralquellen und ein schlichtes Hotel. Für 50 S pro Tag kann man Maultiere und *arrieros* (Mulitreiber) anheuern. Eine organisierte fünftägige Wanderung mit Übernachtungen im Zelt und spezialisierten Guides aus Cusco kostet rund 750 US$. Die Luxusvariante mit Unterkunft in Hütten bietet Andean Lodges (S. 237).

VON CUSCO INS ZENTRALE HOCHLAND

Von Cusco nach Abancay

Auf der vierstündigen und 200 km langen Fahrt von Cusco nach Abancay passiert man herrliche, wenig bekannte Ruinen und heiße Quellen. Hier bietet sich die perfekte Gelegenheit, den Touristenmassen zu entkommen. Wen die Ruinen nicht interessieren, für den wird es wohl einfach eine lange Busfahrt werden, für die man aber durch die unglaublich schöne Andenlandschaft entschädigt wird. Unterwegs kommt man auch an der Abzweigung nach Cachora vorbei, dem Ausgangspunkt der Wanderung zu den Ruinen von Choquequirau.

1

2

1. Plaza de Armas (S. 215), Cusco
Der Platz, das Nervenzentrum der Stadt, ist von Arkaden aus der Kolonialzeit umgeben.

2. Webarbeiten, Cusco (S. 248)
Die Region um Cusco ist für in Genossenschaften hergestellten Webarbeiten bekannt.

3. La Catedral (S. 215), Cusco
Die Kathedrale ist heute eine der wichtigsten Fundgruben für koloniale Kunst.

4. Rainbow Mountain (Vinicunca; S. 297)
Die Streifen aus farbigen Mineralien machten Fotos des Bergs zu viralen Hits.

4

ALLEN.G/SHUTTERSTOCK ©

EMPERORCOSAR/SHUTTERSTOCK ©

3

SCHUSTERBAUER.COM/SHUTTERSTOCK ©

DIE Q'OYORITI-WALLFAHRT

Flüsse und Berge sind für die Andenbewohner *apus* (geheiligte Gottheiten) im Besitz der so bedeutenden Macht *kamaq*. Ausangate (S. 291), mit 6384 m der höchste Berg der Region, gilt als wichtigster *apu* und ist Gegenstand zahlreicher Legenden. Er wird als *pakarina* (mythischer Platz heiligen Ursprungs) der Lamas und Alpakas betrachtet und wacht über die Gesundheit sowie Fruchtbarkeit dieser Tiere. Auf seinen frostigen Höhen sollen verdammte Seelen als Strafe für ihre Sünden herumirren.

Auf dem Berg findet Ende Mai oder Anfang Juni zwischen Christi Himmelfahrt und Fronleichnam das traditionelle Q'oyoriti (Stern des Schnees; S. 233) statt. Offiziell dreht sich alles um die vereiste Christuserscheinung im Jahr 1783, doch in erster Linie handelt es sich um eine Feier zur Besänftigung der *apu*. Q'oyoriti besteht aus mindestens vier Tagen Musik und Tanz. Zu dem schwindelerregenden Spektakel gehören nicht nur aufwendige Kostüme und Tänze, sondern auch Lamaföten und gegenseitiges Auspeitschen, Blasmusik, Feuerwerk und Weihwasser. Ungewöhnlicherweise ist Alkohol verboten. Wer sich nicht danach richtet, wird ausgepeitscht von Männern, die als *ukukus* (Berggeister) gekleidet sind, weiße Masken tragen, um ihre Gesichter zu verbergen und für Recht und Ordnung sorgen.

Viele *cuzqueños* (Bewohner Cuscos) glauben daran, dass man einen Herzenswunsch frei hat, wenn man dreimal an Q'oyoriti teilnimmt. Pilger kaufen an den Buden am Pilgerweg eine *alacita* (Miniatur) von Häusern, Autos, Lastwagen, Tankstellen, Uniabschlüssen, Führerscheinen oder Geld. Diese werden in der Kirche gesegnet. Das macht man in drei aufeinanderfolgenden Jahren und wartet ab, was passiert.

An den Feierlichkeiten kann nur teilnehmen, wer den Berg drei oder mehr Stunden hinaufsteigt, traditionell in den frühen Morgenstunden. Die scheinbar endlose Menschenschlange, die still den Pfad hinauf- bzw. hinabläuft und hinter einer Biegung im Berg verschwindet, gilt als unvergesslicher Anblick, ebenso wie das gespenstische weltferne Fest. Die Tatsache, dass alle nüchtern sind, gibt dem Ganzen eine ganz besondere Stimmung. Statt auf Touristen trifft man hier vor allem auf traditionell gekleidete *campesinos* (Bauern), die eventuell ganz aus dem Häuschen sind, wenn sie einen Ausländer entdecken!

Q'oyoriti findet in einer Höhe von 4750 m statt, wo Gletscher ins Sinakara-Tal hinabfließen. Es ist gnadenlos kalt und es gibt keine Infrastruktur, sondern nur eine große schöne Kirche mit blinkenden Lichtern rund um den Altar und einem Bild von El Señor de Q'oyoriti (Der Christus von Q'oyoriti). Leider sind die Behelfstoiletten eine Qual. Außerdem entsteht vor Ort ein blaues Plastikmeer aus Restaurants, Buden und Zelten, die zu Fuß oder per Esel hinaufgetragen und am Fuß eines Gletschers aufgebaut werden – und das jedes Jahr aufs Neue zu Ehren zweier widersprüchlicher, aber dennoch nebeneinander existierender Religionen im Rahmen eines Festivals mit Tanz und Kostümen, an dessen Ursprung sich niemand mehr erinnert.

Sehenswertes & Aktivitäten

Tarawasi RUINEN

(Limatambo; ☎ Cusco 084-58-2030; Eintritt 10 S) Limatambo ist nach der Inka-Stätte Rimactambo benannt, ist aber besser unter dem Namen Tarawasi bekannt. Sie wurde als zeremonielles Zentrum und als Rastplatz für *chasquis* (Inka-Läufer, die Botschaften über weite Entfernungen übermittelten) genutzt. Die Reise von Cusco lohnt schon für die außergewöhnliche polygonale Stützmauer mit 28 Nischen in Menschengröße. Auf der Wand unterhalb erkennt man inmitten des Flickwerks von perfekt ineinandergreifenden Steinen Blumenmuster und ein neunseitiges Herz.

Limatambo, 80 km westlich von Cusco und 115 km östlich von Abancay, liegt direkt an der Straße.

Saihuite ARCHÄOLOGISCHE STÄTTE

(☎ Abancay 083-32-1664; Eintritt 10 S) Der Inka-Ort Saihuite 45 km östlich von Abancay birgt einen großen, aufwendig behauenen Steinblock, der Stein von Saihuite genannt wird. Er ähnelt dem berühmten Stein von Q'enqo bei Cusco, ist aber kleiner und feiner gearbeitet. Die hineingemeißelten Tiere sind besonders aufwendig gestaltet.

Reist man mit dem Bus auf der Route Cusco-Abancay an, bittet man den Fahrer, an der Kreuzung zu den Ruinen zu halten, und geht von dort aus 1 km hügelabwärts.

Cconoc HEISSE QUELLEN

(☎ Abancay 083-32-1664; Eintritt 20 S; ⏲ 24 Std.) Die natürlichen Thermalbäder von Cconoc erreicht man nach einem 3 km langen Fußmarsch bergab, der an einer Abzweigung von der Hauptstraße beginnt, die 10 km östlich des kleineren Verkehrsknotenpunkts Corahuasi (85 km östlich von Abancay) liegt. Zu der Anlage gehören ein Restaurant, eine Bar, Taxis und ein einfaches Hotel.

An- & Weiterreise

Während der Busfahrt nach Abancay kann man zwischendurch einfach aus- und einsteigen, eine oder zwei der Stätten besichtigen und so einen echten Tagesausflug daraus machen. Los geht's in der Arcopata in Cusco mit einem *colectivo* nach Limatambo (12 S, 2 Std.).

Cachora

Das verschlafene und hübsche Cachora ist ein traditionelles Bauerndorf mit kolonialen Wurzeln. Cusco und die Touristenscharen scheinen hier Welten entfernt. So langsam wird das Dienstleistungsangebot jedoch erweitert, da Cachora der beliebteste Ausgangspunkt für Wanderungen nach Choquequirau ist. Geldautomaten sucht man hier vergebens, man muss also genug Geld mitbringen, um den Aufenthalt hier und den Trek zu finanzieren.

Schlafen & Essen

Viele Essensoptionen gibt's hier nicht. Am besten, man isst in seiner Unterkunft.

Casa Nostra PENSION $

(☎ 958-349-949; www.choquequiraotrekk.com/en/; Weg nach Choquequirau s/n; B 35–45 S, DZ/3BZ inkl. Frühstück 100/120 S; 📶) Die von einem peruanisch-italienischen Paar geleitete Lodge gleich hinter Cachora am Weg nach Capuliyoc ist ein toller Rückzugsort für Choquequirau-Wanderer. Der Blick auf das Tal ist ein Traum und die Zimmer sind geräumig und makellos sauber. Eine Heizung gibt es nicht, dafür eigene Bäder und elektrische Duschen. Zum Frühstück werden Eier und Pfannkuchen serviert, zu anderen Zeiten stehen weitere Gerichte auf der Karte. Verleiht auch Campingausrüstung und kann Guides und Maultiere organisieren.

Hostal Casa de Salkantay PENSION $

(☎ 984-281-171; www.salkantay.com; Weg nach Choquequirau s/n; inkl. Frühstück 60 S/Pers.; 📶) Diese zweistöckige Lodge liegt am Ortsrand von Cachora mit Blick auf das Tal unterhalb und hat hübsche Zimmer mit elektrischen Duschen. Gerichte gibt's auf Vorbestellung. Die Pension ist umgeben von einem blumenreichen Garten mit Sitzgelegenheiten. Die Pension liegt in einer Haarnadelkurve an der Straße nach Capuliyoc.

An- & Weiterreise

Cachora erstreckt sich 15 km abseits der Schnellstraße von derselben Abzweigung aus, die auch nach Saihuite führt. Im Ortskern starten unregelmäßig Fahrzeuge nach Abancay (12 S, 2 Std.).

In Cusco fahren in der Arcopata Sammeltaxis (50 S, 4 Std.) nach Cachora ab. Alternativ nimmt man einen beliebigen Bus von Cusco nach Abancay und steigt in Saihuite aus. Dort finden sich manchmal private Taxis (60–90 S). Die Gegend hier ist ziemlich verlassen, man sollte also nicht nach Einbruch der Dunkelheit ankommen, denn dann fahren aus Sicherheitsgründen nur noch wenige Fahrzeuge.

Wer bereits weiß, wo er übernachten wird, kümmert sich am besten vorab um eine Abholung, da man bei der Ankunft möglicherweise keinen Handyempfang hat.

Choquequirau

Die abgeschiedenen, beeindruckenden und noch nicht vollständig freigelegten Ruinen von Choquequirau werden oft als Mini-Machu-Picchu bezeichnet. Die atemberaubende Stätte an der Mündung dreier Flüsse ist aktuell nur über eine anstrengende viertägige Wanderung (hin & zurück) zu erreichen – um es besser genießen zu können, sollte man allerdings mehr Zeit einplanen.

Viele wittern hier die nächste große Attraktion des Inka-Ruinen-Tourismus. Tatsächlich hat die peruanische Regierung bereits den umstrittenen Bau einer Straßenbahn (der ersten des Landes) mit einer Kapazität von 3000 Besuchern pro Tag beschlossen. Dadurch wird die entlegene Stätte nur noch 15 Minuten von der nächsten Schnellstraße entfernt sein. Umweltschützer sorgen sich über mögliche Folgen.

Vorerst kann man die Stätte aber noch ohne Touristenmassen genießen. Die Wanderung wird von den meisten Reisebüros in Cusco angeboten, es ist aber auch möglich, sie selbst zu organisieren. Allerdings ist zu beachten, dass der Weg abgelegen und sehr steil und dadurch eine echte Herausforderung ist, besonders, wenn man einen schweren Rucksack dabei hat.

Sehenswertes

Die Erkundung dieser weitläufigen Stätte nimmt einige Zeit in Anspruch. Wer sich für Archäologie begeistern kann, dem wird der halbe Tag, der bei einer Viertageswanderung für den Besuch der Stätte selbst eingeplant ist, nicht ausreichen.

Mit der steigenden Beliebtheit der Ruinen gehen auch negative Auswirkungen auf die Infrastruktur einher. Da es nur wenig finanzielle Unterstützung für den Erhalt der Stätte gibt, sollte man sich hier unbedingt mit Vorsicht bewegen.

Die Guides halten nicht immer detaillierte Infos zur Stätte bereit. Deshalb lohnt es sich, das Taschenbuch *Machu Picchu's Sacred Sisters: Choquequirao & Llactapata* von Gary Ziegler mitzunehmen. Auch Peter Frosts *Exploring Cusco* hat hilfreiche Infos.

★ Parque Arqueológico Choquequirao — ARCHÄOLOGISCHE STÄTTE

(Eintritt 60 S) Der Name dieser abgelegenen Inka-Stätte (3050 m) in den Bergen von Vilcabamba oberhalb des Río Apurímac bedeutet übersetzt „Wiege des Goldes“. Die Ähnlichkeit mit Machu Picchu ist offensichtlich. Die Ruinen stehen auf einer riesigen Fläche von 6 km² und sind zu ca. 30 % ausgegraben. Darunter sind ganze Gebäude, ein **eingeebneter Zeremonialbereich** sowie riesige Aquädukte und Terrassen. Choquequirau war im 15. und 16. Jh. bewohnt, also etwa während der Herrschaft von Pachacutec und seinem Sohn Tupac Yupanqui. Das Zelten ist kostenlos.

Lama-Terrassen — RUINEN

Diese steilen Terrassen an der Rückseite der Ruinen bestehen aus einem einzigartigen Mauerwerk, das jenem, das in den Ruinen von Chachapoyas im Norden Perus entdeckt wurde, stark ähnelt. Diese unglaublichen Mauern sind einzigartig. Sie zeigen 22 weiße Lamas in nach unten versetzter Anordnung sowie einen einzelnen Hirten am Fuß der Terrassen. Ihnen wird auch eine mögliche astronomische Bedeutung zugeschrieben.

Zu erreichen sind sie über die Rückseite der **plaza inferior** (unterer Platz). Hier muss man besonders vorsichtig sein. Der steile Abstieg hinunter zur Aussichtsplattform dauert 20 Minuten.

Aktivitäten

Wandern

In Cusco bieten verschiedene Veranstalter die geführte viertägige Wanderungen an (durchschnittlich 500–750 US$/Pers.). Die Kosten für einen unabhängigen Guide sind ähnlich. Lastentiere können in Cachora gemietet werden (50 S/Tag für ein Pferd oder Maultier, 50 S/Tag für den Maultiertreiber). Unbedingt darauf achten, dass die Tiere in einer ausreichend guten Verfassung für die Wanderung sind. Das trifft leider nicht auf alle zu. Das Mitführen von Wanderstöcken wird dringend empfohlen.

Wer auf eigene Faust loszieht, findet unterwegs Rastplätze mit organisierten Möglichkeiten zum Zelten inklusive Toiletten und teilweise mit kalten Duschen, überteuertem abgefülltem Wasser, Getränken und einfachen Gerichten oder Proviant (z. B. Pasta oder Tütensuppe). Am besten hat man einen Wasserfilter dabei, da das Wasser unterwegs nicht trinkbar ist. Zudem sollte man immer ausreichend Wasser bei sich tragen, da es nur unregelmäßig die Möglichkeit zum Auffüllen gibt.

Renommierte Veranstalter sind u. a. Alpaca Expeditions (S. 227), Apus Peru (S. 227), Journey Experience (S. 232), Llama Path (S. 227), Peru Eco Expeditions (S. 227), SAS Travel (S. 232) und Wayki Trek (S. 227).

Choquequirau

- **Start** Capuliyoc
- **Ziel** Choquequirau
- **Dauer** 4–5 Tage hin & zurück
- **Länge** 44 km hin & zurück
- **Schwierigkeit** Schwierig

Capuliyoc (2915 m), das sich an einen steilen Hang an der Südseite der Apurímac-Schlucht schmiegt, ist nicht viel mehr als ein Zeltplatz mit ein paar Kiosken, in denen man einfache Gerichte, Wasser und Getränke bekommt. Von hier führt der Weg über grasbewachsene Hänge in Serpentinen hinunter zum Fluss. Diese Seite der Schlucht ist der Witterung stark ausgesetzt und kleine Steinchen können sich jederzeit lösen, deshalb stets vorsichtig sein. An besonders engen Stellen wurden Geländer angebracht, dies gilt aber nur für den Beginn der Wanderung. Die größte Gefahr bergen Pferde und Maultiere. Am besten hält man stets einen Sicherheitsabstand, damit man nicht einen unerwarteten Tritt abbekommt.

Die Route verläuft über eine „neue“ Strecke, was bedeutet, dass dies nicht der Originalweg ist, der von den Inka als Zugang genutzt wurde. Unten in **Cocamasana** verkauft ein Siedler einfaches Essen und

ABSTECHER

RAINBOW MOUNTAIN

Dank der fotogenen Wellen aus Mineralgestein ist der **Rainbow Mountain** (Pampachiri; Eintritt 10 S), der auch unter dem Namen Vinicunca bekannt ist, ein viraler Hit. Dorthin schafft man es nur, wenn man eine gute körperliche Fitness aufweist und bereits an die Höhe gewöhnt ist. Der 10 km lange Rundweg zu einem hochgelegenen Aussichtspunkt direkt gegenüber dem Berg ist zwar nie besonders steil, aufgrund der Höhe (teilweise über 5000 m) aber extrem anstrengend. Man sollte sich beim Aufstieg Zeit lassen. Belohnt wird man außerdem mit einem wunderbaren Blick auf den Ausangate (S. 291).

Auf Einsamkeit hofft man aber vergebens, denn jeden Tag kommen Hunderte Besucher hierher. Ab Cusco fahren Tourbusse für wenig Geld, das kann allerdings bedeuten, dass man in einer großen Gruppe den Berg hinaufgetrieben wird. Am besten fragt man andere Traveller nach ihren Erfahrungen und entscheidet sich für Veranstalter, die Kleingruppen anbieten und auch die Interessen der Kunden im Auge haben. Teilweise ist auch die Übernachtung bei Familien in einfachen Unterkünften in der Nähe möglich. Die wichtigste Zugangsroute führt über Pitumarca, das drei Stunden von Cusco entfernt liegt. Die letzte Stunde fährt man auf einer sehr steilen Straße mit abrupt abfallenden Felsen. Momentan wird auf der anderen Seite des Bergs eine Alternativroute über Cusipata erschlossen. Die Wanderung soll dann nur noch 8 km lang sein und in größerer Höhe starten, die Infrastruktur ist jedoch auf der anderen Seite viel besser entwickelt.

Unbedingt viel Wasser mitbringen, Wanderkleidung tragen und zusätzliche Schichten an Kleidung einpacken. Unterwegs sind kleine Stände aufgebaut, die Tee, Wasser und Snacks verkaufen. Wer möchte, kann sich ein Pferd inklusive einheimischem Treiber mieten (Aufstieg/Abstieg 60/30 S). Wer genug Zeit hat, sollte auch noch im nahe gelegenen Red Valley (10 S, 2 Kontrollpunkte) vorbeischauen. Der Abstecher lohnt sich allemal.

Getränke. Vom Ausgangspunkt geht es drei Stunden bergab nach **Chiquisca** (1900 m), wo sich zwei Zeltplätze befinden. Der erste verfügt über ein Kiosk und aus Stein gemauerte Waschräume mit kalten Duschen. Auf dem nächsten Abschnitt der Wanderung gibt's einige steile, enge Serpentinen mit losem Sand und Felsstücken (immer horchen, ob von oben Steine herunterfallen). Nach weiteren 45 Minuten ist **Playa Rosalina** (1550 m) erreicht, das ebenfalls mit einem Zeltplatz, Kiosk und gemauerten Waschräumen mit Duschen aufwartet. Die Moskitos hier sind grausam, es ist aber ein hübsches Plätzchen am Apurímac mit Blick auf eine solide Brücke aus Metall.

Nach einer Nacht in Chiquisca oder Playa Rosalina empfiehlt es sich, gleich in der Morgendämmerung loszuwandern, um den Aufstieg nicht in der glühenden Hitze machen zu müssen. Auf der anderen Seite der Brücke beginnen die steilen Serpentinen. Aufgrund der dichteren Vegetation auf dieser Seite der Schlucht ist der Weg weniger exponiert und es gibt keine senkrecht abfallenden Wände. Das macht die Sache aber nicht weniger anstrengend. Der steile Anstieg lässt nach etwa 1½ bis zwei Stunden, etwa bei **Santa Rosa I** und **Santa Rosa II**, etwas nach. Diese beiden kleinen Siedlungen liegen 20 Minuten voneinander entfernt und bieten beide Zeltplätze und einfachen Proviant. Vom Flussufer dauert der Weg hinauf nach **Marampata** (2850 m) etwa vier bis fünf Stunden. Das hübsche Dorf am Hang besteht aus einer Handvoll Häuschen umgeben von Geranien. Es gibt die Möglichkeit, privat bei Familien unterzukommen (mit Solarstrom), Kioske und einen Zeltplatz.

Hier wird der Weg deutlich ebener. Bis zum Zeltplatz in **Choquequirau** (3050 m) sind es von hier noch eine bis 1½ Stunden. Am Eingang des Geländes muss sich jeder Besucher an der Zugangsstation registrieren und auch den Eintritt bezahlen. Bereits von hier aus kann man die Ruinen oben am Grat und die östlichen Terrassen sehen, eine atemberaubend steile Anlage, die momentan ausgegraben wird. Die Terrassen wurden ursprünglich nicht zu landwirtschaftlichen Zwecken angelegt, und man geht davon aus, dass sie den Boden vor Erosion schützen sollten. Vom Zeltplatz mit den Toiletten sind es bis zu den eigentlichen Ruinen noch etwa 30 Minuten.

Von dort geht es normalerweise in zwei Tagen zurück nach Capuliyoc, wo man am Morgen des zweiten Tages eintrifft. Da die Wanderung recht anspruchsvoll ist, sollte man sich am besten mindestens fünf Tage für den Hin- und Rückweg Zeit nehmen. Vor Ort wird man froh sein, die Ruinen in aller Ruhe erkunden zu können, denn das Gelände ist sehr weitläufig. Von Choquequirau aus kann man auch auf dem Qhapac Ñan (Inka-Trail) in acht Tagen über Yanama weiter nach Machu Picchu wandern.

An- & Weiterreise

Die Ruinen sind im Rahmen einer zweitägigen Wanderung ab Capuliyoc zu erreichen, das 12 km (2–3 Stunden zu Fuß über eine exponierte, unbefestigte Straße) von Cachora entfernt liegt, dem letzten Ort mit Dienstleistungsangeboten und einem Anschluss ans öffentliche Verkehrsnetz. Für Gruppen kann sich ein Taxi ab Cusco (300 S) lohnen. Organisierte Touren starten in Capuliyoc.

Abancay

083 / 58750 EW. / 2378 M

Das rasch wachsende, ländliche Abancay ist die Hauptstadt des Departamento Apurímac, eine der am wenigsten erforschten Gegenden in den peruanischen Anden. Viel los ist hier nicht, aber Reisende legen hier manchmal eine Pause auf der ermüdenden Busfahrt zwischen Cusco und Ayacucho ein.

In der Jirón Arequipa, der Haupteinkaufs- und Geschäftsmeile, finden sich einige Banken. Sie geht in die Avenida las Arenas über, wo es Restaurants, Cafés und Bars gibt.

Schlafen & Essen

Hotel Saywa HOTEL $
(083-32-4876; www.hotelsaywa.com; Arenas 302; EZ/DZ inkl. Frühstück 65/90 S;) Nette Bleibe mit guten Optionen für Alleinreisende und hübschen Zimmern, die über Parkettböden und TVs verfügen. Es gibt auch eine hauseigene Agentur für Ausflüge.

Quinta Villa Venecia PERUANISCH $$
(083-23-4191; Av Bella Abanquina; Hauptgerichte ab 22 S; Mo–Sa 9–17.30 Uhr) Die kurze Taxifahrt zur Villa Venecia (hinter dem Stadion), dem erwähnenswertesten Restaurant in Abancay, lohnt sich. Hier werden alle nur erdenklichen regionalen Gerichte zubereitet, und das ganz im Sinne des peruanischen Mantras *bueno, barato y bastante* (gut, günstig und viel). Eine Spezialität aus Abancay sind *tallarines* (Spaghetti) und auch die *tamales* sind wunderbar. Es herrscht eine familienfreundliche Atmosphäre.

Praktische Informationen

DIRCETUR (83-32-1664; www.dirceturapurimac.gob.pe; Av Arenas 121, 1. Stock; Mo–Fr 8–11 & 12.30–17 Uhr) Informiert über Attraktionen in der Gegend wie die heißen Quellen von Cconoc und Saihuite.

An- & Weiterreise

An der Ecke Av Nuñez und Garcilazo fahren an der Straße **Fahrzeuge nach Curahuasi** (12 S; 6–16 Uhr) über Saihuite (12 S, 1 Std. 40 Min., 6–16 Uhr) ab. Einige Blocks von der Ecke Av Nuñez und Prado Alto starten **Fahrzeuge nach Cachora** (12 S; 1 Std. 40 Min.; 6–17 Uhr). Alle *colectivos* fahren los, sobald sie voll sind.

Busse nach Cusco, Andahuaylas und Lima starten am **Terminal Terrestre** (Av Pachacutec s/n). Mehrere Busgesellschaften bieten gegen 6, 11 und 23 Uhr Verbindungen nach Cusco (30–50 S, 5 Std.). Darüber hinaus steuern täglich Dutzende Busse Lima (60–185 S, 14–16 Std.) an, vor allem nachmittags und zwischen 22.30 und 24 Uhr. Busse nach Andahuaylas (15 S, 3½ Std.) verkehren gegen 11.30 und 23.30 Uhr. Schneller und komfortabler sind die Minibusse nach Andahuaylas, die Fahrer handeln aber teilweise grob fahrlässig.

Die Terminalgebühr beträgt 1 S. Von hier fahren Taxis ins Zentrum (5 S).

Zentrales Hochland

Inhalt ➡

Gut essen

- La Choza de Omar (S. 302)
- Daylo Cocina Peruana-Fusion (S. 313)
- La Cabaña (S. 321)
- Huancahuasi (S. 321)

Schön übernachten

- Villa Jennifer (S. 308)
- Hacienda La Florida (S. 312)
- Hacienda Santa Maria (S. 312)
- Hotel Presidente Huancavelica (S. 327)
- Via Via Plaza (S. 334)

Auf ins zentrale Hochland!

Wer auf seiner Reise atemberaubende antike Ruinen oder eine unberührte Wildnis sehen möchte, sollte dem felsigen, abgelegenen zentralen Hochland Beachtung schenken. Das Gebiet ist mit bekannteren Zielen in Peru durchaus vergleichbar – und hier sind zudem kaum andere Traveller unterwegs.

In diesem Teil der Anden zeigt sich Peru von seiner peruanischsten Seite, vor allem in den Monaten zwischen Ostern und Juli, in die viele Feste fallen. Reisen in dieser Gegend sind nichts für schwache Nerven, aber Abenteuerlustige erhalten einen besseren Einblick ins hiesige Leben als anderswo: Man knüpft in klapprigen Bussen Kontakte zu Mitreisenden oder wandert hoch in die Berge zu wenig besuchten Inka-Palästen.

In der kargen, schönen Region leben die Menschen von dem, was sie dem Boden abgewinnen. Auf den Straßen gibt's oft mehr Esel als Autos, und in den Gemeinden, aus denen Perus bestes Kunsthandwerk kommt, herrschen die bunten indigenen Trachten vor. Die Berge, zwischen denen sich Seen erstrecken, scheinen das Hochland vom 21. Jh. abzuschirmen.

Reisezeit

Ayacucho

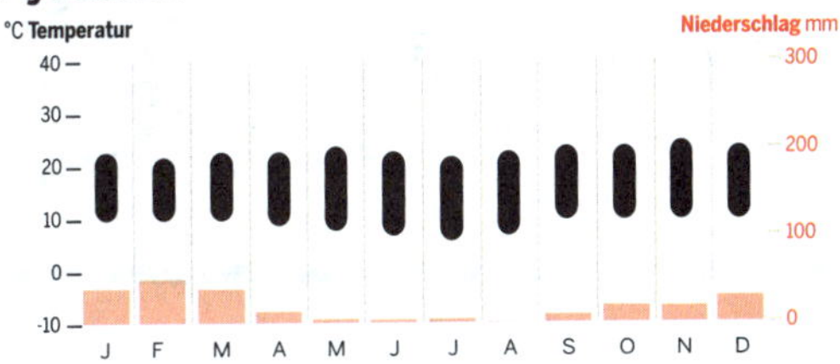

Jan. Huancayo feiert das Año Nuevo (Neujahr) auf skurrile Art; das Wetter ist heiß und regnerisch.

März & April Perus größte und beste Osterparty findet in der Semana Santa in Ayacucho statt.

Juli & Aug. Trocken mit kühlen Nächten – ideal für Grogs und Ruhe in Huancavelicas Thermalbädern.

Highlights

1 Santuario Nacional Huayllay (S. 303) Die unheimlich lebensecht wirkenden Felsformationen bestaunen

2 Tarma (S. 311) Auf einer kolonialen Hazienda in der Gegend dem bäuerlichen Leben vergangener Zeiten nachspüren

3 Santa Rosa de Ocopa (S. 315) In dem Kloster nahe Concepción die Bibliothek mit 25 000 Bänden aus der Kolonialzeit bestaunen

4 Valle del Mantaro (S. 314) In den Dörfern des Tals bei Huancayo nach Kunsthandwerk, z. B. Silberarbeiten und mit Schnitzereien verzierten Flaschenkürbissen, suchen

5 Huancayo (S. 315) Eine tolle Zugfahrt auf einer

von zwei Strecken unternehmen – eine der beiden ist die zweithöchste Strecke der Welt

6 Huancavelica (S. 324) In dieser vergessenen Kolonialstadt Kirchen und Thermalbäder erkunden

7 Ayacucho (S. 328) Beim landesweit besten Semana-Santa-Fest mitfeiern

8 Andahuaylas (S. 339) Zu abgelegenen Ruinen der Inkas und ihrer Vorgänger wandern

DER NORDEN

Willkommen im weißen Fleck auf Perus Karte. Hier fühlt man sich wie bei einer Achterbahnfahrt: Erst wird man in die buchstäblich atemberaubende Höhe der Bergbaustadt Cerro de Pasco hinaufgeschleudert, dann geht's im freien Fall nach Huánuco – gut für einen Abstecher zu fantastischen archäologischen Ausgrabungen –, ehe man weiter abwärts zum tropischen Tingo María am Rande des Dschungels reist.

Canta & Obrajillo

☎01 / 2800 EW. / 2700 M

Canta, ein idyllischer Ort, in dem die Zeit scheinbar stehen geblieben ist, hat einige unterhaltsame Outdoor-Aktivitäten zu bieten, ebenso wie Obrajillo, der genauso winzige Nachbarort ein paar Kilometer den Hügel hinunter. An den Wochenenden kommen Familien aus Lima, um diese sanfte Einführung in das Leben in den Anden zu genießen, aber ansonsten ist es hier sehr ruhig.

Um diese Orte zu erreichen, fährt man von Lima durch die Barackenvorstädte Richtung Nordosten auf dem Hwy 20A in anfangs grünes Gelände. Schnell befindet man sich in dem üppigen Weideland einer der wichtigsten, die Hauptstadt versorgenden Agrarregionen des Landes. Die Talhänge kommen näher, je mehr man sich auf Canta zubewegt, der ersten größeren Ortschaft.

Zu den Highlights in Obrajillo gehören zwei Wasserfälle, die auf kurzen Wanderwegen erreichbar sind, sowie Ausritte in die idyllische Landschaft. Das Dorf ist bekannt für seine Restaurants, die sich einladend am Flussufer ausbreiten. Auf der fünfstündigen Fahrt nach Huayllay und zum Santuario Nacional Huayllay finden sich eine Fahrtstunde nördlich von Canta die faszinierenden Inka-Ruinen von Cantamarca.

Sehenswertes & Aktivitäten

Cantamarca RUINEN

Die eindrucksvollsten von zahlreichen Inka-Ruinen an der Straße oberhalb von Canta sind die Bauten in Cantamarca. Diese kreisrunden Behausungen an dem Berghang rechts von der Straße wurden ab dem frühen 12. Jh. errichtet.

Eine Fahrtstunde nördlich von Canta hält man nach den Schildern zur *zona arqueologica* Ausschau; das zweite Schild, das man erblickt (auf der linken Seite), weist den Weg nach Cantamarca.

Wasserfälle WASSERFALL

Bei der Wanderung zu diesen hübschen Wasserfällen kann man gut die Kalorien abarbeiten, die man durch die mächtigen Fleischgerichte im La Choza de Omar am unteren Ende des Wegs zu sich genommen hat. Von Obrajillo wandert man ein kurzes Stück den Fluss hinauf zu den Wasserfällen.

Reiten REITEN

(ab 5 S pro Pers. & Std.) An der Stelle in Obrajillo, wo die Straße auf den Fluss trifft, werden Ausritte angeboten. Die wohl beliebteste Strecke für diese vergnügliche Aktivität ist die zu den beiden Wasserfällen (S. 302) oberhalb des Dorfs.

Schlafen & Essen

Hotel Cancayvento HOTEL $$

(☎01-244-7162, 01-422-6344; hotelcancayvento3estrellas@hotmail.com; Av 26 de Junio s/n; EZ/DZ mit Frühstück ab 120/180 S; P @ ☎ ≋) Hohe Backsteinmauern umschließen dieses angenehme und geräumige Hotel an der Spitze der Ortschaft, wo die lange, kurvenreiche Straße hinauf nach Huayllay beginnt. Die schlichten Zimmer sind von ordentlicher Größe, ein herzhaftes Frühstück in dem riesigen Restaurant ist im Preis inbegriffen. Draußen gibt's einen Pool und einen Grillbereich. Das Hotel gehört einer charismatischen *limeña* (Frau aus Lima).

★ **La Choza de Omar** PERUANISCH $$

(www.lachozadeomar.com; Obrajillo; Hauptgerichte 25–35 S; ♿) Das rustikale Freiluftrestaurant an der Stelle im idyllischen kleinen Obrajillo, wo die Straße auf den Fluss trifft, lockt an den Wochenenden zahllose Ausflügler aus Lima an, die sich vergnügt über die riesigen Teller mit Fleischgerichten hermachen, während ihre Kinder herumtoben. Der smaragdgrüne Garten ist aber groß genug, sodass andere Gäste davon nicht gestört werden. Empfehlenswert ist das *pachamanca* (auf heißen Steinen in der Erde gegartes Fleisch).

Auch beim *sapo* sollte man mitspielen: Bei diesem peruanischen Kneipensport müssen die Spieler Münzen in eine Reihe von Löchern in der Theke werfen, von denen eines wie das Maul einer Kröte geformt ist.

An- & Weiterreise

Die Straßen in der Region sind oft uneben: Nicht selten ist selbst die Hauptstraße zwischen zwei Ortschaften eine unbefestigte Schotterpiste. Mehrere Flughäfen (in Tingo María, Jauja und Ayacucho; alle bieten Flüge von/nach Lima) sind nützlich, um die Reisezeiten zu verkürzen, aber innerhalb des zentralen Hochlands stehen zum Reisen nur Busse oder *colectivos* (Sammeltaxis) zur Verfügung. Letztere starten erst, wenn mindestens vier Fahrgäste gekommen sind.

Cerro de Pasco

☎063 / 66 000 EW. / 4333 M

Cerro de Pasco, die weltweit höchstgelegene Ortschaft dieser Größe, zieht ein paar Traveller an, die die Stadt als Sprungbrett zum Besuch des Santuario Nacional Huayllay nutzen. In diesem Naturschutzgebiet befinden sich einige der spektakulärsten Felsformationen Perus.

Angesichts der hohen Lage der Stadt, bei der man sich vor Höhenkrankheit schützen muss, und des harschen, regnerischen Klimas wird diese schwindelerregend hoch im Altiplano liegende Bergwerkssiedlung niemals zu einem beliebten Reiseziel werden. Der erste Eindruck ist gleichwohl hinreißend: In einem Umkreis von mehreren Kilometern ziehen sich unregelmäßig verteilte Häuser und Straßen die kahlen Hügel rund um ein klaffendes, künstliches Loch hinauf. Die Spanier entdeckten hier im 17. Jh. Silber; die Vorkommen von Silber und weiteren Mineralien machten Cerro zu einem lukrativen Ort.

Wenn man mit *colectivos* (Sammeltaxis) durch den Altiplano reist, ist Cerro ein praktischer Ort, um eine Anschlussfahrt zu finden.

Sehenswertes

Santuario Nacional Huayllay NATURSCHUTZGEBIET

(Eintritt 2 S, geführte Tour ca. 25 S) Das Santuario Nacional Huayllay mit dem *bosque de piedras* (Steinwald) ist der weltweit größte und höchstgelegene Steinwald. In einer frostigen Höhe von mehr als 4500 m ragen Felsformationen aus der schütteren *pampa*, deren Formen z. B. an einen Elefanten, eine Königskrone oder an ein (unheimlich lebensecht wirkendes) grasendes Alpaka erinnern. Das Gebiet steht bei **Felskletterern** hoch im Kurs. In dem mehrere Quadratkilometer umfassenden Schutzgebiet finden sich auch **Thermalbäder**. Es liegt fast eine Stunde außerhalb von Cerro de Pasco kurz vor Huayllay.

Es ist keine schlechte Idee, zur Erkundung des Geländes einen Führer zu engagieren, denn dieser kann einem die auffälligsten Felsformationen und den Weg zu den Thermalquellen und den in deren Nähe zu findenden **prähistorischen Höhlenmalereien** zeigen. Señor Raul Rojas vom **Hostal Santa Rosa** (☎963-958-301, 063-42-2120) in Cerro de Pasco ist ein empfehlenswerter Führer. Er verlangt für einen Tagesausflug ins Schutzgebiet 50 S pro Person. Auch dort warten Führer. Wer sich die Gegend ohne Führer anschaut, was durchaus möglich ist, könnte einige interessante Felsformationen übersehen. *Colectivos* (Sammeltaxis) fahren auf der Straße zwischen Huayllay und Cerro de Pasco. In Cerro de Pasco starten die *colectivos* am Parque Minero nahe dem Busbahnhof (6 S, 45 Min.).

Schlafen

Plaza Apart Hotel HOTEL $$

(☎063-42-3391; http://plazaaparthotel.com; Prado 118; EZ/DZ ab 80/120 S) Das Hotel an der Plaza de Armas hat große, gut ausgestattete, einladende Zimmer und Kabel-TV. Vor allem ist es warm und das ist hier die Hauptsache.

An- & Weiterreise

Vom **Busbahnhof** (Terminal Terrestre; Arenales s/n), fünf Blocks südlich der Plaza de Armas, fahren Busse nach Huánuco (10 S, 3 Std.), Huancayo (15 S, 4 Std.), Lima (30–40 S, 8 Std.), La Oroya (10 S, 2½ Std.) und Tarma.

Die schnelleren *colectivos* verlangen 20 S für die Fahrt vom Busbahnhof nach Huánuco. Wer Richtung Süden nach Tarma möchte, muss eventuell in El Cruce, wo die Straße nach Tarma abzweigt, in ein anderes Taxi umsteigen.

Huánuco

☎062 / 175 000 EW. / 1894 M

Die vielen archäologischen Überreste in den umliegenden Bergen sind der Hauptgrund, um hier zu verweilen. Die Einheimischen rühmen, dass Huánuco dank seiner idealen Höhenlage das beste Klima in Peru besitze, und tatsächlich wirkt das Wetter in der Stadt nach dem stürmischen Altiplano ausgesprochen mild. Die Stadt ist auf jeden Fall ein praktischer Zwischenstopp auf der Dschungelroute von Lima nach Pucallpa. Ganz in der Nähe findet sich eine der ältesten archäologischen Stätten in den peruanischen Anden, der Tempel von Kotosh, und oben in den Hügeln liegen in der Nähe von La Unión und Tantamayo sogar noch eindrucksvollere antike Ruinen.

Huánuco lag an der wichtigen Inkastraße von Cusco nach Cajamarca, der Hauptsied-

Huánuco

Huánuco

Sehenswertes
1 Iglesia San Francisco B1

Schlafen
2 Grand Hotel Huánuco C2
3 Hostal Huánuco B2
4 Hotel Santorini C2
5 Mauri Apart Hotel C2

Essen
6 Arabica Coffee Cafeteria C2
7 Cevicheria El Chalan C2
8 Chifa Khon Wa C2

Ausgehen & Nachtleben
9 Trapiche B2

Praktisches
10 Banco Continental B2
11 Clinica Huánuco D2

Transport
12 Bahía Continental C2
13 Colectivos nach La Unión A3
14 Colectivos nach Tingo María C3
15 LC Peru C2
16 Transportes Chavín A3
17 Turismo Central A3

lung im Norden des Reichs, und entwickelte sich daher zu einer größeren Zwischenstation. Die Inkas erkoren das 150 km weiter westlich gelegene Huánuco Viejo (Huanucopampa) zu ihrem Stützpunkt in der Region, aber wegen dessen exponierter Lage verlegten die Spanier die Stadt 1541 an ihren heutigen malerischen Standort am Río Huallaga. Vom kolonialen Erbe Huánucos ist bis heute nur wenig erhalten geblieben.

Sehenswertes

In Huánuco gibt's nicht viel zu sehen. Wenn sie geöffnet hat, kann man die reizvolle **Iglesia San Francisco** (Ecke Huallayco & Beraún) mit prächtigen Altären im Barockstil und interessanten Malereien der *escuela cuzqueña* (Cusco Schule) besichtigen, allerdings raubt einem die Kirche jetzt auch nicht gerade den Atem.

Tempel von Kotosh RUINE
(Eintritt inkl. Führung 5 S; 8–17.30 Uhr) Dieser um 2000 v.Chr. erbaute Tempel ist wegen seines Highlights, eines Reliefs aus ungebranntem Ton, das zwei gekreuzte Hände zeigt, auch als Templo de las Manos Cruzadas bekannt. Vor Ort befindet sich heute

eine Replik, das Original wird im Museo Nacional de Antropología, Arqueología e Historía del Perú (S. 78) in Lima aufbewahrt. Über die Kotosh-Kultur, eine der ältesten Kulturen der Anden, ist wenig bekannt. Der Tempel, die Hauptattraktion Huánucos, ist zweifellos recht interessant, aber verglichen mit den atemberaubenden Inka-Stätten, die es anderswo zu sehen gibt, eher bescheiden.

Kotosh liegt 5 km westlich der Stadt abseits der Straße nach La Unión. Man kann die Stätte bequem per Taxi (hin & zurück inkl. 30 Min. Aufenthalt 12 S) besuchen. In den Hügeln 2 km oberhalb der Stätte beherbergt die Höhle von **Quillaromi** eindrucksvolle prähistorische Malereien.

Feste & Events

Danza de los Negritos TRADITIONELLER TANZ
(Jan.) Bei Huánucos einmaligem Fest ehren die Feiernden die Erinnerung an die Sklaven, die zur Arbeit in den Minen der Gegend verschleppt wurden. Sie setzen schwarze Masken auf, kleiden sich farbenfroh und trinken jede Menge. Das Fest findet am 1., 6. und 18. Januar statt. Heute ist es hauptsächlich ein Fest der indigenen Bevölkerung, ursprünglich war es aber eines der Sklaven.

Schlafen

Hostal Huánuco PENSION $
(062-51-1617; www.facebook.com/HOSTALHUANUCOS.R.L; Huánuco 777; EZ/DZ 35/50 S, EZ ohne Bad 20 S) Das traditionelle Herrenhaus ist mit seinen altmodischen Fliesenböden, der Terrasse im 2. Stock samt Blick in einen Garten und seinen mit Kunstwerken und alten Zeitungsausschnitten dekorierten Korridoren sehr stimmungsvoll. Die schönen, wenn auch abgewetzten Zimmer haben interessante alte Möbel und komfortable Betten. In den Warmwasserduschen muss das Wasser lange laufen, ehe es heiß wird – wenn man duschen will, sollte man vorab Bescheid sagen. Die Unterkunft ist ein echtes Backpacker-Schmuckstück.

Mauri Apart Hotel APARTMENTS $$
(062-63-5011; www.hotelmauri.com; Valdizán 785; DZ/Apt. mit Frühstück 110–130/170 S) Das blitzsaubere, moderne Mauri kommt in Huánuco einem schicken Hotel noch am nächsten. Die Farbgestaltung ist sorgfältig überdacht, der Service entspannt und unaufdringlich, und viele Zimmer bieten ordentliche kleine Kochnischen.

Hotel Santorini HOTEL $$
(062-51-5130; www.facebook.com/hotelsantorinihuanuco; Beraún, zw. Valdizán & Bolivar; EZ/DZ 80/100 S) Die Geräusche der eigenen Schritte hallen in den makellosen, leeren Korridoren wider. Die Zimmer sind groß, ebenso die in ihnen stehenden Fernseher mit Kabel-TV-Anschluss. Die Getränke in der Minibar könnten kühler sein, aber zumindest gibt es sie; die Duschen wiederum könnten heißeres Wasser haben. Insgesamt ist das Haus sauber, respektabel und eine Garantie für einen guten Schlaf – ein griechisches Inselparadies ist es allerdings nicht.

Grand Hotel Huánuco HOTEL $$$
(062-51-4222; http://grandhotelhuanuco.com; Beraún 775; EZ/DZ/3BZ mit Frühstück 170/240/290 S; P) Die Grande Dame unter den Hotels von Huánuco steht an der Plaza de Armas. Die öffentlichen Bereiche sind luftig und angenehm. Die Zimmer haben hohe Decken, solide Parkettböden, Telefon und Flachbildfernseher mit Kabel-TV. Zu den vorhandenen Einrichtungen zählen eine Sauna, ein Fitnessraum, ein Billardzimmer, ein Whirlpool und ein ziemlich gutes Restaurant mit einer Bar. Die Zeit vergeht, aber in diesem Hotel scheint sich nicht viel zu ändern.

Das Inka Comfort Restaurant im Hotel ist von 7 bis 22 Uhr geöffnet.

Essen

Arabica Coffee Cafeteria CAFÉ $
(Calle 28 de Julio 920; Kaffee ab 2 S; 7–23.30 Uhr) Das Café serviert den besten Kaffee im weiten Umkreis, aber – jedenfalls derzeit – sonst nicht viel. Der Kaffee allein reicht jedoch aus, um das Lokal zu einem beliebten Treff zu machen. Das Arabica liegt direkt an der Plaza.

Chifa Khon Wa CHINESISCH $
(Gral Prado 820; Hauptgerichte 12–22 S; 12–24 Uhr;) Wie eine gut geölte Maschine liefert das Khon Wa sehr gute chinesische – und mittlerweile auch klassische peruanische – Gerichte in einem ständig wachsenden Netz von Filialen in der ganzen Stadt. Diese Filiale, die größte und beliebteste, hält sich ganz an die chinesisch-peruanische Küche.

Über dem Lokal gibt's ein Hotel, und ein Spielbereich für Kinder ist außerdem vorhanden.

★ **Tradiciones Huanuqueñas** PERUANISCH $$
(Huallayco 2444; 20–35 S; 8–17 Uhr) Das Restaurant bietet das typischste kulinarische Erlebnis in Huánuco. Die Gerichte bleiben

der Küche der peruanischen Anden treu, die Preise sind bodenständig und die Portionen so groß, dass man kaum alles schafft. Ein weiteres Plus ist der grüne, ruhige Standort außerhalb der Stadt – die Anfahrt mit einem *mototaxi* aus dem Zentrum kostet 3 S.

Um den als *ronda huanuqueña* bezeichneten Fleischberg für 50 S zu bewältigen, braucht man noch einen oder zwei Mitesser.

Cevicheria El Chalan CEVICHE **$$**
(Gral Prado 802; 20–30 S; ⏲10–16 Uhr) Wer zumindest einmal in den Anden Ceviche essen möchte (viele raten davon ab, weil der Fisch von der Küste kommt, also nicht immer ganz frisch ist), sollte das in diesem charmanten, modernen Restaurant unweit der Plaza de Armas tun. Das Restaurant existiert schon seit Jahrzehnten, ist aber erst kürzlich an diesen tollen Standort umgezogen.

Ausgehen & Nachtleben

Trapiche BAR
(Calle 2 de Mayo 924; ⏲18–1 Uhr) In dieser lustigen, beliebten Bars gibt's diverse Cocktails, darunter einige aphrodisierende Spezialitäten. Eine weitere Filiale befindet sich in Tingo María.

Praktische Informationen

GELD

Banco Continental (Calle 2 de Mayo at Plaza de Armas) Hat einen Visa-Geldautomaten.

MEDIZINISCHE VERSORGUNG

Clinica Huánuco (☎062-51-4026; Constitución 980)

An- & Weiterreise

BUS & TAXI

Busse fahren nach Lima (30–60 S, 9 Std.), Pucallpa (25–35 S, 7–8 Std.), La Merced (20 S, 6 Std.) und Huancayo (20 S, 6 Std.); die Busgesellschaften liegen verstreut über die ganze Stadt.

Nach La Unión (30 S, 4 Std.) oder Tantamayo (35 S, 5 Std.) gelangt man am besten mit einem *colectivo* (Sammeltaxi), weil die Anfahrt über eine schmale Serpentinenstraße führt. An der *cuadra* (Straßenblock) der Tarapaca zwischen der San Martín und der Huallayco werben mehrere *colectivo*-Unternehmen aus La Unión um Kundschaft.

Nach Tingo María (10 S, 2½–3 Std.) kommt man mit einem Bus Richtung Pucallpa oder mit einem der **colectivos** (Ecke Gral Prado & Robles; 20 S), die am Flussende der Gral Prado starten und ungefähr zwei Stunden für die Fahrt brauchen.

Vom **Paradero de Cayhuayna** (Carr Central), der eine 1 km lange *mototaxi*-Fahrt vom Stadtzentrum entfernt ist, starten Minibusse (10 S, 3 Std.) und *colectivos* (20 S, 2 Std.) nach Cerro de Pasco, ebenso wie *colectivos* nach La Oroya und Tarma (25–30 S, 4½ Std.). Nach Tarma gelangt man auch, wenn man ein Taxi Richtung La Oroya bis zur Abzweigung in El Cruce (30–35 S, 3½ Std.) nimmt und von dort mit einem anderen Fahrzeug nach Tarma hinunterfährt.

Bahía Continental (☎062-51-9999; Valdizán 718) Luxusbusse nach Lima.

Colectivos nach La Unión (Tarapaca zw. Huallayco & San Martín; 30 S) Sammeltaxis nach La Unión, um die schönen Ruinen von Huánuco Viejo (Huanucopampa) zu besuchen.

Transportes Chavín (San Martín zw. Mayro & Tarapaca) *Colectivos* nach Tantamayo fahren seltener als nach La Unión, nicht zuletzt wegen des schlechteren Straßenzustands. Dieses Unternehmen fährt täglich morgens gegen 5 Uhr; idealerweise bucht man seinen Platz am Vortag.

Turismo Central (☎062-51-1806; www.turismocentral.com.pe; Ecke Tarapaca & Abtao) Fährt nach Pucallpa und Huancayo sowie nach Lima.

FLUGZEUG

LC Peru (☎062-28-0357; www.lcperu.pe; Ecke Calles Castillo & 2 de Mayo) fliegt täglich von und nach Lima. Der Flughafen befindet sich 5 km nördlich der Stadt und ist per Taxi (10 S) zu erreichen.

La Unión

☎062 / 6300 EW. / 3200 M

La Unión ist die erste (und einzige) bedeutendere Gemeinde an der holprigen Straße von Huánuco nach Huaraz und eine faszinierende Möglichkeit, um das zentrale Hochland mit der Cordillera Blanca zu verbinden. Von La Unión aus kann man zu den ausgedehnten Inka-Ruinen von Huánuco Viejo (Huanucopampa) wandern.

Sehenswertes

Huánuco Viejo (Huanucopampa) RUINEN
(Eintritt 5 S; ⏲8–18 Uhr) Die umfassenden Inka-Ruinen stehen auf einem weitläufigen, mit dürrer *pampa* (Pampasgras) bewachsenen Gelände auf 3700 m Höhe. Die Ruinen erstrecken sich in einem Umkreis von unglaublichen 2 km² – die Reste von mehr als 1000 Gebäuden und Vorratshäusern sind heute noch vorhanden. Die eindrucksvollste Konstruktion ist das *usnu*, eine gewaltige, 4 m hohe Zeremonialplattform. Der Eingang des *usnu* ist mit Reliefs geschmückt, die Affen mit Pumagesichtern zeigen.

PROBLEME MIT DEM BERGBAU IM ALTIPLANO

Der Bergbau ist Perus Haupteinnahmequelle und ein beträchtlicher Teil wird im zentralen Hochland erwirtschaftet. Aber der Reichtum, der durch den Abbau von Zink, Blei, Silber, Kupfer und Gold erwirtschaftet wird – Peru zählt bei diesen zu den vier größten Exporteuren weltweit –, wirft auch Fragen hinsichtlich der Verteilung des Vermögens und der mit dem Abbau verbundenen Umweltschäden auf. Perus größte Bergbauzentren gehören zu den ärmsten und am stärksten verschmutzten Orten im Land, wenn nicht sogar in ganz Südamerika.

Der Bergbau und die Verhüttung sind die wirtschaftlichen Lebensadern von Cerro de Pasco (eine der wichtigsten Zink- und Bleiminen Südamerikas) und La Oroya (das bedeutendste Verhüttungszentrum im zentralen Hochland), könnten aber auch ihr Ruin sein. Die Kontaminationsraten sind hoch: La Oroya steht ständig auf der Liste der Orte mit der weltweit höchsten Umweltverschmutzung. Doe Run, die Firma, die die Hütte in La Oroya betrieb, hat zwar inzwischen die Produktion eingestellt, aber Einwohner fordern, den Betrieb wieder aufzunehmen, obwohl sie um die damit verbundenen Risiken wissen.

Regelmäßig gibt es *huelgas* (Streiks) wegen der Arbeits- und Lebensbedingungen, aber gleichzeitig ist schmerzlich die Bereitschaft der Menschen erkennbar, fürchterliche Bedingungen zu ertragen, um ihre Arbeitsplätze in dieser Branche zu behalten. Nirgendwo zeigt sich das deutlicher als in Cerro de Pasco, wo die Grube von Volcan Compañia Minera direkt in der Mitte der Stadt liegt (und daher sarkastisch als Perus größte Plaza de Armas bezeichnet wird). Bei neun von zehn Kindern vor Ort zeigt sich laut Erhebungen des US-amerikanischen Centers for Disease Control and Prevention eine erhöhte Schwermetallbelastung. Und da die Mine den Löwenanteil des vorhandenen Wassers nutzt, ist das Leitungswasser für die Bewohner nur ein paar Stunden am Tag verfügbar. Ein beträchtlicher Prozentsatz der Einwohner lebt hier in Armut.

Von der Mine geht aber auch noch eine viel unmittelbarere Bedrohung aus: Die Häuser sammeln sich um den Rand der Mine und Absenkungen, verursacht durch das große Loch im Boden, sind ein Problem. 2008 wurde Volcan erlaubt, einen Teil des historischen Stadtzentrums zu kaufen. Da die Grube nun das Zentrum vom Cerro de Pasco verschlingen soll, verabschiedete der peruanische Kongress ein Gesetz, das eine kühne und kostspielige Lösung vorsieht: den Neubau der ganzen Stadt an einem rund 20 km entfernten Standort. Die Umsetzung der Pläne wird jedoch schätzungsweise 500 Mio. US-Dollar kosten und mehr als ein Jahrzehnt dauern. Aber für viele Einwohner der Stadt läuft die Zeit jetzt schon ab. Bald wird Cerro de Pasco vielleicht gar nicht mehr da sein – ein Opfer des eigenen Erfolgs, wie es schon häufig bei Bergwerksstädten in Peru der Fall war.

Huánuco Viejo wurde von Illa Tupac, einer Schlüsselfigur im Widerstandskampf der Inka gegen die Spanier, noch bis 1543 verteidigt, als die meisten anderen Inka-Siedlungen schon längst gefallen waren.

Vom Markt fahren den ganzen Tag über Minivans (3 S) ab, die einen 20 Gehminuten von der Stätte entfernt absetzen.

Von La Unión aus erreicht man die Stätte zu Fuß in 1½ bis 2 Stunden: Vom zentralen Markt aus nimmt man die steile Treppe, die hinauf zu einem Wasserturm führt. Von dort führt der festgelegte Weg durch die schöne Landschaft des Altiplano (Anden-Hochebene). Wenn man oben auf der Hochebene angekommen ist, erblickt man eine Straße und rechts die Ruinen in dem offenen Gelände. Im Zweifel zeigen Einheimische einem den richtigen Weg.

Schlafen

Hostal El Viajero PENSION $

(Comercio 1346; Zi. 20–30 S) Die leuchtend rote Herberge über einem Laden ist, gemessen am einfachen Standard in La Unión, ordentlich. Wer es bis hierher geschafft hat, kann sich wirklich als *viajero* (Traveller) bezeichnen.

An- & Weiterreise

Alle Verkehrsmittel hier fahren vom/zum Bereich um den **Busbahnhof** an der Commercio am südwestlichen Ende des Ortes. Die Busunternehmen fahren etwa zwischen 18 und 20 Uhr nach Lima (20–30 S, 10 Std.). Ein paar Busse und zahlreiche *colectivos (Sammeltaxis)* verkehren täglich Richtung Osten nach Huánuco (15–30 S, 5 Std.) und Tantamayo (10 S, 3 Std.). **El Rapido Bus** (Busbahnhof) bietet den zeitlich am besten passenden Bus nach Huaraz; er startet um 10.30 Uhr (15 S, 5 Std.).

Tingo María

☎062 / 55000 EW. / 649 M

Diese träge, feuchte Universitäts- und Marktstadt liegt in der *ceja de la selva* (Augenbraue des Dschungels), direkt am Scheitelpunkt zwischen Bergen und Dschungel. Ihre hintere Seite ist von kegelförmigen bewaldeten Bergen umgeben, der andere Teil von der üppigen Vegetation der Amazonasregion mit ihrem feuchten tropischen Klima. Tingo María, auch Tingo genannt, dient als beliebtes Ziel für Wochenendausflügler aus Lima, ausländische Urlauber wiederum legen hier gern einen Zwischenstopp auf ihrem Weg hin zum Amazonas oder zurück ein.

Außerhalb der Stadt ist das herrliche Gelände der Villa Jennifer (S. 308), das auch Nicht-Gästen gegen eine Gebühr offensteht, ein guter Grund für einen Zwischenhalt. Die Hauptattraktion im Umland der Stadt ist der Parque Nacional Tingo María, ein üppiges Waldgebiet mit Höhlen und ausgezeichneten Badestellen. Leider hat dieses Abenteuer auch seine Gefahren (S. 309).

Sehenswertes

Parque Nacional Tingo María — PARK

(Eintritt 10 S) Der 180 km² große Park liegt südlich der Stadt rund um die Mündung des Río Monzón, eines Nebenflusses des Río Huallaga. Das auffälligste landschaftliche Merkmal ist die Bella Durmiente (schlafende Schönheit), ein Hügel oberhalb der Stadt, der aus manchen Blickwinkeln an eine liegende Frau mit Inka-Krone erinnert. Der Park birgt für Reisende Gefahren (S. 309): In den letzten Jahren gab es Berichte über Raubüberfälle und Vergewaltigungen mit vorgehaltener Waffe, daher wird ausdrücklich davor gewarnt, irgendwelche Orte im Park ohne die Begleitung eines Führers aufzusuchen.

Die Hauptattraktion ist eine der größten für Besichtigungen geöffneten Höhlen Perus: die **Cueva de las Lechuzas** (Parque Nacional Tingo María; Eintritt 10 S; ⌚8–18 Uhr). Mit der Eintrittskarte hat man bis zu zwei Tage nach Kauf auch Zugang zu allen anderen Parkattraktionen, darunter zu den Wasserfällen im Gebiet um den Puente Tres de Mayo.

Im und rund um den Park gibt's unzählige tolle **Badestellen**. Zu empfehlen sind die **San-Jacintillo-Heilquellen** (Eintritt 3 S) 1 km vor der Höhle, die **Catarata Santa Carmen** (3 S) am südlichen Stadtrand und die Wasserfälle im Gebiet um den **Puente Tres de Mayo** (Parque Nacional Tingo María; Eintritt 5 S), 14 km südlich von Tingo an der Straße nach Huánuco.

Die Cueva de las Lechuzas wird von der Polizei geschützt, aber die Zufahrtsstraße ist immer noch riskant, genauso wie die weiter entfernten Ziele.

Geführte Touren

Cesar Manrique de Lara — OUTDOOR

(☎962-086-065; halbtägige Tour 80 S) Dieser empfehlenswerte Führer bringt Gäste mit seinem *mototaxi* zu den Naturattraktionen im Parque Nacional Tingo María. Cesar ist über die Villa Jennifer (S. 308) zu erreichen.

Schlafen

La Gran Muralla I — HOTEL $

(☎062-56-2934; www.hotel-lagranmuralla.com; Raimondi 277; EZ/DZ ab 50/75 S) Der luftige Komplex am Flussufer erscheint hell und farbenfroh. Bestes Beispiel ist dafür die mit Dschungelszenen ausgemalte einladende Lobby. Die modernen Zimmer sind von ordentlicher Größe und mit Kabel-TV, Ventilator und Telefon ausgestattet. Von der Terrasse im 2. Stock blickt man über den Fluss auf den Flughafen und den dahinterliegenden Dschungel. Dies ist das beste Hotel im Zentrum von Tingo María.

★ Villa Jennifer — LODGE $$

(☎062-56-1555; www.villajennifer.com; Castillo-Grande Km 3,4; B 50 S, EZ/DZ ab 100/150 S; P 📶 🏊) Die friedliche tropische Enklave wird von einem dänisch-peruanischen Paar geführt, das in dem üppigen tropischen Buschgelände, das an zwei Seiten von Flüssen eingefasst ist, wahre Wunder vollbracht hat. Die charmanten rustikalen Unterkünfte reichen von schlichten Zimmern mit Gemeinschaftsbad bis zu luftigen Mini-Häusern für bis zu zehn Personen. Dazu kommen entspannende Gemeinschaftsbereiche: Terrassen, Sonnenliegen, Patios und Gärten – ein echtes Tropenparadies.

Will man die ganzen weiteren Highlights aufzählen, braucht man dafür einige Zeit: Man kann die Affen in den Baumwipfeln beobachten, Tischtennis, Darts oder Tischfußball spielen oder sich Filme in der DVD-Lounge angucken. Im ausgezeichneten **Restaurant** (7.45–21 Uhr) sollte man unbedingt die köstlichen Netzannonen probieren. Außerdem gibt's zwei Swimmingpools und eine Minigolfanlage. Nicht versäumen sollte man auch die halbstündige Wanderung zu dem *mirador* (Aussichtspunkt) auf einem

ABSTECHER

TANTAMAYO

Tantamayo war die Hauptstadt der präkolumbischen Yarowilca-Kultur, deren Überreste verstreut über die nahegelegenen Hügel zu finden sind. Die nur über einen rauen Pfad mit der Außenwelt verbundene Stadt liegt versteckt in grün-braunen Feldern, die einen Kontrast zu den kahlen, steilen Berghängen bilden, die das Tal des Oberlaufs des Marañon einschließen. In diesem einsamen, kühlen Dorf fließt ein Fluss, der Hunderte Kilometer stromabwärts zum mächtigen Amazonas wird.

Die eindrucksvollsten Ruinen rund um Tantamayo sind die von **Piruro** und **Susupillo**. Die Yarowilca-Kultur ist eine der ältesten Perus und architektonisch weit entwickelt. Die bis zu sechs Stockwerke hohen Gebäude waren innen durch Wendeltreppen verbunden und haben daher ein anderes Erscheinungsbild als die Bauten der Inkas, denen es, wie viele glauben, nicht gelang, den überlegenen Yarowilca-Stil fortzuführen.

Beide Ruinenstätten können kostenlos besucht werden. Piruro ist leichter zu erreichen: Man marschiert von Tantamayo 1½ Stunden ins Tal hinunter und dann auf der anderen Seite hinauf. Der Pfad ist schwer zu finden, unbedingt genau danach erkundigen! Nach Susupillo können einen Fahrzeuge bis zum Dorf Florida, das 20 Fahrtminuten von Tantamayo entfernt ist, bringen – von dort wandert man zu der Stätte.

In Tantamayo findet man schlichte Unterkünfte, aber die Auswahl in La Unión (S. 306) ist größer. In Tantamayo gibt's öffentliche Telefone (nur für Inlandsgespräche), aber keine privaten Telefonanschlüsse, kein Handynetz und auch keine Banken. *Colectivos* (Sammeltaxis), Minibusse und Busse fahren von Huánuco nach Tantamayo (5–8 Std., Bus 20 S, *colectivo* 35 S). Tantamayo ist auch mit La Unión verbunden (3 Std.), wo man Anschlussbusse nach Huaraz und Lima nehmen kann.

kahlen, kegelförmigen Hügel oberhalb des Anwesens. Die Lodge liegt nördlich des Flughafens von Tingo María.

Essen

El Encanto de la Selva AMAZONAS-KÜCHE **$**
(Ecke Alameda Perú & Monzón; Hauptgerichte 10–20 S; ⌚6–22 Uhr) Mit hiesigen Dschungel-Spezialitäten zieht das bunte, zweistöckige Restaurant alle Register. Probieren sollte man *tacacho con cecina* (getrocknetes, geräuchertes Fleisch auf einem Bett aus zu Reiskorngröße gehackten gegrillten Bananen). Hier gibt's schlichtes, zufriedenstellendes Essen, das man am besten mit kühler Kokosmilch hinunterspült. Wenn man im Stadtzentrum etwas essen will, sollte man es hier tun.

Praktische Informationen

GEFAHREN & ÄRGERNISSE

In den letzten Jahren gab es Berichte, dass Touristen im Parque Nacional Tingo María (S. 308) mit vorgehaltener Waffe ausgeraubt oder vergewaltigt wurden. Aus diesem Grund sollte man sich im Gebiet um Tingo nur mit einem Führer bewegen und selbst dann unbedingt vor Einbruch der Dunkelheit zurückkehren. Durch verstärkte Polizeipräsenz bei den Parkattraktionen hat sich die Sicherheitslage in jüngster Zeit jedoch verbessert.

Das Huallaga-Tal, das sich nördlich von Tingo nach Tarapoto erstreckt, ist ein Gebiet, in dem Coca für die Kokainproduktion angebaut wird, und eine der letzten Bastionen des Sendero Luminoso (Leuchtender Pfad). Für Touristen geht von Drogenhändlern oder dem Sendero Luminoso zwar nur eine geringe Gefahr aus, man sollte aber dennoch vorsichtig sein.

GELD

BCP (Raymondi 249) tauscht US-Dollar und hat einen Visa-Geldautomaten.

TOURISTENINFORMATION

Oficina de Turismo (☎999-544-648; Av Alameda Perú s/n, Municipio; ⌚Mo–Fr 8–12 & 12.30–17.45 Uhr)

An- & Weiterreise

BUS & TAXI

Die meisten Verkehrsmittel vor Ort bedienen Lima und die auf dem Weg dorthin liegenden Ziele wie Huánuco, außerdem die Dörfer in der Umgebung und Pucallpa. Die Straße zwischen Tingo und Pucallpa kann gefährlich sein und sollte deshalb besser nur tagsüber befahren werden.

Neben anderen Unternehmen bietet auch **Transportes León de Huánuco** (☎062-56-2030, 962-56-2030; Pimentel 164) Busse nach Lima (50–70 S, 11–12 Std.). Die Busse fahren in der Regel um 7 und um 19 Uhr. Einige Unternehmen, darunter León de Huánuco und **Turismo**

Central (Raymondi 967–969), fahren nach Pucallpa (20 S, 9 Std.). Die schnellere Alternative nach Pucallpa sind die *colectivos* (Sammeltaxis; 45 S, 4½ Std.) von **Turismo Ucayali** (Tito Jaime Fernández s/n, cuadra 2).

Im Gebiet um die Tankstelle an der Av Raymondi nahe dem Busbahnhof von León de Huánuco starten *colectivos* nach Huánuco (20 S, 2½–3 Std.) und zu anderen Zielen. Von der gleichen Stelle fahren auch Minivans zu denselben Zielen für 5 S weniger.

Die Fahrzeuge von **Huallaga Express** (☎ 942-607-742; Raymondi, cuadra 1 s/n) fahren Richtung Norden nach Tocache (40 S, 3–4 Std.) und sogar bis Tarapoto (95 S, 9 Std.). Bei ausreichender Nachfrage fahren sie direkt nach Tarapoto, normalerweise muss man aber in Tocache und/oder Janjui umsteigen. Diese Fahrt sollte man nur tagsüber unternehmen und auch nur dann, wenn es unvermeidlich ist.

FLUGZEUG

LC Peru (☎ 062-56-1672; www.lcperu.pe; Raymondi 571; ⌚ Mo–Fr 9–19, Sa bis 18 Uhr) fliegt montags bis samstags täglich zwischen Tingo und Lima.

Unterwegs vor Ort

Ein *mototaxi* zur Cueva de las Lechuzas kostet hin und zurück, inklusive Wartezeit an der Höhle, rund 25 S. *Mototaxi*-Fahrten zum südlichen Teil des Parque Nacional Tingo María, dem Gebiet um den Puente Tres de Mayo, mit einer Wartezeit zum Besuch der Wasserfälle sind etwas teurer.

VON LIMA NACH TARMA

Dies ist die meistgenutzte Route von Lima ins Herz des zentralen Hochlandes im Río-Mantaro-Tal. Viele Traveller beachten die schönen Orte an der Strecke nicht und verpassen so die Felsformationen, Inka-Ruinen, Höhlen und Kunsthandwerksdörfer. Am besten macht man selbst es anders und nimmt sich Zeit für die Erkundung der Gegend.

> **HÖHE**
>
> Wegen der Höhe sollte man nicht an einem Tag von Lima nach Marcahuasi fahren, sondern in San Pedro übernachten, um sich so zu akklimatisieren. Für die 2 km lange Wanderung zu der Stätte braucht man zwei Stunden; wenn er nicht gerade andersweitig eingesetzt wird, kann man manchmal einen Bus nehmen (er fährt an den meisten Tagen um 7.30 Uhr von der Plaza ab). Dieser Bus fährt einen Teil der Strecke und verkürzt die Wanderung auf 45 Minuten.

San Pedro de Casta & Marcahuasi

Das abgelegene San Pedro de Casta (auf 3200 m Höhe) ist ein Gebirgsdorf mit 1300 Einwohnern. Es liegt um einen Gebirgskamm, und das Schreien von *burros* (Eseln) tönt durch die Gegend. Der Ort ist das perfekte Vorspiel zu einem Abenteuer in den Zentralanden. Traveller kommen hauptsächlich hierher, um die kaum bekannte archäologische Stätte von Marcahuasi zu besichtigen. Die Straße aus Chosica führt 40 km auf kurvenreicher Strecke an einem Tal mit steilen, kahlen Wänden entlang, ehe sie den Ort erreicht.

Sehenswertes

Marcahuasi FELSFORMATION

GRATIS Die wenig bekannte archäologische Stätte befindet sich in 4100 m Höhe auf einem 4 km² großen Plateau oberhalb von San Pedro de Casta. Das Gebiet ist aber nicht wegen seiner Ruinen, sondern wegen der zu seltsamen Formen erodierten Felsen bekannt, die an Tiere wie Kamele, Schildkröten oder Robben erinnern. Einige Leute meinen, die Felsen hätten mystische Bedeutung, seien Zeugnisse einer uralten Kultur vor Ankunft der Inka oder Zentren von Erdwirbeln. Der Marsch von San Pedro hier hinauf ist strapaziös, aber lohnend.

Schlafen

Gran Hotel Turístico Municipal HOSTEL $

(☎ 963-010-643; Zi. ohne Bad 20 S) Das einzige Hotel von San Pedro de Casta ist weder groß noch prächtig, aber immerhin hat man nach dem anstrengenden Marsch hinauf nach Marcahuasi ein festes Dach über dem Kopf.

An- & Weiterreise

Um nach San Pedro zu gelangen, nimmt man in Lima einen Bus nach Chosica; Minibusse nach Chosica halten im Zentrum von Central Lima an der Arica am Plaza Bolognesi (3,50 S, 2 Std.).

In Chosica erkundigt man sich nach Transportes Municipal San Pedro. Busse des Unternehmens fahren von einem Halteplatz am Parque Echenique an Chosicas Hauptdurchfahrtsstraße (Carr Central) um 9 und 15 Uhr (10 S, 4 Std.) ab. Der Bus kehrt um 14 Uhr aus San Pedro nach Chosica zurück.

Tarma

064 / 46000 EW. / 3050 M

Traveller kommen selten nach Tarma, sollten aber eigentlich hierherreisen. Die Stadt ist eine der einladendsten in der Region, hat ein gemessen an den Verhältnissen auf dem Altiplano mildes Klima und ist daher ein toller Zwischenstopp. Der Ort ist nach allen Seiten von braunen, mit Gestrüpp überzogenen Bergen umgeben, in denen sich einige faszinierende Tagesausflugsziele befinden. Er nimmt auch die *ceja de la selva* (Spitze des Dschungels) mit einer Straße ein, die die Zentralanden mit dem Amazonasbecken und seinen Attraktionen verbindet.

Die *Limeños* (Einwohner Limas) kommen hierher auf dem Weg zu dem der Wüstenhauptstadt am nächsten gelegenen Dschungel, weshalb Tarma sich jetzt mit dem Tourismus anfreundet. Tarma eignet sich als Basis zur Erkundung der *selva central* (zentrales Amazonasbecken) und der anderen hier genannten Orte.

Idyllische Unterkünfte, einige davon in kolonialen Haziendas, und diverse nahegelegene Inka-Ruinen rund um ein fruchtbares, für den Anbau von Blumen berühmtes Tal erhöhen Tarmas Attraktivität.

Sehenswertes

Astronomisches Observatorium OBSERVATORIUM

(www.facebook.com/observatorioafari; Huánuco 614; Eintritt 5 S) Die kleine Sternwarte oberhalb des Hospedaje Central nutzt Tarmas Hochlage zu ihrem Vorteil – hier bieten sich in klaren Nächten im Juni, Juli und August ideale Chancen zur Sternenbeobachtung (auch wenn der Blick durch die umliegenden Berge etwas eingeschränkt ist). Im Eintrittspreis inbegriffen sind ein Vortrag (auf Spanisch) über Sternbilder und ein Blick auf einige Sterne. Leider ist das Observatorium in den genannten Monaten nur gelegentlich geöffnet.

Auf der Facebook-Seite stehen Einzelheiten zu den Öffnungszeiten, die meistens auf Fest- oder Feiertage fallen.

Tarmatambo ARCHÄOLOGISCHE STÄTTE

GRATIS Die bekannteste von unzähligen archäologischen Stätten in der Nähe von Tarma war einst das Zentrum der Taruma-Kultur und später ein wichtiges Verwaltungszentrum der Inka. Zu den recht umfangreichen Überresten zählen Vorratsgebäude, Paläste und ein eindrucksvolles, noch genutztes Bewässerungsnetz. Anders als andere peruanische Orte mit dem Suffix „-tambo" war dieser Ort tatsächlich ein *tambo* (Lager und Posten der Inka). Tarmatambo liegt 6 km südlich von Tarma.

Am besten fragt man in der Touristeninformation (S. 309) nach Guides, denn auf eigene Faust ist die Stätte nur schwer zu finden. Wer es trotzdem ohne Guide versuchen will, kann mit einem Bus Richtung Jauja zum Dorf Tarmatambo fahren, das an der Hauptstraße unterhalb von den Ruinen liegt.

Von Tarmatambo aus führt ein selten genutzter **Camino del Inca** (Inka-Straße) über die Hügel hinunter nach Jauja. Es empfiehlt sich in einer von Tarmatambos einfachen Unterkünften zu übernachten, denn die Wandertour nach Jauja (40 km) ist zwar wunderschön, aber anstrengend und dauert den ganzen Tag.

Geführte Touren

Max Aventura OUTDOOR

(064-32-3908; http://maxaventuraperu.com; Jirón 2 de Mayo 682, Ecke Lima) Dieser Veranstalter deckt alle Attraktionen in der Nähe von Tarma ab, die Höhlen, das Kunsthandwerk, die Inka-Ruinen und die Wasserfälle, aber auch die *selva central*. Es gibt in Tarma viele Tourveranstalter mit ähnlichen Angeboten, aber dieser ist ein bisschen besser als der Durchschnitt und man spricht hier auch Englisch. Das Büro liegt ein kleines Stück unter der Plaza de Armas.

Schlafen

Die Optionen in der Stadt Tarma beschränken sich auf unspektakuläre Budgetunterkünfte und ein teures Resorthotel. Nach einer kurzen Fahrt außerhalb der Stadt bieten einige attraktive Haziendas (zu B&Bs umgewandelte traditionelle Bauernhäuser) stimmungsvolle Unterkünfte.

Die meisten Budgethotels haben Warmwasser, allerdings in der Regel – auch wenn sie anderes behaupten – nur morgens.

Residencial el Dorado PENSION $

(064-32-4151; www.hospedajeeldoradotarma.com; Huánuco 488; EZ/DZ 40/50 S) Ihre zentrale Lage, geräumige saubere Zimmer mit den üblichen Abnutzungserscheinungen, einem Blick auf den grünen Innenhof, Kabel-TV und Warmwasserduschen sowie eine angeschlossene Cafeteria machen diese Pension zur besten Option für Backpacker in ganz Tarma. Nettes Personal.

Tarma

Tarma

Sehenswertes
1 Astronomisches Observatorium C1

Aktivitäten, Kurse & Touren
2 Max Aventura D2

Schlafen
3 Los Balcones C2
4 Residencial el Dorado C1

Essen
5 Coffee & Friends C2
6 Daylo Cocina Peruana-Fusion B2
7 Restaurant Chavín de Grima C2

Praktisches
8 BCP C2
9 Touristeninformation D2

Transport
10 Colectivos nach Huancayo A2
11 Colectivos nach Lima, La Oroya & Cerro de Pasco A2
Edatur .... (siehe 13)
12 Los Canarios C1
13 Terminal Terrestre A2

★ **Hacienda La Florida** HAZIENDA $$
(☎064-34-1041; www.haciendalaflorida.com; EZ/DZ/Suite mit Frühstück ab 125/215/286 S; P ❄ ☎) Die 300 Jahre alte bewirtschaftete Hazienda gehört Pepe und Inge, einem freundlichen peruanisch-deutschen Paar. Die großen, hübsch dekorierten Zimmer liegen um einen großen Hof und haben Parkettböden und eigene Bäder. Es gibt auch Stellplätze (20 S/Pers.). Das leckere Frühstück, bei dem alles hausgemacht ist, hat einen deutschen Einschlag. Die Hazienda liegt 6 km außerhalb von Tarma an der Straße nach Acobamba.

Die Gäste können auf den Wegen des Anwesens spazieren gehen, sich am Farmleben beteiligen oder an zweitägigen Workshops (min. 6 Pers.) zu Entspannungstechniken oder an Kochkursen teilnehmen. Das Santuario del Señor de Muruhuay (S. 314) liegt eine Wanderstunde entfernt, und es werden auch Touren zu anderen örtlichen Sehenswürdigkeiten, z. B. Yanamarca (S. 314), angeboten. Man sollte die Hazienda telefonisch kontaktieren, weil Emails nicht regelmäßig gecheckt werden.

Hacienda Santa María HAZIENDA $$
(☎064-32-1232; www.haciendasantamaria.com; Vista Alegre 1249; EZ/DZ mit Frühstück ab 85/170 S; P) Diese bezaubernde Hazienda besteht aus einem kolonialen Gebäude des 18. Jhs. mit weißen Mauern und Holzbalkonen, von denen man einen Ausblick in das umliegende üppige, mit vielen Blumen geschmückte Gelände hat (hier gibt's auch Hängematten). In den rustikalen Zimmern stehen viele alte Möbel. Die Eigentümer arrangieren eine Reihe von Touren in die Gegend. Die Hazienda liegt nordöstlich der Stadt, 1 km hinter der Stelle, wo die Calle Vienrich zur Vista Alegre wird.

Los Balcones HOTEL $$
(☎064-32-3600; www.balconeshoteltarma.com; Lima, zw. Paucartambo & Moquegua; Zi. mit Früh-

stück 100–195 S;) Das Hotel in nachgemachtem Kolonialstil liegt bequem einen halben Block von der Plaza de Armas entfernt und wirkt idyllisch, aber irgendetwas fehlt. Die Zimmer ziehen zwar alle Register, die ganze Anlage erscheint einem aber trotzdem seelenlos.

Los Portales HOTEL $$$
(064-32-1411; www.losportaleshoteles.com.pe; Castilla 512; DZ/Suite mit Frühstück 210/290 S;) Tarmas beste Unterkunftsoption liegt in abgeschlossenen Gärten im Westen der Stadt. Hinter der eleganten, senffarbenen Fassade verbergen sich 44 Standard-Hotelzimmer mit Kabel-TV und WLAN. Es gibt sogar einen Kinderspielplatz. Im Preis inbegriffen sind das kontinentale Frühstück, und das Restaurant liefert das Essen auch aufs Zimmer. In den beiden Suiten gibt's Whirlpools.

Auf dem Gelände befinden sich auch das Kimera, die beste Disco der Stadt, und die Filiale einer populären Fastfoodkette, die Brathähnchen serviert.

Essen

★ Daylo Cocina Peruana-Fusion FUSIONSKÜCHE $
(064-32-3048; Ecke Lima & Jauja; Hauptgerichte 15–30 S; 12–23.30 Uhr) Mit seiner Eröffnung hat das stylishe Daylo Tarmas Restaurantszene aus der kulinarischen Wüste direkt ins Gourmetparadies befördert. Das Essen in dem stimmungsvollen Lokal entfernt sich etwas von der traditionellen peruanischen Küche, ohne jedoch deren Einfluss zu verlieren. Wir empfehlen Ceviche auf „chinesische Art" und dazu einen chilenischen Wein. Zudem haben wir in Peru nur selten so gut zubereitetes Carpaccio gegessen.

Coffee & Friends CAFÉ $
(Huancayo 347-A; Kaffee ab 3 S; tgl. 17–22.30 Uhr) Das Café hat den besten Kaffee und die besten Kuchen der Stadt. Freitags, samstags und sonntags ist es manchmal auch vormittags geöffnet.

Restaurant Chavín de Grima PERUANISCH $
(Lima 270; Gerichte 17–22 S; 7–22 Uhr) Wer zum Frühstück oder für ein günstiges Mittagessen zu dieser echten Institution an der Plaza de Armas kommt, macht gewiss nichts falsch. Ein gesundes *menú del dia* (Tagesmenü) mit zwei Gängen kostet manchmal nicht mehr als 5 S. Ein klassisches Anden-Speiserestaurant alter Schule!

Restaurant der Hacienda La Florida PERUANISCH $$
(http://haciendalaflorida.com; Hauptgerichte 20 S; 8–19 Uhr) Dieses Hof-Restaurant serviert herrliche hausgemachte peruanische und deutsche Gerichte, die man im friedlichen Ambiente eines Bauernhofs genießt. Das Restaurant ist morgens, mittags und abends geöffnet; wer nicht auf der Hazienda wohnt, muss vorab reservieren.

Praktische Informationen

GELD

BCP (Lima, Höhe Paucartambo) Hier kann man Geld tauschen und es gibt einen Geldautomaten.

TOURISTENINFORMATION

Touristeninformation (Ecke Jirón 2 de Mayo & Lima; Mo–Fr 10–13 & 15–17.45 Uhr) An der Plaza de Armas.

An- & Weiterreise

Fast alle öffentlichen Verkehrsmittel steuern den neuen **Terminal Terrestre** an bzw. fahren dort auch wieder ab (Ecke Vienrich & Arequipa). Von hier bestehen zahlreiche Busverbindungen nach Lima (30–75 S, 6 Std.). Busse zu zentral gelegenen Dschungelzielen wie La Merced (Bus: 10 S, *colectivo* 15 S, 2Std.) starten ebenfalls hier, außerdem kann man in der Estadio Unión (S. 314) auf die häufig durchkommenden *colectivos* und *combis* (Minibusse) warten. La Merced bietet weitere Möglichkeiten für alle, die tiefer in den Dschungel vordringen möchten.

BUS

Edatur (951-974-261; Terminal Terrestre) Bietet gute Verbindungen in den Dschungel. Etwa stündlich fahren Busse nach San Ramón, La Merced und Satipo.

Los Canarios (064-32-3357; Amazonas 694) Die beste Option, um nach Huancayo zu kommen. Die kleinen Busse nach Huancayo (10 S, 3 Std.) über Jauja (7 S, 2 Std.) fahren zwischen 5 und 18 Uhr fast stündlich von einem eigenen Busbahnhof.

SONSTIGE VERKEHRSMITTEL

Zu beiden Seiten der **Tankstelle** (Ecke Castila & Vienrich) an der Kreuzung der Lima, der Vienrich und der Castilla fahren **colectivos** (Sammeltaxis) mit jeweils bis zu vier Fahrgästen nach Lima (50 S/Pers.) sowie zu Zielen in der Gegend, z. B. nach Junín und La Oroya (15 S). Wer nach Cerro de Pasco (25 S, ca. 4 Std., dort nach Huánuco umsteigen) möchte, kann ebenfalls von hier ein *colectivo* nehmen, muss aber vielleicht in El Cruce (dem Kreuzungspunkt der Straßen aus Tarma bzw. La Oroya nach Cerro de Pasco) umsteigen.

ABSEITS DER ÜBLICHEN PFADE

WENIGER BEKANNTE SEHENSWÜRDIGKEITEN RUND UM TARMA

Santuario del Señor de Muruhuay (bei Acobamba; ⌚Sonnenaufgang–Sonnenuntergang) Der weiße Schrein auf einem 1,5 km von Acobamba entfernten Hügel ist eine der wichtigsten Pilgerstätten Perus und wurde rund um eine Felsschraffur des gekreuzigten Christus erbaut. Eine kleine Kapelle ersetzte 1835 eine strohgedeckte Hütte; die heutige, 1972 eingeweihte Kapelle ist ein modernes Bauwerk mit einem elektronisch gesteuerten Glockenturm und geschmückt mit riesigen Wandbehängen aus San Pedro de Cajas. Acobamba ist 9 km von Tarma entfernt.

San Pedro de Cajas Das friedliche San Pedro liegt rund 40 km von Tarma entfernt in den Hügeln und produziert die feinsten *tapices* (Wandteppiche) in Peru. Die meisten Dorfbewohner sind an der Anfertigung der hochwertigen und hochgeschätzten gewebten Wandbehänge beteiligt, die meist bewegende Szenen aus dem ländlichen Peru darstellen. Man kann den Einheimischen bei der Arbeit in den Werkstätten um die Plaza de Armas zuschauen – eine der besten Gelegenheiten in Peru, sich über das Kunsthandwerk zu informieren und selber ein schönes Stück zu kaufen.

Yanamarca Die spektakulär auf einem Hügel thronenden Ruinen sind ein eindrucksvolles Zeugnis für die Macht der Völker, die vor den Inkas das Gebiet beherrschten, aber auch dafür, wie wenig wir über ihre Kulturen wissen. Die Gebäude, von denen hier viele stehen, sind zwei oder drei Stockwerke hoch und besitzen gewisse Gemeinsamkeiten mit denen der Yarowilca-Kultur in der Nähe von Tantamayo. Man glaubt, dass die kreisrunden Gebäude Vorratshäuser waren und die rechteckigen als Unterkünfte dienten. Die Aussicht von diesem Hügel ist herrlich.

Es gibt keine Google-Maps-Zielangabe, keine brauchbaren Online-Infos und auch keine Erläuterungstafeln vor Ort, um sich einen Reim auf diese Ruinenstätte zu machen, die von Tarma über einen gewundenen, als Sackgasse endenden Weg in mehr als 4000 m Höhe zu finden ist.

Fahrzeuge starten in Tarma neben der Hacienda La Florida (S. 312) hinauf zu der Stätte. Alternativ findet man auch Transportmittel zum gleich hinter Acobamba gelegenen Dorf Pilcoy und läuft von dort hinauf (3 Std.).

Gruta de Huagapo (nahe Palcomayo; ⌚Sonnenaufgang–Sonnenuntergang) Die riesige Kalksteinhöhle zählt zu den größten Höhlensystemen in Peru. Für einen Abstieg in die Gruta de Huagapo braucht man Caving-Ausrüstung und Erfahrung – bei den Einrichtungen vor Ort gibt's nur ein paar Seile. In der Höhle finden sich Wasserfälle, Engpässe und Unterwasser-Abschnitte, die nur mit Taucherausrüstung zu überwinden sind. Man kann nur ein kurzes Stück in die Höhle hineingehen, ehe man Geräte braucht. Die Höhle liegt rund 28 km von Tarma entfernt auf dem Weg nach San Pedro (gleich hinter dem Dorf Palcomayo).

Die *colectivos* nach Huancayo (20 S) fahren von einer etwas geordneteren Abfahrtsstelle gegenüber dem Eingang des Terminal Terrestre (auf der dem Hähnchen-Restaurant abgewandten Seite).

Vom **Estadio Unión** (am Ende der Chanchamayo; die Anfahrt mit einem *mototaxi* kostet 2 S) fahren Fahrzeuge in das Amazonasgebiet über Acobamba (2 S, 10 Min.) hinunter nach San Ramón und La Merced. Die Fahrt nach La Merced ist spektakulär, weil man in gerade mal etwas mehr als einer Stunde einen Höhenunterschied von 2,5 km hinunter in den Dschungel überwindet. Zu Zielen, die jenseits von La Merced liegen, steigt man beim bequemen Busbahnhof von La Merced um.

Die **colectivos** zur Gruta de Huagapo (8 S) und nach San Pedro de Cajas (9 S) fahren vom nördlichen Ende der Moquegua.

VALLE DEL MANTARO

Südöstlich von Tarma fließt der kurvenreiche Río Mantaro in eine weite, fruchtbare, landwirtschaftlich genutzte Talebene, in der sich die sanftere Seite des überwiegend rauen Hochlands zeigt. Hier blickt man in eine ländlich friedliche, wellige Landschaft mit verstreuten Dörfern, die für ihr hochwertiges Kunsthandwerk bekannt sind, und der eleganten Stadt Huancayo.

Feste gehören hier zum Leben mit dazu. Die Einheimischen behaupten, hier gäbe es an jedem Tag im Jahr ein Fest, und so ist es wahrscheinlich, dass man eine der farbenfrohen Feiern miterleben wird. Bunt ist auch die Ortssage, nach der in grauer Vorzeit zwei riesige Schlangen miteinander kämpften: Die Besiegte fiel auf den Erdboden und bildete den Río Mantaro.

Wem es nach noch abgelegeneren Abenteuern dürstet, kann im Hochland wandern und unten im Tal sogar Kajak fahren. Von Huancayo aus führen einige klassische Anden-Reiserouten durch die recht unwegsamen, aber landschaftlich schönen Täler südwärts nach Huancavelica, Ayacucho, Andahuaylas und schließlich weiter nach Cusco.

Jauja

064 / 15 000 EW. / 3250 M

Das kleine, geschäftige kolonialzeitliche Städtchen mit engen, vom Verkehr verstopften Straßen bietet ein paar einfache Unterkünfte, die sich als Ausgangsbasis zum Besuch der Attraktionen in der Gegend eignen. Zu den Highlights hier zählen ein Resort am Seeufer und mehrere interessante Wanderungen.

Jauja war die erste Hauptstadt Francisco Pizarros in Peru, allerdings nur für kurze Zeit. Die Stadt war schon vor der Zeit der Inka von Bedeutung, und viele Spuren aus dieser Zeit und aus der der Inka finden sich in der Umgebung.

Wenn man aus Lima kommt, ist Jauja der erste Ort an dieser Route; die Stadt liegt rund 60 km südöstlich von Tarma und 50 km nördlich von Huancayo.

Sehenswertes

Die fein geschnitzten Holzaltäre der **Iglesia Matriz de Santa Fe** (Plaza de Armas), der Hauptkirche, sind alles, was aus den frühen Tagen der Kolonialzeit in Jauja erhalten ist.

Ein gut erhaltener **Camino del Inca** (Inka-Straße) führt von Jauja nach Tarma. Der spektakulärste Abschnitt beginnt bei Tingopaccha (von Jauja 30 Min. per Taxi).

Ehe die Inkas kamen, war das Gebiet Zentrum einer wichtigen Siedlung der Wanka (Huanca). **Wanka-Ruinen** finden sich auf einem Hügel 3 km südöstlich von Jauja.

Essen

El Paraíso PERUANISCH **$**

(Ayacucho 917; Hauptgerichte ab 15 S; 12–16 & 18–21 Uhr) Das weitläufige, mit zahlreichen Pflanzen geschmückte Paraíso südlich des Hauptplatzes ist Jaujas bestes Restaurant und bei Einheimischen beliebt, die sich hier preisgünstige Spezialitäten wie *trucha* (Bachforelle) aus der Laguna de Paca oder *picante de cuy* (geröstetes Meerschweinchen in pikanter Soße) schmecken lassen.

An- & Weiterreise

Jauja ist gut angebunden: Vom regionalen Flughafen gibt's täglich Flüge nach Lima, und Busse und Taxis fahren regelmäßig zu Zielen im Valle del Mantaro sowie nach Lima und Tarma.

Concepción

Das inmitten schöner Gärten und Höfe liegende Kloster **Santa Rosa de Ocopa** (Erw./Student 5/2,50 S; Mi–Mo 9–12 & 15–18 Uhr) wurde von den Franziskanern im 18. Jh. als Zentrum für Missionare errichtet, die in den Dschungel geschickt wurden. Die Mönche trugen eine eindrucksvolle Kunstsammlung zusammen, die heute in dem **Museum** ausgestellt ist, und legten eine hinreißende **Bibliothek** an (das eigentliche Highlight des Klosters). Letztere umfasst rund 25 000 Bände, von denen viele aus dem 15. Jh. stammen.

Besichtigen kann man das Kloster im Rahmen einer 45-minütigen Führung (stündl. oder sobald min. 7 Pers. warten).

Zu den Exponaten im Museum gehören ausgestopfte Tiere des Dschungels, indigene Artefakte, Fotos der frühen Missionsarbeit und eine große Sammlung kolonialzeitlicher religiöser Kunst, hauptsächlich im Stil der *escuela cuzqueña*, der künstlerische Einflüsse aus Spanien und dem Andengebiet miteinander verband.

Von der Plaza in Concepción starten montags bis samstags zahlreiche *colectivos* zum 5 km entfernten Ocopa. Fahrer von *Mototaxis* nehmen 20 S für die Strecke hin und zurück inklusive einstündiger Wartezeit.

Concepción erreicht man problemlos mit einem Bus von Jauja nach Huancayo, der auf der östlichen Seite des Tals (*izquierda*) fährt.

Huancayo

064 / 365 000 EW. / 3244 M

Das geschäftige Huancayo, die größte Metropole des zentralen Hochlands, verbirgt hinter seiner modernen Fassade ein starkes Traditionsgefühl. Für viele Besucher ist die selbstbewusste, kosmopolitische Stadt der erste Eindruck vom peruanischen Hochland, da sie in einem üppigen Tal an der faszinierenden Bergroute nach Cusco liegt. Huancayo enttäuscht nicht, auch wenn seine Reize nicht so offensichtlich sind wie die anderer Orte in den Anden.

DÖRFER IM VALLE DEL MANTARO

Zwei Hauptstraßen verbinden Huancayo mit den Dörfern des Río-Mantaro-Tals. *Izquierda* ist die Ost- und *derecha* die Westseite des Flussufers, wenn man von Norden aus nach Huancayo fährt. Wer mehrere Sehenswürdigkeiten an einem Tag besuchen möchte, beschränkt sich am besten auf eine der beiden Seiten, denn es gibt nur wenige Brücken.

Zu den interessantesten Ausflügen auf der Ostseite gehört ein Abstecher zu den Zwillingsorten **Cochas Grande** und **Cochas Chico**, 11 km von Huancayo weg, wichtige Produktionsstätten für die verzierten Kalebassen, die diese Gegend bekannt gemacht haben.

Auf der Westseite erwarten einen in **Chupaca** interessante Viehmärkte. Wer sich früh auf den Weg macht, kann per Bus nach **Ahuac** fahren und mit einem Minibus oder zu Fuß weitere 2 km zur **Laguna Ñahuimpuquio** zurücklegen, die mit Restaurants und Bootsausflügen lockt. Vom Ostufer führt ein Pfad bis zu einem Gebirgskamm. Oben genießt man eine tolle Aussicht über das Tal und Inka-Ruinen.

Zu den weiteren für ihr Kunsthandwerk bekannten Dörfern zählen **San Agustín de Cajas** (Korbmöbel), **Hualhuas** (Produkte aus Wolle, darunter Ponchos und Webarbeiten) und **San Jerónimo de Tunán** (filigrane Silberarbeiten).

Die meisten Geschäfte werden in Huancayo abgewickelt, aber die Dörfer lassen sich leicht von der Stadt aus besuchen. Es gibt dort nur wenige Einrichtungen, aber das Erlebnis, das Kunsthandwerk in den Dörfern selbst zu sehen, ist einmalig (und die Qualität der Stücke ist besser als jener, die auf den Märkten in Huancayo angeboten werden). Um das Erlebnis richtig zu genießen, muss man etwas Spanisch können und den Einheimischen aufgeschlossen begegnen.

Die Stadt gehört nach Lima und Cusco zu den besten kulinarischen Zielen in Peru. In gut ausgestatteten Restaurants kann man hier die renommierte Küche der Region genießen. Auf den hiesigen Märkten und in dem hinter der Stadt liegenden Tal findet man das interessanteste Kunsthandwerk Perus. Fast täglich finden abwechslungsreiche, lebenssprühende Fiestas statt.

Huancayo ist ein Ziel für Wanderungen und fürs Extrem-Mountainbiken in den Anden. Zudem enden hier zwei der schönsten Zugstrecken von Peru (und ganz Südamerika), darunter die Route von/nach Lima, die über die Anden führt und damit die weltweit zweithöchste Bahnstrecke ist.

Sehenswertes

Huancayo ist eine ziemlich große Stadt, in der man daher viel laufen muss. Die meisten wirklichen Attraktionen liegen außerhalb des Zentrums. In der Stadt (aber auch um sie herum) liegt der Schwerpunkt auf den unzähligen sehr guten Restaurants. Es gibt auch viele Möglichkeiten, Sprach- oder Kunsthandwerkskurse zu besuchen. Das bemerkenswerteste Wahrzeichen ist die **Iglesia de La Merced** (Ecke Castilla & Ayacucho) im ersten Straßenblock der Real, in der 1839 die peruanische Verfassung beschlossen wurde.

Iglesia María Inmaculada KIRCHE
(Ecke Ica & Amazonas) GRATIS Mit ihren beiden von himmelblauen Hauben abgeschlossenen Türmen ist diese Kirche eine der schöneren in Huancayo, auch wenn sie erst 1965 erbaut wurde.

Cerro de la Libertad AUSSICHTSPUNKT
(Ecke Giráldez & Torre Tagle; 24 Std.) Der Aussichtspunkt, von dem man einen tollen Blick auf die Stadt hat, ist ein beliebtes Ausflugsziel mit Restaurants, Kunsthandwerksständen und einem Spielplatz. Er liegt rund 2 km außerhalb des Stadtzentrums; um hinzugelangen, läuft man auf der Giráldez nach Nordosten.

Parque de la Identidad Huanca PARK
In dem fantasievollen Park stehen viele Steinstatuen berühmter Persönlichkeiten der Region und Miniaturgebäude, die die Kultur der Gegend repräsentieren. Der Park befindet sich in der Vorstadt San Antonio, 3 km nordöstlich des Zentrums.

Aktivitäten

Torre Torre TREKKING
Die als Torre Torre bekannten erodierten Felsformationen sehen tatsächlich so aus wie Türme (*torre* bedeutet „Turm“) und liegen 2 km weiter hügelaufwärts hinter dem Cerro de la Libertad. Am besten wandert man zu-

erst vom Cerro de la Libertad an der Taylor Richtung Osten, von wo aus ein gut erkennbarer Pfad hoch zu den Formationen führt.

Wer einen längeren Ausflug unternehmen möchte, geht von hier mit Blick auf Huancayo linker Hand (im Westen) den Bergrücken entlang. Nach einer Weile erreicht man eine weitere Felsformation namens Corona del Fraile (Mönchskrone), einen Felsen mit runder Kappe inmitten von Eukalyptusbäumen, unter denen mehrere Kaskaden in die Tiefe stürzen.

Von diesem Ende des Bergrückens aus kommt man auch wieder zurück nach Huancayo. Tagsüber ist die Tour ungefährlich, trotzdem sollte man sich vor den Rudeln streunender Hunde in Acht nehmen, vor allem um die Häuser unterhalb von Torre Torre.

Geführte Touren

Incas del Perú ABENTEUER

(☎064-39-3298; www.incasdelperu.org; Ecke Prolongación Cusco & Federico Galvez Durand) Der bei diesem Tourveranstalter beschäftigte, stets umtriebige Lucho Hurtado, ein Einheimischer, der Englisch spricht und die umliegende Gegend bestens kennt, organisiert eine unglaubliche Palette an Aktivitäten. Für fitte Traveller arrangiert er anspruchsvolle, mehrtägige Bergwanderungen zu dem See und dem Gletscher in den nahegelegenen Bergen (3 Tage & 2 Nächte 1170 S/Pers.). Incas del Perú hat seinen Sitz im Restaurant La Cabaña (S. 321).

Außerdem gibt's Exkursionen für Extrem-Mountainbiker (Tagestour 425 S/Pers.) oder Reiter (Tagestour 280 S/Pers., min. 2 Pers.), die an den Osthängen der Anden hinunter hinein in den Dschungel führen. Dabei geht's nicht luxuriös zu, aber dafür erfährt man etwas über das wahre ländliche Peru.

Incas del Perú veranstaltet auch Sprachkurse (650–1000 S/Woche; in Spanisch und Quechua), auf Wunsch auch einschließlich Verpflegung und Unterkunft bei einer Familie vor Ort. Der Unterricht kann auf die Interessen der Teilnehmer abgestimmt werden. Man kann auch lernen, regionale Gerichte zuzubereiten, sich in der hiesigen Kunst üben, Kürbisse zu schnitzen, oder das Spielen der Panflöte erlernen.

Feste & Events

Año Nuevo TRADITIONELLER TANZ

(1.–6. Jan.) Huancayos Neujahrsfest gehört zu den ungewöhnlichsten Veranstaltungen in ganz Peru. Bei der *huaconada,* einem traditionellen Tanz, verkleiden sich Einheimische als schrullige alte Männer mit großen Nasen. Sie sollen Dorfälteste darstellen, die einst faulen Bewohnern oder Unruhestiftern einen Besuch abstatteten, um diese auszupeitschen und so für das kommende Jahr auf den richtigen Weg zu bringen! Im Rahmen der Feierlichkeiten werden nach wie vor jede Menge Hintern versohlt. Auch in Mito, dem Ursprungsort der *huaconada,* eine Stunde nördlich von Huancayo gelegen, locken lebendige Feste.

Semana Santa RELIGIÖSES FEST

(März oder April) Die Karwoche ist eines der größten Ereignisse in Huancayo; zu den großen Prozessionen kommen Menschen aus ganz Peru in die Stadt.

Schlafen

La Casa de la Abuela HOSTEL $

(☎064-22-3303; www.incasdelperu.com; Federico Galvez Durand, nahe der Kreuzung der Prolongación Cusco; B/EZ/DZ ohne Bad mit Frühstück 35/60/80 S; P@) Das vom Tourveranstalter Incas del Perú (S. 317) geführte Hostel unternimmt alles, um müde Traveller willkommen zu heißen. Das bunt angestrichene Haus ist sauber und freundlich und bietet einladende Bereiche zum Chillen, Küchen, Kabel-TV und DVDs. Die Unterkunft ist bei Backpackern dank ihrer geräumigen Schlafsäle und kompakten Zimmer mit Gemeinschaftsbad beliebt. Die Herberge ist jetzt an einen neuen Standort umgezogen, der 25 Gehminuten von Huancayos Zentrum entfernt ist.

Im Preis inbegriffen ist ein tolles kontinentales Frühstück mit Brot, hausgemachter Marmelade und echtem, frisch gebrühten Kaffee. Hier und im nahegelegenen Restaurant La Cabaña (S. 321) erhalten Reisende auch gute Informationen. Es lohnt sich, im La Casa zu wohnen, auch wenn es etwas außerhalb des Zentrums ist.

Hotel los Balcones HOTEL $

(☎064-21-1041; www.losbalconeshuancayo.com.pe; Puno 282; EZ/DZ/3BZ 50/60/75 S; @) Passend zum Namen besitzt das attraktive, moderne, luftige und geräumige Hotel viele, gar nicht zu übersehende Balkone. Die geschmackvoll eingerichteten Zimmer bieten Kabel-TV, Telefon, einen Wecker und Leselampen; es gibt außerdem kostenlosen Internetzugang und ein geschäftiges Restaurant im Haus. Wer nach einem preisgünstigen Zimmer im Zentrum sucht, braucht

Huancayo

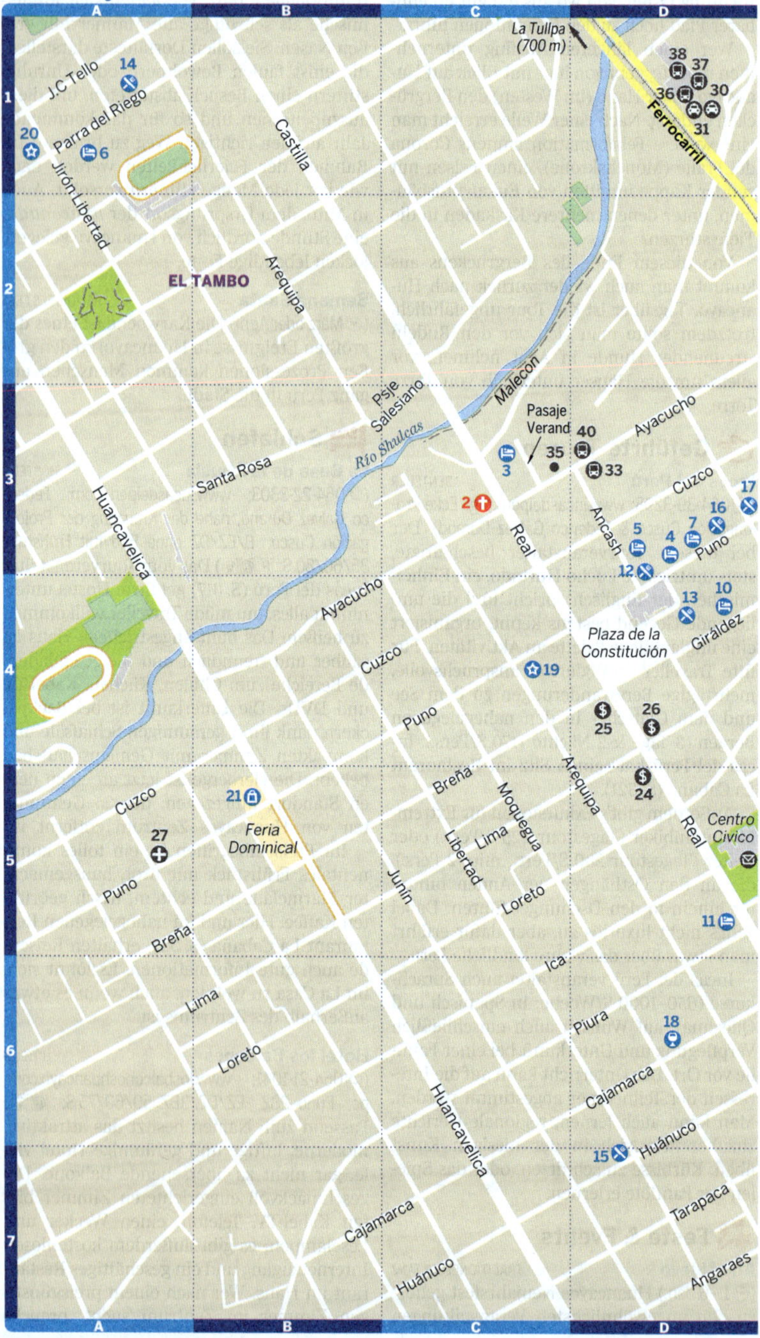

La Tullpa (700 m)
J.C Tello
Parra del Riego
Jirón Libertad
Castilla
Ferrocarril
EL TAMBO
Arequipa
Malecon
Psje Salesiano
Río Shulcas
Pasaje Verand
Ayacucho
Santa Rosa
Cuzco
Ancash
Real
Puno
Huancavelica
Plaza de la Constitución
Giráldez
Breña
Moquegua
Lima
Libertad
Loreto
Feria Dominical
Junín
Centro Civico
Ica
Piura
Cajamarca
Huánuco
Tarapaca
Angaraes

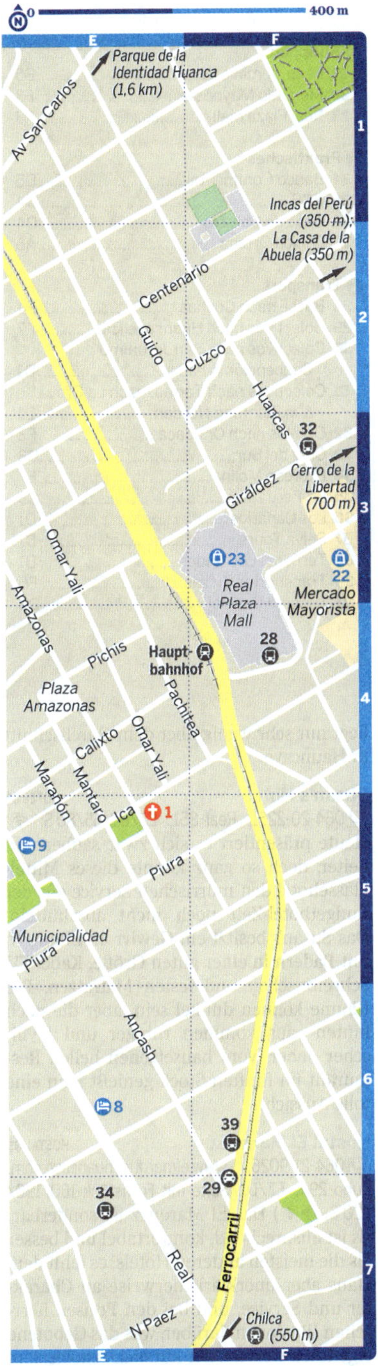

nicht weiter zu suchen: Dieses Hotel ist, wenn man den Preis ins Verhältnis zur Lage und zu den Annehmlichkeiten setzt, einfach das beste.

Hotel Confort HOTEL $

(☎064-23-3601; Ancash 237; EZ/DZ 40/50 S; P) Wir halten unseren Kopf dafür hin, dass dieses Hotel zu den besten Angeboten im Zentrum von Huancayo zählt. Hinsichtlich *confort* (Komfort) wird man wohl für 40 Nuevo Soles kaum irgendwo sonst in Peru mehr bekommen. Das sorgfältig sauber gehaltene Haus ist ein echter Überlebenskünstler, der schon seit Jahrzehnten im Geschäft ist. In einem völlig unerwarteten Schachzug wurde unten im Haus eine zweite Filiale des schicksten Cafés der Stadt, des Coqui (S. 321), eröffnet.

★ **Hotel Turismo** HOTEL $$

(☎064-23-1072; https://turismo.hotelpresidente.com.pe; Ancash 729; EZ/DZ ab 165/225 S; 📶) Während es dem Schwester-Etablissement Hotel Presidente (S. 321) etwas an Charakter fehlt, erweckt diese ältere, elegantere Unterkunft das Flair vergangener Pracht. Das Gebäude besitzt Holzbalkone, schöne öffentliche Bereiche mit Wandbehängen aus San Pedro de Cajas und gute Ausblicke auf die Plaza außerhalb des Centro Civico. Die Zimmer unterscheiden sich in Größe und Qualität, aber alle sind absolut zufriedenstellend.

Das Restaurant auf dem Gelände ist gut, es gibt eine Bar mit Livemusik an den Wochenenden, und die Gäste können den prächtigen alten Billardtisch nutzen.

Blub Hotel Spa HOTEL $$

(☎064-22-1692; www.blubhotelspa.com; Psje Verand 187; EZ/DZ mit Frühstück 140/200 S; 📶) Das versteckt liegende Blub hat sich von einer Mittelklasseunterkunft zu einer der besten Bleiben in Huancayo gewandelt. Die gut eingerichteten, einladenden Zimmer haben große Flachbildfernseher mit Kabel-TV, Telefon, Minibar und Bäder im Stil der 1970er-Jahre. Wie der Name verrät, gibt es einen kleinen Spa-Bereich mit Sauna und auch ein nettes Restaurant. Das Hotel blickt auf den Fluss (oder das ausgetrocknete Flussbett).

Warum das Hotel „Blub" heißt? Wir wissen es nicht, und die Angestellten, die wir danach fragten, hatten auch keinen Schimmer.

Hotel Gran Palma HOTEL $$

(☎064-60-3954; http://hotelgranpalma.com/huancayo; Parra del Riego 749, El Tambo; EZ/DZ mit Frühstück 150/190 S) Dieses große, weiße,

Huancayo

Sehenswertes
1 Iglesia de La Inmaculada ... E5
2 Iglesia de La Merced ... C3

Schlafen
3 Blub Hotel Spa ... C3
4 Hostal El Marquez ... D3
5 Hotel Confort ... D3
6 Hotel Gran Palma ... A1
7 Hotel los Balcones ... D3
8 Hotel Presidente ... E6
9 Hotel Turismo ... E5
10 Isha Hotel ... D4
11 Susan's Hotel ... D5

Essen
12 Café Coqui ... D3
13 Detrás de la Catedral ... D4
14 El Consulado ... A1
15 Leopardo ... D7
16 Sofa Café Paris ... D3
17 Zalema Social Coffee ... D3

Ausgehen & Nachtleben
18 Insomnico ... D6

Unterhaltung
19 Antojitos ... C4
20 Restaurant Peña Turistico Wanka Wanka ... A1

Shoppen
21 Feria Dominical ... B5
22 Mercado Mayorista ... F3
23 Real Plaza Mall ... F3

Praktisches
24 Banco Continental ... D5
25 BCP ... D4
26 Casa de Cambio ... D4
27 Clínica Ortega ... A5

Transport
28 Busse nach Cochas ... F4
29 Colectivos nach Huancavelica ... F7
30 Colectivos nach San Jerónimo, Concepción & Jauja ... D1
31 Colectivos nach Tarma, nach La Oroya & in Richtung Norden ... D1
32 Combis nach Chupaca ... F3
33 Cruz del Sur ... D3
34 Expreso Molina ... E7
35 LC Peru ... C3
36 Los Canarios ... D1
37 Selva Tours ... D1
38 Terminal Los Andes ... D1
39 Transportes Ticllas ... F6
40 Turismo Central ... D3

schicke Hotel auf vier Stockwerken tat mit seiner Standortwahl einen kühnen Schritt, denn El Tambo ist als Viertel nicht bekannt für gehobene Hotels. Auf jeden Fall machen aber die Betreiber ihre Sache gut. Die Zimmer sind nicht allzu groß, aber modern, ruhig und dank Leselampen und Fachbildfernsehern mit Kabel-TV sehr komfortabel. Im Haus gibt's ein Restaurant, eine Sauna und ein Konferenzzentrum.

Isha Hotel BUSINESSHOTEL $$
(☎064-23-1389; Av Giraldez 246; EZ/DZ mit Frühstück 130/170 S; @ 📶) Der beste Newcomer unter den Hotels im Zentrum von Huancayo versucht, einen unglaublich hässlichen Abschnitt der Av Giraldez aufzupeppen. Die Zimmer sind sehr schick, obwohl recht viele kein Fenster nach draußen haben. Man betritt das Hotel, recht unorthodox, durch ein chinesisches Restaurant (die Hotelrezeption befindet sich im 2. Stock).

Dass das Haus über ein Businesscenter (mit Computern und gutem WLAN) und einen Tagungsraum verfügt, dürfte der Grund dafür sein, warum es sich als Businesshotel bezeichnet, denn die Qualität der Zimmer liegt nur sehr wenig über dem Durchschnitt in Hauncayo.

Susan's Hotel HOTEL $$
(☎064-20-2251; Real 851; EZ/DZ 65/80 S; 📶) Heute präsentiert es sich zwar sauber und heiter, doch so ganz konnte dieses Mittelklassehotel den mürrischen Service aus der Budgethotel-Zeit noch nicht abschütteln. Das Susan's besitzt ein Gewirr an Zimmern mit Bädern in einer guten Größe, Kabel-TV, Schreibtischen und festen Matratzen. Die Räume können dunkel sein, aber die nach hinten raus kommen ruhiger und idyllischer daher. Vom hauseigenen hellen Restaurant im fünften Stock genießt man eine tolle Aussicht.

Hostal El Marquez HOSTAL $$
(☎064-21-9026; www.elmarquezhuancayo.com; Puno 294; EZ/DZ/Suite mit Frühstück 160/190/220 S; @ 📶) Das El Marquez ist sonderbar: Es ist ansprechend, komfortabel und besser als die meisten anderen Hotels, es fehlt dem Haus aber unerklärlicherweise an Charakter und Service, und bei den Preisen herrschen Illusionen darüber, was das Gebotene eigentlich wert ist. Die kürzlich renovierten,

mit Teppichen ausgelegten Zimmern bieten alle zu erwartenden Extras, und mehrere Suiten haben Whirlpools, große Doppelbetten und Minibars. Das kleine Café liefert auch aufs Zimmer.

Hotel Presidente HOTEL $$
(☎ 064-23-1275; https://huancayo.hotelpresidente.com.pe; Real 1138; EZ/DZ mit Frühstück 195/245 S; P @ ☎) Das gute, moderne und, was vielleicht das Wichtigste ist, ruhige Hotel bietet große Zimmer mit schönen Teppichen und geräumigen Bädern. Die meisten Zimmer haben Schreibtische, einige auch eine Minibar. Das Hotel gehört zu einer kleinen Kette, die auch in Huancavelica und im Amazonasgebiet vertreten ist.

Essen

Huancayo hat ein paar fabelhafte Restaurants: Zu den regionalen Spezialitäten gehören *papas a la huancaína* (gekochte Kartoffeln in einer cremigen Sauce aus Käse, Öl, Pfeffer, Zitronensaft und Eigelb, serviert mit gekochten Eiern und Oliven). Die Stadt ist auch für ihre *truchas* bekannt, die in nahe gelegenen Seen gezüchtet werden.

Parque Túpac Amaru ist das neue coole Restaurant- und Ausgehviertel.

Leopardo PERUANISCH $
(Ecke Libertad & Huánuco; Hauptgerichte 15–49 S; ⏲ 6.30–17.30 Uhr) Bis hinunter zu der Modellbahn im zentralen Speisebereich ist dieser Treff, der mühelos eine Cafeteria für den Alltag mit einem gehobenen Restaurant verbindet, typisch für Huancayo. Die Küche der Anden ist hier z. B. mit *mondongo* (einer Suppe aus Mais, Kutteln, gehackten Schweinsfüßen und Gemüse) vertreten und die Küche der Küste mit *tacu tacu* (einem Gericht aus braun gebratenen Bohnen, Reis und Chili, das mit Steaks serviert wird) .

Das Leonardo ist so beliebt, dass es gegenüber eine identische Filiale eröffnete. Wir fanden das Restaurant einfach wunderbar.

Café Coqui BÄCKEREI $
(Puno 298; Frühstück 12–16 S, Hauptgerichte 10–30 S; ⏲ 7–23 Uhr) Die moderne Bäckerei mit Café ist ein Anwärter auf das beste Frühstückslokal in den zentralen Anden. Es serviert schmackhafte Sandwichs, Gebäck, Empanadas, echten Espresso und andere Kaffeespezialitäten. Von morgens bis abends herrscht Betrieb, und inzwischen bietet das Lokal auch Pizzas und andere größere Gerichte an.

Weitere gute, aber weniger stimmungsvolle Filialen finden sich unter dem einen Steinwurf entfernten Hotel Confort (S. 319) und in der 2. Etage der Real Plaza Mall (S. 322).

Zalema Social Coffee CAFÉ $
(www.facebook.com/Zalemacoffee; Amazonas 461; 5–15 S; ⏲ Mo–Sa 12.30–23 Uhr) Man sollte ein Auge auf dieses nette kleine Boheme-Café haben: Wenn es so weitermacht, wird das Lokal es noch weit bringen. Die zurückhaltende Deko kreist um die zweite Leidenschaft der Inhaber (das Bergsteigen), die Atmosphäre ist entspannt und der Kaffee annehmbar. Abends gibt's offenes Kaminfeuer, und das regionale Essen, darunter viele Tapas, ist schmackhaft.

Sofa Café Paris CAFÉ $
(Puno 252; Snacks/kleine Gerichte ab 6–15 S; ⏲ Mo–Sa 12–15 & 16–23 Uhr; ☎) Das Café ist so entspannt, wie der Name verspricht. Der muntere Treff besitzt einen umlaufenden Balkon, von dem man das Treiben unten beobachten kann. Trendige junge *huancaínos* (Einwohner von Huancayo) bevölkern das Lokal, das musikalisch eher auf Nirvana als auf Andenklänge steht. Neben größeren peruanischen Gerichten gibt's hier auch Kuchen und – aus der vielleicht zweiten Kaffeemaschine der Stadt – aufwendige Kaffeespezialitäten.

Die alten Bilder von London an den Wänden lassen vermuten, dass den Dekorateuren die stimmungsvollen Paris-Bilder ausgegangen sein müssen.

★ **La Cabaña** INTERNATIONAL $$
(Hauptgerichte 20–30 S; ⏲ 18–23 Uhr; ☎) Dieser Treff ist gleichermaßen bei Einheimischen und Travellern für sein entspanntes Ambiente, sein herzhaftes Essen und seine schmackhaften Pisco Sours (Weinbrand-Cocktails) beliebt. Wenn man hungrig ist, kann man leckere Pizza, Forelle, saftiges Grillfleisch und al dente gekochte Pasta bestellen. Das abgefahrene Dekor lohnt allein schon einen Besuch. Aus der Musikanlage dudelt klassischer Rock and Roll.

Huancahuasi PERUANISCH $$
(☎ 064-24-4826; www.huancahuasi.com; Castilla2222, El Tambo; Hauptgerichte 20–40 S; ⏲ 8–18 Uhr) Dieses Restaurant mit Klasse ist das bevorzugte Lokal der Einheimischen im Viertel El Tambo, wo die Real im Nordwesten der Stadt zur Castilla wird. Der mit Blumen geschmückte Hof sowie die mit Wandbehängen aus San Pedro de Cajas und Gedichten deko-

rierten Wände sind ein schönes Ambiente für regionale Spezialitäten wie *pachamanca*.

Zu den weiteren Leckerbissen zählen *papas a la huancaína* (Kartoffeln mit einer cremigen Käsesauce) und *ceviche de trucha* (Forellen-Ceviche). Die Gerichte sind schön angerichtet und werden mit einem Lächeln serviert. Am besten kommt man mittags, zu anderen Zeiten kann es sehr ruhig sein. Die Taxifahrt aus dem Zentrum kostet 3 S.

Detrás de la Catedral PERUANISCH $$
(Ancash 335; Hauptgerichte 10–35 S; 11–23 Uhr) Das gut geführte, ansehnlich mit Holz eingerichtete Restaurant hat eine freundliche Atmosphäre. Mit seiner breit gefächerten Karte, eine ganze Stufe oberhalb der üblichen Hähnchen-Reis-Gerichte, hat es sich ein Publikum aus vielen Stammgästen geschaffen. Es gibt sättigende Burger (vegetarisch oder mit Fleisch), Spezialitäten wie *asado catedral* (Grillfleisch nach Art des Hauses) und sehr, sehr gute *truchas* (Forellen).

Zu den leckeren Desserts, für die man Platz lassen sollte, gehört in Schokolade getränktes *pionono helado* (Gebäck mit Karamellfüllung). Surrealistisch Wandmalereien mit Szenen des traditionellen Lebens in den Anden schmücken die Wände.

La Tullpa PERUANISCH $$
(064-25-3649; www.latullpa.com; Atahualpa 145, El Tambo; Hauptgerichte 15–30 S; 11.30–17 Uhr) Das La Tullpa, gegenwärtig eines der besten Restaurants in Huancayo, hat einen schlichten Innenraum mit Holzboden, der durch Bögen auf einen mit Pflanzen drapierten Hof führt. Die Küche der Anden wird hier mit Gerichten wie *papas a la huancaína* (Kartoffeln mit cremiger Käsesauce) und *ceviche de trucha* (Forellen-Ceviche) in Szene gesetzt.

El Consulado PERUANISCH $$
(www.facebook.com/elconsuladorestaurante; Parra del Riego 658, El Tambo; Hauptgerichte 20–30 S; 10–18 Uhr) Das geräumige Lokal mit hoher Decke ist auf die Küche Arequipas, z. B. mit dem Markenzeichen *rocoto relleno* (Paprika mit Käsefüllung), und auf traditionelle Andengerichte spezialisiert.

Ausgehen & Nachtleben

Es gibt keine herausragenden Nachtclubs: Viele liegen außerhalb des Zentrums und sind spätabends kein sicheres Pflaster. Halten sollte man sich an die zentraler gelegene Disco **Insomnico** (Ecke Cajamarca & Moquegua; Fr & Sa 21–4 Uhr), an Bars wie das **Antojitos** (Puno 599; Mo–Sa 17 Uhr–Open End) oder an muntere Restaurants und Cafés wie das La Cabaña (S. 321) oder das Sofa Café Paris (S. 321).

Unterhaltung

★La Cabaña TRADITIONELLE MUSIK
(Ecke Prolongación Cusco & Federico Galvez Durand; 18–23 Uhr) Hier hat ein Mann sein ganzes Leben lang wunderbare, seltsame Dinge, von alten Spielautomaten bis zu antiquierten Aguardiente-Destilliergeräten, gesammelt und sie dann über dieses muntere, gemütliche Restaurant verteilt, das leckere Pisco Sours (wenn einem heiß ist) oder *calientitos* (wenn einem kalt ist) serviert. Das Lokal ist nett für das Herz und den Magen. Man sitzt zwanglos im Hof, und jede Woche gibt's, meistens an den Wochenenden, Livemusik.

Restaurant Peña Turistico Wanka Wanka TRADITIONELLE MUSIK
(Jirón Parra del Riego 820, El Tambo; Fr & Sa 21–5 Uhr) Die *peña* (Bar oder Club mit folkloristischer Livemusik) in El Tambo lockt lokale Bands wie Kjantu an und bietet gute *cumbia-* und Volksmusik. Die Speisen und Getränke sind allerdings teuer. Herkommen sollte man mit dem Taxi (3 S).

Shoppen

Huancayo ist im weiten Umkreis der beste Ort im zentralen Hochland, um einen traditionellen Markt zu besuchen (es gibt in der Stadt zwei Hauptmärkte), nach Souvenirs zu stöbern oder amerikanische Markenjeans zu kaufen. Wer in die Stadt gekommen ist, um Designerkleidung zu shoppen, sollte am besten die **Real Plaza Mall** (Ecke Giraldez & Ferrocarril; 9–23 Uhr) ansteuern.

Mercado Mayorista MARKT
(tgl.) Der farbenfrohe Lebensmittelmarkt besteht aus einem überdachten Bereich und erstreckt sich von dort entlang der Bahngleise Richtung Osten. An den Fleischständen kann man Delikatessen aus den Anden kaufen, darunter Frösche, Meerschweinchen und Hühner sowie eine unglaubliche Vielfalt an unaussprechlichem Obst und Gemüse. Traveller sollten unbedingt einen *tokuc* (Getränk aus vergorenen Kartoffeln) probieren! Viele Stände öffnen bereits um 4 Uhr und bleiben bis Mitternacht geöffnet.

Die Verkäufer sind freundlich und bieten einem gern Kostproben an. Wer durch die verschiedenen Teile des Markts schlendert, wird mit den unterschiedlichsten Gerüchen konfrontiert und bekommt eine Art Schnellkurs in den Zutaten klassischer peruanischer Gerichte. Zweifellos ist dies einer der interessantesten Stadtmärkte Perus. Am besten legt man seinen Besuch auf einen Sonntag, wenn auch Huancayos wöchentlicher Kunsthandwerkermarkt stattfindet.

Feria Dominical KUNSTHANDWERK
(Huancavelica; ⏲So) Auf dem Markt entlang der Huancavelica bis in den Nordwesten der Piura erhält man Webarbeiten, Textilien, Stickwaren, Keramik und Holzschnitzereien. Außerdem werden *mates burilados* (geschnitzte Kalebassen) und viele anderen Erzeugnisse aus den zahlreichen Dörfern des Río-Mantaro-Tals verkauft – praktisch für alle, die nicht genug Zeit haben, diese Orte zu besuchen. Gut auf Wertsachen aufpassen!

Praktische Informationen

GELD

BCP (Ecke Real & Breña), die **Banco Continental** (Real 631-639) und andere Banken und **casas de cambio** (Wechselstuben) finden sich an der Real. Die meisten Banken sind auch am Samstagvormittag geöffnet und haben Geldautomaten.

MEDIZINISCHE VERSORGUNG

Clínica Ortega (☎064-23-2921; www.clinicaortega.pe; Carrión 1124; ⏲24 Std.) In dieser Klinik südwestlich vom Zentrum wird auch Englisch gesprochen.

POST

Serpost (Hauptpost; Plaza Huamamarca 350; ⏲Mo–Fr 8–19.30, Sa bis 15 Uhr)

TOURISTENINFORMATION

Incas del Perú (☎064-22-3303; www.incasdelperu.org; Ecke Prolongación Cusco & Galvez Durand; ⏲10–24 Uhr) Der Tourveranstalter hat gute Infos zu fast Allem in der Gegend.

An- & Weiterreise

Huancayo ist gut mit Bussen und (mehr als jede andere Stadt in Peru, abgesehen von Cusco) Zügen versorgt. Der regionale Flughafen befindet sich im weniger als eine Stunde entfernten **Jauja** (Aeropuerto Francisco Carle; Av Aeropuerto). **LC Peru** (☎064-21-4514; www.lcperu.pe; Ayacucho 322; ⏲Mo–Sa 8.30–18.30 Uhr) fliegt von Jauja nach Lima.

BUS

Allmählich kümmert sich Huancayo um seine Busterminals. Die meisten Verbindungen Richtung Norden nach Tarma und in den zentralen Dschungel bestehen vom **Terminal Los Andes** (Ecke Av Ferrocarril & Los Andes).

Am Terminal Los Andes, das man mit dem Taxi vom Stadtzentrum erreicht (4 S), starten mindestens einmal pro Stunde Busse nach Satipo (20–25 S, 6–7 Std.) über Tarma (10 S, 2 Std.), San Ramón (15–20 S, 4¼ Std.) und La Merced (15–17 S, 4½ Std.). Viele fahren noch weiter bis nach Mazamari (25–27 S, 7½ Std.).

Lima im Westen und Ziele in den südlichen Tälern wie Huancavelica und Ayacucho werden von Gesellschaften mit eigenen Büros und Abfahrtspunkten überall im Stadtzentrum bedient.

Der Preis für die Busfahrt nach Lima, dem am stärksten angefahrenen Ziel, variiert stark. Die Busse fahren überwiegend nachts. Tickets für die einfache Strecke kosten zwischen 60 und ca. 90 S. Für den höheren Preis bekommt man einen Bettplatz in einem *bus-cama* (Bettenbus); zum billigen Preis reist man auf Sitzplätzen, die sich ein wenig zurücklehnen lassen. Die Fahrt dauert sieben Stunden.

Alle im Folgenden genannten Busunternehmen sollten hinsichtlich der angebotenen Routen beachtet werden – angesichts der starken Konkurrenz kann man sich Zeit nehmen und überlegen, ob einem der Preis oder der Reisekomfort wichtiger ist.

Cruz del Sur (☎064-22-3367, 064-22-1767; Ayacucho 281) Hat die luxuriösesten Busse nach Lima. Täglich fahren acht bis zehn Busse, überwiegend nächtliche *bus-cama;* der Preis liegt zwischen 65 und 90 S.

Expreso Molina (☎064-22-4501; Angaraes 334) Empfehlenswerter Bus nach Ayacucho (auf einer immer noch holprigen Straße). Die Busse starten morgens (25 S) und nachts (30 S) zu ihrer siebenstündigen Fahrt. Ein Bus fährt auch über die längere, aber sichere Strecke über Rumichaca (40 S, 10 Std.).

Los Canarios (☎064-21-5149; Terminal Los Andes) Fährt fast stündlich nach Tarma (10 S, 3 Std.), wo es bessere Verbindungen in den zentralen Dschungel gibt, und hält unterwegs in Jauja (7 S) und Concepción.

Selva Tours (Terminal Los Andes) Ein empfehlenswerter Bus für Fahrten über La Merced nach Satipo und weiter nach Mazamari im zentralen Amazonasdschungel.

Transportes Ticllas (Ferrocarril 1590) Fährt häufig nach Huancavelica (15 S, 3–4 Std.).

Turismo Central (☎064-22-3128; Ayacucho 274) Betreibt Busse Richtung Norden nach Huánuco (40–50 S, 6 Std.), Tingo María (60 S, 8 Std.) und Pucallpa (70 S, 16 Std.).

TAXI

Von der Kreuzung der Av Ferrocarril und der Ancash am Busbahnhof von Transportes Ticllas (S. 323) oder auch in der Nähe davon fahren **colectivos nach Huancavelica** (25 S,

2½ Std.). Sie starten, wenn sie voll besetzt sind (min. 4 Pers.).

Sammeltaxis Richtung Norden in Andenorte wie Tarma (20 S) und La Oroya (18 S) starten am günstig gelegenen Los-Andes-Terminal (S. 323). Hier fahren auch die *colectivos* nach Jauja (7 S, 50 Min.) via San Jerónimo und Concepción (3 S, 30 Min.) ab.

ZUG

Huancayo besitzt zwei nicht miteinander verbundene Bahnhöfe in verschiedenen Teilen der Stadt.

Ein spezieller Zug für Touristen, der **Ferrocarril Central Andino** (www.ferrocarrilcentral.com.pe), fährt zwischen Mitte April und Oktober ein- oder zweimal pro Monat von der Estación Desamparados (S. 109) in Lima. In Huancayo endet und startet die Fahrt am **Hauptbahnhof** (Av Ferrocarril, gegenüber der Real Plaza Mall).

Die zwölfstündige Fahrt beginnt freitags um 7 Uhr in Lima, die Rückfahrt sehr unpraktisch sonntags um 18 Uhr in Huancayo. Für die Rückfahrt, die zu einem großen Teil nachts ist, braucht man warme Kleidung und vielleicht eine Decke.

Bei der fabelhaften Zugreise erreicht man eine Höhe von 4829 m und passiert in La Galera einen der höchstgelegenen Passagierbahnhöfe der Welt (die Tibeter sind die Rekordhalter, gefolgt von den Bolivianern). Der Zug fährt auf einer einspurigen Strecke, die bei Bahnfans weltweit beliebt ist. Buchen kann man über Incas del Perú (S. 323) oder direkt auf der Website des Ferrocarril Centro Andino. Die Tickets für die prächtige Fahrt sind überteuert und kosten ab 700 S aufwärts.

Vom **Bahnhof Chilca** (Estación Chilca; ☎064-21-6662; Av Leoncio Prado cuadra s/n; 1. Klasse/Büfettklasse 9/13 S) im Süden der Stadt bestehen Verbindungen nach Huancavelica. Der Zug startet montags, mittwochs und freitags um 6.30 Uhr. Dienstags, donnerstags und samstags kommt er zur selben Uhrzeit aus Huancavelica zurück. Die Büfettklasse bietet einen hohen Komfort mit Platzreservierungen und gepolsterten Sitzen. In der 1. Klasse sind die reservierten Sitze nicht ganz so bequem. Der Zug wird nicht nur von Travellern, sondern auch von Einheimischen genutzt, was die Fahrt reizvoll und sehr lebendig macht. Mit an Bord sind zahlreiche Lebensmittelverkäufer und ein blinder Violinist, der für ein Trinkgeld spielt. Den aktuellsten Stand des Fahrplans erfährt man von Lucho Hurtado bei Incas del Perú (S. 323).

Das Ticketbüro hat von 6 bis 12 Uhr geöffnet. Der Bahnhof liegt einen ordentlichen Fußmarsch vom Stadtzentrum entfernt, deshalb nimmt man besser ein Taxi dorthin.

ℹ Unterwegs vor Ort

Die Lokalbusse zu den nahegelegenen Dörfern starten an Straßenkreuzungen im Stadtzentrum. Man stellt sich an die Straße und winkt den Bus heran; die meisten Strecken werden alle paar Minuten bedient. Wenn man sich nicht sicher ist, fragt man andere Wartende. Infos zum lokalen Busverkehr erhält man bei Incas del Perú (S. 323).

Taxifahrten in der Stadt kosten 4 S.

BUS

Busse nach Cochas (vor dem Supermercado Plaza Vea & vor der Real Plaza Mall) fahren alle 15 Minuten.

Combis nach Chupaca (Ecke Giráldez & Huancas) kommen an der Kreuzung der Giráldez mit der Huancas vorbei.

Colectivos fahren nach San Jerónimo, Concepción und Jauja.

TÄLER IM SÜDEN

Im Süden werden die Straßen schlechter und sind oft wegen spontaner Feste gesperrt, die Täler werden immer ursprünglicher und einsamer und im stechenden Licht der Berge erheben sich wie gerade entdeckte Schätze Bauwerke aus der Kolonialzeit. Nun ist man im andinsten Teil des zentralen Hochlands angekommen.

Zu den größten Highlights zählen hier die Städte Huancavelica und Ayacucho, die beide dank der im 16. und 17. Jh. entdeckten nahegelegenen Silberminen prächtig und opulent daherkommen. Doch die Region hat nicht nur Glanzzeiten erlebt: In den 1980er-Jahren diente sie als Hochburg der terroristischen Gruppierung Sendero Luminoso (Leuchtender Pfad) und wurde zur Sperrzone für Traveller erklärt.

Heute gehören die Täler zu den ärmsten Gebieten Perus, doch dafür weiß man hier zu feiern wie nirgendwo sonst: Die Semana Santa in Ayacucho (S. 333) gilt als beste Fiesta des Landes.

Huancavelica und Ayacucho liegen zusammen mit Andahuaylas weiter im Süden an einer aufregenden, alternativen Strecke runter nach Cusco.

Huancavelica

☎067 / 40 000 EW. / 3690 M

Es ist schon ein Rätsel, warum nicht mehr Traveller die hübsche koloniale Stadt mit ihren schönen Kirchen, bezaubernden Plazas und Mineralquellen, die sich malerisch zwischen den verklüfteten Berggipfeln verstecken, besuchen. Eine gute Straße und eine fantastische Bahnstrecke verbinden die Stadt mit dem 147 km weiter nördlich gelegenen Huancayo. Trotzdem kommen nur wenige Besucher hierher, was aber wiederum ein besonderer Reiz ist: Huancavelica ist ein beschaulicher Ort abseits des „Gringo Trail", wo man einmal in das Leben der Einheimischen eintauchen, bei einer der zahlreichen Fiestas mitfeiern, die Märkte durchstöbern oder einfach nur die bunt gemischte Menge der Passanten beobachten kann.

Man muss allerdings beachten, dass in der Stadt häufig ein eiskalter Wind weht und nachts mit frostigen Temperaturen zu rechnen ist.

Sehenswertes

Minas de Santa Bárbara — MINE

GRATIS Die gespenstischen Minen von Santa Barbara, die ergreifendste Stätte der Gegend, liegen hoch in den Hügeln oberhalb von Huancavelica und sind von der Stadt aus auf einer anstrengenden, aber lohnenden 1½-stündigen Wanderung zu erreichen. Nach 200 Jahren wurden die Minen, die einst die profitabelsten des amerikanischen Doppelkontinents waren, 1786 nach einem Grubeneinsturz geschlossen. Die Gebäude, darunter Unterkünfte und eine Kirche, stehen heute einsam in schöner Lage und lohnen einen Besuch.

Den Zugangsweg erreicht man über eine lange Treppe, die direkt über dem Hospedaje San José in Huancavelica beginnt. Oberhalb der Baumgrenze, nachdem die Treppe geendet hat, läuft man auf ein paar Sendemasten auf einem Hügel zu, unter dem ein mit Steinen gepflasterter Pfad zur Mine führt.

Laguna de Choclococha — SEE

GRATIS An sonnigen Tagen spiegeln sich die umliegenden Berge im Wasser der Laguna de Choclococha (4700 m), einem von vielen Seen an der Straße nach Rumichaca. Auch Kondore zählen zu den Vögeln, die sich um den See herum beobachten lassen. Es gibt gute Wander- und Angelmöglichkeiten sowie Restaurants am Seeufer.

Der See liegt 70 km südlich von Huancavelica; um ihn zu erreichen, nimmt man um 4.30 Uhr den Bus nach Rumichaca. Es sind rund zwei Stunden bis zur „Ortschaft" Choclococha und dann noch zehn Gehminuten bis zum See; der gleiche Bus kann einen um 14 Uhr (beim Fahrer nachfragen) zur Rückfahrt nach Huancavelica mitnehmen.

Instituto Nacional de Cultura — MUSEUM

(INC; Raimondi 205, Ecke Muñoz; ⏲ Di–So 8.30–13 & 15.30–18.30 Uhr) GRATIS Das Museum zeigt Ausstellungen zu der Gegend, garniert mit interessanten Informationen, wenn man am richtigen Tag den richtigen Guide hat und ihn fragt. Es gibt hier einen tollen kleinen **Buchladen** (in dessen Büchern schon seit Jahrzehnten keiner mehr geblättert zu haben scheint), den man sich ebenfalls vom Wärter aufschließen lassen sollte. Das kleine **Museum** selber präsentiert Fossilien, Keramiken und Artefakte aus allen Epochen der Region. In Schaukästen erblickt man Beispiele örtlicher Trachten. Das Kulturinstitut residiert in einem kolonialzeitlichen Gebäude an der Plaza San Juan de Dios.

Kirchen

Huancavelicas Kirchen sind berühmt für ihre mit Silber plattierten Altäre, während sonst in den kolonialzeitlichen Kirchen Perus vor allem Blattgold zum Einsatz kam. Es gibt mehrere bemerkenswerte Kirchen in der Stadt, die allerdings in der Regel für Urlauber geschlossen bleiben. Besucher können aber selbstverständlich in die Kirchen gelangen, wenn sie an den Gottesdiensten teilnehmen, die werktags meist frühmorgens und sonntags auch später am Vormittag stattfinden.

Die älteste Kirche in Huancavelica ist die im 16. Jh. gegründete **Iglesia de Santa Ana** (Toril, Höhe Parque Santa Ana). Aus dem 17. Jh. stammen die für ihre elf fein gearbeiteten Altäre berühmte **Iglesia de San Francisco** (Garcia de las Goodos Höhe Plaza Bolognesi; P), die **Iglesia de Santo Domingo** (Toledo zw. Carabaya & S Barranca) mit bekannten italienischen Statuen des hl. Dominikus und der Rosenkranzmadonna, die schön restaurierte **Iglesia de San Sebastián** (Plaza Bolognesi), die **Iglesia de San Cristóbal** (Ecke Calles 5 de Agosto & Pablo Solis) sowie die **Iglesia de La Ascensión** (Plaza Mariano Santos Mateo).

Catedral de San Antonio de Huancavelica — KATHEDRALE

(Muñoz an der Plaza de Armas) Huancavelicas spektakulärstes Gotteshaus wurde 1673 erbaut und hübsch in weinroten und weißen Farben restauriert. In ihm befindet sich der, wie manche meinen, schönste kolonialzeitliche Altar Perus, der mit Zedernholzschnitzereien und Gemälden der *escuela cuzqueña* (Schule von Cusco) geschmückt ist. Die einzige Zeit, zu der die Kathedrale geöffnet ist, ist täglich zur Messe um 7 und

Huancavelica

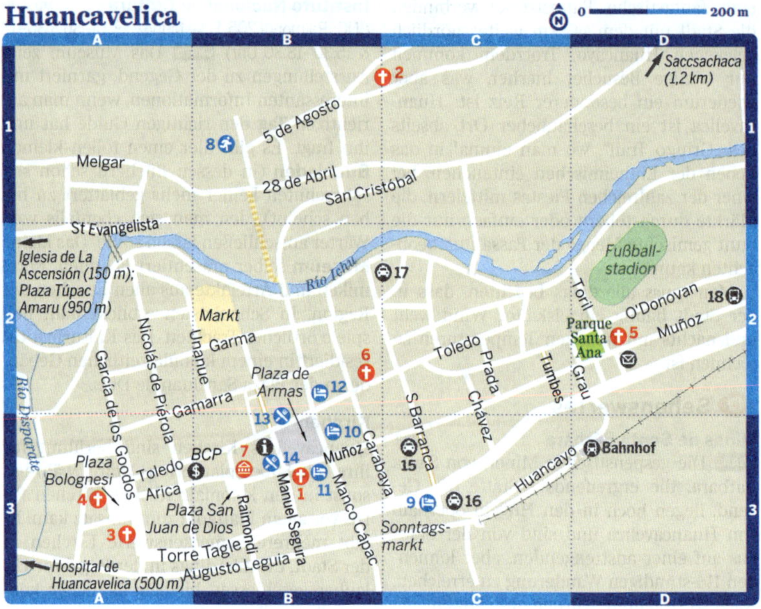

Huancavelica

Sehenswertes

1 Kathedrale ... B3
2 Iglesia de San Cristóbal ... C1
3 Iglesia de San Francisco ... A3
4 Iglesia de San Sebastián ... A3
5 Iglesia de Santa Ana ... D2
6 Iglesia de Santo Domingo ... B2
7 Instituto Nacional de Cultura ... B3

Aktivitäten, Kurse & Touren

8 San-Cristóbal-Mineralquellen ... B1

Schlafen

9 Hospedaje San José ... C3
10 Hotel Ascensión ... B3
11 Hotel Presidente Huancavelica ... B3
12 Hotel Victoria ... B2

Essen

13 Killa Cafe ... B3
14 Pollos y Parrilladas El Centro ... B3

Transport

15 Colectivos nach Huancayo ... C3
16 Colectivos nach Lircay ... C3
17 Combi-Terminal (Combis nach Huancayo) ... C2
18 Transportes Ticllas ... D2

um 17.15 Uhr; sonntags gibt's mehrere Morgengottesdienste.

Aktivitäten

Saccsachaca QUELLE

(Eintritt 1 S; ⌚8–17 Uhr) Tres Boas, die schönste der malerischen Quellen, liegt mit natürlichen Teichen und Wasserfällen am Hang über dem Fluss. Das Wasser ist nicht warm. Man sollte eigenes Badezeug mitbringen.

Saccsachaca ist der Name für alle Quellen, doch manche Einheimische bezeichnen alle als Tres Boas. Die Quellen befinden sich rund 2 km östlich vom Zentrum und sind über die Brücke am Ende der von der Donovan abzweigenden Javier Heraud zu erreichen. Auf der anderen Seite folgt man der rauen Straße, die bergauf über den ersten der beiden Teiche (Los Incas) zu den Tres Boas führt.

San-Cristóbal-Mineralquellen BADEHAUS

(Pool/private Dusche 1,50/3 S; ⌚6–16 Uhr) Die Mineralquellen speisen zwei große, leicht dunkle Schwimmbecken. Das Wasser ist lauwarm und soll heilende Wirkung haben. Man kann ein Handtuch, Seife und Badezeug ausleihen, allerdings ist die Auswahl begrenzt und nicht sonderlich ansprechend. Wer die steile Treppe zu den Quellen hinaufsteigt, genießt einen tollen Blick über Huancavelica. Donnerstags ist das Badehaus oft wegen Reinigungsarbeiten geschlossen.

Feste & Events

Die lebenssprühenden Fiestas, die Huancavelicas weitgehend indigene Einwohner feiern, sind berühmt. Farbenfrohe, traditionelle Festlichkeit gibt es zu den wichtigsten peruanischen Feiertagen wie an Karneval, in der Karwoche, zu Allerheiligen und zu Weihnachten. Huancavelicas Semana Turística (Tourismuswoche) findet Ende September und Anfang Oktober statt. Über kommende Feste kann man sich im Instituto Nacional de Cultura (S. 325) informieren.

Fiesta de las Cruces RELIGIÖSES FEST
Das Fest der Kreuze wird sechs Tage lang im Mai gefeiert. Die Teilnehmer tragen Kreuze, und örtliche Kapellen spielen auf den Plazas.

Schlafen

Huancavelica besitzt mehr als ein Dutzend Unterkünfte, von denen sind die meisten aber Budgetoptionen ohne Warmwasser. Glücklicherweise bleiben aber immer noch die natürlichen Mineralquellen der Stadt, in denen man seine schmerzenden Knochen entspannen kann. Das einzige Spitzenklassehotel vor Ort ist das Hotel Presidente Huancavelica, das in den meisten anderen Weltteilen als Mittelklassehotel gelten würde.

Hotel Ascensión HOTEL $
(☎067-45-3103; Manco Cápac 481; Zi. ab 60 S, ohne Bad ab 50 S; 📶) Mit ordentlichen, sauberen Zimmern inklusive Warmwasserduschen hat dieses Hotel ein tolles Preis-Leistungs-Verhältnis. Es steht gegenüber dem teureren Hotel Presidente an Huancavelicas schöner Plaza de Armas.

Hospedaje San José PENSION $
(☎067-45-1014; Huancayo s/n; EZ/DZ 35/45 S, ohne Bad 15/30 S) Ein enger Eingang führt zu überraschend großen Zimmern mit komfortablen Betten; gelegentlich gibt's auch Warmwasser. Von vielen Zimmern hat man einen guten Ausblick auf die Stadt. Nachts wird's hier allerdings kalt. Das Gasthaus befindet sich am südlichen Ende der Baranca beim Markt.

Hotel Victoria HOTEL $$
(☎067-45-2954; Ecke Manco Cápac & Toledo; mit Frühstück Zi. 70–120 S, Suite 150 S) Der neueste Versuch, in Huancavelica eine nette Mittelklasseunterkunft zu schaffen, scheint gelungen zu sein, die Zimmer sind jedenfalls größer als anderswo. Das Hotel liegt gleich abseits der Plaza de Armas.

★Hotel Presidente Huancavelica HISTORISCHES HOTEL $$$
(☎Tel/Fax 067-45-2760; https://huancavelica.hotelpresidente.com.pe; Plaza de Armas; EZ/DZ mit Frühstück 260/280 S; 📶) Das ansehnliche alte Hotel Presidente Huancavelica ist, das muss gesagt sein, für das Gebotene sehr teuer, aber seine Lage könnte nicht besser sein. Die Zimmer hinter der prächtigen Fassade sind viel schlechter, bieten aber Duschen mit garantiertem Warmwasser, Telefon, Kabel-TV und einen Wäschedienst. Es gibt auch einige Suiten und ein praktisches Restaurant im Haus.

Essen

Es gibt nur wenige herausragende Restaurants, aber viele Hähnchenrestaurants und *chifas* (chinesische Lokale). Das *menú del dia* verleitet die meisten Einheimischen dazu, auswärts zu essen, weil man für drei Gänge und ein Getränk nur ein paar Nuevo Soles bezahlt.

★Pollos y Parrilladas El Centro PARRILLA $
(Ecke Manuel Segura & Muñoz; Hauptgerichte 15 S; ⏲11–23 Uhr) Das Restaurant an der Plaza besteht aus zwei, von der Küche getrennten Teilen. Zur Mittagszeit wird auch jeder Zentimeter Platz benötigt, weil dann ganz Huancavelica hier zu essen scheint. Ein gut gegrilltes Steak auf einem eigenen Kocher ist der Grund herzukommen – es ist *muy sabroso* (sehr schmackhaft).

Killa Cafe CAFÉ $
(Toledo 315, Plaza de Armas; 5–15 S; ⏲8–12 & 15–22 Uhr) Das hübscheste Café der Stadt bietet ordentlichen Kaffee, eine tolle *torta de chocolate* (Schokoladenkuchen), WLAN und ein kleine Auswahl leckerer Snacks, darunter Pfannkuchen, Tamales und Sandwichs.

Shoppen

Sonntag ist der Markttag und die beste Gelegenheit, Einheimische in traditionellen Trachten zu sehen. Der Hauptmarkt schlängelt sich die Barranca hinauf und dann weiter fort in der Torre Tagle hinter der Kathedrale. In der *pasaje de artesanías,* die sich an die Nordseite der Plaza de Armas anschließt, wird täglich Kunsthandwerk verkauft. Bunte Woll-Leggings, Mützen mit Ohrenklappen und Raubkopien sind besonders beliebte Artikel.

Praktische Informationen

GELD

BCP (Toledo s/n) Tauscht Geld um und hat einen Visa-Geldautomaten.

MEDIZINISCHE VERSORGUNG

Hospital de Huancavelica (Hospital Regional Zacarías Correa Valdivia; ☎067-45-2990; www.hdhvca.gob.pe; Av Andrés Céceres s/n; ⌚24 Std.)

POST

Hauptpost (Pasaje Ferrua 105) Nahe der Iglesia de Santa Ana.

TOURISTENINFORMATION

Touristeninformation (Manuel Segura 140; ⌚Mo–Fr 9–13.30 & 15.30–18.30, Sa 9–13.30 Uhr) Gibt gute Wegbeschreibungen (auf Spanisch) zu örtlichen Wanderungen, darunter zu dem 6 km langen Marsch zu den Minen von Santa Barbara, sowie Infos zu Verkehrsmitteln. Das Büro kann auf Anfrage Touren für Reisegruppen arrangieren.

An- & Weiterreise

Huancavelica ist über Straßen oder Schienen erreichbar.

Die Stadt besitzt jetzt eine asphaltierte Straße nach Huancayo (die beste Verbindung). Weitere Straßen führen direkt von Pisco über einen 4850 m hohen Pass sowie von Ayacucho über Rumichaca oder Lircay nach Huancavelica.

Die interessanteste Anreise nach Huancavelica ist jedoch die Zugfahrt aus Huancayo. Wer wenig Zeit hat, kommt von Huancayo am schnellsten mit einem *colectivo* (Sammeltaxi) nach Huancavelica.

BUS

Die Busse nach Lima und Ayacucho fahren in der Regel vom **Terminal Terrestre**, der unpraktisch ca. 2 km westlich vom Stadtzentrum liegt. Die Taxifahrt dorthin kostet 3 S. Das Busticket kauft man in den Büros, die im Zentrum an der Muñoz zwischen dem 7. und 10. Block liegen. Unbedingt nachfragen, wo genau der jeweilige Bus abfährt – das scheint sich nach Lust und Laune zu ändern.

Vom Terminal Terrestre fahren nachts mehrere Busunternehmen nach Lima (30–60 S, 10–13 Std.), die teureren sind bequemere *bus-camas* (Bettenbusse).

Die Busse fahren entweder über Huancayo oder über Pisco; wer nach Huancayo fahren will, findet tagsüber viel häufig verkehrende Busse ab dem Stadtzentrum. Auf der Route über Pisco wird es nachts sehr kalt – warme Kleidung anziehen! Diese Fahrt wird von mehreren Unternehmen angeboten, die Büros an der Muñoz zwischen dem Parque Santa Ana und der Kreuzung mit dem Hwy 26 haben.

Vom Terminal Terrestre fahren auch Busse über Rumiachaca nach Ayacucho (30–40 S, 7–8 Std.). Einige kleinere Busse starten von der **Plaza Túpac Amaru** zum gleichen Ziel.

Zu den Unternehmen, die mit Bussen nach Huancayo (15 S, 3 Std.) fahren, zählt **Transportes Ticllas** (☎067-36-8264; Muñoz 954); diese Busse verkehren täglich fast jede Stunde. **Combis** starten von einem eigenen **Terminal** an der Muñoz in der Nähe des Stadtzentrums nach Huancayo.

Die Busse sind in der Regel schwerfällige Fahrzeuge, vollgestopft mit Einheimischen und deren Hab und Gut.

TAXI

Colectivos sind das schnellste Verkehrsmittel, um aus Huancavelica herauszukommen.

Die **Colectivos nach Huancayo** (25 S, 2½ Std.) starten, wenn sie voll sind (min. 4 Pers.). Sie finden sich meist an der Muñoz zwischen der Carabaya und der Barranca. Es fahren auch **Colectivos nach Lircay**.

Für weiter entfernte Ziele sind *colectivos* aber nicht unbedingt das beste Verkehrsmittel.

ZUG

Die Züge fahren gegenwärtig dienstags, donnerstags und samstags um 6.30 Uhr nach Huancayo. Die Tickets kosten 9 S für die erste Klasse und 13 S für die Büfettklasse. Die malerische Reise, eine der letzten echten Zugfahrten in Peru, dauert fünf bis sechs Stunden.

Ayacucho (Huamanga)

☎066 / 181 000 EW. / 2750 M

Traveller beginnen gerade erst, Ayacucho (auch Huamanga genannt) mit seinen Schätzen wiederzuentdecken. Das muntere Stadtbild wird von prächtig verzierten Kirchen und pfirsich- und pastellfarbenen kolonialzeitlichen Gebäuden mit Holzbalkonen bestimmt. Ayacucho feiert zahlreiche Feste, darunter das größte zur Semana Santa in ganz Peru. In den Bergen um die Stadt finden sich einige der wichtigsten archäologischen Attraktionen des Landes.

Die faszinierende Kolonialstadt hat jedoch eine düstere jüngere Vergangenheit. Die Stadt, deren Name auf die Quechua-Wörter *aya* (Tod oder Seele) und *cuchu* (Winkel) zurückgeht, war als isolierte Hauptstadt eines traditionell armen Departements ein idealer Nährboden für Professor Abimael Guzmán, dessen maoistischer Untergrundbewegung Sendero Luminoso (S. 340) in den 1980er- und 1990er-Jahren Tausende in der Region zum Opfer fielen. Die früher schlechte Verbindung zur Außenwelt beflügelte aber auch einen stolzen, unabhängigen Geist, der sich in der Stadt z.B. in einmaligen Festen und einer selbstbewussten, blühenden, eigenständigen Kultur zeigt.

Geschichte

In den nahe bei Ayacucho gelegenen Höhlen von Pikimachay wurden einige der angeblich ältesten Spuren menschlicher Besiedlung in Peru entdeckt – heute gibt's dort allerdings nichts Interessantes zu sehen.

500 Jahre vor dem Aufstieg der Inka regierten die Wari über das peruanische Hochland. Ihre Hauptstadt lag 22 km nordöstlich von Ayacucho, das von den Spaniern 1540 unter dem Namen San Juan de la Frontera de Huamanga gegründet wurde. Der Ort (die Einheimischen nennen ihn heute noch Huamanga) wuchs schnell, denn die Spanier wollten ihn vor Angriffen durch Manco Inca schützen. Ayacucho spielte in den Kämpfen für die Unabhängigkeit Perus eine bedeutende Rolle.

Nach der düsteren Zeit der 1980er- und 1990er-Jahre, als die Stadt vom Sendero Luminoso terrorisiert wurde, bekam Ayacucho 1999 die erste gepflasterte Straße (sie führt nach Lima).

Ayacucho hat sich inzwischen längst dem 21. Jh. zugewandt und empfängt lächelnd die Traveller.

Sehenswertes

Die **Plaza de Armas** (Plaza Mayor de Huamanga) in Ayacucho ist einer der schönsten Plätze Perus und der beste Ausgangspunkt für die Erkundung der Stadt. Die vier Seiten der Plaza sind von Osten im Uhrzeigersinn das Portal Municipal, das Portal Independencia, das Portal Constitución und das Portal Unión. Rund herum befinden sich viele prächtige kolonialzeitliche Bauten, darunter die **Prefectura** (Jirón 28 de Julio) GRATIS. Ob und wie sich diese Gebäude besichtigen lassen, erfährt man in der Touristeninformation.

Die weiteren Sehenswürdigkeiten Ayacuchos umfassen hauptsächlich Kirchen und Museen.

★ Museo de la Memoria — MUSEUM

(Prolongación Libertad 1229; Eintritt 2 S; Mo–Fr 9–13 & 15–18, Sa 9–13 Uhr) Ayacuchos bewegendstes Museum erinnert an die Auswirkungen des Sendero Luminoso (S. 340) auf Peru und insbesondere auf die Stadt, die am meisten von dem Konflikt betroffen war. Die schlichte Ausstellung (auf Spanisch) ist ergreifend: Man findet hier Augenzeugenberichte über die Schrecken jener Zeit und eine besonders anrührende Fotomontage, die Mütter zeigt, deren Kinder bei den Kämpfen getötet wurden.

Einige der Mütter sind immer noch Angestellte des Museums und geben vielleicht persönliche Auskünfte über die schreckliche Zeit, wenn man sich ausreichend auf Spanisch verständigen kann. Spenden sind willkommen. Das Museum befindet sich 1,5 km nordwestlich des Stadtzentrums.

★ Museo de Arte Popular — MUSEUM

(Portal Independencia 72; Mo–Fr 8–13 & 14–16.15 Uhr) GRATIS Die Volkskunstausstellung deckt das ganze in Ayacucho vertretene Spektrum ab: Man findet hier Silberarbeiten, Teppiche und Wandbehänge, Stein- und Holzschnitzereien, Keramiken und die berühmten *retablos* (schmuckvolle Darstellungen religiöser Szenen). Bei Letzteren handelt es sich um bunte Holzschachteln unterschiedlicher Größe mit fein gearbeiteten Figuren aus Pappmaschee. Besonders beliebt sind ländliche Szenen aus Peru und die Geburt Christi, man findet aber auch interessante *retablos* zu politischen oder sozialen Themen. Fotos dokumentieren, wie sehr sich Ayacucho im 20. Jh. verändert hat. Die Öffnungszeiten des Museums ändern sich ständig.

Casa Museo Joaquín López Antay — KUNSTATELIER

(Cuzco 424; Erw./Kind 4/2 S; Mo–Sa 15–18 Uhr) Dieses faszinierende kleine Museum ist teils Kunstgalerie und teils eine Werkstatt, in der man den Prozess der Herstellung der *retablos* kennenlernt. *Retablos* sind äußerst komplex, weil sie oft Hunderte Menschen- und Tierfiguren enthalten. Joaquín Lopez Antay war Ayacuchos berühmtester *retablo*-Schöpfer, und viele seiner Werke sind hier ausgestellt.

Wenn genügend Interessenten kommen, werden auch Kurse zur *retablo*-Herstellung veranstaltet.

Otto Malena — MUSEUM

(Bellido 548; 18–24 Uhr) Diese surreale Schatzhöhle ist offiziell ein Restaurant, vor

Ayacucho

Museo de la Memoria (500 m)
Expreso Molina (650 m); Hotel Sierra Dorada (900 m); Clínica de la Esperanza (1 km); Museo Arqueológico Hipólito Unanue (1 km)
Colectivos und Combis nach Wari & Quinua (700 m)
Recreo Las Flores (400 m); Pizzeria Polizzi (700 m); Terminal Terrestre Zona Sur (1,4 km); (2,3 km)
Barrio Gastronomico (2,5 km)
Quinua
Psje Proceres
Independencia
Manco Cápac
Libertad
9 de Diciembre
Asamblea
Los Andes
Cáceres
Garcilaso de la Vega
Bellido
Río Totora
F Pizarro
Portal Unión
Callao
Cuzco
Plaza de Armas
Portal Municipal
Kathedrale
Lima
Arequipa
Portal Constitución
Portal Independencia
Museo de Arte Popular
Sol
San Martín
Tres Máscaras
Nazareno
Vivanco
Londres
M Castilla
Unterirdischer Fluss
Mercado
Grau
2 de Mayo
28 de Julio
Itana
Río Alameda
Chorro
San Blas
Río Seco
Bolognesi
BARRIO SANTA ANA
0 200 m

Ayacucho

Highlights
1 Kathedrale C4
2 Museo de Arte Popular B4

Sehenswertes
3 Casa Museo Joaquín López Antay D3
4 Centro Turístico Cultural San Cristóbal B4
5 Iglesia de La Merced C4
6 Iglesia de San Francisco de Asis B5
7 Iglesia de Santo Domingo B3
8 Museo Andrés Avelino Cáceres B6
9 Otto Malena C3
10 Plaza de Armas B4
11 Plaza Moré B5
12 Prefectura B3
13 Templo Compañía de Jesús B4
14 Templo de San Cristóbal B7
15 Templo y Monasterio de Santa Clara B5

Aktivitäten, Kurse & Touren
Mama Alice ..... (siehe 26)
16 Urpillay Tours B4
Via Via ..... (siehe 26)

Schlafen
17 DM Hoteles Ayacucho B3
18 Hostal Florida D3
19 Hostal Tres Máscaras C4
20 Hotel La Crillonesa A5
21 Hotel San Francisco de Paula A3
22 Hotel Santa María D4
23 Hotel Santa Rosa B4
24 Hotel Sevilla A3
25 Via Via Alameda B7
26 Via Via Plaza B4
27 Yañez Inn A2

Essen
28 Café La Miel B3
29 El Niño B3
30 Frutelli B3
31 La Casona B3
32 Las Tinajas B4
Mamma Mia ..... (siehe 11)
Sukre Cocina Peruana ..... (siehe 26)
Via Via ..... (siehe 26)

Ausgehen & Nachtleben
33 Museo B2
34 Taberna Magía Negra B3
35 Yaku B3

Unterhaltung
36 Centro Cultural C3

Shoppen
37 Kunsthandwerksmarkt B1
38 Edwin Pizarro A6

Praktisches
39 BBVA Banco Continental B3
40 Casa de Cambio B4
41 Inka Farma B4
42 Interbank B3
43 iPerú C3

Transport
44 Combis nach Andahuaylas C2
45 Cruz del Sur A2
46 LC Peru B3
47 Turismo Libertadores B2

allem aber ist sie ein Kuriositätenkabinett, weil der Inhaber in erster Linie magische Gegenstände sammelt. Artefakte, Gemälde und Büsten (darunter einige echte Raritäten) verteilen sich über die weitläufigen Räume, und der Inhaber kann unglaublich viel über seine Sammlung erzählen, sodass man seine Neugier stillen kann, während man auf sein peruanisch-chinesisches Essen (Hauptgerichte 15–30 S) wartet.

Plaza Moré PLATZ
(Jirón 28 de Julio 262) Der von der Fußgängerstraße zurückgesetzte Platz hat bessere Läden und Restaurants als das ähnliche Centro Turístico Cultural San Cristóbal (S. 335) gleich den Hügel hinauf.

Mirador de Carmen Alto AUSSICHTSPUNKT
GRATIS Dieser *mirador* (Aussichtspunkt) bietet einen fabelhaften Blick auf Ayacucho und ordentliche Restaurants. Die Anfahrt mit dem Taxi kostet 5 S, alternativ nimmt man den Bus vom Mercado Central oder man läuft (1 Std.).

Museo Arqueológico Hipólito Unanue MUSEUM
(☎066-31-2056; Av Independencia s/n; Eintritt 4 S; ⏲Di–So 9–13 & 15–17 Uhr) Wari-Keramik macht den Löwenanteil der kleinen Ausstellung aus, ergänzt um Relikte verschiedener anderer Kulturen aus der Region. Die Museumsgebäude liegen in einem botanischen Garten im Centro Cultural Simón Bolívar an der Universität (an der Independencia, mehr als 1 km nördlich des Stadtzentrums) und sind gar nicht zu verfehlen. Wenn man schon einmal da ist, kann man sich in der Universitätsbibliothek auch noch kostenlos eine Sammlung von Mumien, Schädeln und anderen Dingen anschauen.

AYACUCHO: ANREISE AUF DIE HARTE TOUR

Manchmal ist das Leben einfach zu leicht. Bei einer Reise von Huancavelica Richtung Ayacucho hat man Gelegenheit, die Sache etwas herausfordernder zu gestalten. Die meisten Busse fahren außerdem nachts, und wer will schon bei Dunkelheit reisen und nichts von der hinreißenden Landschaft sehen?

Die „leichteste" Option für eine Anreise nach Ayacucho bei Tag ist der Minibus nach Rumichaca um 4.30 Uhr. Von der Plaza Túpac Amaru (S. 328) im Westen von Huancavelica starten täglich Minibusse dorthin (10 S, 6 Std.). In Rumichaca wartet man dann auf einen von der Küste kommenden Bus nach Ayacucho. An den meisten Tagen fahren die Busse aus Lima erst gegen 14 Uhr in Rumichaca ein.

Eine andere Möglichkeit mit noch mehr bezaubernden Landschaften, einer noch längeren Fahrt und noch unkomfortableren Verkehrsmitteln besteht darin, vor dem Hospedaje San José in Huancavelica ein *colectivo* (Sammeltaxi) nach Lircay (15 S, 2 Std.) zu nehmen – die Strecke dorthin ist überwiegend asphaltiert. Am Markt in Lircay nimmt man das nächste *colectivo* nach Julcamarca und weiter nach Ayacucho (30 S, 4 Std.); diese Strecke ist weitgehend nicht befestigt.

Der große Nachteil ist, dass in Lircay nur wenige Leute mit dem *colectivo* nach Ayacucho fahren wollen (die Entfernung ist dafür zu groß). Es kann einem deshalb passieren, dass man alle Plätze im Fahrzeug bezahlen muss (120 S). Auf jeden Fall sollte man früh nach Lircay fahren, um die Chancen zu erhöhen, ein Fahrzeug nach Julcamarca oder Ayacucho zu finden.

Das Museum besucht man am besten vormittags, weil es nachmittags nicht immer geöffnet ist.

Museo Andrés Avelino Cáceres MUSEUM
(Jirón 28 de Julio 508-512; Eintritt 2 S; ⌚Mo–Fr 9.30–13 & 15–18, Sa 9.30–13 Uhr) Das Museum in der Casona Vivanco, einem prächtigen Stadthaus aus dem 16. Jh., zeigt Landkarten und militärische Zeugnisse aus der Zeit seines Namensgebers, eines Mannes aus der Stadt, der während des Salpeterkriegs (1879–83) gegen Chile die peruanischen Truppen kommandierte. Zu den Exponaten zählen außerdem faszinierende *retablos* und Kunstwerke aus der Kolonialzeit; besonders sehenswert ist ein Gemälde des Letzten Abendmahls, auf dem auch ein *cuy* (Meerschweinchen) dargestellt ist.

Kirchen

Ayacucho, die „Ciudad de las Iglesias" (Stadt der Kirchen), prunkt mit mehr als 30 Kirchen und Kapellen.

Bei Öffnungszeiten haben Kirchen ihre eigenen Gesetze. Bei manchen stehen die Besuchszeiten an den Türen, bei anderen muss man einfach sein Glück versuchen. Während der Semana Santa (S. 333) sind die Kirchen tagsüber die meiste Zeit geöffnet; zu anderen Zeiten wendet man sich am besten an die Touristeninformation (S. 338), die den Führer *Circuito religioso* herausgibt, der auch Infos zu den Öffnungszeiten enthält.

Sich den Gläubigen bei der Messe (die in der Regel montags bis samstags je nach Kirche zwischen 6 und 8 Uhr gelesen wird) anzuschließen, ist eine interessante Weise, einen Einblick in die Gebäude zu bekommen. Der Eintritt in die Kirchen ist kostenlos, Spenden werden aber gern angenommen.

★ **Basílica Catedral** KATHEDRALE
(Portal Municipal; ⌚10–12 & 16–18 Uhr) GRATIS
In der spektakulären, im 17. Jh. erbauten Kathedrale an der Plaza de Armas befindet sich ein Museum religiöser Kunst. Die düstere Fassade bildet keinen wirklichen Vorgeschmack auf die prächtige Ausgestaltung, deren Highlight der üppig mit Blattgold geschmückte Hochaltar ist: Er ist eines der schönsten Beispiele des spätbarocken *churrigueresco* (ein Stil, bei dem die aufwendigen Nischen und Verzierungen spanischer Tradition um Einflüsse aus den Anden ergänzt sind, z. B. bei den dargestellten Tierarten).

Die Altäre verdeutlichen, wie sich die Idee der *retablos*, jener verzierten religiösen Szenen, für die Ayacucho besonders berühmt ist, entwickeln konnte. Das Wort „retabulum" bedeutet wörtlich „hintere Tafel" und bezog sich auf den mit Skulpturen oder Gemälden geschmückten Aufsatz hinter dem Altar. Hier findet man zehn auf diese Weise gebildete Altäre. Wer die Katakomben der

Kathedrale besichtigen will, fragt bei dem Laden im Eingangsbereich nach.

Iglesia de San Francisco de Asis KIRCHE
(Jirón 28 de Julio, cuadra 3) Die auffällige, innen mit *retablos* geschmückte, aus Stein errichtete Kirche gehört zu dem angrenzenden ansehnlichen Franziskanerkloster aus dem 17. Jh. Die Kirche steht gegenüber dem Markt und besitzt die größte Glocke der Stadt sowie mehrere Kunstwerke der *escuela cuzqueña* und der *escuela ayacuchana*.

Templo Compañía de Jesús KIRCHE
(Jirón 28 de Julio s/n) Die Jesuitenkirche besitzt zwei schöne Glockentürme sowie auffällige Goldprägungen und andere Verzierungen am Tragwerk. Sie wurde auf dem Gelände einer 1605 errichteten Vorgängerkirche in einer Bauzeit von mehr als 150 Jahren (von den 1640er-Jahren bis in die ersten Jahre des 19. Jhs.) fertiggestellt.

Iglesia de Santo Domingo KIRCHE
(Jirón 9 de Diciembre Höhe Bellido) Die Dominikanerkirche, eine der ansehnlichsten in Ayacucho, stammt von 1548 und wurde angeblich aus den Steinen einer früheren Inka-Festung erbaut. In der Kirche finden sich einige herrliche Gemälde im *churrigueresco*-Stil.

Iglesia de La Merced KIRCHE
(Jirón 2 de Mayo Höhe San Martín) Diese Kirche aus der Mitte des 16. Jh. birgt viele kolonialzeitliche Kunstwerke. An sie schließt sich eines der ältesten Klöster Perus an, das zur gleichen Zeit entstand.

Templo y Monasterio de Santa Clara KIRCHE
(Grau Höhe Nazareno) Jährlich kommen Tausende von Pilgern zu der Kirche, um einen Blick auf die Jesusikone zu werfen, die sich in einem der Altäre verbirgt.

Templo de San Cristóbal KIRCHE
(Jirón 28 de Julio, cuadra 6) Die älteste Kirche der Stadt wurde kurz nach der Gründung Ayacuchos (1540) erbaut.

Kurse

Via Via KOCHEN
(☎066-31-2834; http://viavia.world/en/south-america/ayacucho; Portal Constitución 4) Bei diesem Kochkurs (1½ Std., 60 S/Pers.) lernt man, *lomo saltado* (in der Pfanne gebratene Rindfleischstreifen mit Zwiebeln, Tomaten, Kartoffeln und Chili) sowie Pisco Sour richtig zuzubereiten. Beides kann man anschließend genießen.

Geführte Touren

Urpillay Tours OUTDOOR
(☎066-31-5074; www.ayacuchoviajes.com; Portal Independencia 67; 120 S) Dieser professionelle Veranstalter ist eine gute Option für die üblichen Touren, die rund um Ayacucho an-

NICHT VERSÄUMEN

PERUS SCHÖNSTES RELIGIÖSES FEST

Die in der Karwoche in Ayacucho gefeierte **Semana Santa** (März od. April) ist Perus eindrucksvollstes religiöses Fest und lockt Besucher aus dem ganzen Land herbei. An allen Tagen sieht man feierliche, farbenfrohe Prozessionen und katholische Riten. In Ayacucho gibt's bei den Semana-Santa-Feiern auch Kunstausstellungen, Volkstanzwettbewerbe, Konzerte, Straßen-Events, Sportereignisse (vor allem Pferderennen), eine Landwirtschaftsmesse und jede Menge liebevoll zubereitete traditionelle Gerichte.

Jedes Jahr druckt das iPerú (S. 338) eine kostenlose Broschüre mit dem Festprogramm und einem Stadtplan, in dem die Strecken der wichtigsten Prozessionen eingezeichnet sind. Die Feiern beginnen am Freitag vor Palmsonntag und dauern zehn Tage bis zum Ostersonntag. Der erste Tag wird von einer Prozession zu Ehren der Virgen de los Dolores (Madonna der Schmerzen) eingeleitet. Dabei ist es Sitte, den Zuschauern „Schmerzen" zuzubereiten, indem man mit Schleudern Kiesel auf sie schießt. Vorsicht – auch Gringos werden aufs Korn genommen!

Die Feiern erreichen ihren Höhepunkt am Ostersamstag mit einer die ganze Nacht andauernden Party samt einem Feuerwerk im Morgengrauen, das die Auferstehung Christi begrüßt. Wer mitfeiern will, muss auf der Hut sein, denn es geht dabei wirklich wild zu. Während der Festivitäten steigt die Kriminalitätsrate dramatisch – gelegentlich kommt es sogar zu Raubüberfällen und Vergewaltigungen.

Die Zimmer in den meisten Hotels sind schon im Voraus ausgebucht. In der Touristeninformation gibt's eine Liste örtlicher Familien, die in dieser Zeit Gäste beherbergen.

geboten werden, darunter die Trips zu den Ruinen der Stadt Wari (S. 338) und nach Quinua oder Vilcashuamán (S. 338). Ein ganztägiger Ausflug zu diesen Zielen kostet 120 S pro Person.

Mama Alice KULTUR
(☎ Mama Alice 066-31-7963, Via Via 066-31-2834; www.mamaaliceperu.com; Via Via Hotel & Restaurant) Die wundervolle gemeinnützige Organisation Mama Alice arbeitet mit örtlichen Straßenkindern und hat ihren Laden im Via Via Plaza (S. 334), dem führenden Hotel und Restaurant der Stadt. Die neuen Touren, die von benachteiligten Einheimischen geleitet werden, führen jenseits des schönen Stadtzentrums in die eigentliche Stadt; weitere Infos erhält man im Via Via Plaza.

Schlafen

Neben unzähligen einfachen kleinen Hotels und *hospedajes* (familiengeführte Pensionen) bietet Ayacucho eine stetig wachsende Anzahl von gehobenen und trotzdem erschwinglichen Häusern, die mit Annehmlichkeiten wie rund um die Uhr verfügbarem Warmwasser aufwarten. Während der Semana Santa steigen die Preise um bis zu 75 %.

Hostal Tres Máscaras PENSION $
(☎ 066-31-2921; hoteltresmascaras@yahoo.com; Tres Máscaras 194; EZ/DZ 60/80 S, ohne Bad 30/50 S) Diese angenehme Unterkunft hat einen freundlichen Besitzer und einen schönen ummauerten Garten. Die zum Garten gerichteten Zimmer sind großzügig. Warmwasser gibt's morgens und später auf Anfrage. Ein Zimmer mit Fernseher kostet 5 S mehr. Kontinentales und amerikanisches Frühstück erhält man für 8 bzw. 10 S. Wegen all dieser Dinge ist die Pension seit Langem ein Backpacker-Favorit.

Hostal Florida PENSION $
(☎ 066-31-2565; Cuzco 310; EZ/DZ 40/70 S) Das travellerfreundliche *hostal* (Gasthaus) hat einen Hofgarten zum Entspannen und saubere Zimmer – jene im Obergeschoss sind besser – mit Bad und Fernseher. Warmwasser gibt's morgens und später auf Anfrage. Man findet hier auch eine schlichte Cafeteria und einen Wäschedienst.

★ **Via Via Plaza** HOTEL $$
(☎ 066-31-2834; http://viavia.world/en/south-america/ayacucho; Portal Constitución 4; EZ/DZ 130/190 S; 📶) Zu den einfallsreicheren Unterkünften im Zentrum von Ayacucho zählt das Via Via, das eine beneidenswerte Lage an der Plaza und coole, bunt mit Motiven aus verschiedenen Ländern und Kontinenten dekorierte Zimmer hat. Traveller fühlen sich hier rund um den mit Pflanzen geschmückten Hof wie in einer echten Oase. Die Inhaber sprechen Englisch und Niederländisch, und nebenan befindet sich im 2. Stock ein beliebtes Restaurant.

Die Eigentümer haben ein zweites Hotel, das Via Via Alameda, eröffnet und zwar in dem kolonialen Anwesen, das früher als Hotel El Marqués de Valdelirios bekannt war.

Via Via Alameda HOTEL $$
(☎ 066-31-7040; http://viavia.world/en/south-america/ayacucho; Bolognesi 720, Parque Alameda; EZ/DZ mit Frühstück 100/130 S; P) In dem kolonialzeitlichen Gebäude in hübscher und ruhiger Lage finden sich Zimmer mit schönen Möbeln. Man kann draußen auf dem grasbewachsenen Gartenhof sitzen und die wundervollen Gerichte des hauseigenen Restaurants genießen. Das Hotel, das nun zum Via Via im Stadtzentrum gehört, liegt rund 700 m vom Zentrum entfernt; nachts kommt man auf dem Rückweg durch einige dunkle Viertel.

Hotel Sierra Dorada BUSINESSHOTEL $$
(☎ 066-31-9639; Parque del Colegio de Ingenieros; EZ 120–160 S, DZ 170–215 S jeweils mit Frühstück; 📶) Das Hotel ist zwar in Wirklichkeit ocker- und nicht goldfarben (*dorada*), aber alle, denen es vor allem auf einen ruhigen Schlaf ankommt, sind hier genau richtig. Die Zimmer sind nett, wenn auch nicht besonders groß, aber die Lage hier, versteckt in einem Park in kurzer Gehentfernung zum Zentrum, ist wirklich leise.

Der Park wird auch als Parque Mariscal Cáceres bezeichnet. Zum Hotel kommt man am bequemsten mit einem *mototaxi* (2 S).

Yañez Inn HOTEL $$
(☎ 066-31-3431; Av Cáceres 1214; EZ/DZ mit Frühstück 60/90 S; 📶) Dieses Mittelklassehotel kann es mit jedem anderen in der Stadt aufnehmen, weil seine Zimmer so groß sind wie zwei oder drei Zimmer in vielen anderen Hotels. Zu den ansprechenden öffentlichen Bereichen gehören ein Hof und die kleine Cafeteria, in der auch das im Preis inbegriffene amerikanische Frühstück serviert wird. Das Personal ist hier freundlicher als in den meisten Hotels von Ayacucho.

Hotel Sevilla HOTEL $$
(☎ 066-31-4388; www.hotelsevillaperu.com/english; Libertad 635; EZ 100 S, DZ 130–150 S jeweils

mit Frühstück; 📶) Ein langer Zugangsweg, über dem Körbe hängen, führt zu diesem vierstöckigen Hotel, das eines der freundlichsten, hellsten und besten in Ayacucho ist. Als das Haus eröffnet wurde, war das Preis-Leistungs-Verhältnis das beste in den gesamten zentralen Anden. Inzwischen haben die Betreiber erkannt, dass sie zu Recht mehr verlangen können. Die Preise sind zwar gestiegen, aber immer noch äußerst günstig. Die geräumigen, gemütlichen und ruhigen Zimmer sind mit Schreibtisch, Minibar und Mikrowelle ausgestattet.

Das Frühstück wird in einem Café im obersten Stockwerk serviert, von dem man einen tollen Blick auf die Stadt hat. Es gibt auch ein Restaurant.

Hotel Santa Rosa HOTEL $$

(☎ 066-31-4614; Lima 166; Zi. mit Frühstück ab 120 S; 📶) Das geräumige Hotel mit zwei Höfen verfügt über geräumige, luftige Zimmer, deren Dekor überholt werden sollte. Alle Zimmer haben Fernseher, DVD-Player und Telefon, manche sogar einen Kühlschrank (in den zentralen Anden ein Luxus). Die Badezimmer sind groß und besitzen Duschen mit kräftigem Warmwasser. Das Hotel ist weniger als einen Block von der Plaza de Armas entfernt.

Vor Ort gibt's auch ein ordentliches Restaurant mit günstigen Preisen. Sogar nach den hohen Maßstäben in Ayacucho ist das Santa Rosa ein Hingucker.

Hotel San Francisco de Paula HOTEL $$

(☎ 066-31-2353; www.hotelsanfranciscodepaula.com; Callao 270; EZ 80 S, DZ 110–130 S jeweils mit Frühstück; 📶) Das recht große, ältliche Hotel ist nicht schick, aber ansehnlich. Die Gemeinschaftsbereiche sind mit indigener Kunst geschmückt. Es gibt ein Restaurant mit einer Bar, und die großen, gefliesten Zimmer bieten alle für die mittlere Preiskategorie üblichen Einrichtungen. Die nach außen gerichteten Doppelzimmer sind besser als die doch sehr winzigen, nach innen gerichteten Einzelzimmer. Teurer ist die einzige Suite mit Whirlpool.

Hotel Santa María HOTEL $$

(☎ Tel/Fax 066-31-4988; Arequipa 320; mit Frühstück EZ/DZ/2BZ 120/140–180/210 S; 📶) Das große, dreistöckige Gebäude wirkt von außen eindrucksvoll. Die Zimmer sind sehr komfortabel, recht geräumig und geschmackvoll in den Farbtönen der Anden dekoriert (die beweisen, dass Lila und Orange unter bestimmten Umständen eben doch zusammenpassen). Von all den Hotels, die während des Hotelbaubooms der späten 1990er-Jahren entstanden, scheint dieses es am besten gemacht zu haben.

Hotel La Crillonesa HOTEL $$

(☎ 066-31-2350; www.hotelcrillonesa.com; Nazareno 165; EZ/DZ ab 60/85 S; 📶) Das beliebte Hotel mit hilfsbereitem Personal bietet eine Dachterrasse mit malerischer Aussicht, ein Fernsehzimmer, Tourinfos und rund um die Uhr Warmwasser. Die ziemlich kleinen, sauberen Zimmer haben bequeme Betten und in der Regel funktionierendes Kabelfernsehen. Die besten Zimmer liegen ganz oben.

DM Hoteles Ayacucho HOTEL $$$

(☎ 066-31-2202; Fax 066-31-2314; 9 de Diciembre 184; DZ/Suite mit Frühstück 345/511 S; P 📶) Das Innere des eindrucksvollen kolonialzeitlichen Gebäudes besitzt einen gewissen Charme, aber für den geforderten Preis sind die Zimmer doch zu kahl und gerade einmal ausreichend. Die besseren Zimmer haben Balkone (eines davon verlangen) und manche einen Blick auf die Plaza. Das Hotel galt einst als das beste der Stadt, und bisher haben nur wenige zentral gelegene Spitzenklassehotels den Wettkampf in Größe und Einrichtungen mit ihm aufgenommen.

Es gibt hier auch ein sehr großes, in der Regel leeres Restaurant.

Essen

Der gastronomische Standard ist hoch, und viele regionale Spezialitäten sind im Angebot. An der Plaza de Armas finden sich einige Restaurants von hoher Qualität und im **Centro Turístico Cultural San Cristóbal** (Jirón 28 de Julio 178) stimmungsvolle, wenn auch etwas touristische Lokale. Inzwischen gibt's an der Plaza Moré (S. 331) echte Feinschmecker-Restaurants, die vielleicht Vorboten dafür sind, dass Ayacucho sich verändert. Denn wie viele Andenstädte haben schon ihr eigenes „Barrio Gastronómico" (kulinarisches Viertel)?

Frutelli EISCREME $

(Bellido 356; Eiscreme ab 3 S; ⏲ 9–22 Uhr) Die dem Zentrum am nächsten gelegene Filiale hat das leckere CREAM'Z-Eis und ungewöhnliche Bonbons. Von außen sieht der Laden nicht vielversprechend aus, aber die Geschmacksnerven wissen es besser.

Café La Miel CAFÉ $

(Portal Constitución 11; Snacks ab 3 S; ⏲ 10–22 Uhr) Das Café La Miel bemühte sich jahre-

INSIDERWISSEN

REGIONALE SPEZIALITÄTEN

Zu den hiesigen Spezialitäten, die man probieren sollte, gehören *puca picante* (Rindfleisch und Kartoffeln in einer würzigen Sauce aus roter Paprika und Erdnüssen auf Reis), *patachi* (Weizensuppe mit verschiedenen Bohnen, getrockneten Kartoffeln und Lamm- oder Rindfleisch) und *sopa de mondongo* (Maissuppe mit Schweine- oder Rindfleisch, scharfen roten Chilis und frischer Minze; das Gericht gibt's auch anderswo, ist aber besonders für Ayacucho typisch). *Chicharrón* (frittiertes Schweinefleisch) und *cuy* (Meerschweinchen) sind ebenfalls beliebt. Vegetarier können Schwierigkeiten haben, etwas für sie Passendes zu finden: *Chifas* (chinesische Restaurants) sind für sie eine gute Alternative.

lang darum, die Plaza de Armas zu einem geselligen gastronomischen Treffpunkt zu machen. Jetzt gibt's zwar Wettbewerb, aber mit seiner munteren Atmosphäre, die seltsamerweise an eine englische Teestube erinnert, verdient dieses Café weiterhin Beachtung. Das Frühstück ist die beste Zeit für einen Besuch, denn hier gibt's tolle Obstsalate und einen (frisch gebrühten) Kaffee, der zu den besten in Ayacucho zählt.

Auch herzhafte Mittagsgerichte werden hier serviert.

La Casona PERUANISCH **$$**
(Bellido 463; Menús 14 S, Hauptgerichte 18–30 S; ⏲7–22.30 Uhr) Das beliebte, stimmungsvolle Hofrestaurant wird von mehreren Travellern wegen seiner großen Portionen empfohlen. Im Mittelpunkt stehen peruanische Gerichte, darunter eine ausgezeichnete *trucha* und *lomo saltado*. Oft gibt's auch regionale Spezialitäten.

★ **Via Via** INTERNATIONAL **$$**
(Portal Constitución 4; Hauptgerichte 19–34 S; ⏲Mo–Do 7.30–22, Fr & Sa bis 24 Uhr; 📶) Von dem zur Plaza gerichteten Balkon im Obergeschoss hat man den besten Blick in Ayacucho, der eine Ergänzung zu der peruanisch-europäischen Fusionküche ist, die auf Bio-Zutaten aus fairem Handel zurückgreift. Jeder findet hier etwas nach seinem Geschmack, vielleicht *quinnoto* (Risotto mit Quinoa) oder *salteado de alpaca* (in der Pfanne gebratene Alpaka-Streifen mit Zwiebeln, Tomaten, Kartoffeln und Chili), begleitet von einem spritzigen südamerikanischen Wein.

Dies ist ein travellerfreundlicher Treff, wie es ihn in der Stadt zuvor nicht gegeben hatte. Auch ein Jahrzehnt nach der Eröffnung wird hier immer noch alles richtig gemacht: vom muntermachenden Kaffee am Morgen bis zu den originellen Abendgerichten. Unten im Hof gibt's an einer Bude am Eingang von 9 bis 22.30 Uhr ausgezeichneten Kuchen, Eiscreme und Kaffee (separat bezahlen!).

Sukre Cocina Peruana PERUANISCH **$$**
(Portal Constitución 9; Hauptgerichte 20–35 S; ⏲7–23 Uhr) Der geschäftige Treff preist sein Essen als peruanisch an, tatsächlich ist es aber eher Fusionküche. Hier gibt's z. B. *lomo saltado* (mit Broccoli) und *pollo albardado* (Hähnchen mit Schinken und Gemüse in einer sahnigen mediterranen Pilzsauce). Man sitzt auf einem Balkon an der Westseite der Plaza de Armas (am Portal Constitución).

Pizzeria Polizzi PIZZA **$$**
(☎066-31-7255; Tarapaca 210, Ecke Av del Ejercito; Pizzas 20–30 S; ⏲18–23 Uhr) Nicht alle kulinarischen Sterne Ayacuchos scheinen im Stadtzentrum. Diese Pizzeria funkelt in ihrer eigenen Galaxie draußen an der Av del Ejercito (eine zweite Filiale im Zentrum ist aber in Planung). Das Essen ist hervorragend, verblasst aber in diesem italienisch-peruanischen Lokal neben dem putzmunteren Service nach italienischer Art. Es gibt auch Essen zum Mitnehmen.

Um hinzukommen, nimmt man ein Taxi und gibt als Ziel die Tankstelle Grifo Santa Rosa an.

Las Tinajas STEAKS **$$**
(https://lastinajas.pe; Portal Independencia 65; Hauptgerichte 18–46 S; ⏲12–24 Uhr) Das elegante Restaurant hat Plätze mit Blick auf die Plaza oder den Hof, eine sehr professionelle Bedienung und wirklich richtig gute Steaks. Es gehört zu einer auch in anderen peruanischen Städten vertretenen kleinen Kette. Es gibt auch Essen zum Mitnehmen.

Recreo Las Flores PERUANISCH **$$**
(José Olaya 106; Gerichte 15–35 S; ⏲Mo–Do 8–17, Fr–So bis 18.30 Uhr) *Cuy, cuy* und noch mehr *cuy*: Wer hier isst, sollte Meerschweinchen auf seinem Teller mögen. Überwiegend kommt es gebraten mit diversen Beilagen. Gebratene *trucha* und *puca picante* (ein würziger Rindfleisch-Kartoffel-Eintopf auf

Reis) sind ebenfalls im Angebot. Das Innere erinnert vage an eine große Cafeteria, aber an den Fenstern ist der Eindruck nicht so trist.

Dieses Lokal und mehrere andere in der Nähe bilden zusammen den „Barrio Gastronómico" im Stadtbezirk Conchapata südlich des Zentrums.

Mamma Mia ITALIENISCH $$
(Jirón 28 de Julio 262; mittelgroße Pizza 25 S; ⌚18–24 Uhr) Die außergewöhnliche Pizzeria wird seltsamerweise von einem Ukrainer geführt, der seine umfangreichen gastronomischen Erfahrungen einbrachte, um dieses stimmungsvolle Restaurant mit Pizza und Pasta zu schaffen. Das Mahl kann man mit einem Cocktail „Mamma Mia" abrunden, bestehend aus Wodka, Kokos-Rum, Pfirsich-Schnaps und Melone. Das Restaurant gehört zur Plaza Moré (S. 331).

El Niño PARRILLA $$
(9 de Diciembre 205; Hauptgerichte 17–45 S; ⌚11–14 & 17–23 Uhr) Die Spezialität dieses großen Restaurants ist gegrilltes Fleisch – abends wird es oft auf dem abgeschirmten Patio über einem Holzfeuer zubereitet –, es sind aber auch diverse peruanische Gerichte sowie Pizza und Pasta im Angebot. Man kann auch drinnen sitzen. Das Restaurant existiert schon mehrere Jahre, gehört aber immer noch zu den besseren in der Stadt.

Eine einzelne *parrillada* (Grillplatte, 55 S) ist gut und reicht praktisch auch für zwei bescheidene Esser.

Ausgehen & Nachtleben

Da Ayacucho eine wichtige Universitätsstadt ist, gibt's hier ein paar hauptsächlich von Studenten frequentierte Bars und Clubs, in denen man tanzen und rumhängen kann.

Yaku BAR
(Portal Unión 30; ⌚11–23.30 Uhr) Das engagiert geführte Yaku ist nicht nur eine Bar mit einem hübschen Balkon und Blick auf die Plaza de Armas, sondern zugleich ein Livemusiktreff und ein Restaurant. Der Laden braut sein eigenes Bier, es gibt Tischfußball und die Inhaber entwickeln immer weitere Pläne. Man bekommt hier auch einige der besten Burger (15–20 S) in ganz Ayacucho; zu empfehlen ist der „Cancún" (mit Guacamole).

Am Freitag und Samstag steht abends Rockmusik auf dem Programm. Wer danach noch gern anderswo wilder weiterfeiern möchte, kann sich vom Personal sagen lassen, wo man das tun kann.

Museo COCKTAILBAR
(Ecke 9 de Diciembre & Av Cáceres; ⌚18–3 Uhr) Es gibt interessante Cocktails, DJs sorgen an den meisten Abenden für Musik (*reggaetón*, Salsa), und die Stimmung ist lebhaft.

Taberna Magía Negra BAR
(www.facebook.com/TabernaMagiaNegra; Bellido 349; ⌚Mo–Sa 16–24 Uhr) Diese Bar mit Galerie existiert schon länger als die meisten und die Jugend von heute zieht andere Treffs vor. Man findet hier aber immer noch lokale Kunst, Bier, Pizza und tolle Musik.

Unterhaltung

Centro Cultural LIVE-VERANSTALTUNGEN
(Portal Unión) Studenten und Hipster strömen zu den regelmäßigen Open-Air-Veranstaltungen im Hof (Konzerte, Comedy und vieles mehr).

Shoppen

Ayacucho ist ein renommiertes Zentrum des Kunsthandwerks: Ein Besuch im Museo de Arte Popular (S. 329) vermittelt einen Eindruck von dem, was hier produziert wird. Die Touristeninformation (S. 338) kann hiesige Kunsthandwerker empfehlen, die gern Traveller in ihre Werkstätten hineinlassen. Das *barrio* (Viertel) Santa Ana ist für sein Kunsthandwerk besonders bekannt.

Es gibt einen recht unaufregenden **Kunsthandwerksmarkt** (Quinua s/n) in der Nähe des Stadtzentrums.

Edwin Pizarro KUNSTHANDWERK
(☎966-180-666; Barrio Belén) Die *retablos* aus Edwin Pizarros Werkstatt im Barrio Belén sind sehr zu empfehlen. Er ist vor Ort als einer der besten Meister des Genres bekannt und personalisiert auch gern seine liebevoll gestalteten Kreationen, indem er auf Kundenwunsch Figuren hinzufügt. Die Werkstatt ist etwas schwierig zu finden; am besten nimmt man ein Taxi.

Praktische Informationen

GELD

BBVA Banco Continental (Portal Unión 28) Hat einen Visa-Geldautomaten.

Casa de Cambio (Portal Constitución) An der südwestlichen Ecke der Plaza de Armas.

Interbank (Jirón 9 de Diciembre 183)

MEDIZINISCHE VERSORGUNG

Clínica de la Esperanza (Hospital Regional de Ayacucho; ☎066-31-7436; www.hospi

talregionalayacucho.gob.pe; Independencia 355; ⌚8–20 Uhr) Das Personal spricht auch Englisch.

Inka Farma (Jirón 28 de Julio 250; ⌚7–22.30 Uhr) Apotheke.

NOTFALL

Polizei (Jirón 28 de Julio 325; ⌚24 Std.)

POST

Serpost (Asamblea 293) Nahe der Plaza de Armas.

TOURISTENINFORMATION

iPerú (☎066-31-8305; Ecke Cusco & Asamblea; ⌚Mo–Sa 9–18, So bis 13 Uhr) Hilfreiche Infos; das Personal spricht Englisch.

ℹ An- & Weiterreise

Am leichtesten gelangt man mit dem Flugzeug nach Ayacucho, die meisten Traveller kommen aber mit dem Bus.

BUS

Die meisten Busse, die Orte im Norden und Süden ansteuern (einschließlich Lima), starten und enden am großartig benannten **Terrapuerto Libertadores de America** (Terminal Terrestre; Ende der Perez de Cuellar) nördlich des Stadtzentrums. Tickets bekommt man sowohl hier als auch in den Büros der Busunternehmen in der Innenstadt (am besten fragt man gleich beim Kauf, wo genau sich der Abfahrtsort befindet). Ein Taxi zum Terminal Terrestre kostet 8 S.

Busse nach Lima brausen über die spektakuläre Schnellstraße 24, die durch die Anden via Rumichaca nach Pisco führt. Das Angebot an nächtlichen Verbindungen ist reicher als an Tagesfahrten. Letztere sind freilich interessanter, da man mehr von der wilden Landschaft sieht. Den Bus und die Gesellschaft sollte man sorgfältig auswählen. Ticketpreise von/nach Lima reichen von 40 S für einen einfachen Sitzplatz bis zu 90 S für einen zum Schlafen verstellbaren Sitz mit Armlehnen. Die Reise dauert etwa neun Stunden und nachts braucht man warme Kleidung.

Richtung Norden nach Huancayo (30–40 S, 7 Std.) ist die Straße mit schwindelerregend steilen Abschnitten fast ohne Sicherheitsvorkehrungen schlecht – eine aufregende spektakuläre Anden-Busfahrt alter Schule. Der Hauptanbieter ist **Expreso Molina** (☎066-31-9989; Universitaria 160). In Huancayo kann man nach Huánuco, Tingo María, Pucallpa und Satipo umsteigen.

In Richtung Südosten ist die Straße nach Andahuaylas (30 S, 5–6 Std.) und weiter nach Cusco (50–60 S, 14–15 Std.) durchgängig asphaltiert, aber nur wenige Unternehmen haben bislang eine Lizenz für diese Strecke, sodass das Angebot begrenzt ist. Nach Cusco fahren Busse vom Terrapuerto Libertadores de America, aber

RUND UM AYACUCHO

Rund um Ayacucho gibt's mehrere interessante Ausflugsziele, die die ganze Palette der Regionalgeschichte von der Zeit vor den Inkas bis zur Unabhängigkeit Perus abdecken. Man erreicht die Ziele mit Tagestouren; die Veranstalter in Ayacucho berechnen rund 60 S pro Person.

Die ausgedehnten **Ruinen von Wari** (Eintritt 3 S; ⌚8–17.30 Uhr), 20 km oberhalb von Ayacucho an der Straße nach Quinua, gehören zu den bedeutendsten erhaltenen Überresten der Wari-Kultur. Sie liegen verstreut in Feldern voller bizarrer Opuntien – ein stimmungsvoller Ort, um über diese einst mächtige Zivilisation nachzusinnen. Informationen gibt's nur auf Spanisch.

Weitere 17 km hinter den Ruinen von Wari liegt das hübsche Dorf **Quinua** mit der **Casa de la Capitulación** (Bolivar s/n, Quinua; Eintritt 5 S), einem Museum mit unvorhersehbaren Öffnungszeiten. Gleich daneben befindet sich der Raum, in dem die spanisch-royalistischen Truppen im peruanischen Unabhängigkeitskrieg ihre Kapitulation unterzeichneten, womit die Kolonialzeit in Peru endete. Ein 40 m hoher weißer **Obelisk** (Quinua; Eintritt 1 S; ⌚Sonnenaufgang–Sonnenuntergang), der bei der Anfahrt nach Quinua auf mehreren Kilometern immer wieder einmal sichtbar ist, erinnert an die entscheidende Schlacht bei Ayacucho. Der Obelisk steht 15 Gehminuten oberhalb der Ortschaft, zu erreichen über Jirón Sucre. Das gesamte, 300 ha große Gebiet steht als **Santuario Histórico Pampas de Ayacucho** unter Schutz.

Die Ruinen von **Vilcashuamán** (Vilcashuamán; Eintritt 2 S), einer früheren Inka-Festung (die als das geografische Zentrum des Inka-Reiches galt), liegen rund 110 km südlich von Ayacucho in der Nähe von **Vischongo**. Von der früheren Pracht der Stadt ist wenig geblieben, abgesehen von dem intakten *usnu*, einer fünfstufigen Pyramide, auf deren oberster Plattform sich ein riesiger, aus Stein gehauener Doppelthron befindet.

nach Andahuaylas ist die beste Option, ein **Combi** (30 S) von der Pasaje Cáceres im Zentrum von Ayacucho zu nehmen. Die Fahrt führt durch eine fantastische Landschaft, weshalb man sie tagsüber unternehmen sollte.

Der **Terminal Terrestre Zona Sur** (Av Cuzco) bedient den Regionalverkehr Richtung Süden; die wichtigsten für Traveller interessanten Ziele sind Vischongo und die Ruinen von Vilcashuamán. Alle möglichen Fahrzeuge fahren diese Strecke; die Preise für eine Fahrt nach Vilcashuamán liegen zwischen 20 S in einem *combi* und 30 S in einem *colectivo* (Sammeltaxi). Die Fahrzeuge starten am frühen Morgen, und man sollte gegen 5 Uhr kommen, um sich einen Platz zu sichern. Die Taxifahrt zum Terminal kostet 4 S.

Combis und colectivos (Pasaje Flores, zw. Melgar & Chocano) fahren zu vielen Dörfern in der Umgebung, darunter nach Quinua (5 S, 1 Std.) und zu den Ruinen von Wari (5 S, 40 Min.). Sie starten nordöstlich des Stadtzentrums von einem Parkplatz an der Pasaje Flores.

Colectivos Richtung Nordwesten nach Julcamarca (2½ Std.), von wo man über Lircay (weitere 2 Std.) nach Huancavelica (weitere 3–4 Std.) kommt, starten vom **Terminal Terrestre Totora** (Carr Huanta–Ayacucho) 4 km nordöstlich des Zentrums. Mit Umsteigen in Julcamarca und Lircay beträgt die Gesamtfahrtzeit nach Huancavelica (ca. 120 S) wahrscheinlich acht bis neun Stunden.

Cruz del Sur (☎ Infos 066-31-2813, Reservierung 01-311-5050; www.cruzdelsur.com.pe; Cáceres s/n, zw. Libertad & Sucre) Erstklassiger Service nach Lima in Bussen mit komfortablen Sitzen, Verpflegung inklusive. Die Busse fahren von einem eigenen Busbahnhof, unterwegs versorgt einen eine Bäckerei mit Snacks. Die Preise variieren je nach dem, wann und wo man das Ticket kauft, sie beginnen aber bei etwa 70 S.

Expreso Molina (☎ 066-31-9989; Universitaria 160) Das gute Busunternehmen fährt von einem eigenen Busbahnhof, der nicht weit vom Zentrum entfernt liegt. Die Busse sind nicht besonders komfortabel, fahren aber nach Lima (2 Fahrten tagsüber & 7 Fahrten nachts), Huancayo (tagsüber 1-mal, nachts 5-mal) und Huancavelica (nur nachts).

Expreso Turismo Los Chankas (☎ 066-31-2391; Terrapuerto Libertadores de America) Gegenwärtig einer der wenigen Anbieter von durchfahrenden Bussen nach Cusco (sonst muss man in Andahuaylas umsteigen). Die Busse starten um 7.30 Uhr (Mo–Sa) und 20.30 Uhr (tgl.). Auch wenn die Straße jetzt asphaltiert ist, empfiehlt sich eine Unterbrechung der langen Fahrt in Andahuaylas.

Turismo Libertadores (☎ 962-889-142; Manco Cápac, zw. Calle de la Vega & 9 de Diciembre) Einer der besten Billiganbieter von Fahrten nach Lima (40–60 S, tagsüber 1-mal, nachts 4-mal).

FLUGZEUG

Der **Flughafen** liegt 3,5 km außerhalb des Stadtzentrums. Die Fahrt mit dem Taxi kostet rund 10 S. Die Flugtermine und die Fluglinien können sich ohne Vorankündigung ändern; aktuelle Flugpläne stehen auf den Webseiten der Fluglinien. **LC Peru** (☎ 066-31-2151; Jirón 9 de Diciembre 139; ⏲ Mo–Fr 9–19, Sa bis 13 Uhr) fliegt täglich nach Lima, die Abflugszeiten wechseln je nach Tag zwischen frühmorgens und nachmittags. Sonntags gibt es morgens und nachmittags je einen Flug.

Andahuaylas

☎ 083 / 6800 EW. / 2980 M

Andahuaylas dient normalerweise als ein kurzer Zwischenstopp zwischen Ayacucho und Cusco und ist auch wirklich nicht so schön wie diese beiden Städte. Der Ort ist jedoch ein guter Ausgangspunkt zur Erkundung der nahegelegenen spektakulären Chanka-Ruinen von Sóndor und zahlreichen Naturattraktionen – von Seen bis zu Felsformationen.

Andahuaylas war die Hauptstadt des Chanka-Reichs, das den Inkas heftigen Widerstand leistete, bis es ihnen 1430 unterlag. Und der unabhängige Geist ist in der zweitwichtigsten Stadt des Departamento Apurímac auch heute nicht erloschen.

Man braucht etwas Zeit, um sich in diesem Ort zu orientieren, insbesondere sonntags, wenn einer der größten und bizarrsten Märkte in den gesamten Anden das ganze Stadtzentrum in Beschlag nimmt.

Sehenswertes

Sóndor RUINEN

(Eintritt 2 S; ⏲ 8–17 Uhr) Die imposante Stätte von Sóndor wurde von den Chanka errichtet und erhebt sich auf einem Hügel ein paar Kilometer hinter der Laguna de Pacucha. Die Chanka waren traditionell Feinde der Inkas, wussten aber offensichtlich wie diese eine schöne Aussicht zu schätzen. Hinweise lassen vermuten, dass die eindrucksvolle Pyramide in der Mitte des ausgedehnten Ruinenkomplexes eine bedeutende Opferstelle war. Man kann sich ein Picknick mitnehmen und hier oben einen Nachmittag verbringen.

Die Busse zur Laguna de Pacucha, die am Puente Nuevo an der Av Ejercito in Andahuaylas starten, fahren bis zum Anfang des Weges nach Sóndor. Von dort marschiert man 20 Minuten den Hügel hinauf zum Eingang der Stätte.

DER LEUCHTENDE PFAD: EIN TÖDLICHER KONFLIKT

Die Aktivitäten des Sendero Luminoso in den 1980er-Jahren waren ein todbringender politischer, gesellschaftlicher und sozialer Aufstand. Besonders betroffen von den Gewalttätigkeiten waren das zentrale Hochland und das Amazonasgebiet, die zu jener Zeit für Traveller praktisch völlig unzugänglich waren. Die Dinge änderten sich erst, als Abimael Guzmán, ein früherer Universitätsprofessor aus Ayacucho und der Anführer der Terrorgruppe, im Jahr 1992 verhaftet und zu lebenslanger Haftstrafe verurteilt wurde. Nachdem auch seine wichtigsten Gefolgsleute verhaftet waren, flauten die Kämpfe ab.

Versprengte Gruppen des Sendero Luminoso kämpften aber in entlegenen Gebieten Perus weiter, wenn auch in stark reduzierter Anzahl und mit nur noch gelegentlichen Anschlägen. Diese Gruppen haben sich von der ursprünglich maoistischen Haltung Guzmáns losgesagt und konzentrieren sich in den letzten Jahren vor allem auf den Drogenhandel (was auch vom US-Außenministerium bestätigt wird).

Der letzte größere Zusammenstoß in der Ayacucho-Region ereignete sich im April 2009, als Rebellen des Sendero Luminoso 13 Armeeoffiziere ermordeten. Bei einem stark beachteten Vorfall im August 2011 wurden Touristen, die an einer Tour nach Choquequirao (einer bedeutenden Inka-Stätte in der Region von Cusco) teilnahmen, höflich aufgefordert, ihre Wertsachen auszuhändigen, um die Sache der Revolution zu unterstützen.

Medien berichteten daraufhin von einem Wiederaufleben des Sendero Luminoso, was sich aber als Übertreibung herausstellte, zumal 2012 und 2013 die letzten Führungspersonen der Organisation verhaftet werden konnten. Seither ist kein größerer Vorfall, an dem die Gruppe beteiligt sein könnte, bekannt geworden.

Heute liegt die Zahl der verbliebenen Mitglieder des Sendero Luminoso nach Angaben des *Wall Street Journal* bei nur noch rund 500 Personen. Die Aktivität dieser Leute beschränkt sich hauptsächlich auf abgelegene Täler im Amazonasgebiet wie das Tal des oberen Huallaga nördlich von Tingo María, das – was kein Zufall ist – auch eines der Zentren der Kokainproduktion und für Traveller nicht sicher ist.

Außerhalb der oben genannten Gebiete ist die Gefahr für Reisende gering, und die meisten Orte lassen sich genauso sicher besuchen wie irgendwo sonst in Peru. Die überwältigende Mehrheit der Peruaner, das muss betont werden, hat keinerlei Sympathie für irgendeine Fraktion des Sendero Luminoso und auch nicht für die Militärs, die die letzten versprengten Anhänger der Gruppe aufspüren wollen.

Bosque de Piedras de Pampachiri FELSFORMATION

(Pabellones) Der eindrucksvolle *bosque de piedras* (Steinwald) ragt in surrealen, konischen Formen aus der Ebene auf. Das rund 2½ Fahrtstunden südlich von Andahuaylas gelegene Dorf Pampachiri ist der Ausgangspunkt für einen Besuch; bei der Ortsverwaltung kann man sich nach Guides zum *bosque de piedras* erkundigen. Man kann aber auch auf eigene Faust losziehen (vorher sollte man bei der Ortsverwaltung Erkundigungen einziehen und eigene Ausrüstung mitbringen).

Ein *colectivo* (Sammeltaxi) nach Pampachiri kostet pro Person ca. 20 S. Von dort braucht man ein weiteres Transportmittel (5 S/Pers.) nach Pabellones direkt beim Steinwald.

Laguna de Pacucha SEE

Der See vor der Kulisse hoher Kiefernwälder ist ein wundervolles Wochenendziel für die Einheimischen; an anderen Tagen ist es hier jedoch sehr ruhig. Im Dorf Pacuch am Ufer und bei der Wanderung um den See (gegen den Uhrzeigersinn) findet man einige lustige Restaurants, Bootsverleihe und sogar Tischfußbälle.

Öffentliche Verkehrsmittel fahren vom Puente Nuevo an der Av Ejercito im Stadtzentrum von Andahuaylas zu dem See.

Schlafen

El Encanto de Oro Hotel HOTEL $

(☎083-42-3066; Av Casafranca 424; EZ/DZ mit Frühstück ab 40/60 S; 📶) Das Hotel bietet makellos saubere Zimmer unterschiedlicher Form und Größe, die alle mit rüschenbesetzten Vorhängen und Telefon ausgestattet sind. Das freundliche und einladende Haus bietet die beste Touristeninformation vor Ort; es befindet sich in der Nähe der Markthalle.

Imperio Chanka HOTEL $$
(☎ 083-42-3065; Vallejo 384; EZ/DZ mit Frühstück 60/90 S; 📶) Ein Hotel mit einem modernen, vage ansprechenden Look. In dem mehrstöckigen Betongebäude gibt's ordentlich ausgestattete, gepflegte Zimmer und ein Restaurant.

Essen

★ **Pizzeria il Gato** ITALIENISCH $$
(Cáceres Tresierra 342; 10–36 S; ⏰18–24 Uhr) Die Pizzeria ist so gemütlich und freundlich, wie man es sich nur wünschen kann. Hier erwarten einen klobige Holztische, auf Holzbrettern servierte herrliche Pizzas und an den Wänden Bilder aus dem Departamento Apurímac sowie Kinderzeichnungen von *gatos* (Katzen). Vor dem Aufbruch erhalten die Gäste oft noch einen kostenlosen Schlummertrunk.

Puma de Piedra PERUANISCH $$
(www.facebook.com/pumadpiedra; Los Sauces s/n; Hauptgerichte 15–34 S; ⏰9–23 Uhr) Das Restaurant ist vor Ort das beste mit regionaler Küche, gleichgültig ob es sich um *trucha* aus einem See der Gegend oder um *pachamanca* handelt.

Praktische Informationen

BCP (Av Peru 318; ⏰Mo–Fr 9–18 Uhr) hat einen Geldautomaten und tauscht US-Dollar. An der Ramón Castilla finden sich eine Filiale von Western Union und mehrere *casas de cambio*.

An- & Weiterreise

BUS

Der **Terminal Terrestre** (Malecón Mil Amores s/n) ist der klapprige Hauptbusbahnhof von Andahuaylas, einige Unternehmen fahren aber auch von eigenen Halteplätzen (sie liegen alle bequem in der Nähe).

Richtung Osten fahren Minivans, u. a. von **Expreso los Chankas** (Malecón Mil Amores 135, Terminal los Chankas), täglich über Abancay (15 S, 5 Std.) nach Cusco (35 S, 10 Std.).

Mehrere Unternehmen mit Büros im Terminal Terrestre bieten den ganzen Tag über schnellere, komfortablere und teurere Minibus-Verbindungen nach Abancay (15–20 S, 4 Std.), wo man in Verkehrsmittel nach Cusco umsteigen kann.

Richtung Westen fährt Expreso los Chankas täglich gegen 7 und 20 Uhr nach Ayacucho (25 S, 5–6 Std.), sonntags fallen die Fahrten aber schon mal aus. **Transportes Sarmiento Silvera** (Terminal Terrestre) bedient die gleiche Strecke in ähnlicher Zeit für 30 S; die Fahrten sind häufiger, die Minibusse aber beengter.

Nach Lima (60–130 S, 20 Std.) bietet **Expreso Internacional Palomino** (☎ 083-42-1850; Ecke Av del Ejercito, Av Ayacucho & Jirón Palma) die besten Direktverbindungen.

Zur Laguna de Pacucha und den Ruinen von Sóndor fahren **Minibusse**. Sie umrunden zunächst den See gegen den Uhrzeigersinn und halten dann am Zugangsweg nach Sóndor (4 S, 1 Std.). Wer den Minibus nehmen möchte, sollte morgens fahren, weil nach 16 Uhr kaum noch einer unterwegs ist. Man kann für die Strecke aber auch ein Taxi nehmen.

FLUGZEUG

LC Peru (☎ in Lima 083-20-1259; www.lcperu.pe; Plaza de Armas) fliegt täglich nach Lima. Ein Taxi zum Flughafen, der südlich der Stadt am Hwy 308 liegt, kostet rund 30 S.

TAXI

Wenn man es eilig hat, kann man auf *colectivos* zurückgreifen, die den ganzen Tag lang nach Abancay (30 S, 3 Std.) und bei vorhandener Nachfrage auch nach Cusco fahren. Die Sammeltaxis starten vom Busbahnhof von Expreso los Chankas.

Die Nordküste

Inhalt ➡

Gut essen

- La Sirena d'Juan (S. 391)
- El Celler de Cler (S. 354)
- Cafe 900 (S. 373)
- La Tomasita (S. 382)

Schön übernachten

- Sunset Hotel (S. 389)
- Loki del Mar (S. 389)
- Chaparrí Ecolodge (S. 378)
- Playa Colán Lodge (S. 383)

Auf an die Nordküste!

Diese wilde Küste lockt mit einigen der besten Surfstränden der Welt, die von Unmengen braun gebrannter Urlauber bevölkert sind. Es gibt aber auch eine Reihe atemberaubender archäologischer Stätten, Kolonialstädte und einsame Wüstenlandschaften à la *Mad Max*. Und inmitten dieser öden Landschaft aus Felsen und Wüste erstrecken sich üppig grüne Täler und die einzigen Mangrovenwälder Perus.

Und nicht zu vergessen ist die Menge an Rekorden: Eine der längsten linksbrechenden Surfwellen der Welt wartet in Puerto Chicama, Südamerikas älteste Zivilisation lebte in Caral und die riesige präkolumbische Adobe-Stätte in Chan Chan war einmal die größte Stadt Amerikas.

Die Backpacker-Hochburgen Máncora und Huanchaco sind von November bis März im vollen Partymodus, während Urlauber auf der Suche nach Ruhe und einzigartigen Abenteuern in Fischerdörfern wie Zorritos und Cabo Blanco einfallen.

Reisezeit

Trujillo

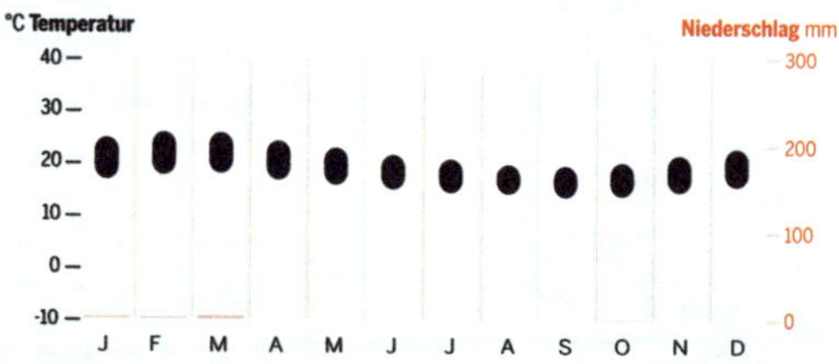

März Die Sommersonne glüht noch immer, aber die Preise sinken wieder.

April–Nov. Im Norden wird das Licht leuchtender und es sind weniger Menschen unterwegs.

Nov.–Feb. In Máncora, Huanchaco und Puerto Chicama beginnt die Surfsaison und die Preise steigen.

Highlights

1. Durch die hoch ummauerten Ruinen von **Chan Chan** (S. 358) wandern und 700 Jahre alte Friese bestaunen
2. In **Máncora** (S. 387), Perus Top-Strandort, die Sonne genießen und surfen
3. Im **Huaca de la Luna** (S. 360) die geheimen Botschaften auf den farbenfrohen Wänden einer der faszinierendsten archäologischen Stätten im Norden entdecken
4. Im **Museo Tumbas Reales de Sipán** (S. 376), dem besten Museum der Nordküste, den prachtvollen Grabschatz bewundern
5. An dem schwer erreichbaren Strand **Playa Lobitos** (S. 385) die perfekte Welle reiten
6. In **Trujillo** (S. 348) die freundlichen Einheimischen kennenlernen und in den besten Bars des Nordens abtanzen
7. Mitten in der Wüste im **Restaurante Big Ben** (S. 366) das weltbeste Ceviche essen
8. In dem ursprünglichen Naturschutzgebiet **Reserva Ecológica Chaparrí Wildlife** (S. 378) Ausschau nach dem scheuen südamerikanischen Brillenbären halten

Barranca

☎01 / 146 200 EW.

Das laute und wilde Barranca wird hauptsächlich als Sprungbrett für Ausflüge nach Huaraz oder als Zwischenstopp auf der Reise zur archäologischen Stätte von Caral in der Nähe genutzt. Mittelpunkt des gesellschaftlichen Lebens ist die Plaza mit Gruppen von rollerskatenden Kindern, Pärchen bei romantischen *paseos* (Bummeln), einer gelben Kirche und einem Springbrunnen.

Im benachbarten Pativilca, 10 km gen Norden, zweigt eine Straße nach Huaraz und in die Cordillera Blanca ab. Die spektakuläre Strecke windet sich vorbei an kakteenbewachsenen Felsen bergauf ins Hinterland. Nach und nach verwandeln sich die nackten Felskathedralen und das Braun der Wüste in grüne Teppiche, je weiter man in Richtung Huaraz emporklettert.

Sehenswertes

★ Caral ARCHÄOLOGISCHE STÄTTE

(www.zonacaral.gob.pe; Eintritt 11 S, Guide 20 S; ⌚9–18 Uhr) Die Caral-Kultur blühte vor 4500 bis 5000 Jahren im Supe-Tal auf und schuf dort eines der ältesten städtischen Zentren der Welt, gleichbedeutend mit denen in Mesopotamien, Ägypten, Indien und China. Die uralte Kultur bestand aus insgesamt 18 Stadtstaaten, die sich auf die Täler von Supe, Pativilca und Fortaleza verteilten. Sitz der Regierung war in Caral. Dort wurden sechs Steinpyramiden, mehrere Amphitheater, Zeremonienräume, Altäre, Adobe-Bauten und große runde Plätze ausgegraben.

Die riesige Ruinenstätte liegt 25 km entfernt von Barranca im Landesinneren. Obwohl nur wenige Besucher herkommen, ist sie erstaunlich gut gestaltet mit vielen Hinweistafeln in Spanisch und Englisch. Besonders am Wochenende lohnt sich ein Besuch, denn dann ist die Anlage voller Stände mit Kunsthandwerk und Essen aus der Region.

Die Ruinen sorgten zunächst für einige Verwirrung unter den peruanischen Archäologen, denn sie erwiesen sich als die älteste Kulturstätte in Südamerika. Vor ihrer Entdeckung galt dies für die Stadt Chavín de Huántar in der Nähe von Huaraz, die aber erst um 900 v. Chr. entstand.

Die Pyramiden von Caral, von denen die meisten zumindest teilweise ausgegraben wurden, verfügen über lange Treppen bis hinauf zur Spitze, wo einst Opfer dargebracht wurden. Daneben gibt's noch zwei weitere Aussichtspunkte, die ebenfalls einen tollen Blick auf das üppig grüne Supe-Tal bieten. Dieses grüne Tal inmitten der kargen Berglandschaft erklärt natürlich auch die Entstehung der Siedlung hier.

Die Bewohner von Caral waren Experten hinsichtlich Landwirtschaft, Steinbauten und öffentlicher Verwaltung. Sie hatten Kalender und Musikinstrumente. Die komplizierten religiösen Zeremonien der Eliten lassen auf eine hoch entwickelte Kultur schließen, in der sich die Klassenzugehörigkeit nach der Funktion in der Gesellschaft richtete. Die Archäologen gehen auch davon aus, dass Männer und Frauen weitgehend gleichberechtigt waren. In einem riesigen Geoglyphen (Bodenzeichnung) namens Chupacigaro sind die astronomischen Messungen und Himmelsbeobachtungen des Caral-Volkes festgehalten. Die UNESCO erklärte die „Heilige Stadt von Caral" 2009 zum Weltkulturerbe.

Leider gibt es kein Museum hier, sodass viele der interessantesten Fundstücke Perus wie 1000 Jahre alte Knochenflöten und die ältesten Quipus (Seile mit Knoten, die die Andenvölker zur Übermittlung von Informationen verwendeten) nach Lima gebracht wurden. Einige faszinierende Artefakte sind aber in dem kleinen Besucherzentrum zu sehen.

Lima Tours (S. 592) bietet auf Anfrage recht teure individuelle Touren nach Caral und Paramonga (S. 345) an.

Die „gepflasterte" Straße nach Caral ist jedoch in schlechtem Zustand und voller Schlaglöcher. Wer trotzdem fahren will, biegt ein paar Kilometer vor der heutigen Stadt auf die 3,5 km lange Schotterpiste ab. Diese Piste führt auch durch einen Fluss, der in der Regenzeit von Dezember bis März oft unpassierbar ist. Bei Regen sollte man keinesfalls hindurch fahren, selbst wenn der Wasserstand noch niedrig ist. Das kann sich schlagartig ändern und dann sitzt man am anderen Ufer fest.

Eine gute Alternative ist bei jedem Wetter die Fußgängerbrücke am Stadtrand von Caral. Von dort sind es noch 30 Gehminuten zu den Ruinen.

Inoffizielle *colectivos* (Minibusse) fahren relativ regelmäßig von der Calle Berenice Davila in Barranca nach Caral (6 S, 2 Std.). Von dort sind es noch 45 Minuten zu Fuß zu den Ruinen. Für ein paar Sol mehr fahren sie auch bis zur Fußgängerbrücke. Regelmäßiger verkehrende *colectivos* starten beim Hafen von Supe (10 Min. Fahrt von Barranca entfernt). Dorthin fahren Sammeltaxis ab dem Marktplatz. Wenn sich genügend Besucher zusammentun, verkehren die *colectivos* von Supe auch bis zu den Ruinen von Caral. Das kostet dann 10 S pro Person.

Ein schwer aufzutreibendes Privattaxi kostet dagegen rund 100 S für die Hin- und Rückfahrt (inkl. Wartezeit). Wer das machen möchte, aber kein Taxi findet, kann einen *colectivo*-Fahrer um Hilfe bitten.

Paramonga RUINEN
(☎012-36-0894; www.muniparamonga.gob.pe; Eintritt 10 S, Guide 10 S; ⏲Di–So 9–17 Uhr) Der Adobe-Tempel von Paramonga, den die Einheimischen nur „La Fortaleza" nennen, liegt direkt an der Panamericana Norte, 4 km von der Abzweigung der Straße nach Huaraz entfernt. Er wurde vom Chimú-Volk erbaut, das über die ganze Nordküste herrschte, bevor sie von den Inka erobert wurde. Die feinen Verzierungen des riesigen Tempels sind schon lange nicht mehr zu sehen, doch die mehrstufige Anlage ist dennoch sehr beeindruckend und bietet einen fantastischen Panoramablick über das grüne Tal.

Von Barranca fahren *Colectivos* (2,50 S, 25 Min.) von der Ecke Ugarte und Lima bis in die Stadt Paramonga. Von dort sind es noch 3 km bis zum Eingang. Eine Alternative ist ein normaler Bus in Richtung Huarmey, der einen am Beginn der Zufahrtsstraße aussteigen lässt. Ein privates Taxi von Barranca aus kostet 80 S inklusive Rückfahrt und Wartezeit, ist jedoch kaum zu bekommen.

Schlafen & Essen

Hostal Continental HOTEL $
(☎012-35-2458; Ugarte 190; EZ/DZ ab 40/55 S; WLAN) Das vor Kurzem renovierte Hotel ist immer noch sehr einfach, aber die beste Budgetoption in der Stadt. Die Zimmer in dem massiven Gebäude einen Häuserblock weg von der Plaza de Armas sind zumindest sauber. Duschen wird allerdings zur Akrobatik, denn der Wasserdruck ist gering. In den hinteren Zimmern ist der Straßenlärm nicht mehr zu hören.

Und es gibt auch keinen Internetzugang.

Hotel Chavín HOTEL $$
(☎012-35-5025; www.hotelchavin.com.pe; Gálvez 222; EZ/DZ ab 85/165 S; WLAN, Pool) Barrancas Nobelhotel lockt mit komfortablen Zimmern im schillernden 1970er-Jahre-Look, die im Kontrast dazu über markante dunkle Holzböden und Flachbildfernseher verfügen. Gesellige Stimmung an der Karaokebar, ein Poolbereich hinterm Haus und ein anständiges dazugehöriges Restaurant – das alles bekommen hier Urlauber, die einen Zwischenstopp in Barranca machen.

Gran Chifa Central PERUANISCH $
(☎015-89-1461; Reyes Barboza 137; Hauptgerichte 10–17,50 S.) Obwohl sich das lebhafte Restaurant eindeutig als *chifa* (chinesisch) bezeichnet, serviert es auch ein paar erstklassige Gerichte der traditionellen peruanischen Küche. Insgesamt stehen mehr als 40 verschiedene Menüs zur Auswahl.

An- & Weiterreise

Turismo Barranca (☎996-136-847; Belissario Suarez 102) Von 2.30 bis 22 Uhr fährt alle 10 Minuten ein Bus nach Lima (15 S, 6 Std.). Weniger häufig, aber besser unterwegs ist **Movil Bus** (☎012-35-9230; www.moviltours.com.pe; Lima 122), dessen Expressbusse (20–30 S, 4 Std.) wesentlich bequemer sind.

Alternativ hält man einfach einen der vielen Busse in Richtung Lima an. Die meisten Linien, die von der Hauptstadt die Küste entlangfahren, setzen einen auf Nachfrage in Barranca ab.

Wer nach Huaraz will, nimmt ein *colectivo* (2 S) zur Pecsa-Tankstelle in Pativilca, 3 km vor dem Abzweig nach Huaraz. Dort starten *colectivos* (30 S, 3 Std.), sobald sie voll sind. Gelegentlich halten auch Busse aus Lima, um Passagiere aufzulesen.

Casma

☎043 / 32 800 EW.

In dieser ruhigen kleinen peruanischen Küstenstadt passiert nicht viel, außer dass Busse auf der Durchreise vorbeidüsen. Die einzige Attraktion in der Umgebung ist die archäologische Stätte von Sechín 5 km außerhalb. Im 17. Jh. plünderten Piraten den in der Kolonialzeit bedeutenden Hafen von Casma. Danach versank der freundliche Ort in der Bedeutungslosigkeit.

Von Casma zweigt die Panamericana über den Callán-Pass (4225 m) nach Huaraz ab. Die Strecke ist zwar strapaziös fürs Hinterteil, bietet dafür aber ein wundervolles Panorama der Cordillera Blanca. Fast alle Sehenswürdigkeiten liegen an der Panamericana zwischen der Plaza de Armas im Westen und der Tankstelle im Osten.

Sehenswertes

Sechín ARCHÄOLOGISCHE STÄTTE
(Eintritt 6 S; ⏲9–17 Uhr) Sechín, eine der ältesten archäologischen Stätten Perus, liegt 5 km südöstlich von Casma und wird auf etwa 1600 v. Chr datiert. Sie zählt zu den bedeu-

tenderen und gut erhaltenen Ruinen an der Küste, auch wenn sie durch Grabräuber und Wetterkatastrophen Schaden genommen hat.

Ihre kriegerischen Erbauer bleiben geheimnisumwittert. Die Anlage besteht aus drei Außenmauern des Haupttempels, komplett mit 4 m hohen Flachreliefs bedeckt. Sie zeigen brutal abgeschlachtete sowie ausgeweidete Krieger und Gefangene. Im Inneren des Tempels befinden sich noch ältere Strukturen aus Lehm, die derzeit ausgegraben werden. Man kann sie nicht besichtigen, sieht jedoch ein Modell im kleinen **Museum** auf dem Gelände. Wer einen Führer möchte, sollte zuerst das Museum besuchen; dort kann man möglicherweise für 30 S einen Spanisch sprechenden Wärter anheuern.

Ein *mototaxi* von Casma kostet rund 2 S pro Fahrt oder 6 S für einen Rundtrip, falls man den gleichen Fahrer haben möchte.

Weitere archäologische Stätten in der Gegend wurden aus Geldmangel bislang noch nicht ausgegraben. Vom Museum aus erblickt man in der Ferne den großen, oben abgeflachten Lehmziegelhügel von **Sechín Alto**. Die benachbarte Festung **Chanquillo** aus mehreren Türmen und runden Mauern wirkt aus der Luft am eindrucksvollsten. Fotos davon gibt's im Museum.

Schlafen & Essen

Hostal Gregori HOTEL **$**

(☎ 043-58-0573; Ormeño 579; EZ/DZ/3BZ ab 25/60/70 S; 📶) Die beste Unterkunft der Stadt hat einen hübschen Innenhof mit ein paar Statuen. Die Zimmer verfügen über gute Betten und renovierte Bäder mit Toilettentischen aus Zement und Glas. Wer möchte, kann abends vor dem Flachbildfernseher entspannen.

El Tío Sam PERUANISCH **$$**

(☎ 043-71-1447; Huarmey 138; Hauptgerichte 20–38 S) Das beste Restaurant in Casma bietet sehr gute regionale Küche und große Portionen. Am besten sind die Gerichte mit Meeresfrüchten; das beste Ceviche der Stadt wurde auch zum besten von Ancash, einer Region im Norden Perus, gekürt. Die Steakgerichte sind ebenfalls hervorragend.

Praktische Informationen

GELD

In der Stadt gibt's eine Filiale der **BCP** (Bolívar 111) mit Geldautomaten.

An- & Weiterreise

Colectivo-Taxis nach Chimbote fahren häufig von einem Standort einen halben Häuserblock östlich der Plaza de Armas ab.

Die meisten Busgesellschaften in Ormeño starten vor der Tankstelle am östlichen Stadtrand. Viele Busse halten hier auch an, um weitere Fahrgäste einsteigen zu lassen.

Cruz del Norte (☎ 043-41-1633; www.transportescruzdelnorte.com; Panamericana Norte) fährt regelmäßig nach Lima, und **Tepsa** (☎ 043-41-2275; www.tepsa.com.pe; Auxiliar Panamericana; ⏲ 8–23 Uhr) saust mit einem bequemen Bus täglich um 23.15 Uhr ebenfalls dorthin. **Erick El Rojo** (☎ 044-47-4957; www.turismoerickelrojo.pe; Ormeño 145) fährt mehrmals täglich nach Trujillo und um 19.30 Uhr auch nach Tumbes.

Yungay Express (Panamericana Norte) fährt dreimal täglich über den spektakulären Callán-Pass nach Huaraz, wohin auch die schnelleren Minibusse verkehren. Sie starten beim Verkehrskreisel der Panamericana, sobald sie voll sind.

Mototaxis (2 S) brausen nach Sechín. Sie sind überall in der Stadt zu finden, doch die „Motocars Virgen de Fatima" warten vor allem auf der Plaza San Martín.

Die Fahrpreise richten sich nach der Qualität des Fahrzeugs bzw. nach der Klasse.

Busse ab Casma

ZIEL	PREIS (S)	FAHRZEIT (STD.)
Chimbote	6	1
Huaraz	20–30	2½–3
Lima	20–65	5½–7
Máncora	50–60	11
Trujillo	15	3
Tumbes	50–60	12–13

Chimbote

☎ 043 / 214 800 EW.

Chimbote ist Perus größter Fischereihafen mit Fischfabriken, die alle Ein- und Ausfallstraßen säumen. Wahrscheinlich riecht man sie schon, bevor man sie erspäht. Es dauert ein bisschen, bis man sich an den Geruch gewöhnt hat, aber die lebhafte offene Plaza im Ortszentrum ist weniger erdrückend. Aufgrund von Überfischung ist die Blütezeit der fischverarbeitenden Industrie zwar bereits seit 1960 vorbei, dennoch sieht man bei einem Spaziergang entlang des *malecón* (Promenade) bei Sonnenuntergang Boote aufs Meer hinausfahren.

Die Hafenstadt ist ein Verkehrsknotenpunkt und kein Touristenziel, allerdings übernachten hier zahlreiche Leute, um am frühen Morgen den Bus weiter die haarsträubende Cañón-del-Pato-Strecke nach Huaraz zu nehmen.

Schlafen

Hospedaje Chimbote HOTEL $

(☎043-35-6588; Pardo 205; EZ/DZ 30/40 S, ohne Bad 20/30 S; 📶) Das hübsche Budgethotel ist seit seiner Eröffnung 1959 im Besitz der Familie und wird derzeit von den Geschwistern geführt. Die Fenster der zellenähnlichen Zimmer gehen auf den Korridor hinaus, der hell und frisch gestrichen ist. Und trotz seines Spitznamens ist Manager Willie Malo (Böser Willie) ein überaus freundlicher, Englisch sprechender Koch, der sich über jeden Gast aus dem Ausland freut.

Einige der Gemeinschaftsbäder haben nur kaltes Wasser, doch im oberen Stockwerk steht eine Dusche mit Warmwasser zur Verfügung.

Hotel San Felipe HOTEL $$

(☎043-32-3401; www.hotelcasinosanfelipe.com; Pardo 514; EZ/DZ/Suite inkl. Frühstück 80/115/160 S; P@📶) Die komfortabelste Unterkunft der Stadt mit hilfsbereiten Gastgebern liegt gegenüber der Plaza de Armas. Hinter der kitschigen Fassade verbergen sich Aufzüge sowie saubere Zimmer im Business-Stil mit kräftigen warmen Duschen und Kabel-TV. Ebenfalls empfehlenswert ist das kontinentale Frühstück auf der Terrasse in der fünften Etage mit Blick auf die Plaza.

Unten kann man in einem noblen Casino seine Las-Vegas-Fantasien ausleben.

Real Hotel Gran Chimú HOTEL $$

(☎043-32-8104, 043-32-3721; www.realhotelgranchimu.com; Gálvez 109; EZ/DZ 100/120 S, Zi. mit Meerblick 150 S) Das bezaubernde alte Gebäude ist geräumig und bescheiden, direkt am Meer und herrlich entspannt – eine willkommene Abwechslung zum Trubel in Chimbote. Die 76 großen Zimmer und drei Suiten in den oberen Stockwerken sind mit allen modernen Annehmlichkeiten und Badewannen ausgestattet, teilweise warten sie auch mit Blick über die Bucht voller Fischerboote auf.

Im Haus gibt's auch ein gutes Restaurant und eine Bar.

Essen

Die *chifa* im **Hostal Chifa Canton** (Bolognesi 498; Hauptgerichte 8,50–35,50 S) hat höchste Qualität. Auch die Bolognesi und die Pardo in der Nähe der Plaza de Armas bieten viele gute Möglichkeiten, etwas zu essen.

Mar & Luna FISCH & MEERESFRÜCHTE $

(Ecke Villavicencio & Malecón; Hauptgerichte 20–25 S; ⏲9–23 Uhr) Zu den Hits aus den 1970ern, 1980ern und 1990ern serviert die Kneipe im Retro-Pop-Stil jede Menge Klassiker aus dem Meer wie z.B. Ceviche und *chupe de cangrejo* (Krabbeneintopf). Eine riesige Gitarre an der Decke erinnert an *Sgt. Pepper's Lonely Hearts Club Band*, zudem zieren Rockposter die Wände. Der wohl geselligste Ort der Stadt mit Meerblick.

Restaurant Paola PERUANISCH $$

(☎043-34-5428; Bolognesi 401; Hauptgerichte 16–34 S; ⏲8–24 Uhr) Das freundliche beliebte Eckbistro ist ganz in schickem Rot und Schwarz gehalten. Es bietet Sandwiches und kleine Mahlzeiten sowie traditionelle Gerichte in üppigen Portionen. Sehr gute Qualität zu vernünftigen Preisen.

An- & Weiterreise

Colectivos nach Casma (6 S, 45 Min.) fahren an der Ecke der Pardo und Balta ab.

Die Fernbusse starten am Terminal Terrestre „El Chimbador", rund 5 km östlich der Stadt gegenüber dem städtischen Stadion (6 S mit dem Taxi oder 2,50 S mit dem *colectivo* 25 ab der Pardo). Im Busbahnhof gibt's ein Internetcafé.

Viele Busse fahren bis nach Lima. Tagsüber fahren die normalen Busse stündlich, halten aber sehr oft an und sind auch nicht wirklich bequem. Die meisten Luxusbusse starten erst zwischen 22 und 24 Uhr, einige wenige auch noch bei Tageslicht. Zu den empfehlenswerten Gesellschaften, die ihre Büros in der „Bankenstraße" Bolognesi haben, gehören **Oltursa** (☎017-08-5000; www.oltursa.pe), **Línea** (☎043-35-4000; www.linea.pe), **Civa** (☎014-18-1111; www.excluciva.pe) und **Cruz Del Sur** (☎080-11-1111; www.cruzdelsur.com.pe), wobei Letztere die bequemsten Busse nach Lima bietet (sie fahren jeweils um 11.15, 15, 23, 23.15, 23.20 und 23.45 Uhr ab).

America Express (☎014-24-1352; www.americaexpress.com.pe) Von 5.25 bis 21.30 Uhr fahren die Busse alle 15 Minuten nach Trujillo.

Die Busse nach Huaraz und in die Cordillera Blanca verkehren auf drei Routen: auf der spektakulären, aber rauen Strecke durch den Cañón del Pato, auf der ebenso rauen Strecke durch die Berge von Casma oder auf der längeren, aber gut asphaltierten Straße durch Pativilca. Je nach Route beträgt die Fahrzeit zwischen sieben und neun Stunden.

Yungay Express (☎043-35-0855) fährt um 8.30, 12.30 und 15 Uhr durch den Cañón del Pato nach Caraz und Huaraz sowie um 7, 8, 13 und 14.45 Uhr über Casma. Die Busfahrt nach Huaraz sollte man einen Tag im Voraus buchen.

Die bequemeren Busse von **Movil Tours** (☎ 017-16-8000; www.moviltours.com.pe) starten um 23.30 und 24 Uhr über Pativilca nach Huaraz; der frühere Bus fährt auch weiter bis nach Caraz.

In die Berge im Norden, nämlich nach Cajamarca, fährt **Caxamarca Express** (☎ 969-070-999; Terminal Terrestre El Chimbador) mit einem Direktbus ab 22 Uhr.

Busse ab Chimbote

ZIEL	PREIS (S)	FAHRZEIT (STD.)
Cajamarca	60	8
Caraz	20–30	6–7
Chiclayo	23–40	6
Huaraz	20–65	5–8
Lima	35–85	6–7
Máncora	90–120	11
Piura	35–80	8
Trujillo	12–15	2
Tumbes	40–120	12

Trujillo

☎ 044 / 709 500 EW.

Teilweise sehen die zauberhaften Straßen des glamourösen Trujillo so aus, als hätten sie sich in Hunderten von Jahren überhaupt nicht verändert. Natürlich gibt's heute mehr hupende Taxis, aber die Stadt beeindruckt immer noch mit farbenfrohen Häusern und Kirchen aus der Kolonialzeit. Die meisten Besucher kommen wegen der bemerkenswerten archäologischen Stätten aus der Zeit vor den Inka in der Nähe und halten sich nur kurz im kompakten Zentrum auf.

Bis zur gigantischen Chimú-Hauptstadt Chan Chan (S. 358) hat man es nicht weit. In präkolumbischer Zeit war sie die größte Stadt des amerikanischen Kontinents, deswegen ist sie die Hauptattraktion der Region. Weitere Stätten der Chimú verteilen sich in der umgebenden Wüste, darunter die immensen und entsprechend beeindruckenden Huacas del Sol y de la Luna (Tempel der Sonne und des Mondes; S. 360) mit einem stolzen Alter von mehr als 1500 Jahren.

Wer Lust auf Strand hat, kann in dem entspannten Surferdorf Huanchaco (S. 363), lediglich 20 Minuten die Straße hinauf, übernachten.

Geschichte

Die Gegend ist seit Jahrtausenden besiedelt, so lebten verschiedene bedeutende Präinkakulturen in der fruchtbaren Oase.

Francisco Pizarro gründete Trujillo 1534. Er schätzte dieses Fleckchen in der Wüste so sehr, dass er es nach seinem Geburtsort in der spanischen Extremadura benannte. Verwöhnt durch Ernten aus dem fruchtbaren Tal des Rio Moche, hatte Trujillo nie Geldsorgen und gelangte schnell zu Wohlstand. Da für alles Lebensnotwendige gesorgt war, wandten sich die Gedanken der Politik und den höheren Dingen des Lebens zu. So kam der Ort zu dem Ruf einer revolutionären Brutstätte. Während des Inka-Aufstands 1536 wurde Trujillo belagert, und 1820 erklärte es als erste Stadt Perus die Unabhängigkeit von Spanien.

Diese Tradition setzte sich bis ins 20. Jh. fort, als Bohemiens in Scharen herbeiströmten, Dichter zur Feder griffen (u. a. César Vallejo) und Rebellen ihre Fäuste ballten. Außerdem wurde hier die Arbeiterpartei Alianza Popular Revolution Americana (APRA) gegründet. Viele ihrer Mitglieder wurden später hier brutal ermordet.

Sehenswertes

Die vielen kolonialen Herrenhäuser und Kirchen in Trujillo sind äußerst sehenswert, aber leider nicht regelmäßig geöffnet. Die meisten stehen in der Nähe der Plaza de Armas.

Historisch Interessierte engagieren am besten einen lokalen Guide. Die Kirchen sind meistens nur zur Frühmesse von 6 bis 8 Uhr geöffnet, doch dann sollten Besucher mit Rücksicht auf die Betenden nicht herumlaufen. Wer sich für die Kirchen interessiert, sollte sich bei iPerú (S. 383) die Infobroschüre *Recorridos Religiosos* besorgen.

Einzigartig in Trujillo sind die zarten Pastelltöne und die wunderbaren schmiedeeisernen Fenstergitter an fast jedem Haus aus der Kolonialzeit.

Plaza de Armas

Trujillos großer und blitzblanker Hauptplatz ist der wohl sauberste in ganz Amerika und mit Sicherheit einer der schönsten. Hier stehen ein buntes Ensemble gut erhaltener Kolonialgebäude und eine imposante Statue, die der Arbeit, Kunst und Freiheit gewidmet ist. Zu den vielen eleganten Herrenhäusern am Platz gehört auch das Hotel Libertador (S. 353).

Jeden Freitagmorgen findet von 10.30 bis 11.30 Uhr die *marinera para todos* statt. Dabei lernen die Teilnehmer *marinera* zu tanzen, einen für die peruanische Küste typischen Tanz mit viel romantischem Tücherschwenken. Samstagabends werden dann traditionelle Tänze aus Trujillo und anderen Regionen gezeigt.

Casa de Urquiaga HISTORISCHES GEBÄUDE
(Pizarro 446; ⌚Mo–Fr 9.15–15.15, Sa 10–13 Uhr) GRATIS Seit 1972 ist die schöne Kolonialvilla aus dem Jahr 1604 im Besitz der Banco Central de la Reserva del Perú. Das Originalhaus wurde allerdings bei einem Erdbeben 1619 komplett zerstört. Seitdem hat man es wieder aufgebaut und erhalten. Heute sind hier erlesene Stilmöbel ausgestellt, darunter ein markanter Schreibtisch, den Simón Bolívar einst nutzte; er organisierte seinen Kampf für die Befreiung Perus von der spanischen Herrschaft 1824 großenteils von Trujillo aus.

Auch eine kleine Sammlung mit Keramik der Moche, Nazca, Chimú und Vicús wird gezeigt. Das Gebäude ist in erster Linie eine reguläre Bank, daher sind die Sicherheitsvorkehrungen für eine kostenlose Ausstellung umfangreich.

Basilica Menor Catedral KIRCHE
(Plaza de Armas s/n; Eintritt ins Museum 4 S; ⌚Kirche tgl. 7–13 & 16–20 Uhr, Museum Mo–Fr 9–13 & 16–19, Sa 9–13 Uhr) Die helle, kanariengelbe Kathedrale wurde ab 1647 errichtet, 1759 zerstört und kurze Zeit später wieder aufgebaut. Sie besteht aus der berühmten Basilika, die für Besucher im Allgemeinen geöffnet ist, und einem Museum für religiöse und koloniale Kunst. Im Keller sind zudem faszinierende Fresken (und ein paar Fledermäuse) zu bewundern.

Östlich der Plaza de Armas

Museo de Arqueología MUSEUM
(Junín 682; Eintritt 5 S; ⌚Mo 9–14.30, Di–Sa 9–16.30 Uhr) Das gut gemachte Museum erzählt die Geschichte Perus von 12 000 v. Chr. bis heute und insbesondere die Geschichte der Moche, Chimú und Inka sowie der weniger bekannten Cupisnique- und Salinar-Kulturen. Auch das Gebäude selbst ist sehenswert. Das als „La Casa Risco“ bekannte Herrenhaus aus dem 17. Jh. ist mit faszinierenden Säulen aus Zedernholz und großartigen Wandgemälden im Hof geschmückt.

In dem Hof werden gelegentlich traditionelle Tänze vorgeführt, die sehr zu empfehlen sind. Nähere Auskunft erteilt das Personal.

Palacio Iturregui GEBÄUDE
(Pizarro 688; Eintritt 5 S; ⌚tgl. 8–10 Uhr) Der imposante graue Palast aus dem frühen 19. Jh. ist nicht zu übersehen. Er wurde im neoklassizistischen Stil erbaut und verfügt über wunderbare Fenstergitter, 36 schlanke Säulen im Inneren und Decken mit Blattgold. Der berühmte Freiheitskämpfer General Juan Manuel Iturregui lebte hier, nachdem er die Unabhängigkeit des Landes verkündet hatte.

Heute befindet sich hier ein privater Club, der nur von 8 bis 10 Uhr für Besucher geöffnet ist. Aber auch dann muss man läuten. Bei den regelmäßig stattfindenden Ausstellungen gelten natürlich längere Öffnungszeiten.

Casa de la Emancipación HISTORISCHES GEBÄUDE
(Pizarro 610; ⌚9–13 & 16–20 Uhr) Bekannt ist das heutige Gebäude der Banco BBVA Continental, einem Schmelztiegel kolonialer und republikanischer Baustile, hauptsächlich dafür, dass hier am 29. Dezember 1820 offiziell Trujillos Unabhängigkeit von der Kolonialherrschaft erklärt wurde. Bemerkenswert sind die kubistischen Steinböden aus Cajabamba-Marmor. Die Ausstellungssäle widmen sich wechselnden Kunstschauen, dem peruanischen Poeten César Vallejo und antiken Möbeln. Hier finden auch Konzerte statt – in der Stadt auf Plakate achten!

Iglesia del Carmen KIRCHE
(☎044-24-1823; Ecke Colón & Bolívar; ⌚Mo–Fr 16–17.15 Uhr) In der Iglesia del Carmen und ihrem bezaubernden Kloster ist das eindrucksvolle Karmelitermuseum **Pinacoteca El Carmen** untergebracht. Der Besuch ist aber eine wahre Herausforderung. Man muss im Voraus reservieren, und erst wenn es mindestens drei Besucher gibt, darf man zur genau vorgegebenen Uhrzeit kommen.

Casona Orbegoso HISTORISCHES GEBÄUDE
(Orbegoso 553) Eine Sammlung alter Kunst und Stilmöbel birgt dieses prächtige Eckhaus aus dem 18. Jh., das nach einem früheren Präsidenten Perus benannt ist. Es war allerdings ziemlich veraltet und ist deshalb schon eine Weile wegen Renovierungsarbeiten geschlossen. Bei Redaktionsschluss war noch kein Termin für die Wiedereröffnung bekannt.

Trujillo

A
B
C
D
1
2
3
4
5
6
7
Comercio
Alte Stadtmauer
De la Torre
Clínica Peruano Americana (400 m); Turismo Días (850 m); El Dorado (1 km)
Estadio Mansiche
Mansiche
Chavez
Industrial
Zepita
Carrión
España
San Martín
Independencia
Colón
Salaverry
Junín
Pizarro
Zepita
Gamarra
San Martín
Juan Pablo II
Ittsa (1,6 km)
Independencia
Orbegoso
Plaza de Armas
Almagro
Pizarro
Bolívar
Mercado Central
Ayacucho
Independencia
Bolognesi
Ugarte
Pizarro
Corne
España
Bolívar
Ayacucho
Larco
Mar Picante (200 m); Clínica San Pablo (600 m); Costa del Sol (900 m); Movil Tours (1,2 km); Oficina de Migraciónes (1,4 km)
Buchungsbüro von Línea (1,5 km)
Moche

Nördlich & westlich der Plaza de Armas

In der Nähe der Plaza de Armas gibt es viele interessante Kirchen. Diese sind zwar nicht für Besucher geöffnet, aber man kann sie im Rahmen eines Stadtspaziergangs von außen besichtigen: Es sind die **Iglesia de la Compañía** (Independencia), die heute zur Universidad Nacional de Trujillo gehört, die **Iglesia de Santa Ana** (Ecke Orbegoso & Zepita), die **Iglesia de Santo Domingo** (Ecke Pizarro & Bolognesi) und die **Iglesia de Santa Clara** (Ecke Junín & Independencia).

Casa Ganoza Chopitea HISTORISCHES GEBÄUDE
(Independencia 630; ⏲Mo–Sa 17.30–23.30 Uhr) Der auch Casa de los Léones genannte Bau von 1735 gilt als Trujillos am besten erhaltene Villa aus der Kolonialzeit. Die Details sind einfach umwerfend, vom kunstvollen Eingangstor bis zu den 300 Jahre alten Fresken und den Säulen aus Douglasienholz.

Über dem Eingang prangen zwischen Löwe und Löwin (die der Casa de los Léones ihren Namen gaben) die Buchstaben „JHS". Sie stehen für „Jesus", „Hombre" (Mensch) und „Salvador" (Erlöser) und stammen aus der Zeit, als das Gebäude ein Kloster war. Heute beherbergt es das wunderbare Café Casona Deza (S. 355).

Geführte Touren

In Trujillo gibt's Dutzende Tourveranstalter. Einige haben zwar Englisch sprechende Führer, die wissen jedoch nicht viel über die Region; andere haben sehr kenntnisreiche Guides, die kein Englisch sprechen. Die Eintrittsgelder sind *nicht* im Tourenpreis inbegriffen. Die meisten ganztägigen Exkursionen kosten rund 35 bis 60 S, Transport und Guide inklusive. Alternativ heuert man selbst einen lizenzierten Guide an. Eine Liste inklusive Kontaktdaten bekommt man bei iPerú (S. 356).

Trujillo Tours KULTUR
(☎044-23-3091; www.trujillotours.com; Almagro 301; ⏲7.30–13 & 16–20 Uhr) Der freundliche Veranstalter bietet drei- bis vierstündige Ausflüge nach Chan Chan, nach Huanchaco und zu den Huacas del Sol y de la Luna, außerdem Stadtführungen. Touren gibt's auf Deutsch, Englisch, Französisch und Portugiesisch.

Colonial Tours TOUREN
(☎044-29-1034; www.colonialtoursnorteperu.com; Independencia 616) Bei der ganztägigen Füh-

Trujillo

Sehenswertes
- 1 Basilica Menor Catedral ... C5
- 2 Casa de la Emancipación ... D4
- 3 Casa de Urquiaga ... C5
- 4 Casa Ganoza Chopitea ... D4
- 5 Casona Orbegoso ... C5
- 6 Iglesia de la Compañía ... B5
- 7 Iglesia de Santa Ana ... B4
- 8 Iglesia de Santa Clara ... D3
- 9 Iglesia de Santo Domingo ... B6
- 10 Iglesia del Carmen ... E4
- 11 Museo de Arqueología ... E5
- 12 Palacio Iturregui ... D4

Aktivitäten, Kurse & Touren
- Colonial Tours ... (siehe 20)
- 13 Peru Together Travel ... D5
- 14 Trujillo Tours ... B5

Schlafen
- 15 Casa Andino Standard Plaza ... C6
- 16 Conde de Arce ... C4
- 17 Enkanta Hostal ... B5
- 18 Hospedaje El Mochilero ... D3
- 19 Hotel Chimor ... C6
- 20 Hotel Colonial ... C4
- 21 Hotel El Brujo ... E2
- 22 Hotel Libertador ... C5
- 23 La Hacienda ... D3
- 24 Munay Wasi Hostel ... C2

Essen
- 25 Casona Deza ... C4
- 26 Dulceria San Martín ... C3
- 27 El Celler de Cler ... C4
- 28 El Mochica ... C6
- 29 El Valentino ... B4
- 30 Jugería San Augustín ... D5
- 31 Patio Rojo ... D2
- 32 Restaurant Demarco ... D4

Ausgehen & Nachtleben
- 33 Café Bar Museo ... D3

Praktisches
- 34 Banco BBVA Continental ... D4
- 35 Banco de la Nacion ... B4
- 36 BCP ... D5
- 37 Interbank ... D4
- 38 iPerú ... C4

Transport
- 39 Civa ... E2
- 41 Combis nach Chan Chan, Huanchaco & Huaca Esmeralda ... E2
- 40 Combis nach Chan Chan, Huanchaco & Huaca Esmeralda ... A6
- 42 Cruz del Sur ... E1
- 43 Emtrafesa ... E1
- 44 LATAM ... C5
- 45 LC Perú ... B5
- 46 Buchungsbüro von Línea ... B4
- 47 Oltursa ... F1

rung dieses Veranstalters werden alle wichtigen archäologischen Stätten besichtigt. In der Nebensaison gibt's oft starke Ermäßigungen.

Peru Together Travel TOUREN
(☎044-22-1421; www.perutogethertravel.com; Pizarro 562; ⌚8–20 Uhr) Dieser beliebte Veranstalter bietet regelmäßige Touren zu den bedeutendsten Sehenswürdigkeiten in der Region an.

Feste & Events

El Festival Internacional de la Primavera FESTIVAL
(Internationales Frühlingsfest) Trujillos größtes Festival wird mit Paraden, nationalen Tanzwettbewerben (natürlich für die *marinera*), Pferdeshows (mit *caballos de paso*, peruanischen Paradepferden), Sport, internationalen Schönheitswettbewerben und weiteren kulturellen Programmpunkten gefeiert. Das alles kann man in der letzten Septemberwoche erleben. Hotelreservierungen sind jedoch weit im Voraus nötig.

Schlafen

Viele Traveller bleiben lieber im nahegelegenen Strandort Huanchaco. In Trujillo liegen zahlreiche Budget- und Mittelklassehotels direkt an der Straße und können deshalb recht laut sein. Für eine Stadt dieser Größe und historischen Bedeutung bietet sie noch extrem wenige Design- und Boutiquehotels.

Hospedaje El Mochilero HOSTEL $
(☎044-29-7842; elmochileroperu@gmail.com; Independencia 887; B/EZ/DZ ab 25/35/50 S; 📶) Das Hostel fühlt sich wie eine richtige Jugendherberge an. Es gibt drei große Schlafsäle für zehn bis zwölf Personen (Ohrstöpsel nicht vergessen!), eine Gästeküche, einen coolen Gemeinschaftsbereich zum Chillen und Hängematten hinterm Haus. Für alle, die draußen schlafen wollen, stehen einfache Zuckerrohrhütten zur Verfügung. Durchweg gute Stimmung!

Conde de Arce PENSION $
(☎044-29-5117; jdravelo@gmail.com; Independencia 577; Zelt 10 S, B/Zi. 25/55 S; 📶) Der energi-

sche neue Inhaber Daniel hat frischen Wind in den alten Klassiker gebracht und tut alles, damit sich seine Gäste wohlfühlen. Die Zimmer sind einfach, sauber, groß und frisch gestrichen. Sie gehen auf einen hellen Hof mit Zementboden und Sommerküche hinaus.

Auf Wunsch organisiert Daniel auch Stadtführungen. Auf der Dachterrasse können Zelte aufgebaut werden.

Enkanta Hostal HOSTEL $

(☎044-34-6553; Independencia 341; B/Zi. 32/74 S; 📶) Das Hostel der alten Schule steht in bester Lage nur einen Häuserblock von der Plaza entfernt. Die einfachen, aber sauberen Zimmer sind rund um die Gemeinschaftsbereiche in den Höfen angeordnet. Es wirkt alles ein bisschen improvisiert und einige Schlafsäle haben kein Fenster, was aber bei Partys durchaus von Vorteil sein kann.

Es gibt kein Namensschild, aber an der Tür hängt ein kleines Logo mit Rucksack.

Hotel Chimor HOTEL $$

(☎044-20-2252; www.hotelchimor.com; Almagro 631; EZ/DZ/3BZ 110/160/220 S; 📶) Sehr solide, komfortable und moderne Mittelklasseunterkunft. In den oft sehr warmen Zimmern sorgen Einbautische, Flachbildfernseher und Betten mit Kopfenden aus Leder für ein recht schickes Ambiente. Freundlich und zentral mit einer gewissen Boutique-Raffinesse.

Hotel El Brujo HOTEL $$

(☎044-20-8120; www.elbrujohotel.com; Independencia 978; EZ/DZ/3BZ inkl. Frühstück 151/201/251 S; ❄@📶) Das solide (aber ziemlich langweilige) Mittelklassehotel ist sauber und ruhig. Zudem liegt es sehr günstig in der Nähe verschiedener Haltestellen der nördlichen Buslinien. Trotz der radikalen Brujo-Skulptur an der Wand in der Eingangshalle ist es recht geschäftsmäßig. Die großen Zimmer sind modern und mit allen Annehmlichkeiten (Minibar, Kabel-TV, Schreibtisch) ausgestattet.

Es gibt ein weiteres Haus außerhalb des Stadtzentrums in der Urbanización La Merced. Aus diesem Grund unbedingt die genaue Adresse, etwa bei Taxifahrten, angeben!

Hotel Colonial HISTORISCHES HOTEL $$

(☎044-25-8261; www.hotelcolonial.com.pe; Independencia 618; EZ/DZ/3BZ 100/120/150 S; 📶) Das geschmackvoll renovierte, rosafarbene Herrenhaus aus der Kolonialzeit liegt superzentral nur einen Häuserblock von der Plaza de Armas entfernt. Es erfüllt alle Kriterien eines Mittelklasse- und Budgethotels. Statt Schlafsäle gibt's jetzt viele preiswerte Zimmer, die sich auf drei Stockwerke verteilen. Warmes Wasser wird mit Solarenergie erzeugt.

Das Personal ist offen und hilfsbereit. Es gibt einen Tourenschalter, ein beliebtes Café, großartige Innenhöfe, viel freie Fläche und einen Garten, wo sich die Gäste treffen können. Einige der gemütlichen Zimmer haben einen Balkon mit Blick auf die Iglesia de San Francisco gegenüber.

La Hacienda HISTORISCHES HOTEL $$

(☎044-23-2234; www.lahaciendatrujillo.pe; San Martín 780; EZ/DZ/3BZ 85/115/185 S; 📶🏊) Das historische Hotel aus der republikanischen Zeit hat einen grandiosen Innenhof mit wasserspeiendem Löwenkopfbrunnen. Die Zimmer könnten etwas schöner sein, jedoch sind sie riesig und mit Flachbildfernseher und bunt zusammengewürfeltem Mobiliar aus verschiedenen Jahrhunderten ausgestattet.

Im leicht höhlenartigen Wellnessbereich gibt's eine Sauna mit Tauchbecken und einen Whirlpool.

Munay Wasi Hostel PENSION $$

(☎992-249-074, 044-23-1462; munaywasi@hotmail.com; Colón 250; B 30 S, DZ/3BZ 90/110 S, EZ/DZ/3BZ ohne Bad 50/70/90 S; @📶) Diese nette familiengeführte Budgetoption hat nur neun Zimmer, aber einen schönen Innenhof, einen kleinen Aufenthaltsraum, eine Gästeküche und eine ganz andere Atmosphäre als die meisten Unterkünfte der Stadt. Frühstück ist im Preis inbegriffen. Nur ein einziges Zimmer verfügt über ein eigenes Bad, das Gemeinschaftsbad für die anderen Zimmer ist aber sehr gut und hat Warmwasser.

Die Eigentümer sind sehr aufmerksam und legen größten Wert auf Sicherheit.

★ **Hotel Libertador** HISTORISCHES HOTEL $$$

(☎044-23-2741; www.hotellibertador.com.pe; Independencia 485; Zi. inkl. Frühstück ab 442 S; P❄@📶🏊) Sozusagen Trujillos Audrey Hepburn: Dieses Vier-Sterne-Hotel mit 70 Zimmern befindet sich in einem schönen Gebäude, das sein Alter mit Grazie trägt. Seine Sterne verdient es für den üppigen Innenhof mit Pool, die vielen Bogen und die modernen Zimmer mit allen Schikanen.

Letztere liegen um ein helles Atrium, das über drei Stockwerke geht. Die Zimmer zur Straße hin sind recht laut, dafür gibt's mehr zu sehen.

Costa del Sol RESORT $$$

(☎044-48-4150; www.costadelsolperu.com; Los Cocoteros 505; EZ/DZ inkl. Frühstück 670/730 S; P❄@📶🏊) Die große Anlage des Kettenhotels ist etwa 10 Minuten mit dem Taxi vom Stadtzentrum entfernt. Es gibt einen riesigen runden Swimmingpool und einen Wellnessbereich mit Whirlpool, Behandlungsräumen und Dampfbädern. Das weitläufige Gelände wird von einer Gruppe Alpakas bevölkert, denen es hier sicher viel zu warm ist. Die Zimmer sind schick und elegant. Der Nachteil? Es liegt im absoluten Nirgendwo.

Man kann sich kaum vorstellen, tatsächlich in Trujillo zu sein. Dafür bietet die Anlage weit mehr als alle anderen in der Stadt. Zudem werden die Zimmer oft für die Hälfte des regulären Preises vermietet.

Casa Andino Standard Plaza HOTEL **$$$**
(☎044-48-1650; www.losconquistadoreshotel.com; Almagro 586; Zi. inkl. Frühstück 295 S; P❄@📶) Ein paar Schritte von der Plaza de Armas entfernt warten einige der besten modernen Zimmer im Zentrum hinter den Mauern dieses vom Art-déco-Stil inspirierten Hotels. Die frisch renovierten Bäder haben Beton- und Keramikelemente, die Lufterfrischer sind jedoch etwas penetrant. Insgesamt eine attraktive Unterkunft im oberen Preissegment, einen Pool gibt's allerdings nicht.

Essen

Im *cuadra* 700 der Pizarro, wo sich sowohl die Schönen und Mächtigen als auch die Familien treffen, befinden sich trendige, aber dennoch preiswerte Cafés und Restaurants. Viele der besten Restaurants der Stadt liegen aber nicht im Stadtzentrum, sondern eine kurze Taxifahrt außerhalb.

Montags gibt's in der ganzen Stadt immer *shambar,* eine traditionelle Suppe mit Weizen, Gemüse, Zwiebeln, Schweinefleisch und Kräutern.

Jugería San Augustín SANDWICHES **$**
(Bolívar 526; Sandwiches 3,50–7,50 S; ⏲Mo–Sa 8.30–13 & 16–20, So 9–13 Uhr) Das Lokal ist vor allem im Sommer gut zu erkennen, wenn die Einheimischen bis auf die Straße hinaus anstehen, um einen der köstlichen Säfte zu ergattern. Dabei ist das längst nicht alles: Die Sandwiches mit Hühnchen oder *lechón* (Spanferkel) und allem, was noch dazu gehört, sind sagenhaft.

Und mindestens ebenso gut ist der herrlich erfrischende Saft des Hauses mit Ananas, Apfel, Pfirsich und Papaya.

Dulceria San Martín DESSERTS **$**
(☎982-086-729; San Martín 714; Speisen/Getränke 5–6 S; ⏲9–20 Uhr) Der einfache Familienbetrieb lockt die Massen mit seinen traditionellen Desserts aus der Region an, darunter *mazamorra* (aus gekochtem roten Mais mit Trockenfrüchten), *crema volteada, tres leches, arroz zambito* (gekochter Reis mit Gewürzen) und *arroz con leche* (aus Reis, Vanille und Milch). Sie sind zumeist nicht übermäßig süß, sodass man auch mehr als eines probieren kann.

★**El Celler de Cler** PERUANISCH **$$**
(☎044-31-7191; Ecke Gamarra & Independencia; Hauptgerichte 38–58 S; ⏲18–1 Uhr) Als einziges Restaurant der Stadt serviert das atmosphärische El Celler de Cler das Abendessen (und hervorragende Cocktails) auf einem Balkon im zweiten Stock – dieser führt rund um das Gebäude und geht auf das frühe 19. Jh. zurück. Die gehobene Speiseauswahl umfasst leckere Pasta- und Grillgerichte. Antiquitäten schmücken den Speiseraum, von einer amerikanischen Registrierkasse aus den 1950er-Jahren bis zu einem außergewöhnlichen britischen Flaschenzug aus der Zeit der industriellen Revolution.

Essen und Ambiente sind toll, eigentliches Highlight sind jedoch die kreativen Cocktails. Sehr zu empfehlen ist der klassische *chilcano* (Pisco, Ingwerlimonade und Limettensaft), den es in zahlreichen Variationen gibt (*rocoto, ají limo, maracuya* etc.). Am schönsten ist es hier nach dem Berufsverkehr oder am Wochenende, denn so fantastisch das Ambiente auch ist – die Straßen unten sind laut.

★**Mar Picante** PERUANISCH **$$**
(www.marpicante.com; Húsares de Junín 412; Hauptgerichte 20–40 S; ⏲10–17 Uhr) Das sehr beliebte Restaurant wurde vor Kurzem gründlich renoviert und kommt jetzt ganz im metallischen Industriedesign mit glänzendem Betonboden daher. Das Essen ist aber immer noch hervorragend. Das *ceviche mixto* mit scharfen Beilagen muss man einfach probiert haben.

Fisch, Krabben, Muscheln und Zwiebeln kommen hier roh auf den Tisch, meistens in Limettensaft mariniert und auf Yucca und Süßkartoffeln serviert, mit *canchas* (geröstetem Mais) und Maiskolben als Beilage.

Zudem gibt's hier das beste Ceviche der Nordküste. Auch der Service ist schnell und freundlich – keine leichte Aufgabe, denn hier ist es immer brechend voll. Vom Zentrum nimmt man ein Taxi (4 S) oder geht zu Fuß die Larco entlang. Die Húsares de Junín zweigt 200 m südlich von der España Richtung Südosten ab.

Patio Rojo GESUND $$

(☎044-24-2339; San Martín 873; Hauptgerichte 15–28 S; ⊙Mo–Do 8–23, Fr & Sa 8–13, So 10–16 Uhr; ✎) Irgendwie passt das hippe, gesunde Café nicht so recht in diesen Teil der Stadt, aber die Snacks, Sandwiches, Hauptgerichte und Desserts sind sensationell und es gibt auch viel Veganes. Bei gutem Wetter kann man draußen im schönen Hof sitzen, ansonsten im Speiseraum mit viel Kunst und super Atmosphäre.

Casona Deza PERUANISCH $$

(Independencia 630; Hauptgerichte 23–46 S; ⊙Mo–Sa 17.30–23.30 Uhr; 📶) Das große atmosphärische Café serviert exzellenten Espresso, hausgemachte Desserts sowie leckere Pizzas und Nudelgerichte mit vielen Bio-Zutaten in einer der am besten erhaltenen Kolonialvillen der Stadt.

Ein Team von Brüdern, denen Trujillo sehr am Herzen liegt, hat die Casa Ganoza Chopitea (1735 erbaut; S. 351) mithilfe einer Auktion wieder zum Leben erweckt. Egal, ob man Lust auf einen Kaffee oder ein Glas Wein hat, hungrig ist oder nur die Architektur bewundern möchte – man will gar nicht wieder weg.

El Mochica PERUANISCH $$

(☎044-29-3441; Bolívar 462; Hauptgerichte 25–90 S; ⊙12–22 Uhr) Die Kellner mit Fliege und die überall verteilte Kunst sollen für eine noble Atmosphäre sorgen, doch die ausgefallenen Sitzbezüge und die Tischdecken auf Plastiktischen mit Pappunterlage lassen es nur billig erscheinen. Die Einheimischen lieben es dennoch wegen der großen Steaks, üppigen Meeresfrüchte und traditionellen Gerichte, die alle sehr lecker sind.

Besonders gut – und auch sehr sättigend – sind die *causas* (Schichten von gelbem Kartoffelbrei mit leckeren Füllungen). Es gibt eine Filiale in Huanchacos Hauptstraße.

Restaurant Demarco PERUANISCH $$

(☎044-23-4251; Pizarro 725; Hauptgerichte 15–47 S; ⊙7.30–23 Uhr; 📶) Ein elegantes Restaurant mit Tischdecken und altehrwürdigen Kellnern mit Kummerbund, die ihre Gäste hofieren wie in den 1940er-Jahren. Neben einer langen Liste an Fleisch- und Fischgerichten gibt's sehr günstige Mittagsangebote (13,50 bis 18,50 S) und Pizzas.

Im Angebot ist zudem *chupe de camarones,* ein Meeresfrüchteeintopf mit Riesengarnelen, gegart in einer buttrigen Fleischbrühe mit Knoblauch, Kreuzkümmel und Oregano. Auch die Desserts schmecken hervorragend und reichen vom klassischen Tiramisu bis zu hohen *tres leches* (luftiger Kuchen aus Kondensmilch).

El Valentino ITALIENISCH $$

(☎044-22-1328; Orbegoso 224; Hauptgerichte 34–49 S; ⊙17–1 Uhr) Das beliebte alteingesessene Restaurant ist das beste der vielen Pizzerien in der Straße, doch für die Verhältnisse in Trujillo auch sehr teuer. Auf der Speisekarte stehen Pasta- und Fleischgerichte, der Speiseraum oben ist sehr elegant und förmlich.

Ausgehen & Nachtleben

★ **El Tragsu** BAR

(Las Hortencias 588; ⊙Mo–Sa 21–4 Uhr) Die beliebte Bar südlich des Stadtzentrums ist eines der besten Pubs in Peru. Der Hauptraum ist ganz klassisch gestaltet und mit Kobolden und Zwergen dekoriert. In der eleganten, mit Holz getäfelten Bar kann man sich gut unterhalten. Daneben gibt's noch einen Bandraum mit zwei Ebenen, wo die Post abgeht.

Café Bar Museo BAR

(Ecke Junín & Independencia; ⊙Mo–Sa 17 Uhr–open end) Aus der Lieblingskneipe der Einheimischen muss man kein Geheimnis machen. Die hohen holzvertäfelten Wände sind mit Kunstplakaten bedeckt und mit der klassischen Marmortheke wirkt sie wie eine Kreuzung aus englischem Pub und elegantem Café. Auf jeden Fall ist es die beste Kneipe der Stadt. Für den kleinen Hunger gibt's eine Auswahl an Kneipensnacks.

Unterhaltung

Wachaque LIVEMUSIK

(☎943-779-327; Los Algarrobos 574; ⊙Do–Sa 19–3 Uhr) Das freundliche moderne Lokal am hübschen Parque California gilt als Pub, doch auch wenn das Essen ganz gut ist, handelt es sich doch eher um eine Mischung aus nobler Bar und Disco. Wer einen Tisch auf der Galerie mit Blick auf die Bühne ergattern will, muss früh da sein.

Mit Essen, Trinken und Tanzen kann man prima einen ganzen Abend inmitten der gut aufgelegten Einheimischen verbringen.

Praktische Informationen

EINREISE

Oficina de Migraciónes (☎044-28-2217; www.migraciones.com.pe; Larco, cuadra 12; ⊙Mo–Fr 8–16.15, Sa 9–13 Uhr) Bearbeitet Visumanträge hier lebender Ausländer und Visumverlängerungen für Touristen.

GEFAHREN & ÄRGERNISSE

Alleinreisende Frauen erregen in Trujillo viel männliche Aufmerksamkeit, was ermüdend und auch belästigend sein kann. Auf unerwünschte Annäherungen sollte man deutlich ablehnend reagieren. Manchmal hilft es, einen Freund oder Ehemann zu erfinden.

Nach Einbruch der Dunkelheit ist es ratsam, mit dem Taxi zu fahren. Am besten fragt man im Hotel oder Restaurant nach einem *taxi de confianza* (vertrauenswürdiges Taxi; meist mit einem Schild auf dem Dach). Als Faustregel gilt: Sieht man keine Frauen oder Kinder auf der Straße, ist die Gegend für Fußgänger oft nicht sicher.

Wie in vielen anderen Städten ist auch in Trujillo der Lärmpegel hoch. Bürgergruppen haben bereits gegen das konstante Hupkonzert der Taxifahrer demonstriert.

GELD

In Trujillo Geld umzutauschen ist kein Problem. Viele Banken befinden sich in gut erhaltenen Kolonialgebäuden und haben Geldautomaten, die Kreditkarten von Visa und MasterCard akzeptieren. Bei langen Warteschlangen kann man auch in die *casas de cambio* (Wechselstuben) in der Nähe der Gamarra und Bolívar gehen. Die Wechselkurse für Bargeld sind dort sehr gut.

Banco BBVA Continental (Pizarro 620) Die Bank befindet sich in der hübschen Casa de la Emancipación.

Banco de La Nacion (Ecke San Martin & Almagro) Die Bank hat einen kostenlosen Geldautomaten.

BCP (Gamarra 562) Bank mit Geldautomaten.

Interbank (Ecke Gamarra & Pizarro) Bank mit mehreren Geldautomaten.

MEDIZINISCHE VERSORGUNG

Clínica Peruano Americana (☎ 044-24-2400; Mansiche 802) Die etablierte Klinik bietet eine allgemeine medizinische Versorgung mit einigen Englisch sprechenden Ärzten.

Clinica San Pablo (☎ 044-48-5244; www.sanpablotrujillo.com.pe; Húsares de Junin 690; ⏲ 24 Std.) Die moderne Klinik gilt als eine der besten in der Stadt. Sie bietet ambulante Behandlungen und hat eine Notaufnahme.

NOTFALL

Policía de Turismo (☎ 044-29-1705; Independencia 572; Almagro 442; ⏲ 8–23 Uhr) Überraschend hilfsbereit. Die Mitarbeiter der Touristenpolizei, die in der Stadt unterwegs sind, tragen weiße Hemden; einige sprechen Englisch, Italienisch oder Französisch.

POST

Serpost (Independencia 286) Postdienstleistungen.

TOURISTENINFORMATION

iPerú (☎ 044-29-4561; www.peru.travel; Independencia 467, Oficina 106; ⏲ Mo–Sa 9–18, So bis 14 Uhr) Hilft mit Infos, Karten und Busfahrplänen für Touristen und hat eine Liste zertifizierter Guides und Reisebüros.

Neben iPerú bieten auch die örtlichen Reiseveranstalter grundlegende Informationen zu dieser Gegend.

ℹ An- & Weiterreise

BUS

Die Busse verlassen Trujillo meist voll besetzt, daher empfiehlt es sich, frühzeitig zu buchen. Viele Gesellschaften, die Ziele im Süden ansteuern, halten an den Terminals in der America Sur, am südlichen Ende der Moche und in der Ejército. Beim Kauf der Tickets sollte man fragen, wo der jeweilige Bus startet.

Línea bietet Verbindungen zu den meisten Zielen von touristischem Interesse an und zählt zu den komfortableren Gesellschaften.

Zahlreiche Unternehmen an der Kreuzung España und Amazonas schicken Nachtbusse nach Lima (8 Std.).

Wer Huaraz tagsüber erreichen möchte, muss von Chimbote fahren. Häufigere Busverbindungen nach Cajamarca und ins nördliche Hochland gibt's in Chiclayo.

Die *combis* (Minibusse) nach Otuzco fahren zwischen *cuadra* 17 und 18 der Prolongacíon Unión, nordöstlich der Stadt, ab. Die Busse von **Tours Pacifico** (☎ 044-42-7137; Prolongacíon Unión, Cuadra 22) starten sechsmal täglich in die Berge.

America Express (☎ 044-26-1906; www.americaexpress.com.pe; La Marina 315) Von 4 bis 22.30 Uhr fährt alle 20 Minuten ein Bus nach Chimbote. Die Taxifahrt zum Terminal südlich der Stadt kostet 5 S.

Civa (☎ 044-25-1402; www.civa.com.pe; Ejército 285) Der Bus nach Lima startet um 20.30 und 21.30 Uhr.

Cruz del Sur (☎ 080-11-1111; www.cruzdelsur.com.pe; Amazonas 437) Eine der größten und teuersten Busgesellschaften in Peru. Die Busse fahren sechsmal täglich nach Lima, von Montag bis Samstag abends auch nach Guayaquil.

El Dorado (☎ 044-29-1778; Nicolás de Piérola 1070) Die sehr einfachen Busse fahren fünfmal täglich nach Piura (12.30, 20, 20.30, 22.20 und 23 Uhr) sowie dreimal nach Máncora und Tumbes (19.30, 20.30 und 21 Uhr).

Emtrafesa (☎ 044-48-4120; www.emtrafesa.com; Tupac Amaru 185) fährt regelmäßig nach Chiclayo und in andere Orte weiter nördlich.

Ittsa (☎ 044-28-4644; www.ittsabus.com; Juan Pablo II 1110) Die Busse fahren nach Piura (9, 13.30, 23.15, 23.30 und 23.45 Uhr), nach

Tumbes (19 Uhr) und regelmäßig nach Lima (9–23.25 Uhr).

Línea (☎ 044-29-7000; www.linea.pe) Das **Buchungsbüro** (☎ 044-24-5181; www.linea.pe; Ecke San Martín & Obregoso; ⊙ Mo–Sa 8–21 Uhr) liegt sehr günstig in der historischen Altstadt, die Busse starten aber am **Terminal** (☎ 044-29-9666; Panamerica Sur 2857) in der Panamericana Sur, eine Taxifahrt für 6 S entfernt. Von 9 bis 22.45 Uhr fahren die Busse neunmal nach Lima. Nach Piura fahren sie um 13.30 und 23 Uhr, nach Cajamarca um 10.30, 13, 22, 22.30 und 22.40 Uhr sowie nach Huaraz um 9.30 und 21.30 Uhr.

Móvil Tours (☎ 017-16-8000; www.moviltours.com.pe; Panamerica Sur 3955) hat sich auf sehr bequeme Fernbusse vor allem für Traveller spezialisiert. Nach Lima fahren die Busse um 22 Uhr, nach Huaraz um 21.40 und 22.10 Uhr, wobei ersterer bis nach Caraz weiterfährt. Der Bus nach Chachapoyas braust um 16 Uhr los, der nach Tarapoto um 15 Uhr. Die Taxifahrt zum Busbahnhof kostet 6 S. Günstiger ist es mit einem *combi* (California/Esperanza) von der Av España bis zum Ovalo Larco.

Oltursa (☎ 044-26-3055; www.oltursa.pe; Ejército 342) verkehrt mit komfortablen Bussen fünfmal täglich nach Lima (11.30, 20.45, 21, 21.30 und 22.30 Uhr).

Turismo Días (☎ 044-20-1237; www.turdias.com; Nicolás de Piérola 1079) fährt viermal nach Cajamarca (10, 13.15, 22 und 23 Uhr) und zweimal nach Cajabamba (20 und 21 Uhr).

Rund um Trujillo

Die mit „H" gekennzeichneten Minibusse und die *combis* mit „A" und „B" fahren nach Huaca Esmeralda (1,50 S), Chan Chan (1,50 S) und Huanchaco (2 S). Sie starten alle paar Minuten an der Ecke **España und Ejército** und an der Ecke **España und Independencia**. Dort fahren auch die Busse nach La Huaca Arco Iris („Parque Arco Iris") ab.

Zu den Huacas del Sol y de la Luna fahren *combis* (1,50 S) mit der Aufschrift „Campiña de Moche" ungefähr alle 15 Minuten an der Ecke Orbegoso und Avenida Los Incas südöstlich des Stadtzentrums ab. All diese Busse sind im Visier von sehr professionellen Taschendieben. Aus diesem Grund sämtliche Wertsachen gut verstecken und das Gepäck nicht aus den Augen lassen. Die Taxifahrt zu den Abfahrtsorten kostet zwischen 15 und 20 S.

Nicht ganz einfach zu erreichen ist dagegen El Complejo Arqueológico la Huaca el Brujo, rund 60 km nordwestlich von Trujillo. Am sichersten ist es, mit einem Bus vom Ovalo del Papa südwestlich des Stadtzentrums nach Chocope (4,50 S, 1½ Std.) zu fahren. Dann geht es mit einem *colectivo* weiter nach Magdalena de Cao (2,50 S, 20 Min.). Von dort fährt man wiederum mit einem *mototaxi* zu der archäologischen Stätte und lässt sich nach der vereinbarten Wartezeit wieder zurückfahren. Das alles kostet etwa 15 S, je nach Dauer der Wartezeit. Es fahren auch Busse nach Chocope vom Provincial Bus Terminal Interurbano südöstlich des Zentrums von Trujillo, doch diese Gegend ist für Traveller sehr gefährlich.

Busse ab Trujillo

ZIEL	PREIS (S)	FAHRZEIT (STD.)
Cajabamba	25–35	12
Cajamarca	25–80	6–7
Caraz	50–65	8
Chachapoyas	70–90	15
Chiclayo	20–45	3–4
Chimbote	12–60	2
Guayaquil (Ecuador)	130–200	18
Huaraz	45–65	5–9
Lima	30–120	8–9
Máncora	40–90	8–9
Otuzco	8	2
Piura	35–80	6
Tarapoto	90–120	18
Tumbes	40–95	9–12

FLUGZEUG

Der **Flughafen** (TRU) ist 10 km nordwestlich der Stadt. **LATAM** (☎ 044-22-1469; www.latam.com; Almagro 480) hat täglich drei Flugverbindungen zwischen Lima und Trujillo. **Avianca** (☎ 080-01-8222; www.avianca.com; Real Plaza, César Vallejo Oeste 1345; ⊙ 10–21 Uhr) fliegt die Strecke Lima–Trujillo zweimal pro Tag, **LC Perú** (☎ 044-29-0299; www.lcperu.com; Almagro 305; ⊙ 9–20 Uhr) nur an einem Abend.

ℹ Unterwegs vor Ort

Zum Flughafen 10 km nordwestlich von Trujillo kommt man preiswert mit dem Huanchaco-*combi*, muss aber den 1 km zu Fuß gehen (30 Min.). Ein Taxi vom Stadtzentrum schlägt mit 20 S zu Buche.

Kurze Taxifahrten durch die Innenstadt kosten etwa 4 S. Für Sightseeing mit dem Taxi muss man pro Stunde zwischen 30 S (in der Stadt) und 40 S (außerhalb) rechnen.

Rund um Trujillo

Fünf große archäologische Stätten erreicht man von Trujillo aus leicht per Bus oder Taxi. Zwei stammen größtenteils aus der Moche-Kultur und sind auf 200 v. Chr. bis 850 n. Chr. datiert. Die anderen drei Stätten

Rund um Trujillo

der Chimú-Kultur stammen aus der Zeit zwischen 850 und 1500 n. Chr. Aufwendiger gestaltet sich der Besuch der kürzlich freigelegten Moche-Ruine Huaca el Brujo (S. 361).

Am meisten geprägt wurde die Gegend um Trujillo durch die Moche und die Chimú. Doch sie waren auf keinen Fall die einzigen Kulturen dieser Region. Laut einem Artikel der Wissenschaftler Moseley und Mackey im *National Geographic* vom März 1973 wusste man damals im Tal des Río Moche bereits von über 2000 archäologischen Stätten – und seither sind zahlreiche weitere entdeckt worden.

Sehenswertes

Chan Chan ARCHÄOLOGISCHE STÄTTE

(www.chanchan.gob.pe; Eintritt 10 S, Guide für Gruppen von 15 Pers. 40 S; ⌚ 9–16 Uhr, Museum Mo geschl.) Das um 1300 errichtete Chan Chan ist mit 26 km² Fläche die größte präkolumbische Stadtanlage in ganz Amerika und zugleich die gewaltigste Lehmziegelstadt der Welt. So faszinierend Chan Chan einst war, inzwischen haben die durch El Niño verursachten Fluten und starken Regenfälle die äußeren Bereiche der Stadt stark beschädigt. Besucher können jedoch noch immer den eindrucksvollen restaurierten Palacio-Nik-An-Komplex, die breiten Plätze, die königliche Begräbniskammer und die verbliebenen kunstvollen Verzierungen bestaunen.

Während der Blütezeit des Chimú-Reiches war Chan Chan die Heimat von etwa 60 000 Menschen und besaß unermessliche Schätze an Gold, Silber und Keramik. Dieser Wohlstand blieb auch erhalten, nachdem die Inka die Stadt erobert hatten. Erst als die Spanier auftauchten, begann die Plünderung. Innerhalb weniger Jahrzehnte war außer Goldstaub kaum noch etwas übrig. Die restlichen Funde sind heute in nahe gelegenen Museen zu sehen.

Die Hauptstadt der Chimú bestand aus zehn ummauerten Zitadellen, die auch königliche Bezirke genannt wurden. Zu jeder gehörte ein Königsgrab, gefüllt mit großen Mengen zeremonieller Grabbeigaben, darunter Dutzende geopferte junge Frauen, und Kammern voller Keramik, Webstoffe und Schmuck.

Der **Palacio Nik An** (oder auch „Tschudi-Komplex“ nach dem Schweizer Naturkundler genannt) ist bis jetzt das einzige, zumindest teilweise restaurierte Gebäude der Ruinenstätte Chan Chan. Weite Teile des Geländes sind mit zeltartigen Konstruktionen überdacht, um sie vor Erosion und Verwitterung zu schützen. Diese Teile werden künftig auch zugänglich sein, doch solange sie nicht richtig ausgewiesen und bewacht sind, werden Besucher immer wieder Opfer von Raubüberfällen.

Am Eingang beim Palacio Nik An werden Tickets und Souvenirs verkauft; es gibt Führer, Toiletten und Getränke, aber kein Café mehr. Essen muss man selber mitbringen. Hier kann man auch einen Guide für die Anlage engagieren.

Am besten ist es jedoch, die Ruinen von Trujillo aus mit einer geführten Tour oder einem dort engagierten Führer zu besuchen, denn die Beschilderung ist äußerst dürftig. Die Führer hier sprechen in der Regel auch Englisch, Französisch, Deutsch und Italienisch. Wer trotzdem auf eigene Faust gehen will, folgt den fischförmigen Hinweisen. Sehr nützlich ist auch die kleine Broschüre für 2 S, die an der Kasse erhältlich ist und Beschreibungen der unterschiedlichen Bereiche sowie eine Karte der Anlage enthält.

Mittelpunkt der Anlage ist ein großer, restaurierter **Zeremonienhof**, dessen 4 m dicke Wände mit Nachbildungen der ursprünglichen geometrischen Muster verziert sind. Die Darstellungen auf dem Boden direkt bei der Tür zeigen drei oder vier Seeotter. Dies sind die einzigen noch erhaltenen Originale, die in einem wesentlich besseren Zustand sind als viele der Nachbildungen. Eine Rampe am entgegengesetzten Ende des ummauerten Platzes führt auf die 2. Stufe hinauf (ein damals schon behindertengerechter Zugang?). Obwohl die Mauern von Chan Chan komplett eingefallen sind, weiß man, dass sie einst mehr als 10 m hoch waren.

Die Außenmauer des Zeremonienhofs ist eine der meistverzierten und am besten restaurierten Mauern des gesamten Palacio Nik-An. Die Adobe-Friesen zeigen ganze Fischschwärme, die über die gesamte Länge der Mauer schwimmen, und darüber einen Schwarm Seevögel. Trotz der starken Verwitterung wirken die wenigen eher groben Originale wesentlich flüssiger und lebendiger als die modernen Nachbildungen.

Am Ende der Mauer führt ein gut markierter Weg durch das Labyrinth der **Audienzräume**. Ihre Funktion ist unklar, doch waren sie angesichts der Quantität und Qualität der Verzierungen von höchster Bedeutung. Hier finden sich die interessantesten Friese des Palacio Nik An. Aufgrund der Nähe zum Meer lebten die Chimú hauptsächlich von Meeresfrüchten und stellten immer wieder die große Bedeutung des Meeres für ihre Kultur dar. Überall sind Fische, Wellen, Seevögel und Meerestiere zu sehen. Vor allem in den Audienzräumen sind sie allgegenwärtig. Doch neben dem Meer war den Chimú auch der Mond heilig (im Gegensatz zu den Inka, die die Sonne und die Erde verehrten).

Auch der **zweite Zeremonienhof** hat eine Rampe zur 2. Stufe. Westlich der Plaza liegt der **Gran Hachaque Ceremonial**, ein Süßwasserbecken mit einem grünen Rand aus Schilf und Gräsern. Dies war zweifellos eine wichtige Stätte für religiöse Zeremonien.

Links davon befinden sich ein paar Dutzend kleiner, verfallener Zellen, die sogenannten **Almacenes** (Lagerhäuser). Vielleicht lebten hier Soldaten oder die Zellen wurden einfach als Lager verwendet. Direkt daneben ist das **Mausoleum**. Hier wurde ein König mit Menschenopfern und zeremoniellen Gegenständen begraben. Links vom Hauptgrab befindet sich eine Pyramide, in der die Leichname zahlreicher junger Frauen gefunden wurden.

Der Bereich ganz am Ende diente als **Versammlungsraum**. Der große rechteckige Raum verfügt über 24 Sitze in Wandnischen und eine erstaunliche Akustik. So ist alles, was jemand in einer der Nischen sagt, im ganzen Raum deutlich zu hören.

Das **Museum der Anlage** (www.chanchan.gob.pe; im Eintrittspreis von Chan Chan enthalten; ⌚Di–So 9–16 Uhr) ist an der Hauptstraße, etwa 500 m vor der Abzweigung nach Chan Chan. Es enthält viele Ausstellungsstücke zu Chan Chan und der Chimú-Kultur. Es gibt ein paar Hinweistafeln in Spanisch und Englisch, doch es empfiehlt sich, mit einem Guide zu gehen. Auf Luftaufnahmen und Karten ist die ungeheure Ausdehnung von Chan Chan zu sehen. Für Traveller ist davon aber nur ein winziger Teil zugänglich.

Combis und Busse nach Chan Chan (1,50 S) starten alle paar Minuten an der Ecke España und Ejército sowie España und Industrial in Trujillo. Sie fahren aber nur bis zur Abzweigung. Von dort sind es noch 10 Minuten zu Fuß bis zum Kassenhäuschen. Von Huanchaco aus kann man mit allen Verkehrsmitteln in Richtung Trujillo fahren.

Die Taxifahrt ab Trujillo oder Huanchaco kostet jeweils rund 12 S.

Huaca Esmeralda — ARCHÄOLOGISCHE STÄTTE

(☎044-20-6304; www.chanchan.gob.pe; im Eintrittspreis von Chan Chan enthalten; ⌚9–16 Uhr) Der Chimú-Tempel liegt auf halber Strecke zwischen Trujillo und Chan Chan, südlich der Hauptstraße und vier Häuserblocks hinter der Kirche Mansiche. Der komplett im Sand versunkene Huaca Esmeralda wurde von einem Landbesitzer 1923 entdeckt. Er versuchte, die Ruinen auszugraben, doch der Wirbelsturm El Niño von 1925 löste eine gewaltige Erosion aus, die durch die folgenden Überflutungen noch verschlimmert wurde. Obwohl bis jetzt nur wenig restauriert werden konnte, sind die ursprünglichen Darstellungen der Chimú von Fischen, Seevögeln, Wellen und Fischernetzen noch zu erkennen.

Von Trujillo aus fahren *combis* mit einem grünen „B“ alle paar Minuten zum Huaca Esmeralda. Sie starten an der Ecke España und Ejército sowie an der Ecke España und Independencia. Die Gegend ist recht unsicher, deshalb möglichst in einer Gruppe oder mit dem Taxi bis zum Eingang fahren! Der Eintritt zum Tempel ist zwar im Kombiticket enthalten, doch ist dieses beim Huaca Esmeralda nicht erhältlich.

Huaca Arco Iris ARCHÄOLOGISCHE STÄTTE

(Regenbogentempel; ☎044-27-3281; www.chanchan.gob.pe; Eintritt frei mit Chan Chan Ticket, Guides für Gruppen von 1 bis 5 Pers. 25 S) Die Huaca Arco Iris, auch Huaca del Dragón genannt, liegt im Stadtteil La Esperanza 4 km nordwestlich von Trujillo. Der Tempel entstand im 12. Jh. und gehört zu den besser erhaltenen Chimú-Stätten, denn er war bis in die 1960er-Jahre unter Sand begraben. Zwar kannten einige Archäologen und *huaqueros* (Grabräuber) diesen Ort, doch man begann erst im Jahr 1963 mit der Freilegung. Leider beschädigte 1983 das Wetterphänomen El Niño die Friese.

Die *huaca* war bemalt, allerdings sind heute nur noch blasse Gelbtöne zu erkennen. Ein über 2 m dicker Schutzwall umschließt eine Fläche von etwa 3000 m². Das Gebäude selbst umfasst rund 800 m² auf zwei Ebenen und ist insgesamt etwa 7,5 m hoch. Stilisierte Regenbögen – manche davon sind restauriert – bedecken die leicht schrägen Wände. Über Rampen erreicht man die obere Plattform. Von hier sieht man eine Reihe großer Kästen, in denen Kinderknochen gefunden wurden – möglicherweise Menschenopfer. Vielleicht handelte es sich um einen Fruchtbarkeitstempel, denn in vielen antiken Kulturen galt der Regenbogen nicht nur als Symbol für Regen, sondern auch als Lebensspender.

Manchmal stehen einheimische Führer bereit, um den Besuchern die Anlage zu zeigen, doch darauf ist kein Verlass. Aus diesem Grund sollte man schon vorher einen Guide engagieren.

Die Busse von Trujillo nach La Esperanza fahren auf der Panamericana in Richtung Nordwesten und lassen die Besucher bei der Huaca Arco Iris aussteigen. Alternativ fährt man ab der Avenida España mit einem *combi* mit der Aufschrift „Parque Industrial Arco Iris".

★Huacas del Sol y de la Luna ARCHÄOLOGISCHE STÄTTE

(www.huacasdemoche.pe; Eintritt Gelände 10 S, Museum 5 S; ⌚9–16 Uhr) Diese archäologische Stätte muss man einfach gesehen haben. Die Tempel der Sonne und des Mondes stammen vermutlich aus der Zeit der Moche und sind damit 700 Jahre älter als Chan Chan. Dennoch sind Teile der Anlage erstaunlich gut erhalten. Die Hauptattraktion der Anlage am Südufer des Río Moche ist der **Huaca de la Luna** mit seinen phänomenalen mehrfarbigen Friesen. Im Eintrittspreis ist ein Englisch sprechender Guide enthalten. Einzelne Traveller werden oft zu einer Gruppe zusammengefasst. Der größere **Huaca del Sol** ist für Besucher nicht zugänglich.

Die Archäologen gehen davon aus, dass der Huaca de la Luna das religiöse und zeremonielle Zentrum der Moche-Hauptstadt war, der Huaca del Sol dagegen das Verwaltungszentrum. Die beiden Tempel sind 500 m voneinander entfernt. Auf der heute öden Fläche dazwischen standen einst die Wohnhäuser und die anderen Gebäude der Stadt.

Der Huaca de la Luna ist etwas kleiner als sein Nachbartempel. Das beweist, dass zumindest bei den Pyramiden der Moche die Größe nichts über die Bedeutung aussagt. Der Tempel besteht aus mehreren Räumen, die Keramiken und Stücke aus Edelmetall enthielten. Die Räume sind durchweg mit den wunderbaren mehrfarbigen Friesen verziert, für die die Moche bekannt sind. Der Bau des *huaca* dauerte mehr als 600 Jahre. Ab 600 n. Chr. wurde er von den nachfolgenden Generationen immer mehr erweitert und überbaut.

Bei der Freilegung der Schichten einzelner Teile entdeckten die Archäologen auf jeder Stufe Friese mit stilisierten Figuren. Diese waren teilweise vollständig erhalten, weil die späteren Stufen einfach um sie herum gebaut wurden.

Beim Gang durch die verschiedenen Bereiche der Anlage verweisen die einheimischen Guides begeistert auf die vielfarbigen Darstellungen von Göttern und Tiersymbolen der Moche, bevor sie die Besucher zum spektakulären Höhepunkt führen, der üppig verzierten Außenmauer. Auch wenn es etwas länger dauert, sollte man keineswegs vorher „aussteigen". Die meisten Führer sind Freiwillige und freuen sich über Trinkgeld.

Der Huaca de la Luna bietet auch einen tollen Blick auf den Huaca del Sol, das größte präkolumbische Einzelbauwerk in Peru, selbst wenn ein Drittel davon bereits verschwunden ist. Der Tempel bestand vermutlich aus 140 Mio. Backsteinen, die von den Arbeitern teilweise mit ihren Zeichen markiert worden waren. Früher bestand die Pyramide aus mehreren Stufen, die über steile Treppen, riesige Rampen und

Mauern mit einem Neigungswinkel von 77 Grad miteinander verbunden waren. In den vergangenen 1500 Jahren wurde sie durch Wind und Wetter stark zerstört, sodass von der einstigen Pyramide nur noch ein Haufen roher Backsteine übrig ist, der teilweise von Sand bedeckt ist. Trotzdem ist die Pyramide durch ihre schiere Größe immer noch ein beeindruckender Anblick. Der Huaca del Sol ist derzeit für Besucher nicht zugänglich, denn dort haben die Forschungsarbeiten eben erst begonnen.

Rund 600 m vom Parkplatz des Huaca de la Luna entfernt ist das ausgezeichnete **Museo Huacas de Moche** (☎044-60-0457; Eintritt 5 S; ⌚9–16 Uhr). Das faszinierende und gut gemachte Museum zeigt in drei Räumen Fundstücke, die auf dem Gelände ausgegraben wurden. Die Erklärungen sind in Spanisch und Englisch. Vor dem Besuch des Huaca de la Luna müssen die Besucher hier ihr Ticket kaufen und sich zur Führung anmelden. Der Eintritt ins Museum kostet dann noch 5 S, doch es lohnt sich, damit die Zeit bis zum Beginn der Führung zu überbrücken.

Rund um das Museum lungern immer viele *biringos* herum, die für Peru typischen Nackthunde. Da ihre Körpertemperatur höher als die anderer Hunde ist, werden sie bis heute für die Wärmebehandlung von Menschen mit Arthritis genutzt.

Combis (1,50 S) zu den Huacas del Sol y de la Luna fahren etwa alle 15 Minuten in der Avenida Los Incas in Trujillo ab. Man kann auch ein Taxi (15 S) nehmen.

Complejo Arqueológico la Huaca el Brujo ARCHÄOLOGISCHE STÄTTE

(www.elbrujo.pe; Eintritt Gelände & Museum 10 S; ⌚9–17 Uhr) Die archäologische Anlage direkt an der Küste ist etwa 60 km von Trujillo entfernt. Sie besteht aus dem Huaca Prieta, dem Huaca El Brujo, der noch kaum erforscht ist, und dem wunderbaren Moche-Tempel Huaca Cao mit seinen herrlichen Mauerreliefs. In Letzterem gelang den Archäologen 2005 die bedeutendste Entdeckung der peruanischen Geschichte. Mit dem kunstvoll verzierten Grab einer Provinzherrscherin widerlegten sie alle Theorien über die Geschlechterrollen in präkolumbischen Kulturen. Zu der Anlage gehört ein ausgezeichnetes modernes Museum.

Den Namen „El Brujo" erhielt die Anlage, weil sich hier die örtlichen Schamanen trafen, um ihre rituellen Zeremonien durchzuführen. Die Menschen, die in der Nähe solcher *huacas* (mystische Orte) leben, glauben, dass von ihnen positive Energien ausgehen, und diese Zeremonien werden gelegentlich noch heute praktiziert, um jemanden mit guten Energien zu versorgen.

Huaca Cao ist die größte Ruine der Anlage. Er wurde in mehreren Abschnitten von 100 bis 700 n. Chr. errichtet. Der Hauptteil bestand aus einer 27 m hohen Pyramide, die mit einigen der schönsten Friese der Gegend verziert war. Die wunderbaren mehrfarbigen Reliefs zeigen stilisierte Krieger, Gefangene, Priester und Menschenopfer in Lebensgröße. Auf dem Gelände befinden sich auch viele Grabstätten der Lambayeque-Kultur, die auf die Moche folgte.

So wurde hier auch das Grab der „Señora de Cao" entdeckt. Die Herrscherin wurde mit mehr als 100 Metallobjekten, darunter Kronen, Halsketten und Ohrringen, begraben. Zusammen mit ihrer Mumie sind sie im gut gemachten **Museo de Cao** bei der Anlage zu bewundern. Das neueste Ausstellungsstück ist eine mit dem Computer erstellte, lebensechte Büste der Herrscherin, die ein internationales Team von Forensikern geschaffen hat.

Der **Huaca El Brujo** oder Huaca Cortada (zerschnittene Ruine) ist das zweitwichtigste Gebäude der Anlage. Der Name stammt von einem langen tiefen Schnitt in der Fassade, den *huaqueros* auf der Suche nach Schätzen in den Stein schlugen. Genau wie Huaca Cao war die Anlage von den Moche etwa von 100 bis 700 n. Chr. bewohnt. Es könnte sich um ein Verwaltungszentrum gehandelt haben.

Ebenfalls auf dem Gelände befindet sich der **Huaca Prieta**. Er entstand vermutlich um 12 000 v. Chr. und war damit die erste Siedlung in der Gegend. Er gehört zu den am besten erforschten Stätten der peruanischen Frühgeschichte. Nicht-Archäologen finden es im Allgemeinen interessanter, etwas über ihn zu lesen, als ihn zu besichtigen. Doch auch wenn es nur ein prähistorischer Steinhaufen ist, bietet er einen tollen Blick über die Küste und kann ganz gut zusammen mit den anderen *huacas* besucht werden.

Gegen einen kleinen Obolus sind die Einheimischen gern bereit, die Besucher durch die Anlage zu führen.

Es ist jedoch nicht ganz einfach, die Anlage auf eigene Faust zu erreichen. Am sichersten ist es, mit einem Bus vom Ovalo del Papa südwestlich von Trujillo nach Chocope (3,50 S) zu fahren. Dann geht es mit einem *colectivo* nach Magdalena de Cao (2,50 S, 20 Min.). Dort lässt man sich mit einem *mo-*

DIE PRÄKOLUMBISCHEN VÖLKER DER NORDKÜSTE

Moche

Zwischen 100 v. Chr. und 700 n. Chr. entwickelte sich die Moche-Kultur. Dieses Volk stellte Keramik, Textilien und Erzeugnisse aus Metall her. Es verfügte über genügend architektonische Fertigkeiten, um gewaltige Pyramiden zu bauen, und widmete sich zusätzlich noch der Kunst sowie einer komplex organisierten Religion.

Vor allem ihrer Tonware verdanken die Moche den hohen Stellenwert, den sie unter Perus Kulturen der Prä-Inka-Zeit einnehmen. Ihre keramischen Erzeugnisse gelten als künstlerischste und technisch am höchsten entwickelte, die in Peru gefunden wurden. Die Gefäße sind mit realistischen Figuren und Szenen verziert, die den damaligen Alltag anschaulich beschreiben, etwa durch lebensechte Darstellungen von Personen, Ernten, Haus- bzw. Wildtieren, Meeresleben und monumentaler Architektur. Auf manchen sind auch zeremonielle Handlungen sowie alltägliche Gegenstände zu sehen.

Zu den Aspekten des Alltagslebens der Moche, die auf den reich verzierten Gefäßen dargestellt sind, gehören auch Bestrafungen, Operationen (wie Amputationen oder die Behandlung gebrochener Gliedmaßen) und der Geschlechtsverkehr. In Limas Museo Larco (S. 77) ist ein ganzer Raum den Gefäßen mit Abbildungen einer Unmenge sexueller Praktiken gewidmet, die zumindest zum Teil Ausdruck einer blühenden Fantasie gewesen sein dürften. Das Arqueológico Municipal de Moche (S. 362) außerhalb von Trujillo verfügt auch über eine schöne Sammlung.

Ein paar Kilometer südlich von Trujillo befinden sich die zwei wichtigsten Ruinenstätten der Moche, Huaca del Sol y Huaca de la Luna (S. 360), wobei nur der Huaca de la Luna für die Öffentlichkeit zugänglich ist.

Die Moche-Kultur verschwand um 700 n. Chr, und die folgenden Jahrhunderte waren etwas chaotisch. Die Wari breiteten sich danach in der Region Ayacucho in den zentralen peruanischen Anden aus. Sowohl die Sicán- als auch die Chimú-Kultur wurden von ihnen beeinflusst.

Sicán

Wahrscheinlich waren die Sicán Nachfahren der Moche. Ihre Kultur blühte in derselben Region von etwa 750 bis 1375. Sie betrieben Ackerbau, waren geschickte Metallschmiede und liebten alles, was glitzerte. Unter Archäologen sind die Sicán bekannt für ihren aus Wachsformen gegossenen Goldschmuck und die Herstellung arsenhaltigen Kupfers, das von allen aus präkolumbischer Zeit überlieferten Materialien Bronze am nächsten kommt. Die großartigen Schmiede stellten Legierungen aus Gold, Silber und arsenhaltigem Kupfer in riesigen Mengen her. Um die beachtlichen 1000 °C zu erreichen, die für solche Arbeiten

totaxi zu den Ruinen und wieder zurück fahren. Öffentliche Verkehrsmittel gibt's in dieser Gegend praktisch nicht.

Museo Arqueológico Municipal de Moche MUSEUM
(☎044-46-5471; Bolognesi 359, Moche; Eintritt 5 S; ⏲Mo–Fr 8–13 & 14–16.45, So 14–17 Uhr) Dieses Museum ist nicht zu verwechseln mit dem Museo Huacas de Moche beim Huaca de la Luna. Es befindet sich am Hauptplatz der Stadt Moche und zeigt rund 500 Keramiken der Chavin, Chimú, Lambayeque und Moche, die aus einer privaten Sammlung italienischer Einwanderer stammen. Ursprünglich waren die Stücke im Museo Cassinelli unter einer einsamen Tankstelle in Trujillo ausgestellt, doch die neue Umgebung wird ihrer Bedeutung besser gerecht.

Besonders schön sind die Vogelpfeifen, mit denen sich glasklare Töne erzeugen lassen. Auf den ersten Blick sehen sie alle fast gleich aus, doch jede erzeugt einen eigenen Ton, der jeweils zu einem männlichen oder weiblichen Vogel gehört.

Schlafen

Die wichtigsten Sehenswürdigkeiten der Region können alle im Rahmen eines Tagesausflugs von Trujillo oder Huanchaco besucht werden. In Trujillo gibt's mehr Tourenveranstalter und eine bessere Verkehrsinfrastruktur, Huanchaco ist dafür entspannter.

erforderlich sind, stand ihnen nicht viel mehr zur Verfügung als Feuerstellen mit brennendem Holz des Johannisbrotbaumes und aus Rohren geblasene Luft.

Gegenstände, die man an archäologischen Stätten der Sicán fand, lassen vermuten, dass dieses Volk gern und rege Handel trieb. Wahrscheinlich reichten die Wege über die gesamte Länge und Breite Südamerikas. Muscheln und Schnecken kamen aus Ecuador, Smaragde und Diamanten aus Kolumbien, Kupfersulfat aus Chile und Gold aus dem peruanischen Hochland.

Die Sicán hatten eine strukturierte, durch Religion kontrollierte Gesellschaftsordnung und hoch entwickelte Bestattungsriten (Beispiele dokumentiert das Museo Nacional Sicán in Ferreñafe, S. 377).

Leider besiegelten die klimatischen Bedingungen wie bei vielen Gesellschaften vor der Inka-Zeit den Untergang der Sicán. Als die Fluten des Wetterphänomens El Niño diese Gegend im 13. Jh. verwüsteten, musste das Volk seine Hauptstadt von Batán Grande, nordöstlich von Trujillo, nach Túcume (S. 377) verlegen.

Chimú

Die Chimú waren Zeitgenossen der Sicán; ihre Kultur existierte von etwa 850 bis 1470. Sie erbauten ihre gewaltige Hauptstadt bei **Chan Chan** (S. 358) etwas nördlich von Trujillo. Ihr Kunsthandwerk war weniger spektakulär als das der Moche und brachte eher funktionale Massenware als künstlerische Produkte hervor. Fast ganz verschwunden war die Technik, Keramik zu bemalen. Stattdessen brannten die Chimú ihre Gefäße nach einer einfacheren Methode als die Moche. So entstand die typische Schwarzkeramik, die man in zahlreichen Sammlungen mit Chimú-Stücken sehen kann. Während die Tonware an Qualität einbüßte, entwickelten sich jedoch die Fähigkeiten in der Metallurgie weiter, in der Gold und verschiedene Legierungen verarbeitet wurden.

In erster Linie sind die Chimú als urbane Gesellschaft bekannt. Ihre für damalige Zeiten riesige Hauptstadt umfasste rund 10 000 Häuser unterschiedlicher Beschaffenheit und Bedeutung. Verziert wurden die Gebäude mit Friesen, dabei formte man das Muster in den Lehmwänden vor und legte wichtige Bereiche mit wertvollen Metallen aus. Es gab Vorratskammern für Lebensmittel und andere Produkte aus dem gesamten Reich, das sich von Chancay bis zum Golf von Guayaquil im Süden Ecuadors entlang der Küste erstreckte. Außerdem errichteten die Chimú große begehbare Brunnen, Bewässerungskanäle, Werkstätten und Tempel. Verstorbene Angehörige der Königsfamilie wurden mit zahlreichen Beigaben in Hügelgräbern bestattet.

Die Chimú wurden von den Inka 1471 besiegt, und heftige Regenfälle haben die Adobe-Formen ihrer einst gewaltigen Hauptstadt schwer beschädigt.

An- & Weiterreise

Die meisten archäologischen Stätten sind gut mit Bus oder Taxi zu erreichen. Eine Ausnahme ist der Complejo Arqueológico la Huaca el Brujo, für den man oft umsteigen muss. In Chan Chan, beim Huaca Esmeralda und Huaca Arco Iris kann man nach dem Besuch einfach ein Taxi für die Rückfahrt anhalten, bei den Huacas del Sol y de La Luna sollte man den Fahrer bitten, zu warten, oder mit ihm eine spätere Abholung vereinbaren.

Huanchaco

044 / 68 100 EW.

In Windeseile hat sich das einst ruhige Fischerdorf 12 km von Trujillo in einen beliebten Touristenort an Perus Nordküste verwandelt. Dafür sind vor allem die langen, schmalen Schilfboote verantwortlich, die den *malecón* säumen. Ein paar hiesige Fischer nutzen die jahrzehntealten Gefährte und mit ein bisschen Glück sieht man sie beim Einholen ihres Tagesfangs. Zwar lässt sich noch erahnen, wie das Huanchaco vergangener Tage ausgesehen hat, doch der Strand ist entschieden durchschnittlich. Nichtsdestotrotz zieht das gemächliche Tempo einen bestimmten Menschenschlag mit Sehnsucht nach Sonne und Meer an, und die Stadt hat viel von ihrem dörflichen Charme bewahrt.

Inzwischen lockt Huanchaco mit einer großen Auswahl an Unterkünften und Restaurants sowie tollen Wellen für angehende

Surfer. Im Sommer bevölkern einheimische und ausländische Urlauber die Strände. Der schnell wachsende Badeort ist ein exzellenter Standort, um von hier aus die Ruinen in Trujillos Umgebung zu erkunden.

Sehenswertes

Von 10.30 bis 18.30 Uhr kostet es 1 S, wenn man den malerischen Pier mit dem Pavillon am Ende betreten will.

Um die archäologischen Stätten der Region zu besuchen, muss man nicht extra nach Trujillo fahren, denn an der Hauptstraße von Huanchaco gibt's auch Tourenveranstalter.

Santuario de la Virgen del Socorro KIRCHE
(9–12.30 & 16–19 Uhr) GRATIS Huanchacos zweitälteste Kirche wurde zwischen 1535 und 1540 erbaut und liegt oberhalb der Stadt. Der Ausblick vom restaurierten Turm ist schwindelerregend.

Aktivitäten

Die Bucht mit grauem Sand lädt im Sommer von Dezember bis April zum Schwimmen ein und gilt den Rest des Jahres als beliebter Surfspot, der sich auch für Anfänger eignet. Weil sich dieser Geheimtipp langsam herumgesprochen hat, bevölkern inzwischen unzählige wasserstoffblonde Surfer mit ihren Boards unter den Armen die Straßen der Stadt, die den ganzjährig anständigen Wellengang genießen. Der Beach Break beginnt rund 800 m südlich des Piers, hat felsigen und sandigen Grund und ermöglicht nur selten längere Surfritte. Dafür locken überall am Strand viele spannende Left Breaks und kürzere Right Breaks.

An der Hauptmeile kann man Surfausrüstung ausleihen (Neoprenanzug und Surfbrett 35 S pro Tag). Anderthalb- bis zweistündige Kurse kosten rund 70 S. Über Freiwilligenarbeit in der Gegend informiert Otra Cosa (044-46-1302; www.otracosa.org; Las Camalias 431).

Surfschule Muchik SURFEN
(044-63-3487; www.escueladetablamuchik.com; Independencia 100) Die älteste Surfschule der Stadt gilt auch als die zuverlässigste. Sie garantiert Erfolg, andernfalls bekommt man das Geld zurück.

Un Lugar SURFEN
(997-099-001; www.unlugarsurfschoolperu.com; Atahualpa 225) Zwei Blocks hinter dem Hauptstrand. Der überaus erfahrene Juan Carlos leitet die rustikale Kombination aus Surfschule und Pension und veranstaltet zweistündige Privatkurse. Außerdem verleiht die Schule Bretter und Anzüge und organisiert Surfsafaris nach Puerto Chicama und zu anderen berühmten peruanischen Surfstränden. Für 15 S pro Person kann man in ganz einfachen Bambushütten im Stil von Baumhäusern übernachten.

Geführte Touren

Huanchaco Tours TOUREN
(998-975-639; www.huanchacotours.com; La Ribera 726) Es gibt täglich Touren zu den wichtigsten archäologischen Stätten wie Chan Chan (S. 358) und Huaca de la Luna (S. 360).

Schlafen

Die meisten Pensionen befinden sich am südlichen Stadtrand in den kleinen Straßen vertikal zum Strand. Außerhalb von Festivals und Ferienzeiten sind Rabatte von bis zu 50 % drin, also immer danach fragen!

★ **Naylamp** PENSION $
(044-46-1022; www.hostalnaylamp.com; Larco 1420; Stellplatz mit/ohne gemieteten Zelt 18/15, B/EZ/DZ ab 20/40/60 S; @) Die Pension am nördlichen Stadtrand von Huanchaco gewinnt das Rennen in der Kategorie der Budgetunterkünfte. Ein Gebäude liegt direkt am Wasser, ein weiteres, größeres hinter dem Hotel. Großartig preiswerte Zimmer teilen einen Patio mit Meerblick. Der grüne Campingbereich bietet schöne Sonnenuntergänge. Es gibt eine Küche, eine Waschmaschine, einen Bereich mit Hängematten und ein Café.

Die Betten schützen Moskitonetze, deswegen kann man bei offenem Fenster schlafen. In den oberen Zimmern sorgt eine Meeresbrise für Erfrischung.

Moksha HOSTEL $
(973-713-628; La Ribera 224; B/EZ/DZ ab 15/45/50 S;) Das große Hostel an der Strandpromenade wird von einem hippen jungen Paar geführt, das für tolle Stimmung sorgt. Die Zimmer sind einfach, aber gemütlich und es gibt jede Menge Aufenthaltsräume zum Entspannen sowie eine Terrasse mit Meerblick und einen Hof mit Sommerküche für die Gäste. Es gibt auch ein vegetarisches Café sowie Surf- und Yogakurse.

Am besten sind die beiden Zimmer mit eigenem Bad in einer ruhigen Ecke im hinteren Teil des Hauses. Auf der großen Veranda im Obergeschoss findet donnerstags ein kostenloser Salsakurs statt.

INSIDERWISSEN

DIE CABALLITOS DE TOTORA

Am bekanntesten ist Huanchaco für eine kleine Zahl von hiesigen Fischern, die noch immer die schmalen Schilfboote benutzen, die schon auf 2000 Jahre alter Keramik der Moche dargestellt wurden. Sie paddeln und gleiten in diesen sorgfältig gearbeiteten Booten wie Gauchos auf dem See umher und lassen ihre Beine zu beiden Seiten baumeln, was auch den Spitznamen dieser elegant gebogenen Rösser erklärt: *caballitos de totora* (Schilfpferdchen). Huanchacos Einwohner gehören zu den wenigen Bevölkerungsgruppen an der Küste, die noch wissen, wie man diese Boote baut und benutzt. Sie halten immer nur ein paar Monate und laufen dann voll Wasser. Die Fischer fahren bis zu 1½ km ins Meer hinaus, wegen der Größe der Boote, deren Auftriebskraft heute mittels Styropor verbessert wird, können sie jedoch nur einen begrenzten Fang einholen.

Die Tage der Schilfbootfischerei in Huanchaco scheinen jedoch gezählt. Aktuelle Untersuchungen lassen darauf schließen, dass Erosion und andere Umweltfaktoren die Flächen, auf denen Schilf angebaut und geerntet wird, schädigen. Viele junge Menschen werden lieber Surflehrer oder kommerzielle Fischer oder entscheiden sich für eine andere Ausbildung, als den Weg ihrer paddelnden Vorfahren einzuschlagen.

Hospedaje Oceano PENSION $

(044-46-1653; www.hospedaje-oceano.com; Los Cerezos 105; Zi. 40 S; @ WLAN) Der superfreundliche Familienbetrieb liegt sehr günstig zwischen einem der schönen grünen *plazoletas* (kleine Plätze) der Stadt und dem Meer. Hier fühlt man sich gleich wie Zuhause. Dabei sieht es von außen genauso aus wie andere nichtssagende peruanische Pensionen, doch die mit mediterranem Touch ausgestatteten Zimmer sind wirklich hübsch.

Es gibt eine Gästeküche und viel warmes Wasser. Aber das Beste kommt noch: Die Familie stellt auch tolle *cremoladas* (traditionelle Eiscreme, 4 S) her. 25 Sorten stehen zur Auswahl (Cappuccino und Kokos sind der Hit) und Don Carlos erklärt gern, wie gesund sie alle sind.

Hospedaje My Friend HOSTEL $

(044-46-1080; www.myfriendsurfhostal.com; Los Pinos 158; B/DZ 15/30 S; WLAN) Die winzige Absteige zieht scharenweise Backpacker und Surfer an, die knapp bei Kasse sind. Das kleine Café unten serviert Frühstück, oben lädt eine Terrasse zum Entspannen ein, und wer möchte, kann Surfkurse buchen. Die Schlafsäle haben fünf Betten, zudem gibt es strombetriebene Duschen, Schließfächer und jede Menge braungebrannte Gesellschaft.

La Casa Suiza HOSTEL $

(044-63-9713; www.lacasasuiza.com; Los Pinos 308; B/EZ/DZ 25/35/85 S; @ WLAN) Airbrush-Wandgemälde mit Peru-Motiven schmücken die großen sauberen Zimmer des „Schweizer Hauses". Das kleine Café im Erdgeschoss punktet mit knusprigen Pizzas, im Patio darüber mit einer schönen Aussicht finden gelegentlich Grillpartys statt. Bei Surfern ist die Casa nicht ganz so beliebt wie andere Budgetoptionen vor Ort, dennoch versprüht sie eine gewisse Coolness.

Hotel Bracamonte HOTEL $$

(044-46-1162; www.hotelbracamonte.com.pe; Los Olivos 160; EZ/DZ inkl. Frühstück ab 120/165 S; @ WLAN Pool) Beliebt, freundlich, einladend und sicher hinter hohen Mauern und einem verschlossenen Tor: Von den besseren Hotels in Huanchaco ist das Bracamonte eines der ältesten und nach wie vor eines der empfehlenswertesten. Die schönen Gärten, ein Spielzimmer, ein Grillplatz, ein Restaurant, eine Bar und ein Spielplatz für Kleinkinder machen es ideal für Familien, und die „Businesszimmer" zählen zu den gepflegtesten im Ort.

Das Hotel liegt am Ortseingang beim Flussbett und in den oberen Zimmern sorgt die Meeresbrise für Erfrischung. Insgesamt ist dies die am besten ausgestattete Unterkunft und beinahe ein Resort.

Hotel Caballito de Totora BOUTIQUEHOTEL $$

(044-46-2636; www.hotelcaballitodetotora.com.pe; La Ribera 348; EZ/DZ/3BZ inkl. Frühstück 145/205/290 S; Klimaanlage @ WLAN Pool) Die hellen modernen Zimmer rund um einen schönen Swimmingpool machen das professionell geführte Hotel zum besten der Stadt. Die Suiten gehören ebenso zu den besten Hotelzimmern in Huanchaco. Mit ihrer modernen Ausstattung würden sie auch nach Miami passen. Alle bieten tolle Meerblicke, Whirlpools, 100 cm große Fernseher und eigene Terrassen.

Außerdem gibt's eine gemütliche Bar. Es ist das einzige echte Boutiquehotel in Huanchaco.

Huanchaco Hostal HOTEL $$
(☎044-46-1272; www.huanchacohostal.com; Victor Larco 184; EZ/DZ 73/120 S; P 📶 🏊) Das gemütliche, nicht sehr große Hotel an der kleinen Plaza de Armas hat sehr einfache Zimmer und einen hübschen Hof mit uneinsehbarem Swimmingpool und Garten. Viele nette Details sorgen für eine angenehme Atmosphäre, und es ist sehr familienfreundlich.

Essen

Natürlich gibt es in Huanchaco jede Menge Meeresfrüchterestaurants, die sich vor allem bei den aufgestapelten *caballitos de tortora* (traditionelle Schilfboote) am nördlichen Ende des Strands drängen.

Umi Sushi SUSHI $
(☎976-361-624; Las Orquideas 317; Sushi 10,50–23 S; ⏲Di–So 19–23 Uhr) Viele der besseren Restaurants der Stadt schließen sehr früh, doch das tolle kleine Sushi-Lokal zum Glück nicht. Es liegt versteckt in einer ruhigen Straße am Südrand der Stadt. Zu essen gibt's leckere *makis* in peruanischer Abwandlung wie das scharfe Kani mit Avocado und Shrimps in Krabbensoße.

Das Personal ist sehr aufmerksam und im Hintergrund läuft guter House in angenehmer Lautstärke. Es sieht meistens geschlossen aus, doch man muss einfach an die Holztür mit den japanischen Schriftzeichen klopfen, um eingelassen zu werden.

Otra Cosa VEGETARISCH $
(Larco 921; Hauptgerichte 6–22 S; ⏲8–22 Uhr; 📶 ✎) 🍃 Das holländisch-peruanische Strandlokal ist der Treffpunkt für Rucksacktouristen in der Stadt. Im Angebot sind leckere vegetarische Gerichte wie Falafel, Crêpes, spanische Tortillas, holländischer Apfelkuchen und würzige Burritos mit Curry, die man fast *schon* zum Frühstück bekommt. Der Kaffee stammt von einer Frauengenossenschaft auf dem Land, und das Restaurant ist generell dafür bekannt, solche Projekte tatkräftig zu unterstützen.

Das Tagesessen gibt's für 13,50 S, ein ganzes Menü für 16,50 S.

★ **Restaurante Mococho** PERUANISCH, SEAFOOD $$
(www.facebook.com/restaurantemococho; Bolognesi 535; Hauptgerichte 36 S, ganzer Fisch 110 S/kg; ⏲13–15 Uhr, Mo geschl.) Das winzige Restaurant hinter der Gartenmauer wird nun von der Witwe und dem Sohn des legendären chinesisch-peruanischen Küchenchefs geführt. Es ist recht teuer, aber alles ist frisch und ausgezeichnet. Spezialität des Hauses ist ein ganzer in Dampf gegarter Fisch mit Soße, der locker für drei Personen reicht. Man muss früh kommen, denn wenn es keinen frischen Fisch mehr gibt, wird es geschlossen.

Die Speisekarte richtet sich ganz nach dem Fang des Tages, den die hiesigen Fischer morgens anliefern. Der Fisch wird immer nur auf zwei Arten zubereitet: als Ceviche und als ganzer im Dampf gegarter Fisch (einzelne Gäste bekommen auch nur Filets). Dazu gibt's sechs Soßen, von denen die besten immer noch die traditionelle, farbenkräftige Criollo-Sauce mit vielen Gewürzen und die leckere Pekannuss-Sauce sind.

La Esquina PERUANISCH $$
(☎044-46-1081; Union 120; Hauptgerichte 25–50 S; ⏲18–23 Uhr) Das moderne Eckrestaurant auf zwei Ebenen ist einen Häuserblock vom *malecón* entfernt. Es hat sich auf Grillfisch spezialisiert, der direkt vor dem Haus auf den Punkt genau gegrillt wird. Dabei können sich die Gäste „ihren" frischen Fisch an der Theke aussuchen. Bezahlt wird nach Kilogramm. Wesentlich preiswerter sind Fischfilets und die vegetarischen und Fleischgerichte.

El Caribe PERUANISCH $$
(Atahualpa 150; Hauptgerichte 35–37 S; ⏲10–17 Uhr) Das Lieblingslokal der Einheimischen liegt etwas versteckt abseits der Hauptstraße. Es ist deutlich preiswerter als die anderen Meeresfrüchterestaurants, aber nicht schlechter. Es gibt ausgezeichnete Meeresfrüchte und *comida criolla* (einheimische Küche) in großen Portionen. Das Ceviche mit Barsch (*mero*) schaffte es sogar ins amerikanische *Saveur*-Magazin.

★ **Restaurante Big Ben** PERUANISCH $$$
(☎044-46-1378; www.bigbenhuanchaco.com; Larco 1184; Hauptgerichte 49–70 S; ⏲11.30–17.30 Uhr; 📶) Das feine Meeresfrüchterestaurant ganz im Norden der Stadt hat sich auf Ceviche zur Mittagszeit spezialisiert und gilt als beste Adresse für Seafood in der Stadt. Für das Ceviche ist es bekannt, doch auch frischer Fisch, *sudados* (Meeresfrüchteeintopf) und Garnelengerichte sind erstklassig und schmecken auf der Terrasse im 3. Stock mit Blick aufs Meer noch besser.

Ausgehen & Nachtleben

Jungle Bar Bily BAR
(☎044-22-8949; Larco 420; ⏲10 Uhr–open end; 📶) Die bei Rucksacktouristen beliebte Bar

im pseudo-polynesischen Stil punktet mit bester Lage (direkt gegenüber dem Pier), guter Musik (U2, REM) und preiswertem Ceviche und anderen Meeresfrüchten. In der Happy Hour (18–22 Uhr) kosten ausgewählte Cocktails nur die Hälfte.

Freitagabends gibt's Livemusik (von Rock bis hin zu traditioneller Andenmusik).

Praktische Informationen

Internet Huanchaco (Atahualpa 233; 1 $/Std.; ⌚8–22 Uhr) In dem Internetcafé kann man auch Wäsche waschen und sich die Haare schneiden lassen. Es ist der preiswerteste Waschsalon der Stadt. Einmal waschen kostet nur 10 S ohne Trockner bzw. 16 S mit Trockner.

An- & Weiterreise

Einige Busgesellschaften haben zwar ein Verkaufsbüro in Huanchaco, doch die Busse fahren nur in Trujillo ab. Von Trujillo starten regelmäßig *combis* und die gelb-roten *Minibusse* nach Huanchaco (2 S). Für die Rückfahrt wartet man an der Strandstraße auf einen Bus aus dem Norden.

Die Taxifahrt von Trujillo nach Huanchaco sollte zwischen 18 und 20 S kosten. Die Rückfahrt ist in der Regel günstiger, weil die Fahrer sowieso zurückfahren müssen.

Puerto Chicama (Puerto Malabrigo)

☎044 / 90 100 EW.

Das kleine Fischerdorf macht nicht viel her, hat jedoch eine riesige Fangemeinde: Puerto Chicama, auch bekannt als Puerto Malabrigo, soll nämlich die längste linksbrechende Welle der Welt haben. Der einstige Hafen für die Verschiffung von Zucker und Baumwolle, die auf den umliegenden Haziendas erzeugt wurden, lockt nun wagemutige Surfer aus aller Welt an, die ihr Glück mit dieser seltenen Welle versuchen wollen.

Die Stadt ist eine typisch peruanische Stadt, doch auf den Klippen über dem Ort gibt's seit Neuestem einen hübschen *malecón* mit Holzbänken, Skulpturen, Aussichtspunkten und einem noch leeren Surfmuseum.

Der Strand ist breit und sauberer als andere in der Gegend, doch in der wüsten, mondähnlichen Hügellandschaft dahinter wächst nicht einmal Unkraut. Dennoch ist sie auf eine gewisse Art schön und entdeckenswert.

Schlafen & Essen

Alle Hotels liegen südlich des Piers (*muelle*) in erhöhter Lage mit Blick auf den Strand.

Los Delfines de Chicama HOTEL $$
(☎044-34-3044; delfinesdechicama@gmail.com; DZ/3BZ/Suite 200/295/470 S; P 🛜 🏊) Das große Surferhotel hat einfache Zimmer mit gestrichenen Backsteinwänden und eigenen Balkonen. Es fühlt sich dennoch irgendwie förmlicher an als die Hotels im Dorf. Es gibt einen Swimmingpool, viele Parkplätze hinter dem Haus und ein Restaurant im 2. Stock (Hauptgerichte 20–35 S) mit Meerblick.

Außerdem werden dreistündige Bootstouren zum Surfen in der Umgebung angeboten.

El Hombre HOSTEL $$
(☎044-57-6077; www.facebook.com/hotelelhombre; EZ/DZ 70/140 S, ohne Bad 30/60 S) Das erste Surferhostel der Gegend wird heute von der Tochter des legendären „El Hombre" geführt. Der Surfguru ist mittlerweile über 90 Jahre alt und lebt immer noch im Ort. Das Hostel am Meer hat sehr einfache Zimmer mit Gemeinschaftsbad und ein paar größere Zimmer mit eigenem Bad in einem Anbau, wo es auch eine tolle Lounge mit Blick auf die berühmte Welle gibt.

Hier steht auch eine Gemeinschaftsküche zur Verfügung und im Fernsehraum laufen meistens Surfvideos.

Picanteria Palma SEAFOOD $$
(Tacna; Hauptgerichte 20–22 S; ⌚8–20 Uhr) Der großartige kleine Familienbetrieb in der Stadt ist völlig unscheinbar, serviert aber ein paar Dutzend verschiedener Meeresfrüchtegerichte, die alle sehr lecker sind. Dafür wird nur der frische Fang vom Hafen verwendet. Tiefkühlfisch ist hier keine Option und so ist das Restaurant auch schon mal geschlossen, wenn die Fischer nichts gefangen haben.

An- & Weiterreise

In Huanchaco organisieren diverse Surfläden wie Un Lugar (S. 364) und **Wave** (☎044-58-7005; Larco 850; ⌚8–18 Uhr) Surfausflüge nach Puerto Chicama. Wer auf eigene Faust anreisen will, fährt am besten mit einem Bus vom El Dorado in Trujillo direkt nach Puerto Chicama (6 S, 2¼ Std.). Schneller geht es mit dem bequemeren Expressbus von Emtrafesa, der nach Paiján fährt (6 S, 1¼ Std.), das 40 km weiter nördlich an der Panamericana liegt. Von dort fahren *colectivos* die 16 km zurück nach Puerto Chicama (2,50 S, 20 Min.).

Pacasmayo

☎044 / 27 400 EW.

In dem lebhaften, kaum von Travellern besuchten Küstenort stehen größtenteils restaurierungsbedürftige Häuser aus der Kolonialzeit, außerdem gibt's hier einen langen Strand und einen altmodischen *malecón*. Besonders von Mai bis August zieht die starke Brandung passionierte Surfer an. Hier kann man etwas Zeit weitab der beliebten Ferienorte verbringen und sich vom nostalgischen Charme des Verfalls bezaubern lassen.

Sehenswertes

Puemape STRAND
Der saubere Strand bietet eine schöne lange linksbrechende Welle und ist deshalb zu einem Geheimtipp geworden. Von San Pedro de Lloc führt eine kleine Straße zum Strand. Das kleine Dorf direkt am Strand ist eher eine Geisterstadt, denn sie soll erst jetzt ans Stromnetz angeschlossen werden. Derzeit ist es hier noch herrlich ruhig, obwohl es schon ein paar Unterkünfte und einfachste Restaurants gibt.

Die Zufahrtstraße zweigt bei Km 656 von der Panamericana ab. Man kann auch mit dem Taxi von Pacasmayo oder Puerto Chicama hierher fahren.

Pacatnamú ARCHÄOLOGISCHE STÄTTE
(24 Std.) GRATIS Ein paar Kilometer nördlich von Pacasmayo führt direkt vor dem Dorf Guadalupe eine Schotterpiste zum Meer und zu den kaum besuchten Ruinen von Pacatnamú. Dabei war die große Ruinenstätte einst von den Gallinazo, Moche und Chimú bewohnt und gilt als eine der wichtigsten Ausgrabungsstätten an der Küste.

Am besten fährt man mit dem Bus bis nach Guadalupe und mit dem Taxi weiter bis zu den Ruinen. Mit Wartezeit und Rückfahrt kostet das ca. 30 S. In Guadalupe gibt's auch ein kleines Museum, in dem man sich vorab über die Ruinenstätte informieren kann.

Muelle Pacasmayo PIER
Der einst längste Pier in Peru hat eine wechselvolle Geschichte. Nach seinem Bau von 1870 bis 1874 maß er 743,40 m. Nachdem 1924 ein Stück im Meer versank und 2015 ein weiteres Stück abbrach, ist er heute nur noch gut 500 m lang. Außerdem stürzten in den 1940er-Jahren zwei überladene Züge vom Pier ins Meer. Mittlerweile darf der recht wackelige Pier nicht mehr betreten werden.

Aktivitäten

Die Surfmöglichkeiten direkt bei der Stadt sind ganz gut, eine kurze Autofahrt weiter weg jedoch wesentlich besser. Generell kann das Wasser recht kalt sein. In der Stadt werden Surfbretter für 20 bis 30 S verliehen.

Meistens reicht der Wind auch zum Kitesurfen. Der beste Ort dafür ist unterhalb des Leuchtturms an der Landspitze.

El Faro Adventure Resort KITESURFEN
(976-638-956; www.elfaropacasmayo.com; Playa El Faro; 8–18 Uhr) Das Resort liegt 15 Gehminuten südlich der Stadt. Es werden auch Kites für 250 S und Stehpaddelbretter für 100 S pro Tag verliehen. Die Zimmer (120 US$) sind sehr gemütlich und mit Blick aufs Meer. Es gibt auch ein recht gutes Restaurant.

Schlafen & Essen

Hotel El Mirador HOSTAL $
(044-52-1883; www.pacasmayoperu.com; Aurelio Herrera 10; EZ/DZ/3BZ/4BZ ab 40/60/80/100 S; P) Dieses Surferparadies ist mit Fliesen und Backsteinen ausgestattet. Die guten Zimmer gibt's in den Kategorien von *económico* (einfach) bis *de lujo* (luxuriös). Alle haben Warmwasser, Gemeinschaftsbalkone und an der Wand montierte Flachbildfernseher mit internationalen Programmen. Die besten Zimmer haben noch eine Küche und einen DVD-Player. Das Hotel liegt einen Block landeinwärts unterhalb der Christusstatue.

Im Gemeinschaftsbereich gibt's einen Billardtisch und Tischfußball, die einzige Unterhaltung in der Stadt nach Einbruch der Dunkelheit.

La Estación Gran Hotel HOTEL $$
(044-52-1515; www.hotellaestacion.com.pe; Malecón Grau 69; EZ/DZ/Suite inkl. Frühstück 110/160/200 S; @) Die sorgsam restaurierte Pracht der Fassade aus der republikanischen Zeit setzt sich nicht im Inneren fort. Immerhin gibt's eine tolle Dachterrasse, einen kleinen Swimmingpool und ein Restaurant mit Bar (Hauptgerichte 25–45 S) im Erdgeschoss. Die Zimmer sind klein, aber frisch gestrichen und haben gute Betten.

Das Restaurant ist eines der besten in der Stadt. Sehr empfehlenswert ist der fantastische *pescado a lo macho* (der Fang des Tages in einer cremigen Muschelsoße mit Chili und Knoblauch).

Restaurante Pastimar INTERNATIONAL $$
(Aurelio Herrera 10; Hauptgerichte 16–40 S; 12–22 Uhr) Zum umfangreichen Angebot an peruanischen und internationalen Gerichten gehören Risotto, Pizza und Burger. Das beliebte Restaurant befindet sich unter einem lebhaften Hostel (S. 368) und ist meistens noch geöffnet, wenn die anderen in der Stadt schon geschlossen sind. Besonders

lecker sind auch die Sandwiches mit gebratenem Fisch.

An- & Weiterreise

Alle Busse und viele Minibusse fahren am neuen Busbahnhof Terrapuerto beim Ortseingang ab.

Emtrafesa (www.emtrafesa.com.pe; Terrapuerto) verkehrt regelmäßig nach Trujillo (9 S, 1¾ Std.) und Chiclayo (10 S, 2 Std.). Außerdem fahren Busse direkt nach Lima (50 S, 9 Std., 18.30 Uhr) und Cajamarca (25–35 S, 4½ Std., 14 und 23.40 Uhr) sowie in Orte weiter nördlich.

Civa (☎ 014-18-1111; www.civa.com.pe; Terrapuerto) Die bequemen Busse brausen direkt nach Lima. Abfahrt ist um 9.30 Uhr und mehrmals am Abend. Je nach Busklasse kostet die Fahrt zwischen 40 und 130 S.

Nach Puerto Chicama fährt man mit einem Bus in Richtung Trujillo bis nach Paiján und weiter mit einem *colectivo*.

Chiclayo

☎ 074 / 553 200 EW.

Spanische Missionare gründeten im 16. Jh. eine kleine ländliche Gemeinde. Durch Zufall oder Hilfe von oben florierte sie seitdem unaufhörlich. Die Missionare tätigten einen der ersten strategischen Schachzüge der Immobilienwirtschaft, als sie diesen Ort an der Kreuzung mehrerer wichtiger Handelsrouten zwischen Küste, Hochland und Regenwald auswählten. Seine Rolle als wirtschaftliches Herz der Region ermöglichte es Chiclayo, weitere regional bedeutende Zentren zu überholen.

La Ciudad de la Amistad (die Stadt der Freundschaft) heißt eigenwillige Abenteurer mit freundlich ausgestreckten Händen willkommen. Schon bei der Begrüßung lässt einem die einzigartige Mischung regionaler Gerichte das Wasser im Mund zusammenlaufen. Touristische Sehenswürdigkeiten gibt's kaum, doch einen Besuch der zahlreichen Grabstätten der Moche und Chimú in der Umgebung sollte man sich nicht entgehen lassen.

Sehenswertes

Mercado Modelo MARKT

(Arica zw. Balta & Cugilevan; ⏲ Mo–Sa 7–20, So bis 14 Uhr) Einer der interessantesten Märkte Perus, ausgebreitet über mehrere Blocks. Am spannendsten finden Traveller sicher den *mercado de brujos* (Markt der Schamanen) im Südwesten. *Brujos* (Medizinmänner) können sich rundum ausstatten, auch mit allen erdenklichen Zutaten für Potenzmittel: Walknochen, Amulette, Schlangenhäute, halluzinogene Kakteen, Fläschchen mit rätselhaften Flüssigkeiten sowie bergeweise aromatische Kräuter.

Hier ist man an der richtigen Stelle, um einen Termin mit einem Schamanen auszumachen und ein Leiden kurieren zu lassen. Doch Vorsicht: Manche geben sich nur als Heiler aus. Am besten richtet man sich nach einer zuverlässigen Empfehlung.

Kathedrale KIRCHE

(Plaza de Armas) Diese Kathedrale wurde Ende des 19. Jhs. errichtet. Im Gegensatz dazu wurde die Plaza de Armas (Parque Principal) erst 1916 eingeweiht. So ist die Stadt für peruanische Verhältnisse extrem jung. Die Kathedrale ist in der Regel zur Messe am Vormittag geöffnet, doch das schlichte Innere kann mit der herrlichen Fassade nicht mithalten.

Geführte Touren

Die Veranstalter bieten viele preiswerte Touren nach Sipán, Túcume, Ferreñafe, Batán Grande, Pimental/Santa Rosa, zur Reserva Ecológica Chaparrí und in die Museen von Lambayeque an. Eine Tagestour zu den archäologische Stätten kostet zwischen 50 und 60 S und beinhaltet zumeist den Besuch von drei oder vier Stätten. Eine Tour ins Reserva Ecológica Chaparrí kostet rund 140 S. Bei den Preisen sind die Eintrittsgelder nicht enthalten.

Sipán Tours KULTUR

(☎ 074-22-9053; www.sipantours.com; Calle 7 de Enero 772; ⏲ 8.30–13.30 & 16.30–20.30 Uhr) Diese bekannte Agentur veranstaltet geführte Touren zu allen bedeutenden archäologischen Stätten und nahegelegenen Strandorten. Im Rahmen eines neuen Projekts zum ländlichen Tourismus wird eine kulinarische Tour auf dem Land inklusive Homestays angeboten.

Moche Tours TOUREN

(☎ 074-23-2184; www.mochetourschiclayo.com.pe; Calle 7 de Enero 638; ⏲ Mo–Sa 8–20, So bis 12 Uhr) Hochgelobte preiswerte Ausflüge mit Englisch oder Spanisch sprechenden Führern.

Schlafen

Hostal Colibrí HOTEL $$

(☎ 074-22-1918; www.hotelcolibriperu.com; Balta 010-A; EZ/DZ inkl. Frühstück 60/80 S; 📶) Vom Stadtzentrum läuft man ein ganzes Stück bis zum Colibrí am grünen Paseo de las Mu-

Chiclayo

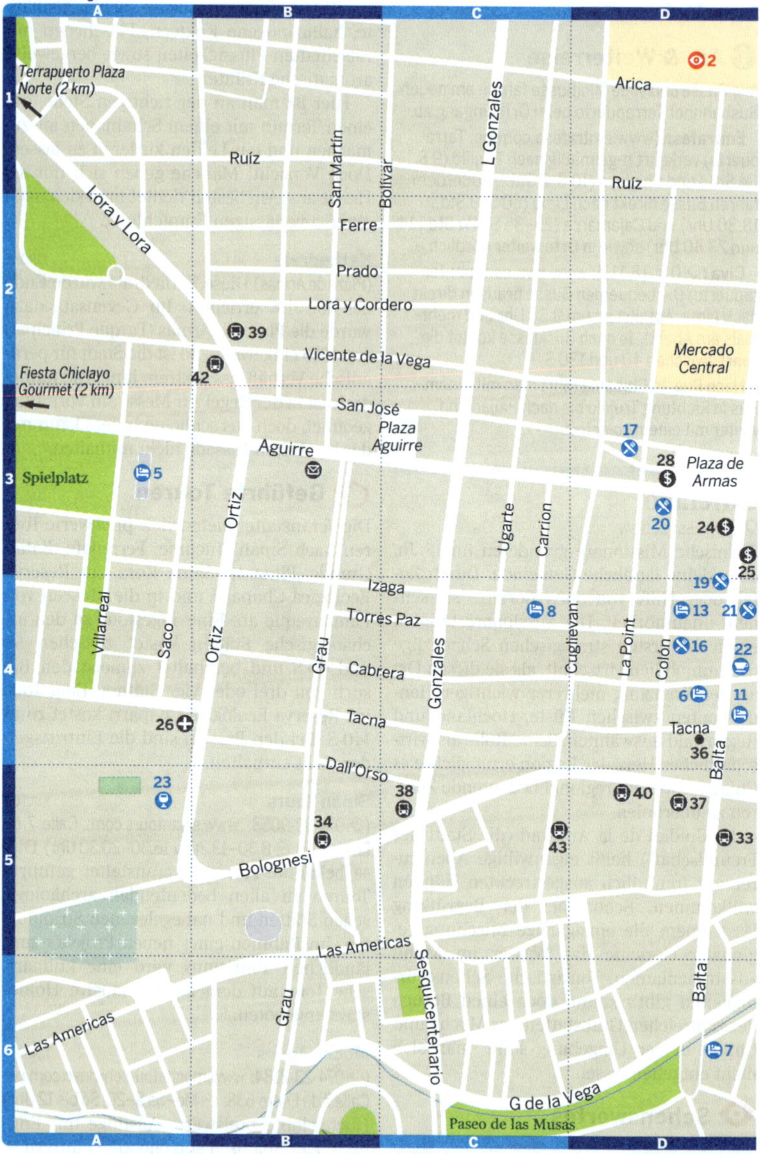

sas, doch das Preis-Leistungs-Verhältnis ist Spitze. Das moderne Hotel ist hell erleuchtet und farbenfroh, die Mitarbeiter an der Rezeption sind freundlich, im Erdgeschoss gibt's ein Burgerrestaurant und im zweiten Stock eine Kombination aus Café und Cocktailbar inklusive Terrasse mit Parkblick. Auch die Bäder sind ziemlich abgefahren.

Hostal Sicán HOTEL $

(☎074-20-8741; hsican@hotmail.com; Izaga 356; EZ/DZ/3BZ inkl. Frühstück 45/70/100 S; 📶) Po-

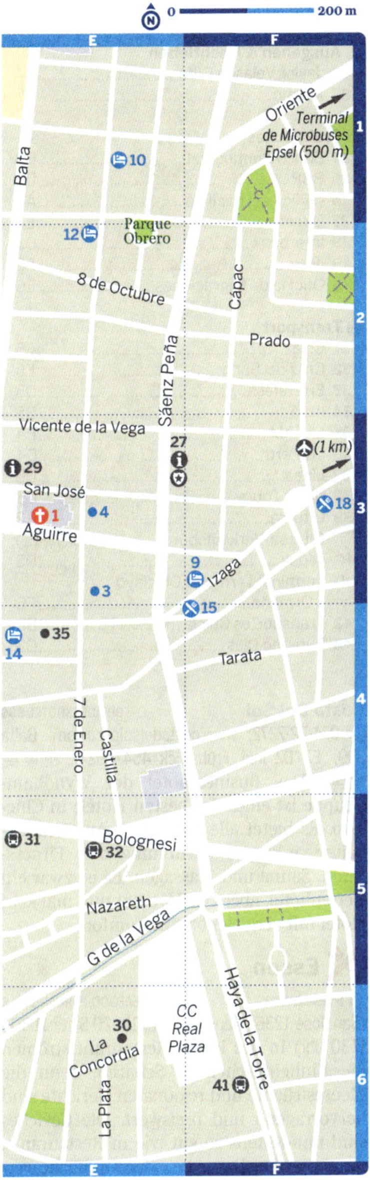

liertes Holz und geschwungenes Eisen vermitteln in dieser attraktiven Unterkunft die Illusion von Grandeur. Die kleinen Zimmer sind komfortabel und kühl. Alle haben Holzvertäfelungen, das eine oder andere geschmackvolle Bild an der Wand und Fernseher. Das sehr empfehlenswerte Hotel liegt an einer der schönsten Straßen Chiclayos.

Hostal Victoria HOTEL **$**
(☎ 074-22-5642; victoriastar2008@hotmail.com; Izaga 933; EZ/DZ/3BZ 35/50/80 S;) Eine tolle Unterkunft etwas östlich der zentralen Plaza ist dieses ruhige Hotel mit farbenfrohen Zimmern, denen einzelne kleine Stücke aus Ton und Textilien Pep verleihen. Die Atmosphäre ist freundlich und familiär.

Pirámide Real HOTEL **$**
(☎ 074-22-4036; piramidereal@hotmail.com; Izaga 726; EZ/DZ/TW 30/50/70 S;) Man kann den kleinen Eingang dieses Hotels leicht verpassen. Innen wird es auch nicht größer, doch wer mit wenig Platz auskommt, findet hier saubere Zimmer mit Schreibtisch, Kabel-TV und warmem Wasser – ein ordentliches Angebot in dieser Preisklasse.

Hotel Mochiks BOUTIQUE-HOTEL **$$**
(☎ 074-20-6620; www.hotelmochiks.com; Tacna 615; EZ/DZ inkl. Frühstück 165/210 S; @) Der schicke Neuling hinterließ in der Hotelszene der Stadt einen unmittelbaren bleibenden Eindruck. Sein Erfolg hat viel mit einem bis dato unbekannten Stilgefühl zu tun. Die Lobby, das Café und die Bar im zweiten Stock des hohen, schmalen Gebäudes sind mit Chrom und stimmungsvollen Rottönen dekoriert, die perfekt mit den kleinen, in beruhigendem Beige gestalteten Zimmern kontrastieren.

Alles hier ist leuchtend und sehr gepflegt, und Akzente der Moche-Kultur bilden ein Gegengewicht zum trendigen Stil. Mit 25 Räumen hat das Hotel genau die richtige Größe.

Hotel Embajador HOTEL **$$**
(☎ 074-20-4729; www.hotelembajadorchiclayo.com; Calle 7 de Enero 1368; EZ/DZ inkl. Frühstück 120/140 S; @) Lindgrün und Orange sind hier die Lieblingsfarben, daran besteht in dem fabelhaften Hotel mit 23 Zimmern gar kein Zweifel, denn man begegnet ihnen an jeder Ecke – das Ganze wirkt wie der bunte Traum eines Art-dèco-Fans.

Die fröhliche Unterkunft mit vielen Extras und viel Charakter punktet mit einem minimalistischen Café, trapezförmigen Badspiegeln, Whirlpoolwannen in den Suiten und effizientem, freundlichem Personal.

Latinos Hostal HOTEL **$$**
(☎ 074-23-5437; latinohotelsac@hotmail.com; Izaga 600; EZ/DZ 90/120 S; @) Das ausgezeichnete Hotel in bester Lage bei der Plaza

Chiclayo

Sehenswertes
1 Kathedrale E3
2 Mercado Modelo D1

Aktivitäten, Kurse & Touren
3 Moche Tours E3
4 Sipán Tours E3

Schlafen
5 Casa Andina Select Chiclayo A3
6 Costa Del Sol D4
7 Hostal Colibrí D6
8 Hostal Sicán C4
9 Hostal Victoria F3
10 Hotel Embajador E1
11 Hotel Mochiks D4
12 Hotel Paraíso E2
13 Latinos Hostal D4
14 Pirámide Real E4

Essen
15 Cafe 900 F4
16 Cevicheria Pez Chevere D4
17 Copo Artisan D3
18 El Pescador F3
19 Hebron D4
20 Mi Tia D3
21 Restaurant Romana D4

Ausgehen & Nachtleben
22 Javier Velasco Cafe D4
23 Magno A5

Praktisches
24 Banco Continental D3
25 BCP D3
26 Clínica del Pacífico A4
27 Dircetur E3
28 Interbank D3
29 iPerú E3
30 Oficina de Migraciónes E6

Transport
31 Civa E5
32 Cruz del Sur E5
33 Emtrafesa D5
34 Ittsa B5
35 LATAM E4
36 LC Peru D4
37 Línea D5
38 Móvil Tours C5
39 Oltursa B2
Oltursa-Verkaufsbüro (siehe 21)
40 Tepsa D5
41 Terminal Terrestre Chiclayo Ormeño F6
42 Transportes Chiclayo B2
43 Turismo Dias C5

ist in hervorragendem Zustand und hat sehr gute kleine Zimmer. Einige der Eckzimmer haben großartige Rundfenster vom Boden bis zur Decke, die viel Licht ins Zimmer lassen und einen tollen Blick auf die Straße bieten. Das Personal ist sehr hilfsbereit.

Hotel Paraíso HOTEL $$

(☎074-22-8161; www.hotelesparaiso.com.pe; Ruiz 1064; EZ/DZ inkl. Frühstück ab 100/120 S; ❄@📶) Das Hotel ist wesentlich heller und freundlicher als seine Nachbarn. Es bietet alle modernen Annehmlichkeiten eines noblen Hotels, ist aber viel preiswerter. Die sauberen, zellenähnlichen Zimmer sind gut eingerichtet und haben Warmwasserduschen und Kabel-TV.

Casa Andina Select Chiclayo HOTEL $$$

(☎074-23-4911; www.casa-andina.com; Villarreal 115; Zi./Suite inkl. Frühstück 803/1071 S; P❄@📶🏊) Dieses alternde Relikt und frühere Gran Hotel Chiclayo wurde von der peruanischen Hotelkette Casa Andina geschluckt. Heute wirkt es wie ein Businesshotel mit andinem Touch. Es gibt einen hübschen Terrassenbereich mit Pool, ein Spa, ein Fitnesscenter, ein Restaurant und moderne, saubere, nagelneue Zimmer.

Costa Del Sol BUSINESSHOTEL $$$

(☎074-22-7272; www.costadelsolperu.com; Balta 399; EZ/DZ inkl. Frühstück 454/492 S; P❄@📶🏊) Das Businesshotel der Wyndham-Gruppe ist eines der besten Hotels in Chiclayo. Es bietet alle möglichen Annehmlichkeiten inklusive Swimmingpool, Fitnessraum, Sauna und Massagen. Es ist zwar ein Kettenhotel, aber Chiclayo hat nun mal kein Hotel mit vergleichbarem Komfort.

Essen

El Pescador SEAFOOD, PERUANISCH $

(San José 1236; Hauptgerichte 15–20 S; ⏲11.30–17.30 Uhr) In das kleine Restaurant strömen die Einheimischen in Scharen, denn die Meeresfrüchte und regionalen Gerichte sind hervorragend und preiswert. Die Ceviches sind mindestens so gut wie in Restaurants, die dafür das Doppelte oder Dreifache verlangen würden. Die Angebote am Wochenende, etwa *cabrito con frijoles* (Ziegenfleisch mit Bohnen; samstags) und *arroz con pato* (Ente mit Reis; sonntags), sind einzigartig.

Inhaber Oscar und sein Bruder in der Küche tun alles, um ihre Gäste zufrieden zu stellen. Es gibt draußen kein Schild und es ist auch leicht zu übersehen.

Cevicheria Pez Chevere PERUANISCH $
(☎963-754-146; Torres Paz 600; Hauptgerichte 10–16 S; ⏰11–16 Uhr) Die lebhafte Ceviche-Bar an der Ecke serviert günstig, frisch und schnell Ceviche und Meeresfrüchte mit Reis. Gäste sind vor allem die Büroangestellten der Umgebung. An Sitzplätzen stehen nur Barhocker an langen Tischen zur Verfügung, dennoch ist es das beste Restaurant in der Innenstadt.

Mi Tia BURGER $
(Aguirre 662; Burger 2–5 S, Hauptgerichte 13–44 S; ⏰8–22 Uhr) Die Warteschlangen vor diesem einfachen Lokal sind ellenlang, denn die Burger und Sandwiches kosten fast nichts, wenn man sie nur mitnimmt. Im Lokal sind die Sandwiches zwar teurer (5–12 S), werden aber auch mit Pommes und Salat serviert. Das freundliche Personal tischt zudem eine große Auswahl an ländlichen Gerichten auf.

Das *suspiro de limeña* (Sahnekaramell mit Meringue) ist so groß, dass die Gelüste gemildert werden.

Copo Artisan EIS $
(San José; Eis 6–9,50 S; ⏰13–21.30 Uhr) Das Eis der freundlichen Eisdiele ein paar Häuserblocks von der Plaza de Armas ist kein Vergleich mit dem faden industriell hergestellten Eis, das es überall an den Kiosken der Stadt gibt. Zu den unzähligen Sorten gehören auch ungewöhnliche Lieblingssorten der Einheimischen wie Pisco Sour in mehreren Variationen und Physalis. Das Eis ist nicht gerade Weltklasse, aber das beste der Stadt.

★ **Cafe 900** PERUANISCH $$
(www.cafe900.com; Izaga 900; Hauptgerichte 25–32 S; ⏰Mo–Do 8–23, Fr & Sa 13–1 Uhr; 📶) Livemusik, langsam rotierende Deckenventilatoren sowie freigelegte Holz- und Lehmsteinwände machen das beste Bar-Café-Restaurant der Stadt aus. Das Ambiente ist großartig, das Essen schnörkellos, unprätentiös und erschwinglich.

Restaurant Romana PERUANISCH $$
(512 Romana; Balta 512; Hauptgerichte 20–37 S, Menü 16 S; ⏰7–1 Uhr; 📶) In diesem beliebten Restaurant gibt's diverse lokale Spezialitäten. Mutige probieren zum Frühstück *chirimpico* – gekochte Ziegeninnereien, die entweder den Kater vertreiben oder einen verursachen.

Eine leckere und mit 3,50 S sehr günstige Alternative sind *humitas* (in Maisblätter gewickelter, gedämpfter Teig mit Mais und Käse). Zudem gibt's noch Pasta, Steaks, Fisch, Seafood, *chicharróns* (paniertes und gebratenes Schweinefleisch) mit Yucca und mehr.

Hebron PERUANISCH $$
(☎074-22-2709; www.hebron.com.pe; Balta 605; Hauptgerichte 17–40 S; ⏰7–24 Uhr; 📶) Das schicke, helle und moderne Restaurant auf zwei Etagen ist zwar eine noble *pollería* (Hähnchenbraterei), bietet aber auch eine große Auswahl an anderen Gerichten wie jede Menge Fisch und Grillgerichte.

Fiesta Chiclayo Gourmet PERUANISCH $$$
(☎074-20-1970; www.restaurantfiestagourmet.com; Salaverry 1820; Hauptgerichte 40–90 S) Kaum etwas ist so befriedigend wie das letzte Bisschen leicht angebrannten Reises aus einer Eisenpfanne zu kratzen. Die leckeren Reisgerichte sind genau so, wie sie sein sollen, z. B. der *arroz con pato a la chiclayana,* der aus Zuchtenten zubereitet wird, die nicht einen Tag älter als drei Monate sein können.

Außerdem bietet die Küche noch einen ganz unbekannten und unerwarteten Genuss, das *ceviche a la brasa,* traditionellen rohen Fisch, der *warm* in Maisblättern serviert wird, nachdem er elf Stunden mariniert wurde. Die Pisco Sours werden am Tisch gemixt, der Service ist hervorragend und die Küche bietet das Beste vom Besten der Region. Wer dieses Restaurant oder die Filiale in Lima besuchen will, sollte telefonisch reservieren. Die 2 km lange Taxifahrt vom Zentrum kostet 6 S.

Ausgehen & Nachtleben

Magno CLUB
(Ortiz 490; ⏰22–6 Uhr) In dem trendigen Unterhaltungskomplex kann man locker eine ganze Nacht verbringen, denn es gibt drei Bars und zwei Clubs. In der Open-Air-Bar Zamba ganz oben spielen Bands live *cumbia* (kolumbianische Salsa) und Salsa. Von der großen Terrasse kann man auch gut das Geschehen darunter beobachten.

Javier Velasco Cafe CAFÉ
(www.javiervelascocafe.com; Balta 400; ⏰Mo–Sa 8.30–23 Uhr) Das kleine Eckcafé bietet nicht nur den besten Tee in Chiclayo, sondern auch alle Arten von heißen und kalten Kaffeespezialitäten aus besten peruanischen Bohnen. Wer will, kann die Bohnen auch mit nach Hause nehmen.

Praktische Informationen

EINREISE

Oficina de Migraciónes (☎074-20-6838; www.migraciones.gob.pe; La Plata 30;

⌚8.30–12.30 & 14 & 16 Uhr) Nicht weit vom Paseo de Las Museos; hilft bei Visa-Problemen.

GELD

In der *cuadra* 6 der Balta gibt's mehrere Banken. Nahe der Busbahnhöfe befinden sich einige Geldautomaten im Supermercado Metro, gegenüber vom Busbahnhof Emtrafesa. Geldwechsler vor den Banken tauschen schnell zu guten Kursen.

Banco Continental (Balta 643) Bank mit Geldautomaten.

BCP (Balta 630) Hat einen rund um die Uhr zugänglichen Geldautomaten, der Visa und MasterCard akzeptiert.

Interbank (Ecke Colón & Aguirre)

MEDIZINISCHE VERSORGUNG

Clínica del Pacífico (☎074-22-8585; www.clinicadelpacifico.com.pe; Ortiz 420) Diese Klinik ist die beste Wahl in der Stadt.

NOTFALL

Policía de Turismo (☎074-23-8658; Saenz Peña 830; ⌚ 24 St.) Hier kann man Probleme melden.

POST

Serpost (Aguirre 140; ⌚Mo–Fr 9–19 Uhr, Sa bis 13 Uhr) Westlich der Plaza Aguirre.

TOURISTENINFORMATION

iPerú (Edificio Municipal, Ecke San José & Balta; ⌚Mo–Sa 9–18, So bis 13 Uhr) Die beste Touristeninformation der Stadt. Weitere Büros sind am Flughafen und im Museo de Tumbas Reales in Lambayeque. Wenn das Büro geschlossen ist, kann man sich auch an die Reisebüros wenden.

Dircetur (☎074-23-8112; Sáenz Peña 838; ⌚Mo–Fr 7.30–13 & 14–16.30 Uhr) bietet Infos über die Region.

ℹ An- & Weiterreise

BUS

Cruz del Sur, Móvil Tours, Línea, Ittsa and Oltursa haben meistens die bequemsten Busse und einen eigenen Busbahnhof.

Daneben gibt's noch ein paar große gemeinsame Busbahnhöfe, von denen die Busse verschiedener Gesellschaften starten. Beim Terminal **Terrapuerto Plaza Norte** (Av Leguia) am nördlichen Stadtrand sind ein paar große Gesellschaften und eine ganze Reihe kleinerer Gesellschaften vertreten, die alle nach Cajamarca, Tumbes, Chachapoyas, Tarapoto, Yurimaguas und Jaén fahren. Der **Terminal Terrestre Chiclayo Ormeño** (☎074-23-4206; Haya de la Torre 242) ist näher am Stadtzentrum. Von hier fahren zahlreiche kleine Busgesellschaften vor allem nach Lima.

Civa (☎01-418-1111; www.civa.com.pe; Bolognesi 714) Der günstigste bequeme Bus nach Lima startet um 19 Uhr. Die Busse, die um 19.20 und 19.40 Uhr abfahren, sind teurer. Die Busse nach Jaén fahren um 9, 21 und 23 Uhr, nach Tarapoto um 17 und 17.45 Uhr sowie nach Chachapoyas um 18 und 20.30 Uhr. Der Bus, der um 16.30 nach Guayaquil braust, ist sehr komfortabel und angenehm. Alle Busse starten am Terrapuerto Plaza Norte.

Cruz del Sur (☎080-11-1111; www.cruzdelsur.com.pe; Bolognesi 888) fährt von 8 bis 20 Uhr viermal nach Lima.

Emtrafesa (☎074-22-5538; www.emtrafesa.com; Balta 110) Die Nachtbusse fahren nach Tumbes und Jaén (jeweils um 23 Uhr). Andere Busse verkehren regelmäßig nach Trujillo und Pacasmayo.

Ittsa (☎074-23-3612; www.ittsabus.com; Grau 497) Ein *bus-cama* (Schlafbus) fährt um 19, 19.30 und 20 Uhr nach Lima.

Línea (☎074-23-2951; Bolognesi 638) fährt mit einem bequemen Bus um 19.30 Uhr nach Lima. Weitere Busse fahren alle paar Stunden nach Piura sowie nach Cajamarca und Jaén.

Móvil Tours (☎01-716-8000; www.moviltours.com.pe; Bolognesi 199) Drei gute Busse fahren um 18.20, 18.30 und 19 Uhr nach Lima. Nach Tarapoto starten die Busse um 17 und 18.30 Uhr. Der Bus nach Cajamarca fährt um 22.30 Uhr, der nach Jaen um 23 Uhr und der nach Chachapoyas um 21 Uhr.

Oltursa (☎01-716-5000; www.oltursa.pe; Vicente de la Vega 101) Von 18.30 bis 21 Uhr fährt fünfmal ein *bus-cama* nach Lima, um 23.45 Uhr jeweils ein Bus nach Máncora und Tumbes. Die Tickets gibt's am Busbahnhof oder im **Verkaufsbüro** in der Innenstadt (Ecke Balta & Izaga).

Tepsa (☎074-23-6981; www.tepsa.com.pe; Bolognesi 504) In dem Verkaufsbüro in der Innenstadt sind die Tickets für den *bus-cama* nach Lima erhältlich. Abfahrt ist um 18.30, 19.30 und 20.30 Uhr, wobei die beiden letzten Busse die bequemsten sind. Die Busse fahren am Terrapuerto Plaza Norte am nördlichen Stadtrand ab.

Transportes Chiclayo (☎074-22-3632; www.transporteschiclayo.com; Ortiz 10) fährt von 4.30 bis 20.30 Uhr alle halbe Stunde nach Piura sowie um 9.30 und 10 Uhr nach Máncora und Tumbes. Nach Cajamarca startet ein Bus um 23 Uhr, nach Tarapoto um 17.30 Uhr.

Turismo Dias (☎074-23-3538; www.turdias.com; Cuglievan 190) Die preiswerte Busgesellschaft fährt um 18 Uhr nach Lima und um 6.45, 17 und 22.45 Uhr nach Cajamarca, wobei der letzte Bus am bequemsten ist.

Fernbusse ab Chiclayo

ZIEL	PREIS (S)	FAHRZEIT (STD.)
Cajamarca	25–50	6
Chachapoyas	30–75	10
Chimbote	20–25	6

ZIEL	PREIS (S)	FAHRZEIT (STD.)
Guayaquil (Ecuador)	90–110	15
Jaén	20–40	6
Lima	50–130	12–14
Máncora	30–90	7
Pacasmayo	11	2
Piura	16–67	3
Tarapoto	50–110	14
Trujillo	20–45	3–4
Tumbes	30–90	9
Yurimaguas	70	20

Regionalbusse ab Chiclayo

ZIEL	PREIS (S)	DAUER
Batán Grande	5	45 Min.
Chongoyape	5	1½ Std.
Ferreñafe	2,50	30 Min.
Lambayeque	2,50	15 Min.
Monsefú	2	15 Min.
Pimentel	2	30 Min.
Sipán	3,50	15 Min.
Túcume	2,50	1 Std.

FLUGZEUG

Der Flughafen (CIX) ist 1,5 km östlich der Stadt. Die Taxifahrt dorthin kostet 6 S. **LATAM** (☎074-27-4875; www.latam.com; Izaga 770) bietet täglich fünf Verbindungen zwischen Lima und Chiclayo. **LC Peru** (☎074-27-1478; www.lcperu.pe; Tacna 578; ⌚Mo–Fr 9–19, Sa bis 13 Uhr) hat weniger Flüge, ist aber oft preiswerter.

Rund um Chiclayo

Die Landschaft rund um Chiclayo ist voller archäologischer Stätten, die jedoch zumeist nicht vollständig ausgegraben sind. So sind viele Ruinenstätte lange nicht so beeindruckend wie andere im Norden, doch in den Gräbern wurden wunderbare Schätze gefunden, die in tollen Museen ausgestellt sind.

Das geschäftige Chiclayo ist sicherlich die beste Ausgangsbasis für die Erkundung der Region, doch die drei ruhigen Strandorte Puerto Etén, Santa Rosa und Pimentel sind auch nur eine kurze Autofahrt entfernt.

Sipán

Die Geschichte der Entdeckung von **Sipán** ist fast so faszinierend wie die eindrucksvolle Sammlung von Artefakten, die in den Gräbern gefunden wurden, und liest sich wie das Drehbuch eines *Indiana-Jones*-Films: Ihre Zutaten sind vergrabene Schätze, *huaqueros*, Polizei, Archäologen und mindestens ein Mord. Entdeckt wurde die Moche-Stätte (Huaca Rajada; ☎978-977-622; museohrsipan@gmail.com; Eintritt 8 S; ⌚9–17 Uhr) rund 30 km südwestlich von Chiclayo durch Grabräuber aus dem nahegelegenen gleichnamigen Dorf.

Als der örtliche Archäologe Dr. Walter Alva Anfang 1987 bemerkte, dass der Schwarzmarkt mit zahlreichen verdächtigen Objekten überschwemmt wurde, war er sich sicher: In der Umgebung von Chiclayo hatte man eine unglaubliche Grabstätte geplündert. Vorsichtiges Nachfragen führte ihn zu den Gräbern von Sipán. Für ein ungeübtes Auge sehen sie aus wie Erdhügel, aber im Jahr 300 waren diese riesige Pyramidenstümpfe aus Millionen von Lehmziegeln.

Mindestens ein großes Grab war bereits beraubt worden, doch schnelle Schutzmaßnahmen durch Archäologen und die Polizei verhinderten weitere Diebstähle. Zum Glück konnten noch mehrere andere Gräber freigelegt werden, die noch nicht von Räubern entdeckt worden waren. Dazu gehört ein außergewöhnliches Moche-Königsgrab, das als das des Fürsten von Sipán bekannt wurde. In den frühen angespannten Tagen des Kampfes um die Stätte erschoss die Polizei einen *huaquero*. Sipáns Bewohner waren unglücklich, da sie nun den Schatz ihrer Ahnen verloren. Um diesen Konflikt zu lösen, bot man ihnen an, sie als Ausgrabungshelfer, Forscher und Wächter auszubilden, wodurch inzwischen viele einen dauerhaften Broterwerb haben. Die ganze Geschichte mit allen Einzelheiten erzählte Dr. Alva in den *National-Geographic*-Ausgaben von Oktober 1988 und Juni 1990 sowie in der Maiausgabe der *Natural History* von 1994.

Der Fürst von Sipán muss ein wichtiger Führer des Moche-Volks gewesen sein. Darauf weist seine aufwendige Bestattung mit Hunderten Objekten aus Gold, Keramik und Halbedelsteinen und einer Gefolgschaft bestehend aus seiner Frau, zwei Mädchen, einem Jungen, einem Militärchef, einem Fahnenträger, zwei Leibwächtern, zwei Hunden und einem Lama hin. Ebenso beeindruckend war das Grab des *sacerdote* (Priesters) mit beachtlichen Schätzen sowie ein paar Kindern, einem Wächter mit abgeschnittenen Füßen und einem Lama ohne Kopf. Warum diese Körperteile entfernt wurden, ist unbekannt.

ABSTECHER

PUERTO ETÉN, SANTA ROSA & PIMENTEL

Gerade einmal 20 Minuten von Chiclayo entfernt liegen die drei hübschen Strandorte Puerto Etén, Santa Rosa und Pimentel. Vor allem Puerto Etén und Pimentel sind eine gute Alternative zum Aufenthalt im geschäftigen Chiclayo. Die Städte werden im Folgenden von Süden nach Norden beschrieben.

Puerto Etén Neben einer nagelneuen *malecón* (Strandpromenade), einem langen honigfarbenen Strand und leicht trübem Wasser verfügt das kleine Dorf auch über eine Handvoll Meeresfrüchterestaurants am Strand, viel Architektur aus der republikanischen Zeit und ein paar lässige Hotels.

Santa Rosa Mit moderneren Ruinenstätten als die präspanischen der Umgebung ist das raue, schäbige Fischerdorf aufregend, dynamisch und ganz schön bezaubernd. Die im Trockendock liegenden Schiffe ergeben einen tollen Hintergrund für Fotos und es werden hier auch immer noch *caballitos de tortora* (traditionelle Schilfboote der indigenen Bevölkerung) genutzt. In der heimeligen Kirche sollen schon Wunder geschehen sein.

Pimentel Der nobelste der drei Strandorte hat einen langen Pier, eine breite *malecón*, gesäumt von luxuriösen Häusern mit viel Glas, und den mit Abstand schönsten Strand. Die Wellen sind zwar nicht zum Surfen geeignet, dafür aber umso besser zum Baden. Auf der Strandpromenade kann man einen ganzen Nachmittag lang an jahrhundertealten Holzrahmenhäusern entlang spazieren. Einen Häuserblock landeinwärts vom Pier ist das **Hostal Garuda** (☎074-61-9850; Quiñones 109, Pimentel; Zi. inkl. Frühstück 70–100 S; 📶). Das 100 Jahre alte Haus mit der gelben Fassade hat eine ganze Reihe von Zimmern, von denen die im hinteren Teil moderner sind und rund um einen verspielten Garten liegen.

Combis von Chiclayo in die drei Städte kosten zwischen 1,50 und 3 S. Sie fahren von verschiedenen kleinen Busbahnhöfen in der Stadt ab.

Man nimmt an, dass die wichtigen Mitglieder der Oberschicht jene mit in den Tod nahmen, die sie zu Lebzeiten begleitet hatten.

Einige der Gräber wurden mit Nachbildungen restauriert und zeigen, wie die Stätten aussahen, als man sie vor über 1500 Jahren schloss. Gegenüber dem Eingang befindet sich das im Januar 2009 eröffnete **Museo de Sitio Sipán**. Es lohnt einen Besuch, allerdings befinden sich die wichtigsten Artefakte nicht hier, sondern im Museo Tumbas Reales de Sipán (S. 376) in Lambayeque. Spanisch und Englisch sprechende Führer können für 40 S beim Tor engagiert werden. Teile der Anlage sind für Rollstuhlfahrer zugänglich.

Reisebüros in Chiclayo bieten täglich geführte Touren für 40 S (inkl. Transport und Guide) an; normalerweise halten sie auch in Tacumé (S. 377). Wenn man selbstständig nach Sipán fahren will, nimmt man einen der häufig verkehrenden Busse (3 S, 45 Min.) von Chiclayos **Terminal de Microbuses Epsel** (Nicolás de Piérola bei der Oriente).

Lambayeque

☎074 / 47 900 EW.

Die Stadt 11 km nördlich von Chiclayo war einst die wichtigste Stadt der Region, spielt heute aber keine große Rolle mehr. Dabei ist Lambayeque eine hübsche Stadt mit engen Straßen und verfallenen Kolonialgebäuden sowie erstklassigen Museen, die zu den besten in ganz Peru gehören.

Sehenswertes

★ **Museo Tumbas Reales de Sipán** MUSEUM

(☎074-28-3977, 074-28-3978; www.museotumbasreales.com; Vizcardo y Guzman 895; Eintritt 10 S; ⊙Di–So 9–17 Uhr) Das 2002 eröffnete Museum der Königsgräber von Sipán gilt zu Recht als Aushängeschild Nordperus. Seine burgunderrote Pyramidenkonstruktion wurde extra entworfen, um die großartigen Funde aus Sipán (S. 375) zu präsentieren. Entstanden ist eine Einrichtung mit Weltklasse. Fotografieren darf man nicht, und alle Taschen werden kontrolliert.

Besucher leitet man von oben nach unten durch das Museum und zeigt ihnen dabei einige der zahlreichen Grabschätze in derselben Reihenfolge, wie die Archäologen sie fanden – allein dieses kleine, in der Welt der Museen seltene Detail macht den Besuch besonders faszinierend. Im ersten Saal sind Keramikdarstellungen von Göttern, Menschen, Pflanzen, Lamas und anderen Tieren zu sehen.

Im ersten Stock kann man filigrane Gegenstände bewundern, z.B. einen feinen türkis-goldenen Ohrschmuck, der Enten, Wild und den Fürsten von Sipán abbildet. Für die Herstellung solcher Schmuckstücke waren Akribie und fortschrittliche Techniken nötig, weshalb sie zu den schönsten und bedeutendsten Funden aus präkolumbischer Zeit zählen.

Im Erdgeschoss wird dokumentiert, wie die Gräber zur Zeit ihrer Entdeckung aussahen. Unter den zahlreichen imposanten Exponaten sind die Pektoralien aus Gold besonders bemerkenswert. Sie zeigen Meeresbewohner wie Tintenfische und Krabben. Sogar die Sandalen des Fürsten von Sipán waren aus Edelmetall. Er wurde überall hingetragen und musste niemals selbst gehen. Weil Adelige als tierische Halbgötter verehrt wurden, versteckten diese ihre Zähne und ihre Ähnlichkeit mit anderen Menschen hinter der *nariguera* (eine Art Schutzschild für die Nase).

Ebenso interessant wie die Fundstücke ist auch die Ausstellung über die Ausgrabung dieser bemerkenswerten Ruinenstätte.

Die Beleuchtung und Präsentation sind sehr außergewöhnlich (und es dauert auch eine Weile, bis sich die Augen an die dunkle Beleuchtung gewöhnt haben). Die Beschreibungen sind nur in Spanisch, aber es stehen Englisch sprechende Führer für 45 bis 60 S pro Gruppe zur Verfügung.

Brüning Museum MUSEUM
(☎ 074-28-2110; www.museobruning.com; Huamachuco Cuadra 7; Eintritt 8 S; ⏲ Di–So 9–17 Uhr) Das Museum war einst das archäologische Aushängeschild der Region, steht jetzt jedoch im Schatten des Museo Tumbas Reales de Sipán. Dennoch ist die ausgezeichnete Sammlung an Fundstücken der Inka, Chimú, Moche, Lambayeque, Vicus und Chavín, die Hans Heinrich Brüning zusammengetragen hat, immer noch sehr sehenswert. Es bietet vor allem einen guten Überblick über die verschiedenen Kulturen, die diese Region besiedelt haben.

Besonders schön sind die herrlichen Objekte aus Gold, und hautpsächlich für Hobbyarchäologen faszinierend sind die Ausstellungen über die Entwicklung der Keramiken in den verschiedenen Kulturen sowie die Erklärungen zur Herstellung von Keramiken und Metallarbeiten. Das interessante Museumsgebäude ist von LeCorbusier inspiriert. Von vielen archäologischen Stätten der Region sind Modelle zu sehen.

Seit Kurzem beherbergt das Museum auch die spannende Ausstellung über das Grab der Sacredotisa de Chornancap. Das Grab der adeligen Herrscherin der Sicán mit Unmengen von kunstvollen Gold- und Silberartefakten wurde 2011 in Chotuna-Chornancap in der Nähe von San José entdeckt. Das reich verzierte Grab rückte die Gleichberechtigung der Geschlechter bei den Lambeyeque in ein neues Licht.

Englisch sprechende Führer stehen für 30 S zu Verfügung.

An- & Weiterreise

Von den Busbahnhöfen in der Calle San José bei der Plazuela Elias Aguirre in Chiclayo fahren regelmäßig *colectivos* und *combis* nach Lambayeque (2–2,50 S, 20 Min.), wo sie einen Häuserblock vom Brüning Museum entfernt anhalten.

Ferreñafe

Das großartige **Museo Nacional Sicán** (☎ 074-28-6469; Av Batangrande Cuadra 9; Eintritt 8 S; ⏲ Di–So 9–17 Uhr) zeigt Nachbildungen der 12 m tiefen Gräber, die auf der Sicán-Stätte in Batán Grande entdeckt wurden und die zu den größten in Südamerika zählen. Sie enthielten rätselhafte Bestattungen. So lag der Fürst von Sicán mit dem Kopf nach unten in Embryonalstellung, sein Haupt vom Körper getrennt. Neben ihm waren die Körper von zwei Frauen und zwei Jugendlichen positioniert. Ein perfides Sicherheitssystem – roter *sinabrio,* ein Staub, der einen vergiftet, wenn man ihn einatmet – sollte Grabräuber abschrecken.

In einem weiteren bedeutenden Grab saß ein Adeliger im Schneidersitz. Er trug eine Maske und Kopfschmuck aus Gold und Federn. In den umliegenden kleineren Gräbern lagen ein Mann und 22 junge Frauen. Die Reise lohnt sich allein schon wegen des Museums, welches nie überfüllt ist. Geführte Touren von Chiclayo nach Ferreñafe und in das Santuario Histórico Bosque de Pomac kosten um die 40 S pro Person. Ansonsten verkehren regelmäßig Busse vom Terminal de Microbuses Epsel (S. 376) in Chiclayo nach Ferreñafe (1,50 S).

Túcume

Die archäologische Stätte (www.tucume.com; Eintritt einfach/mit Rundweg 8/12 S; ⏲ 8–16.30 Uhr) liegt rund 30 km nördlich von Lambayeque an der Panamericana und ist nicht sehr bekannt, obwohl sie über die eindrucksvollsten Ruinen der Region verfügt. Auf dem riesigen 200 ha großen Gelände befinden sich zahlreiche verfallene Mauern, Plätze und 26 Pyramiden. Túcume war die letzte Hauptstadt der Sicán-Kultur, nachdem ihre alte Hauptstadt in der Nähe von Batán Grande um 1050 n. Chr. vom damaligen El Niño zerstört worden war.

Die Pyramiden wurden jeweils von mehreren Kulturen errichtet. Die unteren Stufen stammen von den Sicán, die beiden folgenden von den Chimú, die auch die einzigartigen Schutzmauern errichteten. Obwohl bis jetzt nur ein sehr kleiner Teil ausgegraben und kein einziges spektakuläres Grab gefunden wurde, ist die Stätte allein durch ihre schiere Größe ein unvergesslicher Anblick.

Im kleinen, aber interessanten **Museum** der Anlage sind einige der schönsten Fundstücke wie kunstvoll verzierte Steine zu sehen. Ein Guide kostet 30 S.

Es gibt mehrere Rundwege durch die Anlage. Der Erste beinhaltet das Museum und die Ruinen des Huaca Las Balsas, der Zweite führt zu einem tollen *mirador* (Aussichtspunkt) auf dem Cerro Purgatorio (Hügel des Fegefeuers). Der Hügel hieß ursprünglich Cerro la Raya (Hügel des Stachelrochen), doch dann versuchten die Spanier die Einheimischen zum Christentum zu bekehren: Sie stiegen als Dämonen verkleidet auf den Hügel und töteten die widerspenstigen Heiden, indem sie sie hinunterwarfen.

Von Chiclayo fährt zwischen 5 und 21 Uhr alle 10 Minuten ein *combi* (2,50 S) nach Túcume. Abfahrt ist an der Ecke Leguia und Belaúnde nördlich des Stadtzentrums. Auch von Lambayeque fahren *combis* hierher (beim Brüning Museum nachfragen!). Eine geführte Tour von Chiclayo kostet rund 40 S pro Person zuzüglich Eintritt.

Reserva Ecológica Chaparrí

Das 34 000 ha große private Naturschutzgebiet liegt 75 km östlich von Chiclayo. Das **Reserva Ecológica Chaparrí Wildlife** (☎978-836-377; www.chaparri.org; Eintritt 10 S, nur nach Voranmeldung, Guide 50 S/Gruppe; ⏰7–17 Uhr) wurde im Jahr 2000 von der Gemeinde Santa Catalina zusammen mit dem berühmten peruanischen Tierfotografen Heinz Plenge eingerichtet. Es verleiht diesem Küstenabschnitt eine einzigartige Bedeutung, denn es ist eines der wenigen Gebiete der Welt, wo der seltene Brillenbär noch in freier Wildbahn lebt. 25 Tiere sind hier nachgewiesen (plus zwei, die sich noch auf der Rettungsstation erholen).

Das Gebiet ist auch ein Paradies für Ornithologen. Mehr als 237 Vogelarten, darunter der seltene Weißschwingenguan, der Andenkondor, Königsgeier und viele Adlerarten, sind hier heimisch. Außerdem leben in dieser Gegend jede Menge bedrohte Tierarten wie der Puma, der Südlicher Tamandua, die Bergkatze und der Fuchs. Fast ein Drittel dieser Tierarten ist sonst nirgendwo zu finden.

Das Naturschutzgebiet ist jedoch von gierigen Landspekulanten bedroht. Ende 2017 wurde einer der Häuptlinge der Gemeinschaft in seinem Haus ermordet, weil er sich für den Naturschutz und den Erhalt des Gebiets eingesetzt hatte. Der Tourismus ist lebensnotwendig, denn er bringt der Gemeinschaft die nötigen Mittel zum Schutz dieses Gebiets.

Die Fahrt ins Naturschutzgebiet ist nur mit einem Geländewagen über eine holprige Schotterpiste von Chongoyape aus möglich. Dabei muss immer ein Guide mitfahren und die Fahrt muss im Voraus angemeldet werden. Die Anmeldung erfolgt beim Führerverband ACOTURCH über die Telefonnummer des Naturschutzgebiets. Wenn das nicht klappt, kann man es bei dem erfahrenen Führer **Juan Carrasco** (☎978-519-857, 074-43-3194; Chongoyape) versuchen.

Wer kein eigenes Fahrzeug hat, kann das Naturschutzgebiet als Tagesausflug mit einem Minibus vom Terminal de Microbuses Epsel (S. 376) in Chiclayo nach Chongoyape (5 S, 1 Std.) und weiter mit dem Wagen von Juan Carrasco (120 S) besuchen.

Wesentlich einfacher, aber nicht so spannend ist es, eine Tour in Chiclayo zu buchen. Moche Tours (S. 369) und Sipán Tours (S. 369) bieten solche Tagesausflüge inklusive Fahrt und Guide für 130 bis 140 S pro Person (bei mindestens vier Teilnehmern) an. Dabei hat man mehr als genug Zeit, das Reservat zu erkunden.

Wer länger in der Gegend bleiben will, kann in der guten rustikalen **Chaparrí Eco-Lodge** (☎074-45-2299; www.chaparrilodge.com; Zi. pro Pers. inkl. 3 Mahlzeiten & 1 Tag mit Guide 392–483 S) übernachten. Oder man lässt sich von Juan Carrasco zu einem der einfachen Campingplätze hoch über Chongoyape bringen.

Santuario Histórico Bosque de Pomac

Rund 22 km nördlich von Ferreñafe zweigt eine winzige Straße zu den Sicán-Ruinen von Batán Grande ab. Die bedeutende archäologische Stätte besteht aus gut 50 Pyramiden und zahlreichen Gräbern. Die Stätte liegt mitten im **Santuario Histórico Bosque de Pomac** (Ruinas de Batán Grande; ☎074-20-6466; Eintritt Peruaner/Ausländer 11/30 S; ⌚8.30–17.30 Uhr), das sowohl archäologische Stätte als auch Naturschutzgebiet ist. Ein Rundgang durch das riesige Gelände dauert durchschnittlich fünf Stunden, doch es stehen auch Fahrräder und *mototaxis* zur Verfügung.

Zu dem Naturschutzgebiet gehört auch einer der größten trockenen Tropenwälder Amerikas, in dem mehr als 50 Vogelarten leben. Schattige Wege unter riesigen Beständen an *algarrobo* (Johannisbrotbaum) führen durch die Wälder. Bei iPerú (S. 374) in Chiclayo sind nützliche Karten erhältlich. Ein Guide kostet 30 S pro Gruppe. Im Besucherzentrum werden Fahrräder für 20 S verliehen.

Combis nach Batán Grande fahren in Chiclayo am Terminal de Microbuses Epsel (5 S, 45 Min.; S. 376) ab. Man muss den Fahrer aber bitten, einen am „Entrada de Bosque de Pomac" aussteigen zu lassen. Dieser ist in einer Kurve der Schnellstraße kurz vor der Stadt Batán Grande. Es ist auch möglich, mit einem Pferd der **Rancho Santana** (☎979-712-145; www.cabalgatasperu.com; Pacora; geführter Ausritt ab 75 S) in Pacora, etwa 45 km nordöstlich von Chiclayo, von Westen in das Naturschutzgebiet zu reiten.

Bei den Touren ab Chiclayo werden das Naturschutzgebiet und das Museo Nacional Sicán (S. 377) besucht. Das kostet 40 S, inklusive Guide und Fahrt.

Piura

☎073 / 755 500 EW.

Nach mehreren Stunden Fahrt durch die leere Weite der Sechura-Wüste erscheint Piura wie eine Schimäre am Horizont, verschleiert von flimmernder Hitze. Man kann das Gefühl physischer Isolation nicht leugnen, das die unbarmherzige Umgebung einem hier auferlegt. Die zwangsläufige Selbstgenügsamkeit früher Siedler erklärt, warum sie sich als Piuraner und nicht als Peruaner bezeichneten.

Wer soweit ins Landesinnere reist, muss sich in den Sommermonaten vor der sengenden Hitze in Acht nehmen. Piura ist nicht gerade eine schöne Stadt, die zudem 2017 durch das schlimme Hochwasser teilweise zerstört wurde. Doch die engen kopfsteingepflasterten Straßen und die zauberhaften Kolonialgebäude sind durchaus sehenswert.

Da sie ein wichtiger Verkehrsknotenpunkt für die Städte im Norden ist, müssen hier aber viele Traveller einen Zwischenstopp einlegen.

Sehenswertes

Am besten bewahrt blieb der koloniale Charakter in der Jirón Lima, die einen Block östlich der Plaza de Armas liegt.

In der Stadt

Kathedrale KATHEDRALE

(Plaza de Armas) Nachdem Piura endgültig hierher verlegt worden war, erbaute man 1588 die Kathedrale. Der beeindruckende goldbedeckte Seitenaltar der Jungfrau von Fatima stammt aus dem 17. Jh. und war früher der Hauptaltar. Ignacio Merino, ein berühmter hiesiger Künstler, malte Mitte des 19. Jhs. das Ölbild des San Martín de Porres.

Museo Municipal Vicus MUSEUM

(http://mvicus.blogspot.com; Huánuco 893; ⌚Di–Sa 9–17, So bis 13 Uhr) GRATIS Der vierstöckige Klotz präsentiert einen kleinen, aber ordentlichen Einblick in die Vicús-Kultur. Highlight ist die unterirdische **Sala de Oro** (Eintritt 4 S; ⌚Di–Sa 9–16 Uhr) mit einigen großartigen Exponaten, darunter ein goldener Gürtel, der mit einem lebensgroßen goldenen Katzenkopf als Schnalle verziert ist.

Außerhalb der Stadt

Narihualá ARCHÄOLOGISCHE STÄTTE

(☎073-32-2307; Calle Olmos s/n; Eintritt 2 S; ⌚Di–So 8.30–16.30 Uhr) Narihualá war die Hauptstadt der Prä-Inka-Kultur der Tallán und ist eine der bedeutendsten archäologischen Stätten in der Umgebung von Piura. Inmitten der 6 ha großen Anlage südlich von Catacaos (S. 381) steht eine recht gut erhaltene Adobe-Festung. Im Museum sind die hier ausgegrabenen Artefakte zu sehen.

Die Fahrt mit dem *mototaxi* ab Catacaos kostet rund 15 S inklusive Wartezeit und Rückfahrt.

Chulucanas DORF

Das Dorf liegt 55 km östlich von Piura am Rand der Sechura-Wüste, die hier in die Ausläufer der Anden übergeht. Chulucanas ist in ganz Peru für seine einzigartigen Keramiken bekannt. Die runden glasierten Krüge in Erdfarben sind mit Darstellungen von Menschen verziert. Die Keramiken von Chulucanas wurden offiziell zum Kulturerbe

Piura

Piura

Sehenswertes
1 Kathedrale ... C3
2 Museo Municipal Vicus ... B1

Schlafen
3 Hotel Las Arenas ... B3
4 Intiotel ... C2
5 Los Portales ... C3

Essen
6 Carburmer ... C4
7 Don Parce ... C3
8 D'Pauli ... D2
9 Ganimedes ... C3
10 La Tomasita ... C4
11 Matheo's ... D2
12 Snack Bar Romano ... C3

Shoppen
13 Centro Artesanal Norte ... D2

Praktisches
14 BCP ... C3
15 Clínica San Miguel ... A2
16 iPerú ... C3
17 Oficina de Migraciónes ... A4

Transport
18 Civa ... B4
19 Cooperativa de Transporte Loja ... B4
20 Cruz del Sur ... C4
21 El Dorado ... B1
22 Ittsa ... A1
23 Linea ... A1
24 Oltursa ... A4
25 Peruvian Airlines ... C3
26 Tepsa ... B4
27 Transportes Chiclayo ... B1

Perus erklärt und sind auch weit über das Land hinaus berühmt.

Solche Keramiken werden auch verkauft, vor allem in La Encantada, einem ruhigen Dorf außerhalb von Chulucanas, dessen Einwohner fast nur dieses *artesanía* (Kunsthandwerk) ausüben. La Encantada war die Heimat des legendären Max Inga, der die uralten Keramiken der Tallan und Vicus untersuchte und die Wiederbelebung dieser Kunst begründete. Die freundlichen Handwerker zeigen den Besuchern gern den gesamten Produktionsprozess, von der Gewinnung des Tons bis zum Räuchern mit Mangoblättern, um die einzigartigen Schwarz-Weiß-Muster zu erstellen. Von Chulucanas fährt man 30 Minuten lang mit dem *mototaxi* (10 S) auf der 7 km langen Schotterpiste.

Vor dem Kauf dieser durchaus interessanten Keramiken sollte man sich jedoch Gedanken über den weiteren Transport der zerbrechlichen Güter machen.

Vom Terminal Terrestre Castilla in Piura fahren regelmäßig Civa-Busse nach Chulucanas (6 S, 1 Std.).

Catacaos DORF

Das geschäftige Dorf 12 km südwestlich von Piura ist die selbst ernannte Hauptstadt des *artesanía* in der Region. Und das zu Recht, denn der hiesige Kunsthandwerkermarkt ist der beste im Norden Perus. Der Markt erstreckt sich über mehrere Häuserblocks in der Nähe der Plaza de Armas und bietet traditionelle Sombreros, ausgezeichnete Webarbeiten, filigranen Gold- und Silberschmuck, Holzschnitzereien, Keramiken (darunter auch viele Stücke aus Chulucanas), Lederwaren und vieles mehr. Am Wochenende ist am meisten los.

Schlafen

Mango Verde B&B $$

(☎073-32-1768; www.mangoverde.com.pe; Country 248; EZ/DZ/2BZ/3BZ inkl. Frühstück 140/160/180/230 S; ❄📶) Die hübsche Pension ist 2 km nördlich der Plaza de Armas in einer lebhaften Straße voller Bars und Restaurants. Sie hat wesentlich mehr Charme als der Preis vermuten lässt. Trotz industriellem Design ist sie sehr gemütlich. Auf den schönen Gemeinschaftsterrassen stehen noble Gartenmöbel neben und unter Stahltreppen und auf nacktem Beton.

Töpferwaren von örtlichen Kunsthandwerkern und ausgesuchte Kunstwerke bringen Farbe ins Spiel. Die Zimmer sind einfach, haben aber alle modernen Annehmlichkeiten.

Hotel Las Arenas HOTEL $$

(☎073-30-7583; hotellasarenaspiura@hotmail.com; Loreto 945; EZ/DZ inkl. Frühstück 90/110 S, mit Klimaanlage 110/130 S; ❄@📶🏊) Die Latte lag nicht hoch, doch das umgebaute *casona* (Herrenhaus) hat jetzt doch etwas mehr Persönlichkeit als die anderen Unterkünfte der Stadt. Für Piura etwas ganz besonderes ist der kleine bezaubernde Swimmingpool mit gemütlichen Rattan-Zweisitzern und üppigen Topfpflanzen. Die Fußböden stammen zwar aus unterschiedlichen Zeiten, sind aber sehr schön. Ebenso sind die Zimmer etwas altmodisch, aber sehr gepflegt.

Los Portales HISTORISCHES HOTEL $$$

(☎073-32-8887; www.losportaleshoteles.com.pe/hotel-piura; Libertad 875; Zi. inkl. Frühstück 440–660 S; ❄@📶🏊) Das schöne und umfassend renovierte Kolonialgebäude an der Plaza de Armas punktet mit erlesenen Details. Durch den hübschen Gemeinschaftsbereich mit schmiedeeisernem Gitterwerk und Fußböden in schwarz-weißem Schachbrettmuster gelangt man zum Restaurant am Swimmingpool und zu den Zimmern mit großem Kabelfernseher, Minibar und tollen Betten.

Die neuen Zimmer im hinteren Teil sind ruhiger, lassen aber die Handwerkskunst der historischen Zimmer vermissen. Bei einer Online-Buchung gibt's Ermäßigung.

Intiotel BUSINESSHOTEL $$$

(☎073-28-7600; www.intiotel.com; Arequipa 691; EZ/DZ/Suite inkl. Frühstück 210/275/400 S; ❄@📶) Dieses moderne Hotel ist die trendigste Option vor Ort. Sterile Flure im Industriestil führen zu makellosen, aber dunklen Zimmern, die mit geschmackvollen Kunstwerken, silbernen Minibars im Retrodesign, Flachbildfernsehern und schönen Bädern ausgestattet sind. Zudem gibt's ein Businesscenter und Zimmerservice rund um die Uhr.

Essen

Wegen der lokalen Delikatessen ist ein Mittagsausflug in die Nachbarstadt Catacaos ein Muss. Vegetarier finden in Piura viele Restaurants mit fleischlosem Essen.

Snack Bar Romano PERUANISCH $

(Ayacucho 580; Hauptgerichte 7,50–29,50 S, Menü 14 S; ⏰Mo–Sa 7–23 Uhr) Das Lieblingslokal der Einheimischen scheint es schon so lange zu geben, wie seine Kellner alt sind. Jeden Tag stehen mehrere ausgezeichnete Menüs zur Auswahl. Besonders gut sind die Ceviches, *sudados* (traditionell langsam gegartes

VON DER PROSA PIURAS INSPIRIERT

Literaturkenner werden von einem Spaziergang durch die Straßen von Piura begeistert sein. In der Wüstenoase verbrachte der berühmte peruanische Schriftsteller Mario Vargas Llosa seine prägenden Jahre. So finden sich im gesamten Werk des Nobelpreisträgers immer wieder Hinweise auf das Leben in Piura. Dies gilt insbesondere für seinen bedeutenden zweiten Roman *La casa verde* (Das grüne Haus von 1966) sowie für eines seiner neueren Werke, *El héroe discreto* (Ein diskreter Held, 2013), die beide zum Teil in Piura spielen.

Fleisch in Soße) und anderen Spezialitäten der Region. Tolle Stimmung, super Preise.

Ganimedes VEGETARISCH $
(☎912-555-757; Apurimac 486; Menü 9 S, Hauptgerichte 15–35 S; ⏲Mo–Sa 7–22, So 11–21 Uhr; 🖉) Hier gibt's keine Kräutersuppen, sondern frische Fruchtsäfte, leckere Joghurts, Vollkornkekse und unendlich viele Salate neben herzhaften Gerichten ohne Fleisch. Das Restaurant ist auch eine Vollkornbäckerei, in der man sich mit Allerlei für ein leckeres Picknick eindecken kann.

D'Pauli DESSERTS $
(Jirón Lima 541; Kuchen & Gebäck ab 3 S; ⏲Mo–Sa 9–21, So 9–16 Uhr) Eindeutig der beste Ort im Stadtzentrum für Kaffee und Desserts. Das fantastische Café bietet erstklassige Torten und Kuchen, echten Espresso und gute Säfte. Es gibt auch kleine Gerichte, warme und kalte Sandwiches sowie Crêpes.

Matheo's VEGETARISCH $
(☎948-659-518; Libertad 487; Hauptgerichte 14–18 S; ⏲7–23 Uhr; 🖉) Mit zwei Restaurants im Zentrum und einem im Norden der Stadt ist es eine gute Alternative zu den Bergen von *parrillada* (gegrilltem Fleisch), die in Peru allgegenwärtig sind. Auf der rein vegetarischen Speisekarte stehen jede Menge unglaublicher Variationen regionaler Gerichte ohne Fleisch und Sattmacher zum Frühstück. Die zweite Filiale im Zentrum ist in der Tacna 532.

★ **Bottega Capuccino** CAFÉ $$
(Santa Maria 287, Santa Isabel; Frühstück 11–21 S, Hauptgerichte 18–40 S; ⏲Mo–Sa 9–23, So 17–22 Uhr; 📶) Das einzig Wahre. Das helle moderne Café im geschäftigen Santa Isabel ist 10 Minuten mit dem Taxi vom Zentrum entfernt. Es gibt üppiges Frühstück und zum Mittagessen Feinschmecker-Sandwiches und Salate. Abends wird es zum noblen Restaurant mit guter Weinkarte. Außerdem gibt's hier den vielleicht besten Espresso (6,50 S) in ganz Piura.

Ebenfalls hervorragend sind lang vermisste Desserts wie Käsekuchen mit Toblerone oder Pekannuss-Pie. Für sie allein lohnt sich die Taxifahrt hierher.

La Tomasita PERUANISCH $$
(☎073-32-1957; Tacna 853; Hauptgerichte 19–58 S; ⏲11–23 Uhr) Das ausgezeichnete Restaurant sieht von außen ganz unscheinbar aus, ist aber im Stil eines traditionellen Landhauses mit Adobe-Wänden, Palmdächern und allerlei Schnickschnack an den Wänden ausgestattet, was zusammen mit der Musik für eine wunderbare Atmosphäre sorgt. Auch die traditionellen Gerichte aus der gesamten Region sind wunderbar. Vor allem die Piura-Küche ist einen Versuch wert.

Carburmer ITALIENISCH $$
(Los Santitos; ☎073-30-9475; Libertad 1001; Hauptgerichte 15–35 S; ⏲Mo–Sa 11–23, So 11–17 Uhr) Das gemütliche, romantische Restaurant bringt mittags hochwertige traditionelle Gerichte auf den Tisch. Abends wird es zum besten italienischen Restaurant der Stadt, bietet aber auch peruanisches Essen an. Mit der spärlichen Beleuchtung ist es genau das Richtige für ein romantisches Abendessen zu zweit. (Bemerkenswert ist auch der komische Flaschenzug, mit dem die Tür geöffnet wird.)

Don Parce PERUANISCH $$
(☎969-092-812; Tacna 642; Hauptgerichte 18–40 S; ⏲7–24 Uhr; 📶) In einem wunderschönen Kolonialgebäude unweit der Plaza de Armas werden unzählige peruanische Klassiker und für den Norden typisches Essen sowie gute kleine Gerichte serviert. Die tiefgekühlten Fruchtsäfte sind die ideale Erfrischung in der Hitze von Piura. Das Tagesmenü am Mittag ist sehr gut und preiswert.

Ausgehen & Nachtleben

Clandestino BAR
(Caceres 230; ⏲11–17 & 19–2 Uhr) Die einfache entspannte Bar bei der Universität ist vor allem bei Studenten beliebt und deshalb ideal, um mit jungen Leuten ins Gespräch zu kommen und ein bisschen Spanisch zu üben.

Shoppen

Centro Artesanal Norte KUNSTHANDWERK
(Ecke Huánuco & Libertad; ⊙Mo–Sa 9–19 Uhr) Das Kunsthandwerkerzentrum ist eigentlich ein winziges Einkaufszentrum voller kleiner Kunsthandwerksläden, die Körbe, Webarbeiten, Keramiken im Stil der Chulucanas und vieles mehr anbieten. Auf den ersten Blick erscheint es etwas verlassen, denn der Geschäftsführer muss die einzelnen Stände erst aufschließen. Doch es ist eine gute Alternative für alle, die keine Zeit oder Möglichkeit haben, in die Kunsthandwerkerdörfer der Gegend zu fahren.

Praktische Informationen

EINREISE

Oficina de Migraciónes (☎073-33-5536; www.migraciones.gob.pe; Ecke Sullana & Circunvalación) Für Visa-Angelegenheiten.

GELD

Casas de cambio (Wechselstuben) befinden sich an der Kreuzung der Ica und Arequipa.

BCP (Grau 133) Bank mit Geldautomaten.

MEDIZINISCHE VERSORGUNG

Clínica San Miguel (www.clinicasanmiguelpiura.com; Los Cocos 111-153; ⊙24 Std.) Die Notaufnahme der etablierten Privatklinik ist rund um die Uhr geöffnet.

Sanna Clínica Belén (☎073-62-6100; www.sanna.pe; San Cristobal 267) Die Privatklinik hat einen sehr guten Ruf bei ambulanten Behandlungen.

POST

Serpost (Apurimac 657; ⊙Mo–Fr 9–19, Sa 9–13 Uhr) Dies ist die Hauptpost.

TOURISTENINFORMATION

iPerú (☎073-32-0249; Ayacucho 459, oficina 102; ⊙Mo–Sa 9–18, So bis 13 Uhr) ist die Touristeninformation der Stadt. Am Flughafen gibt's auch einen Schalter von iPerú.

An- & Weiterreise

BUS

International

Die Standardroute nach Ecuador führt auf der Panamericana über Tumbes nach Machala. **Civa** (☎073-33-1944; www.civa.com.pe; Loreto 1400) hat die bequemsten Busse. Abfahrt ist täglich um 19.45 Uhr. Die **Cooperativa de Transporte Loja** (☎073-33-3260; Loreto 1241, Adentro Terminal Ronco) fährt über La Tina nach Macará (24 S, 4 Std.) und Loja (48 S, 8 Std.). Abfahrt ist um 13 und 21 Uhr. An der Grenze halten die Busse an, um Formalitäten zu erledigen, und fahren dann weiter.

Inland

Die Büros der meisten Busgesellschaften sind im *cuadra* 1100 der Sánchez Cerro. Nach Cajamarca und über die nördlichen Anden fährt man jedoch besser ab Chiclayo.

Busse und *combis* nach Catacaos (1,50–2 S, 15 Min.) fahren östlich der Fußgängerbrücke von San Miguel ab. Die Busse nach Sullana, Paita und Tarapoto starten vom **Terminal Interprovincial de Gechisa** (Prolongación Sánchez Cerro) westlich der Stadt. Die Taxifahrt dorthin kostet 5 S. Die Busse nach Chulucanas und Huanca-

ABSEITS DER ÜBLICHEN PFADE

COLÁN

Wer ein paar Tage in einem echten peruanischen Strandort verbringen will, der von Ausländern bis jetzt noch nicht entdeckt wurde, muss in den Haupthafen von Piura, nach Colán, fahren, 15 km nördlich von Paita.

Paita selbst ist eine staubige, schäbige und hässliche Hafenstadt, die wie ein deplaziertes Stück Wüste aussieht und die die Atmosphäre einer derben Stadt des Wilden Westens hat. Doch sobald man von der Schnellstraße abgebogen ist und Colán in Sicht kommt, wird der lang verschollene Forschergeist geweckt.

Hier steht die älteste Kolonialkirche Perus (die aussieht wie aus einem Roman von Cormac McCarthy), und am langen Strand tummelt sich im Sommer der peruanische Jetset. Im übrigen Jahr ist er einsam und verlassen. Dabei ist das seichte Wasser in der geschwungenen Bucht ideal zum Baden.

Die **Playa Colán Lodge** (☎073-32-6778; www.playacolanlodge.com.pe; Bungalow für 2/4/5 Pers. 280/346/445 S; P 📶 🏊) ist das beste Hotel in Colán. Es wurde aus verschiedenen natürlichen Materialien im edlen Robinson-Crusoe-Stil errichtet. Die hübschen Bungalows in Pastellfarben stehen direkt am Strand. Es gibt jede Menge Hängematten, schattige Palmen, ein Volleyballfeld, einen schönen geschwungenen Swimmingpool und ein ausgezeichnetes Restaurant. Die Lodge befindet sich am Strand 1,5 km südlich der Stadt.

ABSTECHER

HUANCABAMBA

Für Abenteuerlustige lohnt sich die siebenstündige Fahrt nach Huancabamba in den östlichen Bergen auf jeden Fall. Die Region ist in ganz Peru bekannt für ihre mächtigen *brujos* (Medizinmänner) und *curanderos* (Schamanen), die an den Seen von Huaringas leben und arbeiten. Aus dem ganzen Land strömen die Peruaner hierher, um sich mit ihren uralten Techniken heilen zu lassen.

Für die Menschen der westlichen Welt mögen Zauberei, Hexenhüte, Besen und Zaubertränke weit jenseits ihrer Vorstellung liegen, doch in Peru ist es durchaus üblich, *brujos* und *curanderos* aufzusuchen.

Das geht quer durch alle Schichten der peruanischen Gesellschaft, und die *brujos* und *curanderos* lassen sich zumeist sehr gut für ihre Dienste bezahlen. Dafür sollen sie unendlich viele Krankheiten, von Kopfschmerzen über Krebs bis zu chronischem Unglück, heilen können und auch bei anderen Problemen, insbesondere im Zusammenhang mit der Liebe, helfen – sei es eine verlorene Liebe, eine neue Liebe, eine erhoffte oder verschmähte Liebe.

Die Seen von **Huaringas** liegen in der Nähe von Huancabamba in knapp 4000 m Höhe. Sie sollen heilende Kräfte haben und locken damit einen ständigen Strom von Besuchern aus ganz Amerika an. Der berühmteste See ist der **Laguna El Shimbe**, doch der benachbarte **Laguna Negra** ist wesentlich bedeutender für die *curanderos*.

Bei den Zeremonien, die eine ganze Nacht lang dauern können, werden halluzinogene Pflanzen (wie der San Pedro Kaktus) eingesetzt, es wird gesungen, getanzt und kurz ins eiskalte Wasser des Sees eingetaucht. Außerdem nutzen die *curanderos* auch *ícaros*, mystische Gesänge und Sprechchöre. Seriöse *curanderos* studieren viele Jahre lang diese Kunst und arbeiten sehr hart, um den Titel eines *maestro curandero* zu erlangen. Manchmal werden auch stärkere Substanzen eingesetzt z. B. *ayahuasca* (in der Quechua-Sprache „Wein der Seele", eine hoch wirksame, eklige Mischung von Dschungelpflanzen, die zu starken Halluzinationen führt). Eine häufige Nebenwirkung ist Erbrechen. Es gibt immer wieder Berichte über höchst gefährliche *ayahuasca*-Praktiken (vor allem rund um Iquitos im Amazonas), deshalb sollte man es sich sehr gut überlegen, ob man die Substanz wirklich schlucken will. Es empfiehlt sich auch, einen guten Freund mitzubringen, vor allem für alleinreisende Frauen. Die Autoren raten dringend von der Einnahme von *ayahuasca* ab und übernehmen keine Verantwortung für diejenigen, die es dennoch tun.

Wer in Huancabamba einen *curandero* aufsuchen will, muss wissen, dass diese Tradition hier sehr hoch gehalten wird. Gaffer und Skeptiker sind nicht gern gesehen. Bei der kleinen **Touristeninformation** (Prolongación Calle Centenario 300, Huancabamba; ⌚8–17 Uhr) am Busbahnhof gibt's eine rudimentäre Karte der Gegend und eine Liste der zugelassenen *brujos* und *curanderos*. In Salala, das näher an den Seen liegt, werden Reisende sogar von *curanderos* oder ihren „Agenten" angesprochen, doch viele sind Betrüger. Aus diesem Grund sollte man sich möglichst schon vor der Anreise entsprechende Referenzen besorgen. Einige *brujos* sollen auch *en el lado oscuro* (auf die dunkle Seite) gewechselt sein. Ein einfacher Besuch kostet rund 300 S, der bei einem *master curandero* bis zu 1500 S.

Hotels in Huancabamba sind spartanisch und haben zumeist nur Gemeinschaftsbäder mit kaltem Wasser.

Von Piura fahren Transportes San Pedro y San Pablo (S. 385) und Civa (S. 385) jeden Morgen und jeden Abend nach Huancabamba (20–25 S, 7 Std.). Die Bergstraße ist in schlechtem Zustand und bei starkem Regen oft durch Erdrutsche blockiert.

Um zu den Seen zu gelangen, nimmt man am Busbahnhof von Huancabamba ein frühes *colectivo* nach Salala (10 S, 1½ Std.). Von dort werden Trekkings zu Fuß oder mit Pferden zum Laguna El Shimbe organisiert (30 S, 2½ Std.). Zum Laguna Negra fährt man mit einem *colectivo* bis nach El Porvenir (15 S, 3 Std.). Von dort ist es noch eine Stunde zu Fuß oder mit dem Pferd.

Heutzutage können vielbeschäftigte berufstätige Peruaner clevere und geschäftstüchtige Schamanen schon online und per Whatsapp konsultieren. Aber das ist natürlich nicht zu vergleichen mit mitternächtlichen Gesängen und eisigen Bädern in abgelegenen Andenseen.

bamba fahren am **Terminal Terrestre Castilla** (Terminal El Bosque; Av Guardia Civil), dem „El Bosque“, östlich der Stadt ab. Für die Fahrt mit dem *mototaxi* dorthin bezahlt man 3,50 S.

Civa (S. 385) fährt um 16.15, 17 und 17.30 Uhr nach Lima, regelmäßig nach Chulucanas und um 10 und 18 Uhr nach Huancabamba. Die letzten beiden Busse fahren am Terminal Terrestre Castilla ab.

Cruz del Sur (☎ 073-33-7094; www.cruzdelsur.com.pe; Ecke Bolognesi & Lima) Die bequemen Busse starten um 15, 17.30, 18.30 und 19.30 Uhr nach Lima sowie um 15 Uhr nach Trujillo.

El Dorado (☎ 073-32-5875; Cerro 1119) Von 6.30 bis 12.30 Uhr fahren die bequemen Busse stündlich nach Tumbes und halten auch in Máncora an. Außerdem brausen Busse um 13 und 22.30 Uhr nach Chiclayo sowie um 13, 23.30 und 24 Uhr nach Trujillo.

Eppo (☎ 073-30-4543; www.eppo.com.pe; Panamericana Manzana 243) Die Busse nach Máncora fahren von 5.30 bis 19.15 Uhr jede halbe Stunde vom eigenen Busbahnhof hinter der Real Plaza an der Panamericana ab.

Ittsa (☎ 073-30-8645; www.ittsabus.com; Cerro 1142) Die Busse fahren nach Trujillo (9.30, 13.30, 22.45, 23, 23.15 und 23.30 Uhr), Chiclayo (9.30 Uhr) und Chimbote (22 Uhr). Bequeme Busse starten um 17 und 17.30 Uhr nach Lima sowie bei Bedarf auch um 19.30 Uhr. Alle Busse fahren am neuen Busbahnhof im Industriegebiet am Stadtrand ab. Die Tickets werden jedoch noch immer am alten Busbahnhof im Stadtzentrum verkauft.

Linea (☎ 073-30-3894; www.linea.pe; Cerro 1215) Von 5 bis 20 Uhr fahren stündlich Busse nach Chiclayo sowie um 13.30 und 23 Uhr nach Trujillo.

Oltursa (☎ 073-32-6666; www.oltursa.pe; Bolognesi 801) hat äußerst bequeme Bussen nach Lima. Abfahrt ist regelmäßig von 16 bis 21.15 Uhr am Busbahnhof im Zentrum.

Tepsa (☎ 073-30-6345; www.tepsa.com.pe; Loreto 1198) Busse nach Lima um 17 und 18 Uhr.

Transportes Chiclayo (☎ 074-30-8455; www.transporteschiclayo.com; Cerro 1121) Von 4 bis 21 Uhr fährt etwa jede halbe Stunde ein Bus nach Chiclayo; Abfahrt ist am Busbahnhof in der Sanchez Cerro beim Markt.

Transportes San Pedro y San Pablo (☎ 073-34-9271; Terminal Terrestre Castilla) Ein *semicama* fährt um 8 und 18 Uhr nach Huancabamba.

Busse ab Piura

ZIEL	PREIS (S)	FAHRZEIT (STD.)
Chiclayo	20–26	3
Chimbote	45–55	8
Guayaquil (Ecuador)	90–110	10–12
Huancabamba	25	7
Lima	90–150	12–16
Loja (Ecuador)	46–48	8
Mancará (Ecuador)	24	4
Máncora	16–25	3
Trujillo	35–55	6
Tumbes	25–40	5

FLUGZEUG

Der Flughafen (PIU) liegt am südöstlichen Ufer des Río Piura, 2 km vom Stadtzentrum entfernt. Die Flugpläne ändern sich jedoch oft. Die Fahrt mit einem offiziellen Taxi kostet 15 S. Mit den Taxis, die vor dem Flughafen warten, kostet es nur etwa 10 S, doch besser ist es, mit einem offiziellen Taxi zu fahren.

LATAM (☎ 073-39-4379; www.latam.com; Centro Commercial Open Plaza, Tienda 51, 1era Nivel; ⏰ Mo–Fr 10–22, Sa 10–14 Uhr) fliegt von 5 bis 19.40 Uhr sechsmal von Lima nach Piura. Die Rückflüge sind zwischen 7 und 22 Uhr. Billiger ist **Peruvian Airlines** (☎ 073-32-4206; www.peruvian.pe; Libertad 777; ⏰ Mo–Fr 9–19, Sa 9–14 Uhr), die jeweils einen Flug am Morgen und am Nachmittag zwischen den beiden Städten bietet.

TAXI

Nach Máncora, Punta Sal und Tumbes fahren Express-Minibusse und Taxis von **Sertur** (☎ 016-58-0071; www.serturperu.com; Aeropuerto). Sie fahren als Sammel- und Einzeltaxis am Flughafen von Piura ab. Sie sind zwar schneller, aber auch wesentlich teurer als die städtischen Busse.

Playa Lobitos

☎ 073 / 8600 EW.

Lobitos liegt an einer einsamen Bucht und sieht auf den ersten Blick wie eine postindustrielle Ruinenstadt aus. Überall stehen verlassene Häuser neben rostigen Ölförderpumpen, die sich immer noch wie eine Horde verlorener *maneki-neko* bewegen. In der Ferne finden sich noch ein paar einsame Bohrinseln im Meer.

Es ist nicht gerade ein Traumparadies, aber warum ist es dennoch einen Besuch wert? Wegen der Wellen natürlich. Der jüngste Neuzugang in Perus Surferszene bietet gigantische Wellen und mittlerweile auch die nötige Infrastruktur in Form von Hotels und Hostels für Surfer.

Alle Nicht-Surfer sind anderswo deutlich besser aufgehoben.

GRENZÜBERGÄNGE: VON LA TINA NACH ECUADOR

Am Grenzposten La Tina gibt's keine einzige Unterkunft, doch die ecuadorianische Stadt Macará (3 km von der Grenze entfernt) hat einige Hotels. Nach La Tina fahren den ganzen Tag über *colectivos* (12 S, 2½ Std.) ab Sullana, 40 km nördlich von Piura. Die bessere Alternative ist Transporte Loja (S. 383). Die Busse fahren zweimal täglich (13 und 21 Uhr) von Piura direkt zur Grenze und weiter bis nach Loja (48 S, 8 Std.).

Die Grenze ist die internationale Brücke über den Río Calvas, die rund um die Uhr geöffnet ist. Wenn alle Dokumente in Ordnung sind, werden die Grenzformalitäten recht entspannt gehandhabt. Es gibt keine Banken, aber Wechselstuben an der Grenze und in Macará. Die peruanischen und ecuadorianischen Einreisebüros befinden sich im gleichen Gebäude auf der Brücke, was den Grenzübertritt sehr einfach macht.

Hinter der Grenze in Ecuador warten schon Taxis (1 US$) und *colectivos* (0,50 US$), die die Traveller nach Macará bringen. In Macará gibt's ein peruanisches Konsulat. Weitere Infos über Ecuador bietet der Lonely Planet Band *Ecuador & Galápagosinseln*.

Aktivitäten

Die Surfbedingungen sind im Oktober und von April bis Juni am besten, Wellengang herrscht aber das ganze Jahr über. Bei unruhiger Brandung gibt's teils 2 m hohe Wellen, die sich über mehrere hundert Meter erstrecken. Am häufigsten kommen große tunnelförmige Point Breaks vor. Für Anfänger eignen sich die Shore Breaks nahe des Piers.

Schlafen & Essen

Los Muelles Surf Camp HOSTEL $

(☎978-693-003; www.facebook.com/losmuelles-surfcamp; Frente los Muelles; Camping 15 S/Pers., Zi. 20 S/Pers.) Obwohl es ein bisschen an die Siedlung Jonestown erinnert, ist das Hostel echt cool. Es befindet sich in den Überresten einer verfallenen Bodega aus den 1920er-Jahren. Auf dem Dach im 2. Stock stehen Zelte zur Verfügung und einfache Zimmer mit einer Matratze und sonst nichts. Eine echte Surfer-Unterkunft wie in den rebellischen Anfängen des Sports als Gegenbewegung zum Establishment.

Vom 2. Stock blickt man auch direkt aufs Meer, während man Mate trinkt und mit Surfern aus aller Welt fachsimpelt. Es gibt eine Gemeinschaftsküche für die Gäste, aber auch ein paar preiswerte Restaurants in der Nähe.

Lobitos Lodge LODGE $$

(☎073-67-8723; www.lobitoslodge.com.pe; Zi. 100–148 S; P 📶) Das mit Abstand schönste Hotel der Stadt hat nur acht Zimmer, liegt aber direkt am Strand. Die Zimmer haben Flachbildfernseher, einen eigenen Balkon mit Hängematte und Fotos vom surfenden Besitzer und seiner Familie. Wer rechtzeitig Bescheid sagt, wird auch gut bekocht. Das Hotel ist 300 m südlich vom Pier.

Die Zimmer zum Strand hin sind besser, denn sie sind nicht so heiß wie die im hinteren Teil des Hauses.

El Ancla PERUANISCH $$

(Av Nueva Lobitos; Hauptgerichte ab 15 S; ⏰9–22 Uhr) In dem Lieblingslokal der Einheimischen an einer Straßenecke gibt's immer ein gutes, sättigendes Essen. Die Speisekarte ist recht umfangreich, und alles wird mit viel Liebe und Geschmack zubereitet. Das entschädigt locker für die nicht so tolle Atmosphäre.

An- & Weiterreise

Um von hier nach Piura zu kommen, fährt man mit einem Bus von Eppo (S. 385) bis nach Talara (10 S, 2 Std.) und nimmt dann ein *combi* (4 S, 30 Min.) nordwärts bis nach Playa Lobitos. Die Haltestelle ist zwei Blocks vor dem Eppo-Busbahnhof.

In der Hauptsaison wird von den Besuchern der Stadt teilweise eine Gebühr von 3 S für Reinigung und Instandhaltung verlangt.

Cabo Blanco

☎073 / 7000 EW.

Nördlich von Talara verläuft die Panamericana parallel zum Ozean und man kann während der Fahrt häufig die Küste sehen. Da in dieser Gegend eines der größten Ölfelder Perus liegt, verschandeln zahlreiche Förderanlagen Land und Wasser.

Cabo Blanco, eine schläfrige Stadt 40 km nördlich von Talara, zählt zu den berühmtesten Fischerhäfen der Welt. Es liegt an einer sanft geschwungenen Bucht mit ein paar Felsen. Vor der Küste treffen der warme Humboldtstrom und die Fluten des Wetterphänomens El Niño aufeinander und haben einen einzigartigen Mikrokosmos für verschiedene Meerestiere geschaffen.

Ernest Hemingway schrieb seinen berühmten Roman *Der alte Mann und das Meer* wahrscheinlich, nachdem er hier in den 1950er-Jahren angeln gewesen war.

Aktivitäten

Von November bis Januar ziehen erstaunliche 3 m hohe, sich rasch entwickelnde tunnelförmige Linkswellen Profisurfer an.

Der größte Fisch, der in der Gegend anbiss, war ein 710 kg schwerer Schwarzer Marlin, gefangen von Alfred Glassell Jr. im Jahr 1953. Angeln kann man in Cabo Blanco immer noch gut, auch wenn man nun eher 20 kg schwere Thunfische fängt. Schwarze Marlins gibt's nicht mehr so viele, außerdem wiegen sie inzwischen selten mehr als 100 kg. Bei Wettbewerben werden manchmal noch 300 kg schwere Exemplare gefangen.

Boote für Hochseeangeltouren mit hochwertiger Ausrüstung kann man über das El Merlin und andere Hotels in der Gegend ausleihen; eine sechsstündige Tagestour kostet inklusive Getränke und Mittagessen zwischen 800 S und 1350 S. Januar, Februar und September gelten als die besten Monate zum Angeln.

Schlafen & Essen

Hotel El Merlin HOTEL **$$**
(☎073-25-6188; www.elmerlin.webs.com; Malecón s/n; EZ/DZ inkl. Frühstück ab 70/120 S; P 📶) Die Zimmer könnten in einem etwas besseren Zustand sein, jedoch sind sie elegant und luftig. Sie haben schöne Steinfußböden, eigene Elektroduschen und Balkone mit Meerblick. Angesichts der wenigen Besucher in Cabo Blanco kann das Hotel recht leer wirken.

Restaurante El Mero SEAFOOD **$**
(Malecón s/n; Hauptgerichte 15 S, Menü 8 S; ⏲8–17 Uhr) Der einfache kleine Familienbetrieb an der Hauptstraße bereitet hervorragende Meeresfrüchte auf klassisch peruanische Art zu. Es ist direkt gegenüber der Fischereigenossenschaft, sodass die Frische garantiert ist. Fantastisches Preis-Leistungs-Verhältnis.

An- & Weiterreise

Cabo Blanco erreicht man von der Stadt El Alto an der Panamericana nach mehreren Kilometern Fahrt über eine kurvige Straße. Von Máncora aus fährt man per *combi* oder Bus nach El Alto (3,50 S, 30 Min.) und dann mit einem Transporter oder *combi* hinunter nach Cabo Blanco (2 S, 15 Min.).

Máncora

☎073 / 12 600 EW.

Máncora ist *der* Ort an der peruanischen Küste fürs Sehen und Gesehenwerden. Im Sommer strömen neben dem einheimischen Jetset Scharen von Touristen herbei. Und das hat einen guten Grund: Hier, in der sonnigsten Gegend des Landes, erstrecken sich mehrere Kilometer schönster Sandstrand, und nur wenige Meter von den sanften Wellen entfernt bieten hippe Hotelanlagen und preiswerte Pendants Zimmer an. An der Küste konzentriert sich das Treiben auf die laute Hauptstraße mit vielen guten Fischrestaurants und einer großen internationalen Speiseauswahl.

Die stabile Brandung und Wasser so warm wie in der Badewanne ziehen sonnengebräunte Surfer an. Nachdem die Sonne wie ein Feuerball ins Meer hinabgetaucht ist, hält das Nachtleben die Menschen auf Trab.

Máncora zählt auch zu den wenigen Urlaubsorten, die sich in der Nebensaison nicht in Geisterstädte verwandeln, denn die Sonne scheint hier das ganze Jahr über.

Aktivitäten

Die abgelegenen einsamen Strände rund um Máncora sind wesentlich besser als der Stadtstrand. Man kann mit dem Taxi oder mit dem Bus fahren, muss dann aber immer noch einige Kilometer zu Fuß gehen.

Tauchen & Schnorcheln

Die Schnorchel- und Tauchmöglichkeiten sind hier nicht die besten, doch für einen netten Nachmittagsausflug reicht es allemal. Bei den Schnorcheltouren (80 S) schwimmen die Teilnehmer mit Meeresschildkröten vor dem Pier des kleinen Fischerdorfs **El Ñuro** (Caleta El Ñuro, Talara; Eintritt mit/ohne Schwimmen 10/5 S; ⏲7–18 Uhr), 23 km südlich von Máncora am Ende des Strands Los Órganos. Getaucht wird zumeist von den alten Ölplattformen bis in eine Tiefe von rund 70 m. Die Sicht ist meistens nicht sehr gut, aber es sind Fischschwärme und Oktopusse zu beobachten.

Spondylus Dive Center TAUCHEN
(☎999-891-268; www.spondylusdc.com; Piura 216; ⏲10–13 & 15–19 Uhr) Die einzige Tauchschule in Máncora war auch die erste PADI-Schule in ganz Peru und wird sehr professionell geführt. Im Angebot sind dreitägige Open-Water-Kurse für 425 US$, halbtägige Schnuppertauchgänge für 365 S (ohne

INSIDERWISSEN

DIE 5 BESTEN SURFSPOTS AN DER NORDKÜSTE

Leidenschaftliche Surfer finden an Perus Nordküste viel Abwechslung, die von der längsten Welle der Welt in Puerto Chicama zur durchweg hervorragenden Brandung in Máncora reicht. Die meisten Surfspots bieten ganzjährig gute Bedingungen und auch Anfänger kommen voll auf ihre Kosten.

Los Organos Rund 14 km südlich von Máncora. Felsige Brandung mit gut geformten schlauchartigen Wellen, die bis zu 2 m hoch werden können; nur für erfahrene Surfer.

Cabo Blanco (S. 386) Perfekte Tunnelwellen zwischen 1 und 3 m Höhe brechen auf felsigem Grund; nur für erfahrene Surfer.

Puerto Chicama (S. 367) An guten Tagen erwischt man hier die längste Welle der Welt (bis zu 3 km!); ganzjährig gute Bedingungen für Surfer aller Klassen.

Máncora (S. 387) Ein beliebter und leicht erreichbarer Spot mit kontinuierlich guter Brandung bis zu 2 m Höhe; geeignet für Surfer aller Levels.

Huanchaco (S. 363) Lange und gut geformte Wellen mit Tunnelbildung; hier kommen alle Surfer auf ihre Kosten.

Playa Lobitos (S. 385) Über acht namentlich bekannte Surfspots vor einfacher Kulisse.

Tauchschein) und zwei Tauchgänge für Taucher mit Tauchschein (330 S).

Schlammbäder

Etwa 11 km östlich der Stadt liegt eine natürliche **Thermalquelle** im dicht bewaldeten Fernández-Tal (Eintritt 5 S; ⌚Sonnenaufgang–Sonnenuntergang). Neben dem warmen Wasser bietet sie auch feinen Lehmsand, was sie zum perfekten Schlammbad macht. Das leicht schwefelhaltige Wasser und der Schlamm sollen eine heilende Wirkung haben. Zu den Thermalquellen fahren *mototaxis* (60 S inkl. Wartezeit).

Surfen & Kitesurfen

Am besten ist die Brandung von November bis Februar, aber gute Wellen und begeisterte Surfer gibt's das ganze Jahr über. Das Highlight für erfahrene Surfer ist Punta Ballenas, ein Point Break mit felsigem Grund, einen fünfminütigen Fußmarsch südlich des Hauptstrands. Der Strand von Máncora selbst bietet tolle Beach Breaks, die für jedes Level geeignet und deswegen oft recht überlaufen sind. Darüber hinaus lohnen sich lange Tagesausflüge, eventuell auch mit Übernachtung, zu Surfspots in der Nähe wie Los Organos, Lobitos, Talara und Cabo Blanco.

Am südlichen Ende des Strands von Máncora werden Surfbretter verliehen (10/20 S pro Std./Tag). Der Verleih vor dem Del Wawa ist der günstigste. In der ganzen Stadt werden auch Kurse für 50 bis 60 S pro Stunde, inklusive Ausrüstung, angeboten.

Von Mai bis September herrschen beste Kitesurf-Bedingungen in Máncora und viele Schulen am südlichen Ende der Stadt bieten Kurse an.

Geko Kite KITESURFEN
(☎983-438-696; www.gekokiteandsurf.com; 3-Tages-Kurs 990 S) Der erfahrene Lehrer Paulo kennt die Küste wie seine Westentasche und bietet intensive 3-Tages-Kurse mit je neun Stunden für Anfänger sowie Ausflüge in die Umgebung an. Zudem gibt er Surfunterricht.

Wayrakite KITESURFEN
(☎937-724-808; Playa de Máncora; Surfbrett 20 S/Tag, Surfkurs 50 S/Std., Kitesurfkurs 990 S) In einer Strandhütte vor dem Einkaufszentrum Birdcage werden Surfbretter verliehen und Kurse im Kitesurfen und Surfen organisiert.

Máncora Surf Shop SURFEN
(☎073-41-1450; www.mancorasurfshop.com; Piura 352; ⌚8–20 Uhr) Verkauft Bretter und Kleidung und bietet Kurse an.

Geführte Touren

In der Stadt werden die unterschiedlichsten Touren angeboten, u.a. zum Schnorcheln (70–80 S) und eine neunstündige Tour in das Naturschutzgebiet Manglares (70–100 S; S. 398) bei Tumbes.

★ **Pacifico Adventures** WALBEOBACHTUNG
(☎998-391-428; www.pacificoadventures.com; Rivera del Mar, 150m Sur del Muelle, Los Organos) Der professionelle Veranstalter bietet Touren zur Walbeobachtung ab Los Organos an, ein paar Kilometer südlich von Máncora. Die Boote sind in gutem Zustand und mit Unterwas-

sergeräten ausgestattet, mit denen die Walgesänge zu hören sind. Ebenfalls im Angebot sind Touren zur Vogelbeobachtung.

Discovery Mancora ABENTEUERTOUREN
(☎073-62-8807; www.discoverymancora.com; Grau 217) Dieser Mainstream-Veranstalter bietet die üblichen Touren an.

Schlafen

Die Preise für Unterkünfte in Máncora variieren saisonbedingt. In der Hochsaison von Januar bis Mitte März bezahlt man 50 % mehr; besonders teuer ist es an Wochenenden. Während der drei Ferienzeiten (Weihnachten bis Neujahr, Semana Santa und am Nationalfeiertag) verlangen manche Hotels das Dreifache der Nebensaisontarife und vermieten nur an Gäste, die länger als eine Nacht bleiben. Zu diesen Zeiten ist der Ort überfüllt und man meidet ihn am besten. Die unten angegebenen Preise gelten für die Hochsaison.

Südlich der Stadt findet man entlang der Antigua Panamericana tolle Mittel- und Spitzenklasseunterkünfte. Eine Fahrt mit dem *mototaxi* in die Stadt kostet 5 bis 10 S.

★ **Loki del Mar** HOSTEL $
(☎073-25-8484; www.lokihostel.com; Piura 262; B 28–39 S, Zi. 96 S, alle inkl. Frühstück; ❄@📶🏊) Gesellige Typen strömen scharenweise in die Mutter aller Strandhostels. Eigentlich ist das Loki del Mar ein verkapptes Resort, das sich als Backpackertreff ausgibt. Die geräumigen Schlafsäle in dem weiß getünchten Gebäude haben extra breite Betten, und wer Hostelatmosphäre sucht, aber keine Lust auf das kommunale Schnarchen hat, kann in minimalistischen Privatzimmern nächtigen.

Gefeiert wird rund um den großen Pool, die Bar und den Loungebereich; hier hängen die Regeln fürs *Beer pong* sichtbar aus, und viele (überwiegend kostenlose) Aktivitäten sorgen für Zeitvertreib. Was Hostels angeht, spielt dieses in einer eigenen Liga.

Aloha Lina PENSION $$
(☎982-732-284; linamollehuanca@gmail.com; 8 de Noviembre s/n; Zi. 50–100 S; 📶) Die kleine Pension liegt in einer ruhigen Gasse ein paar Schritte vom Hauptstrand entfernt. Die elf sauberen frisch gestrichenen Zimmer mit Ventilatoren verteilen sich auf zwei Etagen rund um einen zentralen Innenhof. Die Zimmer 6 bis 8 im zweiten Stock sind die besten, denn sie haben auf beiden Seiten ein Fenster mit Meerblick, durch das die Seeluft strömt.

Marcilia Beach Bungalows BUNGALOWS $$
(☎991-212-831; Antigua Panamericana Km 1212; Zi. inkl. Frühstück mit/ohne Meerblick 180/100 S; @📶) Nachdem es jahrelang auf Kreuzfahrtschiffen gearbeitet hatte, eröffnete das freundliche dreisprachige peruanische Paar die rustikale Bungalowanlage am Strand von Vichayito. Jeder Bungalow hat elektrisch erzeugtes Warmwasser in einem sehr schönen Bad, doch am besten sind die Bungalows direkt am Strand. Hier glaubt man wirklich, ein Stück des Paradieses gefunden zu haben.

Hotel Laguna Máncora BUNGALOWS $$
(☎994-015-628; lagunamancora@gmail.com; Veraniego s/n; B/Zi. inkl. Frühstück ab 48/140 S; 📶🏊) Die entspannte Anlage liegt nur einen Häuserblock vom Strand entfernt und ist eine schöne rustikale Welt für sich. Die älteren Bambusbungalows im indonesischen Stil stehen um einen hübschen Sandgarten direkt am Wasser. Unzählige Schaukeln und Hängematten im Schatten laden zum Relaxen ein.

Der freundliche Inhaber Pilar ist auch **Surflehrer** und hat schon vor Jahren die Szene in Máncora begründet.

Hostal Las Olas HOTEL $$
(☎073-25-8099; www.lasolasmancora.com; 8 de Octubre s/n; EZ/DZ inkl. Frühstück ab 160/190 S; 📶) Ideal für Pärchen! Außen grüßt das Hotel im mediterranen Oliventon, drinnen befinden sich minimalistische weiße Zimmer mit Akzenten aus Holz. Vom kleinen gemütlichen Restaurant genießt man eine Sicht auf die besten Wellen – ein Traum für Leute, die gern beim Surfen zuschauen.

Die neueren Räume im zweiten und dritten Stock sind größer und warten mit geräumigen Terrassen sowie Meerblick auf. Die billigsten dagegen liegen unter einer Treppe, die wie bei einem Erdbeben rumpelt, wenn die Gäste der teureren Zimmer nach oben steigen, um es sich dort gut gehen zu lassen.

★ **Sunset Hotel** BOUTIQUE-HOTEL $$$
(☎073-25-8111; www.sunsetmancora.com; Antigua Panamericana 196; Zi./3BZ inkl. Frühstück 320/480 S; ❄📶🏊) Das intime Sunset im Boutique-Stil, das von einem Argentinier geführt wird, würde sich in jedem Hochglanzreisemagazin gut machen. Es punktet mit einer schönen Inneneinrichtung und tollen Steinskulpturen mit Meeresmotiven sowie mit geräumigen Zimmern mit festen Matratzen, warmen Duschen, Balkonen und Meerblick.

Der Swimmingpool ist sehr klein und der Zugang zum Meer steinig, doch ein kurzer

Spaziergang führt zu einem Sandstrand – falls man sich vom italienischen Restaurant des Hotels losreißen kann, das eines der besten in der Gegend ist.

Casa de Playa RESORT $$$
(☎073-25-8005; www.casadeplayamancora.net; Antigua Panamericana Km 1217, Playa Los Pocitas; Zi. inkl. Frühstück 495–560 S; P) Das elegante, freundliche Hotel ist besonders beliebt bei wohlhabenden Peruanern. Die schicken modernen Zimmer mit Bambusdecken sind in warmen Tönen gehalten und haben eigene Balkone. Die Hälfte der Zimmer ist mit glattem Sichtbeton ausgestattet, der in schönem Kontrast zu den vielen farbenfrohen Gemeinschaftsbereichen steht. Diese sind über lange Korridore voller Grünpflanzen zu erreichen.

Die großen Zimmer haben Warmwasser, ein paar Kunstwerke und einen Balkon mit Hängematte und tollem Meerblick. Die einladende Lounge auf zwei Ebenen ragt weit über das Meer hinaus. Das Resort liegt fünf Minuten mit dem Auto südlich der Stadt.

DCO Suites BOUTIQUE-HOTEL $$$
(☎073-25-8171; www.hoteldco.com; Playa Los Pocitas; Suite inkl. Frühstück ab 777 S; @) Was Trendbewusstsein angeht, hat dieses recht neue Hotel die Latte himmelhoch gelegt. Nach wie vor ist es der Favorit bei anspruchsvollen Flitterwöchnern und anderen gut betuchten Reisenden. Das Farbschema – schrilles Türkis und Weiß – polarisiert die Gemüter: Entweder man liebt es oder man hasst es. In den großen Zimmern warten Bademäntel im Kimonostil, Regenduschen und hinreißende gerundete Sandsteinwände, die perfekt in das architektonische Schema passen.

Die Trümpfe des Hotels sind erstklassiger Service, Privatsphäre und eine luxuriöse Ausstattung, ob nun an den mit Vorhängen versehenen *cabañas* am Strand, im bemerkenswerten Spa unter freiem Himmel oder im kleinen Überlaufpool.

Hotelier HOTEL $$$
(☎073-25-8702; www.hotelier.pe; Antigua Panamericana Km 1217; EZ/DZ inkl. Frühstück ab 220/315 S;) Wer vor allem die Küche des Landes kennenlernen will, ist hier genau richtig. Inhaber Javier Ruzo ist der Sohn von einem der Starköche in Peru und setzt die Familientradition im fantastischen Hotelrestaurant fort. Daneben ist er auch ein begnadeter Künstler und Fotograf, dessen Werke (Gedichte, Gemälde, Fotos) den hellen modernen Zimmern eine einzigartige Atmosphäre verleihen.

Essen

Meeresfrüchte sind das alles beherrschende Thema in Máncora. Aufgrund der hohen Transportkosten sind andere Lebensmittel auch teurer. In der Hauptstraße gibt's viele Minimärkte für Selbstversorger.

Green Eggs & Ham FRÜHSTÜCK $
(The Bird House Central Comercial, Pasaje 8 de Noviembre; Gerichte 12–18 S; 7.30–16.30 Uhr) Gringos, die sich nach ihrem heimischen Frühstück sehnen, kommen scharenweise, um hier Pfannkuchen, French Toast und Kartoffelplätzchen zu verputzen. Der eigentliche Hit ist aber die Terrasse im zweiten Stock, die zwischen hohen Palmen hindurch einen direkten Blick auf die tosenden Wellen bietet.

Angela's Place FRÜHSTÜCK $
(Piura 396; Frühstück 13–18 S, Hauptgerichte 14–30 S; 8–22 Uhr;) Angela, die österreichische Bäckerin, verkaufte früher ihre Brote aus Kartoffel-, Yucca-, und Weizenmehl per Fahrrad. Heute gibt's die Leckereien in diesem lustigen Café an der Hauptstraße, ebenso wie vegetarische (und vegane) Gerichte, reichhaltige Frühstückskombinationen sowie süßes Gebäck.

La Bajadita DESSERTS $
(☎073-25-8385; Piura 424; Gerichte 3–8 S; Di–So 10–22 Uhr) Die sagenhaften Leckereien reichen von Tiramisu über Pekannusskuchen und Brownies bis hin zum allzeit beliebten Apfelkuchen. Außerdem gibt's kleine Gerichte, den ganzen Tag Frühstück und Craft-Bier.

★ **Donde Teresa** PERUANISCH $$
(☎073-25-8702; Antigua Panamericana Km 1217, Hotelier; Hauptgerichte 28–38 S; 12–21 Uhr;) Vor Gastón Acurio war Teresa Ocampo die renommierteste Köchin Perus (und sie war schon lange berühmt, bevor peruanisches Essen bekannt wurde). Mittlerweile lebt sie in Texas, doch ihr Sohn Javier trat in ihre Fußstapfen und serviert peruanische Klassiker auf höchstem Niveau und mit Blick auf den Strand von Los Pocitas.

Besonders empfehlenswert sind das geräucherte *ají de gallina* (Hühnchen in scharfer Sahnesauce) und *arroz chaufa con mariscos* (chinesischer Reis mit Meeresfrüchten), doch lecker ist alles hier.

Bei Aufenthalten in Frankreich, China und sonstwo hat Javier seine Kunst weiter verfeinert und gelegentlich greift er selbst zur Angel. Es gibt ein gutes Kindermenü und hausgemachtes Eis.

★ La Sirena d'Juan PERUANISCH $$

(☎073-25-8173; Piura 316; Hauptgerichte 40–45 S; ⊙Mi–Mo 12–15 & 18–23 Uhr; 📶) Juan, der aus der Gegend stammt, hat einen guten Job gemacht und dieses intime kleine Meeresfrüchtelokal in das beste Restaurant Nordperus verwandelt. Das absolute Highlight ist der Gelbflossenthunfisch direkt aus dem Meer bei Máncora, ob nun als *tiradito* (eine Art peruanisches Sashimi) in gelbem Curry zubereitet oder gegrillt mit einem Mango-*rocoto*-Chutney serviert.

Auf der Karte stehen auch kreative Raviolígerichte und Gourmetvarianten peruanischer Klassiker (z. B. junge Ziege in Schwarzbier). Der Service in dem kleinen Restaurant im Stil eines französischen Landhauses ist persönlich und perfekt. Für Máncora ist es teuer, doch zu Hause würde dieses Essen wohl das Dreifache kosten. In der Hauptsaison empfiehlt sich eine Reservierung.

Restaurante Jasuzi PERUANISCH $$

(☎982-541-333; Frente Colegio Pallete; Hauptgerichte 15–40 S; ⊙10–19 Uhr) Es ist nicht ganz einfach, den freundlichen kleinen Familienbetrieb vor einer gut besuchten Schule am Nordrand der Stadt zu finden, doch die Mühe lohnt sich. Die fantastisch frische Ceviche gilt bei den Einheimischen als die beste der Stadt. Am leckersten ist die *especial* mit Oktopus, die die klassische Ceviche neu definiert.

Ají MEXIKANISCH $$

(Piura Interna s/n; Hauptgerichte 20–38 S; ⊙12–23 Uhr; 📶) Abseits vom Trubel und Lärm der Hauptstraße serviert das freundliche Restaurant unter freiem Himmel üppige mexikanische Speisen und einige klassische Kneipengerichte wie Chicken Wings und Grillhähnchen. Es gibt eine kleine Bar und der Besitzer Eric, ein cooler Surfer, gibt gern Tipps.

Sunset ITALIENISCH $$

(☎073-25-8111; Antigua Panamericana 196, Sunset Hotel; Hauptgerichte 40–45 S; ⊙8–23 Uhr) Das ausgezeichnete italienische Restaurant gilt als das beste Feinschmecker-Lokal der Stadt, allerdings nur, wenn der Chef selber am Herd steht. Ansonsten ist es alles andere als gut. Es befindet sich im Hotel gleichen Namens.

Ausgehen & Nachtleben

In den meisten Restaurants ist abends für eine oder zwei Stunden Happy Hour. Die Party beginnt zumeist in Piura und setzt sich dann bis zu den Tanzbars am Strand fort. Im Loki (S. 389) wird an den meisten Abenden kräftig gefeiert. Dabei sind auch Nicht-Gäste willkommen, die jedoch den Ausweis vorlegen und für ein Armband bezahlen müssen.

Praktische Informationen

GEFAHREN & ÄRGERNISSE

Im Allgemeinen ist es hier recht sicher, doch es kommt immer wieder zu Raubüberfällen in später Nacht. Auch sollte man in *mototaxis* gut auf Taschen und Geldbeutel achten, da es wiederholt vorkommt, dass die Taxifahrer mit den Sachen ihrer Fahrgäste einfach davon fahren. Nachts sollte man sich außerdem nicht am Strand aufhalten, auch nicht in Gruppen.

Viele Traveller bleiben länger und arbeiten dann als Freiwillige in Hostels oder gegen Bezahlung auch in Restaurants oder Bars. Das ist vielleicht ganz gut für die Traveller, doch nehmen sie damit den Einheimischen die Arbeit weg.

GELD

Banco de la Nación (Piura 625) Tauscht US-Dollar ein und hat einen Geldautomaten.

BCP (Piura 520) hat Geldautomaten.

MEDIZINISCHE VERSORGUNG

Medical Center (☎073-25-8601; www.medicalcentermancora.com; Panamericana s/n; ⊙24 Std.) Die vollständig ausgestattete Klinik am nördlichsten Ortseingang behandelt Rochenstiche und Knochenbrüche.

TOURISTENINFORMATION

Die recht einfache **Touristeninformation** (Piura s/n, Edificio Municipal; ⊙8–15.45 Uhr) befindet sich im Gebäude der Stadtverwaltung. Eine Menge nützlicher Infos sind auch auf www.vivamancora.com zu finden.

An- & Weiterreise

BUS

Im Stadtzentrum gibt's viele Busgesellschaften, obwohl die meisten Reisen gen Süden in Tumbes starten. *Combis* verkehren regelmäßig nach Tumbes (12 S, 2 Std.), sie fahren an der Hauptstraße entlang, bis sie voll sind. *Buscamas* (Schlafbusse) aus Máncora steuern Lima (14 Std.) auf direktem Weg an. Andere Busse lassen ihre Passagiere in den Orten auf der Strecke in die Hauptstadt (18 Std.) aussteigen. Zwischen Máncora und Punta Sal (5–7 S, 30 Min.) pendeln regelmäßig Minibusse.

Cifa (☎941-816-863; www.cifainternacional.com; Grau 313) Billige Busse fahren täglich nach Guayaquil (65 S) und Cuenca (65 S) in Ecuador.

Civa (☎014-18-1111; www.excluciva.pe; Piura 472) fährt um 15.50 Uhr sehr preiswert nach Lima sowie mit besseren Bussen auch um 17.30

und 18.30 Uhr. Zudem startet um 24 Uhr ein Bus nach Guayaquil.

Cruz del Sur (☎ 0-801-11111; www.cruzdelsur.com.pe; Grau 208) Ein *Bus-cama* braust um 17 und 17.30 Uhr nach Lima. Die Busse nach Trujillo und Chimbote fahren dienstags, mittwochs, freitags und samstags um 22.30 Uhr. Oder man nimmt ab Lima einen Bus in Richtung Guayaquil. Diese fahren montags, dienstags, donnerstags und samstags um 9 Uhr.

El Dorado (☎ 073-25-8161; Grau 198) Von 9.30 bis 21.30 Uhr fahren sechs Busse nach Piura. Die Busse nach Chiclayo starten um 9.30, 21.30, 23.30 und 24 Uhr, nach Trujillo um 9.30, 21.30 und 23 Uhr. Busse nach Tumbes fahren siebenmal pro Tag.

Emtrafesa (☎ 072-52-5850; www.emtrafesa.com; Grau 193) fährt um 21.30 und 22 Uhr nach Chiclayo sowie um 20.30, 21.30 und 22 Uhr nach Trujillo.

Eppo (☎ 073-25-6262; Piura 679) bietet von 4 bis 20 Uhr schnelle stündliche Verbindungen nach Sullana und Piura. Für 2 S kann man auch nur bis Los Organos mitfahren.

Ittsa (☎ 073-29-0651; Grau 624) bietet jeweils einen Direktbus nach Lima um 16.15 und 21.15 Uhr. Außerdem fährt ein Bus um 21.15 Uhr nach Trujillo, um 16.15 Uhr nach Chimbote und um 21.15 Uhr nach Chiclayo.

Oltursa (☎ 017-08-5000; www.oltursa.pe; Grau 505; WLAN) Der *Bus-cama* (mit WLAN) nach Lima fährt um 17 und 17.30 Uhr. Um 22 Uhr fährt ein Direktbus nach Trujillo.

Sertur (☎ 073-25-8582; www.serturperu.com; Grau 111) Die schnellen *colectivos* verkehren stündlich von 9 bis 20 Uhr nach Piura und von 8 bis 18 Uhr nach Tumbes.

Tepsa (☎ 016-17-9000; www.tepsa.com.pe; Grau 113) Der Bus nach Lima fährt um 18 Uhr.

Transportes Chiclayo (☎ 073-25-8050; www.transporteschiclayo.pe; Grau 213) bietet direkte Verbindungen in bequemen Bussen nach Chiclayo. Abfahrt ist um 12, 16.30, 22 und 23 Uhr.

Transportes Flores (☎ 972-719-631; Grau 565) fährt mit recht preiswerten Bussen um 10, 13, 17 und 19 Uhr nach Lima.

Busse ab Máncora

ZIEL	PREIS (S)	FAHRZEIT (STD.)
Chiclayo	40–45	7
Chimbote	90–140	14
Guayaquil (Ecuador)	60–65	8
Lima	80–180	14–18
Piura	21–95	3½
Sullana	17	2½
Trujillo	40–90	9–10
Tumbes	12–60	2

FLUGZEUG

Mit dem Flugzeug ist Máncora am besten mit einem Flug von LATAM (S. 397) oder Peruvian Airlines (S. 385) nach Piura oder mit LATAM nach Tumbes (S. 393) zu erreichen. Von dort geht es über Land weiter.

Punta Sal

☎ 072 / 3300 EW.

Die lange, geschwungene Bucht von Punta Sal, 25 km nördlich von Máncora, ist schöner und entspannter als ihre laute Nachbarin. In der ruhigen kleinen Stadt führen sandige Straßen zum wunderbaren breiten Sandstrand, wo es tolle Restaurants und keinen Durchgangsverkehr gibt.

Das Meer ist hier ruhig und trotz der felsigen Abschnitte ideal zum Baden. Surfer meiden diesen Strand und so ist dieser friedliche Badeort besonders beliebt bei Familien.

Eigentlich sind es auch zwei Orte: Punta Sal befindet sich am Ende einer Nebenstraße der Panamericana, das geschäftige und nicht so schöne Canoas de Punta Sal liegt direkt an der Schnellstraße.

Schlafen & Essen

Las Terrazas de Punta Sal HOTEL $
(☎ 910-295-022, 072-50-7701; EZ/DZ ab 35/70 S, ohne Bad 20/40 S; @ WLAN) Das freundliche Hotel ist eine der wenigen Budgetunterkünfte an dem Strand. Es hat gute Zimmer im Haupthaus und ein paar winzige Bambuszimmer im Vorderhaus, die sich nur zum Schlafen eignen. Auf der Terrasse des Restaurants kann man den Sonnenuntergang genießen.

★ **Punta Sal Suites & Bungalows** RESORT $$$
(☎ 072-59-6700; www.puntasal.com.pe; EZ/DZ ab 380/477 S; P ❄ @ WLAN) Das Strandresort liegt zehn Autominuten nördlich von Punta Sal und hat alles, was man von so einer Anlage erwarten kann. Die Bungalows für bis zu fünf Personen sind mit tropischen Möbeln eingerichtet und bieten echtes Strandflair.

Die Zimmer sind ohne Meerblick. Das Resort eignet sich besonders gut für Familien, denn es gibt Minigolf, einen Wäscheservice, Bananenboote, Wasserski, Tennis, Volleyball, Tischtennis, Billard und einen Swimmingpool mit Holzplattformen. Und den fast originalgroßen Nachbau eines Piratenschiffs.

La Piramide PERUANISCH $$
(☎ 072-54-0006; Hauptgerichte 15–60 S; ⏲ 9–22 Uhr) Das schräge Restaurant mit Bar direkt

am Strand serviert die besten Meeresfrüchte der Stadt in entspannter Atmosphäre. Es gibt auch vegetarische Gerichte und gute Cocktails. Abends werden ab und zu Filme gezeigt.

An- & Weiterreise

Von Máncora nach Punta Sal fahren regelmäßig Minibusse (5–7 S, 30 Min.). Eine Taxifahrt kostet zwischen 60 und 80 S.

Zorritos

072 / 9400 EW.

Zorritos, der größte Fischerort an diesem Küstenabschnitt, liegt 35 km südlich von Tumbes. Der grobe Strand ist lange nicht so schön wie die Strände weiter südlich und oft stark verschmutzt. Doch in der Gegend leben viele Seevögel wie Fregattvögel, Pelikane, Silberreiher und andere Zugvögel.

Zorritos ist keine richtige Stadt, sondern nur eine Ansammlung von Gebäuden entlang der Schnellstraße. Eine dörfliche Atmosphäre sucht man vergebens und Fußwege sind auch nicht vorhanden, dennoch lässt es sich hier besser übernachten als in Tumbes.

Schlafen

Da es in Zorritos kein Stadtzentrum gibt, verteilen sich die Unterkünfte in einem Radius von mehreren Kilometern. Aus diesem Grund muss man dem Bus- oder *combi*-Fahrer genau sagen, wohin man möchte.

Puerta del Sol HOTEL $

(072-54-4294; hosppuertadelsol@hotmail.com; Piaggio 109; Zi. inkl. Frühstück 40 S/Pers.;) Das Hotel in Zorritos ist ein hübsches kleines *hospedaje* (familiengeführtes Gasthaus) mit einem Minigarten, durch den ein verschlungener Weg an grünen Rasenflächen vorbeiführt. Das Einzige, was zur Bilderbuchidylle noch fehlt, ist ein Gartenzwerg. Die Zimmer sind einfach und sauber. Der Zugang zum Strand ist möglich, doch Meerblick gibt's keinen. Das Personal wirkt teilweise desinteressiert.

Noelani HOTEL $$

(072-28-3815; reservasnuevacostazulnoelani@gmail.com; Piaggio 115; Zi. 165–198 S;) Die modernen Zimmer mit Klimaanlage verteilen sich auf zwei Etagen um einen Infinity-Pool mit Blick auf den Strand. Für diese Preisklasse bietet das saubere Hotel viel Komfort.

Grillo Tres Puntas Ecohostel LODGE $$

(072-79-4830; www.casagrillo.net; Panamericana Km 1235; Stellplatz 15 S, Zi. mit/ohne Bad inkl. Frühstück ab 65/35 S pro Pers.;) Das hauptsächlich von Freiwilligen errichtete Öko-Hostel besteht nur aus natürlichen Materialien wie Bambus und Peddigrohr. Einschließlich des Wassers wird hier alles recycelt. Zur Auswahl stehen luftige, rustikale Hütten mit Balkon und Hängematten oder überdachte Stellplätze. Das Ganze ist extrem rustikal und nicht für jeden geeignet, doch wem eine tolle Lage wichtiger als Luxus ist, der fühlt sich hier wohl.

Auf der erhöhten Terrasse aus Treibholz kann man gut ein Bier bei Sonnenuntergang trinken. Die billigeren Zimmer sind mit interessantem Gemeinschaftsbad unter freiem Himmel, das mit Mosaiken und Muscheln gefliest ist. Es werden Wanderungen zu den Schlammbädern in der Nähe angeboten sowie sehr beliebte Touren in die Mangroven und Naturschutzgebiete.

Essen

Sazon y Sabor PERUANISCH $$

(Panamericana Norte 1229; Hauptgerichte 28–50 S; 9–24 Uhr) Auf einer offenen Terrasse gegenüber dem Strand werden hochwertige peruanische Klassiker und ein paar internationale Gerichte serviert.

An- & Weiterreise

Combis und *Colectivos* fahren regelmäßig von Tumbes nach Zorritos (4 S, etwa 1 Std.). Wer von Süden kommt, kann mit jedem Bus in Richtung Tumbes fahren.

Tumbes

072 / 111 700 EW.

Die Stadt liegt nur 30 km von der Grenze zu Ecuador entfernt in einem einmalig grünen Teil der peruanischen Küste. Hier werden aus trockenen Wüsten plötzlich Mangroven und in alle Richtungen erstrecken sich Naturschutzgebiete. Unter den hässlichsten Städten Perus belegt Tumbes einen der vordersten Plätze. Es ist schmutzig, verfallen und überall sind Fliegen wegen der häufigen Überschwemmungen. Doch alle, die nach Ecuador wollen, müssen durch die Stadt fahren. Wenn überhaupt, lohnen die nahegelegenen Naturschutzgebiete einen Besuch, doch das ist auch mit einem Tagesausflug von Máncora aus möglich.

In der Stadt selbst gibt es ein paar interessante, kitschige Mosaiken, einen schönen Weg am Fluss entlang und eine Jesusstatue von unglaublicher Grellheit.

Als Folge des Grenzkrieges zwischen Ecuador und Peru in den Jahren 1940 und 1941 ist Tumbes immer noch Garnisonsstadt mit starker militärischer Präsenz.

Sehenswertes

Museo de Cabeza de Vaca MUSEUM
(Caserio Cabeza de Vaca, Corrales; Eintritt 4 S; Mo–Sa 8.30–16 Uhr) Die archäologische Stätte liegt 6 km südlich von Tumbes, unweit des Pan-American Highway. Hier lebte das Tumpis-Volk, bevor sie zum Standort der Inka-Festung wurde, die Pizarro einnehmen sollte. Zu sehen sind die freigelegten Adobe- und Steinmauern des Huaca del Sol. Im winzigen Museum wird die Geschichte der Stätte erzählt, und es gibt 1500 Jahre alte Keramikgefäße der Chimú, Inka und anderer Kulturen.

Um hierher zu kommen, fährt man mit einem *Colectivo* vom Parque Indecopi in Tumbes nach Corrales und von da weiter mit dem *Mototaxi* zum Museum südlich der Stadt.

Geführte Touren

Preference Tours TOUREN
(072-52-5518; turismomundial@hotmail.com; Grau 427; Mo–Fr 9–19, Sa 9–15 Uhr) Der freundliche Veranstalter bietet die preiswertesten Touren in der Stadt. Eine Tour nach Puerto Pizarro kostet 60 S, ins Santuario Nacional Los Manglares de Tumbes 90 S und nach Cerros de Amotape 95 S (jeweils pro Person). Die Preise gelten bei zwei Teilnehmern, bei größeren Gruppen wird es günstiger.

Mayte Tours WANDERN
(072-52-3219; www.maytetours.com; Bolognesi 196, Plaza de Armas; 8–20 Uhr) Der engagierte lokale Veranstalter bietet eine große Auswahl an Touren mit Schwerpunkt auf Natur und Abenteuer. So gehört es zu der Tour ins Santuario Los Manglares de Tumbes, dass die Teilnehmer Muscheln sammeln und daraus vor Ort ein Ceviche zubereiten. Bei der mehrtägigen Tour in den Parque Nacional Cerros de Amotape wird in Zelten übernachtet.

Schlafen

In den Sommermonaten von Dezember bis März sollte man unbedingt ein Zimmer mit intaktem Ventilator mieten. Während der Regenzeit und der beiden jährlichen Reisernten können Moskitos zur Plage werden und Wasser und Strom häufig ausfallen.

Hotel Roma HOTEL $
(072-52-4137; hotelromatumbes@hotmail.com; Bolognesi 425, Plaza de Armas; EZ/DZ/3BZ 45/70/95 S;) Erstklassig gelegen, bietet das gehobene Budgethotel seinen Gästen saubere, komfortable Zimmer mit warmer Dusche, leistungsfähigem Ventilator, Telefon und Kabel-TV. Es ist an ausländische Gäste gewöhnt, sodass man herzlich willkommen geheißen wird, allerdings kann es laut zugehen.

Hospedaje Lourdes PENSION $
(072-52-2966; Mayor Bodero 118; EZ/DZ 40/60 S, mit Klimaanlage 70/90 S;) Das saubere, sichere und freundliche Lourdes hat (für Tumbes) karge Zimmer mit Ventilator, Telefon, Fernseher und warmer Dusche.

★ **Casa César** BOUTIQUE-HOTEL $$
(072-52-2883; www.casacesartumbes.com; Huáscar 311; EZ/DZ inkl. Frühstück ab 130/170 S;) Durch eine Generalüberholung hat die frühere Budgetabsteige sehr an Niveau gewonnen. Heute ist sie ein professionelles, freundliches und ansehnliches Boutique-Hotel mit allem Drum und Dran, dessen minimalistischer weißer Ästhetik edle Designermöbel etwas Farbe verleihen.

Die 20 Zimmer, alle benannt nach regionalen Tieren, sind in nicht ganz so elegante Standardzimmer und farbenfrohe, helle *executive*-Zimmer unterteilt. Für Tumbes ein echter Fortschritt, und auch der Preis stimmt.

Hotel Rizzo Plaza HOTEL $$
(072-52-3991; www.rizzoplazahotel.com; Bolognesi 216; EZ/DZ inkl. Frühstück 126/148 S;) Nur ein paar Schritte von der Plaza de Armas liegt das noble Rizzo, das Reisende immer wieder empfehlen. Mit seinem Businesscenter tendiert es ein wenig zum Businesshotel. Es hat professionelle Mitarbeiter, ordentliche, frischgestrichene Zimmer, ziemlich kleine Bäder und viel zu viele Kunstblumen.

Hotel Costa del Sol BUSINESSHOTEL $$
(072-52-3991; www.costadelsolperu.com; San Martín 275; EZ/DZ inkl. Frühstück ab 210 S;) Das vornehmste Hotel der Stadt hat ein gutes Restaurant, eine nette Bar und einen Garten, einen Whirlpool, einen Pool mit Kinderbereich, ein kleines Kasino und einen Fitnessraum. Die komfortablen Zimmer könnten besser sein und bleiben hinter dem sonstigen Standard der Kette zurück, vor Ort findet man dennoch nichts Besseres. Es bietet kostenlosen Flughafentransfer an.

Essen

An der Plaza de Armas gibt's zahlreiche Bars und Restaurants, davon viele mit Tischen und Stühlen im Schatten, eine Wohltat bei

ABSTECHER

PARQUE NACIONAL CERROS DE AMOTAPE

Der tropische Trockenwald von Cerros de Amotape ist ein vom **Parque Nacional Cerros de Amotape** geschütztes Ökosystem. Mit seinen 1515 km² bildet er den größten Teil des Reserva de Biosfera de Noroeste. In dem Park sind Tiere und Pflanzen heimisch, u. a. Jaguare, Kondore und Ameisenbären, aber auch nicht so seltene Papageien, Rehe, Hirsche und Nabelschweine. Allerdings ist der einzigartige Lebensraum durch Abholzung, Wilderei und Überweidung stark gefährdet. Wer auf eigene Faust anreist, benötigt eine Genehmigung der Sernanp (S. 397) in Tumbes und muss einen Guide engagieren.

Die Zona Reservada de Tumbes, die jetzt auch zum Nationalpark Amotape gehört, ist ideal, um jede Menge Wildtiere zu beobachten. Der Wald ähnelt stark dem tropischen Trockenwald in den anderen Teilen des Nationalparks, liegt aber weiter östlich in den Bergen, sodass hier ein anderes Klima herrscht und sich eine etwas andere Flora und Fauna entwickelt hat, darunter sind Krokodile, Brüllaffen und Nutrias. Auch zahlreiche Orchideen- und Vogelarten sind hier heimisch.

Im kleinen freundlichen Dorf Rica Playa im Park können sehr kompetente lokale Guides zur Wildbeobachtung engagiert werden. Es gibt auch Campingplätze, und einheimische Familien versorgen die Besucher mit Essen.

Veranstalter in Tumbes organisieren auch Touren für 95 S pro Person (bei mindestens zwei Teilnehmern), inklusive Fahrt, Genehmigung und Führer.

der Hitze. Hier kann man auch gut sitzen und ein kaltes Bier trinken, bis der Bus kommt.

Die Restaurants im Stadtzentrum haben oft nicht lange geöffnet.

Moka CAFÉ $

(Bolognesi 252; Snacks 6–12 S; ⌚8–13 & 16.30–23 Uhr) In Tumbes wirkt dieses moderne Café so unpassend, dass sich viele Passanten erstaunt umschauen. Hier gibt's Berge leckeren Gebäcks, Frappuccinos mit verschiedenen Geschmacksnoten, Säfte, Milchshakes und Espresso, der zwar aus einer echten Espressomaschine kommt, aber nicht so ganz gelungen ist. Das gute Angebot an *croissantwiches* ist genau das Richtige für einen wunderbaren schnellen Happen oder zum Frühstück (Tipp: Hühnchensalat mit Avocado versuchen!).

Cappucino Panes & Mas PERUANISCH $$

(☎072-63-3214; www.capuccinotumbes.com; Feijoo 111; Hauptgerichte 18–30 S, Menü 25 S; ⌚8–21 Uhr) Auf den ersten Blick sieht das schicke Eckgeschäft bei der Plaza Bolognesi nur wie eine noble Bäckerei aus, doch unter dem Dach werden auch einige der besten Mahlzeiten der Stadt serviert. So gibt es zu dem äußerst üppigen Menü ein Glas frisch gepressten Saft. Außerdem gibt's Pizza und tolles Frühstück.

Ein Paradies für müde Grenzgänger, die das miese Essen der Busbahnhöfe satt haben.

Las Terrazas PERUANISCH $$

(☎072-52-1575; Araujo 549; Hauptgerichte 30–40 S) Das beliebte Restaurant außerhalb des Stadtzentrums ist die 2 S für das *Mototaxi* wert. Es ist immer rappelvoll. Neben üppigen Meeresfrüchtegerichten wird auf Wunsch von Fisch über Hummer bis Oktopus alles zubereitet oder zu Ceviche verarbeitet. Die Zubereitung ist im Stil der Nordküste. Freitags bis montags gibt's oben Livemusik ab 15 Uhr.

Sí Señor PERUANISCH $$

(Bolívar 115; Hauptgerichte 18–41 S; ⌚8–19 Uhr; ❄) Das nette alteingesessene Restaurant ist in einer ruhigen Ecke der Plaza. Draußen stehen einige Tische, drinnen dreht sich träge ein Deckenventilator. Zu essen gibt's von allem etwas, besonders aber Fisch und Meeresfrüchte. Die Auswahl an peruanischen Lieblings- und Meeresfrüchtegerichten ist riesig.

Wer sich nicht entscheiden kann, nimmt das leckere, preiswerte Menü für 9 S.

ℹ Praktische Informationen

EINREISE

Ecuadorianisches Konsulat (☎072-52-5949; Bolívar 129, 3. OG, Plaza de Armas)

Oficina de Migraciónes (☎072-52-3422; www.migraciones.gob.pe; Panamericana, Km 1275,5; ⌚Mo–Fr 8–16.30, Sa bis 12 Uhr) 2 km nördlich der Stadt an der Panamericana. Bearbeitet Visaanträge.

GEFAHREN & ÄRGERNISSE

Der Grenzübergang genießt einen schlechten Ruf, hat sich aber dank neuer Infrastruktur und Einreisebüros etwas verbessert.

Tumbes ist auch recht gefährlich. Man sollte nicht mit dem Handy in der Hand herumlaufen

GRENZÜBERGANG: VON TUMBES NACH ECUADOR

Zwielichtige Praktiken am ursprünglichen Grenzübergang von Aguas Verdes bescherten ihm den Ruf des „schlimmsten Grenzübergangs in ganz Südamerika". Doch ein paar Kilometer weiter befindet sich der modernisierte Grenzübergang Pocitos mit gemeinsamen Einreisebüros und verstärkter Polizeipräsenz. So ist der Grenzübergang jetzt zwar sicherer und einfacher, aber eine gewisse Vorsicht ist immer noch geboten.

Grenzübergang

Der Grenzübergang von Pocitos/Huaquillas besteht aus zwei Grenzposten, die sich 3 km voneinander entfernt beiderseits der Grenze befinden. Der offizielle Name lautet „Centro Binacional de Atención de Frontera" (kurz CEBAF). Bei der Ausreise aus Peru kann man direkt in das **CEBAF-Büro in Ecuador** (Centro Binacional de Atención de Frontera; ⏲24 Std.) am anderen Flussufer gehen. Dort erhält man von peruanischen Beamten den Ausreisestempel, geht ein paar Meter weiter und bekommt den Einreisestempel für Ecuador.

Bei der Einreise nach Peru sollte das Prozedere recht gleich sein, nur eben im **CEBAF-Büro auf peruanischer Seite** (☎072-63-2537; Panamerica Norte Km 1293, Eje Vial No 1, Pocitos; ⏲24 Std.) und ohne Stopp im ecuadorianischen Büro. Zur Zeit der Recherche hatten die ecuadorianischen Beamten das peruanische Büro nach einem Streit über die Qualität des Internets verlassen. So muss man sich nun den Ausreisestempel in Ecuador holen, bevor man in Peru einreisen und die Formalitäten auf peruanischer Seite erledigen kann.

Zumindest werden in Peru keine Gebühren für die Ein- oder Ausreise erhoben. Wer jedoch mit einem eigenen Fahrzeug einreist, muss eine Versicherung abschließen.

Die wenigsten Ausländer brauchen ein Visum für Ecuador, jedoch müssen sie über ausreichende Geldmittel (20 US$/Tag) verfügen, was aber nur selten kontrolliert wird. Touristen dürfen sich nur 90 Tage im Jahr in Ecuador aufhalten. Wer länger bleiben will, muss dies beim Konsulat beantragen. Wer bei der Ausreise nach einem längeren, nicht angezeigten Aufenthalt erwischt wird, muss mit einer saftigen Geldstrafe rechnen.

Auch sollte man unbedingt mit einem Direktbus von Cruz del Sur, Civa oder Cifa über die Grenze fahren. Etwas preiswerter ist die Fahrt mit einem *colectivo* oder städtischen Bus bis zur Grenze und nach der Einreise weiter mit einem anderen Bus, doch das kann böse ins Auge gehen (siehe unten „Betrüger") und ist auch extrem kompliziert.

Aguas Verdes besteht praktisch nur aus einer einzigen langen Straße voller Verkäufer, die sich auf ähnliche Weise, aber etwas besser entwickelt in Huaquillas, jenseits der internationalen Brücke über den Río Zarumilla, fortsetzt. Wer über Nacht in Aguas Verdes bleiben muss, hat ein paar einfache, laute und baufällige Hotels zur Auswahl. Die Hotels in Huaquillas sind etwas besser und auch sicherer, doch am besten bleibt man die Nacht über in Tumbes oder fährt zwei Stunden lang nach Machala, wo es wesentlich bessere Unterkünfte gibt oder man auch gleich weiter nach Guayaquil fahren kann.

Betrüger

Wer mit einem Direktbus über die Grenze fährt, muss nur einmal aus- und wieder einsteigen und erspart sich eine Menge Ärger. Wer jedoch mit öffentlichen Verkehrsmitteln zur Grenze fährt, wird oft Opfer von Betrügern. Diese überzeugen die Touristen davon, in einen anderen Bus umzusteigen und erzählen ihnen dann, dass sie sich an der Bestechung der Grenzpolizisten beteiligen müssten, um die Grenze überqueren zu können.

Ein weiteres Problem sind die unzähligen Schlepper und Geldwechsler, die den Travellern oft Falschgeld andrehen. Aus diesem Grund keinesfalls an der Grenze Geld tauschen!

Weitere Infos über Ecuador gibt's im Lonely Planet *Ecuador & Galápagosinseln*.

und lieber das Hotel oder Restaurant bitten, ein Taxi zu rufen, statt selber eines anzuhalten.

GELD

Banco BBVA (Bolívar 129) Bank und Geldautomat.

BCP (Bolívar 261) Löst Reiseschecks ein und hat einen Geldautomaten.

MEDIZINISCHE VERSORGUNG

Clinica Feijoo (☎072-52-5341; Castilla 305) Eine der besseren Kliniken in Tumbes.

POST

Serpost (San Martín 208; ⏲Mo–Fr 9–19, Sa bis 13 Uhr) Postdienstleistungen einen Block südlich der Plaza Bolognesi.

TOURISTENINFORMATION

iPerú (☎ 016-16-7300 ext 3049; www.peru.travel; Bolognesi 194, Centro Civico; ⌚ Mo–Sa 9–18, So bis 13 Uhr) bietet nützliche Infos für Traveller. Es ist am Hauptplatz der Stadt.

Sernanp (☎ 072-52-6489; www.sernanp.gob.pe; Panamericana Norte 1739; ⌚ Mo–Fr 8.30–12.30 & 15.30–17.30 Uhr) Das Büro stellt Genehmigungen aus und informiert über den Zugang zu den regionalen Naturschutzgebieten.

An- & Weiterreise

BUS

Es fahren praktisch ständig Busse von Tumbes nach Lima, doch sind sie oft (vor allem rund um die Feiertage) schon Tage im Voraus ausgebucht. In diesem Fall fährt man am besten mit einem Bus in Richtung Süden und versucht es dort. Die meisten Busgesellschaften haben ihr Büro in der Avenida Tumbes im Stadtzentrum.

Viele bieten einen besonderen Service mit wenigen Stopps und Bussen mit Klimaanlage, Bad und extrem lauten Videofilmen. Einige Gesellschaften fahren auch nonstop mit luxuriösen Schlafbussen.

Die langsameren Standardbusse halten in Piura, Chiclayo und Trujillo. Nach Máncora oder Piura fährt man aber am besten mit einem schnelleren *colectivo*-Minibus.

Wer über die Grenze nach Ecuador will, fährt am besten mit der ecuadorianischen Gesellschaft Cifa oder mit Ormeño. Die teuren peruanischen Gesellschaften haben zwar bequemere Busse, aber unpraktischere Fahrtzeiten. Außerdem kommen die Busse immer aus Lima und teilweise erst mitten in den Nacht an. Wenn es dann unterwegs noch Probleme mit dem Verkehr gibt, sitzen die Fahrgäste oft stundenlang in Tumbes fest. Alle Busse halten an der Grenze an, um die Formalitäten zu regeln.

In der Umgebung des Marktplatzes fahren die *colectivos* nach Puerto Pizarro in der Huascar, einen halben Häuserblock südlich der Feijoo, ab. Nach Zorritos fahren *combis* in der Castilla in der Nähe der Ugarte ab, nach Rica Playa in der Ugarte nahe der Castilla. Nach Corrales starten *colectivos* beim Parque Indecopi. Die meisten Haltestellen sind nicht gekennzeichnet, doch die Einheimischen wissen Bescheid.

Die klimatisierten Minibusse nach Máncora warten an der Ecke Tumbes und Piura. An der südwestlichen Ecke derselben Kreuzung fahren regelmäßig auch langsamere, billigere *combis* ab.

Cifa (☎ 972-894-619; www.cifainternacional.com; Tumbes 572) fährt siebenmal täglich nach Machala und Guayaquil in Ecuador, von 8 bis 2.30 Uhr etwa alle zwei Stunden.

Civa (☎ 072-52-5120; www.civa.com.pe; Tumbes 518) bietet preiswerte Verbindungen nach Lima um 13.30 und 15 Uhr, einen Mittelklassebus um 15.30 Uhr und einen *bus-cama* um 16 Uhr. Der sehr bequeme Bus nach Guayaquil fährt um 12.30 Uhr ab.

Cruz del Sur (☎ 072-52-6200; www.cruzdelsur.com.pe; Tumbes 319) Der *bus-cama* nach Lima startet um 15 und 16 Uhr, der nach Guayaquil montags, dienstags, donnerstags und samstags um 13 Uhr.

El Sol (☎ 072-50-8619; Tacna 343) Die preiswerten Busse fahren um 19.30 und 20 Uhr nach Chiclayo und um 19.30, 20 und 20.30 Uhr nach Trujillo.

Oltursa (☎ 017-08-5000; www.oltursa.pe; Tumbes 948) Der *bus-cama* nach Lima fährt um 14.30, 15 und 15.30 Uhr. Außerdem verkehrt täglich um 19.30 Uhr ein Bus nach Trujillo und Chiclayo.

Sertur (☎ 016-58-0071; www.serturperu.com; Tumbes 502) fährt von 5.30 bis 20.30 Uhr mit schnellen Minibussen etwa jede Stunde nach Máncora und Piura.

Tepsa (☎ 072-52-2428; www.tepsa.com.pe; Tumbes 781) Die Busse dieses Unternehmens brausen um 16 Uhr nach Lima.

Transportes Chiclayo (☎ 074-50-3548; www.transporteschiclayo.com; Tumbes 570) Die Busse verkehren täglich über Máncora nach Chiclayo. Abfahrt ist um 10, 14.30 und 21 Uhr.

Transportes El Dorado (☎ 072-63-5701; www.transporteseldorado.com.pe; Tacna 351) Die preiswerten Busse fahren elfmal täglich nach Piura sowie um 19.30 und 21.30 Uhr nach Chiclayo und um 19.30, 20 und 20.30 Uhr nach Trujillo.

Busse ab Tumbes

ZIEL	PREIS (S)	FAHRTZEIT
Chiclayo	30–90	9 Std.
Guayaquil (Ecuador)	33–131	6 Std.
Lima	100–200	16–18 Std.
Machala (Ecuador)	15–20	3 Std.
Máncora	12–60	1½–2 Std.
Piura	35–95	4–5 Std.
Puerto Pizarro	2,50	15 Min.
Rica Playa	5	1½ Std.
Trujillo	40–95	11 Std.
Zorritos	2,50–5	45 Min.

FLUGZEUG

Der Flughafen (TBP) liegt 8 km nördlich der Stadt. **LATAM** (☎ 072-52-4481; www.latam.com; Centro Commercial Costa Mar; ⌚ Mo–Fr 10–22, Sa & So 11–20 Uhr) fliegt bis zu zweimal täglich von Lima nach Tumbes.

Unterwegs vor Ort

Beim Anhalten von *mototaxis* in Tumbes ist größte Vorsicht geboten. Der Fahrer sollte unbedingt eine Weste mit dem Aufdruck seines Taxistands tragen. Wer sich unsicher ist, lässt sich ein Motorradtaxi von einem Geschäft rufen. Taxis mit Logo auf dem Fahrzeug und der Taxileuchte auf dem Dach sind in der Regel sicherer.

Zum Flughafen fahren keine öffentlichen Verkehrsmittel. Ein Taxi kostet um die 25 S.

Puerto Pizarro

072

Nördlich von Tumbes verändert sich plötzlich die Vegetation. Nach der 3000 km langen Küstenwüste, die sich von Zentralchile bis nach Nordperu erstreckt, beginnen hier die Mangrovensümpfe, die einen Großteil der Küsten in Ecuador und Kolumbien bedecken. Sie sind ein wichtiger Lebensraum für zahlreiche Vögel und beherbergen zeitweise bis zu 200 verschiedene Zugvogelarten, die hier auf ihren Reisen Zuflucht suchen.

Das beste Basislager für die Erkundung der Mangroven ist das kleine ruhige Puerto Pizarro. Es hat eine schöne Uferpromenade mit Plaza und Hafen, in dem die Ausflugsboote liegen. Damit ist es eine nette Erholung vom Trubel im nahegelegenen Tumbes.

Sehenswertes

Santuario Nacional los Manglares de Tumbes NATURSCHUTZGEBIET

(Puerto 25, Zarumilla; Peruanische/ausländische Besucher 11/30 S) Das Naturschutzgebiet, das 1988 ausgewiesen wurde, liegt direkt an der Küste und weit entfernt von den drei Trockenwaldgebieten der Region. Obwohl es nur 30 km² groß ist, spielt es eine wichtige Rolle für den Schutz und Erhalt der einzigen Mangroven in Peru. Das Naturschutzgebiet und seine Umgebung ist auch noch eine der wenigen *zona-rojas* (rote Zonen) in Peru. Aus diesem Grund ist es wichtig, sich vorab über die aktuelle Sicherheitslage zu informieren. Am besten fährt man bei Ebbe in das Naturschutzgebiet, denn dann kommen die Tiere zum Fressen.

Veranstalter in Tumbes organisieren auch Touren für 90 S pro Person inklusive Fahrt (bei mind. zwei Teilnehmern). Wer es auf eigene Faust erkunden will, wendet sich am besten an das Büro von iPeru in Aguas Verdes. Es organisiert die Fahrt mit einem *mototaxi* und engagiert einen lokalen Guide, der die Besucher am Eingang erwartet.

Auch in Puerto Pizarro werden Touren in die Mangroven angeboten, doch diese Mangroven gehören eigentlich nicht zum Naturschutzgebiet und sind nicht so üppig.

Aktivitäten

Es werden Boote für die Fahrt in die Mangroven verliehen. Eine Tour führt auch in ein **Krokodilreservat**, wo die letzten Krokodile Perus vor dem Aussterben bewahrt werden. Dann geht's weiter zur **Isla de Aves**. Dort dürfen die Boote nicht anlegen, doch man kann die vielen brütenden Vögel beobachten. Die beste Zeit dafür ist zwischen 17 und 18 Uhr, wenn die Vögel zu ihren Schlafplätzen zurückkehren. Die Charterboote liegen in Puerto Pizarros Hafen. Ein Boot für die Fahrt in die Mangroven und zu anderen Sehenswürdigkeiten kostet zwischen 70 und 80 S (für bis zu sechs Pers.). Für den Zugang zur Anlegestelle wird eine Gebühr von 1 S fällig.

Zwei gute Anbieter sind **Turmi** (972-986-199; Grau s/n), die Vereinigung der Bootseigner, die ideal für kleine Gruppen und einzelne Traveller ist, und **Manglaris Tours** (972-634-241; Grau s/n), die über größere Boote verfügen und die Standardtour für nur 10 S pro Person anbieten. Beide sind am Fußweg zum Pier zu finden. Veranstalter in Tumbes bieten ebenfalls Touren in die Gegend an.

Wem eine Tour zu lange dauert, kann nur einen kurzen bequemen Ausflug auf die **Isla Hueso de Ballena** vor der Küste machen. Auf der Insel gibt's ein paar Mittagsrestaurants und Schlauchboote für die Kleinen.

Essen

Restaurante Hueso de Ballena PERUANISCH $$

(Hauptgerichte 25–28 S; 9–18 Uhr) Das Restaurant ist das beste auf der Isla Hueso de Ballena. Es liegt direkt am Strand und hat Hängematten für die Großen und Schlauchboote für die Kleinen. Außerdem lockt es mit einer „Orgie von Meeresfrüchten" und bietet die regionale Spezialität *conchas negras* (schwarze Muscheln) sowie Ceviche, Meeresfrüchte mit Reis, *chicharrónes* und Suppen mit frischen Zutaten aus dem Meer.

Die Bootsfahrt ab Puerto Pizzaro und zurück kostet 25 S.

An- & Weiterreise

Wer nur etwas essen will, kann sich mit dem Boot für 25 bis 30 S zum Restaurant fahren lassen. Zwischen Puerto Pizarro und Tumbes verkehren auch regelmäßig *colectivos* (2,50 S, 15 Min.).

Huaraz & die Cordilleras

Inhalt ➡

Gut essen

- Mi Comedia (S. 409)
- Café Andino (S. 410)
- Chili Heaven (S. 410)
- Buongiorno (S. 438)
- Manka (S. 408)

Schön übernachten

- Cuesta Serena (S. 408)
- Albergue Churup (S. 406)
- Lazy Dog Inn (S. 408)
- Llanganuco Mountain Lodge (S. 431)
- Hotel El Abuelo (S. 429)
- Hotel Los Nogales (S. 435)

Auf nach Huaraz & in die Cordilleras!

Die Cordilleras, das peruanische Mekka für Outdoor-Abenteurer, gehören zu den besten Regionen für Wander-, Trekking- und Rucksacktouren in Südamerika. Wo man auch hinschaut, überall ragen von ewigem Eis bedeckte Berggipfel aus limonengrünen Tälern empor. Zwischen all diesen faszinierenden Giganten befinden sich zahlreiche jadegrüne Seen, Eishöhlen und Thermalquellen. 18 majestätische, über 6000 m hohe Gipfel erinnern unentwegt daran, dass die Cordillera Blanca nach dem Himalaja eine der höchsten Bergketten der Welt ist.

Huaraz ist die urbane Dekompressionskammer, in der so ziemlich jeder Wanderer, Trekker und Bergsteiger einen Zwischenstopp einlegt und sich mit anderen Travellern austauscht. Hier werden in heimeligen Hostels und Bars bei einem kühlen Bier Pläne für waghalsige Klettertouren im Eis geschmiedet. Aber auch die rätselhaften 3000 Jahre alten Ruinen von Chavín de Huántar warten darauf, erkundet zu werden und sorgen für einen Tag ruhiger Besinnlichkeit.

Reisezeit

Huaraz

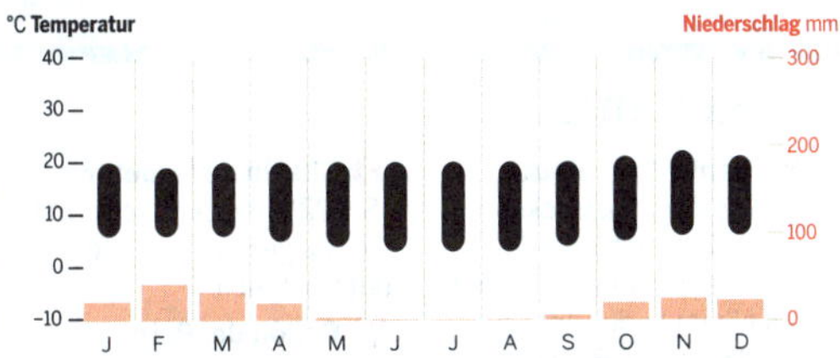

Mai–Sept. In der Trockenzeit bieten die Cordilleras die besten Wanderbedingungen.

Okt.–Dez. Entspannte Nebensaison in Huaraz; es stehen mehr qualifizierte Guides zur Verfügung.

Dez.–April Feucht und regnerisch; gut ausgerüstete Wanderer genießen die Stille.

HUARAZ

043 / 127 000 EW. / 3091 M

Von den Dächern und Balkonen der quirligen Hauptstadt der Cordilleras genießt man eine atemberaubende Aussicht, denn man blickt auf einen der imposantesten Gebirgszüge weltweit. 1970 wurde der Ort beinahe von einem Erdbeben ausgelöscht. Auch deshalb wird er so schnell keinen Schönheitswettbewerb gewinnen, aber dafür hat er Charakter.

Zuallererst ist Huaraz eine Trekkingmetropole. Während der Hauptsaison tummeln sich Hunderte Backpacker und Abenteuer-

Highlights

1 **Santa-Cruz-Route** (S. 418) Wie Joe Cocker sang: *Getting high with a little help from your friends* auf einem Anden-Trek zur 4760 m hohen Punta Union

2 **Laguna Churup** (S. 421) Von Huaraz aus zum eisigen Gebirgskessel mit einem azurblauen Bergsee wandern und sich dabei akklimatisieren

3 **Chavín de Huántar** (S. 422) Eine Zeitreise durch die Gänge einer alten Ruine unternehmen

4 **Cañón del Pato** (S. 432) Ein Fahrrad mieten und durch 35 Tunnel in die Schlucht runterrasen

5 **Huayhuash-Rundweg** (S. 425) Zwei Wochen lang nur begleitet von Maultieren und umgeben von Bergen in der Wildnis der Anden wandern

6 **Bars in Huaraz** (S. 411) Bei einem Craft-Bier in der Cordillera-Hauptstadt des Nachtlebens mit Trekkingerlebnissen prahlen

7 **Hatun Machay** (S. 428) In diesem Wald große Felsblöcke hinaufkraxeln oder blanke Felswände erklimmen

urlauber in den Straßen. Die einen sind gerade von einem anstrengenden Trip zurückgekehrt, andere planen schon die nächste Exkursion. Dutzende Agenturen helfen bei der Organisation, verleihen die nötige Ausrüstung und bieten viele verschiedene Abenteuersportarten an. Eine Menge guter Restaurants und hipper Bars sorgt dafür, dass es bis tief in die Nacht hoch hergeht. Abenteuer in den Bergen lohnen sich auch in der Nebensaison, selbst wenn dann die Stimmung etwas gedämpfter ist. Einige Läden schließen, sobald der Regen kommt.

Sehenswertes

In der Stadt

Museo Regional de Ancash MUSEUM
(Plaza de Armas; Erw./Kind 5/1 S; Di–Sa 8.30–17.15, So 9–14 Uhr) Das Museo Regional de Ancash beherbergt eine der bedeutendsten Sammlungen antiker Steinskulpturen in Südamerika. Die Werke sind im Garten hinter dem Museum ausgestellt. Die meisten stammen aus den Kulturen der Recuay (400 v. Chr.–600 n. Chr.) und der Wari (600–1100 n. Chr.). Der Rest der Ausstellung beschränkt sich auf ein paar Mumien und einige trepanierte (eröffnete) Schädel.

Jirón José Olaya ARCHITEKTUR
Die Jirón José Olaya im Osten der Stadt blieb als einzige Straße während der Erdbeben intakt und vermittelt einen guten Eindruck davon, wie das alte Huaraz einst aussah. Sonntags findet hier ein Straßenmarkt statt, auf dem regionale Lebensmittel verkauft werden.

Außerhalb der Stadt

Monumento Nacional Wilkahuaín RUINEN
(Erw./Student 5/2 S; Di–So 9–17 Uhr) Die kleine, aber bemerkenswert gut erhaltene Ruine aus der Wari-Zeit steht etwa 8 km nördlich von Huaraz. Sie stammt aus der Zeit zwischen 600 und 900 n. Chr. und ist ein Nachbau des Chavín-Tempels im Tiwanaku-Stil (quadratische Tempel auf erhöhten Fundamenten). Wilkahuaín ist das Quechua-Wort für „Haus des Enkels". Der dreistöckige Tempel hat pro Ebene sieben Räume, die ursprünglich unzählige Mumien bargen. Ein ausgeklügeltes Belüftungssystem sorgte dafür, dass alle Körper trocken blieben. In dem aus einem Raum bestehenden Museum erhält man Infos auf Englisch und Spanisch.

Hierher kommt man zu Fuß oder mit einem Taxi nach El Pinar (7 S), von wo zwei Wege zu den Ruinen führen – eine direkte Strecke über die Hauptstraße (6 km) und eine längere, aber reizvollere Strecke über Marian. Alternativ nimmt man ein Taxi direkt zu den Ruinen (ca. 25 S).

Genau genommen gibt es zwei archäologische Stätten. Das Ticket sollte man am unteren Komplex kaufen. Den zweiten, kleineren Komplex (Wilkahuaín Pequeno) erreicht man in zehn Minuten zu Fuß über eine Schotterstraße.

Der Weg von den Ruinen hinunter zu den Bädern bei Monterrey empfiehlt sich nicht, da es auf diesem Abschnitt schon zu Raubüberfällen gekommen sein soll.

Mirador de Retaqeñua AUSSICHTSPUNKT
Der Mirador de Retaqeñua liegt etwa 45 Gehminuten südöstlich des Zentrums und bietet einen tollen Blick auf die Stadt und die Berge. Leider gab es hier in den letzten Jahren Raubüberfälle, sodass man besser nicht zu Fuß hierher kommen sollte. Bevor man sich auf den Weg macht, sollte man sich vor Ort informieren. Wer Zweifel hat, nimmt lieber ein Taxi (15 S).

Aktivitäten

Mountain Bike Adventures (972-616-008; www.chakinaniperu.com; Lúcar y Torre 530, 2. Stock; 2-Tages-Tour ab 380 US$; 9–13 & 15–20 Uhr) ist seit über zehn Jahren im Geschäft. Mountainbiker kommen immer wieder, weil sie die gute Drahteselauswahl, den sachkundigen und freundlichen Service sowie die hohen Sicherheitsstandards schätzen. Im Angebot sind geführte Touren von wenig anspruchsvollen fünfstündigen Ausflügen bis hin zu zwölftägigen Rundfahrten in der Cordillera Blanca.

Julio, der Betreiber, lebt seit Ewigkeiten in Huaraz, spricht Englisch und organisiert für seine Kunden maßgeschneiderte Touren. Keiner kennt die Single-Trails in der Region besser als er.

Bergsteigen & Trekking

Alle Aktivitäten im Parque Nacional Huascarán – ob Bergsteigen oder Klettern – erfordern aus technischer Sicht die Begleitung durch einen zertifizierten Führer; an den meisten Parkeingängen wird aber nicht darauf bestanden. Ein Führer lohnt sich jedoch auch für weniger anspruchsvolle Aktivitäten, denn das Wetter in den Bergen kann schnell drehen, und die Höhenkrankheit

Huaraz

kann selbst erfahrene Wanderer stark beeinträchtigen. Zudem sorgt ein guter Guide dafür, dass man Dinge sieht, die man sonst vielleicht verpasst hätte.

Alle Führer müssen eine Lizenz der peruanischen Behörden besitzen und bei den Nationalparkbüros registriert sein. Bergsteiger und Wanderer sollten sich in der **Casa de Guías** (☎043-42-1811; www.agmp.pe; Parque Ginebra 28G; ⏲Mo–Fr 9–13 & 16–18, Sa 8–12 Uhr), der Zentrale der **Bergführervereinigung Perus**, informieren. Sie pflegt eine Liste zu ihren Führern mit international anerkannter Zertifizierung, die alle ein strenges Aus-

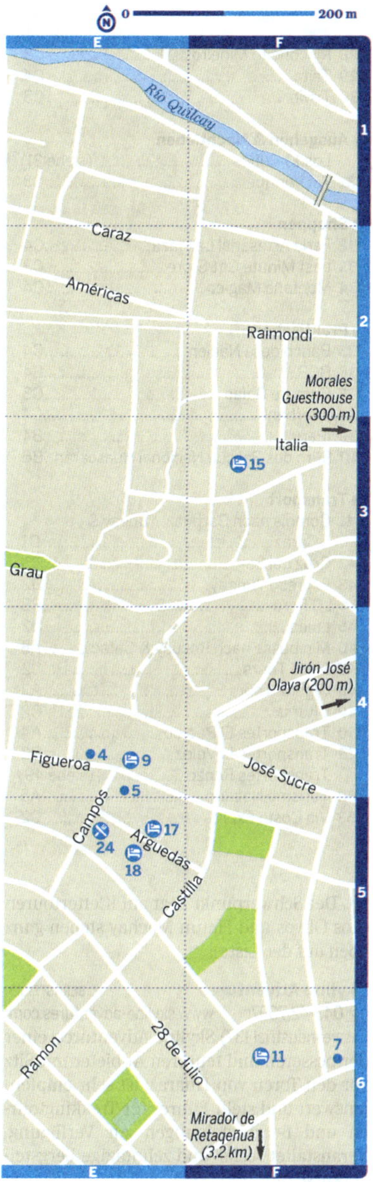

bildungsprogramm absolviert haben. Eine internationale Zertifizierung ist allerdings keine Voraussetzung für das Arbeiten im Park. Es gibt auch einige hervorragende unabhängige Guides von anderen Vereinigungen, die eine Zertifizierung für die Region haben.

Viele Agenturen organisieren komplette Trekking- und Klettertouren inklusive Ausrüstung, Führer, Verpflegung, Köchen, Trägern und Transport. Je nach Teilnehmerzahl, Länge der Exkursion und im Preis enthaltenen Leistungen bezahlt man pro Person und Tag ab 100 S (für einen einfachen Tagesausflug) und bis zu 750 S (für eine anspruchsvolle Bergbesteigung). Die Kosten sollten nicht das einzige Auswahlkriterium sein, denn oft gilt: Wer weniger investiert, bekommt auch weniger. Auf jeden Fall sollte man sich vorab gründlich informieren, denn Dinge ändern sich – manchmal lässt der Service guter Anbieter plötzlich nach, oder vormals weniger gute Veranstalter starten richtig durch.

Eine der besten Informationsquellen sind andere Reisende, die gerade von einer Trekkingtour zurückkommen und ihren Guide empfehlen können – oder eben auch nicht. Auch der South American Explorers Club in Lima gilt als gute Adresse für Auskünfte und Kartenmaterial.

★ Quechuandes WANDERN & TREKKEN
(943-386-147; www.quechandes.com; Santa Gadea 995; Mo–Sa 9–20, Sa 11–20 Uhr) Eine ausgezeichnete Agentur, die aufgrund ihrer sehr guten Guides und des die verschiedenen ethnischen Gruppen berücksichtigenden Ansatzes bezüglich der Wanderungen gelobt wird. Das Management stellt zunächst das Niveau der Teilnehmer fest, um sicherzustellen, dass sie den Anforderungen gewachsen sind. Erst dann geht es in die Berge, und erst dann wird Ausrüstung verliehen. Es werden nicht nur Trekkingtouren, Gipfelbesteigungen und Bergsteigerkurse angeboten, die Mitarbeiter sind auch Experten im Klettern und Bouldern.

Die Besitzer Marie und David haben viel recherchiert und anschließend den für die Cordilleras unerlässlichen Kletterführer geschrieben. Die Preise variieren je nach Aktivität, Teilnehmerzahl und Art des Ausflugs. Preisangebote bekommt man über die Website.

★ Eco Ice Peru WANDERN & TREKKEN
(www.ecoice-peru.com; Figueroa 1185; 3-/4-tägige Trekkingtour ab 240 US$; 8–18 Uhr) Die von einem geselligen und leidenschaftlichen jungen Guide geführte Agentur bekommt von Travellern ausgezeichnete Bewertungen für ihre Kundenorientierung, ihre Guides, ihre *arrieros* (Maultierausflüge) und ihr Essen. Die Touren enden oft mit einem Abendes-

Huaraz

Sehenswertes
1 Museo Regional de Ancash B4

Aktivitäten, Kurse & Touren
2 Andean Kingdom C3
3 Climber Land C4
4 Eco Ice Peru E4
5 Huascarán E4
Mountain Bike Adventures .... (siehe 33)
6 Pablo Tours C3
7 Quechuandes F6

Schlafen
8 Albergue Benkawasi A5
9 Albergue Churup E4
10 Aldo's Guest House C3
11 Andino Club Hotel F6
12 El Jacal Backpacker D5
13 El Jacal Classic D4
Familia Meza Lodging .... (siehe 33)
14 Hotel El Tumi B6
15 Hotel San Sebastián F3
16 La Aurora B5
17 La Casa de Zarela E5
18 Olaza's Bed & Breakfast E5

Essen
Café Andino .... (siehe 33)
19 California Café B5
20 Campo Base C3
21 Chili Heaven C3
22 Crêperie Patrick C2
23 El Fogón B5
La Brasa Roja .... (siehe 16)
24 La Casona Huaracina E5
25 Manka C3
26 Mi Comedia Gelatería B6
27 Novaplaza C3
28 Rinconcito Mineiro C3
29 Taita D4
30 Trivio C3

Ausgehen & Nachtleben
Los 13 Buhos .... (siehe 21)
31 Tio Enrique C3

Shoppen
32 Feria Artesanal La Plaza C4
33 Last Minute Gift Store C3
34 Montaña Magica C4

Praktisches
35 Banco de la Nacion C4
36 BCP B4
37 Casa de Guías C3
38 Interbank C4
39 iPerú B4
40 Büro des Parque Nacional Huascarán .. B6

Transport
41 Combis nach Carhuaz, Yungay & Caraz D1
42 Cruz del Sur C3
43 Expreso Yungay D2
44 LC Perú B5
45 Línea D2
46 Minibusse nach Recuay & Catac A5
47 Movil Tours C2
48 Olguita Tours A3
49 Oltursa C2
50 Transportes El Rápido A4
51 Transportes El Veloz C2
Transportes Renzo .... (siehe 49)
52 Turismo Nazario A5
53 Via Costa Express C2

sen auf dem Grundstück des Besitzers in Huaraz.

Climber Land WANDERN & TREKKEN
(☎943-976-886; Parque Ginebra; Trekkingtour ab 60 US$; ⊙Mo–Sa 8–21, So 8–13 & 17–21 Uhr) Zuvorkommender Trekking- und Tourveranstalter im Zentrum der Action im Parque Ginebra. Angeboten werden Kletterbegleitung und mehrtägige Trekkingtouren, darunter die Santa-Cruz-Route, Los Cedro-Alpamayo und der Huayhuash-Rundweg.

Andean Kingdom ABENTEUERTOUR
(☎944-913-011; www.andeankingdomhuaraz.com; Parque Ginebra; Klettertour ab 120 S; ⊙Mo–Sa 9–21 Uhr) Eine lockere, aber enthusiastische Agentur, die Tageskurse für angehende Kletterer, logistische Unterstützung für Experten und die üblichen Tagesausflüge anbietet. Der Schwerpunkt liegt auf Klettertouren (Los Olivos und Hatun Machay stehen ganz oben auf der Liste).

Skyline Adventures BERGSTEIGEN
(☎043-42-7097; www.skyline-adventures.com; Pasaje Industrial 137) Skyline Adventures, einer der besseren und teureren Anbieter mit Sitz vor den Toren von Huaraz, ist sehr empfehlenswert und stellt Führer für Trekkingtouren und Bergbesteigungen zur Verfügung. Veranstaltet sechs- und zehntägige Bergsteigerkurse (ab 1000 US$).

Huascarán TREKKING
(☎043-42-2523; www.huascaran-peru.com; Campos 711; Trekkingtour ab 40 US$; ⊙7.30–20 Uhr) Renommierter Anbieter, der die gesamte Bandbreite von Exkursionen in seinem Programm hat.

Klettern

Klettern gehört in der Cordillera Blanca zum größten und immer beliebter werdenden Freizeitvergnügen. Huaraz ist der ideale Ausgangspunkt für eintägige Ausflüge und *der* Ort für die Planung von Trekkingtouren und das Ausleihen von Equipment schlechthin. Rund um Chancos gibt es gute Klettertouren für Anfänger, die Gegend um Los Olivos hat für jedes Niveau etwas zu bieten und ist von Huaraz aus leicht zu erreichen. Passionierte Kletterer finden in Recuay und Hatun Machay, 30 bzw. 70 km südlich von Huaraz, sportlich-extreme Herausforderungen. Mehrtägige Abenteuer an der Steilwand werden am berühmten Torre de Parón, der in der Gegend auch Sphinx genannt wird, geboten.

Die meisten Trekkingagenturen haben Kletterausflüge für Anfänger und Fortgeschrittene im Programm. Viele verleihen auch die dazugehörige Ausrüstung. Niemand sollte sich ohne ein Exemplar des *Huaraz: The Climbing Guide* (2014) von David Lazo und Marie Timmermans auf den Weg machen. In dem Buch sind detaillierte Beschreibungen von über 1000 Kletterrouten, Fotos und farblich gekennzeichnete Karten enthalten.

Geführte Touren

Dutzende Agenturen an der Luzuriaga organisieren Ausflüge zu den lokalen Sehenswürdigkeiten, darunter mehrtägige Exkursionen. Die meisten werden von den Verkehrsunternehmen durchgeführt. Man landet also mit großer Wahrscheinlichkeit immer im selben Bus, egal bei welcher Agentur man bucht.

Beliebte Ziele sind die Ruinen von Chavín de Huántar oder die Lagunas Llanganuco, von wo aus man einen herrlichen Blick auf den Huascarán und weitere Berge genießt. Über Caraz gelangt man zur bildschönen, von Gletscherbergen umgebenen Laguna Parón. Ein vierter Ausflug führt zum Gletscher Nevado Pastoruri, dem am leichtesten zugänglichen Gletscher in der Cordillera.

All diese Trips kosten je nach Gruppengröße 50 bis 60 S. Der Preis umfasst den Transport (mit Minibussen) und einen Reisebegleiter (manche sprechen Englisch, andere nicht). Eintrittsgelder und Mittagessen muss man extra zahlen. Die Touren dauern einen ganzen Tag, deshalb sollte man ein Lunch-Paket, warme Kleidung, genügend Wasser und Sonnencreme einpacken. In der Hauptsaison kann man täglich an einer Exkursion teilnehmen, in der Nebensaison hängt das Angebot dagegen von der Nachfrage ab. Montags sollte man keinen Tagesausflug nach Chavín de Huántar unternehmen – dann sind die Ruinen und das Museum geschlossen.

Pablo Tours SIGHTSEEINGTOUR
(☎043-42-1145; www.pablotours.com; Luzuriaga 501; ⏲9–20 Uhr) Diese Agentur bietet eintägige Standardausflüge von Huaraz zu Orten wie Chavín de Huántar (40 S), den Lagunas Llanganuco (40 S) und Laguna 69 (45 S).

Feste & Events

Carnaval KARNEVAL
(⏲Feb.) Während des Karnevals platzt Huaraz aus allen Nähten. Zahlreiche peruanische Touristen strömen in die Stadt, und viele von ihnen werden zu **Mardi Gras (Faschingsdienstag)** stockbesoffen sein. Am **Aschermittwoch** wird es stimmungsvoller beim Trauerzug zu Ehren des *ño carnavalón* (Karnevalskönig) ab der Plaza de Armas.

Schlafen

In der Ferienzeit ist oft alles ausgebucht, und die Zimmer kosten teilweise doppelt so viel wie sonst. Da Huaraz ein Zentrum für Bergsteiger und Kletterer ist, dominieren preiswerte Herbergen für Rucksacktouristen. Angestellte der Hostels warten auf die ankommenden Busse und bieten dort ihre Unterkünfte an. Vorsicht vor Betrug und überhöhten Preisen! Man sollte niemanden bezahlen, ohne vorher das Zimmer gesehen zu haben.

In der Stadt

El Jacal Backpacker HOSTEL $
(☎043-23-2924; www.eljacalhostel.com; 28 de Julio 1066; B/EZ/DZ ohne Bad 40/65/100 S, DZ mit Bad 130 S; P 📶) Das „Backpacker" ist eine Art Mix aus *hostal* (Pension) und Hostel und wird von derselben Familie betrieben wie das wunderbare El Jacal Classic (S. 407). Und das bedeutet: Gäste können hier mit einer herzlichen Begrüßung, ultra-sauberen Zimmern und einer einfachen, aber angenehmen Einrichtung rechnen. Im Angebot sind Schlafsäle, ein paar Doppelzimmer mit Bad sowie eine nette Lounge, eine moderne Küche und kostenlose Parkplätze.

Wie der Name vermuten lässt, ist dies ein toller Ort, um Ausflüge zu planen und Gleichgesinnte zu treffen.

AKKLIMATISIERUNGSWANDERUNGEN

Es ist wichtig, dass Wanderer, die gerade erst in den Cordilleras eingetroffen sind, sich ein paar Tage in Huaraz akklimatisieren, bevor sie sich auf den Weg in die Berge machen. Huaraz liegt 3091 m hoch, und das ist schon eine gewaltige Höhe, wenn man aus dem Tiefland kommt. Die meisten Wanderungen in den Cordilleras führen auf Höhen zwischen 3500 m und 5000 m.

Wer sich zu schnell in große Höhen begibt, leidet oft an Schwindel, Übelkeit und Schlimmerem, sodass die Wanderung vorzeitig beendet werden muss oder das Ganze – bestenfalls – ein langes, schmerzhaftes Unternehmen wird. Und das passiert hier in dieser Gegend nur allzu oft, obwohl es einfach vermieden werden könnte, wenn nur ein paar einfache Vorsichtsmaßnahmen beachtet werden.

Am ersten Tag sollte man ganz geruhsam ein paar behutsame, gemütliche Spaziergänge in der Stadt unternehmen. Je nachdem, wie man sich fühlt (das kann bei jedem anders sein), könnte man am zweiten Tag zur **Laguna Wilkacocha** (S. 427) wandern, eine der wenigen Strecken rund um Huaraz, in deren Verlauf man nicht über 4000 m kommt.

Am dritten Tag fühlen sich durchtrainierte Wanderer nun vielleicht fit genug, um die 4000-m-Grenze zu überschreiten und zur **Laguna Churup** (S. 421) zu wandern. Diese bei vielen ehrgeizigen Wanderern beliebte Akklimatisierungstour führt ziemlich schnell in eine ziemlich große Höhe (4450 m) und hat am Ende einen kniffligen Kletterabschnitt. Als Kompromiss unterteilen viele Leute diese Wanderung in mehrere Teile. Am ersten Tag nehmen sie nur die halbe Wegstrecke in Angriff, am zweiten Tag dann die ganze Strecke. Die Landschaft lohnt es unbedingt, die Wanderung an zwei Tagen zu unternehmen.

Wenn alles gut geht, sollte man dann nach vier oder fünf Tagen sorgfältiger Akklimatisierung fit sein für die Santa-Cruz-Route, den Huayhuash-Rundweg oder andere noch höhere Andengipfel. Nach oben gibt es keine Grenzen.

Albergue Benkawasi PENSION $

(☎043-43-3150; www.huarazbenkawasi.com; Parque Santa Rosa 928; B/EZ/DZ 25/50/80 S; @ 📶) Fenster aus Coca-Cola-Flaschen-Glas, karierte Tagesdecken und kirschrote Ziegelsteinwände verleihen dem Benkawasi eine Art Chalet-Ambiente der 1970er-Jahre. Es mag zwar keine Luxusunterkunft sein, und die Möbel sind alt und inzwischen unmodern, aber dafür ist hier alles sehr sauber. Der Besitzer und seine Englisch sprechende peruanisch-libanesische Frau sind jung und lustig. In der Lobby steht eine Tischtennisplatte.

Die Betten in den Schlafsälen bieten ein gutes Preis-Leistungs-Verhältnis.

Familia Meza Lodging PENSION $

(☎943-695-908; Lúcar y Torre 538; Zi. 30 S/Pers.; 📶) Eine charmante, familiäre Pension mit heiteren, gemütlichen Zimmern. Sie befindet sich im selben Gebäude wie das Café Andino (S. 410). Die Besitzer sind so hilfsbereit und freundlich, dass man sich in dieser Unterkunft einfach wohlfühlen muss. Im Gemeinschaftsbad gibt's Warmwasser und unter dem Dach einen Aufenthaltsraum mit kleiner Küche.

Aldo's Guest House PENSION $

(☎043-42-5355; Morales 650; B/EZ/DZ/3BZ 15/40/50/75 S; @📶) Das Aldo's ist ein freundliches, wenn auch sehr einfaches Hostel. Es ist in fröhlichen Farben dekoriert und liegt mitten im (lärmigen) Stadtzentrum. Die Schlafsäle und die Zimmer haben ein gutes Preis-Leistungs-Verhältnis. In den Gemeinschaftseinrichtungen (Küche, Bäder) geht es manchmal etwas hektisch zu. Aber dessen ungeachtet ist dies ein guter Ort, um andere Traveller zu treffen und Trekkingerfahrungen auszutauschen.

★ **Albergue Churup** HOSTEL $$

(☎043-42-4200; www.churup.com; Figueroa 1257; B 45 S, EZ/DZ inkl. Frühstück 120/185 S; @📶) Das immens beliebte familiengeführte Hostel gehört seit Langem zu den Top-Budgetunterkünften und bietet blitzblanke, große, helle Zimmer mit knalligen Farbakzenten. Auf jeder Etage gibt es bequeme Aufenthaltsbereiche. Ganz oben lockt ein großes Kaminzimmer mit grandiosem 180-Grad-Blick auf die Cordillera.

Und wem das nicht reicht: Die Mitglieder der freundlichen Familie Quirós sind perfekte Gastgeber. Geboten werden außerdem eine Gemeinschaftsküche und ein Reisebüro, in dem man sich auch Trekkingausrüstung ausleihen kann. Wer von einer Trekkingtour hoch oben in den Bergen wieder zurück ins alltägliche Leben kommt, möchte hier landen.

Morales Guesthouse HOTEL **$$**
(☎ 043-42-5105; www.moralesguesthouse.com; Pasaje Ucanan 232; EZ/DZ inkl. Frühstück 115/150 S; 📶) Das Morales, das man durch ein grünes Tor am Ende der Jirón José Olaya erreicht, ist so erfolgreich, dass vor Kurzem ein großer, architektonisch durchdachter Anbau in Auftrag gegeben wurde. Die großen Zimmer mit Kiefernholzmöbeln sind in Orange- und Gelbtönen gehalten. Auf der Terrasse kann man wunschgemäß zubereitete Frühstückseier mit Blick auf ein Dutzend Andengipfel genießen.

Die Trumpfkarte des Morales ist das freundliche, sachkundige Personal, das die Gäste gern gratis vom Busbahnhof abholt. Es werden auch ein Wäscheservice (man bekommt seine sauberen Sachen noch am gleichen Tag zurück) und Hilfe bei der Buchung von Touren und Flügen angeboten.

La Aurora HOTEL **$$**
(☎ 043-42-6824; www.hotelaurorahuaraz.com; Luzuriaga 915; EZ/DZ/3BZ inkl. Frühstück ab 120/220/310 S; 📶) Das Aurora ist ein bei Travellern äußerst beliebtes Mittelklassehotel und genau das Richtige nach einer Trekkingtour. Hier kann man sich (mit warmem Wasser) den Staub aus den Haaren waschen und sich in ein weiches, bequemes Bett fallen lassen. Die neuen, hellen Zimmer haben Holzfußböden, Luxusbäder mit Marmorwaschbecken und hier und da eine Prise Lokalkolorit, z. B. Lampenschirme aus Stroh und gewebte Tagesdecken.

Das Frühstück wird auf der fantastischen Terrasse mit Blick auf den Huascarán und den Churup serviert. Hervorragendes Preis-Leistungs-Verhältnis!

Hotel San Sebastián HOTEL **$$**
(☎ 043-42-6960; www.sansebastianhuaraz.com; Italia 1124; EZ/DZ inkl. Frühstück 180/218 S; @📶) Der bezaubernde, vierstöckige Rückzugsort mit weißen Wänden und rotem Dach ist ein neokoloniales Architekturjuwel. Von den Balkonen und Bogengängen blickt man auf einen grünen Garten und einen Innenhof mit hübschem Springbrunnen. Alle Zimmer sind mit einem Schreibtisch, guten Betten, Warmwasserduschen und Kabel-TV ausgestattet. Die meisten verfügen außerdem über einen Balkon. Wer nach einer Trekkingtour etwas Schickeres wünscht, ist hier goldrichtig.

El Jacal Classic HOTEL **$$**
(☎ 043-42-4612; www.eljacalhostel.com; José Sucre 1044; EZ/DZ inkl. Frühstück 80/105 S; 📶) Die freundliche Unterkunft in Familienhand ist besonders bei Travellern mit kleinem Budget beliebt, die sich selbst zu alt (oder zu uncool) fühlen, um in einem Hostel zu übernachten. Das El Jacal ist genau das Richtige, wenn man gerade aus Lima kommt und sich zunächst ein paar Tage sowohl körperlich als auch mental an den Rhythmus in Huaraz gewöhnen will. Die einfachen, aber komfortablen Zimmer werden jeden Tag auf Feinste herausgeputzt.

Das großzügige Frühstück auf der überdachten Dachterrasse mit Blick auf den höchsten Berg Perus ist ein weiterer Pluspunkt.

Olaza's Bed & Breakfast PENSION **$$**
(☎ 043-42-2529; www.olazas.com; Arguedas 1242; EZ/DZ/3BZ inkl. Frühstück 90/120/160 S; @) Das schicke, kleine, in Orangetönen gehaltene Hotel hat große Bäder und bequeme Betten. Am besten sind aber der große Lounge-Bereich und die riesige Panoramaterrasse, auf der das gigantische Frühstück serviert wird. Julio, der Besitzer, ist der erfahrenste Radtouren-Guide in Huaraz und steht Gästen immer mit Rat und Tat beiseite (wenn er vor Ort ist). Die Abholung vom Busbahnhof ist im Preis enthalten.

La Casa de Zarela PENSION **$$**
(☎ 043-42-1694; www.lacasadezarelahuaraz.com; Arguedas 1263; B/EZ/DZ/3BZ 40/80/120/150 S; 📶) Die Hilfsbereitschaft von Zarela, der Besitzerin, ist legendär. Die 18 Zimmer sind sauber und gemütlich. Das Beste an dieser empfehlenswerten Pension sind aber die vielen Innenhöfe, Terrassen und Gemeinschaftsbereiche, die dafür sorgen, dass es hier auch bei voller Belegung nicht eng wird. In der obersten Etage befindet sich eine helle Gästeküche. TVs sucht man vergeblich.

Hotel El Tumi HOTEL **$$**
(☎ 043-42-1784; www.hoteleseltumi.com.pe; San Martín 1121; EZ/DZ inkl. Frühstück 130/230 S; 📶) Das El Tumi ist eines dieser großen Stadthotels der Mittelklasse, das seine Gäste durch eine vornehme Lobby in leicht dunkle, weniger beeindruckende Zimmer lockt. Insgesamt ist diese Unterkunft aber nicht schlecht. Es gibt einen schicken Wellnessbe-

reich, eine helle Lounge im 4. Stock und ein modernes Restaurant, in dem manchmal Sushi serviert wird. Es ist eher ein Business- als ein Travellerhotel.

Hotel Colomba HOTEL $$$
(☎043-42-1501; www.huarazhotel.com; Francisco de Zela 210; EZ/DZ/3BZ/4BZ inkl. Frühstück 225/312/475/560 S; P@📶) Das Colomba, das sich hinter einer hohen Mauer in einem leicht heruntergekommenen Teil der Stadt versteckt, ist das Überraschungspaket von Huaraz – eine grüne Oase mit schön geschnittenen Hecken, sorgsam gemähtem Rasen und einer langen Veranda mit Säulen. Die Zimmer sind gemütlich, wenn auch ein wenig altmodisch. Es gibt einen sicheren Parkplatz und im Garten einen Spielplatz mit Kletterwand.

Andino Club Hotel HOTEL $$$
(☎043-42-1662; www.hotelandino.com; Pedro Cochachín 357; EZ/DZ ab 430/550 S; @📶) Weil das Gebäude ein wenig zu sehr an ein Kettenhotel erinnert, mangelt es dem 54-Zimmer-Haus unter Schweizer Leitung an heimeligem Charme. Aber die einwandfreien Zimmer bieten tolle Ausblicke und alle nur erdenklichen Annehmlichkeiten. Die Balkonzimmer lohnen den Aufpreis wegen der Holzöfen, der bepflanzten Terrassen und des Blicks auf den Gipfel des Huascarán.

In dem exzellenten hoteleigenen Restaurant **Chalet Suisse** werden internationale und peruanische Speisen sowie Schweizer Spezialitäten serviert.

Außerhalb der Stadt

★**Cuesta Serena** BOUTIQUEHOTEL $$$
(☎981-400-038; www.cuestaserena.pe; via Carhuaz, Anta; Zi. inkl. 2 Mahlzeiten ab 870 S) Das Luxushotel in der Nähe des Flughafens ist eine gute Option für alle, die dem Lärm von Huaraz entfliehen, aber dennoch verkehrsgünstig und in der Nähe der Attraktionen wohnen wollen. Die eleganten Zimmer mit leicht peruanischem Touch liegen in einem schönen, gepflegten Garten mit fantastischem Blick auf den Huascarán und die Cordilleras. Die Ausgewogenheit zwischen Luxus und Einfachheit ist perfekt.

Die Gäste werden mit einem Drink begrüßt, es gibt einen verglasten Indoor-Pool, Yogaunterricht und ausgezeichnetes Essen. Das Ganze erinnert ein bisschen an einen Landsitz. Es ist keine Überraschung, dass man hier unbedingt reservieren sollte.

Die Unterkunft befindet sich in Anta in der Nähe des Flughafens, 21 km nördlich von Huaraz.

★**Lazy Dog Inn** LODGE $$$
(☎943-789-330; www.thelazydoginn.com; Km 3, Cachipampa Alto; EZ 79–139 US$, DZ 99–159 US$, alle inkl. Frühstück & Abendessen; @📶) Diana und Wayne, zwei bodenständige, stolze Kanadier, die viel Wert auf Nachhaltigkeit und gemeindebasierten Tourismus legen, leiten diese erstklassige Öko-Lodge am Beginn der Quebrada Llaca, 8 km östlich von Huaraz. Das von Hand gebaute Haus besteht komplett aus Lehmziegeln. Übernachtet wird in komfortablen Doppelzimmern im Hauptgebäude oder in schickeren Hütten mit Kamin und Badewanne.

Von hier aus kann man viele Wanderungen sowie Tagestouren in der direkten Umgebung der Lodge unternehmen. Es werden auch ganztägige Reitausflüge angeboten. Anschließend kann man dann in der Sauna oder der Gemeinschafts-Lounge vor dem knisterndem Kamin relaxen. Das Abendessen wird aus Zutaten aus dem eigenen Gewächshaus zubereitet und ist im Preis enthalten.

Das Personal kann auch die Abholung mit dem Taxi vom Stadtzentrum Huaraz und/oder vom Flughafen organisieren.

Essen

Die Öffnungszeiten der Restaurants in Huaraz sind flexibel, je nach Besucheraufkommen schließen die Lokale in der Nebensaison früher als in der Hauptsaison.

Abends geht es in den Lokalen locker zu – Wanderstiefel und Fleece-Klamotten sind kein Problem. Es gibt unzählige internationale Restaurants, die für ausgehungerte Wanderer Pizza und Burger zubereiten.

★**Manka** PERUANISCH, ITALIENISCH $
(☎043-23-4306; Bautista 840; Menü 10 S; ⌚8.30–23 Uhr) Wer wissen will, was passiert, wenn peruanische *cocina* (Küche) auf italienische *cucina* trifft, ist in diesem einfach ausgestatteten Restaurant goldrichtig. Auf der bunt gemischten Speisekarte stehen als Vorspeise Bruschetta, als Hauptgericht *lomo saltado* (pfannengerührte Rindfleischstreifen mit Zwiebeln, Tomaten, Kartoffeln und Chili) und als Nachtisch köstliche Schokoladenmousse.

Die Speisen, darunter Pasta, Pizza und Desserts, sind alle hausgemacht. Außerdem gibt es mittags ein *menú* (10 S) mit ausgezeichnetem Preis-Leistungs-Verhältnis (natürlich auch hausgemacht).

Mi Comedia Gelatería EIS $

(☎043-22-1542; San Martín 1213; Eis 4–8 S; ⏲12–21 Uhr) Die beste Pizza von Huaraz (und vielleicht von ganz Peru) reicht nicht? Die Betreiber von Mi Comedia haben vor Kurzem einen Eisladen eröffnet, der schon jetzt als die beste Gelatería der Stadt gilt. Angeboten wird eine kleine, erlesene, auf frischem Obst basierende Auswahl interessanter Geschmacksrichtungen.

Wer nicht so schnell zufriedenzustellen ist, kann Eiscreme mit einem köstlichen Stück Kuchen kombinieren. Im Angebot sind auch die köstlichen Pizzas vom Mi Comedia.

Campo Base FRÜHSTÜCK $

(☎043-23-3654; Parque Ginebra 120; Frühstück 11–16 S; ⏲7–22 Uhr; 📶✍) Wie wär's mit einem Frühstück in diesem kleinen, zur Kletteragentur Andean Kingdom gehörenden Café, in dem wunderbare Obstsalate und Eierkreationen sowie guter Kaffee serviert werden? Mittags gibt's gute Burritos und verschiedene vegane Speisen.

Taita PERUANISCH $

(Larrea y Laredo 633, 2. Stock; Hauptgerichte 6–20 S; ⏲11–15 Uhr; ✍) Das stimmungsvolle, ziegelrote Lokal mutet wie ein Museum an: So könnte es in Huaraz früher gewesen sein. Die Wände sind bis unter die Decke mit historischen Fotos tapeziert, auf denen zu sehen ist, wie man hier vor dem Erdbeben und vor dem Trekking-Boom lebte. Auch das Essen ist ein ablichtungswürdiger Mix aus ungewöhnlicher *cordillera*-Küche wie u.a. *chocho*, der alpinen Antwort auf *ceviche*. Hierbei wird Fisch durch *lupine* (ein Gemüse aus den Anden) ersetzt.

Es gibt aber auch traditionelle peruanische *ceviche* (mit Fisch), *leche de tigre* (*ceviche*-Saft) und *chicharrónes* (gebratene Schweineschwarte) – genau das Richtige, wenn man einfach keinen Appetit mehr auf die in den Standardrestaurants nach einer Trekkingtour angebotenen Pizzas und Burger hat.

California Café FRÜHSTÜCK $

(www.huaylas.com; Jiron 28 de Julio 562; Frühstück 15–25 S; ⏲7.30–18.30, So bis 14 Uhr; 📶✍) Der aus Kalifornien stammende Betreiber dieses hippen Traveller-Cafés serviert den ganzen Tag Frühstück, leichte Mittagsgerichte und Salate. In dem coolen Lokal mit abgenutzten Sofas kann man stundenlang in alten Reiseführern schmökern und guter Weltmusik lauschen. Aber Achtung: Nicht über die vielen Rucksäcke auf dem Fußboden stolpern!

Es gibt ein schwarzes Brett. Wer Wanderpartner sucht oder mehr über die nächsten Ultimate Frisbee Games (jeden Freitag) erfahren möchte, wird hier bestimmt fündig.

La Brasa Roja HÜHNCHEN $

(Luzuriaga 915; Hauptgerichte 12–30 S; ⏲12–23 Uhr) Die gehobene *pollería* (auf Brathähnchen spezialisiertes Restaurant) ist das ultimative Ziel für Leute mit kleinem Budget. Nicht nur das Hähnchen schmeckt vorzüglich, man bekommt auch statt der sonst üblichen drei Saucen gleich fünf – ja, fünf! –, darunter neue Geschmacksvarianten wie schwarze Olive und Senf. Die anderen Hauptgerichte sind mal so, mal so – mit etwas Glück bekommt man noch Live-Geigenmusik dazu.

Das Lokal befindet sich unter dem wunderbaren Hotel Aurora.

Novaplaza SUPERMARKT $

(Ecke Bolivar & Morales; ⏲7–23.30 Uhr) Ein guter Supermarkt, in dem man sich mit Lebensmitteln für Trekkingtouren eindecken kann und Selbstversorger fündig werden.

★ **Mi Comedia** ITALIENISCH $$

(☎043-58-7954; Centenario 351; Hauptgerichte 22–38 S; ⏲Mo–Sa 17–23 Uhr) Viele Restaurants behaupten von sich, großartige Pizzas zu servieren, einige beschreiben sie sogar mit dem Wort „Neapel". Die Italien-Prahlerei des Mi Comedia ist aber absolut nicht übertrieben. Besser als hier kann eine neapolitanische Pizza ohne DOC-Campania-Zutaten in Peru gar nicht sein.

Das Restaurant im Obergeschoss liegt 500 m vom Zentrum entfernt in einem romantisch beleuchteten Raum mit dem obligatorischen Pizza-Ofen (in dem auch köstliche Lasagne zubereitet wird). Freundlicher Service und gute Weine, die wunderbar zu den knusprigen Pizzen passen, kommen noch dazu. Anders als in Italien ist die Pizza Margherita aufgrund der Kosten für die Beschaffung der besonderen Zutaten hier recht teuer.

Trivio INTERNATIONAL $$

(☎043-22-0416; Parque del Periodista; Hauptgerichte 21–37 S; ⏲8–24 Uhr) 🍃 Mit der Dreierkombi aus Craft-Bier, Kaffee aus kleinen Röstereien und Speisen aus regionalen Zutaten wäre das Restaurant in Lima nichts Besonderes. Die Einrichtung ist hip *à la* Nordamerika, die Kunden sind vorwiegend Gringos, und das Essen befriedigt nicht nur die Geschmacksnerven, sondern auch das Loch im Bauch nach einer viertägigen Trekkingtour.

Das Trivio ist eine Mischung aus Bar, Coffeeshop und lockerem Restaurant. Wanderstiefel, Fleece-Klamotten und Rücksäcke sind hier quasi ein Muss.

Chili Heaven INDISCH, THAI **$$**

(Parque Ginebra; Hauptgerichte 17–35 S; ⌚12–23 Uhr) Egal, ob man Appetit auf Indisch oder Thailändisch hat, die feurigen Currys in diesem Hotspot packen einfach alle Geschmacksknospen, wirbeln sie gnadenlos durcheinander und spucken sie dann wieder aus, so als würde man sterben und im Chili-Himmel (daher der Name) wieder aufwachen.

Die Currys sind nach Schärfegraden unterteilt: englischer Stil aus Madras (mild) bis Phal (kulinarisches Feuer). Im Angebot ist auch gutes Chicken Tikka Masala. Oft geben sich Musiker ein Stelldichein und präsentieren ihr Können auf der Panflöte.

Café Andino CAFÉ **$$**

(www.cafeandino.com; Lúcar y Torre 530, 3. Stock; Frühstück 8–24 S, Hauptgerichte 18–35 S; ⌚9–22 Uhr; 📶✎) Das moderne Café im Obergeschoss bietet reichlich Platz und Licht und verfügt über gemütliche Lounge-Bereiche, Kunst, Fotos, einen prasselnden Kamin, Bücher und groovige Musik – der ultimative Travellertreffpunkt! Hier gibt's Frühstück rund um die Uhr (leckere belgische Waffeln, *huevos rancheros*) und Snacks, die man lange vermisst hat (Nachos!). Das Andino ist auch der beste Ort der Stadt für die neuesten Infos zu Trekkingtouren in der Region.

Der amerikanische Besitzer Chris ist ein echter Javakaffee-Junkie: Er röstet sogar seine eigenen Biobohnen. 1997 brachte er das exzellente Gebräu erstmals in die Stadt. Ein Jahr zuvor war er im Ort aufgetaucht; und da es keinen Javakaffee gab, sah er sich gezwungen, seine wunderbaren Kaffeebohnen, die er aus Alaska mitgebracht hatte, im Innenhof des Edwards Inn mit einem Stein zu zerkleinern und für seinen Morgenkaffee durch ein Bandana zu seihen. Echt wahr!

Rinconcito Mineiro PERUANISCH **$$**

(Morales 757; menú 8–16 S, Hauptgerichte 12–35 S; ⌚7–23 Uhr; 📶) Kurz gesagt ist dies einfach das Lokal, wenn man Lust auf günstige peruanische Tages-*menús* (komplette Mahlzeiten) hat. Auf der Tafel stehen um die zehn Gerichte, darunter ein hervorragendes *lomo saltado* sowie gegrillte Forelle, *tacutacu* (ein peruanisches Fusion-Gericht aus Reis, Bohnen und etwas Eiweißhaltigem) und Ähnliches. Aufgetischt wird in einem einladenden, sauberen und mit regionalem Kunsthandwerk geschmackvoll dekorierten Speiseraum.

El Fogón STEAK **$$**

(www.elfogon.com.pe; Luzuriaga 928, 2. Stock; Hauptgerichte 11–39 S; ⌚12–15 & 18–23 Uhr) Eine helle, moderne und ein bisschen anspruchsvollere Version des traditionellen peruanischen Grillrestaurants. Im El Fogón landet alles auf dem Grill, was sich mal bewegt hat, darunter Hühnchen, Forelle und Kaninchen. Außerdem werden tolle *anticuchos* (Schaschlikspieße) und ein feines Mittags-*menú* für 10 S serviert. Vegetarier haben es mit dem Sattwerden hier allerdings schwer.

Crêperie Patrick FRANZÖSISCH **$$**

(☎043-42-6037; www.creperiepatrick.com; Luzuriaga 422; Hauptgerichte 24–30 S; ⌚16–23 Uhr) Dieses französische Restaurant ist weit mehr als nur eine Crêperie (sowohl die süßen als auch die deftigen Crêpes sind wirklich lecker). Das Lokal erinnert an ein altmodisches französisches Bistro. Auf der langen Speisekarte stehen u.a. *cuy* (Meerschweinchen), Forelle, Fondue, Pasta, Burger und das ultimative franko-peruanische Fusion-Gericht: Alpaka Bourguignon.

La Casona Huaracina PERUANISCH **$$$**

(☎43-39-6420; Campos 735; Hauptgerichte 22–42 S; ⌚11–22 Uhr) Genau genommen sieht man koloniale Architektur in Huaraz erst, wenn man das funkelnagelneue Huaracina betritt. Die cleveren Designer ließen sich von den anmutigen Gebäuden in Arequipa inspirieren. Das Etablissement besteht aus drei miteinander verbundenen Räumen: einer schicken Lounge-Bar, einer *pasteleria* (Konditorei) und einem Restaurant. Alles ist raffiniert und mit viel Liebe zum Detail eingerichtet (es gibt gläserne Lampenschirme, kunstvoll gearbeitete Balustraden und Bücherregale).

Die netten Details erstrecken sich bis auf die peruanischen Speisen. Hier sollte man sich *cuy picante*, gegrillte Forelle oder *aji de gallina* (Hähnchen in scharfer Sahnesauce) und eines der hiesigen Biere vom Fass bestellen.

Ausgehen & Nachtleben

Huaraz ist der beste Ort in diesem Teil der Anden, um nett abzuhängen und sich das eine oder andere Gläschen zu genehmigen. Seit Neuestem gibt es hier auch Craft-Bier, denn mehrere Kleinbrauereien haben sich in der Gegend niedergelassen.

Die besten Amüsierviertel liegen rund um den Parque del Periodista und den Parque Ginebra.

★ Los 13 Buhos BAR
(Parque Ginebra; ⌚11–2 Uhr) Auf halbem Weg den Anstieg zu einem gigantischen Andenpass hinauf mit einem 15 kg schweren Rucksack auf dem Rücken beginnt man langsam vom 13 Buhos, einem Luchos-Craft-Bier, einer Runde Billard und leckeren Nachmittags-„Snacks“ (Appetit auf Waffeln?) zu träumen.

Einen Anreiz, die Trekkingtour bis zum Ende durchzuhalten, könnte diese Bar bieten. Hier kann man sich in einer der besten Craft-Bier-Bars von Huaraz unter freiem Himmel einen Tisch suchen, zum Thai-Curry ein *blondie ale* genießen und über die eigenen Abenteuer in der Cordillera Blanca sinnieren.

Tio Enrique BAR
(Bolivar 572; ⌚16–23 Uhr) In einer kräftezehrenden Bergstadt wie Huaraz ist diese gemütliche Kneipe im Schweizer Stil mit der langen Bar und den Gemeinschaftstischen aus Kiefernholz genau das, was der Arzt verschreiben würde. Sie ist bei hartgesottenen Kletterern beliebt und hat etwa drei Dutzend verschiedene Importbiere aus Großbritannien, Belgien und Deutschland im Angebot. Außerdem gibt's Würstchen, die der charismatische, Schürze tragende Besitzer an der Tür grillt.

Shoppen

Montaña Magica SPORT- & OUTDOOR-AUSRÜSTUNG
(☎949-680-107; Parque Ginebra 25; ⌚Mo–Sa 10–14 & 16–20 Uhr) Ausrüstung vergessen? Dann nichts wie hin zu Mountain Magic, wo das ganze Sortiment an Trekking- und Bergsteigerausrüstung – von Regenjacken bis zu Campingkochern – erhältlich ist.

Feria Artesanal La Plaza KUNST & KUNSTHANDWERK
(Plaza de Armas; ⌚10–22 Uhr) Der bedeutendste Kunsthandwerksmarkt in Huaraz, auf dem Kunsthandwerker einer hiesigen Vereinigung vertreten sind, breitet sich in der Nähe der unvollendeten Kathedrale an der Plaza de Armas aus. Hier bekommt man alles von Jacken aus Alpakawolle bis hin zu farbenfrohen Leinentaschen. Ein wunderbarer Ort zum Stöbern!

Last Minute Gift Store GESCHENKE & SOUVENIRS
(Lucar y Torre 530; ⌚Mo–Sa 10–13 & 16–20 Uhr) Die qualitativ hochwertigen, hübschen T-Shirts – passenderweise mit Bergmotiven – werden von Andean Expressions hergestellt und in diesem Last-Minute-Geschenkeladen verkauft. Das Geschäft teilt sich die Räumlichkeiten mit Mountain Bike Adventures (S. 401). Man bekommt hier auch gute Landkarten.

Praktische Informationen

GELD

Die folgenden Banken haben Geldautomaten und tauschen US-Dollar sowie Euro.

Banco de la Nación (Luzuriaga 653; ⌚Mo–Fr 8–17.30, Sa 9–13 Uhr)

BCP (Luzuriaga 691; ⌚Mo–Fr 9–18, Sa bis 13 Uhr)

Interbank (José Sucre 320; ⌚Mo–Fr 9–18, Sa bis 13 Uhr)

MEDIZINISCHE VERSORGUNG

Clínica San Pablo (☎043-42-8811; Huaylas 172; ⌚24 Std.) Huaraz' beste medizinische Einrichtung liegt nördlich der Stadt. Einige Ärzte sprechen Englisch.

NOTFALL

Die Casa de Guías (S. 414) veranstaltet Sicherheits- und Rettungskurse und führt eine Liste international zertifizierter Guides. Außerdem organisiert sie Rettungseinsätze für in Not geratene Kletterer. Wer eine riskante Tour plant, sollte sich hier vorab beraten lassen.

Policía de Turismo (☎043-42-1341; Luzuriaga 724; ⌚24 Std.) An der Westseite der Plaza de Armas. Nur mäßig hilfreich.

POST

Serpost (Plaza de Armas 702; ⌚Mo–Fr 8.30–20, Sa bis 17.30 Uhr)

TOURISTENINFORMATION

Nützliche Informationen über die Region findet man in der englischsprachigen Zeitung *Huaraz Telegraph* (www.huaraztelegraph.com).

iPerú (☎043-42-8812; iperuhuaraz@promperu.gob.pe; Pasaje Atusparia, Oficina 1, Plaza de Armas; ⌚Mo–Sa 9–18, So bis 13 Uhr) Hat allgemeine Informationen, aber wenig über Trekkingtouren.

Büro des Parque Nacional Huascarán (☎043-42-2086; www.sernanp.gob.pe; Sal y

Rosas 555; ⏲Mo–Fr 8.30–13 & 14.30–18) Die Mitarbeiter können einige begrenzte Informationen zum Besuch des Parks weitergeben. Hier können auch die Parkgebühren entrichtet werden.

ℹ An- & Weiterreise

BUS

In Huaraz gibt es keinen zentralen Busbahnhof. Die Busse fahren von den Büros der jeweiligen Gesellschaften ab. Die meisten dieser Büros befinden sich rund um die Straßen Raimondi und Bolívar ein paar Blocks nördlich der Plaza de Armas.

Combis (Minibusse) nach **Carhuaz, Yungay** und **Caraz** (Ecke Cajamarca und Caraz) fahren tagsüber alle paar Minuten von einer Haltestelle in der Cajamarca unweit der Raimondi ab. Sie halten in jedem Ort an der Strecke. **Minibusse** (Ecke Calle 27 de Noviembre & Confraternidad Internacional Oeste) gen Süden fahren entlang des Callejón de Huaylas nach Recuay, Catac und in andere Orte.

Viele Unternehmen haben Lima auf der Liste ihrer Ziele. Die vier Besten in puncto Komfort und Zuverlässigkeit sind Cruz del Sur, Oltursa, Linea und Movil Tours. Meistens geht's vormittags oder am späten Abend los. Manche Busse starten in Caraz und legen in Huaraz einen Zwischenstopp ein, um weitere Fahrgäste einsteigen zu lassen. In der Hauptsaison sollte man mindestens einen Tag im Voraus einen Sitzplatz reservieren.

Busse nach Chimbote überqueren den 4225 m hohen Punta Callán, von wo sich ein spektakulärer Blick auf die Cordillera Blanca bietet, bevor es steil hinunter nach Casma und weiter nach Norden geht.

Viele kleine Gesellschaften fahren mit alten, klapperigen Bussen durch die Cordillera Blanca in Städte östlich von Huaraz.

Cruz del Sur (☎043-42-8726; Bolívar 491) Fährt um 11 und um 22 Uhr mit Luxusbussen nonstop nach Lima (35–75 S, 8 Std.) und hat wahrscheinlich die komfortabelsten und zuverlässigsten Busse.

Expreso Yungay (☎043-42-4377; Raimondi 930) Fährt über Casma nach Chimbote (20 S, 5 Std., 5-mal tgl.).

Línea (☎043-42-6666; Bolívar 450) Exzellente Busse nach Lima (35–80 S, 8 Std., 2-mal tgl.) und Trujillo (30–55 S, 7 Std., 1-mal tgl.).

Movil Tours (www.moviltours.com.pe; Bolívar 452) Busse nach Lima (35–135 S, 8 Std., 10-mal tgl.), Chimbote (40–60 S, 5 Std., 1-mal tgl.) und Trujillo (45–75 S, 7 Std., 2-mal tgl.). Startpunkt ist ein **Terminal** (☎043-42-2555; www.moviltours.com.pe; Confraternidad Internacional Oeste 451) 1,5 km nordwestlich der Plaza de Armas.

Olguita Tours (☎043-39-6309, 943-644-051; Mariscal Caceres 338) Das Unternehmen lässt täglich ein halbes Dutzend Busse nach Chavín de Huántar (12 S, 2½ Std.) und Huari (15 S, 4½ Std.) tuckern.

Oltursa (☎043-42-3717; www.oltursa.pe; Raimondi 825) Jeden Tag fährt um 12.15 Uhr ein ultrakomfortabler Bus nach Lima (60–90 S, 8 Std.).

Transportes El Rápido (☎043-42-2887; Calle 28 de Julio, Cuadra 1) Die Busse dieses Unternehmens starten um 5 und um 14 Uhr nach Chiquián (25 S, 3 Std.), wo man Anschluss nach Llamac hat. Es fahren auch Busse nach Huallanca und La Unión.

Transportes El Veloz (☎043-22-1225; Pasaja Villarán y Loli 143) Busse nach Pomabamba (20 S, 7 Std.) fahren um 7 Uhr ab. Busse nach Chacas (15 S, 3 Std.) hingegen starten um 10, 14.30 und 17 Uhr.

Transportes Renzo (☎043-42-5371; Raymundi 821) Bummelbusse fahren um 6, 12 und 20 Uhr nach Pomabamba (25 S, 7 Std.) mit Zwischenstopp in Chacas und Piscobamba. Außerdem fährt ein Bus um 7 Uhr über Chacas nach San Luis.

Turismo Nazario (☎043-77-0311; Tarapaca 1436) Um 5 Uhr startet ein Bus nach Chiquián (25 S, 3 Std.) und weiter nach Llamac (30 S, 5 Std.).

Via Costa Express (☎920-659-988; Lucar y Torre 444) Das Unternehmen hat Busse nach Chimbote (20 S, 4½ Std., 11-mal tgl.) via Casma. Praktisch für die Weiterreise nach Trujillo!

FLUGZEUG

Der **Flughafen** (ATA) von Huaraz befindet sich eigentlich in Anta, 23 km nördlich der Stadt. Eine Fahrt mit einem Taxi dorthin kostet um die 40 S.

LC Perú (☎043-42-4734; www.lcperu.pe; Luzuriaga 904; ⏲Mo–Fr 9–19, Sa 9–18 Uhr) ist derzeit die einzige Gesellschaft, die hierher fliegt (von/nach Lima, Di, Do & Sa, 120 US$, 1 Std.). Die Flüge starten morgens, werden ab oft kurzfristig gestrichen.

ℹ Unterwegs vor Ort

Eine Taxifahrt im Stadtzentrum von Huaraz kostet ab 3 oder 4 S, die Fahrt in die Vororte ist ein paar Sol teurer.

Tagsüber ist man in den wichtigsten Stadtteilen zu Fuß im Allgemeinen sicher. Abends sollte man allerdings seinen gesunden Menschenverstand bemühen und nach 22 Uhr besser darüber nachdenken, ein Taxi zu nehmen statt zu laufen. Wer gerade aus dem Flachland kommt, für den sind aufgrund der Höhe wahrscheinlich einige der steileren Straßen an den ersten beiden Tagen Schwerstarbeit.

DIE CORDILLERAS

Perus Cordilleras-Region besteht aus drei Gebirgszügen – der Cordillera Blanca, der Cordillera Negra und der Cordillera Huayhuash –, durch die sich bewohnte Täler ziehen. Am besten zu erreichen sind sie über die mittelgroße Stadt Huaraz. Weil die reizvolle Cordillera Negra keine Schneedecke aufweisen kann, steht sie im Schatten der verschneiten, atemberaubenden Gipfel der Cordillera Blanca.

Die Cordillera Blanca, ungefähr 20 km breit und 180 km lang, ist ein Gesamtkunstwerk aus gezackten Gipfeln, rasiermesserscharfen Gebirgskämmen, türkisfarbenen Seen, sattgrünen Tälern und beachtlichen Gletschern. In diesem überschaubaren Gebiet ragen über 50 Berge mehr als 5700 m hoch auf. Der Huascarán toppt mit 6768 m alle anderen Gipfel in Peru und ist gleichzeitig weltweit der höchste Berg in den Tropen.

Südlich der Cordillera Blanca erstreckt sich die kleinere, abgelegenere, aber nicht minder spektakuläre Cordillera Huayhuash. Dort ragt der 6634 m hohe Yerupajá auf, Perus zweithöchster Berg, dessen schroffer Gipfel weniger häufig bestiegen wird.

Trekking & Bergsteigen

Reisezeit

Gewandert wird das ganze Jahr über, aber die Trockenzeit zwischen Mitte Mai und Mitte September ist am beliebtesten. Dann ist das Wetter in der Regel gut und die Sicht am klarsten. Auf jeden Fall sollte man immer die

DIE AUSWAHL EINES TREKKINGANBIETERS

Bevor man Geld für eine Tour auf den Tisch legt, sollte man genau in Erfahrung bringen, was man dafür bekommt. Am besten bittet man den Anbieter oder Guide, seine Leistungen samt Preis im Vertrag aufzulisten. Werden die Versprechungen nicht erfüllt, kann man zwar nicht immer etwas dagegen tun, aber eine solche Liste gewährleistet immerhin, dass der Veranstalter genau weiß, was man erwartet.

Wer an einem Ausflug teilnimmt, muss die Reiseagentur im eigenen Interesse über seine bisherige Erfahrung und sein Fitness-Level informieren. Wichtig ist auch eine ausreichende Akklimatisierung vor einer Trekkingtour. Allzu oft buchen nämlich Leute, die gerade erst in Huaraz angekommen sind, anstrengende Trekking- oder Kletterausflüge – mit dem Ergebnis, dass sie höhenkrank werden und umkehren müssen. Man sollte sich also Zeit lassen und ein paar leichte Wanderungen machen, danach kann man auch zu einer mehrtägigen Exkursion aufbrechen.

Üblicherweise ist man für Essen und Unterkunft für Führer, Köche und *arrieros* zuständig – das sollte im Vorhinein geklärt werden. Fertiggerichte sind in der Cordillera nicht überall zu bekommen, deshalb werden alle Speisen mit frischen Lebensmitteln zubereitet, die einiges wiegen.

Bevor man sich für einen Guide entscheidet, ist es sinnvoll, einige Fragen zu stellen. Anhand der Antworten können außerdem die verlangten Preise besser eingeschätzt werden.

- Kann man den Führer vor der Tour treffen? Dies ist die Gelegenheit, den Menschen kennenzulernen, mit dem man mehrere Tage und Nächte verbringen wird. Dabei lässt sich auch gleich feststellen, ob der Guide Englisch spricht.
- Werden öffentliche oder private Verkehrsmittel genutzt?
- Sind ein Koch und ein *arriero* (Maultiertreiber) dabei?
- Gibt's ein separates Küchen- sowie ein Toilettenzelt?
- Wie viele Mahlzeiten und Snacks sind pro Tag eingeplant? Zahlreiche Wanderer beschweren sich über zu spärliches Frühstück und zu wenig energiehaltige Nahrung.
- Wie viele Teilnehmer hat die Trekkingtour? Je mehr es sind, desto geringer ist der Preis, allerdings sollte man sich fragen, ob man das Wandern mit einem Dutzend Fremder tatsächlich genießen kann.
- Kann man die Ausrüstung prüfen, bevor es losgeht? Schlafsäcke müssen beispielsweise lang und warm genug sein (Komfortbereich bis −15 °C). Zelte sollte man auf Löcher und Wasserfestigkeit untersuchen.

aktuellen Prognosen verfolgen, denn überraschender Schneefall und Stürme sind auch in dieser Zeit nichts Ungewöhnliches. Von Dezember bis April ist es besonders nass, und der Himmel zieht sich oft zu. Häufige Regenfälle am Nachmittag machen die Wanderpfade matschig. Mit der entsprechenden Ausrüstung kann man trotzdem losziehen, immerhin hat man die Berge so fast für sich allein. Für schwierigere Klettertouren eignet sich nur die Trockenzeit.

Den Parque Nacional Huascarán managt Sernamp (Servicio Nacional de Áreas Naturales Protegidas por el Estado; die Regierungsbehörde gehört zum Umweltministerium und verwaltet Nationalparks, Reservate, historische Schutzgebiete und weitere geschützte Zonen). Verlangt wird, dass Traveller für alle Unternehmungen im Nationalpark einen lokalen lizenzierten Führer engagieren, seien es Tageswanderungen, Trekkingtouren oder Klettertrips.

Wanderführer & Karten

Der umfassendste Trekkingführer für die Region ist *Peru's Cordilleras Blancas & Huayhuash* (2015) von Neil und Harriet Pike. Er enthält genaue Routenkarten und Höhendiagramme und stuft die Trekkingtouren nach ihrer Schwierigkeit ein. Ein weiteres tolles Buch für das Huayhuash-Gebiet ist der detaillierte Führer *Climbs and Treks in the Cordillera Huayhuash of Peru* (2005) von Jeremy Frimer, der allerdings ausverkauft ist und nur in Huaraz ausgeliehen werden kann (gute Hostels sollten eine Ausgabe vorrätig haben).

Den besten Überblick über Klettertouren in den Gletschern der Cordillera Blanca gibt Brad Johnsons *Classic Climbs of the Cordillera Blanca Peru* (2003, neue Auflage 2009). Ein guter Führer zum Thema Klettern und Bouldern ist *Huaraz: The Climbing Guide* (2014) von David Lazo und Marie Timmermans.

Felipe Díaz' *Cordilleras Blanca & Huayhuash* im Maßstab 1:286000 ist eine beliebte Überblickskarte mit Stadtplänen sowie längeren Wanderrouten. Für abgelegene Strecken verfügt sie allerdings über zu wenig Details.

Am besten und genauesten sind die Alpenvereinskarten. Regelmäßig aktualisiert werden die Karten *Cordillera Blanca Nord* und *Cordillera Blanca Sur*, jeweils im Maßstab 1:100000. Man bekommt sie in Caraz, Huaraz und im Clubhaus des South American Explorers' Club für je ca. 80 S. Einen ähnlichen Maßstab haben die billigeren topografischen Karten *Cordillera Blanca* und *Cordillera Huayhuash,* die von Skyline Adventures vertrieben werden und die man im Café Andino und bei Agenturen in Huaraz erhält.

Geführte Touren & Guides

Selbst erfahrene Bergsteiger tun gut daran, einen ortskundigen Führer zu engagieren, der sich mit den Gegebenheiten in den Bergen auskennt. Gute Adressen, um qualifizierte Bergführer, *arrieros* und Köche zu suchen, sind die Casa de Guías und Trekking-Agenturen in Huaraz und Caraz. Qualifizierte Führer erhalten von den Tourismusbehörden einen Ausweis mit Foto, außerdem sollte man nach Empfehlungsschreiben fragen. Das Niveau ist nicht bei allen registrierten Führern gleich. Gegen eine kleine Kommission vermitteln aber viele Agenturen den Kontakt zu einem Guide, den sie empfehlen. In der Hauptsaison sind diese jedoch alle auf organisierten Touren beschäftigt.

Wer Spanisch spricht und etwas Zeit hat, kann in den Bergdörfern *arrieros* engagieren. Möglich ist das beispielsweise in Cashapampa, Colcabamba und Vaquería. Als Lasttiere dienen Pferde, Esel und Maultiere. Lamas werden selten eingesetzt, da sie teuer sind und weniger tragen können. Am besten hört man sich vorab nach guten Maultiertreibern um und legt die Wanderroute vor dem Start genau fest. Außerdem sollte man sich die Tiere ansehen, bevor man fest bucht. Manche *arrieros* schinden sie ohne Rücksicht oder setzen verletzte bzw. kranke Tiere ein.

Die Preise werden in der Regel von der Dirección de Turismo und der Bergführervereinigung festgelegt, aber nicht alle Führer halten sich daran. Bergführer nehmen pro Tag zwischen 120 und 250 US$ – je technisch anspruchsvoller der Gipfel, desto höher der Preis. Wanderführer berechnen zwischen 40 und 60 US$ pro Tag. Agenturen, die die Santa-Cruz-Route im Programm haben, berechnen normalerweise 20 S für einen Esel, 40 S für ein Pferd und 40 S für den *arriero*. Wer selbst bucht, kann andere Preis aushandeln. Die hier genannten Preise sind nur Richtwerte.

Die Verpflegung ist im Preis nicht enthalten, auch ist es üblich, die Kosten für Unterkunft und Verpflegung der Führer und Begleitpersonen zu übernehmen. Über die Details sollte man vor dem Start genaue

Absprachen treffen. Manchmal muss man *arrieros* auch die Kosten für den Rückweg erstatten, wenn die Tour nicht am Ausgangspunkt endet.

Ausrüstung & Verleih

Auch wenn es einem an Erfahrung oder Equipment für die Berge fehlt, braucht man sich in Huaraz keine Sorgen zu machen. Dutzende Spezialisten heuern Guides an, stellen Ausrüstung zur Verfügung und organisieren komplette Abenteuerausflüge. Wer daran teilnimmt, bekommt von seiner Trekkingagentur vom wetterfesten Zelt über den Eispickel bis hin zu den *burros* (Eseln) alles gestellt. Ausrüstung lässt sich auch unabhängig davon bei den meisten Unternehmen leihen.

Zuverlässige Agenturen, die gute Kletterausrüstung verleihen, sind Quechuandes (S. 403), Andean Kingdom (S. 403) und Huascarán (S. 404).

Nachts friert es häufig, deshalb sind das ganze Jahr über entsprechend warme Schlafsäcke ein Muss. Ebenfalls ins Gepäck gehören Regenkleidung, Hüte mit Krempe und Sonnenbrillen. Wichtig sind ein gutes Insektenschutzmittel und Sunblocker; wer sie zu Hause gelassen hat, kann sie problemlos in Huaraz kaufen.

Cordillera Blanca

Die Cordillera Blanca ist die weltweit höchste Gebirgskette in den Tropen und wartet mit einigen der gewaltigsten Berge Südamerikas auf. Sie gehört wortwörtlich zu den atemberaubendsten Gebieten des Kontinents. Zu den Giganten der Anden zählt der majestätische Nevado Alpamayo (5947 m), den der Österreichische Alpenverein einmal als „schönsten Berg der Welt“ bezeichnet hat. Andere sind der Nevado Huascarán (mit 6768 m Perus höchster), der Pucajirca Oeste (6039 m), der Nevado Quitaraju (6036 m) und der Nevado Santa Cruz (Nevado Pucaraju; 6259 m).

Für die in der tropischen Zone gelegene Gebirgskette stellt die zunehmende globale Erwärmung ein Risiko dar. Die Gletscher der Cordillera Blanca nehmen in ihrem Volumen messbar ab, und auch die Schneegrenze ist in den vergangenen Jahren zurückgegangen. Weitere Bedrohungen für den Nationalpark sind neben Müll das Abweiden des Bestandes der vom Aussterben bedrohten *qeñua*-Bäume (Polylepis).

Parque Nacional Huascarán

In den 1960er-Jahren war der peruanische Bergsteiger César Morales Arnao der Erste, der dazu riet, die Flora und Fauna sowie die archäologischen Stätten in der Cordillera Blanca zu schützen. Sein Vorschlag wurde allerdings erst 1975 in die Realität umgesetzt, als man den Parque Nacional Huascarán gründete. Dieses 3400 km² große Schutzgebiet umschließt praktisch die gesamte Cordillera Blanca in über 4000 m Höhe und umfasst mehr als 600 Gletschern und fast 300 Seen. Es bietet außergewöhnlichen und vom Aussterben bedrohten Pflanzen und Tieren eine Heimat, beispielsweise der gigantischen *Puya raimondii* sowie dem Brillenbären und dem majestätischen Andenkondor.

Parkbesucher können sich im Parkbüro (S. 402) in Huaraz registrieren lassen (Reisepass nicht vergessen!) und dort den Eintritt bezahlen. Tickets gibt's aber auch an den meisten Haupteingängen des Parks. Der Tagespass kostet pro Person 30 S, der Dreitagespass 60 S, und für den Monatspass werden 150 S fällig.

Achtung: Die Cordillera Huayhuash gehört nicht zum Park! Sie liegt in einem anderen Naturschutzgebiet.

ACHTUNG, HUNDE!

Hunde sind der Fluch aller Wanderer in den Cordilleras. Sobald man ein Dorf betritt, wird man wahrscheinlich von einer unwillkommenen Meute Wildhunde „begrüßt“. Leider sind diese Hunde nicht angeleint, es gibt weder Zwinger noch eine veterinärmedizinische Versorgung. In ländlichen Gegenden sollte man sich also auf viele bellende Hunde und manchmal auch auf Konfrontationen mit einem oder mehreren Wildhunden gefasst machen. In den meisten Fällen wird aber nur gebellt und nicht gebissen. Wenn man einen Hund vollständig ignoriert, zieht er meistens Leine. Wenn das Gebell weitergeht, sollte man stehen bleiben, in sanftem Ton reden und langsam fortgehen. Als letzte Möglichkeit kann man sich bücken und so tun, als hebe man einen Stein auf. Wenn ein Hund zubeißt, muss man sofort ärztliche Hilfe in Anspruch nehmen. Tollwut ist in Peru selten, wenn sie aber nicht behandelt wird, kann sie tödlich sein.

Sehenswertes

★Laguna Parón SEE

(Eintritt 5 S) Stille Ehrfurcht zeigt sich in den Gesichtern derer, die von der Laguna Parón erzählen. Sie liegt 25 km östlich von Caraz auf einer Höhe von 4185 m über dem Meeresspiegel inmitten spektakulärer schneebedeckter Gipfel. Viele behaupten, dies sei der schönste See in der Cordillera Blanca. Mit Sicherheit ist er aber der größte, obwohl sein Wasserspiegel Mitte der 1980er-Jahre von 75 m auf 15 m gesenkt wurde, um einem Erdrutsch der Huandoy-Moräne zuvorzukommen.

Der von traumhaften Gipfeln umgebene Parón bietet eine Nahansicht der Pirámide de Garcilaso (5885 m), des Huandoy (6395 m), Chacraraju (6112 m) und diverser Granitfelswände. Auch die anspruchsvolle Kletterwand des Torre de Parón, bekannt als Sphinx, befindet sich hier.

Ein Weg führt am Nordufer des Sees zunächst zwei Stunden lang über flaches Gelände und dann oberhalb des Tals zu einem anderen kleineren See am Fuß des Artesonraju. Es gibt dort auch einen steilen Anstieg zu einem Aussichtspunkt, der sich aber als schwierig erweisen könnte, wenn man noch nicht an die dünne Luft gewöhnt ist.

Wer sich auf eigene Faust auf den Weg macht, sollte wissen, dass es nicht möglich ist, den See zu umrunden. Das Nordufer ist gut ausgebaut, am Südufer befindet sich aber ein sehr gefährlicher Abschnitt, wo der Weg verschwindet und von glitschigen, an Felswänden wachsenden Pflanzen überwuchert ist. Die Gefahr hinzufallen ist ziemlich groß. Es sind schon Ausländer, die die Umrundung versucht haben, ums Leben gekommen.

Die meisten Besucher kommen im Rahmen einer organisierten Tour aus Huaraz oder Caraz (ab 50 S) hierher. Wer das nicht möchte, kann sich in Caraz ein Taxi nehmen (hin & zurück inkl. Wartezeit ca. 150 S). Die Fahrt von Caraz über die nicht befestigte Straße dauert anderthalb Stunden.

Obwohl die Laguna Parón im Nationalpark liegt, gelten hier besondere Vorschriften. Sie untersteht einer lokalen Gemeindegruppe, die 5 S Eintritt verlangt.

Pastoruri-Gletscher GLETSCHER

Noch hält er durch, der Pastoruri-Gletscher dort oben in der Cordillera Blanca. Obwohl er schnell kleiner wird, ist er noch immer einer der wenigen Gletscher im tropischen Südamerika. Trotz seiner luftigen Höhe (5050 m) ist er der einzige Eismonolith in den peruanischen Cordilleras, den man auf dem Landweg erreichen kann. Da keine öffentlichen Verkehrsmittel zu dem abgelegenen Gletscher fahren, wird er im Allgemeinen im Rahmen einer organisierten Tagestour von Huaraz aus besucht.

Zur Tour gehört ein 40-minütiger Marsch vom Parkplatz ans Ufer eines kleinen Sees, in dem das Eis des Gletschers schwimmt. Aufgrund der Höhe ist es eine anspruchsvolle Wanderung (es besteht die Möglichkeit, Pferde zu mieten).

Wie viele andere Andengletscher hat auch der Pastoruri in den letzten 30 Jahren fast ein Drittel seiner Größe eingebüßt. Im nächsten Jahrzehnt wird er wahrscheinlich ganz verschwinden. Es ist also nicht überraschend, dass auch die Besucherzahlen mit dem Eis abgenommen haben. In den 1990er-Jahren war der Gletscher eine der Haupttouristenattraktionen rund um Huaraz. Die Menschen kamen hierher, um auf dem gigantischen Eisfeld zu wandern, zu klettern und Ski zu laufen. Heute ist das Betreten des Gletschers verboten, und der Eisstrom wird eher als Musterbeispiel für den Klimawandel als wegen seiner Großartigkeit beworben. Die Anbieter von Tagestouren haben ihren Pastoruri-Trip mit weiteren Sehenswürdigkeiten an der Strecke aufgepimpt.

Der Gletscher befindet sich 70 km südöstlich von Huaraz. Um hin zu kommen, ein paar Kilometer südlich von Catac von der PE-3N gen Osten abbiegen!

Lagunas Llanganuco SEE

Von Yungay aus windet sich eine staubige, 28 km lange Straße 1350 m hinauf zum Llanganuco-Tal und zu seinen beiden blaugrün schimmernden Seen Laguna Chinancocha und Laguna Orconcocha. Eingebettet in ein Gletschertal, kaum 1000 m unterhalb der Schneegrenze, schimmern diese unberührten Lagunas in leuchtenden Türkis- und Smaragdgrüntönen. Am Ufer des Chinancocha führt ein Wanderweg (30 Min.) entlang, vorbei an einem Steg und einem Picknickplatz bis zu einer Stelle, an der blanke Klippen steil in den See abfallen.

Für 5 S kann man mit Booten hinaus auf den See fahren. Wer am See vorbeifährt, passiert einen *mirador* mit grandiosem Blick u.a. auf die Bergriesen Huascarán (6768 m), Chopicalqui (6345 m), Chacraraju (6108 m) und Huandoy (6395 m). Die Straße führt weiter über den Pass von Portachuelo

(4760 m) nach Yanama auf der anderen Seite der Cordillera Blanca.

Die Lagunas Llanganuco sind ein beliebter Tagesausflug von Huaraz (ab etwa 60 S), folglich kann es hier relativ voll sein. Man darf aber nicht vergessen, dass diese Touren hauptsächlich Sightseeing- und keine Wandertouren sind. Unterwegs gibt es mehrere Shopping-Stopps. Auf dem Laguna-69-Trip, der mehr auf Wanderer ausgerichtet ist, werden an den Seen kurze Zwischenstopps eingelegt.

Man erreicht die Seen auch per *colectivo* (Sammeltaxi) oder Taxi ab Yungay. Die *colectivo*-Rundfahrten mit zweistündigem Aufenthalt im Seengebiet beginnen an Yungays kleinem Busbahnhof an der Hauptstraße (30 S), hinzu kommt der Eintritt in den Nationalpark (30 S). Alternativ kann man ein *combi* in Richtung Yanama nehmen, der Preis unterscheidet sich aber nicht, und man könnte Schwierigkeiten mit der Rückfahrt in die Stadt bekommen. Eine private Rundfahrt im Taxi von Yungay aus kostet etwa 100 bis 120 S. Frühmorgens ist die Sicht am besten, vor allem in der Nebensaison.

Santa-Cruz-Route

Start Vaqueria

Ziel Cashapampa

Dauer 3–4 Tage

Länge 45 km

Schwierigkeit moderat bis anspruchsvoll

Die Santa-Cruz-Route ist eine der klassischen Mehrtagestouren in Südamerika: Sie erfordert ein langsames Tempo, ist vom Anfang bis zum Ende spektakulär und machbar für jeden, der fit ist und sich vorher an das Klima gewöhnt hat. Die 45 km lange Wanderung durch die Cordillera Blanca zwischen den Orten Vaqueria und Cashapampa führt entlang der grünen Quebrada Huarípampa, über den (wahrhaft) schwindelerregenden Punta Union Pass (4760 m) und hinunter durch die tiefe Quebrada Santa Cruz.

Anders als für die Inka-Route benötigt man für die Santa-Cruz-Route keine Genehmigung. Wer will, kann die Tour ohne Guide auf eigene Faust unternehmen (in Huaraz wird sie aber auch von zahlreichen Agenturen angeboten). Man kann die Route in beide Richtungen wandern. Am einfachsten und empfehlenswertesten ist aber die Ost-West-Tour von Vaqueria nach Cashapampa. Wer in Vaqueria startet, vermeidet den anstrengenden, heißen und staubigen Anstieg gleich zu Beginn der Wanderung. Außerdem bieten sich am Ende in Cashapampa mehr Beförderungsmöglichkeiten.

Unterwegs sieht man u.a. smaragdgrüne Seen, viele Gipfel der Cordillera, strahlend bunte alpine Wildblumen und Haine der roten *queñua*-Bäume.

Die Santa-Cruz-Route ist eine der international beliebtesten Trekkingtouren in Peru. An den meisten Tagen des Jahres tummeln sich hier genügend andere Leute, sodass man sich gar nicht verlaufen kann. Die Beschilderung lässt etwas zu wünschen übrig, ist aber ausreichend. Vorsicht ist geboten, wenn man sich bei diesigem Wetter der Punta Union nähert (hier dienen kleine Steinhaufen als Markierung); wachsam sollte man rund um die ausgetrockneten Seen im Santa Cruz Valley sein – hier wurde der Weg umgeleitet.

Die Route kann gut in drei Tagen bewältigt werden. Vier Tage bieten aber mehr Möglichkeiten für Abstecher, beispielsweise zum sehr beliebten Alpamayo Base Camp. Wasser kann man unterwegs aus den Flüssen schöpfen, man sollte es aber filtern oder abkochen, da grasende Kühe hier allgegenwärtig sind. Gefährliche Tiere oder komplizierte Kletterabschnitte gibt es nicht. Die größte Herausforderung ist die Höhe, vor allem wenn man in die Nähe der Punta Union kommt.

Nach dem Start in Vaqueria führt am ersten Tag ein kurzer, relativ einfacher Aufstieg durch das Dörfchen Huarípampa mit seinen traditionellen strohgedeckten Quechua-Häusern. Oft sieht man (für den Kochtopf bestimmte) Meerschweinchen auf flachen Holzplattformen unter den Dächern herumflitzen. Hinter dem Dorf folgt der Weg der Quebrada Huarípampa vorbei an der Park-Kontrollstelle (wo man die Gebühr entrichten und seinen Reisepass zeigen muss) und weiter bis zum Campingplatz am Paria (3850 m), wo die meisten Wanderer die erste Nacht verbringen.

Der zweite Tag ist der anstrengendste. Der Weg beginnt mit einem Anstieg, führt vorbei an der Laguna Morococha, über einen felsigen Part, der sich in die Höhe schraubt, und über den Punta-Union-Pass, der von unten aussieht wie eine scharfe Kerbe in einer scheinbar undurchdringlichen Felswand. Die Aussicht vom Pass nach beiden Seiten ist umwerfend, vorausgesetzt das Wetter spielt mit. Aber Achtung: Dort oben

Santa-Cruz-Route

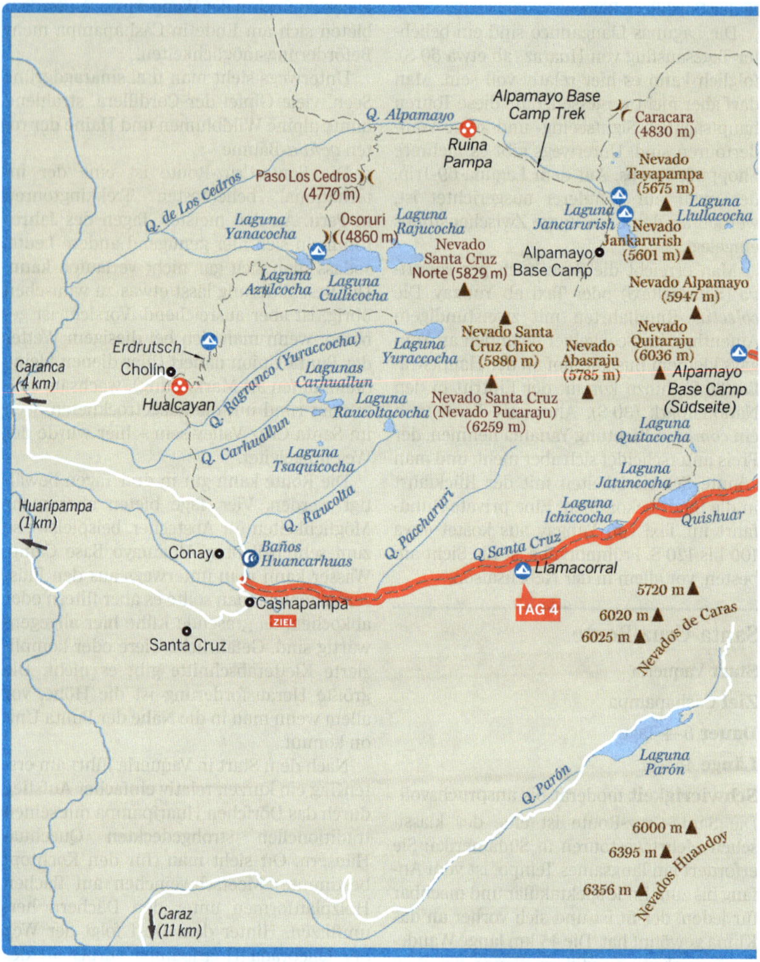

ist es immer kalt, manchmal schneit es sogar! Nach Überquerung des Passes schlägt man sein Zelt in der Regel in Taullipampa (4250 m) auf, das auf einer herrlichen Wiese am Fuß des majestätischen Nevado Taulliraju (5830 m) liegt, wo besonders in der Nachmittagssonne regelmäßig große Eisstücke abbrechen. Nach Süden hin beherrschen der Nevado Paria (5600 m) und der Nevado Artesonraju (6025 m) das Panorama.

Am dritten Tag wird man für die bisherige harte Beinarbeit mit einer langen, aber einfachen Wanderung durch eine zum Teil spektakuläre Berglandschaft mit kleinen Wasserfällen, Seen und zusammenhängenden Sumpfgebieten belohnt. Von Taullipampa führt der Weg durch einen ausgetrockneten See, der sich im Jahr 2012 nach einem Lawinenabgang, durch den ein Eis- und Schlammdamm zerstört wurde, entleert hat. Der wieder instandgesetzte Weg folgt dem Südufer des Sees, man kann aber auch die Abkürzung direkt durch das sandige Tal nehmen.

Bevor man die Laguna Jatuncocha erreicht, kann man einen Abstecher zum Alpamayo Base Camp (Südseite) machen, das unterhalb des großartigen Nevado Al-

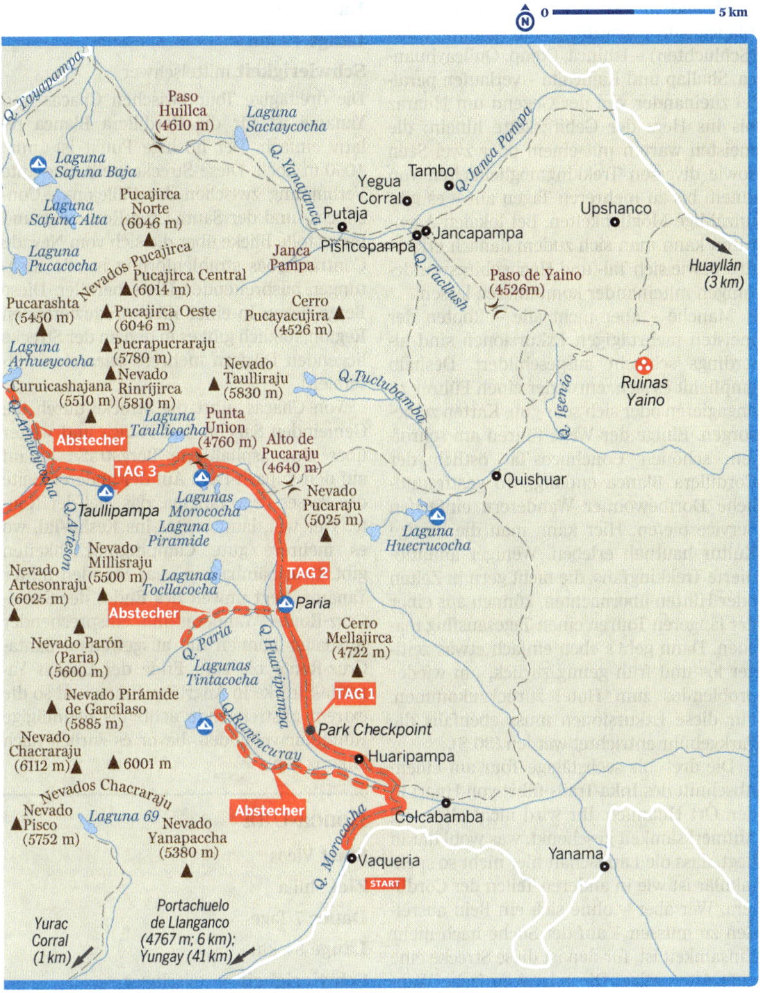

pamayo (5947 m) liegt. Von dort lässt sich die perfekte Pyramidenform der Alpamayo-Nordseite zwar nicht bewundern, dafür befindet sich hier aber eine malerische *laguna*. Außerdem bietet der Aussichtspunkt einen phänomenalen Blick übers Tal und die dortigen Gipfel.

Jenseits der Laguna Jatuncocha liegt die einst große Laguna Icchicocha, die heute nur noch ein Sumpfgebiet ist. Llamacorral, der letzte offizielle Campingplatz an der Strecke, befindet sich am West-„Ufer".

Auch am letzten Tag ist die Landschaft spektakulär. Ein steiler, 9,3 km langer Weg führt hinunter in die Santa-Cruz-Schlucht nach Cashapampa.

Combis nach Yanama fahren in Yungay um 7 und um 13 Uhr ab und lassen Fahrgäste in Vaqueria (15 S, 3 Std.) aussteigen. *Colectivos* (Sammeltaxis) verkehren regelmäßig zwischen Caraz und dem Ausgangspunkt des Trails in Cashapampa (10 S, 1½ Std.).

Andere Wanderrouten in der Cordillera Blanca

Wen die Besuchermassen auf der Santa-Cruz-Route abschrecken, der hat noch Dutzende andere Wanderwege in der Cordillera Blanca zur Auswahl. Mehrere *quebradas* (Schluchten) – Ishinca, Cojup, Quilcayhuanca, Shallap und Rajucolta – verlaufen parallel zueinander von der Gegend um Huaraz bis ins Herz der Gebirgskette hinein; die meisten warten mit einem oder zwei Seen sowie diversen Trekkingmöglichkeiten von einem bis zu mehreren Tagen auf – es gibt unzählige Möglichkeiten. Bei lokalen Agenturen kann man sich zudem danach erkundigen, wie sich Tal- und Hochgebirgswanderungen miteinander kombinieren lassen.

Manche – aber nicht alle – Routen der meisten mehrtägigen Exkursionen sind allerdings schlecht ausgeschildert. Deshalb empfiehlt es sich, entweder einen Führer zu engagieren oder sich sehr gute Karten zu besorgen. Einige der Wege führen am schroffen, schönen Conchucos-Tal östlich der Cordillera Blanca entlang, wo gastfreundliche Dorfbewohner Wanderern einfachen Service bieten. Hier kann man die hiesige Kultur hautnah erleben. Weniger ambitionierte Trekkingfans, die nicht gern in Zelten oder Hütten übernachten, können aus einer der längeren Touren einen Tagesausflug machen. Dann geht's eben einfach etwas zeitiger los und früh genug zurück, um wieder problemlos zum Hotel zurückzukommen. Für diese Exkursionen muss ebenfalls die Parkgebühr entrichtet werden (30 S).

Die drei- bis sechstägige Tour auf einem Abschnitt des Inka-Trails führt von Huari in den Ort Huánuco. Ihr wird nicht allzu viel Aufmerksamkeit geschenkt, was wohl daran liegt, dass die Landschaft hier nicht so spektakulär ist wie in anderen Teilen der Cordillera. Wer aber – ohne sich ein Bein ausreißen zu müssen – auf der Suche nach mehr Einsamkeit ist, für den ist diese Strecke eine gute Alternative. Die relativ einfache Wanderung verläuft teilweise auf gut erhaltenen Abschnitten des alten Inka-Trails und endet in Huánuco Viejo, einem der bedeutendsten militärischen Stützpunkte der Inka im nördlichen Peru. Auf dieser Strecke sind kaum Wanderer unterwegs. Man bekommt nur schwer Informationen über die Strecke, kann sich in Huaraz oder in Huari aber nach einem Führer aus der Gegend erkundigen und sich von ihm den Weg zeigen lassen.

Chacas-Yanama-Route

Start Chacas

Ziel Yanama

Dauer 3 Tage

Länge 49 km

Schwierigkeit mittelschwer

Die dreitägige Tour zwischen Chacas und Yanama ist für die Cordillera Blanca relativ einfach. Der höchste Punkt ist „nur" 4050 m hoch. Diese Strecke stellt eine gute Verbindung zwischen der Callejón-de-Conchucos- und der Santa-Cruz-Route dar und bietet tolle Blicke über die sich vom Nevado Contrahierbas strahlenförmig in alle Richtungen ausbreitenden Gletschertäler. Diese Berge liegen in einer Käse produzierenden Region, folglich gibt es in den an der Strecke liegenden Dörfern mehrere *queserías* (Käsereien).

Von Chacas führt die Strecke durch die Gemeinden Sapcha und Potaca und weiter über eine asphaltierte Bergstraße hinauf auf den Pupash-Pass. Auf der anderen Seite des Passes liegt Yanama, das Ziel der Route. Wer will, läuft weiter ins Keshu-Tal, wo es mehrere gute Campingmöglichkeiten gibt. Colcabamba, ein paar Stunden hinter Yanama, liegt unweit des Endes der Santa-Cruz-Route. Wanderer mit entsprechender Ausdauer können die ausgetretene Santa-Cruz-Route bis zum Ende der Chacas-Yanama-Strecke in Angriff nehmen und so die extrem anstrengende acht- bis neuntägige Rundtour vollenden, bevor es zurück nach Huaraz geht.

Honda-Ulta

Start Vicos

Ziel Shilla

Dauer 7 Tage

Länge 84 km

Schwierigkeit mittelschwer

Diese Tour mit Ausgangspunkt in Vicos und Endpunkt im Dorf Shilla in der Nähe von Carhuaz ist eigentlich eine moderate Wanderung. Es gibt aber ein paar schwierige Hochgebirgspässe an der Laguna Yanayacu (4850 m) und am Portachuelo Honda (4750 m).

An der Strecke können Wanderer in der winzigen Gemeinde Juitush und in dem unglaublichen Dorf Chacas Halt machen und beim Anblick der Berge Yanaragra (5987 m), Pucaranra (6156 m), Palcaraju (6274 m) und der beiden abgelegenen Seen dahinschmelzen. Wer abseits der ausgetretenen Pfade wandern und ein paar charismatische indigene Dörfer an der Strecke besuchen möchte, ist hier genau richtig. Für diese Tour sollte man sieben Tage veranschlagen.

Huari-Chacas-Route

Start Laguna Purhuay

Ziel Chacas

Dauer 2–3 Tage

Länge 30 km

Schwierigkeit mittelschwer

Die relativ einfache Route verläuft an der Ostflanke der Cordillera Blanca mehr oder weniger parallel zum Callejón de Conchucos von Süden nach Norden. Der Weg beginnt an der Laguna Purhuay (S. 439), 8 km oberhalb von Huari (Taxi 25 S), einem netten, von internationalen Wanderern wenig besuchtem See mit rustikalem Restaurant und einem Kajakverleih.

Die Strecke führt vorbei an mehreren anderen Seen, erreicht ihre höchste Stelle am 4550 m hohen San-Bartolomé-Pass und endet in den diesigen tropischen Hochwäldern des Parhua-Tals (3500 m).

Laguna 69

Start Yurac Corral

Ziel Yurac Corral

Dauer 5–6 Stunden

Länge 14 km

Schwierigkeit mittelschwer

Der leuchtend blaue und von schneebedeckten Gipfeln umgebene See ist das Juwel der Cordilleras. Auf 4600 m Höhe gelegen, eignet er sich als anspruchsvolle zweite Akklimatisierungswanderung. Der „69" wird vorwiegend im Rahmen eines Tagesausflugs von Huaraz aus besucht und ist in den letzten Jahren immer beliebter geworden. Man sollte nicht erwarten, hier ein Fleckchen für sich allein zu haben. Es ist verboten, im See zu baden.

Vom Ausgangspunkt bis zum See, der direkt am Fuß des Chacraraju (6112 m) liegt, dauert der recht lange und anstrengende Aufstieg drei Stunden. Unterwegs gibt's als Belohnung tolle Ausblicke auf den Chopicalqui (6345 m), den Huascarán Sur (6768 m) und den Norte (6655 m). Für den Abstieg sollte man noch ungefähr zwei Stunden veranschlagen.

Die Route zur Laguna 69 beginnt in der Nähe des Yurac Corral (3800 m), an der

ANDEN-MARATHON

Der **Sierra Andina Mountain Trail** (www.sierraandinamarathon.com; ⏲ Mitte Aug.), der erstmals 2016 stattfand, ist ein 45 km langer „Höhenmarathon" (3 km länger und viel anstrengender als ein herkömmlicher Marathon von 42 km Länge). Er führt über die Santa-Cruz-Route von Vaqueria (Start) nach Cashapampa. An der Strecke befinden sich sechs Verpflegungsstationen – und bei Gott, die braucht man wirklich! Der Rekord liegt bei erstaunlichen viereinviertel Stunden.

Nordspitze einer großen Kurve der Llanganuco-Straße.

Einige Agenturen in Huaraz bieten geführte Wanderungen zum See an. Inklusive Transport, Frühstück und Führer kostet das nur 35 S und ist somit billiger als die Anreise mit öffentlichen Verkehrsmitteln. Dafür muss man aber mit einer Gruppe von bis zu 30 Personen rechnen.

Wer lieber allein wandert, kann bei einigen Agenturen auch nur den Transfer buchen. Die Wanderer werden am Ausgangspunkt der Strecke abgesetzt und dort auch wieder abgeholt. Eine Taxifahrt ab Huaraz kostet hin und zurück ab 180 S. Alle Verkehrsmittel halten auf Wunsch an den Lagunas Llanganuco; sie liegen bei der Fahrt hinauf direkt am Wegrand.

Wer mit den öffentlichen Verkehrsmitteln fahren möchte, nimmt zunächst ein *combi* oder *colectivo* nach Yungay und steigt dort um in eines nach Yanama. Das Hauptproblem besteht darin, dass man gegen 15 Uhr wieder am Ausgangspunkt sein muss, damit man das letzte *combi* nach Yungay nicht verpasst. Man muss sich also wirklich früh auf den Weg machen.

Laguna Churup

Start Pitec

Ziel Pitec

Dauer 6 Stunden

Länge 7 km

Schwierigkeit mittelschwer bis anspruchsvoll

Das Dörfchen Pitec (3850 m) oberhalb von Huaraz ist der offizielle Startpunkt dieser Wanderung zur wahnsinnig schönen Laguna Churup (4450 m) am Fuß des Nevado Churup. Der ruhige, kobaltblaue See liegt hoch oben in einem natürlichen Amphitheater und ist umgeben von schneebedeckten Gipfeln.

Bis hierher ist es ein steiler, aber schöner Weg. Man kann sich der Laguna von der rechten oder der linken Seite des Tals nähern. Die meisten Wanderer entscheiden sich für die linke Seite, wo mehrere Seile angebracht sind, um das Erklimmen der steilen Felswand zu erleichtern (für Menschen mit Höhenangst ist das eine echte Herausforderung).

Diese Tagestour wird oft zur Akklimatisierung unternommen, allerdings sollte man die Höhe und den Anstieg von 600 m nicht unterschätzen und sich wirklich erst einmal sicher fühlen.

Ein Taxi von Huaraz nach Pitec (ein Ort mit nur ein paar Häusern und keinerlei Service-Einrichtungen) kostet ca. 60 S. Alternativ beginnt und/oder beendet man die Tour im niedriger gelegenen Ort Llupa (wo es ein paar Geschäfte gibt). *Combis* nach Llupa (3 S, 30 Min.) starten in Huaraz etwa alle 30 Minuten an der Ecke Gamarra und Las Americas (man kann den Fahrer bitten, einen am Fußweg nach Pitec abzusetzen); von dort ist es noch ein einstündiger Marsch (3 km) nach Pitec. Um 17 Uhr muss man zurück in Llupa sein, um das letzte *combi* nach Huaraz zu erwischen.

Los Cedros-Alpamayo

Start Huancarhuaz

Ziel Cashapampa

Dauer 10 Tage

Länge 120 km

Schwierigkeit anspruchsvoll

Dies ist eine der schönsten und anspruchsvollsten Strecken in der Cordillera Blanca und eine echte Alternative zum langen und abenteuerlichen Huayhuash-Rundweg weiter südlich. Es sind mehrere Varianten möglich: ein- bis zweiwöchige Wanderungen mit einer Länge zwischen 90 und 120 km. Man sollte sich über sämtliche Alternativen genau informieren, bevor man sich auf den Weg macht.

Egal, für welche Route man sich entscheidet, man kann sich auf sehr lange Aufstiege zu hohen Pässen (bis zu 4850 m), auf eine unglaubliche Hochgebirgsszenerie (inklusive der majestätischen Nordseite des Alpamayo) und traditionelle Quechua-Gemeinden ohne Straßenanbindung gefasst machen.

Beliebte Start- und/oder Endpunkte sind Cashapampa oder der in der Nähe gelegene Ort Huancarhuaz. Die kürzere siebentägige Tour endet in Pomabamba. Andere Touren beinhalten einen Teil der kultigen Santa-Cruz-Route.

Die Tour eignet sich nur für erfahrene und akklimatisierte Wanderer mit gutem Orientierungssinn. Der Streckenverlauf ist relativ klar, aber nicht markiert. Wer unsicher ist, sollte sich der Tour einer seriösen Agentur anschließen. Quechuandes (S. 403) hat eine solide zehntägige Wanderung und eine wirklich hilfreiche Karte (s. Website) im Angebot.

Olleros-Chavín de Huántar-Route

Start Olleros

Ziel Chavín de Huántar

Dauer 2–3 Tage

Länge 37 km

Schwierigkeit mittelschwer

Für alle, die nicht viel Zeit haben, aber trotzdem die Cordillera überqueren möchten, ist die relativ einfache Wanderung von Olleros nach Chavín de Huántar (auch als „Llama Trek" bekannt) eine gute Wahl, obwohl man weiter von den hohen Gipfeln entfernt und der Blick auf die Berge nicht ganz so eindrucksvoll ist wie in anderen Teilen des Parks.

Beide Städte können als Ausgangspunkt dienen. Die meisten Wanderer starten in Canray Chico, direkt vor Olleros in der Callejón de Huáylas an der Westseite der Cordillera Blanca. Hier bekommt man auch Lamas als Packtiere. Hübsche Dörfer und Straßen aus der Prä-Inka-Zeit mit grandiosem Blick auf den Uruashraju (5722 m), den Rurec (5700 m) und den Cashan (5716 m) liegen an der Strecke entlang des Riío Negro vom Uquian-Tal hinauf zum 4700 m hohen Punta-Yanashallash-Pass. Der Endpunkt an der Callejón de Conchucos ist absolut umwerfend. Und das Beste am Ganzen ist, dass man seinen müden Knochen in Chavín in Thermalquellen Erholung gönnen und am nächsten Tag die Ruinen frühmorgens ohne den üblichen Touristenrummel besichtigen kann. Die Anstiege auf dieser Strecke sind nicht zu anstrengend, auch Mountainbiker sollen die Route schon erfolgreich bewältigt haben. Ein Taxi von Huaraz nach Canray (40 Min.) kostet etwa 50 S.

Quebrada Akillipo

Start Joncopampa

Ziel Cochan Pampa

Dauer 3 Tage

Länge 34 km

Schwierigkeit anspruchsvoll

Trotz der Nähe zu Huaraz haben nur wenige Besucher die schöne Quebrada Akillpo auf dem Radar. Daher ist diese anstrengende Rundtour eine tolle Option für erfahrene Wanderer, die sich in der Hauptsaison von den Menschenmassen fernhalten wollen.

Ausgangspunkt ist Joncopampa: Der Weg führt durch einen spektakulären Wald aus *qeñua*-Bäumen und kommt in der Nähe der Laguna Akillpo am Fuß des Akillpo-Gletschers wieder hervor. Von hier führt eine kniffelige Strecke zu einem 4900 m hohen Pass unterhalb des Nevado Tocllaraju mit schwierigen, von Steilhängen gesäumten Wegen. Weiter geht's dann vorbei am Refugio Ishinca (4390 m) und hinunter ins Ishinca-Tal, wo die Wanderung im Dörfchen Cochan Pampa, ganz in der Nähe des Ausgangspunkts, endet. Esel können den Pass nicht überqueren. Ein ortskundiger Führer ist ein Muss, denn der Weg ist schlecht markiert und das Gelände schwierig.

Wer nicht genügend Erfahrung für die komplette Wegstrecke mitbringt, kann den außergewöhnlichen Wald auch auf einer Ein- oder Zwei-Tages-Wanderung – die Quebrada Akillpo hinauf und zurück – sehen und die Tour gleichzeitig zur Akklimatisierung nutzen. Die erste Variante führt bis zum Ende des Waldes, letztere bis zur *laguna,* aber nicht bis zum Pass.

Einen noch einfacheren Zugang ins Tal hat man auf dem Rücken eines Pferdes – man kann sich in Joncopampa eines ausleihen und mit ihm einen Teil des Weges erkunden. Taxis von Huaraz nach Joncopampa (1¼ Std.) kosten hin und zurück ca. 180 S.

Quebrada Quilcayhuanca

Start Pitec

Ziel Pitec

Dauer 3–4 Tage

Länge 29 km

Schwierigkeit anspruchsvoll

Nur eine kurze Taxifahrt von Huaraz entfernt liegt Pitec. Hier beginnt und endet diese Rundtour, die eine der schönsten, aber auch anspruchsvollsten in der Cordillera ist. Man muss wirklich gut akklimatisiert sein, denn Packtiere schaffen es nicht über den 5000 m hohen Paso Choco. Auch ohne die 15 kg, die man auf dem Rücken mit sich rumschleppt, ist eine Wanderung in dieser Höhe eine Herausforderung.

Die Strecke führt durch *qeñua*-Wälder und über Wiesen hinauf zur Quebrada Quilcayhuanca bis zu den Lagunas Cuchillacocha und Tullpacocha. Entlang der Strecke bieten sich Ausblicke, die man wohl nie wieder vergessen wird: Man erblickt den Nevado Cayesh (5721 m), den Maparaju (5326 m), den Tumarinaraju (5668 m) und ein halbes Dutzend weiterer Berge über 5700 m. Weiter geht's auf den steilen Paso Choco und vorbei an weiteren *lagunas* wieder hinunter zur Quebrada Cojup. Da diese Strecke nicht gut beschildert ist, sollte man einen Guide anheuern (oder einen ausgesprochen guten Orientierungssinn und eine gute topografische Karte haben).

Eine leichtere Variante ist die Wanderung durch das Quilcayhuanca-Tal zu den ersten beiden *lagunas*, bevor man nach Pitec zurückkehrt. Hierbei handelt es sich um eine Zweitagestour mit Übernachtung in Zelten auf 4000 m. Auch hier muss man seine Ausrüstung tragen, aber der Rucksack ist viel leichter. Diese gute Alternative ist weniger anstrengend als die Santa-Cruz-Route, bietet aber ebenfalls spektakuläre Blicke auf die Berge.

Cordillera Huayhuash

Im Vergleich zur berühmten Cordillera Blanca spielt die nur 30 km entfernte Cordillera Huayhuash oft nur die zweite Geige, aber auch sie beeindruckt mit tollen Gletschern, Gipfeln und Seen. Immer mehr Traveller entdecken diese raue, abgeschiedene Gegend mit anspruchsvollen Wanderungen zu steilwandigen Gipfeln. Anstrengende Touren über bis zu 5000 m hohe Bergpässe nötigen selbst den härtesten Wanderern Respekt ab. Die Anstrengung lohnt sich aber. Der Anblick majestätischer Andenkondore und das Gefühl von völliger Abgeschiedenheit, wenn man fünf Tage unterwegs ist, sorgen dafür, dass der zweiwöchige Huayhuash-Rundweg zu den besten hochalpinen Treks der Welt gehört.

Die Cordillera Huayhuash rückte 1985 ins internationale Rampenlicht, als Joe Simpson und Simon Yates als erste Kletterer die Westwand des Siula Grande (6344 m) erklommen und beim Abstieg beinahe ums Leben gekommen wären. Diese Erfahrung ist die Grundlage des Buches und des Films *Sturz ins Leere* (S. 426).

Huayhuash-Rundweg

Start Pocpa/Matacancha

Ziel Llamac

Dauer 9 Tage

Länge 115 km

Schwierigkeit anspruchsvoll

Die schönste Tour in den Anden? In Südamerika? Oder gar der Welt? Der raue, abgelegene, nervenzermürbende, mysteriöse Huayhuash gehört für viele zu den Top 10.

Dieser lange Trek umrundet eine Gruppe dicht beieinanderstehender Gipfel, darunter der Yerupajá (6634 m), der zweithöchste Tropenberg der Welt, und überquert dabei mehrere hohe Pässe, an denen sich aufregende Ausblicke eröffnen. An den herrlichen Seen der Ostflanke, die sich auch zum Forellenfischen eignen, kann man zelten. Wanderer haben in der gesamten Gebirgskette zwischen schwierigen und weniger schwierigen Routen die Qual der Wahl.

Unterwegs überwindet man täglich Steigungen zwischen 500 und 1200 m, auf halbem Weg sowie am Ende der Wanderung müssen längere Abstiege bewältigt werden, was ebenso anstrengend sein kann, wie bergauf zu gehen. Im Durchschnitt legt man pro Tag 12 km zurück, was vier bis acht Stunden entspricht, allerdings ist mindestens eine Strecke von zehn bis zwölf Stunden dabei.

Viele Wanderer legen zwischendurch einige Ruhetage ein, weil der gesamte Trek am Stück sehr strapaziös ist – und um die Bergwelt ohne Stress zu genießen. Andere ziehen eine kürzere Exkursion vor; es ist auch möglich, nur fünf Tage an der entlegenen Ostseite der Cordillera Huayhuash entlangzuwandern.

Im Folgenden beschreiben wir den klassischen Huayhuash-Rundweg sowie Abstecher und alternative Routen für alle, die sich noch ein paar Tage länger in diesem Gebiet aufhalten möchten.

Wer mit einer Agentur unterwegs ist, kann die Tour möglicherweise in Matacancha beginnen. Ohne privates Fahrzeug muss man in Pocpa bei **Llamac** starten. Diese Ortschaft ist die letzte, die man für mehrere Tage zu Gesicht bekommen wird, denn hier verlässt der Trail die „Zivilisation". In Pocpa kann man sich um *arrieros* und Packtiere kümmern, außerdem bieten mehrere einheimische Familien einfache Unterkünfte und schlichte Mahlzeiten an.

Der erste Tourabschnitt folgt dem Río Llamac durch das Dorf Palca nach Matacancha, wo man übernachtet. Am zweiten Tag geht es über einen 4700 m hohen Pass und dann hinunter zur Laguna Mitacocha (4230 m). Weitere grandiose Bergpanoramen bieten sich am dritten Tag, an dem man schließlich zu einem Felsen mit Blick auf die Laguna Carhuacocha (4138 m) gelangt. In der Ferne zeichnen sich hinter dem Siula Grande (6344 m) und dem Yerupajá gletscherbedeckte Höhen ab.

Weiter geht's auf dem Hauptweg und auf einem kleinen Abschnitt des befestigten Inka-Trails, der rund 1,5 m breit und 50 m lang ist. Dabei handelt es sich um die Überreste einer historischen Verbindungsstraße, die von der archäologischen Ausgrabungsstätte Huánuco Viejo nahe La Unión nach Süden führte. In den nächsten Tagen passiert man die Laguna Carnicero (4430 m), die Laguna Mitucocha, den Gipfel des Portachuelo de Huayhuash (4750 m) und die Laguna Viconga (4407 m). Wenn mehrere gletscherbedeckte Berge, darunter der Zwillingsgipfel des Cuyoc (5550 m) im Nordwesten, in Sicht kommen, kann man entweder sein Zelt aufschlagen, um weiter dem Hauptweg zu folgen, oder den Rundweg verlassen und südwestlich entlang des Río-Pumarinri-Tals Richtung Cajatambo wandern.

Wer sich für eine Fortsetzung der Exkursion entscheidet, muss sich auf die Überquerung des mehr als 5000 m hohen Punta-Cuyoc-Passes vorbereiten. Am sechsten Tag erklimmt die Route einen schmalen Grat auf dem Pumarinri (5465 m), der eine Frontalansicht des Cuyoc bietet. Hier wächst die kälteresistente *Stangea henricii*, eine graugrüne flache, rosettenförmige Pflanze mit überlappenden, fleischigen Blättern, die man nur in Höhenlagen über 4700 m findet.

Am siebenten Tag hat man drei Möglichkeiten zur Auswahl: Entweder setzt man den direkten Rundweg hinter dem Dorf Huayllapa fort, oder man verlässt ihn in Huayllapa in Richtung Uramaza sowie Cajatambo; alternativ ist ein Abstecher entlang

Cordillera-Huayhuash-Rundweg

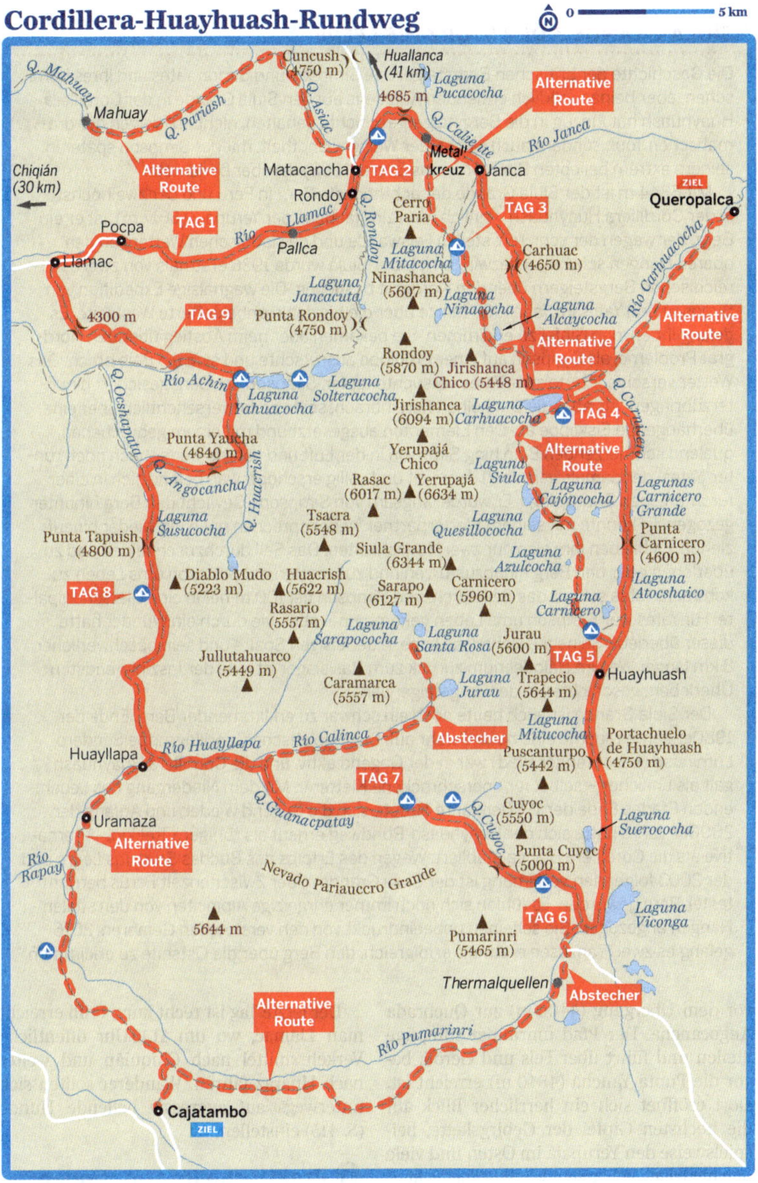

des Río-Calinca-Tals zu den Seen Jurau, Santa Rosa und Sarapococha möglich, auf dem herrliche Bergpanoramen locken. Der traditionelle Hauptweg führt an der gletscherbedeckten Pyramide des Jullutahuarco (5449 m) und einem imposanten, 100 m hohen Wasserfall vorbei. Ein Stück weiter findet man einen guten Platz zum Campen an einem kleinen See unweit der Punta Tapuish (4800 m).

Am folgenden Tag fällt der Trail leicht ab zur Laguna Susucocha (4750 m) kurz

SIULA GRANDE & DER *STURZ INS LEERE*

Die Geschichte der britischen Bergsteiger Joe Simpson und Simon Yates und ihres heroischen, aber beinahe tödlich endenden Aufstiegs auf den Siula Grande in der Cordillera Huayhuash hat Einzug in die Bergsteigergeschichte gehalten, nicht nur wegen der dramatischen Tour, sondern auch wegen der Wortgewandtheit, mit der Simpson später in seinem extrem beliebten Buch *Sturz ins Leere* (1988) darüber berichtete.

Mit 6344 m ist der Siula Grande der achthöchste Berg in Peru und der zweihöchste in der Cordillera Huayhuash. Ähnlich wie sein Nachbar, der Yerupajá (6617 m), ist er ein Berg, der wegen der schieren, steilen Felswände und des launischen Wetters an den oberen Hängen schwer zu bezwingen ist. Der Siula wurde 1936 erstmals von zwei österreichischen Bergsteigern über den Nordgrat bestiegen. Die waghalsige Expedition von Simpson und Yates im Jahr 1985 führte über die bis dahin unbekletterte Westseite. Es gelang ihnen, den Gipfel zu erklimmen. Sie bekamen aber beim Abstieg über den Nordgrat Probleme, als Simpson auf einer Eisklippe ausrutschte und sich ein Bein brach. Das Wetter verschlechterte sich, Yates versuchte tapfer, Simpson am Berg gesichert hinunterzubringen. Als aber die Dunkelheit hereinbrach, seilte er ihn versehentlich über eine überhängende Eisklippe ab. Den Elementen ausgesetzt und mit einem gebrochenen, quälend schmerzenden Bein hing Simpson in der Luft und konnte weder hoch noch runter. Yates, der damals gerade 21 Jahre alt und völlig erschöpft war, befand sich in einer fürchterlichen Zwangslage. Er wurde langsam von Simpsons Gewicht den Berg hinunter gezogen. Er konnte mit seinem Kletterpartner weder sprechen noch ihn wieder hinaufziehen. Es blieben ihm also nur zwei Möglichkeiten: Das Seil durchzuschneiden und zu überleben oder den Berg hinabzustürzen und zusammen mit Simpson ums Leben zu kommen. Yates schnitt das Seil durch, und Simpson fiel 100 m tief in eine Gletscherspalte. Für Yates war Simpson ums Leben gekommen – aber wie durch ein Wunder hatte dieser überlebt. Seine aussichtslose Lage in der eisigen Spalte und sein beschwerlicher, 8 km langer Weg im Halbdelirium zurück zum Basislager ist eine der faszinierendsten Überlebensgeschichten in der Bergsteigerwelt.

Der Siula Grande ist auch heute noch ein schwer zu erklimmender Berg. Ende der 1980er-Jahre tauchte eine neue Gefahr auf. Die maoistische Guerillagruppe Sendero Luminoso (Leuchtender Pfad) war in der Gegend aktiv, und die Cordillera Huayhuash galt als unsicher – selbst für unerschrockene Kletterer. Mit dem Niedergang des Leuchtenden Pfades Ende der 1990er-Jahre öffnete sich die Gegend wieder, und Anfang der 2000er-Jahre hatte sich der Huayhuash-Rundweg erneut als ruhigere Trekking-Alternative als die Cordillera Blanca etabliert. Wegen des Erfolgs des Buchss *Sturz ins Leere* und der 2003 folgenden Verfilmung ist der Siula Grande in der Zwischenzeit Perus berühmtester Berg geworden. Es fühlen sich noch immer ehrgeizige Alpinisten von den steilen Hängen angezogen. Sie scheinen unbeeindruckt von den versteckten Gefahren. 2016 gelang es zwei Franzosen erstmals erfolgreich, den Berg über die Ostseite zu erklimmen.

vor dem Übergang (4400 m) zur Quebrada Angocancha. Der Pfad umrundet sumpfige Stellen und führt über Fels und Geröll, bevor die Punta Yaucha (4840 m) erreicht ist. Dort eröffnet sich ein herrlicher Blick auf die höchsten Gipfel der Gebirgskette, beispielsweise den Yerupajá im Osten und viele der niedriger gelegenen gletscherbedeckten Höhen im Südosten. In dieser Gegend sollte man nach Fossilien von Meeresbewohnern (z. B. Ammoniten) Ausschau halten. Sie beweisen, dass die Anden in grauer Vorzeit von Wasser bedeckt waren. Schließlich führt der Pfand hinunter zur malerischen Laguna Yahuacocha.

Der letzte Tag ist recht kurz. Früh erreicht man Llamac, wo um 11.15 Uhr öffentliche Verkehrsmittel nach Chiquián und weiter nach Huaraz fahren. Wanderer sollten sich unterwegs auf aggressiv bellende Hunde (S. 415) einstellen.

Praktische Informationen

CAMPINGGEBÜHREN

Nach den Ereignissen im Jahr 2001 erklärte Perus Landwirtschaftsminister die Cordillera Huayhuash zum „Schutzgebiet", um so fast 700 km² nahezu unberührtes Land vorübergehend zu schonen. Inzwischen gewährt das Ministerium keine offizielle Unterstützung mehr, denn jetzt sorgt eine einzigartige private und gemeinschaftlich betriebene Organisation für den Schutz. Mehrere traditionelle Gemeinden im Herzen der Huayhuash-Gebirgskette wurden offiziell als „Private Schutzgebiete" anerkannt. In neun am Rundweg liegenden Gebieten – **Llamac, Pocpa, Jirishanca, Quishuarcancha, Tupac Amaru, Guñog, Uramasa, Huayllapa** und **Pacllón** – muss man nun eine Nutzungsgebühr von 20 bis 40 S sowie 1,50 S pro Packtier und Nacht entrichten. Zum Zeitpunkt der Recherchen betrugen die Kosten für den gesamten Rundweg etwa 200 bis 230 S. Sie sollen jährlich steigen. Ein Teil dieser Einnahmen soll für die verbesserte Sicherheit für Wanderer verwendet werden, ein weiterer Teil geht in den Naturschutz und in bessere Service-Einrichtungen, wobei der Zustand der Toiletten auf Teilen des Rundwegs von akzeptabel weit entfernt ist. Dieses Engagement sollte man unterstützen und die Gebühren bezahlen. Wanderer sollten also genügend Kleingeld dabeihaben und immer um eine offizielle Quittung bitten (um sicher zu gehen, dass man es mit den richtigen Leuten zu tun hat).

Offenes Feuer ist in der ganzen Huayhuash-Region verboten, denn Feuerholz ist knapp. Wer allein unterwegs ist, sollte unbedingt einen Gaskocher mitnehmen.

An- & Weiterreise

Die meisten Traveller, die einen Trek durch die Cordillera Huayhuash planen, reisen zunächst zum Akklimatisieren nach Huaraz, wo sie auch mit Guides Kontakt aufnehmen und/oder ihren eigenen Trip organisieren. Es ist aber auch möglich, von Lima aus direkt in den Ort Chiquián und weiter nach Llamac zu fahren, wo viele der Huayhuash-Routen beginnen.

Turismo Cavassa (☎ 043-44-7036; www.turismocavassa.com.pe; Bolognesi 421) fährt mehrmals täglich mit Bussen von Lima nach Chiquián (35 S, 8 Std.).

Turismo Nazario (S. 436) startet einmal täglich um 5 Uhr von Huaraz nach Chiquián, Llamac und Pocpa (30 S, 5½ Std.), wo sich der Startpunkt der meisten Treks befindet. Gegen 10.30 Uhr fährt der Bus zurück nach Huaraz.

Cordillera Negra

Die kleine Cordillera Negra steht wortwörtlich im Schatten ihrer großen Schwester, der Cordillera Blanca, deren gletscherbedeckte Gipfel im Osten alles andere überragen und die Morgensonne abschirmen. Die „Schwarze Gebirgskette" wird mit ihrer trockenen, lehmbraunen und eher hügeligen Silhouette im Vergleich zu der eindrucksvoll vereisten, zerklüfteten „Weißen Gebirgskette" wohl immer ein wenig schäbig aussehen. Dennoch spielt die Cordillera Negra eine wichtige Rolle für das ökologische Gleichgewicht, da sie die warmen Winde vom Pazifik daran hindert, bis zu den Gletschern der Cordillera Blanca vorzudringen und sie zum Schmelzen zu bringen. Für die lokale Bevölkerung ist sie zudem ein bedeutendes Gebiet für Landwirtschaft und Bergbau.

Sehenswertes

Punta Winchus NATURSCHUTZGEBIET

Der abgelegene 4157 m hohe Pass in der Cordillera Negra ist das Zentrum eines Hains von rund 5000 Exemplaren der seltenen *Puya raimondii* und damit der größte bekannte Bestand dieser 10 m hohen Ananasart. Die Pflanzen sind erst mit 100 Jahren ausgereift, und wenn sie blühen, trägt jede einzelne Pflanze 20 000 Blüten. An klaren Tagen hat man von hier aus einen grandiosen Blick über das gesamte 145 km weite Panorama von der Cordillera Blanca bis zum Pazifischen Ozean. Zur 45 km westlich von Caraz gelegenen Punta kommt man im Rahmen einer Tour.

Die Punta eignet sich perfekt für eine Radtour (45 km) – es geht fast nur bergab (mit einem *colectivo* von Caraz aus nach oben fahren!).

Aktivitäten

Laguna-Wilkacocha-Wanderung

Start Puente Santa Cruz

Ziel Laguna Wilkacocha

Dauer 3 Stunden

Länge hin & zurück 6,5 km

Schwierigkeit mittelschwer

Eine beliebte Akklimatisierungswanderung in der Cordillera Negra, nur 10 km von Huaraz entfernt, führt zur friedlichen Laguna Wilkacocha (3700 m). Das allein lohnt schon die Wanderung, es kommen jedoch auch viele Wanderer vorbei, die größere Touren in der „Weißen Gebirgskette" planen.

Von hier aus bietet sich eine spektakuläre Aussicht hinüber zur Cordillera Blanca; das Panorama vereint zahlreiche schneebedeckte Gipfel, darunter den Huantsan, den Shaqsha, den Vallunaraju und den Ranrapalca.

Die gut markierte Route beginnt an der Puente Santa Cruz an der Hauptstraße südlich von Huaraz und führt auf dem Weg nach oben durch ein kleines Dorf. An der Kreuzung gleich hinter dem Dorf biegt man zunächst nach rechts ab und dann gegenüber von einem kleinen Sportplatz nach links auf einen Steinweg (mit ein paar Stufen). Hinauf benötigt man etwa zwei Stunden, hinunter eine.

Colectivos von Huaraz nach Recuay setzen Wanderer an der Puente Santa Cruz (2 S, 20 Min.) ab. Alternativ kann man für 40 S ein Taxi bis zum See nehmen und dann im eigenen Tempo hinunterlaufen, um schließlich mit einem der häufig verkehrenden *colectivos* zurück zur Puente Santa Cruz zu fahren.

Klettern

Los Olivos KLETTERN

Das am besten zugängliche Sportklettergebiet der Cordilleras ist mit dem *colectivo* (1 S) in nur zehn Minuten zu erreichen. Es bietet bis zu 60 Routen – von mittel- bis extremschwer. In einer Höhe von 3120 m ist Los Olivos der ideale Ort zum Aufwärmen und/oder Akklimatisieren, um später die schwierigeren Wände des Hatun Machuay und der Sphinx in Angriff zu nehmen.

Erfahrene Kletterer können sich allein ins Abenteuer stürzen oder einen Führer anheuern. Andean Kingdom (S. 404) und Quechuandes (S. 403) bieten geführte Touren ab 120 S pro Tag an.

Hatun Machay KLETTERN

(Eintritt 10 S) Hatun ist ein wahrer Felswald. Er liegt 70 km südlich von Huaraz an der Straße nach Lima und unweit des Dorfes Pampas Chico. Bis die von der Hauptstraße versteckt gelegenen Felsen Anfang der 2000er-Jahre von ausländischen Sportkletterern entdeckt wurden, kannte sie kaum jemand. Heute gibt es hier etwa 300 markierte Routen und einen einfachen **Campingplatz** (Stellplatz 10 S).

Zum Zeitpunkt der Recherchen wartete eine einfache Schutzhütte darauf, renoviert zu werden.

Zwei Routen führen vorbei an archäologisch interessanten Felsritzungen und bieten (an klaren Tagen) einen schönen Blick auf den Pazifischen Ozean. Sie geben fantastische Halbtagestouren zum Akklimatisieren ab.

Hatun liegt 6 km westlich des Highways PE-3N an einer Schotterstraße. Hin kommt man von Catac mit einem *combi* (10 S). Man sagt dem Fahrer, dass man an der Kreuzung aussteigen möchte, die restliche Strecke muss man dann zu Fuß gehen. Ein Taxi kostet ab Catac 50 S, ab Huaraz etwa 150 S.

NÖRDLICH VON HUARAZ

Monterrey

043 / 1100 EW. / 2800 M

Das winzige *pueblo* (Dorf oder Weiler) mit ein paar touristischen Einrichtungen liegt 7 km nördlich von Huaraz. Den Punkt auf der Landkarte verdankt Monterrey seinen natürlichen Thermalquellen, einigen Restaurants und seinem wunderschönen Hotel im Hazienda-Stil – und all das ohne die für eine Großstadt typische Hektik.

Aktivitäten

Thermalquellen THERMALQUELLEN

(Av Monterrey; Eintritt 4 S; 7–16.30 Uhr) Die Thermalquellen sind in zwei öffentliche Becken, die manchmal alles andere als warm sind, und in private Räume unterteilt, deren Wasser man als heiß bezeichnen kann. Die Einrichtungen sind sehr schlicht, und selbst die privaten Räume haben eine gewisse Krankenhausatmosphäre – Romantik darf man hier also nicht erwarten. Am besten kommt man schon frühmorgens, bevor es zu voll wird.

Über das braune Wasser braucht man nicht die Nase zu rümpfen. Die Färbung beruht auf dem hohen Eisengehalt, hat also nichts mit mangelnder Hygiene zu tun.

Schlafen

★ **El Patio de Monterrey** HOTEL $$$

(043-42-4965; www.elpatio.com.pe; Av Cordillera Blanca; EZ/DZ inkl. Frühstück 270/335 S;) Das El Patio, eine schöne Hazienda, die sorgfältig im Kolonialstil modernisiert wurde, ist ein Relikt in einer Gegend, die recht wenig solcher Relikte zu bieten hat (wegen verheerender Erdbeben). Die tadellosen Zimmer mit Holzbalken an den Decken und Badewannen verströmen eine nette, altmodische Atmosphäre. Das Highlight sind aber die Gemeinschaftsbereiche.

In der im ländliche Stil gehaltenen Lounge befindet sich ein offener Kamin, es gibt einen gepflegten, üppig grünen Garten und einen gepflasterten Innenhof mit Springbrunnen, Wagenrädern und einem im Wind knarzenden Schaukelstuhl.

Essen

Sonntags servieren viele Lokale das traditionelle peruanische Gericht *pachamanca* (*pacha* ist das Quechua-Wort für „Erde", *manca* heißt „Ofen"), eine wunderbare Mischung aus Huhn, Schweinefleisch, Lamm, Meerschweinchen, Getreide, Kartoffeln und anderem Gemüse, die mehrere Stunden auf heißen Steinen gekocht wird.

El Cortijo PERUANISCH **$$**
(043-42-3813; Av Cordillera Blanca; Hauptgerichte 25–60 S; 8–19 Uhr;) In dem ausgezeichneten Restaurant werden draußen auf der *parrilla* (Grill) Fleisch vom Angusrind, *cuy* und andere Eiweißbomben gegrillt. Die Tische im Freien sind rund um einen Springbrunnen (samt Manneken Pis) angeordnet, und im Garten mit unzähligen Blumen stehen Schaukeln für kleine Gäste. Im Angebot sind auch gute Pastagerichte, beispielsweise Pasta in einer peruanischen *huancaína* (pikante Käsesauce), sowie ein Kindermenü.

An- & Weiterreise

Lokale *combis* starten in der Luzuriaga von Huaraz aus Richtung Norden, biegen westlich in die Calle 28 de Julio und wieder nördlich in die Calle 27 de Noviembre ab, nehmen dann die Raymondi nach Osten und fahren entlang der Fitzcarrald nach Norden. Je früher auf der Strecke man in den Bus steigt, desto größer sind die Aussichten auf einen Sitzplatz, denn die Fahrzeuge füllen sich schnell. Die Fahrt dauert 25 Minuten und kostet 1 S. Taxis zwischen Huaraz und Monterrey schlagen mit ca. 8 S zu Buche.

Carhuaz

043 / 15 400 EW. / 2638 M

Carhuaz, 35 km nördlich von Huaraz, ist stolz auf eine der schönsten Plazas de Armas im ganzen Tal. Mit seinen Rosenbeeten und hochgewachsenen Palmen lädt der Platz zum Verweilen ein. Besonders attraktiv ist er sonntags, wenn die *campesinos* (Bauern) aus dem Umland kommen und auf dem **Markt** frische Früchte, Kräuter und Handarbeiten verkaufen. Von Carhuaz aus führt eine asphaltierte Straße durch die Cordillera Blanca über die schöne Quebrada Ulta und den neueren Punta-Olímpica-Tunnel nach Chacas und San Luis.

Schlafen

Hotel La Merced HOTEL **$**
(043-39-4280; Ucayali 724; EZ/DZ 40/50 S) Das älteste Hotel der Stadt bekommt zwar die ersten Alterserscheinungen, ist aber eine sichere und freundliche Bleibe mit jeder Menge religiöser Poster und dem einen oder anderen ABBA-Bild dazwischen. Einige Zimmer haben Gemeinschaftsbäder, es gibt kein Internet.

★ **Hotel El Abuelo** GASTHAUS **$$$**
(043-39-4456; www.elabuelohotel.com; Calle 9 de Diciembre 257; EZ/DZ inkl. Frühstück 230/288 S; P @) Das El Abuelo ist der Huascarán der Unterkünfte in den Cordilleras und übertrifft alles: Es gibt hier tadellose, minimalistische Zimmer mit trapezförmigen Fenstern im Inka-Stil, geräumige, komfortable Aufenthaltsbereiche, Zitronenbäume, einen Obst- und Gemüsegarten, ein gutes Restaurant und ein 3D-Modell der Cordillera, das der ganze Stolz des Hauses ist.

Der Inhaber Felipe Díaz ist ein talentierter Kartograf, der seine eigenen Karten und Reiseführer der Cordillera und anderer Teile Perus herstellt. In dem netten, kleinen Laden im Hotel kann man in seinen Werken schmökern und in Kunsthandwerk stöbern.

Im Restaurant wird ein herzhaftes Frühstücksbüfett angeboten.

Montaña Jazz HOTEL **$$$**
(043-63-0023; www.montanajazzperu.com; Via Chucchun s/n; Bungalow 360–500 S;) Komfortable, gut ausgestattete Bungalows, die man von Carhuaz aus bequem zu Fuß erreicht, die aber dennoch eine spürbare ländliche Atmosphäre aufweisen. Die geräumigen, eleganten Unterkünfte – meist mit Kamin, modernem Bad und zweckmäßiger Küche ausgestattet – befinden sich in einem großen Garten mit Vogelgezwitscher und Blick auf die Berge.

Wer nicht selbst kochen will, muss nicht hungern: Die freundlichen Besitzer organisieren nicht nur Aktivitäten in der gesamten Region, sondern servieren auf der Terrasse auch italienisch inspirierte Mahlzeiten. Es muss im Voraus gebucht werden.

Essen

Auf keinen Fall sollte man sich die überall erhältliche Spezialität des Orts entgehen lassen: *raspadilla,* ein Eis mit fruchtigem Sirup.

In Carhuaz gibt es ausgesprochen viele Eisläden, die meisten an der Plaza de Armas.

Heladería Porvenir EIS **$**
(943-106-740; Progreso 729; Eis 2,50–8 S; 8–20 Uhr) Carhuaz ist eine Eis-Stadt. Die Plaza de Armas ist gesäumt von etwa einem halben Dutzend *helado*-Läden. Wer alle Sorten probieren möchten, sollte direkt ins Porvenir gehen, dort scheinen die Schlangen am

längsten und das Angebot an verschiedenen Geschmacksrichtungen am größten zu sein.

Pakta Restaurante FUSION **$$**

(☎ 043-26-1672; Comercio 449; Hauptgerichte 12–28 S; ⏰ 7.30–23 Uhr) Das leicht zu übersehende, untypisch moderne Restaurant öffnete seine Türen in Carhuaz im Jahr 2016 und serviert peruanische Speisen mit asiatischem und europäischem Touch. Am Eingang steht eine farbenfrohe Tafel, auf der die oft wechselnden Gerichte angeschrieben sind. Die preisgünstigen, nett präsentierten Speisen basieren vorwiegend auf gebratenem Reis. Man kann aber auch das Lieblingsgericht der Gäste wählen: die riesigen hausgemachten Hamburger mit Pommes.

An- & Weiterreise

Vorbeifahrende Minibusse nach Yungay (3 S, 30 Min.) und Caraz (3,50 S, 45 Min.) lassen Fahrgäste an der Hauptstraße zusteigen (nahe der Ecke mit der La Merced). *Combis* nach Huaraz (3 S, 50 Min.) fahren von einem **kleinen Terminal** (La Merced) im ersten Block der La Merced ab. Busse und *colectivos* von Huaraz nach Chacas und San Luis halten an der Ecke La Merced und Amazonas, einen Block von der Plaza entfernt.

Movil Tours (☎ 043-39-4141; www.moviltours.com.pe; Progreso 757) schickt Busse nach Lima (40–80 S, 9 Std., 6-mal tgl.).

Yungay

☎ 043 / 21900 EW. / 2458 M

Kaum ein Tourist verirrt sich zum Übernachten in das ruhige, gut organisierte und hübsche kleine Dorf Yungay. Es ist Ausgangspunkt für Ausflüge zu den beliebten Lagunas Llanganuco und zur Laguna 69. Eine staubige Straße führt durch die Cordilleras nach Yanama und weiter. Wenn man sich heute in der friedlichen Umgebung mit den sattgrünen Wiesen und der wunderbaren Bergluft umschaut, kann man kaum glauben, was sich einst hier ereignete.

Das ursprüngliche Dorf Yungay ist eine Schutthalde rund 2 km südlich des neu errichteten Ortes, die für eine der schlimmsten Katastrophen in den Anden steht. Bei einem Erdbeben am 31. Mai 1970 lösten sich 50 Mio. Kubikmeter Granit und Eis von der Nordwestflanke des Huascarán. Die Lawine stürzte 3 km in die Tiefe, wälzte sich auf den 15 km entfernten Ort Yungay zu und über-

ABSEITS DER ÜBLICHEN PFADE

YANAMA

Yanama ist ein winziges, von Bergen umgebenes *pueblo*. Das Aufregendste, das sich hier in den letzten zehn Jahren ereignet hat, war der Anschluss ans Stromnetz im Jahr 2005. Von dem Dorf sind es etwa anderthalb Stunden Fußmarsch (oder 20 Min. Fahrt) zum Startpunkt der beliebten Santa-Cruz-Route. Deshalb wird der Ort von Wanderern und Mountainbikern, die wieder zu Kräften kommen und auftanken wollen, gern als Zwischenstation genutzt. Im August findet hier das **Festival of Santa Rosa** statt.

Touristische Einrichtungen sind in Yanama rar gesät, und das Wasser aus den Duschen ist oft so eiskalt wie die Bergluft.

O. k., Yanama hat außer gewaltigen Bergen nicht viel zu bieten, aber wie wär's mit der **Andes Lodge Peru** (☎ 043-76-5579; www.andeslodgeperu.com; Jirón Gran Chavín s/n; EZ mit/ohne Bad 65/75 S, DZ 120–150 S, alle inkl. Frühstück; @ 📶)? Hier fühlt man sich dank der Hilfsbereitschaft des liebenswerten Besitzers Zacharias wie zu Hause. Die kleinen, aber schönen Zimmer kommen mit traditionellen Bettdecken (die braucht man hier wirklich) und tollem Blick auf die schneebedeckten Berge daher. Die Bewohner einiger der blitzblanken Zimmer teilen sich ein Gemeinschaftsbad.

Das Highlight ist jedoch das herzhafte Abendessen, das von Esperanza, Zacharias' entzückender Frau, zubereitet wird. Sie plauscht mit jedem Gast, als sei er ein Familienmitglied.

Combis verkehren zwischen Yanama und Yungay (15 S, 3 Std.). Sie fahren vorbei an den berühmten Lagunas Llanganuco vorbei und durch das Dorf Vaqueria, den Ausgangspunkt der Santa-Cruz-Route.

Colectivos von Yungay nach Yanama fahren um 7 und um 13 Uhr einen Block östlich der Polizeiwache ab. Die um 13 Uhr sind aber ziemlich oft unpünktlich. Zurück geht es von der Plaza in Yanama gegen 3 Uhr und zwischen 12 und 13 Uhr (15 S, 3 Std.). Die Fahrt ist schlicht atemberaubend.

ABSEITS DER ÜBLICHEN PFADE

LLANGANUCO MOUNTAIN LODGE

Mit einem Taxi in Richtung Lagunas Llanganuco erreicht man von Yungay aus in ca. 45 Minuten die empfehlenswerte **Llanganuco Mountain Lodge** (943-669-580; www.llanganucolodge.com; DZ VP 195–234 US$;), die von dem Briten Charlie Good geführt wird. Die Lodge ist ein idealer Ort, um sich zu akklimatisieren, das Seengebiet zu erkunden oder die Santa-Cruz-Route in Angriff zu nehmen. Die Unterkunft liegt auf einer Höhe von 3500 m neben den Keushu-Ruinen am Ufer eines schillernden Sees. Das Personal bietet geführte Touren an, die direkt vor der Tür beginnen.

Die geräumigen, gemütlichen Zimmer sind mit Betten samt Daunendecken, Don-Bosco-Holzmöbeln (aus Chacas), traditionellen Teppichen und altmodischen Öfen ausgestattet. Von den Balkonen hat man einen grandiosen Blick auf die drei höchsten Gipfel der Bergkette. Das Essen, das normalerweise draußen auf der terrassenförmig angelegten Wiese eingenommen wird, ist legendär. Das superfrische Leitungswasser kann man unbesorgt trinken, was in Peru wirklich ungewöhnlich ist.

Taxis starten in Yungay vor dem Krankenhaus, die Fahrt hierher kostet 50 S. Unbedingt vorab reservieren!

rollte ihn. Fast alle der 25 000 Bewohner wurden unter 8 bis 12 m Erde begraben und kamen ums Leben.

Sehenswertes

Campo Santo GEDENKSTÄTTE
(PE-3N; Eintritt 5 S; 7–18.30 Uhr) Der Campo Santo, ein riesiger Friedhof mit Gedenkstätte, ist ein ansprechender, aber auch ergreifender Ort am Fuß des Huscarán. Große Rosengärten markieren die einst geschäftigen Durchgangsstraßen, Grabsteine und Monumente nennen die Namen der Menschen und Straßen, die der Katastrophe zum Opfer fielen.

Man kann auf einem grasbewachsenen Pfad durch die Gärten zu der einstigen Plaza de Armas spazieren, wo zu Ehren der Verstorbenen ein Nachbau der Fassade der alten Kathedrale errichtet wurde. In der Nähe steht noch ein zerstörter Bogen der Originalkirche. Über die Gedenkstätte wacht eine hohe, weiße Christusstatue, die auf einem Hügel oberhalb des *aluvión*-Abgangs steht.

Schlafen

Hostal Gledel PENSION $
(043-39-3048; Arias Grazziani; EZ/DZ ohne Bad 25/30 S;) Señora Gamboa, eine gesellige und herzliche Person, vermietet 13 spartanische Zimmer mit ordentlichen Matratzen, bunten Tagesdecken und warmem Wasser. Während des Aufenthalts sind mindestens eine Umarmung und eine Kostprobe ihrer Küche garantiert. Das Gledel ist die preiswerteste und beste Unterkunft vor Ort und daher verdientermaßen sehr beliebt.

Hotel Rima Rima HOTEL $$
(043-39-3257; www.hotelrimarima.com; Grau 275; EZ/DZ 85/140 S;) Das komfortabelste Hotel der Stadt bietet geräumige Zimmer, denen es weder an Licht noch an Farbtupfern fehlt. Die Zimmer im hinteren Teil gewähren einen tollen Blick auf die Cordillera Negra. Sollte man keines dieser Zimmer bekommen, kann man von der Dachterrasse eine noch viel schönere Aussicht genießen. Das Management ist sehr hilfsbereit und steht Gästen bei der Planung von Ausflügen mit Rat und Tat zur Seite.

Essen

Pilar's PERUANISCH $
(Plaza de Armas; Hauptgerichte 8–30 S; Do–Di 8–21 Uhr) Im freundlichen Pilar's direkt an der Plaza kommen gute, typisch peruanische Gerichte wie Forelle und *lomo saltado* sowie internationale Frühstücksgerichte, Burger, Sandwiches und Kaffee auf die Tische. Einen Block weiter südöstlich gibt's eine Zweigstelle.

Restaurant Turístico Alpamayo PERUANISCH $$
(043-39-3090; Carretera Central; Hauptgerichte 14–26 S, Menü 10 S; 8–18.30 Uhr;) Gleich abseits der Hauptstraße am Nordende der Stadt liegt inmitten von Gärten das nette Touristenrestaurant Alpamayo mit Gartenpavillon, Tischfußball und sonntäglicher Livemusik. Auf der Speisekarte stehen peruanische Klassiker wie Forelle, *cuy* oder *chicharrónes*. Das entscheidende Argument für einen Besuch dieses Restaurants ist aber das hausgemachte Eis zum Nachtisch. Das

Lokal ist bei hungrigen Tourteilnehmern sehr beliebt.

An- & Weiterreise

Minibusse fahren von einem kleinen **Busbahnhof** an der Hauptstraße nach Caraz (2 S, 15 Min.), Carhuaz (3,50 S, 30 Min.) und Huaraz (5 S, 1¼ Std.). Busse von Caraz nach Lima (45–80 S, 9 Std., 7-mal tgl.), darunter die von **Movil Tours** (043-39-3512; www.moviltours.com.pe; Av Grazziani), sammeln Passagiere einen Block nördlich der Plaza de Armas auf. Ein paar *combis* fahren vom Busbahnhof nach Yanama (15 S, 7 Uhr, 3 Std.), sie nehmen die unbefestigte Straße über die Cordillera Blanca. Weitere *combis* starten gegen 13 Uhr in der Nähe der Polizeistation. Sie fahren durch Vaqueria, den Ausgangspunkt der Santa-Cruz-Route.

Caraz

043 / 26 200 EW. / 2270 M

Mit dem besonders spektakulären Bergpanorama und dem perfekten Sortiment von preiswerten Hotels, guten Restaurants und Reisebüros könnte Caraz auch „Klein-Huaraz" heißen. Wem die hupenden Taxis in der großen Cordillera-Stadt auf die Nerven gehen, der ist hier genau richtig. Trekking- und Wanderwege führen in alle Richtungen, manche eignen sich für Tagesausflüge, andere für längere Touren.

Caraz blieb als einer von nur wenigen Orten im Tal von Zerstörungen durch Erdbeben oder einen *aluvión* weitgehend verschont und verströmt noch heute einen Hauch von Geschichte. Die schnuckelige Plaza de Armas könnte sich durchaus auch in einem kleineren *pueblo* befinden.

Caraz liegt 70 km nördlich von Huaraz und ist ein guter Ausgangspunkt für anspruchsvolle Touren in die entlegenen nördlichen Gebiete der Cordillera Blanca, die zu den schönsten der Region gehören. Recht gut erreichbar ist von hier die Nordflanke des Alpamayo (5947 m), den viele für den schönsten Berg der Welt halten.

Sehenswertes & Aktivitäten

Cañón del Pato — SCHLUCHT

Wer von Caraz weiter nördlich durch das Callejón de Huaylas fährt, durchquert den imposanten Cañón del Pato. An manchen Stellen liegen hier gerade mal 15 m Abstand zwischen der Cordillera Blanca und der Cordillera Negra – dafür aber schwindelerregende Tiefen von bis zu 1000 m. Die grauenvolle Straße schlängelt sich über eine Trasse, die oberhalb der tiefen Schlucht aus dem Felsen gehauen wurde, und führt durch 54 Tunnel.

Riesige, blanke Felswände ragen auf beiden Seiten der Straße empor. Wenn das Wasserkraftwerk im Tal in Sicht kommt, meint man das geheime Quartier eines schurkischen James-Bond-Widersachers entdeckt zu haben. Der dramatischste Abschnitt der Straße liegt zwischen Caraz und Huallanca, besonders zwischen den Tunneln 10 und 18, der schmalsten Stelle der Schlucht. Wer mit dem Bus unterwegs ist, sollte sich auf die rechte Seite in Fahrtrichtung setzen. Von dort hat man den schönsten Blick. Am besten erkundet man die Schlucht aber mit dem Fahrrad. Räder und Landkarten gibt's in Caraz bei Pony Expeditions.

Pony Expeditions — OUTDOOR-AKTIVITÄTEN

(043-39-1642; www.ponyexpeditions.com; José Sucre 1266) Alberto Cafferata, ein Experte für diese Region, spricht Englisch und Französisch, verleiht Ausrüstung (u.a. Fahrräder, pro Std./Tag 10/50 S), vermittelt Beförderungsdienste, Führer, *arrieros* und organisiert verschiedene Exkursionen, darunter Bergsteigerexpeditionen, Bergwanderungen sowie Auto- und Radausflüge durch den Cañón del Pato. Bücher, Landkarten, Brennstoff und mehr bekommt man in dem Laden unter dem ausgezeichneten Café de Rat (S. 432).

Schlafen

Hostal Chavín — HOTEL $

(043-39-1171; chavinhostel@hotmail.com; San Martín 1135; EZ/DZ inkl. Frühstück 50/100 S;) Das Chavín mit seinen alten Sofas und seiner dunklen Lobby ist nicht gerade ein hippes, angesagtes Hotel, aber die zentrale Lage an der Plaza ist gut, und die geräumigen, einfachen Zimmer verfügen über ordentliche Bäder mit viel warmem Wasser (mit der Sauberkeit ist es allerdings mal besser, mal schlechter bestellt). Das Frühstück wird unten in einem kleinen Café serviert.

Grand Hostal Caraz Dulzura — HOTEL $

(043-39-1523; Sáenz Peña 212; EZ/DZ/3BZ inkl. Frühstück 45/70/120 S;) In der an der Cordova, etwa zehn Blocks nördlich der Plaza gelegenen ruhigen Lodge erlebt man nach der Rückkehr aus der Cordillera einen Hauch von Luxus. Die hellen Zimmer haben elektrische Warmwasserduschen und bequeme Betten. Die sympathischen Besitzer servieren ein herzhaftes Frühstück und können viele Tipps zu Trekkingtouren geben.

Caraz

Caraz

Aktivitäten, Kurse & Touren
Pony Expeditions .... (siehe 3)

Schlafen
1 Hostal Chavín B3
2 Pony's Lodge B3

Essen
3 Café de Rat B3
4 Café La Terraza B2
5 Cafetería El Turista B3
6 Entre Panes A2
7 La Pizza del Abuelo B2

Praktisches
8 Banco de la Nación B3
9 BCP A2
10 Oficina de Turismo B3

Transport
11 Colectivos nach Huallanca A2
12 Cooperativa Ancash A2
13 Expreso Yungay A2
14 Terminal Santa Cruz D1
15 Transportes Julio Cesar A2

★ **Los Pinos Lodge** LODGE $$
(☎043-39-1130; www.lospinoslodge.com; Pasaje 9 No 116; EZ/DZ/Suite inkl. Frühstück 140/170/280 S; P@) Die rustikal-schicke Unterkunft in einem bewachten Herrenhaus abseits der Straße wurde von innen und außen liebevoll dekoriert. Die hervorragenden Zimmer haben fast schon den Standard eines Boutiquehotels und können problemlos mit denen in Huaraz mithalten. Es gibt mehrere große Höfe, einen schönen Garten und eine tolle, kleine Cocktailbar, in der man wunderbar sitzen, etwas trinken und plauschen kann.

Die geschmackvollen Gemälde stehen in Konkurrenz mit den farbenfrohen Anden-Blumen draußen.

Pony's Lodge LODGE $$
(☎043-39-1642; José Sucre 1266; EZ/DZ inkl. Frühstück 45/90 S;) Im Obergeschoss von Pony Expeditions (S. 432) befindet sich diese kleine Lodge mit kleinen, gemütlichen Zimmern und einer ebenso kleinen Terrasse. Mithilfe des Besitzers Alberto kann man so ziemlich alle Ausflüge in die Cordilleras planen. Zur Unterkunft gehört auch ein Café mit dem wunderbaren Namen Cafe de Rat.

Essen

Von all den kleinen Orten nördlich von Huaraz hat Caraz die besten Lokale zu bieten. Hier gibt's von einfachen Brathähnchen bis hin zu Hausmannskost für müde Wandersleute (Pizza, Burger und Pasta) so ziemlich alles.

Die Stadt ist auch für ihre Kuchen und ihren *manjar blanco* (hausgemachter Karamellaufstrich) bekannt.

Cafetería El Turista FRÜHSTÜCK $
(San Martín 1127; Frühstück 7–18 S; 6.30–12 & 17–20 Uhr) Das winzige Café mit nur fünf Tischen ist ein toller Ort für ein frühes Frühstück. Die quirlige Besitzerin Maria schmeißt den Laden perfekt und stellt viele Fragen und erzählt von Reiseerlebnissen, während sie Eier, frisch gepressten Obstsaft und dampfenden Kaffee zubereitet.

★**La Pizza del Abuelo** PIZZA $$
(☎987-318-077; San Martín 1029; Pizza 31–40 S; 18–23 Uhr;) Die meisten Besucher in Caraz, die gerade von einem Trek in hohen Höhen zurückkommen, gieren nach Kohlenhydraten. Dann ist das Abuelo („Großvater"), dieses dunkle Restaurant mit viel Holz, genau das Richtige. Hier werden Pizzas nach sogenannter argentinischer Art mit einigen fruchtigen Zutaten zubereitet – einfach ein Genuss nach einer Woche Camp-Essen! Es gibt auch vegane Varianten sowie zwei oder drei Pastagerichte, z. B. Lasagne.

In Huaraz gibt's einen Ableger.

Entre Panes INTERNATIONAL $$
(Villar 211; Hauptgerichte 20–25 S; Mo–Sa 13–16 & 18.30–22 Uhr) Das Gourmet-Bistro mit karierten Tischdecken und abwechslungsreichen Gerichten hat nichts mit den sonst üblichen Verdächtigen gemein. Auf der Tafel stehen interessante Sandwich-Varianten (wie der Name schon vermuten lässt), darunter solche Sesam-Schweinefleisch und *lomo saltado* sowie gehaltvollere Speisen wie Rindfleisch in Roquefort-Sauce und Quinoa-Curry.

Café de Rat CAFÉ $$
(José Sucre 1266; Pizza 17–32 S; Mo–Sa 8–11 & 18–22 Uhr) Man sollte sich von dem Namen nicht abschrecken lassen – die Speisen sind frei von Nagetieren! Im Angebot sind vielmehr Sandwiches, Pasta und vor allem Pizza. Das Café wird von Alberto, dem auch Pony Expeditions (S. 432) im Untergeschoss gehört, betrieben und ist so etwas wie ein Traveller-Treff mit Bücherbörse, Darts, Bar und Musik.

Man sollte versuchen, einen Platz am Kamin oder oben auf dem Balkon mit Blick auf die Plaza zu ergattern.

Wer rein will, muss klingeln.

Café La Terraza CAFÉ $$
(☎043-30-1226; José Sucre 1107; Hauptgerichte 13–18 S; Di–So 7–22 Uhr) Das Ambiente mag etwas hölzern sein, aber das verhindert nicht, dass sich das bei Einheimischen beliebte Terraza mittags schnell füllt, denn es gibt hier ein Dreigängemenü für 8 S. Aber auch alles andere (Pizza, Pfannkuchen, Forelle und Dessert) ist preisgünstig. Das zum Grand Hostal Caraz Dulzura gehörende Lokal serviert auch den besten Kaffee im Ort und hat ein praktisches Seitenfenster, wo man Eis bekommt.

Praktische Informationen

GELD

Die nachstehend genannten Banken wechseln Bargeld und haben Geldautomaten:

BCP (Ecke Villar & Cordova; Mo–Fr 9–18, Sa 9–13 Uhr)

Banco de la Nación (Raymondi 1051; Mo–Fr 9–17.30, Sa 9–13 Uhr)

TOURISTENINFORMATION

Die Mitarbeiter der **Oficina de Turismo** (☎043-48-3860 App. 143; Plaza de Armas; 7.45–13 & 14.30–19 Uhr) sind sehr hilfsbereit und informieren gern über die gesamte Region.

An- & Weiterreise

BUS

Transportes Julio Cesar (☎94-492-8824; www.transportesjuliocesar.com.pe; Ecke Cordova y Villar) fährt nach Lima (45–60 S, 10 Std., 2-mal tgl.) und Trujillo (45–55 S, 5½ Std., 1-mal tgl.).

Móvil Tours (☎043-39-1184; Pasaje Santa Teresita 334) schickt Luxusbusse über Huaraz nach Lima (40–70 S, 10 Std., 6-mal tgl.). Ein weiterer Bus fährt um 20.20 Uhr über Chimbote nach Trujillo (50–65 S, 9 Std.).

Cooperativa Ancash (☎ 043-39-1126; www.transportesancash.pe; Cordova 915) Es fahren täglich drei Busse nach Lima (45 S, 9½ Std.) via Yungay, Carhuaz und Huaraz. Los geht's um 11, 19 und 20 Uhr.

Expreso Yungay (☎ 043-39-1492; Cordova 830) fährt über den Cañón del Pato nach Chimbote (25 S, 6 Std., 1-mal tgl.). Andere Busse verkehren über Casma (20 S, 4 Std., 3-mal tgl.).

TAXI

Colectivos nach Cashapampa (10 S, 1½ Std.) zum nördlichen Ende der Santa-Cruz-Route starten am **Terminal Santa Cruz** (Ramón Castilla) in der Nähe des Marktes, sobald sich genügend Passagiere eingefunden haben. Vom selben Busbahnhof verkehren auch die *colectivos* nach Pueblo Parón (10 S, 1 Std.), das rund 9 km von der berühmten Laguna Parón entfernt liegt. Am besten bricht man früh am Morgen auf, dann fahren die *colectivos* am häufigsten.

Colectivos nach Huallanca (10 S, 1 Std.), zum Cañón del Pato, starten am kleinen **Terminal** (Córdova 818) in der Jirón Cordova, sobald sie voll sind.

In Caraz kann man sich mit *mototaxis* (1,50 S) fortbewegen, die Stadt aber auch problemlos zu Fuß erkunden.

SÜDLICH VON HUARAZ

Noch atemberaubender wird die Gebirgslandschaft in diesem Teil der Anden, der den südlichen Ausläufer der Cordillera Blanca und die majestätische Cordillera Huayhuash umfasst. Mehrere Berge überragen die 6000-m-Marke und formen eine fast durchgängige Gebirgskette aus gezackten steilen Gipfeln. Der **Yerupajá** (6617 m), Perus zweithöchster Berg, ist gewissermaßen das i-Tüpfelchen der Cordilleras, gefolgt von dem kaum niedrigeren **Siula Grande** (6344 m). Der anstrengende zehntägige Rundweg durch die Cordillera Huayhuash (S. 423), den man von Llamac aus erreicht, gilt als schillernde Hauptattraktion der Gegend.

Recuay (2900 Ew.), 25 km von Huaraz entfernt, ist einer der wenigen Orte, die das Erdbeben 1970 nahezu unbeschadet überstanden haben. Vom noch kleineren **Catac** (2300 Ew.) aus, das 10 km weiter südlich liegt, lassen sich Stellen erreichen, an denen Besucher die seltene *Puya raimondii* sehen können.

Chiquián

☎ 043 / 3641 EW. / 3400 M

Das ruhige Bergdorf Chiquián war ursprünglich das Basislager für Wanderer auf dem Cordillera-Huayhuash-Rundweg. Heute wird er aber häufig von Wanderern links liegen gelassen, da jetzt eine stark verbesserte Straße direkt zu den Startpunkten in Pocpa und Llamac führt. Doch wer in dieser Gegend übernachten möchte, ist hier wahrlich viel besser aufgehoben. Wenn man sich dem Ort nähert, kommt man in den Genuss eines traumhaften Blicks auf die Cordillera Huayhuash.

Sehenswertes

Mirador de San Juan Cruz AUSSICHTSPUNKT

Viele peruanische Städte haben einen Berg mit einem Kreuz auf dem Gipfel, zu dem ein schöner Weg hinaufführt. Aber kein anderer Ort bietet einen Kneif-mich-mal-Blick auf den schneebedeckten Huayhuash-Bergzug, der aus einem Meer nicht ganz so hoher Gipfel ragt. Um zu dem riesigen Kreuz oberhalb von Chiquián zu gelangen, läuft man von der Plaza de Armas die Jirón Tacna entlang, nimmt dann die Treppe nach oben, biegt oben nach rechts ab und folgt dem Pfad.

Der höchste Gipfel, der Yanupajá (zweithöchster Berg in Peru), ragt wie ein eisiges Fleischerbeil in den Himmel. Der Gipfel zur Rechten ist der berühmt-berüchtigte Siula Grande.

Schlafen

★ **Hotel Los Nogales** PENSION $

(☎ 043-44-7121; www.hotelnogaleschiquian.com; Comercio 1301; EZ/DZ ab 50/80 S; 📶) Die große Überraschung in der oft gemiedenen Stadt Chiquián ist nicht der enorme Mangel an Restaurants, sondern dieses von Blumengärten umgebene Hotel, das auch in Cartagena oder jeder anderen vielbesuchten Kolonialstadt stehen könnte. Die Zimmer in diesem hellen Gebäude im Stil einer Hazienda sind hübsch um einen charmanten Patio voller Pflanzen und Statuen angeordnet und bieten moderne Annehmlichkeiten (einige mit Whirlpool) und ein nettes, ländliches Ambiente.

Hier bekommt man das beste Abendessen in ganz Chiquián (nur Hotelgäste). Außerdem gibt es an der Rezeption einen niedlichen, kleinen Laden mit Kunsthandwerk aus der Region. Das Personal ist zuvorkommend, und ein einheimischer Harfenspieler zupft während des Abendessens regelmäßig für müde Wanderer die Saiten.

Gran Hotel Huayhuash HOTEL $
(☎043-44-7049; Ecke 28 de Julio & Amadeo; EZ/DZ 40/60 S, DZ ohne Bad 45 S, alle inkl. Frühstück; @📶) Das „Gran" mag ja etwas übertrieben sein, aber was dem mehrstöckigen Gebäude an Atmosphäre fehlt, macht es durch Komfort wieder wett. In den großen Zimmern sind warmes Wasser und Flachbild-TVs (aber kein Kabelfernsehen) die Regel. Von einigen Zimmern hat man außerdem einen schönen Blick auf die Berge.

Essen

Panadería y Pastelería Sierra Andina BÄCKEREI, CAFÉ $
(Comercio 780; Gebäck 2–3 S; ⏲9–21 Uhr) Abgesehen vom Hotel Nogales besteht in Chiquián ein Mangel an einladenden Restaurants. Im Notfall kann man diese Bäckerei besuchen, wo Kuchen und Brote besser sind als die Deko. Man sollte sich auf Straßenhunde gefasst machen, wenn man den Laden mit einem Karamell-Röllchen verlässt.

An- & Weiterreise

Wer direkt nach Chiquián und zur Cordillera Huayhuash will, kann den Direktbus ab Lima nehmen. Wenn man sich aber erst in der Höhe akklimatisieren möchte, dürfte Huaraz günstiger sein, weil es die bessere Infrastruktur bietet. **Turismo Cavassa** (S. 427) betreibt um 8 und 20 Uhr Direktbusse nach Lima (30 S, 8 Std.) sowie Busse nach La Unίon mit Anschlussverbindungen nach Huánuco.

Um den Huayhuash-Rundweg entlangzuwandern, nimmt man um 8 Uhr den Bus von **Turismo Nazario** (☎043-77-0311; Comercio 1050), der über LLamac nach Pocpa fährt (15 S, 1¼ Std.). Ein Bus vom selben Unternehmen geht um 14 Uhr nach Huaraz (10 S, 2½ Std.) und hat Anschluss an den Bus aus Pocpa und Llamac. Busse von **Transportes El Rapido** (☎043-44-7096; Comercio) starten um 5 und 14 Uhr nach Huaraz (15 S).

Die Strecke zwischen Huaraz und Chiquián bietet eine der schönsten Landschaftsszenerien von ganz Peru – egal, ob man morgens durch den Nebel nach Chiquián (nach links setzen!) oder nachmittags nach Huaraz (auf die rechte Seite setzen!) fährt.

Llamac

☎043 / 200 EW. / 3300 M

Das verfallene Lehmziegeldorf Llamac war früher der traditionelle Startpunkt für die Huayhuash-Rundwanderung. Seit die öffentlichen Busse bis zum Ausgangspunkt des Weges in Pocpa weiterfahren, das näher am Rastplatz Matacanca liegt, kommen viele Wanderer jedoch nur noch nach Llamac, um am Ende der Rundwanderung ein Verkehrsmittel nach Chiquián zu finden.

An Service-Einrichtungen hat die Stadt nicht viel zu bieten, dafür aber eine kleine Plaza de Armas mit einer baufälligen Kirche, die ganz in Bougainvilleen gehüllt ist. Der Ausgangspunkt des Wanderwegs zur Laguna Yahuacocha befindet sich hinter dem Rathaus auf eben dieser Plaza.

Ausländer, die auf den Huayhuash-Rundweg wollen, müssen hier eine Gebühr von 20 S berappen, die erste von vielen Gebühren auf dem Rundweg. Diesen Betrag muss man auch dann zahlen, wenn man nur mit dem Bus durch den Ort kommt. Die Quittung sollte man gut aufbewahren, damit man nach der Rundwanderung nicht noch einmal zur Kasse gebeten wird.

Schlafen & Essen

Hotel Nazario PENSION $
(☎990-300-731; Grau s/n; Zi. pro Pers. mit/ohne Bad 20/15 S) Das Nazario in einem nicht zu verfehlenden großen Betongebäude verfügt über ordentliche Zimmer mit viel Tageslicht und Bergblick. Es gibt ein Fernsehzimmer und Mahlzeiten (5–10 S). Die hilfsbereiten Betreiber können *arrieros* und Packtiere für Trekkingtouren organisieren. Mahlzeiten müssen ein paar Stunden im Voraus bestellt werden. Es gibt nur wenige andere Alternativen.

An- & Weiterreise

Der Großteil der Wanderer in dieser Gegend kommt im Rahmen organisierter Trips hierher.

Man kann sich aber auch auf eigene Faust auf den Weg machen. **Turismo Nazario** (☎990-300-731; Grau s/n) fährt einmal täglich um 5 Uhr von Huaraz nach Chiquián mit Anschluss nach Llamac und Pocpa (30 S, 5½ Std.). Nach Ankunft in Pocpa fährt der Bus um 11.15 Uhr über Llamac zurück nach Chiquián und Huaraz.

CALLEJÓN DE CONCHUCOS

Das schöne Conchucos-Tal (vor Ort Callejón de Conchucos genannt) am östlichen Ausläufer der Cordillera verläuft parallel zum Callejón de Huaylas. Es ist übersät mit abgeschiedenen, selten besuchten Städten und archäologischen Grabungsstätten, getränkt mit Geschichte. Verstreut im Tal liegen einsame, idyllische Andendörfer, die so verschlafen sind, dass man sie schon beinahe komatös nennen könnte. Gut ausgebaute, aber kaum genutzte Wanderwege verbinden die Orte miteinander. Die touristische Infrastruktur steckt noch in den Kinderschuhen, und so gibt's nur eine Handvoll einfacher, aber gastfreundlicher Pensionen. Verschiedene Transportmittel fahren unregelmäßig über holprige, nicht asphaltierte Straßen, die in der Regenzeit unpassierbar werden, außerdem kommt es häufig zu Pannen und Unfällen. Wer sich die Mühe macht, hierher zu kommen, wird mit echter Hochlandgastfreundschaft der Quechua sprechenden *campesinos* und einer beeindruckenden Landschaft belohnt. Das entschädigt für alle Schlaglöcher.

Chavín de Huántar

043 / 9220 EW. / 3250 M

Für die meisten ist Chavín weniger eine Stadt als vielmehr eine Ruinenanlage. Aber das sind nicht irgendwelche Ruinen – es handelt sich um das einstige Zeremonienzentrum der am höchsten entwickelten frühen Zivilisationen Perus, eine UNESCO-Stätte.

Die meisten Besucher kommen im Rahmen eines Tagesausflugs hierher und haben keinen Blick für die kleine Kolonialstadt mit der netten Plaza und den verschlafenen Straßen. Auf dem Charme-o-Meter ist der Ort irgendwo zwischen dem grandiosen Chacas und dem etwas weniger grandiosen Huari anzusiedeln. Wer hier übernachtet, kann die beeindruckende archäologische Stätte frühmorgens besuchen und hat sie dann nahezu für sich allein.

Sehenswertes & Aktivitäten

Von Chavín führt eine **Wanderung** in wenigen Stunden durch ein hoch gelegenes Tal Richtung Olleros zu einem Pass, der einen umwerfenden Blick auf den Huantsán (6395 m), den höchsten Berg der südlichen Cordillera Blanca, bietet.

Längere Wanderungen mit Maultieren und Führern können über die Cafetería Renato organisiert werden.

★ **Chavín de Huántar** ARCHÄOLOGISCHE STÄTTE (Eintritt 15 S; Di–So 9–16 Uhr) Chavín de Huántar, die bedeutendste Stätte der späten Formativen Periode (ca. 1200–500 v. Chr.), ist der faszinierendste der vielen relativ unabhängigen Kultorte in den zentralen Anden. Es handelt sich um ein phänomenales Meisterwerk der antiken Baukunst mit großen, tempelähnlichen Bauten über der Erde und verwinkelten (heute elektrisch beleuchteten) unterirdischen Gängen. Obwohl Chavín ursprünglich nicht so beeindruckend war wie Machu Picchu und Kuélap, steht der Ort zusammen mit dem ausgezeichneten dazugehörigen Museum doch für eine spannende Geschichte.

Chavín besteht aus einem Komplex älterer und jüngerer Tempel, errichtet zwischen 1200 und 500 v. Chr.; der Großteil der heute noch sichtbaren Strukturen stammt jedoch aus einer Bauphase von 900 bis 700 v. Chr. Davor erstreckt sich die **Plaza Major**, ein riesiger, leicht vertiefter Platz, wie das gesamte Gelände durchzogen von einem ausgeklügelten und weitläufigen Kanalsystem. Von hier führt eine Treppe, die **Escalinata Blanca y Negra**, hoch zum Portal des größten und wichtigsten Gebäudes, **Edificio A** genannt, das im Verlauf der Jahre einigen Erdbeben trotzte. Einst wurden die Mauern der dreistöckigen Pyramide aus Bruchstein und Lehm (teils auch behauenen Steinblöcken) mit steinernen Köpfen verziert, die man mit Zapfen in der Mauer verankerte. Sie zeigen menschliche Gesichter mit tierischen oder von Halluzinogenen hervorgerufenen Charakterzügen. Nur einer von ihnen ist noch an seinem ursprünglichen Platz, die anderen 30 kann man sich vielleicht im Museum der Ausgrabungsstätte ansehen.

Unterhalb des Edificio A befindet sich ein Labyrinth aus Korridoren, Schächten und Kammern, eine Meisterleistung der Ingenieurskunst. Im Herzen dieses Komplexes steht ein kunstvoll bearbeiteter, 4,5 m hoher Monolith aus weißem Granit, bekannt als **Lanzón de Chavín**. Das Flachrelief im typisch furchterregenden Chavín-Stil zeigt eine Figur mit von Schlangen umwundenem Kopf und Reißzähnen ähnlich denen einer Raubkatze. Sehr wahrscheinlich wurde der Lanzón als Kultbild verehrt, worauf nicht zuletzt seine zentrale Lage schließen lässt. Gelegentlich bezeichnet man ihn als „lächelnden Gott", dabei macht er einen alles andere als freundlichen Eindruck.

Archäologen aus Stanford schlossen aufgrund einiger baulicher Eigenheiten, etwa der seltsamen Anordnung der Wasserkanäle und des Gebrauchs von auf Hochglanz polierten, reflektierenden Mineralspiegeln, dass der Komplex sowohl Schrecken als auch Ehrfurcht auslösen sollte. Um Nichtgläubige das Fürchten zu lehren, arbeiteten die Priester mit optischen und akustischen Effekten. Sie bliesen z.B. in hallende Muscheltrompeten, verstärkten das Echo mithilfe der Wasserkanäle und spiegelten Sonnenlicht durch Ventilationsschächte. Den verwirrten Novizen wurden, bevor sie das dunkle Labyrinth betraten, möglicherweise Halluzinogene wie der Saft des San-Pedro-Kaktus verabreicht. Solche Praktiken verliehen den Priestern damals eine ehrfurchtgebietende Macht.

Es lohnt sich unbedingt, einen der hiesigen Führer anzuheuern (40 S) oder in Huaraz eine Tagestour (inkl. Transfer) zu buchen. Letztere Option ist die bei Weitem preiswerteste Möglichkeit, die Ruinen zu besichtigen, obgleich man dann mit den Massen dort ist. Wer lieber allein ist, sollte im Ort übernachten und die Ruinen vormittags in aller Ruhe besichtigen. Die **Sala de Interpretación Marino González** in der Nähe des Eingangs vermittelt viel Hintergrundwissen.

Museo Nacional de Chavín MUSEUM
(☎043-45-4011; 17 de Enero s/n; ⌚Di–So 9–17 Uhr) GRATIS Das herausragende Museum, das von den Regierungen Perus und Japans gemeinsam ins Leben gerufen wurde, beherbergt den Großteil der aufwendig geschnitzten furchteinflößenden Steinköpfe aus Chavín de Huántar und den wundervollen Tello Obelisk, eine weitere Kultstele mit Flachreliefs eines Kaimans und anderer wilder Tiere. Nach 1945, als ein Erdbeben einen großen Teil des hiesigen Museums zerstörte, befand sich der Obelisk in einem Museum in Lima. Erst 2008 wurde er nach Chavín zurückgebracht.

Das Museum liegt ca. 2 km von den Ruinen entfernt am Nordrand der Stadt – problemlos erreichbar in einem lockeren Spaziergang (25 Min.).

Schlafen

Hostal Inca PENSION $
(☎043-45-4021; Plaza de Armas; EZ/DZ 40/75 S) Von außen sieht das weiß getünchte Kolonialgebäude an Chavíns Hauptplatz mit Blumenarrangements im Hof recht ansprechend aus. Schaut man aber näher hin, ist eine Renovierung des Inca überfällig – staubige Zimmer, leicht marode Betten und kein Warmwasser. Frühstück kostet 12 S extra.

Hostal Chavín Turístico PENSION $$
(☎043-45-4051; chavinturistico1@gmail.com; Mayta Capac 120; Zi. 90 S) Die empfehlenswerte, familiengeführte Option für Traveller, die in Chavín übernachten, bietet gut ausgestattete Zimmer mit hübschen Tagesdecken, großen Bädern und – was vielleicht das Schönste ist – ohne abgeplatzte Farbe oder rostige Rohre. Die Zimmer befinden sich einen Block entfernt vom gleichnamigen Restaurant, wo man auch eincheckt. Kein WLAN.

Essen

Cafetería Renato FRÜHSTÜCK, PERUANISCH $
(☎943-974-062; Plaza de Armas; Frühstück 9–15 S; ⌚8–21 Uhr) Dieses Café, das besser ist, als es aussieht, und im Cowboy-Stil mit Sätteln und Landkarten an den Wänden geschmückt ist, serviert internationale Frühstücksgerichte, darunter selbst gemachten Joghurt, Käse und *manjar blanco*. Die Besitzer organisieren auch Ausritte und Wanderungen in der Region.

★ **Buongiorno** PERUANISCH $$
(Calle 17 de Enero Sur s/n; Hauptgerichte 20–35 S; ⌚Di–So 7–19 Uhr) Eine angenehme Überraschung ist das Buongiorno in einer hübschen Gartenanlage, das anspruchsvolle Gerichte auf den Tisch zaubert, wie man sie hier nicht erwartet. Höchsten Ansprüchen genügt das peruanische Lieblingsgericht *lomo a la pimienta*, ein Grillsteak in Wein-, Sahne- und Pfeffersauce (35 S) – in Lima hätte es drei Sterne abgesahnt. Auf der Speisekarte stehen auch ein paar gute italienische Gerichte, denn der Betreiber lebte mehrere Jahre im Ausland.

In den weitläufigen Gärten ernten die Köche frische Biokräuter – ein weiteres angenehmes Plus. Das Restaurant befindet sich 50 m von der Brücke entfernt gegenüber vom Eingang zu den Ruinen. Das Hauptgeschäft macht der Laden abends (Achtung: Tourgruppen kommen gern hierher!). Wer abends hier essen möchte, sollte vorab die Öffnungszeiten checken.

Shoppen

Artesanía Rumi Tzaka KUNST & KUNSTHANDWERK
(☎999-657-443; 17 de Enero; ⌚9–16 Uhr) Von den zahlreichen Läden rund um die archäologische Stätte scheint dieses Geschäft das Beste zu sein. Verkauft werden die für Chavín typischen Souvenirs von Stoff- und Wollartikeln bis hin zu großen Granit-

repliken des Lanzón de Chavín. Die meisten Kunsthandwerksgegenstände wurden von den Betreibern selbst hergestellt – die Textilarbeiten von der Señora und die Schnitzarbeiten von dem Señor.

Praktische Informationen

GELD

Banco de la Nación (Plaza de Armas; Mo–Fr 7–17.30, Sa 9–13 Uhr) hat Geldautomaten und wechselt US-Dollar.

TOURISTENINFORMATION

Touristeninformation (App. 106 043-45-4235; Bolivar s/n; Mo–Fr 8–12.30 & 14.30–17.30 Uhr) Das Büro im Rathaus in Plaza-Nähe informiert detailliert über Attraktionen in der ganzen Gegend.

An- & Weiterreise

Die asphaltierte Straße durch die Cordillera Blanca nach Chavín führt vorbei an der Laguna Querococha in 3980 m Höhe. Dort sieht man die Gipfel des Pucaraju (5322 m) und des Yanamarey (5237 m). Danach verläuft die Straße durch den Kahuish-Tunnel (4516 m ü. d. M.), der unter dem Kahuish-Pass durchführt. Wenn man den Tunnel verlässt und nach Chavín runterfährt, sieht man eine gigantische Christusstatue, die Reisende segnet. Sie wurde von italienischen Missionaren errichtet.

In Chavín fahren die meisten Verkehrsmittel am neuen hässlichen **Busbahnhof** (AN-110) ein paar Blocks südlich der Plaza ab. Alle Regionalbusse lassen Fahrgäste an der Biegung der Fernstraße unweit der Plaza ein- und aussteigen. **Olguita Tours** (941-870-525; Gran Terminal Terrestre, AN-110) fährt regelmäßig nach Huaraz (12 S, 2½ Std., 6-mal tgl.) und nach Huari (5 S, 2 Std., 4-mal tgl.) im Norden. **Transportes Sandoval** (043-42-8069; Gran Terminal Terrestre, AN-110) hat ein ähnliches Angebot. *Combis/colectivos* starten einen Block nördlich der hübschen Plaza de Armas an der Plaza Chupa – ein seltsamer Name – nach Huaraz (20/25 S, 2½ Std.).

Sowohl **Movil Tours** (958-809-378; www.moviltours.com.pe; Gran Terminal Terrestre, AN-110) als auch **Turismo Rosario** (944-988-425; Gran Terminal Terrestre, AN-110) starten um 19.40 Uhr nach Lima (55–75 S, 9 Std.). Movil Tours ist besser und fährt mit bequemen, zuverlässigen Bussen, die mit Liegesitzen ausgestattet sind.

Wer entlang der Ostseite der Cordillera Blanca gen Norden reisen möchte, kann einen der Busse aus Huaraz nehmen, die nach Huari (5 S, 2 Std.) weiterfahren. *Colectivos* starten regelmäßig unweit der Plaza de Armas nach San Marcos (2 S, 20 Min.), wo man in ein *colectivo* nach Huari (5 S, 45 Min.) umsteigen kann. Außer diesen Bussen gibt es keine öffentlichen Verkehrsmittel, die weiter als bis Huari fahren.

Man kann von Olleros durch den Callejón de Hualyas in etwa drei Tagen nach Chavín wandern. Die Strecke ist nicht allzu überlaufen (S. 422).

Huari

043 / 10 300 EW. / 3150 M

Von den steilen Straßen des Örtchens Huari, in dem Quechua gesprochen wird und das sich mit Mühe an einen Berghang zu klammern scheint, genießt man ein Panorama von fast 360 Grad. Auf dem Markt am Sonntag bieten *campesinos* aus der Umgebung frische Früchte und Gemüse an. Anfang Oktober findet die **Fiesta der Señora del Rosario** statt, bei der Katzen verzehrt werden (die Einwohner von Huari werden in Quechua auch scherzhaft *Mishikanka* genannt, was wörtlich „frittierte Katzen“, aber im übertragenen Sinn „Katzenesser“ bedeutet). Neben der kleinen und modernen Plaza de Armas lädt die etwas größere Plaza Vigil (besser bekannt als El Parque) zum Verweilen ein; hier findet man auch die Büros der Busunternehmen und Banken.

Sehenswertes & Aktivitäten

Laguna Purhuay — SEE

In einem Tal 8 km oberhalb von Huari, gleich hinter dem Eingang zum Parque Nacional Huascarán, liegt dieser idyllische See, der sich wunderbar als Ziel für einen Tagesausflug eignet und überraschend wenig besucht ist. Der freundliche Parkaufseher verleiht Kajaks (10 S/Std.), man kann am Ufer entlang zu den prähispanischen Ruinen Mama Shoco wandern oder in dem Restaurant am See Forellen genießen. Campingmöglichkeiten sind ebenfalls vorhanden (40 S/Nacht).

Es ist möglich, auf einer unbefestigten Straße (es existiert ein Pfad mit ein paar Abkürzungen) von Huari zum See zu laufen. Alternativ nimmt man sich ein Taxi (hin & zurück ca. 50 S). Auf dem Hinweg sollte man unbedingt einen Zwischenstopp in dem Dorf Acopalca einlegen. Der Ort ist für seine Forellenfarmen und viele Fischrestaurants, die auf *ceviche* spezialisiert sind, bekannt.

Die zwei bis drei Tage in Anspruch nehmende Huari-Chacas-Route (S. 421), die über den Bartolomé Pass durch die Berge führt, beginnt am Seeufer.

Schlafen & Essen

Hospedaje Genais HOTEL $

(Ecke Condamine & Ancash; Zi. 45 S;) Das zum Zeitpunkt unserer Recherchen gerade wiedereröffnete Genais in einem ganz normalen Huari-Haus bietet wunderbar gemütliche Zimmer, ausgestattet mit edlen Tagesdecken, gefliestem Fußboden und modernen Bädern. Das herausragende Merkmal sind aber die mit kunstvollen Schnitzereien versehenen und von Hand unterschiedlich bemalten Holztüren. Mit Sicherheit Huaris bestes Hotel!

Chifa Dragón Andino CHINESISCH $

(043 45-4110; Libertad 660; Hauptgerichte 10–18 S; Mo–Sa 12–22 Uhr) Das Dragón Andino im klassischen *chifa*-Stil (langweilige Kantinentische und – abgesehen von ein paar chinesischen Laternen – ganz ohne Deko) ist besser, als es aussieht, und serviert einige der schmackhaftesten chinesischen Gerichte in der östlichen Cordillera.

Praktische Informationen

Turismo Andino (99-342-7102; Ancash 836, Plaza Vigil; Mo–Sa 9–12 & 14–17 Uhr) hat Stadtpläne und Infos über Attraktionen der Umgebung.

An- & Weiterreise

Wer schnell nach Chavín und Huaraz kommen will, steigt am besten hinter dem **Markt** (Magisterial; 6 S, 45 Min.) in ein *colectivo* nach San Marcos. Busse von **Olguita Tours** (954-470-914; Plaza Vigil) fahren von Huari über Chavín (5 S, 2 Std.) nach Huaraz (15 S, 4½ Std., 6-mal tgl.).

Movil Tours (Av Circumvalación) fahren seit Kurzem einmal täglich um 18.20 Uhr über Chavín de Huántar nach Lima (65–85 S, 11 Std.).

Wer zeitlich unabhängig nach San Luis und von dort weiter nach Chacas und Pomabomba fahren will, sollte sich ein Taxi leisten, das je nach Verhandlungsgeschick zwischen 250 und 300 S kostet. Die Fahrt ist holprig, aber schön.

Chacas

043 / 2100 EW. / 3360 M

Das niedliche Bergnest auf einem Hügelkamm (3360 m) ist umgeben von fruchtbaren Weiden und schneebedeckten Cordillera-Gipfeln. Den charismatischen Hauptplatz dominiert eine wunderschöne Kirche, die von der gemeinnützigen italienischen Hilfsorganisation Don Bosco errichtet wurde. Sie hat ihren Sitz in Marcará und wurde von Padre Ugo De Censi, einem Pionier und Priester des Salesianerordens, gegründet. Die Stadt ist folglich stark italienisch geprägt; seit 2016 gibt es hier sogar ein italienisches Konsulat.

Die Architektur von Chacas ist schon etwas Besonderes. Die Kooperative Don Bosco sorgt liebevoll für die weiß getünchten Häuser mit ihren kunstvoll geschnitzten Holzbalkonen, farbenfrohen Eingängen und Fensterläden. Man sollte Ausschau halten nach den Andenfrauen, die an fast jeder Ecke lächelnd an ihren Spinnrädern sitzen. In dieser reizenden, kleinen Stadt in den Cordilleras kann man ein paar Tage lang wunderbar ausspannen.

Schlafen

Die Unterkünfte in Chacas werden immer besser. Obwohl die momentan vorhandenen Hotels eher von der einfachen Sorte sind, fehlt es ihnen nicht an Atmosphäre. Das neue, schicke Hotel Plaza an der Plaza de Armas steht den Mittelklassehotels in Huaraz in nichts nach.

Hotel Plaza HOTEL $

(921-970-956; Ecke Bolognesi & Lima; EZ/DZ inkl. Frühstück 35/80 S;) Die führende Unterkunft in Chacas ist ein funkelnagelneues Hotel (man kann die frische Farbe noch riechen) in einem alten, für Chacas typischen Gebäude mit weiß getünchten Lehmmauern und reich verzierten Holzbalkonen. Die eher funktionell eingerichteten Zimmer sind sauber, komfortabel und geräumig. Zum Hotel gehören ein Restaurant und ein Reisebüro. Das Personal hier ist gern bereit, bei der Lösung von Transportproblemen zu helfen.

Hostal Asunción PENSION $

(956-490-064; Bolognesi 370; EZ/DZ mit Bad 30/50 S, ohne Bad 25/40 S;) Die Unterkunft an der Plaza de Armas befindet sich in einem typischen Chacas-Haus mit verzierten Holzbalkonen. Sie verfügt über ordentliche, ansprechende Zimmer. Besonders nett sind die beiden Zimmer nach vorn mit Blick auf die Plaza und die Kirche.

Essen

Restaurante-Cevichería D'Faveg CEVICHE $

(Ecke Buenos Aires & Ancash; Menü 6 S; 12–16 Uhr) In kleinen peruanischen Städten gibt es weder schicke Restaurants noch Diners, Drive-ins oder Kneipen, sondern nur Lokale wie das D'Faveg mit einem halben Dutzend Tischen, freundlichem Personal und mittags einem wirklich preiswerten Drei-Gänge-Menü mit u.a. *seco de pollo* (pikantes Schmorhuhn), dünnen Steaks und – wie könnte es anders sein – *ceviche*.

Pizzeria San Francisco PIZZERIA $$
(Ancash; Pizza 20 S; ⌚ Sa & So 18–22 Uhr) Hier gibt es von den Mitarbeitern der hiesigen italienischen Mission unweit der Kirche gebackene Pizzas. Leider ist das Lokal nur an den Wochenenden (abends) geöffnet. Die ansehnlichen Pizzas sind groß und authentisch. Es lohnt sich, seine Reise so zu planen, dass man am Wochenende in Chacas ist!

DIE DON-BOSCO-HOLZSCHNITZERKOOPERATIVE

Es ist schwer, die jüngste Geschichte von Chacas nicht mit dem Namen Padre Ugo De Censi, einem italienischen Priester des Salesianerordens, in Zusammenhang zu bringen. Er hat Ende der 1970er-Jahre die angesehene Don-Bosco-Holzschnitzerkooperative (www.artesanosdonbosco.org) in der Stadt gegründet.

De Censi kam erstmals 1976 nach Peru, nachdem er mehrere Jahre als Missionar in Brasilien gearbeitet und dort die Operación Mato Grosso, eine regierungsunabhängige Organisation zur Bekämpfung der Armut, gegründet hatte. Verzaubert von den schroffen Bergen der Anden (die ihn an die italienischen Alpen erinnerten), aber auch beunruhigt wegen der großen Armut in der Region, ließ sich De Censi in Chacas nieder. Dort wurde er der Gemeindepriester und gründete eine Schule für Holzschnitzerei. Eine weise Entscheidung! Da er auf ein in Brasilien bereits bestehendes Netzwerk von Freiwilligen und Spendensammlern zurückgreifen konnte, wurde die Schule schnell erfolgreich. 25 Schüler – Jungen (und später auch Mädchen) zwischen 12 und 18 Jahren aus den ärmsten Familien der Region – wurden jährlich aufgenommen und konnten fünf Jahre lang gebührenfrei lernen. Die Schüler wurden von internationalen, vorwiegend aber aus Italien stammenden Freiwilligen unterrichtet und lernten alles von der Holzschnitzerei bis hin zur Möbelherstellung. Es gelang ihnen, die neuen Fertigkeiten schnell umsetzen.

Don Boscos erstes großes Projekt war der Wiederaufbau des durch das Erdbeben im Jahr 1970 schwer beschädigte **Santuario de Mama Ashu** (Ancash; ⌚ 7–19 Uhr) in Chacas. Statt die Kirche in einem langweiligen, modernen Stil wieder aufzubauen, wie es in vielen anderen von Erdbeben getroffenen Cordillera-Städten üblich war, entstand unter der fachkundigen Anleitung von De Censi ein an den früheren Bau erinnerndes *santuario* mit wunderschönen Holztüren und einem schönen Inneren mit reich verziertem Chorgestühl und einem detailliert restaurierten barocken Altarbild.

Nachdem die Kirche fertiggestellt war, widmete die Kooperative ihre Aufmerksamkeit der Stadt und begann mit der Restaurierung der für Chacas typischen weißen Häuser mit ihren aufwendig geschnitzten Holzbalustraden und -balkonen. In den 1980er- und 1990er-Jahren expandierte die Don-Bosco-Schule, und es kamen Steinbearbeitungs-, Glas-, Kunstrestaurierungs-, Textil- und Bergsteigerwerkstätten dazu. In der Cordillera Blanca wurden fünf **Schutzhütten** (☎ 971-110-088; www.rifugi-omg.org; B 100 S; ⌚ Mai–Sept.) für Touristen errichtet. Und die Arbeit geht weiter, nicht nur in Chacas, sondern in der ganzen Ancash-Region. Die Gewinne aus dem Don-Bosco-Programm gehen direkt zurück an die lokalen Gemeinden. Über die Jahre konnten so E-Werke, Krankenhäuser und Bewässerungsprojekte finanziert werden.

Die Don-Bosco-Kooperative verzeichnet über 500 aktive Absolventen in ihren Büchern. Sie fertigt Kunsthandwerk für Kirchen, öffentliche Bauten und Privathäuser; vieles davon wird auch exportiert. Die Kooperative wird von zahlreichen internationalen freiwilligen Helfern unterstützt, die lang- oder kurzfristig nach Peru kommen, um der dortigen Bevölkerung mit Rat und Tat zur Seite zu stehen. 2016 eröffnete in Chacas ein italienisches Konsulat, um den Bedürfnissen gerecht zu werden.

Padre Ugo De Censi, der 2018 94 Jahre alt wurde, zog vor ein paar Jahren aufgrund seines hohen Alters aus dem Höhenort Chacas nach Lima. 2007 erhielt er die peruanische Staatsbürgerschaft, und sein Werk wurde von der Regierung mit mehreren Auszeichnungen anerkannt. Sein Erbe ist in Chacas überall spürbar, angefangen bei der großartigen Mama-Ashu-Kirche, wo ein riesiges Gemälde seine Lebensgeschichte illustriert, bis hin zu den erfolgreichen Kunsthandwerksstätten und Schulen, die diesem Ort ein ganz besonderes Flair verleihen.

Praktische Informationen

Die kleine Zweigstelle der Banco de la Nación hat freundliche Mitarbeiter, aber keine Geldautomaten. Die nächsten stehen in San Luis.

An- & Weiterreise

Transportes Renzo (☎ 959-571-581; Lima 37) und **Transportes El Veloz** (Buenos Aires s/n) fahren beide durch den Tunel Punta Olímpica und über Carhuaz nach Huaraz (15–20 S, 3½ Std., ca. 3-mal tgl.).

Beide Busgesellschaften fahren auch nach Pomabamba (20 S, 4 Std.); die Busse starten in Huaraz und kommen gegen 10 Uhr durch Chacas. Gegen 22 Uhr gibt es einen weiteren Bus nach Pomabamba. Aufgrund von Raubüberfällen und Unfällen ist es aber nicht ratsam, nachts auf dieser Straße unterwegs zu sein.

Combis nach San Luis (5 S, 1 Std.) starten an der **Bolognesi, Ecke Buenos Aires**, einen Block östlich der Plaza. Von dieser Seite des Tals gibt es keine Verkehrsmittel nach Yanama, doch alle Busse auf dem Weg nach Pomabamba lassen Fahrgäste auf Wunsch am Abzweig aussteigen. Von dort sind es noch 22 km zu Fuß in die Stadt. Ein Taxi von San Luis kostet mindestens 200 S.

Mehrere Agenturen in der Stadt lassen Busse nach Lima tuckern, die durch Chacas (45 S, 14 Std.) fahren. Die Standards der Busse dieser Gesellschaften sind aber nicht immer gut. Man sollte lieber nach Huaraz fahren und dort in den Bus einer angeseheneren Gesellschaft wie Cruz del Sur (S. 412) umsteigen.

Nördliches Hochland

Inhalt ➡

Gut essen

- Doña Zully (S. 749)
- El Batan de Tayta (S. 461)
- La Olla de Barro (S. 473)
- La Patarashca (S. 479)

Schön übernachten

- La Xalca (S. 459)
- Posada del Purhuay (S. 449)
- Gocta Andes Lodge (S. 463)
- Kentitambo (S. 468)
- Pumarinri Amazon Lodge (S. 478)

Auf ins nördliche Hochland!

Schier endloser unerforschter Dschungel und nebelbedeckte Berge schützen die Geheimnisse des nördlichen Hochlands wie natürliche Wächter. Andengipfel und üppige Wälder erstrecken sich von der Küste bis in den tiefsten, dunkelsten Amazonasdschungel. Dieser Außenposten Perus mit seinen Relikten der Inka-Könige und überwucherten Ruinen früherer kriegerischer Regenwaldbewohner wird derzeit allmählich durch neue Verbindungsstraßen erschlossen.

Cajamarcas Kopfsteinpflasterstraßen zeugen vom Untergang des einst mächtigen Inka-Reichs und Spuren dieser glorreichen Zeit sind bis heute erhalten. Erst vor Kurzem hat der Nebelwald von Chachapoyas seinen archäologischen Schatz offenbart: die gewaltige Ruinenzitadelle von Kuélap, die sich an eine felsige Kalksteinkuppe schmiegt. In Tarapoto, dem Tor zum Regenwald, wartet der Amazonas auf seine Erkundung – seit Jahrhunderten ein Eldorado für die Tierwelt und eine Augenweide für neugierige Besucher.

Reisezeit

Cajamarca

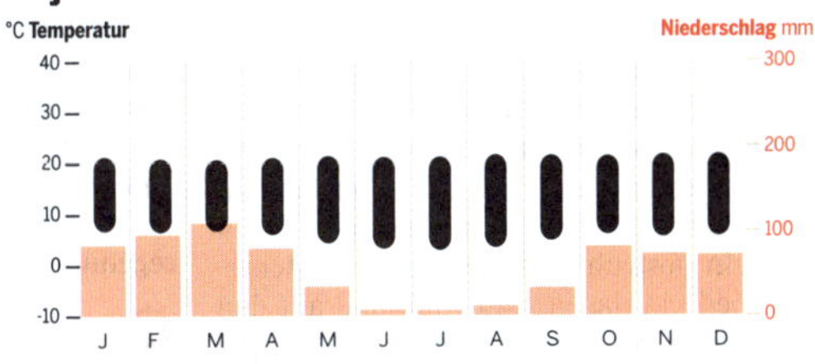

Jan.–April Regenreich, aber grün und voller Leben – mit Wasserfällen in großartiger sprudelnder Pracht.

Feb. & März In der Karnevalshochburg Cajamarca wird ungezügelt gefeiert.

Juni–Okt. Die Zeit des Regens und der Erdrutsche ist vorbei und man kann die Sonne genießen.

Highlights

1 Kuélap (S. 465) Mit der spektakulären Seilbahn hinauf zu der mächtigen Zitadelle fahren, die die Chachapoyas lange vor den Inkas erbauten

2 Catarata de Gocta (S. 463) Durch den Nebelwald zu diesem hohen, noch wenig besuchten Wasserfall nahe Chachapoyas wandern

3 Leimebamba (S. 467) In dem netten kleinen Gebirgsstädtchen Kolibris bestaunen, guten Kaffee trinken und eines der besten Museen im Norden Perus besuchen

4 Cajamarca (S. 444) In der Hauptstadt des nördlichen Hochlands der Geschichte des Zusammenpralls der Zivilisationen in Amerika nachspüren

5 Tarapoto (S. 474) In einer Dschungellodge wohnen und in einem unberührten Fluss am Rand des Amazonasregenwalds baden

6 Von Celendín nach Chachapoyas (S. 455) Eine Fahrt auf einer der schmalsten und aufregendsten Straßen Perus erleben

7 Moyobamba (S. 471) Eine Übernachtung einlegen, um Orchideen zu bewundern und die Amazonas-Küche sowie das Dschungel-Ambiente zu genießen

Cajamarca

☎076 / 249 000 EW. / 2750 M

Cajamarca ist eine nette, aber eigenwillige Metropole und liegt eingebettet in einem flachen Tal, das auf allen Seiten von massiven Bergen geschützt wird. Mit ihrem Häusermeer aus roten Ziegeldächern verrät die wichtigste Stadt im nördlichen Hochland ihren geheimen Wunsch, an ihren dörflichen Wurzeln festzuhalten. Fruchtbares Ackerland bedeckt das gesamte Tal, und auf den Straßen Cajamarcas begegnet man *campesinos* (Bauern) mit breitkrempigen Hüten und farbenfrohen Umhängen ebenso wie jungen Städtern, die durch die Boutique-Restaurants und Bars ziehen.

Im kolonialzeitlichen Zentrum stehen majestätische Kirchen an der weitläufigen Plaza de Armas. In den von hier ausgehenden schmalen Straßen reihen sich einstmals prächtige barocke Stadtpaläste aneinander; viele von ihnen beherbergen heute elegante Hotels und schicke Restaurants. Cajamarca ist berühmt für seinen Käse, sein Gold (eine der größten Goldminen der Welt liegt gleich in der Nähe), seine Barockkirchen und als der Ort, an dem der Inka-Herrscher Atahualpa den spanischen Konquistadoren gegenüberstand. Eine explosive Mischung!

Sehenswertes

Catedral de Cajamarca KATHEDRALE

(Batán; ⌚8–12 & 15–18 Uhr) Der Bau der gedrungenen Kathedrale mit prunkvoller Fassade begann im späten 17. Jh. und wurde erst kürzlich abgeschlossen. Wie die meisten der hiesigen Kirchen hat auch die

Kathedrale keinen Glockenturm. Da Spanien eine Steuer auf fertige Kirchen erhob, baute man einfach keine Glockentürme und ließ die Kirchen damit unvollendet, um so die Steuer zu umgehen.

Drinnen fehlt die Verzierung, die man an der Außenfassade der Kirche bewundern kann - der aufwendige, mit Blattgold bedeckte Barockaltar ist die einzige Ausnahme.

El Cuarto del Rescate RUINEN
(Die Kammer der Rettung; Puga; Eintritt 5 S; ⌚Di–Mi 9–13 & 15–20, Do–Sa 9–20, So 9–13 Uhr) Als einziges von den Inka errichtetes Gebäude blieb in Cajamarca der Raum erhalten, in dem Atahualpa (S. 448) gefangen gehalten wurde. Der Raum hat drei für die Inka-Architektur typische, trapezförmige Türen und weist an den Innenwänden einige ebenso geformte Nischen auf. Für Besucher ist er nicht zugänglich. Die rote Linie, die das einstige Dach des Gebäudes markiert, ist jedoch von außen sichtbar. Bis an diese Stelle sollen die Schätze angehäuft worden sein, die für Atahualpas Freilassung sorgen sollten.

Am Eingang der Stätte hängen ein paar moderne Gemälde, die Atahualpas Gefangennahme zeigen. Die steinernen Mauern des Gebäudes sind verwittert und werden erst seit Kurzem von einer großen Kuppel geschützt. Das Ticket für das Cuarto del Rescate gewährt am selben Tag auch Einlass in den Complejo de Belén und das Museo de Arqueológico & Etnográfico.

El Complejo de Belén HISTORISCHES GEBÄUDE
(Ecke Belén & Comercio; Eintritt 5 S; ⌚Di & Mi 9–13 & 15–20, Do–Sa 9–20, So 9–13 Uhr) Diese weitläufige koloniale Anlage aus Kirche und Hospital wurde zwischen 1627 und 1774 vollständig aus Vulkangestein erbaut. Das Hospital wurde von Nonnen betrieben, und 31 winzige, zellenartige Schlafkammern säumen die Wände des T-förmigen Gebäudes. Die Barockkirche nebenan zählt mit ihrer auffälligen Kuppel und der schön geschnitzten Kanzel zu den schönsten Kirchen in Cajamarca. Normalerweise werden in der Kirche Kunstwerke ausgestellt.

Es gibt mehrere interessante Holzschnitzereien in der Kirche, darunter einen sehr traurig dreinschauenden Christus, der mit gekreuzten Beinen auf einem Thron sitzt, sein Kinn mit dem Handgelenk abstützt und aussieht, als bräuchte er nach einem harten Tag voller Wundertätigkeiten dringend einen Pisco Sour. Beachtlich sind auch die überdimensionalen Engel, die das Gewicht des Himmels stützen. Die Außenfassaden der Kirche weisen aufwendige Verzierungen auf.

Iglesia de San Francisco KIRCHE, MUSEUM
(Calle 2 de Mayo; Eintritt 5 S; ⌚Museum 10–14 & 16–18 Uhr; Kirche 10–14 & 17–20 Uhr) Diese kunstvoll gestaltete Kirche mit aufwendigen Steinmetzarbeiten und prunkvollen Altären sticht die Kathedrale an der Plaza de Armas locker aus. Anders als die anderen glanzvollen Kirchen in Cajamarca hat diese gleich zwei Glockentürme. Hier befindet sich auch das leicht angestaubte **Museo de Arte Religioso** mit religiösen Gemälden indigener Künstler aus dem 17. Jh. Das Museum beherbergt außerdem ein paar gruselige **Katakomben**: In einem Raum sieht man die ordentlichen Gräber von Mönchen, in dem anderen Raum offen herumliegende Skelette aus indigenen Gräbern, die auf dem Gelände gefunden wurden.

Die aufwendig gestaltete Capilla de la Dolorosa rechts vom Kirchenschiff gilt als eine der schönsten Kapellen der Stadt. Sehenswert ist die in den Stein gehauene Darstellung des Letzten Abendmahls links vom Altar.

Museo de Arqueológico & Etnográfico MUSEUM
(Ecke Belén y Commercio; Eintritt 5 S; ⌚Di–Sa 9–13 & 15–18, So 9–13 Uhr) Das kleine Museum zeigt präkolumbische Tonwaren und Steinstatuen, regionale Trachten und Bekleidung, Haushalts- und Landwirtschaftsgeräte sowie Musikinstrumente. Am verstörendsten sind die mumifizierten Überreste eines Babys in einer Keramikvase.

Das Museum befindet sich in dem Antigua Hospital de Mujeres, einige Meter vom Complejo de Belén entfernt. An der verzierten Fassade findet sich eine faszinierende Statue einer Frau mit vier Brüsten. Sie wurde von lokalen Künstlern geschnitzt und stellt vermutlich eine Anomalie (überzählige Brustwarzen) dar, die in einer der nahegelegenen Ortschaften häufig vorkam.

Cerro Santa Apolonia AUSSICHTSPUNKT
(Eintritt 1 S; ⌚7–19 Uhr) Von dem von Gärten umringten Aussichtspunkt im Südwesten hat man einen schönen Blick über die Stadt und ihre Umgebung. Man erreicht ihn ganz einfach, indem man am Ende der Straße 2 de Mayo die Stufen erklimmt und den Fußweg entlangläuft, der sich um den Hügel herumwindet. Die Gravuren im Fels oben auf dem Hügel stammen noch aus der Zeit vor den Spaniern. Fast alle werden der Inka-

Cajamarca

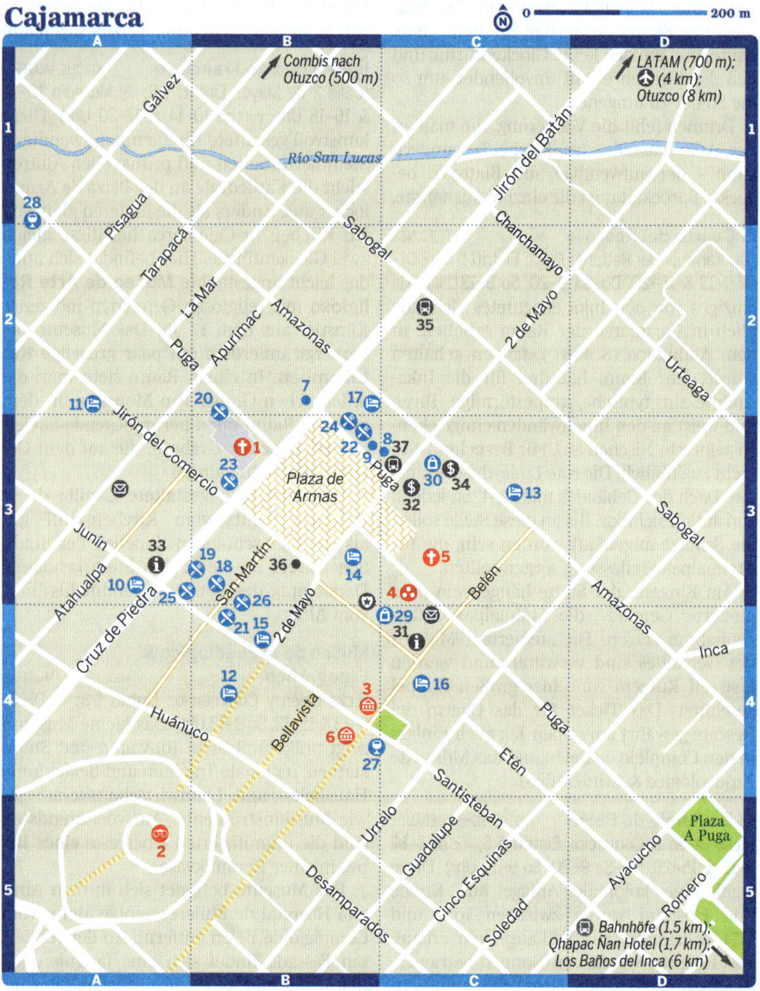

Periode zugeschrieben, einige sogar auf die Chavín-Epoche datiert.

Geführte Touren

Die Plaza de Armas ist von Tourveranstaltern gesäumt, die mehr oder weniger die gleichen Halb- und Ganztagsausflüge anbieten. Viele Veranstalter behaupten, englischsprachige Guides zu haben, doch wie so oft in der hiesigen Tourismusbranche sieht die Realität etwas anders aus.

Touren nach Cumbemayo (20 S; S. 453) finden täglich von 9 bis 13.30 Uhr statt, sodass man in den Nachmittag noch den Ausflug zu den Ventanillas de Otuzco (17 S; S. 453) von 15.30 bis 19 Uhr quetschen kann. Touren zu den Ruinen von Kuntur Wasi (70 S; S. 454) beanspruchen den ganzen Tag, werden aber weniger häufig angeboten. Startzeiten vorab nachprüfen.

Es gibt noch einige andere Halbtagstouren zu Käsefabriken, Mini-Zoos (überwiegend mit Haustieren) und Seen in der Region, die alle um die 20 S kosten.

Sergio Tours SIGHTSEEING-TOUR
(076-36-7598; www.sergiotours.com; Puga 643; 8–22 Uhr) Einer unter einem Dutzend

Cajamarca

Sehenswertes

1	Catedral de Cajamarca	B3
2	Cerro Santa Apolonia	A5
3	El Complejo de Belén	B4
4	El Cuarto del Rescate	C3
5	Iglesia de San Francisco	C3
6	Museo de Arqueológico & Etnográfico	B4

Aktivitäten, Kurse & Touren

7	Clarín Tours	B2
8	Mega Tours	C3
9	Sergio Tours	B3

Schlafen

10	El Cabildo	A3
11	El Portal del Marques	A2
12	Hatuchay Inka-Aparthotel	B4
13	Hospedaje los Jazmines	C3
14	Hostal Casona del Inca	B3
15	Hotel Cajamarca	B4
16	Hotel Sol de Belén	C4
17	Las Americas Hotel	B2

Essen

18	10 Luces	B3
19	Cafetería Sabi	B3
20	Cascanuez Café Bar	B2
21	El Marengo	B4
22	Heladería Holanda	B3
23	Paprika	B3
24	Salas	B3
25	Sanguchon.com	A3
26	Vaca Loca	B3

Ausgehen & Nachtleben

27	Taita	B4
28	Usha-Usha	A1

Shoppen

29	Artesanias El Rescate	C4
30	Quesos Chugur El Tambo	C3

Praktisches

	Dirección de Turismo	(siehe 3)
31	Info-Kiosk der Dirección de Turismo	C4
32	Interbank	C3
33	iPerú	A3
34	Scotiabank	C3

Transport

35	Combis nach Los Baños del Inca	C2
36	LC Perú	B3
37	Ticketbüro von Línea	C3

Tourveranstalter an der Plaza de Armas. Dieser bietet oft Tagestrips zu den Ruinen von Kuntur Wasi (S. 454) an.

Clarín Tours SIGHTSEEING-TOUR
(☎076-36-6829; www.clarintours.com; Del Batán 161) Freundlicher Touranbieter mit niedrigen Preisen und gutem Kundenservice.

Mega Tours SIGHTSEEING-TOUR
(☎076-34-1876; www.megatours.org; Puga 691) Beliebt für günstige Sightseeing-Touren.

Feste & Events

Karneval FEST
Der in ganz Peru frenetisch gefeierte Karneval findet zu Beginn der Fastenzeit, gewöhnlich im Februar, statt. Nicht alle Karnevale sind aber gleich. Fragt man die Peruaner, wo die wildesten Partys abgehen, so fällt unweigerlich der Name Cajamarca. Beim hiesigen Fest sind neun Tage lang Tanzen, Essen, Singen, Party machen, Kostümieren, Umzüge und überhaupt Spaß beim Bad in der Menge angesagt.

Schlafen

Hatuchay Inka-Aparthotel APARTMENTS $$
(☎076-35-7059; Calle 2 de Mayo 221; EZ/DZ mit Frühstück 120/168 S, Apt. 220–320 S; 📶) Diese erstklassigen Apartments sind geprägt von schrägen Decken, eleganten Bögen und bunten Gemälden. Sie bieten den Komfort eines Hotels (es gibt eine Rezeption und ein gutes Frühstück), die Intimität eines B&Bs (die Inhaber sind sehr engagiert und sympathisch) sowie die Geräumigkeit und die Abgeschlossenheit eines Apartments (man hat sein eigenes Wohnzimmer und eine voll ausgestattete Küche).

Das Haus hat eine verlockende Lage an der Treppe hinauf zum Cerro Santa Apolonia (S. 445).

Hotel Sol de Belén HOTEL $$
(☎076-36-2196; www.hotelsoldebelen.com; Belén 636; EZ/DZ mit Frühstück 100/135 S; P📶) Das „Sol" verbindet smarte Zimmer mit dem Altstadt-Feeling Cajamarcas und hat eine perfekte Lage an einer Fußgängerstraße gegenüber vom Complejo de Belén (S. 445). Die ein Stück von der Straße zurückgesetzten, ruhigen Zimmer haben eine gute Beleuchtung und eigens gestaltete Bettdecken und Handtücher. Außerdem gibt's einen kleinen Fitnessraum im obersten Stock.

Qhapac Ñan Hotel HOTEL $$
(☎956-037-357; www.qhapacnanhotel.com; Nogales, Villa Universitaria; EZ/DZ 140/220 S; 📶)

ALS PIZARRO ATAHUALPA BEGEGNETE

Die Stadt Cajamarca wurde um 1320 gegründet und ist damit älter als die Präsenz der Inkas und der Spanier in dieser Gegend. Aber genau diese beiden Kulturen trafen hier im Jahr 1532 in einem sogenannten „Clash of Civilizations" aufeinander. Dieser veränderte den Lauf der Weltgeschichte für immer und verlieh der Stadt eine Rolle in den Volkslegenden.

Nach dem Tod des Inka Huayna Cápac 1525 wurde das gesamte Reich, das sich von Südkolumbien bis Zentralchile erstreckte, zwischen seinen beiden Söhnen aufgeteilt. Atahualpa bekam den Norden, Huáscar den Süden. Doch offenbar war einer von beiden mit dieser Aufteilung nicht zufrieden. Es kam zum Bürgerkrieg, den Atahualpa 1532 für sich entschied. Er zog mit seinen siegreichen Truppen südwärts nach Cusco, um die Kontrolle über das gesamte Imperium zu sichern. Als er auf dem langen Weg in Cajamarca Station machte und ein Bad im örtlichen Thermalbecken nahm (heute bekannt als Los Baños del Inca), hörte der neue Inka-Herrscher Atahualpa von der Ankunft der Spanier.

Francisco Pizarro traf am 15. November 1532 mit gerade einmal 168 Mann im nahezu menschenleeren Cajamarca ein, denn die meisten der 2000 Bewohner hielten sich mit Atahualpa an den heißen Quellen auf. Die Spanier verbrachten eine unruhige Nacht, wohl wissend, dass sich ganz in der Nähe eine zahlenmäßig weit überlegene Inka-Truppe befand. Historischen Schätzungen zufolge sollen es 40 000 bis 80 000 Männer gewesen sein. Anderntags lockten die Spanier Atahualpa zum Gespräch auf den Hauptplatz, um den Herrscher gefangen zu nehmen.

Vor seiner Ankunft befahl Atahualpa einem Großteil seiner Männer, vor der Stadt zu warten. Er kam lediglich mit 6000 Kriegern, die mit Schlingen und Handäxten bewaffnet waren. Dann traf er auf den spanischen Priester Vicente de Valverde, der versuchte, dem Inka-Herrscher seine Position als Gesandter Gottes klarzumachen. Als er Atahualpa eine Bibel überreichte, warf der Inka-Führer das Buch wütend auf den Boden. Mehr Rechtfertigung brauchte Valverde nicht, um zum Angriff zu blasen.

Kanonen wurden abgefeuert und die Kavallerie stürzte sich auf Atahualpas Truppen. Die Inka waren von dem dröhnenden Lärm und den nervös tänzelnden Pferden erschrocken und verwirrt, beides war ihnen völlig unbekannt. Mit ihren einfachen Waffen hatten sie gegen die modern ausgerüsteten Spanier keine Chance, die vom hohen Rücken der Pferde aus rasiermesserscharfe Schwerter schwangen, 7000 ihrer Gegner abschlachteten und Atahualpa schließlich gefangen nahmen. Nun waren sie im wahrsten Sinne des Wortes *conquistadores* (Eroberer).

Atahualpa bemerkte bald die Goldgier der Spanier. Er machte den Vorschlag, ihnen für seine Freilassung eine ganze Kammer in der Stadt mit Gold zu füllen und darüber hinaus noch einmal doppelt so viel Silber bereitzustellen. Die Spanier willigten ein und langsam, aber stetig floss das Edelmetall nach Cajamarca. Ein Jahr später war der Raum voll. Rund 6000 kg Gold und 12 000 kg Silber wurden daraufhin zu Barren gegossen. Nach heutigen Maßstäben müssen diese fast 180 Mio. S wert gewesen sein. Unermesslich dagegen war der künstlerische Wert der Ornamente und anderer Inka-Gegenstände, die dafür eingeschmolzen wurden.

Allerdings hatte Atahualpa den Verdacht, dass ihn die Spanier noch nicht freilassen würden. Deshalb schickte er heimliche Botschaften an seine Anhänger nach Quito und bat darum, ihn zu befreien. Die Spanier fingen die Nachrichten ab und verurteilten Atahualpa zum Tode. Am 26. Juli 1533 wurde er zum Hauptplatz von Cajamarca gebracht, wo man ihm mit dem Feuertod drohte, falls er sich nicht taufen ließ. Im Angesicht des Scheiterhaufens akzeptierte Atahualpa dieses „Angebot", woraufhin seine Strafe abgemildert wurde: Nun hängte man ihn auf.

Ein Großteil der Inka-Gebäude in Cajamarca wurde für den Bau von Haziendas und Kirchen niedergerissen. Der Platz, wo Atahualpa gekidnappt und später getötet wurde, lag ziemlich genau am Standort der heutigen Plaza de Armas. Die Lösegeldkammer El Cuarto del Rescate (S. 445), in der Atahualpa gefangen gehalten worden war, hat als einziges Inka-Bauwerk die Zeit überdauert.

Das pfiffige Hotel in einem Wohnviertel bietet sehr komfortable moderne Zimmer mit stabilen Betten, gut ausgestatteten Badezimmern und schnellem Internet. Der Service ist sehr effizient, und es gibt auf dem Gelände ein Restaurant (was sehr praktisch ist in dieser Gegend). Außerdem liegen die Büros der Busunternehmen bequem in der Nähe.

Hospedaje los Jazmines HOTEL **$$**
(☎076-36-1812; Amazonas 775; EZ/DZ/2BZ 60/90/120 S, ohne Bad 50/70/90 S; @📶) In einem Land der allgegenwärtigen kolonialzeitlichen Höfe sticht diese freundliche Bleibe mit ihrem guten Preis-Leistungs-Verhältnis heraus. Verglichen mit den prächtigeren Stadtpalästen von Cajamarca wirkt das Jazmines schlichter, intimer und bewohnter. Die rund um einen üppigen Garten angeordneten kleinen Zimmer sind einfach, aber absolut komfortabel. Und: Mit seinem Gewinn unterstützt das Hotel ein Waisenhaus für Kinder mit besonderen Bedürfnissen in Los Baños del Inca.

Für eine gesellige Atmosphäre sorgt die kleine Espresso-Bar mit hervorragendem Kaffee auf dem Gelände. Sie hat sich zum Treffpunkt für Traveller und beliebten Arbeitsraum entwickelt.

El Cabildo HISTORISCHES HOTEL **$$**
(☎076-36-7025; www.elcabildohostal.pe; Junín 1062; EZ/DZ mit Frühstück 110/140 S; @📶) Wie ein alter Lieblingspulli: Das El Cabildo ist eine hübsche, bewohnte, kolonialzeitliche Bleibe, die sich ein wenig vom alten verstaubten Flair erhalten hat und zusätzlich noch viel Stil bietet. Es hat elegant geschnitzte Holzgeländer, rußige Backsteinkamine, einen Loungebereich mit verbeulten Armsesseln und einen Hof voller Pflanzen. Die besseren Zimmer haben ein Zwischengeschoss, ordentliche Kunstwerke und luxuriöse Bettwäsche.

Las Americas Hotel BUSINESSHOTEL **$$**
(☎076-36-3951; www.lasamericashotel.com.pe; Amazonas 622; EZ/DZ mit Frühstück 165/215 S; @📶) Jetzt gibt's eine Pause von all den „gemütlichen kolonialzeitlichen Hotels", denn in dieser zeitgenössischen Anlage dreht sich alles ums Geschäft. Die 38 Zimmer blicken auf einen Innenhof mit jeder Menge Pflanzen. Alle Zimmer sind mit Mini-Kühlschränken, Kabel-TV und hervorragenden Matratzen ausgestattet; drei haben sogar einen Whirlpool und sechs einen Balkon. Das Restaurant bietet auch Zimmerservice an, und es gibt eine kaum genutzte Dachterrasse und einen kleinen Fitnessraum.

Hostal Casona del Inca HISTORISCHES HOTEL **$$**
(☎076-36-7524; Calle 2 de Mayo 458; EZ/DZ mit Frühstück 90/130 S; @📶) Das Hotel an der zentralen Plaza befindet sich in einem reizenden kolonialzeitlichen Gebäude, das allerdings ein wenig in die Jahre gekommen ist. Die Gemeinschaftsbereiche haben sich jedoch Farbe und Charakter erhalten, und das angeschlossene Restaurant tischt ein gutes Grillhähnchen auf. Die Zimmer hier sind zwar groß, aber recht trist, zumal die Betten keine Kopfteile haben und die Fernseher noch aus der Zeit vor dem Internet stammen.

Manche Zimmer haben winzige Badezimmer – besser lässt man sich ein paar zur Auswahl zeigen.

★ Posada del Purhuay HISTORISCHES HOTEL **$$$**
(☎076-36-7028; www.facebook.com/PosadaPuruay; Km 4.5 Carr Porcón; EZ/DZ/2BZ mit Frühstück 210/260/315 S; @📶) Diese luxuriös restaurierte Hazienda von 1822 auf einem 23 ha großen Gelände abseits der Straße nach Granja Porcón ist eine wahre Entdeckung. Das entspannte Anwesen ist äußerst gepflegt und umfasst ein hübsches Hotel mit gehobenem Service und dem Ambiente alter Zeiten. Geräumige Zimmer mit viel antikem Flair und historischen Möbeln säumen einen tadellosen Hof mit Springbrunnen.

Als Rückzugsort für Familien (es gibt einen Kinderspielplatz, Gartenanlagen und Pferde) ist die Posada del Purhuay ebenso ideal wie als romantischer Schlupfwinkel. Ein Taxi vom Stadtzentrum hierher kostet rund 15 S.

El Portal del Marques HISTORISCHES HOTEL **$$$**
(☎076-36-8464; www.portaldelmarques.com; Jirón del Comercio 644; EZ/DZ mit Frühstück 200/257 S; @📶) Der Marquis, dem dieses Haus einst gehörte, saß in einem veritablen Palast. Heute ist dies ein schickes Hotel mit 41 Zimmern. Nachdem man das kunstvolle Portal bestaunt hat, betritt man das moderne Foyer mit der Rezeption und erblickt den riesigen kolonialzeitlichen Hof. Die Zimmer sind eine modern-traditionelle Mischung mit peruanischer Webkunst an den Wänden.

Es gibt hier auch eine Konferenz-Suite für Geschäftsreisende und eine coole, kleine Resto-Bar mit formschönen Hockern, die das Ganze ein wenig auflockern.

Hotel Cajamarca HISTORISCHES HOTEL $$$
(☎076-36-2532; www.hotelcajamarca.com.pe; Calle 2 de Mayo 311; EZ/DZ mit Frühstück 180/250 S; @📶) Der prächtige überdachte Hof mit weichen Sitzbänken ist das perfekte Vorspiel für die schicken Zimmer mit Parkettböden, frischen Federbetten und glänzenden Badezimmern. Offenkundig wurde das Hotel von jemandem mit einem Auge für Funktionalität *und* Geschichte gestaltet, denn das Cajamarca schafft eine gute Balance zwischen Modernität und kolonialzeitlichem Charakter.

Auf dem Gelände gibt es ein hervorragendes Restaurant, das auch in den Innenhof übergeht.

Essen

★ **Cascanuez Café Bar** CAFÉ $
(☎076-36-6089; Puga 554; Kuchen 7,50 S; ⌚7.30–22 Uhr; 📶) Jede Stadt bräuchte ein Cascanuez, einen Ort, wo man nachmittags um vier zum Kaffee mit *merienda* (Snack) hingehen kann und von einem Kellner mit Fliege bedient wird. In Cajamarca ist *café pasado* (dafür wird Kaffeekonzentrat mit kochendem Wasser aufgegossen) das Getränk der Wahl, dazu gibt's neun verschiedene Versionen der *torta de tres leches*.

Die Einrichtung ist eine Mischung aus britischer Teestube und französischem Bistro, Musik von (gähn) Kenny G. wird hier gespielt, und die Bedienung ist ein wenig zu förmlich.

Cafetería Sabi KAFFEE $
(Cruz de Piedra 608; Snacks 2–6 S; ⌚Mo–Sa 8–11 & 16.30–23, So 16.30–22.30 Uhr; 📶) 🍃 Cajamarca erlebt gerade eine kleine Kaffee-Revolution, die auf der Leidenschaft für frisch geröstete und biologisch in Jaen und Chachapoyas angebauten Kaffeebohnen beruht. Das kürzlich eröffnete Sabi führt das Feld an. Es hat einen fachkundigen Inhaber, guten Kaffee, leckere Snacks (darunter auch hausgemachtes Eis) und abends an den Wochenenden nette Musik.

Heladería Holanda DESSERTS $
(☎076-34-0113; Puga 657; Eis 2–4 S; ⌚9–19 Uhr) 🍃 Der winzige Eingang an der Plaza de Armas öffnet sich zu einem großen, orangefarbenen Café, in dem es das beste Eis von ganz Cajamarca gibt. Die Angestellten überschwemmen einen mit Kostproben von den etwa 20 ständig wechselnden Eissorten. Die besten Sorten basieren auf örtlichen und regionalen Früchten, die der holländische Inhaber nach dem Fair-Trade-Prinzip direkt bei den von Familien geführten Farmen kauft.

Das Personal besteht aus alleinstehenden Müttern und Gehörlosen – ein soziales Projekt des Eigentümers. Weitere Filialen der Heladería Holanda gibt's im **El Quinde Shopping Center** (Av Hoyos Rubio, cuadra 7; ⌚10–22 Uhr) und in Los Baños del Inca.

Sanguchon.com FASTFOOD $
(www.facebook.com/sanguchonpuntocom; Junín 1137; Burger 9–12 S; ⌚18–24 Uhr; 📶✍) Dieser weithin beliebte Laden für Hamburger und Sandwiches hat eine umfangreiche Karte. Es gibt 16 verschiedene Arten von Burgern (darunter auch vegetarische) und ein Dutzend Saucen – das macht dann insgesamt fast 200 Wahlmöglichkeiten. Die dick geschnittenen Pommes sind mehr als nur sättigend!

Man läuft durch die Küche und sucht sich in der geselligen Bar, die sich hinter der Buntglas-Trennwand versteckt, einen Sitzplatz.

10 Luces MEERESFRÜCHTE $
(San Martín; kleine Gerichte 10–15 S; ⌚11–15 & 18–23 Uhr) Ein zwangloses Lokal für einen kleinen Happen zum Mittag oder am Abend in Cajamarcas aufstrebendem hippen Viertel. Es hat hohe Tische, coole Hocker und eine gleich auf den Punkt kommende Karte, auf der viel Fisch steht. Zur Wahl stehen kleine Ceviches, Gourmetburger (nur abends) sowie verschiedene Ein-Personen-Paellas. Der Service ist top, und die kunstvoll angerichteten Gerichte schmecken so gut, wie sie aussehen.

El Marengo PIZZA $
(Junín 1201; Pizza 11–20 S; ⌚19–23 Uhr) Das Marengo ist die kleinste, heißeste und lustigste der vielen Pizzerien in den Häuserblocks westlich der Plaza de Armas. Mit sechs Holztischen und einem Ziegelofen quetscht es sich in einen kleinen Raum von der Größe eines Wartezimmers beim Zahnarzt und wirkt daher eher wie eine Schmiede als wie ein Restaurant. Zur Wahl stehen 14 verschiedene Pizzas.

Zu empfehlen ist die Pizza mit weißem Spargel und Ananas – echt interessant! Kopf einziehen, damit man die Pizzaschaufel nicht an den Kopf bekommt (das Restaurant ist wirklich klein!).

Vaca Loca PIZZA $$
(San Martín 330; Pizza 14–40 S; ⏲18–23 Uhr) Das „Rinderwahn" in einem einladenden Kolonialhaus mit warmem Anstrich zollt mit seinen Möbeln im Kuhprintmuster und entsprechender Kuh-Kunst der hiesigen Milchwirtschaft Tribut. Aber der eigentliche Grund für den Besuch hier sind die hervorragenden Pizzas mit viel regionalem Käse und einer großen Auswahl für den Belag, darunter auch solche Delikatessen wie Artischocken oder Wildpilze.

Salas PERUANISCH $$
(Puga 637; Hauptgerichte 14–35 S; ⏲8–22 Uhr) Dieser Diner alter Schule liegt an einer schmalen Straße abseits der Plaza de Armas und ist ein bizarres Nebeneinander aus Cafeteria-Tischen und geschniegelten Kellnern (sogar mit Fliege). Den Laden gibt's schon seit 1947 – und das gilt wohl auch für viele Gäste, die hier genüsslich ortstypische Gerichte wie *lomo saltado* (Pfannengericht aus geschnetzeltem Rindfleisch mit Zwiebeln, Tomaten, Kartoffeln und Chili), Tamales und Hühnersuppe verdrücken.

Natürlich ist das Salas etwas altmodisch und die Karte hat sich wahrscheinlich seit der Eröffnung nicht geändert, aber zum Kennenlernen von Cajamarcas kulinarischem Urgestein (also bevor die Pizza Einzug hielt) lohnt sich ein kleines Frühstück oder Mittagessen.

Paprika PERUANISCH $$$
(☎076-36-2472; www.costadelsolperu.com; Cruz de Piedra 707; Hauptgerichte 25–50 S; ⏲12–23 Uhr) Cajamarcas schickstes Restaurant befindet sich im nobelsten Hotel der Stadt und serviert – wen wundert's – die einfallsreichsten Gerichte. Große Fenster blicken auf den Hauptplatz, gestärkte weiße Tischdecken deuten darauf hin, dass es hier etwas förmlicher zugeht, und das Essen kommt kunstvoll angerichtet auf Platten, Brettern, Löffeln und manchmal sogar Tellern auf den Tisch.

Zu den unkonventionelleren Gerichten gehören Fisch in *lomo-saltado*-Sauce, Roastbeef-Salat und *piqueo marino*, eine Kostprobe vieler verschiedener Fischgerichte, die jeweils hübsch im Glas oder auf einem Löffel angerichtet sind.

Ausgehen & Nachtleben

★Usha-Usha BAR
(Puga 142; Eintritt 5 S; ⏲21 Uhr–open end) Eine gemütliche und sehr authentische Kellerbar. Betrieben wird sie von dem exzentrischen lokalen Musiker Jaime Valera, der sie zu einem kultigen Ort mit viel Charisma gemacht hat. Mit seinen Musikerfreunden singt er sich die Seele aus dem Leib und verschafft Gästen ein unvergessliches Reiseerlebnis.

Taita BAR
(Ecke Santisteban & Belén; ⏲Fr & Sa 20 Uhr–open end) Stimmungsvolle Bar direkt an der Belén (S. 445). Zuerst sucht man sich oben in den mit Vintage-Möbeln bestückten Räumen ein Plätzchen und genießt seinen Pisco Sour. Danach geht's runter in den Hof zum Tanzen. Die angeschlossene kleine Bar daneben hat abends geregeltere Öffnungszeiten.

Shoppen

Quesos Chugur El Tambo KÄSE
(☎076- 340-178; Calle 2 de Mayo 576; ⏲7.30–21 Uhr) Cajamarca ist landesweit für seinen Käse bekannt, und hier gibt's die besten kleinen Käselaibe. Zuerst nach Kostproben fragen. Der Laden hat auch hervorragendes Joghurteis.

Im selben Häuserblock gibt's noch zahllose andere Käseläden.

Artesanias El Rescate KUNSTHANDWERK
(Jirón del Commercio 1029; ⏲9-20 Uhr) Zahlreiche kleine Lädchen offerieren in dieser Einkaufsarkade unter freiem Himmel Kunsthandwerk aus der Region, darunter gewebte Taschen und Ponchos.

Praktische Informationen

GELD

Interbank (☎076-36-2460; Calle 2 de Mayo 546; ⏲Mo–Fr 9–18 Uhr)

Scotiabank (Amazonas 750; ⏲Mo–Fr 8–18, Sa 9–12 Uhr)

NOTFÄLLE

Policía de Turismo (Touristenpolizei; ☎076-36-4515; Jirón del Comercio 1013) Diese Sondereinheit befasst sich mit Kriminalität gegenüber Touristen.

POST

Post (☎076-36-4065; Puga 668; ⏲Mo–Fr 9–19, Sa bis 13 Uhr) Hinter der Iglesia de San Francisco.

Serpost (Apurimac 624; ⏲Mo–Sa 8–19 Uhr) Postdienst.

TOURISTENINFORMATION

iPerú (☎076-36-5166; Cruz de Piedra 601; ⏲Mo–Sa 9–18, So bis 13 Uhr) Die unglaublich hilfreiche Touristeninformation hat detaillierte

Stadtpläne mit Anreiseinfos zu den Sehenswürdigkeiten in und außerhalb der Stadt.

Die **Dirección de Turismo** (☎ 076-36-2997; El Complejo de Belén; ⏲ Mo–Fr 7.30–13 & 14.30–17 Uhr) im Complejo de Belén verkauft Stadtpläne (1,50 S). An einer Fußgängerstraße einen Block vom Hauptplatz entfernt gibt's noch einen kleineren **Info-Kiosk der Dirección de Turismo** (⏲ Mo–Fr 8.15–12.30 & 15.15–17.45 Uhr) mit den wichtigsten Infos über die Stadt.

ℹ An- & Weiterreise

Der schnellste Weg von Cajamarca nach Huaraz führt über Trujillo, wo man den Bus wechseln muss. Von Cajamarca nach Trujillo sind es sechs Stunden und von Trujillo nach Huaraz acht. Línea (S. 452) hat gute Busverbindungen.

Alternativ nimmt man von einer Stadt in die andere jeweils das Flugzeug, muss aber in Lima umsteigen.

BUS

Cajamarca ist ein wichtiger Verkehrsknotenpunkt. Busse fahren von hier in alle Himmelsrichtungen. Die meisten Haltestellen liegen nahe der *cuadra* (Block) 3 der Atahualpa rund 1,5 km südöstlich des Zentrums an der Straße nach Los Baños del Inca (nicht zu verwechseln mit der Atahualpa im Stadtzentrum).

Die Hauptroute führt gen Westen zur Carretera Panamericana bei Pacasmayo an der Küste, dann weiter gen Norden nach Chiclayo (6 Std.) oder Richtung Süden nach Trujillo (6 Std.) und Lima (15 Std.).

Die alte Strecke Richtung Süden wurde kürzlich asphaltiert und ist nun deutlich angenehmer zu befahren. Regelmäßig starten Busse nach Cajabamba (3 Std.); von dort gibt es Anschlussbusse nach Huamachuco und Trujillo.

Die raue Straße Richtung Norden nach Chota (5 Std.) führt durch eine wilde und reizvolle Landschaft über Bambamarca, wo jeden Sonntagmorgen ein betriebsamer Markt stattfindet. Von Chota fahren Busse über eine holprige Straße nach Chiclayo.

Nach Osten schlängelt sich die landschaftlich wunderschöne Route nach Celendín und durch die Anden bis hinter Chachapoyas sowie hinunter in die Amazonasebene.

Die *combis* nach **Ventanillas de Otuzco** (Ecke Los Gladiolos & Tayabambo; 1 S, 20 Min.) starten an der Ecke Tayabambo und Los Gladiolos in der Nähe des Marktviertels. Sie fahren am Flughafen vorbei, aber man braucht ein wenig Geschick und Diplomatie, um sich mit seinem Rucksack in den überfüllten Transporter zu quetschen. Die *combis* nach **Los Baños del Inca** (1 S, 25 Min.) fahren häufig an der Ecke Del Batán und Chanchamayo ab. Sowohl Otuzco (8 km) als auch Baños del Inca (6 km) sind aber ebenfalls zu Fuß erreichbar.

Civa (☎ 076-36-1460; www.civa.com.pe; Av Atahualpa 335) Hat täglich um 18.30 Uhr einen Bus nach Lima (60–80 S, 15 Std.).

Cruz del Sur (☎ 076-36-2024; Atahualpa 884) Um 18.30 Uhr fährt der hübsche *bus-cama* (Bettenbus) mit Bildschirmen an den Rückenlehnen nach Lima (100–120 S, 16 Std.).

Línea (☎ 076-34-0753; www.linea.pe; Atahualpa 316) Der komfortable *bus-cama* nach Lima (120–140 S, 15 Std.) fährt um 18 Uhr ab. Das Unternehmen hat auch Busse nach Chiclayo (25–46 S, 6 Std.) um 10.45, 13.30, 22.50 und 23 Uhr sowie nach Trujillo (25–50 S, 6 Std.) um 10.30, 13, 22, 22.15, 22.30 und 22.40 Uhr. Línea betreibt noch ein **Ticketbüro** (Puga 691; ⏲ 9–19 Uhr) an der Plaza de Armas.

Movil Tours (☎ 076-28-0093; www.moviltours.com.pe; Av Atahualpa 686) Der Bus nach Lima (90–110 S, 15 Std.) startet täglich um 15.50 Uhr. Ein Bus pro Tag fährt um 20.45 Uhr über Chiclayo nach Piura (50–70 S, 8 Std.).

Tepsa (☎ 076-36-3306; Sucre 422; 🚻) Der bequeme *bus-cama* nach Lima (45 S, 15 Std.) startet um 18 Uhr.

Transportes Chiclayo (☎ 076-36-4628; www.facebook.com/TransportesChiclayoSA; Atahualpa 283) Hat um 23 Uhr einen Bus nach Chiclayo (30–40 S, 6 Std.), der auch praktisch ist, wenn man Richtung Norden nach Máncora oder Tumbes umsteigen will.

Transportes Rojas (☎ 076-34-0548; Atahualpa 309) Bietet Busse nach Celendín (10 S, 2½ Std.) um 10 und 15 Uhr sowie nach Cajabamba (15 S, 3 Std., 6-mal tgl.).

Turismo Dias (☎ 076-34-4322; Atahualpa 307) Regelmäßig fahren Busse nach Lima (50–100 S, 15 Std., 4-mal tgl.), Trujillo (25–40 S, 6 Std., 4-mal tgl.) und Chiclayo (25 S, 5½ Std., 4-mal tgl.). Abfahrt ist am Terminal Via de Evitamiento 1370.

Virgen del Carmen (☎ 98-391-5869; www.turismovirgendelcarmen.com.pe; Atahualpa 333A) Fährt täglich um 5 und um 17 Uhr über Celendín und Leimebamba nach Chachapoyas (50 S, 11½ Std.). Der 5-Uhr-Bus braust weiter nach Tarapoto (80 S, 19 Std.).

Busse ab Cajamarca

ZIEL	PREIS (S)	DAUER (STD.)
Cajabamba	10–20	3
Celendín	10	2½
Chachapoyas	50	11½
Chiclayo	20–45	5½
Leimebamba	35	9
Lima	80–136	15
Piura	50–70	8
Tarapoto	80	19
Trujillo	20–40	6

FLUGZEUG

Der Flughafen liegt 4 km außerhalb der Stadt an der Straße nach Otuzco. Ein Taxi in die Innenstadt kostet 10 S. Die Kombination aus schwierigem Gelände und häufigen starken Regenfällen führt oft dazu, dass Flüge ausfallen oder sich verspäten. Vor der Abfahrt zum Flughafen sollte man seinen Flug noch einmal bestätigen lassen. Wer von Cajamarca abreist, tut gut daran, einen Puffer für Anschlussflüge einzuplanen.

Die häufig verkehrenden *combis* (Minibusse) nach Otuzco (S. 452) fahren am Flughafen (1 S, 10 Min.) vorbei. Zusteigen kann man an der Ecke Tayabambo und Los Gladiolos, nahe dem Marktviertel. Achtung: Die Busse können sehr voll sein.

LC Perú (☎ 076-36-3115; www.lcperu.pe; Jirón del Comercio 1024; ⏲ Mo–Fr 9–19, Sa bis 13 Uhr) Die preiswerteste, aber am wenigsten verlässliche Fluglinie hat täglich zwei Flüge nach Lima (100 US$, 1¼ Std., Abflug 7.15 & 15 Uhr).

LATAM (www.latam.com; Centro Commercial El Quinde; ⏲ 10–22 Uhr) Bietet täglich zwei bis drei Flüge von Cajamarca nach Lima (135 US$, 1¼ Std.).

Rund um Cajamarca

Los Baños del Inca — THERMALQUELLEN

(www.ctbinca.com.pe; Eintritt 2 S; ⏲ 5–20 Uhr) In diesem Thermalbad wurde 1532 Geschichte geschrieben: Hier lagerte der Inka-Herrscher Atahualpa, als der spanische Konquistador Pizarro (S. 448) mit seiner Armee aus 168 Mann in Cajamarca einfiel. Heute sind die Becken etwas hygienischer als damals, doch man kann immer noch im selben Wasser baden, in dem der Inka-König damals seine Kriegswunden wusch.

In der reizvollen, mit Blumen geschmückten Anlage wird das (bei 72 °C praktisch kochende) Thermalwasser in einzelne kleine Becken geleitet (20 S für 30 Min.), von denen einige bis zu sechs Personen aufnehmen können. Leider sind diese Becken alle überdacht, sodass man beim Baden die atemberaubende Gebirgslandschaft nicht genießen kann. Die dampfenden Außenbecken sind nur Show, aber es gibt ein öffentliches Schwimmbad (3 S), das mit seinem Beton an ein altes Freibad der 1930er-Jahre erinnert. Es gibt auch Dampfräume und Massagen (je 10 bzw. 20 S).

Die Bäder sind bei der überwiegend peruanischen Kundschaft sehr beliebt. Am besten kommt man am Vormittag her, um dem Ansturm zu entgehen. Derzeit ist ein großer Ausbau der Bäder geplant und vermutlich auch schon im Gange.

Die Thermalbäder sind 6 km von Cajamarca entfernt. Die *combis* nach Los Baños del Inca (1 S, 25 Min.) starten von der Chanchamayo und der Plaza a Puga in Cajamarca. Alternativ schließt man sich einer geführten Tour ab Cajamarca (15 S) an oder geht zu Fuß. Es führt eine *cyclovia* (Radweg) von der Plazuela Bolognesi in Cajamarca bis zu den Bädern.

Cumbemayo — ARCHÄOLOGISCHE STÄTTE

(Eintritt 8 S) Cumbemayo (abgeleitet vom Quechua-Wort *kumpi mayo*, das „gut gebauter Wasserweg" bedeutet) ist eine technische Meisterleistung aus der Zeit vor den Inkas. Der perfekt gleichmäßige Aquädukt wurde vor rund 2000 Jahren aus Stein gehauen und zieht sich im Zickzack in rechten Winkeln über 9 km – der Grund dafür leuchtet heute nicht mehr so recht ein, denn Cajamarca hat eine reiche Wasserversorgung. Auch andere Felsen wurden so bearbeitet, dass sie wie Altäre oder Throne aussehen. In den Höhlen in der Nähe gibt es Petroglyphen; einige von ihnen erinnern an Wollhaarmammuts. Die Stätte liegt etwa 20 km südwestlich von Cajamarca.

Das umliegende Hochland ist windgepeitscht und ziemlich unheimlich. Über die erodierten Felsformationen, die aussehen wie in Nebel gehüllte Bergsteiger, kursieren Geschichten voller Aberglauben.

Öffentliche Verkehrsmittel nach Cumbemayo fahren nur sporadisch; außerdem erfordert es ein wenig Planung, auf eigene Faust hierher zu gelangen. Die *combis* zum Dorf Chetilla fahren am Eingang der Stätte vorbei; Abfahrt in Cajamarca ist an der Av Perú zwischen Jirón Ica und Jirón Loreta um 4.30, 6, 12 und 13.30 Uhr. Der letzte *combi* zurück nach Cajamarca passiert Cumbemayo gegen 13.40 Uhr.

Die Stätte erreicht man aber auch zu Fuß über eine ausgeschilderte Straße, die hinter dem Cerro Santa Apolonia in Cajamarca beginnt. Die Wanderung führt auch über Abschnitte des *Qhapac Ñan* (Inka-Pfad) und dauert etwa vier Stunden. Die meisten Leute besuchen die Stätte im Rahmen einer geführten Tour (20 S, 4½ Std.) ab Cajamarca, die täglich angeboten wird.

Ventanillas de Otuzco — ARCHÄOLOGISCHE STÄTTE

(Eintritt 5 S; ⏲ 9–18 Uhr) Diese Nekropole aus der Zeit vor den Inkas besteht aus unzähligen Grabkammern, die wie Fenster in den Hang des Hügels hineingehauen wurden – daher auch der Name *ventanillas* (Fenster).

Die Stätte inmitten einer reizenden Landschaft liegt 8 km nordöstlich von Cajamarca und ist zu Fuß von Cajamarca und von Los Baños del Inca aus zu erreichen (nach einer Wegbeschreibung fragen). Es gibt aber auch häufig *combis* von Cajamarca zu den Ventanillas de Otuzco (1 S, 20 Min.); Abfahrt ist an der Ecke Jirón Los Gladiolos und Jirón Tayabamba, nördlich der Plaza de Armas.

Ventanillas de Combayo ARCHÄOLOGISCHE STÄTTE

GRATIS Combayo ist die größte und eindrucksvollste Ansammlung von Grabkammern in der Region. Da sich die Stätte 30 km nordöstlich von Cajamarca befindet, ist sie weniger stark besucht als das leichter erreichbare Otuzco. Am besten kommt man im Rahmen einer geführten Tour ab Cajamarca (20–25 S) her. Wer auf eigene Faust losziehen will, nimmt eines der von 5 bis 16 Uhr unregelmäßig verkehrenden *colectivos* (Sammeltaxis; 5 S, 1½ Std.), die vom zweiten Block der Av Hoyos Rubio 2 abfahren, sobald sie voll sind. Früh aufbrechen, um noch eine Rückfahrgelegenheit zu erwischen.

Kuntur Wasi ARCHÄOLOGISCHE STÄTTE

(Eintritt Erw./Kind 5/1 S; Di–So 9–17.30 Uhr) Oben auf einem Berg liegen mit Blick auf das kleine Städtchen San Pablo diese selten besuchten Ruinen einer Tempelanlage aus der Zeit vor den Inkas. Die Stätte lohnt einen Ausflug ab Cajamarca, gilt sie doch als eine der Wiegen der Andenkultur: Vier verschiedene Kulturen nutzten die Stätte, deren erste Bauten gegen 1100 v. Chr. entstanden, zu zeremoniellen Zwecken. Das Hauptgebäude ist ein großer u-förmiger Tempel mit drei erhöhten Plattformen, umgeben von zahlreichen Gräbern.

Die Ruinen sind zwar nicht die spektakulärsten in der Region (abgesehen von den Mauern und der zentralen Plaza wurden die meisten freigelegten Bauten wieder zugeschüttet), der Blick von der Stätte ist jedoch atemberaubend.

Die größte Attraktion ist das am Fuß der Ruinen im Dorf Kuntur Wasi gelegene **Museum** (976-679-484; museo.kunturwasi@gmail.com; Eintritt Erw./Kind 4/1 S; Di–So 9–17 Uhr). Hier sind viele der faszinierenden, bei archäologischen Ausgrabungen zu Tage geförderten Artefakte der Stätte ausgestellt.

Kuntur Wasi liegt vor den Toren der verschlafenen Stadt San Pablo. Ein *mototaxi* (dreirädriges Rikscha-Motorradtaxi) aus San Pablo zum Museum kostet 3 S. Die Fundstätte ist hinter dem Museum, 800 m einen steilen Weg hinauf.

Combis nach San Pablo (10 S, 1½ Std.) starten regelmäßig am kleinen Busbahnhof an der Jirón Angamos vor dem Grifo Continental in Cajamarca. Der letzte *combi* zurück verlässt San Pablo um 17.30 Uhr; eventuell im Vorfeld einen Sitzplatz reservieren.

Celendín

076 / 28 000 EW. / 2625 M

Celendín ist eine wundervoll verschlafene Kleinstadt, in die sich nur wenige Traveller verirren – abgesehen von denen, die sich an die wilde und malerische Strecke nach Chachapoyas wagen. Celendín ist vor allem für seine hochwertigen Strohhüte bekannt, die man u. a. auf dem interessanten Sonntagsmarkt erhält. Hier kann man prima das traditionelle Leben im Hochland beobachten und indigene Einheimische kennenlernen, die sich bestimmt für die unerwarteten Besucher interessieren werden. Celendín ist über die asphaltierte Straße ab Cajamarca leicht zu erreichen.

Schlafen & Essen

Als Zwischenstopp auf dem Weg von Cajamarca nach Chachapoyas bietet Celendín mit mindestens zwei ganz passablen Budgethotels alles Nötige für eine Übernachtung.

Hotel Villa Madrid HOTEL $

(076-55-5123; villamadridcelendin@hotmail.com; Ecke Pardo & Dos de Mayo; EZ/DZ 50/60 S; P) Mit seinen geräumigen modernen Zimmern rund um einen Innenhof, der zugleich als großes Restaurant fungiert (und in dem es recht laut werden kann), ist dieses Hotel gleich abseits der Plaza de Armas die beste Bleibe in der Stadt.

Restaurant Turístico La Reserve PERUANISCH $$

(Gálvez 420; Gerichte 6–32 S; 7–22 Uhr) Beliebtes Lokal mit herzlichem Ambiente und Sitzbereichen auf mehreren Ebenen. Auf der umfassenden Karte finden sich viele Klassiker der peruanischen Kleinstadtküche wie *cau cau* (Kuttel-und-Kartoffel-Eintopf) und *ají de gallina* (pikanter Eintopf mit Hühnchen und Walnüssen).

Ausgehen & Nachtleben

Tiesto Café Bar BAR, CAFÉ

(997-478-450; Calle 2 de Mayo 410; 16–24 Uhr) Mit dieser schicken kleinen Bar hat Ce-

ABSEITS DER ÜBLICHEN PFADE

DIE STRASSE NACH CHACHAPOYAS: EINE HARTE ENTSCHEIDUNG

Nachdem man das Sonnenlicht an der Küste und die historische Atmosphäre in den Bergen genossen hat, sehnt man sich vielleicht nach etwas Nebelwald und Dschungel-Action. In diesem Fall heißt es dann: Auf nach Tarapoto und Chachapoyas! Aber wie hingelangen? Man steht vor einer Entscheidungsfrage: Hat man die Courage, die Geduld und die Nerven aus Stahlseil, um sich an die erstaunlich spektakuläre, aber zugleich grauenhafte schlechte Bergstraße über Celendín und Leimebamba zu wagen? Oder wäre es nicht doch bequemer und sicherer, den langen Umweg auf dem Highway ab Chiclayo zu wählen?

Über Celendín

Die holprige, aber schöne Route führt über einen 3085 m hohen Pass abwärts zum Río Marañón und dem schäbigen, heißen Dorf **Balsas**, 55 km von Celendín. Dahinter steigt der Weg wieder an und verläuft durch sattgrüne nebelverhangene Wälder. 57 km weiter erreicht man **Abra de Barro Negro** (Schwarzer-Schlamm-Pass; 3678m), den höchsten Aussichtspunkt der Tour mit Blick auf den 3 km tiefer liegenden Río Marañón. Niedrige Wolken und Nebel hängen über dieser abwechslungsreichen, etwas unheimlich wirkenden Hügellandschaft. Die Straße führt nun 32 km hinunter bis nach Leimebamba am oberen Talende des Río Utcubamba und folgt dem Fluss hinter Tingo talabwärts bis nach Chachapoyas.

Die Straße wurde zwar kürzlich asphaltiert, ist aber noch immer eng und kurvig. Da es keine Leitplanken gibt, hängt das Leben in jeder Kurve am seidenen Faden und als einzige Hoffnung bleibt, dass der Fahrer über die Details der Straße bestens Bescheid weiß. Wasser und Proviant (vielleicht auch Valium) mitbringen, denn Restaurants sind unterwegs rar.

Richtung Norden sitzt man links im Bus am besten, dann kann man nämlich die Natur genießen. Bei Höhenangst sollte man sich lieber für die rechte Seite entscheiden.

Über Chiclayo

Wesentlich länger und endlos weniger aufregend ist der übliche Weg nach Chachapoyas. Von der alten Panamericana 100 km nördlich von Chiclayo verläuft ein befestigter Weg östlich über die Anden und über den 2145 m hohen Porculla-Pass, den niedrigsten peruanischen Bergübergang der Anden. Die Route führt hinunter zum Tal des Río Marañón. 190 km nach dem Abzweig von der Panamericana erreicht man die Abzweigung nach Jaén, wo eine Straße nach Ecuador beginnt. In östlicher Richtung verläuft eine schmale Straße weiter nach Bagua Chica in einem tiefen, abgeschlossenen Tal (Höhe rund 500 m), das angeblich die höchste Durchschnittstemperatur im ganzen Land hat. Normalerweise fährt der Bus durch Bagua Grande (28 830 Ew.) an der Hauptroute und folgt dem Tal des Río Utcubamba weiter bis zum Verkehrsknotenpunkt Pedro Ruíz, ca. anderthalb Stunden von Bagua Grande entfernt. Von dort windet sich ein 54 km langer, unlängst befestigter Weg südwärts nach Chachapoyas (etwa eine weitere Stunde).

lendín ein Stück trendiges Nachtleben erhalten. Am besten probiert man ein paar der bunten Cocktails, darunter den allgegenwärtigen Pisco Sour. An den Wochenenden legen abends DJs auf, und das 2-für-1-Angebot lockt in Scharen einheimische Twens an.

An- & Weiterreise

Virgen del Carmen (☎076-55-5187; www.turismovirgendelcarmen.com.pe; Cáceres 112) Fährt um 8 und um 20 Uhr über Leimebamba (25 S, 7 Std.) nach Chachapoyas (35 S, 9 Std.) und um 4.30 und um 17 Uhr nach Cajamarca (10 S, 2½ Std.).

Movil Tours (www.moviltours.com.pe; Cáceres 112) Die VIP-Busse des Unternehmens bedienen nun auch Celendín; einer fährt täglich um 13 Uhr über Cajamarca nach Lima (100–120 S, 18 Std.).

Transportes Rojas (☎076-55-5108; Cáceres 125) Hat zwei Busse pro Tag nach Cajamarca (10 S, 2½ Std.).

Chachapoyas

☎041 / 29 000 EW. / 2335 M

Das liebliche, jahrhundertelang in den Nebelwäldern des nördlichen Peru isolierte Chachapoyas wird gerade erst richtig ent-

Chachapoyas

Chachapoyas

Sehenswertes
1 Kirche B3
2 Instituto Nacional de Cultura Museo B2

Aktivitäten, Kurse & Touren
3 International Language Center B3
4 Turismo Explorer C2
5 Vilaya Tours C4

Schlafen
6 Chachapoyas Backpackers C3
7 Hostal Las Orquídeas A2
8 Hotel Karajía C2
9 Hotel Vilaya C2
10 La Casa de los Balcones C3
11 La Casona de Chachapoyas B3
12 La Casona Monsante C2
13 La Xalca B4

Essen
14 Amazonas 632 .... D2
15 Café Fusiones B2
16 Candela C3
17 El Batan de Tayta C3
18 El Tejado A2
19 La Tushpa B3
20 Panificadora San José C2
21 Terra Mia Café B2

Ausgehen & Nachtleben
22 La Reina D2
23 Los Troncos C2

Praktisches
24 Banco de la Nación C2
25 iPerú B3

Transport
26 Civa B1
27 Movil Tours D2

deckt. Für Traveller auf der Suche nach Geschichte kommt das nicht überraschend. Die Stadt in der Übergangszone zwischen dem Hochgebirge der Anden und dem Amazonasbecken ist mit ihrer Umgebung schon lange als eine Fundgrube bekannt, deren verborgene Schätze zu Tage gefördert werden wollen.

Chachapoyas wurde bald nach der Eroberung des Landes von den Spaniern als Ausgangsbasis zur Ausbeutung der Amazonasregion gegründet. Das heutige „Chacha" ist ein relativ unscheinbarer, rasterförmig angelegter Ort mit weiß getünchten Häusern und roten Ziegeldächern. Nur wenige Einwohner sprechen Quechua. Die wahren Attraktionen finden sich im Umland, einer Landschaft aus nebelverhangenen Bergen und Tälern mit mächtigen Wasserfällen, einer bemerkenswerten Vogelwelt und mysteriösen Ruinen, die überwiegend noch aus der Zeit vor den Inkas stammen und von denen sehr viele immer noch von Vegetation überwuchert sind.

Sehenswertes

Kirche KIRCHE
(Plaza de Armas) An der Plaza de Armas steht diese weiß getünchte Kirche mit dem offiziellen Namen Catedral de San Juan Bautista. Die schweren schwarzen Holztüren öffnen sich außerhalb des Gottesdiensts nur selten.

Instituto Nacional de Cultura Museo MUSEUM
(INC; Ayacucho 904; Mo–Fr 9–13 & 15–17.45 Uhr) GRATIS Das kleine Museum an der Plaza de Armas zeigt Mumienfunde aus der Region, Töpferwaren aus der präkolumbischen Zeit und einen der Original-Sarkophage aus Karajía (S. 464).

Huancas DORF
Das winzige und recht verwilderte Dorf Huancas hat eine kleine Kunsthandwerkergemeinde, die auf althergebrachte Weise Tontöpfe herstellt. In einigen Häusern an der kleinen Plaza de Armas kann man den Töpfern bei der Arbeit zusehen. Berühmt ist Huancas auch für seine zwei herrlichen *miradores* (Aussichtspunkte), die nur einen kleinen Spaziergang vom Hauptplatz entfernt sind.

Vom **Mirador Huancas** bietet sich ein atemberaubender Blick auf das Utcubamba-Tal. Ähnlich beeindruckend ist die Sicht vom Mirador Cañón del Sonche auf eine tiefe, vom Fluss gegrabene Schlucht.

Ein Taxi (hin & zurück 30 S) bringt einen von Chachapoyas ins 8 km nördlich gelegene Huancas. Man kann auch vom Busbahnhof ein *colectivo* (Sammeltaxi; 3 S, 25 Min.) nehmen oder man geht alternativ gleich zu Fuß: hinauf zum **Mirador Luya Urco** (Carr Aeropuerto) und weiter Richtung Norden, nach 1 km dann an der Gabelung nach links laufen.

Mirador Cañón del Sonche AUSSICHTSPUNKT
(Huancas; Eintritt 3 S; 8–17 Uhr) Das Besondere dieses steilen Canyons, der eine tiefe Schneise durch das nördliche Hochland zieht, besteht darin, dass man gar nichts von ihm wahrnimmt, bis man praktisch schon direkt an der Kante steht. Die Eintrittsgebühr bezahlt man an einer kleinen Hütte, die 500 m östlich von Huancas liegt. Von dort marschiert man einen kurzen Weg hinauf zu einem Holzturm und genießt den spektakulären Blick in die versteckte, 962 m tiefe Schlucht.

Kurse

International Language Center SPRACHKURS
(041-47-8807; www.ilc-peru.com.pe; Triunfo 1098; 8–22 Uhr) Die etablierte Sprachschule veranstaltet Spanischkurse ab 20 S pro Stunde. Es finden auch täglich Gruppenkurse zwischen 14.30 und 15.30 Uhr (20 S) statt. Der freundliche Inhaber gibt zudem gern touristische Infos. Manchmal gibt's auch bezahlte Jobs für Englischlehrer.

Geführte Touren

Alle Budgettourveranstalter findet man im Umkreis der Plaza de Armas. Bevor man sich für einen entscheidet, sollte man sich bei anderen Travellern nach Erfahrungen erkundigen. Für mehrtägige Touren zahlt man 100 bis 150 S pro Person (bei unter vier Teilnehmern etwas mehr) und für Tagesausflüge 50 bis 80 S.

Übliche Tagestouren führen u.a. nach Kuélap (100 S; S. 465), Karajía-Caverna de Quiocta (100 S; S.464), Gocta (60 S; S. 463) und Revash-Leimebamba (120 S; S. 465). Die Preise können sich unterscheiden.

Turismo Explorer TOUREN
(041-47-8162; www.turismoexplorerperu.com; Grau 549) Einen hervorragenden Ruf bei Reisenden genießt auch dieses Unternehmen mit Kurztrips und mehrtägigen Wanderungen im Angebot. Alle professionellen Guides sprechen sehr gut Englisch.

DIE WOLKENMENSCHEN

Die Chachapoya, die als „Wolkenmenschen" oder „Nebelkrieger" bezeichnet wurden, beherrschten den großen Landstrich rund um das heutige Chachapoyas vom 6. Jh. bis um das Jahr 1493, als die Inkas das Gebiet eroberten und seiner Abgeschiedenheit ein Ende setzten. Sehr wenig ist über die Chachapoya-Kultur bekannt, deren Bevölkerung als große Krieger, mächtige Schamanen und eifrige Baumeister galten und eine der fortgeschrittensten Zivilisationen in den tropischen Dschungeln Perus schufen. Heute liefern sich Archäologen und Grabräuber unter den Dutzenden von Mausoleen an den Klippen und Siedlungen mit kreisrunden Gebäuden ein Wettrennen um die Freilegung des Erbes der Chachapoya-Kultur.

Die Chachapoya unterhielten starke Handelsbeziehungen zu anderen Teilen Perus. Ihre Kultur entwickelte sich in ihrem abgelegenen Reich in den Nebelwäldern aber unabhängig von den umliegenden anderen Zivilisationen. Vielleicht pflegten die Chachapoya einen starken Kriegerkult; Darstellungen mit Köpfen, die als Trophäen dienten, und freigelegte Schädel, die Spuren von Trepanationen und Skalpierungen zeigen, sprechen dafür. Die Chachapoya leisteten der Expansion des Inka-Reichs im 15. Jh. hartnäckigen Widerstand, und auch nach der Eroberung flammten noch gelegentlich weitere Kämpfe auf.

Lange bevor Umweltschützer von Greenpeace in ihre Schlauchboote stiegen, entwickelten die Chachapoya schon Bauten, die perfekt mit ihrer Umgebung harmonierten, und nutzten die ästhetischen und praktischen Ressourcen der Natur. In ihrer Religion verehrten sie vermutlich besondere Wesen ihrer Umwelt: Sie huldigten der Schlange, dem Kondor und dem Puma ebenso wie Höhlen, Seen und Bergen als mächtigen Repräsentanten der Natur.

Für ihre Bauten verwendeten die Chachapoya ausschließlich runde Formen, deren Mauerwerk sie mit fein gearbeiteten, zickzack- und rautenförmigen Friesen verzierten. Hohe, steile Strohdächer ließen das Wasser der häufigen Regenfälle abfließen. Hunderte Ruinen repräsentieren die Architektur der Chachapoya, doch keine ist so bemerkenswert wie die imposante Festungsstadt Kuélap (S. 465), deren zahlreiche Häuser und Tempel von einer kolossalen 20 m hohen Mauer umgeben sind.

Vilaya Tours TOUREN
(☎941-70-8798; www.vilayatours.com; Merced 1096) Empfehlenswerter Luxus-Veranstalter unter der Leitung des erfahrenen britischen Reiseführers Rob Dover. Es gibt maßgeschneiderte mehrtägige Touren und Wanderungen zu archäologischen Stätten und Naturattraktionen.

Schlafen

Die meisten Unterkünfte in Chachapoyas fallen in die Budgetklasse. Ein paar gehobenere Hotels befinden sich in traditionellen Stadthäusern mit Höfen und Holzbalkonen.

★ **Chachapoyas Backpackers** HOSTEL $
(☎041-47-8879; www.chachapoyasbackpackers.com; Calle 2 de Mayo 639; DZ 70 S, B/EZ/DZ ohne Bad 20/35/45 S; @) In einer Region, die nicht gerade mit Hostels übersät ist, wirkt diese Herberge wie ein Gottesgeschenk. Und dieser Traveller-Treff hat's wirklich drauf: Er bietet saubere, ordentliche und mit Farbtupfern aufgelockerte Zimmer und Schlafsäle sowie eine gut bestückte Gemeinschaftsküche und Warmwasserduschen. Außerdem fungiert er als örtliches Infoportal und wird sorgsam von den mehrsprachigen Angestellten betreut.

Wer jetzt noch Zweifel hat, kann sich vom Besitzer und ehemaligen Guide José überzeugen lassen, der ein Experte der wachsenden hiesigen Szene ist und über seine Agentur Touren organisiert oder detaillierte Erläuterungen gibt, falls man lieber allein losziehen will.

Hotel Karajía HOTEL $
(☎041-31-2606; Calle 2 de Mayo 546; EZ/DZ 50/80 S, ohne Bad 35/60 S;) Einfache und knallbunte Billigunterkunft mit aufgerüschten Details (man beachte die Toilettendeckel und die farbenfrohen Bettdecken). Die Zimmer sind schlicht und teilweise etwas dunkel, aber nach einer anstrengenden Wanderung kann man hier prima sein Haupt betten.

La Casona Monsante HOTEL $$
(☎041-47-7702; www.casonamonsante.com; Amazonas 746; EZ/DZ/3BZ 200/250/350 S;) Das Monsante, eine der luxuriöseren Unterkünf-

te vor Ort, nutzt den Vorteil eines großen, kolonialzeitlichen Hauses mit einem stimmungsvollen Innenhof voller Pflanzen. Die villenartigen Zimmer bieten Balkendecken und moderne Bäder mit überdurchschnittlichen Seifen und Düften. Einige Zimmer haben auch ein Zwischengeschoss. Es gibt hier außerdem ein Restaurant und viele Ecken, in die man sich zurückziehen und relaxen kann.

La Casona de Chachapoyas HISTORISCHES HOTEL **$$**
(041-47-7353; www.lacasonadechachapoyasperu.com; Chincha Alta 569; EZ/DZ/3BZ mit Frühstück 140/190/240 S; @ WLAN) Eines der neuesten Hotels in Chachapoyas stützt sich auf die Charme-Offensive, mit der die Stadt mehr Urlauber ins unterschätzte nördliche Peru locken möchte. Es bietet viel kolonialen Stil in einer schön renovierten alten *casona* (großes Stadthaus) mit einem grünen Innenhof, von dem Kolibris angezogen werden. Die Zimmer sind mit geschmackvollen Motiven gestaltet, und die Gemeinschaftsbereiche laden dazu ein, hier mit anderen abzuhängen. Das Frühstück ist reichhaltig.

Wundersamerweise wirkt das ganze Anwesen angenehm verschlafen, obwohl es nur einen Block vom Hauptplatz entfernt ist.

La Casa de los Balcones B&B **$$**
(982-180-794; Jirón Triunfo 828; EZ/DZ 95/115 S; WLAN) Von außen wirkt diese Unterkunft nicht besonders eindrucksvoll, doch hinter der unscheinbaren Holztür an der Jirón Triunfo verbirgt sich eines der besten familiengeführten Hotels der Stadt. Die Zimmer sind schlicht, aber sorgsam gepflegt, an jedem Morgen schmückt eine andere Praline das Kopfkissen, das Frühstück wird an einem großen Familientisch serviert, und jeder Wunsch wird mit einem Lächeln erfüllt.

Hostal La Villa de Paris HOTEL **$$**
(041-63-1310; www.hotelvilladeparis.com; Prolongación 2 de Mayo, cuadra 5; EZ/DZ/3BZ mit Frühstück 130/170/240 S; P @ WLAN Pool) Das hübsche, mit viel Holz und Antiquitäten im Kolonialstil gestaltete Hotel hat eine wirklich noble Anmutung. Große Fenster und Balkone lassen das Sonnenlicht herein, und es gibt einen kleinen Pool und ein Restaurant. Das Hotel steht 1,5 km südlich vom Hauptplatz.

Der einzige Nachteil ist die Lage an einer ziemlich verwahrlosten Straße – der Marsch in die Stadt ist also nicht besonders angenehm.

Hostal Las Orquídeas PENSION **$$**
(041-47-8271; www.hostallasorquideas.com; Ayacucho 1231; EZ/DZ mit Frühstück 90/140 S; @ WLAN) Diese Mittelklasse-Unterkunft hat Zimmer mit gefliesten Böden. Dank Holzdetails und künstlerischer Akzente wirken die öffentlichen Bereiche etwas interessanter als die in Weiß- und Cremetönen gehaltenen Zimmer, von denen einige ansprechender als andere sind: Die renovierten Zimmer vorn haben Wandbehänge und modernere Badezimmer aus Granit.

Hotel Vilaya HOTEL **$$**
(041-47-7664; Ayacucho 734; EZ/DZ/3BZ mit Frühstück 80/140/220 S; WLAN) Dieses Standardhotel ist eine vernünftige Option, wenn man sich nicht an den etwas altmodischen Teppichen und dem Holzimitat an den Wänden stört. Die Zimmer sind auf jeden Fall geräumig, und die Duschen haben Warmwasser, nur das Ambiente ist ziemlich langweilig.

★ **La Xalca** HOTEL **$$$**
(041-47-9106; www.laxalcahotel.com; Grau 940; EZ/DZ/2BZ mit Frühstück 290/360/530 S; P WLAN) Es ist kaum zu glauben, dass dieses hinreißende Gebäude im Kolonialstil tatsächlich erst vor wenigen Jahren völlig neu errichtet wurde – die eleganten Wände aus Holz und Lehmziegeln und die Balkone wirken wunderbar authentisch. Das Haus verbindet altbewährte Tradition mit modernem Minimalismus und hat jede Menge einladende Gemeinschaftsbereiche mit bequemen Sofas, handgeschnitzten Möbeln und interessanten Kunstwerken. Das Hotel ist ohne jeden Zweifel das beste der Stadt.

Die großen Zimmer sind mit dunklen Holzmöbeln ausgestattet; Glasbausteine sorgen für gute natürliche Belichtung. Es gibt ein Frühstücksbuffet und den ganzen Tag lang kostenlos Tee und Kaffee.

Essen

Überquert man die Anden nach Osten, ist Chachapoyas die erste Stadt, in der man Gerichte der Amazonas-Küche findet, wenn auch in lokaler Abwandlung. *Juanes* (mit Hühner- oder Schweinefleisch gefüllte Bananenblätter) werden mit Yucca und nicht mit Reis serviert. *Cecina,* ein Gericht, für das im Tiefland getrocknetes Schweinefleisch verwendet wird, wird hier häufig aus Rindfleisch zubereitet. In der Stadt gibt's außerdem eine wachsende Zahl zwangloser Cafés.

Café Fusiones CAFÉ $
(www.cafefusiones.com; Ayacucho, Plaza de Armas; Frühstück 8–11 S, leichte Gerichte 6–17 S; ⌚7–22 Uhr; 📶🖉) Eines jener gemütlichen „Gringo-Cafés", die Backpacker, die sich nach Erdnussbutter sehnen, glücklich machen: Es gibt vegetarische Omelettes, einen mehrsprachigen Büchertausch, Pearl Jam in Endlosschleife, Bio-Kaffee und Broschüren, die das nächstgelegene Yoga-Studio anpreisen. Wer unbedingt Gringos treffen will, findet sie hier. Das Lokal ist eines der wenigen Cafés in Chachapoyas, die den ganzen Tag durchgehend geöffnet sind.

Terra Mia Café FRÜHSTÜCK, PERUANISCH $
(Chincha Alta 557; Frühstück 11–14 S; ⌚7.30–12.30 & 15–22 Uhr; 📶) Das schicke Lokal hat die raffinierteste Espressomaschine der Stadt und eine wundervolle Karte mit regionalem und internationalem Frühstück (auch Waffeln), Sandwiches und Salaten. Alles wird in einem gemütlichen, sauberen Ambiente mit kolonialen Torbögen und Sitzkissen, auf denen indigene Motive sind, serviert. Der Service ist freundlich und der Kuchen süß.

Kürzlich wurde eine neue **Filiale** (Snacks 7–10 S; ⌚8–17 Uhr) an der Bergstation der Seilbahn in Kuélap eröffnet.

Panificadora San José BÄCKEREI, INTERNATIONAL $
(Ayacucho 816; Frühstück 2–5 S; ⌚7–22 Uhr) Die größte Bäckerei der Stadt ist ein zweistöckiger Laden: Unten befindet sich eine Theke mit herzhaften *humitas* (mit Rinderhack, Gemüse und Kartoffeln gefüllte Maisklöße) und süßen, mit Sahne gefüllten Schoko-Cupcakes. Oben serviert das große, gesichts-

ABSTECHER

HUAMACHUCO UND SEINE RUINEN

Obwohl die angenehme Gebirgsstadt in der beneidenswerten Lage ist, zwei erstklassige präkolumbische Ruinenstätte praktisch vor der Haustür zu haben, kommen nur sehr wenige Besucher in den Ort.

Die Hauptattraktion ist zweifellos die massive, aus der Zeit vor den Inkas stammende Bergfestung **Marcahuamachuco** (⌚Sonnenaufgang–Sonnenuntergang) GRATIS. Diese spektakuläre Ansammlung zerklüfteter Ruinen aus der Zeit um ca. 400 n. Chr. thront auf einem windigen Plateau in einer schwindelerregenden Höhe von 3600 m.

Die leicht zu erreichenden Ruinen von **Wiracochapampa** werden zwar von dem berühmten Nachbarn in den Schatten gestellt, lohnen aber ebenfalls einen Besuch. Trotz der großen geografischen Nähe stehen die hiesigen Gebäude in keinem direkten Zusammenhang zu denen in Marcahuamachuco. Forschungen ergaben, dass die Gebäude gegen 700 n. Chr. fertiggestellt wurden und ein Zeremonialzentrum der Wari-Kultur waren.

Anders als viele der anderen großen Siedlungen der präkolumbischen Zeit in der Region, die auf hohen Gipfeln errichtet wurden, liegen diese Gebäude unten in einem Tal. Den Mittelpunkt der Ruinen bildet eine große Plaza, die nach drei Seiten von einem kompakten Labyrinth an Räumen abgegrenzt und von hohen Felswänden unterteilt ist, in denen sich zahlreiche Gräber befinden. Vom Zentrum von Huamachuco dauert der Marsch bis nach Wiracochapampa rund 45 Minuten; alternativ kann man ein *mototaxi* nehmen (ca. 8 S).

Die **Touristeninformation** (☎076-44-0048; www.munihuamachuco.gob.pe; Castilla 564, Huamachuco) kann Führer zu beiden archäologischen Stätten und zu weiteren Attraktionen in der Gegend organisieren. Einen Block abseits der Plaza in Huamachuco zeigt das kleine **Museo Municipal Wamachuko** (Ecke Sucre & San Martin, Huamachuco; ⌚Mo–Fr 9–12 & 14–17 Uhr) GRATIS Keramiken aus der Huamachuco-Periode.

Als Unterkunft bietet sich das **Hostal Plaza** (☎044-441-303; Ecke José Balta & San Martín, Huamachuco; Zi. 40–50 S) mit guten und günstigen Zimmern am Hauptplatz an. Essen kann man im **Antojitos Grill** (Ramón Castilla 534, Huamachuco; Hauptgerichte 15 S; ⌚7–11 & 18–23 Uhr), wo man schmackhafte gemischte Grillspeisen und sättigendes traditionelles Frühstück erhält.

Von dem kleinen Busbahnhof im Osten der Stadt fahren *colectivos* (Sammeltaxis) nach Cajabamba (10 S, 1½ Std.), sobald sie voll besetzt sind. **Tunesa Express** (☎076-44-1157; www.turismonegreiros.com; Ecke José Balta & Suarez, Huamachuco) bietet regelmäßige Expressverbindungen von Huamachuco nach Trujillo (15–25 S, 5 Std., 5-mal tgl.).

lose Restaurant die ganze Palette internationaler Fleischgerichte mit Fritten.

★ **Amazonas 632** CAFÉ, INTERNATIONAL $$
(☎979-877-031; Amazonas 632; Hauptgerichte 10–22 S; ⊙7.30–14.30 & 17–23 Uhr; ☜) Das smarte neue Café mit zwanglosem Restaurant lockt (dank kostenlosem WLAN und Steckdosen) Laptop-süchtige Camper genauso an wie Einheimische, die sich auf die dicken, saftigen Burger stürzen – es sind die besten der Stadt. Verlockend sind auch der starke Kaffee, die mächtigen Obstsalate und die kleinen, aber ungewöhnlich aromatischen Pizzas. Das vorherrschende Eulenmotiv gibt dem Laden, der sonst eher ein Starbucks-Dekor hat, ein wenig freundliche Skurrilität.

Candela PIZZA $$
(☎961-867-428; Calle 2 de Mayo 728; Pizzas 14–28 S; ⊙18–23 Uhr) Das Candela verbindet farbenfrohe indigene Kultur (in Form der Wandmalereien) mit ordentlichem, italienisch beeinflusstem Essen. Im Mittelpunkt steht der riesige, fleißig von dem hart schuftenden Koch benutzte Pizzaofen, aus dem knusprige, dünnwandige Pizzas mit reichlich Belag kommen. Die Kellner sorgen für etwas Unterhaltung, denn einige von ihnen scheinen Tanztalent zu besitzen.

Es gibt auch hausgemachte Pasta – und man kann sogar bei der Zubereitung der Nudeln zuschauen.

El Tejado PERUANISCH $$
(Santo Domingo 426; Hauptgerichte 15–25 S; ⊙12–16 Uhr) Das charmante kleine Mittagslokal wirkt von außen unscheinbar, bietet aber einen netten Innenhof und einen Speisesaal. Die Mittagsmenüs (3 Gänge + 1 Getränk) kosten von montags bis freitags selten mehr als 10 S. Die Spezialität ist *tacu-tacu* (ein peruanisches Gericht aus Reis, Bohnen und einem Proteinträger), das es hier in neun Varianten gibt.

Hervorragend ist auch die hiesige Version des *lomo saltado*.

La Tushpa STEAKHAUS, PERUANISCH $$
(☎041-77-71-98; Ortiz Arrieta 753; Hauptgerichte 18–35 S; ⊙Mo–Sa 18.30–23 Uhr) Das klassische örtliche Steakhaus serviert große Portionen mit mächtigen Beilagen (ausgezeichnete Kochbananen). Highlights der ganz auf Fleisch ausgerichteten Karte sind das *cuadril* (Pastorenstück), ein saftiges Stück vom Rind, und interessante Kreationen wie *lomo fino* (Lendenstück) mit einer würzigen Pisco-Sauce. Es gibt auch eine große Auswahl an Schweinefleisch- und Hähnchengerichten, immer mit hausgemachten Saucen.

ABSEITS DER ÜBLICHEN PFADE

CANYONING

Der kühne Sport, sich in Flüsse und Wasserfälle abzuseilen, hat im nördlichen Peru eine natürliche Heimstätte gefunden: Hier gibt's eine eindrucksvolle Menge spektakulärer Wasserrinnen, darunter einige der höchsten Südamerikas. Canyoning (auf Spanisch *barranquismo*) steckt hierzulande noch in den Kinderschuhen, doch neuerdings gibt's einen professionellen Veranstalter, **Canyoning Explorer** (☎997-583-804; www.canyoningexplorer.com; Bongará 220, Cuispes; ab 160 S/Pers.). Unter der enthusiastischen Führung des Andalusiers Juan Pérez kann man Trips zu bis zu fünf Wasserfällen in der Nähe von Cuispes, 60 km nördlich von Chachapoyas, unternehmen, darunter zu der 896 m hohen **Catarata Yumbilla**, die als der fünfthöchste Wasserfall der Welt gilt.

★ **El Batan de Tayta** AMAZONAS-KÜCHE $$
(☎959-865-539; La Merced 604; Hauptgerichte 20–46 S; ⊙So–Do 11–23, Fr & Sa bis 24 Uhr) Hier ist alles exotisch – vom Dekor (Amazonas-Schlingpflanzen, Bambustische mit Sonnenschirmen, Sitzbezüge mit Fell) über das Essen (Meerschweinchen, Ente und essbare Ameisen in einem Vanille-Cognac-Cocktail!) bis zum Geschirr (in Form von Modellschiffen, kleinen Trommeln oder auch Dachziegeln). Trotz aller Theatralik ist das Essen aber reichlich und gut.

Versuchen sollte man *arroz shutito con bife y chica de jora* (sahniger Reis mit Rinderfilet und einem Schuss Maisschnaps) oder die Spezialität des Hauses: *cuy borracho* (wörtlich „betrunkenes" Meerschweinchen mit Anden-Kartoffeln und Kräutersauce).

Für alle, die keine Insekten oder betrunkene Nagetiere auf ihrem Teller haben wollen, gibt's auch ein paar langweilige Gerichte (z. B. Pasta) auf der Karte.

Ausgehen & Nachtleben

★ **La Reina** BAR
(Ayacucho 520; ⊙Mo–Sa 9–13 & 15–1, So 19–24 Uhr) In der künstlerisch angehauchten Bar kann man sich sehr günstig mit exotischen Frucht-Drinks und Amazonas-Schnäpsen

(1,50 S pro Gläschen oder ab 18 S pro Glas) benebeln. Zu den elf Optionen zählen *mora* (Brombeere), die beliebteste, *maracuyá* (Passionsfrucht), die beste, und sieben *raíces* und *chuchuhuasi,* beides notorische Liebestränke der Amazonasregion. Die Bar liegt in dem elegant alternden Innenhof eines traditionellen Stadthauses.

Die gleichen Betreiber führen auch die beste **Disco** der Stadt; sie befindet sich ein paar Blocks weiter an der Ayacucho 345.

Los Troncos
BAR

(☎ 041-47-7239; Calle 2 de Mayo 537; ⊙16–2 Uhr) Diese Kneipe ist wirklich eine richtige Kaschemme mit abgewetzten Plastikstühlen, muffigem Geruch und Barpersonal, das aufschaut oder auch nicht, wenn man hereinkommt. Die Drinks sind billig, und die Musik ist laut.

Praktische Informationen

GELD

Banco de la Nación (Ecke Ayacucho & Calle 2 de Mayo; ⊙Mo–Fr 8–17.30, Sa 9–13 Uhr) Hat einen Geldautomaten für Visa/MasterCard.

BCP (Plaza Burgos; ⊙Mo–Fr 9–18, Sa bis 13 Uhr) Wechselt US-Dollar und hat einen Geldautomaten.

POST

Serpost (Salamanca 940; ⊙Mo–Fr 8–13 & 14–19, Sa 8–13 Uhr) Postdienst; befindet sich im Marktviertel.

TOURISTENINFORMATION

iPerú (☎ 041-47-7292; Ortiz Arrieta 582; ⊙Mo–Sa 9–18, So bis 13 Uhr) Sehr hilfreich wie die meisten Büros von iPerú; es liegt an der Plaza de Armas und hat exzellente Karten, Infos zu Transportmitteln und Broschüren.

An- & Weiterreise

BUS

Alle lokalen und regionalen Busse starten von Chachapoyas' schmuddeligem und unübersichtlichem **Busbahnhof** (Triunfo cuadra 2), 1 km östlich der Plaza de Armas. Achtung: Die Express-Fernbusse fahren von privaten Halteplätzen im Stadtgebiet.

Die häufig befahrene Strecke nach Chiclayo und weiter nach Lima beginnt mit einem malerischen Abschnitt nach Pedro Ruíz längs des Río Utcubamba. **Movil Tours** (☎ 041-47-8545; www.moviltours.com.pe; La Libertad 464) betreibt sehr komfortable Busse nach Lima (130–165 S, 22 Std., 16 Uhr), Chiclayo (55–75 S, 9 Std., 20 Uhr), Trujillo (65–85 S, 14 Std., 19.30 Uhr) und Jaén (50 S, 4 Std., 4.30 Uhr). **Civa** (☎ 041-47-8048; Ecke Ortiz Arrieta y Salamanca) hat etwas günstigere Busse nach Chiclayo (30–70 S, 10 Std., 2-mal tgl.) und Lima (100–120 S, 24 Std., 1-mal tgl.).

Virgen del Carmen (☎ 041-79-7707; www.turismovirgendelcarmen.com.pe; Terminal Terrestre) ist die sicherste Option auf der äußerst idyllischen Route von Chachapoyas über Leimebamba (10 S, 2½ Std.) und Celendín (40 S, 9 Std.) nach Cajamarca (50 S, 11 Std.). Täglich fährt ein Bus, in der Regel abends. Ein anderer Bus dieses Unternehmens verkehrt ostwärts nach Tarapoto (35 S, 8 Std.).

Auch **Turismo Selva** (☎ 961-659-443; Terminal de Transporte) fährt weiter ins Amazonasbecken. Die weniger komfortablen Minibusse fahren um 6.30, 8.30, 10.30 und 12.30 Uhr über Moyobamba (24 S, 6 Std.) nach Tarapoto (35 S, 8 Std.). Um 14.30 Uhr startet noch ein Minibus nur bis Moyobamba.

Turismo Explorer (S. 457) betreibt täglich Zubringerbusse (50 S, 4 Std.) nach Jaén und zum Flughafen dieser Stadt. Der Bus startet um 7 Uhr in Chachapoyas, nimmt um 12.30 Uhr angekommene Passagiere am Flughafen auf und kehrt dann nach Chachapoyas zurück.

Turismo Kuélap (Terminal Terrestre) betreibt häufig verkehrende Minibusse vom Hauptbusbahnhof Chachapoyas' zur Talstation der Seilbahn in Nuevo Tingo (7 S, 1 Std.). Die Fahrzeuge starten – sobald sie voll sind – ungefähr alle halbe Stunde.

Transportes Trotamundo (☎ 947-507-787; Terminal Terrestre) fährt mehrmals täglich nach Leimebamba (10 S, 2 Std.) mit Zwischenhalten in Tingo Viejo (7 S, 1 Std.) und Yerbabuena (8 S, 1½ Std.). **Mi Cautivo** (☎ 951-076-019; Terminal Terrestre) bietet einen ähnlichen Service.

ETSA (☎ 950-046-809; Terminal Terrestre) betreibt *combis* zwischen Chachapoyas und Pedro Ruíz (5 S, 1 Std.), die unterwegs in Cocahuayco (3 S, 45 Min.) halten, wo man die Catarata de Gocta besuchen kann. Die Fahrzeuge starten, sobald sie voll besetzt sind.

FLUGZEUG

Der **Flughafen von Chachapoyas** liegt 4 km nordöstlich vom Stadtzentrum. **ATSA Airlines** (☎ 717-3268; www.atsaairlines.com) hat fünf Flüge pro Woche von und nach Lima (140 US$, 1¾ Std.); Abflug in Chachapoyas ist um 11.30 Uhr. Flugtickets bucht man online oder im Büro von Turismo Explorer (S. 457) an der Plaza de Armas.

Yalape

Die weitgehend nicht ausgegrabene archäologische Stätte **Yalape** GRATIS stammt aus der Zeit um 1100 n. Chr. und liegt 17 km südlich von Chachapoyas nahe dem Dorf Levanto. Yalape war einst die zweitgrößte Siedlung der Chachapoya nach Kuélap (S. 465). Der Besuch dürfte nicht alle ansprechen: Es gibt keine Erklärungstafeln, keine Guides und keine gut abgegrenzten Wege, die einem bei dem Abstecher auf die dunstige Bergspitze weiterhelfen. Wer aber Ruinen in wirklich ruinösem und trümmerhaftem Zustand schätzt, kann sich in Yalape vorstellen, wie sich Hiram Bingham gefühlt haben muss, als er 1911 Machu Picchu wiederentdeckte.

Um nach Yalape zu gelangen, nimmt man einen *combi* (Minibus; 5 S, 1 Std., 2-mal tgl.) oder ein Taxi (50 S) von Chachapoyas nach Levanto und steigt am Kilometerstein 17 aus. Ein orangefarbenes Schild neben der Straße markiert den Eingang zur Stätte. Der 200 m lange Aufstieg zu den Ruinen führt über eine Kuhweide zu einem Komplex von Steingebäuden, von denen einige noch trapezförmige Friesen besitzen.

Der Besuch der Ruinen lässt sich mit einer Wanderung auf dem Abschnitt einer alten **Inka-Straße** zurück nach Chachapoyas verbinden. Der Weg beginnt 2 km weiter an der Straße nach Levanto neben einem orangefarbenen Schild mit der Aufschrift „*camino prehispanico*" (das ist das einzige Hinweisschild hier). Auf dieser uralten Straße wechseln sich unregelmäßig gepflasterte Abschnitte mit schlammigen ab; wenn es geregnet hat, kann sie sehr rutschig sein. Die Strecke ist nicht ganz übersichtlich, wenn man aber auf dem Hauptweg bleibt, erblickt man nach rund 3 km Chachapoyas unter sich im Tal. Die Wanderung umfasst 13 km bis zurück ins Stadtzentrum und führt die meiste Zeit bergab.

Gocta

★ **Catarata de Gocta** WASSERFALL
(Eintritt ein Wasserfall/beide Wasserfälle 10/20 S; ⌚8–17 Uhr) Dieser 771 m hohe Wasserfall entging irgendwie der Aufmerksamkeit der peruanischen Regierung, der internationalen Entdecker und der Satellitenbilder, bis 2005 der Deutsche Stefan Ziemendorff mit einer Gruppe von Einheimischen eine Expedition zur Kartierung der Wasserfälle zusammenstellte. In der Folge gab es weltweit Auseinandersetzungen über die Frage, ob dieser Wasserfall in der Rangfolge der höchsten Wasserfälle auf dem dritten oder dem fünfzehnten Platz rangiert. Auf jeden Fall sind die Wasserfälle sehr eindrucksvoll und dank einem Netz gut ausgeschilderter Waldwege jetzt auch recht leicht zugänglich.

Um zu den Wasserfällen zu gelangen, nimmt man in Chachapoyas einen *combi* (Minibus) von ETSA (S. 462) in Richtung Pedro Ruíz (3 S, 45 Min.) und steigt bei der Cocahuayaco (einer Brücke der Hauptstraße) aus. Hier warten in der Regel *mototaxis*, die für 10 S Wanderer hinauf in die Dörfer Cocachimba (5,3 km) oder San Pablo (6 km) bringen. Alternativ kann man auch zu beiden Dörfern laufen. San Pablo bietet den besten Zugang zum oberen Wasserfall, während in Cocachimba der Weg zum unteren Wasserfall beginnt. In beiden Dörfern gibt es Touristenbüros, in denen man die Eintrittsgebühr bezahlen muss. In Cocachimba gibt's mehr Unterkünfte und Verpflegungsmöglichkeiten.

Man kann den Besuch des oberen und des unteren Wasserfalls auch auf einem 15 km langen Rundweg an einem Tag bewältigen. Vom Dorf San Pablo führt ein 6 km langer Weg zum Fuß des 231 m hohen oberen Wasserfalls. Von dort geht's auf dem gleichen Weg 1,8 km zurück und dann nach links den Berg hinunter zu einem fantastischen Aussichtspunkt mit freier Sicht auf beide Fälle und von dort anschließend über eine Hängebrücke zum Fuß des höheren

NICHT VERSÄUMEN

LUXUS IM HOCHLAND

Eine Lodge mit Klasse in Cocachimba: Die **Gocta Andes Lodge** (☎041-63-0552; www.goctalodge.com; DZ/3BZ/Suite 325/395/460 S; 📶🏊) ist schon eine ganz besondere Unterkunft im nördlichen Hochland. Sie hat eine herrlich idyllische Lage mit unverstelltem Ausblick auf die Catarata de Gocta, den man sowohl von den Zimmern als auch von dem kleinen Infinity-Pool aus genießen kann. In den Zimmern finden sich viele liebevoll zusammengestellte Textilien, gemütliche Daunendecken, gewölbte Decken und Balkone, die den Wasserfall wie auf einem Gemälde umrahmen.

Auf dem Anwesen gibt's ein elegantes Restaurant und einen Tourveranstalter. Das Grundstück und der Garten sind makellos gepflegt, um die natürliche Umgebung noch zu betonen.

(540 m) unteren Wasserfalls. Nun folgt man dem Hauptweg nach Cocachimba (6,2 km), von wo man ein *mototaxi* zurück zur Cocahuayco nehmen kann. An der Straßenbrücke kommen alle 30 Minuten *combis* nach Chachapoyas vorbei.

Ausdauernde Wanderer können die ganze Strecke auch auf einem Rundweg ab Cocahuaycos bewältigen – eine 26 km lange Runde durch hügeliges, gelegentlich auch sumpfiges Gelände, zu der man früh aufbrechen sollte.

Gran Vilaya

Der Name **Gran Vilaya** bezieht sich auf die üppigen Täler westlich von Chachapoyas, die bis ans Ufer des brausenden Río Marañón reichen. An das Amazonasgebiet angrenzend, bildet diese Region einen einzigartigen Mikrokosmos ganzjährig feuchter Bergregen- und -nebelwälder. Dieser ökologischen Besonderheit verdankt die Chachapoya-Kultur ihren Beinamen „Wolkenmenschen".

Auch frühere Bewohner wussten die Fruchtbarkeit dieser grünen Gegend zu nutzen. Das Tal war stark bevölkert, von den ersten Chachapoya bis zu den späteren Inka-Kulturen fand man über 30 ringsum in den Bergen verteilte archäologische Stätten. Bedeutende Ruinen wie **Paxamarca**, **Pueblo Alto**, **Pueblo Nuevo** und **Pirquilla** sind durch jahrhundertealte gewundene Ziegenpfade miteinander verbunden. Die Stätten wurden noch nicht freigelegt; man erreicht sie in mehrtägigen Trekkingtouren. Professionell gebaute Inka-Straßen schlängeln sich über sowie um die Berge und führen an vielen Ruinenstädten vorbei, die sich unter mehrere Hundert Jahre alter Vegetation verstecken.

Das unendlich grüne und an Schwemmsand reiche **Valle de Belén** gilt als Tor zum Gran Vilaya. Es wird von der Mündung des weitläufig mäandernden Río Huaylla zerschnitten, der sich wie eine träge Schlange über den Boden windet. Grasende Rinder und Pferde sowie die wolkenverhangenen Berge an allen Seiten des flachen Tals bilden ein fantastisches Panorama.

Zahlreiche Reisebüros in Chachapoyas bieten mehrtägige geführte Trekkingtouren an. Die klassische viertägige Tour (720 S/Pers.) beginnt in Cohechán und führt über Choctámal bis Kueláp. Wanderer sollten in guter körperlicher Verfassung sein, da die Route beträchtliche Aufstiege in großer Höhe beinhaltet.

Karajía

Karajía — ARCHÄOLOGISCHE STÄTTE

(Eintritt 10 S) In dieser außergewöhnlichen Grabstätte thronen **sechs Sarkophage** hoch oben auf einem nackten Felsvorsprung. Jedes der länglichen Gräber wurde aus Holz, Lehm und Stroh errichtet und wie eine stilisierte Gestalt geformt. Ihre Figuren blicken wachsam ins Tal hinunter. Einst befand sich dort ein Chachapoya-Dorf, man erkennt noch in den Feldern verteilte steinerne Ruinen.

Ursprünglich waren es acht Sarkophage, aber zwei brachen zusammen, wobei sich die Särge öffneten. Man entdeckte Mumien und verschiedene handwerkliche und künstlerische Gegenstände, die einen Bezug zu den Verstorbenen hatten. Unter den Särgen sind noch verstreute Knochen zu sehen. Nur wichtige Persönlichkeiten wurden so ehrenvoll bestattet: Schamanen, Krieger und Stammesführer. Die Schädel über den Gräbern waren möglicherweise Trophäen von Feinden oder Menschenopfer.

Karajía liegt 25 Gehminuten vom winzigen Dorf Cruz Pata den Hügel hinunter; man kann für die Strecke auch ein Pferd mieten (hin & zurück 15 S). Minibusse fahren von Chachapoyas auf einer holprigen Straße nach Luya (8 S, 50 Min.) und weiter nach Cruz Pata (8 S, 50 Min.).

Eine bessere Alternative ist eine Tagestour ab Chachapoyas (80 S), die in der Regel auch einen Besuch der auf dem Weg liegenden Cavernas de Quiocta umfasst. Man sollte einen Feldstecher und einen Fotoapparat mit gutem Zoom-Objektiv mitnehmen.

Caverna de Quiocta — HÖHLE

(Eintritt 5 S; ⌚8–17 Uhr) Die große, 545 m lange Höhle birgt gespenstische Stalagmiten, Stalaktiten und andere seltsame Felsformationen. Rund um den Eingang finden sich außerdem einige Höhlenmalereien und verstreute menschliche Überreste aus der Zeit vor den Inkas. Quiocta liegt rund 40 km nordwestlich von Chachapoyas am Weg nach Karajía. Die meisten Tagesausflüge nach Karajía, die die Veranstalter in Chachapoyas anbieten, beinhalten einen Besuch der Höhle. Vor dem Hineingehen erhält man Gummistiefel und eine Taschenlampe. Die Höhle darf nur mit einem Führer betreten werden.

La Jalca (Jalca Grande)

Das entzückende Gebirgsstädtchen mit Kopfsteinpflasterstraßen wird auch Jalca Grande genannt und konnte viel von seinen historischen Wurzeln bewahren, obwohl allmählich das moderne Leben Einzug hält. Die älteren Bewohner sprechen noch Quechua und in der ganzen Stadt sieht man Bauwerke mit Chachapoya-Einfluss. Ausschau halten nach der **Choza Redonda**, einem traditionellen Chachapoya-Haus. Es wurde wahrscheinlich bis 1964 kontinuierlich bewohnt und diente als Vorbild für den Wiederaufbau der Chachapoya-Häuser in Kuélap und Levanto. Das Dach ist zwar eingestürzt, dennoch gehört es zu den am besten erhaltenen indigenen Häusern der Region.

Bei den Ruinen von **Ollape**, 30 Minuten Fußweg westlich von La Jalca, kann man die Mauern mehrerer Häuser mit runden Balkonen besichtigen, die mit komplexen Mustern verziert sind.

Ein *combi* (Minibus) fährt direkt von Chachapoyas nach La Jalca (10 S, 2 Std.). Los geht's um 15 Uhr am Busbahnhof, zurück nach Chachapoyas um 5 Uhr. Alternativ nimmt man einen Bus von Chachapoyas nach Leimebamba und lässt sich an der Abzweigung nach La Jalca absetzen. Von dort ist es noch ein dreistündiger Aufstieg den Hügel hinauf.

Revash

Die archäologische Stätte **Revash** (Eintritt 10 S; ⏲ Ticketbüro 8–13 & 14–17 Uhr) schützt mehrere bunt bemalte Mausoleen an einer Kalksteinklippe hoch über einem Tal nahe der Ortschaft Santo Tomás. Die ein wenig an hübsche, aber unerreichbare Landhäuser erinnernden *chullpas* (antike Begräbnistürme in den Anden) bestehen aus kleinen, mit Lehm verfugten Steinen, die verputzt und mit roter und beiger Farbe bemalt wurden. Die Mausoleen sollen aus dem 14. Jh. stammen; die auffällig bunten Verzierungen sind aber auch heute noch deutlich sichtbar.

Die Stätte wurde zwar schon vor langer Zeit geplündert, aber Archäologen konnten drinnen immer noch die Skelette von elf Erwachsenen und einem Kind sowie viele Artefakte, z. B. Musikinstrumente und aus Knochen gefertigte Werkzeuge, entdecken. Eine Reihe von Piktogrammen schmücken die Wände der Klippe hinter den Grabmälern. Eine heute leere **Grabhöhle**, in der sich ursprünglich mehr als 200 Mumienbündel befanden, liegt 1 km von der Hauptanlage entfernt. Heute kann man die *chullpas* nicht mehr betreten, von einem rund 30 m unter ihnen befindlichen, aus Holz errichteten *mirador* hat man aber einen ausgezeichneten Blick auf sie.

Die kürzeste Route zur Stätte führt von Chachapoyas mit einem *combi* (Minibus) Richtung Leimebamba bis nach Yerbabuena (8 S, 1½ Std., 5-mal tgl.). Dort kann man versuchen, ein *mototaxi* zu finden, das einen auf einer ordentlichen, aber unbefestigten Piste 16 km weiter zum Weiler Cruz de San Bartolo (20 S, 30 Min.) bringt. Man bezahlt die Eintrittsgebühr im Büro in San Bartolo und wandert dann auf einem teilweise asphaltierten, gut markierten Weg 2 km bis zu der archäologischen Stätte. Man kann auch spanischsprachige Guides buchen (25 S).

Alternativ kann man ab Yerbabuena hinauf zur Stätte marschieren. Man folgt der Straße nach San Bartolo bis kurz hinter Kilometerstein 5, wo ein ausgeschilderter Weg hinauf in die Hügel führt – es ist ein anstrengender, zweistündiger Aufstieg bis zu den *chullpas*, bei dem man insgesamt einen Höhenunterschied von 1000 m überwindet.

Eine Tagestour ab Chachapoyas kostet rund 80 S und beinhaltet auch den Besuch des Museums in Leimebamba.

Kuélap

3100 M

Das „Machu Picchu des Nordens", einst die Heimat der geheimnisvollen „Wolkenmenschen" oder „Nebelkrieger", erhebt sich wie eine riesige mittelalterliche Burg auf einem zerklüfteten Bergkamm 60 km südwestlich von Chachapoyas in der Nähe des Dorfs Tingo. Kuélap ist die spektakulärste und am besten erhaltene der vielen archäologischen Stätten in dem Bezirk und entwickelt sich – seit kürzlich eine Seilbahn errichtet wurde – schnell zur größten Attraktion im Norden Perus: Seit der Eröffnung der Seilbahn haben sich die jährlichen Besucherzahlen innerhalb eines Jahres auf 120 000 Touristen verdoppelt. Kuélap liegt höher als Machu Picchu und wurde rund 500 Jahre früher erbaut, lange vor der Gründung des Inka-Reichs, dem es wohl niemals gelang, diese eindrucksvolle Anlage zu erobern. Kuélap wird manchmal als Festung bezeichnet, war aber tatsächlich eher eine massiv ummauerte Stadt, in der auf dem Höhepunkt ihrer Entwicklung bis zu 300 000 Menschen gelebt haben könnten.

Kuélap (Erw./Kind 20/10 S; ⌚8–17 Uhr) ist eine bemerkenswert gut erhaltene Anlage, für deren Errichtung unglaubliche Mengen an Stein benötigt wurden. Das 700 m lange Festungsoval wurde zwischen 900 und 1100 n. Chr. erbaut und 1843 wiederentdeckt. Wie ein riesiger Ozeandampfer thront die Stadt auf einem 3000 m hohen Kalksteinkamm, umgeben von einer imposanten, nahezu undurchdringlichen Mauer, die an manchen Stellen eine Höhe von 20 m erreicht. Der Zugang zur Festung beschränkt sich auf drei tiefe, schmale, trichterförmige Torwege – eine einfallsreiche Sicherheitsvorrichtung, durch die Angreifer nur in schmalen Reihen vorrücken und daher leicht geschlagen werden konnten.

Der Haupteingang, **Acceso 3**, befindet sich an der Ostseite der Festung. Auf einem hölzernen Plankenweg gelangt man auf einer gewundenen Route ins Innere; neu installierte Tafeln geben einfache Erläuterungen auf Spanisch und Englisch. Zunächst gelangt man zum erhöhten **Pueblo Alto**, wo sich ein 7 m hoher **Torreón** (Turm) erhebt, der die Nordflanke von Kuélap bewacht. Dieser Turm hatte allerdings wohl keine militärische, sondern eine rituelle Funktion, weil in ihm Gräber gefunden wurden. Ganz in der Nähe befindet sich die **Callanca**, eines der wenigen rechteckigen Gebäude des Komplexes. Man glaubt, dass es sich um eine Herberge und ein Ritualzentrum gehandelt habe; drinnen wurden Keramiken gefunden, die einen Einfluss des Inka-Stils verraten.

Im Zentrum der Festung finden sich die Überreste von mehr als 400 kreisrunden Gebäuden. Einige sind mit zickzack- oder rautenförmigen Friesen geschmückt, und alle trugen einst hohe strohgedeckte Dächer. Verschiedene Bäume wachsen in den Ruinen und rundherum, von denen viele mit Epiphyten bedeckt sind, die Hunderte hungrige Kolibris anlocken.

Das eindrucksvollste und rätselhafteste Gebäude wird als **Templo Mayor** oder El Tintero („das Tintenfass") bezeichnet und erhebt sich nahe dem südlichen Ende von Kuélap. Es hat die Form eines großen, umgedrehten Kegels. Im Innern beherbergt eine unterirdische Kammer die Überreste von Tieropfern, was Archäologen vermuten lässt, dass das gesamte Gebäude eine religiöse Funktion hatte. Der in Kuélap ansässige Archäologe Alfredo Narvez hat nun Gräber und Skelette von Lamas rund um El Tintero freigelegt, die diese These weiter untermauern. Eine 1996 von einem Forscherteam der University of San Diego aufgestellte Hypothese nimmt an, dass es sich bei dem Gebäude außerdem um einen Sonnenkalender gehandelt habe.

Seit 2017 ist der Zugang zu den Ruinen durch die neu erbaute Seilbahn **Telecabinas** (www.telecabinaskuelap.com; hin & zurück 20 S; ⌚8–15.30 Uhr) wesentlich leichter geworden. In den Kabinen mit acht Plätzen fliegt man in 20 Minuten über ein v-förmiges Flusstal und einen steilen baumlosen Hügel hinauf bis zur Bergstation, die 20 Gehminuten von den Ruinen entfernt ist. Die Talstation liegt gleich oberhalb des Dorfs Nuevo Tingo; von dort bringen Minibusse die Besucher die 3 km lange Straße hinauf zum Beginn der Seilbahn. An der Bergstation befinden sich eine Cafeteria (S. 460), ein Informationszentrum und der Ticketverkauf für die Stätte. Ein 1,5 km langer Steinweg führt von der Bergstation, wo man auch Führer aus der Gemeinde engagieren kann (50 S), direkt zu den Ruinen. Für eine gründliche Erkundung der Ruinen braucht man zwei Stunden.

Reisegruppen kommen in der Regel gegen 11.30 Uhr bei den Ruinen an und fahren bis 15 Uhr wieder ab; wer ihnen aus dem Weg gehen will, sollte gegen 8 Uhr in Chachapoyas aufbrechen.

Auf dem 9 km langen **Camino Herradura** kann man die Strecke zwischen den Ruinen und Tingo Viejo (hinunter oder hinauf) auch zu Fuß zurücklegen. Man erreicht den Weg am alten Ticketbüro vor dem Acceso 1 (zum Hinuntergehen) oder an der Brücke in Tingo Viejo (wenn man hinauf marschieren möchte).

Schlafen

Hospedaje Imperio Kuelapino HOTEL $
(☎941-735-833; DZ 85 S, B/DZ ohne Bad 25/65 S) Die ansprechende Lodge in der winzigen Gemeinde Longuita liegt auf der entgegengesetzten Seite des Hügels, auf den die Seilbahn fährt. Diese Unterkunft ist nur rund 250 m von den Ruinen von Kuélap entfernt und ihnen damit näher als jede andere. Die schlichte Herberge ohne Reservierungsoption hat gute Betten, Mahlzeiten und einen wunderschönen Ausblick. Das Frühstück kostet 5 S extra.

Hospedaje León PENSION $
(☎941-715-685; Tingo Viejo; DZ 30 S, ohne Bad 25 S) Die einfache Unterkunft mit winzigen, sehr

schlichten Zimmern und elektrisch erhitztem Warmwasser (für 5 S/Nacht extra) wird von einem freundlichen älteren Paar geführt, das schon vor Jahren die touristischen Möglichkeiten erkannt hat. Viel besser und günstiger kann man in dieser waldigen Ecke kaum übernachten. Die Herberge liegt 3 km unterhalb von Tingo Nuevo am Ausgangspunkt des Camino Herradura. Die *combis* aus Chachapoyas halten direkt vor der Tür.

Marvelous Spatuletail Lodge LODGE $$
(☎995-237-268; www.marvelousspatuletail.com; Choctanal; EZ/DZ/3BZ 150/180/230 S) Der Name ist keine Anspielung auf die hervorragende Qualität der Lodge (die allerdings wirklich hervorragend ist), sondern auf die Wundersylphen, eine auf dem blumenbewachsenen Anwesen häufig zu beobachtende Kolibriart (deren englischer Name lautet Marvelous Spatuletail). Die Vögel sind nicht das einzige Reizvolle dieses abgelegenen Refugiums im Stil eines alten Landhauses, das in Rufweite zu den Ruinen von Kuélap gelegen ist.

Wegen der günstigen Lage kann man leicht vor den Reisegruppen bei den Ruinen sein. Zusätzlichen Reiz bieten die Mahlzeiten (vorher vereinbaren!) und der Blick auf die nebelverhangenen mystischen Berge mit ihren Ruinen. Die Lodge wird als Kooperative mit dem Dorf Choctanal geführt. Die (vorab mit der Lodge zu klärende) Abholung mit dem Taxi aus Pedro Ruíz kostet 160 S.

An- & Weiterreise

Kuélap ist inzwischen im Rahmen einer organisierten Tour mit einer Gruppe oder auf eigene Faust bei einem Tagesausflug ab Chachapoyas leicht zu erreichen.

Mehrere Busunternehmen, darunter Turismo Kuélap (S. 462), fahren häufig vom Hauptbusbahnhof in Chachapoyas zur Talstation der Seilbahn in Nuevo Tingo (7 S, 1 Std.). Die Busse fahren ungefähr alle halbe Stunde und starten, sobald sie voll besetzt sind.

Leimebamba

☎041 / 4200 EW. / 2050 M

Das gastliche kopfsteingepflasterte Städtchen, das häufig auch „Leymebamba" geschrieben wird, liegt an der Quelle des Río Utcubamba und hat einen freundlichen Platz und viele nahegelegene Attraktionen. Das bezaubernd entspannte Flair verdankt es auch der abgeschiedenen Lage: Der Ort liegt zwischen hohen Bergen, und die nächste, mehrere Stunden entfernte Großstadt ist nur über eine schmale Straße zu erreichen. Pferde sind hier immer noch ein beliebtes Transportmittel, und die Freundlichkeit der Einwohner ist in der Region legendär. Das friedliche Leimebamba befindet sich inmitten vieler archäologischer Stätten der Chachapoya-Kultur und ist ein tolles Quartier, wenn man die Provinz ein paar Tage lang erkunden will.

Sehenswertes

★ Museo Leimebamba MUSEUM
(www.museoleymebamba.org; Eintritt 15 S; ⏲10–16.30 Uhr) Die an der Laguna de los Cóndores (S. 467) entdeckten Mumien werden im Museo Leimebamba, das von der Gemeinde unterhalten wird, gezeigt. Es liegt 5 km südlich der Stadt in einem wunderschön konstruierten Komplex mit vielfach gestaffelten Dächern, einer Würdigung der indigenen Architektur. Die Mumien lagern hinter Glas in einem temperierten Raum. Die meisten sind verschnürt, einige wurden jedoch ausgewickelt, damit man sie betrachten kann.

Weitere gut präsentierte Ausstellungsstücke zeigen u. a. Keramik, Textilien, Holzfiguren sowie Fotos der Laguna de los Cóndores. Ein Taxi/*mototaxi* aus der Stadt hierher kostet 7/5 S.

Laguna de los Cóndores ARCHÄOLOGISCHE STÄTTE
1996 machte diese Gegend Schlagzeilen, als einige Bauern auf einem Felsvorsprung 100 m über einem Nebelwaldsee sechs *chullpas* (antike Grabtürme in den Anden) entdeckten. Ein echter Glücksfall für Archäologen. Die hier gefundenen 219 Mumien und über 2000 handwerklichen Objekte gewährten der Forschung einen Blick hinter den undurchdringlichen Vorhang der Geschichte, der die Chachapoya-Kultur bisher verhüllt hatte. Der Fund war so spektakulär, dass der Discovery Channel einen Film darüber drehte. In Leimebamba entstand ein Museum (S. 467) für die Mumien und kulturellen Schätze.

Einige der verputzten und weiß oder mit roten und gelben Ockertönen gestrichenen Gräber sind mit den unverkennbaren zickzackförmigen Friesen der Chachapoya geschmückt. Sie liegen alle an den Fels geschmiegt auf einem natürlichen Vorsprung über der überwältigenden Laguna de los Cóndores.

Zu der Lagune gelangt man nur mit einem strapaziösen neun- bis zehnstündigen Fußmarsch oder Ritt ab Leimebamba. Die

Standardtour dauert drei Tage: einen Tag für den Anmarsch, einen Tag für die Erkundung (inkl. Angeln und Bootfahren auf dem See) und einen Tag für den Rückmarsch. Pferde und Guides lassen sich in Leimebamba oder bei Reiseveranstaltern in Chachapoyas organisieren. Der Preis liegt ungefähr bei 850 S pro Person.

La Congona RUINEN

Die faszinierendste der vielen antiken Ruinen rund um Leimebamba lohnt definitiv den dreistündigen Anmarsch. Auf dem mit Pflanzen überwucherten Gelände finden sich mehrere gut erhaltene kreisrunde Gebäude, von denen eines auf einem quadratischen Sockel steht, was für die Chachapoya-Kultur untypisch ist. Im Innern besitzen die Häuser komplizierte Nischen, von außen sind die Häuser von breiten, kreisrunden Terrassen umgeben.

Diese archäologische Stätte ist berühmt für die symbolischen Verzierungen an ihren Gebäuden, vor allem für die zahlreichen fein gearbeiteten Steinfriesen. Eine bemerkenswerte Folge von gekurvten Stufen führt auf einen hohen **Turm**, von dem sich ein weiter Blick auf das umliegende Tal eröffnet.

Von Leimebamba gelangt man zu der Stätte auf einem am unteren Ende der Calle 16 de Julio beginnenden Weg. Der Pfad führt im Zickzack einen Hügel hinauf zu dem Weiler **La Fila**, von wo ein schmalerer Pfad einen schließlich zu den Ruinen bringt. Es gibt keine Wegweiser, man kann aber einen Guide bei der Asociación Comunal de Turismo (S. 468) engagieren, der für den achtstündigen Marsch (hin & zurück) ca. 150 S fordert.

Aktivitäten

★ Asociación Comunal de Turismo WANDERN

(☎ 95-107-2028; jabierfarje@hotmail.com; Parque Principal; ⏲ 8–12 & 14–17 Uhr) Das sehr hilfsbereite kommunale Tourismusbüro bietet Infos zu all den faszinierenden Stätten rund um Leimebamba und vermittelt Guides für Wanderungen zu den archäologischen Stätten, z. B. nach La Congona und zur Laguna de los Cóndores (S. 467).

Schlafen

La Casona PENSION $$

(☎ 041-83-0106; www.casonadeleymebamba.com; Amazonas 221; EZ/DZ/DB inkl. Frühstück 145/245/290 S; 📶) Das freundliche große Gästehaus wird von Geschwistern geführt und verströmt viel antikes Flair und familiären Charme. Die alten Zimmer haben polierte Hartholzböden und moderne Bäder mit warmem Wasser. Einige Räume verfügen über kleine Balkone mit Blick auf die ruhigen Straßen unterhalb, von anderen blickt man über die Ziegeldächer der Stadt zu den umliegenden Bergen.

Nelly, die hier das Sagen hat, kocht für die Gäste. Fantastisch ist das Frühstück: Der Espresso kommt frisch aus der Maschine, es gibt hausgemachten Käse sowie Butter und Milch von den Kühen der Besitzer.

★ Kentitambo PENSION $$$

(☎ 97-111-8273; www.kentitambo.com; EZ/DZ mit Frühstück 380/550 S; 📶) Dieses wundervolle romantische Gästehaus ist ein exklusives Refugium für anspruchsvolle Naturfreunde. Große Doppelbetten und Duschen mit gefiltertem Regenwasser zählen zu den Highlights in den farbenfrohen, rustikalen Bungalows, die erdbebensicher als *quinchos* (Lehmhütten) errichtet wurden. Das wirkliche Prunkstück ist aber die geräumige Vorderveranda mit ihren Hängematten. Hier ist man gleich mitten in der Natur und kann die exotischen Vögel bewundern, die sich auf dem Grundstück versammeln.

Die Pension liegt gleich neben dem ebenfalls tollen KentiKafé und vor dem Museum (S. 467). Reservierung erforderlich!

Essen

KentiKafé CAFÉ $

(Snacks 3,50–10 S; ⏲ 8.30–17.30 Uhr; 📶) Das Freiluftcafé thront auf einem Hügel mit Blick ins Tal und serviert prima Kaffee, hausgemachten Kuchen und Sandwiches mit Avocado und Käse aus der Region. In dem umliegenden Garten lassen sich 17 Kolibriarten sehen, darunter auch Wundersylphen. Das Café liegt schräg gegenüber vom Museo Leimebamba (S. 467).

Das Café hat rund ein Dutzend Futterkrippen, aus denen sich die Kolibris täglich etwa 5 kg Zucker holen. Man kann an seinem Espresso nippen und darauf warten, dass sich Wundersylphen zeigen.

Restaurante Turísitico Rumi Wasi PERUANISCH $$

(☎ 966-545-695; San Agustín 465; Hauptgerichte 15–25 S; ⏲ 11–21 Uhr) Es kommt nicht alle Tage vor, dass im winzigen Leimebamba ein neues Restaurant eröffnet wird, daher wünschen alle dem Rumi Wasi an der Hauptplaza Glück. Der sympathische Inhaber Eliott schreibt das tägliche Angebot auf die Tafel, das nicht groß von den beliebten örtlichen Spezialitäten abweicht, zu denen Forelle, *cuy* (Meerschweinchen) und Chorizo zählen.

Entgegen seines Namens ist das Lokal ganz und gar nicht touristisch. Der freundliche Eliott weist Traveller aber gern auf die wenig bekannten, wundervollen Sehenswürdigkeiten in der Region hin.

Shoppen

AMAL KUNSTHANDWERK

(San Augustín 429; 9–18 Uhr) Diese Genossenschaft von Kunsthandwerkerinnen mit Sitz an der Plaza verkauft erstklassiges Kunsthandwerk und lokale Webarbeiten. Besser als der Laden ist jedoch die kleine Werkstatt, die rund fünf Gehminuten entfernt an der Straße zum Museum (S. 467) liegt. Hier sieht man die Frauen bei der Arbeit und man kann selber das Material auswählen, aus dem man sich Stücke wie Geldbörsen oder Rucksäcke anfertigen lassen kann.

Praktische Informationen

In Leimebamba gibt's keine Geldautomaten – also Bargeld mitbringen!

An- & Weiterreise

Diverse Minibusse sind zwischen Chachapoyas (10 S) und Leimebamba im Einsatz; die Fahrt dauert rund zwei Stunden. Mit fünf Minibussen pro Tag ist **Raymi Express** (942-152-181; Amazonas 420) der größte Anbieter. Der letzte Minibus von Leimebamba nach Chachapoyas fährt gegen 13 Uhr. **Mi Cautivo** (94-194-0571; Parque Principal) ist ein weiteres Unternehmen, das die gleiche Strecke zu ähnlichen Preisen bedient.

Virgen del Carmen (96-483-3033; www.turismovirgendelcarmen.com.pe; Plaza de Armas) hat täglich zwei Busse von Cajamarca/Celendín nach Chachapoyas (15 S, 2½ Std.), die gegen 14 und 2 Uhr in Leimebamba durchkommen. In umgekehrter Richtung fahren die Busse gegen 22 Uhr nach Celendín (25 S, 6 Std.) und Cajamarca (35 S, 8 Std.).

Pedro Ruíz

041 / 2700 EW. / 1313 M

Der staubige Durchgangsort liegt an der Kreuzung der Straße Chiclayo–Tarapoto und der Abzweigung nach Chachapoyas. Wer von Chachapoyas kommt, kann hier in Busse Richtung Westen oder Osten umsteigen.

Die Fahrt von Pedro Ruíz in Richtung Osten ist spektakulär: Sie führt über zwei hohe Pässe und an einem schönen See entlang und taucht unterwegs mehrfach in den fantastischen tiefen Dschungel ab. Ein Fernglas griffbereit halten, denn es geht durch den berühmten „Vogelkorridor" Nordperus.

EIN PARADIES FÜR KOLIBRIS

Man muss kein ehrgeiziger Vogelbeobachter sein, um sich für die Wundersylphen zu begeistern. Diese seltene und besonders schöne Vogelart lebt in begrenzten Habitaten im niedrigen Wald des Utcubamba-Tals im nördlichen Peru auf einer Höhe zwischen 2000 und 2900 m. Wie bei den meisten Vogelarten sind auch hier die Männchen ansehnlicher als die Weibchen und beeindrucken mit der schimmernden blauen Krone, dem grünen Hals und den beiden gekurvten, unglaublich langen Steuerfedern, die hinten beginnen und in breite „Fahnen" auslaufen. Bei der Balz kann das Männchen diese langen Federn unabhängig steuern, die beiden Fahnen kreuzen oder sie vor seinem Kopf schwingen, während es sich vor dem Weibchen präsentiert.

Nach Ansicht mancher Peruaner im Utcubamba-Tal ist das bemerkenswerteste anatomische Detail der Wundersylphe ihr Herz, das als Aphrodisiakum gilt. Die zu diesem Zweck gemachten Jagden auf die Vögel haben wohl dazu beigetragen, ihre Zahl niedrig zu halten. Es leben vielleicht heute nur noch weniger als 1000 Brutpaare, auch wenn Umweltschutzbemühungen in der Region zu einem gesteigerten Bewusstsein für die gefährdete Situation der Vögel geführt hat – ihr Habitat schwindet schnell wegen Abholzung und landwirtschaftlicher Erschließung – und zur Einsicht in die Notwendigkeit, sie zu schützen. Führend bei diesen Schutzbestrebungen sind örtliche Naturschutzzentren wie KentiKafé (S. 468) in Leimebamba, die Marvelous Spatuletail Lodge (S. 467) in der Nähe von Kuélap und das Huembo Interpretation Center (S. 470) 15 Minuten westlich von Pomacochas an der Straße nach Pedro Ruíz. Der Ausblick auf das Tal und die hineinführende Straße ist von dem Zentrum aus spektakulär. Wer will, kann dort auch übernachten.

Der Highway auf beiden Seiten der Stadt ist besonders durch Erdrutsche gefährdet. Bei feuchter Witterung sollte man erst die Lage sondieren, bevor man Pläne macht.

Sehenswertes

Privates Schutzgebiet Abra Patricia-Alto Nieva NATURSCHUTZGEBIET

(☎041-81-6814; www.ecoanperu.org; Carr Fernando Balaunde Km 365,5; Eintritt 75 S) Das 2960 ha große private Naturschutzgebiet Abra Patricia-Alto Nieva ist ein Paradies für Vogelbeobachter und wird von der Asociación Ecosistemas Andinas (ECOAN) betrieben. Mehr als 300 Spezies sind in dem Gebiet zu Hause, darunter 23 weltweit gefährdete Arten. In dem Reservat gibt's ein halbes Dutzend mit Namen bezeichneter Wege, die alle nicht sehr lang sind, aber ideale Bedingungen zum Beobachten der endemischen Vögel bieten.

Das Schutzgebiet liegt rund 40 Minuten östlich von Pedro Ruíz an der Straße nach Moyobamba. Die ECOAN betreibt im Gebiet zwei Lodges: die **Owlet Lodge** (☎984-564-884; www.ecoanperu.org; Carr Fernando Balaunde Km 365,5; EZ/DZ inkl. Eintritt & alle Mahlzeiten 485/795 S) auf dem Hauptgelände Abra Patricia und die **Huembo Lodge** (Carr Fernando Balaunde Km 315; EZ/DZ inkl. Eintritt & alle Mahlzeiten 290/545 S), 50 km westlich in Richtung Pedro Ruíz.

Dies ist ein fabelhafter Ort, um einen Bergnebelwald zu genießen, in dem noch nie eine Kettensäge zu hören war. Das Reservat ist natürlich ein Favorit bei Vogelbeobachtergruppen, die hier endemische Arten wie die Goldbandtangare, den Lulutodityrann und den äußerst seltenen Peruanerkauz erspähen möchten. Zugleich ist es aber auch der beste Ort, den stark gefährdeten Gelbschwanz-Wollaffen zu sehen.

Huembo Interpretation Center WILDSCHUTZGEBIET

(www.ecoanperu.org; Carr Fernando Balaunde Km 315; ⏲7.30–18 Uhr) Das Informationszentrum 15 Minuten westlich des Dorfs San Lucas de Pomacochas unterhält Vogeltränken auf einem privaten Schutzgebiet, an denen man Wundersylphen (*Loddigesia mirabilis*) und viele andere Kolibriarten beobachten kann; der Ausblick auf das Tal und die abwärts führende Straße ist ebenfalls spektakulär. Santos Montenegro, der Verwalter des Zentrums, kann einem die Wundersylphen in dem Brutgelände auf dem Anwesen zeigen, das sich am Westrand des Dorfs befindet, 15 Gehminuten in den niedrigen Wald hinein. Santos' Familie verlangt keinen Preis für den Ausflug zu den Wundersylphen; Spenden sind aber gern gesehen.

Im Reservat befindet sich die von der ECOAN geführte Huembo Lodge.

Schlafen & Essen

Casablanca Hotel HOTEL $

(☎941-902-878; Marginal 122; EZ/DZ/3BZ 30/70/90 S) Unter den wenig einladenden Hotels in Pedro Ruíz ist das Casablanca in der Nähe der Kreuzung das beste. Auf jeden Fall sollte man versuchen, eine Unterkunft abseits der Autobahn zu bekommen. Die Zimmer sind einfach, aber mit Kabel-TV und warmem Wasser völlig in Ordnung.

Virgen de Chuquichaca PERUANISCH $

(Av Marginal; Menús 6–9 S, Hauptgerichte 10–15 S; ⏲8–21 Uhr) Die beste Adresse für eine sättigende Mahlzeit in Pedro Ruíz. Große Erwartungen sollte man nicht haben.

Praktische Informationen

In Pedro Ruíz gibt's einen Visa/MasterCard-Geldautomaten an der Av Marginal schräg gegenüber der PetroPeru-Tankstelle.

An- & Weiterreise

Die Busse von der Küste nehmen Passagiere auf, die nach Rioja oder Moyobamba (30–35 S, 5 Std.) oder nach Tarapoto (40–50 S, 7 Std.) wollen. In umgekehrter Richtung kann man nach Chiclayo (55 S, 7 Std.) und Lima (90–170 S, 21 Std.) fahren. Am bequemsten sind die Busse von **Movil Tours** (☎041-83-5188; www.moviltours.com.pe; Av Cahuide 653), die um 12 Uhr Richtung Osten und um 17 und um 20 Uhr Richtung Westen nach Lima fahren. **Civa** (☎941-727-323; Av Marginal s/n) startet um 24 Uhr nach Osten und zum gleichen Zeitpunkt auch Richtung Westen nach Chiclayo und Lima.

Turismo Selva (☎998-455-075; www.turismoselva.com; PE-5N) betreibt täglich ein halbes Dutzend Kleinbusse Richtung Osten nach Moyobamba (20 S, 5 Std.), Tarapoto (30 S, 7 Std.) und Yurimaguas (40 S, 8 Std.).

Wenn man von Tarapoto kommt, findet man bei **ETSA** (☎950-046-809; Av Marginal s/n) neben der PetroPeru-Tankstelle *combis* nach Chachapoyas (5 S, 1 Std., von 4 bis 18 Uhr ca. alle 30 Min.).

Jaén

☎076 / 93600 EW. / 729 M

Für Besucher des nördlichen Hochlands ist das schnell wachsende landwirtschaftliche

Zentrum Jaén kaum mehr als eine Durchgangsstation. Der Flughafen der Stadt ist nur eine dreistündige Busfahrt von Chachapoyas entfernt, während die Straßen Richtung Norden zur Grenze mit Ecuador führen. Jaén besitzt alle Einrichtungen einer mittelgroßen Stadt, ist aber auch von Straßenkriminalität und, allen Anzeichen zufolge, vom Denguefieber gebeutelt – Insektenschutzmittel mitbringen!

Schlafen & Essen

Business Class Prim's Hotel

BUSINESSHOTEL **$$**

(☎076-43-1039; www.bcprimshotel.com; San Martín 1261; EZ/DZ mit Frühstück 150/200 S; P❄ 🛜🏊) Das Prim's ist recht gut für eine Übernachtung in Jaén auf dem Weg von/nach Ecuador oder Chachapoyas. Das Haus bewirbt sich als Businessboutiquehotel; die Zimmer sind schick auf die strenge, kahle Art eines Geschäftshotels. Es gibt ein angeschlossenes Restaurant und eine Tiefgarage. Die Gäste können den kleinen Freiluft-Swimmingpool des einen Block entfernten Schwesterhotels mitbenutzen.

Cafetería Apu

CAFÉ **$**

(www.cafeteriasapu.com; Pasaje Bracamoros; Snacks 8–15 S; ⏲7–23 Uhr) Um gleich auf den Punkt zu kommen: Das Apu serviert den besten Kaffee der Stadt und verwendet Bohnen, die in den nahegelegenen Hügeln gepflückt wurden. Die Cafeteria ist mit bequemen Sitzen, einem farbenfrohen modernen Dekor und knusprigen Sandwiches zudem ein netter Ort, um den Kaffee zu genießen.

An- & Weiterreise

BUS

Das solide und verlässliche Busunternehmen **Movil Tours** (☎076-43-3963; www.moviltours.com.pe; Av Mesones Muro cuadra 7) fährt einmal täglich um 13.30 Uhr nach Chachapoyas (50 S, 3½ Std.) und zweimal täglich (13.30 & 23 Uhr) nach Chiclayo (30–40 S, 6 Std.).

Turismo Explorer (S. 457) betreibt tägliche Shuttlebusse (50 S, 4 Std.) zwischen dem Flughafen von Jaén und Chachapoyas. Die Busse starten in Chachapoyas um 7 Uhr, nehmen die Passagiere des Fluges um 12.30 Uhr in Jaén auf und fahren dann nach Chachapoyas zurück.

FLUGZEUG

Der rund 20 km nordöstlich von Jaén gelegene **Flughafen** wird häufig von Travellern genutzt, die in die Region von Chachapoyas reisen wollen oder aus dieser zurückkehren.

LATAM (www.latam.com; Bolívar 1458; ⏲Mo–Sa 8–20 Uhr) hat täglich einen oder zwei Flüge von und nach Lima (60–80 S, 1½ Std.).

Moyobamba

☎042 / 86 000 EW. / 860 M

Die „Stadt der Orchideen" heißt die Besucher mit einem Blumengruß in Perus Dschungelregion willkommen. Moyobamba, die Hauptstadt des Departamento San Martín, ist zwar architektonisch nicht mit Arequipa und noch nicht einmal mit Cajamarca vergleichbar, weil Erdbeben die meisten historischen Gebäude zerstört haben, lohnt aber wegen der heimeligen Plaza de Armas, leicht zugänglichen Aus-

GRENZÜBERGANG: ÜBER JAÉN NACH ECUADOR

Wenn man als Nächstes nach Ecuador reisen will, muss man zuvor nicht Tage auf kurvenreichen Straßen verbringen, um an die peruanische Küste zurückzukehren. Von Jaén aus führt eine gute Straße Richtung Norden zum 107 km entfernten San Ignacio (10 720 Ew.) nahe der ecuadorianischen Grenze, hinter der gleich die Ortschaft Zumba liegt.

Ab Jaén fahren *autos* (Sammeltaxis; 20 S, 2½ Std.) und *combis* (Minibusse; 15 S, 2½ Std.) von **Empresa Transporte Jaén–San Ignacio** (Pakumuros 2093, Pueblo Libre; ⏲4–20 Uhr) nach **San Ignacio**. In San Ignacio gibt's ein einfaches Hotel und Restaurants. In San Ignacio steigt man in ein *colectivo* (Sammeltaxi) um, das auf einer rauen Straße nach **La Balsa** (15 S, 2 Std.) am Río Blanco fährt, der Peru von Ecuador trennt. Früher gab es hier eine *balsa* (Fähre) – daher der Name –, aber heute sind die beiden Länder durch eine internationale Brücke verbunden.

Auf der ecuadorianischen Seite warten seltsame, aber landestypische *rancheras* (Trucks mit Sitzreihen aus Holz) auf Passagiere für die unbequeme und (wegen des Wetters) unvorhersehbare 10 km lange Fahrt nach **Zumba** (2,75 US$, 1½–2½ Std.). Von dort verkehren Busse nach **Loja** (7,50 US$, 6 Std.), von wo aus man in das berühmte „Tal der Langlebigkeit" nach **Vilcabamba** weiterfahren kann. Wer im Morgengrauen in Jaén aufbricht, sollte in der Lage sein, Vilcabamba noch am gleichen Tag zu erreichen.

sichtspunkten und kleinen Geheimtipps (ausgezeichneter Kaffee!) allemal einen Zwischenstopp.

Die Tourismusbehörde entwickelt zusammen mit örtlichen Gemeinden Öko-Aktivitäten in der Gegend, darunter Wanderungen, Ausflüge mit Flussbooten und Ausstellungen der Orchideen, für die die Stadt berühmt ist. Für viele Traveller ist Moyobamba die ruhigere, intimere Alternative zur größeren, viel lauteren Stadt Tarapoto weiter im Osten.

Sehenswertes

Morro de Calzada HÜGEL
(Eintritt 3 S; Sonnenaufgang–Sonnenuntergang) Der abrupt aus dem ebenen Wald aufragende Hügel ist der Blickpunkt für Reisende, die sich Moyobamba von Westen nähern. Der Morro de Calzada (550 m) ist ein Landschaftsmerkmal mit vielen Wildtieren in einem Naturschutzgebiet; ein deutlicher, auf manchen Abschnitten felsiger Weg führt hinauf zum Gipfel. Beim Aufstieg kommt man durch dichte Dschungelvegetation und kann viele Vögel, darunter auch Eulen, beobachten.

Um zum Ausgangspunkt des Weges zu gelangen, nimmt man von der Jirón Callao in Moyobamba einen *combi* (Minibus) zum 12 km westlich gelegenen Dorf Calzada (2,50 S, 15 Min.). Von dort läuft man entweder 2,5 km bis zum Beginn des Weges oder man nimmt ein *mototaxi* (10 S). Dort bezahlt man im Besucherzentrum die Eintrittsgebühr und wandert los. Bis zur Spitze, von der sich ein herrlicher Blick auf Moyobamba und die Umgebung bietet, braucht man rund 90 Minuten. Auf dem Rückweg sollte man auch das Dorf **Calzada** besuchen, das für seine Hutmacherwerkstätten und seine Milchprodukte bekannt ist.

Reserva Tingana NATURSCHUTZGEBIET
(042-78-2803, 942-958-538; www.tingana.org; Calle 20 de Abril 1092; Tagestour ab 135 S) Das von der Gemeinde verwaltete Reservat schützt einen Wald am Oberlauf des Río Mayo, in dem Affen und viele Arten von Vögeln, Fröschen und Schmetterlingen leben. Die Tourismus-Genossenschaft veranstaltet Tagestouren inklusive Transport, Führer, Frühstück, Mittagessen und einem 3½-stündigen Trip in einem Ruderboot. Reservierung erforderlich! Man kontaktiert die Kooperative online oder ruft in ihrem Büro im Barrio Zaragoza an.

Waqanki-Orchideenzentrum GARTEN
(www.waqanki.com; Carr a Baños de San Mateo; Eintritt 10 S; 7.30–17 Uhr) Dieses Ausstellungszentrum mit rund 400 Orchideenarten, die in einem schönen Wald wachsen, liegt 5 km südlich der „Stadt der Orchideen". Gleich daneben findet sich ein Kolibrigarten mit etwa 26 Spezies der winzigen Vögel. Professionelle Guides zeigen einem die Anlage bei einem 40-minütigen Spaziergang. Man kann sich den Garten aber auch allein anschauen.

Mirador Tahuishco AUSSICHTSPUNKT
(Malecon San Juan) Von diesem Aussichtspunkt sieben Blocks nordöstlich der Plaza hat man einen Panoramablick hinunter ins Tal des Río Mayo. (Treppen führen den Berghang hinunter zum Flusshafen.) Dies ist prinzipiell ein ruhiger Ort, wenn nicht gerade junge Einheimische dort Rap aus ihren Smartphones dudeln lassen. Abends ist es hier aber unerträglich, weil in der dahinter liegenden Straße offensichtlich die meisten Nachtclubs von Moyobamaba angesiedelt sind. Ein paar Blocks stromabwärts befindet sich ein ruhigerer Aussichtspunkt, der **Mirador San Juan**.

Museo Departmental de San Martín MUSEUM
(042-56-2281; Benavides 352; Eintritt 2 S; Mo–Fr 8–13 & 14.30–17 Uhr) Moyobambas winziges Museum widmet sich hauptsächlich der Kultur und Geschichte der Chachapoya und zeigt ein paar ausgegrabene Keramiken und Textilien.

Aktivitäten

Baños Termales de San Mateo THERMALQUELLEN
(Eintritt 3 S; 5–20 Uhr) Dieses gepflegte Thermalbad befindet sich 5 km südlich der Stadt und umfasst sechs unterschiedlich temperierte *pozos* (große Becken) inmitten einer Gartenanlage. Die Anfahrt mit dem *mototaxi* kostet 6 S. An den Wochenenden wird's hier voll.

Geführte Touren

Oberlauf des Río Mayo BOOTFAHREN
(Puerto de Tahuishco; Trip 30 Min./1 Std. 30/60 S) Kurze Ausflugsfahrten auf dem Río Mayo in schmalen Motorbooten starten vom eindrucksvollen Embarcadero Turístico 2 km nördlich der Plaza. Am besten fährt man am frühen Morgen oder Abend, weil dann mehr Vögel zu sehen sind.

Ein *mototaxi* zum Hafen kostet rund 7 S. Man kann auch vom Mirador Tahuishco (S. 472) einfach die Treppe hinunter laufen.

Schlafen

★ El Portón PENSION $$

(☎042-56-2900; casahospedajeelporton@hotmail.com; San Martín 449; EZ/DZ 80/90 S; 📶) Scheinbar unbeeindruckt vom Hupen Hunderter *mototaxis* liegt das El Portón mitten in der Innenstadt hinter einer hohen Mauer, verborgen in einem himmlischen kleinen Garten voller exotischer Dschungelpflanzen. Die kleinen, aber charmanten Zimmer verteilen sich über den Garten, jedes mit Hängematte im Freien, bequemen Betten und bunten peruanischen Malereien als Wandschmuck.

Insgesamt ist die Pension ein unerwartetes, erfrischendes kleines Refugium, auf das die freundlichen Inhaber zu Recht stolz sind. Das Frühstück kostet 10 S extra.

Hospedaje Moyobamba HOTEL $$

(☎042-56-1025; Alfonso de Alvarado 493; EZ/DZ 80/100 S; 📶) Das Highlight des freundlichen Mittelklassehotels ist der dicht bepflanzte Mini-Garten, der eine erfrischende Erholung von den heißen, von *mototaxis* überfüllten Stadtstraßen bildet. Die Zimmer liegen rund um diesen Garten. Sie haben Ventilatoren, aber keine Klimaanlage. Das Frühstück ist nicht im Preis inbegriffen.

La Casa de Seizo BUNGALOWS $$

(☎042-78-4766; www.lacasadeseizo.com; Contiguo a Los Baños de San Mateo; EZ/DZ 80/100 S; 📶) Die Anlage in grüner, idyllischer Lage außerhalb von Moyobamba blickt auf ein paar japanisch gestaltete Teiche, während das Gezwitscher von Vögeln in der Luft liegt. Die gut eingerichteten, aber rustikalen Zimmer haben freiliegende Backsteinwände, aber keine Fernseher. Das eigentliche Highlight ist jedoch das Essen. Die Anlage ist einen kurzen Fußmarsch von den Thermalquellen von San Mateo entfernt.

Das japanisch-peruanische/venezolanische Ehepaar, das die Anlage führt, ist sehr nett und kocht hervorragend: Wenn Seizo einen Buntbarsch aus dem Teich fischt und ihn vor den Augen der Gäste zu Sashimi verwandelt oder wenn er seinen Knoblauch-Ingwer-Fisch oder sein geräuchertes Hähnchen auftischt, ist immer ein echter Leckerbissen zu erwarten.

Auf der 5 km langen Strecke zwischen Moyobamaba und den Thermalquellen fahren viele *mototaxis* (6 S).

Essen

★ Aromacafé KAFFEE $

(☎042-56-2733; Jirón San Martín 183; Snacks 2–5 S; ⏲8–13 & 16–22 Uhr) In diesem Café mit jeder Menge Popkultur-Sammelstücke wird ausgezeichneter Kaffee gemacht, denn die Angestellten verstehen sich darauf, das Aroma voll herauszubringen. Während der leckere Cappuccino aufgeschäumt wird, kann man das kleine Museum des Aromacafé erkunden. Hier gibt's eine Texaco-Zapfsäule, alte Rock-Poster, Wildwest-Requisiten und eine bunte Mischung aus Kaffeebechern, Krügen, Taschen und Mühlen zu sehen.

Café Bet-El CAFÉ $

(☎042-56-2796; Jirón Callao 537; Frühstück 10–12 S; ⏲Mo–Sa 7.30–22.30, So ab 15.30 Uhr; 📶) Das Café ist an ein kleines Hotel angeschlossen und bietet hervorragenden Kaffee (auch Frappuccinos) an. Eine große Röstmaschine begrüßt die Gäste an der Tür (was immer ein gutes Zeichen ist), und drinnen gibt's viel Platz, um ins WLAN zu gehen oder gemeinsam mit anderen etwas zu essen. Sättigendes Frühstück, herzhafte Sandwiches und verführerische Kuchen werden hier mit gelassenem Selbstbewusstsein serviert.

★ La Olla de Barro DSCHUNGELKÜCHE $$

(☎042-56-3450; Ecke Canga & Filomeno; Hauptgerichte 8–34 S; ⏲8–24 Uhr) In dieser lokalen Institution im Tiki-Lounge-Stil kann man seine Freunde herausfordern, gebratene Ameisen oder Krokodil zu essen, selbst wenn man die phänomenale *inchicapi* (Hühnersuppe mit Erbsen, Koriander und Yucca) bevorzugt. Es ist das beste Restaurant der Stadt, um lokale Regenwaldgerichte und Flussfisch sowie Sours aus exotischen regionalen Früchten wie *camu-camu* und *cocona* zu probieren.

Wilden *paiche* sollte man von Oktober bis Februar nicht essen, denn während dieser Zeit darf der vom Aussterben bedrohte Fisch nicht geangelt werden.

Praktische Informationen

GELD

BCP (Calle de Alvarado 903; ⏲Mo–Fr 9–18, Sa bis 13 Uhr)

TOURISTENINFORMATION

Oficina de Información Turística (Plaza de Armas; ⏲Mo–Sa 8–13 & 14.30–17.15 Uhr)

An- & Weiterreise

Turismo Selva (Jirón Callao 394) betreibt häufig verkehrende Minibusse nach Rioja (2 S, 30 Min.), Chachapoyas (24 S, 6 Std.) und Tarapoto (10 S, 2 Std.). Die Fahrzeuge starten, sobald sie voll besetzt sind.

Movil Tours (☎ 042-56-3720; www.moviltours.com.pe; Av Grau 320) fährt täglich zweimal nach Lima (130–170 S, 26 Std., 14 & 15 Uhr), einmal nach Trujillo (90–120 S, 17 Std., 17 Uhr) und einmal nach Chiclayo (80–105 S, 13 Std., 18 Uhr).

Tarapoto

☎ 042 / 144 200 EW. / 356 M

Das schwüle, laute und von *mototaxis* verstopfte Tarapoto am Fuß der Anden-Ausläufer bildet einen unwahrscheinlichen Auftakt zu den ausgedehnten Dschungeln im Osten Perus. Die heiße Regenwald-Metropole steht mit einem Fuß im Amazonasbecken, ist aber durch die Nabelschnur einer langen gepflasterten Straße mit dem übrigen Land und der Zivilisation verbunden. Traveller kommen nicht wegen der Stadt her, obwohl diese durchaus nicht unangenehm ist, sondern wegen der Sehenswürdigkeiten in der Umgebung. Von Tarapoto aus kann man tiefer in die Amazonasregion vordringen oder sich mit dem leicht zugänglichen Dschungel-Vorgeschmack begnügen. Hier gibt's viele Unterkünfte und Restaurants sowie verlässliche Verbindungen zur Küste. In der Nähe wartet eine Reihe von Naturattraktionen (von Wasserfällen bis zu Lagunen), während Flussfahrten Abenteuerlustige anlocken.

Sehenswertes

Alto Shilcayo — NATURSCHUTZGEBIET

(Ende der Prolongación Alerta; Eintritt 10 S; ⏲ 7–18 Uhr) Ganze 3 km außerhalb der Grenzen der verrückten, kakophonen Metropole Tarapoto liegt bereits dichter Dschungel. Dieser Abschnitt der Aréa de Conservación Regional Cordillera Escalera schützt die dichte Vegetation rund um den Oberlauf des Río Shilcayo. In dieser Zone leben Affen und viele Vogelarten, außerdem finden sich hier fünf selten besuchte **Wasserfälle** und ein fantastischer **natürlicher Aussichtspunkt**. Einige Wege werden bei feuchter Witterung unpassierbar.

Die hiesige Gemeinde hat eine Tourismusgenossenschaft gegründet und stellt Führer für diverse **Wanderungen**, von kurzen Trips zu den Wasserfällen bis zu Expeditionen zur anderen Seite des Reservats am Yurimaguas-Highway, inklusive zwei Übernachtungen in einem schlichten Dschungel-*hostal* (Pension). Man kann sich auch allein in das Schutzgebiet wagen, in dem es aber praktisch keine Wegweiser gibt. Einzig der kurze **Circuito de Aves** lässt sich leicht bewältigen, die anderen Wege sind länger und erfordern mehrere Flussüberquerungen. Angemessene Wanderschuhe sind unerlässlich.

Um zum Schutzgebiet zu gelangen, folgt man der Alegría Arias de Morey nach Nordosten bis zu einer T-Kreuzung, biegt gegenüber dem **La Collpa** (☎ 042 52-2644; Circunvalación 164; Hauptgerichte 14–35 S; ⏲ 10–23 Uhr) nach links ab und folgt der unbefestigten Piste den Hügel hinunter. Der Eingang zum Reservat liegt 2,5 km weiter an dieser Straße.

Lamas — DORF

Der eine kurze Fahrt von Tarapoto entfernte Ort ist dadurch bemerkenswert, dass er in zwei unterschiedliche Hälften aufgeteilt ist: Auf dem oberen Plateau leben *mestizos* (Menschen mit indigenen und spanischen Vorfahren), auf dem unteren die Indigenen. Ein großes, pseudo-europäisches Schloss (S. 476) wurde am Rand der Oberstadt errichtet – eine bizarre Attraktion, die das seltsame koloniale Flair verstärkt.

Die große indigene Bevölkerung von Lamas besitzt ausgeprägte folkloristische Traditionen bei Musik und Tanz, die beim jährlichen **Feast of Santa Rosa de Lima** in der letzten Augustwoche zu bewundern sind. Im örtlichen **Museo Chanka y de la Diversidad Lamista** (San Martín 1165; Eintritt 6 S; ⏲ 8.30–19 Uhr) werden die Ursprünge des Fests und andere auffällige Elemente der Folklore-Kultur erklärt.

Man kann den Ort sehr leicht auf eigene Faust besuchen: Vom 10. *cuadra* (Block) der Jirón Urgarte fahren regelmäßig Minibusse und *colectivos* (Sammeltaxis; 5 S, 30 Min.) nach Lamas. Alternativ kann man sich einer dreistündigen geführten Tour ab Tarapoto (ca. 35 S) anschließen.

Cataratas de Ahuashiyacu — WASSERFALL

(Carr Yurimaguas, Km 13) In der Nähe des 40 m hohen Wasserfalls befinden sich ein kleines Restaurant und eine bei den Einheimischen beliebte Badestelle. Eine vierstündige Tour zum Wasserfall kostet rund 35 S pro Person. Man kann den Eingang, der einen kurzen Marsch vom Wasserfall entfernt ist, mit

Tarapoto

Tarapoto

Aktivitäten, Kurse & Touren

1 Ecorutas C2
2 Martín Zamora Tours B2
3 Shilcayo Travel Tours B2

Schlafen

4 Casa de Palos C2
5 El Mirador D1
6 La Patarashca D2
7 La Posada Inn B2
8 Sol de Selva B3

Essen

9 Café d' Mundo B2
10 Café Plaza B3
11 Doña Zully C2
12 El Rincón Sureño A2
13 La Collpa D1
14 La Patarashca D2
15 Natural C2
16 Suchiche D2
17 Zygo Café C2

Ausgehen & Nachtleben

18 La Alternativa B1
19 Stonewasi Taberna C2

Praktisches

20 BCP C3
21 Interbank B2
22 Scotiabank C2
23 Büro der Touristeninformation B3

Transport

24 LATAM B2
25 Peruvian C2
26 Star Perú B2

combis erreichen, die nach Yurimaguas fahren. Der Rückweg in die Stadt könnte allerdings zum Problem werden, weil die meisten Minibusse auf der Rückfahrt bereits voll besetzt sind und man vielleicht länger auf eine Fahrgelegenheit warten muss. Der Wasserfall liegt ungefähr 45 Minuten außerhalb von Tarapoto in Richtung Yurimaguas.

Beliebt sind auch die **Cataratas de Huacamaillo**, die allerdings weit weniger besucht werden, weil man zu ihnen zwei Stunden marschieren und mehrfach durch den Fluss waten muss. Touren dorthin kosten rund 85 S pro Person.

Um diese Wasserfälle auf eigene Faust zu erreichen, nimmt man ein *colectivo* (Sammeltaxi) von der Jirón Comandante Chiri-

NICHT VERSÄUMEN

CASTILLO DE LAMAS

Einige belächeln das eine kurze Autofahrt von Tarapoto entfernte **Castillo de Lamas** (☎955-933-531; Martin de la Riva y Herrera; Eintritt Erw./Kind 6/3 S; ⏲9–18.30 Uhr) als Geschmacksverirrung, andere sind von der Exzentrizität des Bauwerks begeistert. Auf jeden Fall aber ist dieses falsche italienische Schloss, das sich aus der dschungelhaften Vegetation am Rand der Stadt Lamas (S. 474) erhebt, schon etwas eigen. Es wurde in den frühen 2000er-Jahren von dem ursprünglich aus Turin stammenden Industriellen Nicola Felice Aquilano errichtet. Dieser stellte einen Maler aus der Gegend an, um die Wände und Decken mit Fresken zu bemalen, die u. a. Dante, christliche Heilige und Vögel aus dem Amazonasbecken darstellen.

Das fünfstöckige Schloss im Renaissancestil wird von Zinnen bekrönt und besitzt zwei Türme, einen Pool und ein Café. An den meisten Tagen füllt Orgelmusik zu Opernmelodien die freskengeschmückten Innenräume. Man kann nach eigener Lust und Laune in der Anlage herumspazieren.

nos zum Puente de San Antonio de Cumbaza, wo der Weg beginnt. Es empfiehlt sich, einen Führer zu engagieren.

Laguna Azul SEE

An diesem beliebten See, der auch als Laguna de Sauce bekannt ist, finden sich gute Möglichkeiten zum Baden, Bootfahren und Angeln. Es gibt Tagestouren (85 S/Pers., mind. 2 Pers.) und Ausflüge mit Übernachtung sowie Unterkünfte (von Stellplätzen bis zu gehobenen Bungalows). In der Nähe liegen zudem einige **Wasserfälle** und gleich hinter dem Flussübergang ein paar kaum erschlossene **Thermalquellen**. Man erreicht den See, indem man den Río Huallaga in 45 km Entfernung mit der Floßfähre für Fahrzeug überquert und von dort weitere 45 Minuten mit dem Auto oder Taxi fährt.

Täglich starten mehrere *combis* (15 S, 2 Std.) von der Bushaltestelle an der Marginal Sur *cuadra* (Block) 7 im Bezirk Banda de Shilcayo östlich des Stadtzentrums zu der nahe am See gelegenen Ortschaft Sauce. Die Taxifahrer kennen die Stelle.

Chazuta DORF

Das kleine Dorf ist in der gesamten Region für seine eleganten Töpferwaren berühmt. Im Ort gibt's Kunsthandwerksstätten, ein kleines Museum mit Urnen aus der Zeit vor den Inkas und einen Hafen mit wunderbaren Angelstellen am Río Huallaga. In der Nähe befinden sich der eindrucksvolle 40 m hohe, dreistufige **Wasserfall Tununtunumba** und die **Chazutayacu-Thermalbäder**.

Combis (Minibusse; 10 S, 2 Std.) fahren von der Jirón Olaya *cuadra* (Block) 13. Die asphaltierte Zufahrtsstraße ist manchmal von Erdrutschen blockiert, man sollte sich also erst nach dem aktuellen Zustand erkundigen, ehe man Pläne schmiedet.

Aktivitäten

Raften

Die örtlichen Rafting-Veranstalter bieten Touren auf dem 30 km von Tarapoto entfernten **Río Mayo** sowie, für Rafting-Experten, auch Touren auf dem wilderen **Río Huallaga**.

Die Stromschnellen des Río Mayo (halbtägige Tour ab 50 S/Pers.) gehören meistens zur Klasse II und III, sodass eine Fahrt eher ein Ausflug als ein richtiges Abenteuer ist. Auch Kajaks mit (vorgeschriebenem) Führer werden vermietet (100 S/halber Tag).

Zu empfehlen sind das auf Sicherheit bedachte **Ecorutas** (☎945-294-945; www.facebook.com/ecorutas; Hurtado 435), dessen Inhaber Julio ein wenig Englisch spricht, und der Veranstalter **Kuriyacu** (☎942-793-388, 042-52-1511; Libertad 265), der englisch- und französischsprachige Führer organisieren kann.

Geführte Touren

Es gibt Dutzende lizenzierte Agenturen, die fast identische Touren anbieten und hauptsächlich auf inländische Touristen ausgerichtet sind. Die Preise sind niedrig und ziemlich ähnlich, die Guides sprechen aber in aller Regel nur Spanisch.

Zu den beliebten Halbtagstouren gehören Ausflüge nach Lamas (S. 474) und zu den Cataratas de Ahuashiyacu. Beide kosten rund 35 S und werden fast täglich angeboten. Ganztägige Touren führen u. a. zur Laguna Azul (85 S) und zum Oberlauf des **Río Mayo** (120 S).

Shilcayo Travel Tours GEFÜHRTE TOUREN

(☎042-78-2832; www.shilcayotraveltours.com; Morey 118) Ein erfahrener und verlässlicher Touranbieter mit dem gesamten Spektrum an

Touren in der Gegend. Den Schalter findet man im Kunsthandwerksmarkt auf der Plaza.

Martín Zamora Tours TOUREN
(042-52-5148; Morey 247; 8–13 & 16–19.30 Uhr) Die beste Adresse in Tarapoto für Tagestouren, Kultur-Exkursionen und längere Ausflüge zu den Seen und Wasserfällen in der Gegend.

Schlafen

Man muss sich nicht weit von der Stadt entfernen, um im üppigen Dschungel zu sein. Eine Reihe von Lodges mitten in der Natur finden sich gleich nördlich vom Zentrum am Ufer des Rio Shilcayo.

Die Unterkünfte in der Stadt sind in der Regel weniger exotisch.

In der Stadt

El Mirador PENSION $
(042-52-2177; www.elmiradortarapoto.com; San Pablo de la Cruz 517; EZ/DZ mit Frühstück 60/80 S, mit Klimaanlage 100/150 S;) Traveller geraten bei dieser Budgetunterkunft in Verzückung. Die Betreiberfamilie heißt die Gäste ganz besonders freundlich willkommen. Das ausgezeichnete Frühstück wird auf einer Terrasse mit Hängematten und Blick in den Dschungel serviert. Die Zimmer im Haupthaus sind einfach, weiß gestaltet und mit Ventilator ausgestattet, die in dem neueren Anbau sind hell und bieten Klimaanlage und ganz gelb gestaltete Badezimmer.

Da die Pension ein paar Blocks vom Zentrum entfernt ist, hält sich der Lärm der *mototaxis* hier eher in Grenzen.

La Posada Inn PENSION $
(042-52-2234; laposada_inn@latinmail.com; San Martín 146; EZ/DZ mit Frühstück 60/80 S, mit Klimaanlage 75/95 S;) Das nette Hotel mit Balkendecken und knarrender Holztreppe hat unterschiedliche Zimmer – manche mit Balkon, andere mit Klimaanlage. Es liegt zwar direkt im Stadtzentrum, ist aber trotzdem ruhig. Das Frühstück wird in dem angenehmen kleinen Café draußen vor der Tür serviert.

★ **La Patarashca** PENSION $$
(042-52-7554; www.lapatarashca.com; Calle de la Cruz 362; EZ/DZ/3BZ mit Frühstück 120/160/190 S;) Es ist sicher schwierig, mitten im lauten, heißen Tarapoto ein ruhiges Dschungelresort nachzuerschaffen, aber dem La Patarashca gelingt das glänzend. Entscheidend dafür sind das ausgedehnte Gelände mit seiner dschungelartigen Vegetation, der gekrümmte blaugrüne Swimmingpool, geräumige Gemeinschaftsbereiche, angefüllt mit Kunstwerken und Büchern, sowie die bequemen Zimmer, die mit ihren Blumenmalereien und kunstvollen Lampen gemütlich und einladend wirken.

Ein paar aufsässige Aras sorgen für eine ortstypische Anmutung, ebenso das beste regionale Restaurant (S. 479) der Stadt, das mit der Unterkunft über einen Fußweg verbunden ist.

Zimmer mit Klimaanlage kosten 30 S pro Nacht mehr.

Sol de Selva HOTEL $$
(042-52-4817; Pedro de Urzúa 161; EZ/DZ/2BZ mit Frühstück 80/100/150 S;) Hinter der Schwelle des ruhigen, gesammelten und sauberen Sol de Selva fühlt man sich gleich vom Lärm und dem Staub der Straßen befreit. Die Zimmer haben moderne Klimaanlagen, das Shampoo wird täglich aufgefüllt, und die Möbel sind in blassen Gelb- und Orangetönen gehalten. Die Betreiberfamilie heißt Gäste freundlich willkommen, und die Frühstücks-Sandwiches sind entschieden schmackhafter als die durchschnittlichen peruanischen Omelettes.

Mitu Wasi HOTEL $$
(042-67-0027; www.mituwasiecohospedaje.com; Jorge Chavez 1153, Barrio Huayco; EZ/DZ/2BZ mit Frühstück 90/120/140 S;) Dem Mitu Wasi gelingt es, ein friedliches, dschungelartiges Refugium mitten in der Stadt zu sein. Die traditionellen strohgedeckten Bungalows mit schlichten, aber farbenfrohen Zimmern stehen in einem scheinbar endlosen Garten voller Blumen und Bäume. Hier frühstückt man im Freien und kann dabei mit den freundlichen Gastgebern Roberto und Anna plauschen.

Das Mitu Wasi ist 2 km vom Stadtzentrum entfernt und liegt unweit des Flughafens (S. 481).

Casa de Palos PENSION $$
(940-317-681; www.casadepalos.pe; Prado 155; EZ/DZ/3BZ mit Frühstück 120/185/220 S;) Die kleine Pension hat neun schlichte moderne Zimmer mit rauen Betonböden und rustikalen gewebten Bett-Kopfteilen. Die Zimmer sind etwas stimmungsvoller als in dieser Preiskategorie üblich und verteilen sich um einen ungeordnet wirkenden Hof mit zwitschernden Kanarienvögeln und winzigen glotzenden Affen. Das angeschlos-

sene Café auf der breiten Freiluftterrasse röstet seinen Kaffee selber und bietet den Gästen auch kostenlose Kostproben an.

Tucan Suites HOTEL $$$

(☎042-52-8383; www.tucansuites.com; Calle 1 de Abril 315; Apt. ab 439 S;) Das schicke Apartmenthotel im *barrio* (Viertel) Banda de Shilcayo ist Tarapotos einzige Vier-Sterne-Unterkunft. Die geräumigen Suiten mit einem oder zwei Schlafzimmern prunken mit verchromten Einbauküchen und schallsicherem Glas, was in dieser Stadt einmalig (und hochwillkommen) ist. Acht Duplex-Zimmer haben Freiluftküchen. Das Restaurant führt zu einer dreifach gestuften Terrasse am Pool. Besser als hier kann man in der Stadt nicht schlafen.

Das angeschlossene Restaurant wird von einem geschulten *Nikkei*-Küchenchef (Peruaner japanischer Abkunft) geführt, der wundervolle kreative Gerichte zaubert. Das Restaurant lohnt einen Besuch, auch wenn man nicht in dem Hotel wohnt.

Außerhalb der Stadt

Chirapa Manta LODGE $$

(☎997-435-611; www.chirapamanta.com; San Roque de Cumbaza; B/DZ/3BZ 60/140/215 S) Der Aufenthalt in dem ruhigen Öko-Refugium in einem Gelände voller Vögel und Schmetterlinge verspricht echte Entspannung abseits der Hektik der Stadt. Die Lodge liegt inmitten üppiger Vegetation am Ufer des oberen Río Cumbaza, 40 Fahrtminuten nordwestlich von Tarapoto. Die Gäste kommen hierher, um sich dem Wellness, Yoga, den Entgiftungskuren oder der Meditation zu widmen.

Die Lodge wirkt zwar ganz einsam, ist tatsächlich aber nur einen kurzen Marsch von dem bezaubernden Dorf San Roque entfernt. Die komfortablen Zimmer bieten elektrisch erhitztes Warmwasser und gut funktionierende Trockentoiletten; eingesetztes Buntglas verschönert die Lehmwände. Die Gäste haben Zugang zur Küche, und es gibt auch vegetarische Mahlzeiten. Das freundliche Management organisiert Wanderungen und ökologische Exkursionen in die Gegend.

Shimiyacu Lodge LODGE $$

(☎966-609-151; www.shimiyaculodgetarapoto.com; EZ/DZ mit Frühstück 150/180 S) Die kleine, über eine schmale Hängebrücke zu erreichende Lodge bietet ein authentisches Amazonas-Erlebnis nur 3 km außerhalb der Stadt neben dem Naturschutzgebiet Alto Shilcayo (S. 474). Auf einem Hügelhang thronen eine Handvoll gut gestalteter Nurdach-Bungalows; sie lugen aus dem üppigen Blätterdach des Dschungels hervor. Jeder Bungalow hat einen abgeschirmten Essbereich und ein umschlossenes Hauptschlafzimmer mit Holzparkett.

Die Bungalows umfassen außerdem ein Bad mit Warmwasser und ein kleines Zimmer im Obergeschoss. Außer dem Frühstück – mit im Haus gebackenem Vollkorn-Weizenbrot – werden keine Mahlzeiten angeboten, es gibt aber eine kleine Küchenhütte für die Gäste, und Essenslieferungen aus der Stadt lassen sich vereinbaren. Im Zimmerpreis ist die Abholung vom Flughafen enthalten.

★ **Pumarinri Amazon Lodge** LODGE $$$

(☎042-52-6694; www.pumarinri.com; Carr Chazuta Km 16; DZ/Suite mit Frühstück 280/390 S;) Das strohgedeckte Refugium am Ufer des Río Huallaga, 30 km östlich von Tarapoto, ist die ideale Zuflucht vom Lärm der *mototaxis* und liegt in einem Waldgebiet, dessen Vegetation der Übergangszone vom Berg- zum Regenwald entspricht. Die meisten Zimmer sind schlicht, aber sehr komfortabel und haben weite Terrassen mit Flussblick.

Zu den angebotenen Ausflügen gehören Wanderungen zu nahegelegenen Wasserfällen, Exkursionen zur Beobachtung von Baumsteigerfröschen, Bootstouren sowie Vogelbeobachtungs-Expeditionen – um die 260 Vogelspezies wurden hier in einem Umkreis von 16 km beobachtet. Bei der Rückkehr fischt das Küchenpersonal den *gamitana* fürs Abendessen frisch aus dem eigenen Zuchtteich.

Cordillera Escalera Lodge LODGE $$$

(☎042-78-1672; www.cordilleraescalera.com; Prolog Alerta 1521; EZ/DZ 195/260 S) Die gut geführte Lodge befindet sich 1,5 km außerhalb der Stadt in einem schönen, von Dschungel umgebenen Garten. Sie hat niedliche kleine Bungalows mit weitem Ausblick in die von Wäldern bedeckten Berge. Die Zimmer sind schlicht, aber funktional und mit guten Matratzen, Ventilatoren und Warmwasser ausgestattet. Auf dem Gelände hört man die Geräusche des Dschungels.

Der Anmarsch den Hügel hinauf zu den Bungalows ist etwas anstrengend, aber dafür wird man mit dem Panoramablick belohnt, den man von der Hängematte auf seinem eignen Balkon genießen kann. Abgesehen vom Frühstück werden keine Mahlzeiten angeboten, aber die Gäste können die gut ausgestattete Küche benutzen. Die Anfahrt mit dem *mototaxi* aus der Stadt kostet 8 S.

Essen

Man sollte Tarapoto nicht verlassen, ohne *inchicapi* oder *juanes* probiert zu haben.

In der Stadt gibt's eine wachsende Zahl experimentierfreudiger Restaurants, darunter auch neu Tarapotos erstes Gourmetlokal (S. 479).

Zygo Café CAFÉ **$**
(☎042-58-6382; Hurtado 417; kleine Gerichte 8–20 S; ⏲Mo–Fr 8–20, Sa 9–14 Uhr; 📶📝) 🌿 Das neue Café legt den Schwerpunkt auf vegetarisches und veganes Essen. Neben Travellern in Batik-T-Shirts, die gerade ihren Schulabschluss gemacht haben, kann man hier frisches Porridge (in Peru eine Seltenheit) und vegane Muffins genießen. Der Kaffee ist der beste der Stadt, und die französisch-peruanischen Inhaber sind freundlich und kennen sich bestens mit ihrem Gebräu aus.

Café Plaza CAFÉ **$**
(San Martín 109; kleine Gerichte 6–12 S; ⏲7.30–23 Uhr; 📶) Das typische Eckcafé an der Hauptplaza ist voll mit Gästen, die Espresso schlürfen, das Rauchverbot missachten und über die Holztische gebeugt Geschäfte aushandeln. Da das Café zur Straße hin offen ist, hat man einen Logenplatz zur Beobachtung des Treibens. Hier kann man gut Kaffee oder einen Milchshake trinken und Kuchen oder Snacks verputzen.

Suchiche AMAZONAS-KÜCHE **$$**
(☎042-52-7554; www.lapatarashca.com; Lamas 245, La Patarashca Hotel; Hauptgerichte 11–20 S; ⏲7–23 Uhr) Das relativ neue Lokal unter den Bars und Clubs rund um die Jirón Lamas bezeichnet sich als Resto-Bar und hat gutes Essen: Die Palette reicht von peruanisch-japanisch (Amazonas-Sushi alias *maki*) bis peruanisch-italienisch (Pasta mit *lomo saltado*). An der langen, schönen Theke gibt's Kaffee, Craft-Bier, Pisco Sour und frische Säfte.

Das Innere ist mit Neonlichtern, symbolischen Malereien – sie zeigen Che Guevara und Charlie Chaplin –, sowie einigen Amazonas-Akzenten in Holz geschmückt.

★ **Doña Zully** AMAZONAS-KÜCHE **$$**
(☎042-53-0670; San Pablo de la Cruz 244; Hauptgerichte 20–42 S; ⏲11–24 Uhr) Die hiesigen *parrilla*-Meister (Grillmeister) bieten mit die besten Grillspeisen im peruanischen Amazonasgebiet. Typische Zutaten sind u. a. *cecina* (geräuchertes Schweinefleisch) und *doncella* (ein Süßwasserfisch). Sensationell ist der in einem Bananenblatt gedünstete Buntbarsch mit gebratener Kochbanane und Avocado-Salat. Der Service ist aufmerksam und die Atmosphäre ruhig-elegant.

★ **La Patarashca** AMAZONAS-KÜCHE **$$**
(www.lapatarashca.com; Lamas 261, La Patarashca Hotel; Hauptgerichte 26–44 S; ⏲12–23 Uhr; 📶) Das holzgezimmerte, an den Seiten offene Restaurant mit vielen Anklängen an die vorkolumbische Ikonografie ist eine kulinarische Offenbarung der Amazonas-Küche und bietet hervorragende regionale Gerichte. Nicht auslassen sollte man den Salat aus *chonta,* in dünne Streifen geschnittene Palmherzen, mit Avocados und genauso wenig den *patarashcas* (Fisch mit Tomaten, Paprika, Zwiebeln, Knoblauch und Koriander, eingewickelt in ein *bijao*-Blatt).

Außerdem gibt's noch *juanes* (hier sind das Bällchen aus Reis, Fleisch, Eiern und Oliven, gekocht in einem *bijao*-Blatt), *tacu tacu* (gebratener Reis und Bohnen mit einer Auflage aus Kochbananen und Eiern oder Fleisch) sowie saftige Flussfische, z. B. *doncellas*. Man sollte großen Appetit mitbringen, um sich auf die exotischen Genüsse zu stürzen.

Natural AMAZONAS-KÜCHE **$$**
(☎042-60-1741; Lamas 142; Gerichte 35–56 S; ⏲Mo–Sa 18–23 Uhr) Das brandneue, sehr experimentierfreudige Natural ist der erste Versuch eines echten Gourmetrestaurants in Tarapoto und möglicherweise eines der ersten, das dabei den Schwerpunkt auf die Küche der Amazonasregion legt. Die Sechs-Gänge-Verkostungsmenüs beinhalten z. B. gebratene *doncella* mit *queso de cuñumbuque* (Käse aus der Region) und *chicharrón de pescado* (knusprige Fischhaut).

Der Innenraum ist modern und kühn gestaltet, und das Personal ist begeistert von den regionalen, international noch wenig bekannten Aromen.

Café d' Mundo ITALIENISCH **$$**
(☎042-52-4918; Calle de Morey 157; Hauptgerichte 28–49 S; ⏲18.30–24 Uhr) Die dunkle,

schicke Restaurant-Bar ist abends stimmungsvoll in Kerzenschein getaucht. Man sitzt entweder draußen oder drinnen in gemütlichen Lounges; am Freitag- und Samstagabend gibt's hier außerdem elegante Klaviermusik. Im Mittelpunkt stehen Pizzas italienischer Art (zu empfehlen ist die Pizza Caprese mit Avocado); es finden sich aber auch interessante regionale Lasagnes (mit *cecina*) und Pastagerichte auf der kleinen Karte.

Der Betreiber ist auch Inhaber des Castillo de Lamas (S. 476), wo sich eine weitere, als Café aufgemachte Filiale des Restaurants befindet.

El Rincón Sureño STEAKHAUS $$$
(☎042-52-2785; Leguia 458; Steaks 20–85 S; ⌚12–24 Uhr) Tarapoto liebt Steaks, und hierher kommen die meisten Einwohner, wenn sie sich ein Steak oder ein anderes Fleischgericht frisch vom Grill gönnen wollen – Vegetarier sind hier definitiv fehl am Platz. Wer etwas Nordperuanisches essen möchte, kann sich für *cecina*, Chorizo, *chicharrón* (frittiertes Schweinefleisch) oder das in Peru allzeit beliebte Hähnchen entscheiden. Das El Rincón Sureño hat auch eine eindrucksvolle Weinkarte.

Ausgehen & Nachtleben

★ **La Alternativa** BAR
(Grau 401; ⌚16–1 Uhr) Hier kommt man sich vor wie in einer mittelalterlichen Apotheke oder vielleicht auch wie in einem Tarantino-Film: Man fühlt sich an Zeiten zurück erinnert, als Alkohol tatsächlich Medizin war (zur Heilung körperlicher Leiden, nicht seelischer Probleme) und man sich beim örtlichen Pillendreher der Wirkung von wer weiß was für Elixieren hingab.

Wie in einem Arzneigeschäft stehen hier in den Regalen staubige Flaschen hausgemachter Mischungen aus Wurzeln und Ranken sowie 15 verschiedene aphrodisierende Spirituosen aus Zuckerrohrsaft. Der Totalabsturz ist bei einem Besuch hier vorprogrammiert.

Stonewasi Taberna BAR
(Lamas 218; ⌚12–3 Uhr) Anwärter kommen und gehen, aber diese lokale Institution ist immer noch der Ort, um sich in Tarapoto sehen zu lassen. An den wiederverwerteten Nähtischen draußen sitzen jede Menge Gäste, *mototaxi*-Fahrer und das modebewusste Publikum; sie alle amüsieren sich bei internationalem Rock und House.

Praktische Informationen

GEFAHREN & ÄRGERNISSE

Tarapoto ist ein Wespennest mit hupenden, rasenden *mototaxis*, und Fußgänger stehen in dieser Stadt ganz am Ende der Nahrungskette. Beim Überqueren der Straßen ist äußerste Vorsicht geboten, weil hier niemand jemals Rücksicht nimmt.

GELD

BCP (Maynas 130; ⌚Mo–Fr 9–18, Sa bis 13 Uhr) Hat mehrere Geldautomaten.

Interbank (Grau 119; ⌚Mo–Fr 9–18, Sa bis 13 Uhr) Hat einen Geldautomaten.

Scotiabank (Hurtado 215; ⌚Mo–Fr 9.15–18 Uhr) Löst Reiseschecks ein und hat einen Geldautomaten.

POST

Serpost (San Martín 482; ⌚Mo–Sa 8–18 Uhr) Postdienstleistungen.

TOURISTENINFORMATION

Büro der Touristeninformation (☎042-52-6188; Hurtado s/n; ⌚7.30–23 Uhr) Städtische Touristeninformation an der Plaza Mayor. Wenn die Angestellten Feierabend haben, übernehmen Mitarbeiter der örtlichen Polizei.

An- & Weiterreise

BUS

Mehrere Unternehmen fahren, generell zwischen 8 und 16 Uhr, auf der asphaltierten Straße gen Westen über Moyobamba, Chiclayo und Trujillo nach Lima. Alle Firmen haben ihren Sitz in der gleichen *cuadra* (Block) der Salaverry bzw. ihren Querstraßen im Bezirk Morales, der eine 3 S teure *mototaxi*-Fahrt vom Stadtzentrum entfernt ist.

Civa (☎042-52-2269; www.civa.com.pe; Salaverry 840) Bietet einen bequemen Bus nach Lima (100–120 S, 30 Std.), der um 12.45 Uhr losfährt und unterwegs in Chiclayo und Trujillo hält.

Movil Tours (☎042-52-9193; www.moviltours.com.pe; Salaverry 880) Betreibt täglich Expressbusse der Spitzenklasse nach Lima (120–170 S, 29 Std., 8 & 13 Uhr) sowie tägliche Busse nach Trujillo (90–120 S, 17 Std., 15 Uhr), Chiclayo (80–105 S, 13 Std., 16 Uhr), Piura (80–105 S, 14 Std., 17 Uhr) und Pucallpa (75–95 S, 11 Std., 15.45 Uhr).

Transmar Express (☎042-53-2392; Amoraca 117) Fährt montags, mittwochs und freitags um 9.30 Uhr über Juanjuí, Tocache Nuevo und Tingo María nach Pucallpa (70 S, 15 Std.).

Turismo Selva (☎042-52-5682; Alfonso Ugarte 1130) Bietet häufig verkehrende Minibusse nach Yurimaguas (15 S, 2¾ Std.),

Moyobamba (10 S, 2 Std.) und Chachapoyas (35 S, 8 Std.).

Virgen del Carmen (☎976-015-514; www.turismovirgendelcarmen.com.pe; Ecke Calles 1 de Mayo & Callao) Bietet täglich um 8.30 Uhr einen Bus über Chachapoyas (35 S, 9 Std.) und Celendín (60 S, 18 Std.) nach Cajamarca (80 S, 20 Std.).

Busse ab Tarapoto

ZIEL	PREIS (S)	DAUER
Cajamarca	80	20 Std.
Celendín	60	18 Std.
Chachapoyas	35	9 Std.
Chazuta	10	2 Std.
Chiclayo	80–105	13 Std.
Jaén	40	9–12 Std.
Lamas	5	30 Min.
Lima	100–170	26–30 Std.
Moyobamba	10	2 Std.
Pedro Ruíz	40–45	7 Std.
Piura	80–105	14 Std.
Pucallpa	80–95	11–15 Std.
Trujillo	90–120	17 Std.
Yurimaguas	15	2¾ Std.

FLUGZEUG

Der **Flughafen** (TPP; ☎042-53-1165) liegt 3 km südwestlich des Zentrums – 30 Gehminuten oder eine 5 S teure *mototaxi*-Fahrt entfernt.

LATAM (☎042-52-9318; www.latam.com; Hurtado 183) hat täglich vier oder fünf Flüge nach Lima (60 US$, 1¼ Std.).

Star Perú (☎042-52-1056; www.starperu.com; Plaza Mayor 325; ⏲Mo–Fr 9–19, Sa bis 17 Uhr) fliegt täglich einmal nach Lima (60 US$, 1¼ Std.) und einmal nach Iquitos (80 US$, 1 Std.).

Peruvian (www.peruvian.pe; Hurtado 277; ⏲9–19 Uhr) fliegt dreimal täglich nach Lima (50 US$, 1¼ Std.).

ℹ Unterwegs vor Ort

Zahlreiche *mototaxis* kreuzen auf den Straßen. Für eine kurze Fahrt innerhalb der Stadt zahlt man 2 S, zu den Bushaltestellen 3 bis 4 S.

Amazonasbecken

Inhalt ➡

Gut essen

- Burgos's Restaurante (S. 488)
- Café Elixir (S. 517)
- Le Bateau Ivre (S. 528)
- Dawn on the Amazon Cafe (S. 528)

Schön übernachten

- Inkaterra Reserva Amazonica (S. 497)
- Ulcumano Ecolodge (S. 511)
- Boulevard 251 Riverside Apartments (S. 525)
- Otorongo Lodge (S. 533)

Auf ins Amazonasbecken!

Das Amazonasbecken ist eine fremde, verführerische Welt. Doch der artenreichste Wald der Erde ist im Wandel begriffen. Seit langem schützt seine undurchdringliche Weite seine indigenen Gemeinschaften und artenreiche Flora und Fauna. Hier leben Stämme, die noch nie mit der Außenwelt in Kontakt gekommen sind, und auf einem Hektar Regenwald gibt es mehr Pflanzen- und Tierarten als in irgendeinem europäischen Land.

Doch das 21. Jh. wirft erste Schatten auf diese Wildnis, denn durch die Ausbeutung des Regenwaldes drohen für diesen unumkehrbare Schäden. Traveller können sich im peruanischen Amazonasgebiet zwar auf phänomenale Flora und Fauna, Streifzüge durch wilden Dschungel, tolle Lodges und faszinierendes urbanes Leben freuen. Während man sich bei Fahrten entlang unbefestigter Straßen und wilder Flüsse wie ein Entdecker fühlt, sollte man aber immer daran denken, dass dieses Gebiet unbedingt schutzbedürftig ist.

Reisezeit

Iquitos

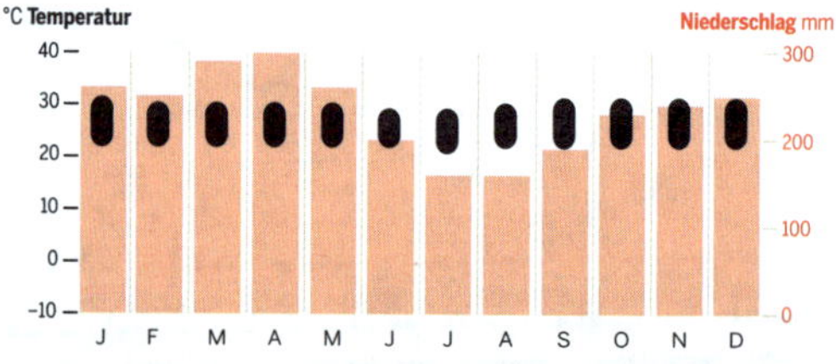

Jan. Steigende Temperaturen und Wasserstände; toll für einen Besuch der Wasserfälle bei La Merced.

April & Mai Mit dem nachlassenden Regen beginnt die Balzzeit vieler Vögel im Parque Nacional Manu.

Juni Ende der Regenzeit und tolle Dschungelpartys, z. B. das San-Juan-Fest in Iquitos.

Highlights

1 Río Tambopata (S. 492) Bei einer Tour auf dem Fluss Vögel und Tiere beobachten

2 Parque Nacional Manu (S. 504) Auf dem Landweg durch Berge, Nebelwälder und Dschungel reisen

3 Oxapampa (S. 510) Das deutsche Erbe im Zentralamazonas erleben, süße Leckereien naschen und Tiroler Architektur bestaunen

4 Iquitos (S. 520) Auf einer mehrtägigen Flusstour in der Hängematte faulenzen

5 Belén Mercado (S. 523) In Iquitos, im schwimmendem Stadtviertel Belén auf Perus bestem Dschungelmarkt mit den Händlern feilschen

6 Iquitos (S. 527) Die verschiedenartige, wunderbare Esskultur erleben

7 Pevas (S. 535) In der entlegenen Regenwaldgalerie von Francisco Grippa Weltklassekunst bestaunen

SÜDLICHES AMAZONAS-GEBIET

Die riesige Fläche des südlichen Amazonasbeckens, eines der abgeschiedensten Territorien in Peru, grenzt an Bolivien und Brasilien. Nur ein kleiner Teil davon ist bewohnt oder erschlossen – allerdings ändert sich das wegen der Carretera Interocéanica (Interozeanische Straße) in geradezu rasanter Geschwindigkeit. Es gibt in der Gegend ein gutes Angebot für Ökotourismus, zudem können Besucher mit recht wenig Aufwand eine atemberaubende Vielfalt an unvergesslichen Erlebnissen genießen.

Puerto Maldonado

082 / 56 000 EW. / 250 M

Die Hauptstadt des südlichen Dschungels, Puerto Maldonado, blüht seit ihrer Anbindung an das Straßensystem (und damit an die Außenwelt) sichtbar auf: Das Durcheinander der Straßen im Zentrum, untermalt von dem manischen Hupen der *mototaxis* (dreirädrige Motorradrikscha-Taxis), erstrahlt in immer hellerem Glanz.

Die gewinnbringende Nähe zum am leichtesten zugänglichen tierreichen Dschungelgebiet im Amazonasbecken ist Segen und Fluch zugleich: Reisende kommen zwar hierher, fahren aber schon kurz nach ihrer Ankunft über die naheliegenden Flüsse weiter zu den Lodges und der Flora und Fauna.

Dabei lädt die träge, lockere Atmosphäre der Stadt durchaus zum Verweilen ein. Obwohl das heiße Klima und die vielen Moskitos einen zunächst schockieren können, bieten die schöne Plaza, die immer zahlreicheren Unterkünfte und das lebhafte Nachtleben Gründe genug, hier ein paar Tage abzuschalten.

Bislang dient Puerto Maldonado Travellern vor allem als Ausgangspunkt für Reisen auf dem Río Tambopata und dem Río Madre de Dios, die hier zusammenfließen: Wasserwunderwelten, die den besten Zugang zu Dschungelausflügen im ganzen Land bieten.

Sehenswertes

Mariposario-Tambopata-Schmetterlingsfarm SCHMETTERLINGSFARM

(perubutterfly.com; Av Elmer Faucett km 7; Eintritt S18; 8–17 Uhr) In Peru lebt die weltweit größte Zahl an Schmetterlingsarten – rund 3700. Dieses 1996 initiierte Tierschutzprojekt zeigt viele von ihnen sowie eine von Perus besten Ausstellungen zum Schutz des Regenwaldes. Angesichts des Preises sollte man aber in Betracht ziehen, dass man im Dschungel viele Arten gratis zu sehen bekommt.

Río-Madre-de-Dios-Fähranleger HAFEN

(Puerto Capitanía) Vom Hafen nahe der Plaza de Armas genießt man einen tollen Blick auf das hektische Treiben rund um einen bedeutenden peruanischen Dschungelfluss, den Río Madre de Dios, der an dieser Stelle etwa 500 m breit ist. An der Anlegestelle starten *peki-pekis* (Kanus, die von Zweitaktmotoren mit befremdlich langen Stangen-Propellern betrieben werden), allerdings hat der Flussverkehr seit der Eröffnung der **Puente Guillermo Billinghurst** (Puente Intercontinental) stark abgenommen. Die Brücke ein paar hundert Meter weiter nordwestlich ist Teil der Carretera Interoceánica. Zweifellos gehören die Zeiten, als klapprige Katamarane auf ihrem Weg nach Brasilien, die Fahrzeuge am gegenüberliegenden Ufer und eine Flotte zwischen den Häfen pendelnder Boote für ein ohrenbetäubendes Spektakel aus keuchenden Motoren sorgten, der Vergangenheit an. *Bienvenido* im 21. Jh.!

Mirador de la Biodiversidad TURM

(Ecke Fitzcarrald & Madre de Dios; Eintritt S3; Mo–Sa 8–12 & 13–21, So 8–12 Uhr) Obwohl dieses seltsam weltallblaue Gebäude (das von Statuen Einheimischer, die unterschiedliche Arbeiten verrichten, umgeben ist) als moderner *mirador* (Aussichtsturm) entworfen wurde, reicht seine Höhe von 30 m nicht aus, um Besuchern einen Blick auf die Flüsse zu ermöglichen. Der Ausblick ist dennoch fantastisch: In der Ferne schimmert der Dschungel und in der Nähe gibt es zahlreiche Wellblechdächer zu bewundern!

Die Fotos, die auf dem Weg nach oben ausgestellt sind, zeigen die Geschichte und Kultur der Region, und enden mit der Erwähnung der Carretera Interocéanica. Die früher nur als *obelisco* (Obelisk) bekannte Sehenswürdigkeit wurde zwischenzeitlich mit viel Tamtam umbenannt.

Aktivitäten

Corredor Turístico Bajo Tambopata AUTOTOUR

Diese Nebenstraße, die fast durchgehend am Fluss verläuft, schlängelt sich etwa 15 km bis zum Sotupa Eco House (S. 493), der ersten Lodge am Río Tambopata. Unterwegs kommt man an mehreren Privatunter-

Puerto Maldonado

Puerto Maldonado

Sehenswertes
1 Puente Guillermo Billinghurst D1
2 Río-Madre-de-Dios-Fähranleger D1

Aktivitäten, Kurse & Touren
3 Carlos Expeditions C1

Schlafen
4 Corto Maltes Lodge (Büro) C1
5 Eco Amazonia Lodge (Büro) C2
6 Estancia Bello Horizonte Lodge (Büro) C2
7 Hospedaje El Gato Lodge (Büro) A4
8 Hospedaje Rey Port C2
9 Hospedaje Royal Inn B2
10 Huarayo Lodge (Büro) A4
Monte Amazonico Lodge (Büro) .... (siehe 3)
11 Paititi Hostal C2
12 Wasai Hostel D1
13 Wasai Lodge D1

Essen
14 Burgos's Restaurante D2
15 El Califa B1
El Faro at Wasai Lodge .... (siehe 12)
16 La Semilla C2
17 Pizzería El Hornito/Chez Maggy C2

Ausgehen & Nachtleben
Discoteca Witite .... (siehe 4)

Praktisches
18 BCP C2
19 Casa de Cambio B2
20 Hospital Santa Rosa A4
21 iPeru C1

Transport
22 Anclas B2
23 Busse nach Laberinto A2
24 LAN C2
25 Minivans nach Iñapari A2
26 Star Perú C2

INTEROZEANISCHE STRASSE: CHANCEN UND GEFAHREN

Nur wenige Ereignisse hatten so direkte Auswirkungen auf den Amazonasregenwald wie der Bau der Transozeanischen Straße (Carretera Interocéanica). Seit ihrer Fertigstellung im Juli 2011 verbindet sie die peruanische Pazifikküste mit der brasilianischen Atlantikküste. Sie kostete Milliarden von Dollars und eröffnet beiden Ländern immense Exportmöglichkeiten (nach Schätzungen des früheren peruanischen Präsidenten Alejandro Toledo wird es das BIP seines Landes jährlich um 1,5 % erhöhen). Die ca. 2500 km lange Route überwindet das anspruchsvolle Terrain der Anden und des Regenwaldes. Sie führt von der peruanischen Küste bei San Juan de Marcona nahe Nazca über Cusco ins südliche Amazonasgebiet und via Puerto Maldonado zur brasilianischen Grenze bei Iñapari. Von dort verläuft sie zum Rio Branco in Brasilien und verbindet sich mit dem dortigen Straßennetz.

Die Auswirkungen ihrer Errichtung sind spürbar – gute ebenso wie schlechte. Tausende neue Jobs entstanden, zudem floriert Puerto Maldonado, die größte Stadt an der Strecke, die zuvor keinen asphaltierten Straßenzugang hatte, vom wachsenden Handel und Tourismus (Cusco ist innerhalb von zehn Stunden erreichbar).

Für die geschätzten 15 Stämme der einst isolierten südöstlichen Ecke Perus geht die durch ihren Lebensraum verlaufende Straße allerdings mit dem Risiko von Krankheiten und dem Verlust von Jagdrevieren einher. Laut der Nichtregierungsorganisation Survival International haben die neuen Migrationsmöglichkeiten ohne die nötige Infrastruktur, die diese verlangt, und die Zerstörung ihres natürlichen Lebensraums fatale Folgen für die Gemeinschaften. Neben den 15 Ethnien sind auch zahlreiche Pflanzen- und Tierarten betroffen. Die Gesamtfläche des durch das Projekt vernichteten Regenwaldes entspricht in etwa dem Staatsgebiet Österreichs. Laut mehreren Studien zum Straßenbau im brasilianischen Amazonas werden beträchtliche Schädigungen der Natur auf 40 bis 60 Streckenkilometern an beiden Seiten der Carretera Interoceánica entstehen.

Noch schlimmer sind aber die negativen Folgen, die der leichtere Zugang in bisher abgeschiedene Teile des Regenwaldes nach sich ziehen könnte. Zeitungen wie die *Peruvian Times* oder der *Guardian* berichten von der Entstehung sogenannter „Prosibars" (Bars mit oft minderjährigen Prostituierten) an der Route, die Bergarbeitern und Holzfällern ganz neue Möglichkeiten zur Erschließung der Gegend bietet. Sie waren zuvor schon eine Bedrohung für die Natur in diesem Teil des Amazonasgebiets; jetzt hat sich der illegale Bergbau zu einem derart gravierenden Problem ausgewachsen, dass sogar die Armee anrücken muss, um dagegen vorzugehen. Noch gelten die lokalen Ökosysteme als die facettenreichsten und unberührtesten der Welt. Die Frage ist, wie schnell sich das ändern wird.

künften vorbei; Einheimische bieten in ihren Wohnhäusern Mittagessen für Reisende an. Ein Ausflug für Abenteurer, die gern auf eigene Faust losziehen.

Geführte Touren

Viele Besucher buchen die Touren vorab und übernachten in einer Dschungellodge, allerdings ist das nicht die einzige Möglichkeit. Ausflüge lassen sich auch nach der Ankunft organisieren. Wer sich direkt an das Büro einer Lodge wendet, kann auf etwas günstigere Preise als in Lima oder Cusco hoffen.

Alternativ wendet man sich an unabhängige Guides. Um in die Reserva Nacional Tambopata zu gelangen (inkl. des Lago Sandoval und aller Orte flussaufwärts von Puesto Control El Torre am Río Tambopata), benötigen die Guides allerdings Lizenzen, die nur ausgestellt werden, wenn sie zu einer Lodge oder einem offiziell registrierten Reiseveranstalter gehören (vorher unbedingt abklären!). Bei Führern, die nicht mit einer Lodge oder einem Reisebüro zusammenarbeiten, sind die Chancen auf Regressansprüche im Fall einer missglückten Tour deutlich geringer.

Einen unabhängigen Guide zu engagieren gleicht einem Lotteriespiel, da sie ihre Dienste zwar billig anbieten, das Ergebnis aber oft nicht zufriedenstellend ist. Vor den Fremdenführern am Flughafen muss man sich besonders in Acht nehmen: Sie bringen einen gern in ein „empfehlenswertes" Hotel, kassieren dafür eine Provision und verfolgen einen dann während des gesamten Aufenthalts. Natürlich sind auch nicht alle Reiseveranstalter seriös. Aus diesen Gründen sollte man nie im Voraus bezahlen und bei einer Anzahlung immer auf eine unterschriebene Empfangsbestätigung bestehen. Wer sich mit dem Fahrer eines Bootes auf einen Preis geeinigt hat, sollte sicherstellen, dass auch die Rückfahrt eingeschlossen ist, und danach fragen, ob die Eintrittsgebühren zum Nationalpark etc. inbegriffen sind.

Die besten Guides mit einer offiziellen Lizenz vom örtlichen Ministerio de Industria y Turismo arbeiten fast ausschließlich ganztags für eine der Dschungellodges. Sie verlangen zwischen 120 und 200 S pro Person und Tag, je nach Ziel und Größe der Gruppe. Mit mehreren Leuten unterwegs zu sein reduziert die Kosten. Manche Guides bieten Exkursionen erst ab drei Teilnehmern an.

Touren, egal ob von einer Lodge oder einem unabhängigen Guide organisiert, starten meistens am Río-Madre-de-Dios-Fähranleger (S. 484) und führen auf dem Río Madre de Dios flussabwärts bzw. auf dem Río Tambopata flussaufwärts – ein Großteil der Kosten für den Dschungeltrip geht also fürs Benzin drauf. Ein paar Anbieter kürzen die Río-Tambopata-Fluss-Route ab, indem sie die Gemeinde Alto Tambopata Filadelfia ansteuern (45 Min. auf der Carretera Interoceaníca Richtung Cusco, dann eine Stunde lang über einen holprigen Pfad).

Carlos Expeditions ABENTEUERSPORT
(☎082-57-1320; http://carlosexpeditions.com; Velarde 139-141; ⏲8–18 Uhr) Organisiert Ziplining (Seilrutschen)-Abenteuer und Baumwipfel-Spaziergänge (Canopy Tours), vorwiegend bei der zugehörigen Monte Amazonico Lodge (S. 497) im Dschungel.

Rainforest Expeditions GEFÜHRTE TOUREN
(☎In Puerto Maldonado 082-57-2575, www.perunature.com; Prolongación La Joya (Av Aeropuerto) km 6) Koordiniert verschiedene Lodges in der Gegend (z. B. Refugio Amazonas (S. 495), Posada Amazonas (S. 496) sowie das Tambopata Research Center (S. 493) und bietet angesehene Regenwaldtouren sowie Privatunterkünfte für Budgetreisende in Tambopata.

Infierno KULTURTOUREN
Etwa eine Stunde südöstlich von Puerto Maldonado erstreckt sich die Siedlung Infierno (Hölle!), der Lebens- und Handelsmittelpunkt des Ese'eja-Stammes. Die lebhafte, weitläufige Siedlung ist für ihre *ayahuasca*-Rituale hiesiger Schamanen bekannt, bei denen das Derivat eines halluzinogenen Dschungelweins eingesetzt wird. Lonely Planet empfiehlt nicht, *ayahuasca* einzunehmen; Reisende tun dies auf eigene Gefahr.

Am besten kommt man mit dem Mietwagen oder -motorrad hierher; auf der beschwerlichen Strecke verkehren keine *motortaxis*.

Jony Valles Rengifo FLORA & FAUNA
(☎982-704-736; jhony.com@hotmail.es) Spricht Englisch und Französisch.

Nilthon Tapia Miyashiro FLORA & FAUNA
(☎982-788-174; nisa_30@hotmail.com) Ein bekannter, erfahrener Guide.

Schlafen

Es gibt in Puerto Maldonado eine Fülle schlichter Budgetunterkünfte sowie komfortablere Hotels und Lodges. In der Umgebung verteilen sich außerdem etwa 30 Dschungellodges. Achtung: Nicht alle bieten Reservierungsmöglichkeiten in Puerto Maldonado, manche haben nur in Cusco und Lima Büros.

Wasai Hostel HOSTEL $
(☎082-57-2290; www.wasai.com; Ecke Billinghurst & Arequipa; B 39–52 S, Zi. mit Frühstück 98–117 S;) Das Wasai ist für ein Hostel eher teuer, dafür aber auch recht hübsch und liegt sehr zentral. Vor Ort gibt es einen Pool und einen Veranstalter, der Dschungeltouren organisiert, sowie das hübsche Restaurant El Faro (S. 488). Bei Übernachtungen in einem Zimmer (die alle mit eigenen Bädern ausgestattet sind) ist das Frühstück im Preis inbegriffen, bei Übernachtungen in Schlafsälen nicht.

Hospedaje Rey Port PENSION $
(☎082-57-3464; Velarde 457; EZ 15–30 S, DZ 30 S;) Hier haben bereits Generationen von Schnäppchenjägern genächtigt. Die etwas schmuddeligen Zimmer sind mit Ventilatoren und Kabel-TV ausgestattet. Im Erdgeschoss zahlt man am wenigsten und teilt die Bäder mit anderen Gästen, oben gibt's zehn große Zimmer mit Privatbädern ab 20 S. Sie sind lichtdurchflutet und gewähren einen netten Blick … allerdings sieht man den Schmutz auch besser.

Hospedaje Royal Inn PENSION $
(☎082-57-3464; 2 Av de Mayo 333; EZ klimatisiert/ohne Klimaanlage 70/50 S, DZ klimatisiert/ohne Klimaanlage 100/70 S;) Mit den großen sauberen Zimmern samt Ventilatoren oder Klimaanlage und Kabelanschluss trifft man eine gute Wahl. Der Hof sah schon mal gepflegter aus, doch am besten nimmt man sich eines der Zimmer dort, denn die an der Straße sind ziemlich laut.

★ Anaconda Lodge $$
(☎082-79-2726, 982-611-039; http://anacondajunglelodge.com; Ecke Prolongación La Joya (Av Aeropuerto) & Elmer Faucett; EZ mit/ohne Bad 100/50 S, DZ mit/ohne Bad 160/80 S, 3BZ 220 S; P Wi-Fi Pool) Das originellste „Flughafenhotel" Südamerikas? In dieser Lodge, die inmitten eines tropischen Gartens am Stadtrand liegt, fühlt man sich abgeschiedener, als es der Standort zunächst vermuten lässt. Hier gibt es acht Bungalows mit Doppelzimmer und Gemeinschaftsbad sowie vier luxuriösere Bungalows mit eigenen Bädern. Alle sind mit Moskitonetzen ausgestattet. Fantastisch ist die orientalisch gestaltete Flitterwochen-Suite mit erotischen Möbeln.

Hier gibt es außerdem einen Campingplatz (20 S/Pers.), einen kleinen Pool und ein geräumiges, zweistöckiges Bar-Restaurant, das mit großartiger Thai-Küche und Pfannkuchen zum Frühstück aufwartet. Das Restaurant ist eines von nur drei Thai-Restaurants in Peru. Die Lodge organisiert auch Kajaktouren.

Wasai Lodge $$
(☎082-57-2290; www.wasai.com; Ecke Billinghurst & Arequipa; EZ mit Frühstück 183–215 S, DZ mit Frühstück 245–278 S; ❄ Wi-Fi Pool) Ein toller Komplex: Die komfortablen Holzbungalows bieten einen Blick über den Río Madre de Dios (und seine Megabrücke!). Alle Zimmer bieten Minibars, Warmwasserduschen, Kabel-TV und Flussblicke, die teureren haben zudem Klimaanlagen. Leider ist die Beleuchtung unterirdisch – am besten bringt man eine eigene Taschenlampe mit. Zu den weiteren Pluspunkten der Anlage zählen ein gutes Restaurant im Erdgeschoss, Zimmerservice, eine Bar und ein Pool.

Die Lodge arrangiert verschiedene Bootstouren auf den Flüssen in der Umgebung, meist inklusive Übernachtung in der renommierten Wasai Alto Tambopata Lodge (S. 495).

Paititi Hostal HOTEL $$
(☎082-57-4667; Prada 290; EZ mit Frühstück 90–120 S, DZ mit Frühstück 120–140 S; ❄ Wi-Fi) Eine recht luxuriöse, zentral gelegene Unterkunft mit einer Reihe von geräumigen, luftigen Zimmern, viele davon mit hübschen alten Holzmöbeln, sowie Telefon und Kabel-TV. Das kontinentale Frühstück ist im Preis inbegriffen. Selbst nachts steht warmes Wasser zur Verfügung (sehr untypisch für das Amazonasgebiet!). Die teureren Zimmer sind mit Klimaanlagen ausgestattet.

Essen

Zu den regionaltypischen Spezialitäten gehören *juanes* (mit Huhn oder Schwein und Reis gefüllte Bananenblätter), *chilcano* (eine Brühe aus Fischstücken, gewürzt mit Koriander) und *parrillada de la selva* (gegrilltes, mariniertes Fleisch, oft Wild, in einer Paranusssauce). Als Beilage wird häufig eine *plátano* (Kochbanane) serviert.

Weitere kulinarische Optionen sind das El Faro in der Wasai Lodge und das hervorragende Thai-Restaurant in der Anaconda Lodge.

★ La Semilla VEGETARISCH $
(Arequipa, zw. Carrión & Loreto; leichtes Gericht 10–20 S; ⏲Mo–Sa 10–13 & 16–21, So 10–13 Uhr; ✎) Drei Treppen führen hinauf in dieses einladende, offene vegetarische Restaurant mit Blick auf die Plaza de Armas. Hier gibt es den besten Kaffee der Stadt, *pie de maracuya* (wie Zitronentarte mit Baiser, nur eben mit Maracuja) und liebevoll zubereitete Salate.

El Califa PERUANISCH $
(Piura 266; Hauptgerichte 10–25 S; ⏲Mo–Fr 9–17 Uhr) *Das* Einheimischenlokal schlechthin ist schon seit Jahrzehnten mit von der Partie. Die Massen von Tischen werden von unprätentiösen Kellnern bedient, die große, günstige Portionen auftragen – die außerdem prima schmecken! Hier können verschiedene Dschungelklassiker gekostet werden, darunter *chancho* (Schwein) und *parrillada de la selva* (Regenwald-Grillplatte).

El Faro at Wasai Lodge PERUANISCH $$
(Ecke Billinghurst & Arequipa; Hauptgerichte 25 S; ⏲7–21.30 Uhr) Ein hübsches, beliebtes kleines Restaurant, das etwas überdurchschnittliche Preise für sehr überdurchschnittliche amazonische Gerichte verlangt. Zu den Spezialitäten gehören Überraschungen wie das göttliche Ceviche mit Camu-Camu-Früchten. Das Lokal blickt auf einen kleinen Platz mit einer Statue des *faro* (Leuchtturms), daher der Name.

★ Burgos's Restaurante PERUANISCH $$
(Ecke 26 de Diciembre & Loreto; Hauptgerichte 19–38 S; ⏲11–23 Uhr; ✎) Puerto Maldonados In-Lokal bezeichnet seine Küche als Novo Amazonica – von der Idee her wie Novo Andino, nur dass hier eben Gerichte aus dem Dschungel aufgepeppt werden. Im Mittelpunkt stehen jedoch nach wie vor die Klassiker aus der peruanischen Amazonasregion, perfekt gekocht, aber wenig innovativ.

VORSICHT: AYAHUASCA

Auf einer Reise durch den peruanischen Amazonas bieten sich verschiedene Möglichkeiten, *ayahuasca* zu probieren. Medizinmänner nutzen das Derivat eines halluzinogenen Dschungelweins schon seit Jahrhunderten, um einen abführenden, tranceartigen Effekt zu erzielen. Inzwischen erfreut es sich auch bei Besuchern aus dem Westen großer Beliebtheit und wird im Rahmen einer Zeremonie eingenommen, die Stunden oder auch Tage dauern kann – abhängig davon, wer der Zeremonienmeister ist.

Die Einnahme ist allerdings nicht ohne Risiko: Zu den eventuellen Nebenwirkungen zählen extreme Dehydratation, starke Krämpfe, ein drastischer Anstieg des Blutdrucks und bei regelmäßiger Einnahme auch Erblinden. Mit den falschen Substanzen gemixt kann *ayahuasca* sogar tödlich sein. Manchmal wird dem *ayahuasca* auch LSD beigemischt, damit der Trip noch intensiver wird.

Wer an einer Zeremonie teilnehmen möchte, sollte sich vorher unbedingt über das genaue Was und Wie und den jeweiligen Anbieter informieren. Unter den Schamanen, die authentische Rituale (auch dabei bestehen die oben erwähnten Risiken) durchführen, sind ein paar Scharlatane, die arglose berauschte Touristen ausrauben oder vergewaltigen. Das ist keine Panikmache; jedes Jahr werden Fälle dieser Art zur Anzeige gebracht.

Lonely Planet rät von der Einnahme von *ayahuasca* ab – wer sich darauf einlässt, handelt auf eigene Gefahr. Wer dennoch an einer *ayahuasca*-Zeremonie teilnehmen möchte, sollte sich daran erinnern, dass man auf jeden Fall vorher seine Ernährung umstellen muss. Außerdem sollte man etwas über *ayahuasca* lesen (Infos gibt es z. B. bei **Ayaadvisors** (https://ayaadvisors.org) die auch Infos zu Orten bieten, an denen Zeremonien für Touristen angeboten werden). Auf jeden Fall sollte man sich über das genaue Wo, Wie und Wer informieren. Es gibt zahlreiche unabhängige Schamanen, die meisten Dschungellodges bieten Zeremonien an, und in den letzten Jahren haben zudem mehrere dedizierte *ayahuasca*-Einrichtungen ihre Türen geöffnet.

Neben Fischspezialitäten kommen in dem großen luftigen Essbereich mit den höflichen Angestellten auch viele vegetarische Gerichte auf den Tisch. Mehrere Terrassen gewähren einen hübschen Blick auf den Fluss.

Pizzería El Hornito/Chez Maggy PIZZA $$
(Carrión 271; große Pizza 30 S; ⏲ 18 Uhr–open end) „I get knocked down, but I get up again…" – der Liedtext der Musikband Chumbawamba beschreibt das Schicksal des beliebten Restaurants im Obergeschoss an der Plaza de Armas sehr treffend. Das Lokal, das nach einem Feuer vollständig niedergebrannt war, ist aus der Asche wiederauferstanden (bei Wiederaufbau wurde etwas weniger Holz verwendet…). Hier gibt es Pasta und riesige Pizzas aus dem Holzofen (die besten der Stadt).

Dazu gibt's kostenlos laute *telenovelas* (peruanische Seifenopern) auf riesigen, unübersehbaren Fernsehern. Und ja, man kann die Gerichte auch mitnehmen.

Ausgehen & Nachtleben

Das Nachtleben der Stadt ist zwar nicht mit dem in Lima oder Cusco zu vergleichen, gehört jedoch zu den lebendigsten der Amazonasregion. In den Discos läuft größtenteils Musik vom Band und die Bars und Clubs sind am Wochenende bis in die frühen Morgenstunden geöffnet.

Discoteca Witite CLUB
(Velarde 151; ⏲ Fr & Sa 21 Uhr–open end) Nun ja, uns hat das Witite mit seinen grellen Schindeln besser gefallen, aber auch die renovierte, schickere Version ist noch immer der Ort in der Stadt für nächtelange Dschungelpartys. Die Discoteca befindet sich in der Fußgängerzone nahe der Plaza.

Unterhaltung

El Huayruro LIVEMUSIK
(Prolongación La Joya S/n; ⏲ Fr & Sa 18 Uhr–open end) Der beste Ort außerhalb der Stadt für alle, die Lust auf Livemusik und Tanzen haben. Hier wird vor allem brasilianische Musik gespielt.

Shoppen

Da in der Nähe mehrere indigene Völker leben, bekommt man in den Lodges rund um die Stadt wie der Posada Amazonas am Rio Tambopata weit besseres Kunsthandwerk als in Puerto Maldonado selbst.

GRENZÜBERGÄNGE

Von Puerto Maldonado nach Brasilien

Ein gut asphaltierter Abschnitt der Carretera Interocéanica führt von Puerto Maldonado nach Iberia und weiter nach Iñapari (233 km von Puerto Maldonado entfernt) an der brasilianischen Grenze. Die Bewohner der kleinen Siedlungen an der Straße bestreiten ihren Lebensunterhalt mit Paranussverarbeitung, Viehzucht und Holzfällerei. Nach 170 km erreicht man **Iberia**, das ein paar sehr einfache Hotels beherbergt.

Etwa 70 km weiter liegt **Iñapari**, wo man Grenzformalitäten erledigen kann. Die Läden an der zentralen Plaza akzeptieren und wechseln peruanisches sowie brasilianisches Geld. Wer Peru verlässt, gibt seine Nuevos Soles am besten vor Ort aus. Hotelangestellte und Busfahrer nehmen oft auch kleine Dollarnoten an. In **Assis Brasil**, das durch eine neue Brücke mit Iñapari verbunden ist, gibt's bessere Unterkünfte (ab 15 US$/Zimmer).

Von hier aus verläuft eine 325 km lange befestigte Straße über Brasiléia (100 km, 2 Std.) zu der wichtigen brasilianischen Stadt Rio Branco (6–7 Std.).

Detaillierte Informationen hierzu bietet der Lonely Planet *Brasilien*, erhältlich im Buchhandel oder im Onlineshop von Lonely Planet (shop.lonelyplanet.de)

Von Puerto Maldonado nach Bolivien

Von Puerto Maldonado und Umgebung gibt es drei Möglichkeiten, nach Bolivien zu reisen.

Die erste und einfachste führt über Brasiléia in Brasilien, von wo man per Boot oder über die Río-Acre-Brücke nach **Cobija** in Bolivien gelangt. Vor Ort gibt's Hotels, Banken und eine Landepiste mit unregelmäßigem Flugverkehr ins Landesinnere. Außerdem verläuft von hier eine unebene Schotterstraße über mehrere Flüsse zur Stadt **Riberalta** (je nach Jahreszeit 7–12 Std.).

Von **Iberia** in Peru kann man Cobija auch über eine Abzweigung der Carr Interocéanica nach Iñapari erreichen; die meisten öffentlichen Verkehrsmittel bedienen allerdings die Iñapari/Assis Brasil-Strecke.

Alternativ chartert man in Puerto Maldonado am Río-Madre-de-Dios-Fähranleger ein Boot und lässt sich zur peruanisch-bolivianischen Grenze in **Puerto Pardo** bringen. Das Militärcamp **Puerto Heath** auf der bolivianischen Seite liegt nur ein paar Bootsminuten von Puerto Pardo entfernt. Die Reise dauert einen halben Tag und kostet bis zu 100 US$ (der Preis ist verhandelbar); die Boote befördern mehrere Personen. Mit etwas Zeit und Glück lässt sich auch ein Frachter finden, der sowieso dorthin fährt und um einiges billiger ist.

Auf der bolivianischen Seite kann man den Weg flussabwärts fortsetzen, oft aber erst nach Tagen oder sogar Wochen – und für viel Geld. Am besten reist man mit mehreren Leuten, um so Kosten zu sparen. Die trockenen Monate von Juli bis September sollte man aufgrund des niedrigen Wasserstands meiden. Von Puerto Heath geht's den Rio Madre de Dios hinab weiter bis Riberalta (am Zusammenfluss des Madre de Dios und des Beni im nördlichen Bolivien), wo es weitere Straßen- und Flugverbindungen gibt; die Fahrt ist ein klassisches, wenn auch anstrengendes Amazonasabenteuer, mit dem sich keine Autotour messen lassen kann. Unterwegs lassen sich Grundnahrungsmittel auftreiben, zudem stößt man auf einfache Unterkünfte (eine Hängematte mitbringen). Wenn der Wasserstand hoch genug ist, verkehrt etwa zweimal pro Monat ein Fracht- und Passagierschiff zwischen Puerto Maldonado und Riberalta, aber ausländische Touristen sind nur selten an Bord.

Von Puerto Heath führt eine unbefestigte Straße nach **Chivé** (1½ Std. mit dem Bus). Dort kann in sehr einfachen Unterkünften geschlafen werden. Morgens gegen 8 Uhr machen sich Minitransporter auf den Weg nach Cobija (6 Std.).

Den peruanischen Ausreisestempel in Puerto Maldonado besorgen, den bolivianischen Einreisestempel in Puerto Heath oder Cobija. Visa werden nicht ausgestellt und müssen deshalb, falls benötigt, vorab in Lima oder im Heimatland beantragt werden.

Normalerweise werden die Grenzformalitäten langsam und entspannt abgewickelt.

Mehr Infos zu Bolivien liefert der englischsprachige Lonely Planet *Bolivia*; im Onlineshop vorbeischauen (shop.lonelyplanet.com).

Praktische Informationen

EINREISE

Von Iñapari, 233 km nördlich von Puerto Maldonado, kann man nach Brasilien reisen.

Einwanderungsbehörde Maldonado (☎082-57-1069; Av 15 de Agosto 658; ⊙Mo–Fr 8–13 & 14.30–16 Uhr, Sa 8–12 Uhr) Wer über Puerto Heath (Wasserweg) oder Iberia (Landweg) von Peru nach Bolivien will, sollte seinen Pass hier abstempeln lassen (am besten vormittags). Zudem werden Visa bzw. Touristenausweise verlängert.

GELD

Seit Inbetriebnahme der Interozeanischen Straße ist es viel einfacher, brasilianische Reais und bolivianische Bolivianos zu tauschen. Am besten fragt man einige Leute, wo es den besten Wechselkurs gibt.

BCP (Plaza de Armas) Wechselt US-Dollars und Reiseschecks und hat einen Geldautomaten, der Visa akzeptiert.

Casa de Cambio (Ecke Puno & Prada) Standardkurse für US-Dollars.

INTERNETZUGANNG

Entlang der Velarde, von der Plaza Richtung Südwesten, haben sich zahlreiche Internetcafés niedergelassen. Die Verbindungen sind langsamer als in anderen peruanischen Städten. Pro Stunde werden rund 2 S fällig. Etwa die Hälfte aller Unterkünfte bietet brauchbares WLAN.

MEDIZINISCHE VERSORGUNG

Hospital Santa Rosa (☎082-57-1019, 082-57-1046; www.hospitalsantarosa.gob.pe; Ecke Cajamarca & Velarde) Grundversorgung.

NOTFALL

Polizei (Polizei; ☎082-80-3504; Ecke Carrión & Puno)

POST

Post (Velarde 675; ⊙Mo–Fr 8–12 & 14–19 Uhr) Südwestlich der Plaza de Armas.

TOURISTENINFORMATION

iPeru (☎082-57-1830; Loreto 390; ⊙Mo–Sa 9–18 , So bis 13 Uhr) Gutes Büro im Zentrum.

Touristenkiosk (am Flughafen)

Ayaadvisors Infos über *ayahuasca* und Orte, an denen *ayahuasca*-Zeremonien angeboten werden.

An- & Weiterreise

BUS

Vom **Terminal Terrestre** (Av Circunvalación Norte S/n), 6 km nordwestlich des Zentrums, fahren Busse über die Carretera Interocéanica (den Transoceanic Hwy) Richtung Südwesten nach Cusco und Richtung Nordosten nach Rio Branco (Brasilien). Täglich, morgens und abends gegen 20 Uhr, gibt es mehrere Verbindungen nach Cusco (35–70 S, 10 Std.). In der teuersten Kategorie können die Sitze vollständig zurückgeklappt werden. Zu anderen Zielen Richtung Südwesten gehören Juliaca (35 S, 12 Std.) und Arequipa (50 S, 17 Std.): Beide werden von **Transportes Julsa** (☎951-751-246; Terminal Terrestre) angefahren. Busse nach Río Branco (100 S, 9–10 Std.) fahren nur selten (also nicht täglich) vom Terminal Terrestre ab. Es ist ratsam, Fahrkarten so weit wie möglich im Voraus zu kaufen.

FLUGZEUG

Der **Flughafen** (PEM) liegt 7 km außerhalb der Stadt. **LAN** (LATAM; ☎082-57-3677; Velarde 503; ⊙Mo–Fr 9–19, Sa 9–13 Uhr) und **Star Perú** (☎082-57-3564; Velarde 505; ⊙Mo–Sa 8.30–19 Uhr) fliegen täglich über Cusco nach Lima und zurück. Die Abflugzeiten und Fluggesellschaften ändern sich jedes Jahr, aber die Büros der Fluggesellsaften und Reiseveranstalter im Zentrum sind immer auf dem neuesten Stand.

MINIBUS & TAXI

Trucks, Minibusse und *colectivos* (Sammeltaxis) verkehren zwischen Puerto Maldonado und Laberinto (1½ Std.) und halten bei km 37 auf der Straße Richtung Cusco an der Abzweigung nach Baltimore. (Von dort aus kann man in 3 Std. zum Río Tambopata laufen, wo – falls vorab arrangiert – Übernachtungsgäste der Privatunterkünfte in Baltimore mit Booten abgeholt werden.) An der Ecke Av 28 de Julio und Tacna fahren häufig Fahrzeuge nach Laberinto-Grenztransport (Ecke Tacna & 28 de Julio) ab.

Nach Iñapari (25 S, 3 Std.), nahe der Grenze zu Brasilien und Bolivien, kommt man mit einem **Minivan** (Abfahrt Ecke Ica & Lambayeque; 25 S). Andere Veranstalter im selben Block bieten diese Route ebenfalls an.

SCHIFF/FÄHRE

Am Río-Madre-de-Dios-Fähranleger (S. 484) kann man Boote für Ausflüge in die nahe Umgebung und Fahrten zu weiter flussabwärts gelegenen Zielen (z. B. den Lago Sandoval, den Río Heath oder die bolivianische Grenze) mieten (siehe Geführte Touren S. 486). Nur wenige Boote fahren flussaufwärts (d. h. gegen die Strömung) nach Manu; derzeit eignet sich Cusco besser als Ausgangsbasis für Fahrten nach Manu. Nur gelegentlich fahren Boote von Manu flussabwärts (d. h. mit der Strömung) oder von der bolivianischen Grenze flussaufwärts (d. h. gegen die Strömung) nach Puerto Maldonado. Die Boote fahren generell unregelmäßig; zuverlässig sind die Ausflüge nach Manu mit Halt in Puerto Maldonado.

Zum **Tambopata-Fähranleger** 2 km südlich vom Zentrum gelangt man mit einem *mototaxi*. Von dort aus fährt am Montagmorgen um 8 Uhr eine öffentliche Fähre flussaufwärts nach Baltimore und Freitagmorgen zurück. Die Fahrt kostet ungefähr 20 S, je nachdem, wie weit man fährt.

Alle Passagiere, die auf dem Río Tambopata flussaufwärts fahren, müssen am **Puesto Control El Torre** (Kontrollpunkt) ihre Reisepässe und Sernanp-Genehmigungen (S. 492) vorzeigen (30 oder 65 S, je nach Länge des Aufenthalts).

Von beiden Fähranlegern fahren Boote zu verschiedenen Dschungellodges. Einige Betreiber der Lodges am Río Tambopata ersparen ihren Gästen die mehrstündige Fahrt auf dem Fluss und holen sie mit dem Auto ab. Über eine Straße und eine holprige Piste gelangt man nach Alto Tambopata Filadelfia (rund 1¾ Std.), von wo aus es mit dem Boot weitergeht. Dies muss jedoch im Voraus organisiert werden.

Unterwegs vor Ort

Mototaxis befördern zwei oder drei Passagiere (mit leichtem Gepäck) für 7 S zum Flughafen. Kurze Strecken in der Stadt kosten bis zu 2 S.

In der Prada zwischen Velarde and Puno kann man Motorräder mieten. Der Mietpreis beläuft sich auf 5 bis 10 S pro Stunde. Meist bekommt man kleine Maschinen mit 100 ccm. Wir empfehlen, zu zweit unterwegs sein, falls man eine Panne oder einen Unfall hat. Mit einem Motorrad durch die Gegend zu kurven macht Spaß, getrübt wird das Abenteuer jedoch durch scheinbar verrückt gewordene einheimische Fahrer und miserable Straßenbedingungen.

Anclas (Ecke Prada & Puno; pro Std./Tag 6/45 S)

RUND UM PUERTO MALDONADO

Río Tambopata

Der Río Tambopata entspringt in Bolivien und fließt dann durch einen großen Teil des Südens von Perus. Stromaufwärts (d.h. südwestlich) von Puerto Maldonado windet sich der Fluss durch weite Teile der Reserva Nacional Tambopata. Hier befinden sich die besten Dschungellodges der Region.

Der Fluss wurde gut geschützt und es gibt jede Menge Gelegenheiten, wilde Tiere zu entdecken. Sichtungen größerer Regenwaldbewohner (z.B. Tapire und Jaguare) nehmen an diesem Flussabschnitt zu.

Ein Highlight der Reserva ist die Collpa Chuncho, eine der größten natürlichen Ara-Lehmlecken Perus. Sie zieht Hunderte der Tiere an und bietet einen fantastischen Anblick.

Sehenswertes

Collpa Chuncho NATURSCHUTZGEBIET

(Eintritt 60 S) Eine der besten Lehmlecken der Reserva Nacional Tambopata, an der man der Kakophonie der leuchtend bunten Aras lauschen kann, für die die Region Tambopata so berühmt ist. Der Eintritt berechtigt zum zwei- bis dreitägigen Aufenthalt in der *zona reserva*, an der Collpa Chuncho kann man sich jedoch so lange aufhalten wie man möchte.

Reserva Nacional Tambopata NATURSCHUTZGEBIET

(Eintritt 30 S/Tag, 2–3 Tage 65 S) Der an Flora und Fauna reiche Río Tambopata ist einer der größten Nebenflüsse des Río Madre de Dios, in den er in Puerto Maldonado mündet. Boote fahren flussaufwärts vorbei an mehreren guten Lodges zur Reserva Nacional Tambopata. Das bedeutende Schutzgebiet ist in das eigentliche Reservat und in die *zona de amortiguamiento* (Pufferzone) unterteilt. Das Highlight hier sind die Vögel: Lautstarke Gruppen von Aras und Papageien versammeln sich, um sich an den Lehmlecken gütlich zu tun. Gelegentlich kann man auch einen Jaguar am Ufer erspähen.

Der Parkeintritt muss im **Sernanp** (☎ 082-57-1247; www.sernanp.gob.pe; Cajamarca, zwischen Ancash & Madre de Dios) in Puerto Maldonado bezahlt werden, es sei denn, man ist mit einer organisierten Tour unterwegs (dann zahlt man in der jeweiligen Lodge). Wer in das Herz des Reservats vordringen möchte (z.B. bis zum Tambopata Research Center), und nicht nur bis zur Pufferzone, muss eine zusätzliche Gebühr bezahlen.

Baltimore DORF

Baltimore, gleich hinter dem Refugio Amazonas, ist die einzige Siedlung am Fluss. Hier gibt es ein paar einfache *hospedajes* (Pensionen). Busse Richtung Laberinto fahren von Puerto Maldonado nach Baltimore. Ab km 37 geht's zu Fuß weiter bis Baltimore (ca. 3 Std.). Orte noch weiter flussaufwärts können mit öffentlichen Verkehrsmitteln nicht erreicht werden.

Nach Baltimore gelangt man außerdem (im Schneckentempo) mit dem öffentlichen Boot, das einmal pro Woche verkehrt.

Schlafen

Die beste Auswahl an Lodges im peruanischen Amazonasgebiet findet man an diesem Abschnitt des Río Tambopata. In Baltimore gibt es darüber hinaus einige Pensionen. Auf jeden Fall muss man seinen Aufenthalt im Voraus organisieren.

Sotupa Eco House LODGE $$

(☎950-416-257; www.sotupa.pe; B/Zi. pro Pers. 54/120 US$) Die erste Lodge am Río Tambopata ist auch auf dem Landweg zu erreichen und liegt so nahe an Puerto Maldonado, dass sich auch eine einzelne Übernachtung lohnt. Das Sotupa Eco House liegt auf einer erbsengrünen Rasenfläche hoch oben auf einem Felsen und wirkt fernab vom Rest der Welt. Hier locken idyllische Hütten und ein knapp 10 km langes Wanderwegenetz und während man in der Hängematte im Garten hin und her baumelt darf man sich gewiss sein, dass keine andere Lodge einen Chill-Out-Bereich mit vergleichbarem Flussblick bietet.

Ein Stelzenbungalow abseits der restlichen Unterkünfte eignet sich hervorragend für Familien. Das Sotupo Eco House befindet sich am Ende des Corredor Turístico Bajo Tambopata (S. 484). Da sich die Lodge vor dem ersten Kontrollpunkt der Reserva Nacional Tambopata befindet, wird keine Eintrittsgebühr für die Reserva fällig.

Buchung online oder telefonisch.

Tambopata Research Center LODGE $$$

(www.perunature.com; EZ/DZ 5 Tage & 4 Nächte pro Pers. 1592/2412 US$) Nach einer siebenstündigen Flussfahrt ab Puerto Maldonado erreicht man diese bedeutende Forschungsstation samt Lodge. Sie ist bekannt für eine nahe gelegene Salzlecke, an der sich an den meisten Morgen vier bis zehn Papageien- und Ara-Arten tummeln. Die Lodge selbst ist recht einfach: Sie umfasst 18 Doppelzimmer, die sich vier Duschen und vier Toiletten teilen.

Die Forscher hier untersuchen u.a., warum Aras Lehm fressen, und beschäftigen sich mit dem Migrationsverhalten sowie den Futter- und Nistgewohnheiten der Vögel. Ein weiterer Forschungsschwerpunkt sind Techniken für den Bau künstlicher Nester. Wer mehr Aras sehen möchte, als er je für möglich gehalten hat, sollte sich den Aufenthalt in dieser Lodge gönnen. Die Besitzer weisen jedoch daraufhin, dass es aufgrund schlechter Wetterbedingungen und anderer Faktoren hin und wieder vorkommen kann, dass sich an der Salzlecke keine Vögel aufhalten. Dennoch stehen die Chancen, hier wilde Tiere zu sichten, sehr gut.

Gewöhnlich verbringt man die erste und die letzte Nacht auf dem Ausflug hierher im Refugio Amazonas; insgesamt benötigt man also wirklich fünf Tage und vier Nächte. Der letzte Teil der Tour führt durch abgeschiedene Landschaften mit ausgezeichneten Chancen, Wasserschweine und andere vielleicht etwas ungewöhnlichere Tiere zu entdecken.

Am **Puesto Control Malinowski**, dem Eingang zum Reservat, muss man seinen Pass vorzeigen.

Buchung online oder bei Rainforest Expeditions (S. 487) in Puerto Maldonado. Nicht vergessen, dass der Eintrittspreis zur Reserva Nacional Tambopata noch dazukommt.

Explorer's Inn Tambopata Ecolodge LODGE $$$

(www.explorersinn.com; EZ/DZ 4 Tage & 3 Nächte pro Pers. 731/1462 US$) 58 km (oder 3–4 Std. mit dem Boot) entfernt von Puerto Maldonado bietet diese Ökolodge 15 Doppel- und 15 Dreibettzimmer mit eigenen Bädern und Fenstern mit Insektengittern, die Platz für bis zu 70 Gäste bietet. Die seit den 1970er-Jahren geöffnete Lodge ist offener gestaltet als die meisten anderen und liegt auf einer schönen, grasbewachsenen und mit Obstbäumen übersäten Lichtung nahe dem Zusammenfluss des Río Tambopata und des La Torre.

Der Hauptraum beherbergt ein Restaurant, eine Bar und ein kleines Museum, draußen locken ein Fußballfeld und ein medizinischer Kräutergarten.

Das Explorer's Inn befindet sich auf dem Gelände der 5500 ha großen früheren Zona Preservada Tambopata, die inzwischen in die wesentlich größere Reserva Nacional Tambopata integriert wurde. Dort leben mehr als 600 Vogelarten – ein Weltrekord! Trotzdem sieht ein Durchschnittstourist während seiner zwei Übernachtungen kaum mehr Vögel als in anderen Lodges am Río Tambopata, denn in diesem Paket ist der Besuch der Lehmlecke Collpa Chuncho nicht enthalten.

Rund um die Unterkunft erstrecken sich 38 km Wanderpfade, die man allein erkunden kann oder mit Guides, die Deutsch, Englisch oder Französisch sprechen.

Online buchen oder beim Büro von Purto Maldonado (☎082-57-3029, 950-186-820; www.explorersinn.com; Terminal Terreste piso 2, Av Circunvalación S/n).

Rund um Puerto Maldonado

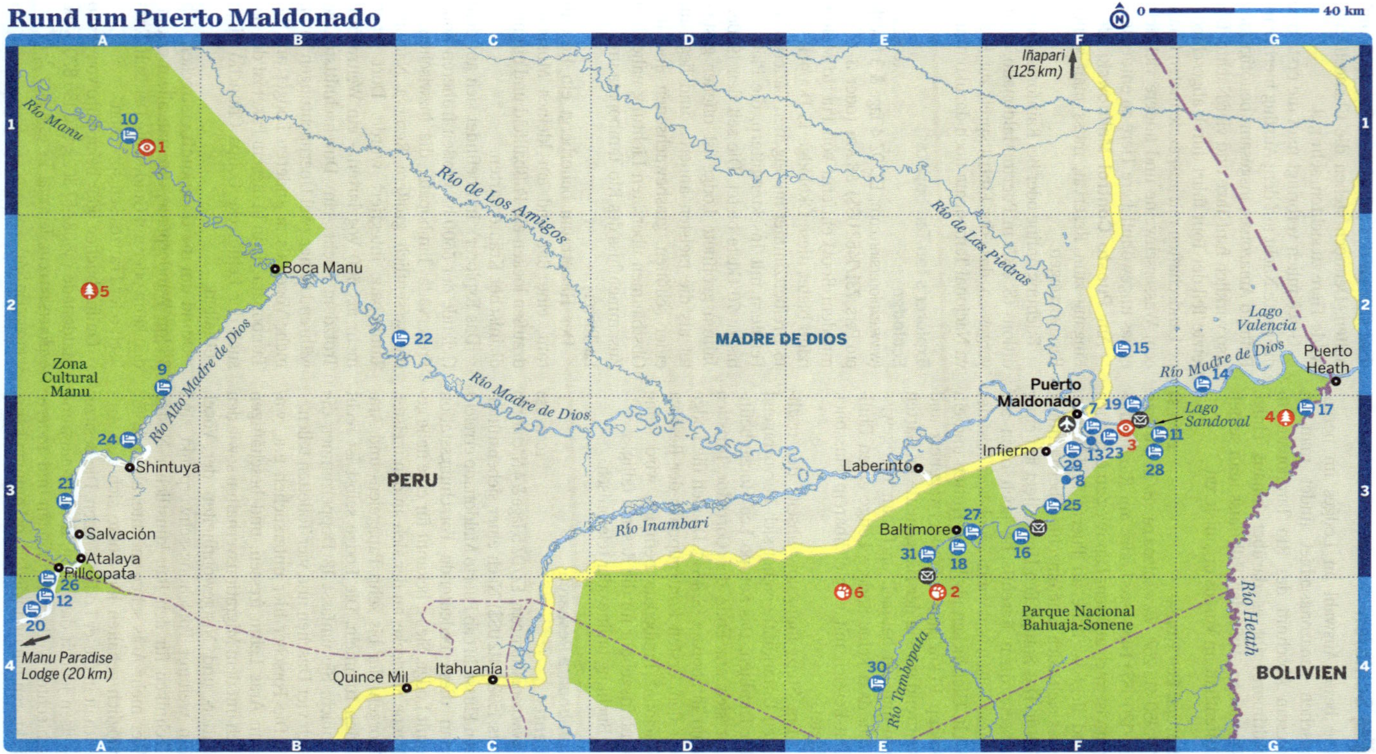

Rund um Puerto Maldonado

Wasai Alto Tambopata Ecolodge LODGE $$$
(www.wasai.com; DZ 4 Tage & 3 Nächte pro Pers. 410 US$) Eine der am weitesten von Puerto Maldonado entfernten Lodges am Río Tambopata befindet sich gleich hinter Baltimore. Im Gegensatz zu den meisten anderen Unterkünften in der Gegend werden hier keine Öko-Aktivitäten angeboten. Stattdessen ist Relaxen angesagt: Lesen, Biertrinken und auf dem 20 km langen, gut ausgeschilderten Wegenetz wandern oder Angeln oder Kanufahren. Die Lodge selbst besteht aus 21 hübschen rustikalen Holzhütten und bietet Platz für bis zu 50 Personen.

Von einem hohen Aussichtsturm genießt man eine herrliche Aussicht auf den Dschungel. Im Gemeinschaftsraum gibt es sogar eine Bibliothek und WLAN!

Mittlerweile können Besucher auf dem Landweg bis Filadelfia fahren und erst dort in ein Boot umsteigen; so wird die Anfahrt kürzer und günstiger (und so ist auch eine einzige Übernachtung möglich). Die vier Tage und drei Nächte umfassenden Touren führen zum Río Tambopata und zum Lago Sandoval, jedoch nicht zum Tambopata Schutzgebiet.

Buchung online oder in der Wasai Lodge (S. 488) in Puerto Maldonado. Die besten Preise gibt's oft nur online.

Refugio Amazonas LODGE $$$
(www.perunature.com; EZ/DZ 4 Tage und 3 Nächte pro Pers. 960/1416 US$) Die Anreise mit dem Boot nimmt einige Zeit in Anspruch, denn das Refugio Amazonas befindet sich 80 km stromaufwärts in einem 2000 ha großen Privatreservat in der Pufferzone der Reserva Nacional Tambopata. Wir empfehlen daher eine Tour mit drei Übernachtungen. Trotz der Abgeschiedenheit ist diese Lodge eine der schicksten im südlichen Dschungel: Die Zimmer sind sehr komfortabel und es gibt eine weitläufige, eindrucksvolle Rezeption mit Ess- und Trinkbereich.

Zu den Zimmern führen gepflegte Gehwege, es gibt eine Kunstgalerie und Massagen.

Zu den Freizeitangeboten gehören Ausflüge zu einem Paranussweg und -camp und eine tolle Regenwaldwanderung für Kinder. Dank der einsamen Lage besteht eine höhere Wahrscheinlichkeit, wilde Tiere zu sehen. Buchung online oder bei Rainforest Expeditions (S. 487) in Puerto Maldonado.

Hospedaje El Gato LODGE $$$
(www.baltimoreperu.org.pe; EZ & DZ 2 Tage & 1 Nacht ab 150 US$/Pers.) Das El Gato ist eine der wenigen Dschungellodges speziell für *mochileros* (Backpacker). Sie liegt in Baltimore (S. 492), etwa 90 km entfernt von Puerto Maldonado, auf einer Klippe über einem gurgelnden Nebenfluss des Río Tambopata samt Wasserfällen und Badestellen. Was „Regenwalderfahrungen" angeht, können die teureren Lodges in der Umgebung noch etwas von dieser rustikalen Unterkunft lernen.

Die Anreise erfolgt z. B. mit der Fähre ab Puerto Maldonado (Tambopata-Fähranleger). Hinfahrt montags um 8 Uhr, Rückfahrt (ab Baltimore) freitags um dieselbe Zeit. Reisende können aber auch mit einem *colectivo*/Minibus Richtung Laberinto fahren und bei Km 37 an der Carretera Interocéanica aussteigen. Von hier aus sind es ca. drei Stunden Fußweg bis zum Flussufer gegenüber der *hospedaje*, wo man sich von einem Boot abholen lassen kann. Egal für welche Option man sich entscheidet, die Preise sind erheblich günstiger (80 S/Pers. und Nacht inkl. Aktivitäten und Verpflegung) als der oben angegebene Paketpreis, in dem die Abholung am Flughafen inbegriffen ist.

Buchung online oder im **Büro in Puerto Maldonado** (☎ 941-223-676, 082-63-2961; www.baltimoreperu.org.pe; Junín, Mza Lote 2).

Posada Amazonas LODGE $$$

(www.perunature.com; EZ/DZ 3 Tage & 2 Nächte pro Pers. ab 640/944 US$) Rund zwei Stunden von Puerto Maldonado, entlang dem Río Tambopata, gefolgt von einem zehnminütigen Bergaufmarsch, liegt diese *posada* auf dem Land des Ese'ej-Stammes; einige Stammesmitglieder arbeiten als Guides. In oder nahe der Lodge, die 30 Zimmer und zwei Suiten umfasst, kann man Aras, Papageien und Riesenotter sehen.

Hier gibt es ausgezeichnete Chancen, an einer kleinen Salzlecke in der Nähe Aras oder Papageien zu beobachten; in den Seen nahe der Lodge schwimmen oft Riesenotter. Die Führer der Lodge sind vorwiegend englischsprachige peruanische Naturwissenschaftler mit unterschiedlichen Interessenschwerpunkten. Die Guides bleiben den jeweiligen Gästen für die Dauer ihres Aufenthaltes zugeordnet.

Ausflüge werden außerdem in das nahe gelegene ethnobotanische Centro Ñape, unternommen, wo Medizin für die Ese'eja-Gemeinschaft hergestellt wird. Hier gibt es einen Heilpflanzenweg und eine 30 m hohen Aussichtsplattform mit hervorragenden Ausblicken auf die Baumwipfel des Regenwaldes. Die Zimmer der Lodge sind mit Duschen ausgestattet; offene (d.h. unverglaste) Fenster blicken auf den Regenwald. Moskitonetze werden zur Verfügung gestellt. Abends gibt es Strom, ansonsten Kerzen oder Laternen.

Buchung online oder bei Rainforest Expeditions (S. 487) in Puerto Maldonado. Die Eintrittsgebühr für die Pufferzone der Reserva Nacional Tambopata wird nicht fällig, da das Reservat vor dem ersten Kontrollpunkt (Puesto Control La Torre) liegt.

Demselben Besitzer gehören noch zwei weitere Lodges am Río Tambopata: das Refugio Amazonas und das Tambopata Research Center (S. 493).

ℹ An- & Weiterreise

Der Transport zu fast allen Lodges und Sehenswürdigkeiten wird von der Lodge organisiert, in der man übernachtet.

Die einzige Ausnahme ist Baltimore, wo man auch auf eigene Faust an- und unterkommen kann. Von Puerto Maldonado fährt man mit einem Bus Richtung Laberinto und steigt am Km 37 aus. Von hier aus führt ein Fußweg (ca. 3 Std.) nach Baltimore. Nach Baltimore gelangt man außerdem (im Schneckentempo) mit dem öffentlichen Boot, das einmal pro Woche verkehrt.

Río Madre de Dios

In Puerto Maldonado fließt der Río Madre de Dios in den Río Tambopata. Der Strom, der seit dem Parque Nacional Manu deutlich breiter geworden ist, schlängelt sich von hier aus als riesiger Strom Richtung Osten entlang der Reserva Nacional Tambopata, bis zur peruanisch-bolivischen Grenze bei Puerto Heath. Die für Reisende sehenswerten Orte liegen alle flussabwärts der Stadt: An den Flussufern warten schöne und schicke Lodges und die hübschen Seen Lago Sandoval und Lago Valencia. Deshalb ist es auch viel einfacher, die Lodges an diesem Fluss zu erreichen (darunter die besten im südlichen Dschungel) als die Lodges am Río Tambopata.

Sehenswürdigkeiten

Der Lago Sandoval ist von vielen Lodges in der Gegend aus gut zu erreichen. Abwechslung von den üblichen Dschungelaktivitäten bieten die Baumwipfelpfade der Inkaterra Reserva Amazonica (S. 497) und der Monte Amazónico Lodge (S. 497). Letztere bietet sogar eine Zipline!

Inkaterras umgebaute Lodge, das **Hacienda Concepción Research Center** (www.wcupa.edu/aceer) 8 km flussabwärts von Puerto Maldonado, ist ein wichtiges Forschungszentrum. Vor allem Ökotouristen werden die kostenlose Ausstellung zum Thema Umweltschutz und die gelegentlichen Vorträge und das Labor für Wissenschaftler interessant finden. Das frühere ITA Aceer Tambopata Research Center steht an der Stelle, an der das Haus eines der ersten im Amazonasbecken praktizierenden Ärzte stand.

Die Hacienda Concepción Lodge (S. 497) bietet nebenan Unterkünfte und ein gutes Restaurant. Nur 7 km entfernt liegt Inkaterras Reserva Amazonica Lodge.

Schlafen

Am Fluss gibt es eine gute Auswahl an Lodges, von Budget- zu Luxuslodges, die auf Abenteuersport und -aktivitäten ausgerichtet sind.

Hacienda Concepción LODGE **$$$**
(www.inkaterra.com; EZ/DZ 3 Tage & 2 Nächte pro Pers. 521/844 US$) Eine der besten Lodges im südlichen Amazonasbecken. Die Lodge ist hell und hübsch und bietet klassischen Inkaterra-Luxus; ein Highlight an sich sind jedoch die verhältnismäßig fairen Preise. In den geräumigen Zimmern, die aus wiederaufbereitetem Holz erbaut wurden, fühlt man sich wie ein wohlhabender Reisender des frühen 20. Jhs. Die Bar, der Chill-out-Bereich und das Restaurant (mit großartigem Essen) sind mit Moskitonetzen gesichert.

Die Lage könnte nicht idyllischer sein. Darüber hinaus beherbergt die Anlage ein hauseigenes Infozentrum zum Thema Regenwald samt Labor und Privat-*cocha* (indigenes Wort für Lagune) in der Nähe. Auch der Lago Sandoval ist nur einen Steinwurf entfernt. Strom gibt's von 5.30 bis 9.30 und von 18 bis 23 Uhr, überdies ist dies eine der wenigen Dschungellodges mit Handyempfang und WLAN. Die Zimmer verteilen sich im zweiten Stock, der von einer breiten Terrasse mit Blick auf eine Waldlichtung gesäumt wird; die abgeschiedenen Hütten blicken auf die *cocha*. Laut den Mitarbeitern fühlen sich hier auch Stars wie Mick Jagger wohl.

Buchung online oder bei Inkaterra in **Lima** (Karte S. 70; in Lima 01-610-0400; www.inkaterra.com; Andalucía 174, Miraflores) oder Cusco (S. 233).

★ **Inkaterra Reserva Amazonica** LODGE **$$$**
(www.inkaterra.com; EZ 3 Tage & 2 Nächte pro Pers. 818–950 US$, DZ 1290–1478 US$) Weiter flussabwärts am Madre de Dios, ca. 16 km von Puerto Maldonado, stößt man auf diese luxuriöse Herberge mit tollem Dschungelblick. Die rund 40 rustikalen Hütten sind mit Bädern und Terrassen (mit je zwei Hängematten) ausgestattet. Teurer sind die sechs Suiten mit Riesenbädern, Schreibtischen und je zwei französischen Betten. Vor Ort gibt es ein privates, 10 km langes Wanderwegenetz und eine Reihe von schwankenden, bis zu 35 m hohen Baumwipfelpfaden, von denen aus man die Flora und Fauna bewundern kann.

Traveller dürfen sich auf eine riesige zweistöckige Empfangshalle mit traditionellem kegelförmigem Strohdach, Restaurant und Bar sowie eine Bibliothek und einen Chill-out-Bereich freuen. Die Halle windet sich spektakulär um einen Feigenbaum herum. Das Restaurant gehört zu den besten im südlichen Amazonas; auch Traveller mit speziellen Ernährungsanforderungen werden gut versorgt; hin und wieder wird unter freiem Himmel gegrillt. Das Obergeschoss eignet sich hervorragend zur Vogelbeobachtung. In einem separaten Gebäude befindet sich ein gutes Infozentrum. Die Guides sprechen Englisch, Französisch oder Italienisch.

Buchung online oder bei Inkaterra in Lima oder Cusco (S. 233).

Estancia Bello Horizonte LODGE **$$$**
(www.estanciabellohorizonte.com; DZ- oder 3BZ-Bungalow 3 Tage & 2 Nächte pro Pers. 285–320 US$;) Die großartige Lodge liegt 20 km entfernt von Puerto Maldonado am Ostufer des Río Madre de Dios. Die aus lokalem Holz gebauten Bungalows stehen auf einer Anhöhe mit Blick auf den Regenwald und beherbergen kleine, komfortable Zimmer mit Bädern und Hängematte.

Im Hauptgebäude gibt's einen gemütlichen Raum zum Essen, Lesen, Trinken und Relaxen. Kinder sind willkommen und freuen sich über einen Fußballplatz, einen Volleyballplatz, einen Pool und ausgeschilderte Dschungelspaziergänge.

Die Lodge liegt am Ende einer 6 km langen Privatstraße, die durch dichten Dschungel führt.

Buchung online oder im **Büro in Puerto Maldonado** (082-57-2748; www.estanciabellohorizonte.com; Loreto 252).

Monte Amazonico Lodge LODGE **$$$**
(http://monteamazonico.com; Zi. 3 Tage & 2 Nächte pro Pers. 408 US$;) Diese beliebte Lodge nahe des Lago Sandoval bietet zwei makellose, holzverkleidete Gebäuden mit Wellblechdächern. Hier stehen Adrenalinkicks statt Tierbeobachtung im Vordergrund: Es gibt mehrere Baumwipfelpfade und eine Zipline. Zu der hübschen Anlage gehören außerdem ein netter Pool, ein Tapir (das Haustier) und ein hübscher Gemeinschaftsbereich mit Tischkicker.

Wer Lust hat, kann kajakfahren oder angeln oder eher traditionellen Dschungelaktivitäten nachgehen. Hierher lohnt sich auch ein Tagesausflug (80 US$/Pers.). Buchung im **Büro in Puerto Maldonado** (☎082-57-1320; http://monteamazonico.com; Velarde 141), das zu Carlos Expeditions gehört.

Eco Amazonia Lodge LODGE **$$$**
(www.ecoamazonia.com; Bungalow 3 Tage & 2 Nächte 325 US$/Pers.;) Etwa 30 km von Puerto Maldonado entfernt befindet sich diese Lodge mit einem riesigen, strohgedeckten Restaurant und einer Bar. Vom zweiten Stock genießt man einen herrlichen Blick auf den Fluss. Die Guides sprechen Englisch, Französisch oder Italienisch, der kenntnisreiche Manager auch Japanisch. Zur Anlage gehören 50 rustikale Bungalows mit Wellblechdächern und Insektengittern, eigenen Bädern und Aufenthaltsbereichen.

De Gäste können im Spielzimmer sitzen oder in den Pool hüpfen, Bootsausflüge auf dem Fluss oder zu nahegelegenen Seen machen oder Wanderungen unternehmen: An der Lodge beginnen mehrere Wege, darunter ein 14 km langer Wanderweg zu einem See sowie mehrerer kürzere Wanderwege. *Ayahuasca*-Zeremonien können auf Anfrage organisiert werden. Achtung: Lonely Planet empfiehlt nicht, *ayahuasca* einzunehmen; Reisende tun dies auf eigene Gefahr.

Buchung online oder bei Eco Amazonia in **Puerto Maldonado** (☎082-57-3491; www.ecoamazonia.com; 26 de Diciembre 435; Bungalow 3 Tage & 2 Nächte 325 US$/Pers.) oder **Lima** (Karte S. 72; ☎01-242-2708; www.ecoamazonia.com; Palacios 292, Miraflores).

Corto Maltes LODGE **$$$**
(www.cortomaltes-amazonia.com; DZ 3 Tage & 2 Nächte 290 US$/Pers.;) Die nur 5 km von Puerto Maldonado entfernte, am Río Madre de Dios gelegene Lodge ist gastfreundlich und peppig. Sie bietet 27 komfortable Bungalows mit hohen Decken, Insektengittern und guten Matratzen – einige sind sogar mit Doppelbetten ausgestattet!

Alle Bungalows bieten einheimischen Shipibo-Wandschmuck sowie Veranden mit Hängematten; auch die Gemeinschaftsbereiche sind fröhlich dekoriert. Von Sonnenuntergang bis 22.30 Uhr gibt's Strom; in den Duschen fließt warmes Wasser. Die französischen Besitzer sind stolz auf ihre ausgezeichnete europäisch-peruanische Küche. *Ayahuasca*-Zeremonien können auf Anfrage organisiert werden. Achtung: Lonely Planet empfiehlt nicht, *ayahuasca* einzunehmen; Reisende tun dies auf eigene Gefahr. Die Preise gelten für ein Minimum von zwei Gästen.

Buchung online oder im **Büro in Puerto Maldonado** (☎082-57-3831; http://cortomaltes-amazonia.com; Billinghurst 229).

An- & Weiterreise

Viele Gäste kommen für einen Tag hierher, da die Boote mit der Strömung fahren können und die Entfernung von Puerto Maldonado zu vielen Sehenswürdigkeiten nicht allzu groß ist. Lodges kümmern sich um den Hin- und Rücktransport von/nach Puerto Maldonado.

Lago Sandoval

Der Lago Sandoval ist ein idyllischer See östlich von Puerto Maldonado, den man über den Río Madre de Dios erreicht. Er eignet sich hervorragend zum Beobachten von Wildtieren und ist vor allem für seine Riesenotter bekannt. Hier gibt es außerdem einige gute Lodges.

Den von verschiedenen Arten von Regenwald umgebenen See erreicht man nach einer zweistündigen Bootsfahrt flussabwärts auf dem Madre de Dios ab Puerto Maldonado, gefolgt von einer 3 km langen Wanderung. Diese ist an sich schon lohnenswert, da es dabei viele Möglichkeiten zur Tierbeobachtung gibt. Mit etwas Glück sieht man unterwegs oder am See Kaimane, Schildkröten, Vögel, Affen und – jawohl – die gefährdeten Riesenotter.

Sehenswertes

Wie in anderen Dschungelregionen empfiehlt sich auch hier ein Guide, damit man die beste Flora und Fauna entdecken kann.

Wer den Lago Sandoval auf eigene Faust erkunden möchte, kann für ca. 100 S (unbedingt verhandeln, mehrere Personen können für diesem Preis fahren) ein Boot in Puerto Maldonado mieten, das die Passagiere am Anfang des Wanderweges absetzt und dort auch wieder abholt. Von der Anlegestelle aus ist der Pfad markiert, obwohl er sich insgesamt in schlechtem Zustand befindet.

Schlafen

Die Auswahl an Unterkünften ist in Anbetracht der Abgeschiedenheit des Sees nicht schlecht: Es gibt eine schicke Lodge und einige schöne Pensionen am Ufer.

Casa Sandoval LODGE **$$$**
(☎982-613-293; www.casasandovallodge.com; EZ/DZ 3 Nächte & 2 Tage 300/460 US$) Die freundlichen Besitzer sind stolz darauf, dass es zwei

Jahre gedauert hat, um diese Lodge – die neueste am Lago Sandoval – zu bauen. Die Materialien wurden zunächst über einen 3 km langen Pfad und dann über den See hierher transportiert. Das Ergebnis kann sich sehen lassen. Eine einladende Lodge mit fünf Zimmern, hübscher Essecke und Hängemattenbereich, die von einer Familie betrieben wird, die den See schon ihr ganzes Leben lang kennt.

Die Lodge macht vieles besser, was Traveller an einer Dschungeltour oft stört: Hier gibt es Touren in der Sprache der Besucher, qualitativ hochwertige Boote und jede Menge lokales Wissen und schon vor dem Frühstück kann man Riesenotter im Wasser herumtollen sehen!

Sandoval Lake Lodge LODGE $$$
(www.inkanatura.com; EZ/DZ 3 Nächte & 2 Tage pro Pers. 660/874 US$) Auf einem Hügel 30 m über dem Lago Sandoval thront diese weitläufige Unterkunft inmitten von Primärwald. Das Highlight hier ist der See selbst, der reichlich Gelegenheit zum Beobachten von wilden Tieren bietet. Die Zimmer sind mit Warmwasserduschen und Deckenventilatoren ausgestattet und in dem großen, luftigen Restaurant- und Barbereich kann man wunderbar entspannen und plaudern.

Schon die Anreise ist ein großes Vergnügen. Nach einer 3 km langen Wanderung zum See klettert man in Kanus und fährt auf engen Kanälen durch einen überfluteten Palmenwald, der von rotbäuchigen Aras bewohnt wird. Dann geht's quer über den traumhaft schönen See zur Lodge.

Mit etwas Glück (morgens ist die Chance besonders groß) erspäht man einen der seltenen bedrohten Riesenotter. Darüber hinaus bekommt man verschiedene Affenarten, zahlreiche Vögel und Reptilien zu Gesicht. Zum Angebot gehören auch Wanderungen in den Wald. Die Guides sprechen mehrere Sprachen und sind ortskundig.

Die Unterkunft wurde aus Treibholz erbaut. Die Besitzer sind stolz darauf, dass für den Bau kein einziges Stück Urwald vernichtet werden musste (dies trifft übrigens auch auf mehrere andere Lodges in der Umgebung zu). Leider haben einige Traveller berichtet, dass die Qualität in letzter Zeit nachgelassen hat. Buchung online oder bei InkaNatura (S. 80) in Lima.

Praktische Informationen

Um den Lago Sandoval zu sehen, muss man die Eintrittsgebühr für die Reserva Nacional Tambopata bezahlen. Genehmigungen für den Besuch des Sees kosten 30 S pro Tag oder 60 S für zwei bis drei Tage. Bei geführten Touren und Lodgeübernachtungen sind die Genehmigungen bereits im Preis enthalten.

An- & Weiterreise

Die Lodges kümmern sich um den Hin- und Rücktransport. Die Genehmigungen für den Lago Sandoval muss man am **Puesto de Control Lago Sandoval** vorzeigen.

Lago Valencia

Der Lago Valencia liegt rund 60 km von Puerto Maldonado, einen Katzensprung vom Río Madre de Dios und der der bolivianischen Grenze entfernt. Für einen Besuch sollte man mindestens zwei Tage einplanen, wir empfehlen sogar drei oder vier. Übernachtet wird am nahegelegenen Lago Sandoval (S. 498) oder in der Huarayo Lodge. Der See bietet gute Gelegenheiten zum Angeln und zum Beobachten von Vögeln und Wildtieren (Fernglas mitbringen!). Vom See führen Pfade in den Dschungel.

Lodges um Puerto Maldonado oder unabhängige Guides organisieren Touren.

Schlafen

Huarayo Lodge LODGE $$$
(http://perunaturepro.com; Zi. 3 Tage & 2 Nächte 160 US$/Pers.) Die hübsche Huarayo Lodge liegt in der Nähe des Lago Valencia, auf halber Strecke zwischen diesem See und dem Lago Sandoval. Sie bietet Zugang zu einem privaten Flüsschen, dem Briolo, auf dem Aktivitäten wie Angeln oder Kajakfahren stattfinden. Die Lodge umfasst sechs Zimmer, einen großen Ess- und Gemeinschaftsraum sowie einen Hängemattenbereich.

Zu den angebotenen Aktivitäten gehören Tierbeobachtung am Lago Sandoval (z. B. Riesenotter) und Fischen oder Paddeln am Lago Valencia. Der Preis ist ein absolutes Schnäppchen, insbesondere angesichts der Entfernung von Puerto Maldonado.

Buchung online oder im **Büro in Puerto Maldonado** (Huarayo Expeditions; ☎980-973-736; www.perunaturepro.com; Junin cuadra 1 S/n, hinter dem IPD Stadium).

An- & Weiterreise

Die Lodge, insbesondere wenn man in der Huarayo Lodge oder in einer der Lodges am Lago Sandoval übernachtet, organisiert den Hin- und Rücktransport.

Río Heath

Weiter südlich am Río Madre de Dios, aus Richtung Puerto Maldonado kommend, stößt man auf Puerto Heath, die peruanisch-bolivianische Grenze und damit auch auf den Río Heath. Der Fluss verläuft ungefähr in nord-südlicher Richtung und bildet über weite Strecken die Grenze. Er bietet Zugang zu einem der größten und abgelegensten Wildreservate Perus, einschließlich einer einzigen, rustikalen Lodge.

Das ist jedoch kein Nachteil, sondern macht den Reiz der Gegend aus: Im Gegensatz zu anderen Dschungelgebieten, die für Reisende zugänglich sind, hat sich die Erschließung und Entwicklung hier bisher in Grenzen gehalten. Daher sind hier die Chancen, wilde Tiere zu beobachten, größer, und die Arten, die es zu bestaunen gibt (z.B. Mähnenwölfe und Klammeraffen), seltener.

Das Reservat, der **Parque Nacional Bahuaja-Sonene** (Eintritt pro Tag 30 S, 2–3 Tage 60 S), umfasst nur einen Teil des noch größeren Tambopata-Madidi Wildreservats, das sich über 14 000 km² peruanisches und bolivianisches Territorium erstreckt.

Rund zwei Stunden südlich des Río Madre de Dios, am Río Heath (der die Grenze zwischen Peru und Bolivien bildet), beherbergt der Nationalpark Flora und Fauna, die zu der besten des peruanischen Amazonasgebietes zählt. Hier leben z.B. die seltenen Mähnenwölfe sowie Klammeraffen, die man allerdings nur mit viel Glück zu Gesicht bekommen wird. Die Infrastruktur im Park, einem der größten des Landes, ist beschränkt, und Flora- und Fauna-Touren sind erst im Entstehen, was das ganze Erlebnis noch außergewöhnlicher macht.

Die Eintrittsgebühr für den Park bezahlt man bei Sernanp (S. 492) in Puerto Maldonado, da an den Kontrollpunkten auf dem Weg hierher keine Tickets verkauft werden.

Schlafen

Das **Heath River Wildlife Center** (www.inkanatura.com; EZ/DZ 5 Tage & 4 Nächte pro Pers. 1478/2438 US$), eine einfache Lodge mit zehn Zimmern, gehört dem Ese'eja-Stamm von Sonene, dessen Mitglieder Führungen und Kulturveranstaltungen anbieten. Von hier aus führen Wanderwege in den abgeschiedenen Parque Nacional Bahuaja-Sonene. Feldbiologen behaupten, dass diese Gegend eine der größten Artenvielfalten in Südosten von Peru aufweist. Hier sieht man häufig Wasserschweine; darüber hinaus können Führungen zu einer nahen Lehmlecke organisiert werden.

Warmes Wasser und der Parkeintritt sind im Preis inbegriffen. Die erste und/oder letzte Nacht der Ausflüge verbringt man in der Sandoval Lake Lodge (S. 499). Die Preise für die Touren sind nur schwer nachzuvollziehen, da man in unterschiedlichen Lodges übernachtet; man sollte sich daher bei der Buchung genau informieren.

Buchung online oder bei InkaNatura (S. 80) in Lima.

Praktische Informationen

Wer von hier aus mit dem Boot Richtung Bolivien weiterfährt, statt nach Puerto Maldonado zurückzukehren, sollte sich in Puerto Maldonado um die erforderlichen Aus- und Einreiseformalitäten kümmern.

An- & Weiterreise

Die Hin- und Rückreise kann durch die Unterkunft, in der man wahrscheinlich übernachtet, organisiert werden: das Heath River Wildlife Center, die einzige Lodge in der Region.

DAS MANU-GEBIET

Zu diesem Gebiet gehören der Parque Nacional Manu und ein Großteil des umliegenden Dschungels und Nebelwaldes. Der Park ist fast 20 000 km² groß (d.h. etwa so groß wie Rheinland-Pfalz) und bildet eine der artenreichsten Gegenden Südamerikas.

Weitere Infos gibt es auf der Website des Parque Nacional Manu Website (www.visitmanu.com).

Geführte Touren

Wer eine Tour bucht, sollte genau prüfen, wo man eigentlich landet. Manu ist ein Oberbegriff, der sowohl den Nationalpark als auch einen Großteil seiner Umgebung bezeichnet. Bei manchen Ausflügen, z.B. zum Manu Wildlife Center (S. 506), geht's überhaupt nicht in den Park. Allerdings eignet sich besagte Lodge besonders gut zum Beobachten von Wildtieren. Auch manche Veranstalter ohne Parklizenz bieten sogenannte „Manu-Touren" an, entweder außerhalb der Schutzzone oder als Vertreter für andere Unternehmen. Teilweise arbeiten die Agenturen auch zusammen und teilen sich die Einnahmen aus Lodges, Guides und Transport. Das kann bedeuten, dass man bei der einen Agentur bucht und mit einer anderen umherreist. Fast alle Anbieter kombinieren auf Wunsch einen Manu-Ausflug mit einem Trip durch ganz Peru. Verwirrend? Und ob!

Alle genannten Unternehmen haben von der Nationalparkaufsicht die Erlaubnis, innerhalb von Manu Exkursionen zu unternehmen. Sie halten sich an die Schutzbestimmungen und achten auf die Natur. Die Zahl der Genehmigungen, Reisende durch den Park zu führen, ist begrenzt: Jedes Jahr werden nur ein paar Tausend Besucher zugelassen. Man sollte daher möglichst früh vorab buchen und seine weiteren Reisepläne flexibel gestalten, da es oft zu Verzögerungen kommt. Am besten reist man per Bus oder Boot (auf dem Río Alto Madre de Dios) nach Manu und fährt auch mit dem Boot zurück (weiter auf dem Río Madre de Dios) und fliegt ab Puerto Maldonado.

Die Kosten für eine Tour hängen davon ab, ob man zeltet oder in einer Lodge übernachtet, ob die An- und Abreise auf dem Land- oder Luftweg erfolgt und ob man die *zona reservada* besuchen möchte. Wenn es der Geldbeutel erlaubt, sollte man eine der teureren Agenturen wählen. Sie beschäftigen zuverlässige Führer mit Fremdsprachenkenntnissen, haben eine bessere Ausrüstung und Verpflegung sowie adäquate Versicherungs- und Notfallvorkehrungen. Am wichtigsten aber ist, dass ein Teil der Einnahmen tatsächlich in den Erhalt von Manu investiert wird.

Alle Veranstalter sorgen für Transport, Essen, sauberes Trinkwasser, Guides, Genehmigungen und Campingausrüstung oder Moskitonetze in den Unterkünften. Persönliche Dinge wie Schlafsäcke (außer bei Übernachtungen in einer Lodge), Insektenschutz, Sonnencremes, Taschenlampen mit Ersatzbatterien, geeignete Kleidung und Getränke in Flaschen müssen die Teilnehmer selbst mitbringen. Ferngläser und eine Kamera mit Zoom sollte man ebenfalls dabeihaben.

Alle Lodges und Reiseveranstalter geben ihre Preise in US-Dollars an.

Von Cusco nach Manu

Sehenswertes

Diese spektakuläre Route bietet einige der dramatischsten Landschaftswechsel Perus sowie ausgezeichnete Gelegenheiten zur Vogelbeobachtung in den Lodges entlang der Strecke. Die Strecke führt von den kahlen Bergen der Anden über ein Nebelwaldgebiet in dampfenden Flachlanddschungel. Während die meisten Reisenden die Tour normalerweise als notwenigen Teil der langen Fahrt zum Parque Nacional Manu unternehmen, bildet sie an sich schon ein erinnerungswürdiges Abenteuer.

Reisende können auf eigene Faust von Cusco bis nach Boca Manu, eine Stunde vor dem Eingang zur *zona reservada*, gelangen (nicht ganz einfach, aber möglich). Die meisten Lodges unterwegs bieten Übernachtungsmöglichkeiten, allerdings sollte man sich im Voraus ankündigen. Zutritt zu der *zona reservada* erhält man allerdings nur mit einem Guide (d.h. im Rahmen einer organisierten Tour); dadurch maximiert man gleichzeitig die Wahrscheinlichkeit, Wildtiere zu sehen.

Der erste Teil der Reise auf dem Landweg erfolgt im Bus oder Truck (für Tourteilnehmer im Minibus) von Cusco über Paucartambo (12 S, 3 Std.) nach Pilcopata, Atalaya und Shintuya. Busse von Corazon Serraño (S. 504) fahren montags, mittwochs und freitags um 5 Uhr Richtung Pilcopata (26 S, 10–12 Std. bei gutem Wetter) und um 18 Uhr zurück.

Achtung: Pannen, Verspätungen und Überfüllungen sind auf dieser Strecke die Regel! Während der Regenzeit (und sogar während der Trockenzeit) rutschen die Fahrzeuge oft von der Straße. Sicherer, bequemer und verlässlicher sind die teureren Touristenbusse der Reiseveranstalter in Cusco. Viele der Agenturen dort organisieren Ausflüge nach Manu.

Vom hübschen **Paucartambo** gelangt man nach 1½ Stunden zum Eingang des Parque Nacional Manu (S. 504; *zona cultural*; Eintritt 10 S für Individualreisende, zahlbar an der Abzweigung zum faszinierenden Dschungelaussichtspunkt Tres Cruces, 13 km entfernt). Anschließend sind es noch sechs Stunden durch ein spektakuläres **Nebelwaldgebiet**, bis man Pilcopata erreicht. In dem feuchten Hochland auf etwa 1600 m Höhe leben Tausende Vogelarten, von denen viele noch nicht offiziell erfasst sind. Mehrere Lodges bieten wunderbare Möglichkeiten zur **Vogelbeobachtung**. Mit etwas Glück sieht man vielleicht sogar den seltenen Klippenvogel, der über ein auffälliges rotes Federkleid verfügt und ausgefeilte Balztänze zeigt.

Der nächste Ort, **Pilcopata**, liegt am Ende der öffentlichen Busstrecke und ist

ABSTECHER

TRES CRUCES

Zwei Stunden hinter Paucartambo, an der Straße nach Shintuya, stößt man auf den außergewöhnlichen Dschungelaussichtspunkt **Tres Cruces**. Von Mai bis Juli (in den anderen Monaten ist es hier bewölkt), besonders um die Zeit der Sonnwende am 21. Juni, ist der sowieso schon wunderschöne Blick auf die Berge, die zum Amazonasbecken abfallen, noch ein bisschen grandioser: Bei Sonnenaufgang entstehen nämlich optische Verzerrungen, die Doppelbilder, Halos und eine unglaubliche mehrfarbige Lichtershow produzieren.

Um diese Jahreszeit bieten viele Reisebüros und Outdoorveranstalter Ausflüge ab Cusco an. Zu Paucartambos Fiesta de la Virgen del Carmen fhren zwischen Paucartambo and Tres Cruces die ganze Nacht über Minibusse. Man kann sich auch von einem Truck Richtung Pillcopata mitnehmen und bei der Abzweigung nach Tres Cruces absetzen lassen. Von dort aus sind es 13 km zu Fuß. Alternativ mietet man in Paucartambo selbst einen Truck. Man sollte mitten in der Nacht starten, um den Sonnenaufgang nicht zu verpassen, und unbedingt genügend warme Kleidung einpacken. Wer vor Ort zelten möchte, muss die gesamte Ausrüstung dafür mitbringen.

Tres Cruces liegt in der *zona cultural* des Parque Nacional Manu, wird aber immer von Paucartambo aus besucht.

der letzte Kontaktpunkt zur Außenwelt. Im Dorf befinden sich einfache Hotels (Zi. ca. 20 S) und Geschäfte, die letzte Telefonzelle vor Manu sowie die Hauptpolizeiwache des Bezirks. Der Handyempfang endet hier. Frühmorgens starten Pick-ups nach Atalaya (45 Min.) und Shintuya (3 Std.).

Hinter Pilcopata ist die Straße in der Regenzeit oft kaum passierbar, deshalb steigen die meisten Traveller und alle Touranbieter in **Atalaya** auf Boote um.

Von hier aus kann man der holprigen Straße nach **Salvación** (wo sich ein Büro des Nationalparks befindet) und **Shintuya** (wo es ein paar einfache Unterkünfte gibt) folgen. Das lohnt die Mühe jedoch eigentlich nicht, da es mehr Boote für Fahrten flussabwärts in Atalaya gibt. Gleich hinter Shintuya, in **Itahuanía**, befindet sich Manus Krankenhaus (mit Notaufnahme). Danach verläuft die Straße wortwörtlich im Sande, obwohl zurzeit überlegt wird, sie bis Boca Manu auszubauen.

Die lange Bootsfahrt von Atalaya über den Río Alto Madre de Dios hinunter nach **Boca Manu** am Zusammenfluss mit dem Río Manu dauert fast den ganzen Tag. In Boca Manu werden die besten Flussboote der Region hergestellt. Individualreisende sollten allerdings bedenken, dass nur Teilnehmern einer geführten Tour ab Manu das Betreten der *zona reservada*, gestattet ist. Eventuell kann man aber weiter auf dem Río Manu hinunter zum Manu Wildlife Center (S. 506) und nach Puerto Maldonado gelangen.

Da die Fahrt nach Boca Manu von Cusco aus ziemlich lange dauert, bevorzugen viele Anbieter die alternative Route nach Manu: Ein Flug nach Puerto Maldonado, gefolgt von einer Fahrt über die Carretera Interoceánica und schließlich einer Bootstour den Madre de Dios hinauf. Diese Route ist vielleicht schneller, aber nicht annähernd so spektakulär.

Schlafen

Entlang dieser Route verteilen sich viele gute Lodges. In der *zona reservada* und der *zona natural* des Parque Nacional Manu gibt's zwar keine Unterkünfte, dennoch bieten beide Gebiete tolle Möglichkeiten zur Beobachtung der Fauna. Die Lodges befinden sich im Nebelwald oder am Río Alto Madre de Dios hinter Atalaya. Fast alle akzeptieren Individualreisende, doch Gruppen organisierter Touren haben Priorität.

Nebelwald

Im Nebelwald hier verstecken sich mehrere spektakuläre Lodges, die wunderbare Gelegenheiten zur Vogelbeobachtung bieten.

Rainforest Lodge LODGE $$
(www.bonanzatoursperu.com; DZ inkl. Mahlzeiten 40 US$/Pers.) Eine preiswerte, rustikale Lodge und praktisch gelegener Zwischenstopp ca. 10 Stunden von Cusco entfernt nahe Pilcopata (das dörfliche Nachtleben befindet sich in Gehweite). Die 12 Hütten hier bieten bis zu 40 Personen Platz, acht

Hütten haben eigene Bäder. Die Lodge befindet sich am Fuße des Nebelwaldes, eine einstündige Fahrt entfernt von den besten Vogelbeobachtungsstellen im Nebelwald.

Die Lodge gehört einer einheimischen Familie und unterstützt viele lobenswerten Praktiken, z.B. können Gäste freiwillig dabei helfen, die Straße nach Manu von Müll zu befreien. Dies ist eine Möglichkeit, etwas an den Dschungel zurückzugeben; natürlich werden aber auch alle üblichen Dschungelaktivitäten angeboten. Buchung bei Bonanza Tours (S. 505).

Cock-of-the-Rock Lodge $$$
(www.inkanatura.com; EZ/DZ 3 Tage & 2 Nächte inkl. Mahlzeiten 1034/1708 US$) Von der Lodge sind es nur wenige Gehminuten bis zu einem *lek* (Paarungsort) für Klippenvögel. Darüber hinaus bietet die Lodge auf einer Höhe von 1600 m außergewöhnlich gute Möglichkeiten zur Vogelbeobachtung im Nebelwald. Laut den Besitzern kann man sich den balzenden männlichen Klippenvögeln zum Fotografieren bis auf 7 m nähern. Es gibt ein Restaurant und 12 rustikale Doppelhütten mit eigenen Bädern und heißem Wasser.

Dank der Lage in der (kühlen) Höhe ist die Lodge mehr oder weniger moskitofrei. Im Preis inbegriffen ist der Transport von/nach Cusco, der etwa acht Stunden (pro Strecke) in Anspruch nimmt und ein paar interessante Stopps bietet.

Buchung online oder bei InkaNatura in Lima (S. 80) oder Cusco (S. 505).

Manu Paradise Lodge LODGE $$$
(☎984-765-659; www.manuparadiselodge.com; EZ/DZ pro Nacht und Person nur ab 70/110 US$, EZ/DZ 4 Tage & 3 Nächte mit Touren mit einem speziellen Naturerlebnis ab 1921/2228 US$) Rund sechs Stunden von Cusco entfernt und mit Blick auf das malerische Tal des Río Kosñipata bietet das Manu Paradise geräumige Zimmer für insgesamt 16 Personen mit eigenen Bädern und Warmwasser. Es ist moderner als die rustikaleren Lodges tiefer im Park. Zur Anlage gehören ein attraktiver Speiseraum mit Bar und Feuerstelle sowie Ferngläser zur Tierbeobachtung. Online buchen!

Auf der Website wird mit einem großen Angebot an Exkursionen (3–6 Nächte) geworben. Gäste können auch Rafting- und Mountainbiketouren buchen, Hauptattraktion ist aber das Beobachten von Vögeln (der Preis oben bezieht sich auf die klassische Vogelbeobachtungstour).

Manu Cloud Forest Lodge LODGE $$$
(☎084-63-2081; www.manuperu.com; DZ 3 Tage & 2 Nächte 550 US$/Pers.) Diese schlichte Lodge sechs oder sieben Fahrstunden von Cusco entfernt bietet sechs Zimmer mit Platz für 16 bis 20 Gäste. Hier locken Warmwasserduschen, eine Sauna (!), ein Restaurant und Möglichkeiten zur Vogelbeobachtung im hoch gelegenen Nebelwald. Für Individualreisende gibt's auf Nachfrage oft günstigere Tarife. Buchung online oder telefonisch.

Río Alto Madre de Dios

Im Folgenden sind die Unterkünfte an den oberen Abschnitten des Río Madre de Dios aufgeführt, flussaufwärts von Boca Manu. Für Individualreisende ist es schwieriger, in einem der dortigen Lodges unterzukommen, da sie nur auf dem Wasserweg zu erreichen sind und es nur wenige Boote gibt, die nicht zu einem Tourveranstalter gehören. Die Gäste der Lodges haben jedoch berichtet, dass die Möglichkeiten zur Wildtierbeobachtung hier nicht so gut sind wie im Parque Nacional Manu.

Pantiacolla Lodge LODGE $$$
(www.pantiacolla.com; EZ/DZ pro Tag und pro Pers. inkl. Mahlzeiten 150/200 US$, Zi. 5 Tage & 4 Nächte pro Pers. inkl. Mahlzeiten & Aktivitäten 815 US$) Die Lodge umfasst elf Doppelzimmer, acht mit Gemeinschaftsbädern und drei mit eigenen Bädern. Beide Preisangaben schließen die Mahlzeiten mit ein, aber nur der fünftägige Aufenthalt beinhaltet auch alle Aktivitäten. Wer auf eigene Faust Abenteuer erleben möchte, kann die Waldwege in der Nähe der Lodge erkunden (von denen einige 900 m hinauf in den Nebelwald führen). In der Nähe befinden sich außerdem eine Papageienlecke und heiße Quellen. Verschiedene geführte Touren inklusive Transfer runden das Angebot ab.

Individualreisende müssen im Voraus Bescheid sagen, falls sie ein Boot zur Lodge benötigen (die Bootsfahrt ab Atalaya dauert 1½ Std., ab Cusco 12½ Std.), die am Rand des Nationalparks unmittelbar vor Itahuanía liegt. Mit etwas Glück kann man in Atalaya spontan ein Boot ergattern, aber garantiert ist das nicht.

Buchung bei Pantiacolla Tours in Cusco.

Manu Learning Center LODGE $$$
(www.crees-manu.org; EZ/DZ 4 Tage & 3 Nächte 1045/1630 US$) Diese schicke neue Lodge am Río Alto Madre de Dios gehört Crees. Hier

werden einwöchige Aufenthalte mit Freiwilligenarbeit angeboten; kürzere Aufenthalte ohne Freiwilligenarbeit sind ebenfalls möglich. Auf jeden Fall bietet die Lodge eine großartige Gelegenheit, um mehr über den Dschungel und die Herausforderungen des 21. Jhs. zu lernen.

Buchung online oder in Büro von Crees in Cusco (S. 233).

Bonanza Ecological Reserve LODGE $$$
(www.bonanzatoursperu.com; DZ inkl. Mahlzeiten 85 US$/Pers.) Hinter Itahuanía, in Richtung Bonanza, bietet diese familiengeführte Lodge Platz für bis zu 40 Personen. Die Hütten grenzen an eine weitläufige Lichtung. Zur Anlage gehören ein großes Restaurant mit Sofas und ein zweistöckiger Chill-out-Bereich mit Hängemattem. Die Bäder werden geteilt und die komplette Stromversorgung ist solarbetrieben. Von hier führen Wanderwege in den dichten Dschungel, der an die *zona natural* von Manu grenzt.

Highlights sind das Baumhaus mit Blick auf eine Lehmlecke, die Tapire anlockt, und die beiden 15 m hohen Aussichtstürme zur Tierbeobachtung. Kanus stehen für Paddeltouren in die Umgebung zur Verfügung. Die Bootsfahrt hierher ab Antalya dauert ca. 3 Stunden, ab Cusco 14 Stunden.

Buchung bei Bonanza Tours.

Amazonia Lodge $$$
(www.amazonialodge.com; EZ/DZ mit eigenem Bad inkl. Mahlzeiten 140/210 US$) Die koloniale Hacienda am Fuß der Anden bietet Reisenden eine etwas andere Unterkunft, vor allem seit der kürzlich erfolgten Renovierung. Die Lodge wartet mit sauberen und bequemen Betten sowie Warmwasserduschen und eingeschränkter Elektrizität auf. Für Unternehmungslustige gibt es Waldpfade, von denen einer zu einem Beobachtungsturm führt, sowie ausgezeichnete Gelegenheiten zur Vogelbeobachtung. Ebenfalls im Angebot sind geführte Touren.

Die Zimmer mit Gemeinschaftsbädern sind etwas günstiger.

Die Lodge liegt auf der anderen Seite des Flusses gegenüber von Atalaya (11 Std. ab Cusco). Für die Überfahrt kann man vor Ort ein Boot mieten, daher ist diese eine der wenigen Dschungellodges, die man auch auf eigene Faust besuchen an. Dann sollte man einen Rabatt verhandeln, man muss aber auch in diesem Fall im Voraus buchen.

Buchung online oder bei Amazon Trails Peru (S. 505) in Cusco.

An- & Weiterreise

Busse von **Transportes Corazon Serraño** (☎ 984-608-469; Via Expresa s/n, hinter Sanidad de la Policía Nacional, Urbanizacion Enaco) fahren von Cusco über Paucartambo (12 S, 3 Std.) nach Pilcopata (26 S, 10–12 Std. bei gutem Wetter) und dann weiter nach Atalaya, Shintuya und Salvación. Abfahrt täglich um 11 Uhr. Ziele jenseits von Atalaya können nur im Rahmen einer geführten Tour erreicht werden.

Parque Nacional Manu

Der fast 20 000 km² große **Parque Nacional Manu** (Eintritt für 1/2-3/4+ Tage 30/60/150 S), ein riesiger Nationalpark im Amazonasbecken, ist einer der besten Orte in Südamerika, um eine überwältigende Vielfalt an tropischer Flora und Fauna zu sehen. Im Hinblick auf den Naturschutz ist der Park fortschrittlich: 1977 erklärte die UNESCO Manu zu einem Biosphärenreservat, 1987 zum Weltnaturerbe. Besucher dürfen den Park nur mit Guide und Genehmigung betreten.

Ein Grund, warum der Park beim Schutz eines derart großen Gebietes Primärregenwalds samt Flora und Fauna so erfolgreich ist, besteht darin, dass er relativ abgeschieden und dadurch für Besucher nur schwer zu erreichen ist, und daher auch noch nicht von Gummizapfern, Holzfällern, Jägern oder Ölgesellschaften ausgebeutet wurde.

Am **Cocha Salvador**, einem der größten und schönsten Seen des Parks, werden Campingmöglichkeiten und geführte Wanderungen angeboten. Darüber hinaus hat man hier wunderbare Gelegenheiten, wilde Tiere zu beobachten,

Mit etwas Geduld lassen sich in den meisten Gebieten wilde Tiere beobachten. Während eines einwöchigen Aufenthaltes kann man davon ausgehen, dass man viele verschiedene Vogelarten, mehrere Affenarten und einige andere Säugetiere sehen wird.

Am besten kommt man während der Trockenzeit (Juni–Nov.) hierher; während der Regenzeit (Jan.–April) ist der Großteil von Manu nicht zugänglich oder geschlossen. Wer den Besuch im Rahmen einer organisierten Tour plant, organisiert das am besten in Cusco, von wo aus Ausflüge fast täglich starten, oder über einen internationalen Tourveranstalter.

Geführte Touren

Es ist illegal, die *zona reservada* des Parks ohne Guide zu betreten, und es ist schwierig, eine Tour, die gute Möglichkeiten zur Tierbeobachtung bietet, auf eigene Faust zu organisieren, sogar in der *zona cultural*. Wer den Besuch im Rahmen einer organisierten Tour plant, organisiert das am besten in Cusco oder über einen internationalen Tourveranstalter. Die Reise ist teuer. Wer nur ein begrenztes Budget zur Verfügung hat, sollte sich an die Anbieter in Cusco wenden und mit seinen weiteren Plänen flexibel sein: Oft haben uns Leser berichtet, dass sie mit mehreren Tagen Verspätung aus Manu zurückkehrten. Von einer internationalen Flugverbindung direkt am Tag nach einer Tour ist also abzuraten!

Die Agenturen erteilen Genehmigungen für den Parkbesuch. Transport, Unterkunft, Verpflegung und Guides sind ebenfalls im Preis inbegriffen. Fast alle Ausflüge dauern eine Woche, es können aber auch dreitägige Aufenthalte in einer Dschungellodge organisiert werden.

Bonanza Tours ABENTEUER
(Karte S. 216; ☎084-50-7871, 985-371-500; www.bonanzatoursperu.com; Suecia 343; 3 Nächte & 4 Tage ab 510 US$/Pers.; ⏲8–17 Uhr) Das Familienunternehmen wird von Ryse Choquepuma und seinen Brüdern geleitet. Sie sind in Manu aufgewachsen und kennen die Gegend besser als die meisten anderen Guides. Touren führen zum Familienhaus, das in eine gute Lodge umgebaut wurde, die Bonanza Ecological Reserve. Die Anlage grenzt direkt an den Park, außerdem gibt's Wege und eine Lehmlecke, die viele Tiere anlockt.

Pantiacolla Tours ABENTEUER
(Karte S. 216; ☎084-23-8323; www.pantiacolla.com; Garcilaso 265 interior, 2. OG, Cusco; ⏲Mo–Sa 8–18 Uhr) Pantiacolla wird von etlichen Travellern gelobt, u. a. deshalb, weil alle Mitarbeiter aus der Gegend stammen. Darüber hinaus unterstützt das Unternehmen Umweltschutzprojekte in Manu und ist ökologisch gesehen die beste Wahl. Zwar werden auch kürzere Ausflüge organisiert, die beliebteste Tour dauert jedoch sieben Tage und kostet 1550 US$ pro Person.

★ **InkaNatura** ABENTEUER
(☎084-25-5255, 084-23-1138, 984-691-838; www.inkanatura.com; Ricardo Palma J1 Urb Santa Mónica & Plateros 361) InkaNatura ist ein hoch angesehener internationaler Tourveranstalter und Mitbesitzer des Manu Wildlife Center (S. 506). Ein Besuch hier kann mit Ausflügen in andere Teile des südlichen peruanischen Regenwaldes kombiniert werden, z. B. zum Lago Sandoval, wo sich das Sandoval Lake Lodge (S. 499) befindet, das InkaNatura gehört, und zum Pampas del Heath nahe Puerto Maldonado, wo InkaNatura ebenfalls eine Lodge besitzt, das Heath River Wildlife Center (S. 500).

Das Hauptbüro befindet sich jedoch in Lima (S. 80) und es ist besser dort oder online zu buchen.

Amazon Trails Peru ABENTEUER
(Karte S. 216; ☎084-43-7374; www.amazontrailsperu.com; Tandapata 660; 2 Nächte & 3 Tage ab 540 US$) Dieser Veranstalter hat sich einen Namen unter den günstigeren Tourveranstaltern gemacht. Teilnehmer werden mit leistungsstarken Ferngläsern ausgestattet, was die Chance, wilde Tiere zu sehen, stark erhöht. Unterwegs gibt es jede Menge originelle Insiderinfos. Ausflüge in die *zona reservada* (4 Nächte und 5 Tage) gibt es ab 1350 US$ pro Person. Kürzere Ausflüge konzentrieren sich entweder auf den Nebelwald oder Manu's *zona cultural*.

Schlafen

Im Park gibt es zwei Lodges und einen Campingplatz. Die Übernachtung hier ist

FREIWILLIGENARBEIT IN MANU

Crees (www.crees-manu.org; EZ/DZ 1-wöchige Tour pro Pers. ab 1745/2560 US$) betriebt einwöchige Freiwilligentouren in die *zona reservada*. Diese starten von April bis Dezember alle vierzehn Tage. Teilnehmer können bei Projekten wie z. B. dem Beobachten von Tierbeständen helfen. So bekommt man ein besseres Verständnis für die sozialen Angelegenheiten der Amazonasgemeinden und kann gleichzeitig Teile des Dschungel sehen, die für Besucher normalerweise nicht zugänglich sind.

Wem eine Woche nicht genügt: Es gibt auch längere Freiwilligenprojekte (die bis zu 16 Wochen dauern), bei denen man direkt den Gemeinschaften in und um Manu hilft. Diese finden im Crees Manu Learning Center statt. Wem bereits eine Woche zu lang ist, kann kürzere Ausflüge ohne Freiwilligenarbeit unternehmen.

Buchung online oder im Büro in Cusco (S. 233).

DIE VERSCHIEDENEN ZONEN DES PARQUE NACIONAL MANU

Der Park ist in drei Zonen aufgeteilt: Der größte Sektor ist die *zona natural*, die 80 % der Parkfläche umfasst und für Besucher ohne Genehmigung nicht zugänglich ist. Der Eintritt in diese Zone ist einigen wenigen indigenen Gruppen, vor allem den Matsiguenka (auch Machiguenga), vorbehalten, von denen ein paar hier noch wie die Generationen vor ihnen leben. Einige Gruppen haben fast keinen Kontakt zu Menschen außerhalb der Zone und scheinen auch keinen haben zu wollen. Zum Glück wird dieser Wunsch größtenteils erfüllt, obwohl Spannungen und Zusammenstöße zwischen Stämmen und Dorfbewohnern in letzter Zeit häufiger berichtet wurden. Eine Handvoll Forscher mit Genehmigungen dürfen ebenfalls hinein, um die Flora und Fauna zu studieren.

Der zweite Sektor, der sich ebenfalls im eigentlichen Park befindet, ist die *zona reservada* (die seit kurzem auch „Manu Flussektion" heißt). Der kontrollierte Zugang ist Reisenden und Forschern gestattet. Hier gibt es einige offizielle Unterkünfte. Dies ist der nordöstliche Sektor, der rund 10 % der Fläche des Park ausmacht.

Der dritte Sektor, der den südöstlichen Bereich umfasst, ist die *zona cultural* (die nun „kulturhistorische Zone" genannt wird), wo die meisten Besucher verzeichnet werden.

Um zwischen der *zona cultural* und der *zona reservada*, hin- und herzureisen, muss man dem Río Alto Madre de Dios bis zum Hauptdurchgangsdorf des Parks, Boca Manu, folgen. Außerhalb der Grenzen des Nationalparks, südöstlich von Boca Manu, befindet sich ironischerweise eine der besten Möglichkeiten zur Tierbeobachtung, vor allem an den Salzlecken für Aras und Tapire rund um das Manu Wildlife Center.

in Touren inbegriffen, die von Besitzern oder Veranstaltern organisiert werden; wer auf eigene Faust unterwegs ist, kann hier jedoch nicht übernachten. Am Ufer gibt es auch einfache Campingmöglichkeiten, die von vielen Veranstaltern in Manu als Option angeboten werden – einfach fragen.

Viele weitere Lodges befinden sich im Umkreis von nur wenigen Stunden per Boot vom Parkeingang entfernt.

Die im traditionellen Stil von den Matsiguenka erbaute Casa Matsiguenka, eine rustikale Lodge mit 19 Zimmern, liegt gegenüber dem friedlichen Cocha Salvador (S. 504), tiefer in der *zona reservada*, als jede andere Lodge. Die Einnahmen hier gehen zum Teil an die Matsiguenka. In den Touren vieler Veranstalter ist eine Übernachtung vorgesehen, fast immer in Kombination mit einer oder mehreren Übernachtungen in einer anderen Lodge bei Cusco.

Zu den Veranstaltern vor Ort gehört Bonanza Tours (S. 505).

An- & Weiterreise

Der Parque Nacional Manu ist nur im Rahmen von geführten Touren zugänglich, d.h. die Lodge oder der Veranstalter kümmert sich um den sicheren Hin- und Rücktransport ab bzw. nach Cusco.

Einen Teil der Anreise hierher kann man auch auf eigene Faust bewältigen, aber nur wenige Traveller machen das: Mehr Infos dazu gibt's im Kapitel von Cusco nach Manu (S. 501).

Manu Wildlife Center & Umgebung

Eine zweistündige Bootsfahrt Richtung Südosten auf dem Río Madre de Dios führt von Boca Manu zum **Manu Wildlife Center** (www.manuexpeditions.com; EZ/DZ 4 Tage & 3 Nächte ab 1430/2136 US$). Die Dschungellodge gehört zu Manu Expeditions und wird von **InkaNatura Travel** (www.inkanatura.com; Ricardo Palma J-1 Urbanización Santa Monica, Cusco) u.a. mitbetrieben; beide nehmen Buchungen entgegen. Zur Lodge gehören 22 Doppelbungalows inmitten eines tropischen Gartens mit Warmwasserduschen, ein Speiseraum und eine Bar mit Hängematten.

Die Lodge befindet sich nicht in der *zona reservada* des Parque Nacional Manu, wird aber wegen ihrer außergewöhnlich guten Möglichkeiten zur Tierbeobachtung empfohlen.

Rund um die Lodge erstrecken sich 48 km lange Naturpfade. Wer ihnen folgt, kann bis zu zwölf Affenarten und andere Tiere entdecken. Zwei überdachte Aussichtsplattformen in den Baumwipfeln des Regenwaldes sind nur ein paar Gehminuten von der Unterkunft entfernt. Eine der beiden ist immer geöffnet. Hier lassen sich übrigens auch wunderbar Vögel beobachten.

Ein 3 km langer Spaziergang durch den Wald führt zu einer natürlichen Salzlecke. Dort wurde eine erhöhte Aussichtsplattform mit Moskitonetzen errichtet, um die nachtaktiven Tapire beobachten zu können. Die Pfade sind allerdings nicht beleuchtet, sodass man den Weg mithilfe einer Taschenlampe finden muss. Außerdem sollte man etwas Geduld mitbringen, da es manchmal Stunden dauert, bis man die Tiere sieht. Tagsüber ist vor Ort kaum etwas los.

Eine weitere Salzlecke, die Aras und Papageien anlockt, erreicht man nach einer kurzen Bootsfahrt auf dem Madre de Dios. Von Ende Juli bis September tummeln sich hier fast jeden Morgen riesige Schwärme. Mit Beginn der Regenzeit verringert sich die Zahl der Vögel und im Juni ist überhaupt nichts los. Im Mai und Anfang Juli sind die Chancen ebenfalls durchwachsen, allerdings haben Ornithologen im Umland auch in diesen Monaten Vögel gesichtet.

Besucher sehen sich das Spektakel von einem Katamaran aus an, der etwa 20 Personen Platz bietet. Er ist stabil genug für Stative und Teleskope und hält Abstand zur Lecke, um die Vögel nicht zu stören.

Neben den Pfaden und Salzlecken gibt's in der Umgebung einige Seen (ebenfalls mit Katamaranen zu erreichen), wo Riesenotter und verschiedene andere Tiere zu sehen sind. Wer die Ara- und Tapirlecke, die Seen und die überdachte Plattform auf seiner persönlichen Reiseliste hat, sollte drei Tage im Manu Wildlife Center bleiben. Kürzere und längere Aufenthalte sind ebenfalls möglich.

Einige Touren beginnen mit einem Flug nach Puerto Maldonado und einer Fahrt flussaufwärts auf dem Río Madre de Dios bis zum Manu Wildlife Center. Dies ist eine tolle Gelegenheit, um einen nur wenig befahrenen Abschnitt dieses majestätischen Flusses zu erkunden. Andere Optionen umfassen ein bis zwei Nächte Camping im Park selbst neben einem Aufenthalt im Manu Wildlife Center. In jedem Fall wird mindestens eine Nacht jeder Tour in einer anderen Lodge unterwegs verbracht, da die Entfernungen so groß sind.

ZENTRALES AMAZONASGEBIET

Viele *limeños* (Einwohner von Lima) verbringen verlängerte Wochenenden oder ein paar Urlaubstage in diesem relativ leicht zugänglichen Teil des Amazonasgebietes. Die tropische Chanchamayo-Provinz ist mit dem Bus in knapp acht Stunden zu erreichen. Sie unterscheidet sich sehr von dem wüstenartigen Streifen an der Küste und dem Hochgebirge. Besonders während der letzten Stunde der Fahrt, wenn man von den Anden in die üppig grüne Selva Central (so der spanische Name) kommt, erlebt man einen Wechsel von Vegetation und Klima. Die Gegend mit den beiden Ortschaften La Merced und San Ramón sowie einigen abgelegenen Dörfern ist für Kaffee- und Obstanbau berühmt. Die Region bietet einen guten Einblick in den schweißtreibend heißen, trubeligen Alltag am Amazonas. Die bessere Verkehrsanbindung bietet mehr Möglichkeiten, mit den Stämmen des Regenwaldes in Kontakt zu treten, als irgendwo sonst im Amazonasgebiet. Hartgesottene Traveller können zudem einer abenteuerlichen Route durch das zentrale Amazonasgebiet über Satipo zur Hafenstadt Pucallpa folgen, einem Ausgangspunkt für Flusstouren tiefer in den Dschungel hinein.

San Ramón & La Merced

☎064 / 52 000 EW. / 800 M

San Ramón liegt 295 km östlich von Lima, La Merced weitere 11 km entfernt. Die beiden Hauptorte der Chanchamayo-Provinz verströmen eine liebenswert träge Atmosphäre. Wegen des Widerstandes des einheimischen Asháninka-Volkes gegen die Kolonialisten wurden sie erst im 19. Jh. gegründet. Heute bilden sie beliebte peruanische Urlaubsziele und eine großartige Ausgangsbasis für Ausflüge in die üppige Landschaft ringsum. Diese lockt mit fotogenen bewaldeten Hügeln und Wasserfällen, die in das Tal des Río Chanchamayo hinabstürzen.

Sehenswertes

Puente Kimiri BRÜCKE

3 km nördlich von La Merced an der Straße nach Satipo befindet sich diese schöne Brücke, die sich dort über den Río Chanchamayo spannt, wo der indigene Rebellenführer Juan Santos Atahualpa den Spaniern wegen ihres Vordringens in peruanisches Gebiet entgegentrat. Hier kann man wunderbar zu Mittag essen.

Aussichtspunkte AUSSICHTSPUNKT

(Av 2 de Mayo, La Merced) Von den Treppen am nordwestlichen Ende der Avenida 2 de Mayo genießt man einen guten Blick auf die Stadt und vom Balkon am südöstlichen Ende kann man tolle Fotos vom Fluss machen.

Catarata El Tirol WASSERFALL

Rund um San Ramón gibt es beeindruckende Wasserfälle, darunter die beliebte 35 m hohe Catarata El Tirol 5 km östlich der Stadt abseits der Straße nach La Merced. Die ersten 2 km legt man mit dem Taxi zurück, danach geht's 3 km einen schattigen Waldweg und an Bächen entlang.

Abseits der Straße nach Pichanaqui, hinter La Merced an der Puente Yurinaki, stößt man auf die höheren Wasserfälle **Catarata Velo de la Novia** und **Catarata Bayoz**. Reiseagenturen in La Merced oder Tarma bieten Touren zu allen drei *cataratas* an.

Aktivitäten

Isla Las Turunas ABENTEUERSPORT

(☎942-600-089; Las Guanábanas, La Merced; 35 S/Tag; ⊙Di–Fr 8–18 Uhr) Am Südende der Calle las Guanábanas, südlich der Straße von San Ramón nach La Merced, wurde diese grüne, lagunenübersäte Enklave in einen witzigen, gut geführten Erlebnispark verwandelt. Hier werden Kajakfahren und Ziplining angeboten und wer mag, kann sich auch in dem netten Pool abkühlen. Im Restaurant wird gutes *tacacho con cecina* (gebratene Bananen-Fleisch-Bällchen mit geräuchertem Schinken) zubereitet.

Die Aktivitäten sind im Eintrittspreis inbegriffen, das Essen muss extra bezahlt werden.

Schlafen

Die meisten annehmbaren Unterkünfte befinden sich in La Merced; luxuriösere Lodges befinden sich gleich außerhalb von San Ramón. Wenn viel los ist und sich die Zimmerpreise verdoppeln, sollte man im Voraus buchen.

La Merced

Im Zentrum gibt es einige preiswerte *hospedaje* für 30 S pro Person; mittlerweile findet man jedoch auch neuere und teurere Optionen.

Hotel Rey HOTEL $

(☎064-53-1185; www.hotelrey.net; Junín 103, La Merced; EZ/DZ 60/80 S) Dieses alteingesessene, beliebte Hotel bietet schon seit langem eine gute Mittelklasseoption. Helle Gänge (mit öffentlichen Telefonen) führen zu Zimmern mit Warmwasserduschen, Ventilatoren und Kabel-TV. Da einige Zimmer recht dunkel sind, sollte man sich einige ansehen, ehe man sich entscheidet.

Hotel Elio's HOTEL $

(☎064-53-1229; Palca 281, La Merced; EZ/DZ 50/70 S) Direkt an der Plaza bietet dieses freundliche alte Hotel geräumige Zimmer, in den die Betten fast verschwinden. Die Zimmer sind mit Schreibtischen, Ventilatoren, Kabel-TV und makellos sauberen Bädern ausgestattet. Die Zimmer zur Straße können etwas laut sein.

Tropical Hotel Suite HOTEL $$

(☎064-53-2069; www.tropicalhotelsuite.com;Arica 282, La Merced; EZ/DZ mit Frühstück 80/120 S; ❄📶) Als einziges Hotel in der Stadt ist dieses hoch genug, um die Buchstaben des Hotelnamens von oben nach unten auf die Fassade schreiben zu können (7 Stockwerke gelten in La Merced als Hochhaus!). Die Zimmer sind geräumig, sauber und natürlich: grün. Die limettengrünen Farbtöne unterstreichen das Tropenmotto, das der Name verspricht.

Eine tolle Mittelklasseoption mit einem neuen Restaurant im Obergeschoss, das großartige Blicke über La Merced bietet.

Aviró Hotel HOTEL $$

(☎064-53-1394; www.avirohotel.com; Junín 992, La Merced; EZ/DZ mit Frühstück 100/150/200 S; ❄📶) Das Aviró Hotel (das frühere Hotel Heliconia) ist das beste Hotel in der Stadt, Es beherbergt riesige klimatisierte Zimmer mit Kühlschränken und blitzsauberen Bädern. Das Frühstück wird in fröhlicher Atmosphäre und mit Blick auf den Parque Integración serviert.

San Ramón

Die Stadt selbst bietet kaum etwas Aufregendes. An der Straße nach La Merced befinden sich jedoch die besten Unterkünfte der Region.

★ **Gad Gha Kum Lodge** $$

(☎064-33-1935; www.facebook.com/elmensajero lodge; Carr Central Km 98; EZ-/DZ-Hütten 180/250 S; P🏊) Diese ist die schönste unter mehreren guten Lodges an der Straße von La Merced nach San Ramón. Die gut ausgestatteten Hütten mit Veranden stehen inmitten einer weitläufigen, friedvollen Anlage. Hier gibt es einen privaten Wasserfallweg, einen hübschen Pool und ein zentrales Restaurant mit Strohdach. Zelten ist ebenfalls möglich und die angebotenen Massagen werden viel gerühmt. Die Anlage scheint Lichtjahre entfernt von der Hektik der nahen Orte von La Selva Central.

CHECKLISTE FÜR DEN DSCHUNGEL

Wer das erste Mal im Dschungel unterwegs ist, wird die Reise wahrscheinlich um einiges angenehmer finden, als es so mancher Spielfilm suggeriert. Selbst anspruchsvolle Traveller fühlen sich hier wohl. Es gibt gut eingerichtete Lodges, und wer die nachfolgend aufgelisteten Dinge dabeihat, sollte für die meisten Eventualitäten gut vorbereitet sein.

- Zwei Paar Schuhe, eines für den Dschungel und eines für das Camp.
- Genügend Ersatzkleidung, da wegen der Luftfeuchtigkeit alles schnell nass wird. Ein zweites Handtuch ist ebenfalls sinnvoll.
- Ein Fernglas und eine Kamera mit Zoom, um Tiere ganz aus der Nähe sehen bzw. fotografieren zu können.
- Eine Taschenlampe für Nachtwanderungen.
- Moskitoschutzmittel mit DEET – mit Insekten muss man überall rechnen.
- Sonnenschutzmittel und Sonnenbrille, da man trotz des Blätterdachs oft der Sonne ausgesetzt ist.
- Eine Reiseapotheke mit Mitteln gegen Bisse, Stichwunden und Durchfall.
- Plastiktüten, um seine Sachen wasserdicht verpacken und biologisch nicht abbaubaren Abfall wieder mitnehmen zu können.
- Eine leichte wasserdichte Jacke.
- Schlafsack, Matte oder Hängematte, falls man mal draußen übernachtet.
- Bücher: Handys funktionieren ebenso wenig wie Fernseher, und Strom gibt's oft nur ein paar Stunden am Tag.

Minibusse auf der Strecke La Merced–San Ramón fahren direkt vor der Tür vorbei.

Essen

Restaurant Shambari Campa PERUANISCH $$

(Tarma 389, La Merced; Hauptgerichte 27–34 S; 7–12.30 Uhr) In dem beliebten kleinen Lokal an der Plaza hat man die Qual der Wahl: Auf der umfassenden Speisekarte stehen amazonische Gerichte, z.B. sensationelles *chancho* (Wildschwein aus dem Regenwald). Das Shambari ist seit Urzeiten das beste Restaurant in der Stadt.

Chifa Felipe Siu CHINESISCH $$

(Junín 121, La Merced; Gerichte 20–40 S; 12–23 Uhr) Das beste chinesische Restaurant im Amazonasbecken hat eine Filiale in La Merced und eine in San Ramón, aber dieses saubere, schicke Lokal ist das Beste.

Ausgehen & Nachtleben

Chanchamayo Highland Coffee Café Misha CAFÉ

(Ecke Ancash & Palca; Kaffee 2–7 S; 8–22 Uhr) Wasserfälle der Region zieren die Wände und der Kaffee ist erstklassig (Chanchamayo-Kaffee ist mittlerweile bekannt und beliebt), der Service ist jedoch unterirdisch.

Shoppen

Chanchamayo Highland Coffee KAFFEE

(064-53-1198; http://highlandproducts.com.pe; 7 de Junio s/n, La Merced; Mo–Fr 9–19.30 Uhr) Hier kann man den Kaffee probieren und kaufen, für den Chanchamayo so berühmt ist. Alles hier wirkt etwas überkandidelt, aber reizend. Displays informieren über die Kaffeeproduktion, außerdem sind alte Maschinen zur Kaffeeherstellung zu sehen. Wer möchte, kann an einer kostenlosen Führung teilnehmen. Peru ist einer der weltweit größten Kaffeehersteller, aber fast alles wird exportiert.

Der beste Kaffee ist der Café Misha, der als der teuerste Kaffee der Welt gilt. Seine Kaffeekirschen durchlaufen den Verdauungstrakt des Nasenbären. Nasenbären wählen nur die besten Kaffeekirschen aus und die Kaffeebohnen werden mit dem Stuhlgang der Tiere ausgeschieden.

Das Geschäft befindet sich 1 km nordöstlich vom zentralen Busbahnhof an der Straße nach Satipo. Hier gibt es auch eine gute Auswahl an Marmeladen und Eissorten.

Praktische Informationen

GELD

Beide Städte bieten eine BCP-Bank mit Geldautomaten.

MEDIZINISCHE VERSORGUNG

Hospital Selva Central (064-53-1408; Ecke Los Robles & Calle Los Cauchos, La Merced)

An- & Weiterreise

BUS

Der **Hauptbusbahnhof** (Terminal Terrestre; Ecke Prolongación Tarma & Av Fray Jeronimo Jiménez) befindet sich 1 km zu Fuß bergab in östlicher Richtung vom Zentrum von La Merced. Hier haben Busunternehmen Büros, in denen man Fahrkarten kaufen kann, die Busse selbst fahren jedoch von eigenen Haltestellen außerhalb des Zentrums ab. Hier starten lediglich Minibusse und *colectivos* (Sammeltaxis).

Direktbusse fahren von Lima nach Chanchamayo und zurück, aber viele Traveller legen lieber einen Zwischenstopp in Tarma ein. Am besten legt man die 70 km von Tarma nach San Ramón bei Tageslicht zurück, um den grandiosen Ausblick auf die spektakuläre, 2200 m ins Tal hinunterführende Straße zu genießen.

Viele Unternehmen bedienen die Route von La Merced nach Lima (35–75 S, 8 Std.): **Expreso Molina Unión** (988-893-599; Av José De Aguirrezabal s/n) hat eine eigene Haltestelle 1 km entfernt vom Hauptbusbahnhof an der Straße nach San Ramón. **Cruz del Sur** (993-555-399) fährt abends und/oder morgens nach Lima. Die Büros der Busunternehmen befinden sich im Hauptbusbahnhof.

Auch Tarma (ca. 10 S, 2½ Std.) und Huancayo (über Jauja; 20–25 S, 4½ Std.) werden häufig von Bussen verschiedener Anbieter angesteuert.

Fahrten in den Dschungel sind mit größeren Minibussen und Pick-ups möglich. *Colectivos* (Sammeltaxis) kosten etwas mehr und verkehren auch nicht auf allen Routen. Etwa jede halbe Stunde fahren Minibusse nach Satipo (15 S, 2½ Std). Minibusse fahren außerdem häufig nach Oxapampa (15 S, 2½ Std.), wo man dann in einen Bus nach Pozuzo (2–3 Std.) umsteigen kann.

FLUGZEUG

Die Chanchamayo-Landebahn liegt auf der Ostseite des Flusses in San Ramón. Kleinere Charterflugzeuge steuern theoretisch jeden beliebigen Ort in der Region an, allerdings ist die Landebahn die meiste Zeit über verwaist. Jauja im Zentralen Hochland ist der nächste praktische Flughafen (S. 323).

TAXI

Colectivos mit Platz für vier Personen fahren von ausgewiesenen Taxiständen auf dem Busbahnhofgelände nach Tarma (18 S, ca. 2 Std.), Oxapampa (18 S, 2 Std.), und Satipo (20 S, 2 Std.).

Unterwegs vor Ort

Häufig verkehren Minibusse zwischen La Merced, San Ramón und den Hotels dazwischen (1,50 S, 15 Min.). Sie starten außerhalb des Busbahnhofs. Die Fahrer versuchen Travellern einen höheren Betrag abzuknöpfen, wenn sie glauben, dass man in einer der luxuriösen Unterkünfte außerhalb von San Ramón übernachtet. *Mototaxis* vom Busbahnhof ins Zentrum von La Merced kosten 1 S.

Oxapampa

063 / 14 000 EW. / 1800 M

Das hübsche Oxapampa, ein Zentrum der Viehzucht und des Kaffeeanbaus, 75 km nördlich von La Merced, bietet einige hervorragende Wildnis-Lodges und luxuriöse Unterkünfte. Wenn man noch einen tollen Nationalpark gleich um die Ecke und eines der besten Musikfestivals Perus dazu nimmt, ergibt sich daraus einer der faszinierendsten Orte des gesamten Amazonasgebietes. Hier gibt es Architektur die an Tirol erinnert und österreichisch-deutsche Küche. Gesprochen wird ein altertümliches Deutsch und bewahrt werden viele deutsche Traditionen. Zwei historische Ereignisse haben diese Region geprägt: Das erste war die Ankunft von rund 200 Siedlern aus Deutschland Mitte des 19. Jhs. deren Nachkommen (viele blond und blauäugig) bis heute hier und in der Umgebung leben. Das zweite war die Ankunft einer neuen Welle von Siedlern, größtenteils aus Lima, in den letzten Jahren. Diese Welle war dem Verkauf von lokalen Grundstücken seitens der Regierung zu Schleuderpreisen zu verdanken. So sind viele neue Geschäfte entstanden, darunter hübsche Pensionen und Restaurants, die zusätzliche Anreize für Besucher schaffen.

Sehenswertes

Museo Schafferer MUSEUM

(Av Los Colonos 220, Pozuzo; S3; Mo–Sa 9–13 & 14.30–16, So 9–12 Uhr) Eines der typischsten Gebäude à la Tirol in Pozuzo, mit Holzverkleidung und Spitzdach. Das Museum zeigt die faszinierende Geschichte der deutschen Abenteurer (o.k., einige belgische sind auch dabei), die sich im 19. Jh. in diese entlegene Ecke des Amazonas aufmachten, um sich hier niederzulassen.

Parque Nacional Yanachaga-Chemillén NATIONALPARK

(Eintritt 5 S) Nördlich der Ortschaft erheben sich die wolkenverhangenen Hügel des nur von wenigen Touristen besuchten Nationalparks, der mit spektakulärem Nebelwald sowie diversen Pflanzen und Tieren wie dem seltenen Brillenbär aufwartet. Zum am besten zugänglichen Eingang gelangt man über die Abzweigung nahe dem Gasthaus Carolina Egg am Ostrand von Oxapampa. Ein 7 km langer Pfad (5 km davon sind befahrbar) windet sich zum Parkeingang hinauf. Eine wunderbare zweistündige Wanderung führt zum höchsten Punkt des Waldes: Abra Esperanza liegt auf 2420 m (frostig-frisch da oben!).

Ein zweiter Eingang ist in Yuritunqui zu finden (ca. 60 km mit einem Minibus nach Pozuzo fahren; dem Fahrer Bescheid geben, wohin man will). An beiden Eingängen und gleich unterhalb von Abra Esperanza gibt's einfache *refugios* (Schutzhütten). Weitere Infos bei **INRENA** (Büro 063-46-2544; Jr Pozuzo, cuadra 3 s/n) in Oxapampa.

Pozuzo DORF

Das „deutsche" Dorf Pozuzo, nördlich von Oxapampa, gleicht einem Bilderbuch-Tirol. Die Architektur könnte direkt aus einem Märchen der Gebrüder Grimm entsprungen sein (naja, fast). Die hübsche Plaza erinnert an Josef Egg und die 300 tirolischen und preußischen Abenteurer, die sich hier in den 1850er-Jahren niedergelassen haben. Zu sehen ist ein beeindruckendes Modell des Bootes, mit dem sie nach Südamerika reisten. Die Geschichte der Siedler gibt es im Museo Schafferer zu sehen. Nach Pozuzo fahren täglich Minibusse (3 Std.).

Feste & Events

Selvámanos MUSIK

(http://selvamonos.org; Ticket 110 S) Seit seiner Entstehung im Jahr 2010 hat sich das im Juni im Parque Nacional Yanachaga-Chemillén stattfindende Selvámanos zu einem der bekanntesten Festivals Perus entwickelt. Gespielt wird zeitgenössische peruanische Musik: New Rock, Electronica, Reggae und schräge *cumbia*-Interpretationen (*cumbia* ist ein kolumbianischer salsaartiger Tanz- und Musikstil). Das Festival spielt auch eine wichtige Rolle für die Semana Kultura, die gleichzeitig stattfindet und mit verschiedenen Musik- und Kulturveranstaltungen in umliegenden Orten lockt.

Schlafen

★ Carolina Egg Gasthaus PENSION $$

(063-46-2331; http://carolinaegg.com; Av San Martin 1085; EZ/DZ inkl. Frühstück 100/160 S; P❄📶🏊) Gegenüber vom Busbahnhof stößt man auf diese kleine Oase mit hübschen Holzhütten und -zimmern. Die Betreiber sind Nachfahren eines der ersten deutschen Siedler. Die Pension steht ein ganzes Stück von der Straße versetzt in einem hübschen Garten und wartet mit schattigen Terrassen, einem Pool und einem Restaurant auf. Besonderes Extra: Wahrscheinlich wird man in keiner anderen peruanischen Unterkunft Strudel zum Frühstück vorgesetzt bekommen.

TaKuRaNiCha LODGE $$

(064-39-3298; luchoh1959@gmail.com; nahe Mesapata; 145 S inkl. Mahlzeiten; 🏊) Diese schön gelegene, rustikale Lodge ist in einer unterhaltsamen Jeepfahrt über eine Piste zu erreichen, die von der Straße von La Merced Richtung Oxapampa abzweigt und sich dann in die Höhe windet. Die Lodge liegt versteckt auf 1200 m Höhe in einem von Wasserfällen durchzogenen Nebelwald. Sie ist ein Ort für echte Abenteurer: Hier kann man auf schwindelerregenden Dschungelpfaden wandern, Klippenvögel beobachten und helfen, Brennholz oder Pflanzen für das Abendessen zu sammeln.

Für 80 S Aufschlag pro Person kann man Mountainbikes ausleihen oder an Wasserfällen klettern. Die Reise zurück in die Zivilisation ist besonders beeindruckend: Die Gäste zischen in einer Miniseilbahn über den Fluss unterhalb der Anlage hinweg. Der ungewöhnliche Name der Lodge setzt sich aus den Anfangsbuchstaben der Namen der Kinder des Besitzers zusammen.

Cabañas El Trapiche HÜTTEN $$

(063-46-2049; http://trapichelodge.com; Av San Martín cuadra 1 s/n; Hütten ab 100 S inkl. Frühstück; P) Am Westeingang der Stadt befindet sich dieser schicke und geräumige Komplex mit 20 Holzhütten, die sich in einer üppigen weitläufigen Parkanlage verteilen. Die Hütten sind mit Kühlschränken, Mikrowellen, Veranden und Bädern ausgestattet. Das Restaurant ist spezialisiert auf *parrillas* (Grillfleisch).

★ Ulcumano Ecolodge LODGE $$$

(972-679-060; http://ulcumanoecolodge.com; nahe Chonabamba; EZ/DZ inkl. Frühstück, Mittag- & Abendessen 410/558 S) Ein Paradies für Vogelbeobachter im Chontabamba-Bezirk 10 km außerhalb von Oxapampa. Diese Unterkunft liegt versteckt in einem Wald und ist nach einer gefährdeten Baumart benannt. Viele Häuser in der Gegend bestehen aus dem Holz des Ulcumano, doch auf dem Grundstück wachsen noch einige gesunde Bäume. Hier sind zudem mehr als 150 Vogelarten registriert worden. In den schönen, hellen, aus Holz gebauten Hütten ist Platz für bis zu 18 Personen und im Restaurant laden Hängematten zur Siesta ein.

Für Wanderfans werden individuelle Treks in den Parque Nacional Yanachaga-Chemillén arrangiert. Mountainbike-Ausflüge gibt's ebenfalls.

Essen

Biergarten BBQ $

(Mullembruck 548; BBQ 20 S; ⌚ Do–Sa 12–16 Uhr) Dieses innovative deutsch-peruanische Lokal, das bisher nur Tee, Kaffee und leichte Gerichte angeboten hat, wurde zwischenzeitlich um einen erstklassigen Metzger erweitert, und im Gartenrestaurant kommt nun auch Grillfleisch auf den Tisch. Hier wird außerdem gutes Bier gebraut: Ein helles Ale, ein Weißbier und ein rotes Ale. Gegenwärtig wird überlegt, auch samstagabends zu öffnen.

Mamá Frida CAFÉ $

(Bolivar 274; leichte Gerichte 6–15 S; ⌚ Di–So 17–21 Uhr) Mamá Frida im zweiten Stock mit Blick auf die Plaza sorgt dafür, dass Oxapampas Tradition von gutem Maschinenkaffee und fantastischen Torten erhalten bleibt. Hier kommen einfache, aber leckere Mittagsgerichte (z.B. Yukka mit Rühreiern und hausgemachte Chorizo) auf den Tsch. Während man wartet, kann man vom Balkon aus die Menschen beobachten oder die Fotografien betrachten, die auf interessante (und manchmal urkomische) Art und Weise die jüngste Geschichte der Stadt dokumentieren.

Ausgehen & Nachtleben

Vatter Otto BAR

(Ecke Grau & Mariscal Castilla; ⌚ 18 Uhr–open end) Schließt erst, wenn auch der letzte Gast geneigt ist, nach Hause zu schwanken – wird zumindest behauptet. Ein Klassiker.

Shoppen

Floralp ESSEN

(www.floralp-sa.com; Carr á Chontabamba Km 2; ⌚ 9–21 Uhr) Peruanischer Käse ist nicht gerade eine kulinarische Offenbarung – es sei denn, der Weg führt einen nach Oxapampa. Im Fabrikladen gibt's köstlichen Käse und manchmal kommen Besucher sogar in den Genuss einer Führung durch die Produktionsstätte.

An- & Weiterreise

Minibusse nach Pozuzo (25 S) verkehren von Oxapampas Plaza de Armas um 6, 10 und 14 Uhr. Die Fahrt auf der teilweise geteerten Straße dauert drei Stunden. *Colectivos* fahren dieselbe Strecke zu ähnlichen Preisen; Abfahrt ist in der **Parada de Colectivos a Pozuzo** (Ecke Ruffner & Malecón Yanachaga). Oxapampas **Busbahnhof** liegt acht Häuserblocks vom Stadtzentrum entfernt an der geteerten Straßen nach La Merced. Von hier aus fahren Busse (15 S) und *colectivos* (18 S) nach La Merced. Direktbusse nach Lima fahren abends ab.

Pucallpa

☎ 061 / 205 000 EW. / 154 M

Die lebhafte Hafenstadt Pucallpa erlebt gerade eine Art Renaissance. Sie bietet eine schöne Fußgängerzone und eine gute Ausgangsbasis für ein spektakuläres Flussabenteuer Richtung Norden nach Iquitos oder – falls man genug Zeit hat – weiter nach Brasilien und zum Atlantik.

Die Atmosphäre in der Stadt ist jedoch weit weniger dschungelartig als in anderen Städten im Amazonasgebiet. Zwar dient Pucallpa als bedeutender Umschlagplatz für Güter, die über den breiten, braunen Río Ucayali transportiert werden, der auf seinem Weg zum Río Amazonas an der Stadt vorbeirauscht, aber dennoch hat man den Eindruck, dass der Regenwald weit entfernt ist. Nach der langen Fahrt durch tropische Landschaften macht Pucallpa daher nicht gerade einen überwältigenden Eindruck auf seine Besucher. Im Zentrum drängen sich hastig errichte Neubauten, die kaum über die Baracken ein paar Blocks weiter außen in den Randbezirken hinwegtäuschen.

Aber die Umgebung der Stadt bietet durchaus Gründe, hier zu verweilen: Der hübsche, eher travellerfreundliche Yarinacocha-See bietet Flusslodges zum Entspannen und interessante indigene Gemeinschaften zum Besuchen.

Sehenswertes

Pucallpas einzige kulturelle Attraktion ist das kostenlose **Museo Agustín Rivas** (Tarapaca 861; ⌚ Mo–Fr 8–16 Uhr, Sa bis 12 Uhr), das einem Künstler gewidmet ist, der sich auf Holzskulpturen mythischer amazonischer Kreaturen spezialisiert hat. Rivas lebt nicht in Pucallpa, aber seine Arbeiten sind inter-

Pucallpa

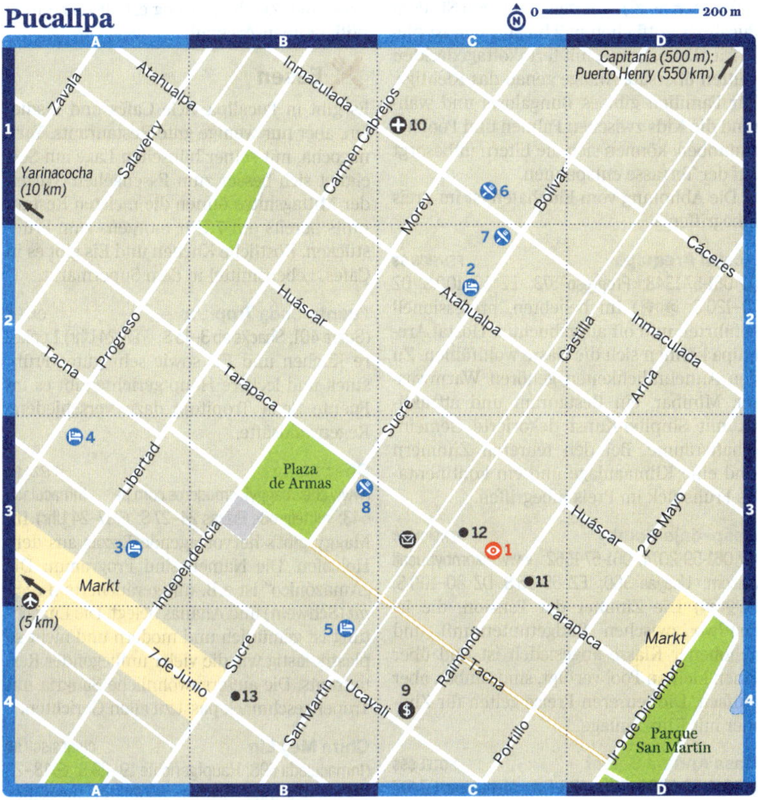

Pucallpa

Sehenswertes
1 Museo Agustín Rivas C3

Schlafen
2 Casa Andina Select C2
3 Hospedaje Komby A3
4 Hostal Arequipa A3
5 Hotel Sol del Oriente B4

Essen
6 Chez Maggy C1
7 Chifa Mey Lin C2
8 Fuente Soda Tropitop B3
La Plaza Bar & Grill .... (siehe 2)

Praktisches
9 Banco Continental C4
10 Clínica Monte Horeb C1
11 Viajes Laser C3
Western Union .... (siehe 11)

Transport
12 LAN C3
13 Star Perú B4

national bekannt. Das Museum befindet sich im zweiten Stock; eine Frau im ersten Stock hat den Schlüssel.

Schlafen

Die meisten Unterkünfte bieten Zimmer mit Bädern, Ventilatoren und Kabel-TV. Nur Mittelklasseoptionen bieten auch Klimaanlagen. Die Unterkünfte insgesamt haben sich beträchtlich verbessert; mittlerweile gibt es mehrere luxuriöse Optionen.

★ **Manish Hotel Ecológico** HÜTTEN $$
(☎ 061-57-7167; www.manishhotel.com.pe; Jirón Vargas Guerra s/n; EZ/DZ/Suite inkl. Frühstück 180/230/270 S, 4-Pers.-Bungalow inkl. Frühstück

420 S; P❄📶🏊) Wer den staubigen Straßen Pucallpas entfliehen möchte, für den ist diese friedliche, grüne, mit terrakottagedeckten Hütten übersäte Anlage genau das Richtige. Für Familien gibt es Bungalows und während die Kids zwischen Palmen und Pool herumtoben, können sich die Eltern unbesorgt auf der Terrasse entspannen.

Die Abholung vom Flughafen ist im Preis inbegriffen.

Hostal Arequipa PENSION $$
(☎061-57-1348; Progreso 573; EZ 60–100 S, DZ 70–120 S; ❄📶) Im beliebten, professionell geführten und oft ausgebuchten Hostal Arequipa können sich die Gäste wohlfühlen. Zu den Annehmlichkeiten gehören Warmwasser, Minibar, ein Restaurant und attraktive, mit Shipibo-Kunst dekorierte Gemeinschaftsräume. Bei den teureren Zimmern sind eine Klimaanlage und ein kontinentales Frühstück im Preis inbegriffen.

Hospedaje Komby PENSION $$
(☎061-59-2074, 061-57-1562; www.elkombypucallpa.com; Ucayali 360; EZ 65–75 S, DZ 80–100 S; ❄📶🏊) Die Zimmer der Pension, die irgendwo zwischen Budgetunterkunft und gehobener Klasse angesiedelt ist und über einen kleinen Pool verfügt, sind sauber, aber einfach. Die teureren Preise gelten für Zimmer mit Klimaanlage.

Casa Andina Select HOTEL $$$
(☎061-58-6600; Sucre 198, Ecke Atahualpa; EZ/DZ inkl. Frühstück ab 236/259 S; P❄📶🏊) Stiller als in der blitzsauberen, weitläufigen Casa Andina ist es nur im Grab. Die Casa Andina ist so etwas wie ein Novum in Pucallpa und hat die Messlatte für Unterkünfte angehoben. Nie zuvor gab es hier ein so gutes, modernes Hotel. Hinten befindet sich ein begrünter Poolbereich.

Das Hotel-Restaurant, **La Plaza Bar & Grill** (Hauptgerichte 20–30 S; ⏲6–23 Uhr), gleich nebenan, könnte ebenso gut in New York stehen.

Hotel Sol del Oriente HOTEL $$$
(☎061-57-5510; www.hotelessoldeloriente.com; San Martín 552; EZ/DZ/Suite 230/285/460 S; P❄@📶🏊) Das große, zentral gelegene Hotel ist nicht annähernd so luxuriös wie es seine Gäste glauben machen will, aber es ist komfortabel. Die etwas altmodischen Zimmer sind geräumig und mit Kabel-TV, Minibars und guten Warmwasserduschen ausgestattet. Sie stehen rund um einen Swimmingpool. Vor Ort gibt es außerdem einen Fitnessraum. Zur Begrüßung erhält man einen Willkommenscocktail.

Essen

Es gibt in Pucallpa viele Cafés und Eisdielen, aber nur wenige gute Restaurants. Yarinacocha, mit seiner hübschen Lage am See, eignet sich besser zum Essengehen. Wegen der Mittagshitze öffnen die meisten Restaurants bereits um 7 Uhr morgens zum Frühstücken. Köstliche Kuchen und Eis gibt es in Cafés, Lebensmittel in dem Supermarkt.

Fuente Soda Tropitop CAFÉ $
(Sucre 401; Snacks ab 3–15 S; ⏲7–24 Uhr) Leckere Kuchen und Eis sowie sehr gutes Frühstück und leckere Hauptgerichte gibt es im Fuente Soda Tropitop, dazu verschiedene Regenwaldsäfte.

Chez Maggy PIZZA $$
(www.chezmaggylosmaderos.com.pe; Inmaculada 643; mittelgroße Pizzas 24–27 S; ⏲17–24 Uhr) Im Maggy gibt's hervorragende Pizzas aus dem Holzofen. Die Namen sind Programm: Die „Amazónico" ist z. B. mit geräuchertem *cecina* (Schwein) und Ananas belegt. Die Einrichtung ist gemütlich und modern und nicht so plastik-lastig wie die vieler umliegender Restaurants. Die außergewöhnliche Sangria mit Tropengeschmack passt zu allen Gerichten.

Chifa Mey Lin CHINESISCH $$
(Inmaculada 698; Hauptgerichte 19–29 S; ⏲18–23 Uhr) Pucallpas bestes *chifa* (chinesisches Restaurant) beherbergt einen riesigen Speisesaal – einen Sitzplatz auszusuchen ist da gar nicht so einfach. Die Portionen sind RIESIG und nebenan wird Karaoke gesungen. Der Service könnte allerdings etwas besser sein, immerhin gibt es jede Menge andere *chifas*, die nach dem ersten Platz trachten.

Ausgehen & Nachtleben

Gold Bar BAR
(www.facebook.com/pg/goldbarkaraoke; Ecke Av Miraflores & Arborizacón; ⏲19–6 Uhr) In der fantastischen belebten Bar wird Pop und Rock gespielt. Hier gibt es eine Tanzfläche und Karaoke.

Praktische Informationen

GELD

Mehrere Banken haben Geldautomaten und tauschen Geld und Reiseschecks. Wechselstuben gibt es entlang der vierten, fünften und sechsten *cuadras* (Blöcke) der Raimondi.

Banco Continental (Ecke Raimondi & Ucayali)
Western Union (Raimondi 399, In Viajes Laser)

MEDIZINISCHE VERSORGUNG

Clínica Monte Horeb (☎ 061-57-1689; www.clinicamontehoreb.com.pe; Inmaculada 529; ⏲ 24 Std.) Gute medizinische Versorgung.

POST

Post (Castilla, zwischen Tacna & Tarapaca)

REISEBÜROS

Dschungelguides gibt's bei Yarinacocha (S. 516).

Viajes Laser (☎ 061-57-1120, 961-900-512; www.laserviajes.pe; Raimondi 399) Western Union befindet sich hier in einem der besseren Reisebüros von Pucallpa.

An- & Weiterreise

BUS

Das Verschönerungsprogramm für das Zentrum von Pucallpa hat sich auf die Busunternehmen nicht so positiv ausgewirkt; deren Terminals sind nun über die Flughafenstraße verteilt und ungefähr 4 km von der City entfernt (noch hinter dem Parque Natural). Ein oder zwei Unternehmen haben zentrale Büros für Ticketbuchungen. Taxis fahren zu den jeweiligen Busterminals (ca. 5 S).

Ein direkter Bus nach Lima (65–90 S) benötigt für die Reise in der Trockenzeit 18 bis 20 Stunden. In Tingo María (20 S; 6 Std.) oder Huánuco (25 S; 8 Std.) ist ein Zwischenstopp möglich. Die asphaltierte Straße kann durch Überflutung und Erosion beschädigt sein. Seit der Stationierung bewaffneter Polizeieinheiten an Streckenabschnitten ist die Fahrt sicherer geworden. Dennoch sollte der Teil zwischen Pucallpa und Tingo María nur bei Tag zurückgelegt werden.

León de Huánuco (☎ 061-44-0815; Centenario s/n) unterhält ein Büro im Zentrum und fährt um 19.30 Uhr via Tingo María und Huánuco nach Lima. Oft ist es aber am sinnvollsten, mit dem Taxi bis zu Km 4 der Flughafenstraße zu fahren und dort von Busunternehmen zu Busunternehmen zu laufen, um sich über die verschiedenen Optionen zu informieren.

FLUGZEUG

Pucallpas vergleichsweise großer **Flughafen** liegt 5 km westlich der Stadt. Die besten Verbindungen bietet **Star Perú** (☎ 061-59-0585; 7 de Junio 865; ⏲ Mo–Fr 8.30–18.30, Sa bis 17 Uhr). Um 7.15 Uhr fliegt eine Maschine von Lima nach Pucallpa (und danach weiter nach Iquitos). Um 12.15 Uhr startet eine Maschine von Pucallpa nach Lima. Eine Alternative ist **LAN** (LATAM; Tarapacá 805) mit täglich drei (aber teureren) Flügen nach Lima.

Andere Städte und Siedlungen wie Atalaya (am Río Ucayali), Contamaná, Tarapoto und Yurimaguas werden von kleinen lokalen Fluggesellschaften mit Leichtflugzeugen angesteuert; Infos dazu gibt's am Flughafen.

MINIBUS & TAXI

Seit der Umstrukturierung von Pucallpas Transportsystem fahren alle *colectivos* (Sammeltaxis) und Minibusse zu allen Zielen vom selben Terminal 8 km außerhalb der Stadt, dem **Terminal Terrestre Pucallpa** (Ecke Habilitacion Urbana Municipal & Túpac Amaru), ab.

SCHIFF/FÄHRE

Pucallpas Hafen ändert seine Lage mit dem Wasserstand. Bei Hochwasser (Jan.–April) starten die Boote direkt am Parque San Martín im Stadtzentrum.

Bei sinkendem Wasserstand verlagern sich die Abfahrtsorte dagegen auf einige Dörfer am Ufer, darunter **Puerto Henry** (Manco Capác s/n), bis zu einer Stelle rund 3 km nördöstlich des Zentrums, die man per *mototaxi* (3 S) erreicht. Je nach Ziel nutzen die Boote ganz unterschiedliche Abfahrtsorte, die nach dem Namen der nächstgelegenen Straßenkreuzung benannt sind.

Unabhängig von der Jahreszeit bestehen immer Verbindungen über den Río Ucayali nach Iquitos. Die Reise dauert zwei bis fünf Tage und kostet 80 bis 100 S. Passagiere müssen eine eigene Hängematte mitbringen und bekommen an Bord einfaches Essen. Für eine Kabine mit zwei bis vier Kojen und bessere Bewirtung zahlt man je nach Qualität und Verhandlungsgeschick zwischen 150 und 400 S.

Abfahrtszeiten und Ziele werden mit Kreide auf Tafeln an den Booten geschrieben, sind aber nicht sehr zuverlässig. Wer sichergehen möchte, sollte mit dem Kapitän oder Frachtmeister sprechen. Sie müssen die Schiffsdokumente am Morgen ihres Abfahrtstags bei der **Capitanía** (☎ 061-59-0193; M Castilla 754) vorzeigen, wo auch die aktuellsten Abfahrtszeiten notiert werden. Hier arbeiten viele Leute, aber nur derjenige, der offiziell für die Dokumente verantwortlich ist, kennt sich aus und kann genaue Informationen geben. Wenn der Wasserstand des Flusses hoch ist, legen täglich Boote ab. In der trockenen Jahreszeit sorgt der niedrige Wasserstand für langsameren und selteneren Verkehr.

Größe und Komfort sind sehr unterschiedlich. Man sollte ein Boot aussuchen, das äußerlich einen guten Eindruck macht. Die *Henry V* ist eines der besser ausgestatteten Schiffe und kann bis zu 250 Passagiere aufnehmen.

Eine Flussreise eignet sich nicht für jeden. Vorbereitung ist wichtig: Auf dem Markt in Pucallpa werden Hängematten verkauft, die Insektenschutzmittel taugen allerdings oft nicht

SICHERHEIT: PUERTO BERMÚDEZ

Obwohl es möglich ist, von La Merced über Puerto Bermúdez nach Pucallpa zu reisen, raten wir derzeit davon ab, da Puerto Bermúdez ein Drogenumschlagzentrum ist und vor allem nachts gefährlich sein kann.

viel. An Bord werden zwar Getränke in Flaschen angeboten, trotzdem sollte man selbst einen Vorrat an Wasser oder Saft dabeihaben.

Wer eine Schiffsreise machen und den Preis verhandeln möchte, wendet sich am besten direkt vor Ort an die Bootsleute. Bezahlen sollte man aber erst, sobald man sich mit seinem Gepäck an Bord befindet – und nur beim Kapitän. Weil es Stunden dauern kann, bis man den richtigen Kahn gefunden hat, muss man rechtzeitig zum Hafen kommen. Los geht's meist entweder in den frühen Morgenstunden oder am späten Nachmittag bzw. Abend.

Die Fahrt nach Iquitos wird in verschiedenen Dörfern unterbrochen, z. B. in Contamaná (ca. 30 S, 15–20 Std.) und Requena, und dann auf dem nächsten durchreisenden Schiff fortgesetzt (in den Ortschaften gibt's allerdings nur wenig zu sehen). Alternativ nimmt man eines der Schnellboote nach Contamaná (100 S, ca. 5 Std.). Die Rückreise dauert sechs bis sieben Stunden, da sie gegen den Strom erfolgt.

Gelegentlich machen sich kleinere Boote auf den Weg flussaufwärts nach Atalaya (bei der Capitanía oder am Stadthafen nachfragen).

Im Hafenviertel von Pucallpa sprechen einen oft Dschungelguides an, die aber nicht empfehlenswert sind. Zuverlässigere Führer findet man am Lago Yarinacocha.

Unterwegs vor Ort

Mototaxis nach Yarinacocha kosten 6 S, zum Flughafen 8 S und zum Terminal Terrestre 9 S. Taxis zum Flughafen kosten 15 S.

Yarinacocha

10 km nordwestlich von Pucallpa erstreckt sich der Yarinacocha, ein hübscher Altwassersee. Hier kann man Bootfahren, wilde Tiere beobachten, indigene Gemeinschaften besuchen und deren Kunsthandwerk kaufen. Heute ist der See, der einst Teil des Río Ucayali war, von Land umgeben. Nur in der Regenzeit verbindet ein kleiner Kanal die beiden Gewässer miteinander.

Das Dorf **Puerto Callao** am See ist nach dem chaotischen Gewusel von Pucallpa wohltuend beruhigend. Allerdings wirkt es auch noch immer ein bisschen baufällig. Es besteht aus nur einer Schotterstraße, die an dem geschäftigen Seeufer vorbeiführt; hier spazieren Bussarde zwischen den Spaziergängern herum. Den ganzen Tag über herrscht ein reger Verkehr von *peki-peki*-Booten, die verschiedene Ziele ansteuern. Auch Traveller machen hier Halt, um wilde Tiere zu beobachten oder an *ayahuasca* Zeremonien teilzunehmen, für die die Region Yarinacocha bekannt ist.

In Puerto Callao gibt es nur wenige Unterkünfte, aber das beste Essen im Zentralen Amazonasgebiet. Hier kann man auch Boote mieten, um den See zu erkunden. Insgesamt lohnt es sich, in der Gegend ein paar Tage zu verbringen.

Geführte Touren

Besucher können **Boote** mieten und werden gleich bei der Ankunft von Schleppern und *peki-peki* Bootbesitzern bedrängt, die sie in ihre Kähne locken wollen. Darum gilt es, sich das Gefährt sorgfältig auszusuchen und sicherzustellen, dass sich einigermaßen neue Schwimmwesten sowie genug Treibstoff an Bord befinden. Erst am Ende der Tour sollte man diese bezahlen. Vor Ort leben u. a. Amazonasdelfine, Faultiere, grüne Leguane und Vögel wie das außergewöhnlich langzehige Rotstirn-Blatthühnchen, das auf Seerosenblättern herumstolziert, und der metallisch grüne Amazonasfischer. Zum **Angeln** eignet sich am besten die Trockenzeit. Darüber hinaus gibt's zahlreiche Guides für Wanderausflüge in die Umgebung.

Gilber Reategui Sangama (Nachrichten an 936-508-090; http://ayakruna.com; Puerto Callao; 40 S/Std.) gilt als sehr empfehlenswerter Führer. Ihm gehört die *La Normita* auf dem Yarinacocha. Andere Guides werden eventuell behaupten, dass Gilber nicht mehr in der Branche tätig bzw. gerade nicht verfügbar ist, aber das stimmt nicht unbedingt. Man sollte Gilber persönlich vorab kontaktieren, um eine Tour zu arrangieren.

Ein guter Guide lässt das Boot langsam dahingleiten, damit die Passagiere Zeit haben, Vögel am Ufer oder *perezosos* (Faultiere) in den Bäumen zu beobachten. Am besten macht man die Fahrt bei Sonnenuntergang.

Bootsausflüge in die Shipibo-Dörfer **San Francisco** (auch über die Straße zu erreichen) und, noch besser, **Santa Clara** (nur auf dem Wasserweg möglich), erfreuen sich ebenfalls großer Beliebtheit. Kurze Fahrten kosten rund 30 S pro Stunde. Es passen mehrere Personen an Bord und man sollte ruhig beim Preis verhandeln.

San Francisco ist heute auch für seine *ayahuasca*-Zeremonie bekannt. Lonely Planet empfiehlt nicht, *ayahuasca* (S. 489) einzunehmen, und jeder tut dies auf eigene Gefahr.

Essen

Mehrere preiswerte Restaurants und lebendige Bars säumen den Hafen von Puerto Callao. Die Lokale in Yarinacocha sind nicht nur die besten in Pucallpa, sondern im gesamten Zentralen Amazonasgebiet.

★ Cafe Elixir CAFÉ $

(Aguaytia cuadra 3 s/n, Yarinacocha; Frühstück & Mittagessen 10–18 S; Di–So 10–18 Uhr;) Von dieser Art Café gibt es in Peru nur wenige und in Yarinacocha nur eines. Hier gibt es wunderbaren Kaffee (den besten der Stadt), frisch gepresste Säfte und 100-prozentige Hausmannskost – und das alles zu super Preisen. Zu den kreativen vegetarischen und veganen Gerichten gehören peruanisches oder jamaikanisches Curry sowie die hauseigenes Interpretation eines thailändischen *pad thai*.

In dem farbenfrohen, travellerfreundlichen Ambiente werden lokale Produkte – von Kunsthandwerk bis zu Heilkräutern und *ayahuasca*-Seife – verkauft.

Parrilladas Orlando's PARRILLA $$

(Ecke Aguaytia & 28 de Julio; Hauptgerichte 20–35 S; Di–Fr 11.30–15.30 & 18–22.30 Uhr, Sa 11.30–22.30, So bis 20 Uhr;) Dieses *parrilla*-Lokal bereitet das Grillfleisch ebenso fabelhaft zu wie es das von sich selbst behauptet: Das geräucherte Huhn und Schwein sind besonders göttlich. 45 Jahre Erfahrung haben hier zu einem echten Wettbewerbsvorteil geführt!

An- & Weiterreise

Jeder vorbeifahrende *mototaxi*-Fahrer im Zentrum von Pucallpa bringt einen für 6 S nach Puerto Callao.

NÖRDLICHES AMAZONASGEBIET

Diese Gegend ist rau, riesig und die eigentliche Seele des Amazonasgebietes. Hier, in den Tiefen des peruanischen Dschungels, entspringt der Fluss und macht sich auf seine lange Reise durch Brasilien zum fernen Atlantik. In der entlegenen Gegend gibt's nur wenige Siedlungen, darunter Yurimaguas im Westen und Iquitos im Nordosten.

Yurimaguas

065 / 72 000 EW. / 181 M

Die verschlafene unspektakuläre Hafenstadt ist Perus bestangebundener Ort dieser Region und der Ausgangspunkt zum Besuch des nördlichen Amazonasgebietes. Besucher kommen in erster Linie her, um mit dem Boot den Río Huallaga nach Iquitos und den Amazonas zu befahren. Von hier aus erreicht man auch Perus tierreichstes Paradies, das Reserva National Pacaya-Samiria. Yurimaguas selbst hält nur wenige Traveller davon ab, ihre abenteuerliche Reise umgehend fortzusetzen. Ein Dschungelguide sollte in Lagunas gebucht werden, ungeachtet der vielen Schlepper, die einen in der Stadt ansprechen. Eine asphaltierte Straße verbindet Yurimaguas mit Tarapoto im Süden.

Schlafen & Essen

Hier hat man größere Chancen Gold zu finden als ein Hotel mit Heißwasser. Budgethotels gibt es entlang der *cuadras* der Jauregui westlich der Plaza. Auf der anderen Seite bieten viele Unterkünfte ihren Gästen einen eigenen Swimmingpool.

Alojamiento Yacuruna PENSION $

(065-79-6743, 965-735-767; Malecón Shanusi 200; Zi. 20–35 S) Eine tolle, rustikale Unterkunft direkt am Fluss mit einfachen, aber schick dekorierten Zimmern mit Gemeinschaftsbädern. Geführte Touren werden sowohl zu lokalen Sehenswürdigkeiten als auch zum Schutzgebiet Pacaya-Samiria angeboten. Zu der Pension gelangt man über eine Treppe hinunter von der Plaza. Ein Zimmer mit Ventilatoren kostet 3 S extra.

Río Huallaga Hotel & Business Center BUSINESSHOTEL $$

(065-35-3951; www.facebook/riohuallagahotel; Arica 111; EZ/DZ 195/295 S;) Höfliches Personal, große, saubere, schöne Zimmer, ein Swimmingpool und eine Bar, ein dreistöckiges Restaurant (das wohl beste der Stadt) mit Blick auf den Río Huallaga von der Terrasse ganz oben und sogar ein hoteleigenes Reisebüro. All das lässt sich das Tophotel von Yurimaguas aber auch gut bezahlen.

ABSEITS DER ÜBLICHEN PFADE

RESERVA NACIONAL PACAYA-SAMIRIA

Mit 20 800 km², ist die **Reserva Nacional Pacaya-Samiria** (30 S/Pers. & Tag, inkl. Eintritt, Guide, Essen und Unterkunft 150 S) der größte von Perus Naturparks und -schutzgebieten. Er bietet den Einheimischen Nahrung und ein Zuhause und schützt ökologisch wichtigen Lebensraum. Im Naturschutzgebiet und seiner Umgebung leben geschätzt 42 000 Menschen. Etwas 30 Ranger sind dafür verantwortlich, die Bedürfnisse der Einwohner und den Schutz der Flora und Fauna in Einklang zu bringen. Mitarbeiter bringen den Bewohnern außerdem bei, wie sie nachhaltig natürlich erneuerbare Ressourcen abbauen können, damit dies den indigenen Einwohnern zugutekommt und zugleich die Bestände an Pflanze und Tieren erhalten bleiben.

Das Schutzgebiet ist die Heimat vieler Wasserbewohner, wie der Amazonasseekühe und der Amazonasdelfine, zweier Kaimanarten und der Arrauschschildkröte, sowie zahlreicher Vogelarten und anderer Tiere.

Lagunas ist der Westeingang zum Naturpark, aber es ist auch möglich, die Ostseite von Iquitos/Nauta aus zu erreichen. Die Gegend um Lagunas hat sehr unter Wilderern gelitten: Um tief in den am wenigsten zerstörten Bereich zu kommen, sollte man einige Tage einplanen. Innerhalb von 15 Tagen erreicht man den Lago Cocha Pasto, wo die Chancen groß sind, Jaguare und größere Säugetiere zu erspähen. Zu den weiteren nennenswerten Zielen hier gehören Quebrada Yanayacu, wo das Flusswasser schwarz von sich auflösenden Pflanzen ist; Lago Pantean, wo man Kaimane entdecken und Heilpflanzen sammeln kann; und Tipischa de Huana, wo die riesige Wasserseerose *Victoria amazonica* wächst. Sie ist groß genug, das darauf ein Kleinkind schlafen kann, ohne unterzugehen.

Offizielle Infos gibt es in den Agenturen Iquitos and Lagunas, die Ausflüge in das Schutzgebiet anbieten.

Am besten erkundet man das Gebiet im Einbaumkanu mit einem Guide aus Lagunas. Dabei zeltet man ein paar Tage und erkundet die Gegend. Alternativ unternimmt man eine bequeme Bootstour ab Iquitos.

Wenn man von Lagunas aus anreist, dient Santa Rosa als Haupteingang zum Park, wo man auch den Eintritt bezahlt (oft im Tourpreis inbegriffen).

Touren lohnen sich vor allem in der Trockenzeit, weil man dann am Fluss mehr Tiere sieht. Auch wenn der Regen Ende Mai schon nachlässt, dauert es noch einen Monat bis der Wasserspiegel fällt. Juli und August sind die besten Monate, die zudem mit ausgezeichneten Angelmöglichkeiten aufwarten. September, Oktober und November eignen sich auch ganz gut. Die heftigsten Regenfälle beginnen im Januar. Von Februar bis Mai ist ein Besuch eher nicht zu empfehlen. Von Februar bis Juni herrschen die höchsten Temperaturen. Die beste Zeit für Tierbeobachtungen ist dann früh morgens oder spät nachmittags.

Traveller sollten jede Menge Insektenschutz und Plastiktüten mitbringen, um ihre Kleidung zu schützen, und darauf vorbereitet sein, zu campen.

Es erstreckt sich über viele Ebenen; ganz unten sind die günstigsten Zimmer (gar nicht so übel). Sie kosten nur 50 S pro Nase.

Cebicheria El Dorado PERUANISCH $

(Aguirre 113; Hauptgerichte 20–35 S; ⌚9–18 Uhr) Mit dem Taxi gelangt man zu diesem Restaurant etwas außerhalb vom Zentrum, der besten Anlaufstelle für Frühstück oder Mittagessen. Der Laden ist nicht schick, aber annehmbar und die Portionen sind großzügig.

Praktische Informationen

Es ist besser, Ausflüge zum Reserva Nacional Pacaya-Samiria im nahe gelegenen Lagunas zu organisieren. Andernfalls versucht man es über **Huayruro Tours** (☎965-662-555; www.peruselva.com; Río Huallaga Hotel, Arica 111).

An- & Weiterreise

BUS

Die geteerte Straße nach Tarapoto macht Yurimaguas für das Amazonasgebiet vergleichsweise leicht zugänglich.

Busse und Taxis starten und halten an den Büros 2 km südwestlich des Zentrums. Nach Tarapoto (15 S, 3 Std.) fahren mehrere Gesellschaften von zahllosen Büros in der Straße nach Tarapoto oder der nahen Calle Pastaza. Am besten fährt man mit dem Taxi herum, um die Gesellschaft mit den besten Abfahrtszeiten zu finden.

Zudem gibt es zahlreiche Unternehmen mit *colectivos* nach Tarapoto (20 S, 2 Std.). Diese fahren an den *cuadras* 5 und 6 der Sifuentes. Zu diesen Unternehmen gehört **Autos San Martín** (065-35-1438; Victor Siffuentes, Carr á Yurimaguas s/n), aber eigentlich macht es keinen großen Unterschied, für welches Unternehmen man sich entscheidet: Sobald 4 Passagiere da sind, ist Abfahrt – egal wer fährt.

FLUGZEUG

Zurzeit fliegt keine Airline nach Yurimaguas. Der nächste größere Flughafen befindet sich in Tarapoto (S. 481), mit Verbindungen nach Lima und Iquitos.

SCHIFF/FÄHRE

Yurimaguas' Haupthafen **La Boca** (Mariscal Castilla s/n) liegt 13 Blocks nördlich des Zentrums. Lastkähne folgen von hier dem Río Huallaga bis zum Río Marañón und fahren weiter bis Iquitos. Für die Route brauchen sie zwischen zwei und vier Tagen, inklusive zahlreicher Zwischenstopps zum Laden und Entladen der Fracht. Normalerweise legt täglich außer sonntags ein Schiff ab. Die Reise an Deck (wo man seine eigene Hängematte aufhängt und einfaches Essen bekommt) kostet 100 S bis Nauta (zur Weiterfahrt nach Iquitos). Ein Bett in einer Zweier- oder Viererkabine auf dem Oberdeck, wo das Essen besser und die Ausrüstung sicherer ist, schlägt mit 130 S zu Buche; in Nauta angekommen geht's dann auf dem Landweg weiter bis Iquitos (1 Std.). An Bord werden Wasser in Flaschen, Säfte und Snacks verkauft. Insektenschutzmittel und einen Hut sollte jeder selbst mitbringen; auch ein eigener Vorrat an Proviant und Wasser ist sinnvoll. Angeblich trifft man mit den **Eduardo-Schiffen** (965-635-351, 065-35-1270; Elena Pardo 104) die beste Wahl (die Firma hat 5 Lastenschiffe), wobei Leser von Tierquälerei an Bord berichtet haben. Man kann die Fahrt in Lagunas (30 S, 10–12 Std.) unterbrechen, kurz bevor der Río Huallaga auf den Marañón trifft.

Schnellboote fahren vom Hafen La Boca nach Lagunas und weiter nach Iquitos. Abfahrt in Yurimaguas ist täglich zwischen 2.30 und 3 Uhr (genau: mitten in der Nacht!), Ankunft in Lagunas zwischen 7.30 und 8 Uhr; mit etwas Glück ist man um 18 Uhr in Iquitos.

Unterwegs vor Ort

Mototaxis bringen einen für 2 S zu jedem Ziel in der Stadt.

Lagunas

065 / 14 300 EW. / 148 M

Traveller kommen meist nur in das schlammige, moskitosgeplagte Lagunas, weil es der beste Ausgangspunkt für einen Besuch des Westteils der Reserva Nacional Pacaya-Samiria ist. Die Stadt ist weitläufig und abgeschieden. Es gibt einige Läden, aber das Angebot ist begrenzter (und teurer) als anderswo in Peru, deshalb bringt man am besten seinen eigenen Proviant mit. Man kann hier kein Geld wechseln und es gibt so gut wie kein öffentliches Telefon oder Restaurant.

Geführte Touren

Die Reserva Nacional Pacaya-Samiria kann auch von Iquitos aus besucht werden, aber Lagunas liegt näher am Schutzgebiet. Die Ausflüge ab Lagunas bieten im Gegensatz zu denen ab Iquitos keinen Schnickschnack: Man muss Lust haben, sich auf ein schlichtes, ursprüngliches Abenteuer einzulassen, allerdings eines mit guten Chancen, die unterschiedlichsten wilden Tiere zu sehen.

Spanischsprachige Guides für einen Besuch in der Reserva findet man vor Ort. Es ist illegal, im Schutzgebiet zu jagen; angeln für den Eigenbedarf ist jedoch gestattet. Für Guide, Boot und Unterkunft (in Hütten, Zelten und Rangerstationen) muss man pro Person und Tag happige 150 S einkalkulieren. Kürzere Touren sind oft etwas teurer. Verpflegung und Eintritt kommen dazu. Oft bereiten die Guides das Essen zu.

Vor Jahren gab es so viele Guides in Lagunas, dass ein offizieller Verband gegründet wurde, um zu verhindern, dass Besucher ständig belästigt werden und Preise sinken. Dadurch entwickelten sich zwei separate Organisationen. Gute Anbieter sind **Acatupel** (948-976-610; www.acatupel.com; Padre Lucero 1324) und **Huayruro Tours** (965-662-555, 065-40-1186; www.peruselva.com; Alfonso Aiscorbe 424). Letztere wird immer bekannter und hilft bei der Tourplanung (die Mitarbeiter sprechen Englisch und die Guides Spanisch; sie kennen das Gebiet sehr gut). Huayruro Tours bietet bis zu 22-tägige Touren und engagiert sich für Schutzprojekte wie die Wiederansiedlung von Schildkröten im Schutzgebiet.

Schlafen

Hostal Paraiso Verde PENSION $
(959-941-566; contacto@hostalaparaisoverde.com; Daniel A Carrión 320; Zi. ab 25 S/Pers.) Saubere, geflieste Zimmer sind typisch für die besseren Unterkünfte von Lagunas. Im Paraiso Verde darf man sich zudem über Ventilatoren und TVs freuen (die funktionieren aber natürlich nur, bis der Strom abgestellt wird – was fast jede Nacht in der ganzen Stadt der Fall ist).

Hotel Samiria PENSION $
(☎ 947-903-519; Fitzcarrald S/n; EZ/3BZ 25/50 S) Wahrscheinlich ist das in Marktnähe gelegene Samiria die beste Wahl vor Ort. Die Zimmer sind zwar ziemlich klein, aber einigermaßen sauber – das gilt auch für die Bäder. Im TV laufen spanischsprachige Sender. Am schönsten ist der versteckte Innenhof mit einem Hängemattenbereich, den man von den Zimmern aus sieht.

Anreise & Unterwegs vor Ort

Einfache Boote aus Yurimaguas (Hafen La Boca) (S. 519) den Fluss hinunter nach Lagunas brauchen etwa zehn bis zwölf Stunden und starten an den meisten Tagen zwischen 7 und 8 Uhr. Die Abfahrtszeiten stehen am Vortag auf den Tafeln in den Häfen in Yurimaguas und in Lagunas. Schnellboote aus Yurimaguas legen normalerweise um ca. 2.30 Uhr in La Boca ab. Sie brauchen 4½ bis 5½ Stunden bis Lagunas

An Lagunas' baufälligem **Hafen** ist in der Zeit von 7 bis 8 Uhr am meisten los. Dann machen sich viele Boote auf den Weg flussaufwärts nach Yurimaguas (40 S, 5½–6½ Std.) und flussabwärts nach Iquitos (100 S, 10 Std.).

Iquitos

☎ 065 / 472 000 EW. / 130 M

Iquitos ist die größte Stadt der Welt, die nicht über eine Straße zu erreichen und nur auf dem Luftweg und durch Flüsse mit dem Rest der Zivilisation verbunden ist. Die wohlhabende, lebhafte Dschungelmetropole und Hauptstadt des nördlichen Amazonasbeckens zieht Besucher mit ihrem besonderen Amazonasflair in den Bann. Unberührter Regenwald erstreckt sich gleich hinter der Stadt, den man schon von den eleganten, mit Klimaanlagen versehenen Restaurants am Flussufer aus sieht. Motorisierte Dreiräder tuckern durch die Straßen, während die Einheimischen rund um den Hauptplatz gelassen ein Eis essen, ganz so, als hätten sie alle Zeit der Welt. Lehmhütten wechseln sich ab mit herrlichen Ziegelsteinvillen. Kleine Einbaumkanus liegen im Wasser neben gigantischen Kreuzfahrtschiffen. Man kann durchaus nach Iquitos kommen, um eine abenteuerliche Bootstour den Amazonas hinunter zu unternehmen, doch die Stadt lädt erst einmal zum Verweilen ein. Es macht Spaß, Dschungelgerichte zu probieren, das quirlige Nachtleben zu genießen und einen der beeindruckendsten Märkte Perus in der schwimmenden Stadt Belén zu besuchen.

Geschichte

Iquitos wurde 1757 als Jesuitenmission gegründet, allerdings widersetzten sich die indigenen Stämme aktiv der Bekehrung. Wegen des großen Kautschukbooms in den 1870er-Jahren versechzehnfachte sich die Einwohnerzahl der Stadt. In den folgenden 30 Jahren war sie plötzlich Schauplatz prunkvollen Reichtums und ausgeprägter Armut. Die Kautschukbarone wurden unermesslich reich und ließen die Gummizapfer (hauptsächlich indigene Stammesangehörige und arme *mestizos*, Menschen mit indigenen und spanischen Vorfahren) bei der Saftgewinnung wie Sklaven schuften. Immer wieder gab es Tote durch Krankheiten oder grausame Behandlung.

So plötzlich wie der Aufstieg erfolgte auch der Niedergang. Im Ersten Weltkrieg erreichte der Weltmarktpreis für Kautschuk einen Tiefstand. Ein britischer Unternehmer hatte ein paar Gummibaumsamen aus Brasilien herausgeschmuggelt und auf der Malaiischen Halbinsel wurden Plantagen angelegt. Dort war es viel billiger und einfacher, Kautschuk zu ernten als von den wilden, verstreut wachsenden Bäumen im Amazonasbecken.

Danach ging es ökonomisch weiter bergab. Die Stadt versuchte sich mit einer Kombination aus Holz- und Landwirtschaft – Paranüsse, Tabak, Bananen und *barbasco* (eine giftige Kletterpflanze, die von den Indianern zum Fischen verwendet wurde und jetzt als Bestandteil von Insektiziden exportiert wird) – und dem Export wilder Tiere für Zoos über Wasser zu halten. In den 1960er-Jahren belebte ein erneuter Aufschwung die Gegend. Diesmal machten Ölfunde Iquitos zu einem aufblühenden modernen Ort. In den vergangenen Jahren avancierte auch der Tourismus zu einem bedeutenden Wirtschaftsfaktor.

Sehenswertes

Iquitos kulturelle Attraktionen sind zwar begrenzt, aber sie übertreffen die anderer Städte des Amazonasgebietes, besonders seit der Eröffnung der beiden Museen in den Jahren 2013 und 2014. Der nette Malecón (die Uferpromenade) zwischen der Nauta und der Ricardo Palma ist möglicherweise die Hauptattraktion der Stadt!

Überbleibsel aus den Tagen des Kautschukbooms sind u. a. die *azulejos*, handgemachte Kacheln, die aus Portugal importiert wurden, um die Villen der Kautschukbarone zu schmücken. Viele Gebäude entlang der Raimondi und des Malecón Tarapaca wurden mit diesen Fliesen verziert.

★ Belén Mercado — MARKT

GRATIS Am südöstlichen Ende der Stadt befindet sich die schwimmende Barackenstadt Belén. Sie besteht aus unzähligen Floßhütten, die mit dem Wasserpegel steigen und fallen. Während der Monate mit niedrigem Wasserstand dümpeln die Flöße im Schlamm vor sich hin, aber den Rest des Jahres schwimmen sie auf dem Fluss und bieten einen herrlich chaotischen, farbenfrohen Anblick. Hier leben insgesamt 7000 Menschen. Kanus fahren von Hütte zu Hütte und verkaufen Dschungelprodukte.

Am besten kommt man um 7 Uhr morgens hierher, wenn die Bewohner der umliegenden Dschungeldörfer beginnen, ihre Waren anbieten. Wer nach Belén möchte, nimmt ein Taxi nach „Los Chinos", läuft zum Hafen und heuert dort einen Kanuführer an, der einen herumfährt.

Der Markt ist genauso laut und überfüllt wie die Märkte in den meisten anderen peruanischen Städten. Gerade wegen des steigenden und fallenden Wasserstands, der diesen Markt so schlammig und moskitogeplagt macht, ist Belén jedoch noch ein bisschen schmutziger. Alle möglichen Arten von seltsamen und exotischen Produkten werden hier verkauft, von *ayahuasca* in Flaschen zu Insektenlarven, aber auch Säcke mit Reis, Zucker und Mehl sowie billige Haushaltswaren. Besucher sollten nach der Rinde des *chuchuhuasi*-Baumes Ausschau halten, die wochenlang in Rum eingelegt und als Stärkungsmittel genutzt wird (gibt's in zahlreichen einheimischen Bars). *Chuchuhuasi* und andere Pflanzen des Amazonasgebietes gehören zu den handelsüblichen Zutaten von pflanzlichen Schmerz- und Arthritismitteln, die in Europa und in den USA hergestellt werden.

Der Markt eignet sich ausgezeichnet zum Shoppen und Sightseeing, allerdings sollte man hier unbedingt gut auf seine Geldbörse aufpassen.

Historisches Schiffsmuseum — MUSEUM

(Plaza Castilla; 10 S; ⌚8–20 Uhr) Unterhalb der Plaza Castilla liegt die *Ayapua* vor Anker, ein toll restauriertes Amazonas-Boot von 1906 mit drei Decks. Es birgt das unterhaltsame Museum für historische Schiffe. Die Ausstellung spiegelt die bewegte Geschichte des Amazonas wider und erzählt von Entdeckern, Stämmen, Kautschukbaronen und dem Dreh des Films *Fitzcarraldo* von Werner Herzog (1982). Im Preis inbegriffen ist eine halbstündige historische Bootsfahrt auf dem Río Itaya bis zum eigentlichen Amazonas.

Malecón — AUSSICHTSPUNKT

(Malecóns Maldonado & Tarapaca) Der Anblick von Iquitos' exquisiter Flusspromenade ist zugleich spektakulär und surreal: Hier reihen sich schicke Bars und Restaurants aneinander – und dennoch ist sie vom Rest der Welt durch Hunderte Kilometer Dschungelfluss getrennt. An der Promenade werden Touren und Dschungelessen angeboten, während unten alte Flussboote verrotten und die Stelzenhütten der unteren Stadt den schnell wechselnden Pegeln des Flusses überlassen werden.

Museum der indigenen Amazonas-Kulturen — MUSEUM

(Malecón Tarapaca 332; 15 S; ⌚8–19.30 Uhr) Das Museum führt die Besucher durch das Brauchtum und den Glauben der verschiedenen Amazonas-Völker. Der Fokus liegt dabei auf dem peruanischen Amazonasgebiet. Dabei werden um die 40 Stämme vorgestellt.

NEUER STANDORT FÜR BELÉN

Der Befehl kam von ganz oben: Belén – der vielleicht charakteristischste Bezirk von Iquitos – muss umziehen. Als Hauptgrund dafür wurde die Hygiene genannt: Wenn der Wasserpegel steigt, schwimmt diese Mischung aus Barackensiedlung und Markt, wenn der Wasserpegel sinkt, strandet sie jedoch auf stinkendem Schlamm. Aber wie transportiert man ein ganzes Viertel von A nach B? (Und wo ist B überhaupt?) Keine einfache Aufgabe; die Köpfe rauchen. Zum Zeitpunkt der Recherche hatten erst ein paar wenige Familien von Hunderten dem Umzug zugestimmt. Der Rest ist entschieden dagegen – was man sieht, wenn man den Markt besucht. Ohne ihre Zustimmungen und angesichts der Tatsache, dass ein neuer Standort die Aufgabe ihrer bisherigen Existenzgrundlage (Fischerei und Flusshandel) bedeuten könnte, wird das Projekt „Umzug" ein schwieriges Unterfangen, das viele Jahre dauern wird.

Iquitos

0
400 m
Puerto ENAPU (1 km);
Henry-Bootshafen (1,5 km);
La Casa Fitzcarraldo (2,5 km)
Brusco
Boote nach Al Frio y al Fuego
Celendin
Pedro Rosell
Tavara
Yavari
Pucallpa
Callao
Nanay
Ocampo
Loreto
Echenique
Pevas
Castilla
Requena
Putumayo
Callao
Moore
Tacna
Condamine
Fitzcarrald
Nauta
Raimondi
Araujo
Plaza Castilla
Historisches Schiffsmuseum
Malecón Maldonado
Plaza de Armas
Napo
Lores
Pucallpa
Bolognesi
Morona
Brasil
Complejo CNI (250 m)
Ricardo Palma
Huallaga
Arica
Próspero
Malecón Tarapacá
Oficina de Migraciónes (750 m)
Cáceres
Moore
Grau
Plaza 28 de Julio
San Martín
Aguirre
Sáenz
Ucayali
(9 km)
Nauta-Van-&-Colectivo-Haltestelle (450 m)
Belén (400 m)

Iquitos

Highlights
1 Historisches Schiffsmuseum D4

Sehenswertes
2 Casa de Fierro C5
3 Malecón D5
4 Museum der indigenen Amazonas-Kulturen C6

Aktivitäten, Kurse & Touren
5 Dawn on the Amazon Tours & Cruises D5

Schlafen
6 Amazon King Lodge (Büro) C4
7 Avatar Amazon Lodge (Büro) C5
8 Boulevard 251 Riverside Apartments D5
9 Casa Celestial B6
10 Casa Morey D4
11 Cumaceba Lodges (Büro) C5
12 DoubleTree by Hilton Hotel Iquitos C5
13 Explorama Lodges (Büro) D1
14 Flying Dog Hostel C7
15 Friends of the Amazon Jungle Lodge (Büro) D4
16 Hospedaje Golondrinas A3
17 Hostal El Colibrí D5
18 Hostal Florentina B5
19 Hotel Acosta B5
20 Hotel La Época C7
21 Hotel Victoria Regia B6
22 Jungle Wolf Lodge (Büro) A3
23 La Casa Chacruna C5
24 La Maison C5
25 Marañón Hotel C4
26 Nativa Apartments B4
27 Otorongo Lodge (Büro) C4
28 Tahuayo Lodge (Büro) D2

Essen
29 Antica C5
30 Ari's Burger C5
31 Cafe Express C5
32 Cafezinho C4
33 Chifa Long Fung A6
34 ChillOut Carnes y Pescados B3
Dawn on the Amazon Cafe .... (siehe 5)
35 Espresso Cafe-Bar B6
36 Fitzcarraldo Restaurant-Bar C5
37 Gran Maloca C5
38 Ivalú C5
39 Karma Cafe C5
40 Le Bateau Ivre C5
41 Mercado Central B5
42 Mitos y Cubiertos C5
43 Supermercado Los Portales C6

Ausgehen & Nachtleben
44 Arandú Bar C5
45 Musmuqui D4

Shoppen
46 Kunsthandwerk-Stände D5

Praktisches
47 BCP C5
48 Brasilianisches Konsulat B5
49 Clínica Ana Stahl D1
50 Kolumbianisches Konsulat B5
51 Happydent B4
52 InkaFarma C6
53 iPerú C5

Transport
54 Anlegestelle D5
55 LATAM C5
56 Puerto Embarcadero D2
57 Schnellbootbüros D4
58 Star Perú C5

Casa de Fierro HISTORISCHES GEBÄUDE
(Eisenhaus; Ecke Putumayo & Raymondi) GRATIS In jedem Reiseführer wird die majestätische Casa de Fierro (Eisenhaus) erwähnt, die von Gustave Albert Eiffel erbaut wurde. Sie wurde 1860 in Paris errichtet und um 1890 während des Kautschukbooms Stück für Stück zur Stadtverschönerung nach Iquitos gebracht. Es handelt sich um das einzige verbliebene von drei Eisenhäusern, die ursprünglich hierher importiert wurden, und sieht wie ein Haufen ineinandergeschobener Metallscheiben aus. Einst war in dem Gebäude der Iquitos Club untergebracht, heute, in bescheideneren Zeiten, befindet sich hier ein Gemischtwarenladen.

Die Schönheit des Gebäudes erfährt man nur von außen.

Geführte Touren

Bootsfahrten

Auf dem Amazonas mit dem Boot umherzureisen ist eine teure Angelegenheit: Selbst kurze Ausflüge kosten manchmal mehr als 1000 US$. Weil es sich um einen sehr beliebten Zeitvertreib handelt, muss man die Touren oft im Voraus buchen (dann gibt's häufig Rabatte). Flussabwärts geht's Richtung Brasilien und Kolumbien, flussaufwärts nach Nauta, wo der Marañón und der Ucayali zusammenfließen. Hinter Nauta führen die Exkursionen auf diesen beiden Flüssen weiter zum Reserva Nacional Pacaya-Samiria. Ausflüge können auch auf den drei Flüssen rund um Iquitos unternommen werden: dem Itaya, dem Amazonas und dem Nanay. Alle Unternehmen geben ihre Preise in US-

Dollars an. Reservierungen sind über www.amazoncruise.net möglich.

★ **Dawn on the Amazon Tours & Cruises** BOOTSFAHRTEN
(☎065-22-3730; www.dawnontheamazon.com; Malecón Maldonado 185; Tagestouren inkl. Mittagessen pro Pers. Ab 85 US$, mehrtätige Fahrten ab 225 US$/Tag) Dieses kleine Unternehmen ist eine tolle Anlaufstelle für unabhängige Traveller. Mit der *Amazon I,* einem schönen, modern eingerichteten 11 m langen Holzboot, kann man Tagesausflüge oder Flussfahrten bis zu zwei Wochen machen.

Teilnehmer schippern den Amazonas entlang oder über die ruhigeren Seitenarme (größere Schiffe fahren natürlich nur auf den Hauptwasserwegen). Viele Anbieter haben festgelegte Abfahrtszeiten und Routen, Dawn on the Amazon dagegen kann auf individuelle Wünsche reagieren. Der größten Beliebtheit erfreut sich die Fahrt auf drei Flüssen, bei der Angeln und das Beobachten von Vögeln zum Programm gehören.

Aqua Expeditions KREUZFAHRT
(☎965-832-517, 065-60-1053; www.aquaexpeditions.com; 3-Nächte Marañón & Ucayali Kreuzfahrt in einer Suite ab 3825 US$/Pers.) Aqua bietet luxuriöse Flusskreuzfahrten an, die wöchentlich zum Reserva Nacional Pacaya-Samiria führen. Die MV *Aria Amazon* bietet hervorragende Unterkünfte in 16 fast gleich großen Suiten samt Spa und wunderbarem Aussichtsbereich. Die Kreuzfahrten dauern drei, fünf oder sieben Tage und starten in Nauta.

Das Büro (S. 80) befindet sich in Lima, nicht Iquitos; man muss im Voraus buchen.

An Bord befinden sich eine komplette Crew und zweisprachige Guides. Im Preis inbegriffen sind alle Mahlzeiten, einschließlich kleiner Lunchpakete für Ausflüge. Zu den angebotenen Aktivitäten gehören Besuche indigener Gemeinschaften (samt Aufführung von Tänzen und Verkauf von Kunsthandwerk), Wanderungen sowie die Beobachtung von Vögeln und Amazonasdelfinen (auf großen Schiffen ist die Chance geringer, seltene Tiere zu sehen).

R & F Expeditions KREUZFAHRT
(☎999-954-004; www.rfexpeditions.com; 4 Tage & 3 Nächte ab 3150 US$/Pers.) Die RF *Amazonas* (aus dem Jahr 2016) ist ein Holzschiff mit vier Decks, das Kreuzfahrten auf dem Amazonas ab Iquitos anbietet. Zum Schiff gehören ein Beobachtungsdeck, ein Spa, eine hübsche Bar mit Restaurant und 13 fantastische, mit Zedernholz verkleidete Suiten (33–48 m²). So lassen sich die angebotenen Aktivitäten (z. B. Besuche indigener Gemeinschaften, Beobachtung von wilden Tieren oder Besuche einer Rumbrennerei) genießen. Die Fahrten beginnen in Puerto Bellavista-Nanay.

Feste & Events

San Juan TRADITIONELLE MUSIK
(⌚22.–27. Juni) Dieses große Event findet rund um den Namenstag von San Juan Bautista (alias Johannes der Täufer) am 24. Juni – dem Höhepunkt der Feierlichkeiten – statt. An diesem Datum wird in den meisten Städten des Amazonasgebietes gefeiert, doch Iquitos ehrt den Heiligen in besonders enthusiastischer Weise mit Tänzen.

Gemäß der Tradition wird nun jede Menge *juanes* verspeist. Am Abend des 23. Juni baden die Einheimischen im Fluss, denn das Wasser des Itaya soll an diesem Tag heilende Kräfte haben.

Great Amazon River Raft Race FLOSSRENNEN
(www.facebook.com/carreradebalsas2017) Bei dem Rennen, das im September oder Oktober auf dem Flussabschnitt zwischen Nauta und Iquitos veranstaltet wird, messen sich die Teilnehmer auf handgemachten Flößen.

Schlafen

Die Bandbreite an Unterkünften in Iquitos ist groß. Hier gibt es alles, von einfachen Budgetpensionen zu Fünf-Sterne-Hotels. Viele Unternehmen versuchen sich in der Luxuskategorie – leider ohne Erfolg. Die besten Hotels füllen sich an Wochenenden und zu Festivalzeiten schnell. Die geschäftigste Zeit ist von Mai bis September, dann können die Preise auch etwas steigen. Aufgrund des Wettbewerbs bieten sogar Budgethotels recht ordentliche Standards. Moskitos sind in der Stadt nur selten ein Problem, aber man sollte darauf vorbereitet sein, dass ein Moskitonetz nicht immer im Preis inbegriffen ist.

Casa Celestial HOSTEL $
(☎978-801-728; www.hablayoga.com/casacelestial; Brasil 277; B/DZ mit Frühstück 30/80–100 S) Dieses helle, neue Hostel-mit-Pension bietet einen Schlafsaal und drei komfortable Zimmer (zwei davon mit eigenem Bad). Die Manager haben jede Menge Erfahrung in verschiedenen Hotels in Lateinamerika gesammelt und das zeigt sich: Travellerfreundlicher Service, superstarker Kaffee und das Frühstück ist im

Preis inbegriffen. Das Beste an diesem dreistöckigen Hotel sind jedoch die *piscos sour*, die noch stärker sind als der Kaffee.

Im Obergeschoss gibt es ein Yogastudio und Pläne für ein Café.

La Casa Chacruna PENSION $

(065-24-2920; www.facebook.com/lacasachacruna; Napo 312; B 30 S, DZ 70–100 S) Kaum zu glauben, aber in dieser Pension gegenüber von Iquitos teuerstem Hotel kann man für 400 S weniger pro Nacht denselben tollen Blick auf die Plaza genießen. Die Pension ist sauber und freundlich, aber ein bisschen beengt. Im Gemeinschaftsraum gibt es einen schier unerschöpflichen Vorrat an Kaffee. Aufgrund der Nähe zur Plaza kann es schon mal ein bisschen laut werden.

Die Casa Chacruna füllt wunderbar die Lücke zwischen Hostel- und Hotelstandard.

Hospedaje Golondrinas PENSION $

(065-23-6428; www.hospedajegolondrinas.com; Putumayo 1024; B/EZ/DZ 23/40/50 S;) Das Golondrinas macht sich mehr und mehr einen Namen als Backpackertreffpunkt, denn die Preise sind vernünftig, die Zimmer gut in Schuss und es gibt sogar einen Pool. Außerdem werden für kleines Geld Dschungeltouren zur dazu gehörenden Lodge Jungle Wolf angeboten (S. 536).

Flying Dog Hostel HOSTEL $

(065-22-3755; www.flyingdogperu.com; Malecón Tarapaca, zw. Brasil & Ricardo Palma; B/EZ/DZ inkl. Frühstück 28/85/99 S;) Mit seinen sauberen hellen Zimmern, warmem Wasser und der Küche ist dies die beste Backpacker-Unterkunft vor Ort. Sie ist Teil einer Hostelkette mit Vertretungen in Lima und Cusco. Die Einzelzimmer und Doppelzimmer sind angesichts dessen, was man bekommt, etwas teuer, haben dafür aber Privatbäder.

La Maison PENSION $

(065-23-4146; www.lamaison-iquitos.com; Raimondi 183; B 18–25 S, Zi. 50–60 S) Ein sicherer, mit Hängematten geschmückter Innenhof führt nach hinten zu dieser schönen Budgetunterkunft, die irgendwie eine Mischung aus Hostel und Pension ist. Die kolonialen Zimmer zeigen die Abnutzungsspuren, die Generationen von Backpackern hinterlassen haben, sind aber völlig in Ordnung.

Hostal Florentina PENSION $

(065-23-3591; Huallaga 212; Zi. 60–90 S;) Die Zimmer in dem alten Kolonialhaus sind eher klein, aber sehr ruhig, da sie ein ganzes Stück von der Straße zurückgesetzt sind. Zur Ausstattung gehören Kabel-TV, Moskitonetze und blitzblanke Bäder. Hinzu kommt ein schöner Hof mit Hängematten auf der Rückseite. Die niedrigeren Preise gelten für Zimmer mit Ventilatoren, die höheren für Zimmer mit Klimaanlagen. Ein bisschen stickig, aber es gibt viel Schlimmeres.

Hostal El Colibrí PENSION $

(065-24-1737; Nauta 172; EZ 60 S, DZ 70–90 S;) Eine so lala Budgetunterkunft in der Nähe des Flusses und des Hauptplatzes, die dank der kleinen Cafeteria wie ein Hotel anmutet. Die Einzel- und Doppelzimmer, die sich auf drei Stockwerke verteilen, sind hübsch, luftig und mit Ventilatoren und TVs ausgestattet. Die klimatisierten Zimmer sind teurer. Frühstücken kostet 8 S extra.

★ Boulevard 251 Riverside Apartments APARTMENT $$

(965-730-491; www.iquitosapartments.com; Malecón Maldonado 251; Apt. 157–230 S;) Um es kurz zu machen: Es gibt keine bessere Unterkunft in Iquitos, sowohl im Hinblick auf den Standort, hoch oben über dem Flussufer, als auch auf das schicke Ambiente, das die Gäste hier genießen dürfen. Es gibt drei Kategorien von Unterkünften, aber wir empfehlen die Apartments in den oberen Stockwerken am Fluss mit Blick aufs Wasser.

Die Räume sind hell und schick (einige Apartments haben bodentiefe Fenster) und es gibt eine Terrasse im Obergeschoss mit Grill. Zu den Apartments gehören sehr gut ausgestattete Küchenzeilen, die dazu verführen, sich komplett von der Hektik der Stadt zu verabschieden.

Hotel La Época BOUTIQUE-HOTEL $$

(065-22-4172; www.epoca.com.pe; Ecke Ramirez Hurtado & Ricardo Palma; EZ/DZ/3BZ mit Frühstück 198/231/330 S;) Das führende der vielen luxuriösen kolonialen Boutique-Hotels in Iquitos' bietet alles, was Gäste sich nur wünschen können: Luftige Zimmer mit hohen Decken, wunderschönen Fliesenarbeiten und Jugendstil-Elemente aus der Ära des Kautschukbooms sowie Minibars und Kabel-TVs in den Schlafzimmern und ein hübsches Restaurant im zweiten Stock.

An einigen Stellen, erinnert das Hotel mit seinen Fotografien aus der Jahrhundertwende fast an ein Museum. Das La Época befindet sich an der Ramirez Hurtado, die hier noch immer als Malecón Tarapaca bekannt ist.

HERZOGS AMAZONAS

Dem deutschen Regisseur Werner Herzog, der in Perus Dschungel die beiden Filme *Aguirre, der Zorn Gottes* (1972) und *Fitzcarraldo* (1982) drehte, sagen viele nach, er sei obsessiv und wolle „die Realität selbst" filmen. In gewisser Hinsicht sind seine Leistungen bei den Dreharbeiten, die unter chaotischen Bedingungen stattfanden, bemerkenswerter als die Streifen selbst.

Klaus Kinski, Hauptdarsteller in beiden Filmen, neigte zu extremen Wutanfällen. Herzogs Dokumentation *Mein liebster Feind* beschreibt beispielsweise, dass Kinski derart heftig auf einen Nebendarsteller einschlug, dass diesen nur sein Helm vor dem Tod rettete. Gegen Ende der Dreharbeiten wollte Kinski das Filmteam nach Streitigkeiten mit einem Kameramann per Schnellboot verlassen. Daraufhin drohte Herzog, ihn mit einem Gewehr zu erschießen, damit er blieb. (Um beiden Seiten gerecht zu werden: In *Mein liebster Feind* gestand der Regisseur auch ein, dass er einmal in seinem Haus eine Brandbombe nach Kinski warf, zudem neigte er laut anderen Mitgliedern der Crew zu Übertreibungen.) Kinskis Biografie *Kinski Uncut* (bei der Herzog zum Teil als Ghostwriter fungierte) stellt den Regisseur als Kasper dar, der vom Filmemachen keine Ahnung hat.

Beim Dreh von *Fitzcarraldo* fiel der vorgesehene Hauptdarsteller aus Krankheitsgründen aus und Mick Jagger, sein Nachfolger, verließ das Set wegen einer Tournee mit den Rolling Stones. Nachdem bereits ein Jahr an Filmarbeiten vergeudet war, sah sich Herzog gezwungen, erneut Kinski anzuheuern. Doch der Schauspieler vergrätzte schon bald die Matsiguenka-Stammesmitglieder, die als Komparsen dienten. Einer von ihnen bot Herzog sogar an, Kinski umzubringen. Während in der Nähe der Grenze zwischen Peru und Ecuador gedreht wurde, brach ein Krieg zwischen den beiden Ländern aus und Soldaten zerstörten die Filmkulisse. Dazu kamen noch ausgeprägte Dürreperioden, die Flüsse austrocknen ließen und so das Dampfschiff des Films für Wochen festsetzten. Anschließende Überschwemmungen zerstörten es dann gänzlich (siehe auch in *Die Eroberung des Nutzlosen*, Herzogs Filmtagebuch). Einen anderen Blick auf die Geschehnisse liefern die Betreiber der Casa Fitzcarraldo, deren Besitzerin die Tochter des leitenden Produzenten von *Fitzcarraldo* ist.

Mit dem Regisseur zu arbeiten konnte sehr anstrengend sein. Er filmte z. B. viele Katastrophen und nutzte das Material für den letzten Schliff. Herzog sagte einmal, das Drehen im Amazonasgebiet sei eine „Herausforderung der Natur selbst". Die Tatsache, dass er zwei Filme unter solch widrigen Umständen fertigstellen konnte, belegt, dass er die Natur in gewisser Weise tatsächlich herausgefordert hatte – und triumphierte.

La Casa Fitzcarraldo PENSION **$$**

(☎065-60-1139, 065-60-1138; http://lacasafitzcarraldo.com; Av La Marina 2153; Zi. inkl. Frühstück 170–315 S; P ❄ 📶 🏊) Iquitos' interessanteste Unterkunft liegt in einem ummauerten Garten 3 km nördlich der Stadt und wurde nach Werner Herzogs gleichnamigem Film benannt. Der Regisseur und sein Team übernachteten hier während der Dreharbeiten. Es gibt sieben individuell gestaltete Zimmer, z. B. den blauen Raum mit Mahoganiboden und die üppig grüne Klaus-Kinski-Suite mit einem bildschönen Bild von einem Schmetterling sowie ein Baumhaus mit Internetanschluss.

Darüber hinaus lockt die Casa Fitzcarraldo mit einem schönen Pool (10 S für Nichtgäste), einem reichhaltigen Frühstück (im Preis inbegriffen), einem Bar-Restaurant, einem Minikino und einigen vierbeinigen Mitbewohnern. In den öffentlich zugänglichen Bereichen hängen Aufnahmen von den Dreharbeiten zu *Fitzcarraldo*. Vom Zentrum aus zahlt man 3 S für ein *mototaxi*, der Abholservice vom Flughafen ist im Übernachtungspreis inbegriffen.

Nativa Apartments APARTMENT **$$**

(☎065-60-0270; https://nativaapartments.com; Nanay 144; Apt. 150–390 S; ❄ 📶) Wer in Iquitos ein sauberes, sicheres, freundliches Zuhause in der Ferne sucht, in dem man sich in einem großzügig geschnittenen Apartment selbst versorgen kann, ist hier richtig.

Hotel Acosta HOTEL **$$**

(☎065-23-1761; www.terraverde.pe/acosta-hotel; Ecke Araujo & Huallaga; EZ/DZ 120/145 S; ❄ 📶) Das Acosta hat seine Preise gesenkt, da – ganz ehrlich – auch die Standards gesenkt wurden. Statt einem Businesshotel der oberen Kategorie gleicht es nunmehr einem Mittelklassehotel der unteren Kategorie. Dennoch: Die in eleganten Erdtönen gehaltenen Zimmer sind mit Minibar, Klimaanlage, Safe und Schreibtisch ausgestattet; die besten haben Balkone. Im Erdgeschoss befindet sich zudem ein Restaurant. Aber irgendwie fühlt sich das Ganze etwas tot an.

Marañón Hotel HOTEL **$$**
(065-24-2673; www.hotelmaranon.com; Nauta 289; EZ/DZ mit kontinentalem Frühstück 99/150 S;) Einatmen! Trotz des starken Geruchs nach Reinigungsmitteln ist der Duft unverkennbar: weißer Fuchsschwanz. Das Hotel erinnert vom Aussehen an eine gestrandete Fähre, aber vom Gefühl her eher an die *Mary Celeste*. Alles ist hell gefliest und die Zimmer haben große Bäder, Minibars und alle anderen üblichen Annehmlichkeiten. Das Hotel bietet ein gutes Preis-Leistungs-Verhältnis, falls einen die fehlende Atmosphäre nicht stört.

Casa Morey BOUTIQUEHOTEL **$$$**
(065-23-1913; www.casamorey.com; Loreto 200; EZ/DZ inkl. Frühstück 230/310 S;) Dank Renovierungsmaßnahmen versprüht die 1910 errichtete ehemalige Villa des Kautschukbarons Luis F. Morey nach wie vor die Eleganz vergangener Zeiten. Die 14 Suiten sind wirklich riesig, zudem gibt's zahlreiche Original-*azulejos,* gigantische Bäder mit Wannen, einen tollen Ausblick auf den Fluss, einen Garten mit kleinem Pool und eine Bibliothek mit einer großartigen Sammlung von Amazonasliteratur.

Der wunderbare Essbereich lädt zum Frühstücken ein (bei den Fliesen dort handelt es sich allerdings nicht um Originale).

Hotel Victoria Regia HOTEL **$$$**
(065-23-1983; www.terraverde.pe/victoria-regia-hotel-suites; Ricardo Palma 252; EZ/DZ mit Frühstück 373/420 S;) Ein Schwall eiskalte, klimatisierte Luft schlägt den Gästen in diesem schicken Hotel entgegen. Hier gibt es großzügige Zimmer mit tollen Betten, schicken Leselampen, Minibars und Bädern mit Badewannen und Haartrocknern. Eine der Suiten bietet sogar einen Whirlpool. Der Innenpool und das gute Restaurant mit Bar ziehen betuchte Gäste und Geschäftsleute an.

In Wirklichkeit ist das Hotel jedoch nicht viel besser, als viele andere Stadthotels, die 100 S weniger kosten. Unterschiedliche Angebote können die Preise jedoch um die Hälfte reduzieren.

DoubleTree by Hilton Hotel Iquitos BUSINESS-HOTEL **$$$**
(065-22-2555; http://doubletree3.hilton.com; Napo 258; EZ/DZ mit Frühstück ab 423/455 S;) Dieses moderne Hotel in bester Lage an der Plaza ist (zweifellos) das teuerste und (vielleicht) das beste Hotel in der Stadt. Seit kurzem gehört es zur Hilton-Gruppe. Über 60 gut ausgestattete Zimmer (einige mit Blick auf die Plaza, andere mit Blick auf den Pool), ein Spa, eine Sauna, ein Fitnessraum und ein hübsches Restaurant im Erdgeschoss sowie mehrere Suiten mit 24-Std.-Zimmerservice, zwei Bars und aufmerksame Hotelmitarbeiter machen dieses Hotel zu einer ausgezeichneten Wahl.

Wenn nicht viel los ist, gibt's oft Rabatte: Mehr Infos findet man auf der Website.

Essen

In der Stadt gibt es hervorragende Restaurants, doch leider bestehen viele regionale Spezialitäten aus dem Fleisch bedrohter Tiere, darunter *chicharrón de lagarto* (gebratener Alligator) und *sopa de tortuga* (Schildkrötensuppe). Besser sind Ceviche aus Flussfisch und *chupín de pollo,* eine herzhafte Hühnersuppe mit Ei und Reis, sowie *juanes.*

★ **Belén Mercado** MARKT **$**
(Ecke Próspero & Jirón 9 de Diciembre; *menú* ab 5 S) Iquitos' Märkte warten mit kulinarischen Genüssen auf, vor allem der *mercado* von Belén, wo ein *menú* inklusive *jugo especial* (Dschungelsaft) 5 S kostet. Zu den typischen Spezialitäten gehören fleischige Amazonaswürmer, *ishpa* (geschmorte Innereien und Fett vom Sabalo-Fisch) sowie *sikisapa* (frittierte Blattschneiderameisen; der Unterleib ist angeblich am leckersten). Man sollte ein Auge auf seine Wertsachen haben. Ein weiterer guter Markt mit günstigem Essen ist der **Mercado Central** (Lores cuadra 5; Snacks ab 1 S).

Cafezinho CAFÉ **$**
(Nauta 250; Kaffee 2,50–10 S; Mo–Sa 7–13 & 16–23 Uhr, So 17–21 Uhr) Dieses hübsche kleine klimatisierte Café kann es mit den ganz Großen der Stadt aufnehmen und schlägt diese im Hinblick auf Kaffee sogar noch um Längen. Hier gibt es alles, von Ristretto zu Oreo-Frappés – und alles ist megalecker.

Café Express CAFÉ **$**
(Próspero 285; Snack/Frühstück 3–10 S; Mo–Sa 7–16 Uhr) Noch keine Frühstückspläne? Das

hier ist seit Jahrzehnten *die* Adresse für die erste Mahlzeit des Tages. Am besten kauft man eine Zeitung bei dem alten Herrn draußen vor der Tür, schnappt sich dann eine Bank und genießt mit den Einheimischen die Leckereien und eine Prise des berühmtbarschen Service (gehört einfach dazu). Was nicht kaputt ist, sollte man auch nicht reparieren.

Ari's Burger AMERIKANISCH $

(☎065-23-1470; Próspero 127; Mahlzeiten 10–25 S; ⌚7–3 Uhr) Dieses lebhafte hell erleuchtete Ecklokal an der Plaza de Armas ist bei den Einheimischen unter dem Namen *gringolandia* bekannt. Zwei Seiten zur Straße sind offen, wodurch man sehr gut den Platz und die Leute beobachten kann. Der Laden ist fast immer geöffnet und kredenzt amerikanische Küche mit lokaltypischen Leckerbissen (z. B. Burger mit *paiche*, einem Fisch aus der Gegend). Beliebt bei Touristen wie Einheimischen.

Ivalú PERUANISCH $

(Lores 215; Snacks ab 3 S; ⌚8 Uhr–früher Nachmittag) Eines der beliebtesten Lokale der Stadt wenn es um Säfte, Kuchen und *tamales* (Huhn oder Fisch in Maisteig) geht. Die Säfte sind in der Tat sensationell: Viele werden aus Dschungelfrüchten hergestellt, deren Namen man noch nie gehört hat. Man sollte früh herkommen, ehe alles ausverkauft ist!

Chifa Long Fung CHINESISCH $

(San Martín 454; Hauptgerichte 15–30 S; ⌚12–14.30 & 19–24 Uhr) Wenn man sich erst einmal an den grottenschlechte Service gewöhnt hat, lassen einen die Berge an leckerem chinesischem Essen in diesem legendärsten der vielen *chifas* nahe der Plaza 28 de Julio schnell wieder lächeln.

Supermercado Los Portales SUPERMARKT $

(Próspero at Morona; ⌚7.30–23 Uhr) Für Selbstversorger gibt es diesen Supermarkt, der eine überraschend vielseitige Weinauswahl und ein sauberes, superbilliges Café bietet (das von 7.30–22 Uhr geöffnet ist, man sitzt direkt neben dem Gang mit Tierfutter).

★ Dawn on the Amazon Cafe INTERNATIONAL $$

(http://dawnontheamazoncafe.com; Malecón Maldonado 185; Hauptgerichte 10–30 S; ⌚Mo–Sa 7.30–22 Uhr; 📶) Mit seinen nordamerikanischen, peruanischen, spanischen und chinesischen Gerichten zeigt das Café am Malécon (mit mehreren Reihen Tischen im Freien) jede Menge Traveller an. Einfach bestellen, worauf man Lust hat: Wir fanden den gedämpften Fisch sehr lecker. Die Gerichte sind glutamatfrei und auch für Gäste mit Glutenunverträglichkeit ist gesorgt.

Hier gibt es auch Acai-Schüsseln – für einen reichhaltigen und erfrischenden Start in den Tag.

ChillOut Carnes y Pescados CEVICHE $$

(Napo 834; Hauptgerichte 20–32 S; ⌚So–Di 10–17; Do–Sa 19–22 Uhr; ❄) Dieses Lokal erhält den ersten Platz im hart umkämpften Titel um die beste *cevichería* der Stadt. Hier gibt es einen klimatisierten Essraum, einen kleinen Hof zur Straße und – vor allem – riesige Platten köstliche Ceviche.

Espresso Café-Bar CAFÉ $$

(www.facebook.com/espressocafeiquitos; Ecke Próspero & Morona; Hauptgerichte 21–32 S; ⌚12–24 Uhr) Elegante Sanierungen im Stil der Kautschukära sind der letzte Schrei in Iquitos. Und dieses Café im zweiten Stock, das sich wunderbar zum Beobachten von Menschen eignet, trifft den Nagel auf den Kopf. Der Service im luftigen, eleganten Inneren mit seinen hohen Decken ist ebenfalls wunderbar. Hier kann man verschiedene Kaffeevariationen, Tees, Cocktails und Kuchen sowie Sandwiches, Chicken Wings, Bruschetta und anders genießen.

An den Wochenenden gibt es Livemusik und nebenan ist eine Galerie (in der man ebenfalls sitzen kann).

Karma Café CAFÉ $$

(www.facebook.com/karmacafeiquitos; Napo 138; Hauptgerichte 19–34 S; ⌚9–12.20 Uhr; 📶🖉) In diesem gechillten, atmosphärischen Café gibt es ein bisschen von allem – thailändische, griechische, indische, vegetarische und peruanische Gerichte sowie Cocktails – und alles ist gut. Hier kann man sich außerdem das Frühstück selbst zusammenstellen, außerdem gibt es eine Happy Hour. Für Unterhaltung sorgen Ausstellungen lokaler Kunst und Livemusik. Traveller scheinen das Café zu lieben, es ist immer brechend voll.

★ Le Bateau Ivre INTERNATIONAL $$

(Malecón Tarapaca 268; Hauptgerichte 20–40 S; ⌚6–24 Uhr; 📶) Das mit viel Liebe von einem belgischen Besitzer im Stil einer New Yorker (oder doch eher amazonischen) Frühstücksbar eingerichtete Café hat ein Zwischengeschoß von dem man an den Hauptessbereich beobachten kann. Die Küche lässt sich nicht so einfach in eine Schublade stecken:

Es gibt argentinische Steaks und die belgischen Einflüsse sind in den Crêpes, Schnecken und verschiedenen belgischen Bieren zu spüren.

Hier gibt es außerdem einen der besten Kaffees der Stadt, mit dem sich die frischen Croissants besonders gut herunterspülen lassen. Das Bistro eignet sich am besten zum Frühstücken, durchaus aber auch für ein Getränk am Abend. Ein separater Hof mit Garten liegt hinter dem Hauptrestaurant.

Al Frio y al Fuego — FUSION $$

(☎ 965-607-474; www.facebook.com/alfrioyalfuegorestaurante; Embarcadero Av La Marina 138; Hauptgerichte 40–50 S; ⏲ Mo–Sa 12–23, So bis 18 Uhr; 👪) Zu dem schwimmenden Gourmetparadies direkt an der Mündung des Río Itaya, das die beste Küche der Stadt hat, gelangt man mit einem Boot. Der Fokus liegt auf Süßwasserfisch (wir empfehlen die Gerichte mit *doncella*), aber auch die *parillas* (Grillgerichte) sind köstlich. An der angegebenen Adresse legt das Boot ab, das die Gäste hinüber befördert.

Am Abend kann man hier den Blick über den Pool hinweg zum wunderschön beleuchteten Panorama von Iquitos schweifen lassen.

Mitos y Cubiertos — PERUANSCH $$

(Napo 337; Hauptgerichte 20–35 S; ⏲ 11–23.30 Uhr; 🖉) Das Mitos y Cubiertos, das einer *ayahuasca*-induzierten Vision entsprungen zu sein scheint, ist aktuell *die* Adresse für cooles Understatement in Iquitos. Auf der Speisekarte stehen einige nationale Leibgerichte, aber auch Vegetarisches, Bruschetta und fantasievolle Pasta-Gerichte.

Gran Maloca — PERUANISCH $$

(Lores 170; Hauptgerichte 25–45 S; ⏲ 12–16 & 19–23 Uhr; ❄) In diesem atmosphärischen amazonischen Restaurant erwartet einen die vergangene Ära des Kautschukbooms: Tischdecken aus Seide, große Wandspiegel und einfallsreiche regionale Delikatessen wie *chupín de pollo*, Amazonas-Wild mit gerösteter Kokosnuss und Loretan-Omelett mit jungen Dschungelpflanzenblättern.

Die Klimaanalage ist so kalt eingestellt, dass man sich in der Antarktis wähnt.

Antica — ITALIENISCH $$

(☎ 065-24-1988; www.facebook.com/anticapizzeriaiquitos; Napo 159; Hauptgerichte 25–49 S; ⏲ 8–23.45 Uhr) Im besten italienischen Restaurant der Stadt gibt es vor allem Pizzas aus einem beeindruckenden Steinofen, aber auch Pasta (z.B. köstliche Lasagne). Die Gäste speisen an soliden Holztischen und haben die Auswahl zwischen zahlreichen guten importierten italienischen Weinen.

Fitzcarraldo Restaurant-Bar — INTERNATIONAL $$

(☎ 065-50-7545; www.restaurantefitzcarraldo.com; Napo 100; Hauptgerichte 20–35 S; ⏲ 7–24 Uhr; ❄) Das Fitzcarraldo ist ein etwas teureres Restaurant am Fluss mit sehr gutem Essen, aber gelegentlich langsamem Service. Auf der Karte stehen verschiedene lokale und internationale Gerichte, z.B. Alpaka-Steak oder Ceviche aus amazonischem Flussfisch. Die Klimaanlage sorgt für frostige Temperaturen.

Ausgehen & Nachtleben

Iquitos ist eine Partystadt. Der Malecón ist Dreh- und Angelpunkt des quirligen Nachtlebens und in den Discos gleich außerhalb des Zentrums kann man bis morgens (und noch länger) durchtanzen.

Arandú Bar — BAR

(Malecón Maldonado 113; ⏲ open end) Die belebteste mehrerer toller Malecón-Bars steckt voller ausgefallener Kunst. Hier kann man wunderbar Leute beobachten und zu lauten Rock'n' Roll-Klassikern tanzen.

Musmuqui — BAR

(Raimondi 382; ⏲ So–Do 17–24, Fr & Sa bis 3 Uhr) Beliebte Bar auf zwei Stockwerken mit einer enormen Auswahl anregender Cocktails aus Amazonaspflanzen.

Unterhaltung

Complejo CNI — LIVEMUSIK

(Ecke Ricardo Palma & Echenique; Eintritt 5 S; ⏲ Do–Sa bi spätabends) Die bekannte lokale Band Illusion spielt in Iquitos bester Disco und Hunderte von *iquiteños* tanzen hier am Wochenende ab.

Shoppen

Am Malecón bieten ein paar **Stände** Kunsthandwerk (Ecke Malecón Maldonado & Napo; ⏲ 7–21 Uhr) aus dem Dschungel an Als andere gute Adresse gilt auch der **Mercado de Artesanía San Juan** (Av José Abelardo Quiñones) der Straße zum Flughafen. Man sollte auf gar keinen Fall Waren aus Tierknochen und Tierhaut kaufen, denn sie stammen von gefährdeten Dschungeltieren und dürfen meist auch nicht nach Europa mitgenommen werden.

Praktische Informationen

EINREISE

Wer aus Brasilien oder Kolumbien kommt bzw. dorthin reisen möchte, erhält seinen Ein- oder Ausreisestempel an der Grenze.

Brasilianisches Konsulat (065-23-5151; Lores 363; Mo–Fr 9–13 Uhr)

Kolumbianisches Konsulat (065-23-1461; Moore 249, Ecke Calvo de Araujo)

Oficina de Migraciónes (Einwanderungsbehörde; 065-23-5173; Mariscal Cáceres cuadra 18; Mo–Fr 8–16, Sa 8–12 Uhr)

GELD

Mehrere Banken bieten einen Geldautomaten, z. B. BCP.

BCP (Próspero & Putamayo)

GEFAHREN & ÄRGERNISSE

Schlepper und selbsternannte Dschungelguides neigen zu Aggressivität, sind oft aufdringlich und unehrlich. Sie arbeiten auf Provisionsbasis und häufig für durchschnittliche Einrichtungen. Am besten sucht man sich Hotels, Lodges und Reiseveranstalter sorgfältig aus und nimmt direkt Kontakt auf. Kleindiebstähle sind bei Kindern sehr verbreitet, die durch die Straßen ziehen und nach leichter Beute Ausschau halten. Vor allem rund um das verarmte Belén sollte man aufpassen, dort kommt es oft zu Gelegenheitsdiebstählen. Gewaltverbrechen sind dagegen in Iquitos nahezu vollkommen unbekannt.

MEDIZINISCHE VERSORGUNG

Clínica Ana Stahl (065-25-2535; www.facebook.com/caas.iquitos; La Marina 285; 24 Std.) Privatklinik 2 km nördlich vom Zentrum.

Happydent (Putumayo 786) Zahnarzt.

InkaFarma (Próspero 397, Ecke Morona; 7–24 Uhr) Zuverlässige Apotheke.

NOTFALL

Nationalpolizei (065-23-1131; Morona 126) Am zentralsten gelegene Polizeiwache.

Policía de Turismo (Touristenpolizei; Haupthalle, Francisco Secada Vignetta Flughafen)

POST

Serpost (Arica 402; Mo–Fr 8–18, Sa bis 17 Uhr)

TOURISTENINFORMATION

Verschiedene Dschungelguides bieten ebenfalls Informationen (und ihre Dienste) an, was o. k. ist wenn man einen Guide sucht, sonst eher nicht.

iPerú (065-26-0251; Haupthalle, Francisco-Secada-Vignetta-Flughafen; wenn Flüge starten/landen) Flughafenfiliale.

iPerú (065-23-6144; Napo 161; Mo–Sa 9–18 Uhr, So bis 1 Uhr) In der Napo.

An- & Weiterreise

In die größte Stadt, die mit dem Rest der Welt nicht durch eine Straße verbunden ist, gelangt man natürlich nur mit dem Flugzeug oder (wenn man mutig ist) mit dem Boot.

FLUGZEUG

Iquitos kleiner aber geschäftiger **Flughafen**, 7 km vom Stadtzentrum entfernt, wird derzeit von Lima, Pucallpa and Tarapoto aus angeflogen.

Charterfirmen am Flughafen verfügen über Maschinen für bis zu fünf Passagiere und steuern für ein paar hundert US-Dollar praktisch jedes Ziel im Amazonasgebiet an.

LATAM (LAN; 065-23-2421; Próspero 232; Mo–Fr 9–18.30 Sa bis 13 Uhr) Täglich Direktflüge nach Lima, montags, mittwochs und samstags Flüge nach Cusco.

Star Perú (065-23-6208; Napo 260; Mo–Fr 8.30–18.30, Sa bis 17.30 Uhr) Zweimal täglich nach/ab Lima. Der Morgenflug macht eine Zwischenlandung in Pucallpa, der Nachmittagsflug in Tarapoto. Preislich muss man sich auf etwa 70 US$ nach Lima und 60 US$ nach Pucallpa oder Tarapoto einstellen.

SCHIFF/FÄHRE

Iquitos beherbergt Perus größten und am besten organisierten Flusshafen. Theoretisch kann man von hier aus bis zum Atlantik fahren, aber die meisten Boote verkehren derzeit nur auf peruanischen Gewässern, sodass Reisende an der kolumbianisch-brasilianischen Grenze in ein anderes Boot umsteigen müssen. Wer auf dem Wasserweg an- oder abreist, kommt an einem der sechs Häfen vorbei, die 2 bis 3 km nördlich des Stadtzentrums liegen.

Die folgenden sechs Häfen und Anlegestellen sind für Traveller von Bedeutung:

Der **Puerto Bellavista-Nanay** (Av La Marina s/n) am Ende der Av La Marina ist am weitesten entfernt vom Stadtzentrum und wird vorwiegend von kleineren Booten genutzt, die umlegende Ziele anfahren, beispielsweise die Pilpintuwasi-Schmetterlingsfarm (S. 532). Einige Kreuzfahrtschiffe und Dschungelexpeditionsboote benutzen diesen Hafen ebenfalls. Eine Fahrt mit dem *mototaxi* hierher kostet 4 S.

Am 3 km vom Stadtzentrum entfernten **Puerto Masusa** (Av La Marina) starten Frachtschiffe nach Yurimaguas (stromaufwärts; 3–6 Tage) und Pucallpa (stromaufwärts; 4–7 Tage). Am besten legt man diese Strecke aber in entgegengesetzter Richtung, also mit dem Strom, zurück. Die Preise reichen von 80 bis 100 S für einen Hängemattenplatz bis zu 130 bis 180 S für eine winzige, oft zellenartige Kabine. An den meisten

Tagen werden beide Städte angesteuert. Regelmäßigere Verbindungen bestehen zu den näher gelegenen Häfen entlang der Route. Eduardo gilt als bester Anbieter nach Yurimaguas.

Boote, die flussabwärts zur peruanisch-brasilianischen und peruanisch-kolumbianischen Grenze fahren, beginnen ihre zweitägige Reise (80 S/Pers.) ebenfalls am Puerto Masusa, und zwar zwei- bis dreimal pro Woche. Sie halten in Pevas (Hängemattenplatz 40 S; rund 15 Std.) und an weiteren Häfen auf der Route. Wenn der Wasserstand zwischen Mai und Juli hoch genug ist, legen sie noch näher am Zentrum an.

Näher am Zentrum befindet sich der besser organisierte **Henry-Bootshafen** (Av La Marina 1640; ⏲7–19 Uhr). Die Schiffe bedienen die Route Iquitos–Pucallpa.

Über Abfahrtszeiten sowie Zielorte bzw. darüber, ob Passagiere mitgenommen werden, kann man sich auf Tafeln an beiden Häfen informieren. Es gibt zwar Agenturen in Inquitos, aber normalerweise ist es besser, zur Anlegestelle zu gehen und sich dort umzusehen. Was die Abfahrtszeit betrifft, sollte man nur der Aussage des Kapitäns vertrauen. Vorsicht: Aufschriften und Daten auf den Tafeln ändern sich oft über Nacht! Nicht selten starten die Boote Stunden oder sogar Tage später.

Während man auf die Abfahrt wartet, kann man oftmals schon an Bord schlafen und sich so den besten Platz für seine Hängematte sichern. Seine Sachen sollte man aber nie unbewacht lassen und schließt sie am besten irgendwo weg, wenn man schläft.

Der **Puerto ENAPU** (Av La Marina s/n) in der Av La Marina, nahe der Kreuzung mit der 28 de Julio, ist interessant, da hier die Consorcio-Fluvial-del-Amazonas-Fähre flussabwärts nach Pevas und Santa Rosa an der kolumbianisch-brasilianischen Grenze abfährt.

Der winzige **Puerto Embarcadero** (Puerto LAO; abseits der Requena, nahe der Ocampo) zwischen der Av La Marina/Calle Ocampo ist dem Zentrum am nächsten gelegen. Von hier aus starten Schnellboote zum Dreiländereck Peru–Kolumbien–Brasilien (Abfahrt tgl. zwischen 5 und 6 Uhr). Das Ticket muss im Voraus in einem der **Schnellbootbüros** (⏲6–20 Uhr) an der Raimondi nahe der Plaza Castilla gekauft werden. Es kostet 150 S nach Pevas oder Santa Rosa auf der peruanischen Seite. Die Verpflegung ist inbegriffen.

Einige Touren legen noch immer an der **Anlegestelle** (Malecón Maldonado s/n) am Malecón Maldonado ab.

Wenn Platz vorhanden ist, kann man eventuell auch eine Koje auf einem Kreuzfahrtschiff nach Leticia ergattern. In umgekehrter Richtung stehen die Chancen allerdings besser (der Kapitän erbarmt sich eher, wenn man in Leticia gestrandet ist).

STRASSE INS NIRGENDWO?

Schon lang ist von einer Straße die Rede, die Iquitos mit dem Rest Perus verbinden soll. Sie soll durch den Dschungel zu dem gegenwärtigen Ende des peruanischen Straßennetzes in Saramiriza führen. Die Befürworter des Ausbaus bekamen besonders Auftrieb durch den Bau der Carr Interocéanica, die Puerto Maldonado mit Cusco in Peru und Brasilien verbindet. Sie wird als wesentlicher Faktor für den jüngsten Aufschwung der Stadt genannt. Zu den Befürwortern gehört Pedro Pablo Kuczynski, der 66. Präsident von Peru. Er versprach, die Straße bis zum Ende seiner Amtszeit im Jahr 2021 fertigzustellen. Aber Kuczynski trat im März 2018 zurück. Bis auf weiteres wird sich Iquitos also für seine Anbindung an die Außenwelt auf Flugzeuge und Schiffe verlassen müssen.

Unterwegs vor Ort

BUS

Colectivos und Minibusse nach Nauta brauchen 1½ Stunden. Sie fahren von der **Nauta-Van-&-Colectivo-Haltestellte** (Aguirre 1550) ab. Unterwegs kann man in Flüssen und an Stränden schwimmen.

Busse und Trucks in die nähere Umgebung, z. B. zum Flughafen, starten nahe der Plaza 28 de Julio. Auf den Fahrzeugen steht „Nanay–Belén–Aeropuerto": Sie fahren Richtung Süden die Arica hinunter zum Flughafen.

SCHIFF/FÄHRE

In der Stadt gibt es eine überwältigende Zahl von Häfen; für lokale Ausflüge sind der Puerto Bellavista-Nanay (S. 530) und der Puerto Embarcadero (S. 531) wichtig.

WEITERE VERKEHRSMITTEL

Das wichtigste Transportmittel in der Stadt sind die zahlreichen *mototaxis*. Es macht durchaus Spaß, damit herumzukurven, auch wenn sie bei Unfällen wenig Schutz bieten. In ein *mototaxi* sollte man übrigens nur von der Bürgersteigseite aus einsteigen – wegen des starken Verkehrs auf der Straße. Außerdem muss man seine Gliedmaßen unbedingt innerhalb des Fahrzeugs lassen, denn Schrammen und Blechschäden sind keine Seltenheit. Für viele Strecken innerhalb von Iquitos werden 1,50 bis 3 S verlangt; eine Fahrt zum Flughafen kostet rund 8 S bzw. 15 S mit normalen Taxis, die weitaus seltener verkehren. Die Betreiber der Unterkünfte rufen gern ein Taxi für ihre Gäste.

Rund um Iquitos

Das nördliche Amazonasbecken, das sich vor Iquitos erstreckt, ist Heimat des Amazonas (Río Amazonas) selbst. Wer möchte, kann dem Fluss den ganzen Weg nach Brasilien und noch weiter bis zum Atlantik folgen.

Den Dschungel hier erkundet man am besten im Rahmen einer Tour ab Iquitos. Dafür sollte man mindestens drei Tage in einer der vielen Wildnis-Lodges einplanen.

Flussaufwärts (südwestlich von Iquitos) stößt man auf die Reserva Nacional Pacaya-Samiria. Flussabwärts (östlich von Iquitos) gelangt man zur Grenze mit Kolumbien und Brasilien. Von hier aus kann man auf dem Fluss bis zum Atlantik weiterfahren.

Sehenswertes

Yanamono Rum-Brennerei BRENNEREI

(Sonnenaufgang–Sonnenuntergang) GRATIS Seit drei Generationen betreibt die Familie Guerra diese traditionelle Rumbrennerei in Yanamono, in der Mitte von Nirgendwo im nördlichen peruanischen Amazonasgebiet. Der Prozess der Rumherstellung heute unterscheidet sich in nichts von dem Prozess der Rumherstellung in der Ära der Konquistadoren: Zuckerrohr wird in einer riesigen von Hand betriebenen Presse zermalmt (ein Esel hilft dabei). Der Fermentierungsprozess findet in alten Holzbottichen statt.

Der Besitzer, Don Guerra, erklärt den Prozess (auf Spanisch). Nach so einem wunderbaren Einblick in den traditionellen amazonischen Destillationsprozess wäre es geizig, keine Flasche des fertigen Erzeugnisses zu kaufen. Mehrere Dschungeltouren, z.B: Otorongo Expeditions (S. 533), halten hier.

Laguna Quistacocha SEE

(Carr Iquitos–Nauta Km 6; Eintritt 6 S) In der Nähe der Plaza 28 de Julio (Ecke Bermudéz und Moore) fahren mehrmals pro Stunde Minibusse (2 S) und *mototaxis* (15 S) zu dem See 15 km südlich von Iquitos. Vor Ort befinden sich ein kleiner **Zoo** mit einheimischen Tierarten, der in den letzten Jahren verbessert wurde, sowie ein ***paiche*-Laichplatz** (der Flussfisch wird bis zu 2 m lang). Er galt bis vor Kurzem noch als gefährdet, weil sein natürlicher Lebensraum schwindet und er ein beliebter Speisefisch ist. Das Zuchtprogramm versucht diesen Missstand zu beseitigen.

Ein Fußweg führt um den See herum, man kann schwimmen und ein Paddelboot leihen (5–10 S). Darüber hinaus gibt's mehrere Restaurants und Wanderwege zum Río Itaya. Am Wochenende halten sich hier viele Einheimische auf, während der Woche ist allerdings kaum etwas los.

Pilpintuwasi-Schmetterlingsfarm NATURRESERVAT

(065-23-2665; www.amazonanimalorphanage.org; Padre Cocha; Erw./Student 20/10 S; Di–So 9.30–14.45 Uhr) Offiziell ist die Pilpintuwasi-Schmetterlingsfarm ein Schutz- und Brutzentrum für amazonische Schmetterlinge. Schmetterlinge gibt es hier sicherlich viele, z.B. den auffallenden blauen *Morpho menelaus* und den furchterregend aussehenden Eulen- bzw. Bananenfalter *(Caligo eurilochus)*. Aber es sind die exotischen Tiere, die hier leben, die den Schmetterlingen die Schau stehlen. Sie sind alle Waisen und leben geschützt auf dem Gelände, darunter einige schelmische Affen, ein Tapir, ein Ameisenbär und Pedro Bello – ein majestätischer Jaguar. Einige Tiere müssen in Käfigen gehalten werden, da das peruanische Gesetz besagt, dass sie nicht in die Wildnis entlassen werden dürfen, falls ihr Herkunftsort nicht bekannt ist.

Wer die Farm besuchen möchte, muss in Puerto Bellavista-Nanay (S. 530), 4 km nördlich von Iquitos, eines der Boote zum Dorf Padre Cocha nehmen. Sie verkehren den ganzen Tag über. Die Farm liegt 15 Gehminuten durch das Dorf von der Anlegestelle in Padre Cocha entfernt und ist ausgeschildert (auf den Wegen bleiben, die am Fluss entlangführen, und dann an allen Abzweigungen links halten).

Aktivitäten

RAREC WILDE TIERE

(Rainforest Awareness Rescue Education Center; 925-165-682; www.facebook.com/pg/rescueparks; Carr Iquitos Km 47; Tagesausflug inkl. Abholung in Iquitos & Mittagessen 100 S; 8.30–16 Uhr) Dieses Schutzzentrum zwischen Iquitos and Nauta ist das angesehenste mehrerer Tierschutzzentren rings um Iquitos. Hier werden kranke und misshandelte Tiere gesund gepflegt und betreut. Die Besucher können zusehen (Tagesauflug) oder mithelfen (Übernachtung: 50 US$), je nach Zeit und Lust. Ein bewegendes, aber auch beflügelndes Erlebnis: Im Voraus buchen, um sicherzugehen, dass der Besuch wie geplant stattfinden kann.

Das Zentrum wird weiter ausgebaut: Derzeit sind ein Informationszentrum für

Einheimische und ein Studienzentrum für Wissenschaftler in Planung.

Geführte Touren

Dschungelguides bringen Besucher zu jedem gewünschten Ziel. Einige sind unabhängig, viele arbeiten im Auftrag einer Lodge. Mit den privaten Führern haben Reisende unterschiedliche Erfahrungen gemacht. Jeder muss eine Erlaubnis oder Lizenz vorweisen können. Ist das nicht der Fall, sollte man sich mit dem Touristenbüro in Verbindung setzen. Am besten holt man Referenzen ein und ist vorsichtig. Gehobene Unterkünfte vermitteln oft die besten Führer.

Oswaldo Icahuate ABENTEUER
(☎965-660-389; reizeu51@hotmail.com; 20 US$/Tag) Oswaldo Icahuate spricht fließend Englisch und weiß extrem viel über die Reserva Nacional Pacaya-Samiria. Er bringt außerdem die Erfahrung vieler Jahre Arbeit auf den führenden Luxusflussbooten der Region mit, die in seine Ausflüge einfließen. Der wesentliche Vorteil ist jedoch Oswaldos Flexibilität: Wenn man sagt, was man machen möchte, schneidert er den Ausflug auf die speziellen Bedürfnisse zu.

Amazon King ABENTEUER
(www.amazonkinglodge.com; ab 150 US$/Pers. & Tag;) Amazon King nennt seine Ausflüge „Abenteuer“ und mit nur einer Nacht in seiner komfortablen Lodge und zwei Nächten campen 60 km flussabwärts am Ufer des Amazonas auf dem günstigsten der Ausflüge ist die Bezeichnung angemessen. Zu den Aktivitäten gehören Besuche der indigenen Yagua-Gemeinschaft. Das Erlebnis wird dadurch verstärkt, dass die Besitzer selbst an den entlegenen Flussufern aufgewachsen sind. Das **Büro** (☎065-22-1581; www.amazonkinglodge.com; Nauta 298) ist in Iquitos.

Walter Soplin ABENTEUER
(☎965-303-113; ab 50 US$/Person & Nacht) Walters Hardcore-Abenteuertouren führen tief in das unglaublich vielfältige, pflanzen- und tierreiche Schutzgebiet Tamshiyacu-Tahuayo, das mit dem Boot in sieben oder acht Stunden ab Iquitos zu erreichen ist. Das Konzept ist „Back to Basics“: Geschlafen wird in kleinen Hütten rund um einen Schwarzwassersee nahe Nuevo Jerusalén, einer der entlegensten Gemeinden des Amazonasgebiets.

Aufgrund der großen Entfernungen, die zurückgelegt werden, muss man mindestens sieben Tage/sechs Nächte buchen. Touren, die weniger als vier Tage dauern, sind etwas teurer.

Schlafen

Geschlafen wird ausschließlich in der Lodge, in der man schlafen möchte, oder in einem Camp im Dschungel, das zu der Lodge gehört, und im Tourpreis inbegriffen ist.

★ **Samiria Ecolodge** LODGE $$$
(www.samiriaecolodge.com; Hütte 3 Tage & 2 Nächte 400 US$/Pers.;) Die Samiria Ecolodge ist nicht mehr „öko“ als die anderen Lodges, aber die Schönheit am Río Marañón ist wesentlich schicker. Glänzende, dunkle 56 m große Holzhütten mit Doppelbetten und Baumwollbettwäsche, Futons, riesigen Fenstern und Balkonen sind Teil eines erlesenen, strohgedeckten Komplexes, zu dem auch ein Restaurant, eine Bar und ein einladender Pool gehören. Aktivitäten, darunter Schnellkurse in lokaler Botanik, wurden von Travellern gut bewertet.

★ **Otorongo Lodge** LODGE $$$
(☎950-542-907; www.otorongoexpeditions.com; EZ/DZ 4 Tage & 3 Nächte pro Pers. 700/1080 US$) Traveller äußern sich sehr positiv über diese rustikale Lodge 100 km von Iquitos, und das ist auch kein Wunder: Sie liegt an einem friedlichen Nebenfluss des Amazonas und ist von Wanderwegen umgeben, auf denen man sich auf die Suche nach wilden Tieren begeben kann. Die Lodge verfügt über zwölf Zimmer mit eigenen Bädern sowie einen entspannten Gemeinschaftsraum. Sie wird von einem Falkner betrieben, der unfassbar viele Vogelstimmen imitieren kann.

Bei einem Aufenthalt hier kann man eine riesige Vielfalt an Flora und Fauna aus nächster Nähe bestaunen; die Lodge wird wegen ihrer magischen, intimen Erfahrung der amazonischen Wildnis empfohlen. Die Lodge und ihre Umgebung sind als pleistozänes Schutzgebiet bekannt, ein Teil des Dschungels, der historisch gesehen seit Jahrtausenden unverändert geblieben ist. Und das obwohl sich die umliegenden Ökosysteme zwischen Trockensavanne und Feuchtland bewegen und daher eine extrem hohe Biodiversität aufzeigen.

Die Anlage umfasst auch zwei einzelne Häuser (eines für Familien und eines für Flitterwöchler!), die versteckt in den Bäumen liegen und für Amazonasstandards vorbildliche Bäder haben. Bei den Touren, die fünf Tage/vier Nächte umfassen, geht's auf Nebenpfaden zu nahen indigenen Gemein-

GRENZÜBERGANG: DAS DREILÄNDERECK PERU–KOLUMBIEN–BRASILIEN

Selbst mitten im Amazonasgebiet müssen Grenzformalitäten eingehalten werden: Die Beamten verweigern die Einreise, wenn die Papiere nicht in Ordnung sind. Mit einem gültigen Reisepass und einem Visum oder einer Touristenkarte hat man in der Regel aber keine Probleme. Es ist ratsam, sich über die Einreisebestimmungen für sein Heimatland zu erkundigen, ehe man an der Grenze ankommt.

Bei der Ausreise von Peru nach Brasilien oder Kolumbien erhält man einen Ausreisestempel an einem peruanischen Wachposten unmittelbar vor der Grenze (Boote halten hier lang genug für das Prozedere; beim Kapitän nachfragen).

Die Häfen im Dreiländereck liegen mehrere Kilometer auseinander und sind durch öffentliche Fähren miteinander verbunden. Man erreicht sie nur mit dem Flugzeug oder einem Boot, nicht auf dem Landweg.

Peru befindet sich auf der Südseite des Flusses, wo Strömungen für sich ständig verändernde Ufer sorgen. Perus Grenzstadt (o.k., Minidorf) ist **Santa Rosa**, wo es ein Einwanderungsbüro gibt.

Von hier aus geht's mit Motorkanus in ca. 15 Minuten nach **Leticia**, Kolumbien. Leticia, die größte und hübscheste Grenzstadt hat mit Abstand die besten Hotels und Restaurants und außerdem ein Krankenhaus. Fast täglich fliegen Maschinen von Leticia nach Bogotá. Darüber hinaus fahren regelmäßig Boote nach **Puerto Asis** am Río Putumayo; die Reise dauert 12 Tage. Von Puerto Asis fahren Busse weiter hinein nach Kolumbien.

Tabatinga und **Benjamin Constant** sind zwei kleine Hafenorte in Brasilien mit einfachen Hotels. In Tabatinga gibt es einen Flughafen mit Flügen nach Manaus. Wer von hier aus nach Manaus fliegen möchte, benötigt einen Einreistempel von der hiesigen Polizeistation. Tabatinga grenzt direkt an Leticia, und Reisende können ohne Einwanderungsstress zwischen beiden Orten hin- und herspazieren oder ein Taxi nehmen, falls keine Weiterreise in das Innere von Brasilien oder Kolumbien geplant ist. Handelsboote verlassen Tabatinga flussabwärts, halten normalerweise für eine Nacht in Benjamin Constant und steuern dann Manaus an (ca. 1 Woche). Die öffentliche Fähre nach Benjamin Constant braucht etwa eine Stunde.

Wer nach Brasilien oder Kolumbien will: Für beide Länder gibt es deutschsprachige Lonely Planet Bände.

Traveller, die aus Kolumbien oder Brasilien anreisen, können von Leticia and Tabatinga nach Iquitos weiterfahren. Erst geht es nach Santa Rosa; von dort aus zahlt man 10 bis 15 US$ für die rund zweitägige Fahrt auf einem Handelsboot. Seitdem es die Consorcio-Fluvial-del-Amazonas-Fähre gibt, sind Schnellboote flussaufwärts viel verlässlicher geworden. Für ein *mas rápido* (Schnellboot) beginnen die Preise bei 25 bis 50 US$. Für Fahrten in die entgegengesetzte Richtung gelten dieselben Preise, obwohl Fahrten flussabwärts von Iquitos zum Dreiländereck schneller sind. Egal ob flussaufwärts oder flussabwärts, vielleicht hat man Glück und kann eine Koje auf einem Kreuzfahrtschiff ergattern, diese legen allerdings Zwischenstopps ein.

So chaotisch die Dinge mitunter auch erscheinen mögen: Durch Herumfragen bekommt man letztlich immer ein Essen, ein Bett, ein Boot und Geld gewechselt.

schaften oder zu Campingausflügen tiefer in den Dschungel. Es lohnt sich nach den „Extreme“-Angelausflügen und dem „Überleben im Dschungel“-Programm zu fragen – der Besitzer kennt sich mit beidem aus.

Das Lodge-**Büro** (☎950-542-907, 971-019-170; https://otorongoexpeditions.com; Nauta 350) ist in Iquitos.

ExplorNapo Lodge LODGE **$$$**
(http://explorama.com; EZ/DZ 5 Tage & 4 Nächte pro Pers. 1235/2430 US$) Am Río Napo, 157 km von Iquitos entfernt, bietet diese Lodge 30 Zimmer mit (kalten) Gemeinschaftsduschen. Zu den Highlights gehören geführte Wanderungen in entlegenen ursprünglichen Regenwald, Vogelbeobachtung, ein ethno-botanischer Garten mit Nutzpflanzen (der von einem lokalen Schamanen gepflegt wird) und ein Besuch des nahe gelegenen Baumwipfelpfades (eine halbe Stunde zu Fuß entfernt). Die Lodge wird von **Explorama** (☎065-25-2530; www.explorama.com; Av La Marina 340; DZ 3 Tage & 2 Nächte ab 544 US$/Pers.) betrieben.

Ein Highlight eines jeden Ausfluges zum peruanischen Amazonas ist der Baumwipfelpfad, der Besuchern 35 m über dem Waldboden eine Vogelperspektive auf den Regenwald und seine Pflanzen und Tiere gestattet. Nicht vergessen, dass man aufgrund der Entfernungen, die zurückgelegt werden müssen, in der ersten und der letzten Nacht einer fünf-Tage-und-vier-Nächte-Tour in der Explorama Lodge übernachten muss.

Eine weitere coole Sache ist, dass man einen Aufenthalt hier mit einem Besuch der **ACTS Field Station** (srmadigosky@widener.edu) verbinden kann, wo man eine viel größere Chance hat, wilde Tiere zu sehen. Das kostet 130 US$ pro Person und Nacht (in der ACTS) extra.

Die Preise oben sind nur Beispiele. Explorama bietet Infos zu weiteren Optionen und Kombinationen sowie Rabatten.

Tahuayo Lodge — LODGE $$$

(US 1-813-907-8475; www.perujungle.com; Hütte 6 Tage & 5 Nächte 1295 US$/Pers.) Diese Lodge 140 km von Iquitos entfernt gewährt als einzige direkten Zugang zum 2500 km² großen Schutzgebiet Tamshiyacu-Tahuayo. In dem Primärwald wurden 93 verschiedene Säugetierarten gezählt. Die 17 Hütten der Lodge liegen 65 km entfernt, entlang eines Nebenflusses des Amazonas. Sie stehen auf hohen Stelzen und sind durch Stege verbunden; die Hälfte bietet eigene Bäder.

Hier gibt es außerdem ein Laboratorium und eine Bibliothek. Im Vergleich zu den anderen Lodges gehört diese zu den besten in puncto Tierbeobachtung; sie lockt zudem mit ganz in der Nähe lebenden Zwergseidenäffchen. Bei der empfehlenswerten Sechs-Tage-und-fünf-Nächte-Tour ab Iquitos bekommen Besucher die Gelegenheit, in dem nahe gelegenen Amazon Research Center zu übernachten. Das Center ist noch abgelegener und wartet mit einem umfassenden Netz von Wanderwegen auf.

Hierher geht's mit dem Schnellboot ab Iquitos. Buchungen online oder im **Büro** in Iquitos (https://perujungle.com; Av La Marina 100).

Friends of the Amazon Jungle Lodge — LODGE $$$

(www.friendsoftheamazonjungle.com; Bungalows 185 US$/Nacht) Friends of the Amazon Jungle hat den Budget-Dschungeltour-Markt erobert. Neben superbilligen Unterkünften in seinem **Büro** in Iquitos (065-22-1998; www.friendsoftheamazonjungle.com; Pevas 186; Dschungeltouren 185 US$/Nacht) verfügt der Veranstalter über nette Bungalows eine 45-minütige Bootsfahrt entfernt von Iquitos. Der Preis gilt für den ganzen Bungalow, in dem zwei Personen Platz haben; daher ist der Preis pro Person unschlagbar. Auf der Agenda stehen Wanderungen zu Wasserfällen, Fahrten mit dem Kajak und Besuche von Dschungelgemeinschaften auf dem 1,6 ha großen Gelände.

Zeremonien mit *Ayahuasca* und *kambo* (Froschgift, das zu Reinigung und Schmerzbehandlung genutzt wird) werden durchgeführt, beide Wirkstoffe sind mit extremer Vorsicht zu genießen. Falls Traveller auf eigene Faust hierherkommen (unbedingt nach dem Weg fragen!) und sich selbst versorgen möchten, fallen die Preise unter 100 S pro Person.

Cumaceba Botanical Garden — LODGE $$$

(www.cumaceba.com; EZ/DZ 3 Tage & 2 Nächte pro Pers. 431/690 US$) Diese von Cumaceba betriebene Lodge verfügt über einen weitläufigen botanischen Garten mit Regenwaldpflanzen und Kräutern. Sie hat ein Lodgebüro, (S. 534) in Iquitos. Es gibt 18 Zimmer, alle mit eigenem Bad, die sich rund 1 m über dem Boden erheben und durch Stege mitei-

ABSTECHER

PEVAS

Pevas, rund 180 km flussabwärts von Iquitos, ist Perus älteste europäische Siedlung im Amazonas und der interessante Halt zwischen Iquitos und der Grenze. Pevas wurde 1735 von Missionaren gegründet. Heute leben hier 5000 Menschen, es gibt aber keine Autos, Postfilialen, Banken (oder Rechtsanwälte!). 1998 wurde das erste Telefon installiert. Die meisten Bewohner sind *mestizos* (mit indigenen und spanischen Vorfahren) oder Angehörige eines von vier indigenen Stämmen.

Als Hauptattraktion gilt die Studiogalerie eines der bekanntesten zeitgenössischen Künstler des Landes: **Francisco Grippa** GRATIS. Grippa hat sich auf das Porträtieren der Menschen, Orte und Traditionen des Amazonas spezialisiert. Er lebt und beobachtet das Leben hier draußen im peruanischen Amazonasgebiet seit über zwei Jahrzehnten.

nander verbunden sind. Zudem gibt es ein Hängemattenhaus, einen Essraum und eine große *maloca*, sowie einen Ort für *ayahuasca*-Zeremonien (S. 455).

Die Lodge befindet sich 80 km flussabwärts von Iquitos.

Avatar Amazon Lodge LODGE **$$$**
(www.avataramazonlodge.com; 2 Tage & 1 Nacht für 2–4 Pers. 200/190 US$;) Avatar behauptet nicht, die besten Chancen zur Tierbeobachtung zu bieten. Stattdessen kann man in hübschem Sekundärdschungel in bequemen, gut ausgestatteten Bungalows nächtigen, den hervorragenden Baumwipfelturm erklimmen, an Ziplines durch die Bäume huschen oder im hübschen Pool planschen. Die Lodge liegt nicht einmal eine Stunde mit dem Boot flussabwärts von Iquitos entfernt. Das **Büro** (065-50-0055; https://avataramazonlodge.com; Putumayo 133) ist in Iquitos.

Llaquipallay LODGE **$$$**
(959-338-607; https://llaquipallay.com; 3 Tage & 2 Nächte 270 US$/Pers.) Diese Lodge liegt kurz vor der Mündung des Río Yarapa, einem Nebenfluss des Ucayali, am Rande der Reserva Nacional Pacaya-Samiria. Sie ist den Großteil des Jahres von Wasser umgeben und bietet deshalb eine intimere, abgeschiedenere Atmosphäre als viele andere Unterkünfte. In den schlichten Zimmern schützen gute Netze vor Moskitoattacken und die Bäder bieten den besten Blick auf den Dschungel!

Jungle Wolf Lodge LODGE **$$$**
(065-23-6428; http://junglewolfexpedition.com; Putumayo 1024; Zi. 2 Tage & 1 Nacht 180 US$/Pers.) Für Budgetjäger! Für den Preis ist die Lodge sehr hübsch. Sie bietet einfache, aber saubere rustikale Holzzimmer in Hütten auf Stelzen über dem Waldboden. Die Lodge befindet sich direkt am Río Cumaceba, einem Nebenfluss des Yarapa. Hier gibt es deshalb auch keinen Durchgangsverkehr, was für viel Ruhe sorgt und die Chancen, wilde Tiere zu sehen, erhöht.

Hierher geht es mit dem Bus nach Nauta, dann weiter mit dem Boot. Das **Büro** (065-23-6428; http://junglewolfexpedition.com; Putumayo 1024) ist in Iquitos.

Cumaceba Amazon Lodge LODGE **$$$**
(065-23-2229; www.cumaceba.com; EZ/DZ 3 Tage & 2 Nächte pro Pers 358–431 US$, DZ 572–690 US$) Die rustikale Cumaceba Lodge gibt es schon seit 1995. Sie liegt etwa 35 km flussabwärts von Iquitos. Die Lodge verfügt über 15 Zimmer mit Insektengittern und eigenen Duschen. Der Fokus liegt auf Abenteuerausflügen in die nähere Umgebung, jedoch nicht in Primärwald. Die Guides sprechen Englisch, Französisch und sogar Japanisch.

Dasselbe Unternehmen betreibt auch den Cumaceba Botanical Garden (S. 535), der sich auf das Studium von Regenwaldpflanzen und die Beobachtung von Flora und Fauna spezialisiert hat.

Die Lodge hat ein **Büro** (065-23-2229, 984-915-155; www.cumaceba.com; Putumayo 188) in Iquitos.

Ceiba Tops LODGE **$$$**
(065-25-2530; http://explorama.com; EZ/DZ 3 Tage & 2 Nächte pro Pers. 596/1072 US$;) Rund 40 km nordöstlich (flussabwärts) von Iquitos stößt man am Amazonas auf die am besten ausgestattet Lodge in der Region. Die 75 luxuriösen Zimmer und Suiten verfügen über bequeme Betten und schöne Möbel, Ventilatoren, vergitterte Fenster, Veranden und geräumige Bäder mit Heißwasserduschen. Schön gestaltete Gärten umgeben einen Poolbereich mit Massagebrausen, Wasserrutsche und Hängemattenhaus.

In der Bar neben dem Restaurant wird täglich amazonische Livemusik gespielt. Dschungelluft kann man auf kurzen geführten Spaziergängen oder Bootstoren schnuppern. Der nahegelegene Primärwald beherbergt die *Victoria amazonica* (Riesenseerose). Die Lodge eignet sich vor allem für Reisende, die es eher nicht ganz so rustikal mögen. Hier werden sogar Businessmeetings abgehalten.

Die Lodge gehört zu Explorama; Das Büro (S. 534) ist in Iquitos.

Explorama LODGE **$$$**
(065-25-2530; http://explorama.com; EZ/DZ 3 Tage & 2 Nächte pro Pers. 544/1028 US$) Die Lodge liegt 80 km von Iquitos entfernt am Amazonas, in der Nähe des Zusammenflusses mit dem Río Napo. Dies war eine der ersten Lodges, die in der Gegend um Iquitos gebaut wurde (1964); sie hat sich ihren schönen rustikalen Charakter bewahrt. Die Lodge umfasst mehrere große palmgedeckte Gebäude; die 55 Zimmer haben eigene Bäder mit Kaltwasser. Überdachte Stege verbinden die Gebäude und die Beleuchtung ist Kerosinlampen zu verdanken. Das Lodge-Büro (S. 534) befindet sich in Iquitos.

Guides begleiten Besucher auf geführten Wanderungen tiefer in den Dschungel. Man kann den Besuch hier mit einem Aufenthalt in einer der anderen Lodges (alle sind sehr unterschiedlich) von Explorama und mit einem Besuch des Baumwipfelpfades in der Nähe der ExplorNapo Lodge (S. 534) verbinden. Die Preise sind Beispiele; Explorama bietet Infos zu anderen Optionen und Kombinationen sowie Rabatten.

Muyuna Amazon Lodge LODGE **$$$**
(☎065-24-2858; www.muyuna.com; EZ/DZ in Bungalow 4 Tage & 3 Nächte pro Pers. 1920/3200 US$) 140 km stromaufwärts von Iquitos am Río Yanayacu liegt die kleine Muyuna Amazon Lodge. Sie ist von zehn gut geschützten Seen umgeben und befindet sich in einer Gegend, die weit weniger besiedelt ist als der Dschungel stromabwärts. Gäste dürfen sich also auf ein großartiges Regenwaldabenteuer freuen – und ein luxuriöses noch dazu. In den 15 gepflegten, strohgedeckten Bungalows auf Stelzen schlafen jeweils zwei bis sechs Personen. Zur Ausstattung gehören hübsche Bäder und ein Balkon mit Hängematte.

Die hilfsbereiten Besitzer (sie sind Peruaner) wohnen in Iquitos und legen viel Wert auf die Pflege ihrer Lodge. In Sachen Recycling geht die Belegschaft mit ökofreundlichem Beispiel voran. Bei Hochwasser steigt das Wasser bis zu den Bungalows, die mit dem Speisegebäude durch überdachte Stege auf Stelzen verbunden sind.

Für Licht sorgen Petroleumlampen. Die hervorragenden zweisprachigen Guides zeigen Besuchern Affen, Faultiere und Delfine. Man kann auch die für die nahe Amazonas-*varzea* (überfluteter Wald) typische Vogelwelt beobachten, etwa den *piuri*: Der extrem gefährdete Karunkelhokko *(crax globulosa)* ist nur im westlichen Amazonasgebiet beheimatet und nur in Peru am Muyuna zu sehen. Die wahrscheinlich schönste Aktivität ist aber eine nächtliche Kanufahrt auf dem Netz aus Nebenflüssen. Oft muss man nur die Hand ausstrecken, um die Blätter der Bäume zu berühren, und auch die Tiere sind manchmal zum Greifen nah!

An- & Weiterreise

Dies ist eine abgeschiedene Region, die größtenteils nur per Boot zugänglich ist (mit Ausnahme der Laguna Quistacocha, an der Straße Iquitos–Nauta). Aufgrund der Abgeschiedenheit sorgen die Lodges generell für den Hin- und Rücktransport mit eigenen Booten (im Preis enthalten). Öffentliche Transportmittel führen flussabwärts von Iquitos zur Grenze mit Kolumbien und Brasilien. Aber diese eignen sich nicht für einen Besuch der Lodges oder eine Erkundung der Umgebung.

Peru verstehen

Peru aktuell

Von der angesagten Hauptstadt Lima bis zu Andendörfern voller Kopfsteinpflastergassen ist Peru ein unglaublich vielseitiges, blühendes und innovatives Land. Während des vergangenen Jahrzehnts hat sich Peru zu einer der am schnellsten wachsenden Volkswirtschaften der Region entwickelt, und obwohl es mittlerweile nicht mehr ganz so rasch vorangeht, gibt es weiterhin viel Positives zu berichten. Das Land muss sich jedoch auch einigen Herausforderungen stellen – darunter Umweltproblemen, dem zunehmenden Drogenhandel und politischer Instabilität. Im Großen und Ganzen ist Peru aber auf einem guten Weg.

Top-Bücher

The Last Days of the Incas (Kim MacQuarrie; 2007) Chronik des geschichtsträchtigen Zusammenpralls von Zivilisationen.

Tante Julia & der Kunstschreiber (Mario Vargas Llosa; 1977) Eine unkonventionelle Liebesgeschichte. Klassiker.

Cradle of Gold (Christopher Heaney; 2010) Gut lesbare Biografie des „echten" Indiana Jones Hiram Bingham.

At Play in the Fields of the Lord (Peter Matthiessen; 1965) Von Konflikten im Amazonasgebiet inspiriert.

Eight Feet in the Andes (Devla Murphy; 1983) Eine Schriftstellerin, ihre Tochter und ein Maultier wagen eine 2100 km lange Reise durch die Anden.

Top-Filme

Eine Perle Ewigkeit (La Teta Asustada; 2009) Claudia Llosas Spielfilm über das Leben eines Mädchens mit traumatischem Leiden.

Contracorriente – Gegen den Strom (2009) Ein verheirateter Fischer trifft auf den Geist seines toten Geliebten.

Días de Santiago – Krieg kennt nur Opfer (2004) Einem Soldaten macht die Rückkehr in sein Leben als Zivilist in den Slums von Lima zu schaffen.

Aguirre, der Zorn Gottes (1972) Werner Herzogs historisches Meisterwerk über die erfolglose Suche nach El Dorado, der Stadt des Goldes.

Korruption

Wer seine Spanischkenntisse überprüfen will, muss nur versuchen, den Kommentaren eines verärgerten Taxifahrers in Lima zur peruanischen Politik zu folgen. Einfach ist die Lage nicht. In den vergangenen Jahren haben nationale Ereignisse für mehr Auf und Ab gesorgt als eine Fahrt über einen Anden-Highway. Es verhält sich in etwa so: 2017 wurde festgestellt, dass Präsident Pedro Pablo Kuczynski von einem in Skandale verwickelten Bauunternehmen Gelder angenommen hat. Sein Amtsenthebungsverfahren wurde wegen fehlender Stimmen eingestellt – Stimmen, die von seinen Anhängern gekauft worden waren, wie später herauskam. Kuczynski trat zurück und wurde 2018 von Vizepräsident Martin Vizcarra abgelöst.

Nur wenige Monate später tauchten Mitschnitte auf, die belegten, wie Richter die Höhe von Zahlungen für günstige Gerichtsentscheide verhandelten. Da die Exekutive befugt ist, Richter zu benennen, belegte diese Episode eindrucksvoll einen potenziell unendlichen Kreislauf politischer Korruption. Eine ganze Reihe von Richtern, darunter auch solche von höchstem Rang, traten nach dem Skandal zurück. Dennoch verlangte die Öffentlichkeit während diverser Proteste im ganzen Land nach Reformen. Die Wurzeln der Korruption reichen tief – und weit zurück. In der Zeit der spanischen Kolonie wandten die Behörden und Vizekönige ein Tributsystem an, das wahrscheinlich die Voraussetzungen für künftiges Unheil bot.

Unsicheres Wachstum

Während des letzten Jahrzehnts war Peru eine der am schnellsten wachsenden Volkswirtschaften der Region. Laut Weltbank lag die durchschnittliche Wachstumsrate bei 5,9 %, und innerhalb jener zehn Jahre hat sich die Armutsquote halbiert. Doch nicht alle Peruaner konnten von den positiven Entwicklungen profitieren: Auf ländliche Gebiete entfallen 44 % der Bevölkerung unterhalb der

Armutsgrenze, wobei die indigene Bevölkerung und das Andenhochland am stärksten betroffen sind.

Zwischen 2014 und 2017 verlangsamte sich das Wachstum, hauptsächlich als Reaktion auf den Preisverfall für den Hauptexport Kupfer auf dem internationalen Markt. Es wird davon ausgegangen, dass die Wirtschaft sich wieder erholen wird, sowohl in Bezug auf die Industrie, einschließlich steigender Bergbaugewinne, als auch auf Investitionen in die Infrastruktur. Auch der Tourismus ist zu einem wichtigen Wirtschaftsfaktor geworden – die Zahl der ausländischen Besucher, die nach Peru reisen, hat sich zwischen 2003 und 2014 von 1,3 Mio. auf 3,2 Mio. fast verdreifacht.

Das Wachstum hat aber auch seine Schattenseiten. Der Bergbau verursacht Umweltprobleme, wobei die Schwermetallverschmutzung in Bergbaugemeinden ein besonders großes Problem darstellt; ein weiteres Problem sind die Besuchermassen in Machu Picchu. Und dann wäre da noch das Bevölkerungswachstum: Der Zustrom von 400 000 venezolanischen Flüchtlingen binnen einen Jahres (sowie viele Menschen, die planen, sich auf den Weg zu machen) belasten Infrastruktur und soziale Einrichtungen. Schließlich wären da noch die Einflüsse von Außen, wie die volatilen internationalen Märkte und das sich verändernde Klima, die Auswirkungen auf die Entwicklung haben.

Der Machu-Picchu-Goldrausch

Als Mitte der Hochsaison 2018 zwei Touristenzüge miteinander kollidierten und 15 Menschen verletzt wurden, war das nicht zuletzt eine Konsequenz des inzwischen gewaltigen Besucheransturms auf Machu Picchu. Innerhalb von fünf Jahren stieg die Besucherzahl bis 2016 um 38 % auf 1,3 Mio. an – eines der sieben Weltwunder der Neuzeit zu sein, hat seinen Preis.

Die UNESCO setzt sich seit Langem für eine bessere Kontrolle der Besuche ein. So wurden 2017 zeitgesteuerte Eintrittskarten für die Vormittags- und Nachmittagsstunden eingeführt. Während die Besucher nun über den Tag verteilt sind, werden jedoch täglich mehr Touristen zugelassen. Die Verwaltung erwägt sogar, ein drittes Zeitfenster hinzuzufügen, wodurch die Anforderungen an die Infrastruktur noch größer wären.

Pläne, eine Straßenbahn zu bauen, um die Besucher zur alten Ruinenstadt zu bringen, haben manche Leute veranlasst, den Ort auf Disney Picchu umzutaufen. Machu Picchus kleinerer Schwester, den Ruinen von Choquequirao, könnte es ähnlich ergehen. Heute lassen sich diese Ruinen nur im Rahmen einer anstrengenden, viertägigen Tour erreichen. Würde die geplante Straßenbahn Realität, könnten täglich 2000 Besucher (anstatt den derzeit 30) in einer 15-minütigen Fahrt dorthin befördert werden. Einige verantwortungsbewusste Cusco-Reiseveranstalter haben bereits auf das Machu-Picchu-Dilemma reagiert und bieten ein vielfältigeres Tourenportfolio an, um den Andrang zu verteilen. Nicht wenige in der Tourismusbranche befürchten negative Konsequenzen infolge der großen Nachfrage.

FLÄCHE: **1279 996 KM²**

BEVÖLKERUNG: **31,8 MIO.**

BIP: **424,4 MRD. US$**

WACHSTUMSRATE: **2,5 %**

INFLATIONSRATE: **2,8 %**

ARBEITSLOSIGKEIT: **6,7 %**

Gäbe es nur 100 Peruaner, wären …

45 indigen
37 mestizo (indigen & weiß)
15 weiß
3 schwarz oder asiatisch

Religionen

(% der Bevölkerung)

Einwohner pro km²

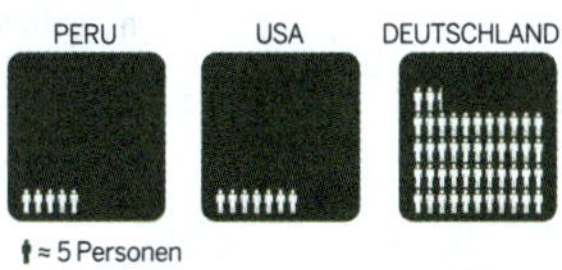

Geschichte

Als 1532 Francisco Pizarro in Peru landete, um das Land im Auftrag der spanischen Krone zu erobern, hatte die Region bereits einen epischen Aufstieg und Verfall verschiedener Zivilisationen erlebt. Doch die Eroberung veränderte alles: die Wirtschaft, politische Systeme, selbst Religion und Sprache. Perus jüngere Geschichte bestand aus einer Serie von Nachbeben nach der Kollision zwischen dem Inka-Reich und Spanien. Es ist ein Konflikt, der tiefe Spuren im peruanischen Bewusstsein hinterlassen hat. Mit ihm kamen neue Kulturen, neue Menschen, eine neue Küche – letztendlich eine ganz neue Zivilisation.

Die ersten Siedler

Bis heute ist nicht geklärt, seit wann genau Menschen in Peru leben. Einige Wissenschaftler vertreten die Meinung, dass bereits um 14 000 v. Chr. die Anden besiedelt wurden (und mindestens einer denkt, dass der Zeitpunkt noch weiter zurückliegt). Gesicherte archäologische Belege für die Anwesenheit von Menschen liegen dann aus der Zeit um 8000 v. Chr. vor: In den Höhlen von Lauricocha nahe Huánuco und Toquepala bei Tacna stellen Malereien Jagdszenen dar. Die letztere Höhle zeigt eine Gruppe von Jägern, die eine Herde von Kameltieren in die Enge treibt und tötet.

Ab 4000 v. Chr. wurden im Hochland Lamas und Meerschweinchen gezähmt, dann fing man an, Kartoffeln, Kürbisse, Baumwolle, *lúcuma* (eine Fruchtart), Quinoa, Mais und Bohnen anzubauen. Gegen 2500 v. Chr. ließen sich zuvor nomadische Jäger und Sammler in Siedlungen entlang des Pazifiks nieder und ernährten sich von Fischfang und Ackerbau. Diese frühen Peruaner lebten in einfachen einräumigen Behausungen, errichteten aber auch viele Bauwerke für zeremonielle oder rituelle Zwecke. Einige der ältesten - erhöhte Plattformen, die zum Meer zeigen und menschliche Bestattungen enthielten - stammen aus dem 3. Jahrtausend v. Chr.

In den jüngsten Jahren haben Untersuchungen in mehreren archäologischen Stätten ergeben, dass diese frühen Gesellschaften viel weiter entwickelt waren als bisher gedacht. Peru gilt neben Ägypten, Indien und China als eine der sechs Wiegen der Zivilisation (Regionen, in denen landwirtschaftliche Innovationen von Stadtgründungen begleitet wurden) und ist die einzige in der südlichen Hemisphäre. Die noch andauernden Aus-

ZEITLEISTE

8000 v. Chr.

Jäger und Sammler malen Jagdszenen in den Höhlen nahe Huánuco im zentralen Hochland sowie in Toquepala im Süden – frühe Nachweise für menschliches Leben in Peru.

3000 v. Chr.

Die Oasen an Perus Küste werden besiedelt. Einige der ersten Bauwerke entstehen im Kultzentrum Caral, nördlich des heutigen Lima.

3000 v. Chr.

Kartoffeln, Kürbisse, Baumwolle, Mais, *lúcuma*-Früchte und Quinoa werden angebaut. Lamas, Alpakas und Meerschweinchen sind wohl schon seit 1000 Jahren gezähmt.

grabungen bei Caral an der Küste, ca. 200 km nördlich von Lima, fördern immer neue Zeugnisse der ältesten Hochkultur beider Amerikas zutage.

Etwa zur gleichen Zeit baute eine Gruppe im Hochland nahe Huánuco den rätselhaften Tempel von Kotosh, dessen Alter auf 4000 Jahre geschätzt wird. Seine beiden Tempelhügel mit Mauernischen und dekorativen Friesen zählen zur fortschrittlichsten Architektur, die in dieser Periode im Hochland geschaffen wurde.

Ton & Tücher

Zwischen 1800 und etwa 900 v. Chr. entwickelten sich die Keramikherstellung und die Textilverarbeitung weiter. Einige der frühesten Töpferwaren stammen aus den archäologischen Stätten Las Haldas im Casma-Tal südlich von Chimbote sowie aus Huaca La Florida, einer Tempelanlage im Herzen von Lima. Im Lauf der Zeit entfaltete sich die Keramik von einfachen, schmucklosen Schalen zu ausgeformten, ritzverzierten Gefäßen. Im Hochland produzierten die Menschen von Kotosh ähnlich fortschrittliche Arbeiten aus schwarzem, rotem sowie braunem Ton.

Ebenfalls in diese Epoche fielen die Einführung von Webstühlen, auf denen schlichte Baumwollstoffe hergestellt wurden, und landwirtschaftliche Verbesserungen, darunter erste Versuche im Terrassenanbau.

Das Volk der Tiwanaku siedelte in der Prä-Inka-Zeit rund um den Titicacasee und war in vieler Hinsicht eng mit den Wari verbunden. *Tiwanaku: Ancestors of the Inca* von Margaret Young-Sanchez ist ein reich illustrierter Leitfaden ihrer Kunst und Geschichte.

Früher Horizont

Die Chavín-Kultur, benannt nach der Stätte Chavín de Huántar, dauerte etwa von 1200 bis 400 v. Chr. und war eine Phase des kulturellen Fortschritts in den Anden. Im gesamten zentralen und nördlichen Hochland sowie an der Küste tauchten, möglicherweise unabhängig voneinander, künstlerische und religiöse Kulturen auf. Das auffälligste Merkmal dieser Ära ist die wiederholte Darstellung einer stilisierten Katzengottheit. Eine der berühmtesten Versionen dieser vielköpfigen Figur ist das Basrelief auf der Raimondi-Stele im Museo Nacional de Antropología, Arqueología e Historia del Perú in Lima.

Auch auf der Keramik dieser Epoche tauchen die Katzenfiguren der Chavín häufig auf, insbesondere auf der schweren schwarzen Tonware der Cupisnique, die an der Nordküste verbreitet war.

Die Verarbeitungstechniken für Gold, Silber und Kupfer entwickelten sich ebenfalls weiter, außerdem gab es wichtige Fortschritte in der Weberei und Architektur. Mit anderen Worten: In dieser Zeit begann die Kultur in den Anden wirklich zu erblühen.

Lokale Kulturen entstehen

Nach 300 v. Chr. gewannen zahlreiche lokale Kulturen an Bedeutung. Südlich von Lima, in dem Gebiet rund um die Paracas-Halbinsel, lebte eine Küstengemeinschaft, deren wichtigste Phase nach einer großen Be-

1200 v. Chr.	200 v. Chr.	1 n. Chr.	200
Die Chavín-Kultur beginnt, eine Periode, in der mehrere Hochland- und Küstengemeinschaften die gleichen Götter verehren.	Die Nazca-Kultur an der Südküste erstellt gigantische Glyphen, die die Wüste bis heute schmücken.	An der Südküste entsteht die Kultur Paracas Necrópolis. Sie ist berühmt für ihre aufwendigen Textilien mit stilisierten Abbildungen von Kriegern, Tieren und Göttern.	Für 400 Jahre gewinnen die Tiwanaku die Vormacht in der Gegend rund um den Titicacasee, im heutigen Gebiet von Bolivien und Nordchile.

gräbnisstätte als Paracas Necrópolis (1–400 n. Chr.) bezeichnet wird. Hier wurden einige der schönsten Textilarbeiten Südamerikas ausgegraben: farbenfrohe, aufwendig gearbeitete Stücke mit Darstellungen von Meereskreaturen, Katzenkriegern und stilisierten anthropomorphen Figuren.

Im Süden hinterließen die Menschen der Nazca-Kultur (200 v. Chr.–600 n. Chr.) rätselhafte, gigantische Zeichen in der Wüste, die man nur aus der Luft sehen kann. Im frühen 20. Jh. wurden diese sogenannten Nazca-Linien kartografiert, doch ihr genauer Zweck bleibt weiterhin unklar. Die Kultur ist auch für ihre schönen Textilien und Töpferarbeiten bekannt. Für Letztere wurde erstmals in der peruanischen Geschichte eine polychrome (mehrfarbige) Maltechnik verwendet.

Zu dieser Zeit, zwischen 100 und 700 n. Chr., besiedelte die Moche-Kultur das Gebiet rund um Trujillo. Die Moche waren künstlerisch besonders begabt: Sie schufen einige der bemerkenswertesten Porträts der Kunstgeschichte und hinterließen wichtige Tempelhügel, etwa die Huacas del Sol y de la Luna (Tempel der Sonne und des Mondes) nahe Trujillo sowie die Begräbnisstätte von Sipán bei Chiclayo. Diese barg eine Reihe von Gräbern, die bis 1987 freigelegt wurden – eine der bedeutendsten archäologischen Entdeckungen in Südamerika nach Machu Picchu.

Eine Dürrekatastrophe in der zweiten Hälfte des 6. Jhs. könnte dazu beigetragen haben, dass die Moche-Kultur verschwand.

In der Popkultur neigt man dazu, indigene Menschen als freundliche Hüter einer riesigen Wildnis zu porträtieren. Charles C. Mann zeigt dagegen in *1491: New Revelations of the Americas Before Columbus*, dass der Kontinent ein Ort massiver Verstädterung und entwickelter technologischer Fähigkeiten war. Besonders breiten Raum nehmen die Inka ein.

Die Wari-Expansion

Ab 600 n. Chr., als die regionalen Kulturen an Einfluss verloren, tauchten die Wari, eine ethnische Gruppe aus dem Ayacucho-Becken, auf und übernahmen für 500 Jahre die Macht. Sie waren energische militärische Eroberer, die wichtige Außenposten in einem riesigen Gebiet von Chiclayo bis Cusco errichteten und unterhielten. Ihre alte Hauptstadt – die Ruinen können nach wie vor besichtigt werden – lag abseits des heutigen Ayacucho, gleichzeitig kontrollierten sie das bedeutende zeremonielle Zentrum Pachacamac in der Tiefebene, gleich außerhalb von Lima, wohin Menschen aus der ganzen Region ihre Abgaben brachten.

Wie viele siegreiche Kulturen versuchten die Wari andere Gruppen dadurch zu unterwerfen, dass sie ihre eigenen Traditionen über den lokalen Glauben stellten. Von 700 bis 1100 wird daher in großen Teilen des Landes ihr Einfluss in Kunst, Technologie und Architektur bemerkbar. Dazu gehören aufwendig gebatikte Tuniken und fein gewebte Textilien mit stilisierten menschlichen Figuren sowie geometrischen Mustern, manche von ihnen mit einer unglaublichen Fadendichte von mehr als 150 Fäden pro Zentimeter. Vor allem aber schufen die Wari ein weitläufiges Wegenetz und dehnten den Terrassenfeldbau erheblich aus, eine Infrastruktur, die den Inka sehr nützlich war, als sie ein paar Jahrhunderte später an die Macht kamen.

500

Im Norden beginnt die Moche-Kultur mit dem Bau der Huacas del Sol y de la Luna, Ziegeltempeln außerhalb der heutigen Stadt Trujillo.

600

Die Wari-Kultur entsteht in der Ayacucho-Region und weitet ihr Herrschaftsgebiet von Cusco bis Chiclayo aus; sie steht stilistisch in enger Verbindung zur Tiwanaku-Kultur.

ca. 800

Die unabhängigen Chachapoya errichten Kuélap, eine Zitadelle im nördlichen Hochland, bestehend aus 400 Einzelbauten, darunter die für dieses Volk typischen runden Wohnhäuser.

ca. 850

Außerhalb des heutigen Trujillo beginnen die Chimú mit dem Bau von Chan Chan, einer weitläufigen Stadt aus Ziegelsteinen.

Regionale Königreiche

Schließlich wurden die Wari von einer Reihe Regionalstaaten abgelöst, deren Blütezeit von etwa 1000 bis zur Eroberung durch die Inka Anfang des 15. Jhs. andauerte. Am besten erforscht ist das Reich der Chimú in der Gegend von Trujillo mit ihrer berühmten Hauptstadt Chan Chan, der größten Lehmziegelstadt der Welt. Die Chimú lebten von der Landwirtschaft und hatten bereits eine deutlich gegliederte Gesellschaft mit einer starken Handwerkerschicht, die bemalte Textilien und wunderbare, in markantem Schwarz gefärbte Töpferwaren hervorbrachte.

Eng verbunden mit den Chimú waren die Sicán aus der Gegend um Lambayeque. Als anerkannte Metallschmiede produzierten sie auch *tumis* – Zeremonialmesser mit abgerundeter Klinge, die bei Opferungen genutzt wurden. (Das *tumi* ist zum Nationalsymbol Perus geworden, Nachbildungen findet man auf vielen Kunsthandwerkermärkten überall im Land.)

Im Süden, in der Umgebung von Lima, schufen die Chancay (1000–1500) schöne, geometrisch gemusterte Spitze und derbe, aber humorvolle Töpferwaren, auf denen beinahe jede Figur zu trinken scheint.

Auch im Hochland existierten mehrere bedeutende Kulturen. In einem relativ isolierten und schwer zugänglichen Teil des Utcubamba-Tals in den nördlichen Anden errichteten die im Nebelwald lebenden Chachapoya die weitläufige Bergsiedlung Kuélap, eine der faszinierendsten und wichtigsten Ruinenstätten des peruanischen Hochlandes. Weiter südlich auf dem Altiplano (Andenplateau) existierten in der Nähe des Titicacasees mehrere kleine Königreiche, die imposante *chullpas* (Grabtürme) hinterließen. Die am besten erhaltenen Exemplare stehen in Sillustani und Cutimbo.

Im Amazonasgebiet entwickelten sich während dieser Zeit die ersten Stammesfürstentümer.

Jared Diamond untersucht in seinem Pulitzer-Preis-gekrönten Buch *Arm und reich: Die Schicksale menschlicher Gesellschaften* durchdacht und wissenschaftlich die Frage, warum einige europäische Gesellschaften über so viele andere triumphierten. Ausführlich behandelt er die Schlacht um Cajamarca und die Gefangennahme Atahualpas durch die Spanier.

Auftritt der Inka

Nach Überlieferung der Inka wurde ihre Kultur geboren, als Manco Cápac und seine Schwester Mama Ocllo, Kinder der Sonne, aus dem Titicacasee aufstiegen, um im Tal von Cusco ein Reich zu gründen. Ob Manco Cápac eine historische Figur war, weiß man nicht, sicher ist dagegen, dass die Inka-Kultur irgendwann im 12. Jh. in der Gegend von Cusco entstand. Die Regentschaft der ersten *incas* (Könige) war weitgehend unspektakulär – und einige Jahrhunderte lang herrschten sie nur über eine kleine Region.

Die Expansion des Inka-Reiches begann im frühen 15. Jh., als der neunte Inka-König, Yupanqui, Cusco entgegen aller Wahrscheinlichkeit gegen die einfallenden Chanka aus dem Norden verteidigte. Nach dem Sieg gab er sich den neuen Namen Pachacútec, „Weltenveränderer", und verbrachte die nächsten 25 Jahre damit, große Teile der Anden unter

Ein Klassiker seines Genres ist John Hemmings *The Conquest of the Incas*, das erstmals 1970 erschien – ein Muss für alle, die den Aufstieg und Untergang des kurzlebigen Inka-Reiches verstehen wollen.

1100–1200
In Cusco siedeln sich die Inka an. Einer Legende zufolge wurden sie von einer göttlichen Gestalt namens Manco Cápac und dessen Schwester Mama Ocllo dorthin geführt.

1438–1471
Die Regentschaft des Inka Yupanqui, auch bekannt als Pachacútec, steht für eine Epoche aggressiver Expansion. In dieser Zeit entstehen Machu Picchu und Sacsayhuamán.

1492
Finanziert von der spanischen Krone, landet der Genuese Christoph Kolumbus in Amerika.

1493
Der Inka Huayna Cápac tritt die Herrschaft an und weitet sein Imperium im Norden bis nach Kolumbien aus. Sein Tod 1525 (wahrscheinlich an Pocken) spaltet das Königreich auf fatale Weise.

seine Kontrolle zu bringen. Unter seiner Regentschaft wuchs das Reich von einer Regionalmacht zu einem gewaltigen Imperium mit rund 10 Mio. Einwohnern, das Tawantinsuyu (Land der vier Teile) genannt wurde. Es nahm fast das gesamte heutige Peru sowie Teile Ecuadors, Boliviens und Chiles ein. Dies war umso bemerkenswerter, da die Inka als Volksgruppe nie mehr als etwa 100 000 Menschen umfassten.

Es soll Pachacútec gewesen sein, der Cusco die Form eines Pumas gab, außerdem baute er fantastische Steinmonumente zu Ehren der Inka-Siege, darunter Sacsayhuamán, die Tempelburg von Ollantaytambo und möglicherweise auch Machu Picchu. Zudem verbesserte er das Straßennetz in seinem Herrschaftsgebiet, entwickelte den Terrassenfeldbau weiter und machte Quechua zur Amtssprache.

Wichtige Inka-Herrscher

Manco Cápac (ca. 12. Jh.), Gründer von Cusco

Mayta Cápac (13. Jh.), begann mit der Expansion des Reiches

Inca Yupanqui (15. Jh.), „Pachacutec“

Huayna Cápac (15.–16. Jh.), expandierte gen Norden

Atahualpa (1497–1533), letzter König

Atahualpas kurze Herrschaft

Andere Inka-Könige setzten die Expansion des Reiches fort, das Pachacútec gegründet hatte. Sein Enkelsohn, Huayna Cápac, trat 1493 die Herrschaft an und unterwarf ganz Ecuador bis zur Grenze nach Kolumbien. Er verbrachte einen Großteil seines Lebens dort und befehligte seine Armeen nicht von Cusco, sondern von Ecuador aus.

Zu diesem Zeitpunkt machte sich die Gegenwart der Spanier in den Anden bereits bemerkbar. Pocken und andere Epidemien, die von europäischen Soldaten eingeschleppt worden waren, grassierten auf dem gesamten amerikanischen Kontinent. Sie verbreiteten sich so rasend schnell, dass sie Peru bereits lange vor den Spaniern erreichten und unter der indigenen Bevölkerung Tausende Menschenleben forderten, darunter wahrscheinlich auch das von Huayna Cápac, der 1525 einer Seuche erlag.

Da es keine klare Nachfolgeregelung gab, hinterließ der unerwartete Tod des Herrschers ein Machtvakuum. Unter seinen vielen Kindern traten schließlich zwei Hauptrivalen hervor: der in Quito geborene Atahualpa, der die Armee seines Vaters im Norden befehligte, sowie Huáscar, der seine Basis in Cusco hatte. Der Machtkampf zwischen den beiden stürzte das Reich in einen blutigen Bürgerkrieg, bei dem ganze Städte verwüstet wurden, bis Atahualpa letztlich im April 1532 als Sieger hervorging. Durch die erbittert geführte Auseinandersetzung machten sich die Inka in den Anden viele Feinde – ein Grund, warum einige Stämme mit den spanischen Eroberern kooperierten, als diese nur fünf Monate später eintrafen.

Die spanische Eroberung

1528 landeten der Spanier Francisco Pizarro und seine rechte Hand, Diego de Almagro, in Tumbes, einem entlegenen Vorposten an der Nordküste Perus. Dort bot ihnen eine Gruppe von Einheimischen Fleisch, Obst, Fisch und Maisbier an. Bei einer flüchtigen Erkundung stellten Pizarro

1532

Atahualpa gewinnt nach langwierigem Kampf die Kontrolle über das Reich. Zur selben Zeit landen die Spanier in Peru, weniger als ein Jahr später ist Atahualpa tot – hingerichtet von Francisco Pizarro.

1572

Der Inka-Herrscher Túpac Amaru, der in Vilcabamba ein von den Spaniern unabhängiges Inka-Reich errichtet hatte, wird von den Kolonialbehörden ergriffen und geköpft.

1609

Der *mestizo*-Schreiber und Philosoph El Inca Garcilaso de la Vega veröffentlicht *Los comentarios reales* (Die Königlichen Kommentare), eine Erzählung vom Leben der Inka vor und nach der Eroberung.

1611

Diego Quispe Tito, einer der namhaftesten religiösen Maler der sogenannten Cusco-Schule, wird im südperuanischen Hochland geboren.

und De Almagro fest, dass es hier Silber und Gold im Übermaß gab, und reisten rasch nach Spanien heim, um am Hof für die Finanzierung einer größeren Expedition zu werben.

Im September 1532 kehrten sie mit einer Schiffsladung Waffen, Pferden und Sklaven sowie einem Bataillon von 168 Mann zurück nach Tumbes. Doch inzwischen war die reiche Stadt durch Epidemien und den Bürgerkrieg verwüstet worden und Atahualpa auf dem Weg von Quito nach Cusco, um den hart erkämpften Thron zu besteigen. Als die Spanier ankamen, weilte er gerade im peruanischen Hochland in Cajamarca und genoss die Mineralbäder der Gegend.

Pizarro merkte schnell, dass das gesamte Imperium in Aufruhr war. Er reiste mit seinen Männern nach Cajamarca und näherte sich Atahualpa mit königlichen Grüßen und dem Versprechen seiner Brüderlichkeit. Doch die förmlichen Höflichkeiten mündeten rasch in einem Angriff, bei dem Tausende Inka starben und Atahualpa zum Kriegsgefangenen wurde. (Mit ihren Pferden, Rüstungen und Stahlklingen waren die Spanier praktisch unbesiegbar, denn die Inka-Krieger hatten nur Keulen, Schleudern und Korbhelme.)

Um sich freizukaufen, bot Atahualpa Gold und Silber in rauen Mengen an – so begann einer der berühmt-berüchtigsten Lösegeldfälle der Geschichte. Die Inka füllten einen ganzen Raum mit wertvollem Edelmetall, um die unersättliche Gier der Spanier zu befriedigen. Aber es war nicht genug: Noch acht Monate lang hielten die Spanier Atahualpa gefangen, bis sie ihn schließlich im Alter von 31 Jahren mit der Garrotte hinrichteten.

Von dieser verhängnisvollen Begegnung konnte sich das Inka-Reich nie wieder erholen – die Ankunft der Spanier führte zu einem verheerenden Zusammenbruch der indigenen Gesellschaft. Einer Schätzung zufolge verringerte sich die einheimische Bevölkerung binnen eines Jahrhunderts nach dem Eintreffen der Spanier von 10 Millionen auf 600 000 Menschen.

Ein kompletter Scan des Manuskripts von Guamán Poma de Ayala aus dem 17. Jh., in dem er die Grausamkeiten der Kolonialbehörden gegen die *indígenas* (samt Illustrationen) aufführt, befindet sich auf der Website der dänischen Nationalbibliothek unter www.kb.dk/permalink/2006/poma/info/en/frontpage.htm.

Eine unruhige Kolonie

Nach dem Tod von Atahualpa machten sich die Spanier daran, ihre Macht zu konsolidieren. Am 6. Januar 1535 gründete Pizarro ein neues administratives Zentrum am Ufer des Río Rímac an der zentralen Küste: Lima, die „Stadt der Könige“ (benannt nach dem Erscheinungsfest bzw. dem Dreikönigstag). Sie sollte die neue Hauptstadt des Vizekönigreiches Peru werden, das mehr als 200 Jahre lang weite Teile Südamerikas umfasste.

Es war eine Zeit großer Unruhen. Wie überall in Lateinamerika regierte Spanien auch in Peru mit Terror und es brachen immer wieder Rebellionen aus. Atahualpas Halbbruder Manco Inka (auch Manco Capac II. genannt), der sich zunächst mit den Spaniern verbündet und als Marionettenherrscher unter Pizarro gedient hatte, versuchte 1536, das Hochland wieder unter seine Kontrolle zu bringen, indem er Cusco fast ein

1613
Guamán Poma de Ayala verfasst eine 1200-seitige Botschaft an den spanischen König und prangert die schlechte Behandlung der indigenen Bevölkerung an. Sie wird 1908 in einem dänischen Archiv wiederentdeckt.

1671
Die heilige Rosa von Lima, Schutzpatronin von Peru und Lateinamerika, wird von Papst Clemens X. heiliggesprochen.

1717
Die spanische Krone gründet das Vizekönigreich Neugranada. Es umfasst Ecuador, Kolumbien und Panama – damit verringert sich die Macht und Reichweite des peruanischen Vizekönigreiches.

1781
Nach einer erfolglosen Rebellion gegen die spanischen Besatzer wird der Inka-Adelige Túpac Amaru II. (geb. als José Gabriel Condorcanqui) in Cusco hingerichtet.

PERUS HEILIGE

In ihrem ersten Jahrhundert brachte die peruanische Kolonie ungewöhnlich viele katholische Heilige hervor, nämlich fünf an der Zahl. Zu ihnen gehört die hochverehrte heilige Rosa aus Lima (1556–1617), eine strenggläubige *criolla* (in Peru geborene Spanierin), die ein Keuschheitsgelübde ablegte und fortan ein Leben der Entsagung führte: Sie trug einen Bußgürtel und schlief auf einem Bett aus Glas- und Tonscherben. Weitere Heilige waren San Juan Macías (1585–1645), der Bedürftigen half, und San Martín de Porres (1579–1639), der erste schwarze Heilige der Neuen Welt.

Warum so viele? Zu tun hat dies mit den spanischen Bemühungen, die alte indigene Ordnung systematisch durch eigene Traditionen zu ersetzen. In einem Exstirpation genannten Prozess versuchte die katholische Obrigkeit, den einheimischen Glauben auszurotten, indem sie die Anbetung der Ahnen verbot und Zeremonien veranstaltete, bei denen präkolumbische Götzenbilder verbrannt wurden. Diese Zeit brachte eine Reihe von Heiligengestalten hervor, welche die katholischen Führer als Vorbilder für Frömmigkeit hochhalten konnten. Priester rühmten die Wunder alltäglicher Menschen, die dem weltlichen Besitz entsagten und extreme Demut zeigten – Eigenschaften, die die Kirche ihren neuen Schäfchen gern eintrichtern wollte. Mehrere Personen wurden während dieser Zeit heiliggesprochen und sind bis heute ein integraler Teil der spirituellen Kultur Perus.

Reliquien der Heiligen kann man sich in der Iglesia de Santo Domingo in Lima ansehen.

Jahr lang belagerte. Doch letztendlich wurde er zurückgeschlagen und 1544 von einer Einheit spanischer Soldaten erstochen.

Darüber hinaus gab es auch unter den spanischen Besatzern selbst zahlreiche Kämpfe – eine unübersichtliche Zahl rivalisierender Gruppen wollte das neue Imperium unter die eigene Kontrolle bringen. 1538 verurteilte man de Almagro zum Tod durch den Strang, weil er versucht hatte, Cusco einzunehmen. Drei Jahre später wurde Pizarro in Lima von aufgebrachten Anhängern Diego de Almagros ermordet. Andere Eroberer ereilte dasselbe Schicksal. Die Lage beruhigte sich erst, als Francisco de Toledo Vizekönig wurde. Als fähiger Verwalter brachte er Ordnung in die Kolonie.

Bis zur Unabhängigkeit regierte eine Reihe aus Spanien stammender Vizekönige Peru, die alle von der spanischen Krone eingesetzt wurden. Einwanderer aus dem Mutterland hatten die wichtigsten Positionen inne, während den *criollos* (in Peru geborene Spanier) nur mittlere Ämter offenstanden. *Mestizos* aus Mischehen standen auf der sozialen Leiter noch tiefer. Am unteren Ende befanden sich die einheimischen *indígenas*, sie wurden als *peones* (Tagelöhner) im *encomienda*-System ausgebeutet. Diese feudale Ordnung sprach spanischen Kolonialherren Landrechte zu, die die Leibeigenschaft aller dort lebenden Einheimischen einschloss.

Ihren Siedepunkt erreichten die Spannungen zwischen den *indígenas* und den Besatzern schließlich im späten 18. Jh., als die spanische Krone

1810

In Lima erblickt Pancho Fierro, später berühmt für seine Aquarelle aus dem Alltagsleben, das Licht der Welt; seine Bilder tragen zur Entstehung einer eigenen peruanischen Identität bei.

1821

José de San Martín proklamiert Perus Unabhängigkeit, doch seine Souveränität erreicht das Land erst, nachdem Simón Bolívars Truppen die Spanier drei Jahre später bei den Schlachten von Junín und Ayacucho besiegen.

1826

Die letzten spanischen Truppen verlassen das Land von Callao aus. Danach versinkt Peru in einer Phase der Anarchie.

1845

Ramón Castilla tritt seine erste von vier nicht aufeinanderfolgenden Amtszeiten als Präsident an und bringt Peru etwas Stabilität.

der Kolonie eine Reihe neuer Steuern auferlegte, welche die indigene Bevölkerung natürlich am härtesten trafen. 1780 nahm José Gabriel Condorcanqui – ein Nachfahre des Inka-Herrschers Túpac Amaru – einen spanischen Verwalter fest und ließ ihn wegen dessen Grausamkeiten hinrichten. Diese Tat entfesselte eine Rebellion der *indígenas*, die sich in ganz Südperu und bis nach Bolivien und Argentinien ausbreitete. Condorcanqui nahm den Namen Túpac Amaru II. an und reiste durch die Region, um die Revolution voranzutreiben.

Die spanische Vergeltung war schnell und brutal. 1781 wurde der Anführer der *indígenas* gefangen genommen und auf den Hauptplatz von Cusco geschleift, wo er mit ansehen musste, wie seine Anhänger, seine Frau und seine Söhne bei einer gewaltigen Attacke getötet wurden, bevor man ihn selbst niedermetzelte und vierteilte. Seine Überreste wurden anschließend zur Abschreckung in mehreren Andenstädten ausgestellt.

Unabhängigkeit

Zu Beginn des 19. Jhs. begehrten *criollos* in vielen spanischen Kolonien zunehmend auf gegen ihren Mangel an administrativer Macht und zu hohe Steuerabgaben an die Krone. Auf dem gesamten Kontinent entbrannten Revolutionen. In Peru kam der Umbruch aus zwei Richtungen. Der argentinische Revolutionär José de San Martín führte Unabhängigkeitsbewegungen in Argentinien und Chile an, bevor er 1820 auf dem Seeweg über den Hafen von Pisco Peru erreichte. Bei seiner Ankunft zogen sich die royalistischen Streitkräfte ins Hochland zurück, sodass er ungehindert nach Lima reiten konnte. Am 28. Juli 1821 wurde die Unabhängigkeit ausgerufen. Bis zur tatsächlichen Souveränität sollte es allerdings noch drei Jahre dauern, denn um die Spanier zu besiegen, deren Streitkräfte sich weiterhin im Landesinneren aufhielten, brauchte San Martín mehr Truppen.

Nun betrat Simón Bolívar die Bühne, ein venezolanischer Revolutionär, der den Unabhängigkeitskampf in Venezuela, Kolumbien und Ecuador angeführt hatte. 1823 verliehen die Peruaner Bolívar diktatorische Rechte (eine Ehre, die ihm schon in anderen Ländern zuteil geworden war). In der zweiten Hälfte des Jahres 1824 besiegten er und sein Leutnant Antonio José de Sucre die spanischen Truppen in zwei entscheidenden Schlachten in Junín und Ayacucho. Trotz ihrer gewaltigen zahlenmäßigen Unterlegenheit konnten die Revolutionäre den Vizekönig gefangen nehmen und eine Kapitulation aushandeln. U. a. wurde vereinbart, dass die Spanier mit all ihren Truppen aus Peru und Bolivien abziehen sollten.

Die neue Republik

Auf den hochfliegenden Idealismus der Revolution folgte die harte Realität. Der junge Staat erwies sich als ebenso anarchisch wie zuvor das

Historische Kirchen

- *Iglesia de Santo Domingo (Lima)*
- *Catedral de Ayacucho (Ayacucho)*
- *Iglesia de La Compañía de Jesús (Cusco)*
- *Iglesia de San Pedro (Andahuaylillas)*
- *Monasterio de Santa Catalina (Arequipa)*
- *Basilica Menor Catedral (Trujillo)*

1872

Der Wissenschaftler Ricardo Palma veröffentlicht das erste einer Reihe von Büchern über das kreolische Brauchtum, bekannt als die *tradiciones peruanas.*

1879–1883

Chile führt Krieg gegen Peru und Bolivien um die nitratreiche Atacama-Wüste. Peru verliert den Konflikt sowie seine südlichste Region Tarapacá.

1892

Der Dichter César Vallejo wird im Hochland geboren. Er lebt nur 46 Jahre, wird aber mit seinem einfachen Stil und seinen sozialen Themen einer der besten Literaten des Kontinents.

1895

Nicolás de Piérola wird zum Präsidenten gewählt. Dank der boomenden Weltwirtschaft beginnt eine relativ stabile Phase.

Vizekönigtum. Zwischen 1825 und 1841 kam es zu ständigen Regimewechseln (zwei Dutzend!), weil sich die regionalen *caudillos* (Anführer) um die Macht stritten. In den 1840er-Jahren verbesserte sich die Situation, denn vor der peruanischen Küste wurden riesige Mengen von Guano, nitratreichem Seevogelkot, abgebaut, der als Düngemittel auf den internationalen Märkten unglaubliche Gewinne einbrachte.

Unter dem *mestizo* Ramón Castilla, der 1845 zum Regierungschef gewählt wurde, gewann das Land an Stabilität. Die Einkünfte aus dem Guano-Boom, bei dem er eine Schlüsselrolle spielte, nutzte Castilla für wirtschaftliche Verbesserungen. Er schaffte die Sklaverei ab, zahlte einige Staatsschulden zurück und führte ein öffentliches Schulsystem ein. Im Verlauf von zwei Jahrzehnten übernahm Castilla noch dreimal das Amt des Präsidenten – entweder gezwungenermaßen oder in einer Übergangsfunktion –, davon einmal weniger als eine Woche lang. Schließlich wurde er von Widersachern ins Exil getrieben.

Er starb 1867 in Chile bei dem Versuch, nach Peru zurückzukehren. (Besucher können seine beeindruckende Krypta im Panteón de los Proceres in Limas Zentrum sehen).

Vom 16. bis zum 19. Jh. trugen in Lima viele Frauen Kopftücher, die nur ein Auge freiließen; von den Einheimischen wurden sie daher *las tapadas* (die Verschleierten) genannt. Der Ursprung dieser Tradition ist nicht bekannt (einige halten sie für eine maurische Sitte), doch sie erlaubte den Frauen, sich allein in der Öffentlichkeit zu zeigen.

Salpeterkrieg

Nach Castillas Weggang versank das Land erneut im Chaos. Eine Folge von *caudillos* vergeudete die Profite aus dem Guano-Boom und lenkte die Wirtschaft in miserabler Weise. Zusätzlich kam es zu militärischen Auseinandersetzungen mit Ecuador (wegen Grenzstreitigkeiten) und Spanien (das die Kontrolle über die einstigen südamerikanischen Kolonien zurückgewinnen wollte). Diese Konflikte leerten die Staatskassen, und 1874 war Peru bankrott.

Dies schwächte die Position des Landes im eskalierenden Streit zwischen Chile und Bolivien um die nitratreichen Gegenden in der Atacama-Wüste. Die dortigen Grenzen waren nie klar festgelegt worden und schließlich entluden sich die Spannungen in einem militärischen Konflikt. Erschwerend kam hinzu, dass Perus Präsident Mariano Prado am Vorabend des Konflikts das Land Richtung Europa verlassen hatte. Der Krieg geriet für Peru in jeder Hinsicht zum Desaster (ganz zu schweigen von Bolivien, das seine gesamte Küstenregion verlor).

Auch wenn sich Militärs wie der Admiral Miguel Grau durch tapfere Aktionen hervortaten, waren die Chilenen besser organisiert und verfügten über mehr Ressourcen sowie die Unterstützung Englands. 1881 drangen sie bis tief nach Peru vor, plünderten die Hauptstadt Lima und machten sich mit den unbezahlbaren Schätzen der Nationalbibliothek aus dem Staub. Als der Konflikt 1883 beendet war, hatte Peru seine südlichste Region Tarapacá für immer verloren – und das Gebiet um Tacna wurde erst 1929 wieder zurückgegeben.

1911

Hiram Bingham, ein US-amerikanischer Archäologe, erreicht die Ruinen von Machu Picchu; der *National Geographic* berichtet von seiner „Entdeckung" der alten Stadt.

1924

Im Norden gründet der politische Anführer Victor Raúl Haya de la Torre die populistische, antiimperialistische Partei APRA. Sie wird sofort verboten.

1928

Der Journalist und Philosoph José Carlos Mariátegui veröffentlicht *Sieben Versuche, die peruanische Wirklichkeit zu verstehen*, in denen er die feudalen Strukturen der Gesellschaft kritisiert.

1932

Über 1000 Anhänger der APRA-Partei werden von Militärs an den alten Ruinen von Chan Chan hingerichtet, darauf kommt es in Trujillo zu einem Aufstand.

Eine neue Ära der Intellektuellen

Als das 20. Jh. näherrückte, ging es allmählich bergauf. Von der besseren Weltwirtschaftslage profitierte auch Peru, das sich dank des Exports von Zucker, Baumwolle, Gummi, Holz und Silber erholte. Als 1895 Nicolás de Piérola zum Präsidenten gewählt wurde, begann die Ära der „Aristokratischen Republik". Krankenhäuser und Schulen entstanden, und Piérola sorgte für den Bau von Straßen sowie Bahnstrecken.

In dieser fand außerdem ein Umbruch der peruanischen Geistesgeschichte statt. Bereits Ende des 19. Jhs. versuchten viele Vordenker (vor allem aus Lima), ein Bewusstsein für die eigene peruanische Identität zu wecken, die allerdings weitgehend auf der Erfahrung der *criollos* beruhte. Ihr Hauptvertreter war Ricardo Palma, ein Gelehrter und Autor, der sich sich mit dem Wiederaufbau der geplünderten Nationalbibliothek einen Namen gemacht hatte. Ab 1872 veröffentlichte er zahlreiche Werke über die kreolische Folklore, bekannt als *tradiciones peruanas* (peruanische Traditionen), die zur Pflichtlektüre in den Schulen wurden.

Als das neue Jahrhundert anbrach, erwachte in intellektuellen Kreisen der *indigenismo* (Indigenismus), eine auf dem ganzen Kontinent verbreitete Bewegung, die eine führende Rolle der indigenen Bevölkerung in Politik und Gesellschaft forderte. In Peru entstand daraus eine breite (aber uneinheitliche) kulturelle Bewegung. Der Historiker Luis Valcárcel warf der Gesellschaft die Degradierung der indigenen Klasse vor, der Dichter César Vallejo thematisierte ihre Unterdrückung in von der Kritik gefeierten Werken und der Maler José Sabogal führte eine Generation von bildenden Künstlern an, die indigene Motive für ihre Malereien entdeckten. 1928 schrieb der Journalist und Philosoph José Carlos Mariátegui ein marxistisches Buch, *Sieben Versuche, die peruanische Wirklichkeit zu verstehen,* in dem er die feudale Natur der peruanischen Gesellschaft kritisierte und die gemeinschaftlichen Aspekte der Inka-Gesellschaftsordnung hervorhob. (Es ist bis heute ein Standardwerk für die lateinamerikanische Linke).

In diesem Klima gründete der in Trujillo geborene Politiker Victor Raúl Haya de la Torre 1924 die Alianza Popular Revolucionaria Americana (Revolutionäre Amerikanische Volksallianz), auch bekannt als APRA. Diese Partei vertrat ein populistisches Programm, feierte „Indio-Amerika" und kritisierte den US-Imperialismus. Rasch erklärte das autokratische Regime von Augusto Leguía sie für illegal; und dies blieb sie für lange Abschnitte des 20. Jhs. Haya de la Torre war mehrmals auf der Flucht sowie im Exil und verbrachte 15 Monate als politischer Gefangener in Haft.

Diktatoren & Revolutionäre

Mit dem Beginn der Weltwirtschaftskrise 1929 verwandelt sich die Geschichte Perus in eine verworrene Abfolge von Diktaturen, unterbrochen

Auf der Website der Biblioteca Nacional (Nationalbibliothek) kann man in Forschungsmaterial (von schlichten Texten bis zu digitalisierten Dokumenten) stöbern, das bis in die Kolonialzeit zurückreicht; einfach auf www.bnp.gob.pe dem Link „Biblioteca Virtual" folgen.

Mitte des 19. Jhs. erbrachte der peruanische Export von Guano jährlich 20 Mio. US$ – das wären mehr als 517 Mio. US$ nach heutigem Maßstab. 1869 exportierte das Land über eine halbe Million Tonnen des nitratreichen Düngers.

1948

General Manuel Odría übernimmt für acht Jahre die Macht; er setzt sich für umfangreiche ausländische Investitionen ein und greift hart gegen die APRA-Bewegung durch.

1962

Mario Vargas Llosa veröffentlicht *La ciudad y los perros* (Die Stadt und die Hunde), einen experimentellen Roman, der in einer Militärakademie in Lima spielt.

1968

Durch einen Militärputsch wird General Juan Velasco Alvarado Präsident. In seiner siebenjährigen Amtszeit vertritt er eine populistische Agenda; diese schließt die „Peruanisierung" aller Industriezweige ein.

1970

Ein Erdbeben der Stärke 7,7 auf der Richterskala tötet in Nordperu fast 80 000 Menschen. 140 0000 werden verwundet, 500 000 verlieren ihr Zuhause.

von kurzen Abschnitten der Demokratie. Zweimal regierte Augusto Leguía, ein Zuckerbaron von der Nordküste, das Land: Beim ersten Mal (1908–1912) wurde er demokratisch gewählt, beim zweiten (1919–1930) putschte er sich an die Macht. In seiner ersten Amtszeit hatte er mit einem Gewirr von Grenzkonflikten zu kämpfen, während der zweiten unterdrückte er die Pressefreiheit und politische Dissidenten.

Der Fotograf Martín Chambi (1891–1973) ist berühmt für seine berührenden Schwarz-Weiß-Fotos von Cusco im frühen 20. Jh. Sie zeigen ein ehrliches Bild der Stadt vor dem Zeitalter des Massentourismus. Beispiele sind auf der Website www.martinchambi.org zu sehen.

Auf Leguía folgte Oberst Luis Sánchez Cerro, der in den 1930er-Jahren für mehrere kurze Perioden Präsident war. Obwohl seine Amtszeit turbulent verlief, wurde er teilweise gefeiert, weil er ein Gesetz abschaffte, das gesunde Männer zur Arbeit bei Straßenbauprojekten verpflichtete. Dieses traf indigene Männer überdurchschnittlich hart, da sie es sich selten leisten konnten, die Gebühr für eine Befreiung zu zahlen. 1948 übernahm ein weiterer Diktator die Macht: Der frühere General Manuel Odría brachte den Großteil seiner Präsidentschaft damit zu, die APRA zu unterdrücken und US-Firmen zu Investitionen in Peru zu ermutigen.

Der faszinierendste peruanische Diktator des 20. Jhs. aber war Juan Velasco Alvarado, ein früherer Armeechef, der ab 1968 über das Land herrschte. Entgegen allen Erwartungen führte Velasco kein konservatives Regime, sondern erwies sich als ausgesprochener Populist – einige APRA-Anhänger beklagten gar, er habe ihnen das Parteiprogramm gestohlen. Er setzte eine nationalistische Agenda um, zu der auch die „Peruanisierung" (Gewährleistung peruanischen Mehrheitsbesitzes) verschiedener Industriezweige zählte. In seinen Ansprachen feierte er die indigene Bauernschaft, trat für eine radikale Agrarreform ein und erhob Quechua zur offiziellen Landessprache. Die Pressefreiheit wurde dagegen stark eingeschränkt. Letztendlich schlug Velascos Wirtschaftspolitik aber fehl und 1975 wurde er durch ein anderes, konservativeres Militärregime ersetzt.

Einflussreiche Autoren

- *El Inca Garcilaso de la Vega, Chronist*
- *Ricardo Palma, Folklorist*
- *Abraham Valdelomar, Essayist*
- *César Vallejo, Dichter*
- *José Carlos Mariátegui, Politik-Theoretiker*
- *Mario Vargas Llosa, Romanautor*

Innerer Konflikt

Eine zivile Regierung bekam Peru erst wieder 1980, als Fernando Belaúnde Terry zum Präsidenten gewählt wurde – erstmals durften an der Wahl auch linksgerichtete Parteien teilnehmen, darunter die jetzt legale APRA. Doch Belaúndes erste Amtszeit verlief ausgesprochen holprig. Weil er sich daran abkämpfte, die marode Wirtschaft wieder ins Rollen zu bringen, gerieten die Agrarreform und andere soziale Neuerungen aus dem politischen Blickfeld.

Zu dieser Zeit begann der beispiellose Aufstieg einer radikalen maoistischen Gruppierung aus der Region Ayacucho: Der Sendero Luminoso (Leuchtender Pfad), gegründet von dem Philosophieprofessor Abimael Guzmán, strebte einen Umsturz der sozialen Ordnung durch bewaffneten Kampf an. Die folgenden zwei Jahrzehnte waren geprägt von brutaler Gewalt. Mitglieder des Sendero Luminoso ermordeten politische

1980

Die Guerillagruppe Sendero Luminoso führt in der Region Ayacucho ihre erste gewalttätige Aktion – die Verbrennung von Wahlurnen – durch; der Zwischenfall findet bei der Presse kaum Beachtung.

1980

Fernando Belaúnde Terry wird der erste demokratisch gewählte Präsident nach zwölf Jahren Diktatur, doch seine Amtszeit ist geprägt von wirtschaftlicher Instabilität und der Gewalt in den Anden.

1983

Bei einem Massaker, das größeres Aufsehen erregt, werden acht Journalisten in der Andenstadt Uchuraccay ermordet.

1985

Alan García wird Präsident. Während seiner Amtszeit kommt es zur Hyperinflation und zu verstärkten Angriffen terroristischer Gruppierungen. Er wird der Unterschlagung verdächtigt und flieht 1992 aus dem Land.

Führer und Aktivisten, griffen Polizeiwachen sowie Universitäten an und hängten einmal überall in der Innenstadt von Lima tote Hunde auf. (Mit ihren Taten schaffte es die Gruppe auf die Liste der ausländischen Terrororganisationen des US-Außenministeriums.) Gleichzeitig trat eine weitere linksgerichtete Guerillatruppe, das Movimiento Revolucionario Túpac Amaru (MRTA), in Aktion – sie konzentrierte sich auf Angriffe gegen die Polizei und die Armee.

Um die Gewalt zu beenden, setzte die Regierung das Militär ein, eine schwerfällige Organisation, die nur wenig über die Bekämpfung von Guerilla-Aufständen wusste. Es kam zu Folterungen, Vergewaltigungen, Verschleppungen und Massakern, doch nichts davon konnte den Sendero Luminoso stoppen. Stattdessen gerieten Zehntausende *campesinos* (Bauern) zwischen die Fronten. Sie wurden zu den eigentlichen Leidtragenden dieser Gewalt.

Mitten in dieser schwierigen Zeit wurde 1985 Alan García zum Präsidenten gewählt. Anfangs setzte die Bevölkerung große Hoffnungen in ihn: Er war jung, beliebt und ein begnadeter Redner. Zudem war er das erste Mitglied der APRA-Partei, das eine Präsidentschaftswahl für sich entscheiden konnte. Doch sein Wirtschaftsprogramm geriet zum Debakel: Sein Beschluss, die Banken zu verstaatlichen und die Rückzahlung der Auslandsschulden auszusetzen, führte in den wirtschaftlichen Ruin. Ende der 1980er-Jahre erlebte Peru eine erschütternde Hyperinflation von 7500 %. Tausende Menschen verarmten; es gab Lebensmittelkürzungen und Aufstände. Gleichzeitig verstärkten Sendero Luminoso und MRTA ihre Angriffe. Die Regierung sah sich gezwungen, den Notstand auszurufen.

Zwei Jahre vor dem offiziellen Ende seiner Amtszeit floh García aus dem Land, nachdem man ihm vorgeworfen hatte, mehrere Millionen Dollar unterschlagen zu haben. Er kehrte erst 2001 nach Peru zurück, als die Anschuldigungen gegen ihn verjährt waren.

Der Gründer des Leuchtenden Pfads, Abimael Guzmán, übernahm den Namen „Sendero Luminoso" von einer Maxime des Schriftstellers und Gründers der Kommunistischen Partei, José Carlos Mariátegui: „Der Marxismus-Leninismus wird den leuchtenden Pfad zur Revolution öffnen."

Fuji-Schock

Durch dieses Chaos waren die Präsidentschaftswahlen von 1990 so wichtig wie keine zuvor. Als Kandidaten traten der berühmte Schriftsteller Mario Vargas Llosa und Alberto Fujimori, ein kaum bekannter Agrarwissenschaftler japanischer Herkunft, gegeneinander an. Während der Wahlkampagne sprach sich Llosa für eine wirtschaftliche „Schocktherapie" aus, von der viele befürchteten, sie würde zu noch mehr Armut führen; Fujimori dagegen positionierte sich selbst als Alternative zum peruanischen Status quo und gewann mit Leichtigkeit. Kaum im Amt, setzte er jedoch einen weit schärferen Wirtschaftsplan durch, der u. a. den Benzinpreis um 3000 % in die Höhe schießen ließ. Seine Maßnahmen, bekannt als „Fuji-Schock", brachten letztendlich einen Rückgang der Infla-

1987

Archäologen entdecken nahe Lambayeque das ungeplünderte Grab eines Moche-Priesters und Kriegers, der als El Señor de Sipán Bekanntheit erlangt.

1990

Alberto Fujimori wird zum Präsidenten gewählt. Sein autoritärer Stil führt zur Verbesserung der Wirtschaftslage, doch Korruptionsvorwürfe belasten seine Regierung.

1992

Der Sendero Luminoso zündet Autobomben in Miraflores, Lima. 25 Menschen werden getötet und viele verwundet. Daraufhin wendet sich die öffentliche Meinung gegen die Guerillas.

1992

Abimael Guzmán, Gründer des Sendero Luminoso, wird in seinem Versteck über einem Tanzstudio in Limas wohlhabendem Viertel Sucro entdeckt und festgenommen.

EIN NOBELPREIS FÜR PERU

2010 erhielt Mario Vargas Llosa (geb. 1936), der berühmteste lebende Schriftsteller Perus, den Literaturnobelpreis für seine Werke, die sich mit den Wechselfällen der Liebe, Macht und Korruption auseinandersetzen. Diese Ehrung krönt ein außergewöhnliches Leben: Als junger Mann hatte Vargas Llosa eine Affäre mit der Schwägerin seines Onkels; diese Episode fiktionalisierte er in *Tante Julia und der Kunstschreiber*. In den 1970er-Jahren geriet er aus nie genannten Gründen mit dem kolumbianischen Nobelpreisträger Gabriel García Márquez in Streit. Im folgenden Jahrzehnt kandidierte er für das Präsidentenamt – und verlor. Vargas Llosa verfasste im Laufe seines Lebens Romane, Kurzgeschichten, Theaterstücke und politische Essays. Als er den Nobelpreis gewann, sagte er einem Reporter: „Der Tod wird mich mit einem Stift in der Hand antreffen."

Für alle, die sich ernsthaft mit der peruanischen Geschichte beschäftigen wollen, bildet *The Peru Reader* (Duke University Press, 2005) von Orin Starn, Carlos Iván Degregori und Robin Kirk eine unentbehrliche Artikelsammlung zu jeder historischen Epoche, von Auszügen aus spanischen Chroniken bis zu Essays über die Kokainindustrie.

tion und die Stabilisierung der Wirtschaft, kamen die Einwohner aber teuer zu stehen.

Im April 1992 löste Fujimori mit einem *autogolpe* (Staatsstreich von innen) das Parlament auf und stellte einen neuen Kongress aus eigenen Verbündeten zusammen. Die Peruaner waren *caudillos* gewöhnt und tolerierten diese Form der Machtergreifung in der Hoffnung, Fujimori könne die ökonomische und politische Situation stabilisieren – und das tat er auch. Die Wirtschaft wuchs. Und Ende des Jahres waren auch die führenden Köpfe des Sendero Luminoso und des MRTA in Haft (zuvor hatte der Sendero Luminoso die angesehene Aktivistin María Elena Moyano ermordet und Anschläge mit Autobomben in Limas noblem Viertel Miraflores verübt).

Der innere Konflikt war jedoch noch nicht beigelegt. Im Dezember 1996 besetzten 14 Anhänger des MRTA die Residenz des japanischen Botschafters, nahmen mehrere Hundert Prominente als Geiseln und forderten u. a. die Freilassung inhaftierter MRTA-Mitglieder. Die meisten Geiseln wurden rasch freigelassen, 72 Männer allerdings bis zum darauf folgenden April festgehalten. Dann stürmten peruanische Kommandos die Botschaft, töteten alle MRTA-Aktivisten und befreiten die Gefangenen.

Am Ende seiner zweiten Amtszeit sah sich Fujimoris Regierung mit Korruptionsvorwürfen konfrontiert. Er selbst trat 2000 seine dritte Amtszeit an (eigentlich verfassungswidrig) und blieb an der Macht, obwohl ihm die dazu notwendige einfache Mehrheit fehlte. Noch im selben Jahr musste er allerdings aus dem Land fliehen, denn es wurde öffentlich bekannt, dass sein Geheimdienstchef Vladimiro Montesinos Regierungsgelder unterschlagen und Kongressabgeordnete sowie die Medien bestochen hatte. (Ganze 2700 seiner Aktionen waren gefilmt worden; sie fesselten als „Vladivideos" die Nation, als sie 2001 veröffentlicht wurden.)

1994

Der Koch Gastón Acurio eröffnet im Stadtviertel Miraflores in Lima das Restaurant Astrid y Gastón, das dazu beiträgt, die peruanische Küche auf internationales Niveau zu katapultieren.

1996

Guerillas des Movimiento Revolucionario Túpac Amaru (MRTA) stürmen die Residenz des japanischen Botschafters in Lima und halten 72 Menschen vier Monate lang fest.

2000

Nachdem Videos aufgetaucht sind, die seinen Geheimdienstchef dabei zeigen, wie er Beamte und Journalisten besticht, flieht Fujimori nach Japan. Das peruanische Parlament setzt ihn ab.

2001

Alejandro Toledo wird der erste indigene Regierungschef eines Andenlandes.

Fujimori erklärte vom Ausland aus seinen Rücktritt als Präsident, doch das Parlament wies diese Geste zurück und warf ihn als „moralisch ungeeignet" aus dem Amt.

Allerdings sollte Peru erneut von Fujimori hören. 2005 kehrte er nach Südamerika zurück, wurde jedoch in Chile verhaftet und musste sich den bereits lange erhobenen Vorwürfen von Korruption, Entführung und Menschenrechtsverletzung stellen. 2007 wurde er nach Peru ausgeliefert und im selben Jahr wegen Anordnung einer illegalen Hausdurchsuchung verurteilt. Zwei Jahre später wurde er wegen der Anordnung willlkürlicher und vorsetzlicher Morde schuldig gesprochen und drei Monate später zudem wegen des Transfers von Millionen von Dollar an Montesinos. Montesinos wurde wegen Bestechung und Waffenverkäufen an kolumbianische Rebellen zu 20 Jahren Haft verurteilt. 2009 bekannte sich Fujimori ungesetzlicher Abhörmaßnahmen und der Bestechung schuldig. Im Jahr 2017 wurde er von Präsident Pedro Pablo Kuczynski begnadigt und vorzeitig aus seiner ursprünglich 25-jährigen Haft entlassen.

Forgotten Continent: The Battle for Latin America's Soul (2009) ist ein hochgelobter, dicht gepackter politischer Wälzer des *Economist*-Mitarbeiters Michael Reid. Darin untersucht er das angespannte Verhältnis Lateinamerikas zu den USA und Europa und die wirtschaftliche und politische Entwicklung in den letzten drei Jahrzehnten.

Das 21. Jahrhundert

Im neuen Jahrtausend ist es für Peru bisher ziemlich gut gelaufen. 2001 wurde Alejandro Toledo, der es vom Schuhputzer zum Stanford-Ökonomen gebracht hatte, als erster Angehöriger der Quechua zum Präsidenten gewählt (bis dahin hatte es zwar schon *mestizo*-Präsidenten gegeben, aber niemals einen *indígena*). Unglücklicherweise erbte Toledo ein politisches und wirtschaftliches Chaos. Dass er im Kongress keine

NACH DEM INNEREN KONFLIKT: WAHRHEIT & VERSÖHNUNG

Eines der bemerkenswerten Ereignisse während der Präsidentschaft von Alejandro Toledo (2001–2006) war die Gründung der *Comisión de la Verdad y Reconciliación* (Kommission für Wahrheit & Versöhnung). Sie untersuchte die zahllosen Gewaltverbrechen aus der Zeit des inneren Konflikts (1980–2000). Obwohl das Gremium nicht mit staatsanwaltschaftlichen Befugnissen ausgestattet war, erwiesen sich die öffentlichen Anhörungen dennoch als emotionaler und reinigender Akt. Männer und Frauen jedes Alters und jeder Herkunft kamen, um Massaker, Vergewaltigungen und Verschleppungen zu bezeugen, die das Militär und mehrere Guerillagruppen während dieser Periode verübt hatten.

Im August 2003 legte der Ausschuss seinen abschließenden Bericht vor. Dieser enthüllte, dass die Zahl der Todesopfer jener Zeit mehr als doppelt so hoch war wie geschätzt: Fast 70 000 Menschen waren getötet worden oder spurlos verschwunden. Außerdem präsentierte die Kommission die Fotoausstellung *Yuyanapaq* („zur Erinnerung" in Quechua), heute in Limas Museo de la Nación zu sehen. Selbst nach so vielen Jahren ist diese ergreifende Ausstellung ein überaus bewegendes Erlebnis.

2003

Die Kommission für Wahrheit & Versöhnung veröffentlicht ihren Abschlussbericht zum inneren Konflikt: Ihre Schätzungen gehen von 70 000 Toten aus.

2005

Im südlichen Amazonasbecken beginnt der Bau der Transoceánica (Transozeanische Schnellstraße), die einen Handelsweg über Land zwischen Peru und Brasilien eröffnet.

2009

Fujimori wird wegen Unterschlagung verurteilt. Dazu kommen frühere Verurteilungen wegen Anordnung einer illegalen Durchsuchung und des Einsatzes von Todesschwadronen.

2011

Der Populist Ollanta Humala, ein ehemaliger Armeeoffizier, gewinnt knapp eine Stichwahl gegen Fujimoris Tochter Keiko und wird Präsident.

Mehrheit hatte, erschwerte seine Lage zusätzlich und beeinträchtigte seine Effektivität mitten in einer Wirtschaftskrise.

Toledos Nachfolger wurde ausgerechnet Alan García von der APRA, der 2006 erneut die Präsidentschaftswahl gewann. Seine zweite Amtszeit verlief deutlich stabiler als die erste. Die Wirtschaft gedieh und die Regierung investierte Geld in die Verbesserung der Infrastruktur, etwa für Häfen, Schnellstraßen und das Stromnetz. Dennoch gab es auch Probleme. Zum einen war dies die Korruption (2008 wurde Garcías gesamtes Kabinett nach massiven Korruptionsvorwürfen zum Rücktritt gezwungen); zum anderen galt es, die heikle Frage zu klären, wie die reichen Mineralvorkommen des Landes gemanagt werden sollten, was ein fortlaufendes Problem darstellte. 2008 unterzeichnete García ein Gesetz, das ausländischen Firmen erlaubte, Bodenschätze im Amazonasgebiet zu fördern. Diese Verordnung provozierte mehrere ansässige Stämme zu Straßenblockaden und hatte 2009 eine tödliche Auseinandersetzung in der Stadt Bagua zur Folge.

Der peruanische Kongress hob das Gesetz schnell auf, aber die Frage blieb eine Herausforderung für den im Jahr 2011 gewählten Präsidenten Ollanta Humala. Nachdem er sich im Wahlkampf für eine umfassendere Einbeziehung aller sozialen Schichten eingesetzt hatte, unterzeichnete er das Gesetz zur vorherigen Konsultation (Prior Consultation Law). Das neue und historische Gesetz soll die Rechte der indigenen Bevökerung bei der Zustimmung zu Projekten, die sie und ihr Land betreffen, gewährleisten. Der ehemalige Armeeoffizier galt ursprünglich als Populist im Stile des früheren venzuelanischen Präsidenten Hugo Chávez (die Kurse an der Börse von Lima fielen bei seiner ersten Wahl deutlich), doch seine Regierung erwies sich als ziemlich wirtschaftsfreundlich. Aber obwohl sich die Wirtschaft unter seiner Regierung gut entwickelte, sorgten Unruhen wegen einer geplanten Goldmine im Norden sowie ein verpatzter Angriff auf ein Sendero-Luminoso-Lager im Hochland Mitte 2012 dafür, dass seine Umfragewerte sanken.

Zwar ist das explosive Wachstum der frühen Jahre des neuen Jahrtausends etwas abgeflacht, aber Peru ist weiterhin deutlich stabiler als in früheren Zeiten. Bei den Wahlen 2016 schlug Pedro Pablo Kuczynski Keiko Fujimori, die Tochter des ehemaligen Präsidenten.

Im Jahr 2017 wurde Kuczynski in einen Korruptionsskandal verwickelt, als sich herausstellte, dass er Gelder von einem Bauunternehmen entgegengenommen hatte. Einem Amtsenthebungsverfahren konnte er aufgrund fehlender Stimmen entgehen – trotz späterer Belege dafür, dass seine Anhänger Stimmen gekauft hatten, um seine Präsidentschaft zu retten. Er trat vor einem zweiten geplanten Amtsenthebungsverfahren zurück und wurde 2018 von Vizepräsident Martin Vizcarra abgelöst.

2011
Nachdem Anwohner aufgrund von Sorgen um den Naturschutz massiv gegen geplante Bergbauprojekte protestiert haben, wird in vier Provinzen der Ausnahmezustand verhängt.

2016
Der Ökonom Pedro Pablo Kuczynski gewinnt die Wahl um die Präsidentschaft gegen Keiko Fujimori.

2017
Präsident Kuczynski begnadigt den ehemaligen Präsidenten Alberto Fujimori.

2018
Angesichts von Skandalen und drohender Amtsenthebung legt Präsident Kuczynski sein Amt nieder und wird von Vizepräsident Martín Vizcarra abgelöst.

Lebensart

Mit einer geografischen Beschaffenheit, die von Wüstengegenden bis zum Hochland und zu Dschungelgebieten reicht, ist Peru ein Land der Kontraste. Dies trifft auch auf die Gesellschaft zu, die eine Mischung aus Reich und Arm, Moderne und Tradition, Land- und Stadtbevölkerung sowie indigenen und weißen Einwohnern repräsentiert. Der Alltag kann sehr schwierig, aber auch überaus bereichernd sein. All diese Unterschiede bestimmen das Leben hier bereits seit vielen Jahrhunderten.

Bevölkerung

Perus bikulturelle Gesellschaft besteht aus einer indigenen und einer europäisch beeinflussten Schicht. Der größte Teil der Bevölkerung spricht Spanisch und gehört der *criollo*-Tradition an – dem kulturellen Erbe der in Peru geborenen Spanier, die einst die Kolonie verwalteten. Bei dieser Gruppe handelt es sich um eine ethnische Mischung aus Weißen (15 % der Bevölkerung) und *mestizos,* Einwohnern gemischter indigener und europäischer Abstammung (37 %). Es sind in erster Linie Personen aus dieser Schicht, die über Wohlstand verfügen und die Führungsrolle im Land einnehmen, insbesondere jene, die weiße bzw. helle Haut haben.

45 % der peruanischen Bevölkerung zählen zu den *indígenas* (Menschen indigener Abstammung); nur noch zwei andere Länder Lateinamerikas weisen einen derart hohen Anteil auf. Viele von ihnen leben in ländlichen Regionen der Anden und arbeiten in der Landwirtschaft.

Darüber hinaus haben sich hier Afroperuaner, Asiaten und andere Immigrantengruppen niedergelassen, doch insgesamt machen sie nur 3 % der Bevölkerung aus.

Beeindruckende 78 % der Peruaner wohnen in Städten. Die Zahl stellt eine wesentliche Verschiebung im Vergleich zu den 1960er-Jahren dar, als mindestens die Hälfte der Bevölkerung auf dem Land lebte. Dies belastet die städtische Infrastruktur, vor allem in Lima. Probleme wie Ab-

VIVA EL PERÚ … ¡CARAJO!

Mit so vielen unterschiedlichen Menschen, die in einer derart extremen Landschaft leben, war die nationale Identität Perus immer eine schwierige Sache. Doch wenn es etwas gibt, das die Bevölkerung eint, dann ist es ihr Trotz.

In den 1950er-Jahren verfasste der Journalist Jorge Donayre Belaúnde ein Gedicht an seine Heimat, das er *Viva el Perú … ¡Carajo!* (Lang lebe Peru … verdammt noch mal!) nannte. Seine Verse sind ein ungeschminkter Tribut an das Land. Donayre Belaúnde schildert das Leben in den Andendörfern und den ausufernden Slums der Großstädte. Die Peruaner, schrieb er, fürchten sich nicht vor schwierigen Verhältnissen, weder vor zerstörerischen Erdbeben noch vor der schwierigen Geografie oder dem korrupten Verhalten der Politiker. Angesichts ihrer Not strahlen sie eine starrköpfige Zuversicht aus. Und das hat sich kein bisschen geändert, seit der Autor diese Worte vor über 50 Jahren auf Papier bannte.

Viva el Perú … ¡Carajo!

fallentsorgung und Stromlieferung bleiben Herausforderungen, speziell in den informellen Siedlungen, die als *pueblos jovenes* (junge Städte) bekannt sind.

Lebensunterhalt

Obwohl der jüngste Wirtschaftsboom dem Land gutgetan hat, besteht immer noch eine riesige Kluft zwischen Arm und Reich. Das monatliche Mindestgehalt liegt bei 284 US$. Laut INEI, Perus nationaler Behörde für Statistik und Information, leben rund 22% der Bevölkerung unter der Armutsgrenze. Auch wenn die offizielle Arbeitslosenrate nur 6,7% beträgt, herrscht erhebliche Unterbeschäftigung, besonders in Lima und anderen Städten.

1971 sprach der peruanische Geistliche Gustavo Gutiérrez als Erster vom Prinzip der Befreiungs-theologie, die christliches Gedankengut mit sozialer Gerechtigkeit verbindet. Heute lehrt er in den USA.

Die meisten mittellosen Einwohner gehören zur ländlichen indigenen Bevölkerung. Sie bestreiten ihren Unterhalt vorwiegend durch Subsistenzwirtschaft, also durch Selbstversorgung, und wohnen in traditionellen Lehmziegel- oder Blechhütten, die keinen Strom und fließend Wasser haben. In den Städten hausen die Ärmsten der Armen in Slums. Menschen aus der Unter- bzw. der Mittelschicht leben in Apartmenthäusern aus Beton oder in alleinstehenden Häuschen. Wohlhabende Städter besitzen eigene Häuser, die von Gärten und hohen Mauern umgeben sind. Normalerweise leben gleich mehrere Generationen unter einem Dach.

Umgangsformen

Peruaner sind sehr höflich, fast schon formell. Bei Geschäftstreffen ist ein Handschlag angemessen, unter Freunden dagegen ein *abrazo* (eine Umarmung mit Rückenklopfen) üblich. Frauen begrüßen andere Frauen und Männer oft mit einem Kuss. Indigene Einwohner küssen sich nicht, darüber hinaus werden die Hände, wenn überhaupt, nur leicht geschüttelt.

Einheimische halten weniger Abstand, als es westliche Reisende gewohnt sind: Im Bus sitzen die Leute z.B. oft dicht an dicht.

Religion

In Peru herrscht Religionsfreiheit. Mehr als 81% der Bevölkerung gehören dem römisch-katholischen Glauben an, wobei nur 15% wöchentlich Gottesdienste besuchen. Die Kirche wird vom Staat unterstützt: Sie muss kaum Steuern zahlen, außerdem ist der Katholizismus die offizielle Religion des Militärs und Bischöfe sowie bis zu einem Achtel aller Geistlichen bekommen ein monatliches staatliches Gehalt. Das hat zu einem Aufschrei einiger evangelischer Gruppen geführt, denen eine solch großzügige Behandlung verwehrt bleibt. Trotzdem nimmt die Anzahl der Evangelikalen und anderer Protestanten zu. Sie machen etwa 13% der Gesamtbevölkerung aus.

Frauen in Peru

Frauen dürfen wählen und eigenen Besitz haben, doch in einem Land, in dem die ungeschriebenen Gesetze des Machismo weitgehend akzeptiert werden, ist ihre Situation nicht einfach. Insbesondere in ländlichen Gebieten sind weit mehr Frauen (23%) als Männer (7%) Analphabeten (wobei die Quoten bei der indigenen Bevölkerung niedriger sind). Laut Statistica lagen die Löhne von Frauen im Jahr 2017 durchschnittlich 35% unter denen der Männer. In den letzten Jahrzehnten hat sich die Situation allerdings insgesamt verbessert. Häusliche Gewalt und sexuelle Übergriffe werden nun bestraft, darüber hinaus sind 28% der Arbeitskräfte in professionellen Berufen (höhere Beamte, Manager und Gesetzgeber) sowie nahezu ein Drittel der Kongressabgeordneten weiblich.

Zuschauersport

Fútbol (Fußball), der beliebteste Zuschauersport, wird von Peruanern mit großer Begeisterung verfolgt. Perus Teilnahme an der Weltmeisterschaft 2018 war ein gigantisches Ereignis für das Land, das sich mit zwei Niederlagen und einem 2:0-Sieg gegen Australien wacker geschlagen hat. Peru hatte sich seit 1982 nicht mehr für die Weltmeisterschaft qualifiziert – brachte aber 2004 die Copa-América-Trophäe (ein Turnier der südamerikanischen Nationen) nach Hause.

Die Saison dauert von Ende März bis November. Von den vielen Manschaften Perus spielen die besten in Lima. Als *clásico* gilt hier ein Match zwischen Alianza Lima und dem Universitario de Deportes (La U).

Stierkämpfe erfreuen sich vor allem in der Hauptstadt großer Beliebtheit. Während der Saison von Oktober bis Anfang Dezember lockt die Plaza de Acho in Lima international berühmte Matadore an.

Alles, was man über peruanische Fußballmannschaften – egal ob groß oder klein – wissen will, findet man unter www.peru.com/futbol (auf Spanisch).

Perus Küche

Die Fusionsküche war immer ein wichtiger Bestandteil des peruanischen Alltags. So wurden andine Speisen im Laufe der vergangenen 400 Jahre mit asiatischen Brattechniken zubereitet und spanische Reisgerichte mit Aromen aus dem Amazonasgebiet verfeinert. Auf diese Weise entstand die berühmte *criollo*-(kreolische)Kochkunst. Seit einiger Zeit heben zudem experimentierfreudige junge Köche das Land in neue gastronomische Höhen. Kurz gesagt: Auf einer Reise durch Peru wird es kulinarisch nie langweilig, ob man nun angesagte Lokale in Miraflores oder einfache Imbisse in Moyobambo besucht. Zweifellos bietet das Land Feinschmeckern unvergessliche Erlebnisse.

Die lokale Küche

Früher wurden wichtigen Gästen in Peru französische Menüs und schottischer Whiskey vorgesetzt, heute binden Edelrestaurants zahlreiche lokale Geschmacksnuancen ein und servieren tolle Interpretationen von Andenklassikern, u.a. mit Quinoa und *cuy* (Meerschweinchen). Die Esskultur blüht auf und Reiseveranstalter legen bei jedem Ausflug Wert darauf, dass auch lokale Spezialitäten vorgestellt werden. Im Jahr 2000 wurde in Peru die erste Cordon-Bleu-Akademie Lateinamerikas gegründet und 2009 erklärte das Magazin *Bon Appétit* Lima zum nächsten großen kulinarischen Highlight. 2017 wurden drei Lokale in Lima zu den besten Restaurants der Welt gekürt und Virgilio Martínez mit dem Chefs Choice Award ausgezeichnet. Und die Lobpreisungen halten an. 40% der jährlich 3,1 Mio. Besucher Perus kommen wegen der Gastronomie hierher – aus gutem Grund.

The Exotic Kitchens of Peru von Copeland Marks erschien erstmals 2001 und ist nicht nur ein praktisches Kochbuch, sondern beschreibt auch die Ursprünge und die Geschichte der peruanischen Gastronomie.

Die Begeisterung für Essen hat sämtliche Bevölkerungsschichten erfasst und so achten selbst einfache Verkäufer von *chicharrón* (gebratenes Schweinefleisch) penibel auf die richtige Zubereitung und Präsentation. Dies ist nicht zuletzt dem in den Medien gefeierten Promikoch Gastón Acurio zu verdanken, der mit seinen grandiosen Fähigkeiten am Herd und seinem Geschäftssinn (er besitzt inzwischen Dutzende von Restaurants rund um den Erdball) längst den Status eines Rockstars erreicht hat.

Typisches & Spezialitäten

Aufgrund seiner geografischen Vielfalt wartet Peru mit einer scheinbar unendlichen Anzahl regionaler Spezialitäten auf, bei denen Kartoffeln eine wichtige Grundlage bilden – kein Wunder, gehen doch alle heutigen Sorten auf einen gemeinsamen Vorfahren aus den Anden zurück.

Zu den beliebtesten Speisen gehören *ocopa* (Kartoffeln mit einer würzigen Erdnusssauce), *papa a la huancaína* (Kartoffeln mit cremiger Käsesauce), *causa* (Kartoffelpüree mit Meeresfrüchten, Gemüse oder Hühnchenfleisch) und *papa rellena* (Kartoffelbrei mit Rinderhack). Kartoffeln sind zudem Bestandteil von *chupe* (Fischsuppe) und des Rindfleischgerichts *lomo saltado*, das auf beinahe jeder peruanischen Karte steht.

Ebenfalls gern gegessen werden *tamales* in zahlreichen regionalen Variationen, z.B. als *humitas* (aus frischem Mais) oder *juanes* (aus Reis oder Maniok).

Küste

An der Küste dreht sich alles um Meeresfrüchte. Die Hauptrolle spielt natürlich Ceviche. Das kalte Gericht besteht aus Fisch, Shrimps oder anderen Meeresfrüchten, die in Zitronensaft gebeizt werden und mit süßen Kartoffeln, Zwiebeln, Koriander und Chili gereicht werden. Einige Köche marinieren den Fisch mittlerweile nur noch kurz, sodass er eine ähnliche Konsistenz wie Sushi hat. Großer Beliebtheit erfreut sich auch *tiradito*, eine japanisch beeinflusste Ceviche-Version aus dünn geschnittenen Fischstücken ohne Zwiebeln und gelegentlich mit einer cremig-scharfen Pfeffersauce.

Fisch gibt's *al ajo* (mit Knoblauch), *frito* (gebraten) oder *a la chorrillana* (in Weinsauce mit Tomaten und Zwiebeln gekocht, ein Rezept aus der Stadt Chorrillos südlich von Lima). Ebenso populär sind Suppen und Eintöpfe, darunter *aguadito* (suppenartiger Risotto), *picante* (würziger Eintopf) und *chupe* (cremige Suppe). Alle können Fisch, Meeresfrüchte sowie weitere Zutaten enthalten.

Prächtige Bilder und Rezepte findet man in Tony Custer und Miguel Etchepares zweibändigem Kochbuch *The Art of Peruvian Cuisine*.

Auf den Karten der Fischrestaurants tauchen oftmals *conchitas a la parmesana* (Jakobsmuscheln mit Käse), *pulpo al olivo* (Oktopus mit zerkleinerten Oliven) und *choros a la chalaca* (Seemuscheln mit einer frischen Sauce aus Brotkrumen) auf. An der Nordküste um Chiclayo zählt Omelett mit Mantarochen (*tortilla de manta raya*) zu den typischen Gerichten.

Das alles bedeutet jedoch nicht, dass weniger Schwein, Huhn oder Rind gegessen wird. *Aji de gallina* (Eintopf aus Chilihühnchen in Wal-

KULINARISCHE HIGHLIGHTS

Die Autoren dieses Reiseführers waren mehrere Monate in Peru unterwegs und haben während dieser Zeit Hunderte Gerichte gekostet. Hier eine Liste ihrer Favoriten:

Arequipa Im Zig Zag (S. 165) gibt's eine Platte mit saftigem Lama-, Rind- und Lammfleisch, das auf heißem vulkanischem Gestein gegart wird – ein Highlight für Fleischfans!

Cajamarca Salas (S. 451), ein Antifusion-Restaurant, bereitet aus klassischen Rezepten eine große Bandbreite typischer *cajamarquiño*-Gerichte zu.

Cusco Das elegante Uchu (S. 245) serviert im Steinofen gegrilltes Alpakafleisch mit herzhaften Saucen. Man kann auch nach oben ins Marcelo Batata gehen und à la carte bestellen – die doppelt gebackenen Andenkartoffeln sind einfach köstlich!

Huancayo Im üppig bepflanzten Innenhof des Huancahuasi (S. 321) kann man herrlich cremige *papas a la huancaína*, gedünstete Kartoffeln mit einer würzig-cremigen Käsesauce, bestellen.

Iquitos An der Mündung des Río Itaya bietet das Al Frío y al Fuego (S. 529) abends einen hervorragenden Blick auf Iquitos und kredenzt köstliche Gerichte mit Flussfisch aus dem Amazonasgebiet.

Lima: Das Ceviche im Barra Chalaca (S. 92), El Punto Azul (S. 96) und La Mar (S. 97) wirkt geradezu aphrodisierend.

Máncora Für den superfrischen Gelbflossenthunfisch direkt aus dem Pazifik im La Sirena d'Juan (S. 391) lohnt der etwas tiefere Griff in die Tasche.

Tarapoto Im La Patarashca (S. 479) sollte man sich das gleichnamige Gericht nicht entgehen lassen: traditionelle Platten mit gegrilltem Amazonasfisch oder Krabben in einer Sauce aus Tomaten, Knoblauch und Koriander.

Trujillo Das von Bambus gesäumte Mar Picante (S. 354) ist berühmt für seinen köstlichen *ceviche mixto*, riesige Portionen mit Garnelen, Fisch, Krabben und Jakobsmuscheln.

nusssauce) ist ein peruanischer Klassiker. Im Norden kommen häufig *arroz con pato a la chiclayana* (Entenfleisch und Reis, in einem Sud aus Bier und Koriander zubereitet, eine Spezialität aus Chiclayo) und *seco de cabrito* (Ziegenfleisch in einer Sauce aus Koriander, Chilis und Bier gedünstet) auf den Tisch.

In den Küstengebieten leben die meisten Asiaten, deshalb gibt's dort jede Menge peruanisch-chinesische Lokale, sogenannte *chifas*. Die Gerichte sind vor allem kantonesisch geprägt und einfach. Sie werden meist mit leichten, milden Saucen serviert.

Hochland

Im kühlen Gebirge liebt man Suppen, vor allem herzhafte Varianten mit Gemüse, Kürbis, Kartoffeln, lokalen Kräutern und Fleisch. Auf vielen Speisekarten stehen *sopa a la criolla* (mild-cremige Nudelsuppe mit Rindfleisch und Paprika) und *caldo de gallina* (nahrhafte Hühnersuppe mit Kartoffeln und Gemüse). Rund um Arequipa erfreut sich *chupe de camarones* (Krabbensuppe) großer Beliebtheit.

Cuy (Meerschweinchen) war für die präkolumbische Bevölkerung der Anden eine wichtige Proteinquelle. Seit einigen Jahren werden die Tiere auch exportiert. Sie enthalten viel Eiweiß sowie wenig Fett und Cholesterin.

Darüber hinaus wird im Hochland jede Menge *cuy* (Meerschweinchen) gegessen. Es schmeckt ähnlich wie Kaninchen und kommt gegrillt oder *chactado* (unter heißen Steinen gepresst) auf den Tisch. Flussforelle, für die es unendlich viele Zubereitungsarten gibt, gehört ebenfalls zu den absoluten Lieblingsgerichten der Hochlandbewohner.

Arequipa wartet mit einer besonders dynamischen regionalen Küche auf. Hier gibt's u. a. *picantes* (scharfe Eintöpfe mit großen Stücken einer weißen Käsesorte), *rocoto relleno* (mit Fleisch gefüllte rote Chilis) und *solterito* (Bohnensalat).

Bei besonderen Anlässen und Hochzeiten wird *pachamanca* zubereitet, eine in Erdgruben gegarte Mischung aus mariniertem Fleisch, Gemüse, Käse, Chilis und duftenden Kräutern.

Amazonasbecken

Obwohl sie nicht im gesamten Land beliebt ist, steigt die Amazonasküche seit ein paar Jahren in der Gunst der Peruaner. Sogar einige Gourmetrestaurants in Lima folgen dem Trend und servieren Neuinterpretationen klassischer Amazonasgerichte, wofür sie viel Lob erhalten. Typischerweise werden in der Region mehr Flussschnecken und Fische (darunter *paiche* und *doncella*), *aguaje* (die Frucht der Moriche-Palme), *yucca* (Maniok) und *chonta* (Palmherzen) verwendet. Zudem stammt ein köstliches Gericht namens *juanes* (mit Reis, *yucca*, Hühnchen und/oder Schweinefleisch gefülltes *bijao*-Blatt) aus der Amazonasregion.

Desserts

Die meisten peruanischen Desserts sind sehr süß, wie etwa das bekannte *suspiro limeño* aus *manjar blanco* (Karamell) und Baiser sowie *alfajores* (Karamellkekse) und *crema volteada* (Pudding). Etwas leichter und fruchtiger ist *mazamorra morada*, ein Maispudding afroperuanischer Herkunft mit frischen Obststücken.

1800 stellte eine Sklavin erstmals *turrón de Doña Pepa* her. Mit diesem Dessert dankte sie dem Herrn der Wunder dafür, dass sie ihre gelähmten Arme auf einmal wieder bewegen konnte.

Im Oktober verkaufen die Bäckereien zu Ehren des Herrn der Wunder *turrón de Doña Pepa*, einen klebrigen, molassegetränkten Kuchen.

Getränke

Bier & Wein

Der Craft-Bier-Trend hat nun auch Peru erreicht und dort interessante Innovationen wie Quinoa-Bier hervorgebracht. In Huaraz, Cusco und Lima schießen Kleinbrauereien wie Pilze aus dem Boden. Zu den bekanntesten Biermarken zählen Pilsen Callao, Brahma, Cristal und Cusqueña. Lokale Brauereien wie Arequipeña und Trujillana verkaufen ihre

NOVOANDINA & DIE NEUE PERUANISCHE KÜCHE

Perus heutige kulinarische Renaissance hat ihre Wurzeln in den 1980er-Jahren, als das Land in Aufruhr und die Wirtschaft in freiem Fall war. Damals experimentierte der Zeitungsverleger Bernardo Roca Rey in seiner Küche mit Zutaten aus den Anden: Er grillte *cuy*, verwendete seltene Kartoffelarten und bereitete Risottos mit Quinoa (das Gericht ist heute als *quinotto* bekannt) zu. Zur gleichen Zeit verfeinerte Cucho La Rosa, Küchenchef des inzwischen geschlossenen El Comensal, peruanische Spezialitäten durch andere Kochtechniken: Er setzte auf langsames Dünsten statt Kochen und auf scharfes Anbraten statt Brutzeln. Ihre Erkenntnisse veröffentlichten die frühen Vertreter der neuen Küche namens *novoandina*, die sich angesichts der schweren Zeit noch nicht zu voller Blüte entwickeln konnte, in Artikeln und Kochbüchern.

Um 1994 herum hatten sich die Umstände geändert. Mit der Wirtschaft ging es aufwärts und auch die politische Situation verbesserte sich. Als Gastón Acurio, der im Pariser Le Cordon Bleu gelernt hatte, in Lima sein Restaurant Astrid y Gastón eröffnete, hielt er sich an viele Grundsätze der *novoandina*-Pioniere und bereitete peruanische Rezepte nach Maßstäben der Haute Cuisine zu. Sein Lokal wurde schnell zum Pilgerziel. Andere innovative Köche folgten Acurios Beispiel, darunter Rafael Piqueras und Pedro Miguel Schiaffino. Gemeinsam erweiterten sie den Begriff *novoandina*, indem sie europäische, chinesische und japanische Zutaten sowie Einflüsse integrierten und die peruanische Küche so in ein globales kulturelles Phänomen verwandelten.

Die *novoandina* drängt jetzt noch weiter voran – sie versucht sich an Molekularküche sowie antiken Koch- und Anbautechniken. Der Starkoch Virgilio Martínez vom Restaurant Central entwickelt Terrassenfelder und experimentiert mit Anbaupraktiken, die schon von den Inka verwendet wurden. Selbst in der Alltagsgastronomie werden die Aromen immer kühner.

Produkte rund um – man kann es sich denken – Arequipa und Trujillo. Die Andenbewohner trinken am liebsten selbstgebraute *chicha* (aus Mais gegorenes Bier). Es schmeckt süßlich und hat einen geringen Alkoholgehalt. In den Hochlanddörfern weist eine rote Flagge neben dem Hauseingang darauf hin, dass man dort *chicha* bekommt.

In den letzten Jahren hat sich die Qualität von peruanischem Wein verbessert, wobei er nicht an chilenische und argentinische Sorten heranreicht. Tabernero, Tacama, Ocucaje und Vista Alegre gehören zu den besten Marken.

Führende Köche

- *Gastón Acurio im Astrid y Gastón und anderen Restaurants*
- *Virgilio Martínez im Central und MIL*
- *Mitsuharu Tsumura im Maido*
- *Francesca Ferreyros im IK*
- *Pedro Miguel Schiaffino im Malabar und ámaZ*
- *Rafael Osterling im Rafael und El Mercado*
- *Marilú Madueño im Huaca Pucllana*

Pisco

Pisco, der allgegenwärtige Traubenbrandy, wird quasi zu jedem Anlass getrunken.

Zum ersten Mal hergestellt wurde das peruanische Nationalgetränk in privaten Haziendas kurz nach der Kolonialisierung Icas durch die Spanier und vor allem an die Seeleute im Hafen der Stadt Pisco verkauft. Es machte schnell betrunken, allerdings war man nach dem Genuss meist einen ganzen Tag außer Gefecht gesetzt. Anfang des 20. Jhs. eroberte der Pisco Sour (Pisco mit Zitronensaft und Zucker) das Land und avancierte bald zum Lieblingsdrink der Peruaner. In den letzten Jahrzehnten wurde die Produktion sehr verbessert und so gibt's heute jede Menge unterschiedliche schmackhafte Sorten – ohne den Brummschädeleffekt am nächsten Morgen.

Zu den drei bedeutendsten zählen Quebranta (mit reinem Geschmack) und Italia (leicht aromatisch) – beide benannt nach den Trauben, aus denen sie bestehen – sowie Acholado, eine Mischung aus verschiedenen Trauben und mit mehr Alkohol. Letztere eignet sich besonders gut für Mixgetränke. Darüber hinaus bekommt man viele weitere aromatische Varianten aus Traubenmost (gepresster Saft mit Haut), bekannt als *mosto verde*. Sie verströmen einen sehr blumigen Geruch und werden am besten auf ex getrunken.

Zu den bekanntesten Marken gehören Tres Generaciones, Ocucaje, Ferreyros und La Botija, während Viñas de Oro, Viejo Tonel, Estirpe Peruano, La Blanco und Gran Cruz insbesondere durch ihre Qualität überzeugen. Der in einem Inka-Kopf ähnelnden Flaschen verkaufte Pisco ist höchstens als ungewöhnliches Souvenir geeignet, ansonsten taugt er nicht viel.

Wohin zum Essen?

Peruanische Restaurants ziehen meist eine Mischung aus Familien, Urlaubern, Teenagern und Geschäftsleuten an. Mittags bieten viele Lokale ein günstiges *menú* mit zwei oder drei Gängen an, das in der Regel eine gute Wahl ist. Wer etwas anderes möchte, sollte nach *la carta* (die Speisekarte) fragen und nicht den englischen Begriff „menu" benutzen, sonst bekommt man das Tagesmenü.

Peru: The Cookbook (2015) von Gaston Acurio ist die ideale enzyklopädische Einführung in die peruanische Küche.

Cevicherías, in denen, wie es der Name schon verrät, Ceviche serviert wird, findet man vor allem an der Küste. Sie haben meist mittags geöffnet und kredenzen superfrische Fischgerichte. Auf dem Land gibt's dagegen zahlreiche informelle *picanterías*, die auch in Privathäusern untergebracht sein können.

Auf die Schnelle

Die populärsten Snacks der dynamischen Straßenküchenszene Perus sind *anticuchos* (Rinderherzstücke am Spieß), Ceviche, *tamales*, gekochte Wachteleier und *choclo con queso* (Mais mit Käse). Gern werden zudem die köstlichen *picarones* (süße Krapfen) bestellt, die meist mit süßem Sirup serviert werden.

Günstige und leckere Gerichte bieten auch die zahlreichen *pollerías* (Hähnchengrills).

Vegetarier & Veganer

In einem Land, wo viele Menschen fast ausschließlich von Kartoffeln leben, kann es Verwirrung stiften, wenn jemand freiwillig auf Fleisch verzichtet. Dennoch findet man mittlerweile in großen Städten und Touristenorten einige vegetarische Restaurants. Seit einigen Jahren entwickeln sich Lima und Cusco immer mehr zu progressiven Zentren für vegetarische und nachhaltige Küche, mit Restaurants, die Raw Food sowie Bio- und vegane Gerichte servieren - ganz, wie es sich für die ambitionierte Gastronomieszene Perus ziemt.

Darüber hinaus bekommt man oft auch in regulären peruanischen Lokalen fleischlose Speisen, darunter Kartoffelsalate wie *papas a la huancaína*, *ocopa* und *causa* sowie *palta a la jardinera* aus frischen Avocados, *sopa de verduras* (Gemüsesuppe), *tortilla* (Omelett) und *tacu tacu* (Bohnen mit Reis). *Chifas* sind ebenfalls eine gute Adresse. Vor der Bestellung fragt man am besten, ob es sich um *platos vegetarianos* (vegetarische Gerichte) handelt. Der Begriff *sin carne* (ohne Fleisch) bezieht sich nur auf rotes Fleisch und Schweinefleisch, nicht auf Hühnchen und Meeresfrüchte.

Veganer haben es in konventionellen Restaurants schwerer und sollten sich selbst verpflegen, denn die peruanische Küche basiert auf Eiern, Milchprodukten und Kombinationen aus beiden. In den Touristenzentren gibt's Lebensmittelgeschäfte und einige Restaurants, die auch glutenfreie Speisen servieren.

Das alte Peru

Den Inka zufolge war ein *pachacuti* ein verheerendes Ereignis, das ein neues Zeitalter einläutete. Besonders verheerend für Perus indigene Kulturen war die Eroberung durch die Spanier im 16. Jh., die sämtliche Spuren der Urvölker verwischten. Sie schmolzen Goldgegenstände ein, entweihten religiöse Symbole und verboten uralte Traditionen. Alle Schriftstücke der Andenvölker gingen verloren, deswegen versuchen Historiker, die lange präkolumbische Geschichte des Landes zu rekonstruieren, u.a. mithilfe von Grabfunden. Auf Traveller warten Unmengen prächtige Stoffe, schöne Keramik und monumentale Bauwerke, die sowohl die Spanier als auch zahlreiche Erdbeben überstanden haben.

Caral

Caral, eine der spannendsten archäologischen Stätten des Landes, liegt nur wenige Hundert Kilometer nördlich von Lima. Auf den ersten Blick wirken die verstaubten Tempelhügel, Amphitheater und Überreste von Lehm- und Steinbauten nicht spektakulär, doch sie sind es zweifellos, denn dies ist die älteste Stadt auf dem amerikanischen Kontinent.

Vor etwa 5000 Jahren ließ sich ein Volk im Supe-Tal nieder, das ganze 1500 Jahre älter ist als die frühesten Zivilisationen Mexikos. Es entwickelte sich zeitgleich mit den Kulturen Mesopotamiens und Ägyptens. Leider weiß man nur wenig über die Erbauer der 626 ha großen Stadt. Allerdings konnten Archäologen unter der Leitung von Ruth Shady Solís, der früheren Direktorin des Museo Nacional de Antropología, Arqueología e Historia del Perú in Lima, ein paar wertvolle Funde freilegen.

Caral diente als religiöses Zentrum, wo Schamanen und Erntegottheiten verehrt wurden. Sie pflanzten Baumwolle, Kürbisse, Bohnen und Chilischoten an, sammelten Früchte und waren sachkundige Fischer. Zu den archäologischen Fundstücken zählen Textilien, Ketten, zeremonielle Grabbeigaben und ungebrannte weibliche Figuren aus Lehm. 1996 wurden die ersten Ausgrabungen durchgeführt. Weil der Großteil des Geländes noch untersucht werden muss, ist mit weiteren fantastischen Entdeckungen zu rechnen.

Eine hervorragende Einführung in Perus prähispanische Kunst liefert Ferdinand Antons *Alt-Peru und seine Kunst*. Die Beschreibungen sind kurz und bündig, außerdem enthält das Buch knapp 300 große Abbildungen.

Chavín

Wenn Caral der Beweis für eine frühe Besiedlung ist, belegt Chavín de Huántar in den nördlichen Anden nahe Huaraz die Verbreitung einer einheitlichen religiösen und künstlerischen Ikonografie. Zwischen 1200 und 400 v.Chr. tauchte immer wieder eine stilisierte katzenartige Gottheit in Form von Schnitzereien und auf Friesen, Tonwaren sowie Textilien auf. Man weiß zwar nur wenig über die einstigen Bewohner, doch eines ist klar: Damals wurde in Peru die Kunst geboren.

Nach wie vor stellt sich die Frage, ob die Anlage als Hauptstadt der Chavín-Kultur oder nur als wichtiger zeremonieller Ort diente. Sie verfügt auf jeden Fall über eine außergewöhnliche Lage: Zu den verschiedenen Gebäuden, die über einen Zeitraum von mehr als 100 Jahren errichtet wurden und sich vor der Cordillera Blanca erheben, gehören einige Tempel und ein Hof mit Jaguarfriesen aus Stein. Hier entdeckten

DROHNEN & RUINEN

Nachdem bei einer Protestaktion von Greenpeace die Nazca-Linien beschädigt worden waren, ließ die peruanische Regierung Drohnen über die Stätte fliegen, um sich ein Bild von der Situation zu machen. Drohnen werden auch auf andere Arten eingesetzt, um antike Stätten zu schützen, etwa um zu dokumentieren, wenn Bauunternehmen oder Besetzer in geschützte Gebiete eindringen. Drohnen haben sich auch für den Umweltschutz als nützlich erwiesen, z.B. indem sie die Auswirkungen der El-Niño-Stürme auf Chan Chan sichtbar machten. Technologisch hochmoderne sogenannte Oktokopter mit einer hochauflösenden Schwenkkamera kommen zur präzisen Überwachung zum Einsatz – ganz schön viel High-Tech im Dienst der Ahnen!

Archäologen Tonwaren mit *ofrendas* (Opfergaben) aus der gesamten Region. Zu den Funden zählen auch Muscheln von der ecuadorianischen Küste und (z.T. menschliche) Knochen, in die übernatürliche Motive geschnitzt wurden. Das bemerkenswerteste Element des Komplexes ist ein unterirdisches Labyrinth aus Galerien. In einer befindet sich ein fast 5 m hohes Felsbild, das eine mit Reißzähnen bewehrte anthropomorphe Gottheit zeigt, den Lanzón.

Auf der spanischsprachigen Website www.arqueologia.com.ar sind nützliche Links zu archäologischen Neuigkeiten aus Peru aufgeführt. Außerdem findet man hier Zeitleisten sowie schlichte Fotogalerien zu verschiedenen Kulturgruppen.

Paracas & Nazca

Nach der Entstehung der Chavín-Kultur entwickelte sich eine Reihe kleiner regionaler Völker. An der Südküste, rund um das heutige Ica, brachte die Paracas-Kultur von ca. 700 v.Chr. bis 400 n.Chr. ein paar der berühmtesten Textilien aller Zeiten hervor. Die besten Stücke entstanden während einer Periode, die Paracas-Nekropole (1–400 n.Chr.) genannt wird. Der Name bezieht sich auf eine riesige in den 1920er-Jahren von dem berühmten peruanischen Archäologen Julio Tello entdeckte Grabstätte der Paracas-Halbinsel.

Es gibt nur wenige historische Daten zu dieser Kultur, doch die Webstoffe, die aus den Gräbern geborgen wurden (sie waren um mumifizierte Körper gewickelt), lassen wichtige Rückschlüsse auf den Alltag und Glauben der Menschen zu. Die Textilien zeigen bunte, aufwendig gearbeitete Blumen-, Fisch-, Vogel-, Messer- und Katzenmotive; manche der Tiere haben zwei Köpfe. Interessant sind auch die menschlichen Figuren: Krieger, die Schrumpfköpfe als Trophäen tragen, sowie übernatürliche Wesen mit Flügeln, Schlangenzungen und vielen Klauen (fantastische Beispiele sind im Museo Larco in Lima zu sehen). Einige Mumien weisen deformierte Schädel auf. Vielfach konnte nachgewiesen werden, dass die Köpfe absichtlich mit zwei Brettern plattgedrückt worden waren.

Top Ruinenstätten

- *Machu Picchu (S. 275)*
- *Chan Chan (Trujillo; S. 358)*
- *Sillustani (Puno; S. 197)*
- *Chavín de Huántar (S. 437)*
- *Huacas del Sol y de la Luna (Trujillo; S. 360)*
- *Kuélap (S. 465)*

Etwa zur selben Zeit brachte weiter südlich die Nazca-Kultur (200 v.Chr.–600 n.Chr.) bemalte Keramik und prächtige Webarbeiten mit Alltagsmotiven (Bohnen, Vögel, Fische), aber auch mit Abbildungen von Katzen- und Falkenmenschen in kräftigen Farben hervor. Außerdem war das Volk in der Stickkunst bewandert: An manchen Webstoffen baumeln extrem winzige Figuren (man kann sie z.B. im Museo Andrés del Castillo in Lima bewundern).

Das bekannteste Erbe dieser Kultur sind jedoch die Nazca-Linien, geheimnisumwobene Geoglyphen, die sich über ein 500 km² großes Areal im Süden der peruanischen Wüste Perus erstrecken. Japanische Forscher vertreten seit kurzer Zeit die These, dass zwei verschiedene Gruppen die Glyphen schufen. 2014 standen sie im Mittelpunkt eines internationalen Skandals: als Greenpeace-Aktivisten die archäologische Stätte ohne Genehmigung betraten, um hier als Protest gegen den Klimawandel die ökologische Botschaft *Time for change, the future is renewable* zu hinterlassen. Beim Auslegen der Stoffbahnen für die Buchstaben hinterließen sie Fußspuren und beschädigten so die Nazca-Linien.

Moche

Wenn es um Keramik geht, kann es keine Andenzivilisation mit den Moche aufnehmen, die von ca. 100 bis 700 n.Chr. an der Nordküste lebten. Sie errichteten hoch entwickelte Zeremonialzentren, etwa die mit Friesen überladenen Huacas del Sol y de la Luna außerhalb Trujillos und die Grabstätte Sipán bei Chiclayo. Darüber hinaus hatten sie ein gutes Straßennetz und ein System mit Läufern, die Nachrichten überbrachten – wahrscheinlich in Form von in Bohnen eingeritzten Symbolen.

Noch beeindruckender sind jedoch ihre kunstvollen lebensgroßen, sehr echt wirkenden Tonporträts von Individuen (inklusive Narben u.Ä.). Oft schufen Künstler im Verlauf ihres Lebens viele Figuren von ein und derselben Person – einer fertigte sogar 45 verschiedene Werke desselben Modells an. Auf weiterer Keramik sind Jagd- und Kampfszenen sowie rituelle Opfererbringung dargestellt. Daneben gibt's zahlreiche detaillierte, ausgesprochen akrobatische Darstellungen des Geschlechtsakts (zu sehen im Museo Larco in Lima).

The Moche of Ancient Peru: Media and Messages von Jeffrey Quilter, veröffentlicht vom Harvard University's Peabody Museum, ist eine herausragende Einführung in die Geschichte, Kunst und Architektur der Moche-Kultur an der Nordküste.

Wari

Von 600 bis 1100 n.Chr. etablierte sich in den Anden das erste Volk mit deutlichem Expansionsdrang. Die Wari, deren Reich sich rund um Ayacucho über den Großteil des Hochlands erstreckte und zudem einen Teil der Nordküste umfasste, waren eifrige Baumeister und hervorragende Landwirte. Sie steigerten die Erträge durch die Entwicklung des Terrassensystems und schufen komplexe Kanalnetzwerke zur Bewässerung der Felder.

So wie es schon andere Kulturen vorgemacht hatten, bediente sich auch dieses Volk an bereits bestehenden Bauwerken und gestaltete sie um, z.B. das an der Küste gelegene Zeremonialzentrum Pachacamac, das ursprünglich von der Lima-Kultur errichtet wurde. Daneben gibt's aber auch reine Wari-Stätten, etwa eine ehemals 15 km^2 große Stadt vor den Toren Ayacuchos und das Zeremonialzentrum in Piquillacta bei Cusco. Weil die Architektur jedoch nicht ganz so gut entwickelt war wie die der Inka, sind die Bauwerke weniger vollständig erhalten.

DER VATER DER PERUANISCHEN ARCHÄOLOGIE

Viel von dem, was heute über wichtige präkolumbische Kulturen des Landes bekannt ist, verdankt die Welt Julio C. Tello (1880–1947), dem legendären „Vater der peruanischen Archäologie". Der selbst ernannte „Bergindianer" wurde im Hochlanddorf Huarochirí östlich von Lima geboren. Er machte seinen Abschluss in Medizin an der Universidad Nacional Mayor de San Marcos in Lima und studierte später Archäologie in Harvard – eine ganz schöne Leistung für einen armen indigenen Peruaner der Jahrhundertwende.

In den 1920er-Jahren führte Tello mehrere bahnbrechende archäologische Studien in den Wari-Zentren rund um Ayacucho und im Chavín-de-Huántar-Komplex durch, wo eine verzierte Stele – der Tello-Obelisk – nach ihm benannt wurde (heute ist sie im Museo Nacional de Chavín ausgestellt). 1927 entdeckte der Forscher zudem Hunderte mumifizierte Körper auf der Paracas-Halbinsel, eine der wichtigsten Infoquellen über diese Kultur aus der Zeit vor den Inka. Vor allem jedoch brachte er wissenschaftliche Präzision in Perus wachsende archäologische Bestrebungen. Im 19. Jh. wurden bei Ausgrabungen oft mehr Fundstücke zerstört als bewahrt, und Plünderung war weit verbreitet. Tello unterstützte die Schaffung von Gesetzen zum Schutz wichtiger archäologischer Stätten.

Mehr über den charismatischen Wissenschaftler erfährt man in dem Buch *The Life and Writings of Julio C. Tello: America's First Indigenous Archeologist*, veröffentlicht von der University of Iowa Press, das erstmals Tellos gesamte wichtige Aufzeichnungen enthält.

DIE BESTEN ARCHÄOLOGISCHEN MUSEEN

- Museo Nacional de Antropología, Arqueología e Historia del Perú (Lima; S. 78)
- Museo Larco (Lima; S. 77)
- Museo Inka (Cusco; S. 220)
- Museo Nacional de Chavín (Chavín de Huántar; S. 438)
- Chavín de Huántar (Chavín; S. 437)
- Museo Santuarios Andinos (Arequipa; S. 156)
- Museo Tumbas Reales de Sipán (Lambayeque; S. 376)
- Museo Nacional Sicán (Ferreñafe; S. 377)

Die prachtvoll illustrierte Enzyklopädie der peruanischen Stoffe *Tejidos Milenarios del Perú: Ancient Peruvian Textiles* beschreibt alle nur erdenklichen Stoffarten aus der Zeit der Chavín und der Inka. Dank des reichen Erbes umfasst das Buch über 800 Seiten und wiegt mehr als 10 kg.

Überdies waren die Wari begnadete Weber. Sie schufen edle Stoffe mit herrlichen stilisierten Mustern und verstanden sich auf die Kunst des Färbens: Insgesamt verwendeten sie 150 unterschiedliche Farbtöne, die sowohl bei gewebten als auch gebatikten Textilien eingesetzt wurden. Viele Arbeiten haben abstrakte geometrische Muster oder sind mit übernatürlichen Wesen verziert. Als besonders beliebtes Motiv gilt eine geflügelte Gottheit mit einem Stab.

Im Jahr 2013 wurde das erste nicht geplünderte, intakte Herrschergrab der Wari entdeckt, ein 1200 Jahre altes königliches Grab, nördlich von Lima in El Castillo de Huarmey. In dem Grab, das als Totentempel bezeichnet wurde, befanden sich drei Wari-Königinnen und an ihrer Seite zahlreiche sitzende Mumien, Trinkgefäße aus Alabaster, geschmückte Keramik und goldene Webutensilien. 30 000 t Gestein hatten das Grab vor Räubern geschützt. 2015 wurde im Cotahuasi-Tal eine weitere, unter dem Namen Tenahaha bekannte Begräbnisstätte gefunden. Dabei stieß man auf Hunderte Mumien und Artefakte, die den Forschern mit der Zeit tiefere Einblicke in die Wari-Kultur gewähren werden.

Chimú & Chachapoya

Nach dem Untergang der Wari ließen sich mehrere kleine Völker in verschiedenen Teilen des Landes nieder. Zwei davon – die Chimú und die Chachapoya – stechen aufgrund ihrer künstlerischen und architektonischen Errungenschaften hervor.

Die weit entwickelte Chimú-Kultur rund um das heutige Trujillo errichtete zwischen 1000 und 1400 n. Chr. an der Nordküste mit Chan Chan die größte präkolumbische Stadt des amerikanischen Kontinents. Auf dem 36 km^2 großen Gelände lebten schätzungsweise 60 000 Menschen. Die Jahrhunderte gingen nicht spurlos an den Lehmbauten vorbei, doch die geometrischen Friese wurden restauriert und vermitteln zumindest ansatzweise einen Eindruck vom Glanz früherer Zeiten. Da es unter den Chimú zahlreiche vorzügliche Kunst- und Metallhandwerker gab, entstanden herrliche Stoffe, manche komplett mit Quasten verziert.

Landeinwärts, im nördlichen Hochland, liegt mitten im Nebelwald die verlassene Zitadelle Kuélap. Der Komplex mit mehr als 400 runden Gebäuden im abgelegenen Utcubamba-Tal wurde um 800 n. Chr. von den Chachapoya errichtet. Unter den Bauten befinden sich auch ein paar außergewöhnliche architektonische Meisterwerke, die allen Regeln der Schwerkraft trotzen, darunter der umgedrehte Kegel El Tintero (Das Tintenfässchen). Weil sich die Stätte auf einem schmalen Berggrat erstreckt und auf allen Seiten von einer 6 bis 12 m hohen Mauer umgeben ist, war es praktisch unmöglich, sie einzunehmen. Mindestens ein Historiker hat deshalb die Hypothese aufgestellt, dass die Geschichte vielleicht eine andere Wendung genommen hätte, wenn das entscheidende Gefecht zwischen den Inka und den Spaniern hier und nicht vor den Toren Cuscos stattgefunden hätte.

Inka

Perus genialste Ingenieure waren zugleich die besten Architekten. Die Spanier dokumentierten ihre Begegnung mit den Inka hinreichend, doch auch die Nachfahren dieses Volkes hinterließen Schriftstücke, etwa die Chronik von El Inca Garcilaso de la Vega, der im 16. Jh. lebte.

Die Inka waren eine Quechua-Zivilisation, die auf Alpaka-Bauern aus den Süd-Anden zurückgeht. Von 1100 n.Chr. bis zur Ankunft der Spanier im Jahr 1532 erschufen sie aus einem kleinen Territorium rund um Cusco ein hoch organisiertes Imperium, das sich vom heutigen Kolumbien bis Chile erstreckte. Seine Geschichte – es handelte sich um einen absolutistischen Staat mit einer starken Armee und einem alleinherrschenden *inca* (König) – ist wirklich faszinierend.

Den Aufbau der Gesellschaft bestimmte ein strenges Kastensystem aus Adligen, Handwerkern und Händlern sowie Bauern. Letztere mussten arbeiten, um die zahlreichen öffentlichen Bauprojekte zu realisieren. Von den Bürgern erwartete man Tributzahlungen an den Staat in Form von körperlicher Arbeit (drei Monate pro Jahr) – auf diese Weise wurden Monumente, Kanäle und Straßen ständig gewartet bzw. weiterentwickelt. Darüber hinaus bedienten sich die Inka eines überaus effizienten Kommunikationssystems: *Chasquis* (Boten) legten die Strecke von Quito nach Cusco (1600 km) in gerade mal sieben Tagen zurück (zum Vergleich: Man benötigt drei bis vier Tage, um auf dem Inka-Trail von Ollantaytambo nach Machu Picchu zu kommen – und das sind gerade mal 43 km!).

Zu seiner Blütezeit war das Reich der Inka größer als das kaiserliche Rom und wies ein Straßennetz mit einer Gesamtlänge von 40 000 km auf. *Chasquis* (Staffelläufer als Boten) sicherten die Kommunikation innerhalb des Gebiets und brachten innerhalb von 24 Stunden frischen Fisch von der Küste nach Cusco.

Die Inka waren brutal (sie führten blutige Kriege und brachten Menschenopfer dar), besaßen aber auch ein bemerkenswertes Sozialsystem. Beispielsweise wurden überschüssige Nahrungsmittel an Bedürftige verteilt. Sie hatten überdies eine bedeutende Musiktradition sowie ein Faible für mündliche Überlieferungen und stellten Textilien her. Zumeist wiesen die Stoffe kräftige Farben und abstrakte geometrische Muster auf.

Am bekanntesten ist jedoch der monumentale Baustil dieses Volkes, wie man an der Hauptstadt Cusco sowie einer Reihe weiterer Bauwerke in Sacsayhuamán, Pisac, Ollantaytambo und Machu Picchu sieht. Die Steinquader wurden ohne Mörtel aufeinandergesetzt und passen so perfekt zusammen, dass man noch nicht einmal eine Messerklinge zwischen die Blöcke schieben kann. Für besondere Stabilität (etwa bei einem Erdbeben) sorgten leicht geneigte Wände und trapezförmige Fenster. Fassaden waren nüchtern gestaltet, und Ornamente fand man gewöhnlich nur im Inneren, darunter kunstvolle Wandbehänge aus kostbaren Metallen.

Aufgrund der oftmals spektakulären Lage bieten die Bauwerke selbst in verfallenem Zustand einen unvergesslichen Anblick. Sogar die Spanier hatten Achtung vor den architektonischen Errungenschaften der Inka, obwohl sie die Gebäude z.T. niederrissen, um eigene Denkmäler zu errichten. „Jetzt, da die Inka-Herrscher entmachtet sind", schrieb der spanische Chronist Pedro Cieza de León im 16. Jh., „liegen all die Paläste, Gärten und andere fantastische Konstruktionen in Trümmern. Da sie jedoch aus gutem Stein erbaut wurden und die Metzen hervorragende Arbeit geleistet haben, werden die Ruinen die kommenden Jahrhunderte überdauern." León behielt Recht. Die Inka haben das *pachacuti*, die Ankunft der Spanier, nicht überlebt, ihre Bauwerke dagegen schon. Wie Mahnmale erinnern sie an die vielen anderen bedeutenden Kulturen, die wir erst jetzt allmählich verstehen.

Indigene Völker

Das Gesellschaftssystem Perus wurde zwar von den spanischen Sitten und Gebräuchen geprägt, doch seine Seele ist indigen geblieben. Dem statistischen Amt des Landes zufolge sind in dem zerklüfteten Andengebiet 52 ethnische Gruppen, 13 unterschiedliche Sprachfamilien und 1786 Ureinwohnergemeinschaften zu Hause. Tatsächlich gehört fast die Hälfte der über 30 Mio. Peruaner zu den *indígenas*. Zusammen verfügen die Gruppen über unzählige Rituale, Traditionen und Lebensweisen – ein kulturelles Erbe, das so vielfältig wie alt ist.

Das Leben nach der spanischen Eroberung

Nach den spanischen Eroberungsfeldzügen veränderten die Kolonialbehörden die Lebensweise der Andenbewohner. *Indígenas*, die nie etwas anderes als ein landwirtschaftliches Dasein gekannt hatten, wurden nun gezwungen, sich in *reducciones* (Missionsorte) niederzulassen. Diese Siedlungen verliehen der Kirche einen Vorteil für ihren Missionierungsauftrag und ermöglichten den Spaniern, die Ureinwohner sowohl politisch als auch kulturell zu kontrollieren. Oftmals durften die *indígenas* in den *reducciones* weder ihre Muttersprache sprechen noch ihre traditionelle Kleidung tragen.

Nachdem die Spanier im 17. Jh. ihre Macht gefestigt hatten, brachte man viele Ureinwohner zurück aufs Land. Nun war es ihnen jedoch nicht mehr erlaubt, in den selbsttragenden Kollektiven (*ayllus*) zu arbeiten, die es in der präkolumbischen Zeit gegeben hatte. Stattdessen wurden sie in ein System der Schuldknechtschaft gezwungen. Beispielsweise erhielt eine Familie Grund und Boden für den Eigenbedarf auf dem Anwesen eines spanischen Grundbesitzers. Im Gegenzug mussten die *campesinos* (Bauern) für den *patrón* (Grundbesitzer) arbeiten. Darüber hinaus durften sie das Land meist nicht mehr verlassen, auf dem sie lebten. Bis ins 20. Jh. war dieses System fest installiert.

Deutsche Begriffe, die aus dem Quechua abgeleitet sind

- *Guano*
- *Kokain*
- *Kondor*
- *Lama*
- *Pampa*
- *Puma*
- *Quinoa*

Fortschritte im 20. Jh.

Die letzten 100 Jahre haben für die Ureinwohner mehrere wichtige Fortschritte gebracht. Seit der sozialen Bewegungen der *indígenas* in den 1920er-Jahren stellten verschiedene Verfassungen und Gesetze das kommunale Land unter rechtlichen Schutz (zumindest auf dem Papier).

1979 erkannte die peruanische Verfassung offiziell das Recht der Menschen an, ihre eigene „kulturelle Identität" zu wahren. Außerdem wurde das Recht auf zweisprachigen Unterricht eingeführt – bis dahin hatte das öffentliche Schulsystem systematisch versucht, den Gebrauch von Sprachen der indigenen Völker zu unterdrücken, und die *indígenas* unter Druck gesetzt, sich an die spanische *criollo*-Gesellschaft anzupassen. In den folgenden Jahren wurden schließlich die Wahlbeschränkungen für Analphabeten aufgehoben. Dies ermöglichte es den *indígenas* endlich, alle ihre demokratischen Rechte wahrzunehmen.

2011 verabschiedete Präsident Humala ein Gesetz, laut dem indigene Gruppen zu Bergbau- und Förderaktivitäten auf ihrem Gebiet konsultiert werden müssen. Nach wie vor ist der Konflikt nicht behoben. Im

September 2014 wurden vier indigene Aktivisten auf dem Weg zu einem Diskussionstreffen über illegalen Holzeinschlag ermordet.

Armut & Umweltdruck

Zwar machen die *indígenas* weiterhin Fortschritte in puncto Autonomie, doch es gibt auch einige Hindernisse auf ihrem Weg. Der Anteil der Ureinwohner unter den Ärmsten des Landes ist fast doppelt so hoch wie der von Peruanern europäischer Abstammung. Ein weiteres Problem stellt der Zugang zu grundlegenden Versorgungsleistungen dar: Fast 60 % der indigenen Gemeinschaften haben keine Möglichkeit, Gesundheitseinrichtungen zu nutzen. Die Müttersterblichkeit im Land ist hoch und übertrifft sogar die im Irak und im Gazastreifen. Indigene Frauen sind davon überproportional häufig betroffen.

Das vielleicht größte Problem einiger ethnischer Gruppen ist der Verlust von Land. Drogenhandel und die Ausbeutung der natürlichen Ressourcen in immer abgelegeneren Gebieten setzen die Gemeinden zunehmend unter Druck, denn die Grenzen ihrer Gebiete sind häufig nur unzulänglich festgelegt und die Zentralregierung in Lima vertritt ihre Anliegen alles andere als gut. Laut der Aidesep, einer peruanisch-indigenen Organisation, die sich um die Belange mehrerer ethnischer Gruppen im Regenwald kümmert, wird in über 80 % der indigenen Territorien im Amazonasgebiet nach Öl gesucht oder Öl gefördert. Ende 2014 überfielen die Mashco-Piro, ein Volk, das bis vor Kurzem nie mit anderen Menschen in Kontakt kam, auf der Suche nach Vorräten ein *mestizo*-Dorf (Einwohner gemischter Abstammung), nachdem sie durch Abholzung und Drogenhandel von ihrem eigenen Land vertrieben worden waren. Im Jahr 2017 beschlagnahmten Angehörige der Achuar 50 Ölquellen in ihrem Gebiet, um gegen die Erneuerung des Vertrags eines kanadischen Unternehmens trotz seiner bisherigen Verstößen gegen Umweltauflagen zu protestieren.

Im Spanischen ist *indígena* (indigen) die angemessene Bezeichnung. Das Wort *indio* kann eine Beleidigung darstellen, besonders, wenn es von Ausländern benutzt wird. Der Slangbegriff *cholo* (grob übersetzt „Indio-Bauer") gilt als abwertend, wobei ihn manche Peruaner durchaus im positiven Sinn benutzen.

Vielfalt der Kulturen

Die indigenen Kulturen wie die Arequipa oder die Chachapoya definieren sich über ihre Region oder ihren Namen. Da es jedoch allein in den

OLLANTAY: DAS GROSSE EPOS DER QUECHUA-LITERATUR

Ollantay erzählt die Geschichte von Ollanta und Cusi Cuyllur, einem Paar, dessen Liebe unter einem schlechten Stern steht. Ollanta ist ein Krieger von einfacher Herkunft, Cusi Cuyllur eine bezaubernde Prinzessin. Die gesellschaftlichen Konventionen verbieten, dass die beiden heiraten, da Ollanta nicht zum Adel gehört. Trotzdem fasst er sich ein Herz und bittet beim Herrscher Pachacutec um die Hand seiner Tochter. Pachacutec ist über diese Dreistigkeit so erzürnt, dass er Ollanta aus Cusco verbannt und seine Tocher ins Gefängnis wirft. Es kommt zum Kampf, ein Kind wird geboren, und nach zahlreichen Palastintrigen ist das Paar am Ende endlich vereint.

Das Epos ist im klassischen Quechua geschrieben – und zwar in der Version, die zur Zeit der Eroberung gesprochen wurde. Doch weil die Inka keine geschriebene Sprache hinterließen, liegen die Ursprünge des Werks im Dunkeln: Niemand weiß, wer es dichtete und wann es entstand. Die erste Aufzeichnung findet sich in den Manuskripten eines Priesters aus dem 18. Jh. namens Antonio Valdés, der in der Provinz Cusco tätig war. Einige Wissenschaftler vermuteten, dass Valdés selbst der Verfasser von *Ollantay* ist. Andere denken, dass es sich um eines von vielen epischen Poemen handelt, die mündlich unter den Inka weitergegeben wurden, und dass Valdés es einfach aufgeschrieben hat. Schließlich gibt's noch die Meinung, dass Valdés eine indigene Geschichte überarbeitet hat, um es an den spanischen Geschmack anzupassen. Wie auch immer: Ollantay ist in Peru ein beliebtes Theaterstück und bleibt eines der großen Kunstwerke auf Quechua.

peruanischen Anden mehr als 1000 eigenständige regionale Völker gibt, kann man die Gruppen am einfachsten anhand ihrer Sprache identifizieren. Vorherrschend ist Quechua, die Sprache der Inka. Dabei handelt es sich um die am weitesten verbreitete indigene Sprache auf dem amerikanischen Doppelkontinent: Sie wird überall in den Anden verwendet. Für über 13 % aller Peruaner ist Quechua die Muttersprache.

An zweiter Stelle der am häufigsten gesprochenen indigenen Sprachen steht Aymara: 2 % der Einwohner Perus haben sie als Muttersprache, besonders im Gebiet um den Titicacasee. Fast 1 % der Peruaner spricht einen von etwa 50 weiteren kleineren regionalen Dialekten. Dazu gehören die zahlreichen Amazonasvölker, die im Regenwald leben.

Der Rassismus hat in Peru noch immer starkes gesellschaftliches Gewicht. Eine kürzlich von National Geographic veröffentlichte DNA-Studie belegt jedoch, dass 68 % der Einwohner von Lima indigene Vorfahren haben.

Quechua

Die Quechua sind Nachfahren der Inka und die größte indigene Gruppe des Landes. Sie bewohnen (zusammen mit den unzähligen Völkern, die ihre Ahnen besiegt haben) weite Teile des peruanischen Andenrückens, doch ihr symbolisches Zentrum ist und bleibt die Provinz Cusco. Traditionell bezeichnen sich die Quechua selbst als *runakuna*. Personen mit gemischter Abstammung werden von ihnen *mestizos* genannt, und solche, die sich an die spanisch-peruanische Kultur angepasst haben, *mistikuna*. Das Ritual des Kokakauens ist unter den *runakuna* ein wichtiges Identifikationsmerkmal. Derartige Besonderheiten verschwimmen aber zunehmend, da immer mehr *indígenas* zumindest einige *criollo*-Sitten annehmen, um am wirtschaftlichen Leben teilzuhaben.

Trotzdem sprechen viele Menschen weiterhin ihre eigene Sprache, kauen Koka und tragen ihre traditionelle Kleidung. Letztere besteht bei Männern in der Regel aus gewebten bunten Ponchos und Mützen mit Ohrenklappen, die man *chullos* nennt. Die Kleidung der Frauen ist aufwendiger und prächtiger: Zu einer Art gewebtem Umhang oder Pullover und vielen Schichten handgewebter oder glänzender Röcke gehören eine Melone oder ein flacher Hut. Mehrere übereinander getragene Röcke gelten übrigens als besonders feminin. Oft werden traditionelle und westliche Kleidungsstücke miteinander kombiniert.

Aymara

Catherine Allens *The Hold Life Has: Coca and Cultural Identity in an Andean Community* ist ein außerordentlich gut geschriebenes Buch über das Leben der Quechua in Peru. Das fesselnde ethnografische Werk wurde zuletzt 2002 aktualisiert und umfasst praktisch alle Themen von Glaubenssystemen bis zu den alltäglichen Ritualen im südlichen Hochland.

Die Aymara sind zwar im 15. Jh. von den Quechua sprechenden Inka bezwungen worden, konnten aber ihre eigenständige Gruppensprache sowie ihre Identität bewahren. Traditionell lebten sie in einer landwirtschaftlichen Gesellschaft, wurden dann jedoch durch Schuldknechtschaft und später als Bergarbeiter in den bolivianischen Silberminen in einen sklavenähnlichen Status gezwungen. In Peru findet man die Siedlungen der Aymara hauptsächlich rund um Puno und den Titicacasee.

Die Identifikation mit den indigenen Traditionen ist zwar stark, aber ins spirituelle Leben wurden spanische Elemente integriert. Die *indígenas* haben die katholischen Heiligen weitgehend an ihren eigenen Glauben angepasst. Wie die Quechua praktizieren auch viele Aymara synkretistische Glaubenssysteme, die indigene Gebräuche eng mit katholischen Glaubensvorstellungen verknüpfen. In Puno findet jedes Jahr am 2. Februar (Mariä Lichtmess) ein großes Fest zu Ehren der Heiligen Jungfrau, der Virgen de la Candelaria, statt. Die Jungfrau wird allerdings weitgehend mit Pachamama und natürlichen Elementen wie Blitzschlag und Fruchtbarkeit gleichgesetzt.

Völker des Amazonas

Im riesigen peruanischen Amazonasgebiet leben über 330 000 *indígenas*, die zu mehr als 60 verschiedenen Völkern gehören. Einige davon sind eng miteinander verwandt, andere könnten, was die Traditionen und die Sprache angeht, nicht unterschiedlicher sein.

Die größte dieser ethnischen Gruppen ist das Volk der Asháninka (auch Campa genannt), die etwa ein Viertel der indigenen Bewohner des peruanischen Amazonasgebietes ausmachen und in zahlreichen Flusstälern östlich des zentralen Hochlands leben. (Aufgrund ihres Wohnortes mussten die Asháninka während des Bürgerkriegs besonders viel Leid ertragen, als Mitglieder des *Sendero Luminoso* - Leuchtender Pfad - in den Osten einfielen.)

Die zweitgrößte Gruppe im Amazonas sind die Aguaruna, die sich in den Tälern der Flüsse Marañón, Nieva und Santiago niedergelassen haben. Sie widerstanden nicht nur den Eroberungsversuchen der Inka, sondern wehrten auch die Spanier ab. Deshalb bewohnen sie heute immer noch dieselben Gegenden wie vor der spanischen Kolonisation. Ihren Lebensunterhalt bestreiten sie nach wie vor durch Gartenbau, Jagd und Fischfang.

Neben diesen beiden gibt's zahlreiche weitere kleinere ethnische Gruppen, darunter die Shipibo, die Matsiguenka und die sogenannten „unkontaktierten" bzw. isolierten Stämme, die in den vergangenen Jahren Schlagzeilen gemacht haben. Sie alle sind extrem gefährdet, was den Landverlust und die durch die Ölförderung und den Bergbau verursachte Umweltverschmutzung angeht. Für die entlegensten Stämme kann schon der fehlende Immunschutz ein Problem darstellen: In den 1980er-Jahren starb über die Hälfte der Nahua im südlichen Amazonasbecken, nachdem sich diese bei Holzfällern und Mitarbeitern von Ölgesellschaften mit Krankheitserregern angesteckt hatten.

Musik, Kunst & Kultur

In Peru herrschten sowohl einheimische Völker als auch europäische Eroberer, dementsprechend wartet das Land mit einer reichen kulturellen und künstlerischen Tradition auf. Besonders herausragend sind dabei die Musik (in indigenen und anderen Stilrichtungen), die Malerei und die Literatur. Im Jahr 2010 richtete sich die internationale Aufmerksamkeit auf den Staat, als der peruanische Autor Mario Vargas Llosa den Nobelpreis bekam.

Musik

Ebenso wie die Bewohner Perus ist auch die traditionelle Musik eine interkontinentale Vereinigung verschiedener Elemente. Präkolumbische Kulturen steuerten Bambusflöten bei, Spanier brachten Saiteninstrumente wie Gitarren und Violinen ein, und Afrikaner verliehen dem Ganzen mit fließenden Rhythmen ein Rückgrat. Von Region zu Region gibt's allerdings große Unterschiede: An der Küste dominiert afrikanisch beeinflusster *landó* mit Bässen, in den Anden der hell klingende indigene *huayno*, der vorwiegend auf Bambusinstrumenten gespielt wird. Zu jeder Tanzparty an der Küste gehört der *criollo*-Walzer.

In den letzten Jahrzehnten vermischte sich der *huayno* mit Surfgitarren sowie der kolumbianischen *cumbia* (afroamerikanische Tanzmusik) und entwickelte sich zur *chicha* weiter, einem tanzbaren, eng mit der Amazonasregion verbundenen Sound, der selbst bei den coolen Jugendlichen in den Städten beliebt ist. Man hört ihn häufig in Arbeiterbars, ebenso regelmäßig aber auch in Limas edlen Diskotheken. Zu den weithin bekannten *chicha*-Bands gehören Los Shapis und Los Mirlos. Peruanische *cumbia* erfreut sich ebenfalls großer Beliebtheit. Grupo 5 aus Chiclayo gilt gilt als absoluter Favorit des Genres.

Die vom Gitarrensound bestimmte *música criolla* (kreolische Musik) hat ihre Wurzeln in Spanien und Afrika. Der bekannteste *criollo*-Stil ist der *vals peruano* (peruanischer Walzer) im Dreivierteltakt, ein schneller Tanz, der auf komplexen Gitarrenmelodien beruht. Zu den legendärsten Vertretern dieses Genres gehören die Sängerin und Komponistin Chabuca Granda (1920–1983), Lucha Reyes (1936–1973) und Arturo „Zambo" Cavero (1940–2009). Letzterer wurde vor allem wegen seines rauen Gesangs und bewegenden Interpretationen verehrt. *Landó* steht ebenfalls in enger Verbindung mit dieser Stilrichtung, verwendet aber zusätzliche Elemente des Rufens und Antwortens. Herausragende Interpretinnen des Genres sind die zeitgenössischen Sängerinnen Susana Baca (geb. 1944) und Eva Ayllón (geb. 1956).

Mit Fusionsbands wie Uchpa, NovaLima, Bareto, der preisgekrönte Lucho Quequezana und La Sarita, die Quechua, afroperuanische und andere Einflüsse in ihre Musik integrieren, hat Peru einen großen Anteil an der heutigen Alternative-Rock-Szene. Band La Mente macht Partymusik und Bareto überzeugt mit erneuerten *cumbia*-Klassikern. Die derzeit angesagte Gruppe Barrio Calavera steht für wilde Dancetracks und verbindet Ska, *cumbia*, *chicha*, Reggae, Punk und Boleros mit lateinamerikanischer Folklore.

Lesenswert

Der Krieg am Ende der Welt (Mario Vargas Llosa; 1981)

Krieg bei Kerzenschein (Daniel Alarcón; 2006)

Im Tal von San Gabriel (Julio Ramón Ribeyro; 2004)

Roebuck: Tales of an Admirable Adventurer (Luke Waterson; 2015)

Bildende Kunst

Die berühmteste Kunstbewegung des Landes datiert ins 17. und 18. Jh. Damals schufen Mitglieder der Cusco-Schule Tausende religiöse Bilder, die mehrheitlich keinen Einzelpersonen zuzuordnen sind. Häufig zeigen die von Einheimischen und *mestizos* (Einwohner mit indigenen und spanischen Vorfahren) angefertigten Gemälde heilige, mit Goldfarbe verzierte Figuren, die in einem vom Manierismus und der Spätgotik beeinflussten Stil gemalt wurden. Gleichzeitig weisen sie Elemente einer indigenen Farbpalette und Ikonografie auf. Heute hängen die Bilder in Museen und Kirchen im ganzen Land, zudem werden auf vielen Kunsthandwerkermärkten Reproduktionen verkauft.

Als eine der bekanntesten Persönlichkeiten des 19. Jhs. gilt Pancho Fierro (1807–1879), der uneheliche Sohn eines Priesters und einer Sklavin. Von ihm stammen aufrüttelnde Aquarelle mit alltäglichen Gestalten wie Fischhändler, Lehrer und katholische Geistliche in prächtigen Roben.

Im frühen 20. Jh. erlangte eine indigene Bewegung unter der Führung des Malers José Sabogal (1888–1956) nationale Bekanntheit. Sabogal malte häufig *indígena*-Frauen und integrierte Textilmuster in seine Arbeiten. Als Direktor der Nationalen Kunstschule in Lima beeinflusste er eine ganze Generation von Künstlern, die ihre künstlerische Inspiration in den Anden suchten, darunter Julia Codesido (1883–1979), Mario Urteaga (1875–1957) und Enrique Camino Brent (1909–1960).

Von den unzähligen Musikstilen in Peru sind die afroperuanischen Melodien von der Küste vielleicht die mitreißensten. Einen hervorragenden Einstieg bietet die von David Byrne produzierte Zusammenstellung Afro-Peruvian Classics: *The Soul of Black Peru*.

Literatur

Mario Vargas Llosa (geb. 1936) ist Perus bekanntester Autor. Er wird in einem Atemzug mit lateinamerikanischen Berühmtheiten des 20. Jhs. wie Gabriel García Márquez, Julio Cortázar und Carlos Fuentes genannt. Seine Romane erinnern in ihrer Komplexität an James Joyce: Zeitebenen und Perspektiven wechseln ständig und jede Seite fordert die volle Aufmerksamkeit des Lesers. Vargas Llosa ist aber nicht nur ein Künstler, sondern auch ein eifriger Beobachter der peruanischen Gesellschaft, der die Korruption der herrschenden Klasse anprangert. Dieser gesellschaftskritische Aspekt bewog ihn 1989 zur Kandidatur für die Präsidentschaftswahlen, die er jedoch verlor. Seine rund zwei Dutzend Romane sind ins Deutsche übersetzt worden. Am besten liest man als Erstes *Die Stadt und die Hunde* (1962). Das Buch beruht auf Erfahrungen, die Llosa in einer peruanischen Militärakademie machte.

Alfredo Bryce Echenique (geb. 1939) ist ebenfalls ein scharfer Beobachter, insbesondere der Oberschicht. Sein bekanntestes Werk *Eine Welt für Julius* (1972) beschreibt die Beziehung eines Teenagers zur distanzierten Mutter in einer bürgerlichen Familie im Lima der 1950er-Jahre.

Die besondere Neigung der Peruaner zum schwarzen Humor kommt bei Julio Ramón Ribeyro (1929–1994) zum Ausdruck. Er war nie ein Bestsellerautor, wurde aber für seine einfühlsamen Kurzgeschichten und Essays, die sich auf das unstete Leben in der unteren Mittelschicht konzentrieren, sehr gelobt. Ein Teil seiner Erzählungen ist auf Deutsch erhältlich, z. B. *Heimatlose Geschichten* (1991). Wer gerade Spanisch lernt, für den sind seine kurz und klar geschriebenen Stücke ein idealer Einstieg in die peruanische Literatur.

Auch der aufsteigende literarische Star Daniel Alarcón (geb. 1977), ein peruanisch-amerikanischer Schriftsteller, muss hier genannt werden. Seine preisgekrönten Kurzgeschichten wurden im *New Yorker* veröffentlicht. 2007 erschien sein im folgenden Jahr mit dem PEN Award ausgezeichneter Debütroman *Lost City Radio* über ein Land, das sich vom Bürgerkrieg erholt.

César Vallejo, einer der bekanntesten Dichter der Welt, beeinflusste viele Schriftsteller in Europa und den USA. Sein gesammeltes Werk hat der Rimbaud-Verlag in einer zweisprachigen Ausgabe auf Deutsch und Spanisch herausgebracht: *Spanien, nimm diesen Kelch von mir – España, aparta de mí este cáliz*; *Menschliche Gedichte – Poemas humanos*; *Trilce*; *Die schwarzen Boten – Los heraldos negros*.

Von Claudia Salazar Jiménez (geb. 1976) stammt *Blood of the Dawn* (2013), ein Roman in englischer Sprache über die Erfahrungen dreier Frauen während des bewaffneten Konflikts zwischen der peruanischen Regierung und den Guerillas des Leuchtenden Pfades in den 1980er- und 1990er-Jahren.

Wenn Vargas Llosa der größte Romancier des Landes ist, dann ist César Vallejo (1892–1938) der größte Poet. Der Protegé des berühmten peruanischen Essayisten Abraham Valdelomar (1888–1919) hat zwar nur wenige schmale Bände veröffentlicht, gilt aber trotzdem als einer der innovativsten lateinamerikanischen Dichter des 20. Jhs. Vallejo hat sich mit existenziellen Themen auseinandergesetzt und die Sprache auf die Spitze getrieben. Wenn ihm die vorhandenen Wörter nicht mehr ausreichten, erfand er einfach neue.

Natur & Umwelt

Nur wenige Länder haben eine so zerklüftete, raue und vielfältige Topografie wie Peru, das südlich des Äquators in tropischen Gefilden liegt und sich über drei geografische Zonen erstreckt: die trockene Pazifikküste, die schroffen Anden und einen großen Teil des Amazonasbeckens. Egal welche Gegend man auch erkundet, man wird unterwegs garantiert auf zahlreiche natürliche Hindernisse wie Flüsse, tiefe Canyons und kurvige Bergstraßen stoßen, und das Reisen ist immer aufregend, zudem erwarten einen atemberaubend schöne Landschaften.

Geografie

Mit 1285220 km² ist Peru der drittgrößte Staat Südamerikas. Deutschland passt von seiner Fläche dreimal hinein, Österreich und die Schweiz zusammen sogar ganze zehnmal. Das Küstentiefland ist ein 3000 km langer schmaler Streifen unter 1000 m Höhe, der sich am Pazifik entlang erstreckt. Es besteht vorwiegend aus Buschland und Wüste und geht im Süden allmählich in Chiles Atacama-Wüste über, eine der trockensten Gegenden der Welt. An der Küste liegen die Hauptstadt Lima und mehrere große landwirtschaftliche Anbaugebiete, bewässert von Dutzenden Flüssen aus den Anden. Letztere bringen auch fruchtbaren Schlick in die Wüstentäler und sorgen dafür, dass sich das sandige, steinige Gebiet teilweise innerhalb nur weniger Meter in leuchtend grüne Felder verwandelt. Nahe der Küste ist das Land am flachsten, deswegen verwundert es kaum, dass Perus beste Straße – die Panamericana, die von Ecuador bis nach Chile verläuft – hauptsächlich am Pazifik entlangführt.

Die Anden bilden das Rückgrat des Landes. Sie erheben sich hinter der Küste, werden von Norden nach Süden immer höher und steiler und erreichen nur 100 km im Landesinneren spektakuläre Marken von mehr als 6000 m. Perus gewaltigster Gipfel, der Huascarán (6768 m), nordöstlich von Huaraz, ist der höchste tropische Berg auf diesem Planeten und der sechshöchste Berg des amerikanischen Kontinents. Die peruanischen Anden liegen zwar in den Tropen, sind aber in über 5000 m Höhe von Gletschern bedeckt. Im Hochland wird zwischen 3000 und 4000 m Landwirtschaft betrieben, die mehr als ein Drittel der peruanischen Bevölkerung ernährt.

Wesentlich mehr Regen als die trockene Westseite bekommen die östlichen Andenhänge ab. Dort, wo sie in den Tieflanddschungel des Amazonas übergehen, sind sie mit üppigen Nebelwäldern bedeckt. Die hügelige Landschaft des Amazonasbeckens knackt selten die 500-m-Marke. Mehrere Flüsse münden in den mächtigen Amazonas, den wasserreichsten Fluss der Welt. Das ganze Jahr über ist es heiß und feucht, der meiste Niederschlag fällt zwischen Dezember und Mai. Da es in der Amazonasregion nur wenige Straßen gibt, bewegt man sich dort normalerweise per Boot oder Flugzeug fort.

Der Ursprung des Wortes „Anden" ist ungewiss. Einige Historiker glauben, es leite sich vom Quechua-Ausdruck *anti* für „Osten" oder dem Aymara-Begriff *anta* für „kupferfarben" ab. 100 km vor Perus Küste befindet sich übrigens ein Graben, der so tief ist, wie die Anden hoch sind.

Tiere

Perus Falten, Furchen und tiefe Flusstäler bieten zahlreichen Ökosystemen eine Heimat. Klima, Höhenlage, Vegetation und Bodentyp variieren stark, dementsprechend verfügt das Land über eine enorme Vielfalt an Fauna und Flora. Seelöwenkolonien bevölkern sandige Felsinseln vor der Küste und im Amazonasbecken tummeln sich lärmende Horden grellbunter Aras an von Würgefeigen überwucherten Lehmlecken. In den Anden streifen seltene Vikunjas (vom Austerben bedrohte Verwandte der Alpakas) auf der Suche nach Gras umher, während hoch über ihnen die legendären Kondore hinweggleiten. Peru gehört zu dem Dutzend Länder mit der größten Artenvielfalt der Welt.

A Neotropical Companion (1989) von John Kricher gibt eine Einführung in die Fauna und Ökosysteme der Tropen der Neuen Welt. Küsten- und Hochlandgebiete werden ebenfalls berücksichtigt.

Reptilien, Amphibien, Insekten & Meeresbewohner

Die größte Artenvielfalt an Reptilien, Amphibien, Insekten und Meerestieren bietet das Amazonasbecken. Hier findet man z. B. Kröten, Laubfrösche und fingernagelgroße, farbenfrohe Pfeilgiftfrösche (ihr tödliches Gift nutzten Einheimische einst für ihre Pfeilspitzen). In den Flüssen wimmelt es von Piranhas, Arapaimas und Lippfischen (Süßwasserfische), während die Luft von der Aktivität Tausender Insekten vibriert, darunter durstige Moskitos, Ameisenarmeen, Käferschwadronen, Laub- und Stabheuschrecken, Raupen, Spinnen, Gottesanbeterinnen, durchsichtige Nachtfalter und Schmetterlinge aller Formen und Größen. Einen blauen Morphofalter im Flug zu sehen ist ein denkwürdiges Erlebnis: Er erreicht eine Spannweite von bis zu 10 cm und das Schlagen seiner blau schillernden Flügel kommt einem fast vor wie eine Halluzination.

Natürlich gibt's auch alle möglichen Reptilien wie Meeres- und Flussschildkröten, Eidechsen, Kaimane und – Liebling aller Dschungelfilme – Anakondas. Die Grüne Anakonda, eine Wasserboa, die mehr als 10 m lang werden kann, überfällt ihre Beute oft aus dem Hinterhalt am Ufer, schnürt sie mit ihrem Körper ein und ertränkt sie im Fluss. Kaimane, Tapire, Hirsche, Schildkröten und Pekaris mag sie besonders gern; von menschlichen Opfern wurde dagegen bisher nichts bekannt (wenn man mal von Jennifer Lopez und Ice Cube in einem schlecht gemachten Hollywoodstreifen absieht). Für den Menschen weitaus gefährlicher ist der Buschmeister, eine tödlich giftige, rotbraune Viper, die sich mit Vorliebe in verrottenden Baumstämmen oder zwischen den Stelzwurzeln der Bäume aufhält. Sie lebt zum Glück recht zurückgezogen und ist selten auf viel genutzten Wegen anzutreffen.

Der 656 Seiten starke Princeton Field Guide *Birds of Peru* (2010) von Thomas Schulenberg bietet einen umfassenden Überblick über die Vogelwelt des Landes.

Säugetiere

Das Amazonasgebiet beherbergt jede Menge interessante Säugetiere, z. B. etwa zwei Dutzend Affenarten wie Brüllaffen, Klammeraffen und

TIERE BEOBACHTEN

- Man sollte bereit sein, viel zu reisen: An der Küste gibt's begrenzte Möglichkeiten, zudem sind einige Hochlandregionen bereits leer gejagt – je entlegener also die Gegend, desto besser.
- Kompetente Guides wissen, wo welche Tiere zu sehen sind.
- Früh aufstehen, denn die meisten Arten sind in der Morgen- und Abenddämmerung am aktivsten.
- Ein leichtes Fernglas mitbringen.
- Tiere meiden laute Menschenmengen, also sollte man sich nur im Flüsterton unterhalten und sich im Amazonasgebiet lieber mit Kanus als mit Motorbooten fortbewegen.
- Realistische Erwartungen haben. Häufig muss man mit einer dichten Vegetation kämpfen, außerdem sind manche Tiere scheu. Wer nur eine einzige Wanderung einplant, wird sicherlich nicht alles sehen.

DER PERUANISCHE NACKTHUND

Wer an der peruanischen Küste viele Ausgrabungsstätten besichtigt, wird immer wieder merkwürdige Kreaturen zu Gesicht bekommen: peruanische Nackthunde, einige mit Irokesenschnitt. Die Rasse entstand vor fast 3000 Jahren in den Anden, also lange vor den Inka. Häufig abgebildet wurde der *perro biringo* oder *perro calato*, wie man den Nackthund auch nennt, auf der Keramik der Moche, Chimú und Chancay. Einst schrieb man ihm heilende Fähigkeiten zu: Weil die Tiere kein Fell haben, glaubte man, der Kontakt mit ihren warmen Körpern könne Krankheitssymptome wie Arthritis lindern.

Als mit den Jahren hübschere Hunderassen aus dem Ausland eingeführt wurden, ging die Zahl der Nackthunde zurück. Doch in den vergangenen Jahren kamen sie wieder in Mode: Züchter aus Lima widmen sich der Aufgabe, die Tiere vor dem Aussterben zu retten; und die Regierung nutzt sie als Attraktionen an präkolumbischen Stätten. 2009 wurde ihnen zu Ehren sogar eine Briefmarke kreiert. Die Hunde mögen nicht sonderlich niedlich aussehen, sind dafür aber im Allgemeinen sehr umgänglich. Und noch ein Vorteil: Wer kein Fell besitzt, hat auch keine Flöhe.

Seidenäffchen. In Begleitung eines Guides entdeckt man vielleicht Faultiere, Fledermäuse, Pekaris (Nabelschweine), Ameisenbären, Gürteltiere sowie neugierige Nasenbären (Artgenossen der Waschbärenfamilie mit geringeltem Schwanz) und mit etwas Glück auch riesige Flussotter, Wasserschweine (ungewöhnlich große Nagetiere), Flussdelfine, Tapire oder einen der legendären Jaguare.

Im weiter westlich gelegenen Nebelwald, der sich am Amazonas und an den östlichen Ausläufern des Andenhochlands erstreckt, haust der vom Aussterben bedrohte Brillenbär. Südamerikas einziger Bär, ein schwarzes, zotteliges Säugetier, wird bis zu 1,80 m groß und ist für seine weiße, maskenartige Zeichnung im Gesicht bekannt.

Im Hochland beheimatet sind die in Herden umherziehenden wolligen Kameltiere: Mit großer Wahrscheinlichkeit bekommt man Lamas und Alpakas zu Gesicht, denn sie sind domestiziert und werden als Lasttiere oder wegen ihrer Wolle gehalten; Vikunjas und Guanakos leben dagegen wild. An den Hochlandhängen sollte man die Augen nach den knuddeligen, hasenähnlichen Viscachas aufhalten. Füchse, Hirsche, Meerschweinchen und Pumas (Berglöwen) gehören ebenfalls zu den Hochlandbewohnern.

Rund um die Islas Ballestas kann man Seelöwen und Robben beobachten. Wale sind an der Küste selten zu sehen, dafür aber oft Delfine. Im Küstenwüstenstreifen leben einzigartige Landtiere wie der fast ausgestorbene Sechurafuchs, der kleinste der südamerikanischen Wüstenfüchse in Nordperu. Er hat einen Schwanz mit einer schwarzen Spitze sowie ein sandfarbenes Fell und ist ein Allesfresser mit großem Appetit auf kleine Nagetiere und Samenhülsen.

Travellers' *Wildlife Guides: Peru* (2014) von David Pearson und Les Beletsky gibt einen hilfreichen Überblick über die wichtigsten Vögel, Säugetiere, Amphibien, Reptilien und Ökosysteme.

Vögel

Es gibt in Peru über 1800 Vogelarten – mehr als in Europa und Nordamerika zusammen –, die von winzigen Kolibris bis zu majestätischen Andenkondoren reichen. Zudem werden regelmäßig neue Arten entdeckt. Kein Wunder also, dass Ornithologen in Scharen anreisen.

An der Pazifikküste findet man vor allem Meeresvögel, besonders im Süden, wo sie in großen Gruppen auf felsigen Inseln vor der Küste sitzen. Hier entdeckt man Chileflamingos, Pelikane, Inkaseeschwalben mit weiß gefiederten Schnurrbärten und orangefarbenen Schnäbeln, Kolonien von Weißbauchtölpeln, die komplizierte Balztänze vorführen, Kormorane und vom Aussterben bedrohte Humboldtpinguine auf den Islas Ballestas.

Im Hochland ist der berühmte Andenkondor zu Hause. Er erreicht ein Gewicht von bis zu 10 kg und eine Flügelspannweite von über 3 m. Einst war dieser König der Lüfte, der zur Familie der Geier gehört, in der gesamten Gebirgskette von Venezuela bis nach Tierra del Fuego (Feuerland) verbreitet. Doch wegen des Verlusts seines natürlichen Lebensraumes und der Umweltverschmutzung steht der größte Flugvogel der Welt bereits seit 1970 auf der Roten Liste gefährdeter Arten. Er wurde fast bis zur Ausrottung gejagt, weil man glaubte, seine Körperteile könnten Albträume abwehren, zur Potenzsteigerung beitragen und körperliche Beschwerden heilen. Um ihre Jungtiere vor Räubern zu schützen, nisten Kondore auf unzugänglichen Felsklippen. Sie ernähren sich hauptsächlich von Aas. Am ehesten erspäht man sie, wenn sie sich von Luftströmungen über ihre weiten Jagdgründe tragen lassen, etwa rund um die Canyons bei Arequipa.

Adrian Forsyth und Ken Miyata verfassten ein spannendes Buch über das Leben im Regenwald: *Tropical Nature: Life and Death in the Rain Forests of Central and South America* (1984). Es wurde z. T. im Amazonasbecken recherchiert und ist ein guter Einstieg zur Fauna und Flora des tropischen Tieflandes.

Pflanzen

Hoch oben in den Anden, besonders in der Cordillera Blanca und der Cordillera Huayhuash rund um Huaraz, lockt eine Fülle typischer Hochgebirgspflanzen. Hier wachsen einheimische Lupinen, stacheliges Ichu-Gras, beeindruckende Queñua-Bäume *(Polylepis)* mit auffällig roter Papierrinde und zahlreiche Bromelien. Viele Wildpflanzen blühen während der Trekkingsaison zwischen Mai und September.

Das Hochland beherbergt vor allem im Süden das charakteristische *puna*-Ökosystem. Vor Ort gedeihen nur wenige Pflanzenarten wie Hartgräser, Polsterpflanzen, kleine krautige Gewächse, Büsche und Zwergbäume. In dieser Umgebung haben sich vor allem Pflanzen mit kleinen verdickten sowie gekrümmten Blättern durchgesetzt, die weniger anfällig gegen Frost und Sonnenlicht sind und die extreme Strahlung reflektieren können. Im Norden, wo ein raueres Klima herrscht, findet man auch *páramo* (grasbewachsene Ebene in den Hochanden), eine eigentümliche Mischung aus Torfmooren, von Gletschern geformten Tälern, Hochgebirgsseen, feuchtem Grasland sowie Buschland und Wäldern.

Küstenwüste

Im Gegensatz zum Regenwald ist die Küstenwüste meist arm an Vegetation, abgesehen von den Quellgebieten. Die begrenzte Pflanzenwelt besteht aus Kakteen und weiteren Sukkulenten sowie *lomas* (einer Vergesellschaftung von Gräsern und Kräuterarten in nebligen Regionen). An der äußersten Nordküste, in den Naturschutzgebieten um Tumbes, gedeiht ein schmaler Streifen Mangrovenwald und eines der in Peru recht seltenen tropischen Trockenwald-Ökosysteme.

Nebel- & Regenwald

Dort, wo die östlichen Andenhänge zum westlichen Amazonashochland abfallen, erstrecken sich die tropischen Nebelwälder. Sie verdanken ihren Namen den Wolken, die sich über ihnen stauen. Im Schutz des dunstigen Unterholzes gedeihen einige empfindliche Pflanzenarten. Die Bäume der Nebelwälder haben sich an steile Hänge, felsigen Boden und ein raues Klima angepasst. Besonders typisch sind ihr niedriger, knorriger

GIGANTISCHE BERGPFLANZE

Die *Puya raimondii* ist sicherlich die ungewöhnlichste und größte Blütenpflanze der Welt, denn sie erreicht eine erstaunliche Höhe von 10 m und sieht aus wie eine von Blüten übersäte Zigarre. Sie gehört zur Familie der Ananasgewächse und braucht ein Jahrhundert oder noch länger, um zu erblühen. Jede Pflanze hat bis zu 8000 (!) lilienähnliche weiße Blüten und blüht nur ein einziges Mal, danach stirbt sie ab. Einige der berühmtesten Bestände der *Puya raimondii* sind in der felsigen Berglandschaft bei Huaraz nahe Catac und Punta Winchus zu finden.

VIELFLIEGER

In Peru gibt's über 100 Kolibriarten. Sie sind die Lieblinge vieler Vogelkenner. Passend zu ihrem hübschen Aussehen tragen sie extravagante Namen wie Grünschwanzgoldkehlchen, Glanzelfe, Braunbauchbrillantkolibri und Amethystsonnennymphe.

Sie bewegen ihre Flügel bis zu 80-mal pro Sekunde und erzeugen dadurch das typische Summen. Ihr außerordentlich schneller Flügelschlag befähigt sie dazu, auf der Stelle zu schweben und währenddessen Nektar zu trinken oder sogar rückwärts zu fliegen. Die winzigen Vögel müssen ständig Nahrung zu sich nehmen, um genügend Energie zu gewinnen.

Spezies wie der rotköpfige Andenkolibri, der in der *puna* (Hochlandsteppe) vorkommt, haben eine erstaunliche Strategie entwickelt, um kalte Nächte zu überleben. Sie senken ihre Körpertemperatur auf 30 °C ab und fallen in eine winterschlafähnliche Erstarrung, bei der ihr Stoffwechsel drastisch verlangsamt wird.

Als eine der ungewöhnlichsten Kolibriarten gilt die Wundersylphe, die ausschließlich im Utcubamba-Tal im Norden Perus beheimatet ist. Ausgewachsene Männchen haben zwei lange gekreuzte Federn am Schwanz, die sie während der Paarungsrituale einsetzen, um Weibchen anzulocken.

Wuchs, dichtes kleinblättriges Laubwerk und moosbedeckte Äste, auf denen Pflanzen wie Orchideen, Farne und Bromelien wachsen. Der Nebel und die dichte Vegetation verleihen der Gegend eine geradezu mystische Aura.

Die Vielfalt der Pflanzen im Amazonasregenwald ist wirklich erstaunlich: Zehntausende Arten grünen und blühen auf engem Raum über- und nebeneinander, darunter Würgefeigen *(matapalos)*, Palmen, Farne, Epiphyten, Bromelien, blühende Orchideen, Pilze, Moose und Lianen – um nur ein paar zu nennen. Einige Bäume wie die Mangroven haben merkwürdige Wurzeln, die wie Pfähle oder Stelzen aussehen. Man findet sie vor allem dort, wo es regelmäßig Überschwemmungen gibt. Ihre Stelzwurzeln dienen bei Hochwasser als Stützen.

Das Andean Botanical Information System (ABIS; www.sacha.org) ist eine Online-Enzyklopädie der Blütenpflanzen in Perus Küstengebieten und den Anden.

Was Besucher oft besonders verblüfft, ist die ungeheure Größe mancher Bäume. So verfügt der Ceibabaum (auch Kapok oder Wollbaum genannt) über riesige flache Stützwurzeln (sogenannte Brettwurzeln). Sein Stamm erreicht leicht einen Durchmesser von 3 m, und der Astbestand beginnt oft erst auf einer Höhe von 50 m. Diese breiten sich zu einer riesigen flachen Krone aus, die den Bäumen ihr typisches Aussehen verleiht. Aufgrund der imposanten Höhe vieler Bäume am Amazonas (mehr als 80 m sind keine Seltenheit) hat sich auf Ebene der Baumwipfel ein eigenes Ökosystem mit Lebewesen entwickelt, die niemals mit dem Waldboden in Berührung kommen.

Nationalparks

Peru wartet mit 60 Naturschutzgebieten und Nationalparks auf, die fast 15 % der Landesfläche einnehmen. Das 2006 geschaffene Sierra-del-Divisor-Reservat dient der Bewahrung von 1,5 Mio. ha Regenwald nahe der brasilianischen Grenze. Für die Verwaltung der Gebiete ist das Instituto Nacional de Recursos Nacionales (Inrena; www.inrena.gob.pe), eine Abteilung des Landwirtschaftsministeriums, zuständig.

Leider sieht das alles auf dem Papier besser aus als in der Praxis. Es fehlen die Ressourcen, um die Reservate zu erhalten, die durch Wilderei, illegale Fischerei, Abholzung und Bergbau bedroht sind. Der Staat hat nicht das Geld, um genügend Ranger zu verpflichten und deren notwendige Ausrüstung zu beschaffen. Wenigstens stellen verschiedene internationale Organisationen finanzielle Mittel und Personal zur Erhaltung sowie für Bildungsprojekte vor Ort zur Verfügung.

KOKANBAU GESTERN & HEUTE

Die Kokapflanze wird seit mehr als 5000 Jahren angebaut und für praktische sowie spirituelle Zwecke verwendet. Einst kaute man ihre Blätter gegen alle möglichen Beschwerden von einfachen Zahnschmerzen bis zu Überanstrengung, zudem diente Koka bei religiösen Ritualen als Opfergabe.

Als die Spanier gegen Ende des 15. Jhs. nach Südamerika kamen, wollten sie die „heidnischen" Praktiken mit der „teuflischen" Pflanze und ihren Anbau zunächst verbieten. Sie erkannten jedoch schon bald die Bedeutung des Kokakauens für die arbeitende indigene Bevölkerung der Kolonie (es wirkt appetithemmend und in Kombination mit Kaffee stimulierend) und änderten ihre Meinung.

Heute geht der Kampf um Koka weiter, allerdings hat das eher etwas mit dem daraus gewonnenen Produkt Kokain zu tun. Dafür wird eine aus den Blättern der Pflanze hergestellte Paste mit Kerosin behandelt und zu Puder verfeinert. Um die Verbreitung der Droge zu stoppen, lancierten die USA Anfang der 2000er-Jahre Programme zur Vernichtung von Pflanzungen in Peru. Diese scheinen bisher jedoch wenig zur Begrenzung des Anbaus (oder des Kokainhandels) beigetragen zu haben. Der Einsatz chemischer Unkrautvernichtungsmittel hat landwirtschaftliche Flächen geschädigt. Kritiker der von den USA geförderten Programme, darunter peruanische *colaceros* (Verbände der Kokabauern) und der bolivianische Präsident Evo Morales, plädieren dafür, die Maßnahmen zu begrenzen.

2014 kündigte Präsident Ollanta Humala an, dass Peru seine Kampagne zur Vernichtung der Kokapflanzungen stoppen und stattdessen in stark von Koka abhängigen Regionen den Anbau von beispielsweise Kaffee und Kakao fördern würde. Laut Peru Coca Survey vergrößerte sich die Koka-Anbaufläche 2016 um 9 % – einerseits eine deutliche Zunahme, tatsächlich aber der niedrigste Anstieg in der Region.

Umweltprobleme

Peru steht bei der Verwaltung seiner natürlichen Ressourcen vor großen Schwierigkeiten. Probleme bereiten vor allem die mangelnde Durchsetzung von Umweltgesetzen und die geografische Vielfalt des Landes. Entwaldung und Erosion sowie Umweltverschmutzung durch Industrie, zunehmende Verstädterung und fortdauernde Versuche, Kokaplantagen zu vernichten, zählen zu den wichtigsten Herausforderungen. Zudem gefährdet die Carr Interoceánica durch das Herz des Amazonasbeckens Tausende Quadratkilometer Regenwald.

Die im 21. Jh. zurückgegangenen Erlöse aus dem Bergbau haben die Regierung dazu veranlasst, den Sektor staatlich zu fördern, was der Umwelt sehr schadet. Im Juli 2014 wurde ein Gesetz verabschiedet, aufgrund dessen das Umweltministerium nicht mehr länger Qualitätsstandards für Luft, Boden und Wasser festlegen kann. Ein herber Schlag für den Umweltschutz.

Die besten Schutzgebiete

- *Cañón del Colca (Arequipa; S. 173)*
- *Cordillera Blanca (Ancash; S. 415)*
- *Titicacasee (Puno; S. 183)*
- *Parque Nacional Manu (Amazonasbecken; S. 504)*
- *Islas Ballestas (Pisco; S. 122)*

Probleme mit Entwaldung & Wasser

Die Beschaffung von Feuerholz, die Plünderung wertvoller Harthölzer aus den Regenwäldern und die Landgewinnung für Agrarwirtschaft, Ölbohrungen und Bergbau führen zu erheblicher Erosion. Im Hochland, wo die Entwaldung und Überweidung der Andenwälder sowie Graslandschaften ernste Formen angenommen haben, verschlechtert sich die Bodenqualität mit rasanter Geschwindigkeit. In den Regenwäldern des Amazonasbeckens kommt es zu Erosion und es verschwinden Tierarten wie Frösche. Zudem sorgt die Erosion für eine verminderte Wasserqualität der Amazonasflüsse, in dessen schlickreichem Wasser kaum noch Mikroorganismen zu finden sind.

Trinkwasser ist für viele Peruaner ein Problem: in städtischen Gebieten des Landes hat 87 % der Bevölkerung Zugang zu sauberem Wasser, in ländlichen Gebieten sinkt der Anteil auf 62 %. Im Hochland kommt es durch Bergbau und Industrieabfälle zu Wasserverschmutzung. An der Küste haben Abwässer dazu geführt, dass viele Strände um Lima und andere Küstenstädte als ungeeignet zum Baden erklärt wurden. Wegen Umweltverschmutzung und Überfischung ist die Anzahl der Humboldtpinguine seit den 1980er-Jahren um mehr als ein Drittel gesunken.

Luftverschmutzung ist in Peru ebenfalls ein ernstes Problem, besonders in Lima, das die schlechtesten Werte des Kontinents aufweist. Im Jahr 2018 hat das Google-Tool zur Erfassung von Umweltverschmutzung ermittelt, dass die Schadstoffbelastung durch Industrie- und Fahrzeugemissionen fast doppelt so hoch liegt wie die von der Weltgesundheitsorganisation festgesetzten Grenzwerte.

Schutzmaßnahmen

In den frühen 1990er-Jahren erließ Peru Richtlinien zur Erhaltung von Natur und Umwelt, doch dem Staat, den zu dieser Zeit ein blutiger Guerillakrieg im Hochland in Atem hielt, fehlten zur Realisierung die finanziellen Mittel und der politische Wille. 1995 wurde der Nationale Umweltrat (Conam) gegründet, um weitere Schutzmaßnahmen auszuarbeiten und durchzusetzen. Trotz einzelner Erfolge wie Geldstrafen für auf frischer Tat ertappte Umweltverschmutzer greifen die bisherigen Regelungen allerdings nur schwach.

Monga Bay (www.mongabay.com) ist eine hervorragende Quelle für aktuelle Infos zum Amazonas und Regenwäldern weltweit.

Es gibt aber auch einige positive Maßnahmen. Regierungsmitglieder und private Interessenträger der Tourismusindustrie setzten sich zusammen, um nachhaltige Projekte im Amazonasgebiet zu entwickeln.

2012 schuf die peruanische Regierung in der Region Loreto im nördlichen Amazonasgebiet drei neue Naturschutzgebiete, die sich über fast 600 000 ha erstrecken. Die Gebiete des trinationalen Schutzgebiets Putumayo stellen einen Hotspot biologischer und kultureller Vielfalt dar, ein gemeinsames Projekt der Regierungen von Peru, Ecuador und Kolumbien, das auf regionaler Ebene verwaltet wird.

Perus erster Umweltminister Antonio Brack, der 2014 starb, ging hart gegen Entwaldung vor. Dem Beispiel anderer Amazonasländer folgend, setzte er beim Umweltschutz auf westliche Hilfe und versprach, Brandrodung zu verhindern und die Abholzungsrate zu mindern. Leider lässt sich das jedoch in entlegenen, wenig kontrollierten Gegenden nur sehr schwer durchsetzen.

Ein weiteres großes Umweltproblem ist der illegale Bergbau. 2014 rief die Regierung in 17 indigenen Gemeinden am Río Marañón im Amazonasbecken den wirtschaftlichen Notstand aus, weil die Ölverschmutzung dort eine erhebliche Bedrohung für die Bevölkerung darstellte. Flüssiges Quecksilber, das zum Extrahieren von Gold verwendet wird, verseucht zudem das Wasser und tötet die Fische.

Lima nutzt seit kurzer Zeit die lokale Technologie Supertree, um gegen die Luftverschmutzung vorzugehen. Dabei wird die Luft nicht durch Bäume, sondern mit thermodynamischem Druck in einer Anlage gesäubert. Deren Leistung entspricht der Wirkung von 1200 Bäumen – nicht gerade wenig in einem entwaldeten Land –, produziert aber auch Schlamm und nicht mehr trinkbares Wasser.

Praktische Informationen

Allgemeine Informationen

Arbeiten in Peru

Es wird immer schwieriger, dauerhafte Aufenthaltsgenehmigungen und Arbeitserlaubnisse für Peru zu bekommen. Ohne offizielle Papiere gibt's aber natürlich keinen Job. Sprachlehrer werden zwar manchmal auch ohne angestellt, allerdings ist das illegal. Gelegentlich schreiben Schulen Stellen aus, noch häufiger findet man Jobs aber durch Mundpropaganda. Die Schulen stellen gewöhnlich nur Muttersprachler ein und das Gehalt ist niedrig. Wer Lehrerfahrung hat (und das auch nachweisen kann), wird es leichter haben.

Amerikanische und britische Schulen in Lima nehmen manchmal Lehrer für Fächer wie Mathe, Biologie usw., allerdings nur, wenn man sich vorab formal bewirbt. Dort ist der Lohn um einiges höher als in Sprachschulen.

Von den meisten anderen Jobs erfährt man über Mundpropaganda (z. B. von Barkeepern, Hostelpersonal oder Dschungelführern), es gibt aber nicht viele Angebote. Freiwilligenorganisationen bieten Praktika und Kurzzeit-Jobs.

Botschaften & Konsulate

Die meisten ausländischen Botschaften residieren in Lima, hinzu kommen einige Konsulate in größeren Touristenzentren wie Cusco.

Zunächst einmal muss man wissen, was die Botschaft des Heimatlandes macht und was sie nicht tun kann, wenn man in Schwierigkeiten gerät. Wer ins Gefängnis kommt, weil er ein Verbrechen begangen hat – selbst wenn das für eine Tat sein mag, die im eigenen Land nicht strafbar ist –, darf auf keine Sympathie von der Botschaft rechnen. Wenn einem das Geld und alle Dokumente gestohlen wurden, kann die Botschaft einem zu einem neuen Pass verhelfen.

Die Öffnungszeiten sollte man genau überprüfen oder einen Termin ausmachen: Zwar sind viele Konsulate und Botschaften während der regulären Geschäftszeiten bei der Arbeit, die Öffnungszeiten mit Publikumsverkehr können aber eingeschränkter sein. Die Kontaktdaten nach Geschäftsschluss und für Notfälle stehen auf den Websites der einzelnen Botschaften.

In den oficinas de migraciónes (Einreisebüros) erhält man den Ausreisestempel und beantragt eine neue Einreisekarte, was auch online auf der Website möglich ist.

Bolivianische Botschaft (Karte S. 70; ☎01-440-2095; www.boliviaenperu.com; Los Castaños 235, San Isidro; ⏲Mo–Fr 8.30–12.30 Uhr). Es gibt auch ein Konsulat in **Puno** (Karte S. 188; ☎051-20-5400; www.consuladopuno.simplesite.com; Cajamarca 664; ⏲Mo–Fr 8–16 Uhr).

Brasilianische Botschaft (Karte S. 72; ☎01-512-0830; www.embajadabrasil.org.pe; Av José Pardo 850, Miraflores; ⏲Mo–Fr 8.15–16 Uhr)

Chilenische Botschaft (Karte S. 70; ☎01-710-2211; www.chile.gob.cl/peru; Javier Prado Oeste 790, San Isidro)

Deutsche Botschaft (☎01-203-5940; www.lima.diplo.de; Av Dionisio Derteano 144, 7. & 8. OG, San Isidro; ⏲Mo–Do 8–16.30, Fr bis 13.30 Uhr)

Ecuadorianische Botschaft (Karte S. 70; ☎01-212-4027; www.peru.embajada.gob.ec; Las Palmeras 356, San Isidro; ⏲Mo–Fr 8.30–16 Uhr). Es gibt auch ein Konsulat in **Tumbes** (☎072-52-5949; Bolívar 129, 3. OG, Plaza de Armas).

Kolumbianische Botschaft (Karte S. 70; ☎01-201-9830; http://peru.embajada.gov.co/embajada; Av Víctor Andrés Belaúnde 340, San Isidro; ⏲Mo–Fr 8–13 & 14–17 Uhr). Es gibt auch ein Konsulat in **Iquitos** (Karte S. 522; ☎065-23-1461; Moore 249, Ecke Calvo de Aurajo).

Österreichische Botschaft (☎01-442-0503; www.bmeia.gv.at, lima-ob@bmeia.gv.at; Edificio „De las Naciones", Avenida Republica de Colombia/ex Avenida Central 643, 5. OG, San Isidro, Lima 27; ⏲Mo–Fr 10–12 Uhr).

Schweizer Botschaft (☎01-264-0305; www.eda.admin.ch/lima; Av Salaverry 3240, San Isidro; ⏲Mo–Do 8–13 & 14–16.30, Fr 8–14 Uhr)

Feiertage

Wichtige Feiertage werden manchmal tagelang rund um das eigentliche offizielle Datum gefeiert.

Fiestas Patrias (Nationalfeiertage) sind die bedeutendsten nationalen Festtage – zu diesen Anlässen ist die ganze Nation auf den Beinen. Wichtige Termine sind:

Neujahr 1. Januar

Karfreitag März/April

Tag der Arbeit 1. Mai

Inti Raymi 24. Juni

Fest von Peter & Paul 29. Juni

Nationalfeiertage 28./29. Juli

Fest von Santa Rosa de Lima 30. August

Tag der Schlacht von Angamos 8. Oktober

Allerheiligen 1. November

Fest der unbefleckten Empfängnis 8. Dez.

Weihnachten 25. Dezember

PREISKATEGORIEN: ESSEN

Restaurants der mittleren und hohen Preisklassen schlagen Servicegebühren von 10 % und eine Steuer von 19 % auf den Preis auf. Die folgenden Preiskategorien beziehen sich auf ein Hauptgericht.

$ unter 20 S

$$ 20–60 S

$$$ über 60 S

Frauen unterwegs

Der Machismo ist in Lateinamerika immer noch weit verbreitet. Die meisten weiblichen Traveller werden davon kaum mehr mitbekommen als ein zugerufenes *mi amor* oder einen anerkennenden Pfiff. Hellhäutige, blonde Frauen müssen allerdings damit rechnen, ungewollt im Zentrum der Aufmerksamkeit zu stehen. Peruanische Männer gehen oft davon aus, dass Ausländerinnen eine lockerere Moral als Peruanerinnen haben und sich leichter erobern lassen. Alleinreisende Frauen müssen daher auf Anmachsprüche gefasst sein.

Unerwünschte Aufmerksamkeit Anstarren und Hinterherpfeifen in den Straßen ist verbreitet – am besten ignoriert man das. Weiter gehen die meisten Männer nicht (es sei denn, sie haben das Gefühl, die Frau hätte sie in ihrer Männlichkeit beleidigt). Die beste Reaktion ist daher generell, Provokationen zu ignorieren und geradeaus zu blicken. Wenn jemand besonders hartnäckig ist, kann man es mit einer Bemerkung versuchen, die die Begeisterung abkühlt, z. B. *soy casada* (ich bin verheiratet). Wenn man sich direkt an Einheimische wendet, wird man feststellen, dass sich die meisten Peruaner alleinreisenden Frauen gegenüber schützend verhalten. Sie werden Überraschung oder Sorge äußern, wenn sie erfahren, dass man ohne Ehemann oder Familie reist.

Bricheros Nicht selten hängen sich schwatzhafte Charmeure, vor allem in Touristenzentren wie Cusco, an Gringas ran. Viele dieser jungen Casanovas, die in Peru als *bricheros* bekannt sind, sind einfach nur auf eine Frau aus, die für sie bezahlt. Allen Schwüren ewiger Liebe sollte man mit äußerster Skepsis begegnen. Auch Männer werden auf diese Weise angemacht.

Erster Eindruck Frauen sollten ihren gesunden Menschenverstand einsetzen, wenn sie an öffentlichen Orten mit Männern zusammentreffen. In Peru ist es außerhalb einiger großer Städte nicht üblich, dass sich Frauen an die Theke stellen, um ein Bier zu ordern, und die Frauen, die das tun, sind in der Regel Prostituierte. Frauen, die abends einen Cocktail trinken wollen, sollten dies besser in einem Restaurant tun. Wenn Frauen viel trinken, kann das von manchen Männern als Anzeichen von Promiskuität gedeutet werden. Wenn man jemanden kennenlernt, sollte man sehr deutlich machen, dass man kein sexuelles Interesse hat. Das gilt auch für Guides von Touren oder Aktivitäten. Wenn man jemanden kennenlernt, sollte man auch nicht mitteilen, wo man wohnt, solange man sich nicht sicher ist, dass der Andere vertrauenswürdig ist.

Praktisch & Konkret

➡ In den Orten im Hochland ist die Kleidung generell konservativ. Frauen tragen selten Shorts und stattdessen eher lange Röcke. Shorts, Miniröcke und knappe Blusen können unerwünschte Aufmerksamkeit erregen.

➡ Tampons sind in kleineren Orten schwer aufzutreiben, man sollte sich daher in größeren Städten einen Vorrat anlegen.

➡ Antibabypillen und andere Verhütungsmittel (sogar Kondome) sind außerhalb der Metropolen kaum zu bekommen und nicht immer verlässlich. Besser bringt man sie von zu Hause mit. Die Rate der HIV-Infektionen steigt, insbesondere unter jungen Frauen.

➡ Abtreibungen sind illegal, außer wenn das Leben der Mutter gefährdet ist.

Sexuelle Übergriffe

Traveller, die Opfer eines sexuellen Übergriffs wurden, können dies auf der nächsten Polizeiwache oder bei der Touristenpolizei anzeigen. Die peruanische Einstellung begünstigt allerdings oft die Vergewaltiger, nicht die Opfer. Vergewaltigung wird oft als Schande für das Opfer betrachtet, und der Täter lässt sich in der Regel kaum ermitteln. Weil die Polizei im Allgemeinen nicht hilfsbereit ist, empfehlen wir, dass sich Betroffene für Rat und Hilfe an ihre Botschaft oder ihr Konsulat wenden, auch in der Frage, wo man medizinische Hilfe bekommt.

Hier ein paar Tipps:

- Nicht trampen.
- Kein unlizenziertes Taxi nehmen, schon gar nicht nachts. Lizenzierte Taxis haben eine Nummer an der Tür und die Lizenzkarte an der Windschutzscheibe.
- In unbekannten Gegenden nachts nicht allein herumlaufen.
- Wenn ein Fremder einen auf der Straße anspricht und etwas fragt, kann man antworten, sofern man sich dabei nicht unbehaglich fühlt. Man sollte aber nicht stehen bleiben, denn das kann potenziellen Angreifern die Gelegenheit geben, einen einzukreisen.
- In Gebieten, in denen sich Banditen herumtreiben, nachts nicht mit dem Bus reisen.
- Immer die Umgebung im Blick behalten: An touristischen Orten und auf beliebten Wanderwegen sind auch tagsüber schon Angriffe vorgekommen.
- Wenn man einen Führer für eine private Tour oder eine Aktivität sucht, sollte man sich an Personen halten, die von einem empfohlenen oder verlässlichen Veranstalter kommen.

Hilfreiche Organisationen

Centro de La Mujer Peruana Flora Tristán (Karte S. 64; ☎01-433-1457; www.flora.org.pe; Parque Hernán Velarde 14, Lima; ⌚Mo–Fr 9–18 Uhr) Feministische soziale und politische Interessensgruppe für Frauen- und Menschenrechte in Peru, mit Website (spanisch) und einer Bibliothek in Lima.

Instituto Peruano de Paternidad Responsable (Inppares; ☎01-480-1626; www.inppares.org) Organisation für Familienplanung mit einem Dutzend Kliniken für sexuelle und Fortpflanzungsgesundheit sowohl für Frauen als auch Männer im ganzen Land, z. B. in Lima.

Freiwilligenarbeit

Allgemeine Ratschläge zur Freiwilligenarbeit gibt's in den Sprachschulen. Gemeinnützige und gewinnorientierte Organisationen können Freiwilligenarbeit vermitteln, wenn sie im Voraus kontaktiert werden.

Action Without Borders (www.idealist.org) Onlinedatenbank für Jobs, Praktika oder sonstige Möglichkeiten für Freiwillige auf dem Gebiet der Sozialarbeit.

Cross-Cultural Solutions (www.crossculturalsolutions.org) Bildungs- und Wohlfahrtsprogramme in Lima und Ayacucho. In den Programmgebühren

PRAKTISCH & KONKRET

Maße & Gewichte

- Peru verwendet das metrische System, Benzin wird aber in US-Gallonen gemessen.

Medien

- Perus regierungsfreundliche Zeitung *El Comercio* (www.elcomercioperu.com.pe) ist die führende Tageszeitung des Landes. Weitere Zeitungen sind die etwas linkere *La República* (www.elcomercioperu.com.pe) sowie auf Englisch die *Peruvian Times* (www.peruviantimes.com) und die *Peru this Week* (www.peruthisweek.com).
- Eine hilfreiche, englischsprachige Internetquelle für ortsansässige Ausländer ist www.expatperu.com.
- *Etiqueta Negra* (www.etiquetanegra.com.pe) ist eine Kulturzeitschrift. Eine gute zweisprachige Reisepublikation ist das Monatsmagazin *Rumbos* (www.rumbosdelperu.com).
- Kabel- und Satellitenfernsehen sind weithin verfügbar und bieten auch CNN und sogar japanische Nachrichtensender.

Rauchen

- In allen Bildungs- und Gesundheitseinrichtungen (Schulen, Krankenhäuser etc.) ist das Rauchen verboten.
- Auch in allen öffentlichen Verkehrsmitteln darf man nicht Rauchen.
- In Arbeitsstätten, Hotels, Restaurants und Bars ist das Rauchen nur in ausgewiesenen, von der Einrichtung separaten Raucherzonen gestattet.

ist professionelle Betreuung vor Ort enthalten.

Earthwatch Institute (www.earthwatch.org) Hier zahlt man dafür, Wissenschaftler auf archäologischen, ökologischen und anderen Expeditionen im Amazonasbecken und in den Anden zu begleiten.

Global Crossroad (☎in UK 0800-310-1821, in den USA 866-387-7816; www.globalcrossroad.com) Freiwilligen-, Praktikanten- und Arbeitsprojekte in den Anden. Die Kulturprogramme für 18- bis 29-Jährige im Sommer umfassen Sprachkurse, die Unterbringung bei einheimischen Familien, Freiwilligenarbeit und Sightseeing.

Global Volunteers (www.globalvolunteers.org) Kurze Freiwilligenprogramme zur Unterstützung von Waisenkindern in Lima.

Kiya Survivors/Peru Positive Action (☎in GB 1273-721902; www.kiyasurvivors.org; 1 Sussex Rd, Hove, GB) Zwei- bis sechsmonatige Freiwilligenprojekte für Aushilfslehrer und Therapeuten, die mit bedürftigen Kindern in Cusco, Urubamba im Heiligen Tal und Máncora an der Nordküste arbeiten.

Gefahren & Ärgernisse

Für Neuankömmlinge kann Peru zunächst unübersichtlich und hektisch sein. In dieser Situation kann es einen leicht unvorbereitet erwischen. Hier einige Dinge, die man wissen und beachten sollte:

- Wegen Demonstrationen oder Streiks können Verkehrsmittel plötzlich ausfallen.
- Die Sicherheitslage hat sich, vor allem in Lima, zwar verbessert, aber Straßenkriminalität wie Taschendiebstahl, Handtaschenraub und Raubüberfälle ist immer noch verbreitet.
- Gelegenheitsdiebstahl ist das bei weitem häufigste Verbrechen.
- Busfahrer fahren oft so, als müssten sie jede Straßenkurve im Tempo eines Rennwagens nehmen.

Wichtige Dokumente

Alle wichtigen Dokumente (Pass, Kreditkarten, Reiseversicherungspolice, Führerschein etc.) sollte man vor der Abreise kopieren oder fotografieren. Eine Kopie sollte man zu Hause lassen oder in der Cloud speichern, eine weitere mitnehmen und separat von den Originalen aufbewahren.

Diebstahl, Raubüberfälle & andere Verbrechen

Um das Risiko eines Raubüberfalls zu vermindern, sollte man einige grundlegende Vorsichtsmaßnahmen treffen und in vernünftigem Ausmaß wachsam sein. Hier ein paar Tipps:

- Da, wo viele Menschen zusammenkommen – an (Bus-) Bahnhöfen, auf Märkten oder bei Festivals –, sind die Lieblingsplätze von Taschendieben, deshalb sollte man den Tagesrucksack vorn tragen bzw. seine Tasche unter den Arm klemmen.
- Diebe suchen leichte Beute wie prall gefüllte Portemonnaies, die die Gesäßtasche ausbeulen, oder offen zur Schau gestellte Kameras. Kleinere Geldbeträge sollte man griffbereit tragen und die Kamera gut verstauen, wenn man sie nicht benutzt.
- Der Pass und größere Geldmengen gehören in einen Geldgürtel oder eine verschließbare Innentasche. Am besten sind sie aber natürlich im Hotelsafe aufgehoben.
- Die Tasche nie auf dem Boden abstellen, auch nicht für ein paar Sekunden. Ein willkommenes Fressen sind auch Traveller in Nachtbussen, die friedlich vor sich hin schlummern – Rucksäcke mit Wertgegenständen (Pass, Portemonnaie etc.) niemals im Fach über dem Sitz verstauen.
- Wertsachen nicht in unbeaufsichtigten Taschen verstauen.
- Ein unauffälliges Äußeres hilft: Wer mit nagelneuer Trekkingausrüstung oder einer schicken Lederjacke durch die Stadt spaziert, zieht Aufmerksamkeit auf sich. Einfache Kleidung ist besser.
- Schmuck und teure Uhren lässt man am besten zu Hause.
- Hotels, vor allem billige, sind nicht immer vertrauenswürdig. Wertsachen sollte man deswegen im Gepäck verschließen oder Schließfächer benutzen.
- Immer zielstrebig auftreten, egal wo man unterwegs ist. Wenn man sich verlaufen hat oder auf einen Stadtplan schauen will, sollte man dafür in ein Geschäft oder Restaurant gehen.
- Nachts sowie an Bahnhöfen oder Flughäfen nur in lizensierte Taxis einsteigen. Wer bedroht wird, sollte nicht auf Konfrontationskurs gehen und seine Wertgegenstände widerstandslos abgeben.

KRIMINELLE TRICKS

Ablenkung Manche Diebe arbeiten in Teams: Eine Person lenkt das Opfer ab, die andere schlägt zu. Diese Ablenkung kann verschiedene Formen annehmen: Ein Haufen rangelnder Kinder versperrt den Weg, eine ältere Person stößt „zufällig" mit einem Touristen zusammen oder verschüttet etwas auf seine Kleider usw. Rasierklingenkünstler schlitzen Gepäckstücke auf, die auf dem Rücken getragen oder im Fach über den Sitzen eines Busses verstaut werden.

Bewaffnete Überfälle Es gab einige Fälle von bewaffnetem Raub und Überfällen auf beliebten Wanderrouten, besonders in der Gegend rund um Huaraz und im Dschungel im Süden des Landes. Es ist sinnvoll, sich einer Gruppe mit einem lokalen Guide anzuschließen. Auch das Gebiet um Tingo María am östlichen Rand des zentralen Hochlands ist ein berüchtigtes Banditengebiet, in dem sich regelmäßig bewaffnete Raubüberfälle u. Ä. ereignen. In diesen Gegenden sollten jegliche Aktivitäten einschließlich Busfahrten im Hellen unternommen werden.

Expressentführungen In den letzten Jahren kam es mehrfach zu „Expressentführungen", besonders in einigen der unangenehmen Gegenden rund um den Flughafen von Lima und sogar auch direkt vor dem Flughafen. Ein bewaffneter Angreifer (oder auch mehrere) holt sein Opfer aus einem Taxi bzw. entführt es mitten auf der Straße und zwingt es dann, zur nächsten Bank zu gehen und Bargeld mit seiner Bankkarte abzuheben. Wenn man keinen Widerstand leistet, wird man im Allgemeinen aber keinen ernsthaften körperlichen Schaden erleiden.

VERBRECHEN ANZEIGEN

Die *policía de turismo* (Touristenpolizei, Poltur) ist in größeren Städten und touristischen Gebieten vertreten und kann hilfreich sein, wenn man Opfer eines Verbrechens geworden ist. Wenn man nicht weiß, wo sie sich befindet, wendet man sich an das Hauptbüro in Lima. Wer Opfer eines Verbrechens geworden ist, sollte sofort bei der Touristenpolizei Anzeige erstatten. Man sollte auch die Botschaft seines Landes über das Geschehene informieren. Die kann zwar nicht viel tun, beobachtet aber gegen Ausländer gerichtete Kriminalität im Land und kann so andere Traveller vor möglichen Gefahren warnen.

Wer eine Reiseversicherung abgeschlossen hat und einen Anspruch geltend machen will, erhält von der Poltur eine Anzeigenbestätigung. Für seinen gestohlenen Pass kann man in seiner Botschaft Ersatz erhalten, wenn man seine Identität auf andere Weise nachweisen kann. Mit dem neuen Pass sucht man das nächste peruanische Einreiseamt auf, um sich eine neue Touristenkarte ausstellen zu lassen.

Korruption & Abzocke

Polizei Das Militär und die Polizei (in manchen Fällen auch die Touristenpolizei) gelten als korrupt. Manchmal gibt es kleinere Schikanen, um Ausländern ein Bestechungsgeld abzuknöpfen, aber die meisten Polizisten sind Travellern gegenüber höflich oder kümmern sich nicht um sie.

Schlepper Das vielleicht Lästigste für Reisende sind aufdringliche Schlepper, die an Busbahnhöfen, Bahnhöfen, Flughäfen und anderen touristischen Orten rumhängen und alles von günstigen Hotelzimmern bis zu örtlichen Touren verkaufen wollen. Viele Schlepper (zu denen auch viele Taxifahrer gehören) erzählen alles Mögliche, um einen zu den Läden oder Unterkünften zu locken, von denen sie eine Kommission kassieren. Sie erzählen einem, die Unterkunft, zu der man eigentlich möchte, sei eine berüchtigte Drogenhöhle, sie sei geschlossen oder ausgebucht. Man sollte nicht alles glauben, was einem erzählt wird. Wenn man bezüglich einer Unterkunft Zweifel hat, sollte man sich erst ein Zimmer ansehen, bevor man bezahlt.

Reiseveranstalter Es ist nicht zu empfehlen, Hotels, Reisedienstleistungen oder Verkehrsmittel bei unbekannten, auf eigene Faust agierenden Vermittlern zu buchen. Oft verlangen sie vorab eine Pauschale für Leistungen, die sie dann nicht erbringen. Wer sich an ein angesehenes, empfohlenes Reisebüro wendet, kann seinen Urlaub in Ruhe genießen.

Verkehrsmittel

Bei der Wahl des Busunternehmens sollte man sorgfältig hinschauen. Bei den billigsten Anbietern ist die Wahrscheinlichkeit am höchsten, dass sie rücksichtslose Fahrer beschäftigen und dass unterwegs Pannen auftreten. Im Hochland kann es bei nächtlichen Busfahrten sehr kalt werden, daher sollte man eine Decke oder einen Schlafsack mitnehmen. In manchen Gebieten besteht bei Nachtfahrten auch die Gefahr, Opfer von Banditen zu werden, die die Straße sperren und dann die Reisenden um ihre Wertsachen erleichtern. Von bewaffneten Raubüberfällen waren Nachtbusse auf den Strecken zwischen Trujillo und Cajabamba sowie zwischen Lima und Cusco betroffen.

Umweltgefahren

Zu den Naturkatastrophen, die sich in Peru ereignen können, gehören Erdbeben und Lawinen. Rettungsaktionen erfolgen in abgelegenen Gegenden oft zu Fuß, da man viele Orte aufgrund des Terrains mit Hubschraubern nicht erreicht. Das am weitesten verbreitete Problem sind wahrscheinlich Durchfallerkrankungen, die durch unsauberes Wasser oder Essen ausgelöst werden. Zu den weiteren Risiken zählen die Höhenkrankheit, Tierbisse, Insektenstiche, Sonnenbrände sowie Erschöpfungszustände aufgrund von Hitze oder Unterkühlung. Fast allen Gesundheitsrisiken kann man vorbeugen.

STAATLICHE REISEHINWEISE

Die folgenden staatlichen Websites geben Reisehinweise und Warnungen zu aktuellen Brennpunkten.

Deutschland: Auswärtiges Amt (www.auswaertiges-amt.de)

Österreich: Außenministerium (www.bmeia.gv.at)

Schweiz: Eidgenössisches Departement für auswärtige Angelegenheiten (www.eda.admin.ch)

Demonstrationen & andere Konflikte

Demonstrationen Während der Unruhen in den 1980er- und 1990er-Jahren waren ganze Regionen für ausländische und inländische Touristen wegen Terroranschlägen, Aufruhr und Entführungen praktisch unzugänglich. Heute können sich Traveller in den meisten Landesteilen problemlos bewegen. Öffentliche Demonstrationen finden aber häufig statt, haben allerdings in der Regel keine Auswirkungen auf Traveller. Es lohnt sich aber, sich über die aktuellen Entwicklungen im Land auf dem Laufenden zu halten. Wenn eine Straße blockiert oder ein Gebiet abgeschnitten ist, sollte man das einfach hinnehmen. Dass man Ausländer ist, ist keine Garantie, nicht in gewalttätige Auseinandersetzungen hineingezogen zu werden.

Sendero Luminoso In den Nachrichten kursieren Berichte von einem Wiederaufleben des Sendero Luminoso (Leuchtender Pfad) mit vereinzelten Gewalttaten in den Haupt-Coca-Anbaugebieten in den Provinzen Ayacucho, Cusco (die Wanderroute nach Vilcabamba), Huancavelica, Huánuco, Junín und San Martín. Die Anschläge richten sich generell gegen das peruanische Militär und die Polizei. Trotz allem ist Vorsicht geboten: Man sollte nachts nicht durch abgeschiedene Teile dieser Regionen fahren und sich stets bei verlässlichen Tourveranstaltern nach der Lage erkundigen, ehe man eine abgelegene Wanderroute in Angriff nimmt.

Drogenhandel In ähnlicher Weise können Gebiete mit Drogenanbau und -schmuggel gefährlich sein, vor allem nachts. Traveller sollten das obere Tal des Río Huallaga zwischen Tingo María und Juanjuí, Puerto Bermúdez und die Gegend um Ayacucho meiden, wo sich der illegale Drogenanbau konzentriert. Ebensolche Vorsicht ist in der Nähe der kolumbianischen Grenze geboten, hier gibt es ebenfalls Drogenschmuggel.

Landminen

Ein halbes Jahrhundert bewaffneter Grenzkonflikte zwischen Peru und Ecuador in der Region der Cordillera del Cóndor an der peruanischen Nordostgrenze wurde 1998 endgültig durch einen Vertrag beendet. Blindgänger sind in der Region aber noch nicht endgültig beseitigt. Bei Reisen in dieser Region sollte man die Wege nicht verlassen und nur die offiziellen Grenzübergänge benutzen.

Geld

Die Preise sind generell in peruanischen Nuevo Soles aufgeführt. Viele Pauschalangebote und Spitzenklassehotels sowie auch zahlreiche Reisebüros und Tourveranstalter geben ihre Preise aber nur in US-Dollar an. In solchen Fällen führen wir die Preise in US-Dollar auf.

Beide Währungen unterliegen Schwankungen, sodass die aktuellen Preise von den hier genannten abweichen können.

Bargeld

Den *nuevo sol* („neue Sonne") gibt's in Scheinen von 10, 20, 50, 100 und (sehr selten) 200 S. Er ist in 100 *céntimos* unterteilt, mit kupferfarbenen Münzen von 0,05, 0,10 und 0,20 S und silberfarbenen Münzen von 0,50 und 1 S. Zusätzlich gibt's Bimetall-Münzen von 2 und 5 S mit einem kupferfarbenen Kern in einem silberfarbenen Ring.

Viele auf Urlauber eingestellte Geschäfte nehmen US-Dollars an, aber für Verkehrsmittel, Mahlzeiten sowie andere günstige Dinge und Dienstleistungen braucht man auf jeden Fall *nuevos soles*.

In Peru sind viele gefälschte Banknoten im Umlauf (sowohl in US-Dollar als auch in *nuevo soles*). Händler sind bei großen Geldscheinen skeptisch und nehmen sie nicht an. Auch Traveller sollten sich so verhalten.

Um Falschgeld zu erkennen, sollte man das Wasserzeichen überprüfen. Der Metallstreifen, der sich durch die Banknote zieht, wiederholt das Wort „Peru". Auch gefälschte Banknoten haben den Streifen, aber die Buchstaben sind verwischter und schwer zu lesen.

Die winzigen farbigen Fäden und holografischen Punkte und die Schrift auf der Banknote sollten in das Papier eingeschlossen, nicht aufgeklebt sein.

Geldautomaten

- In fast jeder peruanischen Stadt oder Ortschaft finden sich *cajeros automáticos* (Geldautomaten), ebenso wie an den größeren Flughäfen, Busbahnhöfen und Einkaufszentren.
- Die Geldautomaten sind an die internationalen Netze Plus (Visa) und Cirrus (Maestro/MasterCard) sowie auch an American Express und andere Netze angeschlossen.
- Wer einen Geldautomaten benutzen will, braucht eine vierstellige PIN. Um Probleme zu vermeiden, sollte man seiner Bank mitteilen, dass man seine Geldkarte im Ausland einsetzen wird.
- Falls die eigene Karte von der Banco de la Nación akzeptiert wird, sind deren Automaten vorzuziehen, weil (jedenfalls zur Zeit unserer Recherche) dort für Transaktionen keine Gebühren erhoben werden.
- An peruanischen Geldautomaten erhält man US-Dollars und Nuevo Soles.
- Die eigene Bank erhebt möglicherweise Gebühren für jede Transaktion an einem ausländischen Geldautomaten.
- Die Geldautomaten sind normalerweise rund um die Uhr in Betrieb.
- Aus Sicherheitsgründen sollte man nur Geldautomaten nutzen, die sich innerhalb von Banken mit Wachpersonal befinden, und das vorzugsweise tagsüber. Bei der

PIN-Eingabe das Tastenfeld abdecken!

Geldwechseln

Am leichtesten lässt sich der US-Dollar wechseln, in den größeren Touristenzentren wird aber auch der Euro akzeptiert. Andere stabile Währungen lassen sich zwar ebenfalls umtauschen, aber mit Schwierigkeiten und nur in Großstädten. Alle ausländischen Banknoten müssen in makellosem Zustand sein.

Cambistas (Geldwechsler) hängen an den Straßenecken in der Nähe von Banken und *casas de cambio* (Wechselstuben) herum und tauschen zu guten Kursen (mit wenig Spielraum zum Feilschen), sie sind aber nicht immer ehrlich. Offiziell sollten sie eine Weste und ein Abzeichen tragen, um sich als legitim auszuweisen. Diese Geldwechsler sind nach Geschäftsschluss sowie an Grenzübergängen, wo es keine anderen Optionen gibt, durchaus nützlich.

Kreditkarten

Hotels der mittleren und hohen Preisklasse akzeptieren *tarjetas de crédito* (Kreditkarten) gegen eine Gebühr von 7 % (oder mehr). Die eigene Bank kann ebenfalls einen Aufschlag und zusätzliche Gebühren für jede Transaktion in ausländischer Währung erheben. Von allen Karten werden in Peru Visa und MasterCard am häufigsten akzeptiert.

Internetzugang

- In den meisten Regionen findet man ausgezeichnete Internetverbindungen zu vernünftigen Preisen; in den Hotels und Hostels gibt's in der Regel WLAN oder Gästecomputer.
- Pensionen, besonders in ländlichen Gebieten, hinken in dieser Hinsicht jedoch zurück.
- Internetcafés sind weit verbreitet.

Karten

Die beste Straßenkarte ist die *Mapa Vial* im Maßstab 1:2 000 000 von Lima 2000, die in besseren Buchläden verkauft wird. *Peru South and Lima* (1:1 500 000) von International Travel Maps deckt detailgenau das Gebiet südlich einer Ost-West-Linie durch Tingo Maria ab und hat auf der Rückseite eine Straßenkarte von Lima, San Isidro, Miraflores und Barranco.

Topografische Karten bekommt man im **Instituto Geográfico Nacional** (IGN; ☎ext 119; www.ign.gob.pe; Aramburu 1190-98, Surquillo; ⏲Mo–Fr 8.30–17 Uhr). Im Januar schließt das IGN zeitig, deshalb sollte man vorher anrufen. Wanderer erhalten hier topografische Karten mit großem Maßstab zum Trekking, Blätter von Grenzregionen sind jedoch schwer zu ergattern. Außerdem gehören geologische und demografische Karten sowie CD-ROMs zum Angebot.

Aktuelle topografische Karten werden auch oft in Outdoor-Geschäften größerer Trekkingzentren wie Cusco, Huaraz und Arequipa verkauft. Wer ein GPS-Gerät mitbringt, muss dafür sorgen, dass sein Ladegerät zum peruanischen Netz (220 V, 60 Hz) passt. Zudem sollte ein Kompass bei Expeditionen zur Standardausstattung gehören.

LGBT+-Traveller

Peru ist ein sehr konservatives, katholisches Land. Die meisten glauben, dass gleichgeschlechtliche Lebenspartnerschaften bald legalisiert werden dürften, aber in der Vergangenheit sind solche Initiativen im peruanischen Kongress auf Widerstand gestoßen – obwohl ähnliche Gesetze in Nachbarstaaten im Südkegel eingeführt wurden. Viele Peruaner akzeptieren zwar Homosexualität bei ausländischen Travellern bzw. sehen sie darüber hinweg, aber der Kampf für die Rechte von Schwulen, Lesben und Transsexuellen ist noch in vollem Gang. Aus diesem Grund bekennen sich viele Peruaner nicht offen zu ihrer sexuellen Orientierung.

Ein Austausch von Zärtlichkeiten ist bei homosexuellen Paaren in der Öffentlichkeit selten zu sehen. Außerhalb von Schwulenclubs verhält man sich besser zurückhaltend. In Lima werden Schwule und Lesben noch am meisten akzeptiert, und auch die von Touristen frequentierten Städte Cusco, Arequipa und Trujillo sind etwas toleranter, als es im Landesdurchschnitt üblich ist. Die Social-Media-Plattformen Tinder und Grindr können Traveller mit der hiesigen LGBT-Szene in Kontakt bringen.

Zur Information: Die Regenbogenfahne, die man rund um Cusco und in den Anden zu sehen bekommt, hat nichts mit der Schwulenbewegung zu tun, sondern ist die Fahne des Inkareichs.

Praktische Informationen

Gay Lima (http://lima.gaycities.com) Ein praktischer Führer zu den neuesten Anlaufstellen und schwulenfreundlichen Orten in der Hauptstadt mit vielen Links.

Gay Peru (www.gayperu.pe) Eine Website im Stil einer Zeitschrift mit Nachrichten und Infos zu Mode und Events.

Global Gayz (www.globalgayz.com) Ausgezeichnete Infos zu Perus LGBT-Szene und zur Politik mit Links zu internationalen Quellen.

Purpleroofs.com (www.purpleroofs.com) Großes LGBT-Portal mit Links zu einigen wenigen Tourveranstaltern und schwulenfreundlichen Unterkünften in Peru.

Geführte Touren

Lima Tours (Karte S. 60; ☎01-619-6900; www.limatours.com.pe; Nicolás de Piérola 589, 18. OG, Lima Centro; ⏲Mo–Fr

9.30–18, Sa bis 13 Uhr) Die Reiseagentur wendet sich nicht exklusiv an Homosexuelle, organisiert aber schwulenfreundliche Gruppentouren im ganzen Land.

Post

Perus privatisierter Postdienst wird von **Serpost** (www.serpost.com.pe) betrieben. Der Service ist effizient und verlässlich, aber teuer. Viele internationale Sendungen benötigen von Lima aus etwa zwei Wochen bis zu ihrem Bestimmungsort, aus den Provinzen sind sie noch länger unterwegs.

Rechtsfragen

Rechtsbeistand Die Botschaft kann nur in begrenztem Maße helfen, wenn man mit dem Gesetz in Konflikt gerät. In Peru gilt ein Verdächtiger so lange als schuldig, bis das Gegenteil bewiesen ist. Opfer werden von der *policía de turismo* (Touristenpolizei; Poltur) unterstützt; meistens spricht dort irgendjemand ein wenig Englisch. Stationen der Poltur findet man in den größeren Städten.

Bestechung Einige Polizeibeamte (auch Touristenpolizisten) sind korrupt. Bestechung ist jedoch illegal. Neben der Verkehrspolizei erwarten manchmal Beamte an den Landesgrenzen ein „Trinkgeld“. Dies ist ebenfalls ungesetzlich, und wer die Zeit und Kraft hat, sollte sich hartnäckig weigern.

Drogen Unbedingt meiden sollte man Leute, die Drogen anbieten. In Peru stehen selbst auf den Besitz kleiner Drogenmengen drakonische Strafen (mindestens mehrere Jahre Gefängnis).

Polizei Wer von Polizeibeamten in Uniform angehalten wird, sollte niemals Dokumente oder Geld aushändigen und nie zu jemandem in den Wagen steigen, der behauptet, Polizeibeamter zu sein. Unbedingt zu Fuß zur nächsten echten Polizeistation gehen.

Demonstrationen Es ist nicht ratsam, an politischen Protestaktionen teilzunehmen oder sich Straßenblockaden zu nähern.

Haft Wer aus irgendeinem Grund inhaftiert wird, sollte so schnell wie möglich dafür sorgen, dass jemand davon erfährt. Eine lange Untersuchungshaft vor der Gerichtsverhandlung ist nicht ungewöhnlich. Peruaner bringen ihren Verwandten Lebensmittel und Kleidung ins Gefängnis, weil die Bedingungen sehr hart sind.

Beschwerden Wer glaubt, dass er von einem Hotel oder Reiseveranstalter betrogen wurde, kann beim **Nationalen Institut zur Verteidigung des Wettbewerbs und zum Schutz geistigen Eigentums** (Indecopi; ☎01-224-7800; www.indecopi.gob.pe) in Lima Klage einreichen.

Reisen mit Behinderung

Peru bietet wenige Einrichtungen für Reisende mit Behinderung. Hilfsmittel wie Blindenschrift oder Telefone für Hörgeschädigte existieren praktisch nicht, Rollstuhlrampen und Fahrstühle sind dünn gesät, und das Pflaster auf den Straßen ist oft von Schlaglöchern durchsetzt und rissig. Kaum ein Hotel hat rollstuhlgerechte Zimmer, jedenfalls keine, die eigens dazu bestimmt sind. Die Bäder sind oft sehr eng, also alles andere als rollstuhlgerecht. In ländlichen Gegenden müssen Traveller meistens mit Hocktoiletten vorliebnehmen.

Trotzdem gibt's behinderte Peruaner, die mithilfe anderer gut zurechtkommen.

Apumayo Expediciones (☎914-169-665; www.apumayo.com; Jr Ricardo Palma Ñ-11, Urb Santa Monica Wanchaq, Cusco; ⏲Mo–Fr 9–18 Uhr) Der Veranstalter von Abenteuertouren bringt Traveller mit Behinderung nach Machu Picchu und zu anderen historischen Stätten im Valle Sagrado de los Incas.

Conadis (Karte S. 64; ☎01-332-0808; www.conadisperu.gob.pe; Av Arequipa 375, Santa Beatriz, Lima; ⏲Mo–Fr 8–17 Uhr) Staatliche Agentur mit Infos auf Spanisch und Hilfe für Menschen mit Behinderungen.

Emerging Horizons (www.emerginghorizons.com) Reisemagazin für Menschen mit eingeschränkter Mobilität, mit praktischem Ratgeberteil und Nachrichten.

Mobility International (☎USA 541-343-1284; www.miusa.org; 132 E Broadway, Suite 343, USA; ⏲Mo–Fr 9–16 Uhr) Berät Traveller mit Behinderungen in Mobilitätsfragen und betreibt ein pädagogisches Austauschprogramm.

Infos im Internet

Die Accessible Travel Guides von Lonely Planet kann man unter http://lptravel.to/AccessibleTravel kostenlos herunterladen.

Sprachkurse

Es gibt Sprachschulen in Lima, Cusco, Arequipa, Huaraz, Puerto Maldonado und Huancayo. Mit privaten Lehrern oder in einem der Sprachinstitute in Lima, Cusco und Huancayo kann man zudem Quechua lernen.

Strom

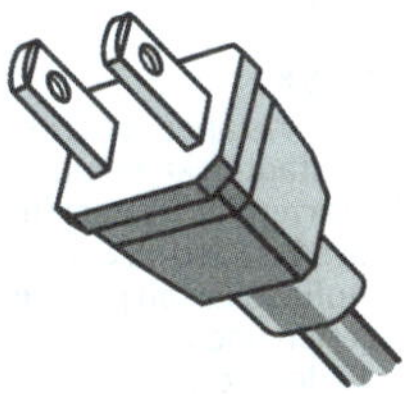

220 V/60 Hz

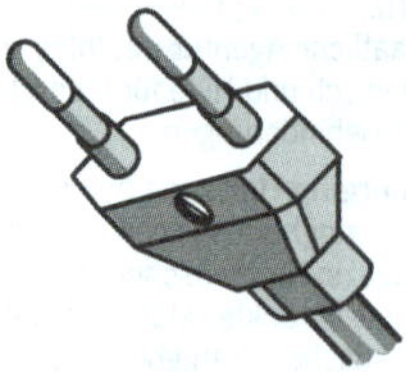

220 V/60 Hz

Telefon

Hauptsächlich in kleineren Städten findet man noch immer ein paar öffentliche Telefonzellen von Movistar (www.movistar.com.pe). Sie funktionieren mit Münzen oder mit Telefonkarten, die man in Supermärkten und Lebensmittelgeschäften kaufen kann. In vielen Internetcafés besteht die Möglichkeit, übers Internet zu telefonieren (bspw. mit Skype). Das kostet fast nichts und ist manchmal sogar gratis.

Handys

In Lima und anderen größeren Städten kann man SIM-Karten für entsperrte Handys für rund 15 S kaufen. Aufladekarten gibt's in Drogerien und Supermärkten. In den Bergen und im Dschungel kann das Netz schlecht oder auch gar nicht vorhanden sein.

Vorwahlnummern

Bei einem Anruf aus dem Ausland nach Peru muss erst die internationale Vorwahl des eigenen Landes gewählt werden, dann die Vorwahl von Peru (51), die Ortsvorwahl *ohne* die 0 und schließlich die Nummer. Bei einem Auslandsgespräch aus Peru wählt man die internationale Vorwahl (00), dann die Vorwahl des angerufenen Landes, die Ortsvorwahl und schließlich die Telefonnummer.

In Peru gehört jede Telefonnummer, die mit einer 9 beginnt, zu einem Handy. Nummern, die mit 0800 beginnen, sind oft nur dann gebührenfrei, wenn sie von Privattelefonen und nicht aus öffentlichen Telefonzellen angewählt werden. Ein Onlinetelefonbuch gibt's unter www.pagnasamarillas.com.pe.

Toiletten

Sanitäranlagen sind oft sehr ungepflegt. Toiletten fließen z. B. beim Spülen oft über. Aus diesem Grund darf kein Papier reingeworfen werden – selbst kleine Mengen können das ganze System durcheinanderbringen. Für die Entsorgung stehen gewöhnlich kleine Plastikeimer bereit. Das ist nicht gerade hygienisch, aber entschieden besser als verstopfte Toiletten und überflutete Böden. In gut geführten Hotels und Restaurants werden die Abfallbehälter jeden Tag geleert und die Räumlichkeiten gereinigt. In ländlichen Gegenden darf man nicht viel mehr erwarten als einen wackeligen hölzernen Schuppen, der um ein Loch im Boden errichtet wurde.

Öffentliche Toiletten außerhalb von Bahnhöfen, Flughäfen, Restaurants und Museen sind selten, doch oft können Traveller die Toiletten in Restaurants benutzen (manchmal gegen eine Gebühr). Bahnhofstoiletten haben meistens eine Aufsicht, die etwa 0,75 S verlangt und dafür ein paar Blätter Toilettenpapier herausgibt. In öffentlichen Toiletten gibt's kein Papier, selbst etwas dabeizuhaben ist daher nie verkehrt.

UNTERKUNFT ONLINE BUCHEN

Weitere von Lonely Planet Autoren empfohlene Unterkünfte findet man unter http://lonelyplanet.com/hotels/. Aufgeführt sind unabhängige Bewertungen sowie Empfehlungen der besten Unterkünfte. Das Beste: Man kann sie direkt online buchen.

Touristeninformation

- Das Ministerium für Kultur und Tourismus betreibt Touristeninformationen im ganzen Land.
- **iPeru** (www.peru.travel) Eine tolle Quelle für Traveller, auf der man die Fahrpläne öffentlicher Verkehrsmittel und Infos zu Unterkünften und Attraktionen findet.

Unterkunft

- Oft kann man Schmutzwäsche waschen und Gepäck für kürzere Zeiträume kostenlos einschließen lassen (besser nach einer Quittung fragen).
- Eine *habitación simple* ist ein Einzelzimmer, in einer *habitación doble* stehen zwei Einzelbetten, wer ein Doppelbett haben möchte, muss nach einer *habitación matrimonial* fragen.
- Straßenlärm ist ein potenzieller Schlafkiller in jeder Art Bleibe, das Zimmer sollte daher mit Bedacht gewählt werden.
- Man darf ruhig fragen, ob man sich das Zimmer erst mal ansehen kann.
- Manchmal vermitteln Sprachschulen Übernachtungen bei Einheimischen.
- Zeltplätze sind selten.

Preise

Die Preise steigen oder sinken mit schwankendem Wechselkurs.

Zusatzkosten Ausländer müssen die Hotelsteuer von 18 % nicht zahlen (sie ist manchmal in den Soles-Tarifen inbegriffen), dafür aber eventuell ihren Pass und die Touristenkarte vorlegen. Am Geldautomaten wird die Kreditkarte mit der Transaktionsgebühr der heimischen Bank sowie mit einer weiteren Gebühr von mindestens 7 % belastet. US-Dollars werden oft akzeptiert, der Wechselkurs ist allerdings mies.

Pauschalreisen (Hohe) All-inclusive-Preise sind in Dschungellodges des Amazonasbeckens oder beliebten Strandorten wie Máncora die Norm.

Hochsaison In Cusco ist die Nachfrage in der Hauptsaison (Juni bis Aug.), zu Inti Raymi, in der Semana Santa und anlässlich der Fiestas Patrias groß. Dann geht ohne Reservierung gar nichts. Dagegen sind die Preise in Lima ganzjährig konstant. Last-minute-Angebote findet man online. Bar zu bezahlen verschafft einem immer Vorteile. Bei längeren Aufenthalten kann man ruhig nach einem Preisnachlass fragen.

Apartments

Vor allem in Lima stehen immer mehr Apartments der mittleren bis gehobenen Preisklasse für kurze Aufenthalte zur Verfügung.

Hostels

In Peru reicht das Angebot an Hostels von heruntergekommen bis zu Boutique-Hostels, sowohl zum Partymachen als auch ruhigere zum Relaxen, mit allerlei Services standardmäßig dabei. Jugendherbergen, die dem Netzwerk Hostelling International (www.hihostels.com) angehören, gibt's ebenfalls.

Hotels

GÜNSTIG

Hostales, hospedajes und *albergues* zählen zu den günstigsten Unterkünften in Peru. In dieser Preisklasse sind die Zimmer klein und haben nicht immer ein eigenes Bad. In den größeren Städten gehören Warmwasserduschen zum Standard, für ländliche und entlegene Gegenden gilt das aber leider nicht. Manchmal ist auch ein sehr einfaches Frühstück Marke „Instant-Kaffee-und-Toast" inklusive.

Bei den Zimmern sollte man immer die Türschlösser und Fenster prüfen. Falls sie nicht vertrauenerweckend sind, fragt man am besten nach Alternativen. Immer mehrere Zimmer vergleichen.

MITTELTEUER

In der mittleren Preiskategorie haben die Zimmer generell Privatbäder und Warmwasserduschen sowie kleine tragbare Heizöfen bzw. Ventilatoren. Manchmal ist sogar eine Klimaanlage dabei. Weitere Extras sind z. B. Kabel-TV, Telefone und Safes. Außerdem gibt's meist ein im Preis enthaltenes kontinentales oder amerikanisches Frühstück.

TEUER

In den besten Hotels verfügen die Zimmer typischerweise über ein Bad mit Wanne, ein Telefon, mit dem man direkt im Ausland anrufen kann, praktische Steckdosen mit zwei verschiedenen Spannungen, Zentralheizung und/oder Klimaanlage, einen Haartrockner, einen Safe, Kabel-TV und Internetzugang (Hochgeschwindigkeits-LAN oder WLAN), manchmal vielleicht sogar über einen Minikühlschrank, eine Mikrowelle oder eine Kaffeemaschine.

In großen Hotels gibt's oft auch eine Bar, ein Café oder Restaurant (bzw. mehrere) sowie einen Zimmerservice, einen Concierge und zuvorkommende Angestellte, die mehrere Sprachen sprechen.

Sehr große Komplexe (vor allem in Lima) sind darüber hinaus mit Businesszentren, Spas und Schönheitssalons ausgestattet. Im Amazonasbecken kommen die Luxusunterkünfte schlichter daher und bieten weniger Einrichtungen.

PREISKATEGORIEN: SCHLAFEN

Übernachtungen sind in Perus touristischen Gebieten wie Lima, Cusco und das Heilige Tal wesentlich teurer. Alle angegebenen Preise gelten für ein Doppelzimmer mit Bad in der Hauptsaison, außer wenn es anders angegeben ist.

Lima und Cusco & das Heilige Tal

$ unter 165 S

$$ 165–435 S

$$$ über 435 S

Provinzen

$ unter 85 S

$$ 85–250 S

$$$ über 250 S

Versicherung

Es wird dringend empfohlen, eine Reiseversicherung abzuschließen, die für Diebstähle, Verluste, Unfälle und Krankheit aufkommt. Die Versicherungskarte sollte man stets bei sich tragen. Nicht alle Unternehmen erstatten fehlgeleitetes oder verloren gegangenes Gepäck. Einige Policen schließen ausdrücklich „gefährliche Aktivitäten" aus, was oft Sporttauchen,

Motorradfahren und sogar Trekking einschließen kann. Außerdem muss man prüfen, ob die Police Evakuierungen und Heimflüge deckt.

Jeder Verlust oder Diebstahl sollte innerhalb von 24 Stunden der örtlichen Polizei oder bei den Flughafenbehörden gemeldet werden. Um später einen Anspruch geltend machen zu können, müssen alle Belege aufbewahrt werden.

Internationale Reiseversicherungen sind unter www.lonelyplanet.com/travel-insurance erhältlich. Man kann sie jederzeit online abschließen, verlängern und in Anspruch nehmen, auch wenn man schon unterwegs ist.

Visa

Traveller dürfen sich 183 Tage (nicht verlängerbar) im Land aufhalten. Der Aufenthalt wird in den Pass gestempelt sowie auf die Tarjeta Andina de Migración genannte Touristenkarte. Diese Karte muss aufbewahrt werden und ist bei der Ausreise aus Peru abzugeben. Wenn man so lange im Land bleiben will, sollte man das bei der Einreisestelle angeben, weil die Beamten sonst gern nur eine Aufenthaltsberechtigung für 30 oder 90 Tage ausgeben.

Wer nach Peru über den Flughafen von Lima oder mit einem Kreuzfahrtschiff einreist, erhält keine Touristenkarte, weil die Bearbeitung online erfolgt.

Wer seine Touristenkarte verliert, wendet sich an die **Oficina de Migraciónes** (Einreisebehörde; Karte S. 64; ☎01-200-1000; www.migraciones.gob.pe; Prolongación España 734, Breña; ⏲Mo–Fr 8–13 Uhr) oder beschafft sich eine Ersatzkopie über die Website. Im Internet gibt's dazu auch Infos auf Englisch. Aufenthaltsverlängerungen sind offiziell nicht möglich.

Wer in Peru arbeiten, eine Schule besuchen oder dort für längere Zeit leben möchte, muss im Voraus ein Visum beantragen. Dazu wendet man sich an die peruanische Botschaft oder an das peruanische Konsulat in seinem Heimatland.

Man sollte Pass und Touristenkarte ständig bei sich tragen, vor allem, wenn die Reise in entlegene Gebiete geht (auf dem Inka-Pfad ist es gesetzlich vorgeschrieben). Zur Sicherheit fotografiert man am besten beide Dokumente und bewahrt die Kopien von den Originalen getrennt auf.

Zeit

- Peru liegt sechs Stunden hinter der MEZ zurück in einer Zone mit der Eastern Standard Time (EST) Nordamerikas. Wenn es in Lima 12 Uhr ist, ist es 18 Uhr in Berlin.
- In Peru werden die Uhren nicht auf die Sommerzeit umgestellt.
- Lateinamerika ist nicht für Pünktlichkeit berühmt, vielmehr ist Warten an der Tagesordnung. Busse starten selten pünktlich und kommen auch selten pünktlich an. Kluge Traveller berücksichtigen das bei ihrer Reiseplanung.

Zoll

- Peru erlaubt eine zollfreie Einfuhr von 3 l Alkohol und 20 Schachteln Zigaretten, 50 Zigarren oder 250 g Tabak. Geschenke im Wert von 300 US$ dürfen ebenfalls eingeführt werden. Es ist auch gesetzlich erlaubt, Gegenstände wie Laptop, Kamera, tragbare Musikgeräte, Kajak, Kletterausrüstung, Mountainbikes und andere Dinge für den persönlichen Gebrauch mitzubringen.
- Präkolumbische oder koloniale Artefakte dürfen weder ausgeführt noch in die meisten anderen Länder eingeführt werden. Wer Reproduktionen erwirbt, sollte diese ausschließlich bei renommierten Händlern kaufen und dafür eine detaillierte Quittung verlangen. Tierische Produkte bedrohter Arten zu erwerben oder sie auch nur durch Peru zu transportieren ist ebenfalls verboten.
- Kokablätter sind in Peru legal, nicht aber in den meisten anderen Ländern – selbst in Form von Teebeuteln, die man in peruanischen Läden erhält. Personen, die stichprobenartige Drogentests über sich ergehen lassen müssen, sollten sich bewusst sein, dass Koka, selbst in Form von Tee, Spuren im Urin hinterlassen kann.
- Bei den eigenen Regierungsstellen können Erkundigungen eingezogen werden bezüglich Einschränkungen und Zölle auf teure oder seltene Gegenstände, die man mitbringen will. Die meisten Länder erlauben ihren Bürgern, eine begrenzte Anzahl von Gegenständen zollfrei einzuführen, aber diese Vorschriften ändern sich gelegentlich.

Verkehrsmittel & -wege

AN- & WEITERREISE

Flüge, Mietwagen und Touren können unter www.lonelyplanet.com/bookings gebucht werden.

Einreise

Reisepässe müssen noch sechs Monate nach dem Rückreisedatum gültig sein.

Manchmal stempeln die Beamten nur eine 30-tägige Aufenthaltserlaubnis in den Pass, obwohl 183 Tage die Obergrenze sind. In diesem Fall sollte man ihnen erklären, wie viele Tage man bleiben möchte, und das Rückflugticket oder eine Fahrkarte für die Weiterreise vorzeigen.

Bestechung (umgangssprachlich *coima*) ist illegal, dennoch versuchen manche Beamte, an den Grenzübergängen zusätzliche „Gebühren" zu erheben.

Flugzeug

Nach Peru (besonders nach Lima) gibt's Direktverbindungen aus Europa sowie aus vielen Städten Nord- und Südamerikas. Wer aus anderen Gebieten anreist, muss unterwegs umsteigen.

Flughäfen & Fluglinien

Limas **Aeropuerto Internacional Jorge Chávez** (☎01-517-3500, Flugpläne 01-511-6055; www.lima-airport.com) befindet sich in der Hafenstadt Callao und verfügt über Terminals mit Einkaufsmöglichkeiten und Serviceangeboten. Von dem wichtigen Verkehrsknotenpunkt bestehen Verbindungen nach Nord-, Mittel- und Südamerika, außerdem gibt's zwei regelmäßige Direktflüge nach Europa (Madrid und Ams-

REISEN & KLIMAWANDEL

Der Klimawandel stellt eine ernste Bedrohung für unsere Ökosysteme dar. Zu diesem Problem tragen Flugreisen immer stärker bei. Lonely Planet sieht im Reisen grundsätzlich einen Gewinn, ist sich aber der Tatsache bewusst, dass jeder seinen Teil dazu beitragen muss, die globale Erwärmung zu verringern.

Fast jede Art der motorisierten Fortbewegung erzeugt CO_2 (die Hauptursache für die globale Erwärmung), doch Flugzeuge sind mit Abstand die schlimmsten Klimakiller – nicht nur wegen der großen Entfernungen und der entsprechend großen CO_2-Mengen, sondern auch, weil sie diese Treibhausgase direkt in hohen Schichten der Atmosphäre freisetzen. Die Zahlen sind erschreckend: Zwei Personen, die von Europa in die USA und wieder zurück fliegen, erhöhen den Treibhauseffekt in demselben Maße wie ein durchschnittlicher Haushalt in einem ganzen Jahr.

Die englische Website www.climatecare.org und die deutsche Internetseite www.atmosfair.de bieten sogenannte CO_2-Rechner. Damit kann jeder ermitteln, wie viele Treibhausgase seine Reise produziert. Das Programm errechnet den zum Ausgleich erforderlichen Betrag, mit dem der Reisende nachhaltige Projekte zur Reduzierung der globalen Erwärmung unterstützen kann, beispielsweise Projekte in Indien, Honduras, Kasachstan und Uganda.

Lonely Planet unterstützt gemeinsam mit Rough Guides und anderen Partnern aus der Reisebranche das CO_2-Ausgleichs-Programm von climatecare.org. Alle Reisen von Mitarbeitern und Autoren von Lonely Planet werden ausgeglichen. Weitere Informationen gibt's auf www.lonelyplanet.com.

Flugrouten in Peru

terdam). Die aktualisierten Flugpläne für Inlands- und internationale Verbindungen findet man auf der Website oder kann sie telefonisch abfragen. Der einzige weitere Flughafen mit internationalen Verbindungen innerhalb Südamerikas ist in Cusco.

Tickets

Hauptsaison Flugtickets nach Südamerika kosten fast überall auf der Welt relativ viel. Hochsaison für Flugreisen nach und in Peru ist von Ende Mai bis Anfang September sowie rund um wichtige Ferien und Feiertage. Außerhalb der Spitzenzeiten gibt's preiswertere Verbindungen.

Rabatte Um einen günstigen Flug zu finden, vergleicht man am besten im Voraus die Preise. Studenten mit einem internationalen Studentenausweis (ISIC wird fast überall akzeptiert) und Traveller unter 26 Jahren erhalten bei Reisediscountern oder spezialisierten Agenturen oft Rabatte. Eine gute Anlaufstelle ist STA Travel (www.statravel.com) mit Reisebüros in der ganzen Welt.

Steuer Auf in Peru gekaufte Tickets werden 19 % Steuern aufgeschlagen, die bereits im Preis enthalten sind.

Flugbestätigung Alle Flüge müssen 72 Stunden vor der Reise telefonisch oder online bestätigt werden, sonst kann es passieren, dass man von der Passagierliste gestrichen wird. Wer in entlegenen Gegenden unterwegs ist, sollte damit ein renommiertes Reisebüro beauftragen.

Europa

Direktverbindungen bestehen von Amsterdam und Madrid aus. Viele Traveller entscheiden sich aber für die oft preiswerteren Flüge mit Zwischenstopp in den USA, Mittelamerika oder Kolumbien.

Lateinamerika

Direktflüge nach Peru gibt's in vielen lateinamerikanischen Städten, darunter Bogotá, Buenos Aires, Caracas, Guayaquil, La Paz, Mexiko-Stadt, Panama-Stadt, Quito, Rio de Janeiro, San José (Costa Rica), Santiago (Chile) und São Paulo.

Die wichtigsten lateinamerikanischen Airlines, die Lima ansteuern, sind LATAM, Copa und TACA.

USA

Direktflieger nach Lima starten in Atlanta, Dallas-Fort Worth, Houston, Los Angeles, Miami und New York. Bei Flügen aus anderen Städten muss man in einem US-Flughafen oder lateinamerikanischen Drehkreuzen wie Mexiko-Stadt bzw. Bogotá umsteigen.

Auf dem Land- & Flussweg

Da es keine Brücke über den Tapón del Darién gibt, lässt sich Südamerika bisher nicht auf dem Landweg von Nord nach Süd durchqueren. Eine Reise nach Peru aus den Nachbarländern Bolivien, Brasilien, Chile, Kolumbien und Ecuador erfordert sorgfältige logistische Planung.

Bus und Bahn Internationale Busgesellschaften fahren nach Chile, Ecuador, Kolumbien, Bolivien, Brasilien und Argentinien. Auch kleinere Unternehmen bieten grenzüberschreitende Fahrten an, aber in geringerer Anzahl. Die einzige Bahnverbindung über die Grenze besteht zwischen Arica in Chile und Tacna an der peruanischen Südküste.

Boot Mit dem Boot kann man von mehreren Orten am brasilianischen Amazonas und von Leticia in Kolumbien einreisen. An Perus Pazifkküste befinden sich ebenfalls Hafenstädte.

Tickets Für alle Verkehrsmittel gilt: Trotz der oft etwas günstigeren Preise, wenn man zuerst ein Ticket für die Fahrt bis zur Grenze und dort eins für die Weiterfahrt erwirbt, ist es einfacher, schneller und sicherer gleich die Tickets für die gesamte Reisestrecke zu kaufen. Bei Busfahrten sollte man sorgfältig prüfen, was im Ticketpreis inbegriffen ist und ob es sich wirklich um eine Direktverbindung handelt oder ob man an der Grenze umsteigen muss, was mit einer langen Wartezeit verbunden sein kann.

Bolivien

Von Bolivien aus reist man normalerweise über den Titicacasee nach Peru. Der Grenzübergang bei Yunguyo ist viel sicherer und weniger chaotisch als der bei Desaguadero. Auf beiden Routen gibt's zahlreiche Verkehrsmittel. Meistens muss man an der peruanisch-bolivianischen Grenze den Bus wechseln, bevor es nach Puno weitergeht. Von Puerto Maldonado nach Bolivien zu reisen ist zwar möglich, aber ein logistischer Kraftakt.

Brasilien

Zwischen Peru und Brasilien kann man auf dem Landweg über Iñapari reisen. Von Iquitos aus ist es am einfachsten, dem Amazonas über Leticia in Kolumbien bis nach Tabatinga in Brasilien zu folgen.

Chile

Der wichtigste Grenzübergang auf der Panamericana ist jener zwischen Arica in Chile und Tacna an der Südküste Perus.

Fernbusse nach Tacna starten in Lima, Arequipa und Puno. Am schnellsten und zuverlässigsten reist man mit *colectivos* (Sammeltaxis) zwischen Tacna und Arica. Man kann diesen Grenzübergang auch mit dem Zug passieren, was allerdings länger dauert. Einreiseformalitäten werden auf den jeweiligen Bahnhöfen erledigt. Flüge von Arequipa nach Tacna sind billig, aber rasch ausgebucht. Eine Alternative sind Busse, die von Lima den ganzen Weg bis nach Santiago de Chile fahren. Von Arequipa aus verkehren Busse nach Santiago (Chile) und Buenos Aires (Argentinien).

Ecuador

Die am häufigsten genutzte Route von und nach Ecuador ist die Panamericana über Tumbes (Peru), wo sich ein Grenzübergang befindet. Man kann auch über La Tina nach Loja in Ecuador reisen. Die dritte Möglichkeit führt über Jaén. **Cifa** (☎972-894-619; www.cifainternacional.com; Tumbes 572) bietet Busverbindungen zwischen Tumbes und Machala oder Guayaqui in Ecuador an. **Transporte Loja** (Karte S. 380; ☎073-33-3260; Loreto 1241, Adentro Terminal Ronco) fährt von Piura in Peru nach Machala oder Loja in Ecuador. Wöchentlich verkehren außerdem **Ormeño-Busse** (☎01-472-1710; www.grupo-ormeno.com.pe; Av Javier Prado Este 1057) zwischen Lima und Quito.

Kolumbien

Am unkompliziertesten ist die Reise zwischen Peru und Kolumbien via Ecuador. Ormeño bietet Direktverbindungen von Bogotá über Ecuador nach Lima. Die extrem lange Fahrt unternimmt man allerdings am besten in Etappen.

Wer im Regenwald ist, nimmt am besten ein Boot von Iquitos nach Leticia in Kolumbien und fliegt von dort nach Bogotá.

Geführte Touren

Traveller, die nicht auf eigene Faust losziehen wollen oder nur wenig Zeit zur Verfügung haben, können unter vielen organisierten Touren auswählen. Solche mit einem sachkundigen Führer sind natürlich teurer. Die Ausgabe lohnt sich aber gerade bei speziellen Angeboten wie Rafting, Bergsteigen, Vogelbeobachtung oder Mountainbiking.

Wer einen Ausflug vor Ort buchen will, findet die meisten Veranstalter in Lima, Cusco, Arequipa, Puno, Trujillo, Huaraz, Puerto Maldonado und Iquitos. Für maßgeschneiderte Trips oder Touren für kleine Gruppen kann man in der Regel einen zweisprachigen Guide anheuern (ab 20 US$ pro Std. oder 80 US$ pro Tag plus Spesen; je nach Wechselkurs kann der Preis schwanken). Touren in anderen Sprachen als Englisch dürften noch teurer sein. Studenten oder nicht registrierte Guides verlangen weniger – einige sind gut, andere nicht.

Ein Verzeichnis von Guides findet man unter www.leaplocal.org, einer Plattform, die sozialverträglichen Tourismus fördert.

Von Europa

Exodus (www.exodustravels.eu/de) Preisgekrönter Reiseveranstalter für verantwortungsbewusstes Reisen, organisiert Überland-Langstreckenreisen und kürzere Kultur- und Trekkingtouren.

Hauser Exkursionen (www.hauser-exkursionen.de) Deutscher Anbieter für nachhaltige Reisen.

Miller Reisen (☎07529-971 30; www.miller-reisen.de; Millerhof 2, 88281 Schlier, Deutschland) Lateinamerika-Spezialist.

Travel worldwide (☎043-500 60 20; www.travelsouthamerica.ch; Kirchgasse 22, 8001 Zürich, Schweiz) Das Schweizer Unternehmen organisiert anspruchsvolle Rundreisen, Trekking, Kreuzfahrten und länderübergreifende Touren; Angebote und Tipps basieren überwiegend auf eigener Erfahrung.

UNTERWEGS VOR ORT

Auto & Motorrad

- Wegen der großen Entfernungen innerhalb Perus ist es am besten, zunächst mit dem Bus oder Flugzeug in die Zielregion zu reisen und erst dort ein Auto zu mieten. Chartertaxis sind oft eine günstigere und bequemere Alternative.
- An Kontrollposten prüfen die Polizei oder das Militär sorgfältig alle Dokumente. Es passiert immer wieder, dass Fahrer den Beamten Geld anbieten, um die Dinge zu beschleunigen. Lonely Planet billigt diese Praxis nicht.
- Beim Tanken sollte man sichergehen, dass der Zähler bei 0 startet.

Führerschein

Um ein Auto zu mieten, genügt der Führerschein aus dem Heimatland. Eine internationale Fahrerlaubnis benötigt nur, wer länger als 30 Tage in Peru mit einem Wagen unterwegs sein wird.

Mietfahrzeuge

Namhafte Mietwagenfirmen betreiben Büros in Lima und einigen anderen großen Städten. Motorräder werden vor allem in den Dschungelstädten verliehen, wo man kurze Fahrten unternehmen kann, aber nicht besonders weit kommt.

Preiswerte Autos sind ab 25 US$ pro Tag zu haben, dazu kommen 19 % Mehrwertsteuer, Vollkasko, Insassenversicherung etc., sodass insgesamt schnell über 100 US$ pro Tag anfallen, und da sind Mehrkilometer noch gar nicht dabei. Für Allradfahrzeuge zahlt man mehr.

Man sollte darauf achten, dass man den Vertrag genau verstanden hat, ehe man unterschreibt, und man braucht eine Kreditkarte. Das Mindestalter beträgt 25 Jahre.

Verkehrsregeln & Risiken

Leihwagen sind oft in schlechtem Zustand, die Straßen haben Schlaglöcher (selbst die asphaltierte Panamericana) und Benzin ist teuer. Viele Fahrer verhalten sich aggressiv und betrachten Geschwindigkeitsbegrenzungen und Ampeln lediglich als Empfehlungen und nicht als gesetzliche Regelungen. Außerdem sind die Straßenschilder oft klein und schwer zu erkennen.

- In Peru herrscht Rechtsverkehr.
- Auf nächtliche Fahrten sollte man wegen der schwierigen Straßenbedingungen, der rasenden Busse und der langsamen, schlecht beleuchteten Lkws möglichst verzichten.
- Diebstahl kommt sehr häufig vor, darum sollte man sein Fahrzeug nie am Straßenrand parken und über Nacht auf einem bewachten Parkplatz (oft in besseren Hotels zu finden) abstellen.
- Tankstellen, *grifos* genannt, gibt's nur in weiter Entfernung voneinander.

Bus

Busse sind das Transportmittel der Wahl für die meisten Peruaner und zahlreiche Traveller. Tickets kosten wenig, und auf wichtigen Fernstrecken gibt's regelmäßige Verbindungen. Allerdings variiert die Qualität der Fahrzeuge sehr. Sich grundsätzlich für die günstige Option zu entscheiden ist in vielen Fällen nicht die beste Idee. Am besten überprüft man vor Buchung die Unfallstatistik des Anbieters. In entlegenen ländlichen Gebieten sind oft alte, klapprige Blechkisten unterwegs. Auf den hinteren Sitzplätzen ist es generell unbequemer.

Viele Städte haben keinen zentralen Busbahnhof. Nur selten sind die Busse bei Ankunft oder Abfahrt pünktlich – die Zeitangaben in diesem Buch müssen als optimistische Schätzungen betrachtet werden. Während der Regenzeit können erhebliche Verspätungen entstehen, vor allem im Hochland und im Dschungel. Von Januar bis April sorgen schlechte Straßenverhältnisse und Erdrutsche dafür, dass Fahrten teilweise doppelt so lang dauern oder sich auf unbestimmte Zeit verschieben.

Tödliche Unfälle sind in Peru keine Seltenheit.

Nachtbusse sollte man möglichst vermeiden, da sie häufiger überfallen werden.

Klassen

Luxusbusse Meistens tragen die Fahrzeuge so klangvolle Namen wie Imperial, Royal, Business oder Executive. Sie sind teurer und verfügen über Toiletten, (bescheidene) Snacks, Videos und Klimaanlagen. Unterwegs gibt's keinen Zwischenhalt.

Bus-camas Schlafbusse (*bus-camas*) haben Sitze, die sich halb oder ganz nach hinten verstellen lassen. Bessere Fernbusse machen unterwegs Pausen, damit die Fahrgäste auf die Toilette gehen und etwas essen können. Auf den Rastplätzen wird billiges, aber manchmal unappetitliches Essen verkauft. An fast jedem Busbahnhof befindet sich ein spärlich bestückter Kiosk.

Económico Für Fahrten, die weniger als sechs Stunden dauern, sind *económico*-Busse – gewöhnlich ziemlich klapprige Vehikel – oft die einzige Wahl. Sie legen zwar keine Stopps ein, doch dafür kommen Snackverkäufer an Bord.

Preise & Reservierung

Fahrpläne und Preise ändern sich oft und variieren von einer Busgesellschaft zur nächsten. Die in diesem Buch angegebenen Preise sind daher nur Richtwerte.

Zwischen der Haupt- und der Nebensaison gibt es Preisunterschiede. Fahrkarten für Fern- und Nachtbusse sowie für seltene Verbindungen in entlegene Gebiete sollte man mindestens einen Tag vorher erwerben. Die meisten Reisebüros bieten Platzreservierung an, allerdings zu schockierend hohen Gebühren. Außer in Lima ist es überall günstiger, mit einem Taxi zum Busbahnhof zu fahren und die Tickets selbst zu kaufen.

Im Internet findet man die Fahrpläne der großen Busunternehmen (Onlinereservierungen sind bislang aber noch nicht möglich), darunter:

Cruz del Sur (www.cruzdelsur.com.pe)

Oltursa (www.oltursa.com.pe)

Ormeño (☎01-472-1710; www.grupo-ormeno.com.pe; Av Javier Prado Este 1057)

Transportes Línea (www.linea.pe)

Reisegepäck

➡ In Busbahnhöfen sollte man gut auf sein Gepäck aufpassen. Einige Terminals haben Gepäckaufbewahrungen.

➡ Normalerweise sind die Koffer im Gepäckfach des Busses sicher. Beim Handgepäck sieht das anders aus: Während man schläft, können Dinge entwendet werden. Aus diesem Grund sollte man niemals die Fächer über den Sitzplätzen benutzen, sondern nur so viel Handgepäck mitnehmen, wie unter die Beine oder auf den Schoß passt.

Fahrrad

Sicherheit Die größte Gefahr bei Radtouren sind die vielen Kamikaze-Fahrer, besonders auf engen zweispurigen Schnellstraßen. Sicherer und erfreulicher, aber auch anstrengender ist das Radfahren abseits der asphaltierten Straßen. Hier empfehlen sich Mountainbikes, denn Rennräder dürften den schlechten Bedingungen und dem rauen Gelände kaum standhalten.

Mieträder In beliebten Touristenorten wie Cusco, Arequipa, Huaraz und Huancayo kann man Räder (meistens Mountainbikes) relativ günstig ausleihen, allerdings nur für Ausflüge in der Umgebung, nicht, um das ganze Land zu bereisen. Wer eine Langstreckentour durch Peru plant, sollte sein eigenes Rad mitbringen.

Transport Die Transportbestimmungen variieren je nach Fluggesellschaft. Ein Vergleich lohnt sich.

Flugzeug

Flugpläne und Ticketpreise für Inlandsverbindungen ändern sich häufig. Jedes Jahr werden neue Airlines gegründet, während Fluglinien mit schlechten Sicherheitsbedingungen wieder verschwinden. Die meisten Großstädte werden von modernen Jets bedient, kleinere Städte dagegen von Propellermaschinen angesteuert.

Airlines in Peru

Fast alle nationalen Airlines haben Büros in Lima. Kleinere Linien und Chartergesellschaften sind ebenfalls eine Option. Wer in entlegene Gebiete reisen möchte, muss eventuell umsteigen. Kleinere Orte werden nicht täglich angeflogen. Oft sind deren Flughäfen nur unbefestigte Pisten.

Man sollte mindestens zwei Stunden vor dem Abflug am Flughafen eintreffen. Flüge könnten überbucht sein, bei der Gepäckabfertigung und beim Check-in geht's oft chaotisch zu, und wenn schlechtes Wetter angekündigt ist, starten Flugzeuge manchmal sogar vor der offiziellen Abflugzeit.

Viele Airlines bieten Flüge von Lima in die regionalen Hauptstädte, zwischen den Provinzstädten gibt es weniger Verbindungen.

LATAM (Karte S. 72; ☎01-213-8200; www.latam.com; Av José Pardo 513, Miraflores) Zuverlässige Verbindungen nach Arequipa, Chiclayo, Cusco, Iquitos, Juliaca, Piura, Puerto

Maldonado, Tacna, Tarapoto und Trujillo. Zudem fliegt die Airline zwischen Arequipa und Cusco, Arequipa und Juliaca, Arequipa und Tacna, Cusco und Juliaca sowie zwischen Cusco und Puerto Maldonado. Auch internationale Flüge.

LC Perú (☎01-204-1300; www.lcperu.pe; Av Pablo Carriquirry 857, San Isidro; ⏲Mo–Fr 9–19, Sa bis 17 Uhr) Mit kleinen Turboprop-Flugzeugen geht's von Lima nach Andahuaylas, Arequipa, Ayacucho, Chachapoyas, Chiclayo, Cajamarca, Huánuco, Huaraz, Iquitos, Trujillo and Huancayo (Jauja). Erhält wegen häufiger Stornierungen und Problemen bei Rückerstattungen schlechte Bewertungen.

Peruvian Airlines (Karte S. 72; ☎01-715-6122; www.peruvianairlines.pe; Av José Pardo 495, Miraflores; ⏲Mo–Fr 9–19, Sa bis 17 Uhr) Steuert Arequipa, Cusco, Piura, Iquitos, Jauja, Pucallpa, Tarapoto und Tacna an; hat auch eine Flugverbindung nach La Paz in Bolivien im Angebot.

Star Perú (Karte S. 72; ☎01-213-8813; www.starperu.com; Av Espinar 331, Miraflores; ⏲Mo–Fr 9–18.45, Sa bis 13 Uhr) Eine weitere Inlandsfluggesellschaft mit Verbindungen nach Ayacucho, Cusco, Huanuco, Iquitos, Pucallpa, Puerto Maldonado und Tarapoto.

Viva Air (☎01-705-0107; www.vivaair.com; Aeropuerto Internacional Jorge Chávez; ⏲wechselnde Öffnungszeiten) Budget-Airline mit Flügen nach Arequipa, Piura, Cusco, Iquitos und Tarapato.

Tickets

Viele Traveller durchreisen das Land in einer Richtung und fliegen dann zurück, um Zeit zu sparen. Manchmal bekommt man am Flughafen Stand-by-Tickets, verlassen kann man sich darauf allerdings nicht.

Hauptsaison Von Ende Mai bis Anfang September sowie rund um wichtige Feiertage und Ferien ist Hochsaison für Flüge innerhalb Perus. Gerade für weniger beliebte Ziele sollte man Tickets möglichst weit im Voraus kaufen, denn die selteneren Verbindungen sind schnell ausgebucht. Kurz vor größeren Ferien und Feiertagen ist es so gut wie unmöglich, Tickets zu bekommen, besonders vor der Semana Santa (Karwoche) und den Fiestas Patrias (die letzte Juliwoche). Überbuchungen sind an der Tagesordnung.

Rabatte Inlandsflüge sind auf der peruanischen Website (nicht auf der internationalen) meist billiger. Wer mit dem Kauf von Tickets also bis zur Ankunft in Peru wartet, kann viel Geld sparen.

Flugbestätigung In abgelegenen Gegenden sind die Büros der Fluggesellschaften die beste Adresse, um Tickets zu kaufen oder Flüge zu bestätigen, andernorts kann man dies auch bei renommierten Reisebüros tun. Flüge müssen 72 Stunden vor dem Abflug bestätigt und 24 Stunden vorher rückbestätigt werden. Die Airlines sind für Überbuchungen berüchtigt, außerdem werden die Verbindungen erstaunlich häufig storniert, daher lohnt sich ein Anruf beim Flughafen oder bei der Gesellschaft sogar noch direkt vor der Fahrt zum Flughafen. Vor allem während der Reisehochsaison ist die Flugbestätigung extrem wichtig.

Nahverkehr

In den meisten großen und kleinen Städten kommt man problemlos zu Fuß oder mit dem Taxi überallhin. Schwieriger wird es, sich mit den lokalen Bussen, *micros* und *combis* zurechtzufinden, doch dafür sind sie sehr billig.

Bus

Nahverkehrsbusse sind langsam und überfüllt, aber günstig. Am besten fragt man Einheimische nach den Haltestellen, denn diese sind in den meisten Städten nicht gekennzeichnet.

Schneller, aber auch haarsträubender sind Fahrten mit *micros* oder *combis*, manchmal auch *colectivos* genannt (diese Bezeichnung ist in der Regel aber Sammeltaxis vorbehalten). Man erkennt sie an einem Aufkleber an der Außenseite und Schildern mit dem Fahrtziel in der Windschutzscheibe. Überall auf der Straße kann man sie heranwinken und auch an jeder beliebigen Stelle auf der Route aussteigen. Meistens lehnt sich ein Schaffner aus dem Fahrzeug und ruft das Fahrziel aus. Nach dem Einsteigen muss man sich schnell auf einen freien Sitzplatz quetschen, wenn man nicht stehen möchte. Entweder kommt der Schaffner zu einem und kassiert das Fahrtgeld oder man bezahlt beim Aussteigen.

Sicherheit hat für die *combi*-Fahrer keine besonders hohe Priorität. Der einzige Sitzplatz, an dem Passagiere sich anschnallen können, ist der Frontsitz neben dem Fahrer; im Fall einer Kollision (was nicht selten vorkommt) ist dies allerdings der letzte Platz, auf dem man sitzen möchte.

Taxi

Taxis scheinen an jeder Ecke bereitzustehen. Privatautos mit einem kleinen Taxisticker an der Windschutzscheibe haben nicht automatisch eine Lizenz. Sichere Taxis tragen normalerweise eine beleuchtete Nummer ihrer Firma auf dem Dach und können telefonisch bestellt werden. Sie sind teurer als die Wagen, die man an der Straße heranwinkt, aber auch zuverlässiger.

Preise Weil es keine Taxameter gibt, muss man sich unbedingt vor der Fahrt nach dem Preis erkundigen. Man kann auch handeln, sollte aber den üblichen Tarif kennen, besonders bei langen Fahrten. Der Standardpreis für Kurzstrecken liegt in den meisten Städten bei etwa 5 S.

Trinkgeld Unüblich, es sei denn, man hat einen Fahrer über längere Zeit angeheuert oder dieser hat mit dem Gepäck oder Ähnlichem geholfen.

Langstreckenfahrten Bei Fernreisen sind private Taxis in der Regel günstiger als Mietautos, außerdem ersparen sie einem die Probleme, die mit der Anmietung eines Wagens einhergehen. Nicht alle Taxifahrer sind zu einer Fernreise bereit: Hat man einen gefunden, sollte man vorab sorgfältig Papiere und Auto prüfen.

Schiff/Fähre

Entlang der peruanischen Küste fahren keine Passagierschiffe. Im Andenhochland gibt's Verbindungen auf dem Titicacasee. Kleine Motorboote befördern Fahrgäste vom Hafen in Puno zu verschiedenen Inseln auf dem See, und Katamarane düsen hinüber nach Bolivien.

Im peruanischen Amazonasbecken spielt der Bootsverkehr eine wichtige Rolle. Auf breiten Flüssen sind größere Schiffe unterwegs, auf schmaleren dienen langsame und ziemlich laute Einbaumkanus (*peki-pekis*) mit Außenbordmotoren als Taxis. An manchen Orten kommen moderne Aluminiumboote zum Einsatz.

Frachtschiff

Viele Traveller träumen davon, auf einem Bananendampfer den Amazonas hinunterzufahren – gemütlich in einer Hängematte auf Deck schaukelnd, während darunter die Ladung verstaut ist. Auf diese Weise kann man von Pucallpa oder Yurimaguas nach Iquitos und weiter nach Brasilien schippern.

Abfahrten In den Häfen stehen auf Tafeln mit Kreide die Namen der Schiffe, ihre Ziele und die (meist viel zu optimistischen) Abfahrtszeiten. Der Kapitän muss am Abreisetag mit dem *capitanía* (Hafenmeisterbüro) die Formalitäten erledigen; am besten fragt man ihn direkt nach der aktuellen Lage, da nur er selbst wirklich Bescheid weiß. Die Abfahrtszeit hängt oft davon ab, wann der Laderaum voll ist. Während man wartet, kann man meistens schon auf dem Schiff schlafen und sich so das Geld für die Unterkunft sparen. Das Gepäck sollte nie unbeaufsichtigt bleiben.

Schlafen Entweder bringt man eine eigene Hängematte mit oder mietet eine Kabine. Es empfiehlt sich, die Hängematte möglichst weit vom lauten Maschinenraum aufzuhängen – und auch nicht direkt unter einer Lampe, denn die bleibt oft bis spät in die Nacht an, stört beim Schlafen und zieht Insekten an. Die Kabinen sind oft heiß und stickig, aber verschließbar. An Bord gibt's sehr schlichte Sanitäreinrichtungen und meistens eine per Pumpe betriebene Dusche.

Essen Im Ticketpreis sind in der Regel einfache Mahlzeiten inbegriffen, auf größeren Schiffen oder für Kabinenpassagiere fällt das Essen manchmal etwas besser aus. Wer wählerisch ist oder eine spezielle Diät einhalten muss, sollte selbst Proviant mitbringen. Getränke in Flaschen bekommt man eigentlich überall.

Trampen

Trampen ist in keinem Land der Welt wirklich sicher und deshalb nicht empfehlenswert. Wer trotzdem nicht darauf verzichten will, sollte sich bewusst machen, dass man ein womöglich geringes, im Zweifelsfall aber sehr folgenschweres Risiko eingeht. Sicherer ist es immer, gemeinsam mit einer anderen Person zu reisen und vorher jemanden darüber zu informieren, wohin man will. Peru eignet sich schlecht zum Trampen, weil es nur sehr wenige Privatautos gibt, die Busse so billig sind und in abgelegenen Gegenden oft Lkws als öffentliche Verkehrsmittel genutzt werden.

Zug

Das privatisierte Bahnunternehmen PeruRail (www.perurail.com) verkehrt täglich zwischen Cusco und Aguas Calientes (bzw. Machu Picchu Pueblo) sowie dreimal wöchentlich zwischen Cusco und Puno am Ufer des Titicacasees. Zweimal wöchentlich fährt zudem eine Luxusvariante zwischen Cusco, Puno und Arequipa.

Inca Rail (Karte S. 216; ☎084-25-2974; www.incarail.com; Portal de Panes 105, Plaza de Armas; 1 way S231-330; ⏲Mo–Fr 8–21, Sa 9–19, So bis 14 Uhr) 🍃 verkehrt auch zwischen Ollantaytambo und Aguas Calientes.

Eisenbahnfans sollten sich den hübschen **Ferrocarril Central Andino** (Karte S. 60; ☎01-226-6363; www.ferrocarrilcentral.com.pe; Estación Desamparados; Ticket hin- und zurück Erw./Kind bis 12 Jahre Tourist Class 600/300 S, Standard Class 450/225 S) nicht entgehen lassen, der bis in die atemberaubende Höhe von 4829 m fährt. Er verkehrt üblicherweise von Mitte April bis Ende November zwischen Lima und Huancayo. In Huancayo starten von einem zweiten Bahnhof täglich preiswertere Züge nach Huancavelica. Eine weitere charmante historische Eisenbahn, die zudem sehr günstig ist, fährt jeden Tag von Tacna an der peruanischen Südküste nach Arica in Chile.

Gesundheit

Es kommt relativ häufig vor, dass man in den Anden an der Höhenkrankheit erkrankt oder – trotz Perus wunderbarer Küche – Magenprobleme bekommt. Die vielfältigen klimatischen Bedingungen im Land bedeuten, dass einen in den unterschiedlichen Gegenden auch unterschiedliche gesundheitliche Risiken erwarten. Lebensmittelbedingte und durch Insekten übertragene Krankheiten sind oft nicht lebensbedrohlich, dennoch können sie einem die Reise ruinieren. Traveller sollten unbedingt die nötigen Impfungen vornehmen lassen, Insektenschutzmittel benutzen und darauf achten, was sie essen und trinken.

VOR DER REISE

Da die meisten Impfungen erst nach frühestens zwei Wochen wirken, muss man bereits vier bis acht Wochen vor der Abreise einen Arzt aufsuchen und sollte ihn bei dieser Gelegenheit auch unbedingt nach einem Internationalen Impfpass fragen (ebenfalls als „Gelbes Heft" bekannt), in dem alle erhaltenen Impfungen aufgeführt werden. Für Länder, die bei Einreise einen Nachweis über die Gelbfieberimpfung verlangen, ist dieser Pass obligatorisch. Abgesehen davon ist es aber immer eine gute Idee, ihn auf Reisen dabeizuhaben.

Medikamente sollten immer in der Originalverpackung bleiben. Darüber hinaus ist es sinnvoll, einen unterschriebenen und datierten Brief des Hausarztes mitzuführen, der die Notwendigkeit der Einnahme entsprechender Medikamente belegt. Das gilt auch für die Mitnahme von Spritzen und Nadeln.

Fast alle Ärzte und Krankenhäuser erwarten Barzahlung, egal ob man eine Reiseversicherung hat oder nicht.

Die Weltgesundheitsorganisation (WHO) bietet den kostenlosen Download einer Broschüre für Reisen und Gesundheit an (www.who.int/ith; International Travel and Health Booklet; Englisch).

Krankenversicherung

Jeder Traveller sollte eine Krankenversicherung haben. Falls diese die Kosten bei Krankheitsfällen im Ausland nicht abdeckt, ist es wichtig, eine zusätzliche Police abzuschließen und sich darüber zu informieren, ob die Versicherung die Kosten direkt bezahlt oder diese erst nach der Reise zurückerstattet.

Empfohlene Impfungen

Traveller müssen sich vor ihrer Reise nicht impfen lassen. Die einzige Ausnahme ist, wenn man aus einem afrikanischen oder amerikanischen Land anreist, in dem Gelbfieber vorkommt. Wer den Regenwald erkunden möchte, sollte sich sicherheitshalber impfen lassen und zusätzlich Malaria-Tabletten mitnehmen.

Zu den Krankheiten, die es in Peru gibt, zählen von Moskitos übertragene Infektionen, darunter Malaria, das Zika-Virus sowie Gelb- und Denguefieber, obwohl sie in den gemäßigten Regionen des Landes selten sind.

Reiseapotheke

- Antibakterielle Salben (z. B. Betaisodona für Schnitte und Abschürfungen)
- Antibiotika
- Antihistaminika gegen Heuschnupfen und allergische Reaktionen
- Azetazolamid gegen die Höhenkrankheit (Diamox)
- Bandagen, Kompressen, Mullbinden
- Entzündungshemmende Medikamente (wie Ibuprofen)
- Heftpflaster
- Insektenabwehrmittel für die Haut (mit DEET)
- Insektenspray für Kleidung, Zelte und Moskitonetze
- Jodtabletten zur Wasserreinigung

- Kortisoncreme oder Kortison gegen Giftefeu und allergischen Ausschlag
- Mineralstofflösungen/ Elektrolyte
- Mittel gegen Durchfall (Imodium)
- Paracetamol oder Aspirin
- Schere, Sicherheitsnadeln, Pinzette, Thermometer, Taschenmesser
- Sonnenschutzmittel
- Spritzen und Kanülen

IN PERU

Medizinische Versorgung: Kosten & Verfügbarkeit

In Lima gibt es einige sehr gute Krankenhäuser, die rund um die Uhr für medizinische Notfälle geöffnet sind, ebenso wie Englisch sprechende Ärzte und Zahnärzte. Die jeweiligen Botschaften verfügen oft über Listen empfehlenswerter Kliniken. In ländlichen Gegenden kann die medizinische Versorgung sehr schlecht sein. Selbst wenn man eine Reisekrankenversicherung hat, muss man im Regelfall die Behandlung zunächst bar bezahlen.

Ernsthafte Erkrankungen, zumal wenn diese in abgelegenen Gebieten auftreten, erfordern unter Umständen einen Flugtransport.

Apotheken heißen *farmacias* oder *boticas*. Man erkennt sie an einem grünen oder roten Kreuz im Fenster. Sie haben die meisten gängigen Medikamente im Angebot, die auch in anderen Ländern erhältlich sind. Normalerweise gibt es in jeder Stadt eine Nachtapotheke.

Krankheiten

Viele der im Folgenden genannten Krankheiten werden von Moskitos übertragen. Aus diesem Grund sollte man sich so gut wie möglich vor Stichen schützen. Das verhindert auch andere von Insekten übertragene Infektionen wie Bartonellose (Oroya-Fieber), Leishmaniose und die Chagas-Krankheit.

Cholera

Hauptsymptom der Darminfektion, die durch verunreinigtes Wasser oder durch verunreinigte Lebensmittel entsteht, ist ein starker, wässriger Durchfall, der lebensbedrohliche Dehydrierung verursachen kann. Daher gibt man zur Behandlung zuerst reichlich Flüssigkeit und Elektrolyte und vielleicht Antibiotika.

Denguefieber

Die Virusinfektion wird durch Moskitos übertragen, die sich besonders gut in Pfützen und Wassercontainern vermehren. Deshalb ist sie auch in großen Städten wie Lima und Cusco am häufigsten verbreitet.

VORGESCHRIEBENE & EMPFOHLENE IMPFUNGEN

IMPFUNG	EMPFOHLEN FÜR	DOSIS	NEBENWIRKUNGEN
Gelbfieber	alle Reisenden	1 Dosis alle 10 Jahre	Kopf- und Gliederschmerzen; ernste Reaktionen sind selten
Hepatitis A	alle Reisenden	1 Dosis vor der Reise; Auffrischung nach 6–12 Monaten	Entzündung der Einstichstelle, Kopf- und Gliederschmerzen
Hepatitis B	Langzeitreisende mit engem Kontakt zu Einheimischen	3 Dosen über einen Zeitraum von 6 Monaten	Entzündung der Einstichstelle, leichtes Fieber
Masern	Traveller, die nach 1956 geboren sind und nur eine Masernimpfung hatten	1 Dosis	Fieber, Ausschlag, Gelenkschmerzen, allergische Reaktionen
Tollwut	Reisende, die Tieren nahekommen und voraussichtlich nicht immer Zugang zu medizinischer Versorgung haben	3 Dosen über einen Zeitraum von 3–4 Wochen	Entzündung der Einstichstelle, Kopf- und Gliederschmerzen
Tetanus/ Diphtherie	alle Traveller, die in den letzten 10 Jahren ihre Impfung nicht aufgefrischt haben	1 Dosis alle 10 Jahre	Entzündung der Einstichstelle
Typhus	alle Reisenden	4 Kapseln oral (jeden 2. Tag eine)	Bauchschmerzen, Übelkeit, Ausschlag
Windpocken	Traveller, die noch keine Windpocken hatten	2 Dosen über einen Zeitraum von 1 Monat	Fieber, leichte Windpocken

Zu den grippeähnlichen Symptomen zählen Fieber, Muskelschmerzen, Gelenkschmerzen, Kopfschmerzen, Übelkeit und Erbrechen, oft gefolgt von Ausschlag. Die Gliederschmerzen können unangenehm sein, werden aber nach einigen Tagen schwächer.

Am besten nimmt man Analgetika wie Acetaminophen (Paracetamol) und eine Menge Flüssigkeit zu sich. Schwere Fälle müssen unter Umständen im Krankenhaus behandelt werden.

Gelbfieber

Diese lebensbedrohliche Virusinfektion wird in bewaldeten Gebieten durch Moskitos übertragen. Zu den Symptomen gehören Fieber, Frösteln, Kopfschmerzen, Muskelschmerzen, Rückenschmerzen, Appetitlosigkeit, Übelkeit und Erbrechen. In der Regel klingen die Symptome nach ein paar Tagen ab, aber eine von sechs Personen tritt in eine zweite, toxische Phase ein, für die periodisch auftretendes Fieber, Erbrechen, Lustlosigkeit, Gelbsucht, Nierenversagen und Blutungen charakteristisch sind und die tödlich enden kann. Die Symptome können gelindert werden, aber es gibt keine Behandlung gegen Gelbfieber.

Wer im Regenwaldgebiet unter einer Höhe von 230 m unterwegs ist, sollte sich unbedingt gegen Gelbfieber impfen lassen, da fast alle Fälle im zentralen Dschungelgebiet vorkommen. Man muss sich mindestens zehn Tage vor einem Infektionsrisiko impfen lassen. Die Impfung behält rund zehn Jahre ihre Wirksamkeit. Der Impfstoff sollte nicht während der Schwangerschaft verabreicht werden.

Malaria

Malaria wird durch Moskitostiche übertragen, in der Regel zwischen der Abenddämmerung und Sonnenaufgang. Das Hauptsymptom ist hohes Fieber, das zusammen mit Frösteln, Schweißausbrüchen, Kopfschmerzen, Gliederschmerzen, Schwäche, Erbrechen oder Durchfall auftritt. In schweren Fällen kann das zentrale Nervensystem betroffen sein: Es kommt eventuell zu Anfällen, Verwirrung, Koma und sogar zum Tod.

Malariatabletten muss man in den meisten Gegenden Perus unbedingt dabeihaben, außer in Lima und Umgebung, der Küste südlich der peruanischen Hauptstadt und den Hochlandgebieten (wie Cusco und Umgebung, Machu Picchu, Titicacasee und Arequipa). Viele Fälle traten im nordöstlichen Loreto auf, wo die Übertragung der Krankheit geradezu epidemische Ausmaße angenommen hat.

Typhus

Typhus wird durch Nahrungsmittel und Wasser übertragen, die mit der Salmonellenart *Salmonella typhi* verunreinigt sind. Fieber ist fast immer die Folge. Andere Symptome sind Kopfschmerzen, Unpässlichkeit, Muskelschmerzen, Benommenheit, Appetitlosigkeit, Übelkeit und Bauchschmerzen. Zudem können entweder Durchfall oder Verstopfung auftreten. Zu den möglichen Komplikationen gehören Darmperforation, Darmblutungen, Verwirrung, Delirium oder (in seltenen Fällen) Koma.

Die Typhusimpfung wird in der Regel oral verabreicht, es ist aber auch eine Injektion möglich. Sollte man die Krankheit bekommen, ist die beste Wahl ein Chinolonantibiotikum wie Ciprofloxacin (Cipro) oder Levofloxacin.

Zika-Virus

Das Zika-Virus wird hauptsächlich von infizierten Mücken übertragen, die typischerweise zwischen Sonnenaufgang und Sonnenuntergang aktiv sind. Das Virus kann von einer schwangeren Frau auf ihren Fötus übertragen werden, eine Übertragung durch den Menschen kann auch durch ungeschützten Sex und gelegentlich durch Speichel und Urin erfolgen. Zu den Symptomen zählen leichtes Fieber, Kopfschmerzen, Muskel- und Gelenkschmerzen, Übelkeit, Erbrechen und allgemeines Unwohlsein. Die Symptome können drei bis 12 Tage nach dem Stich auftreten.

Die beste Vorbeugung ist, Kleidung zu tragen, die Arme und Beine bedeckt, das Benutzen von Insektenschutzmitteln mit einem DEET-Gehalt von 20 % bis 30 % sowie einen Aufenthalt im Freien während der Morgen- und Abenddämmerung zu vermeiden, der für Mücken aktivsten Zeit. Höher gelegene Orte wie Cusco, der Titicacasee und Machu Picchu gelten nicht als Risikogebiete.

Gesundheitsrisiken

Höhenkrankheit

Diese Krankheit bekommt man nach einem schnellen Aufstieg in Höhen über 2500 m. Besonders groß ist das Risiko in Cusco, Machu Picchu und am Titicacasee. Körperliche Fitness ist kein Schutz. Zu den Symptomen zählen Kopfschmerzen, Übelkeit, Erbrechen, Schwindel, Unpässlichkeit, Schlaflosigkeit und Appetitlosigkeit. Bei weiterem Fortschreiten der Krankheit sammelt sich Wasser in der Lunge (Lungenödem) oder es kommt zu einer Gehirnschwellung (Zerebralödem). Wenn die Symptome stärker werden oder länger als 24 Stunden anhalten (erheblich weniger in noch höheren Lagen), sollte man umgehend mindestens 500 m absteigen und einen Arzt aufsuchen.

Um die Höhenkrankheit zu vermeiden, pausiert man am besten je nach 1000 Höhenmetern mindestens zwei Nächte. Vor dem Aufstieg kann man auch Azetazolamid

(Diamox) nehmen. Gingko ist eine natürliche Alternative.

Darüber hinaus sollte man Überanstrengung vermeiden, leichte Mahlzeiten zu sich nehmen und auf Alkohol verzichten. Die Höhenkrankheit ist keine Lappalie und in schweren Fällen lebensbedrohlich.

Moskitostiche

Um Moskitostiche zu vermeiden, muss man seine Haut bedecken (lange Ärmel, lange Hose, einen Hut und eher feste Schuhe als Sandalen) und DEET-Präparate verwenden, die etwa sechs Stunden wirken. Kinder zwischen zwei und 12 Jahren sollten Präparate mit höchstens 10 bis 30 % sparsam auftragen. Die Wirksamkeit hält rund drei Stunden an.

Insektenabwehrmittel mit pflanzlichen Produkten wie Eukalyptus und Sojaöl sind recht effektiv, wirken aber nicht länger als 1½ bis zwei Stunden.

Wer draußen oder in einer Unterkunft übernachtet, in die Moskitos eindringen können, sollte ein Moskitonetz benutzen, das mit Permethrin behandelt worden ist und dessen Enden unter der Matratze feststecken.

Sonnenbrand & Hitzeerschöpfung

Um sich vor Sonnenbrand und Hitzeerschöpfung zu schützen, muss man die Mittagssonne meiden, eine Sonnenbrille sowie einen breitkrempigen Hut tragen und Creme mit Lichtschutzfaktor 15 oder höher sowie UVA- und UVB-Schutz auftragen. Je höher man in die Berge kommt, desto intensiver wird die Sonneneinstrahlung.

Dehydrierung oder Mineralsalzdefizite können zu Hitzeerschöpfung führen. Wer bei heißen Temperaturen ankommt, sollte viel trinken und Alkohol oder anstrengende Aktivitäten vermeiden. Wenn man lange hohen Temperaturen ausgesetzt ist, muss man schlimmstenfalls mit einer Herzattacke rechnen.

Unterkühlung

Zur Vorbeugung zieht man am besten mehrere Schichten an. Seide, Wolle und einige der neuen Kunstfasern schützen besonders gut. Ein Hut ist wichtig, da eine Menge Wärme über den Kopf verloren geht. Unbedingt eine wasserfeste äußere Schicht tragen sowie genügend Proviant und Wasser mitnehmen. Eine Rettungsdecke kann hilfreich sein.

Zu den Symptomen der Unterkühlung gehören Erschöpfung, taube Haut (besonders an Zehen und Fingern), Zittern, undeutliches Sprechen, irrationales oder ungestümes Benehmen, Lethargie, Stolpern, Schwindelanfälle und Muskelkrämpfe.

In diesen Fällen sollte man drinnen Schutz suchen und nasse Kleidung durch trockene ersetzen. Wichtig sind heiße Flüssigkeiten – kein Alkohol – und kalorienreiches, leicht verdauliches Essen. Einen unterkühlten Menschen nicht abrubbeln, denn das kann zu Kreislaufproblemen führen.

Wasser

Das Leitungswasser in Peru ist nicht sauber und muss eine Minute abgekocht werden. In Höhen über 2000 m sind es drei Minuten.

Wasser lässt sich auch mit Jodtabletten oder Wasserreinigungstabletten desinfizieren. Alternativ verwendet man Filter oder Steripen. Vor der Reise kann man sich bei einem Outdoorausstatter nach der individuell besten Möglichkeit erkundigen.

Frauen & Gesundheit

Für Schwangere sind Reisen nach Lima möglich, allerdings können sich die medizinische Versorgung und Geburtshilfe außerhalb der Hauptstadt schwierig gestalten. In den landlichen Gegenden gibt es keine Tampons. Zudem sollten sich schwangere Frauen keinen Höhenlagen aussetzen und sich nicht gegen Gelbfieber impfen lassen.

Sprache

Die Aussprache des Spanischen ist einfach. Wer die roten Begriffe liest, als wären sie deutsche Wörter, wird bei der Verständigung keine Probleme haben. Folgende Besonderheiten sollte man aber beachten: Ch ist ein kehliger Laut (wie in „Loch"), v und b spricht man wie ein weiches „w" (zwischen einem „w" und einem „b") und das r wird stark gerollt. Natürlich gibt's in Lateinamerika Variationen des gesprochenen Spanisch, das gilt vor allem für die Aussprache von *ll* und *y*. In manchen Teilen Perus wird die Kombination wie „lli" in „Million" ausgesprochen, aber in den meisten Regionen spricht man sie wie „j" in „ja". In diesem Sprachführer verwenden wir das j. Betonte Silben sind in der Aussprachehilfe kursiv.

Wir geben stets die höfliche Anrede an. Wenn zusätzlich die informelle Form genannt wird, benutzen wir zur Unterscheidung die Abkürzungen „höfl." und „inf.". Maskuline und feminine Formen werden durch einen Schrägstrich getrennt und beginnen mit der männlichen Form, z. B. *perdido/a* (m/f).

GRUNDLAGEN

Hallo.	*Hola.*	o·*la*
Tschüs.	*Adiós.*	a·*djos*
Wie geht's?	*¿Qué tal?*	ke tal
Gut, danke.	*Bien, gracias.*	bjen *gra*·sjas

NOCH MEHR SPANISCH?

Wer sich intensiver mit der Sprache beschäftigen möchte, legt sich am besten den praktischen *Reise-Sprachführer Spanisch* von Lonely Planet zu. Das *Latin American Spanish Phrasebook* ist bisher nur auf Englisch erschienen und unter **shop.lonelyplanet.com** erhältlich.

Entschuldigung.	*Perdón.*	per·*don*
Tut mir leid.	*Lo siento.*	lo *sjen*·to
Bitte.	*Por favor.*	por fa·*wor*
Danke.	*Gracias.*	*gra*·sjas
Gern geschehen.	*De nada.*	de *na*·da
Ja./Nein.	*Sí./No.*	si/no

Ich heiße ...
Me llamo ... me *ja*·mo ...

Wie heißen Sie/heißt du?
¿Cómo se llama Usted? ko·mo se *ja*·ma u·*ste* (höfl.)
¿Cómo te llamas? ko·mo te *ja*·mas (inf.)

Sprechen Sie/sprichst du Deutsch?
¿Habla alemán? a·bla ale·*man* (höfl)
¿Hablas alemán? a·blas ale·*man* (inf.)

Ich verstehe nicht.
Yo no entiendo. jo no en·*tjen*·do

ESSEN & TRINKEN

Ich hätte gern die Speisekarte.
¿Puedo ver el menú, por favor? pue·do wer el me·*nu* por fa·*wor*

Was empfehlen Sie?
¿Qué recomienda? ke re·ko·*mjen*·da

Haben Sie vegetarische Speisen?
¿Tienen comida vegetariana? tje·nen ko·*mi*·da we·che·ta·*rja*·na

Ich esse kein (rotes Fleisch).
No como (carne roja). no *ko*·mo (*kar*·ne *ro*·cha)

Das war köstlich!
¡Estaba buenísimo! es·*ta*·ba bue·*ni*·si·mo

Prost!
¡Salud! sa·*lu*

Die Rechnung bitte.	*La cuenta, por favor.*	la *kuen*·ta por fa·*wor*
Ich hätte gern einen Tisch für ...	*Quisiera una mesa para ...*	ki·*sje*·ra *u*·na *me*·sa *pa*·ra ...
(acht) Uhr	*las (ocho)*	las (*o*·tscho)
(zwei) Personen	*(dos) personas*	(dos) per·*so*·nas

Schlüsselbegriffe

Abendessen	*cena*	se·na
Aperitif	*aperitivos*	a·pe·ri·ti·wos
Flasche	*botella*	bo·te·ja
Frühstück	*desayuno*	de·sa·ju·no
Essen	*comida*	ko·mi·da
Gabel	*tenedor*	te·ne·dor
Glas	*vaso*	wa·so
Hauptgang	*segundo plato*	se·gun·do pla·to
heiß (warm)	*caliente*	kal·jen·te
(zu) kalt	*(muy) frío*	(muj) fri·o
Kindermenü	*menú infantil*	me·nu in·fan·til
Löffel	*cuchara*	ku·tscha·ra
Messer	*cuchillo*	ku·tschi·jo
mit	*con*	kon
Mittagessen	*comida*	ko·mi·da
ohne	*sin*	sin
Restaurant	*restaurante*	res·tau·ran·te
Schüssel	*bol*	bol
Teller	*plato*	pla·to

Fisch & Fleisch

Ente	*pato*	pa·to
Fisch	*pescado*	pes·ka·do
Huhn	*pollo*	po·jo
Kalb	*ternera*	ter·ne·ra
Lamm	*cordero*	kor·de·ro
Pute	*pavo*	pa·wo
Rind	*carne de vaca*	kar·ne de wa·ka
Schwein	*cerdo*	ser·do

Obst & Gemüse

Ananas	*piña*	pi·nja
Apfel	*manzana*	man·sa·na
Aprikose	*albaricoque*	al·ba·ri·ko·ke
Artischocke	*alcachofa*	al·ka·tscho·fa
Banane	*plátano*	pla·ta·no
Bohnen	*judías*	chu·di·as
Erbsen	*guisantes*	gi·san·tes
Erdbeere	*fresa*	fre·sa
Gemüse	*verdura*	wer·du·ra
Gurke	*pepino*	pe·pi·no
Karotte	*zanahoria*	sa·na·o·rja
Kartoffel	*patata*	pa·ta·ta
Kirsche	*cereza*	se·re·sa
Kohl	*col*	kol
Kürbis	*calabaza*	ka·la·ba·sa
Linsen	*lentejas*	len·te·chas
Mais	*maíz*	ma·is
Nüsse	*nueces*	nue·ses
Obst	*fruta*	fru·ta
Orange	*naranja*	na·ran·cha
(roter/grüner) Paprika	*pimiento (rojo/verde)*	pi·mjen·to (ro·cho/wer·de)
Pfirsich	*melocotón*	me·lo·ko·ton
Pflaume	*ciruela*	sir·ue·la
Pilz	*champiñón*	tscham·pi·njon
Rote Bete	*remolacha*	re·mo·la·tscha
Salat	*lechuga*	le·tschu·ga
Sellerie	*apio*	a·pjo
Spargel	*espárragos*	es·pa·ra·gos
Spinat	*espinacas*	es·pi·na·kas
Tomate	*tomate*	to·ma·te

SCHLÜSSELSÄTZE

Mit den folgenden Sätzen sollte man sich gut verständigen können:

Wann geht (der nächste Flug)?	
¿Cuándo sale (el próximo vuelo)?	kuan·do sa·le (el prok·si·mo wue·lo)
Wo ist (der Bahnhof)?	
¿Dónde está (la estación)?	don·de es·ta (la es·ta·sjon)
Wo kann ich (eine Fahrkarte kaufen)?	
¿Dónde puedo (comprar un billete)?	don·de pue·do (kom·prar un bi·je·te)
Haben Sie (eine Karte)?	
¿Tiene (un mapa)?	tje·ne (un ma·pa)
Gibt's dort (eine Toilette)?	
¿Hay (servicios)?	ai (ser·wi·sjos)
Ich hätte gern (einen Kaffee).	
Quisiera (un café).	kie·sje·ra (un ka·fe)
Ich würde gern (ein Auto mieten).	
Quisiera (alquilar un coche).	ki·sje·ra (al·ki·lar un ko·tsche)
Kann ich (eintreten)?	
¿Se puede (entrar)?	se pue·de (en·trar)
Können Sie mir bitte (helfen)?	
¿Puede (ayudarme), por favor?	pue·de (a·ju·dar·me) por fa·wor
Brauche ich (ein Visum)?	
¿Necesito (obtener un visado)?	ne·se·si·to (ob·te·ner un wi·sa·do)

FRAGEWÖRTER

Wann?	*¿Cuándo?*	*kuan*·do
Warum?	*¿Por qué?*	por ke
Was?	*¿Qué?*	ke
Wer?	*¿Quién?*	kjen
Wo?	*¿Dónde?*	*don*·de

Trauben	*uvas*	*u*·was
Wassermelone	*sandía*	san·*di*·a
Zitrone	*limón*	li·*mon*
Zwiebel	*cebolla*	se·*bo*·ja

Anderes

Brot	*pan*	pan
Butter	*mantequilla*	man·te·*ki*·ja
Ei	*huevo*	*ue*·wo
Essig	*vinagre*	wi·*na*·gre
Honig	*miel*	mjel
Käse	*queso*	*ke*·so
Marmelade	*mermelada*	mer·me·*la*·da
Öl	*aceite*	a·*sej*·te
Pasta	*pasta*	*pas*·ta
Pfeffer	*pimienta*	pi·*mjen*·ta
Reis	*arroz*	a·*ros*
Salz	*sal*	sal
Zucker	*azúcar*	a·*su*·kar

Getränke

Bier	*cerveza*	ser·*we*·sa
Kaffee	*café*	ka·*fe*
Milch	*leche*	*le*·tsche
Rotwein	*vino tinto*	*wi*·no *tin*·to
(Orangen-) Saft	*zumo (de naranja)*	*su*·mo (de na·*ran*·cha)
Tee	*té*	te
(Mineral-) Wasser	*agua (mineral)*	*a*·gua (mi·ne·*ral*)
Weißwein	*vino blanco*	*wi*·no *blan*·ko

SCHILDER

Abierto	Offen
Cerrado	Geschlossen
Entrada	Eingang
Hombres/Varones	Männer
Mujeres/Damas	Frauen
Prohibido	Verboten
Salida	Ausgang
Servicios/Baños	Toiletten

NOTFALL

Hilfe!	*¡Socorro!*	so·*ko*·ro
Gehen Sie weg!	*¡Vete!*	*we*·te
Rufen Sie ...!	*¡Llame a ...!*	*ja*·me a ...
einen Arzt	*un médico*	un *me*·di·ko
die Polizei	*la policía*	la po·li·*si*·a

Ich habe mich verlaufen.
Estoy perdido/a. es·*toj* per·*di*·do/a (m/f)

Ich bin krank.
Estoy enfermo/a. es·*toj* en·*fer*·mo/a (m/f)

Ich bin allergisch gegen (Antibiotika).
Soy alérgico/a a (los antibióticos). soj a·*ler*·chi·ko/a a (los an·ti·*bjo*·ti·kos) (m/f)

Wo sind die Toiletten?
¿Dónde están los baños? *don*·de es·*tan* los *ba*·njos

SHOPPEN & SERVICE

Ich würde gern ... kaufen.
Quisiera comprar ... ki·*sje*·ra kom·*prar* ...

Ich sehe mich nur um.
Sólo estoy mirando. *so*·lo es·*toj* mi·*ran*·do

Kann ich mir das ansehen?
¿Puedo verlo? *pue*·do *wer*·lo

Ich mag es nicht.
No me gusta. no me *gus*·ta

Wie viel kostet das?
¿Cuánto cuesta? *kuan*·to *kues*·ta

Das ist zu teuer.
Es muy caro. es muj *ka*·ro

Können Sie mit dem Preis runtergehen?
¿Podría bajar un poco el precio? po·*dri*·a ba·*char* un *po*·ko el *pre*·sjo

In der Rechnung ist ein Fehler.
Hay un error en la cuenta. ai un e·*ror* en la *kuen*·ta

Geldautomat	*cajero automático*	ka·*che*·ro au·to·*ma*·ti·ko
Internetcafé	*cibercafé*	si·ber·ka·*fe*
Markt	*mercado*	mer·*ka*·do
Postamt	*correos*	ko·*re*·os
Touristeninformation	*oficina de turismo*	o·fi·*si*·na de tu·*ris*·mo

UHRZEIT & DATUM

Wie spät ist es?	¿Qué hora es?	ke o·ra es
Es ist (10) Uhr.	Son (las diez).	son (las djes)
Es ist halb (zwei).	Es (la una) y media.	es (la u·na) i me·dja
Morgen	mañana	ma·nja·na
Nachmittag	tarde	tar·de
Abend	noche	no·tsche
gestern	ayer	a·jer
heute	hoy	oj
morgen	mañana	ma·nja·na
Montag	lunes	lu·nes
Dienstag	martes	mar·tes
Mittwoch	miércoles	mjer·ko·les
Donnerstag	jueves	chue·wes
Freitag	viernes	wjer·nes
Samstag	sábado	sa·ba·do
Sonntag	domingo	do·min·go

UNTERKUNFT

Ich hätte gern ein Einzel-/Doppelzimmer.
Quisiera una habitación individual/doble. — ki·sje·ra u·na a·bi·ta·sjon in·di·wi·dual/do·ble

Wie viel kostet das pro Nacht/Person?
¿Cuánto cuesta por noche/persona? — kuan·to kues·ta por no·tsche/per·so·na

Ist das Frühstück inbegriffen?
¿Incluye el desayuno? — in·klu·je el de·sa·ju·no

Campingplatz	terreno de cámping	te·re·no de kam·ping
Hotel	hotel	o·tel
Jugendherberge	albergue juvenil	al·ber·ge chu·we·nil
Pension	pensión	pen·sjon
Badezimmer	baño	ba·njo
Bett	cama	ka·ma
Fenster	ventana	wen·ta·na
Klimaanlage	aire acondicionado	ai·re a·kon·di·sjo·na·do

VERKEHRSMITTEL & -WEGE

Bus	autobús	au·to·bus
Flugzeug	avión	a·wjon
Schiff	barco	bar·ko
Zug	tren	tren
erster	primero	pri·me·ro

ZAHLEN

1	uno	u·no
2	dos	dos
3	tres	tres
4	cuatro	kwa·tro
5	cinco	sin·ko
6	seis	seys
7	siete	sye·te
8	ocho	o·tcho
9	nueve	nwe·ve
10	diez	dyes
20	veinte	veyn·te
30	treinta	treyn·ta
40	cuarenta	kwa·ren·ta
50	cincuenta	sin·kwen·ta
60	sesenta	se·sen·ta
70	setenta	se·ten·ta
80	ochenta	o·tchen·ta
90	noventa	no·ven·ta
100	cien	syen
1000	mil	mil

letzter	último	ul·ti·mo
Ticketschalter	taquilla	ta·ki·ja
Fahrplan	horario	o·ra·rjo
Bushaltestelle	parada de autobuses	pa·ra·da de au·to·bu·ses
Bahnhof	estación de trenes	es·ta·sjon de tre·nes
Ein ... Ticket bitte.	Un billete ..., por favor.	un bi·je·te de ... por fa·wor
1.-Klasse-	de primera clase	pri·me·ra kla·se
2.-Klasse-	de segunda clase	se·gun·da kla·se
einfaches	ida	i·da
hin und zurück	ida y vuelta	i·da i wuel·ta

Hält er/sie/es in ...?
¿Para en ...? — pa·ra en ...

Welche Haltestelle ist das?
¿Cuál es esta parada? — kual es es·ta pa·ra·da

Wann kommt/fährt er/sie/es an/ab?
¿A qué hora llega/sale? — a ke o·ra je·ga/sa·le

Können Sie mir sagen, wann wir in ... ankommen?
¿Puede avisarme cuando lleguemos a ...? — pue·de a·wi·sar·me kuan·do je·ge·mos a ...

Ich möchte hier aussteigen.
Quiero bajarme aquí. — kje·ro ba·char·me a·ki

AYMARA & QUECHUA

Für die Andengebiete sind die nachfolgend genannten Aymara- und Quechua-Begriffe praktisch. Aymara wird vom gleichnamigen Volk gesprochen, das in der Gegend rund um den Titicacasee lebt. Hier angegebene Quechua-Wörter stammen aus dem Cusco-Dialekt und helfen im Hochland bei der Verständigung.

Aymara-Ausdrücke stehen in der zweiten Spalte, Quechua-Begriffe in der dritten. Die Ausspracheregeln sind ähnlich wie die fürs Spanische. Ein Apostroph (') weist auf einen stimmlosen „Nichtlaut" wie in der Mitte von „oh oh" hin.

Hallo.	*Kamisaraki.*	*Napaykullayki.*
Bitte.	*Mirá.*	*Allichu.*
Danke.	*Yuspagara.*	*Yusulipayki.*
Ja.	*Jisa.*	*Ari.*
Nein.	*Janiwa.*	*Mana.*
Wie sagt man ...?	*Cun saña-sauca'ha ...?*	*Imainata nincha chaita ...?*
Es heißt ...	*Ucan sutipa'h ...*	*Chaipa'g sutin'ha ...*
Bitte wiederholen Sie das.	*Uastata sita.*	*Ua'manta niway.*
Wie viel?	*K'gauka?*	*Maik'ata'g?*

Vater	*auqui*	*tayta*
Mutter	*taica*	*mama*
Essen	*manka*	*mikíuy*
Fluss	*jawira*	*mayu*
schneebedeckter Gipfel	*kollu*	*riti-orko*
Wasser	*uma*	*yacu*
1	*maya*	*u'*
2	*paya*	*iskai*
3	*quimsa*	*quinsa*
4	*pusi*	*tahua*
5	*pesca*	*phiska*
6	*zo'hta*	*so'gta*
7	*pakalko*	*khanchis*
8	*quimsakalko*	*pusa'g*
9	*yatunca*	*iskon*
10	*tunca*	*chunca*

Ich möchte ein(en) ... mieten.	*Quisiera alquilar ...*	ki·*sje*·ra al·ki·*lar* ...
Allradwagen	*un todo-terreno*	un to·do·te·*re*·no
Auto	*un coche*	un *ko*·tsche
Fahrrad	*una bicicleta*	*u*·na bi·si·*kle*·ta
Motorrad	*una moto*	*u*·na *mo*·to
Benzin	*gasolina*	ga·so·*li*·na
Helm	*casco*	*kas*·ko
Lastwagen	*camion*	ka·*mjon*
Mechaniker	*mecánico*	me·*ka*·ni·ko
Tankstelle	*gasolinera*	ga·so·li·*ne*·ra
trampen	*hacer botella*	a·*ser* bo·*te*·ja

Ist das die Straße nach ...?
¿Se va a ... por esta carretera? — se wa a ... por es·ta ka·re·*te*·ra

Kann ich hier parken?
¿Puedo aparcar aquí? — *pue*·do a·par·*kar* a·*ki*

Das Auto ist liegen geblieben.
El coche se ha averiado. — el *ko*·tsche se a a·we·*rja*·do

Ich habe einen Platten.
Tengo un pinchazo. — *ten*·go un pin·*tscha*·sot

WEGWEISER

Wo ist ...?
¿Dónde está ...? — *don*·de es·*ta* ...

Wie lautet die Adresse?
¿Cuál es la dirección? — kual es la di·rek·*sjon*

Können Sie das bitte aufschreiben?
¿Puede escribirlo, por favor? — *pue*·de es·kri·*bir*·lo por fa·*wor*

Können Sie mir das (auf der Karte) zeigen?
¿Me lo puede indicar (en el mapa)? — me lo *pue*·de in·di·*kar* (en el *ma*·pa)

an der Ampel	*en el semáforo*	en el se·*ma*·fo·ro
an der Ecke	*en la esquina*	en la es·*ki*·na
hinter ...	*detrás de ...*	de·*tras* de ...
gegenüber ...	*frente a ...*	*fren*·te a ...
geradeaus	*todo recto*	to·do *rek*·to
links	*izquierda*	is·*kjer*·da
neben ...	*al lado de ...*	al *la*·do de ...
rechts	*derecha*	de·*re*·cha
vor ...	*enfrente de ...*	en·*fren*·te de

GLOSSAR

albergue – familiengeführter Gasthof

Altiplano – wörtlich: Hochebene; in Südamerika wird damit die große unwirtliche Hochebene in Südperu, Bolivien, Nordchile und Nordargentinien bezeichnet

aluvión – Sturzflut aus Eis, Wasser, Schlamm und Schutt bei Dammbrüchen oder einem Erdbeben in den Bergen

arequipeño – Einwohner/in von Arequipa

arriero – Treiber von Tieren, gewöhnlich *burros* (Esel) oder *mulas* (Maultiere)

avenida – Straße (Abkürzung: Av)

ayahuasca – starkes halluzinogenes Gebräu aus Dschungelpflanzen, das von Schamanen und Heilern benutzt wird

barrio – Viertel

Bodega – Weinkellerei, -laden oder -bar; oft sind dort auch Verkostungen möglich

boleto turístico – Touristenticket

bruja/brujo – Schamane, Hexendoktor, Medizinmann bzw. -frau

burro – Esel

bus-cama – Doppeldeckerbus für lange Strecken mit Sitzen, die sich so weit nach hinten stellen lassen, dass sie fast zum Bett werden; an Bord gibt's Toiletten, Videos und Snacks

caballito – zigarrenförmige Boote aus Schilf mit hohem Heck; bei Huanchaco gefunden

calle – Straße

campesino – Bauer, Landwirt

cañón – Canyon, Schlucht

carretera – Schnell- oder Landstraße

casa – Haus

casa de cambio – Wechselstube

cerro – Hügel, Berg

chullpa – alte andine Grabtürme; rund um den Titicacasee entdeckt

cocha – See; ein Begriff aus der Quechua-Sprache; oft als Ergänzung in Seenamen enthalten, z. B. bei Conococha

colectivo – Gemeinschaftstransportmittel, meistens ein Sammeltaxi, manchmal auch ein Kleinbus, Minivan oder ein Boot

combi – Minivan oder Minibus (gewöhnlich mit engen Sitzen und so vielen Passagieren, wie gerade noch hineinpassen)

cordillera – Bergkette

criolla/criollo – Kreolin/Kreole (ein in Peru geborener Spanier); bezieht sich auch auf Musik- und Tanzstil an der Küste; *criollo*-Essen ist scharfe peruanische Kost mit spanischen, asiatischen und afrikanischen Einflüssen

cuadra – Straßenblock

curandera/curandero – traditionelle/r Heiler/in

cuzqueño – Einwohner von Cusco (auch Cuzco oder Qosq'o geschrieben)

escuela cuzqueña – Cusco-Schule; Kunstbewegung der Kolonialzeit, die spanische und andine Stilelemente vermischte

feria – Straßenmarkt mit Verkaufsständen

garúa – Küstennebel, Dunst oder feiner Sprühregen

grifo – Tankstelle

Gringa/Gringo – bezieht sich im Allgemeinen auf Ausländer, die nicht aus Lateinamerika stammen

Guanako – große, wild lebende Kamelart, die in ganz Südamerika zu finden ist und in Peru zu den bedrohten Arten gehört

hospedaje – kleine Pension im Besitz einer Familie

hostal – Gästehaus; ist kleiner als ein Hotel und bietet weniger Annehmlichkeiten

huaca – heilige Pyramide, Tempel oder Grabstätte

huaquero – Grabräuber

huayno – traditionelle Andenmusik mit Instrumenten, die ihre Wurzeln in präkolumbischen Zeiten haben

iglesia – Kirche

inca – König

indígena – indigene Person (weiblich oder männlich)

Inrena – Instituto Nacional de Recursos Naturales (Nationales Institut für Natürliche Ressourcen); Regierungsbehörde, die die Nationalparks, die Reservate, die historischen Stätten und andere geschützte Gebiete verwaltet

Inti – alter peruanischer Sonnengott; Mann der Erdgöttin Pachamama

isla – Insel

jirón – Straße (Abkürzung: Jr)

lavandería – Wäscherei

limeño – Einwohner/in von Lima

lomo saltado – Rindfleisch mit Zwiebeln, Tomaten, Kartoffeln und Chili

marinera – typischer Tanz an der peruanischen Küste, bei dem kokett mit Taschentüchern gewedelt wird

mestizo – Mischling indigener und spanischer Abstammung

micro – Minibus, der als öffentliches Verkehrsmittel dient

mirador – Aussichtspunkt, Observatorium, Wachturm

mototaxi – dreirädriges Rikscha-Motorradtaxi; auch *motocarro* oder *taximoto* genannt

museo – Museum

nevado – mit Gletschern oder Schnee bedeckter Gipfel

nuevo sol – peruanische Währung

oficina de migraciónes – Einwanderungsbehörde

Pachamama – alte peruanische Erdgöttin; Frau des Sonnengottes Inti

Pampa – große, flache Ebene, gewöhnlich mit Gras bedeckt

Panamericana – auch Interamericana; längste und wichtigste Straße quer durch Amerika, die die lateinamerikanischen Länder verbindet

parque – Park

peña – Bar oder Club mit folkloristischer Livemusik

playa – Strand

pongo – schmaler steiler, felsiger Canyon eines Dschungelflusses, der bei Hochwasser zu einem gefährlichen Strom werden kann

pueblo – Ort, Dorf

puna – Grasland auf dem *Altiplano* der Anden

puya – Pflanze mit stacheligen Blättern aus der Familie der Bromelien

quebrada – wörtlich: Bruch; bezieht sich oft auf eine steile Schlucht

quero – zeremonielles hölzernes Trinkgefäß aus der Zeit der Inka

río – Fluss

selva – Dschungel, tropischer Regenwald

sillar – weißliches vulkanisches, granitähnliches Felsgestein, das rund um Arequipa oft auch als Baumaterial benutzt wird

soroche – Höhenkrankheit

taximoto – siehe *mototaxi*

terminal terrestre – Busbahnhof

totora – Schilf aus der Papyrusfamilie, das zum Bau der „schwimmenden Inseln" und traditionellen Boote am Titicacasee genutzt wird

turismo vivencial – Privatunterkunft bei einer einheimischen Familie

vals peruano – gitarrenlastiger Walzer, der in Küstengebieten zu hören ist

Vikunja – vom Aussterben bedrohter wilder Verwandter der Alpakas und Lamas; es ist das kleinstes Mitglied der Familie der Kamele

Hinter den Kulissen

WIR FREUEN UNS ÜBER EIN FEEDBACK

Post von Travellern zu bekommen, ist für uns ungemein hilfreich – Kritik und Anregungen halten uns auf dem Laufenden und helfen, unsere Bücher zu verbessern. Unser reiseerfahrenes Team liest alle Zuschriften ganz genau, um zu erfahren, was an unseren Reiseführern gut und was schlecht ist. Wir können solche Post zwar nicht individuell beantworten, aber jedes Feedback wird garantiert schnurstracks an die jeweiligen Autoren weitergeleitet, rechtzeitig vor der nächsten Nachauflage.

Wer Ideen, Erfahrungen und Korrekturhinweise zum Reiseführer mitteilen möchte, hat die Möglichkeit dazu auf **www.lonelyplanet.com/contact/guidebook_feedback/new**. Anmerkungen speziell zur deutschen Ausgabe erreichen uns über **www.lonelyplanet.de/kontakt**.

Hinweis: Da wir Beiträge möglicherweise in Lonely Planet Produkten (Reiseführer, Websites, digitale Medien) veröffentlichen, ggf. auch in gekürzter Form, bitten wir um Mitteilung, falls ein Kommentar nicht veröffentlicht oder ein Name nicht genannt werden soll. Wer Näheres über unsere Datenschutzpolitik wissen will, erfährt das unter www.lonelyplanet.com/privacy.

DANK VON LONELY PLANET

Vielen Dank den Reisenden, die uns nach der letzten Auflage zahlreiche hilfreiche Hinweise, nützliche Ratschläge und interessante Anekdoten schickten:

Adriana Chávez, Anak Surasarang, Andreas Sampson Geroski, Arkadiusz Rubajczyk, Carolien Out, Carolyn Larson, Celia Marsh, Christopher Denton Brown, David G Sime, Davide Amato, Deborah Walnicki, Elena Sabella, Esme Duncan, Fabian Seidt, Fabrice Moreau, Gregory A Reynolds, Hannako Bakker, Helene Seliger, James Michie, John Boduch, Judith Nijenhuis, Julie Bennett, Karen Branen, Katrien Hoebeke, Katrin Flatscher, Kiki Bals, Laurel Erickson, Linda Arteaga, Lucy Warren, Manuel Montano, Marcial Ortiz, Maya Wodnicka, Michiel Vereijken, Ming Yee, Nicole Sheppard, Olga Cirera, Oshun Durga, Ovide Labrie-Pageau, Patrick Westbroek, Paul Cook, Peter Forrest, Peter Sugden, Sara Brannon, Sheila Ross, Stefan Prasser, Tim Laslavic, Tobias Winter, Tom Grainger, Tristan Schonis.

DANK DER AUTOREN

Brendan Sainsbury

Ein großes Dankeschön an all die exzellenten Busfahrer, hilfsbereiten Mitarbeiter in den Touristeninformationen, großzügigen Hotelbesitzer, erfahrenen *lomo-saltado*-Macher und an all die vielen anderen Menschen, die mich auf die eine oder andere Weise, wissentlich oder unwissentlich, während meiner Recherche unterstützt haben. Ein besonderer Dank geht an Marie Timmermans in Quechuandes, Fredy, meinen großartigen Fahrer in den Kordilleren, José bei den Chachapoyas Backpackers und meinen Loney Planet Autorenkollegen Luke Waterson für seine Gesellschaft beim Wandern durch Huaraz.

Alex Egerton

Ein großes Dankeschön an die wunderbaren Mitarbeiter von Promperu, die in jeder erdenklichen Weise alles gegeben haben. Vielen Dank auch an die Peruaner, deren Stolz auf ihr Land so ansteckend ist und die die Arbeit vor Ort zu einem Vergnügen gemacht haben. Ein riesiges Danke schließlich an Olga Mosquera, die dafür gesorgt hat, dass die Dinge zu Hause laufen, und an Nicholas Kazu für seine Geduld.

Mark Johanson

Muchas gracias all jenen Menschen, die mein Herz erwärmt und meinen Bauch gefüllt haben. Vielen Dank an Felipe Bascuñán, der mir erlaubt hat, für so viele Wochen von zu Hause weg zu sein, und an Tomas Sivila, Maria Fernanda Alandia, Alex Villca Limaco, Raúl Mendoza, Augusto Aruquipa Coromi, Rosa Maria Ruiz und Jose Antonio Diaz, die mir mit ihrem unerschöpflichen Wissen zur Seite gestanden haben.

Carolyn McCarthy

Mein Dank gilt Perus Köchen und Straßenverkäufern, die mich so gut versorgt haben. Außerdem bin ich Jorge Riveros Cayo, Arturo Rojas, Mandy Kalitsis, Louise Norton, Elizabeth Shumaker, John Leivers, Paolo Greer und Illa Liendo für ihre Freundschaft, ihre Ratschläge und ihre Unterstützung sehr dankbar. Und für meine hart arbeitenden Mitautoren gibt's einen gut gekühlten Pisco Sour und ein Prost.

Phillip Tang

Muchísimas gracias a Bernardo Ocsa y Raúl por Sibayo y cañones. In Arequipa danke ich Kevin für die großartige Nacht, Manuel Anthony Carpio Ortiz für Callejón del Solar, Felipe für die Musik und Matt für eine Brücke mit Aussicht. Zudem möchte ich mich bei Moral für die Gastfreundschaft bedanken. In Lima *gracias* Giancarlo Ramírez Mazza für tolle Moves und Chin für die Gastfreundschaft. *En Puno, gracias Joaquín Eduardo por el frappe y 15 minutos de fama, desde chini; gracias Omar y Verónica en iPerú.*

Luke Waterson

Die Ehrenliste derjenigen, die bei dieser Ausgabe mitgeholfen haben, ist lang. Besondere Erwähnung verdienen: in Iquitos Marmelita und die Jungs von Casa Celestial, in Pucallpa Kyle, in Oxapampa Bertl, in Manu Ryse, in Puerto Maldonado Gerson, in Tingo Maria Graciela, in Tarma Pepe und Inge, in Huancayo Lucho sowie in Ayacucho Pauline und Emilie.

QUELLENNACHWEIS

Die Klimakartendaten stammen von Peel MC, Finlayson BL & McMahon TA (2007) *Updated World Map of the Köppen-Geiger Climate Classification*, erschienen in der Zeitschrift *Hydrology and Earth System Sciences*, Ausgabe 11, 1633-44.

Titelfoto: Inka-Terrassen, Moray, Cusco, Douglas Peebles/AWL ©; Abbildung S. 276/277 von Michael Weldon.

ÜBER DIESES BUCH

Dies ist die 5. deutschsprachige Auflage von *Peru*, basierend auf der mittlerweile 10. englischsprachigen Auflage von *Peru*, die von Brendan Sainsbury, Alex Egerton, Mark Johanson, Carolyn McCarthy, Phillip Tang und Luke Waterson recherchiert und geschrieben wurde. Die vorherigen zwei Ausgaben wurden von Alex, Brendan, Carolina A Miranda, Carolyn, Greg Benchwick, Kevin Raub, Luke und Philip geschrieben. Dieser Reiseführer wurde von folgendem Team betreut:

Verantwortliche Redakteurin Bailey Freeman

Leitende Produktredakteurin Saralinda Turner

Regionale Leitung der Kartografie Corey Hutchison

Kartograf Mick Garrett

Produktredakteur Ronan Abayawickrema

Layoutdesign Gwenn Cotter

Redaktionsassistenz Andrew Bain, Michelle Coxall, Andrea Dobbin, Emma Gibbs, Jennifer Hattam, Amy Lynch, Louise McGregor, Alison Morris, Kristin Odijk, Claire Rourke, Fionnuala Twomey

Umschlagrecherche Wibowo Rusli

Dank an William Allen, Imogen Bannister, Hannah Cartmel, Heather Champion, Sandie Kestell, Lauren O'Connell, Genna Patterson, Victoria Smith, Gabrielle Stefanos, Angela Tinson

Register

Verweise auf Karten **000**
Verweise auf Fotos **000**

Verweise auf Karten **000**
Verweise auf Fotos **000**

I

J

K

Verweise auf Karten **000**
Verweise auf Fotos **000**

L

M

N

O

P

Verweise auf Karten **000**
Verweise auf Fotos **000**

Y

Z

Kartenlegende

Sehenswertes

- Strand
- Vogelschutzgebiet
- buddhistisch
- Schloss/Palast
- christlich
- konfuzianisch
- hinduistisch
- islamisch
- jainistisch
- jüdisch
- Denkmal
- Museum/Galerie/historisches Gebäude
- Ruine
- schintoistisch
- sikhistisch
- taoistisch
- Weingut/Weinberg
- Zoo/Tierschutzgebiet
- andere Sehenswürdigkeit

Aktivitäten, Kurse & Touren

- bodysurfen
- tauchen
- Kanu/Kajak fahren
- Kurs/Tour
- Sento-Bad/Onsen
- Ski fahren
- schnorcheln
- surfen
- Schwimmbecken
- wandern
- windsurfen
- andere Aktivität

Schlafen

- Unterkunft
- Camping
- Hütte/Unterstand

Essen

- Lokal

Ausgehen & Nachtleben

- Bar/Kneipe
- Café

Unterhaltung

- Unterhaltung

Shoppen

- Shoppen

Praktisches

- Bank
- Botschaft/Konsulat
- Krankenhaus/Arzt
- Internetzugang
- Polizei
- Post
- Telefon
- Toilette
- Touristeninformation
- andere Einrichtung

Geografisches

- Strand
- Tor
- Hütte/Unterstand
- Leuchtturm
- Aussichtspunkt
- Berg/Vulkan
- Oase
- Park
- Pass
- Picknickplatz
- Wasserfall

Städte

- Hauptstadt (Staat)
- Hauptstadt (Bundesland/Provinz)
- Großstadt
- Kleinstadt/Ort

Verkehrsmittel

- Flughafen
- Grenzübergang
- Bus
- Seilbahn/Gondelbahn
- Fahrrad
- Fähre
- Metro
- Einschienenbahn
- Parkplatz
- Tankstelle
- U-Bahn/Subte-Station
- Taxi
- Bahnhof/Zug
- Straßenbahn
- U-Bahnhof
- anderes Verkehrsmittel

Achtung: Nicht alle der abgebildeten Symbole werden auf den Karten im Buch verwendet

Verkehrswege

- Mautstraße
- Autobahn
- Hauptstraße
- Landstraße
- Verbindungsstraße
- sonstige Straße
- unbefestigte Straße
- Straße im Bau
- Platz/Promenade
- Treppe
- Tunnel
- Fußgänger-Überführung
- Stadtspaziergang
- Abstecher (Stadtspaziergang)
- Pfad/Wanderweg

Grenzen

- Internationale Grenze
- Bundesstaat/Provinz
- umstrittene Grenze
- Region/Vorort
- Meerespark
- Klippen
- Mauer

Gewässer

- Fluss/Bach
- periodischer Fluss
- Kanal
- Wasser
- Trocken-/Salz-/periodischer See
- Riff

Gebietsformen

- Flughafen/Startbahn
- Strand/Wüste
- Friedhof (christlich)
- Friedhof
- Gletscher
- Watt
- Park/Wald
- Sehenswürdigkeit (Gebäude)
- Sportgelände
- Sumpf/Mangrove

DIE AUTOREN

Brendan Sainsbury

Nördliches Hochland, Huaraz & die Cordilleras Brendan erblickte das Licht der Welt im Vereinigten Königreich, wo er in einer Stadt aufwuchs, die in keinem Reiseführer erwähnt wird (Andover, Hampshire). Er war 19, als er seine Heimat zum ersten Mal verließ. Seitdem hat er, manchmal eher schlecht als recht, als Schriftsteller und professioneller Vagabund 70 Länder bereist. Wenn er einmal im Schaukelstuhl sitzt, wird eines der Erlebnisse, an das er dann zurückdenkt, die Organisation einer Aufführung von *Die Komödie der Irrungen* in einer Schule im vom Krieg geplagten Angola sein, ein anderes seine Teilnahme am Marathon des Sable, der über 240 km durch die Sahara-Wüste führte. In den vergangenen elf Jahren hat er über 40 Bücher für Lonely Planet geschrieben, von Castros Kuba bis zu den Canyons von Peru.

Alex Egerton

Nordküste, Südküste Als Nachrichtenjournalist hat Alex für Magazine, Zeitungen und Medien auf fünf Kontinenten gearbeitet. Meistens ist er irgendwo auf der Welt unterwegs und testet bei seinen Recherchen für Reiseartikel und -führer eigenartige Gerichte an Straßenimbissen und plaudert mit den Einheimischen. Wenn er nicht auf Reisen ist, lebt er in seinem Zuhause in Popayán im Süden Kolumbiens.

Mark Johanson

Titicacasee Mark ist in Virginia aufgewachsen, nannte in den zurückliegenden zehn Jahren fünf verschiedene Länder sein Zuhause und bereist den Globus, um für britische Zeitungen (*The Guardian*), amerikanische Lifesyle Magazine (*Men's Journal*) und international arbeitende TV-Sender (CNN und BBC) zu berichten. Wenn er nicht gerade irgendwo in der Welt unterwegs ist, kann man ihn dabei erwischen, wie er von seinem derzeitigen Haus in Santiago, Chile, aus auf die Anden blickt. Seine Abenteuer lassen sich auf seiner Website unter www.markjohanson.com verfolgen.

Carolyn McCarthy

Lima & Umgebung, Cusco & das Heilige Tal Carolyn hat sich auf die Themen Reisen, Kultur und Abenteuer in Nord-, Süd- und Mittelamerika spezialisiert und für *National Geographic*, *Outside*, *BBC Magazine*, *Sierra Magazine*, den *Boston Globe* und für weitere Publikationen geschrieben. Sie hat zu 40 Reiseführern und Anthologien von Lonely Planet beigetragen. Mehr erfährt man über sie unter www.carolynmccarthy.org; auf Instagram teilt sie ihre Reiseerfahrungen unter @masmerquen. Carolyn hat auch die Kapitel Reiseplanung und Praktische Informationen dieses Bandes verfasst.

Phillip Tang

Arequipa & das Canyonland, Titicacasee Phillip wuchs dank einer australischen Diät mit Pho und Fish'n'Chips heran, bevor er nach Mexiko-Stadt zog. Ein Abschluss in chinesischer und lateinamerikanischer Kultur brachte ihn dazu, zu reisen und darüber für die Lonely Planet Reiseführer *Kanada*, *China*, *Japan*, *Korea*, *Mexiko* und *Vietnam* zu schreiben. Unter vihellophillip.com findet man seine Texte, unter @mrtangtangtang Fotos auf Instagram und unter @philliptang Tweets.

Luke Waterson

Amazonasbecken, Zentrales Hochland Der im Südwesten Englands aufgewachsene Luke entwickelte schon früh eine Sehnsucht nach weit entlegenen Orten. Nach Abschluss seines Studiums des Kreativen Schreibens an der University of East Anglia schulterte er seinen Rucksack und schwor, so viel wie möglich von der Welt zu sehen. Luke hat sich auf Südamerika spezialisiert – er schrieb mit an den Lonely Planet Bänden zu Peru und Ecuador. Sein Debüt-Roman *Roebuck*, der im Amazonas-Dschungel des 16. Jh.s spielt, wurde im Dezember 2015 veröffentlicht. Updates seiner Arbeiten – Fiktion ebenso wie Non-Fiktion – gibt's unter lukeandhiswords.com.

DIE LONELY PLANET STORY

Ein ziemlich mitgenommenes, altes Auto, ein paar Dollar in der Tasche und eine Vorliebe für Abenteuer – 1972 war das alles, was Tony und Maureen Wheeler für die Reise ihres Lebens brauchten, die sie durch Europa und Asien bis nach Australien führte. Die Tour dauerte einige Monate, und am Ende saßen die beiden – pleite, aber voller Inspiration – an ihrem Küchentisch und schrieben ihren ersten Reiseführer *Across Asia on the Cheap*. Innerhalb einer Woche hatten sie 1500 Exemplare verkauft. Lonely Planet war geboren.

Heute hat der Verlag Büros in Melbourne, London und Oakland und mehr als 600 Mitarbeiter und Autoren. Und alle teilen Tonys Überzeugung: „Ein guter Reiseführer sollte drei Dinge tun: informieren, bilden und unterhalten."

Lonely Planet Global Limited

Digital Depot
The Digital Hub
Dublin D08 TCV4
Ireland

Verlag der deutschen Ausgabe:
MAIRDUMONT, Marco-Polo-Str. 1, 73760 Ostfildern,
www.lonelyplanet.de, www.mairdumont.com
lonelyplanet-online@mairdumont.com

Chefredakteurin deutsche Ausgabe: Birgit Borowski

Redaktion: Annegret Gellweiler, Felicitas Ow-Wachendorf, Olaf Rappold, Teresa Russo, Sylvia Scheider-Schopf, Julia Wilhelm, Stephanie Ziegler (red.sign, Stuttgart)

Übersetzung: Julie Bacher, Berna Ercan, Derek Frey, Marion Gref-Timm, Stefanie Gross, Laura Leibold, Marion Matthäus, Dr. Christian Rochow

An früheren Auflagen haben außerdem mitgewirkt: Corla Bauer, Tobias Büscher, Anne Cappel, Cora Hartwig, Britt Maaß, Eva Pampuch, Thomas Pampuch, Margit Riedmeier, Claudia Riefert, Petra Sparrer, Katja Weber

Peru

5. deutsche Auflage September 2019, übersetzt von *Peru, 10th edition*, June 2019,
Lonely Planet Global Limited

Printed in Poland

FSC www.fsc.org
MIX
Papier aus verantwortungsvollen Quellen
FSC® C018236